Weber/Schäfer/Hausmann

Handbuch Public Private Partnership

Public Private Partnership

Herausgegeben von

Prof. Dr. Martin Weber **Dr. Michael Schäfer**

Dr. Friedrich Ludwig Hausmann

Mitherausgeber

Prof. Dr.-Ing. Dipl. Wirtsch.-Ing. Hans Wilhelm Alfen

Dr. iur. Dipl. Kfm. Dietrich Drömann

Bearbeitet von

Prof. Dr.-Ing. Dipl.-Wirtsch.-Ing. Hans Wilhelm Alfen, Bauhaus-Universität Weimar, Weimar; Dipl.-Vw Falk Bachhuber, PricewaterhouseCoopers AG, Leipzig; Rechtsanwalt Christian Bunsen, LL.M., Freshfields Bruckhaus Deringer, Frankfurt am Main; Dr. Peter Claudy, PricewaterhouseCoopers, Hamburg; Generalkonsul William Boyd McCleary, Generalkonsulat des Vereinigten Königreiches, Düsseldorf; Rechtsanwalt Dr. Dietrich Drömann, Servatius Rechtsanwälte, Hamburg; Dipl. Ing. Katrin Fischer, Bauhaus Universität Weimar Fakultät Bauingenieurwesen, Weimar; Dr. Eckhard Gührs, Kaufmännische Direktion, LBK Hamburg/AK Barmbek, Hamburg; Rechtsanwalt Dr. Friedrich Ludwig Hausmann, Freshfields Bruckhaus Deringer, Berlin; Dr. Jörn Heimlich, Magistrat der Landeshauptstadt Wiesbaden, Wiesbaden; Michael Henk- CFM, Creative Conception, Eppstein-Bremthal; Günter Hoffmann, Kreisdirektor a. D., Public Sector Consulting, Wachtberg; Dr. Reinhard Kalenda, Hochtief AirPort GmbH Communications, Essen; Notarassessor Dr. Arnim Karthaus, Freshfields Bruckhaus Deringer, Hamburg; Detlef Knop, Bilfinger Berger AG, Wiesbaden; Oberstaatsanwalt Torsten Kunze, Referatsleiter im Hessischen Ministerium der Justiz, Wiesbaden; Dipl.-Km. FH Oliver Moß, PricewaterhouseCoopers, Hamburg; Rechtsanwältin Dr. Annette Mutschler-Siebert, Freshfields Bruckhaus Deringer, Berlin; Rechtsanwalt Dr. Dieter Neumann, Freshfields Bruckhaus Deringer, Berlin; Steuerberater, Rechtsanwalt Dr. Erik Ohde, PricewaterhouseCoopers, Hamburg; Andreas Parzych, PricewaterhouseCoopers, Hamburg; Dr. Markus Pohlmann, KfW Bankengruppe, Frankfurt am Main; Rechtsanwalt Dr. Michael Schäfer, Freshfields Bruckhaus Deringer, Hamburg; Rechtsanwalt Dr. Christian Schede, Freshfields Bruckhaus Deringer, Berlin; Rechtsanwältin Dr. Ulrike Schweibert, Freshfields Bruckhaus Deringer, Frankfurt am Main; Prof. Dr. Peter Sester, Universität Karlsruhe, Karlsruhe; Rechtsanwalt István Szabados, Freshfields Bruckhaus Deringer, Berlin; Rechtsanwältin Dr. Stephanie Thiersch, Mainz; Prof. Dr. Martin Weber, Pricewaterhouse Coopers, Frankfurt am Main

Verlag C. H. Beck München 2006

Verlag C. H. Beck im Internet:
beck.de

ISBN 3 406 53258 6

Wilhelmstraße 9, 80801 München
Druck und Bindung: fgb · freiburger graphische betriebe,
Bebelstr. 11, 79108 Freiburg

Satz: Druckerei C. H. Beck, Nördlingen (Adresse wie Verlag)

Gedruckt auf säurefreiem, alterungsbeständigem Papier
(hergestellt aus chlorfrei gebleichtem Zellstoff)

Vorwort

Über Public Private Partnerships wird seit etlichen Jahren diskutiert. In der lebhaft geführten Auseinandersetzung werden in regelmäßiger Folge neue Fragen aufgeworfen, an die sich immer neuere Diskussionsrunden anschließen. Seit Vorlage des Gutachtens der Beratergruppe „PPP im öffentlichen Hochbau" im August 2003 hat die Diskussion in Deutschland allerdings eine neue Richtung und Qualität angenommen. Mit dem im September 2005 in Kraft getretenen ÖPP-Beschleunigungsgesetz wurde die Umsetzung von PPPs bereits deutlich erleichtert, wobei in der nächsten Legislaturperiode noch weitere Schritte erforderlich sein werden. Bereits jetzt wird immer weniger das „Ob" von PPPs in Frage gestellt; dafür lotet man zusehends die praktischen Möglichkeiten des Einsatzes von PPPs als alternative Beschaffungsvarianten aus. Insoweit dürfte zwar auch die schwierige Haushaltslage in Bund, Ländern und Gemeinden katalysierend wirken, doch scheint sich unabhängig von derartigen Sachzwängen die Erkenntnis durchzusetzen, dass PPPs bei geeigneten Projekten eine sinnvolle Beschaffungsvariante darstellen, die erhebliche Einsparungen bei der Bereitstellung bzw. Herstellung öffentlicher Infrastruktur ermöglicht. Anlässlich der inzwischen realisierten Pilotprojekte konnten bereits erste praktische Erfahrungen gesammelt werden. Das vorliegende Handbuch will diese Erfahrungen als Handlungshilfe für die Gestalter künftiger Projekte verfügbar machen: zum einen in unmittelbarer Weise, nämlich in Gestalt der Erfahrungsberichte der an den Pilotprojekten beteiligten Praktiker; zum anderen aber auch in mittelbarer Weise, nämlich durch deren Fortentwicklung und Einbettung in die einschlägigen theoretischen Zusammenhänge, die im Rahmen einer systematischen Darstellung der rechtlichen und ökonomischen Aspekte von PPPs entfaltet werden. Besondere Berücksichtigung bei der Darstellung der Grundlagen erfährt die Herangehensweise an den PPP-Beschaffungsprozess. Dabei werden sowohl die Sichtweisen der öffentlichen Verwaltung, der Bauindustrie, der Bau- und Gebäudewirtschaft sowie der Berater berücksichtigt. Verzichtet wird hingegen auf den – durchaus häufig anzutreffenden, letztlich aber fruchtlosen – Versuch einer stringenten Definition von PPP. Grundlegend und entscheidend für das Verständnis einer PPP erscheint den Herausgebern allerdings die integrative Verbindung von Planen, Bauen/Herstellen, Finanzieren und Betreiben öffentlicher Infrastruktur zu sein. Das Buch soll den mit dem Thema befassten Praktikern eine Handlungshilfe für die Umsetzung konkreter Projekte bieten. Die Herausgeber und Autoren verbinden damit zugleich die Hoffnung, dass hiermit ein Wissenstransfer und ein weiterer Schritt zur Modernisierung der öffentlichen Verwaltung vollzogen wird.

Für die nachhaltige Unterstützung bei der Redaktion dieses Handbuchs danken die Herausgeber und Autoren Herrn Alexander Bornemann.

Frankfurt/Hamburg/Berlin im November 2005 — Die Herausgeber

Inhaltsübersicht

1. Teil. Der PPP-Beschaffungsprozess

2. Teil. Rechtliche Rahmenbedingungen

3. Teil. Wirtschaftlichkeitsuntersuchung

4. Teil. Finanzierung

5. Teil. PPP in einzelnen Bereichen

Inhaltsverzeichnis

2. Teil. Rechtliche Rahmenbedingungen

§ 2 Verfassungsrechtlicher Rahmen

§ 3 Vertragsrechtliche Grundlagen

§ 4 Bundes- und Landeshaushaltsrecht

§ 5 Kommunalrecht

§ 7 Steuerrecht

§ 8 Recht der öffentlichen Förderung

§ 9 Arbeitsrecht

§ 10 Vertragliche Grundlagen – Finanzierungsverträge

4. Teil. Finanzierung

§ 12 Anforderungen und Besonderheiten bei der Finanzierung von PPP-Projekten

§ 20 Informationstechnologie (IT)

Rechtsprechungs- und Literaturverzeichnis

Abkürzungsverzeichnis

a. A.	anderer Ansicht
a. a. O.	am angegebenen Ort
Abb.	Abbildung
Abfall Prax	Abfallrechtliche Praxis
ABl EG	Amtsblatt der Europäischen Gemeinschaften
Abs.	Absatz
a. F.	alte Fassung
AfA	Absetzungen für Abnutzung
AG	Aktiengesellschaft/(öffentlicher) Auftraggeber
AktG	Aktiengesetz
AllMBl	Allgemeines Ministerialblatt
AmtsBl.	Amtsblatt
AN	(privater) Auftragnehmer
ANBestP	Allgemeine Nebenbestimmungen zur Projektförderung
Anm.	Anmerkung
AO	Abgabenordnung
AP	Arbeitsrechtliche Praxis (Nachschlagewerk des Bundesarbeitsgerichts)
Art.	Artikel
Aufl.	Auflage
Ausn.	Ausnahme
AV-LHO	Berliner Ausführungsvorschriften zur Landeshaushaltsordnung
Az.	Aktenzeichen
BÄ	Beratende Äußerung des Bundesrechnungshofs
BAG	Bundesarbeitsgericht
BAnz	Bundesanzeiger
BauR	Baurecht, Zeitschrift für das gesamte öffentliche und zivile Baurecht
BayOLG	Bayerisches Oberlandesgericht
BB	Betriebs-Berater (Zeitschrift)
Bd.	Band
BerlVerfGH	Berliner Verfassungsgerichtshof
BewG	Bewertungsgesetz
BezirksO	Bezirksordnung
BFH	Bundesfinanzhof
BFM	Bundesfinanzministerium
BGB	Bürgerliches Gesetzbuch
BGBl.	Bundesgesetzblatt
BGH	Bundesgerichtshof
BGHZ	Bundesgerichtshof, Entscheidungen in Zivilsachen
BHO	Bundeshaushaltsordnung
BMBF	Bundesministerium für Bildung und Forschung
BMF	Bundesministerium der Finanzen
BMU	Bundesministerium für Umwelt, Naturschutz und Reaktorsicherheit
BMVBW	Bundesministerium für Verkehr, Bau- und Wohnungswesen
BOOT	Build-Own-Operate-Transfer
BP	Bewertungspunkte
BR-Dr.	Bundesrat-Drucksache
BRH	Bundesrechnungshof
BStBl.	Bundessteuerblatt
Buchst.	Buchstabe
BVerfG	Bundesverfassungsgericht

BVerfGE	Entscheidungen des Bundesverfassungsgerichts
BVerwG	Bundesverwaltungsgericht
BVerwGE	Entscheidungen des Bundesverwaltungsgerichts
CMLR	Common Market Law Review
DB	Der Betrieb (Zeitschrift)
DBFO	Design-Build-Finance-Operate
DBFOOT	Design-Build-Finance-Own-Operate-Transfer
ders.	derselbe
dies.	dieselben, dieselbe
DIN	Deutsches Institut für Normung
DJT	Deutscher Juristentag
DÖV	Die Öffentliche Verwaltung (Zeitschrift)
DStR	Deutsches Steuerrecht (Zeitschrift)
DtA	Deutsche Ausgleichsbank
DVBl.	Deutsches Verwaltungsblatt (Zeitschrift)
EFRE	Europäischer Fonds für regionale Entwicklung
EG	Europäische Gemeinschaft
EGV	Vertrag zur Gründung der Europäischen Gemeinschaft
EIB	Europäische Investitionsbank
Einf.	Einführung
EP	Europäisches Parlament
ErbbauVO	Erbbaurechtsverordnung
ESF	Europäischer Sozialfonds
EStG	Einkommensteuergesetz
ESVG	Europäisches System Volkswirtschaftlicher Gesamtrechnungen
EU	Europäische Union
EuGH	Europäischer Gerichtshof
EUR	Euro
EuZW	Europäische Zeitschrift für Wirtschaftsrecht
EWG	Europäische Währungsgemeinschaft
EFG	Entscheidung der Finanzgerichte
EzA	Entscheidungen zum Arbeitsrecht (Entscheidungssammlung, hrsg. von Eugen Stahlhacke)
FG	Finanzgericht
Fn.	Fußnote
GA	Gemeinschaftsaufgabe „Verbesserung der regionalen Wirtschaftsstruktur“
GbR	Gesellschaft bürgerlichen Rechts
GE	Geldeinheiten
GEFMA	Deutscher Verband für Facility Management e. V.
gem.	gemäß
GemHVO Brdbg.	Verordnung über die Aufstellung und Ausführung des Haushaltsplans der Gemeinden (Gemeindehaushaltsverordnung) des Landes Brandenburg
GemHVO BW	Verordnung des Innenministeriums über die Haushaltswirtschaft der Gemeinden (Gemeindehaushaltsverordnung) des Landes Baden-Württemberg
GemHVO Hess.	Verordnung über die Aufstellung und Ausführung des Haushaltsplanes der Gemeinden (Gemeindehaushaltsverordnung) des Landes Hessen
GemHVO LSA	Verordnung über die Aufstellung und Ausführung des Haushaltsplanes der Gemeinden (Gemeindehaushaltsverordnung) im Lande Sachsen-Anhalt
GemHVO MV	Landesverordnung über die Aufstellung und Ausführung des Haushaltsplanes der Gemeinden (Gemeindehaushaltsverordnung) des Landes Mecklenburg-Vorpommern
GemHVO Nds	Verordnung über die Aufstellung und Ausführung des Haushaltsplans der Gemeinden (Gemeindehaushaltsverordnung) des Landes Niedersachsen
GemHVO NRW	Verordnung über die Aufstellung und Ausführung des Haushaltsplans der Gemeinden (Gemeindehaushaltsverordnung) des Landes Nordrhein-Westfalen
GemHVO NW	Verordnung über die Aufstellung und Ausführung des Haushaltsplans der Gemeinden (Gemeindehaushaltsverordnung) des Landes Nordrhein-Westfalens

GemHVO Saarl	Verordnung über die Aufstellung und Ausführung des Haushaltsplans der Gemeinden (Gemeindehaushaltsverordnung) des Landes Saarland
GemHVO SH	Verordnung über die Aufstellung und Ausführung des Haushaltsplans der Gemeinden (Gemeindehaushaltsverordnung) des Landes Schleswig-Holstein
GemHV RhPf	Verordnung über die Aufstellung und Ausführung des Haushaltsplans der Gemeinden (Gemeindehaushaltsverordnung) des Landes Rheinland-Pfalz
Gem. Min.Bl. Saar	Gemeinsames Ministerialblatt Saarland
GewStG	Gewerbesteuergesetz
GFG	Gesetz zur Regelung der Zuweisungen des Landes Nordrhein-Westfalen an die Gemeinden und Gemeindeverbände im Haushaltsjahr 2003 und zur Regelung des interkommunalen Ausgleichs der finanziellen Beteiligung der Gemeinden am Solidarbeitrag zur deutschen Einheit im Haushaltsjahr 2003 – Gemeindefinanzierungsgesetz
GG	Grundgesetz für die Bundesrepublik Deutschland
ggü.	gegenüber
GmbH	Gesellschaft mit beschränkter Haftung
GmbHG	Gesetz betreffend die Gesellschaften mit beschränkter Haftung
GmbH & Co KG	Kommanditgesellschaft, deren einziger Komplementär eine Gesellschaft mit beschränkter Haftung ist
GMBl	Gemeinsames Ministerialblatt (Bund)
GO	Gemeindeordnung
GO Bay	Gemeindeordnung für den Freistaat Bayern
GO Brdbg	Gemeindeordnung für das Land Brandenburg
GO BW	Gemeindeordnung für Baden-Württemberg
GO LSA	Gemeindeordnung für das Land Sachsen-Anhalt
GO NW	Gemeindeordnung für das Land Nordrhein-Westfalen
GO RhPf	Gemeindeordnung Rheinland-Pfalz
GO Saar	Gemeindeordnung für das Saarland
GO Sachs	Gemeindeordnung für den Freistaat Sachsen
GO SchlH	Gemeindeordnung für Schleswig-Holstein
Grds.	Grundsatz
GrEStG	Grunderwerbsteuergesetz
GrStG	Grundsteuergesetz
GuV	Gewinn- und Verlustrechnung
GVBl.	Gesetz- und Verordnungsblatt
GVOBl. Schl.-H.	Gesetz- und Verordnungsblatt Schleswig-Holstein
GWB	Gesetz gegen Wettbewerbsbeschränkungen
HBFG	Gesetz über die Gemeinschaftsaufgabe „Ausbau und Neubau von Hochschulen“ – Hochschulbauförderungsgesetz
Hess StAnz.	Hessischer Staatsanzeiger
HG	Haushaltsgesetz
HGB	Handelsgesetzbuch
HGO	Hessische Gemeindeordnung
HGrG	Gesetz über die Grundsätze des Haushaltsrechts des Bundes und der Länder (Haushaltsgrundsätzegesetz)
HKO	Hessische Landkreisordnung
HM	Her Majesty
HOAI	Honorarordnung für Architekten und Ingenieure
HRB	Haushaltstechnische Richtlinien des Bundes
HSchG	Hessisches Schulgesetz
IBR	Immobilien- und Baurecht (Zeitschrift)
IBV	Interessenbekundungsverfahren
i. d. R.	in der Regel
IFMA	International Facility Management Association
IGM	Infrastrukturelles Gebäudemanagement
inkl.	inklusive
i. S.	im Sinne

i. S. d.	im Sinne des
i. S. v.	im Sinne von
i. V. m.	in Verbindung mit
i. w. S.	im weiteren Sinn
JVA	Justizvollzugsanstalt
JZ	Juristenzeitung
KAG Bay	Kommunalabgabengesetz Bayern
KAG BW	Kommunalabgabengesetz Baden-Württemberg
KAG Hess	Gesetz über kommunale Abgaben des Landes Hessen
KAG MV	Kommunalabgabengesetz Mecklenburg-Vorpommern
KAG NW	Kommunalabgabengesetz für das Land Nordrhein-Westfalen
KAG RP	Kommunalabgabengesetz Rheinland-Pfalz
KAG SA	Kommunalabgabengesetz Sachsen-Anhalt
KAG Sachs	Kommunalabgabengesetz Sachsen
Kap.	Kapitel
KfW	Kreditanstalt für Wiederaufbau
KG	Kommanditgesellschaft/Kammergericht
KGaA	Kommanditgesellschaft auf Aktien
KGM	Kaufmännisches Gebäudemanagement
KommHV Bay	Verordnung über das Haushalts-, Kassen- und Rechnungswesen der Gemeinden, der Landkreise und der Bezirke (Kommunalhaushaltsverordnung)
KomHVO Sachs	Verordnung des sächsischen Staatsministeriums des Innern über die kommunale Haushaltswirtschaft (Kommunalhaushaltsverordnung)
KommInwestVwV	Gemeinsame Verwaltungsvorschrift des Sächsischen Staatsministeriums der Finanzen und des Sächsischen Staatsministeriums des Innern zur kommunal- und haushaltsrechtlichen Beurteilung von Investorenvorhaben im kommunalen Bereich
KSA	Kommunaler Schadensausgleich
KStG	Körperschaftsteuergesetz
KSVG Saar	Kommunalselbstverwaltungsgesetz des Landes Saarland
KV MV	Kommunalverfassung für das Land Mecklenburg-Vorpommern
LG	Landgericht/Leasinggeber
LHO	Landeshaushaltsordnung
LKO	Landkreisordnung
LKV	Landes- und Kommunalverwaltung
LN	Leasingnehmer
LSP	Leitsätze für die Preisermittlung auf Grund von Selbstkosten
LV	Leistungsverzeichnis
MFG	Mittelstandsförderungsgesetz
m. w. N.	mit weiteren Nachweisen
MDR	Monatsschrift für Deutsches Recht
MinBl. RhPf	Ministerialblatt der Landesregierung von Rheinland-Pfalz
MWTV Nds.	Ministerium für Wirtschaft, Technologie und Verkehr Niedersachsen
MWVLW – Rh.Pf.	Ministerium für Wirtschaft, Verkehr, Landwirtschaft und Weinbau Rheinland-Pfalz
NAO	National Audit Office
NdsStGH	Niedersächsischer Staatsgerichtshof
NdsVBl.	Niedersächsische Verwaltungsblätter
NGO	Niedersächsische Gemeindeordnung
NJW	Neue Juristische Wochenschrift
NJWE-MietR	Neue Juristische Wochenschrift – Entscheidungen Mietrecht
NJW-RR	Neue Juristische Wochenschrift – Rechtsprechungsreport
NKAG	Niedersächsisches Kommunalabgabengesetz
NordÖR	Zeitschrift für öffentliches Recht in Deutschland
NRW	Nordrhein-Westfalen
NVwZ	Neue Zeitschrift für Verwaltungsrecht
NVwZ-RR	Neue Zeitschrift für Verwaltungsrecht – Rechtssprechungs-Report

NWVBl.	Nordrhein-Westfälische Verwaltungsblätter (Zeitschrift)
NZA	Neue Zeitschrift für Arbeitsrecht
NZBau	Neue Zeitschrift für Baurecht und Vergaberecht
NZG	Neue Zeitschrift für Gesellschaftsrecht
öff.	öffentliche/r/s
ÖPP	Öffentlich Private Partnerschaft
ÖPP-Beschleunigungsgesetz	Gesetz zur Beschleunigung der Umsetzung von Öffentlich Privaten Partnerschaften und zur Verbesserung der gesetzlichen Rahmenbedingungen für Öffentlich Privaten Partnerschaften
OFD	Oberfinanzdirektion
OHG	Offene Handelsgesellschaft
OLG	Oberlandesgericht
OVG	Oberverwaltungsgericht
PFI	Private Finance Initiative
PersR	Der Personalrat (Zeitschrift)
PersV	Die Personalvertretung (Zeitschrift)
PG	Projektgesellschaft
PPP	Public Private Partnership
PREM	Public Real Estate Management
RdA	Recht der Arbeit (Zeitschrift)
Rdschr.	Rundschreiben
RhPfVerfGH	Rheinland-Pfälzischer Verfassungsgerichtshof
Rn.	Randnummer
Rz.	Randziffer
S.	Satz/Seite
SachsAnhMBl.	Sachsen-Anhaltinisches Mitteilungsblatt
SächsVBl.	Sächsische Verwaltungsblätter
Sächs.ABl.	Sächsisches Amtsblatt
SächsHO	Sächsische Haushaltsordnung
SchVG	Schulverwaltungsgesetz
Slg.	Sammlung der Entscheidungen des Europäischen Gerichtshofes (auch EuGHE)
s. o.	siehe oben
std. Rspr.	ständige Rechtsprechung
TGM	Technisches Gebäudemanagement
ThürGemHV	Thüringer Verordnung über das Haushalts-, Kassen- und Rechnungswesen der Gemeinden (Gemeindehaushaltsverordnung)
ThürKAG	Thüringer Kommunalabgabengesetz
ThürKO	Thüringer Gemeinde- und Landkreisordnung
ThürVBl.	Thüringer Verwaltungsblätter
UAbs.	Unter-Absatz
UK	United Kingdom
UR	Umsatzsteuer-Rundschau (Zeitschrift)
UstG	Umsatzsteuergesetz
UstR	Umsatzsteuer-Richtlinie
UVR	Umsatzsteuer- und Verkehrssteuerrecht (Zeitschrift)
VAT	Value Added Tax
VE	Verpflichtungsermächtigung
Verf.	Verfassung
VerfBrhv	Verfassung für Bremerhaven
VergabeR	Vergaberecht (Zeitschrift)
VerwArch	Verwaltungsarchiv
VG	Verwaltungsgericht
VGH	Verwaltungsgerichtshof
VGR	Volkswirtschaftliche Gesamtrechnung
VgV	Verordnung über die Vergabe öffentlicher Aufträge (Vergabeverordnung)
VK	Vergabekammer (Bund bzw. Land)

VOB	Vergabe- und Vertragsordnung für Bauleistungen
VOB/A	VOB Teil A: Allgemeine Bestimmungen für die Vergabe von Bauleistungen
VOB/B	VOB Teil B: Allgemeine Vertragsbedingungen für die Ausführung von Bauleistungen
VOF	Verdingungsordnung für freiberufliche Leistungen
VOL	Verdingungsordnung für Leistungen
VOL/A	VOL Teil A: Allgemeine Bestimmungen für die Vergabe von Leistungen
VOL/B	VOL Teil B: Allgemeine Vertragsbedingungen für die Ausführung von Leistungen
VorlVV	Vorläufige Verwaltungsvorschriften
VÜA	Vergabeüberwachungsausschuss
VV	Verwaltungsvorschrift
VV-BHO	Vorläufige Verwaltungsvorschriften zur Bundeshaushaltsordnung
VVDStRL	Veröffentlichungen der Vereinigung der Deutschen Staatsrechtlehrer
VwGO	Verwaltungsgerichtsordnung
VwV Gliederung und Gruppierung	Verwaltungsvorschrift Gliederung und Gruppierung
VwVfG	Verwaltungsverfahrensgesetz
VwVfG Brdbg	Verwaltungsverfahrensgesetz für das Land Brandenburg
VwVfG NRW	Verwaltungsverfahrensgesetz für das Land Nordrhein-Westfalen
VwV zur Durchführung der Gemeindeordnung Rheinland-Pfalz	Verwaltungsvorschrift zur Durchführung der Gemeindeordnung Rheinland-Pfalz
VwV zur GemHVO Brdbg	Verwaltungsvorschriften zur Gemeindehaushaltsverordnung des Landes Brandenburg
VZ	Veranlagungszeitraum
wg.	wegen
WHG	Gesetz zur Ordnung des Wasserhaushalts (Wasserhaushaltsgesetz)
WACC	weighted average cost of capital
WissR	Wissenschaftsrecht (Zeitschrift)
WpHG	Wertpapierhandelsgesetz
WuW	Wirtschaft und Wettbewerb (Zeitschrift)
WuW/E	WuW Entscheidungssammlung zum Kartellrecht
ZfBR	Zeitschrift für deutsches und internationales Baurecht
ZHR	Zeitschrift für das gesamte Handelsrecht und Wirtschaftsrecht
ZVgR	Zeitschrift für deutsches und internationales Vergaberecht
zzgl.	zuzüglich

1. Teil. Der PPP-Beschaffungsprozess

§ 1 Der PPP-Beschaffungsprozess

Übersicht

Vorbemerkung

Der folgende Beitrag basiert auf dem im Rahmen des Gutachtens „PPP im öffentlichen Hochbau"[1] erarbeiteten Leitfaden (Band I des Gutachtens), der in Verantwortung der Autoren (Bauhaus-Universität Weimar) in enger Zusammenarbeit mit den für die anderen Bände des Gutachtens zuständigen Mitgliedern des Erstellerkonsortiums, insbesondere der Bände II (Rechtliche Rahmenbedingungen, Freshfields Bruckhaus Deringer) und III (Wirtschaftlichkeitsuntersuchungen, PricewaterhouseCoopers) entstand.

Für die speziellen Zwecke des vorliegenden Handbuches wurden die Ausführungen ergänzt und angepasst. Hierbei wurden insbesondere auch die Neuregelungen des „Gesetzes zur Beschleunigung der Umsetzung von öffentlich Privaten Partnerschaften und zur Verbesserung der gesetzlichen Rahmenbedingungen für öffentlich Privaten Partnerschaften" (sog. ÖPP-Beschleunigungsgesetz) berücksichtigt und umgesetzt. Bei der Ergänzung und Anpassung der Ausführungen konnte für entsprechende Fragestellungen wieder auf die Expertise von Freshfields und PricewaterhouseCoopers zurückgegriffen werden. Der Beschaffungsvorgang wurde gemäß dem im Gutachten Bd. III, Arbeitspapier 3, entwickelten Organisationsmodell dargestellt.

1. Einführung in die Thematik

1.1 Privatisierung, Privatsektorbeteiligung (PSB), Public Private Partnership (PPP)

Der Begriff Public Private Partnership (PPP) ist in Deutschland nicht neu. Auch in der Vergangenheit stand er – quasi wie ein Leitbild – für eine innovative Kooperationsform zwischen Staat und Privatwirtschaft. In verschiedenen Bereichen wie z.B. der Stadtentwicklung und der Wirtschaftsförderung fand er für die unterschiedlichsten Formen und Qualitäten der Zusammenarbeit Verwendung. Keinesfalls konnte man von einem einheitlichen Begriffsverständnis sprechen.

Ähnliches trifft für den Bereich öffentlicher Verkehrs- oder Ver- und Entsorgungsinfrastruktur sowie auch für öffentliche Immobilien zu. In den in Abb. 1 beispielhaft aufge-

[1] Beratergruppe „PPP im öffentlichen Hochbau", Gutachten im Auftrag des Lenkungsausschusses beim BMVBW (www.ppp-bund.de/hochbau.htm).

führten Bereichen haben sich in der Vergangenheit eine Vielzahl von vertraglichen und organisatorischen Modellen der Aufgabenteilung zwischen öffentlicher Hand und Privaten ergeben, die man häufig unter Begriffen wie Privatisierung, Privatsektorbeteiligung oder eben auch PPP subsumiert findet und dennoch markante Unterschiede aufweisen.

Abbildung 1: Anwendungsgebiete von Public-Private Partnership

Verkehr	Verwaltung	Bildung
Straße Schiene Wasser	Rathäuser Finanzämter Ministerien etc.	Schulen Hochschulen Kindergärten etc.
Versorgung	**Gesundheit / Alter**	**Sicherheit**
Energie Wasser Luft	Krankenhäuser Altersheime Sanatorien etc.	Polizeigebäude Gefängnisse Grenzschutz etc.
Entsorgung	**Freizeit / Kultur**	**Sonstiges**
Abwasser Abfall	Sportstätten Museen Theater etc.	Messegelände etc.

Angesichts der Vielgestaltigkeit von Erscheinungsformen erscheint es zunächst sinnvoll, das reale Phänomen „PPP" etwas einzugrenzen. Die nachfolgende Darstellung erhebt dabei weder Anspruch auf Vollständigkeit noch auf Allgemeinverbindlichkeit. Sie versucht vielmehr, die in der Praxis entstandenen Begriffe und Konzepte zueinander in Beziehung zu setzen, um dem Leser eine praktische Orientierung zu geben. Für den an einer eher rechts- und verwaltungswissenschaftlich orientierten Abschichtung tatsächlicher Erscheinungsformen interessierten Leser sei dagegen auf die inzwischen zahlreich verfügbaren Darstellungen im juristischen Schrifttum verwiesen.[2]

– Privatisierung

Unter dem Begriff „Privatisierung" lässt sich eine Vielzahl von Maßnahmen der Neuordnung staatlichen Handelns unter Einbindung privater Wirtschaftssubjekte fassen.[3] Im Einzelnen fasst man unter Privatisierung zum einen die „formale" Privatisierung, d.h. die Überführung von Verwaltungseinheiten in Gesellschaften mit privater Rechtsform und Managementstruktur, wobei die öffentliche Hand 100% Eigentümer bleibt. Zum anderen spricht man von Privatisierung, wenn entweder bestimmte Aufgaben oder Leistungen (funktionale Privatisierung) oder bestehende (öffentliche) Betriebseinheiten (materielle Privatisierung) teilweise oder vollständig, auf Dauer oder zeitlich befristet von der öffentlichen Hand auf den Privatsektor übertragen werden. PPP-Konzepte befinden sich dabei vor allem im praktischen Einzugsbereich von Maßnahmen der funktionalen Privatisierung. In ihrem Umfeld lässt sich überdies das Konzept der sog. Privatsektorbeteiligung einordnen.

---

[2] Vgl. etwa Kämmerer, Privatisierung, Typologie – Determinanten – Rechtspraxis – Folgen, Tübingen 2001.

[3] Vgl. den Überblick über definitorische und inhaltliche Aspekte des Privatisierungsbegriffs bei Kämmerer, a.a.O., S. 16ff.

– Privatsektorbeteiligung (PSB) (Private Sector Participation (PSP))

Das Schlagwort Privatsektorbeteiligung kann für jedwede Form der Einbindung privater Wirtschaftssubjekte in staatliche Aufgabenerfüllung stehen. Über einen abgrenzungsscharfen, institutionellen Begriffskern verfügt das Konzept, soweit ersichtlich, heute allerdings noch nicht. Privatsektorbeteiligung umfasst die Auslagerung („Outsourcing") von delegierbaren Aufgaben der öffentlichen Hand, die effizienter von privaten Unternehmen übernommen werden können. Maßnahmen der Privatsektorbeteiligung sind fester Bestandteil einer ressourcen- und effizienzoptimierenden Verwaltung („New Public Management").

Abbildung 2: Einordnung von „PPP" in den Privatisierungsbegriff i. w. S.

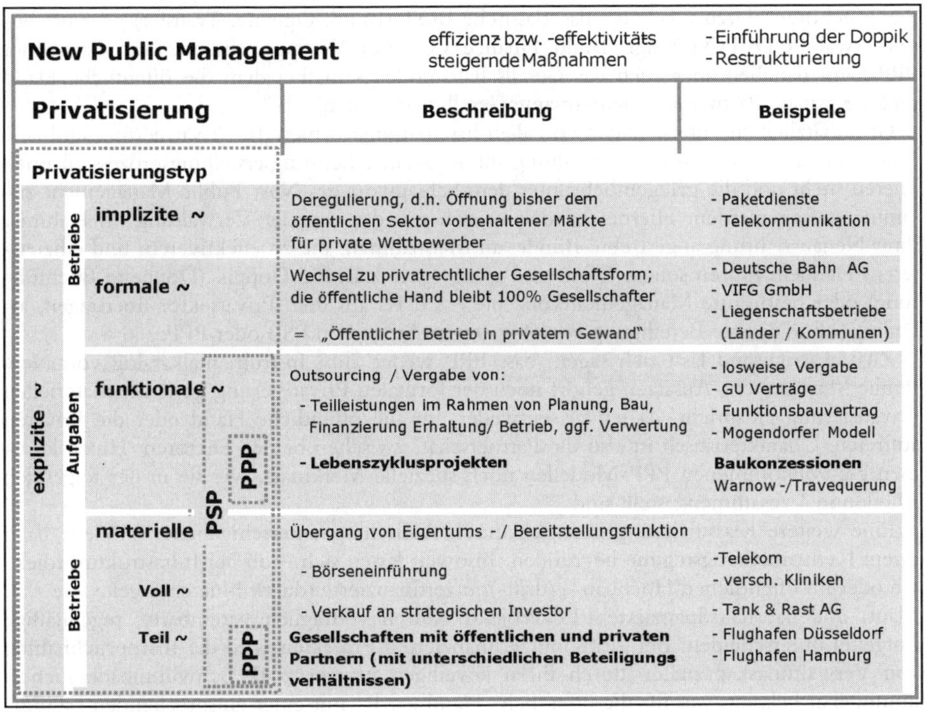

– Public Private Partnership

Unter Public Private Partnership (PPP) versteht man die langfristige, vertraglich geregelte Zusammenarbeit zwischen öffentlicher Hand und Privatwirtschaft zur wirtschaftlichen Erfüllung öffentlicher Aufgaben, wobei die erforderlichen Ressourcen (z. B. Know-how, Betriebsmittel, Kapital, Personal) von den Partnern in einen gemeinsamen Organisationszusammenhang eingestellt und vorhandene Projektrisiken entsprechend der Risikomanagementkompetenz der Projektpartner angemessen verteilt werden.[4]

Im Gegensatz zu den auf dem herkömmlichen Beschaffungsweg der öffentlichen Hand meist isoliert erbrachten Teilleistungen übernimmt der Private umfassende Verantwortlichkeiten im Rahmen der Planung, Erstellung und Finanzierung sowie dem Betrieb und ggf. der Verwertung. Die Stellung des Privaten geht damit über eine reine Finanzierungsfunktion hinaus. In der praktischen Umsetzung bedeutet dies die Berücksichtigung des gesamten Projektlebenszyklus schon bei den ersten Überlegungen zur Projektvorbereitung sowie

[4] Vgl. Beratergruppe „PPP im öffentlichen Hochbau", a. a. O. (Fn. 1), Kap. 2.

– daraus folgend – eine Erweiterung der privaten Erfüllungsverantwortung bis in die Betriebsphase etwa einer Immobilie hinein.[5] In diesem umfassenden Sinne verstandene PPP-Modelle werden seit neuerem in Deutschland auch als „vollkommen" bezeichnet, weil sie sich auf alle Projektstufen des für den Lebenszyklusansatz prägend gewordenen Bildes des „Design Build Finance Operate" (DBFO) erstrecken. Wird die Betriebskomponente demgegenüber ausgespart, wie dies in der Praxis noch häufig der Fall ist, wird zunehmend von „unvollkommenen" PPP gesprochen, welche vor allem auf die private Vorfinanzierung von Maßnahmen abzielen.

Die sechs in Deutschland zur Anwendung kommenden vertraglichen Grundmodelle für „vollkommene PPP" (inklusive Betrieb) wurden im Gutachten „PPP im öffentlichen Hochbau" spezifiziert und sind in Kapitel 4.3.6. näher beschrieben. Aus der internationalen Praxis gehören hierzu z. B. auch das klassische BOT (Build, Operate, Transfer) oder das bereits erwähnte DBFO (Design, Build, Finance, Operate). Vertragsrechtliche Grundlage einer PPP kann daneben aber auch das Gesellschaftsmodell sein, bei dem die öffentliche Hand und der private Partner eine gemeinsame Gesellschaft bilden.

Grundsätzlich zu unterscheiden von allen Erscheinungsformen der Privatisierung sind jene Maßnahmen, mit denen die Verwaltung ihren eigenen Leistungserstellungsprozess zu optimieren sucht und die gelegentlich unter dem Schlagwort des New Public Management zusammengefasst werden. Hierbei handelt es sich um das von der Verwaltung im Rahmen ihrer Neuausrichtung angestrebte Bündel an Maßnahmen, die zu effektiverem und effizienterem Handeln führen sollen. Diese sind zwar – wie z. B. die Doppik (Doppelte Buchführung) oder bestimmte Managementkonzepte – i. d. R. aus dem Privatsektor übertragen, allerdings ohne direkte Beteiligung von Privaten im Sinne von PSB oder PPP.

Zusammenfassend lässt sich sagen, dass PPP weder zum Instrumentalkatalog von New Public Management-Ansätzen gehört noch der formalen Privatisierung bzw. der materiellen Privatisierung entspricht, da jeweils entweder nur die öffentliche Hand oder die Privaten auftreten. Charakteristisch ist also die Partnerschaft zwischen beiden Sektoren. Hinzu kommen bei vollkommenen PPP-Modellen noch spezielle Merkmale, wie sie in der folgenden Abbildung 3 zusammengestellt sind.

Eine weitere Klassifizierung lässt sich durch Aufteilung unterschiedlicher Modelle nach ihrem Refinanzierungsregime begründen. Insoweit lassen sich – ob bei Infrastrukturprojekten oder im öffentlichen Hochbau – (dritt-)nutzerfinanzierte (durch Nutzerentgelte wie z. B. Maut) und haushaltsfinanzierte PPP-Projekte (durch vertraglich vereinbarte, regelmäßige Entgelte) unterscheiden. Bei (dritt-)nutzerfinanzierten Projekten wird die Inanspruchnahme von Verwaltungskapazitäten durch ihren jeweiligen Nutzer (z. B. Schwimmbadbesucher) unmittelbar belastet, was für die öffentliche Hand i. d. R. mit einer entsprechenden Liquiditätsverschonung einhergeht. Im öffentlichen Hochbau gibt es jedoch nur vergleichsweise wenige Projekttypen, wie z. B. Sportstadien, Messen, Schwimmbäder oder öffentliche Sanitäranlagen, die sich für diese Art von PPP-Projekten eignen.

Wie die folgende Abbildung 4 veranschaulicht, treten bei haushaltsfinanzierten PPP-Projekten Kostenentlastungen langfristig folglich nur durch Effizienzgewinne und Risikoübertragung auf. Manchmal können Zusatzentgelte erwirtschaftet werden, wenn z. B. Schulen oder Turnhallen neben dem öffentlichen Nutzer auch durch private Nutzer in Anspruch genommen werden oder Verwaltungsgebäude teilweise umgenutzt und privaten Mietern angeboten werden können.

[5] Der Begriff PPP umfasst in Großbritannien nicht nur Betreiberprojekte, sondern folgende drei Bereiche: (1) Privatisierung öffentlicher Unternehmen mit einer Beteiligung der öffentlichen Hand, (2) PFI (Private Finance Initiative): Betreiberprojekte, (3) Verkauf öffentlicher Dienstleistungen am Markt. Nur PFI-Projekte entsprechen weitestgehend dem deutschen Verständnis von PPP-Projekten gemäß der angegebenen Definition. Vgl. HM Treasury, PFI: Meeting the investment challenge, July 2003 (http://www.hm-treasury.gov.uk/media//648B2/PFI_604.pdf), S. 3.

Abbildung 3: Merkmale von PPP-Modellen

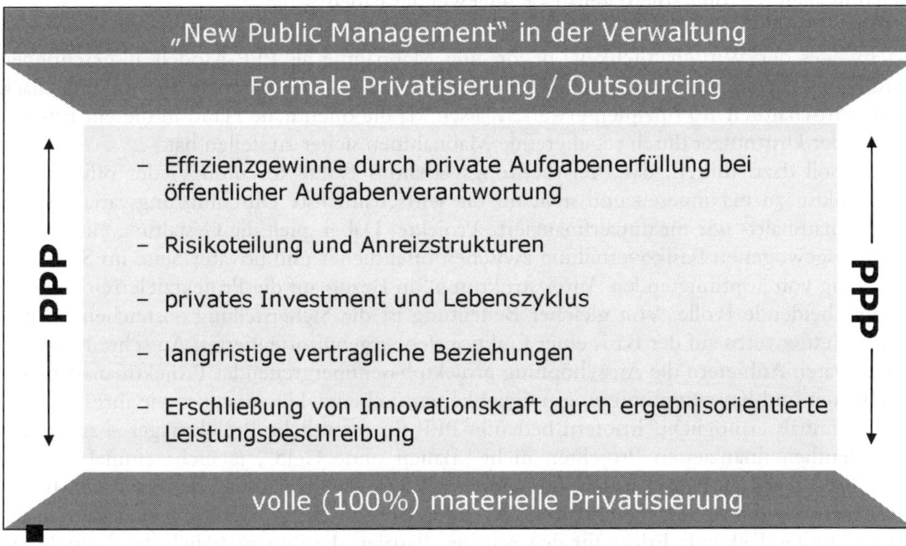

Abbildung 4: Vergleich von Eigenbau und PPP

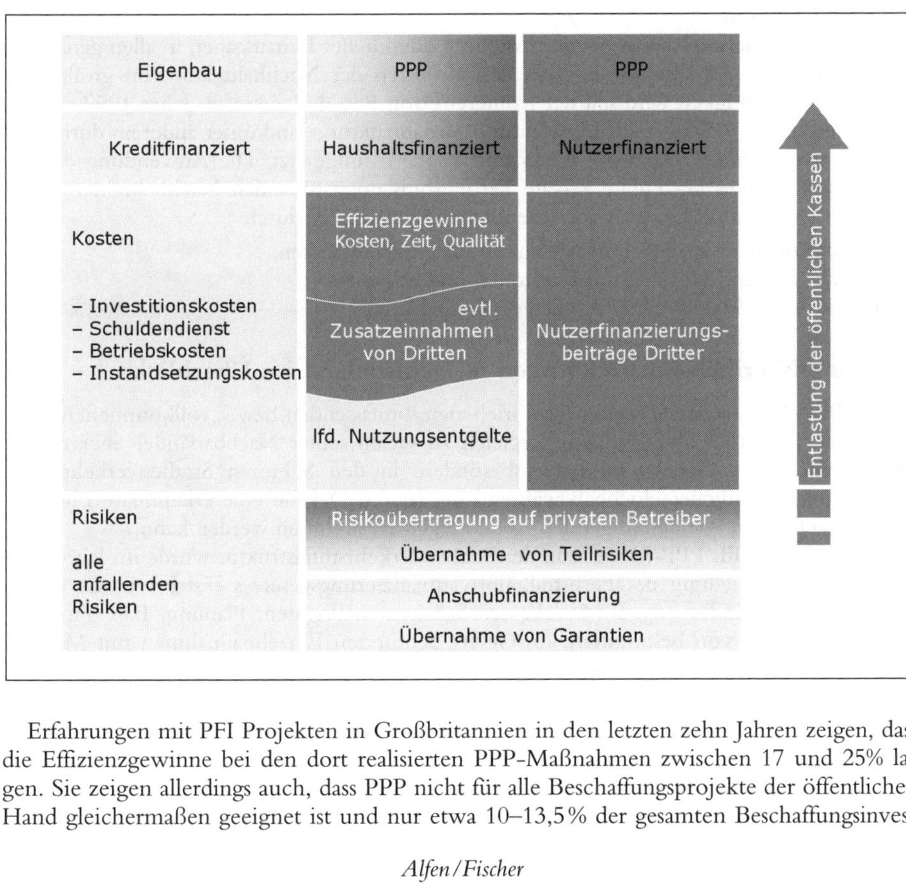

Erfahrungen mit PFI Projekten in Großbritannien in den letzten zehn Jahren zeigen, dass die Effizienzgewinne bei den dort realisierten PPP-Maßnahmen zwischen 17 und 25% lagen. Sie zeigen allerdings auch, dass PPP nicht für alle Beschaffungsprojekte der öffentlichen Hand gleichermaßen geeignet ist und nur etwa 10–13,5% der gesamten Beschaffungsinvestitionen PFI-Projekten (Betreiberprojekten) zuzuordnen sind. Dieser Prozentsatz ist nahezu gleich in allen Sektoren, die bereits PPP angewendet haben.[6]

PPP ist also keineswegs ein Allheilmittel. Es bedarf daher unbedingt eines belastbaren Nachweises der Wirtschaftlichkeit, bevor eine Maßnahme als PPP-Modell ausgeschrieben wird. Dies gilt auch für nutzerfinanzierte Projekte, die keine optimale Preisbildung nach marktwirtschaftlichen Prinzipien erwarten lassen, da die öffentliche Hand in diesem Fall den Schutz der Drittnutzer durch regulierende Maßnahmen sicher zu stellen hat.

PPP soll dazu führen, das Preis-Leistungsverhältnis (value for money) der öffentlichen Infrastruktur zu maximieren und steht für die wirtschaftlichste Durchführungsvariante, und dies für haushalts- wie für nutzerfinanzierte Projekte. Dabei spielt die Gestaltung einer möglichst ausgewogenen Risikoverteilung zwischen öffentlicher und privater Seite im Sinne der Schaffung von „optimierenden Anreizstrukturen" in Bezug auf die Projektzielerreichung eine entscheidende Rolle. Von gleicher Bedeutung ist die Sicherstellung ausreichenden privaten Wettbewerbs auf der Basis einer funktionalen, ergebnisorientierten Ausschreibung, die den privaten Anbietern die Ausschöpfung projektphasenübergreifender Projektmanagementfähigkeiten und Kostenoptimierungsmöglichkeiten (Lebenszyklusansatz) sowie ihres Innovationspotentials ermöglicht. Insofern bedeutet PPP für öffentliche Projektträger – zumindest bei öffentlich finanzierten Projekten nicht „Bauen ohne Geld", ja nicht einmal „Sparen ohne Geld", wie dies gelegentlich suggeriert wird. Die Refinanzierung der getätigten Investitionen sowie der Schuldendienst und die laufenden Kosten für Erhaltung und Betrieb erfordern kostendeckende Erlöse für den privaten Partner, die ihm zusätzlich die Aussicht auf einen angemessenen Gewinn geben. Die Effizienzgewinne sollen allerdings auf Dauer zu einer wirtschaftlicheren und sparsameren und vor allem kalkulierbareren Verwendung öffentlicher Mittel führen.

Für die öffentliche Hand ist bei der Erfüllung öffentlicher Bauaufgaben in allen genannten Infrastrukturbereichen das Bauen nach den Kriterien der Nachhaltigkeit von großer Bedeutung. Nachhaltigkeit wird seit der Konferenz von Rio de Janeiro im Jahre 1992 auf drei Ebenen diskutiert – Wirtschaft, Umwelt und Sozialstruktur – und unter anderem durch Aktivitäten wie Agenda21 in Kommunen und Ländern umgesetzt. Die Anwendung des Lebenszykluskonzeptes bei Public Private Partnerships unterstützt den Nachhaltigkeitsgedanken beim Bauen und Betreiben von öffentlichen Bauwerken[7] durch

- Wirtschaftlichkeit bezüglich der gesamten Lebenszykluskosten,
- Auswahl von und Umgang mit Baustoffen und Energie,
- Funktionalität, Flexibilität und Nutzerfreundlichkeit.

1.2 Die bisherigen Entwicklungen in Deutschland im Überblick

Was PPP-Modelle in dem oben beschriebenen, umfassenden bzw. „vollkommenen" Sinne angeht, gehört Deutschland im Vergleich zu vielen seiner Nachbarländer eher zu den „Spätentwicklern". Gleichwohl hat insbesondere in den Sektoren Straßenverkehrsinfrastruktur und öffentlicher Hochbau während der letzten Dekade eine erkennbare Entwicklung stattgefunden, wie den folgenden Abbildungen entnommen werden kann.

Die Grundlage für PPP-Modelle in der Straßenverkehrsinfrastruktur wurde im Jahre 1994 mit der Verabschiedung des Fernstraßenprivatfinanzierungsgesetzes (FstrPrivFinG) gelegt. Die darauf basierenden sog. F-Modelle ermöglichen es Privaten, Planung, Bau, Finanzierung und Betrieb von bestimmten, im Gesetz definierten Einzelmaßnahmen mit Maut zu refinanzieren. Dies bedeutete für Deutschland gemeinsam mit der etwas später eingeführten Lkw-Vignette einen ersten – wenn auch sehr begrenzten – Einstieg in die Nutzerfinanzierung in diesem Bereich. Einen wesentlich umfassenderen, praktisch das gesamte Straßennetz

[6] Vgl. HM Treasury, PFI: Meeting the investment challenge, a. a. O. (Fn. 5), S. 1.

[7] Vgl. Bundesamt für Bauwesen und Raumordnung (Hrsg.): Leitfaden Nachhaltiges Bauen, 2001.

betreffenden Übergang von der Steuer- zur Nutzerfinanzierung wurde dann später von der sog. Pällmann-Kommission in ihrem 1999 vorgelegten Gutachten gefordert. Im Ergebnis wurde davon allerdings bisher nur der Ersatz der zeitbezogenen Vignette durch die streckenbezogene Lkw-Maut auf Autobahnen gesetzlich umgesetzt.

Sowohl für die F-Modelle als auch für die später speziell für Autobahnausbauprojekte entwickelten A-Modelle wurden vom Bundesministerium für Verkehr, Bau- und Wohnungswesen mit Beteiligung der Privatwirtschaft und anderen Interessengruppen Musterunterlagen für die Vorbereitung, Ausschreibung und Vergabe erarbeitet. Bisher wurden allerdings von den für die beiden Modelle als geeignet identifizierten Maßnahmen mit der Warnow- und der Travequerung nur zwei F-Modelle umgesetzt. Um die erhebliche Entwicklungsarbeit zu rechtfertigen, wird in Zukunft ein deutlich höherer Projektumsatz erwartet. Außerdem gilt es, noch vorhandene Schwächen der beiden Modelle zu beseitigen und sie konsequent weiter zu entwickeln.[8] Die folgende Abbildung zeigt die wesentlichen Merkmale und Unterschiede zwischen beiden Modellen auf.

Abbildung 5: Neuere Entwicklungen bei PPP im Straßenbau

Bundes-initiativen:	1994	FStrPrivFin Gesetz
	1996/ 1998	Warnowquerung/Travequerung
	2000	Musterunterlagen für F-Modelle
	2002	Musterunterlagen für A-Modelle
	2003	FStrPrivFinÄnd Gesetz
	2002/ 2003	· Lkw-Maut Gesetz · Lkw-Maut-Erhebungssystem · Gesetz/Gründung VIFG
	2002	1. Antrag auf Mautverordnung (Warnowquerung)
	2002	2. Antrag auf Mautverordnung (Travequerung)
	2004/ 2006	Strukturiertes Verhandlungsverfahren/ Best Practice/Vergabe 4 A- und 2 F-Modelle
	2005	Änderung des FStrPrivFin Gesetzes durch das Gesetz zur Beschleunigung der Umsetzung von öffentlich Privaten Partnerschaften und zur Verbesserung gesetzlicher Rahmenbedingungen für öffentlich Private Partnerschaften
Einige Länderinitiativen	seit 2000	Verschiedene Anläufe zu LStrPrivFinGesetzen (Brandenburg, Hessen; Rheinland-Pfalz)

[8] Ein Forschungsprojekt der Professur Betriebswirtschaftslehre im Bauwesen (Bauhaus-Universität Weimar) in Zusammenarbeit mit der FH Biberach und PSPC Consult hat erste wegweisende Erkenntnisse zu den Erfolgsbedingungen im Bereich privatwirtschaftlicher Lösungen für Ausbau, Sanierung und Neubau sowie Betrieb und Unterhalt deutscher Autobahnen erbracht. Unter anderem wurde ein Plan für einen konsequenten, stufenweisen Ausbau privatwirtschaftlicher Initiativen für das deutsche Autobahnnetz vorgeschlagen. Vgl. Alfen, H. W./Mayrzedt, H./Tegner, H., PPP-Lösungen für Deutschlands Autobahnen – Empfehlungen für eine erfolgreiche Umsetzung, 2004.

Der Prozess der Entwicklung von Musterunterlagen für A- und F-Modelle sowie die Mautverordnungen werden auch in Zukunft weiter wissenschaftlich begleitet. Unter anderem geht es um die Entwicklung eines strukturierten Vergabeverfahrens für beide Modelle, Verbesserungen im Zusammenhang mit der Handhabung des Gebührenrechts bei den F-Modellen sowie ganz allgemein geeigneter Risikomanagement- und Risikoallokations- und Preisfindungsmechanismen für Mautsysteme und deren Regulierung.

In jüngster Zeit sind aber auch im öffentlichen Hochbau „vollkommene" PPP-Modelle auf dem Vormarsch, wie sich an vielfältigen Initiativen auf Bundes-, Landes- und Kommunalebene erkennen lässt.

Abbildung 6: Unterschiede zwischen A- und F-Modell

Kriterium	F-Modell	A-Modell
Modellgegenstand	30-jährige Konzession beginnend mit Inbetriebnahme Neubau, Erhaltung, Betrieb und Finanzierung von: - Brücken, Tunnels, Gebirgspässe - mehrstreifige Bundesstraßen	30-jährige Konzession beginnend mit Baustelleneinrichtung - Ausbau von Bundesautobahnen - Erhaltung/Betrieb von neuen und bestehenden Streifen - Finanzierung
Rechtliche Grundlage	FStrPrivFinG FernStraßenbauPrivat-Finanzierungsgesetz	Keine spezielle erforderlich
Konzessionsgeber	Kommune oder Bundesland	Bund und Bundesland
Status des Konzessionärs	Aufgabenübertragung durch Beleihung ⇨ relative Handlungsfreiheit	Erfüllungsgehilfe ⇨ weisungsabhängig
Erlöse / Refinanzierungsquelle	Anschubfinanzierung (bis zu 20% der Investition) Maut von allen Fahrzeugtypen: - erhoben vom Konzessionär - als „Beliehener" - reguliert durch Verordnung, BMVBW - auf Antrag des Konzessionärs	Anschubfinanzierung (bis zu 50% der Investition) Lkw-Maut: - erhoben von unabhängigem privaten Betreiber (Toll Collect) - für das BMF/BMBF/VIFG - Mauthöhe per Gesetz festgelegt - unabhängig vom A-Modell

Ziel von PPP ist auch in diesem Bereich, den Einsatz der öffentlichen und privaten Ressourcen bei der Infrastrukturbereitstellung so zu optimieren, dass bei gleich bleibendem oder höherem Qualitätsstandard die Kosten auf längere Sicht gesenkt werden, beziehungsweise bei gleichen Kosten ein höherer Qualitätsstandard erzielt wird. Besonders weit fortgeschritten ist die PPP-Initiative in Nordrhein-Westfalen. Eine im dortigen Finanzministerium angesiedelte sog. „Task Force" entwickelte eine Reihe von thematischen Leitfäden zu spezifischen vergaberechtlichen Fragen, Organisationsmodellen, Output Spezifikationen, zur Finanzierung, zum Wirtschaftlichkeitsvergleich etc.[9] Einzelheiten zu den in Bund und Län-

[9] Weber/Moss, Finanzierungsleitfaden, vgl. Horn, K.-U.: Leitfaden „Wirtschaftlichkeitsvergleich"; Hrsg.: PPP-Task-Force NRW (siehe www.ppp-nrw.de).

dern entstandenen Angeboten von sog. Kompetenzzentren finden sich in § 13 dieses Handbuchs.

Die Erfahrungen der ersten PPP-Pilotprojekte haben gezeigt, dass die Realisierung von PPP-Projekten bereits vor dem Inkrafttreten des ÖPP-Beschleunigungsgesetz möglich war. Die Erfahrungen haben jedoch auch verdeutlicht, dass gewisse Unklarheiten und Hemmnisse bestanden, die eine rechtssichere und zügige Umsetzung von PPP-Projekten behinderten. Mit dem ÖPP-Beschleunigungsgesetz hat der Gesetzgeber diejenigen Vorschriften geändert, die nach seiner Auffassung einer optimalen Umsetzung weiterer PPP-Projekte im Wege standen. Die Änderungen im Rahmen des ÖPP-Beschleunigungsgesetzes betreffen Regelungen im Bereich des Vergabe-, Fernstraßenbauprivatfinanzierungs-, Haushalts-, Steuer- und Investmentgesetzes. Ob und inwieweit die mit dem ÖPP- Beschleunigungsgesetzes verfolgten Zielsetzungen erreicht werden, kann zum jetzigen Zeitpunkt noch nicht abschließend beurteilt werden.

Abbildung 7: Neuere Entwicklungen von PPP im öffentlichen Hochbau

Bundes-initiativen:	4/2001 –2/2002	Interministerielle Arbeitsgruppe „Private Finanzierung Infrastruktur" (Hochbau/Verkehr)
	5/2002	Kanzler Schröder kündigt die Gründung eines Kompetenzzentrums PPP/PFI" an
	7/2002	Konstituierung der Lenkungsgruppe Kompetenzzentrum öffentlicher Hochbau
	2–8/2003	Consultingauftrag „PPP im öffentlichen Hochbau"
	7/2004	Gründung der PPP-Task Force des Bundes
	9/2005	Gesetz zur Beschleunigung der Umsetzung von öffentlich Privaten Partnerschaften zur Verbesserung gesetzlicher Rahmenbedingungen für öffentlich Private Partnerschaften
Länder-initiativen:	10/2001 (bis Dato)	PPP-Initiative in NRW
	1/2002 (bis Dato)	D21-Initiative
		aber auch Initiativen in BB, BW, BY, T, HE, NS, S, SA
Kommunale Initiativen:	2002–04	Vielzahl von Pilotprojekten auf kommunaler Ebene

1.3 PPP – ein alternativer Beschaffungsansatz

Public Private Partnerships (PPP) stellen einen Beschaffungsansatz der öffentlichen Hand sowohl zur Realisierung öffentlicher Hochbaumaßnahmen als auch von Infrastrukturmaßnahmen dar. Die Anwendbarkeit von PPP ist im konkreten Einzelfall unter Berücksichtigung der rechtlichen Rahmenbedingungen und unter Abwägung der ökonomischen Vorteilhaftigkeit im Vergleich zu anderen Beschaffungsansätzen, insbesondere zur konventionellen Eigenrealisierung, zu überprüfen.

Wie bereits eingangs definiert, ist für PPP charakteristisch, dass öffentliche Hand und Privatwirtschaft die für die Projektrealisierung erforderlichen Ressourcen (z. B. Know-how, Kapital) im Rahmen einer partnerschaftlichen Zusammenarbeit zum gegenseitigen Nutzen in einen gemeinsamen Organisationszusammenhang einbringen und vorhandene Projektrisiken entsprechend der jeweiligen Risikomanagementkompetenz der Projektpartner verteilen. Das partnerschaftliche Miteinander von öffentlicher Hand und Privaten bietet die Möglichkeit, durch die Nutzbarmachung der spezifischen Kompetenzen der Projektpartner „gemeinsam besser zu werden" und geplante Maßnahmen noch effizienter und effektiver zu realisieren.

Wesentlicher „Treiber" für Effizienz und Effektivität ist, dass im Rahmen von PPP Aufgaben in den Bereichen Planung, Errichtung, Finanzierung, Betrieb sowie ggf. Verwertung in die Verantwortung eines Privaten übergeben, ganzheitlich „aus einer Hand" erbracht und die Art und Weise der Erbringung dieser Leistungen sowie die mit der Leistungserbringung verbundenen Kosten durch den Wettbewerb privater Bieter im Rahmen des Vergabeverfahrens optimiert werden.

Die Realisierung einer geplanten Maßnahme als PPP erfordert seitens der Projektbeteiligten eine besondere „Projektentwicklungsphilosophie" sowie – insbesondere auf Seiten der öffentlichen Hand – ein modifiziertes Aufgaben- und Rollenverständnis. Die Modifikation des Aufgaben- und Rollenverständnisses muss sich in Form eines Wechsels von einer inputorientierten hin zu einer outputorientierten Leistungsbereitstellung vollziehen, bei der die öffentliche Hand als Nachfrager von Dienstleistungen auftritt und den Privaten erfolgs- und leistungsorientiert vergütet. Die öffentliche Hand überwacht und kontrolliert die Leistungserstellung des Privaten und nimmt zumindest die nicht an Private übertragbaren „hoheitlichen Pflichtaufgaben" wahr.

Vor diesem Hintergrund kommt der strukturierten und zielgerichteten Projektentwicklung eine zentrale Bedeutung für den Projekterfolg zu. In der (internationalen) Praxis hat sich eine grundsätzliche Abfolge von Arbeitsschritten (PPP-Beschaffungsprozess) bewährt, die in weiten Teilen mit denen konventioneller Beschaffungsansätze der öffentlichen Hand identisch ist, an bestimmten Stellen (z. B. Wirtschaftlichkeitsuntersuchungen, Vergabeverfahren) jedoch PPP-spezifische Besonderheiten aufweist. Die Struktur des PPP-Beschaffungsprozesses ist nicht starr, sondern kann im konkreten Einzelfall an die spezifischen Besonderheiten des jeweiligen PPP-Projektes angepasst werden.

1.4 Zielsetzung und Aufbau der Beschreibung des PPP-Beschaffungsprozesses

In den folgenden Ausführungen soll der PPP-Beschaffungsprozess – insbesondere dessen Besonderheiten und Unterschiede im Vergleich zu konventionellen Beschaffungsansätzen – ablauforientiert dargestellt und damit den Entscheidungsträgern in Politik und Verwaltung, deren Mitarbeitern und betroffenen Dritten (z. B. Baufirmen, Facility Management-Unternehmen, Banken) praxisorientierte Hilfestellungen und konkrete Arbeitshinweise zur Planung und Umsetzung von PPP-Projekten im öffentlichen Hochbau zur Verfügung gestellt werden.

Bezogen auf die unterschiedlichen Phasen des PPP-Beschaffungsprozesses[10] werden spezifische Entscheidungssituationen der öffentlichen Hand herausgearbeitet und die im Rahmen der Projektentwicklung und -strukturierung in den einzelnen Phasen erforderlichen Arbeitsschritte unter Beachtung der rechtlichen Rahmenbedingungen erläutert.

[10] Der hier vorgestellte PPP-Beschaffungsprozess orientiert sich verstärkt an den Erfordernissen von PPP-Projekten im öffentlichen Hochbau. Die Anwendung von PPP in anderen Sektoren macht gewisse Anpassungen und Ergänzungen des PPP-Beschaffungsprozesses (insbesondere in Phase I) notwendig.

Im Rahmen des PPP-Beschaffungsprozesses sind folgende Phasen zu unterscheiden:

I. Bedarfsfeststellung und Maßnahmenidentifizierung,
II. Vorbereitung und Konzeption,
III. Ausschreibung und Vergabe,
IV. Implementierung und Vertragscontrolling, ggf. Verwertung.

Im Rahmen der Phase I erfolgt die grundsätzliche Feststellung des Handlungs- bzw. Investitionsbedarfs, der Nachweis der Maßnahmenwirtschaftlichkeit und der finanziellen Realisierbarkeit sowie die Definition der Zielsetzungen, die mit der Projektrealisierung verfolgt werden sollen. Darauf aufbauend ist eine ausreichende Bandbreite potenzieller Realisierungskonzepte (z.B. Neubau oder Sanierung bzw. Modernisierung, konventionelle oder PPP-Realisierung) zu ermitteln und anhand grober technischer, wirtschaftlicher und rechtlicher Auswahlkriterien für die weitere Projektentwicklung zu selektieren. Zum Abschluss der ersten Phase ist – zunächst vorwiegend an Hand von qualitativen Kriterien – zu überprüfen, ob sich die vorliegende Maßnahme prinzipiell zur Durchführung als PPP eignet.

Die PPP-Eignung der Maßnahme vorausgesetzt, sind die vorselektierten Realisierungskonzepte in Phase II weiterzuentwickeln und jeweils ein möglichst authentischer Beschaffungsansatz für eine konventionelle (konventionelle Beschaffungsvariante) und eine PPP-Projektrealisierung (PPP-Beschaffungsvariante) zu erarbeiten. Hierbei sind insbesondere den einschlägigen rechtlichen Rahmenbedingungen (z.B. Haushalts- und Kommunalrecht, Steuerrecht, Vergaberecht, Arbeitsrecht, Zuwendungsrecht) und der Finanzierungsfähigkeit („Bankability") des Vorhabens Rechnung zu tragen. Die konventionelle und die PPP-Beschaffungsvariante sind im Rahmen des sog. Beschaffungsvariantenvergleichs hinsichtlich ihrer wirtschaftlichen Vorteilhaftigkeit zu analysieren und die Beschaffungsvariante zu ermitteln, die das beste Preis-/Leistungsverhältnis (value for money) erwarten lässt. Sie stellt die bevorzugte Beschaffungsvariante dar. Je nach Projektvolumen, -komplexität und verfügbarer Datenbasis sind sowohl quantitative als auch – soweit relevant und sinnvoll – qualitative Aspekte im Rahmen dieser Wirtschaftlichkeitsuntersuchungen angemessen zu berücksichtigen. Auf Basis der Arbeitsergebnisse dieser Phase erfolgen die Veranschlagung im Haushalt und die Entscheidung, ob das Projekt ggf. konventionell oder als PPP ausgeschrieben wird. Für die nachfolgenden Ausführungen wird eine Ausschreibung als PPP unterstellt.

Im Anschluss an die Überprüfung der Ausschreibungspflicht und die Wahl der geeigneten Verfahrensart erfolgt in Phase III die Vorbereitung und Durchführung des PPP-Vergabeverfahrens. Im Rahmen der nachfolgenden Ausführungen wird unterstellt, dass das Vergabeverfahren als mehrstufiges Verhandlungsverfahren mit vorgeschaltetem Teilnahmewettbewerb strukturiert ist. Dementsprechen umfasst das Vergabeverfahren insbesondere die Erstellung der Vergabeunterlagen, die Vorbereitung und Durchführung eines Teilnahmewettbewerbs sowie eines anschließenden Verhandlungsverfahrens, oder eines mit dem PPP-Beschleunigungsgesetz neu eingeführten wettbewerblichen Dialogs. Nach abschließender Überprüfung der wirtschaftlichen Vorteilhaftigkeit des bevorzugten PPP-Angebots im Rahmen des PPP-Wirtschaftlichkeitsnachweises endet die dritte Phase mit der Zuschlagserteilung bzw. dem Vertragsabschluss.

Im Rahmen der Phase IV erfolgt die Projektrealisation, d.h. die Erbringung der vertraglich vereinbarten Planungs-, Bau- und Betriebsleistungen durch den privaten Projektpartner. Seitens der öffentlichen Hand ist ein effektives Vertragsmanagement/-controlling zu etablieren und sind laufende Beobachtungen und begleitende Erfolgskontrollen vorzunehmen.

Je nach Vertragsgestaltung können die von dem Privaten zu erbringenden Leistungen die Verwertung der Immobilie am Ende der Vertragslaufzeit beinhalten. Entsprechende Arbeitsschritte sind Gegenstand der Phase V des PPP-Beschaffungsprozesses.

Die unterschiedlichen Phasen des PPP-Beschaffungsprozesses sowie die in den jeweiligen Phasen erforderlichen Arbeitsschritte sind in Abbildung 8 verdeutlicht.

Abbildung 8: PPP-Beschaffungsprozess

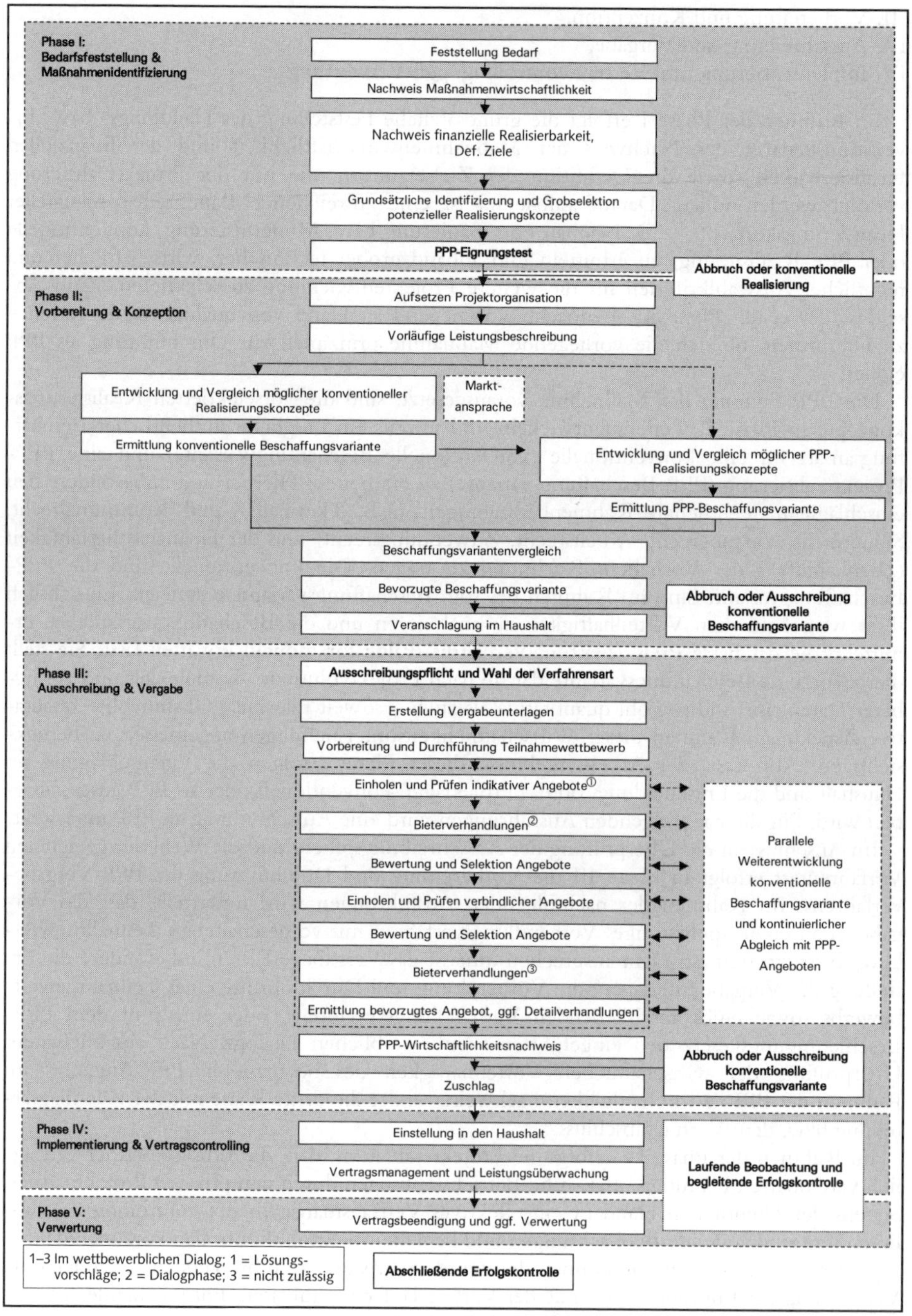

Bestimmte Arbeitsschritte, wie bspw. die Durchführung von Wirtschaftlichkeitsuntersuchungen, die Analyse der Projektrisiken oder die Überprüfung der finanziellen Realisierbarkeit der betrachteten Beschaffungsvarianten, lassen sich nicht ausschließlich einer bestimmten Phase des PPP-Beschaffungsprozesses zuordnen, sondern sind in mehreren Phasen des Beschaffungsprozess – i.d.R. mit zunehmender Detaillierung bzw. Begründungstiefe – durchzuführen. Wirtschaftlichkeitsuntersuchungen sind bspw. in Phase I, II und III des Beschaffungsprozesses durchzuführen. Die erforderliche Betrachtungstiefe nimmt im Projektverlauf entsprechend der jeweiligen Entscheidungssituation (grundsätzliche PPP-Eignung der Maßnahme, Ausschreibung als PPP, Zuschlagserteilung) zu.

2. Phase I – Bedarfsfeststellung und Maßnahmenidentifizierung

2.1 Überblick und Zielsetzung

In dieser Phase des PPP-Beschaffungsprozesses werden grundsätzliche „Vorarbeiten" für die Projektentwicklung und -strukturierung geleistet, zentrale Rahmenbedingungen und Restriktionen identifiziert sowie die grundlegenden Projektparameter und -eckdaten definiert.

Im Einzelnen wird ermittelt, ob ein konkreter Handlungs-/Investitionsbedarf vorliegt und welcher Art dieser ggf. ist. Wird ein Bedarf festgestellt, erfolgt eine vorläufige Beurteilung der Maßnahmenwirtschaftlichkeit und der prinzipiellen finanziellen Realisierbarkeit des Projektes. Darauf aufbauend werden die mit dem Projekt verfolgten Ziele formuliert und potenzielle Konzepte zur Realisierung des Vorhabens (z.B. Neubau oder Sanierung bzw. Modernisierung, konventionelle oder PPP-Realisierung) ermittelt und auf Basis grober technischer, wirtschaftlicher und rechtlicher Auswahlkriterien vorselektiert. In diesem Zusammenhang wird die grundsätzliche Eignung des Vorhabens für eine Realisierung als PPP im Rahmen erster Wirtschaftlichkeitsuntersuchungen (PPP-Eignungstest) überprüft.[11]

Im Sinne eines kontinuierlichen Erkenntnis- und Entscheidungsprozesses sind in den nachfolgenden Phasen des PPP-Beschaffungsprozesses vertiefende Wirtschaftlichkeitsuntersuchungen durchzuführen, wobei stets auch die finanzielle Realisierbarkeit des jeweils betrachteten Realisierungskonzeptes bzw. Beschaffungsansatzes zu überprüfen und sicherzustellen ist.[12]

Die einzelnen Arbeitsschritte dieser Phase sind in der nachfolgenden Abbildung aufgeführt:

Abbildung 9: Bedarfsfeststellung und Maßnahmenidentifizierung im PPP-Beschaffungsprozess

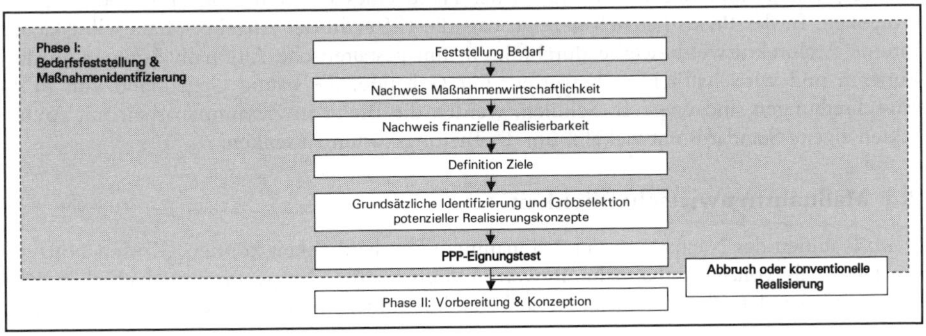

[11] Für weiterführende Informationen zum PPP-Eignungstest siehe § 11 Abschnitt 2.4.

[12] Für weiterführende Informationen zum Beschaffungsvariantenvergleich siehe § 11 Abschnitt 3.6.9. Für weiterführende Informationen zum PPP-Wirtschaftlichkeitsnachweis siehe § 11 Abschnitt 5.2.

Die Arbeitsschritte dieser Projektphase obliegen der originären Verantwortung der öffentlichen Hand. Auf Grund der besonderen Bedeutung dieser Arbeitschritte für die nachfolgenden Projektphasen ist es empfehlenswert, frühzeitig bestehende PPP-Kompetenzzentren sowie ggf. auch geeignete externe Spezialisten und Berater in die Projektentwicklung und -strukturierung einzubinden.

2.2 Bedarfsfeststellung

Die Bedarfsfeststellung ist Aufgabe der öffentlichen Hand bzw. des betroffenen Hoheits-/ Projektträgers. Er wird sich u.a. an der potenziellen Entwicklung demographischer Faktoren, aber auch an politisch gewollten bzw. gesetzlich vorgesehenen Versorgungszielen und Qualitätsstandards orientieren (z.B. Schulplanung). Die Definitionskompetenz der öffentlichen Hand hinsichtlich ihres Bedarfs, der Zielsetzungen sowie der zu erbringenden Leistungen steht im Rahmen von PPP nicht zur Disposition.

Der Bedarf wird i.d.R. durch einen qualitativen, quantitativen und zeitlichen Abgleich des vorhandenen Ist-Zustands mit dem notwendigen/gewollten Soll-/Plan-Zustand ermittelt. Aufgrund der langfristig einzugehenden vertraglichen Bindungen in PPP-Projekten muss der öffentliche Projektträger größten Wert auf die sorgfältige Prognose seines Bedarfs legen.

Aus Sicht der öffentlichen Hand kommt insbesondere der architektonischen Gestaltung sowie der städtebaulichen Integration eines Gebäudes eine zentrale Bedeutung zu. Den Grundsatz der funktionalen, ergebnisorientierten Leistungsbeschreibung aufgreifend, sind seitens der öffentlichen Hand entsprechende Mindestanforderungen und Eckpunkte zu formulieren, die den Planungsprozess Privater „steuern", ohne jedoch deren Spielraum für kreative und innovative Lösungsansätze – und damit auch das Potenzial für Effizienzsteigerungen und Kosteneinsparungen – unnötig zu beschränken. Sie sollten auch ein wichtiger Bestandteil der späteren Bewertung der Angebote sein und eventuell von einer Fachjury beurteilt werden. Durch ein derartiges Vorgehen können im Rahmen von PPP architektonische und städtebauliche Aspekte optimal mit Wirtschaftlichkeitskriterien verknüpft und der hohe Anspruch an die bauliche Qualität öffentlicher Gebäude befriedigt werden.

Für Gebäude mit einem hohen Repräsentationszweck kann die „Vorschaltung" eines separaten Architektenwettbewerbs sinnvoll sein.[13] Die öffentliche Hand sollte sich jedoch die Rechte am Entwurf sichern und Änderungswünsche aus wirtschaftlichen Gründen zulassen. In der Regel ist ein separater Architektenwettbewerb für PPP-Projekte ungeeignet und führt dazu, dass zusätzliche Kosten entstehen und für den Ausschreibungsprozess mehr Zeit eingeplant werden muss. Ziel muss es daher sein, Effizienzvorteile aus der Integration von Planungs-, Bau- und Betriebsleistung in der Hand eines Privaten möglichst wenig zu beschränken. In der Praxis hat sich gezeigt, dass die Bieter in der Angebotsphase selbst kleine interne Architekturwettbewerbe durchführen, um gestalterische Alternativlösungen zu diskutieren und wirtschaftlich zu bewerten. Für Gebäude, die häufig Gegenstand von PPP-Ausschreibungen sind wie z.B. Schulen, werden die Bieter in Zusammenarbeit mit Architekten eigene Standards entwickeln, um die Bietungskosten zu senken.

2.3 Maßnahmenwirtschaftlichkeit

Im Rahmen des Nachweises der Maßnahmenwirtschaftlichkeit können „Kosten-Nutzen-Analysen" als volkswirtschaftliche Bewertungsinstrumente der gesamtwirtschaftlichen Planung, insbesondere für Großprojekte auf Bundes- und Landesebene, von Bedeutung sein.

---

[13] Die Beispiele der neuen britischen und kanadischen Botschaft in Berlin zeigen, dass sich hervorragende Architektur auch in PPP-Projekten erfolgreich umsetzen lässt. Vgl. Fischer, Katrin „Canadian Embassy Berlin", in Karriereführer, 4. 11. 2002.

Hierbei werden evtl. gesamtwirtschaftliche Ausstrahlungseffekte einer Maßnahme, d.h. der Gesamtnettonutzen für die Gesellschaft, analysiert und bewertet.

Noch vor der Durchführung maßnahmenbezogener Kosten-Nutzen-Analysen kann die Ausarbeitung von „Rahmen-/Masterplänen" wichtig sein. Hier wird aus Sicht einer Gebietskörperschaft die Gesamtbedarfsdeckung ganzer Sektoren über längere Zeiträume geplant. In solche Langzeitplanungen betten sich individuelle Maßnahmen nach Prioritäten und unter Nachweis eines positiven Nutzen-Kosten-Verhältnisses ein.

Beispiele:
- im Bereich öffentlich finanzierter Infrastruktur: Bedarfsdeckungsplanung von Hochschulen und Justizvollzugsanstalten auf Länderebene, Krankenhausplanung
- im Bereich nutzerfinanzierte Infrastruktur: Bedarfsdeckungs- und Kapazitätenplanung von Häfen und Flughäfen auf Bundes- und Länderebene, Bundesverkehrswegeplanung

Für Einzelprojekte indizieren derartige Gesamtplanungen u.U. bereits die Maßnahmenwirtschaftlichkeit des Einzelprojektes. Sie können ferner Kriterien enthalten, die als Bewertungskriterien der Untersuchung der Vollzugswirtschaftlichkeit vor und während des Vergabeverfahrens zu Grunde gelegt werden können oder müssen.

Abbildung 10: Verfahren der Wirtschaftlichkeitsuntersuchung

Phase	Fragestellungen	Methoden/Verfahren
Maßnahmen-wirtschaftlichkeit (MW) *(ex ante)*	Ist die Maßnahme: - bedarfsgerecht? - ökonomisch sinnvoll? (gegenüber Status Quo) - budgetgerecht? (kann man sich die - Maßnahme leisten)	Gesamtwirtschaftliche Verfahren - Kosten-Nutzen - Kosten-Wirksamkeit Einzelwirtschaftliche Verfahren - statische Verfahren (z.B. Kostenvergleichsrechnung) - Dynamische Verfahren (z.B. Kapitalwertmethode)
Vollzugs-wirtschaftlichkeit (VW) *(ex ante)*	Welche Lösung zur Umsetzung ist die wirtschaftlichere: - Eigenlösung? - PPP-Lösung?	Vergleich der Gegenwartswerte der Zahlungsströme (Kapitalwertmethode) - Kosten (Entwicklung/Investition/Betrieb) - evtl. Erlöse Risikotransfer - qualitativ - quantitativ
Prüfung durch Rechnungshof *(ex post)*	Gab es Fehler bei: - Ausschreibung/Vergabe? - Vertrag? - Nachweis MW und VW? Tatsächlicher Risikotransfer?	wie oben, aber: Anwendung ex post

Nach der Feststellung der Maßnahmenwirtschaftlichkeit sind im nächsten Schritt konventionelle und PPP-Realisierungskonzepte zu erarbeiten und hinsichtlich ihrer wirtschaftlichen Vorteilhaftigkeit zu untersuchen und miteinander zu vergleichen (Beschaffungsvariantenvergleich und PPP-Wirtschaftlichkeitsnachweis).

2.4 Finanzielle Realisierbarkeit

Neben der grundsätzlichen Maßnahmenwirtschaftlichkeit ist im Rahmen der Projektstrukturierung frühzeitig die finanzielle Realisierbarkeit, d.h. die Vereinbarkeit potenzieller Realisierungskonzepte mit der aktuellen Haushaltslage sowie der mittel- und langfristigen Finanzplanung des Maßnahmenträgers, zu überprüfen. Hierbei ist auf die Lebenszykluskosten des Projektes abzustellen und es sind diejenigen Kosten und Erlöse zu identifizieren und auszuwerten, die einen direkten Einfluss auf die künftigen Haushalte der öffentlichen Hand während der gesamten Projektlaufzeit haben. Da nicht alle im Rahmen der Wirtschaftlichkeitsuntersuchungen erhobenen Daten haushaltswirksame Positionen darstellen, ist zur Beurteilung der finanziellen Realisierbarkeit eine entsprechende „Bereinigung" der Datenbasis vorzunehmen. So sind bspw. Opportunitätskosten,[14] anders als bei Wirtschaftlichkeitsuntersuchungen, im Rahmen der Analyse der finanziellen Realisierbarkeit nicht zu berücksichtigen.

Durch PPP-Projekte werden die finanziellen Mittel der öffentlichen Hand langfristig gebunden. Das ist für die Entscheidungsträger der öffentlichen Hand zugleich Chance und Risiko. Die Chance besteht darin, wesentliche Investitionen in zukunftsrelevante Bereiche wie z.B. Bildung vorzunehmen und deren Standard auch langfristig gegenüber anderen (nachrangigeren) Investitionsalternativen zu sichern. Das Risiko besteht in der politischen Entscheidung und Weitsicht geeignete Projekte auszuwählen, die langfristig von großer Bedeutung für die jeweilige Kommune oder das Land sind.

Die Überprüfung der finanziellen Realisierbarkeit stellt neben der Wirtschaftlichkeitsuntersuchung einen zentralen Vorgang dar. Erscheint ein Realisierungskonzept wirtschaftlich vorteilhaft, bedeutet das nicht zwingend, dass es aus Sicht der öffentlichen Hand auch finanziell realisierbar ist.

2.5 Definition Projektziele

Das oberste Ziel der öffentlichen Hand als Projektträger muss es sein, den Bedarf mit dem Realisierungskonzept zu befriedigen, das das beste Preis-Leistungsverhältnis (value for money) aufweist. Dies entspricht dem Grundsatz der Wirtschaftlichkeit und Sparsamkeit. Vor diesem Hintergrund sind vom Projektträger Projektziele zu definieren und über die Auswahl und konsequente Durchführung eines geeigneten Beschaffungsansatzes zu realisieren.

Projektziele sind vom Projektträger dem angestrebten Zweck gemäß realistisch, klar verständlich und widerspruchsfrei zu formulieren. Zur Messung der Zielerreichung sind Indikatoren zu bestimmen, die eine sachliche und zeitliche Dimension haben und messbar sind.

Abbildung 11: Beispiel: Projektziele Schule

Beispiel Schule:	
Oberziel: Das ausgewählte Projekt erfüllt die Qualitäts- und Nutzungsanforderungen, die durch die Schule vorgegeben werden.	
Projektziel:	Das ausgewählte Projekt erfüllt die Anforderung an Wirtschaftlichkeit und Sparsamkeit und stellt die effizienteste Art der Leistungsbereitstellung dar.
Projektziel:	Umgestaltung veralteter Schulgebäude und qualitätssichernde Erhaltung dieser über die Projektlaufzeit.
Projektziel:	Beseitigung des Kapazitätsüberhang/-engpasses an Schulplätzen zum festgelegten Termin.
Projektziel:	Ausstattung der Schule mit moderner EDV-Technik entsprechend der vertraglichen Vereinbarungen.

Zur Realisierung der Projektziele rückt die Entwicklung des Organisationsmodells sowie die Auswahl der geeigneten Beschaffungsmethode (konventionell oder PPP) unmittelbar in das Zentrum der Überlegungen.

Eine klare Definition der Projektziele stellt die Voraussetzung für eine unmissverständliche Beschreibung der Leistungsanforderung (Leistungsbeschreibung) dar. Aufbauend auf

[14] Unter Opportunitätskosten versteht man diejenigen Kosten bzw. den entgangenen Nutzen, die/der durch den Verzicht auf eine Alternativinvestition entstehen.

einer funktionalen, ergebnisorientierten Leistungsbeschreibung können privatwirtschaftliche Ressourcen (z.B. Innovationspotenzial, Know-how) optimal im Rahmen der Realisierung der geplanten Maßnahme erschlossen werden.

Daneben sind die definierten Ziele Gegenstand von Wirtschaftlichkeitsuntersuchungen zur Leistungs- und Erfolgskontrolle während der Durchführung und nach Beendigung der Maßnahme (Zielerreichungs- und Wirkungskontrolle).

2.6 Identifizierung und Grobselektion potenzieller Realisierungskonzepte

2.6.1 Zielsetzung

Im Anschluss an die Zieldefinition durch die öffentliche Hand sind potenzielle konventionelle und PPP-Ansätze zur Realisierung des geplanten Projektes zu identifizieren. Dieser Schritt ist von der öffentlichen Hand als Möglichkeit zu verstehen, traditionelle Beschaffungsansätze in Frage zu stellen und neue, innovativere Ansätze der öffentlichen Aufgabenwahrnehmung und Leistungserstellung zu entwickeln.

Vor diesem Hintergrund darf die Entwicklung potenzieller Realisierungskonzepte nicht unnötig begrenzt und auf bekannte Lösungsansätze reduziert werden. Vielmehr ist grundsätzlich eine möglichst große Bandbreite unterschiedlicher innovativer und kreativer Realisierungskonzepte zu erarbeiten. Diese sind zunächst „wertungsfrei" aufzunehmen und hinsichtlich ihrer wirtschaftlichen Vorteilhaftigkeit abzuwägen.

2.6.2 Vorgehen

Zur grundsätzlichen Ermittlung potenzieller Realisierungskonzepte in der Projektstartphase haben sich in der Praxis insbesondere „Brainstorming-Sitzungen" bewährt. Um ein möglichst breites Spektrum an Erfahrungswissen, Innovationspotenzial sowie technischem, wirtschaftlichem und juristischem Know-how in den Entwicklungsprozess einzubringen, ist es u.U. empfehlenswert, neben direkten Projektmitarbeitern weitere sachkundige Mitarbeiter der öffentlichen Hand mit einem entsprechenden Fach-/Erfahrungswissen sowie externe Berater und Experten in das Kernteam zu integrieren. Gegebenenfalls ist es außerdem zweckmäßig, Vertreter relevanter Organisationen oder Interessengruppen in den Brainstorming-Prozess einzubinden und deren Ideen aufzunehmen.

Die folgenden Fragen könnten dabei in den Brainstorming-Sitzungen zur Ideenfindung dienen:

- Was sind die Ziele des geplanten Projektes?
- Wie können diese Ziele zu einer erfolgreichen Bereitstellung aller gewünschten Leistungen führen?
- Verfügt die öffentliche Hand bereits über Grundstücke und Gebäude, die der Bedarfsfeststellung und der Zieldefinition entsprechen?
- Lassen sich die Ziele nur durch Neubau oder auch durch Sanierung/Umbau/Einbau/Ausbau im Bestand oder durch eine Kombination dieser Optionen erreichen?
- Wie lange soll der Hochbau für öffentliche Zwecke genutzt werden?
- Wer ist gegenwärtig Eigentümer der für die Realisierung des Projektes benötigten Grundstücke? Wer soll Grundstückseigentümer während der Betriebsphase sein? Wer soll am Ende der Vertragslaufzeit Grundstückseigentümer bleiben bzw. werden?
- Was sind die benötigten Kapazitäten und Qualitätsstandards bezüglich der bereitzustellenden Gebäude und Dienstleistungen?
- Was ist darüber hinaus wünschenswert, wenn es finanziell realisierbar ist?
- Was sollte unbedingt vermieden werden? (Bsp. Schulspeisung außerhalb der Schule)
- Welche Risiken treten in Zusammenhang mit diesem Projekt möglicherweise auf?

- Ist eine Bündelung einzelner Projekte möglich und sinnvoll?
- Welche Bestandteile der Leistungen können während der Verhandlungen spezifiziert werden und welche sind unveränderlich?
- In welcher Rangfolge sind die einzelnen Dienstleistungen bezüglich der Aufrechterhaltung der Funktionalität des Gebäudes zu sehen?
- Wo werden potenzielle Änderungen bei den zu erbringenden Leistungen während der Vertragslaufzeit gesehen und woraus resultieren sie? Wie können solche Veränderungen in der Ausschreibung Berücksichtigung finden?
- Wie wäre die Akzeptanz des Marktes für ein derartiges Realisierungskonzept?
- Ist es möglich, spezifische Standards in Leistungsparameter umzusetzen (Anreizstrukturen zur Einhaltung von Qualitätsstandards)?

Da nicht alle in dieser Phase entwickelten Realisierungskonzepte einer detaillierten Analyse unterzogen werden können, muss frühzeitig eine erste Grobselektion der Realisierungskonzepte vorgenommen werden. Dabei werden aus technischer, rechtlicher und/oder wirtschaftlicher Sicht nicht realisierbare und/oder im direkten Vergleich offensichtlich unwirtschaftliche Realisierungskonzepte identifiziert und aus der weiteren Betrachtung ausgeschlossen.

Abbildung 12: Übertragbarkeit von Aufgaben der öffentlichen Hand

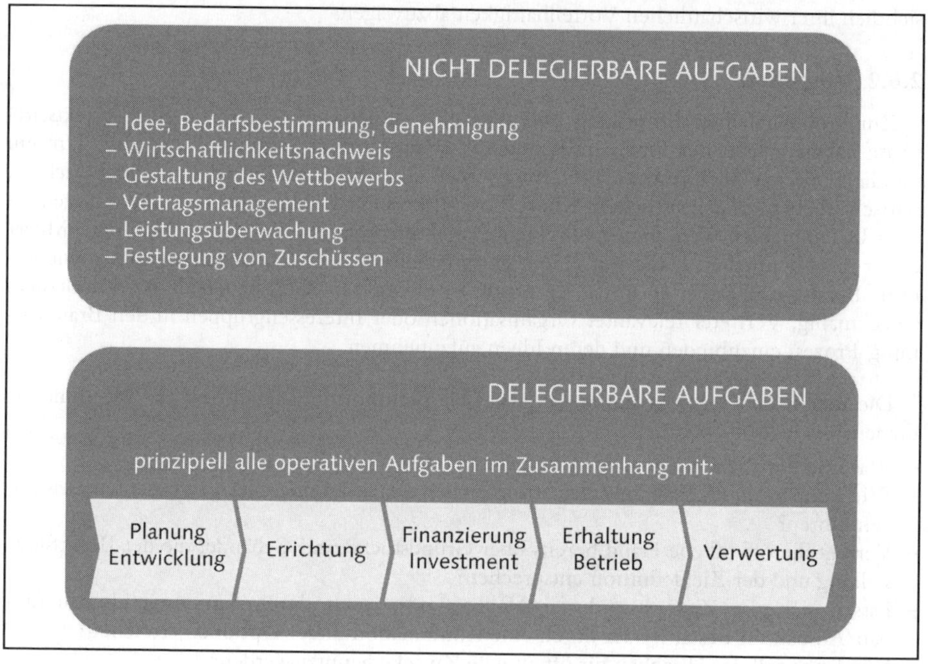

Im Rahmen der Identifizierung der Realisierungskonzepte ist u. a. zu fragen, welche Aufgaben/Leistungen von einem Privaten im Rahmen einer PPP wahrgenommen werden dürfen und welche der Wahrnehmung durch die öffentliche Hand vorbehalten bleiben müssen. Planung, Errichtung und Finanzierung von Hochbauten können Privaten ohne weiteres zur eigenverantwortlichen Wahrnehmung übertragen werden. Im Rahmen des Betriebes ist beispielsweise auch die Delegierung von Facility-Management-Leistungen, Catering, Pförtner- und Sicherheitsdiensten auf einen privaten Vertragspartner unproblematisch. Dem Lebenszykluskonzept von PPP-Projekten entsprechend sei noch einmal darauf hingewiesen, dass es nicht ausreichend ist, nur bestimmte Aufgaben aus einzelnen Lebenszyklusphasen eines Bauwerkes (bspw. nur Bau und Finanzierung) dem Privaten übertragen zu wollen, sondern möglichst übergreifende Aufgabenpakete, um Effizienzvorteile aus dem Schnittstellenmanagement sicherzustellen.

Soweit die Aufgabenübertragung darüber hinausgehen soll, ist im kommunalen Bereich zwischen der Erfüllung freiwilliger Selbstverwaltungsaufgaben der Gemeinde und gesetzlichen Aufgaben zu differenzieren:

- Die Erfüllung freiwilliger Selbstverwaltungsaufgaben der Gemeinde (z. B. Sportanlagen, Bäder, Stadthallen, Theater und Museen) liegt im pflichtgemäßen Ermessen der Gemeinde, so auch die Erfüllung dieser Aufgaben im Wege einer PPP.
- Bei gesetzlich der Gemeinde zugewiesenen Aufgaben kann die Gemeinde deren Erfüllung einem Privaten im Rahmen einer PPP übertragen (Verwaltungshilfe), solange die Aufgabenverantwortung selbst bei der Gemeinde verbleibt und durch den Privaten nicht hoheitlich in Rechte Dritter eingegriffen werden soll (z. B. hoheitliche Gebührenerhebung).

Zielsetzung sollte es sein, eine angemessene Anzahl (z. B. 3–5) erfolgsversprechender Realisierungskonzepte zu identifizieren, die im Rahmen der nächsten Arbeitsschritte in Phase II konkretisiert und einer detaillierteren Analyse unterzogen werden.

Ein weiterer Bestandteil der Entwicklung und Analyse der Realisierungskonzepte ist auch die erste grobe Identifizierung der ihnen innewohnenden Risiken, da diese die Projektrealisation grundsätzlich beeinflussen. Dafür eignen sich eine Reihe von Methoden wie Brainstorming, Risikochecklisten und -kataloge sowie die Nutzung von Expertenwissen. Realisierungskonzepte, deren Risiken nahezu unbekannt sind wie z. B. oftmals IT-Projekte, Projekte die technologische Neuentwicklungen (Lkw-Mauterhebung) oder Sicherheitseinrichtungen (Euro-Tunnel) beinhalten bzw. voraussetzen, sind für PPP nicht geeignet. Ein privater Bieter müsste in diesem Fall, da er die Risiken nicht einschätzen kann, entsprechend hohe Risikozuschläge in sein Angebot einkalkulieren, was zu einer vielleicht unnötigen Erhöhung der Kosten des Projektes führen könnte.

2.7 Überprüfung der PPP-Eignung (PPP-Eignungstest)

Bevor die nach der Grobselektion verbliebenen Realisierungskonzepte weiterentwickelt und konkretisiert werden, ist die geplante Maßnahme hinsichtlich ihrer grundsätzlichen Eignung zur Realisierung im Rahmen einer PPP zu überprüfen. Eine derartige Beurteilung erfolgt im Rahmen des sog. „PPP-Eignungstests". Hierbei wird überprüft, ob die geplante Maßnahme bestimmte Anforderungen (z. B. hinsichtlich der Risikoallokation, des Leistungsumfangs, des Projektvolumens, der Leistungsbeschreibung, des Entgeltmechanismus oder der Wettbewerbssituation) erfüllt, die auf der Grundlage einschlägiger Projekterfahrungen als wesentliche Erfolgskriterien für eine PPP-Lösung identifiziert wurden.[15]

Ist die PPP-Eignung der Maßnahme nicht gegeben, ist die geplante Maßnahme ggf. zu überarbeiten und anzupassen.

Der „PPP-Eignungstest" kann beispielsweise mit Hilfe einer Checkliste, wie nachfolgend dargestellt, durchgeführt werden.

Sollte sich die geplante Maßnahme grundsätzlich nicht für eine PPP-Realisierung eignen, ist sie im Rahmen anderer Beschaffungswege umzusetzen.

[15] Für weiterführende Informationen zum PPP-Eignungsteste siehe § 11 Abschnitt 2.6.

Abbildung 13: Prüfkriterien PPP-Eignungstest

Leistungsumfang	Ist die Integration von Planungs-, Bau- und Betreiberleistungen im Rahmen eines Lebenszyklusansatzes möglich?
Risikoverteilung	Können alle wichtigen Risiken identifiziert werden? Besteht ein signifikantes Risikoprofil? Ist eine optimale Risikoallokation möglich?
Leistungsbeschreibung	Kann die Leistung ergebnisorientiert beschrieben werden?
Projektvolumen	Lässt die Größe des Projektvolumens die Kompensation von Transaktionskosten[16] erwarten?
Interesse Bieterseite und Marktstruktur	Kann das Projekt marktnah entwickelt werden? Ist ein Wettbewerb auf Bieterseite zu erwarten?
Vergütungsmechanismus	Ist die Implementierung anreizorientierter Vergütungsmechanismen möglich?

3. Phase II – Vorbereitung und Konzeption

3.1 Überblick und Zielsetzung

Aufbauend auf den Vorarbeiten der Phase I ist eine adäquate Projektorganisation aufzusetzen. Zudem sind die identifizierten und vorselektierten Realisierungskonzepte auf der Grundlage einer vorläufigen Leistungsbeschreibung weiter zu entwickeln und zu konkretisieren. Zielsetzung ist, jeweils eine möglichst realistische konventionelle und PPP-Beschaffungsvariante zu erarbeiten, hinsichtlich ihrer wirtschaftlichen Vorteilhaftigkeit zu analysieren und im Rahmen des Beschaffungsvariantenvergleichs diejenige Beschaffungsvariante zu ermitteln, die das beste Preis-Leistungsverhältnis erwarten lässt (bevorzugte Beschaffungsvariante). Auf der Grundlage der bevorzugten Beschaffungsvariante sowie den Erkenntnissen der durchgeführten Wirtschaftlichkeitsuntersuchungen ist zu entscheiden, ob das Projekt konventionell oder als PPP ausgeschrieben wird.

Bereits vor der Eröffnung des Vergabeverfahrens ist es erforderlich, erste haushälterische Rahmenbedingungen für das geplante (PPP-)Projekt zu setzen. Vor diesem Hintergrund sind die Ausgaben für das Vorhaben abzuschätzen und im Haushalt bzw. Budget entsprechend zu veranschlagen. Die Ergebnisse des Beschaffungsvariantenvergleichs stellen hierfür die zentrale Grundlage dar.

Die im Einzelnen in Phase II erforderlichen Arbeitsschritte sind in der nachfolgenden Abbildung aufgeführt.

---

[16] Transaktionskosten wurden erstmals von Ronald Coase 1937 beschrieben und umfassen vor allem Such- und Informationskosten, Kosten zur Entscheidungsfindung sowie Kosten des Vertragsmanagements (Gestaltung, Überwachung und Anpassung). Vgl. auch Richter, R./Furubotn: Neue Institutionenökonomik, 2003, S. 53 ff. und weiterführend Abschnitt 3.5.3.1.

Abbildung 14: Vorbereitung und Konzeption im PPP-Beschaffungsprozess

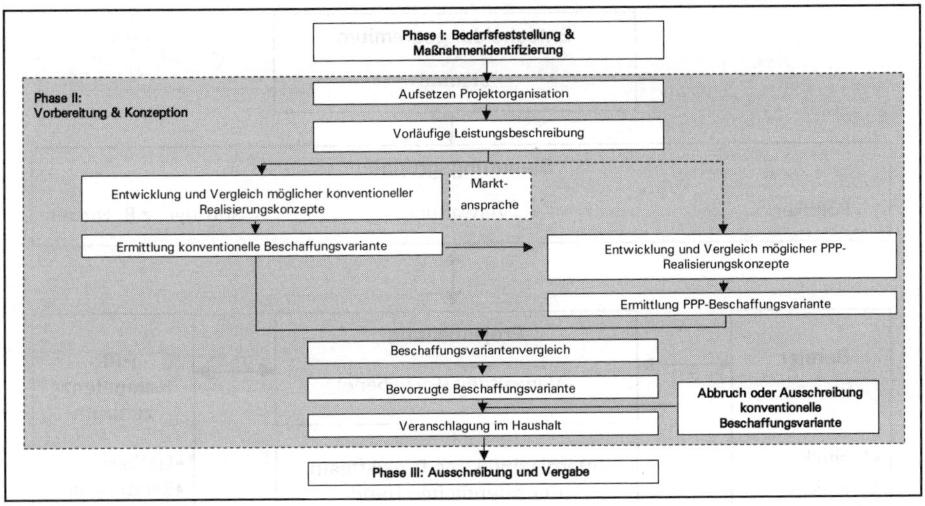

3.2 Projektorganisation

Für eine erfolgreiche und effiziente Projektentwicklung und -realisierung muss der Projektträger als „treibende Kraft" frühzeitig gewisse „Vorarbeiten" leisten. Dazu gehören die Analyse der bei der Projektentwicklung zu beachtenden strategischen, rechtlichen und politischen Rahmenbedingungen und Restriktionen sowie die Sicherstellung der Unterstützung des Projektes durch Verwaltung, Politik und sonstige relevante Interessengruppen.

Im Sinne einer aktiven und zielgerichteten Informations- und Kommunikationspolitik hat die ausschreibende Stelle die betroffenen öffentlichen Entscheidungsträger, Institutionen, Gremien und Aufsichten frühzeitig in die Projektentwicklung einzubinden. Darüber hinaus sollten sonstige relevante Interessengruppen, wie bspw. im Schulbereich Eltern- und/oder Arbeitnehmervertretungen – obwohl sie nur geringe Mitwirkungsrechte haben – zeitnah über das Projekt sowie die laufenden Projektentwicklungen informiert werden. PPP-Projekte bedürfen erfahrungsgemäß einer umfassenden Erläuterung nach innen (Verwaltung) und nach außen (Bürger). Die Akzeptanz von Public Private Partnership als alternative Beschaffungsvariante ist eine wesentliche Voraussetzung für die Gestaltung einer erfolgreichen Partnerschaft.

Genießt bei einem Projekt ein „Denken in alternativen Realisierungsformen" bzw. eine mögliche PPP-Lösung bei den betroffenen Personen und/oder Organisationen/Institutionen keine ausreichende Akzeptanz, ist es für eine zielgerichtete und erfolgreiche Projektstrukturierung entscheidend, dass der Projektträger bestehende „Hemmnisse" aufnimmt und ihnen, bspw. durch aktive Information und Kommunikation, entgegenwirkt.

3.2.1 Projektteam

Das frühzeitige Aufsetzen der Projekt- und Teamorganisation, die Formulierung von Aufgaben und Verantwortlichkeiten, von Entscheidungsfindungsmechanismen sowie Kommunikations- und Berichtslinien auf Seiten des Projektträgers ist von erheblicher Bedeutung für den Projekterfolg.

Auf kommunaler Ebene könnte eine Projektorganisation bspw. folgendermaßen aufgesetzt werden:

Abbildung 15: Beispiel: Projektorganisation bei einer Kommune

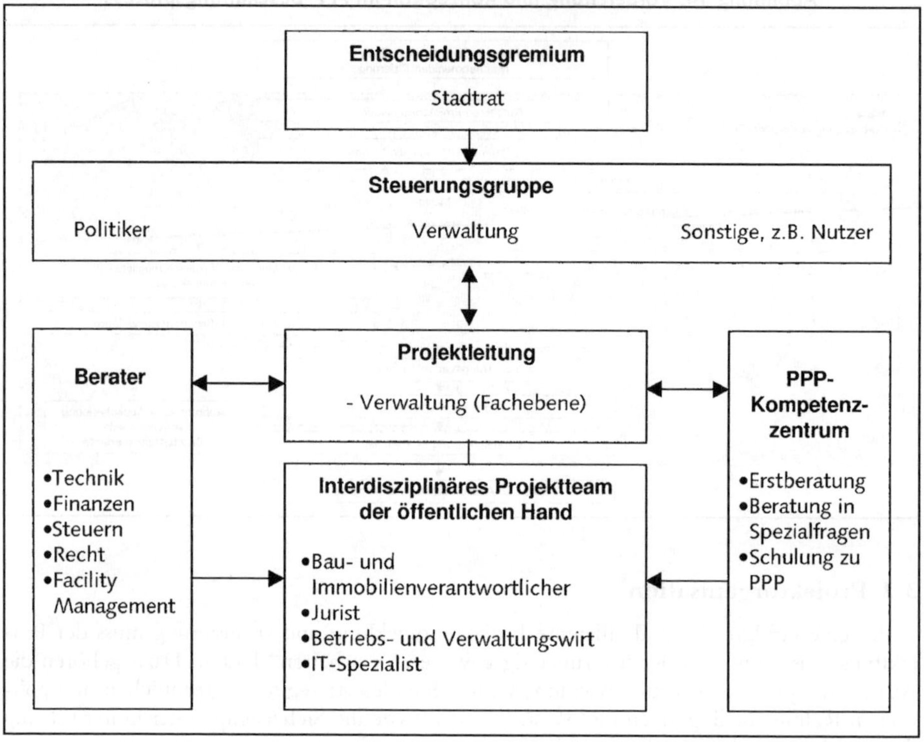

In dem Beispiel fungiert der Stadtrat als oberstes Entscheidungsgremium, die Steuerungsgruppe als strategischer Richtungsgeber und Projektteamaufsicht, die Projektleitung ist verantwortlich für das inhaltliche und organisatorische Management des Teams und der Berater.

Die interdisziplinäre Natur eines PPP-Beschaffungsprozesses erfordert seitens des Projektteams fundierte Kenntnisse aus den Bereichen Verwaltung, Recht, Finanzierung, Wirtschaft und Technik. Das in den unterschiedlichen Phasen erforderliche Know-how ist sowohl intern und auch extern zu beschaffen und entsprechend der konkreten Bedarfsituation in das Projekt einzubinden. In diesem Zusammenhang ist ein „schlankes" Kernteam zu benennen, das bezogen auf konkrete Aufgaben-/Problemstellungen ggf. temporär durch interne und/oder externe Spezialisten unterstützt werden kann.

Im Rahmen von PPP-Projekten sind typischerweise Finanzberatungsleistungen (inkl. Steuerberatung), Rechtsberatung sowie Ingenieur-, Planungs- und Facility Managementberatungsleistungen erforderlich. Die zielgerichtete Einbindung qualifizierter Berater hat erheblichen Einfluss auf den Projekterfolg. Bei der Einbindung von Beratern ist insbesondere darauf zu achten, dass sie zu wettbewerbsfähigen Konditionen unter Vertrag genommen werden[17] und die im Rahmen der angebotenen Beratungsleistung benannten Personen die entsprechende Qualifikation und Erfahrung mitbringen, unvoreingenommen sind und auch tatsächlich für das Projekt zur Verfügung stehen. Unabdingbar ist jedoch, dass die Entscheidungsfähigkeit des Auftraggebers (öffentliche Hand) sichergestellt wird. Berater können über gemeinsame Ausschüsse zum Erkenntnisgewinn beitragen, jedoch ist es nicht die Aufgabe der Berater, die Entscheidungen zu treffen. Die Projektleitung auf Auftraggeberseite sollte

[17] Soweit Ausschreibungspflichten bestehen, ist die Durchführung eines ordnungsgemäßen Vergabeverfahrens nach VOL/A oder VOF notwendig. Rechtsberatung ist nicht ausschreibungspflichtig.

sich auf Grund dessen umfangreich Informationen zum PPP-Beschaffungsprozess ggf. über Weiterbildungsmaßnahmen beschaffen.

Künftige potenzielle Bieter und deren Berater sollten nicht beauftragt werden, da diese sonst möglicherweise am Vergabeverfahren nicht mehr teilnehmen dürfen (sog. Projektantenproblematik). Um die Neutralität des Auftraggebers im Vergabeverfahren zu gewährleisten und Interessenskonflikte sowie Wettbewerbsverzerrungen zu vermeiden, dürfen voreingenommene Personen (§ 16 VgV)[18] nicht an der Erstellung der Leistungsbeschreibung und Durchführung des Vergabeverfahrens beteiligt sein. Der Auftraggeber sollte daher einen im (vermuteten) Interessenkonflikt stehenden Beteiligten von der Mitwirkung an sämtlichen Aktivitäten ausschließen, die sich auf die Gestaltung und Durchführung des Verfahrens auswirken. Zweckmäßig erscheint zudem, von den für den Auftraggeber tätigen Personen und Beratern Erklärungen über ihre Unvoreingenommenheit zu verlangen und diese in den Vergabeakten zu dokumentieren.

Bei der Projektorganisation ist darauf zu achten, dass alle rechtlich an der Entscheidung über die Durchführung des Projektes beteiligten Stellen rechtzeitig in den Entscheidungsprozess eingebunden und mit den erforderlichen Daten und Informationen versorgt werden.

Auf kommunaler Ebene sind vor diesem Hintergrund insbesondere einzubinden:
- die Gemeindevertretung (Gemeinderat, Rat),
- die Verwaltungsleitung (Bürgermeister, Gemeindevorstand),
- die für das Einzelprojekt zuständigen Ämter und
- ggf. die Personalvertretung.

Darüber hinaus ist die Kommunalaufsichtsbehörde einzubinden
- immer dann, wenn die Genehmigung der Aufsichtsbehörde Wirksamkeitsvoraussetzung für den PPP-Vertrag ist[19] (zur Verkürzung des Genehmigungsverfahrens) und
- in Fällen, in denen eine Anzeigepflicht vorgesehen ist, wie dies z.B. in Nordrhein-Westfalen und bei der Gründung gemischtwirtschaftlicher Gesellschaften der Fall ist.

Zudem empfiehlt sich die frühzeitige Einbindung oder zumindest Information der Kommunalaufsicht auch in jedem anderen Fall, da diese mit ihrem rechtsaufsichtsrechtlichen Instrumentarium unabhängig vom Bestehen eines Genehmigungsvorbehalts oder einer Anzeigepflicht das Projekt untersagen kann und sie darüber hinaus eine Beratungsfunktion erfüllt.

Je nach Projekt können sich weitere spezialgesetzliche Mitwirkungsrechte ergeben (z.B. nach den Landesschulgesetzen).

Auf Bundes- und Landesebene bestehen in bestimmten Fällen Zustimmungsvorbehalte zu Gunsten der Finanzministerien und der Legislativorgane, so dass deren frühzeitige Einbindung zu empfehlen ist. Eine Zustimmung des jeweils zuständigen Finanzministeriums ist namentlich für die Veräußerung und die Belastung von staatlichen Grundstücken mit dingli-

---

[18] Voreingenommenheit wird vermutet, wenn ein Organmitglied, Mitarbeiter oder Beauftragter des Auftraggebers und zugleich 1) Bieter oder Bewerber ist, 2) einen Bieter oder Bewerber berät oder sonst unterstützt oder als gesetzlicher Vertreter oder nur in dem Vergabeverfahren vertritt, 3) bei einem Bieter oder Bewerber gegen Entgelt beschäftigt oder als Mitglied des Vorstandes, Aufsichtsrates od. gleichartigen Organs tätig ist, 4) für ein in das Vergabeverfahren eingeschaltetes Unternehmen tätig ist, wenn dieses Unternehmen zugleich geschäftliche Beziehungen zum Auftraggeber und zum Bieter oder Bewerber hat, es sei denn, dass dadurch für die Person kein Interessenkonflikt besteht oder sich die Tätigkeiten nicht auf die Entscheidungen in dem Vergabeverfahren auswirken. Gleiches gilt für Angehörige der in Nr. 1–3 genannten Personen.

[19] Die später darzustellenden Vertragsmodelle I–V können als kreditähnliche Geschäfte einem Genehmigungsvorbehalt unterliegen. Gesonderte Genehmigungsvorbehalte gelten darüber hinaus für häufig im Zusammenhang mit PPP-Verträgen abgeschlossene Bürgschaften oder sonstige Gewährverträge. In Nordrhein-Westfalen ist lediglich eine Anzeigepflicht normiert.

chen Rechten sowie für den Erwerb, die Erhöhung und die Veräußerung von staatlichen Beteiligungen an privatrechtlichen Unternehmen erforderlich.

Die Einbindung bestehender PPP-Kompetenzzentren empfiehlt sich insbesondere in der Frühphase der Projektentwicklung, zur Schulung von Mitarbeitern der öffentlichen Hand sowie im Zusammenhang mit Spezialfragen (z. B. Wirtschaftlichkeitsuntersuchungen).

3.2.2 Projektplan

Der Projektplan dient neben der Herstellung der „Arbeitsfähigkeit" der Projektbeteiligten insbesondere als Instrument zur Identifizierung der für die Projektentwicklung erforderlichen Ressourcen sowie als zentrales Controlling-/Monitoringtool. Er ist frühzeitig zu erstellen und entsprechend der tatsächlichen Projektentwicklung fortzuschreiben.

Im Zuge der Projektentwicklung identifizierte Arbeitsfelder sind zu operationalisieren und ggf. in einzelnen Teilprojekten zusammenzuführen. Die spezifischen Aufgaben innerhalb der einzelnen Teilprojekte können im Rahmen von „Wochenplänen" erfasst und kontinuierlich fortgeschrieben werden. Der Wochenplan stellt einen wichtigen Bestandteil der Projektdokumentation und – in Ergänzung des Projektplans – ein zeitnahes Instrumentarium des Projektcontrollings und der Projektsteuerung dar.

Durch den kontinuierlichen Abgleich des planmäßigen Projektverlaufs (gem. Projektplan) mit dem tatsächlichen Entwicklungsstand können evtl. Abweichungen frühzeitig erkannt und entsprechend Gegenmaßnahmen zeitnah eingeleitet werden.

Von großer Bedeutung für die Bereitschaft der Bieter sich an der Ausschreibung zu beteiligen, ist die Angabe eines verbindlichen Zeitplans in den Ausschreibungsunterlagen. Aufgrund der hohen Kosten für die Erstellung der Angebotsunterlagen für ein PPP-Projekt ist der Bieter gezwungen genau abzuschätzen, welche personellen und zeitlichen Ressourcen er für ein bestimmtes Projekt binden will und kann.

3.3 Funktionale und ergebnisorientierte Leistungsbeschreibung

Auf Basis des in Phase I festgestellten Bedarfs, der definierten Projektziele sowie der Anforderungen des öffentlichen Auftraggebers an Art und Qualität der seitens des Privaten zu erbringenden Leistungen ist in Phase II eine vorläufige Leistungsbeschreibung zu formulieren, auf deren Grundlage die identifizierten und vorselektierten Realisierungskonzepte weiterentwickelt und konkretisiert werden können. Vor der Eröffnung des Vergabeverfahrens in Phase III des Beschaffungsprozesses ist die vorläufige Leistungsbeschreibung auf der Grundlage der Arbeiten im Rahmen dieser Phase (insbesondere des Beschaffungsvariantenvergleichs und der bevorzugten Beschaffungsvariante) zu konkretisieren und abschließend fertig zu stellen.

Im Rahmen der vorläufigen Leistungsbeschreibung müssen die wesentlichen Aufgabenbereiche der künftigen Auftragnehmer und deren Schnittstellen zum Auftraggeber festgelegt werden. Im Gegensatz zur konventionellen Realisierung von Projekten im Hochbau, ist wesentliches Merkmal eines PPP-Projektes, dass eine Immobilie für die öffentliche Hand von einem Privaten längerfristig ganzheitlich bewirtschaftet wird. Dabei orientieren sich die jeweiligen Aufgabenbereiche der Auftragnehmer und deren Schnittstellen zum Auftraggeber sowohl an der Bedarfsfeststellung und der Zieldefinition des öffentlichen Auftraggebers als auch an der technischen und betriebswirtschaftlichen Umsetzbarkeit des Projektvorhabens einschließlich der Verteilung der jeweiligen Projektrisiken.

3.3.1 Inhalt

Je nach Realisierungskonzept können die Aufgabenbereiche des privaten Auftragnehmers Planung, Bau, Betrieb, Finanzierung und ggf. Übertragung/Verwertung in unterschiedlichem Umfang umfassen.

Ihre konkrete Ausgestaltung hängt insbesondere von folgenden Kriterien ab:
- Art des Hochbaus (z. B. Verwaltungsgebäude, Stadthalle, Schule, Gefängnis),
- Maßnahmen am Immobilienbestand der öffentlichen Hand (Neubau oder Sanierung/Umbau/Einbau/Ausbau im Bestand),
- Art des Nutzungsverhältnisses (z. B. Nutzung der Immobilie als Eigentum oder Mietobjekt),
- Zweck der Nutzung (z. B. zu Verwaltungs-, Veranstaltungs-, Freizeit-, Justizzwecken),
- übliche Nutzungsdauer (z. B. 10 oder 30 Jahre),
- Steuerbelastung,
- Vergütungsregelung,
- gegenwärtige und zukünftige Eigentumsverhältnisse am Grundstück und
- Risikoverteilung und Schnittstellendefinition von Auftraggeber und Auftragnehmer.

Inwieweit der auf Basis dieser Kriterien ermittelte Leistungsumfang von einem Privaten erbracht werden kann, kann im Rahmen einer Marktansprache ermittelt werden. Aufbauend auf den Erkenntnissen der Marktansprache kann die Leistungsbeschreibung konkretisiert und ggf. adjustiert werden.

3.3.2 Wesen und Vorteile

Das Kernstück jeder Ausschreibung und Vergabe ist die Leistungsbeschreibung der geforderten Leistungen, anhand derer der Leistungsumfang und der Preis der Leistungen festgelegt wird. Im deutschen Vergaberecht wird dabei zwischen Leistungsbeschreibungen mit Leistungsverzeichnis (LV) und funktionalen Leistungsbeschreibungen (Leistungsbeschreibung mit Leistungsprogramm) unterschieden.

Bei der Vergabe von PPP-Lebenszyklusprojekten werden in aller Regel sehr komplexe, langfristige Leistungspakete nachgefragt, deren Ausgestaltung relativ weitgehend den Bietern überlassen werden soll. Den sich daraus ergebenden Anforderungen der konzeptoffenen Beschreibung, die Raum für kreative Lösungen der Bieter lässt, wird die inputorientierte Leistungsbeschreibung mit LV i. d. R. nicht gerecht. Die Verwendung outputorientierter funktionaler Leistungsbeschreibungen für weite Teile des Projektes ist deshalb ein wesentliches Merkmal von PPP-Projekten. Bei dieser Ausschreibungsvariante stehen nicht der Prozess bzw. die Leistung mit ihren einzelnen Aktivitäten im Vordergrund, sondern das operational überprüfbare Ergebnis und damit die Qualität der erbrachten Leistung.

Welche Form der Leistungsbeschreibung gewählt wird, ist im Einzelfall zu entscheiden. Handelt es sich um kleinere überschaubare Leistungen bzw. Einzelleistungen wird die inputorientierte Leistungsbeschreibung dominieren. Bei größeren Leistungspaketen und komplexeren Bau- und Dienstleistungen, wie sie typisch für PPP-Modelle sind, ist die outputorientierte Leistungsbeschreibung vorzuziehen, um das Planungs- und Innovationspotenzial des Wettbewerbs nutzbar zu machen und den Bietern Spielräume zur Optimierung der Leistungen zu geben.

In einer outputorientierten Leistungsbeschreibung werden die Qualitätsmerkmale beispielsweise des Raumklimas (Luftfeuchte und Temperatur) vorgegeben, nicht aber wie in einer inputorientierten Leistungsbeschreibung die Art der Heizungs- und Klimaanlage.

Anders als bei der inputorientierten Leistungsbeschreibung, wo der Auftraggeber sich detailliert mit den einzelnen Leistungsbestandteilen auseinander setzen muss, kann (und sollte) er sich bei einer outputspezifizierten funktionalen Leistungsbeschreibung im Vorfeld auf die genaue Definition der Ziele der Leistungsvergabe und seiner Anforderungen an die Qualität der Leistungserbringung und der Messgrößen zu deren Nachweis konzentrieren. Mit einer funktionalen, ergebnisorientierten Ausschreibung hat der Auftragnehmer umfangreichere Möglichkeiten, Optimierungspotenzial vor dem Hintergrund seiner Erfahrungen auszunutzen und diese seinem Auftraggeber, der öffentlichen Hand, zur Verfügung zu stellen.

Abbildung 16: Vergleich von input- und outputorientierter Leistungsbeschreibung

	Inputorientierte Leistungsbeschreibung	Outputorientierte Leistungsbeschreibung
Mengengerüst und Erfassung der Tätigkeiten	Risiko der unvollständigen Erfassung und Beschreibung des Mengengerüstes liegt beim Auftraggeber	Risiko der Umsetzung der outputorientierten Leistungsbeschreibung in Mengengerüste liegt beim Auftragnehmer
Beschreibung der gewünschten Ergebnisse	Detaillierte Erfassung und Beschreibung der einzelnen Gewerke sowie der zu verwendenden Materialien und Ausrüstung	Beschreibung der Ziele, Anforderungen, Qualitäten
Wissen des Ausschreibenden über Leistungen	genaues Wissen über die Leistungsprozesse des Auftragnehmers	genaue Definition der eigenen Ziele, Anforderungen und gewünschten Qualitäten
Vergleichsmöglichkeiten der Angebote	Vergleich der Angebote auf Basis des gleichen Leistungsverzeichnisses	Anwendung einer geeigneten Methodik zur Angebotsauswertung
Kontrollmöglichkeiten während der Ausführung	Kontrolle der Prozesse der Leistungserstellung in festgelegten Intervallen	Kontrolle des Ergebnisses der erbrachten Leistung anhand der festgelegten Qualitätsmessgrößen
Vergütung	Fest vereinbarte Leistungserbringung und -vergütung	Anreizorientierte leistungsabhängige Vergütung
Einbeziehung der Nutzer	Risiko der Erreichung von Nutzerwünschen und Nutzerzufriedenheit liegt beim Auftraggeber	Erreichung der Nutzerwünsche und Nutzerzufriedenheit sind als Leistungsziel definiert
Innovation, Know-how	Enge Vorgaben für den Auftragnehmer, kaum Möglichkeiten für das Einbringen von eigenem Know-how und Erfahrungen	Auftragnehmer kann Know-how und Erfahrungen einbringen, Förderung von Flexibilität und Innovation

Die ergebnisorientierte Leistungsbeschreibung enthält die vom Auftraggeber definierten Ziele, Anforderungen und Qualitäten mit den zugehörigen Messgrößen für das konkrete PPP-Projekt. Der Auftraggeber muss sich nicht – wie bei einer Leistungsbeschreibung mit Leistungsprogramm – detailliert mit den einzelnen Prozessen, d.h. dem „WIE" auseinandersetzen, sondern beschränkt sich im Wesentlichen auf das „WAS" erreicht werden soll. Dies stellt insbesondere, wenn man sich zum ersten Mal mit einer solchen Aufgabe konfrontiert sieht, eine besondere Herausforderung dar.

Bei aller Offenheit unterliegt jedoch grundsätzlich auch die outputorientierte Ausschreibung der Anforderung, den Beschaffungsbedarf des Auftraggebers mit größtmöglicher Bestimmtheit darzustellen. Im Sinne des Gleichbehandlungs- und Transparenzgebotes müssen sich alle Bieter mit Hilfe der Leistungsbeschreibung gleichermaßen ein klares Bild von den ausgeschriebenen Leistungen machen können. Ohne eine in diesem Sinne eindeutige und erschöpfende Leistungsbeschreibung ist eine sinnvolle Wertung der Angebote mangels Vergleichbarkeit nicht möglich.

Die ergebnisorientierte Leistungsbeschreibung ist die Voraussetzung um leistungsbasierte vertragliche Vereinbarungen sogenannte Service Level Agreements zu schließen. Service Level Agreements enthalten neben den Leistungsvereinbarungen auch Informationen zu Vergütungsmechanismen.[20]

---

[20] Weiterführend Abschnitt 4.3.4.

3.4 Weiterentwicklung und Konkretisierung der Realisierungskonzepte

Aufbauend auf der vorläufigen Leistungsbeschreibung sind die in Phase I identifizierten und vorselektierten Realisierungskonzepte weiterzuentwickeln und zu konkretisieren. Zielsetzung ist, ein Realisierungskonzept zu identifizieren, das – unter Berücksichtigung aller in dieser Projektphase verfügbaren Daten und Informationen – eine möglichst effektive und effiziente Erfüllung der formulierten Leistungsbeschreibung erwarten lässt (bevorzugte Beschaffungsvariante).[21]

Im Rahmen der Entwicklung der bevorzugten Beschaffungsvariante ist zu analysieren, in wieweit durch die Integration privatwirtschaftlicher Elemente und die konzeptionelle Verzahnung von Planungs-, Errichtungs-, Finanzierungs-, Betriebs- und ggf. Verwertungskomponenten Kosteneinsparungen und Effizienzvorteile im Vergleich zu einer konventionellen Eigenerstellung erzielt werden können.

Im Rahmen der Weiterentwicklung und Konkretisierung der Realisierungskonzepte – insbesondere bei der Entwicklung der PPP-Beschaffungsvariante – sind die nachfolgend aufgeführten Aspekte grundsätzlich zu berücksichtigen:

- Marktansprache,
- vertragliche Grundstrukturen,
- Finanzierungsfähigkeit/Bankability,
- Anwendbarkeit des Vergaberechts,
- Beachtung von Fördermöglichkeiten,
- steuerliche Aspekte,
- Genehmigungserfordernisse.

3.4.1 Marktansprache

Informelle, nichtförmliche Marktansprachen vor Eröffnung des Vergabeverfahrens bieten dem öffentlichen Projektträger die Möglichkeit, marktnahe Informationen frühzeitig in die Projektentwicklung und -strukturierung einzubringen.

Eine Abfrage entsprechender Informationen während des Vergabeverfahrens ist nicht möglich, da die Durchführung eines Vergabeverfahren zum Zwecke der Markterforschung unzulässig (§ 16 VOB/A, VOL/A) ist: Die Grundparameter der gewünschten Projektdurchführung müssen bereits vor der Einleitung des Vergabeverfahrens feststehen. Versäumnisse und Ungenauigkeiten in der Vorbereitungsphase können in der Regel nicht durch eine Aufhebung des Vergabeverfahrens beseitigt werden, da nach § 26 VOB/A, VOL/A als rechtmäßige Aufhebungsgründe nur solche anzusehen sind, die nicht schon bei Planung und Vorbereitung der Ausschreibung hätten erkannt werden müssen. Einer sorgfältigen Vorbereitung des Verfahrens kommt somit eine zentrale Bedeutung zu.

Das ebenfalls denkbare Instrument des förmlichen Interessenbekundungsverfahrens (IBV) wurde in der Praxis in der Vergangenheit teilweise als zu schwerfällig empfunden. Nachteile eines IBV in der gegenwärtig in der Praxis üblichen Form sind die sehr hohen Anforderungen an die Bieter, bereits weitgehend ausgearbeitete Angebote vorzulegen. Dies in Verbindung mit der Nichterstattung von Angebotserstellungskosten führte häufig zu geringem Teilnahmeinteresse im Markt und zu „Phantasieangeboten". Zusätzlich zu dem Adressatenkreis eines IBV können in einer nichtförmlichen Marktansprache nicht nur potenzielle Bieter, sondern auch andere Ansprechpartner wie beispielsweise Banken oder Versicherungen angesprochen werden. Frühzeitige Informationen über die Leistungsfähigkeit und -willigkeit des Marktes in Bezug auf ein konkretes Projekt mindern das Risiko unwirtschaftlicher Verhandlungsergebnisse auf Basis unrealistischer Leistungsanforderungen im Rahmen einer funktionalen Ausschreibung.

[21] Im englischsprachigen Raum als „Preferred Option" bezeichnet.

Konkret kann im Wege nichtförmlicher Marktansprache bspw. erfragt werden:
- ob der Markt (z.B. Bauunternehmen, Banken, Facility Management Unternehmen) zu einem bestimmten Zeitpunkt bereit ist, im notwendigem Umfang (Vermeidung von oligopol- bzw. monopolähnlichen Verhandlungssituationen) an einem Projekt teilzunehmen,
- ob die Bieter willens sind, Dienstleistungen, die über reines Facility Management hinausgehen, zu erbringen und über welche Erfahrungen sie in diesen Bereichen verfügen,
- welche Verfahrensgestaltungen (z.B. notwendige Dokumentationsstandards betreffend vorhandener Gebäudebestände, wenn diese Bestände später von einem Betreiber unter Übernahme sämtlicher Risiken betrieben werden sollen) erforderlich bzw. zweckmäßig erscheinen.

Frühzeitige Markterkundungen liefern gewisse Hinweise auf die grundsätzliche Realisierbarkeit eines Projektes und geben hilfreiche Anhaltspunkte für eine zielgerichtete Ausgestaltung des auszuschreibenden Projektes. Insoweit können nichtförmliche Marktansprachen das Risiko unwirtschaftlicher Verhandlungsergebnisse im Rahmen des Vergabeverfahrens mindern.

Verfahrensmäßig müssen nichtförmliche Marktansprachen so ausgestaltet sein, dass durch ihre Durchführung nicht das Risiko von Verfahrensrügen im späteren Vergabeverlauf begründet wird. Gerade im Vorfeld nicht beteiligte Bieter werden im Falle des beabsichtigten Zuschlags an einen Dritten unter Umständen geneigt sein, Verstöße gegen das Transparenz- und Gleichbehandlungsgebot im Nachhinein zum Gegenstand eines Nachprüfungsverfahrens zu machen. Von daher empfiehlt sich für die Praxis der nichtförmlichen Marktkommunikation ein ausreichendes Maß an Transparenz und Offenheit. Dieses kann etwa dadurch erzeugt werden, dass die an einzelne Bieter gerichteten Fragen vorab dokumentiert und veröffentlicht werden, z.B. auf der Homepage der projektverantwortlichen Gemeinde. Auch die relevanten Ergebnisse von Befragungen sind – in anonymisierter Form – allen interessierten Parteien in gleicher Weise zugänglich zu machen.

3.4.2 Vertragliche Grundstrukturen

Im Rahmen der Ermittlung der PPP-Beschaffungsvariante erstellt der Auftraggeber ein erstes Vertragskonzept in Form einer Vorauswahl vertraglicher Grundstrukturen, die in Phase III zu konkretisieren sind. Das Vertragskonzept im Rahmen der PPP-Beschaffungsvariante unterscheidet sich von der konventionellen Beschaffungsvariante vornehmlich durch den über die bloße Planung und Errichtung der Gebäude oder Anlagen hinausgehenden Lebenszyklusansatz. Danach übernimmt der Private zusätzlich zu den Planungs-, Bau- und Finanzierungsleistungen auch den Betrieb der Gebäude oder Anlagen während des gesamten Lebenszyklusses des Projektes.

Bei der Ausgestaltung der Planungs-, Bau-, Finanzierungs- und Verwertungsleistungen des Auftragnehmers im Rahmen eines PPP-Vertragskonzepts kommt es entscheidend auf die bestands- und bedarfsorientierte Ausgangslage auf Seiten des Auftraggebers an. Denn je nach vorhandenem Grundstücks- und Gebäude- bzw. Anlagenbestand und festgestelltem Bedarf (quantitativ, qualitativ, zeitlich (dauerhaft oder vorübergehend)) ist zu bestimmen, ob Gegenstand des PPP-Projektvorhabens der Neubau, die Sanierung im Bestand und/oder der Einbau einer oder mehrerer Immobilien oder Anlagen(-teile) sein soll und ob die Umsetzung des PPP-Projektvorhabens das Eigentum des Auftraggebers an der Immobilie vor, während und/oder nach der Vertragslaufzeit erfordert.

Inwieweit eine zivilrechtliche Eigentümerstellung des Auftraggebers an der von ihm zu nutzenden Immobilie oder Anlage und damit ggf. ein entsprechender Eigentumserwerb (kraft Gesetzes oder durch Rechtsgeschäft) während oder am Ende der Vertragslaufzeit ratsam ist, entscheidet sich u.a. auch nach dem Gesichtspunkt der späteren Verwertbarkeit der Immobilie oder Anlage.

Denn am Ende der Vertragslaufzeit und damit des vertraglichen Nutzungsverhältnisses zwischen Auftraggeber und Auftragnehmer stellt sich dem jeweiligen Eigentümer der errichteten, eingebauten bzw. sanierten und betriebenen Gebäude oder Anlagen (Verwertungsgegenstand) die Frage ihrer weiteren wertschöpfenden Nutzung (Verwertung). Der verbliebene Wert des Verwertungsgegenstandes kann von dem Eigentümer entweder durch eigene Nutzung oder durch Nutzung eines Dritten (z.B. in Gestalt eines Käufers, Mieters, Pächters oder Leasingnehmers) realisiert werden. Dabei setzt eine Verwertung im Wege der Nutzung durch Dritte voraus, dass am Ende der Vertragslaufzeit auf dem Markt eine Nachfrage für den Verwertungsgegenstand besteht.

Der Auftraggeber muss sich daher bereits bei Erstellung des PPP-Vertragskonzepts, spätestens jedoch im Zeitpunkt der Vertragsverhandlungen (Phase III), darüber klar sein, ob eine spätere Verwertbarkeit des Verwertungsgegenstandes den Erwerb des Eigentums hieran rechtfertigt. Als Anhaltspunkte können ihm folgende Fragestellungen dienen:

- Wie lange sollen die Gebäude oder Anlagen durch die öffentliche Hand selbst genutzt werden (dauerhaft oder nur vorübergehend)?
- Lässt sich für den Zeitpunkt des Vertragsablaufs eine Nachfrage am Markt für Kauf, Miete, Pacht, Leasing oder eine anderweitige Nutzung des Verwertungsgegenstandes prognostizieren?
- Welcher Wert kann danach dem Verwertungsgegenstand zum Zeitpunkt des Vertragsablaufs noch prognostiziert werden?
- Ist der Verwertungsgegenstand grundsätzlich geeignet, durch Dritte genutzt zu werden (multifunktionale Immobilie oder Spezialimmobilie)?

Zusätzlich muss im Rahmen der Erstellung eines ersten Vertragskonzepts überdacht werden, ob sich das konkrete PPP-Projektvorhaben grundsätzlich eignet, um über Nutzungsentgelte Dritter (teil-)finanziert zu werden (sog. Drittnutzerfinanzierung). Im Übrigen muss der Auftraggeber bewerten, ob er seine Einwirkungsmöglichkeiten auf eine vertragsgemäße Implementierung des PPP-Projektes in Form der Beteiligung an einer regelmäßig vom Auftragnehmer zu gründenden Projektgesellschaft sicherstellen will.

Dementsprechend lässt sich bei der Auswahl geeigneter vertraglicher Grundstrukturen im Rahmen der PPP-Beschaffungsvariante zusammenfassend danach unterscheiden, ob

- der öffentliche Auftraggeber spätestens nach Abschluss der Betriebsphase das Eigentum an der Immobilie in jedem Fall erwerben möchte (PPP-Erwerbermodell),
- der öffentliche Auftraggeber die Immobilie nur während der Betriebsphase mietweise nutzen möchte und die Möglichkeit zum Eigentumserwerb nur durch eine Kaufoption gesichert wird (PPP-FM-Leasingmodell, PPP-Vermietungsmodell),
- die Baumaßnahmen die Sanierung oder (teilweise) Errichtung von Gebäuden oder Anlagen im Bestand des öffentlichen Auftraggebers betreffen (PPP-Inhabermodell, PPP-Contractingmodell),
- die spätere Verwertbarkeit der Gebäude oder Anlagen durch eigene Nutzung oder durch Nutzung Dritter ungewiss erscheint (PPP-FM-Leasingmodell, PPP-Vermietungsmodell),
- die Refinanzierung der Baumaßnahmen und des Betriebs im wesentlichen Umfang durch Nutzungsentgelte künftiger (Dritt-)Nutzer der Immobilie gestaltet werden soll (PPP-Konzessionsmodell) oder
- der öffentliche Auftraggeber stärkere Mitsprache bei den Entscheidungen des privaten Auftragnehmers wünscht und sich daher an einer Projektgesellschaft für den Bau und den Betrieb der Immobilie beteiligt (PPP-Gesellschaftsmodell).

Diese im Rahmen der Vorbereitung erarbeiteten vertraglichen Grundstrukturen stellen die Basis für die spätere Erstellung der Vergabeunterlagen dar.

Zur Vorbereitung und Gestaltung eines geordneten und effizienten Vergabeverfahrens ist es wichtig, dass die öffentliche Hand die Beweggründe und Interessen der privaten Kapitalgeber bei einem PPP-Projekt berücksichtigt.

Gleichwohl ist darauf hinzuweisen, dass die Überlegungen zur Finanzierung nicht die übergeordneten Kriterien in der Anfangsphase (Phase I und II) der Projektstrukturierung sein sollten. Zu Beginn eines Projektes sollten die Strukturierungs- und Organisationsfragen im Vordergrund stehen, die sich aus den Projektzielen herleiten. Erst in einem zweiten Schritt ist der „Realitäts-Check" anhand der Kriterien zur Finanzierungsfähigkeit durchzuführen – gemäß der Erkenntnis „Finanzierung folgt Organisation" („Finance follows Organisation").

Die Einbindung von privatem Kapital hat zwangsläufig Auswirkungen auf den PPP-Beschaffungsprozess, z.B. im Rahmen des PPP-Beschaffungsvariantenvergleiches während der Vorbereitungs- und Konzeptionsphase sowie beim Vergabeprozess. Ziel des öffentlichen Auftraggebers bei Erstellung der Vergabeunterlagen ist es, im Rahmen der Beschreibung der Finanzierungsleistungen, die Tragfähigkeit der gewählten Finanzierung abzusichern, da die Finanzierung den angebotenen Preis wesentlich mitbestimmt und damit die Belastbarkeit des jeweiligen Angebots beeinflusst.

3.4.3 Anwendbarkeit des Vergaberechts

Weiterhin muss geklärt werden, ob bzw. inwieweit das geplante Hochbauvorhaben dem Vergaberecht unterfällt. Davon kann ausgegangen werden, wenn sich ein öffentlicher Auftraggeber wirtschaftlich betrachtet von einem Dritten Bau-, Liefer- oder Dienstleistungen beschafft. Aufgrund des Projektvolumens der für PPP-Modelle geeigneten Vorhaben erfolgt im Allgemeinen eine Überschreitung der Schwellenwerte nach §§ 1, 2 VgV (Dienstleistungen: 130 000 EUR für oberste und obere Bundesbehörden, 200 000 EUR für alle übrigen; Bau: 5 Mio. EUR).[22] Das bedeutet u.a., dass der Auftraggeber europaweit ausschreiben muss und dass Bietern, die sich in subjektiven Rechten verletzt fühlen, der Rechtsweg vor die Nachprüfungsinstanzen offen steht. Die Pflicht zur europaweiten Ausschreibung trifft nur die in § 98 GWB abschließend aufgezählten Auftraggeber, d.h. insbesondere

- die klassischen öffentlichen Auftraggeber (Bund, Länder, Kommunen, Eigenbetriebe),
- sonstige Einrichtungen, die auf Grund ihrer Funktion und überwiegender Beherrschung bzw. Finanzierung durch den Staat funktional als dem Staat zugehörig anzusehen sind,
- Private, deren in § 98 Nr. 5 GWB abschließend aufgezählte Bauvorhaben überwiegend vom Staat „subventioniert" werden,
- Baukonzessionäre.

Findet das GWB-Vergaberecht wegen Unterschreitung der Schwellenwerte keine Anwendung, fordert das staatliche oder kommunale Haushaltsrecht für die Auftragsvergabe von Bund, Ländern und Gemeinden eine öffentliche Ausschreibung, sofern nicht die Natur des Geschäfts oder besondere Umstände eine Ausnahme von diesem Grundsatz rechtfertigen (§ 30 HGrG, § 55 BHO/LHO, z.B. § 31 GemHVO NW).

Auch wenn das geplante Hochbauprojekt nicht dem Vergaberecht unterliegt, ist die Durchführungen eines wettbewerblichen Verfahrens als sinnvoll anzusehen, da die Einbeziehung des Wettbewerbs zu einer Effizienzsteigerung führt.

3.4.4 Steuerliche Aspekte

In Abhängigkeit von der grundsätzlichen Struktur der PPP-Beschaffungsvariante hat deren konkrete vertragliche Ausgestaltung direkte Auswirkungen auf den Zeitpunkt der Gewinnrealisierung bei einer Projektgesellschaft. Bei der Auswahl der für die öffentliche Hand günstigsten Beschaffungsvariante ist ferner zu beachten, dass es je nach Variante zu unterschiedlichen Belastungen mit Umsatzsteuer und Grundsteuer kommt. Die wichtigsten steuerlichen Aspekte bei der Ermittlung der für die öffentliche Hand günstigsten Beschaffungsvariante werden im Folgenden zusammenfassend dargestellt.

---

[22] Daraus folgt, dass die Regelungen des vierten Teils des GWB, der Vergabeverordnung und der Abschnitte 2 bis 4 der Verdingungsordnungen (VOB/A, VOL/A) anzuwenden sind.

3.4.4.1 Zeitpunkt der Gewinnrealisierung und bilanzsteuerrechtliche Behandlung in Abhängigkeit von der konkreten Ausgestaltung der PPP-Beschaffungsvariante

Ein wesentlicher Aspekt bei PPP-Projekten ist, ob die Erträge beim Auftragnehmer – wie die Liquiditätsflüsse – zeitanteilig (pro rata temporis) anfallen, oder ob bzw. inwieweit es bereits mit der Erstellung des Baus bei einer bestimmten Hochbaumaßnahme zur Ertragsrealisierung kommt. Soweit eine Ertragsrealisierung am Anfang der Vertragslaufzeit anzunehmen ist, der Liquiditätszufluss jedoch über die Vertragslaufzeit erfolgt, kann sich für den Auftragnehmer die Notwendigkeit ergeben, eine etwaige Ertragsteuerbelastung vorzufinanzieren. Der Zeitpunkt einer Gewinnrealisierung hängt zum einen von der Modellstruktur[23] und zum anderen von der konkreten vertraglichen Ausgestaltung einer PPP-Beschaffungsvariante ab. Je nachdem, ob einzelne Verträge und Leistungsbeziehungen nebeneinander bestehen oder ob ein Vertrag mit einheitlichem Vertragsgegenstand vorliegt, bei dem alle Leistungsbestandteile miteinander verknüpft sind (z. B. unter Einsatz von Bonus- und Malus-Regelungen in Abhängigkeit von der Qualität der Bereitstellung einer Funktionalität), sind damit unterschiedliche Folgen verbunden.

Liegt ein Vertrag mit einheitlichem Leistungsgegenstand vor, ist die Frage zu beantworten, wem wann das wirtschaftliche Eigentum an einem Gebäude bzw. am Grund und Boden zuzuordnen ist. Bei Bauten und Maßnahmen auf fremden Grund und Boden (d. h. auf dem Grund und Boden der öffentlichen Hand) ist zu prüfen, ob dem Auftragnehmer ein materielles oder immaterielles Wirtschaftsgut zuzurechnen bzw. ob bei ihm ein aktiver Rechnungsabgrenzungsposten zu bilden ist.

3.4.4.2 Umsatzsteuer

Die umsatzsteuerliche Betrachtung von PPP-Projekten ist insbesondere für den Teil der Wertschöpfungskette relevant, der beim konventionellen Beschaffungsansatz von der öffentlichen Hand intern produziert wird. Werden diese Leistungen beim zugrundeliegenden funktionalen PPP-Ansatz demgegenüber von einem privaten Unternehmer erstellt, fällt hierauf entweder Umsatzsteuer auf steuerbare Lieferungen und sonstige Leistungen an oder die Leistungen sind gemäß § 4 UStG steuerbefreit.

Handelt es sich um steuerpflichtige Leistungen, stellt die in Rechnung gestellte Umsatzsteuer in der Regel eine zusätzliche Definitivbelastung in Höhe von derzeit 16% dar, die die öffentliche Hand nicht zu tragen hätte, wenn sie die Leistung intern produziert. Dadurch verteuert sich eine PPP-Beschaffungsvariante entsprechend.

Bezieht die öffentliche Hand auch beim konventionellen Beschaffungsansatz steuerbare und steuerpflichtige Leistungen von Dritten (z. B. bezogene Bauleistungen oder outgesourcte Dienstleistungen), gibt es hinsichtlich der umsatzsteuerlichen Behandlung dieser Leistungen grundsätzlich keinen Unterschied zu einem PPP-Projekt.

Erbringt ein privater Partner hingegen steuerbefreite Leistungen, findet zwar keine Umsatzsteuerbelastung gegenüber der öffentlichen Hand statt, doch kann der Private für von ihm bei Dritten bezogene Leistungen keinen Vorsteuerabzug geltend machen (§ 15 Abs. 2 UStG). Dies verteuert wiederum die Leistungserstellung des Privaten für Leistungsbestandteile, die beim konventionellen Beschaffungsansatz intern produziert werden, was sich somit indirekt auf die Höhe des der öffentlichen Hand in Rechnung gestellten Preises auswirkt. Allerdings ist zu berücksichtigen, dass die Errichtung eines Bauwerks auch beim konventionellen Beschaffungsansatz zumeist durch Private erfolgt und der öffentlichen Hand hierfür Umsatzsteuer in Rechnung gestellt wird.

---

[23] Z. B. kann einerseits ein Gebäude auf dem Grund und Boden eines Privaten errichtet und anschließend an die öffentliche Hand vermietet werden. Andererseits wäre es auch denkbar, dass der Private sämtliche Bau- und Betreiberleistungen auf dem Grund und Boden der öffentlichen Hand durchführt.

Bei einem PPP-Vermietungsmodell ist die Nutzungsüberlassung eines Gebäudes umsatzsteuerbefreit. Die Lieferung eines Gebäudes beim konventionellen Beschaffungsansatz ist dagegen umsatzsteuerpflichtig. Für einen Belastungsvergleich zwischen dem PPP-Vermietungsmodell und dem konventionellen Beschaffungsansatz hinsichtlich der Errichtung des Gebäudes ist die Vorsteuer, für die ein privater Leistungserbringer bei einem PPP-Projekt gegenüber dem Finanzamt nicht abzugsberechtigt ist, der Umsatzsteuer gegenüberzustellen, die beim konventionellen Beschaffungsansatz in Rechnung gestellt wird. Unter Umständen ist dann ein PPP-Projekt bezüglich der Errichtung des Gebäudes sogar steuerbegünstigt, wobei die Höhe der Begünstigung davon abhängt, ob der Private seine Vorleistungen extern (wobei er dann entsprechend Umsatzsteuer zu zahlen hätte) oder intern (z.B. Personalkosten) bezieht.

3.4.4.3 Grundsteuer

Vor dem ÖPP-Beschleunigungsgesetz waren hoheitlich genutzte Grundstücke, die sich nicht im Eigentum der öffentlichen Hand oder anderer begünstigter Rechtsträger befanden, von der Grundsteuerbefreiung nach § 3 Abs. 1 GrStG ausgenommen. In der Konsequenz unterlagen PPP-Vertragsmodelle, bei denen das wirtschaftliche Eigentum am Grundstück bei dem privaten Vertragspartner lag, der Grundsteuer. Hieraus resultierte eine Benachteiligung bestimmter Vertragsmodelle.

Im Rahmen des ÖPP-Beschleunigungsgesetzes wurde dieser Diskriminierungstatbestand aufgegriffen und § 3 Abs. 1 dahingehend angepasst, dass die Grundsteuerbefreiung auch dann greift, wenn der Grundbesitz einer juristischen Person des öffentlichen Rechts von einem nicht begünstigten Rechtsträger im Rahmen eines PPP-Projektes für einen öffentlichen Gebrauch/Dienst überlassen wird und am Ende der Projektlaufzeit eine Übertragung auf den Nutzer, d.h. die öffentliche Hand, vereinbart ist. Hierbei ist es ohne Bedeutung, ob der nicht begünstigten Rechtsträger, d.h. der private Vertragspartner, das Grundstück von der öffentlichen Hand erhalten oder selbst erworben hat.[24]

3.4.5 Genehmigungserfordernisse

Auch bei der Ausarbeitung der PPP-Beschaffungsvariante sollte auf rechtliche Rahmenbedingungen geachtet werden, um zu realistischen Annahmen für die PPP-Beschaffungsvariante zu gelangen. An dieser Stelle bietet sich die Einbeziehung beispielsweise der Kommunalaufsichtsbehörden an, um die Projektbeteiligten rechtzeitig für Gestaltungserfordernisse eines PPP-Projektes zu sensibilisieren und strittige Punkte abzuklären.

Aus kommunalrechtlicher Perspektive bedeutet dies:

Bei jedem PPP-Projekt muss die Wahrung einer geordneten Haushaltswirtschaft, die dauernde Leistungsfähigkeit und Aufgabenerfüllung der Gemeinde sichergestellt sein.

Die Gemeindeordnungen untersagen Vermögensveräußerungen und Nutzungsüberlassungen, sofern die Gemeinde die Vermögensgegenstände in absehbarer Zeit zur Erfüllung ihrer Aufgaben benötigt. Es spricht einiges dafür, dass diese Veräußerungsverbote nach dem Sinn und Zweck der Regelungen nicht greifen sollen, wenn die Veräußerung der Sicherung der künftigen kommunalen Aufgabenerfüllung dient („Sale-and-lease-back"). Diese Frage ist jedoch frühzeitig mit der Kommunalaufsichtsbehörde zu klären.

Zu beachten ist auch, dass Vermögensgegenstände der Gemeinden grundsätzlich nur zu ihrem vollen Wert veräußert werden dürfen (Vollwertprinzip). Ist die Veräußerung oder der Erwerb von Grundstücken geplant, ist darauf zu achten, dass als Maßstab für spätere Verhandlungen mit dem Privaten vorab der volle Wert des betreffenden Grundstücks gemäß den einschlägigen Wertermittlungsrichtlinien ermittelt wird.

Bürgschaften, Gewährverträge und diesen wirtschaftlich gleichkommende Verträge bedürfen in allen Ländern mit Ausnahme von Nordrhein-Westfalen der Genehmigung durch

[24] Vgl. Deutscher Bundestag, S. 13, 14 sowie 31, 32.

die Kommunalaufsichtsbehörde. Derartige Sicherheiten dürfen nur zur Erfüllung von Gemeindeaufgaben abgegeben werden. Die Genehmigungsfähigkeit hängt darüber hinaus davon ab, ob das mit dem Rechtsgeschäft verbundene Risiko mit der dauernden Leistungsfähigkeit der Gemeinde in Einklang steht. Sonstige Sicherheiten sind grundsätzlich unzulässig.

Basiert eine PPP-Beschaffungsvariante auf einem Konzessionsmodell, müssen zur Abschätzung der Refinanzierbarkeit durch Drittnutzergebühren die rechtlichen Maßgaben für die Entgeltgestaltung beachtet werden. Bei öffentlich-rechtlicher Ausgestaltung (Gebühren) gilt der Grundsatz der Erforderlichkeit der Kosten. Danach sind Gewinne des Privaten (Eigenkapitalverzinsung mit Wagnisaufschlag) grundsätzlich in voller Höhe als Kosten ansetzbar, wenn ein Vergabeverfahren korrekt durchgeführt wurde und der anschließende Wirtschaftlichkeitsvergleich zugunsten der Realisierung durch den Privaten ausgefallen ist. Weiter zu beachten sind das Äquivalenzprinzip, der Gleichbehandlungsgrundsatz und das Kostendeckungsprinzip. Bei privatrechtlicher Ausgestaltung des Benutzungsverhältnisses findet regelmäßig eine Billigkeitskontrolle statt, bei der im Wesentlichen die gleichen Grundsätzen gelten.

Sieht die PPP-Beschaffungsvariante die Gründung eines gemischt-wirtschaftlichen Unternehmens vor,

- muss ein öffentlicher Zweck die wirtschaftliche Betätigung rechtfertigen bzw. erfordern,
- die wirtschaftliche Betätigung muss nach Art und Umfang in einem angemessenen Verhältnis zur Leistungsfähigkeit der Gemeinde stehen und
- der öffentliche Zweck darf nicht ebenso gut und wirtschaftlich – beziehungsweise in anderen Gemeindeordnungen besser oder wirtschaftlicher – von Dritten erfüllt werden können.

Neben weiteren landesrechtlich unterschiedlichen Voraussetzungen ist zu berücksichtigen, dass

- im Gesellschaftsvertrag oder in der Satzung sichergestellt ist, dass das Unternehmen den öffentlichen Zweck erfüllt,
- die Gemeinde angemessenen Einfluss im Aufsichtsrat oder in einem entsprechendem Gremium erhält,
- die Haftung der Gemeinde auf einen bestimmten, ihrer Leistungsfähigkeit angemessenen Betrag begrenzt wird.

Auf Bundes- und Landesebene bestehen bzw. bestehenden inhaltlich vergleichbare Anforderungen an den Erwerb, die Veräußerung und Nutzungsüberlassung von Vermögensgegenständen und die Beteiligung des Staates an einem Unternehmen privaten Rechts.

Auf Bundesebene wurde der Erwerb und die Veräußerung von Vermögensgegenständen im Rahmen des ÖPP-Beschleunigungsgesetzes dahingehend modifiziert, dass unbewegliche Vermögensgegenstände unter bestimmten Voraussetzungen nunmehr auch dann veräußert werden dürfen, wenn sie zur Aufgabenerfüllung des Bundes langfristig benötigt werden. Entsprechend dieser Modifikation ist eine Veräußerung immer dann zulässig, wenn Bundeseigentum nicht zwingend erforderlich ist und die Maßnahme nachweislich wirtschaftlicher erfüllt werden kann.[25]

Die Gründung einer gemischtwirtschaftlichen Gesellschaft kann u.a. bei der Wahrnehmung öffentlicher Aufgaben nicht gesetzlicher Art, zur Sicherung des Einflusses der öffentlichen Hand oder zur Schaffung einer steuerlichen Organschaft[26] erwogen werden. Die Gründung einer gemeinsamen Projektgesellschaft (horizontale Partnerschaft) birgt viele Risiken und sollte nicht vorrangig erwogen werden. Kontrollmöglichkeiten der öffentlichen Hand können auch auf andere Weise im PPP-Projekt implementiert werden.

---

[25] Vgl. Deutscher Bundestag, S. 12, 13 sowie 30.

[26] Der Hauptvorteil einer steuerlichen Organschaft liegt in dem Wegfall der Umsatzsteuer, wenn die öffentliche Hand mehr als 51% der Anteile an der Gesellschaft besitzt.

Abbildung 17: Horizontale und vertikale Partnerschaften

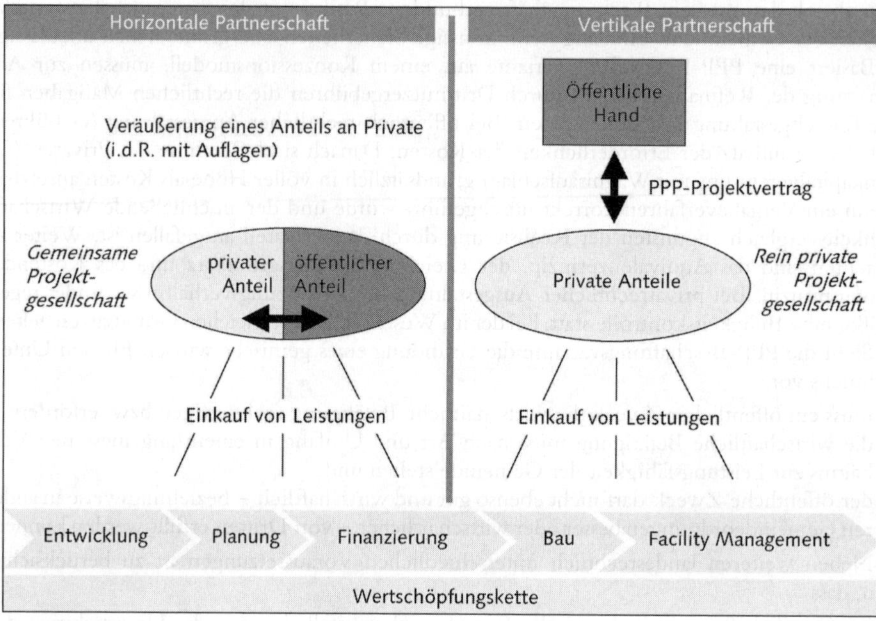

3.5 Konventionelle Beschaffungsvariante

3.5.1 Definition und Zweckbestimmung

Die konventionelle Beschaffungsvariante (PSC)[27] stellt eine Schätzung der risikoadjustierten Kosten und Erlöse dar, die der öffentlichen Hand im Rahmen der konventionellen Realisierung des geplanten Vorhabens über den gesamten Projektlebenszyklus entstehen würden. Grundlage für die Kalkulation ist die in der jeweiligen Verwaltung bislang gängige konventionelle Beschaffungsmethode, d.h. die objektive Abbildung der Beschaffungswirklichkeit sowie die definierte funktionale und ergebnisorientierte Beschreibung der geforderten Leistungen.

Im Rahmen von Wirtschaftlichkeitsuntersuchungen fungiert die konventionelle Beschaffungsvariante (PSC) als quantitativer Vergleichsmaßstab zum Nachweis der wirtschaftlichen Vorteilhaftigkeit konkreter PPP-Beschaffungsansätze (Beschaffungsvariantenvergleich sowie PPP-Wirtschaftlichkeitsnachweis).[28]

Darüber hinaus dient die konventionelle Beschaffungsvariante (PSC) im Rahmen des PPP-Beschaffungsprozesses folgenden weiteren Zwecken und Funktionen:

- Unterstützung bei der Steuerung und Gestaltung des Beschaffungsprozesses (Managementinstrument),
- Unterstützung bei der Verhandlung mit privaten Bietern sowie Aktivierung des Wettbewerbs (Informations- und Verhandlungsinstrument).

[27] International wird die konventionelle Beschaffungsvariante regelmäßig als „Public Sector Comparator" (PSC) oder „Financial Comparator" bezeichnet.

[28] Für weiterführende Informationen zur Entwicklung der konventionellen Beschaffungsvariante siehe § 11 Abschnitt 3.6.

Abbildung 18: Prinzip der Wirtschaftlichkeitsuntersuchung

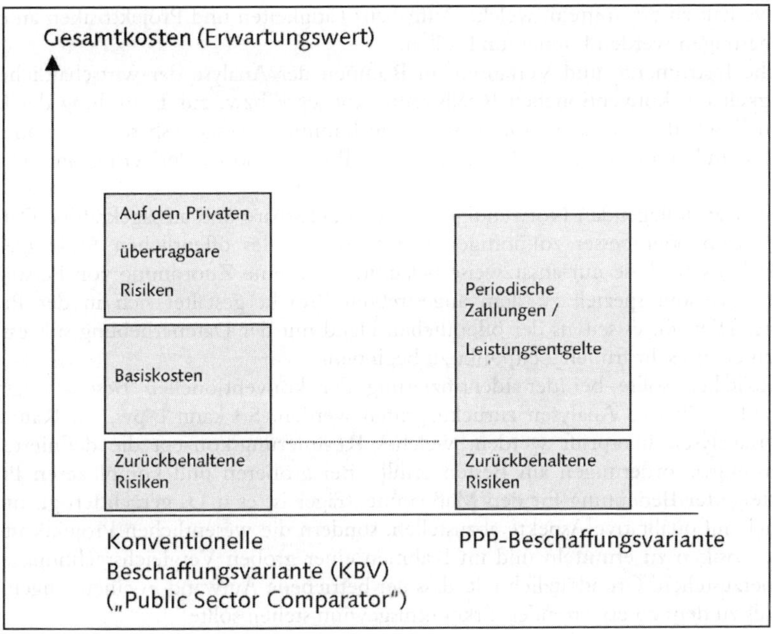

Führen die durchgeführten Wirtschaftlichkeitsuntersuchungen zu dem Ergebnis, dass eine konventionelle Realisierung der Maßnahme einem PPP-Konzept auf Grund wirtschaftlicher Aspekte vorzuziehen ist, so steht mit der konventionellen Beschaffungsvariante zum einen ein geeignetes Realisierungskonzept zur Verfügung, das ggf. kurzfristig ausgeschrieben werden kann. Zum anderen liegt die Bedeutung dieses Schrittes auch in der intensiven Auseinandersetzung mit der Maßnahme, da hierdurch die Transparenz des Verwaltungshandelns und das Verständnis für den Beschaffungsvorgang deutlich erhöht wird.

3.5.2 Entwicklung

Die Entwicklung der konventionellen Beschaffungsvariante kann als strukturierter Suchprozess beschrieben werden, bei dem die in Phase I identifizierten und vorselektierten Realisierungskonzepte zielgerichtet weiterzuentwickeln, hinsichtlich ihrer wirtschaftlichen Vorteilhaftigkeit zu analysieren und miteinander zu vergleichen sind. Als konventionelle Beschaffungsvariante wird das konventionelle Realisierungskonzept mit dem besten Preis-Leistungsverhältnis bezeichnet.

Um einen fairen Vergleich zwischen konventioneller und PPP-Realisierung im Rahmen der durchzuführenden Wirtschaftlichkeitsuntersuchungen zu ermöglichen, ist sicherzustellen, dass die konventionellen Realisierungskonzepte die aktuelle Beschaffungswirklichkeit des jeweiligen Maßnahmenträgers bzw. Projektinitiators abbilden. Ist es bspw. gängige Praxis, Private mit der Erbringung bestimmter Leistungen, z.B. Gebäudereinigung, Catering, zu beauftragen, ist dies im Rahmen der Weiterentwicklung der konventionellen Realisierungskonzepte zu berücksichtigen und nicht von einer „Eigenerbringung" dieser Leistungen durch den Maßnahmenträger auszugehen.

Weist eine geplante Maßnahme aus Sicht des Marktes kein ausreichendes Projektvolumen oder Leistungsspektrum (insbesondere während der Betriebsphase) auf, ist zu erörtern, inwieweit das Projektvolumen bspw. durch entsprechende Projektbündelung erhöht oder die

Integrationstiefe Privater ausgeweitet werden kann. Hinsichtlich der Integrationstiefe Privater sowie der damit einhergehenden Verteilung der Projektrisiken ist am konkreten Projektsachverhalt zu ern mitteln, welche Aufgaben/Tätigkeiten und Projektrisiken an den Privaten übertragen werden können und sollen.

Welche Instrumente und Verfahren im Rahmen der Analyse der wirtschaftlichen Vorteilhaftigkeit der konventionellen Realisierungskonzepte bzw. zur Ermittlung der konventionellen Beschaffungsvariante zur Anwendung kommen, hängt insbesondere von der Bedeutung, dem Volumen und der Komplexität des Projektes sowie der verfügbaren Datenbasis ab.

Zu einer grundlegenden Notwendigkeit zählen belastbare und aussagekräftige Daten über die bisherigen oder besser zukünftigen Kosten seitens des öffentlichen Auftraggebers. In vielen Fällen sind diese nur ansatzweise bekannt. Auch eine Zuordnung von Personal- und Verwaltungskosten speziell zu dem angestrebten Projekt gestaltet sich in der Praxis oft schwierig. Hier gilt es seitens der öffentlichen Hand mit der Datenerhebung sukzessive und bereits zu einem sehr frühen Zeitpunkt zu beginnen.

Grundsätzlich sollte bei der Identifizierung der konventionellen Beschaffungsvariante primär auf qualitative Analysen zurückgegriffen werden. So kann bspw. im Rahmen von Nutzwertanalysen überprüft werden, welches Realisierungskonzept die definierten Ziele und Leistungsanforderungen am Besten erfüllt. Bei größeren und komplexeren Projekten von gesteigerter Bedeutung für den Maßnahmenträger ist es u. U. gerechtfertigt, nicht ausschließlich auf qualitative Aspekte abzustellen, sondern die wesentlichen Projektkosten, -erlöse und -risiken zu ermitteln und im Rahmen einer groben Vergleichsrechnung einander gegenüberzustellen. Grundsätzlich gilt, dass der betriebene Aufwand in einem angemessenen Verhältnis zu dem zu erwartenden Erkenntnisgewinn stehen sollte.

Die konventionelle Beschaffungsvariante sollte frühzeitig im Rahmen der Vorbereitungs- und Konzeptionsphase identifiziert und im weiteren Projektverlauf schrittweise konkretisiert und verfeinert werden. Die erforderliche Betrachtungstiefe hängt dabei von den jeweiligen Entscheidungstatbeständen (z. B. Beschaffungsvariantenvergleich, PPP-Wirtschaftlichkeitsnachweis) sowie den im Zuge der Entscheidungsfindung verwendeten Instrumenten und Methoden (z. B. Kapitalwertmethode) ab.

Die Entwicklung der konventionellen Beschaffungsvariante sensibilisiert die öffentliche Hand für die Lebenszykluskosten und -risiken geplanter Vorhaben und sorgt für eine effiziente Mittelverwendung auch dann, wenn sich eine PPP-Lösung als nicht vorteilhaft darstellen sollte. So gesehen liefert die konventionelle Beschaffungsvariante einen Beitrag zu Effizienzsteigerung bzw. Folgekostenvermeidung auch im Rahmen der herkömmlichen Beschaffung.

3.5.3 Bestandteile

Da PPP-Projekte im öffentlichen Hochbau sehr unterschiedlich strukturiert sein können, kann für die Kalkulation der konventionellen Beschaffungsvariante ein abschließendes allgemeingültiges Schema der erforderlichen Inputdaten (Kosten-, Erlös-, Risikopositionen) nicht vorgegeben werden. Als umfassende Abbildung sämtlicher relevanter Kosten, Erlöse und Risiken der konventionellen Realisierung eines geplanten Projektes umfasst die konventionelle Beschaffungsvariante grundsätzlich die in nachfolgenden Abbildung aufgeführten und anschließend erläuterten Komponenten:[27]

[27] Für weiterführende Informationen zu den Komponenten der konventionellen Beschaffungsvariante siehe § 11 Abschnitt 3.6.2.

Abbildung 19: Komponenten der konventionellen Beschaffungsvariante

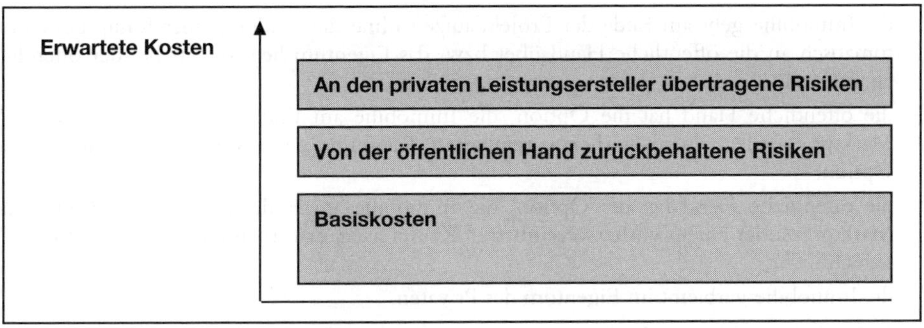

Um im Rahmen der Beurteilung der wirtschaftlichen Vorteilhaftigkeit potenzieller PPP-Realisierungsansätze einen aussagekräftigen und belastbaren Vergleich mit der konventionellen Beschaffungsvariante sicherzustellen, sind die o.g. Komponenten möglichst realistisch zu kalkulieren. Besondere Bedeutung kommt der Validität der verwendeten Inputdaten zu.

Die Ermittlung der zur Kalkulation der konventionellen Beschaffungsvariante erforderlichen Inputdaten ist grundsätzlich an dem konkreten Projektsachverhalt zu orientieren und die einzelnen Komponenten sind projektspezifisch zu berechnen. Zur Gewährleistung der Wirtschaftlichkeit von Wirtschaftlichkeitsuntersuchungen kann bei der Ermittlung der erforderlichen Inputdaten in geeigneten Fällen auf standardisierte Kosten- und Leistungsgrößen, sog. Kennzahlen oder Benchmarks, zurückgegriffen werden. Hierbei ist darauf zu achten, dass die Vergleichbarkeit der Benchmarks mit dem konkreten Projektsachverhalt (Projektvolumen, Gebäudebeschaffenheit, Leistungsumfang usw.) gewährleistet ist.

3.5.3.1 Basiskosten

Die Basiskosten umfassen sämtliche entscheidungsrelevanten Kosten der Planungs- und Errichtungs-, der Betriebs- und der Verwertungsphase inklusive aller Verwaltungskosten, die Finanzierungskosten sowie Transaktionskosten der öffentlichen Hand. Werden im Rahmen des Projektes Erlöse generiert, sind diese ebenfalls zu berücksichtigen.

Um die Vergleichbarkeit der konventionellen mit der PPP Beschaffungsvariante zu gewährleisten, müssen beide Ansätze auf Basis einer identischen Leistungsbeschreibung kalkuliert werden und den gleichen Projektsachverhalt abbilden.

3.5.3.1.1 Kosten in der Planungs- und Errichtungsphase

Die Kosten der Planungs- und Errichtungsphase sind zu unterscheiden in:
- Kosten der baulichen Infrastruktur,
- sonstige Kosten.

Die Kosten der baulichen Infrastruktur umfassen sämtliche Kosten, die mit dem Neubau, Umbau, Anbau, Erweiterungsbau, der Sanierung, Modernisierung oder dem Abriss eines Objektes verbunden sind. Dies beinhaltet auch Baunebenkosten, wie z.B. Kosten der Projektleitung, -planung und -steuerung oder Kosten der Bauzwischenfinanzierung. Aufgrund der hohen Akzeptanz der DIN 276 im Bauwesen empfiehlt sich eine Untergliederung der Planungs- und Errichtungskosten anhand der in der DIN-Norm definierten Kostengruppen.

3.5.3.1.2 Kosten in der Verwertungsphase

Um die Vergleichbarkeit des PPP-Realisierungskonzeptes und des konventionellen Realisierungskonzeptes herzustellen, sind Annahmen bezüglich der Endschaftsregelung zu treffen. Grundsätzlich können folgende schematischen Endschaftsregelungen unterschieden werden:

- die Immobilie geht am Ende der Projektlaufzeit ohne die Zahlung eines Kaufpreises automatisch an die öffentliche Hand über bzw. das Eigentum liegt bereits bei der öffentlichen Hand,
- die öffentliche Hand hat die Option, die Immobilie am Ende der Projektlaufzeit zum Marktpreis oder einem vorher vereinbarten Kaufpreis zu erwerben und nutzt diese Option,
- die öffentliche Hand hat die Option, die Immobilie am Ende der Projektlaufzeit zum Marktpreis oder einem vorher vereinbarten Kaufpreis zu erwerben und nutzt diese Option jedoch nicht,
- die Immobilie verbleibt im Eigentum des Privaten.

Geht die Immobilie am Ende der Projektlaufzeit ohne die Zahlung eines Kaufpreises automatisch an die öffentliche Hand über, ist der Restwert der Immobilie grundsätzlich sowohl auf Seiten des PPP-Realisierungskonzeptes als auch auf Seiten der konventionellen Beschaffungsvariante zu berücksichtigen, wenn eine weitere Nutzenziehung aus der Immobilie möglich ist. Da die Restwerte nahezu identisch sind, können sie im Rahmen der Wirtschaftlichkeitsuntersuchungen grundsätzlich vernachlässigt werden. Eine explizite Abbildung des Restwertes muss jedoch zwingend erfolgen, wenn die Restwerte der Immobilie differieren.

Hat die öffentliche Hand die Option, die Immobilie am Ende der Projektlaufzeit zum Marktpreis oder einem vorher vereinbarten Kaufpreis zu erwerben, ist der potenzielle bzw. vereinbarte Kaufpreis der Immobilie sowohl bei Ausübung als auch bei Nichtausübung der Kaufoption durch die öffentliche Hand auf Seiten der konventionellen Beschaffungsvariante zu berücksichtigen.

Für den Fall, dass nach Ende der Projektlaufzeit die Immobilie bei dem Privaten respektive der öffentlichen Hand verbleibt, ist zu berücksichtigen, ob die Immobilie über einen Restwert verfügt. Wird diese Überlegung bejaht, kalkuliert der Private sein Angebot grundsätzlich unter Berücksichtigung der bestehenden Möglichkeit einer Anschlussverwertung. Entsprechend ist bei der Kalkulation der öffentlichen Hand zu verfahren.

3.5.3.1.3 Transaktionskosten

Transaktionskosten können in allen Phasen des Lebenszyklusses eines Gebäudes auftreten und sind für die konventionelle und die PPP-Variante in meist unterschiedlicher Höhe anzusetzen. Da auch die konventionelle Beschaffungsvariante oft nicht in kompletter Eigenerstellung erfolgt, kommt es auch hier zu marktbasierten einzelnen Transaktionen/Verträgen mit Privaten, welche ebenfalls zu bestimmten Transaktionskosten führen.

Die Transaktionskosten lassen sich allgemein unterscheiden nach:

- Anbahnungskosten:
  Darunter versteht man alle mit der Auswahl eines geeigneten Vertragspartners verbundenen Such- und Informationskosten. Dazu gehören unter anderem Kosten der Projektstrukturierung, Wirtschaftlichkeitsuntersuchung, Ausschreibung und Vertragsgestaltung. Bei komplexen Projekten handelt es sich sowohl bei der konventionellen als auch der PPP-Beschaffungsvariante meist vor allem um verwaltungsexterne Beraterkosten.
- Vereinbarungskosten:
  Zu den Vereinbarungskosten gehören alle mit Vergabe und Vertragsverhandlungen verbundenen Kosten, die beeinflusst werden durch projektabhängige Faktoren wie Intensität und zeitliche Ausprägung. Das für PPP-Projekte empfohlene Verhandlungsverfahren hat zur Folge, dass diese Kosten bei der PPP-Beschaffungsvariante oftmals höher als bei der konventionellen Beschaffungsvariante ausfallen.

- Kontrollkosten:
  Nach Abschluss eines Vertrages treten Kontrollkosten auf, um die Erfüllung der vertraglich vereinbarten Leistungen zu überprüfen. Diese können je nach vertraglicher Ausgestaltung unterschiedlich hoch sein.
- Anpassungskosten:
  Aufgrund sich verändernder Umweltbedingungen während der vertraglichen Laufzeit kann es zu Vertragsanpassungen kommen, die mit Kosten verbunden sind.
- Durchsetzungskosten:
  Kosten, die eventuell für Rechtsmittel zur Durchsetzung des Vertragsinhaltes entstehen.

Transaktionskosten werden wie bspw. auch die Bau-, Betriebs-, Finanzierungs- und Verwaltungskosten in den Basiskosten abgebildet. Es sind aber sowohl bei der konventionellen als auch der PPP-Beschaffungsvariante erst diejenigen Kosten zu berücksichtigen, die ab dem Zeitpunkt der Einleitung eines PPP-Vergabeverfahrens anfallen. Vor diesem Zeitpunkt anfallende Such- und Informationskosten sind für beide Beschaffungsvarianten gleich.

3.5.3.1.4 Finanzierungskosten

Die bei der Realisierung öffentlicher Hochbaumaßnahmen entstehenden Investitionskosten werden seitens der öffentlichen Hand regelmäßig durch Kreditaufnahme gedeckt.[28] Die Investitionskosten beinhalten neben den Kosten der Planungs- und Errichtungsphase ggf. auch Kosten der (Bau-)Zwischenfinanzierung. Nicht zu den Investitionskosten zu zählen sind die Kosten des laufenden Betriebs und der Unterhaltung der hochbaulichen Infrastruktur.

Wird unterstellt, dass der im Rahmen von Wirtschaftlichkeitsuntersuchungen anzuwendende Diskontierungszins mit den Finanzierungskosten der konventionellen Beschaffungsvariante übereinstimmt, sind die Finanzierungskosten und die konkrete Finanzierungsstruktur der konventionellen Beschaffungsvariante für die Beurteilung der wirtschaftlichen Vorteilhaftigkeit konventioneller und PPP-Beschaffungsansätze nicht entscheidungsrelevant.[29] Die Finanzierungskosten müssen dementsprechend bei der Kalkulation der konventionellen Beschaffungsvariante grundsätzlich nicht berücksichtigt werden.

3.5.3.1.5 Erlöse

Neben den oben genannten Kosten sind bei der Kalkulation der Basiskosten auch die während der Projektlaufzeit erzielbaren Erlöse zu berücksichtigen. Voraussetzung ist jedoch, dass Privaten im Rahmen eines PPP-Beschaffungsansatzes die gleichen Möglichkeiten zur Erzielung dieser Erlöse (bspw. Erlöse aus der Veräußerung von sich im Eigentum der öffentlichen Hand befindlichen Vermögensgegenständen) eingeräumt werden.

Evtl. Kosten, die im Zusammenhang mit der Generierung von Erlösen entstehen, sind bei der Kalkulation der Basiskosten zu berücksichtigen. Unsicherheiten bei der Kalkulation potenzieller Erlöse ist durch entsprechende Risikopositionen Rechnung zu tragen.

Mögliche Erlösquellen sind:

- Erlöse aus der Veräußerung von sich im Eigentum der öffentlichen Hand befindlichen Vermögensgegenständen,
- Erlöse aus der Erstellung von Leistungen für Dritte.

---

[28] Diese Annahme wird vor dem Hintergrund der aktuellen Verschuldungssituation der Gebietskörperschaften in Deutschland getroffen.

[29] In internationalen Ansätzen zur Durchführung von Wirtschaftlichkeitsuntersuchungen wird die dargestellte Annahme regelmäßig getroffen und auf den Ausweis der Finanzierungskosten verzichtet.

3.5.3.2 Steuern

Die steuerliche Behandlung einer PPP-Maßnahme wird von der spezifischen Ausgestaltung des Vertragswerkes definiert. Hierbei ist es möglich, dass bestimmte PPP-Vertragstypen im Vergleich zu konventionellen Realisierungsansätzen steuerlich benachteiligt werden. Um eine belastbare Beurteilung der wirtschaftlichen Vorteilhaftigkeit einzelner Realisierungskonzepte sicherzustellen, ist diesem Umstand im Rahmen der Wirtschaftlichkeitsuntersuchungen angemessen Rechnung zu tragen.[30]

3.5.3.3 Projektrisiken

Die Behandlung der mit dem jeweiligen Projekt verbundenen Risiken ist erfolgskritisch bei der Analyse der Vorteilhaftigkeit von PPP-Beschaffungsansätzen im Vergleich zur konventionellen Eigenrealisierung. Entsprechend der Prämisse „es soll derjenige ein Risiko tragen, der dieses am effizientesten managen kann" sind Risiken zwischen den Projektbeteiligten zu verteilen. In diesem Sinn ist nicht ein maximaler Transfer von Projektrisiken an Private, sondern eine optimale Verteilung der Projektrisiken entsprechend der Risikomanagementkompetenz der Projektpartner anzustreben.[31]

Abbildung 20: Prozess des Risikomanagements

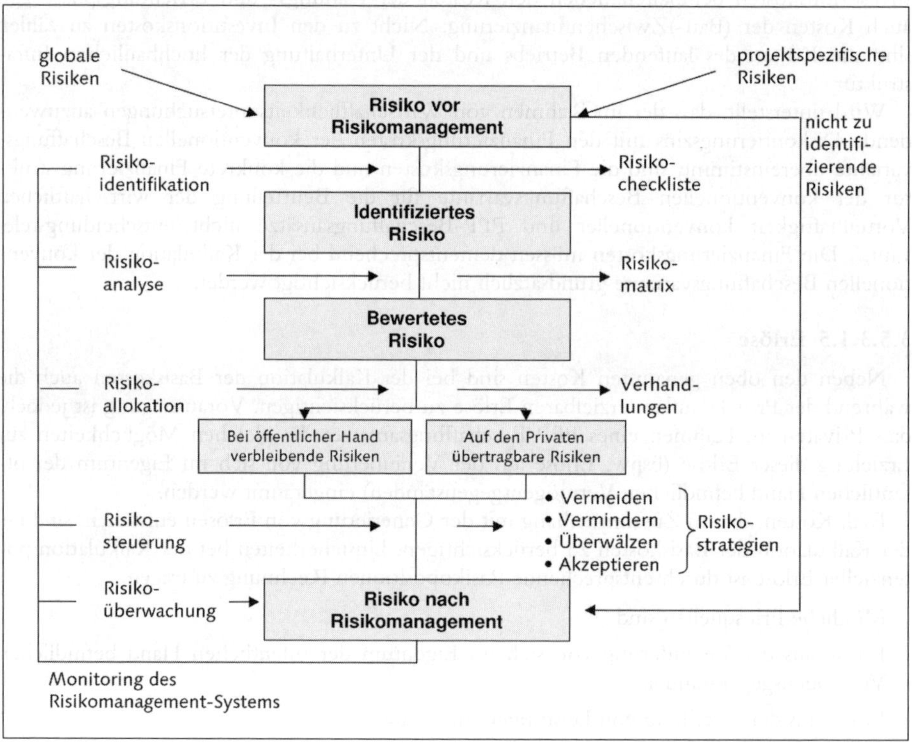

[30] Vgl. § 7 Abschnitt sowie § 1 1 Abschnitt 3.4.2.3.6.

[31] Für weiterführende Informationen zum Risikomanagement im Rahmen von Wirtschaftlichkeitsuntersuchungen § 11 Abschnitt 4.

Zur Kalkulation der konventionellen Beschaffungsvariante ist eine umfassende und systematische Analyse aller entscheidungsrelevanten und quantifizierbaren Projektrisiken durchzuführen. Im Rahmen einer entsprechenden Risikoanalyse sind zunächst folgende Arbeitsschritte erforderlich:[32]

- Identifizierung der relevanten Projektrisiken,
- Ermittlung der aus dem Eintritt eines Risikos resultierenden Kostenverteilungen,
- Bestimmung der Wahrscheinlichkeiten für den Eintritt der angenommenen Ereignisse,
- Kalkulation der Risikokosten und
- Bestimmung des zeitlichen Auftretens der Risiken und des zeitlichen Verlaufs der zu berücksichtigenden Risikokosten über den gesamten Projektlebenszyklus.

3.5.3.3.1 Risikoidentifizierung

Im Rahmen der Risikoidentifizierung sind die projektspezifischen Risiken vollständig und systematisch zu ermitteln und zu beschreiben (Aufbau einer Risikomatrix), wobei sich die Anwendung von Checklisten und Standardtools (z.B. Risikomatrix)[33] empfiehlt.[34]

Abbildung 21: Einteilung von Risiken

Wesentliche Globale Risiken
sind projektunabhängig und üblicherweise von den Projektbeteiligten nicht kontrollierbar

Politische Risiken
- Innere und äußere Sicherheit
- Verstaatlichung, Enteignung
- Genehmigungen
- Fiskalpolitik
- Beschränkung des Kapitaltransfer

Kommerzielle Risiken
- Änderungen in der Nachfrage
- Währungsrisiken
- Preissteigerungen von wesentlichen Ressourcen und Produktionsfaktoren

Rechtliche Risiken
- Gesetzesänderungen
- Durchsetzbarkeit von Ansprüchen
- Konflikte aus föderalen Strukturen

Umweltrisiken
- Änderung der Umweltbestimmungen
- Änderung der Umweltbedingungen
- Naturereignisse / höhere Gewalt

Wesentliche Projektrisiken
sind von direktem Einfluss auf den Projekterfolg und bis zu einem gewissen Grad kontrollierbar

Errichtungsrisiken
- Akquisitionsrisiken
- Planungsrisiken
- Geologische / hydrologische Risiken
- Fertigstellungsrisiken
- Technologierisiken
- Managementrisiken

Betriebsrisiken
- Verfügbarkeit
- Betriebseffizienz
- Logistik
- Managementrisiken
- Genehmigungsrisiken
- Einhaltung d. Qualitätsstandards

Finanzierungsrisiken
- Währungsrisiken
- Zinsänderungsrisiken
- Inflationsrisiken
- Syndizierungs- und Platzierungs-Risiken

Markt- und Einnahmenrisiken
- Mengenrisiko
- Preisrisiko
- Nachfragerisiko

---

[32] Die Risikoanalyse bzw. das Risikomanagement ist grundsätzlich als iterativer Prozess zu verstehen und im Rahmen der Projektentwicklung entsprechend den Erfordernissen zu wiederholen.

[33] Ein ausführliches Beispiel für eine Risikomatrix befindet sich in § 11 Anhang B.

[34] Vgl. Thompson, P.A./Perry, J.G. (Hrsg.): Engineering construction risk, London, 1992, S. 7f.

In den Prozess der Risikoidentifizierung sind neben den Projektverantwortlichen auch sachkundige Dritte einzubeziehen. Diese sollten aus ihrem täglichen Arbeitsumfeld mit den Abläufen in der Planungs-, Bau- und/oder Betriebsphase vergleichbarer Projekte vertraut sein (z.B. Mitarbeiter aus den Bauabteilungen oder Liegenschaftsbetrieben und/oder dem Betriebsbereich). Zudem sind je nach Bedarf weitere technische (z.B. Architekten, Ingenieure), betriebswirtschaftliche (z.B. Bau- und Facility Management-Fachleute, Vertreter von Banken und Versicherungen, Financial Adviser, Projektentwickler und -manager) und rechtliche (z.B. Vertrags-, Vergabe- und Steuerrechts-)Experten einzubinden. Insbesondere für neuartige und/oder komplexe Projekte ist zur Ermittlung der Risiken die Durchführung von Workshops empfehlenswert.[35]

3.5.3.3.2 Risikobewertung

Bei der Risikobewertung werden die materiellen Konsequenzen („Risikokosten"), die sich aus den identifizierten Risiken in Bezug auf die Ziel- und Ergebniserreichung des zu untersuchenden Projektes ergeben, bestimmt (quantifiziert). Zur Berücksichtigung der spezifischen Risikokosten im Rahmen der Wirtschaftlichkeitsuntersuchungen sind die risikoadjustierten Zahlungsströme über die Projektlaufzeit zu erfassen, was die Abbildung der identifizierten Risiken durch Zahlungsäquivalente erfordert. Die Zahlungsäquivalente sind wie die anderen periodischen Zahlungsströme bei der Kapitalwertbestimmung zu berücksichtigen.

Die Bestimmung der Risikokosten kann mit Hilfe analytischer Ansätze oder marktorientierter Verfahren erfolgen. Bei den analytischen Ansätzen werden die Risikokosten durch die Verknüpfung der aus einem bestimmten Ereignis resultierenden Konsequenzen mit den zugehörigen Eintrittswahrscheinlichkeiten ermittelt.

Im Rahmen der Risikobewertung ist grundsätzlich darauf zu achten, dass Risiken nicht mehrfach bewertet werden. Es sollten jedem spezifischen Risiko die direkten Folgekosten zugeordnet werden. Dabei ist zu prüfen, ob bestimmte Risiken nicht im Rahmen der Basiskostenschätzung bereits berücksichtigt sind. Liegt der konventionellen Beschaffungsvariante beispielsweise ein Baufestpreisvertrag zugrunde ist das Risiko einer Baukostenüberschreitung in der Basiskostenschätzung berücksichtigt (und nicht in die Kategorie ‚Übertragbares Risiko' einzuordnen).

Kostenüberschreitungsrisiken sind vom öffentlichen Auftraggeber auf der Grundlage von Erfahrungswerten bei durchgeführten Projekten im öffentlichen Hochbau zu schätzen.

Neben den analytischen Ansätzen zur Bestimmung der Risikokosten (Zahlungsäquivalente) kann auch untersucht werden, ob für die zu bewertenden Risiken Preise am „Markt" verfügbar sind. So bieten z.B. Versicherungen gegen Zahlung eines Entgelts (Versicherungsprämie) die Übernahme bestimmter Risiken an. Zudem werden an Kapitalmärkten Instrumente gehandelt, die eine Risikobewertung und -absicherung für ausgewählte Produkte ermöglichen. Diese Marktpreise sind auf ihre Geeignetheit zur spezifischen Risikobewertung zu prüfen und ggf. zu berücksichtigen.

3.5.3.3.3 Risikoallokation

Nachdem die projektspezifischen Risiken identifiziert und bewertet sind, ist zu überlegen, wie mit den Risiken umgegangen werden soll, d.h. welche „Risikostrategie" zu wählen ist. Zum Management und Controlling der Risiken sind Risikovermeidungs-, Risikobegrenzungs-, Risikotragungs- und Risikoabsicherungsansätze in das Entscheidungskalkül einzubeziehen.[36] Maßstab und Entscheidungskriterium für die Verteilung der Risiken ist die Effizienz (wirtschaftliche Vorteilhaftigkeit). Demnach kann nicht ein maximaler Risikotransfer auf den Privaten Ziel sein, sondern eine effiziente und kostenminimale Risikoverteilung zwischen öffentlicher Hand und Privaten, unter Beachtung des Zielsystems der öffentlichen Hand.

---

[35] Vgl. Smith, Nigel J.: Managing Risk in Construction Projects, Oxford, 1999, S. 30–36.

[36] Vgl. Institution of Civil Engineers and the Faculty and Institute of Actuaries: Risk Analysis and management for projects, London, 1998, S. 33–37.

Die Projektrisiken sind anschließend auf Basis eines PPP-Realisierungsansatzes aus Sicht der öffentlichen Hand in folgende Kategorien zu unterteilen:

- übertragene (transferierte) Risiken und
- zurückbehaltene Risiken.

Für den Zweck von Wirtschaftlichkeitsuntersuchungen sind lediglich die an den Privaten übertragenen Risiken entscheidungsrelevant und somit zwingend in der konventionellen Beschaffungsvariante abzubilden. Von der öffentlichen Hand zurückbehaltene Risiken beeinflussen die Wirtschaftlichkeitsuntersuchung hingegen nicht und können bei der Abbildung der konventionellen Beschaffungsvariante grundsätzlich vernachlässigt werden.

3.5.4 Kalkulation

Im Rahmen von Wirtschaftlichkeitsuntersuchungen wird bei der Analyse quantitativer Projektsachverhalte auf die periodischen Zahlungsströme der konventionellen Beschaffungsvariante und der PPP-Beschaffungsansätze abgestellt. Zu diesem Zweck ist der Zahlungsstrom der öffentlichen Hand auf Basis einer detaillierten projektspezifischen Finanzplanung zu ermitteln.[36] Die Abbildung der Kosten, Erlöse und Risikopositionen der konventionellen Beschaffungsvariante erfolgt hierbei im Rahmen eines entsprechenden Cashflow-Modells.

Für die Zwecke der Durchführung der Wirtschaftlichkeitsuntersuchung sind die Zahlungsströme der konventionellen Beschaffungsvariante und der PPP Beschaffungsansätze auf einen einheitlichen Betrachtungszeitpunkt zu diskontieren, als Kapitalwert abzubilden und miteinander zu vergleichen.

Für Zwecke der Durchführung von Wirtschaftlichkeitsuntersuchungen und für die Kalkulation der konventionellen Beschaffungsvariante ist zu empfehlen, die Preisentwicklung explizit auszuweisen und alle Größen in nominalen Werten anzugeben.

3.5.5 Darstellung und Publikation

Maßstab für die Darstellung der konventionellen Beschaffungsvariante ist das erforderliche Informationsniveau der verantwortlichen Entscheidungsträger der öffentlichen Hand, so dass ein allgemeingültiges Darstellungsprofil für die konventionelle Beschaffungsvariante nicht vorgegeben werden kann. Eine Darstellung der konventionellen Beschaffungsvariante in Form eines Kapitalwertes greift jedoch zu kurz.

Vor diesem Hintergrund sind bei der Dokumentation der konventionellen Beschaffungsvariante folgende Aspekte zu berücksichtigen:

- überblickartige Darstellung des Vorhabens, der Ausgangslage, des Handlungsbedarfs, der Zielsetzungen sowie eine Beschreibung der geforderten Leistungen,
- detaillierte Kalkulation der konventionellen Beschaffungsvariante – als Darstellungsform ist der Aufbau eines Cashflow-Modells zu empfehlen,
- Ausweis und Erörterung der der Kalkulation zugrunde liegenden Informationen und Annahmen,
- Darstellung und Erörterung der Risikoanalyse, d.h. Darstellung der berücksichtigten Risiken (Risikomatrix), deren Behandlung und Bewertung sowie Begründung des Vorgehens,
- Abbildung der Zahlungsströme, welche die Grundlage für die Bestimmung des Kapitalwertes bilden,
- Durchführung von Sensitivitätsanalysen zum Nachweis der Auswirkungen von Änderungen zentraler Annahmen und Modellparameter.

---

[36] Eine vergleichbare Planung ist durch den Privaten bei der Kalkulation seines Angebotes zu leisten. Aus Sicht der öffentlichen Hand ist das als Ergebnis dieses Planungsprozesses ermittelte Leistungsentgelt für die Bereitstellung der hochbaulichen Infrastruktur zunächst entscheidungsrelevant.

Eine umfassende Publikation der konventionellen Beschaffungsvariante im Rahmen des Vergabeverfahrens ist nicht zwingend erforderlich. Im Einzelfall ist jedoch abzuwägen, inwieweit die Publikation ausgesuchter Komponenten dazu beitragen kann, Bieter gezielt mit Informationen zu versorgen und den Wettbewerb sowie die Verhandlungsposition der öffentlichen Hand zu verbessern. Im Falle einer Publikation ist den Geboten der Transparenz und Gleichbehandlung der Bieter Rechnung zu tragen.

3.6 PPP-Beschaffungsvariante

3.6.1 Definition und Zweckbestimmung

Bei der PPP-Beschaffungsvariante handelt es sich um die quantitative Abbildung des bevorzugten PPP-Realisierungskonzeptes.

Aufbauend auf einem positiven PPP-Eignungstest stellt die PPP-Beschaffungsvariante die Grundlage für die Beurteilung der wirtschaftlichen Vorteilhaftigkeit eines PPP-Beschaffungsansatzes bereits vor der Eröffnung des Vergabeverfahrens dar. Methodisch erfolgt die Beurteilung der wirtschaftlichen Vorteilhaftigkeit im Rahmen des sog. Beschaffungsvariantenvergleichs durch Gegenüberstellung mit der konventionellen Beschaffungsvariante.[37]

3.6.2 Entwicklung

Im Rahmen der Entwicklung und Kalkulation der PPP-Beschaffungsvariante versucht die öffentliche Hand abzuschätzen, welche potenziellen Kosten, Erlöse und Risiken mit einer Realisierung der geplanten Maßnahme als PPP verbunden sind. Grundlage für die Schätzung der zur Kalkulation erforderlichen Inputdaten (z.B. Investitionskosten, Finanzierungsstruktur, Finanzierungskonditionen, Risikoallokation, Erlössituation, Renditeerwartungen des Privaten) sind die Daten und Informationen der konventionellen Beschaffungsvariante, das Know-how und Erfahrungswissen der Projektbeteiligten, geeignete Benchmarks/Kennzahlen und/oder die Ergebnisse einer entsprechenden Marktansprache.

Die Betrachtungstiefe bei der Kalkulation der PPP-Beschaffungsvariante wird durch die spezifischen Anforderungen des Beschaffungsvariantenvergleichs und somit primär durch das Projektvolumen, die Projektkomplexität und/oder die verfügbare Datenbasis determiniert.

3.7 Beschaffungsvariantenvergleich

3.7.1 Einführung und Zielsetzung

Bei dem Beschaffungsvariantenvergleich handelt es sich um ein strukturiertes Verfahren bei dem konventionelle und PPP-Beschaffungsvariante einander gegenübergestellt werden und die wirtschaftliche Vorteilhaftigkeit der PPP-Realisierung im Vergleich zur konventionellen Eigenrealisierung bereits vor der Eröffnung des Vergabeverfahrens abgeschätzt wird.

Im Rahmen des Beschaffungsvariantenvergleichs wird diejenige Beschaffungsvariante ermittelt (PPP oder konventionell), die unter Berücksichtigung aller zu diesem Zeitpunkt verfügbaren entscheidungsrelevanten Daten und Informationen die effektivste und effizienteste Realisierung der geplanten Maßnahme verspricht (bevorzugte Beschaffungsvariante).[38]

Die bevorzugte Beschaffungsvariante und die im Rahmen des Beschaffungsvariantenvergleichs gewonnenen Erkenntnisse bilden die zentrale Grundlage für die Entscheidung, ob die Maßnahme konventionell oder als PPP ausgeschrieben werden soll.

---

[37] Für weiterführende Informationen zur PPP-Beschaffungsvariante siehe § 11 Abschnitt 3.6.8.

[38] Für weiterführende Informationen zum Beschaffungsvariantenvergleich siehe § 11 Abschnitt 3.6.9.

3.7.2 Methodik

Der Beschaffungsvariantenvergleich stellt eine flexible und anwenderorientierte Methode zur Durchführung von Wirtschaftlichkeitsuntersuchungen vor dem Vergabeverfahren dar, bei der neben quantitativen grundsätzlich auch qualitative Aspekte einer Maßnahme analysiert und im Rahmen der Entscheidungsfindung berücksichtigt werden. Die Begründungstiefe der Analyse variiert mit dem Volumen und der Komplexität der konkreten Maßnahme sowie dem Charakter (quantitativ, qualitativ) der verfügbaren Datenbasis.

Die Methodik zur Durchführung des Beschaffungsvariantenvergleichs trägt der Tatsache Rechnung, dass belastbare quantitative Daten und Informationen hinsichtlich der PPP-Beschaffungsvariante vor dem Vergabeverfahren – in Ermangelung konkreter PPP-Angebote – u. U. nur begrenzt verfügbar bzw. mit gewissen Kalkulationsunsicherheiten behaftet sind und eine umfassende quantitative Kalkulation im Einzelfall nicht immer möglich ist.

Die konventionelle Beschaffungsvariante ist, unabhängig von der Kalkulationstiefe der PPP-Beschaffungsvariante, auf Grund der Bedeutung als quantitativer Vergleichsmaßstab zur Analyse der wirtschaftlichen Vorteilhaftigkeit einer PPP-Beschaffung (Beschaffungsvariantenvergleich, PPP-Wirtschaftlichkeitsnachweis) sowie der Funktion als Informations-, Verhandlungs- und Managementinstrument bereits vor dem Vergabeverfahren umfassend quantitativ abzubilden.

Methodisch entspricht der Beschaffungsvariantenvergleich grundsätzlich den Ansätzen des PPP-Wirtschaftlichkeitsnachweises. Für die Ausgestaltung sind jedoch die individuellen Projektgegebenheiten zu berücksichtigen.

3.7.3 Ergebnis des Beschaffungsvariantenvergleichs

Auf Basis der im Rahmen des Beschaffungsvariantenvergleichs erarbeiteten Erkenntnisse und Informationen können die Entscheidungsträger der öffentlichen Hand über die weitere Projektentwicklung, insbesondere über die Einleitung des Vergabeverfahrens, entscheiden.

Führen die Untersuchungen im Rahmen des Beschaffungsvariantenvergleichs zu dem Ergebnis, dass die PPP-Beschaffungsvariante eine wirtschaftlich vorteilhaftere Realisierung als die konventionelle Beschaffungsvariante erwarten lässt, ist eine Ausschreibung des Projektes als PPP vorzunehmen.

Ergibt sich aus dem Beschaffungsvariantenvergleich die wirtschaftliche Vorteilhaftigkeit der konventionellen Beschaffungsvariante, ist zu überlegen, ob und inwieweit das dieser zu Grunde liegende Realisierungskonzept, insbesondere die geplante Aufgaben- und Risikoteilung, modifiziert werden kann bzw. soll. Ggf. sind in diesem Zusammenhang auch die definierten Projektziele sowie die formulierten Leistungsanforderungen zu überprüfen.

3.8 Veranschlagung im Haushalt

In Anbetracht der langen Vorlaufzeiten für die Haushaltsaufstellung ist bereits in der Phase der Vorbereitung und Konzeption das Setzen erster haushälterischer Rahmenbedingungen für ein PPP-Projekt erforderlich.

Ist zu diesem Zeitpunkt der Projektentwicklung keine umfassende und belastbare Kalkulation der Lebenszykluskosten der PPP-Beschaffungsvariante möglich, können die im Rahmen der Kalkulation der konventionellen Beschaffungsvariante ermittelten Werte für die näherungsweise Schätzung der Ausgaben der PPP-Beschaffungsvariante (Kalkulation eines periodischen Leistungsentgeltes) herangezogen werden.

3.8.1 Kommunale Haushaltsplanung

Sofern die Projektplanung für das kommende Haushaltsjahr bereits konkrete Ausgaben im Hinblick auf das Projekt vorsieht, sind diese Ausgaben im Vermögens- bzw. Verwaltungshaushalt des Haushaltsplans zu veranschlagen. Liegen keine derart konkreten Planungen vor, ist es geboten, die voraussichtlichen Ausgaben in kommenden Haushaltsjahren nach gegenwärtigem Planungsstand zu schätzen, auch wenn sie noch nicht exakt feststellbar sind.[39] Die hierzu zu erstellenden Entscheidungsgrundlagen müssen die über das Budgetrecht verfügende Gemeindevertretung (Gemeinderat, Rat) in die Lage versetzen, sich darüber schlüssig zu werden, ob und in welcher Höhe Mittel für das PPP-Projekt im Haushaltsplan veranschlagt werden. Entsprechendes gilt für die Veranschlagung von Verpflichtungsermächtigungen für die folgenden drei Haushaltsjahre, sofern eine Verpflichtungsermächtigung der konkreten Ausgestaltung des PPP-Projektes zugänglich ist. Geboten ist ferner die Einstellung der finanziellen Verpflichtungen aus dem PPP-Projekt in die entsprechenden Anlagen zum Haushaltsplan, wie etwa der Forderungs- bzw. Schuldenübersicht oder dem Vorbericht.

3.8.2 Haushaltsaufstellung bei Bund und Ländern

Für die Haushaltsaufstellung bei Bund und Ländern bestehen Abweichungen zur kommunalen Ebene insbesondere in den folgenden Punkten:

- Mangels Trennung des staatlichen Haushaltsplans in einen Vermögens- und in einen Verwaltungshaushalt sollten die zu erwartenden Ausgaben und die entsprechenden – nicht auf den Zeitraum von drei Jahren beschränkten – Verpflichtungsermächtigungen bei den jeweils einschlägigen Titeln getrennt danach veranschlagt werden, ob die Ausgaben einem investiven oder einem konsumtiven Zweck dienen.
- Aus Gründen der Haushaltsklarheit (Transparenz) empfiehlt sich die Berücksichtigung der geplanten Ausgaben über die gesamte Vertragslaufzeit des PPP-Projektes in einer Anlage zum Haushaltsplan entsprechend der bislang schon bekannten Darstellung von Ausgaben für privat vorfinanzierte Bauvorhaben.

3.8.3 Öffentliche Fördermittel

Im Zusammenhang mit der Einstellung in den Haushalt ist auch die Finanzierung einer Maßnahme durch öffentliche Fördermittel zu berücksichtigen. Dabei schreiben die Förderbestimmungen typischerweise vor, dass Zuwendungen zu Projektförderungen nur für Vorhaben bewilligt werden dürfen, die noch nicht begonnen worden sind.[40] Vorhabensbeginn ist grundsätzlich der Abschluss eines der Ausführung zuzurechnenden Lieferungs- oder Leistungsvertrages. Bei Baumaßnahmen gelten Planung, Bodenuntersuchung und Grunderwerb grundsätzlich nicht als Beginn des Vorhabens, es sei denn, sie sind alleiniger Zweck der Zuwendung. In manchen Fällen reicht es aus, dass der Antrag auf Förderung gestellt ist, bevor mit dem Bauvorhaben (Abschluss eines entsprechenden Vertrages) begonnen worden ist; die Bewilligung ist dann nicht erforderlich. Um sicher zu gehen, sollte dieser Punkt vor Beginn des Vergabeverfahrens mit den in Betracht kommenden Fördergebern verbindlich abgestimmt sein. Denn mit der öffentlichen Bekanntmachung des Vorhabens im Vergabeverfahren werden Fristen ausgelöst, innerhalb derer sich die Vergabestelle entscheiden muss. Eine Suspendierung des Verfahrens ist dann nicht mehr ohne weiteres möglich.

---

[39] Zwar schreiben die Gemeindehaushaltsverordnungen der Länder vor, dass Ausgaben für Baumaßnahmen erst veranschlagt werden dürfen, wenn Pläne etc. vorliegen, aus denen insbesondere die Art der Ausführung und die Kosten der Maßnahme im Einzelnen ersichtlich sind. Unabhängig von der Anwendbarkeit dieser Vorschrift auf PPP-Modelle dürfte auf einen derart konkreten Planungsstand zum Zeitpunkt der Veranschlagung jedoch verzichtet werden können, soweit er – wie bei PPP-Modellen bei denen die Planung regelmäßig Bestandteil der ausgeschriebenen Leistung ist – nicht möglich ist.

[40] Nr. 1.3 der Verwaltungsvorschriften zu § 44 der jeweiligen Haushaltsordnungen.

4. Phase III – Ausschreibung & Vergabe

4.1 Überblick und Zielsetzung

Ziel der dritten Phase des Beschaffungsprozesses ist die Ermittlung des wirtschaftlichsten Angebots im Vergabeverfahren und die Erteilung des Zuschlags auf dieses Angebot. Besonderes Augenmerk ist in dieser Phase auf die sorgfältige Erstellung der Vergabeunterlagen zu richten. Zentral ist darüber hinaus die Gestaltung des Vergabeprozesses in einer Weise, dass ein intensiver Wettbewerb um die ausgeschriebenen Leistungen möglichst lang aufrechterhalten wird. Vor Zuschlagserteilung werden Wirtschaftlichkeitsuntersuchungen durchgeführt. Diese sollen nachweisen, dass das bevorzugte PPP-Angebot wirtschaftlich tatsächlich vorteilhafter als die konventionelle Beschaffungsvariante ist. Die im Einzelnen in Phase III erforderlichen Arbeitsschritte sind in der nachfolgenden Abbildung aufgeführt.

Abbildung 22: Ausschreibung und Vergabe im PPP-Beschaffungsprozess

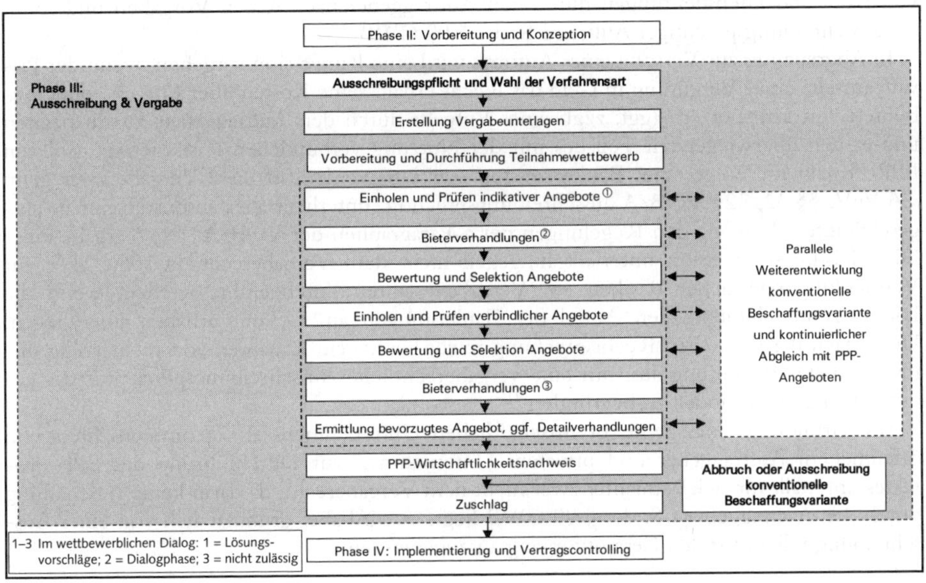

Während der Phase III des Beschaffungsprozesses sind im Einzelnen folgende Aufgaben zu erledigen:

- Feststellung der Ausschreibungspflichten und Beschluss über die Einleitung des Vergabeverfahrens, Auswahl der Verfahrensart
- Entwicklung der Ausschreibungsunterlagen, insbesondere der endgültigen ergebnisorientierten funktionalen Leistungsbeschreibung sowie genaue Planung des Verfahrensablaufs einschließlich der Fristen und des Zeitplans
- Entwicklung eines Verfahrens und der Methodik zur Angebotsauswertung
- Durchführung eines Teilnahmewettbewerbs mit Auswahl geeigneter Auftragnehmer
- Einholung und Auswertung von Angeboten und Verhandlung mit dem/den bevorzugten Bieter(n) im Verhandlungsverfahren oder Durchführung eines wettbewerblichen Dialogs (staatliche Auftraggeber)
- PPP-Wirtschaftlichkeitsnachweis
- Vergabeentscheidung und Zuschlagserteilung

Nachprüfungsverfahren, durch die die Vergabeentscheidung angegriffen wird, sind heute nahezu „marktüblich" geworden. Daher ist eine professionelle Begleitung und höchste Sorgfalt im Vergabeverfahren unerlässlich, um die Vergabeentscheidung nicht zu gefährden und den Vergabeprozess nicht unnötig in die Länge zu ziehen.

4.2 Ausschreibungspflicht

Nach Festlegung auf eine PPP-Beschaffung stellt sich für den Auftraggeber konkret die Frage, ob bzw. inwieweit das von ihm ausgewählte PPP-Realisierungskonzept vergaberechtlichen Ausschreibungspflichten unterfällt; in der Regel ist bei PPP-Modellen davon auszugehen, jedoch zu prüfen.

4.2.1 Besonderheiten bei den Ausschreibungspflichten

PPP-Vertragsmodelle enthalten oftmals durch die Gebrauchsüberlassung an den Auftraggeber zwar Elemente eines ausschreibungsfreien Immobiliengeschäfts i. S. des § 100 Abs. 2 lit. h GWB. Im Vordergrund des Gesamtprojektes steht aber in aller Regel die Beschaffung von Bau- und Dienstleistungen durch den Auftraggeber nach seinen Vorgaben und somit ein ausschreibungspflichtiger Auftrag i. S. des § 99 GWB.

In Abgrenzung zur Vergabe eines Auftrags wird eine Konzession vergeben, wenn der Private anstelle einer Vergütung in Geld das Recht erhält, seine Kosten über Entgelte oder Gebühren von Drittnutzern (ggf. zzgl. eines Entgelts durch den Auftraggeber) zu finanzieren und er den überwiegenden Teil des mit der Nutzung verbundenen Risikos trägt. Soll ein PPP-Projekt im Wege einer Baukonzession realisiert werden, ist diese Vergabe zwar gem. § 6 VgV, §§ 32, 32 a VOB/A ausschreibungspflichtig, unterliegt aber ansonsten nur in eingeschränktem Umfang den Regelungen der a-Paragraphen der VOB/A. Die Vergabe einer Dienstleistungskonzession unterfällt hingegen nicht dem Vergaberecht, es sollte aber zur Vermeidung rechtlicher Risiken ein Vergabeverfahren durchgeführt werden, wenn die Dienstleistungselemente den Anteil der Bauleistungen am Gesamtvorhaben überwiegen. Denn nach der deutschen Rechtsprechung reicht bereits ein Bauanteil von nicht völlig untergeordneter Bedeutung aus, um eine vergaberechtliche Ausschreibungspflicht für das gesamte Konzessionsmodell zu begründen.[41]

Die Gründung eines gemischtwirtschaftlichen Unternehmens als Zusammenschluss von öffentlichem Auftraggeber und privatem Unternehmen zur Durchführung des PPP-Projektes unterfällt für sich betrachtet zwar nicht dem Vergaberecht, da darin keine Beschaffung durch den Auftraggeber i. S. des § 99 GWB liegt, es wird aber grundsätzlich von einer Ausschreibungspflicht für den Gesamtvorgang auszugehen sein.[42]

4.2.2 Entscheidung über die anzuwendende Verdingungsordnung

In PPP-Modellen übernimmt der Auftragnehmer sowohl die Errichtung (Bauleistung, VOB/A) als auch (zumindest zum Teil) den Betrieb, die Finanzierung und das Facility Management (Dienstleistung, VOL/A) eines Bauvorhabens. Vor Erstellung der Vergabeunterlagen muss der Auftraggeber angesichts der Unterschiede der Verdingungsordnungen daher zunächst ermitteln, ob der konkrete (Gesamt-)Auftrag zur Durchführung einer PPP im öffentlichen Hochbau nach VOB/A oder nach VOL/A auszuschreiben ist. Für die Abgrenzung von Bauaufträgen und Dienstleistungsaufträgen wird vom EuGH ebenso wie von der

---

[41] OLG Brandenburg, BauR 1999, 1175.

[42] Auch wenn zunächst eine 100% Eigengesellschaft des Auftraggebers gegründet wird und diese vergaberechtsfrei „in-house" beauftragt wird, um dann Anteile an der beauftragten Gesellschaft auf einen Privaten zu übertragen; oder wenn nach Beauftragung einer 100% Eigengesellschaft des Auftraggebers diese Gesellschaft und ein Privater gemeinsam eine „Enkelgesellschaft" gründen, die unterbeauftragt wird.

wohl überwiegenden deutschen Rechtsprechung auf den Schwerpunkt des typengemischten Vertrages abgestellt. Das **PPP-Beschleunigungsgesetz vom 1. 9. 2005**[43] hat die Rechtsprechung des EuGH aufgegriffen. Gemäß dem neu eingeführten **§ 99 Abs. 6 Satz 2 GWB** sind Dienstleistungen und Bauleistungen nach dem Hauptgegenstand des Auftrags abzugrenzen. Enthalten gemischte Aufträge neben Dienstleistungen auch Bauleistungen, so gilt der Auftrag als Dienstleistungsauftrag, wenn die Bauleistungen im Verhältnis zum Hauptgegenstand des Auftrags lediglich Nebenarbeiten sind. Damit folgt das GWB der Schwerpunkttheorie.

§ 99 Abs. 6 Satz 2 GWB lässt offen, wonach sich bestimmt, wann Bauleistungen lediglich Nebenarbeiten sind. Weder der Wortlaut des § 99 Abs. 6 GWB noch die Gesetzesbegründung[44] enthalten Kriterien, die für die Abgrenzung maßgeblich sind. Der Gesetzesbegründung ist zwar zu entnehmen, dass die von Leistungen als Nebenarbeiten „unabhängig vom jeweiligen Wert" der Leistungen erfolgen soll. Dem Wortlaut des § 99 Abs. 6 GWB lässt sich jedoch kein Hinweis darauf entnehmen, dass deshalb die Berücksichtigung des Wertes der jeweiligen Leistungen bei der Abgrenzung zwischen Hauptgegenstand des Vertrages und Nebenarbeiten gänzlich unzulässig ist. Eine Orientierung ausschließlich am Wert der jeweiligen Leistungen erscheint aber angesichts des insoweit klaren Wortlauts des § 99 Abs. 6 GWB ausgeschlossen.

Vielmehr ist eine **Gesamtbetrachtung** vorzunehmen, in deren Rahmen der Wert der Leistungen Berücksichtigung finden kann.[45]

Ergibt die Gesamtbetrachtung, dass die Bauleistungen nicht lediglich Nebenarbeiten sind, so ist der gesamte Auftrag nach den Regeln über die Bauvergabe gem. VOB/A auszuschreiben. Mit der Errichtung eines Bauwerks verbundene Planungsleistungen sind gemäß § 1a Nr. 1 Abs. 1 VOB/A als Bestandteil eines Bauauftrags anzusehen. Sind die Bauleistungen jedoch lediglich Nebenarbeiten, da sie z.B. den deutlich größeren Teil des Auftragsvolumens ausmachen oder der Schwerpunkt des Projektes auf dem langjährigem Betrieb, Facility Management und der Finanzierung durch den erfolgreichen Bieter liegt, so ist die VOL/A anwendbar.

Bei der Abgrenzung zu ansonsten ausschreibungsfreien Leistungen vgl. hierzu § 6 Abschnitt 3.1.1.

4.2.3 Wahl der Verfahrensart

Im Vergaberecht gilt zwar grundsätzlich der Vorrang der förmlichen Verfahrensarten des Offenen und Nichtoffenen Verfahrens, die Verhandlungen mit den Bietern weitgehend ausschließen. Allerdings liegen für komplexe und langfristige PPP-Vorhaben sehr häufig die Voraussetzungen für die Anwendung des weniger förmlichen Verhandlungsverfahrens oder bei staatlichen Auftraggebern die Voraussetzungen für die Durchführung des wettbewerblichen Dialogs (§ 6 Abs. 1 VgV)[46] vor. Das Verhandlungsverbot im Offenen und Nichtoffenen Verfahren (§ 24 VOB/A, VOL/A) wird der besonderen Komplexität von PPP-Lebenszyklusprojekten nicht gerecht. Typisch für PPP-Projekte ist die Kombination und

---

[43] Gesetz zur Beschleunigung der Umsetzung von Öffentlich Privaten Partnerschaften und zur Verbesserung gesetzlicher Rahmenbedingungen für Öffentlich Private Partnerschaften, BGBl. Teil I Nr. 56 vom 7. 9. 2005, S. 2676.

[44] BT-Dr. 15/5668 S. 11.

[45] Im Einzelnen siehe § 6 Abschnitt 3.1.1.

[46] § 3a Nr. 4 lit. c VOB/A.

§ 3a Nr. 1 Abs. 4 lit. b VOL/A: „wenn es sich um Dienstleistungsaufträge handelt, die ihrer Natur nach oder wegen der damit verbundenen Risiken eine vorherige Festlegung eines Gesamtpreises nicht zulassen"; lit. c: „wenn die zu erbringenden Dienstleistungsaufträge, insbesondere geistig-schöpferische Dienstleistungen [...] dergestalt sind, dass vertragliche Spezifikationen nicht hinreichend genau festgelegt werden können, um den Auftrag durch die Wahl des besten Angebots in Übereinstimmung mit den Vorschriften über das Offene oder Nichtoffene Verfahren vergeben zu können".

Integration verschiedener Leistungen (einschließlich der Finanzierung) und Leistungsphasen, die langfristige Zusammenarbeit von Auftraggeber und Auftragnehmer und ein gewisser Umfang sowie eine gewisse Komplexität des Gesamtprojektes. Aufgrund dieser Besonderheiten lässt sich die gewünschte Gesamtleistung (konkrete inhaltliche und wirtschaftliche Ausgestaltung des zu errichtenden Hochbaus sowie der Finanzierung und des Betriebs) regelmäßig nicht abschließend beschreiben, sondern kann erst durch Verhandlungen zwischen Auftraggeber und Bietern konkretisiert werden. Auftraggebern ist daher für komplexe PPP-Projekte – bei denen die gesetzlichen Voraussetzungen für die Zulässigkeit eines Verhandlungsverfahrens (§ 3a Nr. 4 lit. c VOB/A, § 3a Nr. 2 Abs. 4 lit. h VOL/A) oder des wettbewerblichen Dialogs (§§ 101 Abs. 5 GWB, § 6a Abs. 1 VgV) vorliegen – zur Wahl dieses flexibleren Verfahrens zu raten. Die Gründe für die Abweichung vom Offenen oder Nichtoffenen Verfahren sind im Vergabevermerk nach §§ 3a Nr. 3 VOL/A, 30 Nr. 1 VOL/A, VOB/A aktenkundig zu machen.

4.2.4 Gesamtvergabe und Nachunternehmereinsatz

Eine losweise Vergabe entsprechend dem Grundsatz in § 97 Abs. 3 GWB, § 4 Nr. 2 und 3 VOB/A, § 5 Nr. 1 VOL/A widerspricht grundsätzlich dem projektorientierten Lebenszyklusansatz von PPP-Modellen. Dem PPP-Modell ist deshalb die Gesamtvergabe inhärent. Eine Aufteilung des Gesamtauftrags in Fachlose entsprechend den einzelnen Leistungsbestandteilen (Planen, Bauen, Finanzieren, Betreiben) sollte daher nicht vorgesehen werden. § 97 Abs. 3 GWB, § 4 Nr. 2 und 3 VOB/A, § 5 Nr. 1 VOL/A sehen zur Sicherung mittelständischer Interessen lediglich einen Vorrang, nicht jedoch eine absolute Verpflichtung zur losweisen Vergabe vor. Vorausgesetzt, dass die wirtschaftliche Vorteilhaftigkeit einer (Gesamt-)PPP-Vergabe im Vorfeld untersucht und festgestellt worden ist, ist ein Absehen von der Aufspaltung des Vorhabens in Fachlose in der Regel verdingungsrechtlich unbedenklich. Allerdings erscheint in großen PPP-Projekten eine Aufteilung in Form mittelstandsgerechter „vertikaler" Teillose (Teilprojekte), die sämtliche Phasen umfassen, denkbar und im Einzelfall ggf. sinnvoll. So kann z.B. ein Gesamtprojekt für Planung, Bau, Betrieb und Finanzierung von insgesamt 100 Schulen in Teilprojekte mit einer bestimmten Anzahl oder regionalen Zuordnung der Schulen aufgeteilt werden, wobei durch die (ggf. unterschiedlichen) Losgrößen mittelständische Interessen besonders berücksichtigt werden können. Bei der Aufteilung in vertikale Teillose sind neben dem Gesichtspunkt der Förderung des Mittelstandes allerdings auch wirtschaftliche Gesichtspunkte von Bedeutung.

Der Auftraggeber sollte im Übrigen zur Sicherung mittelständischer Interessen den Generalunternehmer dazu verpflichten, eine Erklärung über den beabsichtigten Nachunternehmereinsatz abzugeben, bei Weitervergabe von Leistungen kleine und mittlere Unternehmen angemessen zu berücksichtigen und bei der Auswahl der Nachunternehmer wettbewerblich vorzugehen. Die Weitervergabe von Leistungen an Nachunternehmer ist gemäß der mit dem PPP-Beschleunigungsgesetz vom 1. 9. 2005 neu eingeführten §§ 4 Abs. 4, 6 Abs. 2 Nr. 2 VgV grundsätzlich zulässig. Der Auftragnehmer muss nicht mehr einen bestimmten Anteil der ausgeschriebenen Leistungen selbst erbringen. Hiermit reagierte der Verordnungsgeber auch auf die jüngere Rechtsprechung des EuGH, wonach die verpflichtende Vorgabe eines Eigenleistungserfordernisses nicht mit den Vorgaben der Gemeinschaft rechtsvereinbar ist.[47] Eine vergaberechtliche[48] Pflicht des Auftragnehmers zur Ausschreibung von Unteraufträgen besteht bei PPP im Hochbau jedoch nur, wenn

– der Auftragnehmer selbst Auftraggeber i.S. des § 98 Nr. 2 GWB ist,

---

[47] Zuletzt EuGH, Urteil vom 18. 3. 2004, Az. C-314/01 Rs „Siemens/ARGE Telekom".

[48] Teilweise wird jedoch aus zuwendungsrechtlichen Gründen in Fördermittelbescheiden eine Pflicht zur Ausschreibung festgelegt.

- der Auftragnehmer eine der in § 98 Nr. 5 GWB abschließend aufgezählten Maßnahmen durchführt und diese zu mehr als 50% vom Staat „subventioniert" wird,
- der Baukonzessionär Bauaufträge an Dritte vergibt.

4.3 Erstellung der Vergabeunterlagen

Zu Beginn der Ausschreibungs- und Vergabephase ist ein Beschluss des zuständigen Organs über die Einleitung des Vergabeverfahrens und seiner wesentlichen Eckpunkte herbeizuführen. Dabei ist noch einmal die finanzielle Realisierbarkeit des Projektes zu prüfen. Zuständig ist auf kommunaler Ebene regelmäßig die Gemeindevertretung.

Der öffentliche Auftraggeber soll nach § 16 Nr. 1 VOB/A, VOL/A erst dann das Vergabeverfahren einleiten, wenn alle Verdingungsunterlagen fertig gestellt sind und wenn innerhalb der angegebenen Fristen mit der Ausführung begonnen werden kann, d. h. wenn die sog. „Vergabereife" erreicht ist.

4.3.1 Erweiterung des Projektteams

Als nächster Schritt sollte geprüft werden, ob das in Phase II aufgestellte Projektteam im Hinblick auf seine fachliche Zusammensetzung ausreichend aufgestellt ist oder erweitert werden sollte. Ggf. wäre das Team zur Erstellung der Ausschreibungsunterlagen, insbesondere der ergebnisorientierten und funktionalen Leistungsbeschreibung, zum Entwurf der Vertragsstrukturen des PPP-Projektvertrages, zur Projektdokumentation und zur Entwicklung eines geeigneten Auswertungsverfahren durch weitere Experten zu verstärken. PPP-Kompetenzzentren sollten auch hier eine teamunterstützende Funktion haben. Die Ausarbeitung und Verhandlung des PPP-Vertrages und eine entsprechende Rechtsberatung nehmen in Phase III einen besonderen Stellenwert ein.

4.3.2 Übersicht über Vergabeunterlagen

Die Vergabeunterlagen bestehen aus dem Anschreiben zur Angebotsaufforderung, ggf. den Bewerbungsbedingungen und den Verdingungsunterlagen. Im wettbewerblichen Dialog muss der Auftraggeber zunächst nur seine Bedürfnisse und Anforderungen bekanntmachen und diese in einer Anschreibung erläutern, § 6 a Abs. 2 VgVo. Hierin sind auch bereits die Zuschlagskriterien und deren Gewichtung bekannt zu machen. Die Erörterung der Details des Auftrags findet in der Dialogphase statt.

Die Aufforderung zur Angebotsabgabe soll alle Angaben enthalten, die außer den Verdingungsunterlagen für den Entschluss des Bieters zur Abgabe eines Angebots notwendig sind (§ 10 Nr. 5 Abs. 1 VOB/A). In dem Anschreiben (bzw. bereits in der Bekanntmachung) sind insbesondere auch die maßgebenden Wertungskriterien für den Zuschlag aufzuführen. Diese sind sehr sorgfältig zu wählen und darzustellen, da von den einmal festgelegten Zuschlagskriterien nicht mehr abgewichen werden darf und die Wertungsentscheidung vor Zuschlagserteilung ausschließlich anhand dieser Kriterien zu erfolgen hat. Bei der Bestimmung des „wirtschaftlichsten" Angebots nach § 25 Nr. 3 Abs. 2 VOB/A können neben dem Preis grundsätzlich je nach Prioritäten des Auftraggebers auch alle sonstigen auftragsbezogenen Aspekte herangezogen werden. Zu den typischen Zuschlagskriterien gehören etwa gestalterische und funktionsbedingte Gesichtspunkte, Wartungskosten, Ausführungsfristen, Risikoübernahme, Leistungsqualität, Versorgungsgrad oder Nutzergebühren. Nur unter sehr engen Voraussetzungen zulässig ist hingegen die Heranziehung von außerhalb des Auftrags angesiedelten Bedingungen und Merkmalen eines Unternehmens („vergabefremde Aspekte") als Zuschlagskriterien.

Abbildung 23: Übersicht Vergabeunterlagen

Vergabeunterlagen	
Aufforderung zur Angebotsabgabe (Anschreiben)	– Art und Umfang der Leistungen, Ausführungsort, Ausführungszeit, Daten der Vergabestelle, Art der Vergabe, evtl. Bieterentschädigungen – Zuschlagskriterien: sämtliche Kriterien für die Angebotswertung und ggf. deren Gewichtungen
Bewerbungs-bedingungen	– Erfordernisse bei der Erstellung der Angebote (Vergabebedingungen) – Angebots-, Zuschlags- und Bindefrist (Verfahrenszeitplan) – Notwendiger Inhalt der Angebote – Zulässigkeit von Nebenangeboten – Auflistung der geforderten Eignungsnachweise
Verdingungs-unterlagen insbes. funktionale Leistungs-beschreibung	klare und erschöpfende Beschreibung der zu erbringenden Leistungen und der einzuhaltenden Qualität (bzgl. Eckdaten so detailliert wie möglich, bzgl. Innovationspotenzial so offen wie nötig). Enthalten sein sollten z. B. Aussagen zu den folgenden Punkten: – detaillierte, ausführliche Darstellung der tatsächlichen Planungsgrundlagen und des Status Quo (Liegenschaft, Gebäude, Zustand, technische Ausstattung, Personal, Nutzung etc.) – grobes Konzept der technischen und ästhetischen Gestaltung – Anforderungen an die angestrebte Risikoverteilung – Anforderungen an Vergütungsmechanismen – Anforderungen an Qualitätsmanagement zur Leistungsüberwachung – Bereitstellung von Projekt- und Planungsdaten (Datenraum) – Vorgaben zur Bietergemeinschaft; der Projektgesellschaft, ihrer Haftung und der Folgen einer Änderung der Gesellschaftsform – Vorgaben zur Angabe von Kennzahlen zur Beurteilung der Finanzierungsstruktur – Projektunterstützung in materieller und nicht materieller Hinsicht, die von Seiten der öffentlichen Hand zu erwarten ist – Vertragsstrukturen des PPP-Projektvertrages (unter Berücksichtigung von VOB/B bzw. VOL/B) – Hinweis auf evtl. erhältliche Fördermittel – Angaben zu einer etwaigen Übernahme von Personal des Auftraggebers durch den Auftragnehmer – Hinweis auf rechtliche, gesetzliche und andere Vorschriften sowie politische Aspekte, die im Zusammenhang mit dem Projekt stehen

Die gewählten Zuschlagskriterien sollten entsprechend ihrer relativen Bedeutung für den Auftraggeber untereinander gewichtet werden und offen zu legen, wodurch die Vergleichbarkeit der Angebote erhöht sowie die Angreifbarkeit der Wertung reduziert wird. Bewährt hat sich die Erstellung eines im Ermessen des Auftraggebers liegenden Punktesystems, in dem die Kriterien und deren relatives Gewicht zueinander festgelegt werden (Bewertungsmatrix). Bei der Auswahl und Gewichtung der Zuschlagskriterien ist grundsätzlich auf die in Phase II innerhalb der qualitativen Analysen der konventionellen Beschaffungsvariante verwendeten Kriterien zurückzugreifen. Art 53 Abs. 2 Unterabsatz 1 der Basis RL 2004/18/EG, sieht vor, dass die Gewichtung der Zuschlagskriterien spätestens in den Verdingungsunterlagen bzw. beim wettbewerblichen Dialog in der Beschreibung mitgeteilt werden müssen. Da diese Verpflichtung bisher nicht ins deutsche Vergaberecht umgesetzt wurde, die Umsetzungspflicht aber zum 31. 1. 2006 ausläuft, ist Art. 40 Abs. 5 lit. e) der Basisrichtlinie ab dem 1. 2. 2006 unmittelbar anwendbar und verpflichtet zur frühzeitigen Festlegung und Bekanntmachung der Gewichtung der Zuschlagskriterien.

Zusätzlich zu den notwendigen Angaben kann es bei komplexen PPP-Projekten, die einen hohen Aufwand bei der Angebotserarbeitung verursachen, sinnvoll erscheinen, im Anschreiben sog. Bieterentschädigungen in Aussicht zu stellen, d.h. pauschalierte Honorare für solche Bieter, die letztlich nicht den Zuschlag erhalten. Durch einen solchen Anreiz zur Angebotsabgabe kann eine wünschenswerte Ausweitung des Wettbewerbs erreicht werden. Da die Bieter jedoch nicht umfassend entschädigt werden können, ist es notwendig, dass Vergabeverfahren so zu gestalten, dass die Bietungskosten möglichst minimal werden. Dazu gehören die Anwendung einer optimalen Ausschreibungstechnik in den Verdingungsunterlagen sowie ein gutes Zeitmanagement. Im wettbewerblichen Dialog müssen staatliche Auftraggeber eine angemessene Kostenerstattung gewähren, wenn sie verlangen, dass die teilnehmenden Unternehmen Entwürfe, Pläne, Zeichnungen, Berechnungen oder andere Unterlagen ausarbeiten und die Unternehmen die Unterlage rechtzeitig vorgelegt wurden (§ 6a Abs. 7 VgV).

In den Bewerbungsbedingungen werden die Erfordernisse, die die Bewerber bei der Bearbeitung ihrer Angebote beachten müssen, zusammengefasst und dem Anschreiben beigefügt.

Im Rahmen der Erstellung der Verdingungsunterlagen ist der Leistungsbeschreibung besondere Sorgfalt zu widmen. Denn hier werden die Eckpunkte der zu erbringenden Leistung festgelegt, von denen auch im Rahmen des Verhandlungsverfahrens später nicht mehr grundlegend abgewichen werden kann. Nach § 9 VOB/A, § 8 VOL/A ist die Leistung so eindeutig und erschöpfend zu beschreiben, dass sie von allen Bietern in der gleichen Weise verstanden wird und die Angebote vergleichbar bleiben. Verstöße gegen diese Anforderungen können von den Bietern im vergaberechtlichen Rechtsschutzverfahren geltend gemacht werden. Im Folgenden werden einige bei der Erstellung der Vergabeunterlagen bei PPP-Modellen besonders zu beachtende Punkte hervorgehoben.

4.3.3 Fertigstellung der funktionalen Leistungsbeschreibung

Als wesentlicher Bestandteil der Vergabeunterlagen ist vor allem eine Leistungsbeschreibung zu erstellen. Bei PPP-Projekten ist regelmäßig eine ergebnisorientierte funktionale Leistungsbeschreibung (nicht eine detaillierte Leistungsbeschreibung mit Leistungsverzeichnis) zulässig und sinnvoll, weil die Gesamtleistung oder Teile der Leistung i.d.R. durch verkehrsübliche Bezeichnungen nach Art, Beschaffenheit und Umfang nicht hinreichend beschreibbar sind. Im Rahmen einer funktionalen Leistungsbeschreibung werden, wie schon zuvor erläutert, anders als in einer Leistungsbeschreibung mit detailliertem Leistungsverzeichnis durch die Umschreibung der Funktion, des Zweckes und im Einzelfall relevanter Rahmenanforderungen lediglich Eckpunkte des Projektes vorgegeben und die konkrete Ausgestaltung des ausgeschriebenen Gesamtpakets innerhalb dieses Rahmens in weiten Teilen den Bietern überlassen. Damit wird Spielraum für innovative Gestaltungsideen der Bieter zugelassen und deren Sachverstand und Kreativität im Hinblick auf unterschiedliche Planungs-, Bau-, Betriebs-, Finanzierungs- und Verwertungslösungen genutzt. Der konkrete Inhalt der Leistungsbeschreibung ist abhängig vom Gegenstand der jeweiligen PPP, so dass sich kaum generelle Aussagen treffen lassen. Zu beachten ist jedoch, dass bei aller Konzeptoffenheit die Vergleichbarkeit der Angebote gewährleistet bleiben muss. Als Grundsatz gilt daher: Bezüglich der Eckdaten so konkret wie möglich und im Hinblick auf die Nutzung von Innovationspotenzial so offen wie nötig. Um eine substanzielle Prüfung der Angebote zu ermöglichen bzw. zu erleichtern und die Vertragspraxis im Hinblick auf möglicherweise notwendige spätere Anpassungen zu erleichtern, sollten die Bieter dazu verpflichtet werden, zusätzlich zur Angabe des Gesamtpreises für die Durchführung des PPP-Projektes, welcher der Wertungsentscheidung zugrunde zu legen ist, in ihrem Angebot auch eine Aufgliederung dieses Preises nach den einzelnen Leistungsphasen (Planung, Bau, Betrieb, Übertragung) und ggf. Leistungsbestandteilen sowie Einzelleistungen vorzunehmen.

Der öffentliche Auftraggeber muss außerdem sicherstellen, dass die Bieter Zugang zu jeglichem Projektmaterial erhalten, das Bedeutung für die Angebotsvorbereitung und Verhandlung der Verträge haben könnte (z. B. durch die Organisation und Einrichtung eines Datenraums, in dem die Bieter relevante Unterlagen einsehen können). Dazu können z. B. die folgenden Unterlagen gehören: Durchführbarkeitsstudien, Umweltverträglichkeitsuntersuchungen, technische Planungen, Bodenuntersuchungen, rechtliche und kommerzielle Informationen, ggf. Bedarfsprognosen usw. Ggf. sind auch eigene sachliche und technische Aufklärungen und Untersuchungen der Bieter zuzulassen und zu regeln (Immobilien Due Diligence).

Den Bietern kann Gelegenheit gegeben werden, im Rahmen des Angebotes Änderungsvorschläge zu den vorgeschlagenen PPP-Vertragsstrukturen bzw. zur Risikoverteilung zu unterbreiten. Die Eckdaten des PPP-Projektvertrags und die entsprechende Risikoverteilung sollten jedoch zur Vereinfachung und Transparenz der Auswertung nur begrenzt verhandelbar sein. Dementsprechend ist eine gute Projektvorbereitung und Prüfung der Akzeptanz der Übertragung von Schlüsselrisiken auf den Privaten in Phase II vor Beginn des Vergabeverfahrens von entscheidender Bedeutung. Wird den Bietern Gelegenheit gegeben, Vertragsänderungsvorschläge im Rahmen des bindenden Angebotes zu unterbreiten, muss parallel bereits ein entsprechender Auswertungsmechanismus entwickelt und in den Ausschreibungsunterlagen zusammenfassend dargestellt werden. Die Bieter sollten angehalten werden, für jegliche vorgeschlagenen Änderungen ausführliche Begründungen zu liefern.

4.3.4 Vergütungsmechanismen

Vergütungsmechanismen sind ein wichtiges Bindeglied zwischen den in der ergebnisorientierten Leistungsbeschreibung vorgegebenen Leistungsstandards und den späteren Kontroll- und Einflussmöglichkeiten der öffentlichen Hand. Vergütungsmechanismen müssen wie die Qualitätsstandards auf jedes Projekt individuell zugeschnitten werden und Anreize für den Auftragnehmer beinhalten, seine Leistungen qualitäts- und zeitgerecht zu erbringen. Der öffentliche Auftraggeber sollte seine Anforderungen an die zu entwickelnden Vergütungsmechanismen so genau wie möglich angeben und die Bieter auffordern, diese in ihrem Angebot weiter zu spezifizieren. Diese Vorschläge werden dann Gegenstand von Verhandlungen zu den Leistungsbewertungsvereinbarungen („Service Level Agreements").

Die Vergütungsmechanismen sind von entscheidender Bedeutung für die Kalkulation des Bieters. Ihnen kann er entnehmen, welche Zahlungen er bei Erreichen, Unter- oder Überschreiten der vorgegebenen Leistungsstandards erhält. Entsprechend kann er die Planungs-, Bau- und Betriebskosten kalkulieren.

Vergütungsmechanismen dienen den folgenden Zielsetzungen:

- Festsetzen von realistischen und erreichbaren Verfügbarkeitsanforderungen und Qualitätsstandards in der funktionalen Leistungsbeschreibung einschließlich eines Anreizes, diese zu erreichen (z. B. Malus-Regelung bei Nichterreichung),
- ggf. Erzeugung eines Anreizes für den Auftragnehmer, die geforderte Verfügbarkeit und Qualität in bestimmten Bereichen nach Vereinbarung mit dem Auftraggeber zu übertreffen (z. B. durch Bonus-Regelungen),
- Erzeugung eines Anreizes für den Auftragnehmer, auftretende Probleme schnell zu lösen,
- Erzeugung eines Anreizes, Risiken zu steuern und zu minimieren, um Verluste zu vermeiden und allgemein
- Erzeugung eines Anreizes für den Auftragnehmer innovativ zu sein.

Vergütungsmechanismen sollten sachlich, objektiv, transparent und einfach zu handhaben sein. Sowohl die Quantität als auch die Qualität der zu erbringenden Leistung müssen messbar sein. Die Entwicklung von Vergütungsmechanismen kann auf unterschiedliche Weise in Abhängigkeit vom Projekttyp erfolgen. Sie beruhen häufig auf verfügbarkeitsbasierten oder leistungsorientierten oder einer Kombination beider Mechanismen.

Abbildung 24: Anreiz- und Kontrollmechanismen in Service Level Agreements

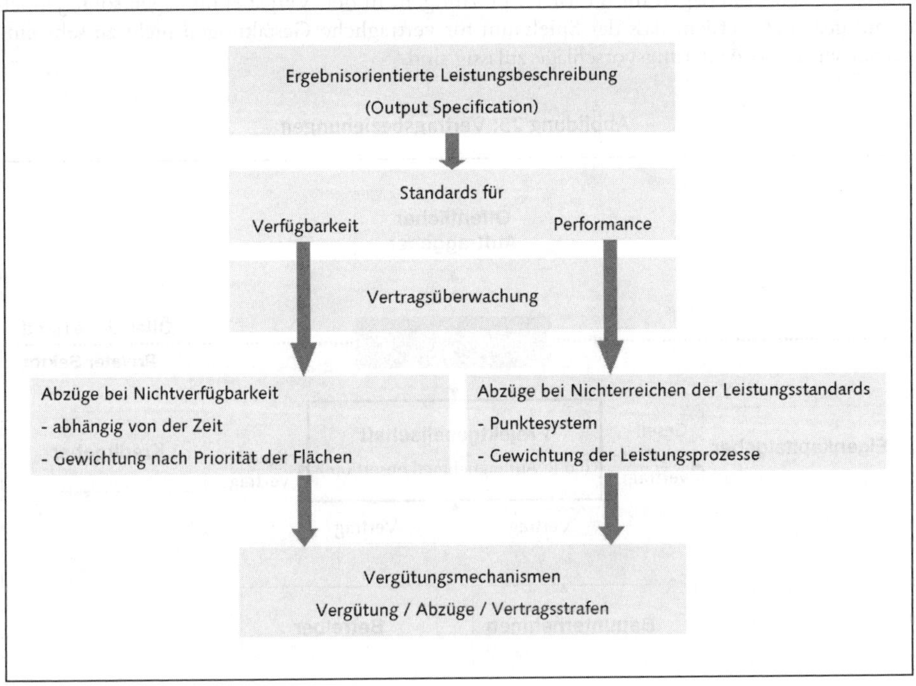

Verfügbarkeit beschreibt die generelle Nutzbarkeit einer Fläche oder Leistung unter Einhaltung der gesetzlichen Bestimmungen und Sicherheitsvorschriften. Sie ist gekennzeichnet durch die Dauer der Nutzung (Tage pro Jahr, Nutzungsdauer pro Tag) und die Kernzeiten der Nutzung. Verfügbarkeitskriterien sind möglichst klar und einfach zu wählen. Bei Nichtverfügbarkeit der Leistung sind nach einem Malussystem Reduktionen der Entgelte vorzunehmen.

Leistungsorientierte Mechanismen bilden den Beitrag des Auftragnehmers zur Erreichung der Nutzerziele ab. Sie sind durch die Qualitätsstandards festgelegt. Bei Feststellung einer Abweichung der erbrachten Leistung vom geforderten Qualitätsstandard können ebenfalls Reduktionen der Entgelte vorgenommen werden.

4.3.5 Vertragliche Strukturen

Auch muss im Rahmen der Erstellung der Vergabeunterlagen das bereits in Phase II aus der bestands- und bedarfsorientierten Ausgangslage entwickelte Vertragskonzept in eine detailliertere und umfassendere Vertragsstruktur weiterentwickelt werden. Dabei soll als Kern der Vertragsbeziehungen der Projektteilnehmer ein Vertrag zwischen dem öffentlichen Auftraggeber und dem Bieterkonsortium bzw. der Projektgesellschaft dienen (PPP-Projektvertrag).

In welchem Detaillierungsgrad vertragliche Strukturen im Voraus festgelegt werden sollten, hängt vom Einzelfall ab. Festzulegen sind insbesondere die aus Sicht der öffentlichen Hand unverhandelbaren Bedingungen. Offen zu halten sind demgegenüber die Punkte, bei denen sich die öffentliche Hand bei einer offenen Ausschreibung Innovationen auf Seiten des Auftragnehmers erhofft. Im Rahmen eines Verhandlungsverfahrens, aber auch im Rahmen eines wettbewerblichen Dialogs ist es daher sinnvoll, bereits bei der Erstellung der Vergabeunterlagen auf Auftraggeberseite einen Vertragsentwurf zu entwickeln, der zumindest die wesentlichen Eckpunkte des PPP-Projektvertrages enthält, und diesen als Verhandlungsgrundlage den Unterlagen für die Bieter beizufügen. In den Vergabeunterlagen sollte jedoch darauf geachtet werden, dass der Spielraum für vertragliche Gestaltungen nicht zu sehr eingeengt wird und Änderungsvorschläge zulässig sind.

Abbildung 25: Vertragsbeziehungen

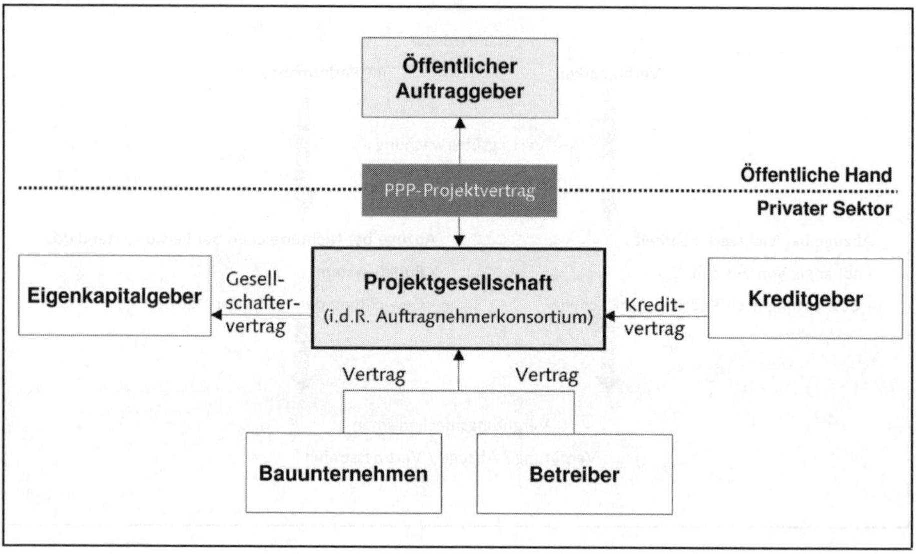

Als Orientierungspunkt einer den Interessen der Projektteilnehmer entsprechenden Vertragsstruktur dienen die nachfolgend (Kap. 4.3.6) in einem Exkurs dargestellten Vertragsmodelle, die jeweils den Bedürfnissen des Einzelfalls angepasst oder auch miteinander, insbesondere bei Portfolien, kombiniert werden können.

Ungeachtet der insoweit zugrunde gelegten Modellvariante(n), zählt zu den Eckpunkten eines PPP-Projektvertrages regelmäßig insbesondere eine Beschreibung:

- des Vertragsgegenstandes (z. B. des Projektvorhabens, der Laufzeit, der zu nutzenden (Bau-)Grundstücke und der funktionalen Leistungsbeschreibung),
- der Eigentumsverhältnisse an der Immobilie/Anlage während/nach der Vertragslaufzeit,
- des Leistungsumfangs des Auftragnehmers (Planungs-, Bau-/Sanierungs-/Optimierungs-, Betriebs-, Finanzierungs- und/oder Verwertungsleistungen),
- der leistungsbezogenen Vergütungsregelung (ggf. in Form der Drittnutzerfinanzierung),
- der Regelung von Leistungsstörungen und Risikoverteilung,
- eventuell der Beteiligung des Auftraggebers an einer vom Auftragnehmer zu gründenden Projektgesellschaft.

Aufgrund des Lebenszyklusansatzes weisen PPP-Projekte jedoch einen langen Zeithorizont auf. Aus diesem Grunde ist es nicht unwahrscheinlich, dass sich die öffentlichen und/oder privaten Anforderungen an den Vertrag im Laufe des Projektes ändern. Entsprechend muss der endgültig verhandelte PPP-Projektvertrag über ausreichende Flexibilität verfügen, um zukünftige Änderungen der Leistungsanforderungen berücksichtigen zu können. Das geschieht, ohne dass das zu Anfang verhandelte und erzielte günstige Preis-Leistungsverhältnis grundsätzlich in Frage gestellt wird. Dies ist von besonderer Bedeutung, da grundlegende Änderungen der Vertragsbestimmungen während der Betriebsphase, die einem Neuabschluss des Vertrages gleichkämen, einer erneuten Ausschreibung bedürften.

Bei der Vertragsgestaltung ist zu beachten, dass nach der VOB/A ausgeschriebene Projekte grundsätzlich die VOB/B in dem in § 10 VOB/A geregelten Umfang zugrunde zu legen haben. Für nach der VOL/A ausgeschriebene Vorhaben gilt das Gleiche im Hinblick auf die VOL/B (§ 9 VOL/A). Abweichungen von diesen Vertragsbedingungen sind nur in engen Grenzen zulässig.

4.3.6 Übersicht Vertragsmodelle

Die vertragliche Struktur eines PPP-Projektvertrages wird sich regelmäßig an den folgenden kurz dargestellten Vertragsmodellen orientieren. Dabei können in einem PPP-Projekt auch mehrere dieser Modelle gleichzeitig zur Anwendung kommen, wenn es etwa – wie häufig – um mehrere Immobilien bzw. Anlagen geht (Portfolio-Struktur). So kann ein Projekt beispielsweise die Errichtung neuer Schulen auf fremden Boden, auf eigenen Boden und zugleich die Sanierung und/oder energiebezogene Bewirtschaftung bereits vorhandener Schulen umfassen. Darüber hinaus sind die Modelle in sich variabel und müssen je nach den Bedürfnissen des Einzelfalls und Interessen der Projektteilnehmer flexibel modifiziert oder ergänzt werden.

Die im Folgenden dargestellten Vertragsmodelle sind daher so zu verstehen, dass sie eine modellhafte Orientierung für die projektspezifische Ausgestaltung vertraglicher Strukturen abbilden. Die Modelle lehnen sich an bisher verwendeten Vertragstypen an, gehen aber weit über diese hinaus, da sie im Gegensatz zu den traditionell verwendeten Vertragstypen den Lebenszyklusansatz zugrunde legen und unabhängig von ihrer Bezeichnung die Projektphasen Planen, Bauen, Finanzieren, Betreiben und Verwerten umfassen.

Prinzipielle Unterschiede zwischen den Vertragsmodellen bestehen insbesondere hinsichtlich der Eigentumszuordnung (vor, während und nach der Vertragslaufzeit), des vertraglichen Leistungsumfangs, der Risikoverteilung (z.B. Sach- und Preisgefahr, Verwertungsrisiko), der Entgeltstruktur einschließlich der Einbeziehung von Entgeltzahlungen von (Dritt-)Nutzern für Refinanzierungszwecke oder der Gründung gemischt-wirtschaftlicher Unternehmen.

Vertragsmodell I: PPP-Erwerbermodell

Vertragsmodell I beschreibt eine Kombination von schlüsselfertiger Neuerrichtung und Verkauf eines während der Vertragslaufzeit im Eigentum des Auftragnehmers stehenden Gebäudes mit umfassendem Facility Management während der anschließenden Betriebsphase von üblicherweise 20 bis 30 Jahren. Das Eigentum an dem Gebäude soll am Ende der Betriebsphase auf den Auftraggeber übergehen. Variationsmöglichkeiten schließen u.a. Erbbaurechtsvereinbarungen ein, durch die das Eigentum am Grundstück beim öffentlichen Auftraggeber verbleibt und das Eigentum am Gebäude zunächst dem privaten Auftragnehmer zugeordnet wird. Vertragsmodell I kann grundsätzlich auch für sanierungsbedürftige Bestandsgebäude, die zunächst im Eigentum des privaten Auftragnehmers stehen, Verwendung finden.

Der Leistungsumfang des Auftragnehmers umfasst die Planung, den Bau, die Finanzierung, den Betrieb und die anschließende Eigentumsübertragung (Verwertung). Der Auftragnehmer erhält dafür ein nach monatlichen oder jährlichen Raten gestaffeltes Entgelt, das sämtliche Investitionskosten, Betreiber- und sonstige Betriebskosten sowie etwaige Risikozuschläge und den Gewinn des Auftragnehmers abdeckt.

Während der einzelnen Projektphasen liegen die Risiken (Bau-, Planungs-, Finanzierungsrisiko) überwiegend beim Auftragnehmer. Lediglich das Risiko des zufälligen Untergangs (sog. Sach- und Preisgefahr) geht in der Regel bereits vor Beginn der Betriebsphase auf den Auftraggeber über. Ferner trägt der Auftraggeber das Risiko einer wirtschaftlich sinnvollen Nutzung bzw. Verwertung des Gebäudes nach Eigentumserwerb am Ende der Vertragslaufzeit (Verwertungsrisiko).

Vertragsmodell II: PPP-FM-Leasingmodell

Vertragsmodell II beschreibt die Bereitstellung eines schlüsselfertig errichteten und im Eigentum des Auftragnehmers stehenden Gebäudes im Wege des Immobilienleasings sowie ein umfassendes Facility Management während der Betriebsphase von üblicherweise 20 bis 30 Jahren. Insbesondere durch die zusätzlichen Betreiberleistungen des Auftragnehmers hebt sich das Vertragsmodell von bisherigen Leasingformen deutlich ab. Im Unterschied zu Vertragsmodell I ist am Ende der Vertragslaufzeit grundsätzlich kein Eigentumserwerb durch den Auftraggeber vorgesehen. Stattdessen wird dem Auftraggeber regelmäßig eine Kaufoption zum kalkulierten Restwert des Gebäudes oder eine Mietverlängerungsoption eingeräumt. Variationsmöglichkeiten beinhalten u. a. Erbbaurechtsvereinbarungen oder „Sale-and-lease-back-Konzepte". Vertragsmodell II kann grundsätzlich auch für sanierungsbedürftige Bestandsgebäude, die im Eigentum des privaten Auftragnehmers stehen, Verwendung finden.

Der Leistungsumfang des Auftragnehmers umfasst auch hier die Planung, den Bau, die Finanzierung und den Betrieb der Immobilie. Im Unterschied zu Vertragsmodell I ist der Auftragnehmer jedoch nicht zur Eigentumsübertragung verpflichtet, es sei denn der Auftraggeber übt am Ende der Vertragslaufzeit seine Kaufoption aus. Zudem sind Planung und Bau nicht eigens Gegenstand der vertraglich vereinbarten Leistungspflichten des Auftragnehmers, sondern tatsächliche Voraussetzung seiner vertraglichen Gebrauchsüberlassungspflicht. Der Auftragnehmer erhält für seine Leistungen ein regelmäßig nach monatlichen Raten gestaffeltes Entgelt. Die Entgeltkalkulation basiert regelmäßig auf einer Teilamortisationsberechnung der Investitionskosten (einschließlich Finanzierungskosten).

Während der einzelnen Projektphasen liegen die Risiken überwiegend beim Auftragnehmer. Aufgrund der Gestaltung als – finanzerlasskonformes – Immobilienleasing verbleibt insbesondere die Sach- und Preisgefahr bezüglich des Gebäudes beim Auftragnehmer. Im Unterschied zu Vertragsmodell I liegt auch das Verwertungsrisiko beim Auftragnehmer, es sei denn der Auftraggeber übt seine Kaufoption aus.

Vertragsmodell III: PPP-Vermietungsmodell

Vertragsmodell III beschreibt wie Vertragsmodell II eine Kombination aus der Bereitstellung eines schlüsselfertig errichteten und im Eigentum des Auftragnehmers stehenden Gebäudes mit einem umfassenden Facility Management während der Betriebsphase von üblicherweise 20 bis 30 Jahren. Wie bei Vertragsmodell II ist am Ende der Betriebsphase grundsätzlich kein Eigentumserwerb durch den Auftraggeber vorgesehen. Stattdessen kann dem Auftraggeber eine Kaufoption oder eine Mietverlängerungsoption eingeräumt werden. Im Unterschied zu Vertragsmodell II bemisst sich der Kaufpreis im Falle der Ausübung einer Kaufoption jedoch nicht an dem bereits bei Vertragsschluss kalkulierten Restwert, sondern an dem Verkehrswert der Immobilie im Zeitpunkt der Optionsausübung. Variationsmöglichkeiten beinhalten neben Erbbaurechtsvereinbarungen u. U. auch die Trennung von Gebäude- und Grundstückseigentum im Wege von Scheinbestandteilsvereinbarungen. Vertragsmodell III kann grundsätzlich auch für sanierungsbedürftige Bestandsgebäude, die im Eigentum des privaten Auftragnehmers stehen, Verwendung finden.

Der Leistungsumfang des Auftragnehmers umfasst auch hier die Planung, den Bau, die Finanzierung und den Betrieb. Wie in Vertragsmodell II umfasst er grundsätzlich nicht die Eigentumsübertragung. Auch sind Planung und Bau nicht eigens Gegenstand der vertraglich vereinbarten Leistungspflichten des Auftragnehmers, sondern Bestandteil seines tatsächlichen Leistungsumfangs. Wie bei Vertragsmodell II erhält der Auftragnehmer von dem Auftraggeber für seine Leistungen ein regelmäßig nach monatlichen Raten gestaffeltes Entgelt. Im Unterschied zu Vertragsmodell II basiert die Entgeltkalkulation jedoch nicht auf einer Teilamortisationsberechnung der Investitionskosten des Auftragnehmers, sondern auf der Berechnung der marktüblichen Miete für eine vergleichbare Immobilie sowie den Betreiber- und sonstigen Betriebskosten des Auftragnehmers.

Während der einzelnen Projektphasen liegen die Risiken überwiegend beim Auftragnehmer. Aufgrund des mietvertraglichen Rechtsverhältnisses verbleibt die Sach- und Preisgefahr bezüglich des Gebäudes beim Auftragnehmer als Vermieter. Das Verwertungsrisiko liegt ebenfalls beim Auftragnehmer, es sei denn der Auftraggeber übt eine ihm eingeräumte Kaufoption aus.

Vertragsmodell IV: PPP-Inhabermodell

Vertragsmodell IV beschreibt eine Kombination von schlüsselfertiger Errichtung bzw. Sanierung von Gebäuden oder Anlagen mit umfassendem Facility Management während der anschließenden Betriebsphase von 15 bis 20 Jahren oder einem je nach Investitionsumfang auch längeren Zeitraum. Im Unterschied zu den Vertragsmodellen I bis III geht das Eigentum an den errichteten Gebäuden oder Anlagen grundsätzlich nicht erst am Ende der Vertragslaufzeit bzw. bei Ausübung einer Kaufoption, sondern bereits mit Errichtung bzw. Installation kraft Gesetzes in das Eigentum des Auftraggebers als Grundstückseigentümer über. Dem Auftragnehmer kann während der Betriebsphase ein umfassendes Nutzungs- und Besitzrecht an der Immobilie im Wege des Nießbrauchs oder einer schuldrechtlichen Vereinbarung eingeräumt werden.

Der Leistungsumfang des Auftragnehmers umfasst die Planung, den Bau, die Finanzierung und den Betrieb. Der Eigentumsübergang ist Folge gesetzlicher Bestimmungen und daher regelmäßig nicht eigens Gegenstand der vertraglich vereinbarten Leistungspflichten des Auftragnehmers. Der Auftragnehmer erhält dafür ein nach monatlichen oder jährlichen Raten gestaffeltes Entgelt, das wie bei Vertragsmodell I sämtliche Investitionskosten, Betreiber- und sonstige Betriebskosten sowie etwaige Risikozuschläge und den Gewinn des Auftragnehmers abdeckt.

Während der einzelnen Projektphasen liegen die Risiken überwiegend beim Auftragnehmer. Lediglich das Verwertungsrisiko trägt grundsätzlich der Auftraggeber.

Vertragsmodell V: PPP-Contractingmodell

Vertragsmodell V beschreibt eine Kombination von (Ein-)Bau bzw. energiewirtschaftlicher Optimierung von Anlagen(-teilen) und Facility Management während der anschließenden Betriebsphase von üblicherweise 5 bis 15 Jahren. Im Unterschied zu den Vertragsmodellen I bis IV beschränken sich die Leistungen des Auftragnehmers gegenständlich auf technische Anlagen(-teile). Die Errichtung eines vollständigen Gebäudes oder dessen umfassendes Facility Management ist nicht Gegenstand des Vertragsmodells V. Das Facility Management beschränkt sich vielmehr auf den Betrieb und die Instandhaltung der zu errichtenden bzw. zu optimierenden Anlagen(-teile). Während der Betriebsphase ist der Auftraggeber von der unmittelbaren Nutzung der Anlagen(-teile) vertraglich ausgeschlossen. Die Anlagen(-teile) gehen grundsätzlich wie bei Vertragsmodell IV bereits mit deren (Ein-)Bau in das Eigentum des Auftraggebers als Grundstückseigentümer über.

Der Leistungsumfang des Auftragnehmers umfasst regelmäßig die Planung, den (Ein-)Bau bzw. die Optimierung, die Finanzierung und den Betrieb. Der Eigentumsübergang ist wie bei Vertragsmodell IV regelmäßig nicht eigens Gegenstand der vertraglich vereinbarten Leistungspflichten des Auftragnehmers. Der Auftragnehmer erhält ein nach monatlichen oder jährlichen Raten gestaffeltes Entgelt, das grundsätzlich sämtliche Investitionskosten, Betreiber- und sonstige Betriebskosten sowie den Gewinn des Auftragnehmers abdecken soll. Im Unterschied zu Vertragsmodell IV sollen dem Auftraggeber grundsätzlich keine Mehrkosten (gemessen an seinen bisherigen Energiekosten) entstehen. Vielmehr soll sich das Entgelt an den bisherigen Energiekosten des Auftraggebers orientieren. Damit obliegt es dem Auftragnehmer, durch eine optimale Energiebewirtschaftung die Energiekosten des Gebäudes zu senken, um sich über die so erreichten Einsparungen zu refinanzieren und Gewinne zu generieren. Sofern die Leistungspflichten des Auftragnehmers auch die Lieferung von Energie umfassen, deckt das Entgelt auch die Kosten für den Energieverbrauch ab.

Während der einzelnen Projektphasen liegen die Risiken überwiegend beim Auftragnehmer. Lediglich das Verwertungsrisiko trägt grundsätzlich der Auftraggeber.

Vertragsmodell VI: PPP-Konzessionsmodell

Vertragsmodell VI nimmt insoweit eine besondere Stellung unter den Vertragsmodellen ein, als es eine besondere Modellvariante in Gestalt der Drittnutzerfinanzierung beschreibt, die grundsätzlich mit jedem der Vertragsmodelle I bis IV kombiniert werden[49] und somit eine Betriebsphase von 10 bis 30 Jahren aufweisen kann. Je nachdem, mit welchem der vorgenannten Modelle das Vertragsmodell VI kombiniert wird, erwirbt der Auftraggeber das Eigentum an den Gebäuden bzw. Anlagen oder auch nicht.

Der Leistungsumfang des Auftragnehmers umfasst regelmäßig die Planung, den (Ein-)Bau bzw. die Sanierung oder Optimierung, die Finanzierung, den Betrieb und u. U. auch den Eigentumsübergang. Liegt der ganz überwiegende Schwerpunkt der Leistungspflichten des Auftragnehmers auf der Erbringung von Dienstleistungen des Facility Managements, Betriebs oder der Finanzierung, so liegt eine Dienstleistungskonzession vor. Zu beachten ist aber, dass bereits ein nicht nur unerheblicher Anteil an Bauleistungen (Errichtung/Sanierung eines Bauwerks) nach der deutschen Rechtsprechung ausreicht, um die Konzession als Baukonzession zu qualifizieren. Im Unterschied zu den Vertragsmodellen I bis IV erhält der Auftragnehmer vom Auftraggeber grundsätzlich kein festes Entgelt, das die Investitionskosten, Betreiber- und sonstigen Betriebskosten sowie etwaige Risikozuschläge und Gewinn des Konzessionärs abdecken soll. Stattdessen räumt der Auftraggeber dem Auftragnehmer das Recht ein, seine Kosten durch Erhebung von Nutzungsentgelten (Entgelte oder Gebühren) zu decken, die Dritte für die Benutzung der Gebäude bzw. Anlagen zu entrichten haben (sog. Drittnutzerfinanzierung). Der Auftraggeber kann sich gegebenenfalls im Rahmen einer sogenannten Anschubfinanzierung auch an den Kosten des Auftragnehmers beteiligen oder gewisse Zuschüsse zum laufenden Betrieb zusichern.

Während der einzelnen Projektphasen liegen die Risiken wie bei den Vertragsmodellen I bis V überwiegend beim Auftragnehmer. Im Einzelnen hängt die konkrete Risikoverteilung von dem jeweiligen Vertragsmodell ab, das mit dem Vertragsmodell VI kombiniert werden soll. Charakteristisch für das Vertragsmodell VI ist, dass der Auftragnehmer während der Betriebsphase – jedenfalls überwiegend – das Refinanzierungs- bzw. Nutzungsrisiko tragen muss.

Vertragsmodell VII: PPP-Gesellschaftsmodell

Vertragsmodell VII nimmt ebenso wie Vertragsmodell VI als Modellvariante eine besondere Stellung unter den Vertragsmodellen ein. Es beschreibt die gesellschaftsrechtliche Beteiligung des Auftraggebers als Mitgesellschafter an einer mit Planung, Bau/Sanierung/Optimierung, Finanzierung, Betrieb und u. U. auch Eigentumsübertragung beauftragten PPP-Projektgesellschaft (Auftragnehmer). Als Gesellschaftsform einer PPP-Projektgesellschaft kommen grundsätzlich Kapitalgesellschaften (insbesondere AG und GmbH) sowie Personengesellschaften (insbesondere OHG, KG, einschließlich GmbH & Co KG, und GbR) in Betracht. Die Auswahl der geeigneten Gesellschaftsform orientiert sich vor allem an der für das jeweilige Projekt zweckmäßigen oder zulässigen Gestaltung von Entscheidungsrechten und Haftungsfragen.

In der nachfolgenden Tabelle sind die wesentlichen Strukturmerkmale der Vertragsmodelle I bis VI nochmals zusammengefasst. Weitere Übersichtstabellen zu den Vertragsmodellen befinden sich in Kap. 5.2.

[49] Aufgrund der Beschränkung auf technische Anlagen wird Vertragsmodell V in der Praxis nur in besonderen Ausnahmefällen mit dem Vertragsmodell VI kombiniert werden können.

Abbildung 26: Vertragsrechtliche Grundlagen

		Vertragsmodell I **PPP-Erwerbermodell**	Vertragsmodell II **PPP-FMLeasingmodell**	Vertragsmodell III **PPP-Vermietungsmodell**	Vertragsmodell IV **PPP-Inhabermodell**	Vertragsmodell V **PPP-Contracting-modell**	Vertragsmodell VI **PPP-Konzessions-modell**
	Vertragsobjekt	Neubau (ggf. Sanierungsobjekt) (Bauliche Anlagen)	Neubau (ggf. Sanierungsobjekt) (Bauliche Anlagen)	Neubau (ggf. Sanierungsobjekt) (Bauliche Anlagen)	Neubau/ Sanierungsobjekt (Bauliche Anlagen)	Einbau/ Optimierung (Technische Anlagen(-teile))	Neubau/(ggf.) Sanierungsobjekt (Bauliche Anlagen)
	Laufzeit (Jahre)	20–30	20–30	20–30	15–20 (ggf. länger)	5–15	15–30
	Kündbarkeit (ordentlich)	Nein (eventl. Teilkündbarkeit einzelner Betreiberleistungen)	Nein (eventl. Teilkündbarkeit einzelner Betreiberleistungen)	Nein (eventl. Teilkündbarkeit einzelner Betreiberleistungen)	Nein (eventl. Teilkündbarkeit einzelner Betreiberleistungen)	Nein	Nein (vgl. Vertragsmodelle I–IV)
	Planung (Design)	Ja	Ja	Ja	Ja	Ja	Ja
	Ein-) Bau (Build)	Ja	Ja	Ja	Ja	Ja	Ja
	Finanzierung (Finance)	Ja	Ja	Ja	Ja	Ja	Ja
	Eigentum am Vertragsobjekt während Vertragslaufzeit (Own)	AN	AN	AN	AG	AG	AN/AG (vgl. Vertragsmodelle I–IV)
	Betrieb/Facility Management (Operate)	Ja	Ja	Ja	Ja	Ja	Ja
	Verwertung des Vertragsobjektes, hier: Eigentumsübergang auf den AG nach Vertragslaufzeit (Transfer)	Ja	Nein (Ja, bei Ausübung einer Kaufoption)	Nein (Ja, bei Ausübung einer Kaufoption)	Ja (bereits durch Einbau bzw. Verbindung mit Grundstück des AG)	Ja (bereits durch Einbau bzw. Verbindung mit Grundstück des AG)	Ja/Nein (vgl. Vertragsmodelle I–IV)

	Vertragsmodell I **PPP-Erwerbermodell**	Vertragsmodell II **PPP-FMLeasingmodell**	Vertragsmodell III **PPP-Vermietungsmodell**	Vertragsmodell IV **PPP-Inhabermodell**	Vertragsmodell V **PPP-Contractingmodell**	Vertragsmodell VI **PPP-Konzessionsmodell**
Entgelt zur Deckung von a) sämtlichen Investitionskosten	Ja (Abzahlung)	Nein (Teilamortisation)	Nein (Miete)	Ja (Vergütung)	Ja (allerdings durch eingesparte Energiekosten, evtl. zusätzliche Vergütung des AG)	Ja (allerdings durch Nutzerentgelte; evtl. Anschubfinanzierung/Abschlusszahlung des AG)
Entgelt zur Deckung von b) Betreiberkosten, sonstigen Betriebskosten, Risikozuschlag, Gewinnmarge	Ja	Ja	Ja	Ja	Ja (allerdings durch eingesparte Energiekosten)	Ja (allerdings durch Nutzerentgelte und -gebühren)
Zusatzentgelt für Eigentumserwerb	Nein	Ja (bei Kaufoption: Kaufpreis bei Vertragsabschluss festgelegt „kalkulierter Restwert")	Ja (bei Kaufoption: Kaufpreis bei Optionsausübung ermittelt („Verkehrswert"))	Nein (i. d. R.)	Nein (i. d. R.)	Ja/Nein (vgl. Vertragsmodelle I–IV)
Grundstück	AN (oder AG)	AN (oder AG)	AN (oder AG)	AG	AG	AN/AG (vgl. Vertragsmodelle I–IV)
Bauliche/technische Anlagen(-teile) während der Vertragslaufzeit	AN (falls AG Grundstückeigentümer: AN als Erbbauberechtigter)	AN (falls AG Grundstückeigentümer: AN als Erbbauberechtigter o. ä.)	AN (falls AG Grundstückeigentümer: AN als Erbbauberechtigter o. ä.)	AG	AG	AN/AG (vgl. Vertragsmodelle I–IV)
Bauliche/technische Anlagen(-teile) nach der Vertragslaufzeit	AG	AN (AG bei Ausübung der Kaufoption)	AN (AG bei Ausübung der Kaufoption)	AG	AG	AN/AG (vgl. Vertragsmodelle I–IV)

	Vertragsmodell I **PPP-Erwerbermodell**	Vertragsmodell II **PPP-FMLeasingmodell**	Vertragsmodell III **PPP-Vermietungsmodell**	Vertragsmodell IV **PPP-Inhabermodell**	Vertragsmodell V **PPP-Contractingmodell**	Vertragsmodell VI **PPP-Konzessionsmodell**
Planungsrisiko (Design)	AN	AN	AN	AN	AN	AN
Baurisiko (Build)	AN	AN	AN	AN	AN	AN
Finanzierungsrisiko (Finance)	AN	AN	AN	AN	AN	AN
Sach- und Preisgefahr (Operate)	AG (i. d. R.)	AN (i. d. R.)	AN (i. d. R.)	AG (i. d. R.)	AG (i. d. R.)	AN/AG (vgl. Vertragsmodelle I–IV; Nutzerrisiko überwiegend bei AN)
Verwertungsrisiko (Transfer)	AG	AN (AG bei Ausübung einer Kaufoption)	AN (AG bei Ausübung einer Kaufoption)	AG	AG	AN/AG (vgl. Vertragsmodelle I–IV)

4.4 Teilnahmewettbewerb

Der vor einem Verhandlungsverfahren (und im für PPP-Projekte weniger geeigneten Nichtoffenen Verfahren) in aller Regel durchzuführende Teilnahmewettbewerb mit europaweiter Bekanntmachung dient der Auswahl der Bewerber, die zur Teilnahme am Angebotswettbewerb zugelassen werden. Für die Auswahl der Bewerber ist die Eignung der Bieter, d.h. ihre Leistungsfähigkeit, Fachkunde und Zuverlässigkeit in Bezug auf die Erbringung der ausgeschriebenen Bau- und Dienstleistungen maßgeblich. Bei Beginn des Teilnahmewettbewerbs sollte sich die ausschreibende Stelle bereits grundsätzlich über den Verfahrensablauf und -zeitplan im Klaren sein.

Auch beim wettbewerblichen Dialog wählt der Auftraggeber nach europaweiter Bekanntmachung seiner Bedürfnisse und Anforderungen von den interessierten Unternehmen die Unternehmen aus, die am Dialog teilnehmen sollen (§ 6 Abs. 3 S. 1 Vg). Die VgV enthält jedoch keine Vergaben hinsichtlich der Auswahl der Unternehmen. Gemäß Art. 29 Abs. 3 Unterabsatz 1 RL 2004/18/EG ist bei der Auswahl der Bewerber wie auch beim Verhandlungsverfahren mit Teilnahmewettbewerb die Eignung der Bewerber zu prüfen.

4.4.1 Vergabebekanntmachung

Das Verhandlungsverfahren (mit vorgeschaltetem Teilnahmewettbewerb) wird durch Bekanntmachung im Amtsblatt der europäischen Gemeinschaften eingeleitet. Die zwingend zu verwendenden Formulare für die Bekanntmachung der verschiedenen Verfahrensarten finden sich im Anhang II ff. zur VOL/A, VOB/A und im Internet (z.B. unter http://SIMAP.eu.int). Der Inhalt der Vergabebekanntmachung ist in §§ 17 Nr. 1 Abs. 2 VOB/A, VOL/A vorgegeben. Neben Angaben zum Auftraggeber und Auftragsgegenstand sind auch bereits bestimmbare Fristen festzulegen. In der Regel sind auch die Zuschlagskriterien bereits in der Bekanntmachung anzugeben. Die Bieter sind in der Bekanntmachung dazu aufzufordern, Teilnahmeanträge zu stellen und bestimmte Eignungsnachweise (vgl. § 8 Nr. 3, 4, 5 VOB/A, § 7 Nr. 4, 5, § 7a Nr. 2 VOL/A) vorzulegen.

Der wettbewerbliche Dialog ist ebenfalls durch die europaweite Bekanntmachung der Bedürfnisse und Anforderungen der Auftraggeber einzuleiten (§ 6a Abs. 2 VgV). Die Europäische Kommission hat mit einer Verordnung vom 7. 9. 2005 neue Standardformulare eingeführt. Diese enthalten auch den wettbewerblichen Dialog und sind auf der SIMAP-Website unter www.simap.eu.int abrufbar und beim wettbewerblichen Dialog anzuwenden.

4.4.2 Auswahl der Bewerber

Die Unternehmen, die Teilnahmeanträge gestellt haben, sind im Rahmen des Teilnahmewettbewerbs nach den Eignungskriterien der Fachkunde, Leistungsfähigkeit und Zuverlässigkeit anhand der in der Bekanntmachung geforderten Nachweise[50] auf ihre Eignung hin zu überprüfen. Aus dem geeigneten Bewerberkreis sind die am besten geeigneten Unternehmen auszuwählen (mindestens 3), die zur Abgabe eines Angebots aufgefordert werden sollen.

Auch beim wettbewerblichen Dialog werden geeignete Bewerber ausgewählt, die zur Teilnahme am Dialog aufgefordert werden. (§ 6a Abs. 3 Satz 1 VgV; Art. 29 Abs. 3 Unterabsatz 1, RL 2004/18/EG).

4.4.3 Ausschluss von Generalübernehmern

Vor allem bei Vergaben nach der VOB/A stellte sich bislang die Frage, ob zwingend der Nachweis eines Eigenleistungsanteils des Bieters erforderlich ist und auf welche Leistung sich dieser beziehen muss. Die vergaberechtliche Zulässigkeit von Vergaben an General- oder Totalübernehmer, die keinerlei eigene Bauleistungen ausführen, ist äußerst umstritten.

---

[50] Vgl. § 8 Nr. 3, 4 VOB/A, § 7 Nr. 4, 5, § 7a Nr. 2 VOL/A.

Nach überwiegender Meinung deutscher Rechtsprechung und Literatur war wegen § 8 Nr. 2 Abs. 1 VOB/A und § 4 Nr. 8 Abs. 1 VOB/B das Angebot eines Bieters, der weniger als 30% eigene Bauleistungen erbringt, zwingend auszuschließen, da ihm automatisch die Eignung i. S. des § 25 Nr. 2 Abs. 1 VOB/A fehle. Diese Auffassung wich allerdings von der ständigen Rechtsprechung des Europäischen Gerichtshofs[51] ab, die einen Eignungsnachweis auch durch Verweis auf Kapazitäten anderer Unternehmen, die dem Bieter effektiv zur Verfügung stehen, für möglich erachtet. Die mit dem PPP-Beschleunigungsgesetz neu eingeführten § 4 Abs. 4 und § 6 Abs. 2 Nr. 2 VgV stellen nunmehr klar, dass keine gesetzlichen Eigenleistungserfordernisse bestehen. Es ist daher zulässig, Aufträge an Generalübernehmer zu vergeben, die die ausgeschriebene Leistung dann ausschließlich durch ihre Nachunternehmer erbringen lassen. Mit diesen Regelungen reagierte der Verordnungsgeber auch auf die EuGH-Rechtssprechung, nach der die verpflichtende Vergabe von Eigenleistungsanteilen mit dem Gemeinschaftsrecht nicht vereinbar ist.

Abbildung 27: Verhandlungsverfahren

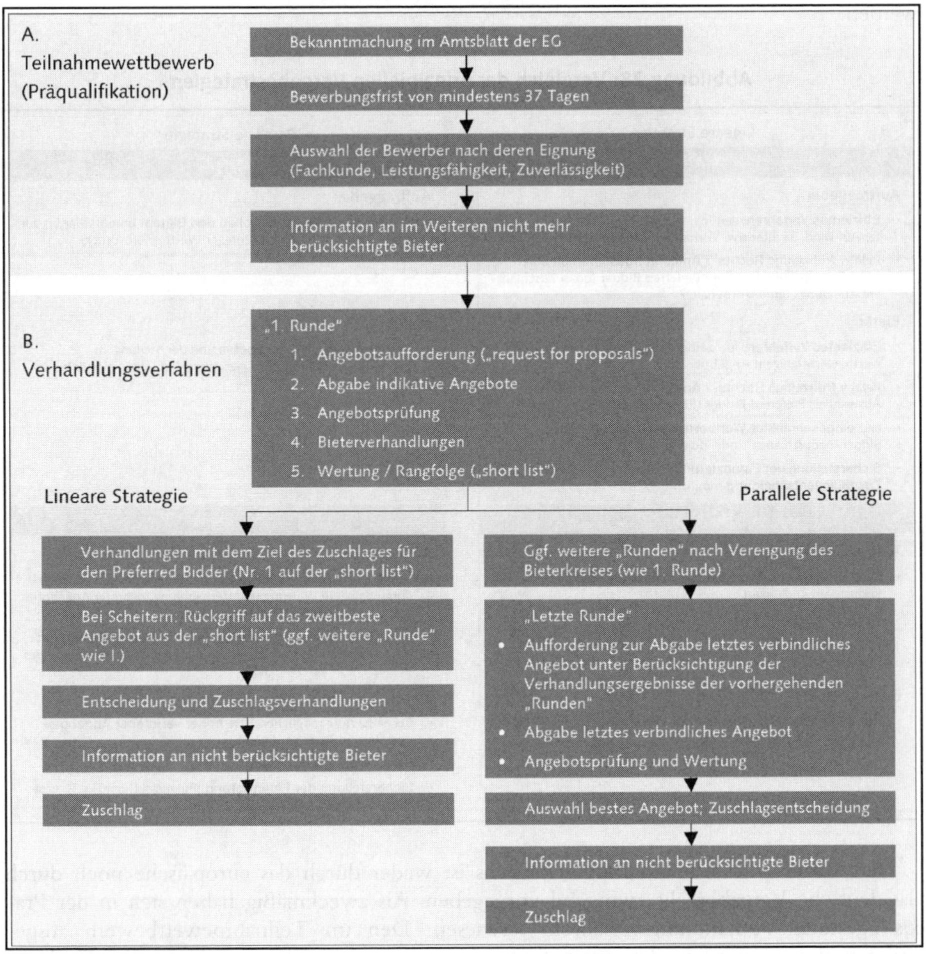

[51] EuGH, NZBau 2000, 149; EuGH, Slg. 1994 I-1289 (1307) Rn. 15; EuGH, Slg. 1997 I-7549 (7562) Rn. 13.

4.5 Verhandlungsverfahren

4.5.1 Ablauf

Nach Versendung der Vergabeunterlagen an die ausgewählten Bieter werden gerade in komplexen Vergabeverfahren zur Durchführung eines PPP-Projektes Fragen der Bieter an den Auftraggeber bestehen. Grundsätzlich muss den Bietern die Möglichkeit zu schriftlichen Fragen gegeben werden und deren Beantwortung durch den Auftraggeber in anonymisierter Form allen Bietern in gleicher Weise zugänglich gemacht werden.

Zusätzlich denkbare sog. Bieterkonferenzen, auf denen zuvor eingereichte Fragen der Bieter in Anwesenheit aller Bieter beantwortet werden, sichern zwar die Gleichbehandlung aller Bieter, haben aber den Nachteil der Beeinträchtigung des vergaberechtlichen Grundsatzes des Geheimwettbewerbs und der Erhöhung der Gefahr wettbewerbswidriger Kartellbildung. Zweckmäßiger erscheint daher ggf. die Durchführung von Einzelgesprächen mit den Bietern, deren relevante Ergebnisse, d.h. neue Erkenntnisse und Konkretisierungen in Bezug auf die ausgeschriebene Leistung, im Anschluss anonymisiert jedem Bieter zugesandt werden.

Abbildung 28: Vergleich der prinzipiellen Vergabestrategien

Lineare Strategie	Parallele Strategie
Vorteile	**Vorteile**
Auftraggeber • **Effizientes Verfahren**; zeitlich, personell und finanziell begrenzter Aufwand, da intensive Verhandlungen nur mit einem Bieter • Relativ **frühzeitige Rechts- / Anfechtungssicherheit** durch frühe Entscheidung für einen Preferred Bidder (quasi Zuschlagsentscheidung „unter Vorbehalt“)	Auftraggeber • **Aktiver Wettbewerb zwischen den Bietern** unmittelbar bis zur Zuschlagsentscheidung (ständiger Wettbewerbsdruck)
Bieter • **Effizientes Verfahren**; frühzeitiges Ausscheiden bei nicht wettbewerbsfähigem Angebot • Relativ **frühzeitige Rechts- / Anfechtungssicherheit** bei Auswahl als Preferred Bidder (Rügepräklusion) • Nur **eingeschränkter Wettbewerbsdruck** als Preferred Bidder, dadurch auch „individualisierter“ Zuschlag möglich • **Sicherstellung der Finanzierung** (Financial Close) **mit Zuschlagsentscheidung** möglich	Bieter • **Verbesserung des Angebotes** und der Stellung im Wettbewerb während des gesamten Verfahrens **möglich**
Nachteile	**Nachteile**
Auftraggeber • **Kein akuter Wettbewerbsdruck** auf den Prefered Bidder in den Exklusivverhandlungen	Auftraggeber • **Hoher Verhandlungsaufwand** (zeitlich, personell, finanziell) durch parallele Wertung und Verhandlung mehrerer Angebote und ggf. mehrfacher Angebotsprüfung • **Späte Erlangung von Rechts- und Anfechtungssicherheit**; Anfechtung der Zuschlagsentscheidung bleibt bis zum Ende des Vergabeverfahrens möglich
Bieter • **Nur begrenzte Möglichkeiten der Verbesserung** des Angebotes und der Wettbewerbsstellung	Bieter • Bei Misserfolg möglicherweise **hoher verlorener Angebots- und Verhandlungsaufwand** • **Hoher Wettbewerbsdruck** • **Sicherstellung der Finanzierung** (Financial Close) i.d.R. **erst nach Zuschlag** möglich

Der Ablauf eines Verhandlungsverfahrens ist weder durch das europäische noch durch das deutsche Vergaberecht zwingend vorgegeben. Als zweckmäßig haben sich in der Praxis „gestufte Verhandlungsverfahren“ erwiesen: Den im Teilnahmewettbewerb ausgewählten Bietern wird in der ersten Stufe eine bereits möglichst detaillierte Beschreibung des Vorhabens (zumindest genaue Zielsetzung, Eckpunkte des Projektes) mitgeteilt, anhand derer sie ein erstes „indikatives“ Angebot abgeben sollen. Nach der Auswertung dieser Angebote gem. § 25 VOB/A, VOL/A unter Anwendung der Zuschlagskriterien kann der Auftraggeber die Anzahl der Verhandlungspartner reduzieren. In komplexen und umfangreichen PPP-Vergabeverfahren bietet es sich an, auf die erste Angebotsrunde eine weitere Runde mit einem höheren Detaillierungsgrad folgen zu lassen. Diese oder auch weitere Verhandlungs- bzw. Angebotsrunden können dann nach jeweiliger Wertung der Angebote entweder zur Auswahl eines bevorzugten Bieters – preferred bidder – (lineare Strategie) oder zu einer Vergabeentscheidung im Wettbewerb mehrerer Bieter (parallele Strategie) führen.

Durch weitgehend formalisierte Vorrunden sollte der Wettbewerb der Bieter solange wie möglich in einem transparenten, diskriminierungsfreien Verfahren erhalten werden. Denn dadurch verbessert sich die Verhandlungsposition des Auftraggebers und die Bieter haben zugleich die Möglichkeit, ihre Angebote und damit ihre Wettbewerbsstellung zu verbessern. Als besonders effizient hat sich eine Mischung aus paralleler und linearer Strategie herausgestellt, bei der nach mehreren Verhandlungsrunden mit einer (kleiner werdenden) Gruppe von Bietern ein bevorzugter Bieter ausgewählt wird, mit dem dann exklusiv über Detailfragen und die abschließende Klärung und Sicherstellung der Finanzierung verhandelt wird. Wegen des Gebots der Gleichbehandlung und Transparenz ist während des gesamten Verfahrens darauf zu achten, dass allen Bietern dieselben Informationen zur Verfügung gestellt werden und das Verfahren sorgfältig und umfassend dokumentiert wird.

Grundsätzlich kann im Verhandlungsverfahren – anders als im Offenen oder Nicht-Offenen Verfahren – mit den ausgewählten Bietern über sämtliche Bestandteile ihrer Angebote verhandelt werden. Entsprechend können sich sowohl auf Angebots- als auch auf Nachfrageseite Veränderungen ergeben. Allerdings muss die ursprüngliche Leistungsbeschreibung Grundlage der Verhandlungen bleiben: Grundlegende Änderungen müssen zum Abbruch des Verfahrens führen, da ansonsten letztlich Leistungen vergeben würden, die (vergaberechtswidrig) nicht ausgeschrieben wurden. Grenzen des Verhandlungsverfahrens liegen demnach in der nachträglichen Veränderung von in der Ausschreibung festgelegten Sachverhalten, da dadurch das Gleichheitsprinzip verletzt werden würde. Zum anderen darf dem Partnerschaftsgedanken bei PPP folgend eine bestehende Marktmacht nicht für „Knebelverhandlungen" ausgenutzt werden.

Zentrale Inhalte der Vertragsverhandlungen umfassen die folgenden Themen:
- Gefahren durch höhere Gewalt, Fälle von Ausgleichs- und Entschädigungszahlungen,
- Vergütung und Leistungserbringung,
- Gesetzesänderungen,
- Vertragsänderungsmanagement,
- Kündigung und Auswirkungen von Vertragsaufhebungen,
- Eintrittsrechte.[52]

4.5.2 Angebotswertung

Die Entscheidung über den Zuschlag muss gem. § 25 VOB/A, VOL/A auf Grund der gesetzlich vorgeschriebenen mehrstufigen Wertung getroffen werden. Stufe 1 betrifft den zwingenden oder fakultativen Ausschluss von Angeboten aus formalen Gründen. Stufe 2, die Eignungsprüfung, entfällt im Verhandlungsverfahren, denn diese ist bereits im Rahmen des vorgeschalteten Teilnahmewettbewerbs erfolgt. Auf der Stufe 3 werden die Angebote nach ihrem sachlichen Gehalt und insbesondere der Angemessenheit der Preise gewertet. Als ungewöhnlich niedrige Angebotspreise gelten regelmäßig Preise, die mindestens 10–20% unter dem nächst teureren Angebot liegen. Für solche Angebote besteht zunächst eine Nachforschungspflicht des Auftraggebers, um zu ermitteln, ob es sich möglicherweise um ein missbräuchliches Angebot handelt, das auszuschließen ist.

---

[52] Vgl. Fox, Jason/Tott, Nicholas: The PFI Handbook, Bristol, 1999, S. 163–192.

Auf der letzten Stufe (Wertung im engeren Sinne) ist nach dem Kriterium der „Wirtschaftlichkeit“ darüber zu entscheiden, auf welches Angebot der Zuschlag erteilt werden soll. Die Angebotswertung soll bestimmen, welches der eingegangenen Angebote das anhand der bekannt gemachten Zuschlagskriterien beste Preis-Leistungsverhältnis in Bezug auf die ausgeschriebenen Leistungen aufweist. Im Verhandlungsverfahren muss grundsätzlich nach jeder „Angebots-/Verhandlungsrunde“ eine solche Wertung der Angebote erfolgen, um festzustellen, über welches bzw. welche Angebote weiterverhandelt werden soll. Zur Ermittlung der Wirtschaftlichkeit sind ausschließlich die bekannt gemachten Zuschlagskriterien in ihrer (ggf. ebenfalls bekannt gemachten) Gewichtung heranzuziehen.

Wesentliche Zuschlagskriterien sind typischerweise:

- vom Bieter angebotener Preis bzw. das regelmäßige Entgelt (inkl. Preisgleitungsklauseln, Entgeltanpassungsklauseln, Kosten bei Vertragsbeendigung usw.)
- Konzept sowie Art und Weise der Bereitstellung der ausgeschriebenen Leistungen (Konzeption, Einhaltung der Qualitätsstandards, Funktionalität, Folgekosten, Ausführungsfristen, Versorgungsgrad, Benutzerfreundlichkeit usw.)
- vorgeschlagene technische und gestalterische (architektonische, städtebauliche) Konzepte und Lösungen
- Ausmaß und Annehmbarkeit von angebotenen Änderungen der vorgegebenen Risikoverteilung
- Ausmaß und Bewertung von Änderungen an disponiblen Regelungen im Entwurf des PPP-Projektvertrages (Ausschluss von Angeboten, die Änderungen an zwingenden Bestandteilen vorsehen)
- quantitativer Vergleich der Lebenszykluskosten der PPP-Angebote mit den Lebenszykluskosten der auf der Basis der sorgfältig ermittelten konventionellen Beschaffungsvariante geschätzten PPP-Variante (siehe PPP-Wirtschaftlichkeitsnachweis), insbesondere wenn die Überschreitung dieser „Benchmark“ als Ausschlusskriterium festgelegt worden ist.

Der Auftraggeber kann zum einen Zuschlagskriterien festlegen, die je nach Qualität der Erfüllung mit Punkten bewertet werden; er kann auch Kriterien festlegen, deren Nichterfüllung automatisch zum Ausschluss des Angebots führen soll (Ausschlusskriterien). Ausschlusskriterien sind in den Verdingungsunterlagen als solche zu benennen und hervorzuheben. Im Rahmen der Beurteilung der sonstigen Zuschlagskriterien bieten sich Punktebewertungen an. In der Gesamtbeurteilung erhalten sämtliche quantitativen und qualitativen Kriterien außerdem eine (prozentuale) Gewichtung. Für die Beurteilung der architektonischen, gestalterischen Aspekte bietet sich die Gründung eines interdisziplinären Bewertungsgremiums an, dem Vertreter des Auftraggebers, externe Fachleute und politische Entscheidungsträger angehören könnten.

Am Ende der Angebotswertung trifft der Auftraggeber die Entscheidung, über welche Angebote er weiterverhandeln will bzw. nicht weiterverhandeln will und – nach der letzten „Angebotsrunde“ – auf welches Angebot der Zuschlag erteilt werden soll. Ist ausnahmsweise und entgegen dem ursprünglichen Beschaffungsvariantenvergleich auch das wirtschaftlichste PPP-Angebot deutlich unwirtschaftlicher als ursprünglich auf Grund einer korrekten Schätzung der Wirtschaftlichkeit des PPP-Projektes (i. d. R. aufbauend auf einer korrekt bezifferten konventionellen Beschaffungsvariante) angenommen, kann das Verfahren u. U. aufgehoben werden. Die Aufhebung kann jedoch stets nur letzte Möglichkeit („ultima ratio“) sein.

Die Auswertung muss transparent und in allen Punkten nachvollziehbar sein. Zur Sicherung einer nachvollziehbaren Dokumentation ist ein umfassender Auswertungsbericht zu erstellen, der die entsprechenden Ergebnisse und Empfehlungen sowie deren Begründung enthält. Externe Berater und PPP-Kompetenzzentren können ggf. eine wichtige Rolle in dieser Phase übernehmen – die Zuschlagsentscheidung selbst muss allerdings vom Auftraggeber in eigener Verantwortung getroffen werden.

4.5.3 Vertragsverhandlung

Ziel des Verhandlungsverfahrens ist neben der Zuschlagserteilung auch die Festlegung der konkreten Inhalte des PPP-Projektvertrages. Nur in dem vergaberechtlichen Verhandlungsverfahren sind solche Verhandlungen möglich. Der Fokus der Vertragsverhandlungen liegt darauf, das kommerzielle Konzept der Beteiligten soweit aufeinander abzustimmen und zu durchdringen, dass es in einem Vertrag mit konkreten Festlegungen „protokolliert" werden kann. Ausgangspunkt der Vertragsverhandlungen sind die in den Verdingungsunterlagen festgelegten Eckpunkte. Daran können grundlegende Änderungen nicht mehr vorgenommen werden.

In dem so gesteckten Rahmen ist in einem ersten Schritt die Feinadjustierung der Leistungsbeschreibung vorzunehmen. Ein weiterer Schwerpunkt muss in Regelungen zur Bewertung dieser Leistung und zur Kontrolle der Leistungserbringung liegen (Service Level Agreements). Zentral ist drittens die Verteilung der einzelnen Risiken zwischen den Parteien. Erst im Anschluss daran sind die Vergütungsmechanismen festzulegen. Denn erst nach der Risikoverteilung steht fest, ob und inwieweit die Realisierung bestimmter Risiken Auswirkungen auf die Vergütung hat. Auf die sorgfältige Gestaltung dieses Zusammenspiels sollte besonders geachtet werden. Die Leistungspflichten müssen eindeutig beschrieben sein. Regelungen zur Leistungsbewertung müssen überprüfbar sein und die Risiken müssen klar verteilt werden. Sowohl die Leistungserbringung als auch die Risikoverteilung sind mit der Vergütung zu verknüpfen.

Die Überprüfbarkeit der Leistungserbringung lässt sich durch Informationspflichten des Auftragnehmers (Berichte und Kennzahlen, „Balanced Scorecard") oder durch Überprüfungsrechte des Auftraggebers gewährleisten.

Im Einzelnen müssen während der Vertragsverhandlungen insbesondere Regelungen zu folgenden Punkten getroffen werden:

- Vertragsgegenstand,
- Leistungsumfang,
- Übergang von Rechten und Risiken,
- Vergütungsmechanismen,
- Finanzkennziffern,
- Überwachung,
- Sicherheiten und Versicherungen,
- Angaben zur Zusammenarbeit,
- Schlichtung,
- Vertragsänderungsmanagement.

Daneben bieten sich gegebenenfalls weitere Vereinbarungen zu folgenden Punkten an:

- vertragliche Aufteilung der Vergütung in Ausgaben für investive und Ausgaben für konsumtive Zwecke, um eine entsprechende Veranschlagung im Haushaltsplan vornehmen zu können,
- Einräumung von Prüfungsrechten des zuständigen Rechnungshofes bei Gründung eines gemischt-wirtschaftlichen Unternehmens mit mehrheitlicher Beteiligung des Staates.

Verbindliche Auskunft der Finanzverwaltung

Häufig wird die vom privaten Auftragnehmer in den Vertragsverhandlungen angestrebte Vertragsstruktur steuerlich indiziert sein. Rechtssicherheit hinsichtlich der für den privaten Partner zu erwartenden Steuerbelastungen besteht allerdings nur, soweit eine verbindliche Auskunft der Finanzverwaltung vorliegt. Insbesondere bei unkonventionellen Vertragskonstruktionen kann sich die Einholung einer verbindlichen Auskunft anbieten. Das Verfahren ist allerdings mit Unsicherheiten verbunden und zeitlich schwer planbar (Dauer i. d. R zwischen einem und zwölf Monaten). Nach der Auftragsvergabe kommt eine verbindliche

Auskunft nicht mehr in Betracht, da der Sachverhalt bereits (zum Teil) verwirklicht ist und damit nicht mehr Gegenstand einer verbindlichen Auskunft sein kann.

Zustimmungsvorbehalte

Bei der Vertragsverhandlung ist von der öffentlichen Hand insbesondere darauf zu achten, dass der PPP-Projektvertrag die Voraussetzungen der Zustimmung durch staatliche Stellen einhält.

Die Überprüfung der Einhaltung der gemeindehaushaltsrechtlichen Bestimmungen ist wegen des kreditähnlichen Charakters der Rechtsgeschäfte regelmäßig Gegenstand eines kommunalaufsichtsrechtlichen Genehmigungsverfahrens. Bis zur Erteilung der Genehmigung ist der Vertrag schwebend unwirksam. Auf die Genehmigung besteht allerdings ein einklagbarer Rechtsanspruch, sofern die gesetzlichen Voraussetzungen eingehalten werden:

- Wahrung geordneter Haushaltswirtschaft und Sicherstellung der dauernden Leistungsfähigkeit der Kommune:
  - Entgeltzahlungen müssen für die Gemeinde unter Berücksichtigung ihrer übrigen Verpflichtungen leistbar sein und den Anforderungen an eine geordnete Haushaltswirtschaft entsprechen.
  - klare Haftungsabgrenzung und -begrenzung, Ausschluss von finanziell unübersehbaren und riskanten Folgeansprüchen und Haftungsrisiken
- Sicherstellung der kommunalen Aufgabenerfüllung:
  - bei Pflichtaufgaben der Gemeinde ausreichende Informations-, Kontroll- und Einflussmöglichkeiten für die Gemeinde während der gesamten Vertragslaufzeit (ggf. Weisungs- und Vetorechte der Gemeinde)
  - ggf. Verfahrensregeln und Rechtsfolgen für den Fall, dass die Gemeinde aus Gründen gemeindlicher Aufgabenerfüllung das Objekt umnutzen oder umgestalten möchte
  - Insbesondere bei PPP-Projekten im Bereich der Pflichtaufgaben muss im Falle dauernder Schlechterfüllung, Insolvenz des Privaten oder Vertragsbeendigung eine Übernahme durch die Gemeinde möglich sein.
- Sind besondere Vertragsmodalitäten (Grundstückserwerb, -veräußerung, Bürgschaft, Gewährverträge und sonstige Sicherheiten) vorgesehen, sind deren Voraussetzungen und die ggf. gesondert bestehende Genehmigungsbedürftigkeit zu beachten.
- Besondere Voraussetzungen gelten auch für die Beteiligung von Kommunen an privatrechtlichen Gesellschaften.

Das Bundes- und Landeshaushaltsrecht enthält besondere Vorgaben und Zustimmungsvorbehalte von staatlichen Stellen im Zusammenhang mit der Veräußerung und dem Erwerb von Vermögensgegenständen sowie für die Beteiligung an Unternehmen in privater Rechtsform, die sich in der Vertragsgestaltung widerspiegeln müssen.

4.5.4 Wettbewerblicher Dialog

Das PPP-Beschleunigungsgesetz vom 1. 9. 2005 hat mit dem wettbewerblichen Dialog ein weiteres eigenständiges Verfahren zur Vergabe komplexer Aufträge eingeführt das jedoch dem gestuften Verhandlungsverfahren wie vorstehend beschrieben weitgehend entspricht.[53]

4.6 PPP-Wirtschaftlichkeitsnachweis

4.6.1 Einführung und Zielsetzung

Der PPP-Wirtschaftlichkeitsnachweis dient dem abschließenden Nachweis der Vorteilhaftigkeit des im Rahmen der Angebotswertung identifizierten bevorzugten PPP-Angebotes

[53] Einzelheiten zum wettbewerblichen Dialog in § 6 vgl. Abschnitt 5.3.

unmittelbar vor der Erteilung des Zuschlags. Die konventionelle Beschaffungsvariante fungiert als Benchmark und ist vom bevorzugten PPP-Angebot zu unterbieten.[54]

4.6.2 Methodik

Im Unterschied zum Beschaffungsvariantenvergleich liegen beim PPP-Wirtschaftlichkeitsnachweis konkrete PPP-Angebote privater Bieter vor, die zu bewerten und hinsichtlich ihrer wirtschaftlichen Vorteilhaftigkeit miteinander zu vergleichen sind.

Eingehende PPP-Angebote (indikative und verbindliche Angebote) sind während des gesamten Vergabeverfahrens kontinuierlich mit der konventionellen Beschaffungsvariante abzugleichen, um sicherzustellen, dass diese im Vergleich zur konventionellen Eigenrealisierung tatsächlich wirtschaftlich vorteilhaft sind. Sollten eingehende PPP-Angebote in einem offensichtlichen Missverhältnis (z.B. auf Grund eines auffallend hohen/niedrigen Angebotspreises) zur konventionellen Beschaffungsvariante stehen, ist die ausschreibende Stelle in der Lage, zeitnah zu reagieren, indem die entsprechenden Angebote aus der weiteren Wertung ausgeschlossen werden oder ein klärender Austausch mit dem jeweiligen Bieter gesucht wird.

Im Rahmen des Vergabeverfahrens können sich sowohl nachfrage- als auch angebotsseitig gewisse Modifikationen und/oder Spezifizierungen gegenüber der ursprünglichen Leistungsbeschreibung der öffentlichen Hand ergeben.[55] Um die Vergleichbarkeit mit den PPP-Angeboten zu gewährleisten, ist die konventionelle Beschaffungsvariante in den unterschiedlichen Phasen des Vergabeverfahrens kontinuierlich zu aktualisieren. In diesem Zusammenhang vorzunehmende Anpassungen der konventionellen Beschaffungsvariante beziehen sich bspw. auf die verhandelte Verteilung der Aufgaben und Funktionen sowie die Verteilung der Projektrisiken. Technische Innovationen, bauliche Optimierungsvorschläge, Ansätze zur Verbesserung betrieblicher Prozesse oder ähnlich Ansätze zur Steigerung der Effizienz bzw. Senkung der Kosten, die private Bieter im Rahmen ihrer Angebote präsentieren, dürfen seitens der ausschreibenden Stelle im Sinne eines fairen Vergleichs der unterschiedlichen Realisierungsansätze nicht aufgegriffen und der konventionellen Beschaffungsvariante zugerechnet werden. Um eine hohe Transparenz und Nachvollziehbarkeit zu gewährleisten, sind sämtliche Entwicklungsstufen sowie die vorgenommenen Anpassungen und Modifikationen der konventionellen Beschaffungsvariante während des Vergabeverfahrens umfassend zu dokumentieren.

Im Rahmen des PPP-Wirtschaftlichkeitsnachweises sind neben sämtlichen entscheidungsrelevanten quantitativen auch unmittelbar auftragsbezogene qualitative Aspekte zu berücksichtigen. Die Analyse der quantitativen Aspekte erfolgt regelmäßig auf Basis der Kapitalwertmethode. Qualitative Sachverhalte sind ggf. im Rahmen einer Nutzwertanalyse zu erfassen und zu bewerten. Die Sensitivität bzw. „Robustheit" der jeweiligen Ergebnisse hinsichtlich der verwendeten Eingangsdaten und der getroffenen Annahmen ist durch geeignete Sensitivitätsanalysen zu untersuchen.

4.6.2.1 Quantitative Analyse

4.6.2.1.1 Dynamische Verfahren der Investitionsrechnung

Dynamische Investitionsrechnungsverfahren ermöglichen den Vergleich unterschiedlicher Zahlungsströme. Grundlage für diesen Vergleich sind die vollständigen Zahlungsströme der beiden Beschaffungsvarianten über die gesamte Projektlaufzeit. Zielsetzung des Entscheidungsträgers ist, den Zahlungsstrom auszuwählen, der für ihn den höchsten Nutzen hat bzw. das beste Preis-Leistungsverhältnis bietet. Im Rahmen von Wirtschaftlichkeitsuntersuchun-

---

[54] Für weiterführende Informationen zum PPP-Wirtschaftlichkeitsnachweis siehe § 11 Abschnitt 5.2.

[55] Begrenzt wird diese Freiheit durch die Wahrung des Wettbewerbs und der Gleichbehandlung sowie die Vermeidung grundsätzlicher Änderungen der ursprünglichen Leistungsbeschreibung.

gen sind als Entscheidungskriterium für die wirtschaftliche Vorteilhaftigkeit der abgebildeten quantitativen Faktoren die Kapitalwerte zu bestimmen und miteinander zu vergleichen.[56]

4.6.2.1.2 Diskontierungszins

Dem Diskontierungszins kommt in diesem Zusammenhang die Aufgabe zu, die Vergleichbarkeit der Zahlungsströme der konventionellen und der PPP-Beschaffungsalternative herzustellen.

Bei der Auswahl des geeigneten Diskontierungszinses stehen folgende Ansätze zur Verfügung:

- Anwendung der Zinsstrukturkurve,
- Anwendung eines durchschnittlichen Diskontierungszinses.

Variieren die Ergebnisse mit der Veränderung des Diskontierungszinses deutlich, sind die Annahmen und Berechnungen der betrachteten Beschaffungsvarianten zu prüfen. Bestätigen sich die Annahmen und Berechnungen, so ist die Entscheidung zwischen den Ansätzen nicht allein auf Grundlage des Vergleichs der alternativen Cashflowströme zu treffen, sondern insbesondere auf die Analyse qualitativer Projektsachverhalte abzustellen.

4.6.2.1.3 Sensitivitätsanalyse

Die Belastbarkeit und Aussagekraft von Wirtschaftlichkeitsuntersuchungen wird wesentlich von den verwendeten Eingangsdaten (Planungs-, Errichtungs-, Finanzierungs-, Betriebs- Risikokosten, usw.) sowie den getroffenen Annahmen bestimmt.
Anhand von Sensitivitätsanalysen kann untersucht werden, wie sich Zielgrößen bei Variation einer oder mehrerer Inputvariable(n) verändern oder welchen kritischen Wert eine oder mehrere Inputvariable(n) annehmen darf (dürfen), wenn die Zielgröße einen bestimmten Wert annehmen soll. Im Rahmen von Wirtschaftlichkeitsuntersuchungen sind angemessene Sensitivitätsanalysen durchzuführen.[57]

Im Zusammenhang mit der Analyse quantitativer Aspekte stellt der Kapitalwert die relevante Zielgröße dar. Bei der Analyse der Auswirkungen von Veränderungen einer oder mehrerer Inputvariable(n) auf den Kapitalwert besteht die Möglichkeit, von dem jeweils prognostizierten Wertansatz der betrachteten Inputvariable auszugehen und diesen sukzessive zu variieren. Alternativ können potenziell entscheidungskritische Wertansätze von Inputvariablen – soweit absehbar – im Rahmen der Sensitivitätsanalyse zielgerichtet angesetzt und untersucht werden. Welche Inputvariablen und Annahmen Sensitivitätsanalysen unterzogen werden sollten, ist projektspezifisch zu entscheiden.

Die im Rahmen der Sensitivitätsanalyse gewonnenen Erkenntnisse können ggf. durch die Anwendung der Szenariotechnik ergänzt und unterstützt werden. Dabei werden potenzielle Veränderungen einzelner Entwicklungsfaktoren in der Zukunft zu umfassenden Modellen zusammengefasst und mögliche Konsequenzen dieser Veränderungen sichtbar gemacht.

4.6.3 Ergebnis des PPP-Wirtschaftlichkeitsnachweises

Im Rahmen des PPP-Wirtschaftlichkeitsnachweises werden sämtliche entscheidungsrelevanten Aspekte berücksichtigt, so dass eine umfassende Bewertung der wirtschaftlichen Vorteilhaftigkeit des bevorzugten PPP-Angebotes ermöglicht wird. Die Kriterien zur Beurteilung der Wirtschaftlichkeit sind dabei regelmäßig mit den Zuschlagskriterien deckungsgleich, so dass die Ergebnisse des PPP-Wirtschaftlichkeitsnachweises eine geeignete Basis für die Zuschlagserteilung bzw. den Vertragsabschluss darstellen.

---

[56] Für weiterführende Informationen zur quantitativen Analyse siehe § 11 Abschnitt 5.2.2.1.

[57] Für weiterführende Informationen zur Durchführung von Sensitivitätsanalysen siehe § 11 Abschnitt 5.2.2.2.

Der Zuschlag auf das bevorzugte PPP-Angebot erfolgt dann, wenn dieses unter Berücksichtigung aller Wertungskriterien (quantitativ und qualitativ) ein besseres Preis-Leistungsverhältnis als die konventionelle Beschaffungsvariante bietet.[58]

Kann die wirtschaftliche Vorteilhaftigkeit des bevorzugten PPP-Angebotes nicht nachgewiesen werden, sind entsprechende Nachverhandlungen mit dem bevorzugten Bieter, bspw. hinsichtlich der Aufgaben- und Risikoverteilung, aufzunehmen. Führen die Nachverhandlungen mit dem bevorzugten Bieter nicht zum Zuschlag/Vertragsabschluss, sind entsprechende Verhandlungen mit dem jeweils „nächstbesten" Bieter aufzunehmen.

Im Rahmen von Wirtschaftlichkeitsuntersuchungen während der Planungsphase sind diejenigen Daten und Informationen zu generieren, die die verantwortlichen Entscheidungsträger auf Seiten der öffentlichen Hand benötigen, um unter Wirtschaftlichkeitsgesichtspunkten über die Realisierung eines Projektes zu entscheiden.

4.6.4 Zuschlagserteilung

Die Absicht, den Zuschlag auf ein bestimmtes Angebot zu erteilen, muss den nicht berücksichtigten Bietern gem. § 13 VgV 14 Tage vor dem Vertragsschluss unter Angabe von Gründen mitgeteilt werden,[59] so dass diese ggf. gem. §§ 107 ff. GWB ein Nachprüfungsverfahren vor der Vergabekammer einleiten und den Zuschlag verhindern können. Die Möglichkeit der Geltendmachung von Vergaberechtsverstößen vor den Nachprüfungsinstanzen steht den benachteiligten Bietern nur bis zum wirksamen Abschluss des Vergabeverfahrens durch Zuschlagserteilung zur Verfügung. Ein ohne vorherige Zuschlagsinformation erteilter Zuschlag und der daraufhin geschlossene Vertrag ist nach § 13 S. 6 VgV nichtig und beendet das Verfahren daher nicht. Auf Verträge, die trotz bestehender Ausschreibungspflicht ohne Durchführung eines Vergabeverfahrens geschlossen wurden („De-Facto-Vergaben"), ist § 13 S. 6 VgV nicht (auch nicht analog) anzuwenden.[60]

Ein im Wege einer „De-Facto-Vergabe" geschlossener Vertrag kann aber nach der Rechtsprechung dann nichtig sein, wenn „der Auftraggeber in bewusster Missachtung des Vergaberechts handelt, er also entweder weiß, dass der betreffende Auftrag dem Kartellvergaberecht unterfällt, oder er sich einer solchen Kenntnis mutwillig verschließt, und er überdies kollusiv mit dem Auftragnehmer zusammenwirkt".[61]

Stellt sich im Verlauf des Verfahrens heraus, dass eine Zuschlagserteilung aus den in § 26 VOB/A, VOL/A aufgeführten Gründen nicht erfolgen kann, so kann der Auftraggeber das Verfahren durch Aufhebung beenden. Dabei ist jedoch zu beachten, dass die Aufhebung nach höchstrichterlicher Rechtsprechung nur unter sehr engen Voraussetzungen und stets nur als „ultima ratio" zulässig ist, wenn eine Behebung der Mängel im Verfahren nicht möglich ist. Bereits vor Erstellung der Vergabeunterlagen erkennbare Umstände können eine Aufhebung nicht rechtfertigen. Allein die Tatsache, dass die eingegangenen Angebote nicht den wirtschaftlichen Vorstellungen des Auftraggebers entsprechen, rechtfertigt nicht die Aufhebung einer Ausschreibung. Erst wenn alle Angebote unannehmbar erscheinen, weil sie in krassem Missverhältnis zu den im Beschaffungsvariantenvergleich vor Ausschreibung sorgfältig ermittelten und im Verlauf des Verfahrens angepassten Erwartungswerten für die PPP-Realisierung (und die ihr zugrunde liegende konventionelle Beschaffungsvariante) stehen, kommt eine Aufhebung in Betracht.

Eine Aufhebung ohne Vorliegen eines der Gründe der §§ 26 VOB/A, VOL/A ist rechtswidrig. Auf den Nachprüfungsantrag eines Bieters hin kann die Vergabekammer den Auftraggeber zur Fortführung des Verfahrens verurteilen oder die Entscheidung über die Aufhebung aufheben. Nicht berücksichtigte Bieter mit reellen Chancen auf den Zuschlag

---

[58] Für weiterführende Informationen zur qualitativen Analyse siehe § 11 Abschnitt 5.2.2.3.

[59] Die Frist läuft ab dem Tag der Absendung der Zuschlagsinformation.

[60] OLG Düsseldorf, NZBau 2004, S. 113.

[61] OLG Düsseldorf, NZBau 2004, S. 113.

können nach Beendigung des Vergabeverfahrens durch Zuschlag an einen anderen Bieter oder rechtswidrige Aufhebung Schadensersatz geltend machen.

Vor der Zuschlagserteilung ist der Beschluss des zuständigen Organs über die Vergabe des Auftrags herbeizuführen. Dabei ist insbesondere die finanzielle Realisierbarkeit erneut zu überprüfen. Auf kommunaler Ebene obliegt die interne Organzuständigkeit für PPP-Projekte regelmäßig der Gemeindevertretung (Gemeinderat, Rat).

4.6.4.1 Vertragsschluss

Der oder die PPP-Verträge müssen im kommunalen Bereich durch den Bürgermeister abgeschlossen werden. Hierbei sind die jeweiligen Form- und Vertretungsanforderungen der Gemeindeordnungen zu wahren (Schriftform, handschriftliche Unterschrift, ggf. weitere Formerfordernisse und Mitwirkungspflichten). Unmittelbar nach Vertragsschluss muss gegebenenfalls die Genehmigung der Kommunalaufsichtsbehörde beantragt werden. Der Antrag muss die zur Prüfung der Genehmigungsvoraussetzungen erforderlichen Unterlagen, insbesondere das Vertragswerk und den Nachweis der Wirtschaftlichkeit, enthalten.

Im staatlichen Bereich sind die Zuständigkeiten der einzelnen Ministerien sowie ggf. bestehende Zustimmungserfordernisse zu beachten.

4.6.4.2 Abschluss der Finanzierungsverträge

Mit PPP-Vertragsunterschrift sollte typischerweise gleichzeitig auch die Finanzierung für das Projekt durch die Unterzeichnung der entsprechenden Finanzierungsverträge zum Abschluss kommen. Damit kann das Projekt dann sofort in die Realisierungsphase eintreten.

Es ist allerdings denkbar, dass die Finanzierung erst im mittelbaren Anschluss erfolgt, beispielsweise dann, wenn noch bestimmte grundsätzliche Genehmigungen für die Projektrealisierung ausstehen.[62] Mit Unterzeichung der Finanzierungsverträge werden Bereitstellungsgebühren („commitment fees") für die im Rahmen des Finanzierungsvertrages noch nicht gezogenen Kredite fällig. Solche Gebühren verteuern das Projekt unnötigerweise, wenn auf Grund zeitlicher Verzögerungen z.B. im Genehmigungsprozess die Kredite in noch nicht absehbarer und fest geplanter Zeit zur Ziehung kommen. Bei Finanzierungsschluss werden auch die Laufzeiten der entsprechenden Kredite festgelegt. Je kürzer die Kreditlaufzeiten, desto höher die entsprechende monatliche Belastung aus Zins- und Tilgungsverpflichtungen. Mit Finanzierungsschluss fällt aber auch hier der Startschuss und ein in der Zukunft liegender noch unsicherer Bau- oder Sanierungsbeginn verkürzt die tatsächlich zur Verfügung stehenden Kreditrückzahlungsfristen und erhöht somit die monatlichen Belastungen für die Projektgesellschaft.

5. Phase IV – Implementierung & Vertragscontrolling

5.1 Überblick und Zielsetzung

Die Phase der Implementierung und des Vertragscontrollings dient vor allem der vertragsgemäßen Durchführung des Projektes.

Vorrangiges Ziel der Phase ist daher die kontinuierliche Sicherstellung der beidseitigen Erfüllung der vertraglichen Vereinbarungen. Dies wird in erster Linie durch die Anwendung der vertraglich vorgesehenen Verfahren zur Leistungskontrolle und -bewertung erreicht.

Die im Einzelnen in Phase IV erforderlichen Arbeitsschritte sind in der nachfolgenden Abbildung aufgeführt.

[62] Dann kann allerdings auch noch kein endgültiger Zuschlag erfolgen.

Abbildung 29: Implementierung & Vertragscontrolling im PPP-Beschaffungsprozess

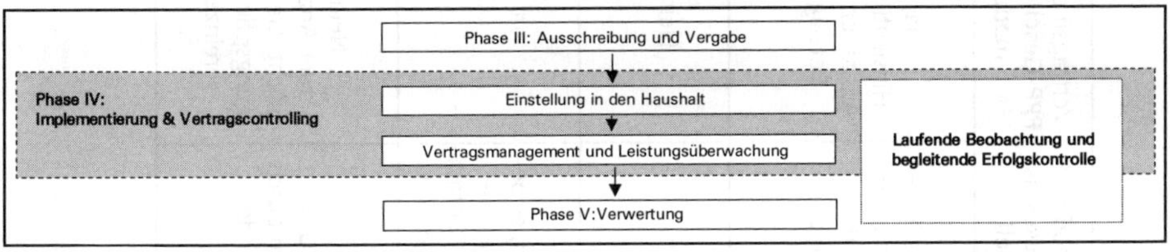

Zur und während der Vertragsdurchführung sind folgende Aufgaben zu erledigen:

- Einstellung der vertraglichen Entgelte in den Haushalt
- Bildung eines Projekt- und Vertragsmanagementteams auf öffentlicher Seite
- kontinuierliches Vertragsmanagement einschließlich begleitender Leistungs- und Erfolgskontrollen
- begleitende Erfolgskontrollen hinsichtlich Zielerreichung, Wirkung und Wirtschaftlichkeit
- Management der im Laufe des Projektes möglicherweise auftretenden Veränderungen hinsichtlich der Anforderungen an das Projekt.

5.2 Einstellung in den Haushalt

Während der gesamten Vertragslaufzeit sind die im jeweiligen Haushaltsjahr von der öffentlichen Hand vertragsgemäß zu zahlenden Entgelte als Ausgaben und die Erträge und sonstige Einnahmen in den Haushalt einzustellen.

Für das Kommunalhaushaltsrecht ist Folgendes zu beachten:

Ausgaben im Rahmen von PPP-Projekten sind im Haushaltsplan ggf. differenziert darzustellen: Bei den Vertragsmodellen I, IV und V sind die Entgelte zu trennen und, soweit sie den Herstellungsaufwand abgelten, dem Vermögenshaushalt, und im Übrigen, soweit sie den Erhaltungsaufwand, die Finanzierungs- und die Betriebskosten betreffen, dem Verwaltungshaushalt zuzuordnen. Eine derartige differenzierende Veranschlagung ist dann nicht möglich, wenn eine einheitliche Vergütung für eine einheitliche Gesamtleistung vereinbart wird, deren Bestandteile einzelnen Leistungspaketen auch im Wege einer Schätzung nicht plausibel zugeordnet werden können. In diesem Fall sind die Ausgaben entsprechend dem Schwerpunkt ihrer Zweckbestimmung regelmäßig einheitlich im Verwaltungshaushalt zu veranschlagen.

Beim Vertragsmodell II bietet sich eine Differenzierung nach der ertragssteuerrechtlichen Zuordnung an. Ist das wirtschaftliche Eigentum dem privaten Partner zuzuordnen, sind die Entgelte im Verwaltungshaushalt zu veranschlagen. Ist das wirtschaftliche Eigentum der Gemeinde zuzuordnen, sind die Entgelte in einen Tilgungsanteil (Veranschlagung im Vermögenshaushalt) sowie in einen Zins- und Kostenanteil (Veranschlagung im Verwaltungshaushalt) aufzuteilen. Das Entgelt für die Ausübung einer Kaufoption ist im Vermögenshaushalt zu veranschlagen.

Nutzungsentgelte nach dem Vertragsmodell III sind im Verwaltungshaushalt zu veranschlagen.

Einnahmen aus Drittnutzerentgelten nach dem Vertragsmodell VI sind im Verwaltungshaushalt zu veranschlagen. Ausgaben für den Anteilserwerb im Rahmen des Vertragsmodells VII sind im Vermögenshaushalt zu veranschlagen, Gewinne aus der Gesellschaft als Einnahmen im Verwaltungshaushalt.

Für das Bundes- und Landeshaushaltsrecht ist eine entsprechend nach investiven und konsumtiven Ausgabenzwecken differenzierende Veranschlagung gleichfalls geboten.

Eine Übersicht über das für PPP relevante kommunale und staatliche Haushaltsrecht bieten die Abbildungen 30 und 31:

Abbildung 30: PPP-Vertragsmodelle – Gemeindehaushalt

	Vertragsmodell I **PPP-Erwerbermodell**	Vertragsmodell II **PPP-FMLeasingmodell**	Vertragsmodell III **PPP-Vermietungsmodell**	Vertragsmodell IV **PPP-Inhabermodell**	Vertragsmodell V **PPP-Contracting-modell**	Vertragsmodell VI **PPP-Konzessions-modell**	Vertragsmodell VII **PPP-Gesellschafts-modell**
Investitionen nach Gemeindehaushaltsrecht	Ja, in Bezug auf das Entgelt für den Erwerb	Nein, es sei denn, das Entgelt für die Ausübung der Kaufoption	Nein, es sei denn, das Entgelt für die Ausübung einer besonders vereinbarten Kaufoption	Ja, in Bezug auf das Entgelt für Planung und Bau	Nein, ausnahmsweise das Entgelt für die Herstellung neuen Anlagevermögens	Unter Umständen bei Zuschüssen durch die Gemeinde	Ja, Hinsichtlich der Ausgaben für die Beteiligung
Kreditaufnahme nach Gemeindehaushaltsrecht	Nein	Nein	Nein	Nein	Nein	Nein	Nein
Wirtschaftlichkeitsuntersuchung erforderlich	Ja	Ja	Ja	Ja	Ja wenn von erheblicher finanzieller Bedeutung	Ja es sei denn, es besteht eine ausschließliche Drittnutzerfinanzierung	Ja
Genehmigungsbedürftigkeit	Ja, als kreditähnliches Geschäft	Ja, als kreditähnliches Geschäft	Nein, Ausn.: als kreditähnliches Geschäft*, wenn Laufzeit die nahezu gesamte übliche Nutzungszeit umfasst	Ja, als kreditähnliches Geschäft*	Ja, als kreditähnliches Geschäft*, bei kurzen Laufzeiten aber ggf. genehmigungsfreie laufende Verwaltung	Nein, Ausn. u. U. bei Zuschüssen durch Gemeinde	Nein, aber Anzeigepflicht, Genehmigungspflicht nur vereinzelt**

	Vertragsmodell I **PPP-Erwerbermodell**	Vertragsmodell II **PPP-FMLeasingmodell**	Vertragsmodell III **PPP-Vermietungsmodell**	Vertragsmodell IV **PPP-Inhabermodell**	Vertragsmodell V **PPP-Contracting-modell**	Vertragsmodell VI **PPP-Konzessions-modell**	Vertragsmodell VII **PPP-Gesellschafts-modell**
Zulässigkeitsvoraussetzungen	• Wahrung geordneter Haushaltswirtschaft • Sicherstellung dauernder Leistungsfähigkeit und Aufgabenerfüllung • Restriktionen für ggf. vorzunehmende Grundstücksveräußerung im Vorfeld (wg. Vorbehalts kommunaler Aufgabenbindung). • Zusätzlich vereinbarte Bürgschaften, Gewähr- und ähnliche Verträge i. d. R gesondert genehmigungspflichtig.					Entgeltgestaltung rechtlich gebunden: • gebührenrechtl. Grds. Grds. der Erforderlichkeit der Kosten Billigkeitskontrolle bei privatrechtl. Entgelten	Unter anderem: • Erfüllung öff. Zweck vertraglich gesichert • Angemessener Einfluss in Kontrollorgan • Haftungsbegrenzung
Veranschlagung im Haushaltsplan	**Trennung der Entgelte** • Herstellungsaufwand: Vermögenshaushalt • Erhaltungs- und Betriebs und Finanzierungskosten: Verwaltungshaushalt	**Differenzierung nach ertragsteuerlicher Zuordnung***:** • wirtsch. Eigt. Privater: Verwaltungshaushalt • wirtsch. Eigt. Kommune: Tilgungsteil im Vermögenshaushalt; Zins- und Kostenanteil, Erhaltung und Betrieb im Verwaltungshaushalt	**Grds. Verwaltungshaushalt*****	**Trennung der Entgelte:** • Soweit sie Herstellungsaufwand abgelten: Vermögenshaushalt • Soweit sie Erhaltungs- und Betriebskosten abgelten: Verwaltungshaushalt	• Entgelte und Gebühren im Verwaltungshaushalt	• Ausgaben für die Beteiligung im Vermögenshaushalt • Gewinne aus der Gesellschaft als Einnahmen im Verwaltungshaushalt.	**Trennung der Entgelte** • Herstellungsaufwand: Vermögenshaushalt • Erhaltungs- und Betriebs und Finanzierungskosten: Verwaltungshaushalt

<table>
<tr><th></th><th>Vertragsmodell I
PPP-
Erwerbermodell</th><th>Vertragsmodell II
PPP-
FMLeasingmodell</th><th>Vertragsmodell III
PPP-Vermietungs-
modell</th><th>Vertragsmodell IV
PPP-
Inhabermodell</th><th>Vertragsmodell V
PPP-Contracting-
modell</th><th>Vertragsmodell VI
PPP-Konzessions-
modell</th><th>Vertragsmodell VII
PPP-Gesellschafts-
modell</th></tr>
<tr><td></td><td></td><td colspan="4">Darlegung aktueller Belastungen
• im Vorbericht zum Haushaltsplan
• ggf. in der Schuldenübersicht und Vermögensrechnung zum Haushaltsplan

Darlegung der Belastungen für Haushalte künftiger Jahre
• in der fünfjährigen Finanzplanung
• ggf. in der Forderungsübersicht
• im Wege der Verpflichtungsermächtigung (nur bezogen auf Investitionen, s. o.)</td><td></td><td></td></tr>
</table>

* In Nordrhein-Westfalen nur Anzeigepflicht.
** Sachsen, Thüringen und – bis Ende 2003 – Brandenburg sehen eine Genehmigungspflicht vor.
*** In Bezug auf das Entgelt für die Ausübung einer ggf. bestehenden der Kaufoption am Ende der Vertragslaufzeit: Vermögenshaushalt.

Abbildung 31: PPP-Vertragsmodelle – Bundes- und Landeshaushaltsrecht

	Vertragsmodell I **PPP-Erwerbermodell**	Vertragsmodell II **PPP-FMLeasingmodell**	Vertragsmodell III **PPP-Vermietungsmodell**	Vertragsmodell IV **PPP-Inhabermodell**	Vertragsmodell V **PPP-Contracting-modell**	Vertragsmodell VI **PPP-Konzessions-modell**	Vertragsmodell VII **PPP-Gesellschafts-modell**
Investition nach Haushaltsrecht	Ja, in Bezug auf das Entgelt für den Erwerb	Nein, es sei denn, das Entgelt für die Ausübung der Kaufoption	Nein, es sei denn, das Entgelt für die Ausübung einer besonders vereinbarten Kaufoption	Ja, in Bezug auf das Entgelt für Planung und Bau	Nein, es sei denn, das Entgelt für den Erwerb von beweglichen Sachen	Unter Umständen, vgl. die Vertragsmodelle I bis V	Unter Umständen, vgl. die Vertragsmodelle I bis VI
Kreditaufnahme nach Haushaltsrecht	Nein	Nein	Nein	Nein	Nein	Nein	Nein
Wirtschaftlichkeitsuntersuchung erforderlich	Ja	Ja	Ja	Ja	Ja	Ja, es sei denn, es besteht eine ausschließliche Nutzerfinanzierung	Ja
Erwerb von Vermögensgegenständen durch den Staat	Ja	Ja, falls Kaufoption ausgeübt wird	Nein, es sei denn, es wird eine Kaufoption vereinbart und ausgeübt	Ja	Ja	Siehe die Vertragsmodelle I bis V	Ja, Erwerb einer Beteiligung an Unternehmen in privater Rechtsform (§ 65 BHO/LHO)
Veräußerung von Vermögensgegenständen durch den Staat	Nein	Ja, falls „sale and lease back“	Nein	Nein	Nein	Siehe die Vertragsmodelle I bis V	Ja, falls eine Beteiligung an Unternehmen in privater Rechtsform veräußert wird (§ 65 BHO/LHO)

	Vertragsmodell I **PPP-Erwerbermodell**	Vertragsmodell II **PPP-FMLeasingmodell**	Vertragsmodell III **PPP-Vermietungsmodell**	Vertragsmodell IV **PPP-Inhabermodell**	Vertragsmodell V **PPP-Contractingmodell**	Vertragsmodell VI **PPP-Konzessionsmodell**	Vertragsmodell VII **PPP-Gesellschaftsmodell**
Verpflichtungsermächtigung erforderlich	Ja	Ja	Ja, es sei denn, die Miete fällt unter sog. laufende Geschäfte	Ja	Ja	Nein, es sei denn, es findet keine ausschließliche Nutzerfinanzierung statt	Ja, es sei denn, die Einlage wird vollständig im laufenden Haushaltsjahr erbracht
Prüfungsrecht des Rechnungshofs beim Privaten	Ja, falls Privater eine Zuwendung oder eine andere Förderung erhält (§ 91 Abs. 1 Nr. 3, Abs. 3 BHO/LHO)	Siehe Vertragsmodell I	Siehe Vertragsmodell I	Siehe Vertragsmodell I	Siehe Vertragsmodell I	Siehe Vertragsmodell I	Ja, zusätzlich zu den Fällen der Förderung jdf. dann, wenn der Staat am privaten Unternehmen mit Mehrheit beteiligt ist (§ 53, 54 HGrG, 69, 104 BHO/LHO)

5.3 Projekt- und Vertragsmanagementteam

Das während der Phasen II und III gebildete und erprobte Projektteam auf Seiten der öffentlichen Hand sollte auch in dieser Phase Projektverantwortung übernehmen, um einen entsprechenden Know-how-Transfer sicherzustellen. Das Team ist gegebenenfalls zu verkleinern, aber insbesondere im Bereich des Vertragsmanagements durch entsprechende Kompetenzen zu ergänzen. Es sollte vor Vertragsunterschrift feststehen.

5.4 Vertragscontrolling

Die Hauptaufgabe des Vertragscontrollingteams ist die Überwachung der vertragsgemäßen Projektumsetzung. Dazu können gehören:
- Überwachung der Einhaltung der vertraglich vereinbarten Zeiten für Grundstückserwerb, Erstellung und Inbetriebnahme,
- Überwachung der Einhaltung der vereinbarten Qualitätsstandards auf Basis der vereinbarten Leistungsindikatoren,
- Zahlungsanweisungen für erbrachte Leistungen, bzw. Zahlungsabzüge für nicht oder schlecht erbrachte Leistungen,
- Überwachung der Einhaltung anderer vertraglicher Verpflichtungen, z. B. Abschluss und Erneuerung von Versicherungspolicen,
- Sicherstellung, dass die öffentliche Hand nicht für Risiken des Privaten eintritt,
- Sicherstellung, dass Änderungen der Leistungserbringung nur nach Einhaltung des dafür vorgesehenen Verfahrens (Genehmigung, Änderung des Vertrages) erfolgen,
- Überwachung der Erfüllung von Anforderungen im Zusammenhang mit öffentlichen Förderungen,
- Implementierung des vereinbarten Berichts- und Überwachungssystems.

Soweit hinsichtlich der steuerlichen Beurteilung eine verbindliche Auskunft der Finanzverwaltung erteilt wurde, ist bei der Umsetzung des PPP-Vertrages durch den privaten Auftragnehmer besonders darauf zu achten, dass die Vertragsumsetzung der Darstellung im Antrag auf Erteilung der verbindlichen Auskunft entspricht. Weicht der verwirklichte Sachverhalt von dem geschilderten ab, entwickelt die verbindliche Auskunft keine Bindungswirkung mehr. Insoweit ist dann wiederum mit steuerlichen Risiken für die Projektgesellschaft zu rechnen.

5.4.1 Begleitende Leistungs- und Erfolgskontrollen

Aufgrund der PPP-Projekten inhärenten langfristigen und komplexen Leistungsbeziehung zwischen der öffentlichen Hand und dem privaten Vertragspartner sind im Rahmen des Vertragscontrollings auch nach der Zuschlagserteilung an einen Bieter Wirtschaftlichkeitsuntersuchungen zur Leistungs- und Erfolgskontrolle durchzuführen.[63]

Aufbauend auf den definierten Zielen sowie den Erkenntnissen der Wirtschaftlichkeitsuntersuchungen der Planungsphase (insbesondere Kapital- und Nutzwert) sind im Rahmen der Leistungs- und Erfolgskontrolle die Effektivität (Zielerreichungs- und Wirkungskontrolle) und die Effizienz (Wirtschaftlichkeitskontrolle) des Vorhabens während der Durchführung und nach der Beendigung systematisch zu analysieren und zu überprüfen. Deswegen kommt einer lückenlosen und nachvollziehbaren Dokumentation während der Planungsphase eine zentrale Bedeutung zu.

Auf Bundesebene ist die Durchführung von Wirtschaftlichkeitsuntersuchungen als Instrument der Leistungs- und Erfolgskontrolle in der Verwaltungsvorschrift zu § 7 BHO vorgesehen. Während auf Landesebene vergleichbare Anforderungen bestehen,[64] fehlen ent-

[63] Für weiterführende Informationen zur Leistungs- und Erfolgskontrolle siehe § 11 Abschnitt 6.2.

[64] Im Einzelfall können die spezifischen Regelungen auf Landesebene von den Vorgaben der VV zu § 7 BHO abweichen.

sprechende oder ähnliche Vorschriften auf kommunaler Ebene. Zur Gewährleistung eines umfassenden Vertragsmanagements und -controlling ist es jedoch empfehlenswert, auch auf kommunaler Ebene Untersuchungen zur Leistungs- und Erfolgskontrolle vorzunehmen. Dies gilt insbesondere für die Durchführung sog. „laufender Beobachtungen".

Denn nur die laufende Beobachtung ermöglicht die fortlaufende Überwachung der vertragsgemäßen Leistungserbringung, insbesondere der Erfüllung der definierten Leistungsstandards. Diese Überwachung ist Voraussetzung dafür, dass die öffentliche Hand zeitnah auf evtl. Nicht-/Schlechtleistungen des Privaten oder sonstige Unregelmäßigkeiten oder Abweichungen von den vertraglichen Vereinbarungen reagieren sowie die Zahlungen des monatlichen Leistungsentgelts entsprechend der tatsächlichen Leistungserbringung („Performance") des Privaten aktiv steuern kann.

Neben der laufenden Beobachtung sind im Rahmen zeitpunktbezogener begleitender Erfolgskontrollen die Effektivität und die Effizienz des Vorhabens zum jeweiligen Betrachtungszeitpunkt zu beurteilen.

Die Beurteilung der Effektivität, d.h. der Zielerreichung, im Rahmen begleitender Erfolgskontrollen erfordert eine möglichst präzise Definition der Projektziele während der Planungsphase. Eine Anpassung der Zielsetzungen während der Projektlaufzeit durch die öffentliche Hand, bspw. auf Grund von Veränderungen der Projektrahmenbedingungen (gesellschaftlich, technisch, wirtschaftlich, rechtlich, usw.), bedarf grundsätzlich entsprechender „Öffnungsklauseln" im Vertragswerk.

Die Beurteilung der Effizienz setzt auf dem Ergebnis des PPP-Wirtschaftlichkeitsnachweises auf. Hierbei sind die Kapitalwertberechnung und/oder die Nutzwertanalyse mit den tatsächlichen Daten zum Zeitpunkt der Kontrolle erneut durchzuführen und den geplanten Werten, d.h. den Ergebnissen des PPP-Wirtschaftlichkeitsnachweises, vergleichend gegenüberzustellen (Soll-Ist-Vergleich). Während zur Beurteilung qualitativer Aspekte auf einen direkten Vergleich von geplantem und tatsächlichem Nutzwert abgestellt werden kann, lässt ein bloßer Vergleich der Kapitalwerte keinen ausreichenden Rückschluss auf die tatsächliche Effizienz der Maßnahme zu. Zwecks Erlangung belastbarer Aussagen ist dem geplanten und tatsächlichen Kapitalwert das jeweils geplante bzw. tatsächlich erreichte Leistungsniveau gegenüberzustellen. Abweichungen zwischen geplantem und tatsächlichem Kapitalwert können somit vor dem Hintergrund der tatsächlichen Erfüllung der definierten Leistungsstandards analysiert und bewertet werden.

Sofern vergleichbare (konventionelle) Projekte vorliegen ist es zur Generierung umfangreicher und belastbarer Erkenntnisse hinsichtlich der wirtschaftlichen Vorteilhaftigkeit von PPP-Realisierungsansätzen darüber hinaus empfehlenswert, die Effektivität und Effizienz von PPP-Maßnahmen während der Projektlaufzeit im direkten Vergleich mit einer analogen (konventionell realisierten) Maßnahme zu beurteilen.

Getroffene Annahmen sowie die Methodik und die Ergebnisse begleitender Erfolgskontrollen sind umfassend zu dokumentieren und systematisch auszuwerten. Wesentliche Abweichungen zwischen den Plan- und Ist-Ergebnissen sind zu erläutern. Auf der Grundlage der Ergebnisse begleitender Erfolgskontrollen sind seitens der öffentlichen Hand ggf. angemessene Maßnahmen zu ergreifen, um eine nachhaltige und effiziente Zielerreichung sicherzustellen. Es ist daher wichtig, dass das PPP-Vertragswerk der öffentlichen Hand bei Eintritt bestimmter Projekttatbestände vertraglich definierte Rechte, bspw. Eintrittsrechte oder das Recht zur vorzeitigen Vertragsbeendigung, eröffnet.

5.4.2 Vertragsänderungsmanagement

Änderungswünsche des öffentlichen Auftraggebers zu bereits vertraglich vereinbarten Leistungen können aus unterschiedlichen Gründen entstehen:

- Änderungen der funktionalen Projektanforderungen,
- Technologische Änderungen,
- Preisänderungen,

- Benchmarking,
- Gesetzesänderungen,
- Politische Veränderungen.[65]

Sie können Auswirkungen auf den Preis und das Preis-Leistungsverhältnis des Projektes haben. Um Preiserhöhungen auf Grund notwendiger Leistungsänderungen während der Laufzeit in Grenzen zu halten, sind bereits bei den Vertragsverhandlungen klare Regelungen zur Preisanpassung bei verändertem Leistungskatalog zu treffen (z.B. Anknüpfung an Marktpreise, Verfahrensregelungen). Vor Vertragsänderungen hat der öffentliche Auftraggeber zu prüfen, ob die durch sie ausgelöste Preisänderung zu der angestrebten Änderung in einem angemessenen Verhältnis steht und etwaige Preiserhöhungen finanziell realisierbar sind.

Bei Abschluss der Finanzierungsverträge kann beispielsweise bei Projekten mit ausreichend großem Finanzierungsvolumen vereinbart werden, dass zu einem späteren Zeitpunkt, meist nach Abschluss der Bauphase, finanzielle Umstrukturierungen der Finanzierungskonditionen des privaten Partners vorgenommen werden können. Motiv für die Umstrukturierung der Finanzierungsstruktur kann beispielsweise eine Entlastung des Cashflows sein. Umstrukturierungen haben im Allgemeinen Auswirkungen auf die Situation der öffentlichen Hand beispielsweise durch die Neugewichtung der Risiken und bedürfen daher ihrer vorherigen Zustimmung.

Die ursprünglich vertraglich vereinbarte Risikoverteilung muss grundsätzlich über die Vertragslaufzeit hinweg Bestand haben. Änderungen von Leistungsstandards und Zahlungsvereinbarungen sollten – wenn überhaupt – nur im Rahmen einer förmlichen Vertragsanpassung und nicht informell vorgenommen werden. Grundlegende Änderungen des Vertrages, die einem Neuabschluss gleichkommen, führen zu einer erneuten Ausschreibungspflicht. Welche Änderungen (oder Verlängerungen) bestehender Verträge als in diesem Sinne wesentlich anzusehen sind, ist eine Frage des Einzelfalls.[66] Die Zulässigkeit von Änderungen ohne Neuausschreibung wird jedoch in der Regel bejaht, wenn bereits in den Verdingungsunterlagen oder dem Vertrag Optionen vorgesehen werden (z.B. im Hinblick auf eine Laufzeitverlängerung, Preisanpassung usw.).

6. Phase V – Verwertung

6.1 Zielsetzung

Ziel der Phase V des Beschaffungsprozesses ist die weitere wertschöpfende Nutzung der Immobilie nach Ablauf der Vertragslaufzeit. Dabei geht es um die Frage, von wem das Vertragsobjekt wie genutzt werden soll und die Gestaltung dieses Übergangs. Aufgaben der Verwertungsphase sind

- die Entscheidung über die Ausübung etwaiger Optionen (Vertragsmodelle II und III),
- die ordnungsgemäße Durchführung der Vertragspflichten zur Übergabe und ggf. Übertragung des Vertragsobjektes,
- die Entscheidung über weitere Verwendungen der Immobilie und die Umsetzung dieser Verwertung.

Die Arbeitsschritte der Phase V sind in der nachfolgenden Abbildung aufgeführt.

---

[65] Vgl. Hart, Jon: Change and Management of Change, in: European Construction Institute (ECI): Public Private Partnerships – A review of the key issues, Loughborough, 2003, S. 71–76.

[66] Hinweis: Das OLG Rostock hat mit Beschluss vom 5. 2. 2003 – 17 Verg 14/02, NzBau 2003, 457 dem EuGH die Frage vorgelegt, wann eine Änderung der zu liefernden Waren eine Neuausschreibungspflicht begründet.

Abbildung 32: Verwertung im PPP-Beschaffungsprozess

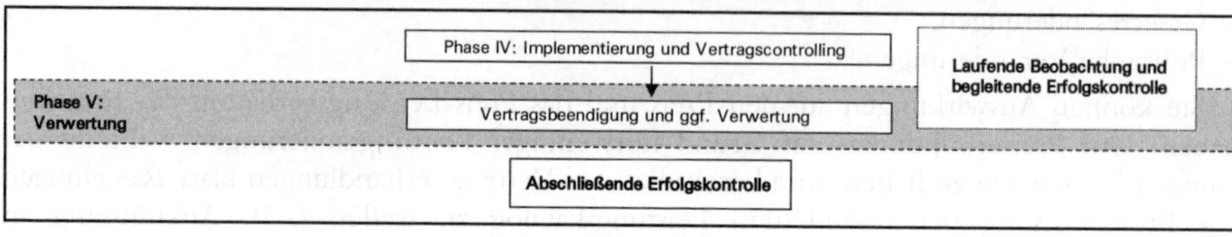

6.2 Ausübung etwaiger Optionen am Ende der Vertragslaufzeit und Übergabe

Die Festlegung des Verwertungsrisikos erfolgt grundsätzlich bereits bei der Festlegung der Vertragsstruktur. Sie kann so konstruiert sein, dass dem Auftraggeber am Ende der Vertragslaufzeit das Eigentum zusteht und ihm daher auch die Aufgabe der Verwertung obliegt (Vertragsmodelle I, IV und V). Möglich ist demgegenüber auch eine Vertragsstruktur, bei dem das Eigentum und Verwertungsrisiko beim Auftragnehmer liegt (Vertragsmodell III ohne vereinbarte Kaufoption).

Möglich ist weiter, dass dem Auftraggeber vertraglich eine Kaufoption (Vertragsmodell II, oder III) oder eine Mietverlängerungsoption (Vertragsmodell III) eingeräumt wurde. In diesen Fällen liegt das Verwertungsrisiko zwar grundsätzlich beim Auftragnehmer, der Auftraggeber hat jedoch die Option, die Immobilie weiter zu nutzen, bzw. zu verwerten. Der öffentliche Auftraggeber muss sich daher rechtzeitig über die Ausübung der Option Gedanken machen, wobei die Entscheidung einerseits vom Bedarf der öffentlichen Hand und andererseits vom Wert der Immobilie abhängen wird. Bei einer Entscheidung für die Ausübung der Option sollte er rechtzeitig finanziell vorsorgen.

Bei den Vertragsmodellen I, IV und V sowie – nach Ausübung der Kaufoption – bei Vertragsmodell II ist die Immobilie dem Auftraggeber zu übergeben. Sofern er nicht bereits Eigentümer ist, ist ihm auch das Eigentum daran zu übertragen. Hierbei muss sie sich im vertragsgemäßen Zustand befinden. Dies ist vom Auftraggeber sorgfältig zu überprüfen.

6.3 Entscheidung über weitere Verwendung der Immobilie

Dem Eigentümer obliegt sodann die Entscheidung über die weitere Verwendung der Immobilie. Dabei kann er sie grundsätzlich selbst nutzen oder den verbliebenen Wert durch Nutzung eines Dritten (z.B. in Gestalt eines Käufers, Mieters oder Leasingnehmers) realisieren.

6.4 Abschließende Leistungs- und Erfolgskontrolle

Effektivität und Effizienz einer Maßnahme sind nach deren Beendigung endgültig im Rahmen einer abschließenden Leistungs- und Erfolgskontrolle festzustellen. Methodisch besteht zwischen begleitender und abschließender Erfolgskontrolle grundsätzlich kein Unterschied.[67]

[67] Für weiterführende Informationen zur Leistungs- und Erfolgskontrolle siehe § 11 Abschnitt 6.2.

2. Teil. Rechtliche Rahmenbedingungen

§ 2 Verfassungsrechtlicher Rahmen

Übersicht

Rechtliche Rahmenbedingungen für die Zulässigkeit („Ob") und die Ausgestaltung („Wie") von PPP finden sich auch in der Verfassung. Zwar enthält das Grundgesetz nur wenige explizite Bestimmungen über die vom Staat zwingend selbst vorzunehmenden Leistungen und die Voraussetzungen für eine Privatisierung von Staatsaufgaben (sieht man von den die speziellen Aufgabenfelder des Luftverkehrs-, Bahn-, Post- und Telekommunikationswesen betreffenden Art. 87 d bis 87 f GG einmal ab). Je nach konkreter Ausgestaltung zieht das Grundgesetz der Einbeziehung von Privaten in die staatliche Aufgabenerfüllung jedoch mittelbar Grenzen, die bei der Planung von PPP-Projekten zu berücksichtigen sind.

1. Staatsprinzipien

Kooperationen zwischen der öffentlichen Hand und Privaten dürfen zunächst nicht zu einer Verletzung der in Art. 20, Art. 28 Abs. 1 GG geregelten Staatsprinzipien, insbesondere des Sozialstaats-, Demokratie- und Rechtsstaatsprinzips führen.

1.1 Sozialstaatsprinzip

Das in Art. 20 Abs. 1, 28 Abs. 1 GG niedergelegte Sozialstaatsprinzip verpflichtet den Staat unter anderem dazu, für eine gerechte Sozialordnung zu sorgen und die soziale Sicherheit durch Bereitstellung von Leistungen und Einrichtungen zur Versorgung der Bevölkerung in wirtschaftlicher, sozialer und kultureller Hinsicht zu gewährleisten (z. B. Wasser, Strom, Abfallentsorgung, öffentliche Verkehrsinfrastruktur, Krankenhäuser, Schulen, Theater und Museen).[1] Das Sozialstaatsprinzip gibt dabei lediglich das Ziel vor, trifft darüber hinaus jedoch keine Aussage darüber, auf welche Art und Weise der Staat dieses Ziel zu erreichen hat.[2] Das „Wie" der Erfüllung der Aufgaben der Daseinsvorsorge steht daher im Ermessen des Staates, dem es grundsätzlich freisteht, sie mit eigenen Einrichtungen, d. h. selbst oder aber durch Dritte erfüllen zu lassen.[3] Wegen der aus dem Sozialstaatsprinzip folgenden staatlichen Verpflichtung zur Bereitstellung von Leistungen und Einrichtungen der Daseinsvorsorge trifft den Staat im Falle der Erbringung dieser Leistungen durch private Dritte allerdings eine Gewährleistungspflicht für die ordnungsgemäße Aufgabenerfüllung.[4] Würde die

---

[1] BVerfGE 22, 180 (204); Peine, DÖV 1997, 353 (356); Bauer, VVDStRL 54 (1995), 243, (264); Sachs, in: Sachs, GG, Art. 20 Rn. 46.

[2] BVerfGE 22, 180 (204); Peine, DÖV 1997, 353 (356); Bauer, VVDStRL 54 (1995), 243, (264).

[3] BVerfGE 22, 180 (204); Bauer, VVDStRL 54 (1995), 243, (264); Schoch, DVBl. 1994 962 (970); Bonk, JZ 2000, 435 (440); Sachs, in: Sachs, GG, Art. 20 Rn. 48.

[4] Schoch, DVBl. 1994 962 (970) spricht insoweit von „Garantenstellung" der öffentlichen Hand; Bonk, JZ 2000, 435 (440).

Privatisierung von bisher staatlich wahrgenommenen Aufgaben der Daseinsvorsorge zu einer unzureichenden Versorgungslage der Bevölkerung führen, kann sich hieraus daher die Verpflichtung des Staates ergeben, von der Privatisierung abzusehen und die Leistung weiterhin staatlich anzubieten. Da Leistungen der Daseinsvorsorge jedoch regelmäßig auch von Privaten erbracht werden können, ohne dass hierdurch die Versorgung der Bevölkerung ernstlich gefährdet wird, steht das Sozialstaatsprinzip der Zusammenarbeit von öffentlicher Hand und Privaten in der Regel offen gegenüber und wirkt grundsätzlich nicht privatisierungsbeschränkend.[5]

1.2 Demokratieprinzip

Nach Art. 20 Abs. 2 GG geht alle Staatsgewalt vom Volke aus. Jede Ausübung von Staatsgewalt bedarf also demokratischer Legitimation. Das damit zum Ausdruck gebrachte Demokratieprinzip verlangt eine ununterbrochene Legitimationskette vom Volk zu den mit staatlichen Aufgaben betrauten Organen und Amtswaltern.[6] Wirken Private an der Ausübung von Staatsgewalt mit, ist dies daher nur insoweit mit dem Demokratieprinzip vereinbar und damit rechtlich zulässig, als die nach Art. 20 Abs. 2 GG notwendige demokratische Legitimation gewährleistet ist.

1.2.1 Erfordernis demokratischer Legitimation für die Ausübung von Staatsgewalt

Als Ausübung von legitimationsbedürftiger Staatsgewalt stellt sich nach der Rechtsprechung des Bundesverfassungsgerichts alles amtliche Handeln mit Entscheidungscharakter dar.[7] Die notwendige demokratische Legitimation bezieht sich dabei nicht allein auf öffentlich-rechtliches, d.h. obrigkeitliches Handeln, sondern auf den gesamten Umfang staatlichen Handelns, so dass auch das privatrechtliche Handeln dem Gebot demokratischer Legitimation unterfallen kann. Die mögliche Wahl der Organisationsform (z.B. Anstalt öffentlichen Rechts, Aktiengesellschaft, GmbH) oder Rechtsform des Handelns (privatrechtlich oder öffentlich-rechtlich) ist daher nicht maßgebend für die Qualifizierung staatlicher Tätigkeit als „Ausübung von Staatsgewalt".[8]

Gilt das Gebot demokratischer Legitimation, verpflichtet dieses zur Erreichung eines bestimmten Legitimationsniveaus. Ob es im Einzelfall erreicht wird, ist im Wege einer Gesamtbetrachtung der beiden zentralen Legitimationsstränge – der personellen und der sachlich-inhaltlichen Legitimation – zu bestimmen.[9] Personell demokratisch legitimiert ist ein Amtsträger, wenn er verfassungsgemäß sein Amt im Wege einer Wahl durch Volk oder Parlament oder dadurch erhalten hat, dass er durch einen seinerseits personell legitimierten, unter Verantwortung gegenüber dem Parlament handelnden Amtsträger oder mit dessen Zustimmung bestellt worden ist (ununterbrochene Legitimationskette).[10] Sachlich-inhaltliche Legitimation verlangt hingegen die Bindung des Amtsträgers an Recht und Gesetz sowie die Sicherstellung der parlamentarischen Verantwortlichkeit durch hinreichende Kontrollmöglichkeiten (vor allem durch Weisungs- und Aufsichtsbefugnisse) bezüglich der Wahrnehmung der staatlichen Aufgaben.[11]

---

[5] Bauer, VVDStRL 54 (1995), 243 (264); Krölls, GewArch 1995, 129 (138); Reidt, NVwZ 1996, 1156 (1157).

[6] BVerfGE 93, 37 (67); 83, 60 (72f.).

[7] BVerfGE 93, 37 (68); 83, 60 (73); 47, 253 (273).

[8] Böckenförde, in: Handbuch des Staatsrechts, Bd. 1, § 22 Rn. 13; ders., Staat, Verfassung, Demokratie, S. 300; von Danwitz, AöR 120 (1995), 595 (607); vgl. BVerfGE 45, 63 (80).

[9] BVerfGE 93, 37 (66f.); 83, 60 (72); Burgi, in: Erichsen/Ehlers, Allgemeines Verwaltungsrecht, § 51 Rn. 28; Böckenförde, in: Handbuch des Staatsrechts, Bd. 1, § 22, Rn. 14ff.

[10] BVerfGE 93, 37 (67); zur ununterbrochenen Legitimationskette vgl. auch BVerfGE 83, 60 (72f.).

[11] BVerfGE 93, 37 (67); Böckenförde, in: Handbuch des Staatsrechts, Bd. 1, § 22, Rn. 21; Burgi, in: Erichsen/Ehlers, Allgemeines Verwaltungsrecht, § 51 Rn. 28; Mayen, DÖV 2001, 110 (113).

1.2.2 Geltung des Demokratieprinzips im Rahmen von PPP

Das Legitimationserfordernis staatlicher Tätigkeit ist auch im Rahmen von PPP zu beachten, wenn und soweit Private an der Ausübung von Staatsgewalt teilhaben, weil ihnen die Wahrnehmung einer Staatsaufgabe obliegt und sie in Erfüllung dieser Staatsaufgabe handeln. Ob dies der Fall ist, kann nur im jeweiligen Einzelfall, nicht aber allgemein und für alle Fälle beantwortet werden, da Kooperationen zwischen Privaten und der öffentlichen Hand in den verschiedensten Erscheinungsformen denkbar sind, die eine einheitliche Beurteilung verbieten. So kann ein Privater z. B. an rechtsfähigen öffentlich-rechtlichen Einrichtungen (z. B. Anstalt des öffentlichen Rechts) beteiligt werden oder aber gemeinsam mit der öffentlichen Hand eine juristische Person des Privatrechts (sog. gemischt-wirtschaftliches Unternehmen) gründen, die unmittelbar oder nach Beauftragung durch die öffentliche Hand öffentliche Aufgaben wahrnimmt. Zudem können Private im Rahmen der Erfüllung öffentlicher Aufgaben mit der Ausübung von Hoheitsbefugnissen beliehen oder in die Aufgabenerfüllung als Verwaltungshelfer eingeschaltet werden.

1.2.2.1 Beteiligung Privater an öffentlich-rechtlichen Einrichtungen

Kooperationen zwischen der öffentlichen Hand und Privaten können zunächst in der Form erfolgen, dass Private an der Erledigung öffentlicher Aufgaben durch Beteiligung an rechtsfähigen Einrichtungen des öffentlichen Rechts (z. B. Anstalt und Körperschaft öffentlichen Rechts) mitwirken.[12] Öffentlich-rechtliche Einrichtungen üben Staatsgewalt aus, sofern bindende Entscheidungen getroffen werden.[13] Hieran ändert auch die Mitwirkung eines an der öffentlich-rechtlichen Einrichtung beteiligten Privaten nichts, der im amtlichen Entscheidungsprozess beteiligt wird und dem durch die Einräumung des Mitwirkungsrechts ein Stück Staatsgewalt übertragen wird.[14] Der staatliche Charakter solcher – von öffentlich-rechtlichen Einrichtungen getroffenen – Entscheidungen geht durch die Mitwirkung Privater somit nicht verloren.

Stellt sich die Tätigkeit öffentlich-rechtlicher Einrichtungen grundsätzlich als Ausübung von Staatsgewalt dar, muss diese das Gebot hinreichender demokratischer Legitimation beachten. Da die Tätigkeit von Privaten jedoch grundsätzlich nicht den Legitimationsanforderungen des Art. 20 Abs. 2 GG genügt, stellt sich die Frage, wie weit der mitbestimmende Einfluss Privater in den Entscheidungsgremien der öffentlich-rechtlichen Einrichtung reichen darf, damit dem aus dem Demokratieprinzip folgenden Legitimationsbedürfnis (noch) ausreichend Rechnung getragen wird.

Nach herrschender Meinung müssen die von der Verwaltung entsandten Mitglieder gegenüber den Privaten die Stimmenmehrheit besitzen, so dass die Entscheidungsherrschaft der demokratisch legitimierten Entscheidungsträger gewährleistet ist.[15] Beherrschen die demokratisch legitimierten Vertreter die öffentlich-rechtliche Einrichtung, können sie sich bei den zu treffenden Entscheidungen durchsetzen, so dass ihnen bzw. dem Staat die getroffenen Entscheidungen auch zugerechnet werden können. Solange dieses Letztentscheidungsrecht des Staates durch seine demokratisch legitimierten Vertreter gewährleistet ist, ist die Mitwirkung Privater an der durch die öffentlich-rechtliche Einrichtung ausgeübten

---

[12] So z. B. im Falle der Teilprivatisierung der in der Form einer Anstalt öffentlichen Rechts organisierten Berliner Wasserbetriebe (sog. „Holding-Modell“). Der Anstaltsträger hat hier eine Holding AG gegründet, die sich in einer bestimmten Höhe als atypisch stiller Gesellschafter an der Anstalt des öffentlichen Rechts beteiligt. An dieser Holding ist wiederum ein privater Investor mit bis zu 49,9% beteiligt. Vgl. dazu BerlVerfGH, NVwZ 2000, 794 ff.

[13] Vgl. hierzu oben 1.2.1.

[14] Britz, VerwArch 2000, 418 (429); Mehde, VerwArch 2000, 540 (551 f.).

[15] BVerfGE 93, 37 (72); Mehde, VerwArch 2000, 540 (552); Britz, VerwArch 2000, 418 (432); Böckenförde, Demokratie als Verfassungsprinzip, in: ders., Staat, Verfassung, Demokratie, S. 289 ff. (306).

Staatsgewalt mit dem Legitimationserfordernis des Art. 20 Abs. 2 GG vereinbar und daher zulässig.

1.2.2.2 Gründung gemischt-wirtschaftlicher Unternehmen

Zweifelhaft ist die Geltung des Demokratieprinzips dann, wenn der Staat öffentliche Aufgaben durch privatrechtliche Unternehmen wahrnimmt, an denen neben dem jeweiligen öffentlich-rechtlichen Träger auch Private beteiligt sind (sog. gemischt-wirtschaftliche Unternehmen). Zwar hindert die privatrechtliche Organisationsform grundsätzlich nicht die Qualifizierung der unternehmerischen Tätigkeit als „Ausübung von Staatsgewalt", die dem Legitimationserfordernis des Demokratieprinzips unterfällt. Allerdings ist die Gründung von gemischt-wirtschaftlichen Unternehmen auf vielfältige Art und Weise – nämlich von verwaltungsbeherrschten (bei Mehrheitsbeteiligung des öffentlich-rechtlichen Trägers) über verwaltungskontrollierte (bei Vorhandensein einer Sperrminorität zugunsten des öffentlich-rechtlichen Trägers) bis hin zu privat beherrschten Organisationseinheiten (bei Minderheitsbeteiligung des öffentlich-rechtlichen Trägers) – denkbar. Je geringer die Beteiligung des öffentlich-rechtlichen Trägers an dem eine öffentliche Aufgabe erfüllenden gemischt-wirtschaftlichen Unternehmen ausfällt, umso schwieriger erscheint die Zuordnung der Unternehmenstätigkeit zum Staat und damit die – das Legitimationserfordernis auslösende – Qualifizierung der Unternehmenstätigkeit als „Ausübung von Staatsgewalt".

Die Frage, unter welchen Voraussetzungen die Tätigkeit eines gemischt-wirtschaftlichen Unternehmens als legitimationsbedürftigte Ausübung von Staatsgewalt anzuerkennen ist, ist noch nicht abschließend geklärt. Nach wohl überwiegender Ansicht ist hierfür erforderlich, dass der Staat über die Anteilsmehrheit an dem gemischt-wirtschaftlichen Unternehmen verfügt.[16] Hält er hingegen lediglich eine Minderheitsbeteiligung an dem gemischt-wirtschaftlichen Unternehmen, ist der Unternehmensgegenstand nicht mehr als Wahrnehmung einer Staatsaufgabe zu qualifizieren und stellt sich die Betätigung des Unternehmens daher als grundrechtliche Freiheitsausübung, nicht aber als Ausübung von Staatsgewalt dar, so dass das Demokratieprinzip keine Anwendung findet.[17] Lediglich die Verwaltung des staatlichen Minderheitsanteils stellt in diesen Fällen staatliche Tätigkeit dar, die dem aus dem Demokratieprinzip folgenden Legitimationserfordernis genügen muss.[18]

Ist das Demokratieprinzip auf die Tätigkeiten des gemischt-wirtschaftlichen Unternehmens anwendbar, ist ein hinreichendes Legitimationsniveau sicherzustellen, das sich nicht schon aus der Zuordnung des Unternehmens zu dem öffentlich-rechtlichen Träger ergibt. Da nämlich durch die Übertragung der Aufgabe auf die privatrechtliche Organisationseinheit die Aufgabe nicht mehr in der Rechtsträgerschaft der öffentlichen Hand, sondern vielmehr in der Hand einer juristisch verselbstständigten Einheit (z.B. AG, GmbH) liegt, auf die auch die Eigentümer nicht unbegrenzt zugreifen können, scheidet die Aufgabe aus dem Wirkungsbereich des behördlichen Hierarchieprinzips aus und nehmen die staatlichen Zugriffs- und Kontrollmöglichkeiten auf die Aufgabenwahrnehmung damit ab.[19] Der öffentlich-rechtliche Träger muss sich daher auf andere Weise – z.B. durch entsprechende Regelungen in dem Gesellschaftsvertrag – hinreichende Einfluss-, Steuerungs- und Kontrollmöglichkeiten auf die Wahrnehmung der Verwaltungsaufgabe durch das privatrechtliche Unternehmen vorbehalten, die seine personell-demokratisch legitimierten Vertreter in die Lage versetzen, den parlamentarisch gebildeten Willen verwirklichen zu können. Hierzu

[16] Burgi, Funktionale Privatisierung und Verwaltungshilfe, S. 78; ders., in: Erichsen/Ehlers, Allgemeines Verwaltungsrecht, § 51 Rn. 11; Britz, VerwArch 2000, 418 (429); kritisch hierzu Mehde, VerwArch 2000, 540 (556 f.).

[17] Burgi, in: Erichsen/Ehlers, Allgemeines Verwaltungsrecht, § 54 Rn. 14; Gersdorf, AfP 1998, 470 (474).

[18] Burgi, in: Erichsen/Ehlers, Allgemeines Verwaltungsrecht, § 54 Rn. 14.

[19] Gusy, ZRP 1998, 265 (267).

zählen Informations- und Berichtspflichten über die Geschäfte des privatrechtlichen Unternehmens sowie – in Konfliktfällen – weitergehende Einwirkungsmöglichkeiten in Form von Weisungsrechten.[20] In personeller Hinsicht folgt aus dem Legitimationserfordernis des Art. 20 Abs. 2 GG die Notwendigkeit einer ununterbrochenen – von den Staatsorganen zu den Organen der Gesellschaft gespannten – Legitimationskette, die den Staat in die Lage versetzt, bei Wahlen und Bestellungen seine personellen Vorstellungen durchsetzen zu können.[21]

1.2.2.3 Beleihung

Kooperationen zwischen öffentlicher und privater Hand können auch darin bestehen, dass ein Privatrechtssubjekt (Einzelperson oder juristische Person des Privatrechts) mit hoheitlichen Befugnissen ausgestattet, d. h. „beliehen" wird, die es ihm ermöglichen, das ansonsten dem Staat vorbehaltene öffentlich-rechtliche Instrumentarium einzusetzen.[22] Beliehene werden danach mit der hoheitlichen (obrigkeitlichen oder schlicht-hoheitlichen) Wahrnehmung bestimmter Verwaltungsaufgaben betraut und sind befugt, Staatsaufgaben in den Handlungsformen des öffentlichen Rechts selbstständig, d. h. im eigenen Namen wahrzunehmen.[23] Der Beliehene bleibt zwar statusmäßig Privatrechtssubjekt, ist jedoch funktional in begrenztem Umfang in die Erledigung von Staatsaufgaben und in die öffentliche Verwaltung eingegliedert und insoweit Verwaltungsträger.[24] Beliehene können neben „echten", d. h. materiell Privaten auch solche Privatrechtssubjekte sein, an denen ausschließlich (sog. Eigengesellschaften) bzw. auch (gemischt-wirtschaftliche Unternehmen) ein öffentlich-rechtlicher Träger beteiligt ist.

Da der Beliehene hoheitlich und damit als Verwaltungsbehörde im Sinne von § 1 VwVfG tätig wird, übt er Staatsgewalt aus, die sowohl in personeller als auch in sachlich-inhaltlicher Hinsicht demokratischer Legitimation bedarf.[25] Zur Gewährleistung der personellen Legitimation des Beliehenen muss eine ununterbrochene „Legitimationskette" von dem demokratisch unmittelbar gewählten Parlament über das für eine Beleihung notwendige Parlamentsgesetz und – im Falle der Beleihung nicht unmittelbar durch Gesetz, sondern auf Grund Gesetzes – den zuständigen Amtsträger hin zu dem Beliehenen führen.[26] Die sachlich-inhaltliche Legitimation folgt bereits aus dem Institut der Beleihung, wonach der Beliehene als Träger öffentlicher Verwaltung Verwaltungsbehörde im funktionalen Sinne und damit Teil der Verwaltung ist. Als solche unterliegt der Beliehene grundsätzlich denselben öffentlich-rechtlichen Bindungen, denen die unmittelbare Staatsverwaltung unterliegt.[27] Beliehene haben ihre Befugnisse daher nach Maßgabe der Verfassung und der übrigen Gesetze auszuüben und unterliegen insoweit der Fach- und Rechtsaufsicht der zuständigen Behörde.[28] Der Staat hat folglich wegen der bestehenden Aufsichts- und Weisungsrechte hinreichende Einfluss-, Steuerungs- und Kontrollmöglichkeiten bezüglich der Wahrnehmung der staatlichen Aufgaben durch den Beliehenen.

---

[20] Mayen, DÖV 2001, 110 (113); von Danwitz, AöR 120 (1995), 595 (608); BVerfGE 83, 60 (71 f.).

[21] von Danwitz, AöR 120 (1995), 595 (606).

[22] Burgi, in: Erichsen/Ehlers, Allgemeines Verwaltungsrecht, § 54 Rn. 24.

[23] Maurer, Allgemeines Verwaltungsrecht, § 23 Rn. 56; Burgi, in: Erichsen/Ehlers, Allgemeines Verwaltungsrecht, § 54 Rn. 24; Gramm, Privatisierung und notwendige Staatsaufgaben, S. 118.

[24] Maurer, Allgemeines Verwaltungsrecht, § 23 Rn. 56 ff.; BremStGH, NVwZ 2003, 81 (83).

[25] Burgi, in: Erichsen/Ehlers, Allgemeines Verwaltungsrecht, § 54 Rn. 29; BremStGH, NVwZ 2003, 81 (83).

[26] BremStGH, NVwZ 2003, 81 (83).

[27] Gramm, Privatisierung und notwendige Staatsaufgaben, S. 118; BremStGH, NVwZ 2003, 81 (83).

[28] Gramm, Privatisierung und notwendige Staatsaufgaben, S. 118; BremStGH, NVwZ 2003, 81 (83); Burgi, in: Erichsen/Ehlers, Allgemeines Verwaltungsrecht, § 54 Rn. 29; Gusy, ZRP 1998, 265 (269).

1.2.2.4 Verwaltungshilfe

Der Staat hat weiterhin die Möglichkeit, sich Privater als Verwaltungshelfer im Wege der sog. funktionalen Privatisierung zu bedienen. Hierbei wird dem Privaten nicht die öffentliche Aufgabe selbst, sondern – auf vertraglicher Grundlage – nur deren Erfüllung übertragen. Die Aufgabenzuständigkeit verbleibt damit beim Staat, der sich des Privatrechtssubjekts lediglich zur Aufgabenerfüllung bedient.[29] Anders als der Beliehene nimmt der Verwaltungshelfer die ihm zur Erfüllung übertragene Aufgabe nicht im eigenen, sondern vielmehr im Namen des Hoheitsträgers wahr und übt selbst keine hoheitliche Gewalt aus.[30]

Die aus dem Demokatieprinzip folgende notwendige demokratische Legitimation bezieht sich auf den gesamten Umfang staatlichen Handelns, einschließlich des Handelns der dem Staat eingeordneten, rechtlich selbstständigen Träger (z.B. Beliehene). Da der lediglich in die Aufgabenerfüllung eingeschaltete und im Namen des Hoheits- bzw. Aufgabenträgers agierende Verwaltungshelfer rechtlich unselbstständig ist, kann seine Tätigkeit nicht als demokratisch legitimierungsbedürftige „Ausübung von Staatsgewalt" qualifiziert werden. Das Demokratieprinzip gelangt daher nur in Ansehung der staatlichen Tätigkeit des Aufgabenträgers, nicht aber auch hinsichtlich der Tätigkeit des in die Aufgabenerfüllung eingeschalteten Privatrechtssubjekts zur Anwendung. Demokratischer Legitimation bedarf damit z.B. die staatliche Entscheidung zur Einschaltung eines privaten Verwaltungshelfers, während das Demokratieprinzip darüber hinaus keine Anforderungen an die Organisationsstruktur im Binnenbereich der Verwaltungshelfereinheit stellt.[31]

Bedürfen die Aktivitäten des privaten Verwaltungshelfers als solche nicht der demokratischen Legitimation, bedeutet dies jedoch nicht, dass sich der Staat keinerlei Einfluss- und Kontrollrechte vorzubehalten hätte. Da nämlich dem Staat als Aufgabenträger weiterhin die Verantwortung für die Aufgabenerfüllung obliegt und ihm die Handlungen des Verwaltungshelfers zugerechnet werden, trifft ihn eine Letzt- bzw. Gewährleistungsverantwortung für die ordnungsgemäße Aufgabenerfüllung. Um dieser Verantwortung gerecht werden zu können, muss der Staat den privaten Verwaltungshelfer vertraglich zur ordnungsgemäßen Aufgabenerfüllung verpflichten und sich entsprechende Kontroll- und Einwirkungsrechte auf den Privaten sichern.

1.2.3 Ergebnis

Zusammenfassend lässt sich festhalten, dass das Demokratieprinzip des Art. 20 Abs. 2 GG der Zusammenarbeit zwischen öffentlicher Hand und Privaten keine wesentlichen Hindernisse setzt. Allerdings ergeben sich aus ihm gewisse Vorgaben bzw. Grenzen, die bei der Ausgestaltung von PPP-Projekten zu berücksichtigen sind.

1.3 Rechtsstaatsprinzip (Gesetzesvorbehalt)

Der aus dem Rechtsstaatsprinzip folgende Gesetzesvorbehalt besagt, dass bestimmte Maßnahmen der Exekutive nur auf Grundlage eines hierzu ermächtigenden Gesetzes erfolgen dürfen.[32] Für die rechtmäßige Durchführung von PPP-Projekten ist daher von entscheidender Bedeutung, ob die hiermit verbundenen Maßnahmen den Gesetzesvorbehalt auslösen und daher einer gesetzlichen Grundlage bedürfen.

---

[29] Osterloh, VVDStRL 54 (1995), 204 (223); Schink, VerwArch 1994, 251 (257); Graf Vitzthum, AöR 104 (1979), 580 (591) spricht davon, dass die Produktion der Leistung privat wird.

[30] Graf Vitzthum, AöR 104 (1979), 580 (593); Maurer, Allgemeines Verwaltungsrecht, § 23 Rn. 60; Jessen, Die Privatisierung der Abwasserbeseitigung aus gebührenrechtlicher Sicht, S. 56.

[31] Burgi, Funktionale Privatisierung und Verwaltungshilfe, S. 337f., 362.

[32] Jarass, in: Jarass/Pieroth, GG, Art. 20 Rn. 44; BVerfGE 98, 218 (251); Maurer, Allgemeines Verwaltungsrecht, § 6 Rn. 3ff.

1.3.1 Bedeutung des Gesetzesvorbehalts

Nach der vom Bundesverfassungsgericht entwickelten sog. Wesentlichkeitstheorie besteht ein Gesetzesvorbehalt für alle „wesentlichen" Verwaltungsentscheidungen.[33] Neben den für den Bürger grundrechtsrelevanten Entscheidungen sind im Hinblick auf die Erfüllung der jeweiligen Sachaufgaben auch die Entscheidungen über die Organisation und das Verfahren der Verwaltung wesentlich und bedürfen daher einer gesetzlichen Grundlage (sog. institutionell-organisatorischer Gesetzesvorbehalt).[34] Der institutionell-organisatorische Gesetzesvorbehalt findet sich zum Teil ausdrücklich im Grundgesetz, indem dem Gesetzgeber an verschiedenen Stellen die Organisationsgewalt explizit zugewiesen wird.[35] Außerhalb des ausdrücklich geregelten ist zudem ein ungeschriebener institutionell-organisatorischer Gesetzesvorbehalt anerkannt, wonach die für das Gemeinwesen bedeutsame Einrichtung von Verwaltungsträgern sowie die Übertragung von Hoheitsgewalt auf Verwaltungsträger stets einer gesetzlichen Grundlage bedürfen.[36]

1.3.2 Geltung des Gesetzesvorbehalts im Rahmen von PPP

Vor diesem Hintergrund bedürfen Maßnahmen im Rahmen von PPP dann einer gesetzlichen Grundlage, wenn die Kooperation zwischen der öffentlichen Hand und dem Privaten mit der Schaffung und Einrichtung von Verwaltungsträgern sowie der Übertragung von Hoheitsgewalt verbunden ist.

Sollen daher Private an öffentlich-rechtlichen Einrichtungen (z.B. rechtsfähige Anstalt des öffentlichen Rechts) beteiligt werden, bedarf sowohl die Errichtung als auch die private Beteiligung an dieser Einrichtung einer gesetzlichen Grundlage, in der der Gesetzgeber die wesentlichen Entscheidungen – wie z.B. Trägerschaft, Art und Umfang der Beteiligung des Privaten – selbst regeln muss.[37]

Auch die Beleihung eines Privatrechtssubjekts unterfällt wegen der damit verbundenen Schaffung und Verselbstständigung einer neuen, mit hoheitsrechtlichen Befugnissen versehenen Verwaltungseinheit dem institutionell-organisatorischen Gesetzesvorbehalt.[38] Soweit der Beliehene durch die Übertragung von Hoheitsgewalt in die Lage versetzt werden soll, in Grundrechte anderer einzugreifen oder sonst grundrechtsrelevante Entscheidungen zu treffen, gilt zudem der sog. Eingriffsvorbehalt.[39] Beleihungen können somit nur entweder durch Gesetz oder auf Grund gesetzlicher Ermächtigung durch Verwaltungsakt oder öffentlich-rechtlichen Vertrag vorgenommen werden, wobei der Gesetzgeber wiederum das „Wesentliche" – d.h. insbesondere Art und Umfang der übertragenen hoheitsrechtlichen Befugnisse – selbst regeln muss.[40]

Werden Private hingegen lediglich als rechtlich unselbstständige Verwaltungshelfer in die staatliche Aufgabenerfüllung einbezogen, üben sie keinerlei hoheitsrechtliche Befugnisse aus und werden – anders als Beliehene – nicht Bestandteil der dem institutionell-organisatorischen Gesetzesvorbehalt unterfallenden Verwaltungsorganisation. Die sog. funktionale

---

33 BVerfGE 40, 237 (249f.); 49, 89 (126); 58, 257 (269); 80, 124 (132).

34 Jarass, in: Jarass/Pieroth, GG, Art. 20 Rn. 51; Isensee, in: Isensee/Kirchhoff, Handbuch des Staatsrechts, Bd. 3. § 57 Rn. 26ff.

35 Vgl. z.B. Art. 87 Abs. 3 GG; Art. 87d Abs. 1 GG.

36 Burgi, in: Erichsen/Ehlers, Allgemeines Verwaltungsrecht, § 52 Rn. 4; § 54 Rn. 27; ders., in: Stober, Privatisierung im Strafvollzug?, S. 49; vgl. auch Ossenbühl, VVDStRL 29 (1971), 137 (169ff.).

37 Ossenbühl, VVDStRL 29 (1971), 137 (173); BerlVerfGH, NVwZ 2000, 794 (795).

38 BremStGH, NVwZ 2003, 81 (82); Burgi, in: Erichsen/Ehlers, Allgemeines Verwaltungsrecht, § 54 Rn. 27; ders., in: Stober, Privatisierung im Strafvollzug?, S. 49; Ossenbühl, VVDStRL 29 (1971), 137 (169f.); Maurer, Allgemeines Verwaltungsrecht, § 23 Rn. 58.

39 Ossenbühl, in: Isensee/Kirchhoff, Handbuch des Staatsrechts, Bd. 3, § 62 Rn. 31.

40 Burgi, in: Erichsen/Ehlers, Allgemeines Verwaltungsrecht, § 54 Rn. 27.

Privatisierung unterfällt daher nicht dem Gesetzesvorbehalt, sondern der Organisationsgewalt der Exekutive und ist ohne gesetzliche Grundlage zulässig.[41]

Nicht abschließend geklärt ist schließlich die Frage, ob die Übertragung bzw. Wahrnehmung von Verwaltungsaufgaben auf bzw. durch dem Staat zuzurechnende privatrechtliche Organisationseinheiten (z.B. Eigengesellschaft, gemischt-wirtschaftliches Unternehmen) im Wege der sog. formellen Privatisierung dem Gesetzesvorbehalt oder der Organisationsgewalt des jeweiligen Hoheitsträgers unterfällt.

Zumindest für den staatlichen Bereich nimmt die wohl überwiegende Ansicht die Geltung des Gesetzesvorbehalts an.[42] Da es angesichts des grundsätzlich bestehenden Wahlrechts in Bezug auf die Organisationsform der Aufgabenerledigung keinen Unterschied mache, ob Verwaltungsaufgaben durch öffentlich-rechtliche oder aber privatrechtliche Organisationseinheiten der öffentlichen Hand wahrgenommen werden, sei der Gesetzesvorbehalt auch für die Gründung privatrechtlicher Organisationseinheiten zu beachten. Andernfalls könne der für die Errichtung rechtsfähiger öffentlich-rechtlicher Organisationseinheiten (z.B. Körperschaften und Anstalten des öffentlichen Rechts) stets geltende institutionell-organisatorische Gesetzesvorbehalt umgangen werden.[43] Hinzu komme, dass wegen der Anwendbarkeit des Demokratieprinzips auf dem Staat zuzurechnende privatrechtliche Organisationseinheiten diese einer demokratischen Legitimation bedürften, die gesetzlich abzusichern sei.[44]

Demgegenüber unterfällt die Übertragung bzw. Wahrnehmung von gemeindlichen Verwaltungsaufgaben auf bzw. durch privatrechtliche Organisationseinheiten der in Art. 28 Abs. 2 GG normierten Selbstverwaltungsgarantie der Gemeinden, so dass mangels Geltung des Gesetzesvorbehalts hierzu keine weitere gesetzliche Grundlage erforderlich ist.[45] Aus der Selbstverwaltungsgarantie des Art. 28 Abs. 2 GG folgt das Recht der Gemeinden, alle Angelegenheiten der örtlichen Gemeinschaft im Rahmen der Gesetze in eigener Verantwortung zu regeln. Dies bedeutet, dass den Gemeinden Organisationshoheit hinsichtlich der Art und Weise der Aufgabenerledigung zukommt, indem sie im eigenen Wirkungskreis ihre Verwaltungsorganisation selbstständig nach eigenem Ermessen regeln können. Den Gemeinden steht daher auch ohne ausdrückliche einfachgesetzliche Ermächtigung die Entscheidung darüber zu, ob sie ihre Aufgaben in öffentlich-rechtlichen oder privatrechtlichen (Handlungs- und) Organisationsformen erfüllen will (Grundsatz der Wahlfreiheit).[46]

1.3.3 Ergebnis

Sollen Private im Rahmen von PPP an staatlichen Hoheitsträgern beteiligt oder mit hoheitsrechtlichen Befugnissen beliehen werden, ist grundsätzlich der Gesetzesvorbehalt zu beachten. Die Rechtmäßigkeit der im Zusammenhang mit der Realisierung von PPP-Projekten geplanten Maßnahmen setzt in diesen Fällen eine gesetzliche Grundlage voraus, in der der Gesetzgeber alle „wesentlichen" Entscheidungen selbst trifft.

---

[41] Gramm, Privatisierung und notwendige Staatsaufgaben, S. 121; Bauer, VVDStRL 54 (1995), 243 (267).

[42] So z.B. Burgi, in Erichsen/Ehlers, Allgemeines Verwaltungsrecht, § 54 Rn. 16; Ossenbühl, VVDStRL 29 (1971), 137 (173 ff.); Wolff/Bachoff/Stober, Verwaltungsrecht II, § 104 a Rn. 19; Püttner, Die öffentlichen Unternehmen, S. 123; kritisch hierzu Kämmerer, Privatisierung, S. 200 ff, der für die Geltung des Gesetzesvorbehalts auf das Gewicht und die Tragweite des konkreten Privatisierungsvorgangs abstellt; a.A. Gusy, ZRP 1998, 265 (267).

[43] Wolff/Bachoff/Stober, Verwaltungsrecht II, § 104 a Rn. 19; Kämmerer, Privatierung, S. 201; Burgi, in: v. Mangoldt/Klein/Starck, GG, Art. 87 Abs. 3 Rn. 126.

[44] Wolff/Bachoff/Stober, Verwaltungsrecht II, § 104 a Rn. 19.

[45] Ossenbühl, VVDStRL 29 (1971), 137 (174 f.); Wolff/Bachoff/Stober, Verwaltungsrecht II, § 104 a Rn. 20; Püttner, Die öffentlichen Unternehmen, S. 123; Stober, NJW 1984, 449 (453).

[46] Stober, NJW 1984, 449 (453); Nierhaus, in: Sachs, GG, Art. 28 Rn. 43 ff.

2. Beamtenrechtlicher Funktionsvorbehalt des Art. 33 Abs. 4 GG

Als die Einbeziehung Privater in die Erfüllung öffentlicher Aufgaben beschränkende Verfassungsvorschrift ist weiterhin der beamtenrechtliche Funktionsvorbehalt des Art. 33 Abs. 4 GG zu beachten.[47] Danach ist die Ausübung hoheitsrechtlicher Befugnisse als ständige Aufgabe in der Regel Berufsbeamten als Angehörigen des öffentlichen Dienstes zu übertragen, die in einem öffentlich-rechtlichen Dienst- und Treueverhältnis stehen.[48] Diese Verfassungsbestimmung regelt zum einen die Aufgabenverteilung zwischen Beamten einerseits und Arbeitern und Angestellten des öffentlichen Dienstes andererseits; sie bildet aber nach herrschender Meinung zum anderen auch eine Grenze für die Übertragung hoheitsrechtlicher Befugnisse auf Private.[49] Da der Sinn und Zweck des Funktionsvorbehalts nämlich u. a. darin besteht, die demokratische Verantwortlichkeit, die Treue- und Gehorsamspflicht sowie die Neutralität der Amtsführung zu sichern, muss er erst Recht dann anwendbar sein, wenn selbstständige, d. h. nicht – wie Angestellte und Arbeiter des öffentlichen Dienstes – unmittelbar beim Staat beschäftigte Private in die öffentliche Aufgabenerfüllung einbezogen werden sollen.[50]

2.1 Reichweite des Funktionsvorbehalts

Der Funktionsvorbehalt ist nur hinsichtlich solcher PPP-Projekte zu beachten, bei denen Privaten die Ausübung hoheitsrechtlicher Befugnisse eingeräumt werden soll. Der unbestimmte Rechtsbegriff der „hoheitlichen Befugnisse" ist jedoch in seiner Bedeutung so unklar, dass die Reichweite des Funktionsvorbehalts entsprechend umstritten ist.

2.1.1 Begriff der „hoheitsrechtlichen Befugnisse"

Unstreitig erfasst der Funktionsvorbehalt die Ausübung von Eingriffsbefugnissen durch die Verwaltung und damit den gesamten Bereich der obrigkeitlich handelnden Eingriffsverwaltung.[51] Ebenfalls unstreitig nicht erfasst ist der gesamte Bereich der Fiskal- und erwerbswirtschaftlichen Verwaltung.[52] Umstritten ist jedoch, ob der Bereich der („gewährenden") Leistungsverwaltung (z. B. Daseinsvorsorge, Subventionen) dem Funktionsvorbehalt unterfällt. Während einige den Bereich der Leistungsverwaltung generell ausklammern wollen,[53] plädieren andere dafür, ihn generell[54] oder zumindest teilweise[55] in den Funktionsvorbehalt einzubeziehen.

---

47 Vgl. Lübbe-Wolff, in: Dreier, GG, Art. 33 Rn. 55; Gusy, in: Stober Privatisierung im Strafvollzug?, S. 16.

48 So die h. M., vgl. Battis, in: Sachs, GG, Art. 33 Rn. 45; Lübbe-Wolff, in: Dreier, GG, Art. 33 Rn. 56; Pieroth, in: Jarass/Pieroth, GG, Art. 33 Rn. 30; Maunz, in: Maunz/Dürig, GG, Art. 33 Rn. 39; vgl. BVerfGE 3, 162 (186).

49 Burgi, Funktionale Privatisierung und Verwaltungshilfe, S. 221.

50 Burgi, Funktionale Privatisierung und Verwaltungshilfe, S. 221; Gusy, in: Stober, Privatisierung im Strafvollzug?, S. 16.

51 Lübbe-Wolff, in: Dreier, GG, Art. 33 Rn. 57; Maunz, in: Maunz-Dürig, GG, Art. 33 Rn. 33; Battis, in: Sachs, GG, Art. 33 Rn. 55; Gusy, in: Stober, Privatisierung im Strafvollzug?, S. 17; Lecheler, in: Isensee/Kirchhoff, Handbuch des Staatsrechts, Bd. 3, § 72 Rn. 27.

52 Lecheler, in: Isensee/Kirchhoff, Handbuch des Staatsrechts, Bd. 3, § 72 Rn. 27; Lübbe-Wolff, in: Dreier, GG, Art. 33 Rn. 57.

53 Vgl. hierzu Lehnguth, ZBR 1991, 266 (268) m. w. N. in dortiger Fn. 33.

54 Lecheler, in: Isensee/Kirchhoff, Handbuch des Staatsrechts, Bd. 3, § 72 Rn. 37; Maunz, in: Maunz/Dürig, GG, Art. 33 Rn. 33 i. V. m. Art. 19 Abs. 4 Rn. 60, 64.

55 Lübbe-Wolff, in: Dreier, GG, Art. 33 Rn. 59; Jachmann, in: v. Mangoldt/Klein/Starck, GG, Art. 33 Rn. 34; Jachmann/Strauß, ZBR 1999, 289 (293); Lange, DÖV 2001, 898 (902); Haug, NVwZ 1999, 816 (818); Gusy, in: Stober, Privatisierung im Strafvollzug?, S. 17 f.

Die Einbeziehung der Leistungsverwaltung erscheint gegenüber der engen – nur die Eingriffsverwaltung erfassenden – Auffassung vorzugswürdig, weil Entscheidungen über die Gewährung oder Versagung staatlicher Leistungen den Rechtskreis des Bürgers nicht weniger erheblich zu beeinflussen vermögen wie Maßnahmen der Eingriffsverwaltung. Zudem überschneiden sich Eingriffs- und Leistungsverwaltung in vielen Fällen und fällt es daher schwer, die Grenze zu bestimmen, an der der Eingriff beginnt und die bloße Leistung endet. So können sich auch einseitig regelnde staatliche Entscheidungen über die Gewährung bzw. Versagung von Leistungen – wie z.B. Sozialhilfe – als im höchsten Maße eingriffsträchtig und grundrechtsrelevant erweisen.[56] Da Art. 33 Abs. 4 GG zudem nicht von Zwangsbefugnissen, sondern – weiter – von hoheitsrechtlichen Befugnissen spricht, ist der Funktionsvorbehalt auch im Bereich der Leistungsverwaltung grundsätzlich zu beachten.[57] Dies gilt sowohl für die in öffentlich-rechtlichen als auch für die in privatrechtlichen Handlungsformen erbrachte Leistungsverwaltung, weil die materielle Zwecksetzung des Art. 33 Abs. 4 GG unabhängig von der Rechtsform staatlichen Handelns ist und andernfalls die Verwaltung die Möglichkeit hätte, angesichts der Freiheit der Rechtsformwahl über die Reichweite des Funktionsvorbehalts selbst zu entscheiden.[58]

Zu weit erscheint es hingegen, den gesamten Bereich der Leistungsverwaltung als generell hoheitsrechtlich im Sinne von Art. 33 Abs. 4 GG anzusehen, da eine solche Auslegung den Beamtenvorbehalt zu einem nicht gerechtfertigten Beamtenmonopol ausdehnen würde.[59] Die Leistungsverwaltung sollte vielmehr nur dann in den Funktionsvorbehalt des Art. 33 Abs. 4 GG einbezogen werden, wenn die Leistungen eine solche Bedeutung für den Bürger entfalten können, dass die Aufgabenwahrnehmung durch Beamte geboten erscheint. Daher erscheint es vorzugswürdig, innerhalb des Bereichs der Leistungsverwaltung den Funktionsvorbehalt – unter Anlehnung an die vom Bundesverfassungsgericht entwickelte Wesentlichkeitstheorie – auf grundrechtswesentliche Leistungen zu beschränken.[60]

2.1.2 Geltung des Funktionsvorbehalts im Rahmen von PPP

Der Funktionsvorbehalt des Art. 33 Abs. 4 GG greift nach den vorstehenden Ausführungen bezogen auf solche amtlichen Tätigkeiten ein, die einen Grundrechtseingriff bewirken oder sonst grundrechtswesentliche Wirkung entfalten. Er findet daher im Rahmen von PPP grundsätzlich dann Anwendung, wenn und soweit Private an solchen Grundrechtseingriffen oder grundrechtswesentlichen Tätigkeiten mitwirken bzw. solche grundrechtsbeschränkenden oder -wesentlichen Tätigkeiten selbst ausführen sollen.

Vor diesem Hintergrund ist der Funktionsvorbehalt zunächst dann zu beachten, wenn Private an rechtsfähigen öffentlich-rechtlichen Einrichtungen beteiligt werden sollen, die – in öffentlich-rechtlichen Handlungsformen – grundrechtsbeschränkende oder – in öffentlich-rechtlichen oder privatrechtlichen Handlungsformen – sonst grundrechtswesentliche Leistungen erbringen.

Zudem findet der Funktionsvorbehalt in den Fällen Anwendung, in denen Private zur Erbringung grundrechtsbeschränkender oder sonst grundrechtswesentlicher Tätigkeiten mit Hoheitsgewalt beliehen, d.h. zur Ausübung hoheitsrechtlicher Befugnisse ermächtigt werden.

---

[56] Lübbe-Wolff, in: Dreier, GG, Art. 33 Rn. 59; Jachmann/Strauß, ZBR 1999, 289 (293).

[57] Haug, NVwZ 1999, 816 (818).

[58] Jachmann/Strauß, ZBR 1999, 289 (293); Battis, in: Sachs, GG, Art. 33 Rn. 57 und oben 1.1.1.

[59] Haug, NVwZ 1999, 816 (818).

[60] So z.B. Lübbe-Wolff, in: Dreier, GG, Art. 33 Rn. 59; Jachmann, in: v. Mangoldt/Klein/Starck, GG, Art. 33 Rn. 34; Jachmann/Strauß, ZBR 1999, 289 (293); Lange, DÖV 2001, 898 (902); Haug, NVwZ 1999, 816 (818); Gusy, in: Stober, Privatisierung im Strafvollzug?, S. 17f, 19; ähnlich auch Lehnguth, ZBR 1991, 266 (269), der solche Aufgaben vom Funktionsvorbehalt des Art. 33 Abs. 4 GG erfasst sehen will, die für den Staat von „besonderer Bedeutung“ sind und im „besonderen Interesse“ des Staates liegen.

Hingegen scheidet eine Anwendung des Funktionsvorbehalts auf die Einschaltung eines Privaten als rechtlich unselbstständiger Verwaltungshelfer aus, da dieser die ihm zur Erfüllung übertragene Aufgabe – anders als der Beliehene – nicht im eigenen, sondern im Namen des Hoheitsträgers wahrnimmt und selbst keinerlei hoheitliche Gewalt ausübt.[61]

Schließlich ist der Funktionsvorbehalt des Art. 33 Abs. 4 GG unter bestimmten Voraussetzungen auf die Wahrnehmung von Verwaltungsaufgaben durch solche Unternehmen anzuwenden, an denen sowohl ein öffentlich-rechtlicher als auch ein privater Träger beteiligt ist. Befindet sich ein solches gemischt-wirtschaftliches Unternehmen mehrheitlich in öffentlicher Hand, wird die Unternehmenstätigkeit dem Staat als „Ausübung von Staatsgewalt" zugerechnet.[62] Zwar stehen einem gemischt-wirtschaftlichen Unternehmen als Privatrechtssubjekt nur die privatrechtlichen Handlungsformen zur Verfügung, so dass es – wenn es nicht mit entsprechenden Befugnissen beliehen wird – durch seine Tätigkeit nicht in Grundrechte anderer eingreifen darf. Der Funktionsvorbehalt des Art. 33 Abs. 4 GG bezieht sich jedoch nicht nur auf Grundrechtseingriffe, sondern vielmehr auch auf die grundsrechtsrelevante Leistungsverwaltung, die auch in privatrechtlichen Organisations- und Handlungsformen erfolgen kann.[63] Sofern daher ein gemischt-wirtschaftliches Unternehmen dem Staat zuzurechnende grundrechtsrelevante Tätigkeiten ausübt, ist auch hier der Funktionsvorbehalt des Art. 33 Abs. 4 GG zu beachten.[64]

2.2 Grenzen des Funktionsvorbehalts

Sollen im Rahmen von PPP-Projekten hoheitsrechtliche Befugnisse von einem – i. d. R. wohl beliehenen – Privaten ausgeübt werden, bedeutet dies noch nicht zwingend die Unzulässigkeit der Übertragung hoheitsrechtlicher Befugnisse nach Art. 33 Abs. 4 GG, da der beamtenrechtliche Funktionsvorbehalt nicht unbeschränkt gilt, sondern nur „ständige Aufgaben" erfasst. Zudem ist die Ausübung hoheitsrechtlicher Befugnis als ständige Aufgabe nur „in der Regel" von Berufsbeamten wahrzunehmen, so dass Ausnahmen in Form der Heranziehung anderer Personen zur Erfüllung von dem Funktionsvorbehalt unterfallenden Verwaltungsaufgaben ausnahmsweise zulässig sein können.

2.2.1 Übertragung als „ständige Aufgabe"

Hoheitsrechtliche Befugnisse sind nur dann von Beamten wahrzunehmen, wenn es sich um „ständige Aufgaben" handelt. Hingegen verlangt Art. 33 Abs. 4 GG bei nichtständigen Aufgaben keine Übertragung auf Beamte, weil die Verwaltung nicht gezwungen sein soll, Beamtenverhältnisse auf Lebenszeit für zeitlich begrenzte Funktionen zu begründen.[65] Privatisierungsfähig sind daher zum einen solche Aufgaben, die in absehbarer Zeit wegfallen, weil sie von nur zeitlich begrenzter – wenn auch ggf. langjähriger Dauer – sind (z. B. Lastenausgleich, Wiedergutmachung).[66] Zum anderen sind auch Daueraufgaben vom Funk-

[61] Burgi, Funktionale Privatisierung und Verwaltungshilfe, S. 221 ff.

[62] Vgl. hierzu oben § 2 Ziff. 1.2.2.2.

[63] Jachmann/Strauß, ZBR 1999, 289 (293); Battis, in: Sachs, GG, Art. 33 Rn. 57.

[64] Vgl. auch Kämmerer, Privatisierung, S. 216: „... tritt ein Privater an die Stelle des Staates, ist damit zugleich die Ausübung hoheitsrechtlicher Befugnisse beendet: Während diese als Domäne des Staates ... gelten müssen, ist dem Privaten per definitionem verwehrt, hoheitsrechtlich zu handeln. ... Anders verhält es sich jedoch bei der Wahrnehmung von Verwaltungsaufgaben in privatrechtlicher Organisationsform. Die Fälle, in denen privatrechtliches Handeln als „hoheitsrechtlich" zu qualifizieren ist, werden – wenn man diese Option überhaupt zulässt – nicht von großer Häufigkeit sein. In der Regel wird die private Gesellschaft nur im Wege der Beleihung in die Lage versetzt werden können, ihre Verwaltungsaufgaben zu erfüllen und auf diese Weise ermächtigt, hoheitsrechtliche Befugnisse auszuüben."

[65] Jachmann/Strauß, ZBR 1999, 289 (297).

[66] Jachmann, in: v. Mangoldt/Klein/Starck, GG, Art. 33 Abs. 4 Rn. 37; Maunz, in: Maunz/Dürig, GG, Art. 33 Rn. 42; Jachmann/Strauß, ZBR 1999, 289 (297).

tionsvorbehalt ausgenommen, die nur vorübergehend von Nichtbeamten wahrgenommen werden sollen (z. B. zur Ausbildung, Vertretung des erkrankten Amtsinhabers, Verstärkung wegen kurzfristiger vorübergehender personaler Engpässe in Katastropheneinsätzen).[67] Vor diesem Hintergrund ist für die Geltung des privatisierungsbegrenzenden Funktionsvorbehalts des Art. 33 Abs. 4 GG im Rahmen von PPP-Projekten maßgebend, ob die geplante Übertragung von hoheitsrechtlichen Befugnissen auf die Wahrnehmung ständiger oder aber nichtständiger Aufgaben gerichtet ist.

In der Regel beziehen sich PPP-Projekte nicht auf zeitlich begrenzte und in absehbarer Zeit wegfallende Hoheitsaufgaben, sondern vielmehr auf öffentliche Daueraufgaben des Staates – wie z. B. Aufgaben der Daseinsvorsorge, Haftvollzug, Polizei –, die nach den vorstehenden Ausführungen nur dann nicht dem beamtenrechtlichen Funktionsvorbehalt unterfallen, wenn sie lediglich vorübergehend von Privaten wahrgenommen werden sollen.

Für eine Herausnahme solcher Daueraufgaben aus dem Funktionsvorbehalt des Art. 33 Abs. 4 GG spricht, dass die Aufgabenübertragung – und damit auch die Ausstattung des Privaten mit hoheitsrechtlichen Befugnissen – regelmäßig nur für einen bestimmten Zeitraum, d. h. befristet erfolgt.[68] Grundlage der Übertragung hoheitsrechtlicher Befugnisse ist i. d. R. ein privat- oder öffentlich-rechtlicher Vertrag, in dem die Vertragslaufzeit – nach der sich auch der Zeitraum der Beleihung richtet – im Einzelnen festgelegt ist. So beträgt z. B. die im Konzessionsvertrag geregelte Konzessionsdauer im Rahmen von PPP-Projekten auf der Grundlage des Fernstraßenbauprivatfinanzierungsgesetzes ca. 30 Jahre, so dass die damit einhergehende Übertragung der hoheitlichen Befugnis zur Mauterhebung gemäß § 2 des Fernstraßenbauprivatfinanzierungsgesetzes von vornherein ebenfalls zeitlich begrenzt ist.

Gegen eine Herausnahme solcher Daueraufgaben aus dem Funktionsvorbehalt des Art. 33 Abs. 4 GG spricht jedoch folgendes: Plant die öffentliche Hand nach Ablauf der Vertragslaufzeit, die Aufgabe nicht selbst wahrzunehmen, sondern erneut auszuschreiben und hält sie aus diesem Grund keinen sachverständigen Beamtenstab vor, der die Aufgabe nach Vertragsbeendigung übernehmen könnte, führte dies zu einer wiederholten – jeweils zeitlich begrenzten – Übertragung hoheitlicher Befugnisse auf Private. Im Ergebnis würde damit die hoheitliche Aufgabe dauerhaft ausgelagert und die damit verbundenen hoheitlichen Befugnisse ständig durch Nichtbeamte wahrgenommen. Hierin könnte eine unzulässige Umgehung des Art. 33 Abs. 4 GG liegen, so dass eine Herausnahme solcher Aufgaben aus dem Funktionsvorbehalt nicht gerechtfertigt wäre.[69]

Zudem wird die Auffassung vertreten, dass sich bei verfassungskonformer Auslegung des Art. 33 Abs. 4 GG die Befristung der Übertragung hoheitlicher Befugnisse bereits aus der Natur der hoheitlichen Aufgabe ergeben muss, wie dies z. B. bei der kurzfristigen Heranziehung von Nichtbeamten in Krankheitsfällen oder Katastropheneinsätzen der Fall ist.[70] Dies wird man im Falle der Übertragung hoheitlicher Befugnisse im Rahmen von PPP-Projekten regelmäßig wohl nicht annehmen können, so dass auch vor diesem Hintergrund einiges dafür spricht, den Funktionsvorbehalt im Rahmen von PPP-Projekten grundsätzlich zur Anwendung kommen zu lassen. Eine abschließende Aussage hierzu lässt sich jedoch angesichts der vielfältigen Erscheinungsformen von PPP nicht treffen. Ob Art. 33 Abs. 4 GG im Rahmen eines PPP-Projekts zu beachten ist, hängt vielmehr von den Umständen des jeweils konkreten Einzelfalls ab.

---

[67] Jachmann, in: v. Mangoldt/Klein/Starck, GG, Art. 33 Abs. 4 Rn. 37; Maunz, in: Maunz/Dürig, GG, Art. 33 Rn. 42; Jachmann/Strauß, ZBR 1999, 289 (297).

[68] Vgl. Reidt, NVwZ 1996, 1156 (1159).

[69] Gusy, in: Stober: Privatisierung im Strafvollzug?, S. 22.

[70] Lecheler, in: Isensee/Kirchhoff, Handbuch des Staatsrechts, Bd. 3, § 72 Rn. 24; Haug, NVwZ 1999, 816 (819).

2.2.2 Das Regel-Ausnahme-Verhältnis

Die Bindung der Ausübung hoheitsrechtlicher Befugnisse an Beamte gilt nach dem Wortlaut des Art. 33 Abs. 4 GG nur für den Regelfall, so dass ausnahmsweise auch ständige Aufgaben dauerhaft auf Nichtbeamte übertragen werden können. Art. 33 Abs. 4 GG steht damit einem Einsatz von Privaten im Rahmen von – den Funktionsvorbehalt auslösenden – PPP-Projekten nicht von vornherein entgegen. Voraussetzung ist allerdings, dass sich der Einsatz der Privaten im Rahmen des Regel-Ausnahme-Verhältnisses bewegt.[71]

Fraglich ist, wie der Punkt bestimmt werden soll, an dem die ausnahmsweise zulässige Einbeziehung Privater ins Unzulässige umschlägt und sich das Regel-Ausnahme-Verhältnis umkehrt. Überwiegend wird hierzu ein quantitativer Maßstab angelegt, nach dem das Regel-Ausnahme-Verhältnis so lange als gewahrt anzusehen ist, als die betreffende Aufgabe zahlenmäßig mehrheitlich von Beamten wahrgenommen wird.[72] Die Handhabung dieses quantitativen Maßstabs erweist sich jedoch als schwierig, da unklar ist, wonach sich der Regelfall bestimmen und welche Bezugsgröße für die maßgebliche Regel ausschlaggebend sein soll.[73] In Betracht kommt z. B. ein Abstellen auf die jeweilige organisatorische Einheit, wobei weiterhin unklar ist, ob als Bezugspunkt die jeweilige Behörde oder aber die Körperschaft heranzuziehen ist. Als Bezugsgröße kann aber auch der gesamte inhaltlich umschriebene Aufgabenbereich (z. B. Schule, Polizei, Strafvollzug) dienen. Schließlich ist offen, wieviel an Ausnahme die Regel verträgt, um weiterhin als „Regel" qualifiziert werden zu können bzw. nicht ihrerseits zur Ausnahme zu werden.[74]

Zudem kann es nicht allein auf einen bloß zahlenmäßigen Vergleich der überhaupt mit Hoheitsaufgaben befassten Beamten und Nichtbeamten ankommen. Entscheidend muss zudem sein, ob der – sich nicht allein nach Zahlen zu beurteilende – Schwerpunkt hoheitlicher Tätigkeit bei den Beamten liegt. So kann es Mischfunktionen geben, bei denen die Ausübung hoheitsrechtlicher Befugnisse zwar vorkommt, jedoch nur eine untergeordnete Rolle spielt. Selbst wenn diese Mischfunktionen ganz oder überwiegend von Nichtbeamten wahrgenommen würden und die Anzahl der Nichtbeamten die Anzahl der Beamten überstiege, wäre das Regel-Ausnahme-Verhältnis des Art. 33 Abs. 4 GG als gewahrt anzusehen, wenn und soweit der Schwerpunkt hoheitlicher Tätigkeit trotz deren zahlenmäßiger Unterlegenheit bei den Beamten läge.[75]

Schließlich ist nach herrschender Meinung erforderlich, dass die Ausnahme vom Funktionsvorbehalt durch einen sachlichen Grund gerechtfertigt ist.[76] Das Spektrum solcher möglichen sachlichen Gründe ist weit und erfasst z. B. Erwägungen wie Flexibilität, Dezentralisierung oder die Nutzung privater Sachkenntnis.[77] Uneinigkeit besteht darüber, ob auch fiskalische Erwägungen einen sachlichen Grund darstellen können, weil die Aufgabenerledigung durch Private Kostenvorteile mit sich bringt.[78] Richtig erscheint es jedoch, auch solche fiskalischen Gründe für eine ausnahmsweise Übertragung hoheitlicher Befugnisse anzuerkennen. Da der Staat nämlich auch in Zeiten leerer Kassen verpflichtet ist, bestimmte Staatsaufgaben und Aufgaben der Daseinsvorsorge zu erfüllen, ist es nicht einsichtig, aus

---

[71] Vgl. Gramm, Privatierung und notwendige Staatsaufgaben, S. 371 ff.; Lehnguth, ZBR 1991, 266 (269); Maunz, in: Maunz/Dürig, GG, Art. 33 Rn. 42.

[72] Gusy, in: Stober, Privatisierung im Strafvollzug?, S. 23; Haug, NVwZ 1999, 816 (819).

[73] Gramm, Privatierung und notwendige Staatsaufgaben, S. 372.

[74] Gramm, Privatierung und notwendige Staatsaufgaben, S. 372.

[75] Lübbe-Wolff, in: Dreier, GG, Art. 33 Rn. 62; Jachmann, in: v. Mangoldt/Klein/Starck, GG, Art. 33 Abs. 4 Rn. 37.

[76] Lübbe-Wolff, in: Dreier, GG, Art. 33 Rn. 62; Gramm, Privatierung und notwendige Staatsaufgaben, S. 373 f.; Maunz, in: Maunz/Dürig, GG, Art. 33 Rn. 42; Pieroth, in: Jarass/Pieroth, GG, Art. 33 Rn. 31; Gusy, in: Stober, Privatisierung im Strafvollzug?, S. 24; Lehnguth, ZBR 1991, 266 (269); Reidt, NVwZ 1996, 1156 (1159).

[77] Gramm, Privatierung und notwendige Staatsaufgaben, S. 373.

[78] Ablehnend insoweit Haug, NVwZ 1999, 816 (819).

welchem Grund die Einschaltung Privater keinen Rechtfertigungsgrund darstellen sollte, wenn andernfalls wegen der Finanzknappheit bestimmte Vorhaben durch eine Haushaltsfinanzierung auf absehbare Zeit nicht oder nur unzureichend realisiert werden könnten.[79]

2.3 Ergebnis

Der Funktionsvorbehalt des Art. 33 Abs. 4 GG ist als privatisierungsbeschränkende Verfassungsvorschrift im Rahmen von PPP-Projekten insbesondere dann zu beachten, wenn und soweit Private hoheitsrechtliche Befugnisse – i. d. R. auf der Grundlage einer Beleihung – in Bezug auf eine ständige Verwaltungsaufgabe ausüben sollen. Grundsätzlich sind in diesen Fällen Beamte – und nicht Private – mit der Aufgabenwahrnehmung zu betrauen. Da jedoch in sachlich begründeten Ausnahmefällen Abweichungen von der grundsätzlichen Aufgabenwahrnehmung durch Beamte zugelassen werden können, steht Art. 33 Abs. 4 GG im Ergebnis einer Übertragung hoheitsrechtlicher Befugnisse auf Private nicht zwingend entgegen.

3. Reservatbereiche staatlicher Verwaltung gemäß Art. 86ff. GG

Das Grundgesetz weist in den Art. 87ff. GG bestimmte Sachmaterien[80] ausdrücklich der bundeseigenen Verwaltung zu und enthält damit Vorschriften über die Verwaltungsorganisation des Bundes, die im Rahmen von Privatisierungsmaßnahmen in den dort aufgeführten Bereichen relevant sein können.[81] Neben ausdrücklich normierten Privatisierungspflichten und -berechtigungen (z.B. Art. 87e Abs. 3; 87d Abs. 1 Satz 2 GG) finden sich dort weitere Vorschriften mit privatisierungsbeschränkenden Tendenzen, die dem vom Bundesverfassungsgericht anerkannten „weiten Spielraum“ bei der organisatorischen Ausgestaltung der Verwaltungseinrichtungen Grenzen setzen.[82] So darf der Bund sich den in Art. 87ff. GG genannten Gegenständen der obligatorischen ausschließlichen Bundesverwaltung nicht vollständig entziehen; er muss vielmehr die darin genannten Aufgabenfelder selbst, und zwar unter Verwendung der Organisationsform der „bundeseigenen Verwaltung mit eigenem Verwaltungsunterbau“ wahrnehmen. Vor diesem Hintergrund stellt sich die Frage, inwieweit die Einbeziehung von Privaten in die Aufgabenbereiche der ausschließlichen Bundeseigenverwaltung gemäß Art. 87ff. GG im Rahmen von PPP-Projekten zulässig ist.

3.1 Beteiligung Privater an öffentlich-rechtlichen Einrichtungen

Handeln in bundeseigener – d.h. bundesunmittelbarer – Verwaltung bedeutet grundsätzlich, dass der Bund durch eigene Organisationseinheiten ohne eigene Rechtspersönlichkeit handelt.[83] Die Wahrnehmung von ausschließlichen Bundesaufgaben nach Art. 87ff. GG durch Einrichtungen der bundesmittelbaren Verwaltung mit eigener Rechtspersönlichkeit – wie z.B. Körperschaften und Anstalten des öffentlichen Rechts – scheidet daher aus.[84] Kommt eine Aufgabenwahrnehmung durch öffentlich-rechtliche Einrichtungen in diesem Bereich jedoch nicht in Betracht, scheidet auch die – ansonsten grundsätzliche Zulässig-

[79] Gramm, Privatierung und notwendige Staatsaufgaben, S. 373f; vgl. auch Reidt, NVwZ 1996, 1156 (1159).

[80] Vgl. Art. 87 Abs. 1 (Auswärtiger Dienst, Bundesfinanzverwaltung, Verwaltung der Bundeswasserstraßen und der Schifffahrt), 87b Abs. 1 Satz 1 (Bundeswehrverwaltung), 87e Abs. 1 Satz 1 (Eisenbahnverkehrsverwaltung) und Art. 87f Abs. 2 Satz 2 (Hoheitsaufgaben im Bereich des Postwesens und der Telekommunikation).

[81] Vgl. Kämmerer, Privatisierung, S. 207f.; ders., JZ 1996, 1042 (1047).

[82] Vgl. BVerfGE 63, 1 (34, 40f.).

[83] Burgi, in: v. Mangoldt/Klein/Starck, GG, Art. 86 Rn. 44f.; Lerche, in: Maunz/Dürig, GG, Art. 86 Rn. 51, 57.

[84] BVerwG, VerwRspr 28 (1977), 214 (220); Lecheler, NVwZ 1989, 834 (836).

keit[85] der – Beteiligung eines Privaten an einer öffentlich-rechtlichen Einrichtung in diesen Fällen aus.

3.2 Gründung gemischt-wirtschaftlicher Unternehmen

Wie soeben ausgeführt, bedeutet Handeln in bundeseigener Verwaltung im Gegensatz zur bundesmittelbaren Verwaltung grundsätzlich, dass der Bund durch eigene Organisationseinheiten ohne eigene Rechtspersönlichkeit handelt.[86] Neben den öffentlich-rechtlichen Organisationseinheiten mit eigener Rechtspersönlichkeit (Körperschaften, Anstalten und Stiftungen des öffentlichen Rechts) sind damit auch privatrechtlich organisierte Organisationseinheiten mit eigener Rechtspersönlichkeit (z.B. GmbH, AG) tatbestandlich nicht mehr vom Begriff der bundeseigenen Verwaltung umfasst.[87] Umstritten ist jedoch, ob hieraus die Unzulässigkeit der Einbeziehung privatrechtlicher Organisationeinheiten – und damit auch gemischt-wirtschaftlicher Unternehmen – folgt.

Nach einer strengen Auffassung ist die Wahrnehmung einer Aufgabe der ausschließlichen Bundesverwaltung durch gemischt-wirtschaftliche Unternehmen unzulässig, da diese eine eigene Rechtspersönlichkeit besitzen und daher nicht dem Bereich der Bundeseigenverwaltung zugerechnet werden können.[88]

Eine andere – wohl als überholt geltende – Auffassung sieht in Art. 87ff. GG lediglich eine kompetenz- nicht aber auch eine organisationsrechtliche Norm, die sich allein auf die Abgrenzung der Zuständigkeitsbereiche von Bund und Ländern bezieht. Das Fehlen von Hinweisen auf bestimmte Organisationsformen wertet diese Auffassung als Indiz für den fehlenden organisationsrechtlichen Gehalt der Vorschriften, so dass es nicht ausgeschlossen ist, die Aufgaben der Bundesverwaltung in privatrechtlichen Organisationsformen wahrzunehmen.[89]

Nach wohl h.M.[90] ist die Wahrnehmung von Aufgaben der ausschließlichen Bundesverwaltung in privatrechtlichen Organisationsformen in gewissen Grenzen zulässig, auch wenn die Regelungen über die obligatorische ausschließliche Bundesverwaltung nach Art. 87ff. GG die privatrechtlichen Organisationsformen nicht erwähnen und ihren Einsatz somit nicht ausdrücklich legitimieren. Zwar unterfällt die Wahrnehmung von Verwaltungsaufgaben in privatrechtlichen Organisationseinheiten auch nach dieser Auffassung nicht der bundeseigenen Verwaltung im Sinne von Art. 86ff. GG, da diese gerade nicht bundes*eigen*, sondern angesichts ihrer eigenen Rechtspersönlichkeit vom Bund rechtlich getrennt seien.[91] Soweit die privatrechtlichen Organisationseinheiten aber dem Bund rechtlich zuzuordnen, d.h. von ihm „getragen" seien – weil dieser z.B. sämtliche oder zumindest die Mehrheitsanteile an dem privatrechtlichen Unternehmen hält – gehörten sie jedoch der bundes*ausschließlichen* Verwaltung an und seien als ungeschriebene Bestandteile der einzelnen materienbezogenen Zuweisungen der Art. 87ff. GG in sonstiger Weise, d.h. aus ungeschriebenem Recht legitimiert.[92] Diese Legitimation findet nach h.M. ihre Grenze dort, wo die Erfül-

[85] Vgl. zur Zulässigkeit einer privaten Beteiligung an einer öffentlich-rechtlichen Einrichtung oben § 1 Ziff. 2.2.1.

[86] Siehe hierzu oben § 1 Ziff. 3.1.

[87] Burgi, in: v. Mangoldt/Klein/Starck, GG, Art. 86 Rn. 45; Lerche, in: Maunz/Dürig, GG, Art. 86 Rn. 51, 57.

[88] Sachs, in: Sachs, GG, Art. 87 Rn. 19; Lecheler, NVwZ 1989, 834 (836).

[89] Püttner, Öffentliche Unternehmen, S. 86f.; Lee, Privatisierung als Rechtsproblem, S. 101f.; Wolff/Bachof/Stober, Verwaltungsrecht II, § 104a Rn. 16; weitere Nachweise bei Burgi, Funktionale Privatisierung und Verwaltungshilfe, S. 217 (Fn. 166).

[90] Lerche, in: Maunz/Dürig, GG, Art. 86 Rn. 59ff.; Art. 87 Abs. 1 Rn. 26f.; Gramm, Privatisierung und notwendige Staatsaufgaben, S. 68; weitere Nachweise bei Burgi, Funktionale Privatisierung und Verwaltungshilfe, S. 217 (Fn. 168) und Kämmerer, Privatisierung, S. 209 (Fn. 485 bis 487).

[91] Lerche, in: Maunz/Dürig, GG, Art. 86 Rn. 57.

[92] Lerche, in: Maunz/Dürig, GG, Art. 86 Rn. 60.

lung der Aufgaben der Bundesverwaltung sinnvollerweise nur behördenmäßig erfolgen kann (z.B. im Bereich der Eingriffsverwaltung); im Übrigen sei lediglich die Gesamtüberführung der Aufgabenbereiche ausschließlicher Bundesverwaltung in eine Organisation privater Rechtsform ausgeschlossen, so dass der Kernbereich der jeweiligen Materie der Bundeseigenverwaltung zugehören, d.h. öffentlich-rechtlich organisiert bleiben müsse. Soweit es hingegen um die Wahrnehmung von Teilbereichen der Bundesmaterie geht, sei die Einschaltung von privatrechtlichen Organisationseinheiten als Teil der bundesausschließlichen Verwaltung grundsätzlich zulässig.[93]

Nach allem enthalten die Regelungen der Art. 87ff. GG über die Gegenstände der obligatorischen ausschließlichen Bundesverwaltung eine im Rahmen von PPP zu berücksichtigende Grenze der Privatisierung, da nur Teilbereiche, nicht aber auch der Kernbereich der jeweiligen Bundesmaterie durch vom Bund getragene privatrechtliche – und damit auch gemischt-wirtschaftliche – Unternehmen wahrgenommen werden dürfen. Angesichts der schwierigen Abgrenzung zwischen Kern- und Teilbereichen, die im jeweiligen Einzelfall nach wertenden – und damit der Auslegung zugänglichen – Kriterien vorzunehmen ist, ist die bestehende Grenze für PPP jedoch alles andere als klar konturiert.

3.3 Beleihung

Ebenfalls nicht eindeutig geklärt ist die Frage, ob die Einbeziehung von Privatrechtssubjekten in Form der Beleihung eine zulässige Form der Aufgabenwahrnehmung im Bereich der ausschließlichen Bundesverwaltung darstellt.

Teilweise[94] wird vertreten, dass der Beliehene zwar integrierter Bestandteil der Verwaltungsorganisation, jedoch nicht umfassend von der Staatsorganisation getragen sei. Da der Beliehene somit nicht zur bundeseigenen Verwaltung zähle, käme es für die Zulässigkeit der Beleihung darauf an, ob diese aus sonstigen – ungeschriebenen – Gründen gerechtfertigt ist. Nach dieser Ansicht gelten für die Zulässigkeit der Beleihung im Bereich der bundeseigenen Verwaltung die gleichen Grundsätze wie für die Zulässigkeit der Einschaltung privatrechtlicher Organisationseinheiten. Die Beleihung wäre danach zwar nicht im Kernbereich der bundesausschließlichen Verwaltungsmaterie, jedoch in „Teilbereichen" ohne essentielle Bedeutung zulässig.[95]

Demgegenüber bejaht das Bundesverwaltungsgericht[96] – jedenfalls bei Übertragung einer Teilaufgabe einer bundeseigenen Verwaltungsmaterie – grundsätzlich das Merkmal bundeseigener Aufgabenwahrnehmung bei Einschaltung eines Beliehenen, da dieser in die Verwaltung integriert und durch Unterstellung unter die volle Fachaufsicht zum Bestandteil des bundeseigenen Verwaltungsunterbaus gemacht werde. Soweit es die Beleihung in Bezug auf die Wahrnehmung von Teilbereichen bundesausschließlicher Eigenverwaltung betrifft, kommt das Bundesverwaltungsgericht somit – wenn auch mit anderer Begründung – zum gleichen Ergebnis wie die vorgenannte Auffassung.

Nach allem ist die Beleihung Privater im Bereich der bundesausschließlichen Verwaltung der Art. 87ff. GG im Rahmen von PPP grundsätzlich zulässig, wenn und soweit die Beleihung lediglich Teilbereiche der Verwaltungsmaterie erfasst.

---

[93] Lerche, in: Maunz/Dürig, GG, Art. 86 Rn. 60; Burgi, in: v. Mangoldt/Klein/Starck, GG, Art. 87 Abs. 1 Rn. 22f.; ders., Funktionale Privatisierung und Verwaltungshilfe, S. 217; Pieroth, in: Jarass/Pieroth, GG, Art. 87 Rn. 2; Gramm, Privatisierung und notwendige Staatsaufgaben, S. 68; Kämmerer, Privatisierung, S. 209.

[94] Lerche, in: Maunz/Dürig, GG, Art. 86 Rn. 68; Art. 87 Rn. 37, 83; Burgi, in: v. Mangoldt/Klein/Starck, GG, Art. 87 Abs. 1 Rn. 27.

[95] Vgl. hierzu oben § 1 Ziff. 3.2.

[96] BVerwG, VerwRspr 28 (1977), 214 (220f.); offen geblieben ist nach dieser Entscheidung, ob auch die Beleihung mit essentiellen Kernaufgaben bundeseigener Verwaltungsaufgaben mit den organisationsrechtlichen Vorgaben der Art. 87ff. GG vereinbar wäre.

3.4 Verwaltungshilfe

Wie oben bereits ausgeführt,[97] meint der Begriff der „bundeseigenen Verwaltung" – der durch den Zusatz „mit eigenem Verwaltungsunterbau" konkretisiert wird –, dass der Bund die Aufgaben durch eigene Organisationseinheiten ohne eigene Rechtspersönlichkeit – d.h. durch eigene Behörden – erbringt. Es stellt sich daher die Frage, ob im Bereich der Bundeseigenverwaltung nach Art. 87ff. GG die Einschaltung Privater als Verwaltungshelfer mit dieser organisationsrechtlichen Vorgabe vereinbar – und damit zulässig – ist.

Denkbar wäre, aus der Verpflichtung zur Wahrnehmung der in Art. 87ff. GG genannten Aufgabenbereiche in „bundeseigener Verwaltung mit eigenem Verwaltungsunterbau" zu schließen, dass der Bund sich nicht auf die zentrale Verwaltung dieser Aufgaben beschränken darf, sondern einen – unterhalb der Zentralebene angesiedelten – Verwaltungsunterbau schaffen muss, durch den er die Aufgaben erfüllt. Eine solche Verpflichtung des Bundes ist jedoch abzulehnen:

Der Sinn der Klausel „mit eigenem Verwaltungsunterbau" liegt primär im föderalen Verhältnis des Bundes zu den Ländern.[98] Der Bund soll sich in den Aufgabenbereichen der Bundeseigenverwaltung nicht zugunsten von Mittel- und Unterbehörden der Länder auf die zentrale Verwaltung beschränken müssen. Die organisationsrechtliche Vorgabe „mit eigenem Verwaltungsunterbau" ist vor diesem Hintergrund so zu verstehen, dass dem Bund die Schaffung eigener Behörden erlaubt, er hierzu jedoch nicht verpflichtet ist.[99] Dies bedeutet, dass der Bund nicht gezwungen ist, die Aufgaben ausschließlich durch zu diesem Zweck geschaffene Behörden zu erbringen; vielmehr kann er sich hierzu auch rechtlich unselbstständiger Verwaltungshelfer bedienen, die in seinem Auftrag und in seinem Namen die Verwaltungsaufgaben erfüllen und deren Tätigkeiten ihm daher im Sinne einer „bundeseigenen Verwaltung" zuzurechnen sind.[100] Unterfällt die Einschaltung von privaten Verwaltungshelfern damit bereits dem Merkmal der „bundeseigenen Verwaltung", ist die sog. funktionale Privatisierung sowohl in Teilbereichen als auch im jeweiligen Kernbereich der in bundeseigener Verwaltung zu erfüllenden Aufgaben – und damit uneingeschränkt – zulässig.

3.5 Ergebnis

Die Vorschriften der Art. 87ff. GG über die bundeseigene Verwaltung enthalten organisationsrechtliche Vorgaben für die Aufgabenwahrnehmung und setzen PPP daher gewisse Grenzen. So scheidet eine Beteiligung Privater an – in diesem Bereich unzulässigen – rechtsfähigen öffentlich-rechtlichen Einrichtungen aus. Kooperationen zwischen dem Bund und Privaten in Form einer Gründung gemischt-wirtschaftlicher Unternehmen oder der Beleihung Privater sind hingegen zulässig, soweit die Privatrechtssubjekte nur Teilbereiche, nicht aber auch den Kernbereich der jeweiligen Bundesmaterie wahrnehmen sollen. Uneingeschränkt zulässig ist hingegen die Einbeziehung von Privaten als rechtlich unselbstständige Verwaltungshelfer.

---

[97] Vgl. oben § 1 Ziff. 3.1.

[98] Lerche, in: Maunz/Dürig, GG, Art. 87 Rn. 41.

[99] Lerche, in: Maunz/Dürig, GG, Art. 87 Rn. 41.

[100] So im Ergebnis auch Burgi, Funktionale Privatisierung und Verwaltungshilfe, S. 218ff.; ders., in: v. Mangoldt/Klein/Starck, GG, Art. 86, Rn. 56.

§ 3 Vertragsrechtliche Grundlagen

Übersicht

1. Vorbemerkung

In Abgrenzung zur herkömmlichen Beschaffung einzelner Sachmittel oder Werk- bzw. Dienstleistungen durch Private (z.B. Herstellung von öffentlichen Infrastruktureinrichtungen wie Straßen oder Schulen etc. durch einen Privaten und deren Finanzierung, Betrieb und Verwertung durch die öffentliche Hand) zeichnet sich PPP als funktionale Privatisierungsform[1] im Wesentlichen aus durch eine langfristige, ganzheitliche und vertraglich geregelte Zusammenarbeit zwischen der öffentlichen Hand als Auftraggeber und der Privatwirtschaft als Auftragnehmer zur Erfüllung öffentlicher Aufgaben. Der private Auftragnehmer übernimmt dabei als Erfüllungsgehilfe des öffentlichen Auftraggebers nicht nur die Planung und Herstellung eines dem öffentlichen Auftraggeber während der Vertragslaufzeit zur Nutzung bereitzustellenden Projektgegenstandes, sondern zudem auch dessen Betrieb, Finanzierung und gegebenenfalls Verwertung (Lebenszyklusansatz). Anstelle der nach gegenständlichen oder zeitlichen Kriterien getrennten Vergabe einzelner Leistungspakete oder, z.B. im Baubereich, von Einzelgewerken tritt der öffentliche Auftraggeber also als Abnehmer einer Gesamtheit von bislang in erheblichem Umfang selbst erbrachten Projektleistungen auf. Dabei werden die erforderlichen Ressourcen (z.B. Know-how, Betriebsmittel, Kapital, Personal etc.) von den Partnern zum gegenseitigen Nutzen in einen gemeinsamen Organisationszusammenhang eingestellt und vorhandene Projektrisiken entsprechend der Risikomanagementkompetenz der Projektpartner sachgerecht verteilt. Die Rechte und Pflichten der Vertragsparteien werden regelmäßig in einem einheitlichen Vertragswerk geregelt.[2]

---

[1] Der Begriff der funktionalen Privatisierung (sog. „Contracting out") beschreibt eine Kooperationsform zwischen öffentlicher Hand und Privatem, bei der die öffentliche Aufgabe sowie die Leistungsverantwortung zwar bei der öffentlichen Hand verbleibt, diese Aufgabe jedoch durch einen Privaten erfüllt wird (vgl. Stober, in: Wolff/Bachoff/Stober, Verwaltungsrecht, Band 3, S. 501). Die öffentliche Hand überträgt also weder eine bisher öffentliche Aufgabe auf einen Privaten (wie etwa bei der materiellen Privatisierung (sog. „Aufgabenprivatisierung") noch erfüllt sie eine weiterhin öffentliche Aufgabe selbst in einer Organisationsform des Privatrechts (wie etwa bei der formellen Privatisierung (sog. „Organisationsprivatisierung").

[2] PPP-Projekte bieten dabei auch die Möglichkeit, die Zusammenarbeit zwischen öffentlicher Hand und Privatunternehmer auf einzelne, frei kombinierbare Projektphasen zu beschränken. Der Umfang der jeweiligen Zusammenarbeit wird in der Praxis für gewöhnlich durch die Kombination der Anfangsbuchstaben der englischsprachigen Bezeichnung für die vom Vertrag erfassten Projektphasen beschrieben. Nach diesen Bezeichnungen **D**esign (Planung), **B**uild (Herstellung), **F**inance (Finanzierung), **O**perate (Betrieb) und **T**ransfer (Übertragung/Verwertung) wird zum Beispiel ein auf Herstellung, Betrieb und Übertragung/Verwertung eines Projektgegenstandes beschränkter Vertrag als BOT-Vertrag

Diese langfristig zu planende Zusammenarbeit zielt auf die wirtschaftlich effektivere und die öffentliche Hand zugleich entlastende Erfüllung öffentlicher Aufgaben. Angestrebt wird eine Optimierung von Kosten und Erträgen, eine Verbesserung von Organisationsabläufen durch die Zusammenführung von Verantwortlichkeiten, prozessorientiertem Arbeiten und einer sachgerechten Verteilung von Risiken und Verantwortlichkeiten.

Die folgende Darstellung vertragsrechtlicher Grundlagen für PPP orientiert sich zunächst an in der herkömmlichen Beschaffungspraxis der öffentlichen Hand häufig verwandten Vertragsmodellen bzw. Kooperationsformen. Diese Vertragsmodelle bzw. Kooperationsformen werden sodann im Sinne des weiten, am Lebenszyklusansatz orientierten PPP-Begriffsverständnisses weiter entwickelt.

Das PPP-Konzept kommt grundsätzlich für alle Bereiche der Bereitstellung öffentlicher Infrastruktureinrichtungen in Frage. In Betracht kommen insbesondere

- Allgemeine Verwaltung, z. B. Verwaltungsgebäude, Rathäuser,
- Bildung und Erziehung, z. B. Kindergärten, Schulen, Hochschulen,
- Gesundheit und Sport, z. B. Krankenhäuser, Schwimmbäder, Sportstadien,
- Versorgung, z. B. Wasser, Strom, Wärme,
- Entsorgung, z. B. Müll, Abwasser,
- Innere Sicherheit, z. B. Gefängnisse und sonstige Resozialisierungseinrichtungen,
- Kultur, z. B. Museen, Theater, Konzert- und Stadthallen,
- Verkehr, z. B. Straßen, Schienennetze, Brücken, Tunnel, öffentlicher Personennahverkehr, öffentliche Parkraumbewirtschaftung,
- Verteidigung, z. B. Ausstattung der Streitkräfte oder
- Einsatz komplexer Informationstechnologien etc., z. B. verkehrsleitende Telematiksysteme.

Gegenstand der im Rahmen dieser öffentlichen Infrastruktur vom Privaten zu erbringenden Leistungen kann etwa die Herstellung oder die Sanierung von Hoch- und Tiefbauten, Verkehrswegen, technischen Anlagen oder sonstigen Bauwerken sein.[3] Obwohl zurzeit PPP-Projekten im Immobilienbereich von der öffentlichen Hand besondere Beachtung geschenkt wird, ist das PPP-Konzept keinesfalls auf Immobilien beschränkt. Auch auf die Herstellung und Bewirtschaftung von beweglichen Wirtschaftsgütern (z. B. Fahrzeuge eines Fuhrparks etc.) oder die Erbringung von Dienstleistungen (z. B. Sicherheitsdienste, IT-Leistungen, etc.) kann das hier zugrundeliegende PPP-Konzept angewendet werden. Denn auch diese Leistungen müssen grundsätzlich geplant, hergestellt, betrieben, finanziert und ggfl. verwertet werden. Handelt es sich bei den beweglichen Wirtschaftsgütern hingegen um Massen- bzw. Standardgüter (z. B. Fahrzeuge, Standardsoftware etc.), die nicht erst vom Auftragnehmer eigens hergestellt, sondern jederzeit von Dritten käuflich erworben werden können, tritt anstelle der Herstellungsleistung des Auftragnehmers regelmäßig die Bereitstellung bzw. Veräußerung des Projektgegenstands.

Die nachfolgende Darstellung der vertragsrechtlichen Grundlagen konzentriert sich auf die wesentlichen Vertragsmodelle, die in Anlehnung an typische Formen der Kooperation zwischen öffentlicher Hand und Privatwirtschaft im Bereich immobilienbezogener Bauprojekte gebildet wurden. Aus dem Modellcharakter folgt, dass die Vertragsmodelle weder er-

---

bezeichnet. Die jeweilige Eigentümerstellung des Auftragnehmers bezüglich des Projektgegenstandes wird regelmäßig durch einen weiteren Zusatz („**O**wn"; zusammengefasst: B**O**OT) ausgedrückt.

[3] Der Begriff des Bauwerks umfasst sämtliche unbewegliche Sachen, die durch eine feste Verbindung zum Grundstück aus bodenfremdem Material auf oder unter der Erdoberfläche errichtet werden (vgl. u. a. Bamberger/Roth, Kommentar zum BGB, 2003, § 1 ErbbauVO Rn. 8 ff. m. w. N.; Bassenge, in: Palandt, BGB-Kommentar, 63. Auflage, 2004, § 1 ErbbauVO Rn. 7). Bauwerke sind somit insbesondere alle Gebäude, d. h. Bauwerke, die durch räumliche Umfriedung Schutz gewähren und den Eintritt von Menschen gestatten (z. B. Verwaltungsgebäude, Schwimmbäder, Stadthallen, Museen, Krankenhäuser, Schulen etc.), sowie gewerbliche Anlagen (z. B. Heizkraftwerke, Tanks etc.) oder Erschließungs- und Verkehrsanlagen (z. B. Straßen, Schienenwege, Brücken, Tunnel, Parkplätze etc.).

schöpfend dargestellt werden können noch die Zuordnungen von Aufgabenbereichen als abschließende Empfehlungen für die Praxis zu verstehen sind. Vielmehr sind mannigfaltige Variationen denkbar, um den jeweiligen Bedürfnissen der Vertragsparteien eines konkreten PPP-Projekts gerecht zu werden. Darüber hinaus dient die exemplarische Darstellung grundlegender Vertragsstrukturen und Leistungsbeziehungen der Projektpartner auch als Basis für die Entwicklung von Vertragskonzepten für andere Bereiche als den Bausektor.

Im Einzelnen werden folgende Grundmodelle behandelt:

- PPP-Erwerbermodell
- PPP-FMLeasingmodell
- PPP-Vermietungsmodell
- PPP-Inhabermodell
- PPP-Contractingmodell
- PPP-Konzessionsmodell
- PPP-Gesellschaftsmodell

Aufgrund des Modellcharakters der PPP-Erwerber-, PPP-FMLeasing-, PPP-Vermietungs-, PPP-Inhaber- und PPP-Contractingmodelle beschränken sich die folgenden Ausführungen auch jeweils zunächst auf Eckpunkte von Vertragsinhalt und -struktur sowie auf praktisch relevante Variations- und Ausgestaltungsmöglichkeiten im Hinblick auf Bauprojekte. Anschließend werden die rechtlichen Regelungsregime für das jeweilige Vertragsmodell im Hinblick auf einzelne Leistungspakete bzw. Projektphasen skizziert.

Die Bearbeitung des PPP-Konzessions- und PPP-Gesellschaftsmodells, die grundsätzlich mit den zuvor genannten Vertragsmodellen kombiniert werden können, konzentriert sich hingegen auf einen kürzeren Abriss struktureller und rechtlicher Besonderheiten.

2. PPP-Erwerbermodell

2.1 Vertragliche Strukturelemente

2.1.1 Vertraglicher Leistungsumfang

Der Leistungsumfang des Auftragnehmers wird in einem einheitlichen Vertragswerk geregelt. Er umfasst sämtliche Leistungspakete im Rahmen eines PPP-Projekts während einer Vertragslaufzeit von – je nach Art und Umfang des Projektgegenstands – bis zu 30 Jahren. Dabei obliegen dem Auftragnehmer im Einzelnen die Planung, die Herstellung, der Betrieb und die Finanzierung des Projektgegenstands. Dazu kann sich der Auftragnehmer der Unterstützung durch Nachunternehmer bedienen. Der Auftragnehmer tritt regelmäßig als Bauherr auf und ist bis zum Ende der Betriebsphase Eigentümer des Projektgegenstands.[4] Der Projektgegenstand wird dem Auftraggeber während der Betriebsphase zur Nutzung überlassen, wobei die Verantwortung für den Betrieb des Projektgegenstands weiterhin beim Auftragnehmer liegt. Am Ende der Vertragslaufzeit obliegt dem Auftragnehmer die Übertragung des Eigentums auf den Auftraggeber (Verwertung).

- Planungsphase

Der Auftragnehmer übernimmt die Gesamtplanung für das PPP-Projekt. Der Planungsumfang hängt im Wesentlichen von dem jeweiligen Projektgegenstand ab. Bei Neubau bzw. Sanierung von Bauwerken umfasst das Leistungsspektrum des Auftragnehmers entsprechend dem verkehrsüblichen Leistungsbild eines Generalplaners insbesondere auch die Entwurfs-, Genehmigungs- und Ausführungsplanung.[5] Den Planungsarbeiten liegt in der Regel

[4] Vgl. zur vergleichbaren Bauherreneigenschaft eines Bauträgers: BGHZ 96, 275 (280); BGH, NJW 1981, 757; OLG Hamm, NJW-RR 1992, 153.

[5] Vgl. zu den einzelnen Planungsphasen bei Bauwerken insbesondere das Leistungsbild der Objektplanung für Gebäude nach § 15 HOAI, das Leistungsbild der Tragwerksplanung nach § 64 HOAI und das Leistungsbild für die Planung Technische Ausrüstung nach § 73 HOAI.

eine funktionale Leistungsbeschreibung des Auftraggebers zugrunde. Die einzelnen Planentwürfe stehen regelmäßig unter dem Zustimmungsvorbehalt des Auftraggebers. Im Falle der Errichtung bzw. Sanierung von Bauwerken übernimmt der Auftragnehmer als Generalplaner auch regelmäßig die Verantwortung für die Erteilung der Baugenehmigung.

– Herstellungsphase
 Des Weiteren übernimmt der Auftragnehmer auf Grundlage der mit dem Auftraggeber abgestimmten Planung die (schlüsselfertige) Errichtung oder Sanierung des Bauwerks. Dabei übernimmt der Auftragnehmer regelmäßig die Funktion eines Generalunternehmers[6] oder eines Generalübernehmers.[7] Das Leistungsbild für die Herstellungsphase umfasst damit die fristgerechte und mangelfreie Herstellung des Projektgegenstandes. Nach Fertigstellung wird das Gesamtbauwerk vom Auftraggeber abgenommen;[8] Teilabnahmen sind möglich. Außer bei Teilabnahmen beginnen Gewährleistungsfristen einheitlich mit Abnahme des Gesamtbauwerks zu laufen.
 Für nicht auf höherer Gewalt oder behördlichen Verzögerungen beruhende Verspätungen bei der Fertigstellung enthält das Vertragswerk regelmäßig eine Entschädigungsregelung.

– Betriebsphase
 Während der Betriebsphase überlässt der Auftragnehmer dem Auftraggeber den Projektgegenstand zur Nutzung, wobei der Auftragnehmer die Verantwortung für dessen Betrieb übernimmt. Das Leistungsbild des Auftragnehmers für die Betriebsphase entspricht dem eines umfassenden Betriebs- bzw. Facility Management-Auftrages.[9] Danach obliegen dem Auftragnehmer während der Betriebsphase das Facility Management, einschließlich Instandhaltung und Instandsetzung,[10] Versicherung des Projektgegenstands sowie sonstige besondere Dienste und Leistungen, die sich aus der jeweiligen Nutzungsart des Projektgegenstands ergeben. Art und Umfang der Leistungspflichten des Auftragnehmer können deshalb sehr unterschiedlich sein.

– Finanzierungsphase
 Dem Auftragnehmer obliegt die Finanzierung von Planungs-, Herstellungs- und Betriebsphase durch Eigen- und/oder Fremdkapital.[11] Fremdkapital wird auf eigene Rechnung und eigenes Risiko aufgenommen, entweder durch Kreditaufnahme oder Forderungsverkauf.[12]

Während der Nutzung des Projektgegenstands (Betriebsphase) schuldet der Auftraggeber dem Auftragnehmer ein (regelmäßig) gleich bleibendes pauschaliertes monatliches oder jährliches Entgelt. Das Entgelt deckt sämtliche Leistungspakete des Vertrages (Planung, Herstel-

---

[6] D. h.: Ausführung von Bauarbeiten im eigenen Betrieb und durch Nachunternehmer.

[7] D. h.: Ausführung von Bauarbeiten ausschließlich durch Nachunternehmer. Zu den besonderen vergaberechtlichen Problemen einer Generalübernahme siehe unten, § 7 Abschnitt 7 (Stichwort: Generalübernehmerproblematik/Totalübernehmer).

[8] Zu Alternativgestaltungen siehe unten, Abschnitt 2.2.3 (Vereinbarung einer einheitlichen Gesamtleistung) und Abschnitt 5.2.3 („Mogendorfer Modell").

[9] Während unter dem Begriff „Facility Management" üblicherweise Gebäudemanagement im engeren Sinn verstanden wird, kann es je nach Projektgegenstand (z. B. bei Verkehrswegen), dem eigentlichen Wortsinn entsprechend, auch die gesamte betriebliche Führung umfassen.

[10] Im Immobilienbereich umfasst das Facility Management regelmäßig auch die Instandhaltung und Instandsetzung von „Dach und Fach", d. h. des Dachs, sowie tragender Teile des Gebäudes (Außenmauern, tragende Wände, Fundament); zum Begriff „Dach und Fach": vgl. Sternel, Mietrecht, S. 401 m. w. N.

[11] Im Unterschied zur traditionellen Finanzierung eines öffentlichen Bauvorhabens durch Aufnahme eines Kommunalkredits durch den öffentlichen Auftraggeber wird im Rahmen des PPP-Modells die Finanzierung regelmäßig durch den Auftragnehmer übernommen.

[12] Bei einem Forderungsverkauf finanziert sich der Auftragnehmer durch den Verkauf (Forfaitierung) seiner künftigen Ansprüche gegen den Auftraggeber auf Zahlung eines regelmäßigen Nutzungsentgelts an eine Bank oder einen sonstigen Dritten.

lung, Betrieb, Finanzierung und Verwertung) ab und schließt insbesondere die Planungs- und Herstellungskosten, die Betriebskosten, die Finanzierungskosten, etwaige Tilgungsleistungen, Risikopauschalen und die Gewinnmarge des Auftragnehmers ein.

– Verwertungsphase

Am Ende der Vertragslaufzeit und nach Zahlung der letzten Entgeltrate durch den Auftraggeber, ist der Auftragnehmer verpflichtet, das Eigentum am Projektgegenstand auf den Auftraggeber zu übertragen.

2.1.2 PPP-typische Risikoverteilung

Die PPP-typische Risikoverteilung basiert auf der Grundüberlegung, dass jede Vertragspartei die Risiken übernimmt, die sie auf Grund ihrer spezifischen operativen Erfahrung und der vereinbarten Aufgabenzuordnung am ehesten beeinflussen kann.

Im Kern bedeutet dies, dass der mit der Durchführung des PPP-Projekts während der gesamten Vertragslaufzeit beauftragte Auftragnehmer das Risiko für den Erfolg und die Qualität seiner Leistung übernimmt. Umgekehrt trägt der Auftraggeber das Risiko, dass seine Beschreibung der Leistungsziele den von ihm angestrebten Erfolg zulässt und dieser auch seinen prognostizierten Bedürfnissen entspricht. Dabei beschränkt sich die Beschreibung des Leistungsziels regelmäßig auf die am Nutzungszweck orientierten Leistungsmerkmale für den Projektgegenstand und seinen Betrieb (funktionale Leistungsbeschreibung)[13] bei näher bestimmten Qualitätsstandards.[14]

– Planungs- und Herstellungsphase

Ausgehend von einer funktionalen Leistungsbeschreibung und einer pauschalierten Festpreisvereinbarung für diese Leistungselemente trägt grundsätzlich der Auftragnehmer während der Planungs- und Herstellungsphase das Planungsrisiko[15] und das Herstellungsrisiko.[16] Aufgrund der funktionalen Leistungsbeschreibung des Auftraggebers, die vom Auftragnehmer in eigener Verantwortung planerisch umzusetzen ist, schließt das Planungsrisiko bei Bauprojekten regelmäßig auch das Baugenehmigungsrisiko ein.[17] Demgegenüber umfasst das Herstellungsrisiko insbesondere die Folgekosten aus fehlerhaften oder ungeeigneten Planungsleistungen sowie sonstige ungeplante höhere Herstellungskosten, die nicht auf nach Vertragsschluss vom Auftraggeber gestellten besonderen Anforderungen beruhen.[18]

Vom Herstellungsrisiko ausgenommen ist hingegen regelmäßig das Risiko der Beschädigung bzw. Zerstörung bereits ausgeführter Leistungen oder Verzögerungen bei der Fertig-

[13] Diese an funktionalen Kriterien orientierte Leistungsbestimmung wird in der angelsächsischen Vertragspraxis regelmäßig als „out-put specification" bezeichnet. Dies verlangt eine Beschränkung der Leistungsbeschreibung des Auftraggebers auf funktionale Leistungsmerkmale, ohne die Art der Umsetzung in allen Einzelheiten vorzuschreiben.

[14] In der angelsächsischen Vertragspraxis werden derartige Qualitätsfestlegungen regelmäßig als „service level agreements" bezeichnet. Als Qualitätskriterien kommen z. B. Messgrößen und -verfahren, Umfangsbeschreibungen, Sauberkeit, Verfügbarkeit, etc. in Betracht.

[15] Damit ist hier gemeint: Der Auftragnehmer trägt das Risiko, dass seine Planung der Leistungsbeschreibung des Auftraggebers entspricht sowie genehmigungsfähig und technisch realisierbar ist.

[16] Damit ist hier gemeint: Der Auftragnehmer trägt das Risiko, dass der Projektgegenstand zum vereinbarten Preis fristgerecht errichtet, fertiggestellt oder erworben wird und bei Nutzungsübergang bzw. Abnahme frei von Mängeln ist.

[17] Zwar weist § 4 Nr. 1 Abs. 1 Satz 2 VOB/B grundsätzlich dem Auftraggeber die Pflicht zur Beibringung öffentlich-rechtlicher Genehmigungen im Rahmen eines Bauvertrags zu. Dennoch ist eine Verlagerung des Genehmigungsrisikos auf den Auftragnehmer, z. B. den Generalübernehmer (vgl. Ingenstau/Korbion, VOB-Kommentar, B § 4 Rn. 18), nicht ausgeschlossen. Es setzt jedoch voraus, dass der Auftragnehmer zur Beantragung der Genehmigung befugt und entsprechend vom Auftraggeber bevollmächtigt ist. Da im vorliegenden Fall der Auftragnehmer selbst Bauherr ist (s. o.), steht seine Befugnis bzw. Vollmacht insoweit außer Frage.

[18] Vgl. hierzu Nicklisch, BB 1998, 2 (5).

stellung durch höhere Gewalt, Krieg, Aufruhr oder andere objektiv unabwendbare, vom Auftragnehmer nicht zu vertretene Umstände.[19] Soweit aus solchen Ereignissen resultierende Mehrkosten vom Auftragnehmer nicht versichert werden können oder – nach der übereinstimmenden wirtschaftlichen Beurteilung der Vertragsparteien – sollen, sind spezielle Vertragsregelungen zur entsprechenden Anpassung des Entgelts erforderlich. Regelmäßig nicht vom Auftragnehmer zu übernehmen ist ferner das Risiko etwaiger Mehrkosten, die sich aus bei Vertragsabschluss nicht vorhersehbaren Änderungen rechtlicher Bestimmungen ergeben.[20]

– Betriebsphase

Während der Betriebsphase trägt der Auftragnehmer grundsätzlich das Risiko, dass das (fest) vereinbarte Entgelt ausreichend bemessen ist, um neben Fixkosten und Gewinnmarge auch die variablen Kosten des Betriebs sowie der Instandhaltung des Projektgegenstands und der Übernahme der Verkehrssicherungspflicht abzudecken.

Demgegenüber trägt der Auftraggeber ab Abnahme des Projektgegenstands, die in der Praxis regelmäßig mit dem Nutzungs- und Besitzübergang zusammenfällt, die Gefahr der von keiner Vertragspartei zu vertretenen Zerstörung oder langfristig ausgeschlossenen Nutzungsmöglichkeit des Projektgegenstands (allgemeine Sach- und Preisgefahr)[21] sowie das Risiko der nachträglichen Verschlechterung seines Zustands.[22] Dies gilt jedenfalls insoweit, als der Auftragnehmer die Zerstörung oder die ausgeschlossene Nutzungsmöglichkeit bzw. die Verschlechterung nicht (auch nicht z. B. auf Grund Nicht- oder Schlechterfüllung seiner Instandhaltungspflichten während der Betriebsphase) zu vertreten hat.[23] Anders ist die Rechtslage dann, wenn die Vertragsparteien einen Gefahrenübergang mit Abnahme bzw. Nutzungsüberlassung des Projektgegenstands vertraglich ausgeschlossen und besondere Gefahrtragungsregeln vereinbart haben.[24]

– Finanzierungsphase

Die Übernahme des Finanzierungsrisikos durch den Auftragnehmer umfasst alle weiteren variablen Kostenelemente der Entgeltkalkulation während der Planungs-, Herstellungs- und Betriebsphase.

Ausgehend von der PPP-typischen Risikoverteilung kann ein Risikoausgleich z. B. in der Gestalt erreicht werden, dass der Auftragnehmer das Risiko sich ändernder Refinanzierungskonditionen am Kapitalmarkt trägt, während der Auftraggeber das Risiko allgemeiner Preissteigerungen/Inflation oder Lohnsteigerungen (z. B. in Gestalt von Wertsicherungsklauseln und begrenzt auf die relative Höhe von Lohnsteigerungen auf Grund von Tarifabschlüssen der öffentlichen Hand) übernimmt. Ferner kann vereinbart werden, dass der Auftraggeber das Risiko von Kostensteigerungen auf Grund von für den Auftragnehmer unvorhersehbaren Änderungen rechtlicher Rahmenbedingungen zu tragen hat oder diese

---

[19] Vgl. insoweit auch für die konventionelle Vergabe eines Bauauftrages: § 7 VOB/B.

[20] Vgl. insoweit für das Regelungskonzept auf Bauprojekte anwendbaren der VOB/B auch: Kapellmann/Schiffers, Vergütung, Nachträge und Behinderungsfolgen beim Bauvertrag, Band 2, Rn. 570 f.

[21] Mit „Gefahr" wird im Zivilrecht das Risiko der zufälligen Zerstörung oder dauerhaft ausgeschlossenen Nutzungsmöglichkeit einer Leistung im Rahmen eines Schuldverhältnisses umschrieben. In diesem Fall ist die Sachgefahr (auch Leistungsgefahr genannt) das Risiko des Schuldners, noch einmal auf eigene Kosten leisten zu müssen. Die Preisgefahr (auch Vergütungs- oder Gegenleistungsgefahr genannt) ist das Risiko des Schuldners, den Anspruch auf die Gegenleistung (Preis oder Vergütung) zu verlieren, wenn die eigene Leistung unmöglich wird (vgl. Ernst, in: Münchener Kommentar, BGB-Kommentar, 4. Auflage, 2003, § 275 BGB Rn. 25 ff.; Schellhammer, Schuldrecht, S. 63).

[22] Mit Übergang der Sach- und Preisgefahr auf den Auftraggeber (Gefahrübergang) kann der Auftraggeber gegenüber dem Auftragnehmer grundsätzlich auch nicht mehr Ansprüche hinsichtlich nachträglich am Projektgegenstand entstandener Mängel geltend machen.

[23] Vgl. zum gesetzlichen Leitbild des Gefahr- und Lastenübergangs: § 446 BGB.

[24] Vgl. zur Variante der Vereinbarung einer einheitlichen Gesamtleistung, unten Abschnitt 2.2.3.

von beiden Partnern nach einem bestimmten Verteilungsschlüssel anteilig übernommen werden.

– Verwertungsphase

Anknüpfend an seine Instandhaltungspflichten während der Betriebsphase trägt der Auftragnehmer das Risiko, dass der Projektgegenstand in dem bereits bei Abschluss des Vertrages für das Ende seiner Laufzeit festgelegten Zustand auf den Auftraggeber übertragen werden kann. Aufgrund der bereits bei Vertragsschluss getroffenen Abrede, am Ende der Vertragslaufzeit das Eigentum am Projektgegenstand auf den Auftraggeber zu übertragen, liegt das Risiko einer wirtschaftlich sinnvollen Nutzung bzw. Verwertung des Projektgegenstands am Ende der Vertragslaufzeit beim Auftraggeber (Verwertungsrisiko).

2.1.3 Vertragslaufzeit

Die vereinbarte Laufzeit des Vertrages orientiert sich regelmäßig an dem Zeitbedarf für die Planungs- und Herstellungsphase sowie an der üblichen Nutzungsdauer des Projektgegenstands. Bei Hochbauprojekten dürften Vertragslaufzeiten von 20 bis 30 Jahren Anwendung finden.

Während seiner Laufzeit ist der Vertrag grundsätzlich nicht kündbar. Dies ergibt sich zum einen aus dem Vertragszweck, das Eigentum nach Ablauf der Vertragslaufzeit auf den Auftraggeber zu übertragen. Zum anderen folgt dies aus der langfristig angelegten Mischkalkulation des Auftragnehmers, die der Vereinbarung über das kontinuierlich zu zahlende Entgelt zugrunde liegt und nach Planungssicherheit verlangt. Jedoch sollte die Möglichkeit zur Teilkündigung von bestimmten Betriebspflichten (z.B. im Falle von Nicht- oder Schlechterfüllung bestimmter Betreiberpflichten) vorgesehen werden,[25] sofern sich der Wille der Vertragsparteien nicht auf die Vereinbarung einer einheitlichen Gesamtleistung richtet und Teilkündigungen aus diesem Grunde konzeptionell ausgeschlossen werden sollen. Im Falle beweglicher Wirtschaftsgüter oder bestimmter Dienstleistungen liegt die Herstellung in der vom Auftragnehmer vorzunehmenden Fertigstellung bzw. Bereitstellung des jeweiligen Projektgegenstands. Handelt es sich um Massen- bzw. Standardgüter, kann an die Stelle der Herstellung des Projektgegenstands auch der bloße Erwerb von Dritten treten.

2.1.4 Verwertung durch den Auftraggeber als Erwerber

Beim PPP-Erwerbermodell besteht die Verwertung des Projektgegenstands nach Ende der Vertragslaufzeit in der Übertragung des Eigentums vom Auftragnehmer auf den Auftraggeber.[26]

Dazu wird bereits bei Vertragsabschluss als Voraussetzung vereinbart, dass das für die Dauer der Betriebsphase vereinbarte Entgelt vollständig gezahlt worden ist.[27] Ferner ist regelmäßig von Anfang an vereinbart, dass mit dem Ende der Vertragslaufzeit insbesondere die Betriebs- und Instandhaltungspflichten des Auftragnehmers enden. Dabei gewährleistet der Auftragnehmer, dass sich der Projektgegenstand am Beendigungsstichtag in einem näher bestimmten Zustand befindet.

Regelmäßig wird auch die Übertragung des Eigentums am Projektgegenstand bereits bei Vertragsschluss vereinbart.[28] Im Falle von Grundstücken wird dabei regelmäßig die Eigentumsumschreibung beim Grundbuchamt (vom amtierenden Notar) erst nach vollständiger

---

[25] In diesem Zusammenhang müssten Regelungen über den Einfluss einer Teilkündigung auf das vereinbarte Entgelt getroffen werden.

[26] Eigentumserwerb von Grundstücken (§§ 873, 925 BGB), von beweglichen Sachen (§§ 929ff. BGB), von Rechten (§§ 398ff. BGB).

[27] Praktisch bedeutet dies die (regelmäßig ungekürzte) Zahlung der letzten Entgeltrate.

[28] Einigung auf Eigentumsübertragung bzw. Auflassung gemäß §§ 929ff. BGB (bewegliche Sachen) bzw. § 925 BGB (Grundstücke).

Zahlung des Entgelts beantragt.[29] Mit der Eintragung als Grundstückseigentümer im Grundbuch erwirbt der Auftraggeber zugleich auch das Eigentum an den auf dem Grundstück des Auftraggebers errichteten Bauwerken.[30] Während der Vertragslaufzeit wird der Anspruch des Auftraggebers auf bedingten künftigen Eigentumserwerb regelmäßig durch Auflassungsvormerkung gesichert.[31]

2.1.5 Entgelt/Finanzierung

Das je nach Vereinbarung in monatlichen oder jährlichen Raten vom Auftraggeber während der Betriebsphase zu zahlende Entgelt dient der (Re-)Finanzierung aller Aufwendungen des Auftragnehmers sowie etwaiger Risikoaufschläge und seines Gewinns im Hinblick auf sämtliche Projektphasen. Es handelt sich dabei regelmäßig um das Ergebnis einer Mischkalkulation, die sich exemplarisch in folgende typische Entgeltbestandteile aufschlüsseln lässt:

- die Annuität für den Projektgegenstand (z.B. Bauwerke und Grundstücke, bewegliche Sachen und mit der Herstellung des Projektgegenstandes in Zusammenhang stehende Dienstleistungen etc.) umfasst den vereinbarten Kaufpreis für den Projektgegenstand (Tilgung) sowie die Finanzierungskosten;
- das Betreiberentgelt umfasst neben dem vereinbarten Entgelt für das umfassende Facility-Management und sonstige Dienstleistungen auch die Kosten für den Betrieb des Projektgegenstands.[32]

2.2 Variations- und Ausgestaltungsmöglichkeiten bei Bauwerken

2.2.1 Eigentum am Bauwerk beim Auftragnehmer/Transfer auf Auftraggeber[33]

– Auftragnehmer als Grundstückseigentümer (§§ 94, 946 BGB)

Dem PPP-Erwerbermodell liegt die Annahme zugrunde, dass der Auftragnehmer bei Vertragsabschluss Grundstückseigentümer ist oder es jedenfalls kurze Zeit danach wird. Das noch zu errichtende Bauwerk ist in aller Regel wesentlicher Bestandteil des Grundstücks (§ 94 BGB), so dass sich das Eigentum des Auftragnehmers am Grundstück auch auf das Bauwerk erstreckt (§ 946 BGB). Am Ende der Vertragslaufzeit wird mit dem Eigentum am Grundstück zugleich das Eigentum am Bauwerk vom Auftragnehmer auf den Auftraggeber übertragen (§§ 873ff., 925 BGB).

– Auftragnehmer als Erbbauberechtigter (§ 1 Abs. 1 ErbbauVO)

Ist der Auftraggeber[34] Eigentümer des Grundstücks, kann der Auftragnehmer alternativ das Eigentum am Bauwerk im Wege der Erbbaurechtsbestellung erwerben.

In dem PPP-Vertrag wird dann die Bestellung eines Erbbaurechts an dem Grundstück des Auftraggebers zugunsten des Auftragnehmers (§ 1 Abs. 1 ErbbauVO) in Verbindung mit einer Verpflichtung des Auftragnehmers zur Errichtung und zum Betrieb des Bauwerks vereinbart. Das Erbbaurecht gewährt dem Auftragnehmer ein veräußerliches und vererbliches Recht, auf oder unter der Grundstücksoberfläche ein Bauwerk zu haben. Als rechtliche Folge der Erbbaurechtsbestellung erwirbt der Auftragnehmer (als Erbbauberechtigter) unab-

---

[29] Sogenannte „Auflassungssperre"; alternativ können Auftraggeber und Auftragnehmer aber auch vereinbaren, erst nach Zahlung der letzten Entgeltrate die Auflassung zu erklären.

[30] Vgl. § 946 BGB.

[31] Vgl. § 883 BGB.

[32] Je nach Umfang der Betriebspflicht des Auftragnehmer können die vom Betreiberentgelt abgedeckten Betriebskosten u. U. auch verbrauchsabhängige Betriebskosten einschließen.

[33] Da dem Auftraggeber regelmäßig am Ende der Vertragslaufzeit das Eigentum am Grundstück bzw. Bauwerk frei von Rechten Dritter übertragen werden soll, ist jede zwischenzeitliche Belastung des Grundstücks, Erbbaurechts oder Scheinbestandteils durch den Auftragnehmer mit Rechten Dritter entweder auf die Dauer der Vertragslaufzeit zu begrenzen oder aber bedarf zu ihrer Wirksamkeit jeweils der vorherigen Zustimmung des Auftraggeber.

[34] Möglich wäre z.B. auch, dass – rechtlich gesehen – ein Dritter Eigentümer des Grundstücks ist und anstelle des Auftraggebers das Erbbaurecht bestellt.

hängig vom Eigentum am Grundstück das Eigentum an dem zu errichtenden Bauwerk (§ 12 ErbbauVO). Das Erbbaurecht kann wie ein Grundstück mit dinglichen Rechten (z. B. Grundschulden) belastet und infolgedessen als Sicherheit für die Finanzierung des Projekts verwendet werden. Der üblicherweise vom Erbbauberechtigten zu zahlende Erbbauzins wird bei der Kalkulation des Entgelts berücksichtigt.

Die Laufzeit des Erbbaurechts endet grundsätzlich mit der Laufzeit des PPP-Vertrages. Mit Erlöschen des Erbbaurechts – entweder durch Zeitablauf oder Aufhebungsvereinbarung – erwirbt der Auftraggeber als Grundstückseigentümer kraft Gesetzes das Eigentum am Bauwerk (§§ 94, 946 BGB i. V. m. § 12 Abs. 3 ErbbauVO).[35]

– Auftragnehmer als Eigentümer des Bauwerks (§ 95 BGB)

Ist der Auftraggeber Grundstückseigentümer, könnte der Auftragnehmer das Eigentum am Bauwerk auch als sog. „Scheinbestandteil" des Grundstücks gemäß § 95 BGB erwerben. Dies würde voraussetzen, dass das von dem Auftragnehmer errichtete Bauwerk entweder nur vorübergehend mit dem Grundstück des Auftraggeber verbunden werden soll (§ 95 Abs. 1 Satz 1 BGB) oder in Ausübung eines Rechts an dem Grundstück des Auftraggebers (z. B. Nießbrauch) von dem Auftragnehmer errichtet wird (§ 95 Abs. 1 Satz 2 BGB).

Ob die Verbindung eines Bauwerks mit einem Grundstück gemäß § 95 Abs. 1 Satz 1 BGB einem vorübergehenden oder dauerhaften Zweck dient, richtet sich nach dem inneren Willen des Einfügenden (Auftragnehmer), sofern dieser Wille mit dem äußeren Erscheinungsbild vereinbar ist.[36] Danach ist das Bauwerk nur dann Scheinbestandteil, wenn der Auftragnehmer im Zeitpunkt der Bauwerkerrichtung beabsichtigt, das Bauwerk am Ende der Vertragslaufzeit wieder zu beseitigen.[37] Beabsichtigt der Auftragnehmer hingegen, dem Auftraggeber das Eigentum am Bauwerk am Ende der Vertragslaufzeit zu verschaffen, ist das Bauwerk kein Scheinbestandteil, sondern geht mit seiner Errichtung kraft Gesetzes als wesentlicher Bestandteil des Grundstücks in das Eigentum des Auftraggebers über (§§ 94, 946 BGB). Aus diesem Grunde wird diese Gestaltungsvariante jedenfalls dann nicht zur Anwendung kommen, wenn die Übertragung des Eigentums am Bauwerk – wie hier – von Anfang an vereinbart werden soll.[38]

---

[35] Alternativ könnte eine längere Laufzeit des Erbbaurechts vereinbart und mit einer Verpflichtung des Auftragnehmers zur Rückübertragung des Erbbaurechts gemäß §§ 873 ff. BGB auf den Auftraggeber am Ende der betriebsüblichen Nutzungsdauer von 20 bis 30 Jahren verknüpft werden. Das Eigentum am Grundstück und das Erbbaurecht würden nach dessen Rückübertragung auf den Auftraggeber zwar rechtlich selbstständig nebeneinander bestehen bleiben, allerdings beim Auftraggeber in einer Hand liegen (Eigentümererbbaurecht, § 889 BGB). Durch seine Stellung als Erbbauberechtigter würde der Auftraggeber für die Restlaufzeit des Erbbaurechts das Gebäudeeigentum erwerben. Zugleich könnte der Auftraggeber das Erbbaurecht (und damit das Eigentum am Bauwerk) für die Restlaufzeit des Erbbaurechts auf einen Dritten übertragen.

[36] Std. Rspr.; vgl. BGH, NJW 1996, 916 (916 f.); BGH, NJW 1984, 2878 (2879).

[37] Nach std. Rspr. ist es zwar für die Scheinbestandteilseigenschaft des Bauwerks gemäß § 95 Abs. 1 BGB grundsätzlich unbeachtlich, wie fest das Bauwerk mit dem Grundstück verbunden ist (z. B. Leicht- oder Massivbauweise) oder wie lange die „vorübergehende" Verbindung andauern soll (vgl. BGH, NJW 1959, 1487 (1488); BGH, NJW 1996, 916 zu einem im Jahre 1936 errichteten Gebäude; BGH, NJW 1984, 2878 (2879)). Jedoch soll eine massive Bauweise dann gegen die Annahme eines Scheinbestandteils sprechen, wenn sie den „sicheren Schluss" zulässt, dass das Bauwerk später dem Grundstückseigentümer zufallen soll, vgl. Heinrichs, in: Palandt, BGB-Kommentar, § 95 Rn. 3.

[38] Den Vertragsparteien bleibt es zwar unbenommen, im Laufe oder am Ende der Vertragslaufzeit die Umwandlung der vorübergehenden in eine dauerhafte Zweckbestimmung entsprechend §§ 929 ff. BGB zu vereinbaren. Mit der Beendigung der Scheinbestandteilseigenschaft würde das Bauwerk kraft Gesetzes wesentlicher Bestandteil des Grundstücks (vgl. BGH LM PreisstoppVO Nr. 7; Holch, in: Münchener-Kommentar, BGB-Kommentar, § 95 Rn. 12) und damit gemäß §§ 94, 946 BGB Eigentum des Auftraggebers. Allerdings würde die nicht von Anfang an vertraglich gesicherte Eigentumsübertragung mit dem für das PPP-Erwerbermodell charakteristischen wirtschaftlichen Regelungskon-

2.2.2 Ausgestaltung des Betriebs- und Nutzungsverhältnisses

– Ausgestaltung des Nutzungsrechts des Auftraggebers

Während der Vertragslaufzeit ist der Auftraggeber berechtigt, das Bauwerk entsprechend seinen jeweiligen Bedürfnissen bzw. zur Erfüllung seiner jeweiligen öffentlichen Aufgaben und Funktionen umfassend zu nutzen und ohne Einschränkung Dritten zur Nutzung zu überlassen. Ob sich insoweit das Nutzungsrecht des Auftraggebers auf das gesamte Bauwerk oder nur einen Teil desselben bezieht oder periodisch unterschiedlich ausgestaltet wird, muss im Einzelfall bestimmt werden. In den letzteren Fällen könnte vereinbart werden, dass der Auftragnehmer die nicht von dem Arbeitgeber genutzten Teile des Bauwerks (insbesondere Räumlichkeiten) grundsätzlich Dritten überlassen kann.

– Ausgestaltung der Betriebs-/Nutzungsüberlassungspflicht des Auftragnehmers

Im Falle von Gebäuden wird die Betriebspflicht des Auftragnehmers als umfassendes Facility Management ausgestaltet. Die Leistungselemente des nachfolgend dargestellten Facility Managements lassen sich grundsätzlich auch auf das Management anderer Bauwerke oder gar beweglicher Wirtschaftsgüter anwenden. Denn auch hier erfasst der Betrieb regelmäßig technische, infrastrukturelle und kaufmännische Managementaufgaben.

Bei Gebäuden beschreibt das Leistungsbild des Facility Managements grundsätzlich die ganzheitliche und umfassende Bewirtschaftung eines Gebäudes während dessen gesamten Lebenszyklus.[39] Im Rahmen eines PPP-Projekts wird dabei das Ziel verfolgt, durch einen privaten Facility Manager (hier: Auftragnehmer) die Wirtschaftlichkeit, Werterhaltung und Nutzung des Gebäudes unter Minimierung des hierzu notwendigen Ressourceneinsatzes langfristig zu optimieren und insoweit Effizienzgewinne zugunsten der öffentlichen Hand und des Privaten abzuschöpfen.

In Anlehnung an die DIN 32736 „Gebäudemanagement"[40] umfasst das Facility Management und damit die Betreiberpflicht des Auftragnehmers regelmäßig folgende Bereiche:

– Technisches Gebäudemanagement
– Infrastrukturelles Gebäudemanagement
– Kaufmännisches Gebäudemanagement
– Flächenmanagement.

Regelmäßig werden die Vertragsparteien je nach Verwendungszweck des Gebäudes darüber hinausgehende Betreiberpflichten vereinbaren und z. B. auch die Verantwortung für die Höhe von Verbrauchskosten auf den Auftragnehmer übertragen.

Das technische Gebäudemanagement (TGM) umfasst alle Leistungen, die zum Betreiben und Bewirtschaften der baulichen und technischen Anlagen eines Gebäudes notwendig sind. Insbesondere bezieht es sich auf die Instandhaltung und Instandsetzung des Bauwerks. Der Begriff „Instandhaltung" umfasst gemäß DIN 31051[41] insoweit als Oberbegriff sowohl die Inspektion und Wartung als auch die Instandsetzung des Gebäudes. Im Unterschied zur Instandhaltung, die der Behebung oder Vermeidung der materiellen Abnutzung des Bauwerks dient (z. B. Verschleiß durch Gebrauch oder klimatisch bedingte Abnutzung), soll die Instandsetzung die Nutzbarkeit des Bauwerks dauerhaft sicherstellen und Ausfallkosten infolge von Gebäudemängeln vermeiden (z. B. durch Reparatur bzw. Wiederherstellung des „Soll-Zustands" des Gebäudes). Durch die Vereinbarung kann die Instandhaltungspflicht des Auf-

zept nicht vereinbar sein, wonach durch die laufende Entgeltzahlung auch der anschließende Erwerb des Bauwerks „bezahlt" werden soll.

[39] Falk, Fachlexikon Immobilienwirtschaft, S. 264 ff. („Facility Management").

[40] Diese Leistungen entsprechen der DIN 32736 „Gebäudemanagement – Begriffe und Leistungen" des Normenausschusses Heiz- und Raumlufttechnik (NHRS) im DIN Deutschen Institut für Normung e. V. vom August 2000.

[41] Der Begriff der Instandhaltung wird in DIN 31051 „Instandhaltung – Begriffe und Maßnahmen" vom Januar 1985 exemplarisch umschrieben.

tragnehmers auch auf „Dach und Fach" erstreckt werden. In Anbetracht der langen Laufzeit des Vertrages würde dies faktisch einer Verlängerung von Gewährleistungsfristen bzw. einem Garantievertrag über Bestand und Zustand des Gebäudes gleichkommen. Ferner können dem Auftragnehmer Pflichten im Hinblick auf Dokumentation von Bestand und Betriebsführung, Informations- und Energiemanagement, Modernisierung, Sanierung und Umbau zugewiesen werden.

Das infrastrukturelle Gebäudemanagement (IGM) umfasst die geschäftsunterstützenden Dienstleistungen, die die Nutzung des Gebäudes verbessern. Je nach Nutzungsbedürfnis des Auftraggebers gehören hierzu etwa Hausmeister-, Datenverarbeitungs-, IT-, Kopier-, Druckerei-, Restaurations-, Catering-, Gärtner-, Winter-, Sicherheits-, Parkraumbetreiber-, Reinigungs-, Pflege-, interne Post- und/oder Logistikdienste sowie die Abfallentsorgung und Energieversorgung.

Das kaufmännische Gebäudemanagement (KGM) umfasst alle kaufmännischen Leistungen aus den beiden vorgenannten Bereichen unter Beachtung ökonomischer Grundsätze. Hierzu zählen insbesondere die Objektbuchhaltung, die Kostenplanung und -kontrolle sowie das Beschaffungsmanagement.

Das Flächenmanagement umfasst das Management der verfügbaren Gebäudeflächen im Hinblick auf ihre Nutzung und Verwertung. Hierzu zählen insbesondere die flächenökonomische Belegungs- und Nutzungsplanung (nutzer-orientiert), das Management von Gebäudeausrüstung und raumbezogenen Sollwerten wie z.B. Lufttemperatur und -feuchtigkeit (anlagen-orientiert), das Erfassen und Bewerten von Leerständen (immobilienwirtschaftlich-orientiert) sowie das zeitliche und logistische Management der übernommenen Dienstleistungen im Rahmen des IGM (service-orientiert).

2.2.3 Vereinbarung einer einheitlichen Gesamtleistung

Die in einem einheitlichen Vertragswerk konzentrierte Regelung verschiedener Projektphasen (Planung, Herstellung, Betrieb, Finanzierung, Verwertung) eröffnet die Möglichkeit, das Verhältnis der jeweiligen Leistungspakete zueinander und zum Entgelt (Gegenleistung) flexibel zu gestalten. Auf diese Weise kann für ein konkretes Projekt eine – z.B. nach operativen, haushalterischen und steuerlichen Gesichtspunkten – optimierte Vertragsgestaltung erreicht werden.

Der PPP-Vertrag kann etwa in verschiedene Projektphasen unterteilt und einem einheitlichen Abrechnungsmechanismus unterstellt werden. Dieser Ansatz würde es erlauben, bestimmte Projektphasen bestimmten Entgeltbestandteilen zuzuordnen oder auch unterschiedliche Projektphasen einem differenzierten Beendigungsregime (z.B. Teilkündigung von bestimmten Einzelleistungen aus dem Facility Management-Paket) zu unterwerfen.

Alternativ kann jedoch auch ausdrücklich vereinbart werden, dass der Inhalt sämtlicher Leistungspakete Bestandteil einer einheitlichen Gesamtleistung sein soll, die einem einheitlichen Vergütungs- und Beendigungsregime unterstellt wird. Charakteristisches Merkmal für ein solches Leistungsbild wäre, dass sich die Beschreibung des Leistungsziels losgelöst von einzelnen Projektphasen und ihren jeweiligen Leistungsinhalten auf den finalen Erfolg, etwa „Bereitstellung eines betriebenen Bauwerks (oder sonstigen Projektgegenstandes) für eine bestimmte Dauer und anschließende Eigentumsübertragung", beschränkt. Korrespondierend würde die Vergütungsregelung ausschließlich periodisch, d.h. pro rata temporis, ausgestaltet. Im Unterschied zu den zuvor skizzierten Strukturelementen des PPP-Erwerbermodells würde insbesondere vereinbart, dass Herstellungsleistungen weder vor Beginn der Betriebsphase noch zu einem späteren Zeitpunkt rechtsgeschäftlich abgenommen werden und die Sach- und Preisgefahr[42] während der Betriebsphase nicht auf den öffentlichen Auftraggeber übergeht. Der Übergang der Sach- und Preisgefahr würde vielmehr auf Grund besonderer

[42] D.h. das Risiko, den Projektgegenstand bei unverschuldeter Zerstörung oder Beschädigung auf eigene Kosten wieder herrichten zu müssen.

Vereinbarung erst zum Ablauf der Vertragslaufzeit, spätestens jedoch mit Eigentumsübergang eintreten. Ferner würde der integrativ ausgestaltete Vergütungsmechanismus unmittelbar keine Zuordnung von Entgeltbestandteilen zu einzelnen Leistungspaketen erlauben.

2.3 Zivilrechtliche Qualifikation

2.3.1 Zuordnung zu gesetzlichen Vertragstypen/Typenkombinationsvertrag

In der Vertragspraxis wird die Zuordnung einzelner Leistungselemente zu bestimmten gesetzlichen Vertragstypen dann relevant, wenn der Vertrag Regelungslücken enthält oder die rechtliche Bedeutung einer Vereinbarung durch Auslegung ermittelt werden muss. Für PPP-Verträge, die ihrer Natur nach verschiedene gesetzliche Vertragstypen in komplexer Weise miteinander kombinieren, wird es sich regelmäßig empfehlen, die wechselseitigen Leistungspflichten und ihr Verhältnis zueinander sowie das auf das konkrete Projekt zugeschnittene Regelungsregime für Leistungsstörungen (einschließlich der Rechtsfolgen) ausdrücklich im Vertrag zu vereinbaren. Infolge dessen bietet die nachfolgende zivilrechtliche Qualifikation in erster Linie Anhaltspunkte für eine mögliche Zuordnung von Leistungspaketen im Rahmen einer PPP zu gesetzlichen Vertragstypen und damit eine Grundlage für die Abgrenzung von PPP-Verträgen zu anderen Vertragstypen und zur Weiterentwicklung geeigneter PPP-Vertragsmodelle.

Beim PPP-Erwerbermodell handelt es sich um einen sogenannten „Typenkombinationsvertrag". Der Typenkombinationsvertrag zeichnet sich dadurch aus, dass er als Vertragsgegenstand eine Vielzahl verschiedener, voneinander abgrenzbarer Leistungselemente umfasst, die zwar für sich jeweils unterschiedlichen gesetzlichen Vertragsregimen[43] zugeordnet werden können, allerdings von den Vertragsparteien nur in ihrer Gesamtheit vereinbart werden. Dabei ist auf jedes Leistungselement regelmäßig das Recht des ihm jeweils nach dem Willen der Vertragsparteien zugeordneten gesetzlichen Vertragsregimes anzuwenden.[44] Ist nach dem Vertrag eine eindeutige Zuordnung nicht möglich, sind die gesetzlichen Vorschriften des Vertragsregimes anzuwenden, dessen typische Merkmale den rechtlichen und wirtschaftlichen Schwerpunkt der Vertragsvereinbarung bilden.[45]

Für das PPP-Erwerbermodell ist charakteristisch, dass es grundsätzlich eine Vielzahl von Projektphasen mit jeweils unterschiedlichen und voneinander trennbaren Leistungselementen umfasst.[46] Aus kalkulatorischen und technisch-operativen Erwägungen, die auf eine möglichst effiziente Projektrealisierung zielen, wollen die Vertragsparteien den Vertrag nur in seiner Gesamtheit, d.h. mit allen Leistungspaketen (Planung, Herstellung, Betrieb, Finanzierung, Verwertung), abschließen.[47] Daraus folgt, dass die jeweiligen vertraglich vereinbarten Leistungspakete grundsätzlich nach dem Recht des jeweils anwendbaren gesetzlichen Vertragsregimes zu beurteilen sind.

Demgegenüber dürfte es sich bei der Modellvariante, wonach sämtliche Leistungsphasen als einheitliche Gesamtleistung vereinbart werden,[48] um einen sog. Typenverschmelzungsvertrag[49] handeln. Darunter wird ein gemischter Vertrag verstanden, bei dem ein- und dieselbe charakteristische Leistung gleichzeitig die Merkmale verschiedener gesetzlicher Vertragstypen erfüllt. Rechtsfolge derartiger „verschmolzener" Leistungselemente ist, dass grundsätzlich der ganze Vertrag dem Recht jenes Vertragstyps unterstellt werden soll, der alle Leitungselemente erfasst (sog. Absorptionsprinzip). Allerdings wird dieses Prinzip insoweit

---

[43] Z.B. Kauf-, Werk-, Darlehens-, Miet-, Geschäftsbesorgungsvertragsrecht etc.

[44] BGHZ 74, 204 (207).

[45] Vgl. BGHZ 72, 229 (232); Heinrichs, in: Palandt, BGB-Kommentar, v. § 311 Rn. 25f.

[46] Das gilt auch für das PPP-FMLeasingmodell, das PPP-Vermietungsmodell, das PPP-Inhabermodell sowie das PPP-Contractingmodell.

[47] Ebenso bereits ausführlich zum Bauträgervertrag: BGHZ 96, 275 (277ff.).

[48] Vgl. oben, Abschnitt 2.2.3.

[49] Vgl. hierzu ausführlich Löwisch, in: Staudinger, BGB-Kommentar, § 305 Rn. 41ff.

relativiert, als ergänzend zum Absorptionsprinzip abhängig vom im Vertrag verankerten Parteiwillen durchaus auch einzelne Regelungen eines anderen Vertragstyps Anwendung finden können (sog. Kombinationsprinzip).[50] Dies dürfte bei der hier behandelten Modellvariante regelmäßig der Fall sein, weil es sich bei der Vereinbarung einer einheitlichen Gesamtleistung, die Leistungselemente unterschiedlicher Vertragstypen aufnimmt, um einen „Vertrag sui generis" handelt. Für ihn ist charakteristisch, dass Leistungspflichten und Rechtsfolgen detailliert und abweichend von den gesetzlichen Leitbildern ausdrücklich geregelt werden.

2.3.2 Anwendbares Recht

Ausgehend von der Qualifikation als Typenkombinationsvertrag lassen sich beim PPP-Erwerbermodell die einzelnen Leistungspakete grundsätzlich folgenden gesetzlichen Vertragsregimen zuordnen:

– Planungsphase

Auf die Planungsleistungen des Auftragnehmers findet regelmäßig **Werkvertragsrecht** gemäß §§ 631 ff. BGB Anwendung,[51] denn der planende Auftragnehmer schuldet nicht nur die Planungsleistung selbst, sondern insbesondere den Erfolg des auf Grund seiner Planungsleistungen hergestellten mangelfreien Projektgegenstandes. Dies umfasst auch etwaige Überwachungspflichten des Auftragnehmers[52] in der Herstellungsphase, die ebenfalls die plangerechte und mangelfreie Errichtung des Projektgegenstands und damit einen Erfolg im Sinne der §§ 631 ff. BGB gewährleisten sollen.[53]

– Herstellungsphase

Auf die Leistungen des Auftragnehmers in der Herstellungsphase findet regelmäßig **Werkvertragsrecht** (§§ 631 ff. BGB) Anwendung, wenn die Herstellung die Fertigstellung bzw. den Bau des Projektgegenstands durch den Auftragnehmer betrifft.

Für die vertragsrechtliche Zuordnung von Bauleistungen ist es zunächst unbeachtlich, ob der Auftragnehmer einen wesentlichen Teil der Bauleistungen im eigenen Geschäftsbetrieb erbringt (Generalunternehmer) oder aber die Bauleistungen zumindest weit überwiegend von Nachunternehmern erbringen lässt und damit eine reine Bündelungs- und Steuerfunktion übernimmt (Generalübernehmer). In jedem Fall schuldet der Auftragnehmer als Erfolg die Errichtung eines mangelfreien Bauwerks.

Die werkvertraglichen Leistungen des Auftragnehmers können im Einzelfall auch Geschäftsbesorgungscharakter gemäß § 675 BGB aufweisen. In diesem Fall finden ergänzend zum Werkvertragsrecht auch bestimmte Vorschriften des Auftragsrechts Anwendung.[54] Eine Geschäftsbesorgung des Auftragnehmers läge etwa dann vor, wenn er eine entgeltliche selbstständige Tätigkeit wirtschaftlicher Art im überwiegenden Interesse des Auftraggebers und mit Bezug auf das Vermögen des Auftraggebers vornimmt.[55] Ob die Bauleistungen des Auftragnehmers als Generalunternehmer bzw. Generalübernehmer einen derartigen Ge-

---

[50] Vgl. hierzu ausführlich u. a. Löwisch, in: Staudinger, BGB-Kommentar, § 305 Rn. 41 ff.

[51] Vgl. BGHZ 82, 100, (105 ff.) (Architektenvertrag); OLG Düsseldorf, NJW-RR 1998, 454 (Ingenieurvertrag): nach der Rechtsprechung des BGH handelt es sich insoweit regelmäßig um einen Werkvertrag **ohne** Geschäftsbesorgungscharakter gemäß § 675 BGB (BGHZ 45, 223 (228 ff.)).

[52] Z. B. im Sinne von Bauführungs- bzw. Projektsteuerungspflichten des Architekten (vgl. zum Leistungsbild auch § 31 Abs. 1 HOAI).

[53] BGH, NJW 1999, 3118; BGH, NJW 1994, 2825; BGHZ 82, 100 (105 ff.).

[54] BGH, NJW 1986, 925 f.; BGHZ 92, 123 (126); § 675 BGB verweist insoweit insbesondere auf Auskunfts-, Rechenschafts- und Herausgabepflichten des Auftragnehmers (§§ 666 f. BGB) sowie Vorschuss- und Aufwendungsersatzpflichten des Auftraggebers (§§ 669 f. BGB). In der Praxis werden diese Vorschriften jedoch regelmäßig durch spezielle Vertragsabreden der Parteien modifiziert.

[55] Vgl. u. a. BGH, NJW-RR 1992, 560; BGHZ 45, 223 (229); Sprau, in: Palandt, BGB-Kommentar, § 675 Rn. 2 ff.; Martinek, in: Staudinger, BGB-Kommentar, § 675 Rn. A 31 ff.

schäftsbesorgungscharakter aufweisen, ist anhand der jeweiligen Umstände des Einzelfalls zu beurteilen.[56]

Werden vom Auftragnehmer jedoch Masse- bzw. Standardgüter nicht selbst hergestellt, sondern stattdessen fertige Produkte von Dritten erworben und an den Auftraggeber weiterveräußert, findet **Kaufvertragsrecht** (§§ 433 ff. BGB) Anwendung.

– Betriebsphase

Auf die Pflicht des Auftragnehmers, dem Auftraggeber schon während der Betriebsphase den Projektgegenstand zur Nutzung zu überlassen, findet **Kaufvertragsrecht** gemäß §§ 433 ff. BGB Anwendung. Denn der wesentliche Vertragszweck, dem Auftraggeber den Projektgegenstand unter Eigentumsvorbehalt zu übergeben und am Ende der Vertragslaufzeit auch das Eigentum zu verschaffen, entspricht den typischen Pflichten des Verkäufers im Rahmen eines Ratenkaufs (§§ 433 ff. BGB). Die Besonderheit gegenüber einem normalen Kaufvertrag liegt darin, dass dem Auftraggeber bereits vor vollständiger Zahlung des Kaufpreises ein Recht zur Nutzung des Kaufgegenstandes eingeräumt wird. Damit liegt während der Betriebsphase zwischen Auftraggeber und Auftragnehmer nicht etwa ein Gebrauchsüberlassungsverhältnis (Miete oder Pacht), sondern ein ausschließlich kaufvertragliches Rechtsverhältnis vor.

Auf die Leistungen des Auftragnehmers im Rahmen seiner Betriebs- und Managementpflichten findet nach Art der jeweiligen Leistung entweder **Dienst- oder Werkvertragsrecht** (§§ 611 ff. bzw. 631 ff. BGB) Anwendung. Dies kann im Einzelfall durch Vorschriften des Auftragsrechts ergänzt werden (§ 675 BGB).

Erschöpft sich die jeweilige Betriebspflicht des Auftragnehmers in der Erbringung von Dienstleistungen, schuldet er mithin keinen konkreten Erfolg, so ist grundsätzlich Dienstvertragsrecht gemäß §§ 611 BGB anwendbar (z. B. reiner Betrieb, Wartung, Instandhaltung, Reinigung/Pflege etc.).[57] Werkvertragsrecht gemäß §§ 631 ff. BGB ist hingegen anwendbar, wenn der Auftragnehmer über die Dienstleistung hinaus auch einen konkreten Erfolg schuldet (z. B. Instandsetzung, Sanierung, Erstellung periodisch wiederkehrender Abrechnungen etc.). Weil der Auftragnehmer in beiden Fällen den Betrieb selbstständig überwiegend im Interesse des bereits anwartschaftsberechtigten Auftraggebers durchführt, handelt es sich auch bei den Leistungen eines typischen Betreibervertrags regelmäßig um Leistungselemente mit Geschäftsbesorgungscharakter gemäß § 675 BGB.[58]

– Finanzierungsphase

Auf die Verpflichtung des Auftraggebers zur Zahlung des ratenweise gestaffelten Entgelts findet regelmäßig entweder **Kaufvertragsrecht** (§§ 433 ff. BGB) oder **Werkvertrags- bzw. Dienstvertragsrecht** (§§ 631 ff. bzw. 611 ff. BGB) Anwendung – je nachdem, ob sich der Entgeltbestandteil auf die Veräußerung des Projektgegenstands oder den umfassenden Facility Management-Auftrag bezieht.

---

[56] Eine Geschäftsbesorgung wird etwa bei sog. Bauträgerverträgen angenommen auf Grund derer sich der Auftragnehmer als Bauträger gegenüber dem Auftraggeber zur schlüsselfertigen Errichtung und anschließenden Veräußerung eines im Namen des Auftragnehmers errichteten und zunächst im Eigentum des Auftragnehmers befindlichen Gebäudes verpflichtet; vgl. BGH, NJW 1986, 926 f.; BGHZ 92, 123 (126); Locher/Koeble, Baubetreuungs- und Bauträgerrecht, Rn. 27. Allerdings wurde in einer älteren Entscheidung des BGH der Geschäftsbesorgungscharakter eines Bauträgervertrags für den Fall ausgeschlossen, dass die Vertragsparteien einen Festpreis vereinbart haben (BGH, NJW 1970, 94 f.; kritisch: Locher/Koeble, Baubetreuungs- und Bauträgerrecht, Rn. 27). Dagegen verneint Locher/Koeble, Baubetreuungs- und Bauträgerrecht, Rn. 28 f. ausdrücklich für Leistungen des Generalunternehmers und Generalübernehmers deren Geschäftsbesorgungscharakter.

[57] So unterstellt der BGH etwa die Leistungen eines Hausmeisters im Rahmen seines Hausmeistervertrags in der Regel dem Dienstvertragsrecht (BGH, NJW 1998, 680).

[58] Vgl. jeweils zum Verwaltervertrag: BGH NJW 1998, 680 (681); BGH WM 1965, 1181; OLG Hamm, NJW-RR 1993, 845 (846); OLG Köln, NJWE-MietR 1997, 63.

Im Hinblick auf die Verpflichtung des Auftraggebers zur – ratenweisen – Zahlung des Kaufpreises ist jedoch folgende Besonderheit zu beachten:

Bei der Ratenzahlungsvereinbarung handelt es sich – rechtsdogmatisch – um einen **Kreditvertrag** in Gestalt eines Zahlungsaufschubs bzw. einer sonstigen Finanzierungshilfe. Allerdings enthält das BGB ein Vertragsregime nur für Kreditverträge zwischen einem Unternehmer und einem Verbraucher (vgl. § 499 BGB). Beim öffentlichen Auftraggeber – egal in welcher Rechtsform auftretend – handelt es sich jedoch nicht um einen Verbraucher, so dass die speziellen kreditvertraglichen Regelungen im BGB nicht zur Anwendung kommen. Statt dessen sind die wechselseitigen Rechte und Pflichten eigens im Vertrags zu verankern. Dies ändert jedoch nichts an der Einordnung dieses Teils der Entgeltregelung als Kreditvertrag.

Soweit die Parteien jedoch ausdrücklich vereinbaren, dass der vertraglichen Regelung über den die Veräußerung des Gebäudes betreffenden Entgeltbestandteil eine Darlehensvereinbarung zugrunde liegen soll (sog. Vereinbarungsdarlehen),[59] findet **Darlehensvertragsrecht** gemäß §§ 488ff. BGB Anwendung.[60]

Nicht eigens im Vertrag geregelt ist die Verantwortung des Auftragnehmers für die (Vor-)Finanzierung seiner Leistungspflichten im Rahmen der Planungs-, Herstellungs- und Betriebsphase. Dazu wird er sich regelmäßig die erforderlichen Finanzmittel durch Abschluss eines Darlehensvertrages mit einem Dritten (z.B. Bank) oder durch Verkauf seiner künftigen Entgeltforderungen gegenüber dem Auftraggeber an eine Bank (Forderungsverkauf) beschaffen.[61]

– Verwertungsphase

Auf die Pflicht des Auftragnehmers, dem Auftraggeber am Ende der Vertragslaufzeit, d.h. praktisch mit Zahlung der letzten Entgeltrate, das Eigentum am Projektgegenstand zu verschaffen, findet **Kaufvertragsrecht** gem. §§ 433ff. BGB Anwendung.[62]

3. PPP-FMLeasingmodell

3.1 Vertragliche Strukturelemente

3.1.1 Vertraglicher Leistungsumfang

Wie beim PPP-Erwerbermodell wird der Leistungsumfang des Auftragnehmers in einem einheitlichen Vertragswerk geregelt und umfasst alle Projektphasen während eines Zeitraums von üblicherweise bis zu 30 Jahren. Auch beim PPP-FMLeasingmodell überlässt der Auftragnehmer (als Leasinggeber) dem Auftraggeber (als Leasingnehmer) den vereinbarten Projektgegenstand zur Nutzung während der Vertragslaufzeit. Allerdings unterscheidet sich die vertragliche Ausgestaltung des Leistungsumfangs bezüglich der nachfolgenden Projektphasen.

---

[59] Vgl. u.a. Kort, WM 1989, 1833ff.; Putzo, in: Palandt, BGB-Kommentar, 63. Auflage, 2004, § 488 BGB Rn. 27.

[60] Dies hat zur Folge, dass für die Fälligkeit des Anspruchs die Vorschriften des Darlehensrechts gelten, d.h. der Gläubiger muss – falls kein Fälligkeitstermin vereinbart wird – eine Kündigung aussprechen, um die Fälligkeit zu bewirken (§§ 488 Abs. 3, 490 BGB). Zudem ist die Forderung entsprechend zu verzinsen (§ 488 Abs. 1 Satz 2 BGB) – allerdings wird dies in der Praxis regelmäßig ohne Relevanz sein, weil die Vertragsvereinbarung über die Entgeltzahlung Detailregelungen zu Fälligkeit und Verzinsung beinhalten wird.

[61] Auf diese Finanzierungsverträge findet je nach Ausgestaltung Darlehens- oder Kaufvertragsrecht (§§ 488ff. bzw. 433ff. BGB) Anwendung. Falls keine anderweitige vertragliche Vereinbarung getroffen wird, kann der Auftragnehmer – jedenfalls bis zur endgültigen Eigentumsübertragung auf den Auftraggeber – das Grundstück (oder Erbbaurecht) mit Grundpfandrechtren zugunsten des finanzierenden Dritten belasten.

[62] Wegen der Vereinbarung der Ratenzahlung wird das Modell in der Praxis auch als „Ratenkauf" bezeichnet.

– Planungs- und Herstellungsphase

Im Unterschied zum PPP-Erwerbermodell sind Gesamtplanung und schlüsselfertige Errichtung von Bauwerken nicht eigens Gegenstand der vertraglich vereinbarten Leistungspflichten des Auftragnehmers. Dem Regelungsmodell eines Mietvertrages folgend beschreibt das PPP-FMLeasingmodell lediglich die Überlassung eines – vom Auftragnehmer noch zu errichtenden – Bauwerkes in einem bestimmten Zustand und zu einem bestimmten Zeitpunkt als Vertragspflicht des Auftragnehmers.[63] Dabei wird die (künftige) Beschaffenheit des Bauwerkes anhand von Plänen sowie von Bau- und Ausstattungsbeschreibungen vertraglich festgelegt. Diese Unterlagen werden regelmäßig über funktionale Beschreibungen hinaus Ausführungsdetails enthalten. Abweichungen bedürfen der Zustimmung des Auftraggebers. Im Übrigen werden dem Auftraggeber Informations- und Kontrollrechte eingeräumt, um die voraussichtliche Einhaltung des Zeitplans für die Nutzungsübergabe und die Beschaffenheitsvorgaben überprüfen zu können.

– Finanzierungsphase

Wie beim PPP-Erwerbermodell obliegt dem Auftragnehmer – tatsächlich – die Finanzierung von Planungs-, Herstellungs- und Betriebsphase durch Eigen- oder Fremdkapital. Allerdings ist diese Finanzierungspflicht nicht eigens Gegenstand der vertraglich vereinbarten Leistungspflichten des Auftragnehmers, die sich vielmehr auf die Überlassung und den Betrieb des Bauwerkes beschränken.

Während der Nutzung des Bauwerkes (Betriebsphase) schuldet der Auftraggeber dem Auftragnehmer ein (regelmäßig) gleich bleibendes monatliches oder jährliches Entgelt, das auch die Betreiber- und sonstigen Betriebskosten sowie etwaige Risikozuschläge und (zum Teil) den Gewinn des Auftragnehmers abdeckt. Im Unterschied zum PPP-Erwerbermodell deckt das Entgelt jedoch regelmäßig nur einen Teil der Herstellungskosten (nebst Gewinnmarge) des Auftragnehmers ab. Dadurch wird bei Ende der Vertragslaufzeit regelmäßig noch keine Vollamortisation der Investitionen erreicht. Im Falle einer dem Auftraggeber eingeräumten Kaufoption orientiert sich daher der bereits bei Vertragsschluss vereinbarte Kaufpreis regelmäßig am „kalkulierten Restwert“ der Investitionen.

– Verwertungsphase

Im Unterschied zum PPP-Erwerbermodell ist der Auftragnehmer nicht verpflichtet, am Ende der Vertragslaufzeit das Eigentum am Bauwerk zu übertragen. Vielmehr ist der Auftraggeber zur Räumung und Rückgabe des Bauwerkes verpflichtet, sofern er nicht eine ihm zuvor eingeräumte Option zur Vertragsverlängerung oder zum Erwerb ausgeübt hat. Stattdessen werden dem Auftraggeber Rückgabe-, Nutzungsverlängerungs- oder Kaufoptionsrechte eingeräumt.[64] Ein Anspruch des Auftraggebers auf Übertragung des Eigentums am Bauwerk entsteht damit erst nach Ausübung der Kaufoption.

3.1.2 PPP-typische Risikoverteilung

Im Vergleich zum PPP-Erwerbermodell weist die PPP-typische Risikoverteilung beim PPP-FMLeasingmodell zum Teil wesentliche Unterschiede auf:

– Planungs- und Herstellungsphase

Wie beim PPP-Erwerbermodell obliegt dem Auftragnehmer auch beim PPP-FMLeasingmodell – tatsächlich – das Planungs- und Herstellungsrisiko. Allerdings folgt diese Risikoverteilung nicht der vertraglichen Vereinbarung von Planungs- und Herstellungspflichten des Auftragnehmers oder der Verwendung einer funktionalen Leistungsbeschreibung. Sie

---

[63] Zu Einzelheiten der zivilrechtlichen Qualifikation vgl. unten, Abschnitt 3.3.2 („Planungs- und Herstellungsphase“). Dass die vertraglich vereinbarten Leistungspflichten des Auftragnehmers nicht eigens die Gesamtplanung und schlüsselfertige Errichtung des Gebäudes erfassen, ändert nichts an dem – tatsächlichen – Umstand, dass der Auftragnehmer zur Erfüllung seiner Verpflichtung, das Gebäude im vertraglich vereinbarten Zustand zu überlassen, die Planung und Errichtung des Gebäudes sicherstellen muss.

[64] Zu weiteren Einzelheiten vgl. unten, 3.1.4.

resultiert lediglich aus der vertraglichen Leistungspflicht, dem Auftraggeber den Projektgegenstand in einem bestimmten Zustand und zu einem bestimmten Zeitpunkt zu überlassen.

Wie beim PPP-Erwerbermodell trägt der Auftragnehmer auch beim PPP-FMLeasingmodell grundsätzlich immer das Risiko etwaiger Mehrkosten während der Planungs- und Herstellungsphase. Soweit für den Auftragnehmer auf Grund von objektiv nicht abwendbaren Ereignissen Mehrkosten entstehen, die vom Auftragnehmer nicht versichert werden können oder – nach der gemeinsamen wirtschaftlichen Beurteilung der Vertragsparteien – sollen, sind spezielle Vertragsregelungen zur entsprechenden Anpassung des Nutzungsentgelts erforderlich. Soweit objektiv nicht abwendbare Umstände die Herstellung und damit die Übergabe des Projektgegenstandes verhindern[65] oder verzögern, wird der Risikoausgleich regelmäßig in beidseitigen Rücktrittsrechten ohne wechselseitige Schadensersatzansprüche oder, bei Verzögerungen, dem Ausschluss von Schadensersatzansprüchen des Auftraggebers bestehen.[66]

– Betriebsphase

Welche der Vertragsparteien die Gefahr einer von keiner Seite zu vertretenden Zerstörung oder langfristig ausgeschlossenen Nutzungsmöglichkeit des Projektgegenstandes (allg. Sach- und Preisgefahr) sowie das Risiko einer nachträglichen Verschlechterung des Zustands des Projektgegenstandes trägt, hängt wesentlich davon ab, ob der Projektgegenstand als bewegliche Sache dem Mobilien-Leasing-Erlass des Bundesministers für Finanzen vom 22. 12. 1975 oder – als Immobilie – dem Immobilien-Leasing-Erlass vom 23. 12. 1991 zuzuordnen ist.[67]

Stellt der Projektgegenstand hingegen eine Immobilie dar, trägt im Unterschied zum PPP-Erwerbermodell[68] der Auftragnehmer als Leasinggeber beim PPP-FMLeasingmodell auch während der Betriebsphase die Gefahr der von keiner Vertragspartei zu vertretenen Zerstörung oder langfristig ausgeschlossenen Nutzungsmöglichkeit des Bauwerks (allgemeine Sach- und Preisgefahr) sowie das Risiko der nachträglichen Verschlechterung des Zustands des Bauwerks.[69] Dieser in der Praxis des Immobilien-Leasings allgemein vorherrschenden Risikoverteilung liegt der Immobilien-Leasing-Erlass des Bundesministers für Finanzen vom 23. 12. 1991 zugrunde.[70] Danach ist für die von den Parteien eines Immobilien-Leasingver-

---

[65] Das Baugenehmigungsrisiko wird man wie beim PPP-Erwerbermodell regelmäßig vom Kanon objektiv unabwendbarer Ereignisse ausnehmen.

[66] Stellt der Projektgegenstand eine bewegliche Sache dar, wird die Sach- und Preisgefahr regelmäßig nach kaufvertraglichem Vorbild auf den Auftraggeber (Leasingnehmer) verlagert (vgl. PPP-Erwerbermodell). Diese Risikoverlagerung wird von der ganz herrschenden Meinung auch gemäß § 307 BGB als grundsätzlich AGB-rechtlich zulässig angesehen. Vgl. u. a. BGH WM 1975, 1203 (1204); WM 1987, 473; WM 1978, 570 (571); WM 1985, 602; WM 1987, 38; v. Westphalen, Der Leasingvertrag (5. Aufl., 1998), Rz. 870 ff. Nach der Rechtsprechung des BGH ist nämlich für das Finanzierungsleasing typisch, dass die allgemeine Sach- und Preisgefahr während der Betriebsphase auf den Leasingnehmer abgewälzt wird und – kombiniert mit dem Ausschluss von Gewährleistungsansprüchen im Verhältnis des Leasingnehmers gegenüber dem Leasinggeber – der Leasinggeber seine Gewährleistungsansprüche gegenüber den Herstellern und Lieferanten an den Leasingnehmer abtritt (std. Rspr.; u. a. BGH, NJW 1977, 1058; NJW 1978, 1432; NJW 1982, 105). Diese Kombination von Ausschluss und Abtretung von Gewährleistungsrechten kann nach std. Rspr. auch in AGB vereinbart werden (BGH, NJW 1988, 198 (199 f.); BGHZ 106, 304 (309 ff.). Der BGH wies jedoch darauf hin, dass sich der Leasinggeber als Eigentümer des Leasinggegenstandes nicht vollständig der Sachgefahr zu Lasten des Leasingnehmers entledigen und sich somit auf die alleinige Rolle als Finanzier zurückziehen dürfe (BGH, NJW 1986, 1744 (1745)).

[67] Zu den Mobilien- und Immobilien-Leasingerlassen vgl. ausführlich u. a. Engel, DStR 2000, 1478; Graf von Westphalen, Der Leasingvertrag, 4. Auflage, 1992, S. 5 ff.; Kratzer/Kreuzmair, Leasing in Theorie und Praxis, S. 55 ff.

[68] Dieser Unterschied besteht nicht, wenn und soweit in einem Vertrag nach dem PPP-Erwerbermodell vereinbart ist, dass die Sach- und Preisgefahr erst am Ende der Betriebsphase auf den Auftraggeber übergehen soll; vgl. Abschnitt 2.2.3.

[69] Vgl. hierzu oben, Abschnitt 2.1.2.

[70] Da beim Immobilien-Leasing das „wirtschaftliche Eigentum" an dem Leasinggut aus steuerrechtlichen Gründen dem Auftragnehmer (Leasinggeber) zustehen soll, der Immobilien-Leasing-Erlass vom

trages regelmäßig angestrebte steuerliche Zuordnung des wirtschaftlichen Eigentums beim Auftragnehmer als Leasinggeber erforderlich, dass die allgemeine Sach- und Preisgefahr auch bei diesem liegt. Konkret bedeutet dies, dass dem Auftraggeber als Leasingnehmer bei Zerstörung, Beschädigung oder langfristig ausgeschlossener Nutzungsmöglichkeit des Bauwerks gegenüber dem Auftragnehmer Minderungsansprüche zustehen. Ferner ist der Auftraggeber nur dann zum Wiederaufbau des Bauwerks auf eigene Kosten verpflichtet, wenn er die Zerstörung oder Beschädigung zu vertreten hat.

Als Besonderheit des PPP-FMLeasingmodells ist hervorzuheben, dass der Auftragnehmer als Leasinggeber nur subsidiär das Risiko der Insolvenz, Liquidation oder Unauffindbarkeit der Hersteller und Lieferanten trägt, die er während der Planungs- und Herstellungsphase beauftragt hat. Dem liegt die für Leasinggeschäfte in der bisher üblichen Form charakteristische Abtretung sämtlicher Mängel-, Garantie- und Schadensersatzansprüche gegenüber den Herstellern und Lieferanten aus der Planungs- und Herstellungsphase (z. B. Bauunternehmer, Architekten, Ingenieure, Lieferanten etc.) an den Leasingnehmer zugrunde. Im Gegenzug werden sämtliche Mängelansprüche, die der Auftraggeber als Leasingnehmer während der Betriebsphase gegenüber dem Auftragnehmer als Leasinggeber sonst geltend machen könnte, ausgeschlossen. Die mit dem Gewährleistungsausschluss kombinierte Forderungsabtretung hat zur Folge, dass der Auftraggeber als Leasingnehmer etwaige Mängel- oder Schadensersatzansprüche bezüglich des Projektgegenstandes grundsätzlich nicht gegenüber dem Auftragnehmer als Leasinggeber, sondern direkt gegenüber den Herstellern und Lieferanten des Auftragnehmers geltend machen muss. Nach der Rechtsprechung kann sich der Auftragnehmer dem Risiko der Insolvenz, Liquidation oder Unauffindbarkeit seiner Hersteller und Lieferanten nicht vollständig entziehen, so dass der Auftragnehmer jedenfalls subsidiär haftet.[71]

Durch die Verbindung des Leasinggeschäfts mit einem umfassenden Facility Management, wonach der Auftragnehmer auch für die umfassende Instandsetzung und Instandhaltung während der gesamten Betriebsphase Verantwortung trägt, wird die leasing-typische Abwälzung von Gewährleistungsrisiken auf den Auftraggeber als Leasingnehmer[72] aufgefangen. Darin liegt die im Vergleich zum herkömmlichen Immobilien-Leasing wesentliche Besonderheit des PPP-FMLeasingmodells.

– Finanzierungsphase

Die Übernahme des Finanzierungsrisikos durch den Auftragnehmer als Leasinggeber umfasst alle weiteren variablen Kostenelemente der Entgeltkalkulation während der Planungs-, Bau- und Betriebsphase.[73]

---

21. 3. 1972 (sog. Vollamortisationserlass) hieran jedoch finanziell für den Auftraggeber (Leasingnehmer) unattraktive Voraussetzungen knüpft, ist die Vollamortisation in der Praxis des Immobilien-Leasing heute nur noch von untergeordneter Bedeutung (vgl. Kratzer/Kreuzmair, Leasing in Theorie und Praxis, S. 66; Engel, DStR 2000, 1478 (1481); vgl. im Einzelnen § 7 Abschnitt 3.3.

[71] Wegen des dem Leasingmodell zugrundeliegenden sog. Äquivalenzprinzips zwischen Leistung und Gegenleistung trägt der Auftragnehmer (Leasinggeber) in vollem Umfang das Risiko der Insolvenz des Herstellers bzw. Lieferanten. Dieses Risiko kann er nicht vertraglich auf den Auftraggeber (Leasingnehmer) abwälzen (BGH, ZIP 1990, 175 ff.; BGH, ZIP 1991, 519 (522)). Dies hat zur Folge, dass der Auftragnehmer dem Auftraggeber im Falle der Insolvenz des Nachunternehmers subsidiär für die Erfüllung der abgetretenen Ansprüche haftet.

[72] Sowohl beim Immobilien- als auch beim Mobilien-Leasing widerspricht es nicht den jeweiligen Leasing-Erlassen, Instandhaltungs- und Instandsetzungspflichten dem Leasingnehmer auf Grund seiner „Sachnähe“ vertraglich zuzuweisen. Entsprechende Regelungen in AGBs verstoßen nach ganz herrschender Meinung ebenfalls grundsätzlich nicht gegen § 307 BGB (vgl. Büschgen, Praxishandbuch Leasing, 1. Aufl. 1998, § 6 Rz. 165 ff (S. 140 ff.) m. w. N.).

[73] OLG Hamm, DB 1981, 886, sieht es als Unternehmerrisiko des Leasinggebers an, wie er sich den Leasinggegenstand verschafft bzw. herstellen lässt und die hierfür notwendigen Investitionskosten finanziert. Würde dieses Risiko auf den Leasingnehmer abgewälzt, liefe dies im Ergebnis darauf hinaus, den Leasingnehmer praktisch selbst in die Rolle des Finanziers (Käufers) zu verweisen.

Denn das PPP-FMLeasingmodell verfolgt das Ziel, eine von der öffentlichen Hand für notwendig gehaltene Investition durch den Auftragnehmer als Leasinggeber vollständig finanzieren zu lassen und das damit verbundene Risiko auf diesen zu verlagern (Finanzierungsfunktion des Immobilien-Leasing). Insoweit kann auf die Ausführungen zum PPP-Erwerbermodell verwiesen werden.

– Verwertungsphase

Da im Immobilien-Leasing eine vollständige Amortisation des Leasinggebers während der Vertragslaufzeit auf Grund des Immobilien-Leasing Erlasses von 1991 praktisch kaum noch vereinbart wird, trägt der Auftragnehmer als Leasinggeber am Ende der Vertragslaufzeit regelmäßig das Risiko, das Bauwerk zu seinem kalkulierten Restwert an Dritte weiter zu veräußern (Restwertrisiko). Dieses Risiko steigt, je kürzer die Betriebsphase im Verhältnis zur betriebsgewöhnlichen Nutzungsdauer des Bauwerks ist. Der Auftraggeber kann als Leasingnehmer insoweit frei entscheiden, ob er nach Ablauf der Vertragslaufzeit das Bauwerk geräumt an den Auftragnehmer zurückgibt oder eine ihm zuvor eingeräumte Option zur Vertragsverlängerung oder zum Erwerb des Bauwerks ausübt.

Das Risiko einer wirtschaftlich sinnvollen Nutzung bzw. Verwertung des Bauwerks nach Ende der Vertragslaufzeit liegt beim Auftragnehmer als Leasinggeber. Denn bei Vertragsschluss besteht zwischen Auftragnehmer und Auftraggeber noch keine verbindliche Abrede im Hinblick auf den Erwerb des Eigentums am Bauwerk durch den Auftraggeber am Ende der Vertragslaufzeit. Vielmehr steht die Ausübung der jeweiligen Optionsrechte im Belieben des Auftraggebers als Leasingnehmer.[74]

Hat der Auftraggeber eine Option zur Verlängerung der Vertragslaufzeit oder zum Erwerb des Projektgegenstands, trägt der Auftragnehmer als Leasinggeber zusätzlich zu dem Restwertrisiko auch das Risiko der Bonität des Auftraggebers nach Ende der Vertragslaufzeit (Bonitätsrisiko).[75] Zwar erscheint dieses Risiko im Hinblick auf den Umstand, dass bei PPP-Projekten ein öffentlicher Auftraggeber Vertragspartner ist, praktisch nachrangig. Dennoch ist denkbar, dass – wie häufig in der Leasing-Praxis – zusätzliche Zahlungen des Auftraggebers als Leasingnehmer an den Auftragnehmer als Leasinggeber in Form sog. Mietvorauszahlungen bzw. Mieterdarlehen vereinbart werden.[76] Dadurch spart der Auftraggeber während der Vertragslaufzeit einen Betrag an, der typischerweise zum Ende der Vertragslaufzeit dem Restbuchwert des Leasingobjekts entspricht. Übt der Auftraggeber als Leasingnehmer seine Kaufoption aus, wird dieser im Voraus gezahlte Betrag mit dem Kaufpreis verrechnet. Übt der Auftraggeber statt der Kaufoption seine Vertragsverlängerungsoption aus, wird ihm dieser Betrag in vollem Umfang zurückgezahlt und werden dem Nutzungsverhältnis aktualisierte Konditionen auf Basis des Restbuchwertes zugrundegelegt. Übt der Auftraggeber seine Kaufoption hingegen nicht aus, ist der Auftragnehmer als Leasinggeber regelmäßig verpflichtet, dem Auftraggeber alle bis dahin erhaltenen Zusatzzahlungen zurückzuzahlen.

3.1.3 Vertragslaufzeit

Wie beim PPP-Erwerbermodell orientiert sich die Laufzeit des Vertrages an dem Zeitbedarf für die Planungs- und Herstellungsphase sowie an der betriebsgewöhnlichen Nutzungsdauer des Projektgegenstandes. Aufgrund der je nach Projektgegenstand stark variierenden Nutzungsdauer, sind die Laufzeiten des jeweiligen PPP-Vertrages im Einzelfall zu bestimmen, können bei Hochbauprojekten aber bis zu 30 Jahren betragen.

---

[74] So ausdrücklich: OLG München/Augsburg, NJW 1981, 1104ff.

[75] Im wohl eher seltenen Fall einer Verkaufsoption des Auftragnehmers (Leasinggeber) würde der Auftraggeber (Leasingnehmer) das Restwertrisiko tragen. In einem solchen Fall würde der Auftragnehmer nur noch das Risiko der Bonität des Auftraggebers tragen.

[76] Vgl. Büschgen, Praxishandbuch Leasing, § 4 Rn. 15ff.; Graf von Westphalen, Der Leasingvertrag, Rn. 1603; Gondert/Gach/Biagosch/Jacob, Immobilienleasing, in: Usinger, Immobilien – Recht und Steuern, S. 656ff.; Kratzer/Kreuzmair, Leasing in Theorie und Praxis, S. 68ff.

Aufgrund der langfristig angelegten Mischkalkulation des Auftragnehmers ist auch hier der Vertrag grundsätzlich nicht kündbar, sondern allenfalls hinsichtlich einzelner Betriebspflichten teilkündbar.[77] Im Zusammenhang mit Verlängerungsoptionen ist zu berücksichtigen, dass das für die Dauer der Betriebsphase vereinbarte Nutzungsverhältnis am Projektgegenstand § 544 BGB unterliegt und daher gesetzlich zwingend nach Ablauf von 30 Jahren nach Überlassung des Projektgegenstandes innerhalb der gesetzlichen Fristen gekündigt werden kann.[78]

3.1.4 Verwertung durch den Auftragnehmer als Leasinggeber

Im Unterschied zum PPP-Erwerbermodell geht das Eigentum des Auftragnehmers am Bauwerk nicht mit Zahlung der letzten Entgeltrate („automatisch") auf den Auftraggeber über. Die grundsätzliche Verpflichtung des Auftraggebers, dem Auftragnehmer den Projektgegenstand nach Ablauf der Vertragslaufzeit zur eigenen Verwertung wieder zurückzugeben, wird regelmäßig durch verschiedene Optionsrechte ergänzt. Im Falle einer Kaufoption ist der Auftraggeber berechtigt, diese mit Ablauf der Vertragslaufzeit zu einem bei Vertragsschluss bereits festgelegten Kaufpreis (kalkulierter Restwert)[79] auszuüben und damit das Eigentum an dem Projektgegenstand zu erwerben. Zu entsprechenden Konditionen kann auch eine Verkaufsoption zugunsten des Auftragnehmers (sog. Andienungsrecht) vereinbart werden, was insbesondere bei Spezialimmobilien oder bei aus anderen Gründen schlecht verwertbaren Objekten zweckmäßig sein kann. Ferner kann dem Auftraggeber eine Option zur Vertragsverlängerung gewährt werden, bei deren Ausübung der Auftraggeber weiterhin in Besitz des Bauwerkes bleibt und diesen für seine öffentlichen Aufgaben nutzen kann.[80]

Schließlich ist auch eine Vereinbarung denkbar, nach der der Auftraggeber am Verwertungserlös des Auftragnehmers beteiligt wird. Inhalt einer solchen Verwertungsabrede kann sein, dass der Auftragnehmer die Veräußerung des Bauwerkes übernimmt. Unterschreitet der Verwertungserlös den bei Vertragsschluss vereinbarten Restwert, wäre die Differenz vom Auftraggeber auszugleichen. Bei Überschreitungen wäre der Mehrerlös zwischen Auftraggeber und Auftragnehmer nach einem festgelegten Verteilungsschlüssel (z.B. 75% zu 25%) aufzuteilen.

3.1.5 Entgelt/Finanzierung

Wie beim PPP-Erwerbermodell dient die Entgeltrate der (Re-)Finanzierung aller Aufwendungen des Auftragnehmers (einschließlich der Betreiber- und sonstigen Betriebskosten) sowie etwaiger Risikoaufschläge und seines Gewinns im Hinblick auf sämtliche Projektphasen.[81]

Bei dem PPP-FMLeasingmodell zugrunde gelegten Teilamortisationskonzept deckt der auf die Planungs- und Herstellungsphase bezogene Entgeltbestandteil regelmäßig die Differenz zwischen den Gesamtinvestitionskosten und dem kalkuliertem Restwert des Bauwerks bei Vertragsende.[82]

---

[77] Im Rahmen des PPP-Vertrags muss geregelt werden, welchen Einfluss eine derartige Teilkündigung auf das vereinbarte Entgelt hat.

[78] Bei einem Nutzungsverhältnis über mehr als 30 Jahre könnte durch die Einräumung eines dinglichen Dauernutzungsrechtes gemäß § 31 Abs. 2 WEG auch über diesen Zeitraum hinaus sichergestellt werden, dass das Nutzungsrecht nicht nach § 544 BGB gekündigt werden kann.

[79] Entsprechend dem Immobilien-Erlass vom 23. 12. 1991 muss der Restwert mindestens den Restbuchwert des Gebäudes unter Anwendung der linearen AfA (zzgl. des Werts von Grund und Boden) betragen.

[80] Entsprechend dem Immobilien-Erlass vom 23. 12. 1991 beträgt die vereinbarte Anschlussmiete dann über 75% der marktüblichen Vergleichsmiete.

[81] Vgl. Kroll, Vertragsgestaltung im Leasing mit der öffentlichen Hand, in: Kroll, Leasing-Handbuch für die öffentliche Hand, S. 2ff., 46ff.

[82] Im Rahmen des Teilamortisationsmodells kann der Auftraggeber (Leasingnehmer) darüber hinaus verpflichtet sein, an den Auftragnehmer (Leasinggeber) zusätzlich zur Entgeltrate während der Vertrags-

3.2 Variations- und Ausgestaltungsmöglichkeiten bei Bauwerken

3.2.1 Eigentum am Bauwerk beim Auftragnehmer/Transfer auf Auftraggeber

– Auftragnehmer als Grundstückseigentümer (§§ 94, 946 BGB)

Wie beim PPP-Erwerbermodell liegt dem PPP-FMLeasingmodell die Annahme zugrunde, dass der Auftragnehmer grundsätzlich Eigentümer des Grundstücks ist, auf dem das Bauwerk errichtet werden soll. Der Auftragnehmer erwirbt daher Eigentum am Bauwerk kraft Gesetzes gemäß §§ 94, 946 BGB. Im Falle der Ausübung einer Kaufoption des Auftraggebers (bzw. Verkaufoption des Auftragnehmers) wird das Grundstückseigentum durch Auflassung und Eintragung im Grundbuch auf den Auftraggeber übertragen (§§ 873ff., 925 BGB).

– Auftragnehmer als Erbbauberechtigter (§ 1 Abs. 1 ErbbauVO)

Ist der Auftraggeber Eigentümer des Grundsstücks, kann der Auftragnehmer alternativ das Eigentum am Bauwerk im Wege der Erbbaurechtsbestellung erwerben.

Im Unterschied zum PPP-Erwerbermodell sollte die Dauer des Erbbaurechts jedoch nicht auf die Dauer der Betriebsphase begrenzt werden. Denn sollte der Auftraggeber seine Kaufoption (bzw. der Auftragnehmer seine Verkaufsoption) oder seine Vertragsverlängerungsoption am Ende der Vertragslaufzeit nicht ausüben, muss der Auftragnehmer als Erbbauberechtigter bzw. Leasinggeber in die Lage versetzt sein, durch anschließende „Vermietung" an einen Dritten seine Finanzierungskosten insgesamt zu amortisieren.[83] Zur Absicherung des Auftragnehmers wäre in diesem Fall ein Erbbaurecht mit einer Laufzeit von 50 bis 60 Jahren zu vereinbaren.[84]

Mit Erlöschen des Erbbaurechts – sei es durch Zeitablauf oder durch Aufhebungsvertrag – erwirbt der Auftraggeber als Grundstückseigentümer kraft Gesetzes das Eigentum am Bauwerk (§§ 94, 946 BGB i. V. m. § 12 Abs. 3 ErbbauVO).

– Auftragnehmer als Eigentümer des Bauwerks (§ 95 BGB)

Wie beim PPP-Erwerbermodell könnte der Auftragnehmer als Leasinggeber das Eigentum am Bauwerk auch als sog. „Scheinbestandteil" des Grundstücks gemäß § 95 BGB erwerben.[85] Soweit jedoch dem Auftraggeber als Leasingnehmer und Grundstückseigentümer das Wahlrecht – z. B. im Wege einer Kaufoption – eingeräumt wird, ob er das Bauwerk am Ende der Vertragslaufzeit erwerben möchte oder nicht, geht die Rechtsprechung davon aus, dass der Auftragnehmer das Bauwerk zu einem dauerhaften Zweck errichtet.[86]

3.2.2 Ausgestaltung des Betriebs- und Nutzungsverhältnisses

– Ausgestaltung des Nutzungsrechts des Auftraggebers

Im Unterschied zum PPP-Erwerbermodell ist das Nutzungsrecht des Auftraggebers grundsätzlich auf den vertragsgemäßen Gebrauch beschränkt. Infolgedessen ist der Nutzungszweck möglichst umfassend im Vertrag zu definieren. Im Übrigen ist eine Gebrauchsüberlassung an

---

laufzeit sog. Mietvorauszahlungen bzw. Mieterdarlehen zu zahlen (vgl. hierzu oben, Abschnitt 3.1.2 („Verwertungsphase")).

83 Im Falle der Teilamortisation liegt eine vollständige Amortisation wegen des verbleibenden Restwerts der Immobilie zum Ende der Vertragslaufzeit regelmäßig nicht vor.

84 Vgl. Seibel, NZM 1999, 197 (198), allerdings hier zum Finanzierungsleasing.

85 Vgl. hierzu oben, Abschnitt 2.2.1.

86 BGH, LM Nr. 5 und 15; sollte das Gebäude hingegen nach dem Willen des Auftragnehmers zum Zeitpunkt der Gebäudeerrichtung tatsächlich nur zu einem vorübergehenden Zweck mit dem Grundstück verbunden sein, bleibt es den Vertragsparteien unbenommen, während der Vertragslaufzeit die Umwandlung des vorübergehenden in einen dauerhaften Zweck entsprechend §§ 929ff. BGB zu vereinbaren. In diesem Fall würde mit Einigung der Vertragsparteien das Eigentum am Gebäude kraft Gesetzes auf den Auftraggeber übergehen (vgl. oben, Abschnitt 2.2.1).

Dritte grundsätzlich nur mit Zustimmung des Auftragnehmers zulässig.[87] Der Auftragnehmer kann diese Zustimmung dem Auftraggeber bereits im Rahmen des PPP-Vertrags erteilen. Dabei ist jedoch zu berücksichtigen, dass ein dem Dritten bei Gebrauch des Bauwerkes zur Last fallendes Verschulden stets dem Auftraggeber zugerechnet wird.

– Ausgestaltung der Betriebs-/Nutzungsüberlassungspflicht des Auftragnehmers

Die Betriebs- und Nutzungsüberlassungspflichten des Auftragnehmers im Rahmen des Facility Management (technisches, infrastrukturelles, kaufmännisches Management sowie Flächenmanagement) bzw. des Nutzungsverhältnisses zum Auftraggeber entsprechen je nach Umfang der Betreiberleistungen und Nutzungszweck im Wesentlichen den Pflichten des Auftragnehmers nach dem PPP-Erwerbermodell. Insbesondere übernimmt der Auftragnehmer auch hier während der Vertragslaufzeit regelmäßig die Instandhaltung und Instandsetzung (bei Gebäuden inkl. „Dach und Fach") sowie die Versicherung des Bauwerkes.[88]

3.2.3 Besonderheiten bei „Sale-and-lease-back"-Verträgen

Ein „Sale-and-lease-back"-Geschäft ist als Sonderform des Finanzierungsleasings dadurch gekennzeichnet, dass der öffentliche Auftraggeber als Leasingnehmer zunächst Eigentümer des Leasinggegenstandes wird bzw. ist und es an den Auftragnehmer als Leasinggeber verkauft und übereignet, um es sodann sofort von dem Auftragnehmer wieder in erlasskonformer Weise zurückzuleasen.[89] Im Zusammenhang mit PPP-Verträgen kann das Motiv des Auftraggebers darin bestehen, das in dem Projektgegenstand (z.B. einem Bauwerk) gebundene Kapital freizusetzen (Liquiditätsverbesserung). Dadurch sollen entweder der Haushalt entlastet oder neue Investitionen ermöglicht werden, ohne auf die Möglichkeit zur Nutzung des Bauwerkes verzichten zu müssen.

Das „Sale-and-lease-back"-Verfahren lässt sich sowohl auf vom Auftraggeber neu errichtete Bauwerke (sog. „First-hand-Leasing") als auch auf Bauwerke anwenden, die bereits seit längerer Zeit im Eigentum des Auftraggebers stehen (sog. „Second-hand-Leasing").[90] Im Vergleich zu der für das PPP-FMLeasingmodell charakteristischen Grundstruktur besteht bei der „Sale-and-lease-back"-Variante die Besonderheit, dass der Auftragnehmer das Bauwerk als Leasinggeber nicht von einem Dritten, sondern vom Auftraggeber selbst erwirbt. Daher

---

[87] Vgl. § 540 BGB.

[88] Vgl. Abschnitt 2.1.1; legt man dem PPP-FMLeasingmodell die für das herkömmliche Immobilien-Leasing typische Risikoverteilung zu Grunde, wäre die Pflicht zur Instandhaltung, Instandsetzung und Versicherung des Gebäudes jedoch nicht Teil der Nutzungsüberlassungspflichten, sondern Teil der Facility Management-Pflichten des Auftragnehmers. Denn im Rahmen des die Nutzungsüberlassung betreffenden Immobilien-Leasings werden diese Pflichten typischerweise nicht dem Auftragnehmer (Leasinggeber), sondern dem Auftraggeber (Leasingnehmer) zugewiesen (vgl. u.a. Seibel, NZM 1999, 197 (203); Kratzer/Kreuzmair, Leasing in Theorie und Praxis, S. 89; Gondert/Gach/Biagosch/Jacob, Immobilienleasing, in: Usinger, Immobilien – Recht und Steuern, S. 641 (670f.). Diese Risikoverteilung zu Lasten des Auftragnehmers im Rahmen seiner Betreiberpflichten können die Vertragsparteien freilich praktisch dadurch abfedern, dass der Auftragnehmer diese Risiken versichern lässt und dem Auftraggeber die Versicherungsprämien (z.B. anteilig) in Form von Nutzungsnebenkosten als Bestandteil des Entgelts in Rechnung stellt. – Abweichend von der herkömmlichen Form des Immobilien-Leasings könnte jedoch auch vereinbart werden, dass der Auftragnehmer als Leasinggeber die Pflicht zur Instandhaltung, Instandsetzung und Versicherung des Gebäudes als typische Vermieterpflichten übernimmt. Insoweit müsste nur dem gesetzlichen Leitbild für den Mietvertrag gefolgt werden.

[89] BGH, NJW 1990, 829 (831); Büschgen, Praxishandbuch Leasing, § 17 Rn.1ff.; Kratzer/Kreuzmair, Leasing in Theorie und Praxis, S. 74ff.

[90] Erwirbt der Auftragnehmer (Leasinggeber) das Gebäude hingegen zunächst von einem Dritten, bevor er es an den Auftraggeber (Leasingnehmer) weiterverleast, so spricht man stattdessen von einem sog. „Buy-and-lease"-Verfahren (vgl. Büschgen, Praxishandbuch Leasing, § 4 Rn. 34).

fehlt es hier regelmäßig an dem für das Finanzierungsleasing typischen Dreieckverhältnis (Leasingnehmer-Leasinggeber-Hersteller/Lieferant). Dies führt dazu, dass der Auftragnehmer als Leasinggeber seine (mietvertraglichen) Gewährleistungspflichten während der Überlassung des Gebäudes an den Auftraggeber als Leasingnehmer nicht durch gleichzeitige Abtretung eigener kauf- bzw. werkvertraglicher Gewährleistungsansprüche gegenüber Dritten ausschließen kann.[91]

3.3 Zivilrechtliche Qualifikation

3.3.1 Zuordnung zu gesetzlichen Vertragstypen/Typenkombinationsvertrag

Wie beim PPP-Erwerbermodell handelt es sich beim PPP-FMLeasingmodell grundsätzlich um einen sog. Typenkombinationsvertrag.[92]

3.3.2 Anwendbares Recht

– Planungs- und Herstellungsphase

Im Unterschied zum PPP-Erwerbermodell sind Gesamtplanung und schlüsselfertige Errichtung des Bauwerkes nicht eigens Gegenstand der zwischen Auftraggeber und Auftragnehmer vereinbarten Leistungspflichten des Auftragnehmers als Leasinggeber. Das PPP-FMLeasingmodell beschreibt vielmehr lediglich die Überlassung eines – vom Auftragnehmer als Leasinggeber erst noch zu errichtenden – Bauwerkes zu einem bestimmten Zeitpunkt. Im Hinblick auf die vom Auftragnehmer – tatsächlich – zu erbringenden Planungs- und Herstellungsleistungen besteht zwischen Auftragnehmer und Auftraggeber im Unterschied zum PPP-Erwerbermodell daher auch kein werkvertragliches bzw. kaufvertragliches Rechtsverhältnis. Der Auftraggeber ist als Leasingnehmer lediglich auf Grund besonderer vertraglicher Vereinbarung mit dem Auftragnehmer als Leasinggeber, die im Zusammenhang mit dem Anspruch des Auftraggebers auf Überlassung des Bauwerkes während der Betriebsphase getroffen wird, schon während der Bauphase berechtigt, die Einhaltung der Beschaffenheitsvorgaben und des Zeitplans für die Überlassung des Bauwerkes zu kontrollieren.[93]

– Betriebsphase

Auf die Pflicht des Auftragnehmers, dem Auftraggeber während der Betriebsphase das Bauwerk zur Nutzung zu überlassen, findet im Unterschied zum PPP-Erwerbermodell **in erster Linie Mietrecht** gemäß §§ 535ff. BGB und im Hinblick auf abgetretene Gewährleistungsansprüche gegenüber den Bauunternehmen **werkvertragliches Leistungsstörungsrecht** gemäß §§ 633ff. BGB Anwendung.[94]

Beim PPP-FMLeasingmodell ist wesentlicher Vertragszweck, dem Auftraggeber als Leasingnehmer gegen Zahlung eines Entgelts den Projektgegenstand für die Dauer der Betriebsphase zur Nutzung zu überlassen.[95] Damit entspricht das Vertragsverhältnis zwischen Auftragnehmer und Auftraggeber dem des Mietvertrages gemäß § 535 BGB. Allerdings weicht

[91] Vgl. Graf von Westphalen, Der Leasingvertrag, Rn. 1414ff., der einen einseitigen Ausschluss der Gewährleistungsrechte des Auftragnehmers (Leasinggeber) aus dem Nutzungsverhältnis daher auch für AGB-widrig gemäß § 307 BGB (§ 9 Abs. 2 Nr. 1 AGBG a.F.) ansieht; demgegenüber hält Büschgen, Praxishandbuch Leasing, § 17 Rn. 9, 16ff., einen entsprechenden Gewährleistungsausschluss wegen der dem Auftraggeber (Leasingnehmer) als Verkäufer des Leasinggegenstandes verbleibenden eigenen Sekundäransprüche gegenüber Herstellern/Lieferanten für nicht grundsätzlich AGB-widrig. Soweit ersichtlich, hat sich die Rechtsprechung zu dieser Frage bisher nicht geäußert.

[92] Vgl. hierzu und zur praktischen Bedeutung der zivilrechtlichen Zuordnung oben, Ziffer 2.3.1.

[93] Siehe oben, Abschnitt 3.1.1 („Planungs- und Herstellungsphase").

[94] Beim sog. Buy-and-lease-Verfahren, bei dem Gewährleistungsansprüche gegenüber dem Verkäufer abgetreten werden, treten an die Stelle der werkvertraglichen Gewährleistungsvorschriften die kaufrechtlichen Gewährleistungsvorschriften der §§ 434ff. BGB.

[95] BGH, NJW 1978, 1383 (1384); NJW 1986, 1746 (1748).

das PPP-FMLeasingmodell insofern vom gesetzlichen Leitbild des Mietvertrages ab,[96] als der Finanzierungszweck, d. h. die Amortisation des Leasinggegenstandes,[97] im Vordergrund steht.

Gleiches gilt für das „Sale-and-lease-back"-Geschäft.[98] Auf die vertraglichen Vereinbarungen, die die Gebrauchsüberlassung („Rückvermietung") nach Verkauf (Übereignung) betreffen, findet ebenfalls **in erster Linie Mietrecht** gemäß §§ 535 ff. BGB Anwendung.[99]

Auf die vom Auftragnehmer geschuldeten Betreiber- und Managementpflichten findet je nach Art der Leistung **Dienst- oder Werkvertragsrecht** (§§ 611 ff. bzw. 631 ff. BGB) Anwendung.[100]

– Finanzierungsphase

Auf die Verpflichtung des Auftraggebers zur Zahlung des ratenweise gestaffelten Entgelts findet regelmäßig entweder **Mietvertragsrecht** (§§ 535 ff. BGB) oder **Werkvertrags- bzw. Dienstvertragsrecht** (§§ 631 ff. bzw. 611 ff. BGB) Anwendung – je nachdem, ob sich der Entgeltbestandteil auf die Überlassung des Projektgegenstands oder den umfassenden Facility Management-Auftrag bezieht.

Wie beim PPP-Erwerbermodell ist die Verantwortung des Auftragnehmers für die (Vor-)Finanzierung seiner Leistungspflichten im Rahmen der Planungs-, Herstellungs- und Betriebsphase nicht eigens im Vertrag geregelt. Auf die abzuschließenden Finanzierungsverträge mit Dritten findet je nach Ausgestaltung entweder Darlehens- oder Kaufvertragsrecht Anwendung.[101]

– Verwertungsphase

Auf die Verpflichtung des Auftraggebers als Leasingnehmer, am Ende der Vertragslaufzeit das Bauwerk zu räumen und in vertragsgemäßem Zustand an den Auftragnehmer als Leasinggeber zurückzugeben, findet **Mietvertragsrecht** gemäß §§ 535 ff. BGB Anwendung.

Übt der Auftraggeber am Ende der Vertragslaufzeit eine ihm ggf. eingeräumte Kaufoption aus, wird sowohl beim Leasing als auch bei der „Sale-and-lease-back"-Variante das bis dahin zwischen Auftragnehmer und Auftraggeber bestehende Mietverhältnis beendet und in ein **kaufvertragliches Rechtsverhältnis** gemäß §§ 433 ff. BGB umgewandelt.[102]

---

96 Aufgrund der auf Nebenleistungspflichten beschränkten Abweichungen vom gesetzlichen Leitbild des Mietvertrages wird der in der herkömmlichen Leasingpraxis verwendete Immobilien-Leasingvertrag von der Rechtsprechung auch als „atypischer Mietvertrag" bezeichnet; vgl. BGH, NJW 1982, 105 (106); BGH, NJW 1986, 179; BGH, NJW 1989, 1279 (1280); eine ausführliche Auswertung der BGH-Rechtsprechung findet sich bei: Büschgen, Praxishandbuch Leasing, § 5 Rn. 6 ff.

97 Im Vergleich zur Mietrate, die lediglich die Kosten der Nutzungsüberlassung abdecken soll, führt der Amortisationsgedanke beim Leasing regelmäßig zu entsprechend höher bemessenen Leasingraten.

98 Trotz seiner Besonderheiten gegenüber dem typischen Finanzierungsleasing wird es von der Rechtsprechung dem Finanzierungsleasing zugeordnet (BGH, NJW 1990, 829 (830 f.); Graf von Westphalen, Der Leasingvertrag, Rn. 1425; Büschgen, Praxishandbuch Leasing, § 17 Rn. 4).

99 U. a. Kratzer/Kreuzmair, Leasing in Theorie und Praxis, S. 75 ff.; Putzo, in: Palandt, BGB-Kommentar, v. § 433 bezeichnet den „Sale-and-lease-back"-Vertrag daher auch als zusammengesetzten Vertrag.

100 Soweit vereinbart wird, dass Instandsetzungs-, Instandhaltungs- und Versicherungspflichten als typische Vermieterpflichten beim Auftragnehmer (Leasinggeber) verbleiben, würden diese den mietvertraglichen Regeln unterliegen.

101 Vgl. oben, Abschnitt 2.3.2.

102 Vgl. u. a. Weidenkaff, in: Palandt, BGB-Kommentar, v. § 535 Rn. 30; Kummer, in: Soergel, BGB-Kommentar, v. § 535 Rn. 72, jeweils zur vergleichbaren Rechtslage beim sog. „echten" Mietkauf.

4. PPP-Vermietungsmodell

4.1 Vertragliche Strukturelemente

4.1.1 Leistungsumfang

Der Leistungsumfang des Auftragnehmers entspricht ganz überwiegend dem Leistungsumfang des PPP-FMLeasingmodells während eines Zeitraums von üblicherweise 20 bis 30 Jahren. Lediglich im Zusammenhang mit der Betriebs- und Finanzierungsphase sind folgende Besonderheiten hervorzuheben:

– Betriebsphase

Wie bei den zuvor vorgestellten Vertragsmodellen überlässt der Auftragnehmer dem Auftraggeber das Bauwerk zur Nutzung und übernimmt die Verantwortung für dessen Betrieb. Der Betriebsverantwortung liegt auch hier ein umfassender Facility Management-Auftrag zugrunde. Allerdings umfasst das Facility Management nicht auch die Instandhaltung und Instandsetzung des Bauwerks (bei Gebäuden inkl. „Dach und Fach"), weil diese Leistungselemente bereits Bestandteil der Verpflichtung zur Nutzungsüberlassung sind. Insoweit ist der Auftragnehmer nach dem gesetzlichen Leitbild nämlich bereits als Vermieter des Gebäudes verpflichtet, dem Auftraggeber das Gebäude in einem vertragsgemäßen Zustand zu überlassen und es während der Betriebsphase in diesem Zustand auf eigene Kosten zu erhalten (§§ 535 Abs. 1 Satz 2, 538 BGB).[103]

– Finanzierungsphase

Im Unterschied zum PPP-FMLeasingmodell liegt der Kalkulation des Nutzungsentgelts nicht die (Teil-)Amortisation der Investitionen des Auftragnehmers zugrunde. Vielmehr bemisst sich das Entgelt nach der marktüblichen Miete sowie der Betreibervergütung. Infolge dessen wird für den Fall einer Kaufoption vereinbart, dass der Kaufpreis dem erst bei Optionsausübung zu ermittelnden Verkehrswert des Bauwerkes zu entsprechen hat.

4.1.2 PPP-typische Risikoverteilung

Im Vergleich zum PPP-FMLeasingmodell weist die PPP-typische Risikoverteilung beim PPP-Vermietungsmodell folgende Besonderheiten auf:

– Betriebsphase

Als Vermieter trägt der Auftragnehmer beim PPP-Vermietungsmodell ebenso wie im Falle des Immobilien-Leasings (PPP-FMLeasingmodell) auch während der Betriebsphase die Gefahr der von keiner Vertragspartei zu vertretenen Zerstörung oder langfristig ausgeschlossenen Nutzungsmöglichkeit des Projektgegenstandes (allgemeine Sach- und Preisgefahr) sowie das Risiko der nachträglichen Verschlechterung des Zustands des Projektgegenstandes.[104] Dem Auftraggeber als Mieter stehen insoweit dieselben Rechte wie beim PPP-FMLeasingmodell zu. Im Unterschied zum Immobilien-Leasing liegt dieser Risikoverteilung jedoch nicht das Motiv zugrunde, aus steuerlichen Gründen entsprechend dem Immobilien-Leasing-Erlass von 1991 das wirtschaftliche Eigentum dem Auftragnehmer als Leasinggeber zuzuordnen. Sie folgt vielmehr dem gesetzlichen Leitbild des Mietvertrages (§§ 535 Abs. 1 Satz 2, 538 BGB).[105]

---

[103] Eine Abwälzung der Instandhaltungs- und Instandsetzungspflicht des Auftragnehmers auf den Auftraggeber ist individualvertraglich grundsätzlich in allgemeinen Geschäftsbedingungen gem. § 307 BGB nur in gewissen Grenzen zulässig (vgl. ausführlich: Schmidt-Futterer, Mietrecht-Kommentar, 8. Aufl. 2003, § 538 BGB Rz. 23 ff.; Bub/Treier, Handbuch der Geschäfts- und Wohnraummiete, 3. Aufl. 1999, II Rz. 460 ff.).

[104] Vgl. hierzu oben, Ziffer 2.1.2 („Betriebsphase").

[105] Allerdings kann der Auftragnehmer wie beim PPP-FMLeasingmodell auch beim PPP-Vermietungsmodell in den Grenzen des § 307 BGB die Sach- und Preisgefahr auf den Auftraggeber als Mieter verlagern.

Ebenso wie beim PPP-FMLeasingmodell trägt der Auftragnehmer als Vermieter des Bauwerkes auch das Bonitätsrisiko der von ihm zur Errichtung beauftragten Bauunternehmen bzw. Lieferanten. Im Unterschied zum PPP-FMLeasingmodell bedarf diese Risikozuweisung jedoch nicht des Rückgriffs auf das sog. Äquivalenzprinzip zwischen Leistung und Gegenleistung der Mietparteien.[106] Denn im PPP-Vermietungsmodell werden weder Mängelansprüche zwischen Auftraggeber und Auftragnehmer ausgeschlossen, noch Mängel-, Garantie- und Schadensersatzansprüche des Auftragnehmers gegenüber Bauunternehmen bzw. Lieferanten an den Auftraggeber abgetreten. Das Risiko der Bonität der jeweiligen Bauunternehmen bzw. Lieferanten verbleibt damit stets beim Auftragnehmer als Forderungsinhaber.

– Finanzierungsphase

Zwar umfasst beim PPP-Vermietungsmodell die Übernahme des Finanzierungsrisikos durch den Auftragnehmer ebenso wie beim PPP-FMLeasingmodell alle weiteren variablen Kostenelemente der Entgeltkalkulation während der Planungs-, Herstellungs- und Betriebsphase. Im Unterschied zum PPP-FMLeasingmodell liegt der Übernahme des Finanzierungsrisikos jedoch nicht der für das Vertragsverhältnis zwischen einem Leasinggeber und einem Leasingnehmer charakteristische Finanzierungszweck zugrunde. Vielmehr entspringt die Risikozuordnung beim Auftragnehmer bereits dem Umstand, dass er als Vermieter (und damit als zivilrechtlicher und wirtschaftlicher Eigentümer des Gebäudes) im Rahmen der Planungs-, Herstellungs- und Betriebsphase ausschließlich eigene Vermögensinteressen wahrnimmt.

– Verwertungsphase

Da der Auftraggeber gegenüber dem Auftragnehmer ebenso wie beim PPP-FMLeasingmodell nicht verpflichtet ist, am Ende der Betriebsphase das Eigentum am Bauwerk zu erwerben,[107] trägt in der Regel der Auftragnehmer als Vermieter das Risiko der anschließenden wirtschaftlichen Verwertung des Projektgegenstands (Verwertungsrisiko).[108] Insoweit obliegt es dem Auftragnehmer, einen neuen Nutzer für das Bauwerk zu finden, um seine Gesamtinvestitionskosten langfristig decken zu können.

Das Verwertungsrisiko geht auf den Auftraggeber lediglich im Falle der Ausübung einer ihm eingeräumten Kaufoption über. Dabei kann der Auftraggeber am Ende der Vertragslaufzeit selbst entscheiden, ob der Zustand bzw. die weitere Nutzungsmöglichkeit des Bauwerkes den am aktuellen Verkehrswert orientierten Kaufpreis rechtfertigt.[109]

4.1.3 Vertragslaufzeit

Die vereinbarte Laufzeit des Vertrages orientiert sich wie bei den vorgenannten Vertragsmodellen grundsätzlich an dem Zeitbedarf für die Planungs- und Herstellungsphase sowie an der Nutzungsdauer des Projektgegenstands. Bei Bauwerken beträgt die Vertragslaufzeit daher üblicherweise 20 bis 30 Jahre. Da jedoch im Rahmen des PPP-Vermietungsmodells die Gebrauchsüberlassung und nicht die Finanzierung des Projektgegenstands im Vordergrund steht, sind auch kürzere Laufzeiten denkbar.

Zwar ist der Vertrag während der Vertragslaufzeit grundsätzlich von beiden Seiten kündbar.[110] Vereinbaren die Vertragsparteien jedoch eine feste Vertragslaufzeit von z. B. 25 Jahren,

---

[106] Vgl. oben, Ziffer 3.1.2 („Betriebsphase“).

[107] Der Auftraggeber ist grundsätzlich lediglich verpflichtet, dem Auftragnehmer das Gebäude am Ende der Vertragslaufzeit zurückzugeben.

[108] Etwas anderes gilt nur dann, wenn dem Auftragnehmer vertraglich eine Verkaufsoption (Andienungsrecht), durch deren Ausübung der Auftraggeber zum Erwerb des „Projektgrundstücks“ verpflichtet werden kann, eingeräumt wird.

[109] Alternativ könnte dem Auftraggeber durch den Auftragnehmer vertraglich auch eine Vertragsverlängerungsoption eingeräumt werden, durch deren Ausübung der Auftraggeber sein Nutzungsrecht entsprechend verlängern kann.

[110] Im Unterschied zum PPP-Erwerbermodell und zum PPP-FMLeasingmodell erstreckt sich die grundsätzliche vorzeitige Kündbarkeit der Leistungen des Auftragnehmers insoweit nicht nur auf die

kann der Vertrag währenddessen gemäß § 542 Abs. 2 BGB nur noch außerordentlich gekündigt werden. Vereinbaren die Vertragsparteien eine Laufzeit von mehr als 30 Jahren, steht beiden Seiten nach Ablauf von 30 Jahren ab Gebrauchsüberlassung gemäß § 544 BGB zwingend ein ordentliches Kündigungsrecht zu.[111]

4.1.4 Verwertung durch den Auftragnehmer als Vermieter

Ebenso wie beim PPP-FMLeasingmodell geht das Eigentum des Auftragnehmers an dem Projektgegenstand nicht mit Ablauf der Vertragslaufzeit bzw. mit Zahlung der letzten Entgeltrate („automatisch") auf den Auftraggeber über. Nur wenn der Auftraggeber eine ihm ggf. eingeräumte Kaufoption auf Grundlage des dann maßgeblichen Verkehrswertes ausübt, hat er einen Anspruch auf Übereignung des Projektgegenstands.[112] Sollte dem Auftraggeber im PPP-Vertrag eine Vertragsverlängerungsoption eingeräumt sein, kann der Auftraggeber durch Ausübung dieser Option sein Nutzungsrecht am Gebäude entsprechend verlängern. Im Übrigen hat er den Projektgegenstand dem Auftragnehmer zu dessen weiterer Verwertung im Wege der anderweitigen Vermietung, Eigennutzung oder Veräußerung zurück zu geben.

4.1.5 Entgelt/Finanzierung

Im Unterschied zu den zuvor vorgestellten Vertragsmodellen besteht der wesentliche Zweck des PPP-Vermietungsmodells nicht in der Finanzierung der dem Auftragnehmer im Rahmen von Planung, Herstellung und Betrieb des Projektgegenstandes entstandenen Gesamtinvestitionskosten, sondern in der Gebrauchsüberlassung an den Auftraggeber sowie in dem Betrieb des Projektgegenstandes durch den Auftragnehmer während der Vertragslaufzeit. Mangels einer festen Verknüpfung mit den Investitionskosten können daher bei der Kalkulation des Nutzungsentgelts erhebliche Unterschiede bestehen. Insbesondere richtet sich die Kalkulation des auf die Gebrauchsüberlassung bezogenen Entgeltbestandteils regelmäßig nicht nach den Gesamtinvestitionskosten, sondern nach dem Marktpreis für einen nach Art, Qualität, Ausstattung, Größe oder Lage vergleichbaren Projektgegenstand. Dabei werden insbesondere bei längeren Vertragslaufzeiten regelmäßig Wertsicherungsklauseln im Wege der Indexierung (z.B. Inflationsrate, Lebenshaltungskostenindex etc.) vereinbart. Die Prämien für im Rahmen der Planungs-, Herstellungs- und Betriebsphase abzuschließende Versicherungen sind regelmäßig nicht Gegenstand der Entgeltkalkulation des Auftragnehmers.

4.2 Variations- und Ausgestaltungsmöglichkeiten bei Bauwerken

4.2.1 Eigentum am Bauwerk beim Auftragnehmer/Transfer auf den Auftraggeber

– Auftragnehmer als Grundstückseigentümer (§§ 94, 946 BGB)

Dem PPP-Vermietungsmodell liegt ebenso wie bei den zuvor behandelten Vertragsmodellen die Annahme zugrunde, dass der Auftragnehmer grundsätzlich Eigentümer des Grund-

---

Betriebspflichten, sondern zusätzlich auch auf alle weiteren Leistungspflichten des Auftragnehmers (vgl. oben, Ziffer 4.1.1).

[111] In diesen Fällen wird dem Auftraggeber durch den Auftragnehmer regelmäßig ein Dauernutzungsrecht gemäß § 31 Abs. 2 WEG eingeräumt, auf das § 544 BGB nicht anwendbar ist (vgl. oben, Ziffer 3.1.3 („Vertragslaufzeit") PPP-FMLeasingmodell)).

[112] Im Schrifttum wird eine derartige Kombination von Mietmodell und Kaufoption auch als sog. „echter" Mietkauf bezeichnet. Im Gegensatz zum sog. „unechten" Mietkauf zeichnet sich der „echte" Mietkauf dadurch aus, dass die Vertragsparteien im Zeitpunkt des Vertragsschlusses den Erwerb des Eigentums am Bauwerk zugunsten des Auftraggebers noch nicht fest vereinbart haben und es vielmehr in der freien Entscheidung des Auftraggebers liegt, ob er die Kaufoption ausübt oder nicht (zur Abgrenzung vgl. u.a. BGHZ 62, 42 (44ff.); BFH, Urteil vom 12. 9. 1992, BStBl II 1992, S. 182 (184); Maier, Bürgerliches Recht und Steuerrecht, 9. Auflage, 2001, Teil D, S. 136f.; Bülow, Kommentar zum Verbraucherkreditgesetz, 3. Auflage, 1998, § 1 VerbrKrG Rn. 127).

stücks ist, auf dem das Bauwerk errichtet werden soll. Der Auftragnehmer erwirbt daher Eigentum am Bauwerk kraft Gesetzes gemäß §§ 94, 946 BGB. Im Falle der Ausübung einer Kaufoption des Auftraggebers (bzw. Verkaufoption des Auftragnehmers) wird das Grundstückseigentum durch Auflassung und Eintragung im Grundbuch auf den Auftraggeber übertragen (§§ 873ff., 925 BGB).

– Auftragnehmer als Erbbauberechtigter (§ 1 Abs. 1 ErbbauVO)

Ist der Auftraggeber Eigentümer des Grundsstücks, kann dem Auftragnehmer das zivilrechtliche Eigentum am Bauwerk durch Erbbaurechtsbestellung gemäß §§ 1 Abs. 1, 12 ErbbauVO zugewiesen werden.

Dabei sollte die Dauer des Erbbaurechts ebenso wie beim PPP-FMLeasingmodell nicht auf die Vertragslaufzeit begrenzt werden. Denn sollte der Auftraggeber seine Kaufoption (bzw. der Auftragnehmer seine Verkaufoption) oder seine Vertragsverlängerungsoption am Ende der Vertragslaufzeit nicht ausüben, muss der Auftragnehmer als Erbbauberechtigter in der Lage sein, sein wirtschaftliches Verwertungsinteresse jedenfalls durch Weiterleitung an Dritte zu befriedigen. In der Praxis wird daher ebenfalls ein Erbbaurecht mit einer Laufzeit von 50 bis 60 Jahren anzuraten sein.[113]

Mit Erlöschen des Erbbaurechts – entweder durch Zeitablauf oder Aufhebungsvertrag – erwirbt der Auftraggeber als Grundstückseigentümer kraft Gesetzes das Eigentum am Bauwerk (§§ 94, 946 BGB i.V.m. § 12 Abs. 3 ErbbauVO).

– Auftragnehmer als Eigentümer des Bauwerkes (§ 95 BGB)

Wie bei den zuvor dargestellten Vertragsmodellen könnte der Auftragnehmer das Eigentum am Bauwerk auch als sog. Scheinbestandteil des Grundstücks gemäß § 95 BGB erwerben. Zu Einzelheiten wird auf die entsprechenden Ausführungen beim PPP-Erwerber- und PPP-FMLeasingmodell verwiesen.[114]

4.2.2 Ausgestaltung des Betriebs- und Nutzungsverhältnisses

Hinsichtlich der Ausgestaltung des Nutzungsrechts des Auftraggebers sowie der Betriebs-/ Nutzungsüberlassungspflichten des Auftragnehmers kann auf die entsprechenden Ausführungen zum PPP-FMLeasingmodell verwiesen werden.[115]

4.3 Zivilrechtliche Qualifikation

4.3.1 Typenkombinationsvertrag

Wie bei den zuvor dargestellten Vertragsmodellen handelt es sich auch beim PPP-Vermietungsmodell grundsätzlich um einen sog. Typenkombinationsvertrag.[116]

4.3.2 Anwendbares Recht

Im Vergleich zum PPP-FMLeasingmodell weist das auf die jeweiligen Leistungen des Auftragnehmers anzuwendende Recht beim PPP-Vermietungsmodell folgende Besonderheiten auf:

– Betriebsphase

Im Unterschied zum PPP-FMLeasingmodell findet beim PPP-Vermietungsmodell auf die Pflicht des Auftragnehmers, dem Auftraggeber während der Betriebsphase den Besitz am Bauwerk zur Nutzung zu überlassen, nicht nur „in erster Linie", sondern **ausschließlich Mietvertragsrecht** gemäß §§ 535ff. BGB Anwendung. Denn anders als beim PPP-FM-Leasingmodell werden beim PPP-Vermietungsmodell die mietvertraglichen Gewährleis-

---

[113] Vgl. Seibel, NZM 1999, 197 (198), allerdings hier zum Finanzierungsleasing.
[114] Vgl. oben, Abschnitte 2.2.1 und 3.2.1.
[115] Vgl. oben, Abschnitt 3.2.2.
[116] Vgl. oben, Abschnitt 2.3.1 und 3.3.1.

tungsrechte des Auftraggebers gegenüber dem Auftragnehmer nicht ausgeschlossen.[117] Weil sich die Rechte und Pflichten der Vertragsparteien auf das Mietvertragsrecht beschränken, wird das Nutzungsverhältnis auch als „reiner Mietvertrag" bezeichnet.

– Finanzierungsphase

Auf die Verpflichtung des Auftraggebers zur Zahlung des ratenweise gestaffelten Entgelts findet regelmäßig entweder **Mietvertragsrecht** (§§ 535ff. BGB) oder **Werkvertrags- bzw. Dienstvertragsrecht** (§§ 631ff. bzw. 611ff. BGB) Anwendung – je nachdem, ob sich der Entgeltbestandteil auf die Überlassung des Projektgegenstands (einschließlich der Erfüllung typischer Vermieterpflichten) oder den darüber hinausgehenden umfassenden Facility Management-Auftrag bezieht.

Hinsichtlich der nicht eigens im Vertrag geregelten Verantwortung des Auftragnehmers für die (Vor-)Finanzierung seiner Leistungspflichten im Rahmen der Planungs-, Herstellungs- und Betriebsphase wird auf die entsprechenden Ausführungen zum PPP-FMLeasingmodell verwiesen.[118]

5. PPP-Inhabermodell

5.1 Vertragliche Strukturelemente

5.1.1 Vertraglicher Leistungsumfang

Der Leistungsumfang des Auftragnehmers umfasst sämtliche Projektphasen. Im Unterschied zum PPP-FMLeasingmodell und PPP-Vermietungsmodell sind auch Gesamtplanung und Herstellung bzw. Sanierung des Projektgegenstands Gegenstand der vertraglich vereinbarten Leistungspflichten des Auftragnehmers. Aufgrund dieser strukturellen Gemeinsamkeit liegt das PPP-Erwerbermodell den folgenden Ausführungen als primärer Vergleichsmaßstab zugrunde.[119]

Im Vergleich zum PPP-Erwerbermodell weist das PPP-Inhabermodell die folgenden Besonderheiten auf:

– Planungs- und Herstellungs- (bzw. Durchführungs-)phase

Die Leistungen des Auftragnehmers in der Planungs- und Herstellungsphase umfassen nicht unbedingt nur die vollständige Neuherstellung und Überlassung des Projektgegenstandes an den Auftraggeber. Die Planungs- und Herstellungsleistungen des Auftragnehmers können auch die nur teilweise Neuerrichtung von Bauwerken oder die Durchführung von Sanierungsarbeiten an den bereits auf dem Grundstück des Auftraggebers befindlichen Bauwerken zum Gegenstand haben.

In jedem Fall liegt den Planungsarbeiten des Auftragnehmers ebenso wie beim PPP-Erwerbermodell eine funktionale Herstellungs- bzw. Sanierungsbeschreibung des Auftraggebers zugrunde. Die einzelnen Planentwürfe unterliegen dem Zustimmungsvorbehalt des Auftraggebers. Der Auftraggeber ist verpflichtet, den Projektgegenstand nach dessen Fertigstellung/Erwerb bzw. Sanierung abzunehmen bzw. in Besitz zu nehmen.[120]

– Betriebsphase

Im Unterschied zum PPP-Erwerbermodell gehört es im Fall von Bauwerken während der Betriebsphase grundsätzlich nicht zu den vertraglichen Pflichten des Auftragnehmers, dem Auftraggeber die Nutzung der (ein-)gebauten bzw. sanierten Bauwerke zu überlassen. Da der Auftraggeber als Grundstücks- und Gebäudeeigentümer mit (Ein-)Bau der zusätzlichen Bauwerke kraft Gesetzes auch deren Eigentümer wird (§ 946 BGB), gründet sich sein Nut-

[117] Vgl. oben, Abschnitte 3.1.2 und 4.1.2.
[118] Vgl. oben, Abschnitt 3.3.2.
[119] Vgl. oben, Abschnitt 2.2.
[120] Vgl hierzu oben, Abschnitt 2.1.1.

zungsrecht nicht auf einem schuldrechtlichen Anspruch gegenüber dem Auftragnehmer, sondern steht ihm kraft seiner Eigentümerstellung zu (§ 903 BGB).

Im Fall der Herstellung beweglicher Sachen hingegen gehört es zu den vertraglichen Pflichten des Auftragnehmers, dem Auftraggeber die Nutzung der beschafften Sache zu überlassen und ihm – im Unterschied zum PPP-Erwerbermodell – bereits zum Zeitpunkt der Übergabe das Eigentum an dem Projektgegenstand zu verschaffen (§§ 929ff. BGB).

Die Betreiberleistungen des Auftragnehmers während der Betriebsphase entsprechen hingegen denen eines umfassenden Facility Management-Auftrages.[121] Hierzu gehört insbesondere die Verpflichtung zur umfassenden Instandhaltung und Instandsetzung des Projektgegenstandes.

– Verwertungsphase

Im Unterschied zum PPP-Erwerbermodell geht das Eigentum am Projektgegenstand regelmäßig nicht erst am Ende der Vertragslaufzeit sondern bereits im Zeitpunkt der Errichtung bzw. des Einbaus kraft Gesetzes (§ 946 BGB) bzw. im Zeitpunkt der Besitzüberlassung durch Rechtsgeschäft (§§ 929ff. BGB) von dem Auftragnehmer auf den Auftraggeber über. Im Falle der Errichtung bzw. Sanierung von Bauwerken ist eine rechtsgeschäftliche Übertragung des „Eigentums am Bauwerk“ von dem Auftragnehmer auf den Auftraggeber am Ende der Vertragslaufzeit daher grundsätzlich nicht erforderlich.

5.1.2 PPP-typische Risikoverteilung

Im Vergleich zum PPP-Erwerbermodell weist die PPP-typische Risikoverteilung beim PPP-Inhabermodell die folgenden Besonderheiten auf:

– Planungs- und Herstellungsphase

Im Unterschied zum PPP-Erwerbermodell trägt der Auftragnehmer im PPP-Inhabermodell nicht nur das Planungs- und Herstellungsrisiko,[122] sondern – je nach Vertragsgegenstand – auch das Sanierungsrisiko.[123]

– Betriebsphase

Der Auftraggeber trägt mit Abnahme der (ein-)gebauten oder sanierten Bauwerke bzw. einer Besitzüberlassung der beweglichen Sache grundsätzlich die Gefahr der von keiner Vertragspartei zu vertretenen Zerstörung oder langfristig ausgeschlossenen Nutzungsmöglichkeit des Projektgegenstandes (allgemeine Sach- und Preisgefahr) sowie das Risiko der nachträglichen Verschlechterung seines Zustandes.[124] Dies gilt jedenfalls insoweit, als der Auftragnehmer die Zerstörung oder die ausgeschlossene Nutzungsmöglichkeit bzw. die Verschlechterung nicht zu vertreten hat.

– Verwertungsphase

Im Unterschied zum PPP-Erwerbermodell erwirbt der Auftraggeber in der Regel bereits mit (Ein-)Bau oder Sanierung der Bauwerke kraft Gesetzes (§ 946 BGB) bzw. mit Besitzübertragung kraft Rechtsgeschäfts (§§ 929ff. BGB) Eigentum an dem jeweiligen Projektgegenstand. Der Auftraggeber ist dem Auftragnehmer insoweit am Ende der Vertragslaufzeit nicht zur Rückgabe verpflichtet. Daher benötigt der Auftraggeber – im Unterschied zum PPP-FMLeasingmodell und PPP-Vermietungsmodell – auch keine Option zur Vertragsverlängerung oder zum Erwerb des Projektgegenstandes, um über die Vertragslaufzeit hinaus den Projektgegenstand nutzen zu können. Dies bedeutet, dass der Auftraggeber als Eigentümer des Projektgegenstandes am Ende der Vertragslaufzeit in der Regel das wirtschaftliche Verwertungsrisiko trägt.

---

[121] Vgl. hierzu oben, Abschnitt 2.1.1.

[122] Vgl. zur Definition der Risiken Abschnitt 2.1.2.

[123] Als Variante des Herstellungsrisikos ist hier damit gemeint: Der Auftragnehmer trägt das Risiko, dass die Sanierungsarbeiten zum vereinbarten Preis fristgerecht erbracht werden und bei Abnahme frei von Mängeln sind.

[124] Vgl. hierzu oben, Abschnitt 2.1.2.

5.1.3 Vertragslaufzeit

Aufgrund des oftmals im Immobilienbereich auf die teilweise Neuerrichtung oder die Sanierung bereits bestehender Bauwerke beschränkten Leistungsumfangs des Auftragnehmers kann sich die Laufzeit im Unterschied zu den zuvor dargestellten Vertragsmodellen gegebenenfalls auf 15 bis 20 Jahre verkürzen. Im Falle der vollständigen Neuerrichtung eines Gebäudes bzw. Neuherstellung des Projektgegenstands kann sich diese Laufzeit jedoch wegen der regelmäßig höheren Investitionskosten des Auftragnehmers auch auf eine den vorherigen Vertragsmodellen vergleichbare Laufzeit verlängern.

Wie bei den zuvor dargestellten Vertragsmodellen ist auch beim PPP-Inhabermodell der Vertrag nicht vorzeitig kündbar, sondern allenfalls hinsichtlich einzelner Betriebspflichten teilkündbar.[125]

5.1.4 Verwertung durch den Auftraggeber als Inhaber

Wie bereits oben dargestellt, geht das Eigentum an dem von dem Auftragnehmer beschafften oder sanierten Projektgegenstand bereits mit dessen Errichtung, Einbau bzw. Besitzübertragung kraft Gesetzes bzw. Rechtsgeschäfts auf den Auftraggeber über. Deshalb sind beim PPP-Inhabermodell spezielle vertragliche Gestaltungen für die Verwertung des Projektgegenstands am Ende der Vertragslaufzeit nicht erforderlich.

5.1.5 Entgelt/Finanzierung

Wie beim PPP-Erwerbermodell dient die monatliche Entgeltrate des Auftraggebers grundsätzlich der (Re-)Finanzierung aller Aufwendungen des Auftragnehmers während der Planungs-, Herstellungs- bzw. Sanierungs- und Betriebsphase (Tilgung, Zinsen, Kapitalrendite, ggf. Betreiber- und sonstige Betriebskosten) sowie etwaiger Risikoaufschläge und seines Gewinns im Hinblick auf sämtliche Projektphasen.

5.2 Variations- und Ausgestaltungsmöglichkeiten bei Bauwerken

5.2.1 Eigentum am Bauwerk beim Auftragnehmer/„Transfer" auf Auftraggeber

– Auftraggeber als Grundstückseigentümer (§§ 94, 946 BGB)

Weil die vom Auftragnehmer errichteten Bauwerke wesentliche Bestandteile des Grundstücks des Auftraggebers sind, erstreckt sich dessen Grundstückseigentum auch auf diese Bauwerke (§§ 94, 946 BGB).

– Auftragnehmer als Erbbauberechtigter (§ 1 Abs. 1 ErbbauVO)

Im Unterschied zu den zuvor dargestellten Vertragsmodellen kann dem Auftragnehmer regelmäßig nicht das zivilrechtliche Eigentum an den von ihm errichteten Bauwerken durch Bestellung eines Erbbaurechts gemäß §§ 1 Abs. 1, 12 ErbbauVO zugewiesen werden. Denn insoweit kann sich ein Erbbaurecht nicht auf einen Gebäudeteil (z.B. ein Stockwerk) beschränken (§ 1 Abs. 3 ErbbauVO), was bei der Errichtung von Gebäudeteilen bzw. beim (Ein-)Bau von Anlagen regelmäßig der Fall sein wird. Die Bestellung eines Erbbaurechts zugunsten des Auftragnehmers wäre lediglich für den Fall möglich, dass der Auftragnehmer ein Bauwerk auf dem Grundstück des Auftraggebers (bzw. bei einem Grundstück mit Gebäudebestand auf einer unbebauten Teilfläche des Grundstücks) vollständig neu errichtet. In diesem Fall würde der Auftraggeber das „Eigentum am Bauwerk" jedoch erst nach Ablauf bzw. Beendigung des Erbbaurechts erwerben, so dass sich das PPP-Inhabermodell insoweit kaum noch vom PPP-Erwerbermodell unterscheiden würde.

– Auftragnehmer als Eigentümer des Gebäudes (§ 95 BGB)

[125] Es muss vertraglich geregelt werden, welchen Einfluss eine derartige Teilkündigung auf das von dem Auftraggeber an den Auftragnehmer zu zahlende Entgelt hat.

Entsprechend den Ausführungen zu den zuvor dargestellten Vertragsmodellen kann der Auftragnehmer die Errichtung eines Bauwerks auch nur zu einem vorübergehenden Zweck gemäß § 95 BGB beabsichtigt haben, um es am Ende der Vertragslaufzeit wieder zu beseitigen. In diesem Fall verbleiben die errichteten Bauwerke als Scheinbestandteile des zugrundeliegenden Grundstücks im Eigentum des Auftragnehmers. Nur wenn die Vertragsparteien während der Vertragslaufzeit entsprechend §§ 929ff. BGB vereinbaren, die zunächst vorübergehende Zweckausrichtung der Bauwerke in eine dauerhafte Zweckausrichtung umzuwandeln, erwirbt der Auftraggeber kraft Gesetzes das Eigentum.[126]

– Auftragnehmer als Nießbrauchsberechtigter (§ 1030 Abs. 1 BGB)

Wenn das Bauwerk nicht im Eigentum des Auftragnehmers steht, kann dem Auftragnehmer alternativ ein umfassendes Nutzungsrecht im Wege des Nießbrauchs (§ 1030 BGB) eingeräumt werden.[127] Dabei handelt es sich um ein dingliches Recht in Gestalt einer Dienstbarkeit, mit der das Grundstück belastet wird. Der Nießbrauch vermittelt dem Auftragnehmer das Recht, Nutzungen aus dem Grundstück zu ziehen[128] sowie das Grundstück in Besitz zu nehmen und anderen (grundsätzlich auch dem Eigentümer)[129] den Zugang zu verwehren.[130] Er erstreckt sich auch auf die wesentlichen Bestandteile des Grundstücks, also auf mit Grund und Boden fest verbundene Bauwerke.

Praktisch bedeutet dies, dass dem Auftragnehmer auf Grund einer Vereinbarung über die Einräumung des Nießbrauchs für Zwecke der Sanierung oder Errichtung von Bauwerken ein umfassendes Nutzungsrecht vermittelt wird, dass die Berechtigung zur Errichtung von Bauwerken einschließt.[131] Weil der Nießbrauch dem Auftragnehmer ein umfassendes, der Stellung eines Eigentümers angenähertes Besitzrecht gewährt, bedarf die Überlassung des Gebäudes oder der Anlage an den Auftraggeber während der Besitzphase einer besonderen Vereinbarung. Regelmäßig wird die Laufzeit des Nießbrauchs mit der Dauer der vereinbarten Betriebsphase übereinstimmen, an deren Ende der Auftragnehmer dann schon von Gesetzes wegen zur Rückgabe des Grundstücks (samt Bauwerken) verpflichtet ist (§ 1055 Abs. 1 BGB).

---

[126] Vgl. oben, Abschnitt 2.2.1.

[127] Alternativ hierzu kann dem Auftragnehmer grundsätzlich auch im Wege einer schuldrechtlichen Vereinbarung ein ähnlich umfassendes Nutzungsrecht in Form eines Gestattungsvertrags ohne dinglichen Rechtscharakter eingeräumt werden.

[128] Gemäß § 100 BGB gehören zu den Nutzungen sämtliche Früchte (§ 99 BGB), d.h. im Hinblick auf Grundstücke und Gebäude insbesondere etwaige Pacht- und Mieteinnahmen sowie sonstige Gebrauchsvorteile.

[129] Vgl. Petzold, in: Münchener Kommentar, BGB-Kommentar, § 1036 BGB Rn. 2; insbesondere besteht ohne entsprechende besondere Vereinbarung mit dem Nießbraucher kein Anspruch des Eigentümers, dass belastete Grundstück jederzeit zu betreten (vgl. Stürner, in: Soergel, BGB-Kommentar, § 1036 Rn. 2).

[130] Im Unterschied beispielsweise zum Erbbaurecht kann der Nießbrauch weder auf einen Dritten übertragen, vererbt, mit einem Nießbrauch belastet oder verpfändet werden (§§ 1059, 1059a, 1061, 1069 Abs. 2, 1247 Abs. 2 BGB).

[131] Ungeachtet weitergehender vertraglicher Vereinbarungen ist der Auftragnehmer als Nießbrauchsberechtigter gemäß § 1041 BGB bereits nach dem Gesetz verpflichtet, das belastete Grundstück samt Gebäuden bzw. Anlagen in seinem wirtschaftlichen Bestand zu erhalten, sowie alle Ausbesserungen und Wiederherstellungen vorzunehmen, soweit diese zur gewöhnlichen Unterhaltung des Nießbrauchgegenstands erforderlich sind (z.B. gewöhnliche Instandhaltungs- und Instandsetzungsarbeiten). Dies gilt nicht für außergewöhnliche Ausbesserungen oder Erneuerungen (z.B. Wiederaufbau eines zerstörten Gebäudes, Erneuerung der Dachdeckung etc.). Darüber hinaus ist der Nießbraucher verpflichtet, den Nießbrauchgegenstand zu versichern (§ 1045 BGB) und die auf ihm ruhenden öffentlichen Lasten (z.B. Grundsteuer) zu tragen (§ 1047 BGB). Dagegen hat der Nießbraucher keine Veränderungen oder Verschlechterungen des Nießbrauchgegenstands zu vertreten, die durch die ordnungsgemäße Ausübung des Nießbrauchs herbeigeführt werden (§ 1050 BGB).

5.2.2 Ausgestaltung des Betriebs- und Nutzungsverhältnisses

– Ausgestaltung der Betreiberpflicht des Auftragnehmers

Hinsichtlich der Ausgestaltung der Betreiberpflichten des Auftragnehmers kann auf die entsprechenden Ausführungen zum PPP-FMLeasingmodell und PPP-Vermietungsmodell verwiesen werden.

Handelt es sich bei dem Projektgegenstand um ein bewegliches Wirtschaftsgut, das mit Nutzungs- und Besitzüberlassung dem Auftraggeber zu Eigentum übertragen wird, können Auftraggeber und Auftragnehmer ein miet- oder leihvertragliches Nutzungsrecht während der Betriebsphase zugunsten des Auftragnehmers vereinbaren.

– Ausgestaltung des Nutzungsrechts des Auftraggebers (oder bestimmter Dritter)

Da der Auftraggeber als grundsätzlicher Eigentümer des Projektgegenstands bereits gemäß § 903 BGB kraft Gesetzes das Recht zu deren umfassender Nutzung besitzt, bedarf es im Unterschied zu den zuvor dargestellten Vertragsmodellen hierzu regelmäßig keiner weiteren vertraglichen Regelung. Werden Bauwerke hingegen von dem Auftragnehmer nur zu einem vorübergehenden Zweck errichtet bzw. eingebaut (§ 95 BGB) oder ausnahmsweise in Ausübung eines Erbbaurechts errichtet, kann auf die entsprechenden Ausführungen zum PPP-Erwerbermodell verwiesen werden.

5.2.3 Besonderheit: Mogendorfer Modell

Im Immobilienbereich geht das sog. „Mogendorfer Modell" auf ein Vertragskonzept zurück, das in Rheinland-Pfalz konzipiert und inzwischen in ganz Deutschland auf Landes- und Kommunalebene im Bereich des Hoch- und Tiefbaus angewendet wird.[132] Im Unterschied zu den zuvor dargestellten Vertragsmodellen zielt es nicht nur auf die Vorfinanzierung öffentlicher Bauvorhaben durch Private. Es ist vielmehr darauf gerichtet, dass dem Privaten von der finanzierenden Bank Kreditkonditionen gewährt werden können, die mit denen eines Kommunalkredits vergleichbar sind.[133]

Im Rahmen des Mogendorfer Modells errichtet der Auftragnehmer ein Bauwerk auf dem Grundstück des Auftraggebers. Für die während der Planungs- und Herstellungsphase erbrachten und vom Auftraggeber abgenommenen Leistungen erhält der Auftragnehmer vom Auftraggeber statt eines Entgelts für bestimmte Bauabschnitte lediglich sog. Bautestate.[134] In diesen Bautestaten wird bestimmt, dass (1) der Auftraggeber die im Rahmen eines bestimmten Bauabschnitts erbrachten Leistungen des Auftragnehmers als vertragsgemäß bestätigt, (2) der Auftraggeber insoweit auf etwaige Einwendungen verzichtet und (3) dem Auftraggeber die den Bautestaten entsprechenden Zahlungsverpflichtungen über einen bestimmten längeren Zeitraum (z. B. 20 Jahre) ab Abnahme der Gesamtleistung ratenweise gestundet werden.

---

[132] RhPfVerfGH, NJW-RR 1998, 145; Jahndorf, NVwZ 2001, 620 (622); Bundesvereinigung Mittelständischer Bauunternehmen e. V., Private (Vor-)Finanzierung öffentlicher Baumaßnahmen – ein praxisorientierter Leitfaden, 1999, S. 18 ff.

[133] Zwar behandelt der RhPfVerfGH das „Mogendorfer Modell" im Rahmen der sog. „Leasingfinanzierung" (RhPfVerfGH, NJW-RR 1998, 145). Da dieses Modell jedoch mangels Mietelements und Eigentümerstellung des Auftragnehmers mit der klassischen Form des Leasing nichts mehr gemein hat, wird das Mogendorfer Modell hier nicht als Variante des PPP-FMLeasingmodells, sondern als Variante des PPP-Inhabermodells behandelt (ebenso: Jahndorf, NVwZ 2001, 620 (622 f., Fn. 23)).

[134] Jahndorf, NVwZ 2001, 620 (623), sieht in den Bautestaten abstrakte Schuldurkunden zur Abgeltung von Zahlungsansprüchen gegenüber dem Auftragnehmer. Danach sei die Übergabe dieser Bautestate an den Auftragnehmer eine Leistung des Auftraggebers an Erfüllung statt, die gegenüber dem Auftragnehmer zur Erfüllung der Werklohnforderung führe (§ 364 Abs. 1 BGB). Der Auftragnehmer veräußere das Bautestat als Wertpapier an die finanzierende Bank. Der RhPfVerfGH ist hingegen der Auffassung, dass Bautestate jedenfalls keine abstrakten, vom Schuldgrund losgelösten Verbindlichkeiten verbriefen. Sie sollen lediglich den im Wege der Abtretung erworbenen Zahlungsanspruch der Bank gegenüber dem Auftraggeber „sichern" helfen (RhPfVerfGH, NVwZ 1998, 145 (147)).

Der Auftragnehmer verkauft seine in den jeweiligen Bautestaten verbrieften Forderungen gegenüber dem Auftraggeber nach Maßgabe der vorstehend ausgeführten Bestimmungen des Bautestats an eine Bank (Forfaitierung) und übergibt ihr die entsprechenden Bautestate. Der Kaufpreis entspricht regelmäßig dem abgezinsten Betrag der zwischen dem Auftraggeber und Auftragnehmer für den jeweiligen Bauabschnitt vereinbarten Vergütung und wird sofort fällig. Nach Abnahme der Gesamtleistung des Auftragnehmers durch den Auftraggeber ist die Bank berechtigt, die abgetretenen Forderungen gegenüber dem Auftraggeber entsprechend der in den Bautestaten jeweils enthaltenen Stundungsabrede über einen bestimmten Zeitraum (z. B. 20 Jahre) frei von Einwendungen in monatlichen bzw. jährlichen Raten geltend zu machen. Die während des Stundungszeitraums zu entrichtenden Zinsen trägt der Auftraggeber.

5.2.4 Vereinbarung einer einheitlichen Gesamtleistung

Wie dem PPP-Erwerbermodell liegt auch dem PPP-Inhabermodell die Vereinbarung einer Mehrzahl von Projektphasen in einem einheitlichen Vertragswerk zugrunde.[135] Auch insoweit besteht die Möglichkeit, Projektphasen zwar einem einheitlichen Abrechnungsmechanismus zu unterstellen, sie jedoch zugleich bestimmten Entgeltbestandteilen zuzuordnen oder einem differenzierten Beendigungsregime zu unterwerfen.

Wie beim PPP-Erwerbermodell kann jedoch auch hier ausdrücklich vereinbart werden, dass der Inhalt sämtlicher Projektphasen Bestandteil einer einheitlichen Gesamtleistung sein soll, die einem einheitlichen Vergütungs- und Beendigungsregime unterstellt wird.[136] Im Unterschied zum PPP-Erwerbermodell hätte dies beim PPP-Inhabermodell z. B. zur Folge, dass die Herstellungsleistungen zwar nicht vor Beginn der Betriebsphase, jedoch bei Ablauf der Vertragslaufzeit rechtsgeschäftlich abgenommen bzw. übertragen würden und die Sach- und Preisgefahr erst zu diesem Zeitpunkt auf den öffentlichen Auftraggeber überginge. Wie beim PPP-Erwerbermodell würde auch hier der integrierende Vergütungsmechanismus unmittelbar keine Zuordnung von Entgeltbestandteilen zu einzelnen Leistungsphasen erlauben.

5.3 Zivilrechtliche Qualifikation

5.3.1 Typenkombinationsvertrag

Wie bei den zuvor dargestellten Vertragsmodellen handelt es sich auch beim PPP-Inhabermodell dem Grunde nach um einen sog. Typenkombinationsvertrag.[137] Bei der Ausgestaltungsvariante, bei der der Inhalt sämtlicher Projektphasen, d. h. die einzelnen Leistungspakete, als einheitliche Gesamtleistung vereinbart werden, dürfte es sich wie beim PPP-Erwerbermodell um einen sog. Typenverschmelzungsvertrag handeln.[138]

5.3.2 Anwendbares Recht

– Planungsphase

Wie beim PPP-Erwerbermodell findet auf die Planungsleistungen des Auftragnehmers entsprechend dem Leistungsbild eines Generalplaners **Werkvertragsrecht** gemäß §§ 631 ff. BGB Anwendung.[139]

– Herstellungsphase

Wie beim PPP-Erwerbermodell findet auch auf die Bau- und Sanierungsleistungen des Auftragnehmers als Generalunternehmer oder Generalübernehmer **Werkvertragsrecht**

---

[135] Vgl. oben, Abschnitt 2.2.3, wobei die Leistungsphase „Verwertung/Eigentumstransfer" in der Regel keine eigenständige Bedeutung erlangt.

[136] Zu den Einzelheiten siehe oben, Abschnitt 2.2.3.

[137] Vgl. oben, Abschnitte 2.3.1, 3.3.1 und 4.3.1.

[138] Siehe oben, Abschnitt 2.2.2.

[139] Vgl. oben, Abschnitt 2.3.2.

gemäß §§ 631 ff. BGB Anwendung. Im Einzelfall kann unter gewissen Voraussetzungen das Werkvertragsrecht durch Vorschriften des Auftragsrechts (§ 675 BGB) ergänzt werden.[140]

Zweifel an der Anwendbarkeit des Werkvertragsrechts stellen sich lediglich in den Fällen, in denen die vom Auftragnehmer zu errichtenden Bauwerke Scheinbestandteile des Grundstücks oder Gebäudes des Auftraggebers sind (§ 95 BGB). Diese Zweifel resultieren aus der Neufassung des § 651 BGB, der nach seinem Wortlaut alle auf Lieferung einer beweglichen Sache gerichteten Verträge als sog. Werk*lieferungs*verträge dem Kaufvertragsrecht unterstellt. Weil der BGH Bauwerke, die als Scheinbestandteile errichtet werden, als „bewegliche Sachen im Rechtssinne" beurteilt, könnten die vom Auftragnehmer errichteten Bauwerke als Scheinbestandteile dem Kaufvertragsrecht zuzuordnen sein.[141] Ein solches Ergebnis wird vom Schrifttum als sachlich unpassend kritisiert.[142] Bis zu einer höchstrichterlichen Entscheidung bzw. einer gesetzgeberischen Klarstellung sollte im Vertrag klargestellt werden, dass Werkvertragsrecht Anwendung finden soll.[143]

Tritt an die Stelle der Herstellung jedoch lediglich der Erwerb eines bereits hergestellten Projektgegenstandes, findet ausschließlich Kaufvertragsrecht Anwendung (§§ 433 ff. BGB).

– Betriebsphase

Im Unterschied zu den zuvor dargestellten Vertragsmodellen basiert die Pflicht des Auftragnehmers, dem Auftraggeber schon während der Betriebsphase Bauwerke zur Nutzung zu überlassen, nicht auf einer schuldrechtlichen Vertragsabrede zwischen Auftragnehmer und Auftraggeber. Da nämlich das Eigentum an den Bauwerken nicht erst am Ende der Vertragslaufzeit sondern bereits mit deren (Ein-)Bau/Installation kraft Gesetzes in das Eigentum des Auftraggebers als Eigentümer des Grundstücks übergehen soll (§ 946 BGB), basiert das Nutzungsrecht des Auftraggebers vielmehr auf dem dinglichen Recht des Eigentümers, sein Eigentum selbst umfassend nutzen zu dürfen (§ 903 BGB).

Dies ist nur im Falle der Bestellung eines Nießbrauchs anders zu beurteilen. Denn hier wird im Wege des Nießbrauchs dem Auftragnehmer regelmäßig ein umfassendes Nutzungs- und Besitzrecht eingeräumt. Deshalb ist in diesem Fall eine gesonderte schuldrechtliche Vereinbarung über die Gebrauchsüberlassung an den Auftraggeber erforderlich.

Im Falle der Nutzung vom Auftragnehmer beschaffter beweglicher Sachen wird dem Auftraggeber durch die rechtsgeschäftliche Übertragung des Projektgegenstandes im Zeitpunkt der Besitzübergabe die Nutzung nach den kaufvertraglichen Vorschriften gewährt (§§ 433 ff. BGB).

---

[140] Vgl. oben, Abschnitt 2.3.2.

[141] Vgl. etwa BGH, NJW 1976, 1539 f., der den Bauvertrag zur Errichtung eines Scheinbestandteils auf einem fremden Grundstück gemäß § 651 BGB a. F. als Werklieferungsvertrag angesehen hat. Im Gegensatz zur Neuregelung des § 651 BGB verwies die damalige Vorschrift jedoch noch auf Werkvertrags- und nicht auf Kaufrecht.

[142] Vgl. Thode, NZBau 2002, 360 ff. (362); Sienz, BauR 2002, 181 (190 ff.); Preussner, BauR 2002, 231 (241); es wird insoweit u. a. vorgeschlagen, die zur Umsetzung der EG-Verbrauchsgüterrichtlinie vom 25. 2. 1999 geschaffene Neuregelung des § 651 BGB EG-richtlinienkonform auszulegen und lediglich *tatsächlich* bewegliche Sachen – nicht hingegen bewegliche Sachen im Rechtssinne – einzubeziehen

[143] Vgl. Thode, NZBau 2002, 360 (362); praktisch würde dies zu einer längeren Gewährleistungsfrist zugunsten des Auftraggebers führen (3 statt 2 Jahre, soweit es sich nicht um ein Bauwerk handelt, da dann einheitlich 5 Jahre gelten (vgl. §§ 438, 634 a BGB)). Nach dem BGH soll es grundsätzlich zulässig sein, individualvertraglich einen bestimmten Vertragstyp den Regelungen eines anderen Vertragstyps zu unterstellen soweit hierdurch nicht zwingende Vorschriften des eigentlichen Vertragstyps umgangen werden (BGH, LM, § 611 BGB Nr. 3). Für die Rechtssituation vor der Schuldrechtsreform hatte der BGH derartige Vereinbarungen in Form allgemeiner Geschäftsbedingungen u. a. deshalb als unzulässig abgelehnt, weil Kaufrecht und Werkvertragsrecht unterschiedliche Gewährleistungsregelungen enthielten (BGHZ 74, 258 (269)). Nachdem im Zuge der Schuldrechtsreform die Gewährleistungsregeln der verschiedenen Vertragstypen angepasst worden sind, ist fraglich, ob diese Rechtsprechung künftig noch Bestand hat.

Auf die Leistungen des Auftragnehmers im Rahmen seiner Betriebs- und Managementpflichten findet ebenso wie beim PPP-Erwerbermodell nach Art der jeweiligen Leistung **Dienst- oder Werkvertragsrecht** (§§ 611 ff. oder 631 ff. BGB) Anwendung. Im Einzelfall kann dieses Recht durch Vorschriften des Auftragsrechts ergänzt werden (§ 675 BGB).[144]

– Finanzierungsphase

Auf die Verpflichtung des Auftraggebers zur Zahlung des ratenweise gestaffelten Entgelts findet beim (Ein-)Bau von Bauwerken regelmäßig **Werkvertrags- bzw. Dienstvertragsrecht** (§§ 631 ff. bzw. 611 ff. BGB) Anwendung, wobei auf den Entgeltanteil, der sich auf die Werkleistungen des Auftragnehmers während der Planungs- und Herstellungsphase bezieht, ausschließlich Werkvertragsrecht anzuwenden ist. Hinsichtlich der rechtsdogmatischen Einordnung der Entgeltvereinbarung, die sich auf die Planungs- und Herstellungsphase bezieht, gelten die Ausführungen zum PPP-Erwerbermodell mit der Maßgabe entsprechend, dass insoweit kein Kaufpreis, sondern Werklohn geschuldet ist.[145]

Im Falle des rechtsgeschäftlichen Erwerbs einer zuvor vom Auftragnehmer beschafften beweglichen Sache kann hingegen auf die Pflicht des Auftraggebers zu regelmäßigen Entgeltzahlungen wie beim PPP-Erwerbermodell entweder Kaufvertragsrecht (§§ 433 ff. BGB) oder Werkvertrags- bzw. Dienstvertragsrecht (§§ 631 ff. bzw. 611 ff. BGB) – je nachdem, ob sich der Entgeltbestandteil auf die Veräußerung des Projektgegenstands oder auf den Betriebsmanagement-Auftrag bezieht.

Hinsichtlich der nicht eigens im Vertrag geregelten Verantwortung des Auftragnehmers für die (Vor-)Finanzierung seiner Leistungspflichten im Rahmen der Planungs-, Herstellungs- und Betriebsphase wird auf die entsprechenden Ausführungen zum PPP-Erwerbermodell verwiesen.[146]

– Verwertungsphase

Da bereits mit Errichtung/Einbau der Bauwerke durch den Auftragnehmer kraft Gesetzes (unbewegliche Sachen) bzw. mit Besitzübertragung kraft Rechtgeschäfts (bewegliche Sachen) das Eigentum am Projektgegenstand auf den Auftraggeber übergeht, bedarf es im Unterschied zum PPP-Erwerbermodell keiner über die werkvertragliche (Ein-)Bauverpflichtung bzw. die frühzeitige kaufvertragliche Übertragungsverpflichtung hinausgehenden kaufvertragsrechtlichen Eigentumsverschaffungspflicht des Auftragnehmers am Ende der Vertragslaufzeit.

6. PPP- Contractingmodell

6.1 Vertragliche Strukturelemente

6.1.1 Leistungsumfang

Der Begriff „Contracting" wird in Deutschland ganz überwiegend mit der allgemeinen Auslagerung technischer Ver- und Entsorgungsleistungen sowie des Betriebs sonstiger technischer Anlagen im Rahmen der Gebäudebewirtschaftung verbunden. Dabei handelt es sich in erster Linie um den Bereich der Energie- und Wärmeversorgung.[147] Das im Folgenden

---

144 Vgl. oben, Abschnitt 2.3.2; § 675 BGB findet hingegen regelmäßig keine Anwendung, wenn das Bauwerk durch den Auftragnehmer lediglich zu einem vorübergehenden Zweck errichtet bzw. eingebaut wurde (§ 95 BGB).

145 Vgl. oben, Abschnitt 2.3.2; im Vergleich zum PPP-Erwerbermodell folgt dies aus dem Umstand, dass das Bauwerk von Anfang an im Eigentum des Auftraggebers steht und die Sanierungsleistungen bzw. der Neubau kraft Gesetzes dem Auftraggeber als Eigentum zufallen. Im Übrigen entsprechen sich PPP-Erwerbermodell und PPP-Inhabermodell weitgehend.

146 Vgl. oben, Abschnitt 2.3.2.

147 Hessisches Ministerium für Umwelt, Energie, Jugend, Familie und Gesundheit, Contracting-Leitfaden für öffentliche Liegenschaften, Mai 1998, S. 3 ff.; Derleder, NZM 2003, 737 ff.; Schreiber, NZM 2002, 320 ff.; Tiefenbacher, NZM 2000, 161 ff.

dargestellte PPP-Contractingmodell soll sich an dieser Praxis orientieren und beschränkt sich entsprechend auf die durch den (Ein-)Bau von Anlagen(-teilen) zu erzielende Optimierung der Energiebewirtschaftung bestehender Immobilien.

Im Kontext von PPP-Projekten beschreibt das PPP-Contractingmodell die Auslagerung der Energieversorgung (Wärme und Strom) für ein im Eigentum des öffentlichen Auftraggeber stehendes Gebäude auf einen privaten Auftragnehmer (Contractor). Ziel der Auslagerung ist die Ausschöpfung etwaiger Einsparungspotentiale.[148] Dabei übernimmt der Auftragnehmer regelmäßig Planung, (Ein-)Bau[149] (bzw. energiewirtschaftliche Optimierung), Betrieb[150] und Finanzierung technischer Anlagen(-teile), wie z.B. Blockheizkraftwerke, Temperaturregelungssysteme, Beleuchtungsanlagen etc., zur energieeffizienteren Versorgung des Auftraggebers.[151] Je nachdem, ob der PPP-Vertrag nur eine Einzelmaßnahme (z.B. Erneuerung einer Beleuchtungsanlage) oder aber ein umfangreiches Maßnahmenpaket im Sinne einer energiewirtschaftlichen Gesamtbewirtschaftung des Gebäudes umfasst, kann der Leistungsumfang erheblich variieren.

Der in einem einheitlichen Vertragswerk zu regelnde Leistungsumfang des Auftragnehmers umfasst auch im PPP-Contractingmodell sämtliche Projektphasen. Im Unterschied zu den vorherigen Vertragsmodellen ist die Laufzeit auf die übliche Nutzungsdauer der technischen Anlagen(-teile) von etwa bis zu 15 Jahren beschränkt.

Aufgrund der mit dem PPP-Inhabermodell vergleichbaren Eigentumsverhältnisse hinsichtlich des Gebäudegrundstücks, liegt dieses Modell den folgenden Ausführungen als primärer Vergleichsmaßstab zugrunde. Danach weist das PPP-Contractingmodell die folgenden Besonderheiten auf:

– Planungs- und Herstellungs- (bzw. Durchführungs-)phase

Im Unterschied zum PPP-Inhabermodell konzentrieren sich die Planungs- und Herstellungs- bzw. Optimierungsleistungen des Auftragnehmers nicht auf Gebäude(-teile), sondern auf spezielle technische Anlagen(-teile). Dabei sollen lediglich neue Anlagen(-teile) in das Gebäude des Auftraggebers eingebaut bzw. bereits bestehende Anlagen(-teile) im Gebäude des Auftraggebers energiewirtschaftlich optimiert werden.

Auch dem PPP-Contractingmodell liegt regelmäßig eine funktionale Leistungsbeschreibung zugrunde, deren Schwerpunkt weniger in der Beschreibung der Anlagentechnik als in der Festlegung bestimmter Qualitäts- und Verbrauchskriterien liegt. Auf dieser Grundlage garantiert der Auftragnehmer als vertraglich festgelegten Leistungserfolg die Senkung der laufenden Energiekosten bzw. des Energieverbrauchs bezogen auf die Referenzenergiekosten bzw. den Referenzenergieverbrauch vor Durchführung der Energieeinsparmaßnahmen. Wie der Auftragnehmer diesen Einsparerfolg letztlich erwirtschaftet, ist ihm selbst überlassen.

– Betriebsphase

Im Unterschied zum PPP-Erwerber-, PPP-FMLeasing- und PPP-Vermietungsmodell gehört die Überlassung der (ein-)gebauten Anlagen(-teile) an den Auftraggeber nicht zum vertraglich vereinbarten Leistungsumfang des Auftragnehmers. Denn der Auftragnehmer soll

[148] Je nachdem ob sich die Leistungen des Auftragnehmers vornehmlich auf energieeffiziente Rationalisierungsmaßnahmen oder auf die Lieferung von Energie beziehen, spricht man insoweit auch von „Einspar-Contracting“ bzw. „Energielieferungs-Contracting“ (vgl. Hessisches Ministerium für Umwelt, Energie, Jugend, Familie und Gesundheit, Contracting-Leitfaden für öffentliche Liegenschaften (Mai 1998), S. 6ff.).

[149] Als Grundstückseigentümer ist regelmäßig der Auftraggeber selbst Bauherr der vom Auftragnehmer zu planenden und zu errichtenden Anlagen (vgl. Schreiber, NZM 2002, 320).

[150] Im Rahmen des Betriebs der Anlage kann der Auftragnehmer auch die Lieferung der vom Auftraggeber nachgefragten Menge an Energie übernehmen.

[151] Tiefenbacher, NZM 2000, 161 (164); Hessisches Ministerium für Umwelt, Energie, Jugend, Familie und Gesundheit, Contracting-Leitfaden für öffentliche Liegenschaften in Hessen, S. 5.

während der Betriebsphase die von ihm errichteten Anlagen(-teile) ausschließlich und selbstständig nutzen können, um in eigener Regie Einsparpotentiale auszunutzen.[152] Als Gebäudeeigentümer erwirbt der Auftraggeber das „Anlageneigentum" regelmäßig bereits im Zeitpunkt des Einbaus. Deshalb muss vereinbart werden, dass dem Auftragnehmer während der Betriebsphase das ausschließliche Nutzungsrecht an den Anlagen(-teilen) zusteht.

Die Betreiberleistungen des Auftragnehmers während der Betriebsphase entsprechen in der Regel denen eines Betreiber-Auftrages. Sie beschränken sich auf den Betrieb der technischen Anlagen(-teile) einschließlich deren Instandhaltung und Instandsetzung (z.B. Wartung, Reparatur, Störfallbeseitigung oder Austausch). Die Instandhaltung und Instandsetzung des Gebäudes sowie dessen allgemeiner Betrieb verbleibt im Zuständigkeitsbereich des Auftraggebers.

– Finanzierungsphase

Auch beim PPP-Contractingmodell obliegt dem Auftragnehmer die Finanzierung von Planungs-, Herstellungs- (bzw. Durchführungs-)und Betriebsphase durch Eigen- und/oder Fremdkapital. Durch das vereinbarte Entgelt sollen sämtliche Planungs- und Bau- (bzw. Durchführungs-)kosten, Betriebskosten, Finanzierungskosten, etwaige Tilgungsleistungen und Gewinnmargen des Auftragnehmers abgedeckt werden.

Im Unterschied zu den vorherigen Vertragsmodellen liegen der Entgeltkalkulation jedoch nicht in erster Linie die Investitionskosten des Auftragnehmers zugrunde. Berechnungsgrundlage sind vielmehr die bisherigen (jährlichen) Energiekosten bzw. der bisherige (jährliche) Energieverbrauch des Auftraggebers.

– Verwertungsphase

Ähnlich wie beim PPP-Inhabermodell geht beim PPP-Contractingmodell das Eigentum an den vom Auftragnehmer eingebauten technischen Anlagen regelmäßig nicht erst am Ende der Vertragslaufzeit sondern bereits im Zeitpunkt des Einbaus kraft Gesetzes von dem Auftragnehmer auf den Auftraggeber über. Eine rechtsgeschäftliche Übertragung der technischen Anlagen(-teile) auf den Auftraggeber am Ende der Vertragslaufzeit ist daher grundsätzlich nicht erforderlich.

6.1.2 PPP-typische Risikoverteilung

Im Vergleich zum PPP-Inhabermodell weist die PPP-typische Risikoverteilung beim PPP-Contractingmodell die folgenden Besonderheiten mit der Maßgabe auf, dass es sich hier nicht um Gebäude bzw. Gebäudeteile, sondern technische Anlagen bzw. Anlagenteile handelt:

– Planungs- und Herstellungsphase

Im Unterschied zum PPP-Inhabermodell trägt der Auftragnehmer beim PPP-Contractingmodell nicht nur das Planungs- und (Ein-)Baurisiko, sondern – je nach Vertragsgegenstand – auch das Optimierungsrisiko.[153] Durch die Vereinbarung bestimmter Qualitätsstandards (z.B. Einsatz qualitativ hochwertiger Anlagen(-teile)) soll im Interesse des Auftraggebers sichergestellt werden, dass das vertraglich vereinbarte Einsparvolumen während der Betriebsphase erreicht wird.

– Finanzierungsphase

Wie beim PPP-Inhabermodell trägt der Auftragnehmer beim PPP-Contractingmodell das Finanzierungsrisiko, d.h. es liegt in seiner Verantwortung, dass die Summe der auf Grund seiner Herstellungs- bzw. Optimierungsmaßnahmen ersparten Energiekosten zur Refinanzierung seiner Investitions- und Betriebskosten nebst seiner Gewinnmarge ausreichen. Die

---

[152] Vgl. Schreiber, NZM 2002, 320.

[153] Als weitere Variante des Herstellungsrisikos ist hier damit gemeint: Der Auftragnehmer trägt das Risiko, dass die energiewirtschaftlichen Optimierungsarbeiten fristgerecht erbracht werden und bei Abnahme frei von Mängeln sind.

Übernahme des Finanzierungsrisikos durch den Auftragnehmer umfasst alle weiteren variablen Kostenelemente der Entgeltkalkulation während der Planungs-, Herstellungs- und Betriebsphase. Entsprechend dem Grundgedanken der PPP-typischen Risikoverteilung können die Vertragsparteien im Zusammenhang mit der Entgeltkalkulation vereinbaren, dass vom Auftragnehmer nicht beeinflussbare oder beherrschbare Risiken, die sich für den Auftragnehmer unmittelbar nachteilig auswirken, nicht vom Auftragnehmer zu tragen sind. Danach würden z. B. wesentliche Änderungen der Gebäudenutzung nach Vertragsschluss, die sich nachteilig auf das Energieeinsparpotential auswirken, nicht zu einer Reduzierung des vereinbarten Entgelts führen. Stattdessen könnte die angemessene Anpassung der vom Auftragnehmer vertraglich zugesagten Energieeinsparmenge oder – falls dies für den Auftragnehmer wirtschaftlich unzumutbar ist – ein außerordentliches Kündigungsrecht des Auftragnehmers vereinbart werden.[154] Eine ähnliche Regelung könnte für den Fall getroffen werden, dass auf Grund unvorhersehbarer Energiepreissenkungen die Amortisation der Investitionen des Auftragnehmers zur Energieeinsparung wesentlich verlängert oder sogar verhindert würden. In diesen Fällen trüge der Auftraggeber das Preisrisiko.[155]

6.1.3 Vertragslaufzeit

Im Unterschied zu den vorhergehenden Vertragsmodellen ist die Laufzeit auf die übliche Nutzungsdauer der technischen Anlagen(-teile) von üblicherweise bis zu 15 Jahren beschränkt. Während der Vertragslaufzeit ist der PPP-Vertrag entsprechend den zuvor dargestellten Vertragsmodellen grundsätzlich nicht vorzeitig kündbar. Weil sich der Leistungsumfang während der Betriebsphase regelmäßig auf den Betrieb der (ein-)gebauten Anlagen(-teile) beschränkt, wird auch die Möglichkeit der Vereinbarung von Teilkündigungen hinsichtlich einzelner Betriebspflichten in aller Regel faktisch ausgeschlossen sein.

6.1.4 Verwertung durch den Auftraggeber als Inhaber

Wie bereits oben dargestellt, geht das Eigentum an den von dem Auftragnehmer (ein-)gebauten Anlagen(-teilen) bereits mit deren Einbau kraft Gesetzes auf den Auftraggeber als Grundstückseigentümer über. Deshalb sind – wie beim PPP-Inhabermodell – auch beim PPP-Contractingmodell spezielle vertragliche Gestaltungen nicht erforderlich.

6.1.5 Entgelt/Finanzierung

Durch das vereinbarte Entgelt sollen sämtliche Planungs- und Herstellungs- (bzw. Durchführungs-)kosten, Betriebskosten, Finanzierungskosten, etwaige Tilgungsleistungen und Gewinnmargen des Auftragnehmers abgedeckt werden. Je nachdem, ob der Auftragnehmer während der Betriebsphase auch verpflichtet ist, dem Auftraggeber Energie zu liefern und z. B. den Verbrauch zu steuern, kann das Entgelt zusätzlich auch die Kosten für den Energieverbrauch durch den Auftraggeber umfassen.

Beim PPP-Contractingmodell liegt die Besonderheit der Entgeltkalkulation darin, dass dem Auftraggeber im Idealfall durch den Einbau und den Betrieb neuer energiesparender Technologien im Vergleich zu seinen bisherigen Aufwendungen für die Energieversorgung keine Mehrkosten entstehen sollen. Vielmehr sollen durch die während der Betriebsphase erzielten Einsparungen die Investitionskosten, Finanzierungskosten, Betriebskosten und Gewinnmarge (re-)finanziert werden. Dem liegt als betriebswirtschaftliches Konzept zugrunde, dass der Auftragnehmer durch den Einsatz neuester Technologien erhebliche Effizienzgewinne (namentlich durch Reduzierung des Energieverbrauchs) erwirtschaften kann, die

---

[154] Vgl. Hessisches Ministerium für Umwelt, Energie, Jugend, Familie und Gesundheit, Contracting-Leitfaden für öffentliche Liegenschaften in Hessen, S. 19.

[155] Die Parteien könnten insoweit ihrer Entgeltkalkulation den Energiepreis im Zeitpunkt des Vertragsschlusses fest zugrundelegen. In diesem Fall trägt der Auftraggeber das Risiko künftiger Energiepreissenkungen, der Auftragnehmer das Risiko künftiger Energiepreissteigerungen.

ohne Mehrkosten für den Auftraggeber für eine effizientere und umweltfreundlichere Energieversorgung eingesetzt werden können. Für den Auftragnehmer besteht der wirtschaftliche Anreiz darin, durch optimale Ausschöpfung des Energieeinsparpotentials seine Gewinnmarge zu maximieren.[156]

Dabei können die Vertragsparteien auch vereinbaren, dass der Auftraggeber bereits während der Vertragslaufzeit an den eingesparten Energiekosten prozentual beteiligt wird (sog. Beteiligungsmodell). Die dadurch reduzierten Entgeltraten werden regelmäßig zu einer längeren Vertragslaufzeit führen.[157] Sollte eine Beteiligung des Auftraggebers an den eingesparten Energiekosten aus betriebswirtschaftlichen Gründen noch nicht während der Betriebsphase realisierbar sein, wird der Auftraggeber erst zu einem späteren Zeitpunkt, z.B. am Ende der Vertragslaufzeit Kosteneinsparungen erzielen. Erst ab diesem Zeitpunkt kommt dem Auftraggeber das durch den Einsatz neuer Technologien erreichte Einsparpotential unmittelbar zugute (sog. Laufzeitmodell).[158]

Soweit die Summe der eingesparten Energiekosten absehbar nicht ausreicht, die Investitionskosten des Auftragnehmers während der betriebswirtschaftlichen Nutzungsdauer vollständig zu amortisieren, wird man eine Beteiligung des Auftraggebers an den überschießenden Investitionskosten vereinbaren müssen.[159]

6.2 Variations- und Ausgestaltungsmöglichkeiten bei Bauwerken

6.2.1 „Anlageneigentum" beim Auftragnehmer/„Transfer" auf Auftraggeber

– Auftraggeber als Grundstückseigentümer (§§ 94, 946 BGB)

Der Auftraggeber erwirbt grundsätzlich durch den (Ein-)Bau der Anlagen(-teile) kraft Gesetzes Eigentum an den Anlagen(-teilen) gemäß § 946 BGB. Denn die Anlagen(-teile) sind regelmäßig wesentliche Bestandteile des Grundstück oder Gebäudes gemäß § 94 BGB.[160]

– Auftragnehmer als Erbbauberechtigter (§ 1 Abs. 1 ErbbauVO)

Da die Anlagen(-teile) von dem Auftragnehmer regelmäßig in ein bereits bestehendes Gebäude des Auftraggebers eingebaut werden und damit einen Teil des Gebäudes darstellen, ist die Belastung des Grundstücks mit einem auf die Anlagen(-teile) allein beschränkten Erbbaurecht gemäß § 1 Abs. 3 ErbbauVO zugunsten des Auftragnehmers generell nicht möglich. Soweit bestimmte Anlagen außerhalb des Gebäudes errichtet werden (z.B. Blockheizkraftwerke), können sie Gegenstand eines – separaten – Erbbaurechts sein.[161]

– Auftragnehmer als Eigentümer der Anlagen oder Anlagenteile (§ 95 BGB)

Die Vertragsparteien können jedoch vereinbaren, dass die Anlagen(-teile) nur zu einem vorübergehenden Zweck mit dem Grundstück oder Gebäude verbunden werden und daher

---

156 Vgl. Tiefenbacher, NZM 2000, 161, (164).

157 Hessisches Ministerium für Umwelt, Energie, Jugend, Familie und Gesundheit, Contracting-Leitfaden für öffentliche Liegenschaften in Hessen, S. 16; danach soll die Beteiligung des öffentlichen in aller Regel mindestens 20% betragen.

158 Hessisches Ministerium für Umwelt, Energie, Jugend, Familie und Gesundheit, Contracting-Leitfaden für öffentliche Liegenschaften in Hessen, S. 14f.

159 Hessisches Ministerium für Umwelt, Energie, Jugend, Familie und Gesundheit, Contracting-Leitfaden für öffentliche Liegenschaften in Hessen., S. 18 bezeichnet eine derartige finanzielle Beteiligung des Auftraggebers als „Bauzuschuss". Hierbei handele es sich um eine Einmalzahlung des Auftraggebers nach Abschluss des Energiesparvertrages an den Contractor (Auftragnehmer).

160 Nach st. Rspr. stellt eine in ein Gebäude eingebaute Heizungsanlage (z.B. Heizkessel, Heizkörper, Gasradiatoren, Öfen, Ölheizungen etc.) einen wesentlichen Bestandteil des Gebäudes gemäß § 94 Abs. 2 BGB dar (vgl. u.a. Dilcher, in: Staudinger, BGB-Kommentar, § 94 Rn. 24; Horch, in: Münchener Kommentar, BGB, § 94 Rn. 23; Heinrichs, in: Palandt, BGB-Kommentar, § 94 Rn. 7, mit jeweils ausführlicher Rechtsprechungsübersicht; a.A.: Schreiber, NZM 2002, 320ff.).

161 Vgl. oben, Abschnitt 5.3.1.

während der Vertragslaufzeit als sog. Scheinbestandteil (§ 95 BGB) im Eigentum des Auftragnehmers verbleiben sollen.[162] Befinden sich die Anlagen(-teile) des Auftragnehmers auf dem Grundstück des Auftraggebers, wird der Auftraggeber dem Auftragnehmer den Zugang zu seinem Eigentum im Wege einer im Grundbuch einzutragenden beschränkten persönlichen Dienstbarkeit (§ 1090 Abs. 1 BGB (z.B. Wegerecht)) gewähren müssen. Nach Ablauf der Vertragslaufzeit wird der Auftragnehmer in der Regel verpflichtet sein, die Anlagen(-teile) auf eigene Kosten wieder zu beseitigen. Die Vertragsparteien können sich jedoch auch während der Vertragslaufzeit entsprechend §§ 929ff. BGB auf einen dauerhaften Verbindungszweck einigen und dem Auftraggeber hierdurch kraft Gesetzes Eigentum an den Anlagen(-teilen) verschaffen.[163]

6.2.2 Ausgestaltung des Betriebs- und Nutzungsverhältnisses

– Ausgestaltung der Betreiberpflicht des Auftragnehmers

Im Unterschied zu den zuvor dargestellten Vertragsmodellen beschränkt sich die Betreiberpflicht des Auftragnehmers regelmäßig auf den Betrieb der von ihm zu errichtenden bzw. zu optimierenden Anlagen(-teile). Im Falle einer zusätzlich zwischen den Vertragsparteien vereinbarten Pflicht des Auftragnehmers zur Energielieferung muss der Auftragnehmer zudem eine entsprechende Mindestversorgung des Auftraggebers mit Energie sicherstellen. Ein ganzheitliches Gebäudemanagement entsprechend der DIN 32763[164] ist von den Vertragsparteien im Regelfall nicht beabsichtigt.

– Ausgestaltung des Nutzungsrechts des Auftraggebers (oder bestimmter Dritter)

Der Auftraggeber ist regelmäßig während der Vertragslaufzeit nicht berechtigt, die Anlagen(-teile) selbst zu nutzen bzw. zu betreiben. Der Ausschluss des Auftraggebers von der Nutzung der Anlage ist notwendig, um dem Auftragnehmer beim Betrieb der Anlage größtmögliche Anreize und Handlungsspielräume zur energiewirtschaftlichen Optimierung des jeweiligen Einsparpotentials zu belassen.

6.3 Zivilrechtliche Qualifikation

6.3.1 Typenkombinationsvertrag

Wie bei den zuvor dargestellten Vertragsmodellen handelt es sich auch beim PPP-Contractingmodell grundsätzlich um einen sog. Typenkombinationsvertrag.[165]

6.3.2 Anwendbares Recht

Im Vergleich zum PPP-Inhabermodell liegen hinsichtlich des auf die Leistungen des Auftragnehmers anwendbaren Rechts die folgenden Besonderheiten vor:

– Planungs- und Herstellungsphase

Auf die Planungs- und (Ein-)Bauleistungen des Auftragnehmers findet regelmäßig **Werkvertragsrecht** gemäß §§ 631 ff. BGB Anwendung. Da der Auftragnehmer die Anlagen(-teile) überwiegend im Interesse des Auftraggebers als Eigentümer errichtet, wird das Werkvertragsrecht durch Vorschriften des Auftragsrechts (§ 675 BGB) ergänzt werden.

Wie beim PPP-Inhabermodell sollte auch hier im Hinblick auf die (Ein-)Bauleistungen des Auftragnehmers vertraglich klargestellt werden, dass kein Werklieferungsvertrag vorliegt, sondern ausschließlich Werkvertragsrecht Anwendung finden soll.[166]

---

[162] Schreiber, NZM 2002, 320.

[163] Vgl. oben, Abschnitte 2.2.1 und 5.3.1.

[164] Vgl. oben, Abschnitt 2.2.2.

[165] Vgl. hierzu oben, Abschnitte. 2.3.1, 3.3.1, 4.3.1 und 5.3.1.

[166] Vgl. zur Problematik, die Bauleistungen des Auftragnehmers dem (Kauf-)Recht des Werk*lieferungs*vertrages gemäß § 651 BGB zuzuordnen: Abschnitt 5.3.2.

– Betriebsphase
Auf die Leistungen des Auftragnehmers im Rahmen seiner Betriebs- und Managementpflichten findet wie beim PPP-Inhabermodell nach Art der jeweiligen Leistungspflicht (Dienstleistung oder Erfolg) **Dienst- oder Werkvertragsrecht** Anwendung (§§ 611 ff. bzw. 631 ff. BGB).

Auf die Pflicht des Auftragnehmers, den Auftraggeber gegen Zahlung eines Entgelts regelmäßig mit Energie zu beliefern, findet **Kaufvertragsrecht** gemäß §§ 433 ff. BGB Anwendung.[167]

– Finanzierungsphase
Im Hinblick auf die von den Vertragsparteien im Rahmen des PPP-Contractingmodells zu erbringenden Finanzierungsdienstleistungen kann auf die Ausführungen zum PPP-Inhabermodell verwiesen werden.

– Verwertungsphase
Da bereits mit dem (Ein-)Bau der Anlagen(-teile) das Eigentum an diesen kraft Gesetzes auf den Auftraggeber übergeht, bedarf es – wie beim PPP-Inhabermodell – auch beim PPP-Contractingmodell keiner über die werkvertragliche (Ein-)Bauverpflichtung hinausgehenden kaufvertragsrechtlichen Eigentumsverschaffungspflicht des Auftragnehmers.

Vereinbaren die Vertragsparteien im Falle einer Scheinbestandteilsvereinbarung nachträglich, dass der Auftragnehmer dem Auftraggeber am Ende der Vertragslaufzeit das Eigentum an den Anlagen(-teilen) gegen Vergütung verschaffen soll, findet hingegen **Kaufvertragsrecht** gemäß §§ 433 ff. BGB Anwendung.

7. PPP-Konzessionsmodell

7.1 Grundstruktur

Wie bei den zuvor genannten Vertragsmodellen werden beim PPP-Konzessionsmodell bestimmte Planungs-, Herstellungs-/Sanierungs-, Betriebs- bzw. Finanzierungsleistungen für eine bestimmte Vertragsdauer von der öffentlichen Hand als Auftraggeber auf einen privaten Auftragnehmer übertragen. Je nachdem, ob sich die Leistungspflichten des Auftragnehmers auf die Herstellung und den Betrieb neuer Projektgegenstände oder auf den Betrieb bereits bestehender Projektgegenstände beziehen, kann der Leistungsumfang in nicht unerheblichem Maße variieren.

Im Unterschied zu den zuvor genannten Vertragsmodellen (mit Ausnahme des PPP-Contractingmodells)[168] tritt der Auftraggeber jedoch nicht als Nutzer des Projektgegenstands und der sonstigen Leistungen des Auftragnehmers auf. Nutzer sind vielmehr eine Vielzahl von Dritten, die nicht selbst Parteien des PPP-Vertrages sind. Dabei räumt der Auftraggeber dem Auftragnehmer das Recht ein, seine Gesamtinvestitionskosten durch die Erhebung von Nutzungsentgelten von Drittnutzern zu decken (sog. Drittnutzerfinanzierung).[169] Im Hinblick auf die Erhebung der Nutzungsentgelte kann der PPP-Konzessionsvertrag entweder vorsehen, dass der Auftragnehmer die Entgelte direkt von den Drittnutzern verlangen darf oder aber dass die öffentliche Hand die Entgelte von den Drittnutzern zunächst selbst einzieht, um sie sodann an den Auftragnehmer weiterzuleiten.[170]

---

[167] Nach allgemeiner Ansicht wird die entgeltliche Lieferung von Gas, Wasser, Elektrizität und Wärme regelmäßig entweder unmittelbar oder entsprechend dem Kaufvertragsrecht unterstellt (vgl. u. a. Köhler, in: Staudinger, BGB-Kommentar, § 433 Rn. 39 ff.; Putzo, in: Palandt, BGB-Kommentar, § 433 Rn. 8).

[168] Aufgrund der Beschränkung auf technische Anlagen wird das PPP-Contractingmodell in der Praxis nur in besonderen Ausnahmefällen mit dem PPP-Konzessionsmodell kombiniert werden können.

[169] VG Frankfurt (Oder), LKV 2002, 99 (101); zur Dienstleistungskonzession; Portz, Ingenstau/Korbion, VOB-Kommentar, § 32 VOB/A Rn. 1 und 2.

[170] Das PPP-Konzessionsmodell schließt nicht aus, dass der Auftragnehmer für die Konzession und das damit verbundene Recht, eine entgeltpflichtige Leistung gegenüber Dritten anbieten zu dürfen,

Im Bereich von Verkehrsinfrastrukturmaßnahmen oder von Hoch- und Tiefbaumaßnahmen stellt der PPP-Konzessionsvertrag regelmäßig einen Auftrag zwischen dem öffentlichen Auftraggeber und dem privaten Auftragnehmer (Konzessionär) dar, in dem sich der Auftragnehmer gegenüber dem Auftraggeber verpflichtet, zur Erfüllung eines öffentlichen Zwecks bestimmte Bauleistungen (Baukonzession) und/oder bestimmte Dienstleistungen (Dienstleistungskonzession) zu erbringen,[171] ohne hierfür ein (kostendeckendes) Entgelt des Auftraggebers zu erhalten.

7.2 Entgelt/Drittnutzerfinanzierung

Im Unterschied zu den zuvor dargestellten Vertragsmodellen ist für den Konzessionsvertrag charakteristisch, dass der Auftragnehmer während der Vertragslaufzeit seine Finanzierungskosten, Risikoaufschläge und Gewinnmargen nicht über ein im PPP-Konzessionsvertrag bestimmtes regelmäßiges Entgelt des Auftraggebers, sondern über die Nutzerentgelte von Dritten – im Infrastrukturbereich auch Maut genannt – finanziert (Drittfinanzierung).[172] Da die spätere Nutzungsauslastung des Projektgegenstands im Zeitpunkt des Abschlusses des PPP-Konzessionsvertrages oftmals nur schwer vorherzusagen ist, trägt der Auftragnehmer regelmäßig während der Vertragslaufzeit das Risiko, dass die tatsächliche Nutzungsauslastung zur Refinanzierung seiner Gesamtinvestitionskosten ausreicht (Finanzierungs- bzw. Nutzerrisiko).

Zur Abfederung dieses Finanzierungsrisikos auf Seiten des Auftragnehmers übernimmt es der Auftraggeber zuweilen, den Auftragnehmer durch Zuzahlungen zu unterstützen, um z.B. die Nutzerentgelte auch bei investitionsintensiven Projekten in einem sozialstaatlich vertretbaren Rahmen zu halten oder um das Kalkulationsrisiko des Auftragnehmers zu mindern.[173] Mögliche Ausgestaltungsvarianten sind die Anschubfinanzierung oder die Abschlusszahlung, durch die am Ende der Vertragslaufzeit ein Fehlbetrag des Auftragnehmers ausgeglichen wird (Nutzungsausfallgarantie).[174] Alternativ kann dem Auftragnehmer auch eine Vertragsverlängerungsoption für den Fall eingeräumt werden, dass sich die Deckung der Gesamtinvestitionskosten über die Nutzungsentgelte während der ursprünglich vereinbarten Vertragslaufzeit als nicht realisierbar herausstellt.

Da es jedoch zu den typischen Wesensmerkmalen eines Konzessionsvertrages gehört, dass dem Auftragnehmer das Finanzierungs- bzw. Nutzerrisiko zumindest zu einem bedeutenden Teil übertragen wird,[175] dürfen diese Zahlungen und Garantien des Auftraggebers bzw. Op-

---

selbst auch ein eigenes Entgelt an den Auftraggeber zahlen muss (vgl. Legaldefinition für Baukonzessionen gemäß § 32 Abs. 1 VOB/A).

[171] Zur Abgrenzung zwischen Bau- und Dienstleistungskonzession: u.a. OLG Brandenburg, NZBau 2000, 39 (41); Prieß, in: Jestaedt/Kemper/Marx/Prieß, Das Recht der Auftragsvergabe, 1999, S. 67ff.; Portz, in: Ingenstau/Korbion, VOB-Kommentar, 15. Auflage, 2004, § 32 VOB/A, Rn. 16f.; Reidt/Stickler, Beck'scher VOB-Kommentar, 2001, § 32 VOB/A, Rn. 8 gehen bei gemischten Leistungsinhalten etwa von einer Baukonzession aus, wenn die Bauleistung 40% des gesamten Auftragsvolumens erreicht.

[172] Vgl. VG Frankfurt (Oder) LKV 2002, 99 (101) zur Dienstleistungskonzession; Portz, in: Ingenstau-Korbion, VOB-Kommentar, 15. Auflage, 2004, § 32 VOB/A, Rn.10ff. zur Baukonzession; zwar kann der Auftragnehmer für seine Leistungen von den Nutzern grundsätzlich sowohl private Entgelte als auch öffentliche Gebühren erheben. Im Falle der Erhebung öffentlicher Gebühren bedarf der Auftragnehmer jedoch hierzu einer speziellen Ermächtigung durch die öffentliche Hand. Die öffentliche Hand wiederum bedarf für die Erteilung einer derartigen Ermächtigung einer gesetzlichen Grundlage, die es bisher nur für bestimmte Regelungsbereiche gibt (z.B. im Fernstraßenbau (§ 3 Fernstraßenbauprivatfinanzierungsgesetz)).

[173] Vgl. die Legaldefinition zur Baukonzession in § 32 Abs. 1 VOB/A, die eine zusätzliche Zahlung des Auftraggebers ausdrücklich zulässt.

[174] Reidt/Stickler, Beck'scher VOB-Kommentar, § 32 VOB/A Rn. 26f.

[175] VG Frankfurt (Oder), LKV 2002, 99 (101) m.w.N. zur Dienstleistungskonzession; Portz, in: Ingenstau/Korbion, VOB-Kommentar, 15. Auflage, 2004, § 32 VOB/A Rn. 11; Mitteilung der EU-

tionen des Auftragnehmers nicht dazu führen, dass nicht mehr der Auftragnehmer, sondern der Auftraggeber das Kalkulations- oder Nutzungsausfallrisiko trägt.[176]

7.3 Verwertung des Projektgegenstands

Grundsätzlich gelten hier die Gestaltungsmöglichkeiten, die für die zuvor dargestellten Vertragsmodelle (mit Ausnahme des PPP-Contractingmodell) erläutert worden sind.

Je nachdem, ob der Auftraggeber als Grundstückseigentümer mit Errichtung des Projektgegenstands (z.B. Straßen, Brücken, Tunnel, Hoch- und Tiefbauten etc.) kraft Gesetzes zivilrechtlicher Eigentümer wird (§§ 94, 946 BGB) oder aber der Auftragnehmer als Konzessionär Eigentümer des von ihm errichteten und betriebenen Projektgegenstands ist (z.B. als Eigentümer des Grundstücks (§§ 94, 946 BGB), als Scheinbestandteilseigentümer (§ 95 BGB) oder als Erbbauberechtigter (§ 1 Abs. 1 ErbbauVO)), liegt das Verwertungsrisiko am Ende der Vertragslaufzeit entweder beim Auftraggeber oder beim Auftragnehmer. Verbleibt das Eigentum am Projektgegenstand während der Vertragslaufzeit beim Auftragnehmer, können die Vertragsparteien bei Vertragsschluss (bzw. im Falle der Scheinbestandteilseigenschaft nach Errichtung des Projektgegenstands) vereinbaren, dass nach Ablauf der Vertragslaufzeit das Eigentum am Projektgegenstand auf den Auftraggeber übertragen oder dem Auftraggeber eine entsprechende Kaufoption eingeräumt wird.

7.4 Rechtliche Qualifikation

Ob das PPP-Konzessionsmodell als öffentlich-rechtlicher oder als zivilrechtlicher Vertrag einzuordnen ist, hängt von seiner konkreten Ausgestaltung ab.[177] Als öffentlich-rechtlicher Vertrag im Sinne der §§ 54ff. der Verwaltungsverfahrensgesetze des Bundes und der Länder ist der Konzessionsvertrag dann einzuordnen, wenn der Gegenstand und die Rechtsnatur des Rechtsverhältnisses dem öffentlichen Recht zuzuordnen ist.[178] Dabei ist auf die Gesamtheit der vertraglichen Regelungen abzustellen. Maßgeblich für die rechtliche Zuordnung ist, ob der wesentliche Sachverhalt und der prägende Verfahrensgegenstand vom öffentlichen oder vom zivilen Recht geregelt wird bzw. mit ihm in einem engen Zusammenhang steht. Zu berücksichtigen ist zudem der Vertragszweck.[179]

Als öffentlich-rechtliche Verträge werden etwa Sondernutzungsverträge, Erschließungsverträge und städtebauliche Verträge angesehen. Nicht als öffentlich-rechtlich sind demgegenüber Verträge zu qualifizieren, die zwar mittelbar der Vorbereitung oder Erfüllung öffentlicher Aufgaben dienen, die aber nicht eine unmittelbare Änderung oder Ausgestaltung einer öffentlich-rechtlichen Berechtigung oder Verpflichtung selbst regeln (z.B. Einräumung von hoheitlichen Befugnissen, Gewährung von Genehmigungen etc.). Verträge über die Errichtung und den Betrieb von Bauwerken für Zwecke öffentlicher Einrichtungen sind daher dem Zivilrecht zuzuordnen.[180]

Kommission zu Auslegungsfragen im Bereich Konzessionen im Gemeinschaftsrecht vom 29. 4. 2000, Doc. 2000/C 121/02, Kap. 2.1.2 (Baukonzession) und Kap. 2.2 (Dienstleistungskonzession); Heiermann, VOB-Kommentar, § 32 VOB/A, Rn. 7a.

[176] In diesem Fall würde vergaberechtlich keine Konzession, sondern nur ein Bau- bzw. Dienstleistungsauftrag vorliegen (vgl. Portz, in: Ingenstau/Korbion, VOB-Kommentar, 15. Auflage, 2004, § 32 VOB/A Rn. 11 (Baukonzession); Prieß, in: Jestaedt/Kemper/Marx/Prieß, Das Recht der Auftragsvergabe, S. 80f. (Dienstleistungskonzession).

[177] Vgl. Bonk, in: Stelkens/Bonk/Sachs, Verwaltungsverfahrensgesetz, § 54 Rn. 43a, 73.

[178] Zu diesen Kriterien GemSenOBG, BVerwGE 74, 368 (370).

[179] Vgl. Bonk, in: Stelkens/Bonk/Sachs, Verwaltungsverfahrensgesetz, § 54 Rn. 76.

[180] Vgl. für Errichtung und Betrieb eines Krankenhauses, eines Schwesternwohnheimes und eines Altersheimes, OVG Münster, NJW 1991, 61; allgemein gilt, dass auch Verträge über Leistungen, die der Vorbereitung oder Erfüllung öffentlicher Aufgaben dienen, als zivilrechtliche Verträge eingeordnet werden (Kopp/Ramsauer, Verwaltungsverfahrensgesetz, § 54 Rn. 38ff.).

Dementsprechend werden auch die sogenannten Konzessionsverträge, auf deren Grundlage die Gemeinden Energieversorgungsunternehmen die Benutzung von Gemeindeeigentum einschließlich der öffentlichen Straßen, Wege und Plätze überlassen, als privatrechtliche Verträge qualifiziert.[181] Denn hier handelt es sich nicht um die Einräumung einer öffentlich-rechtlichen Sondernutzung, sondern um die privatrechtliche Bewilligung des Wegeeigentümers.[182]

Unter Zugrundelegung dieser Kriterien sind auch die PPP-Konzessionsmodelle regelmäßig dem Zivilrecht zuzuordnen. Gegenstand der Verträge ist nämlich nicht die unmittelbare Erfüllung einer öffentlichen Aufgabe durch den Privaten, wie es bei einer Beleihung der Fall wäre, sondern die Erbringung einer Leistung, die für die Verwaltung Voraussetzung dafür ist, dass sie die ihr obliegende öffentliche Aufgabe erfüllen kann. Der private Partner hat regelmäßig auch kein eigenes Interesse an der Erfüllung der öffentlichen Aufgabe selbst, sein Interesse ist vielmehr auf Gewinnerzielung gerichtet.[183]

Als Verträge, mit denen sich die Verwaltung einzelne Güter oder Dienstleistungen beschafft, sind sämtliche zuvor untersuchten Vertragsmodelle dem Zivilrecht zuzuordnen. Das Element der Nutzerfinanzierung rechtfertigt keine andere Beurteilung. Solange nämlich das Recht zur Nutzerfinanzierung nicht auf einer hoheitlichen Beleihung beruht, was etwa bei Hoch- und Tiefbauprojekten im Gegensatz etwa zum Fernstraßenbau mangels gesetzlicher Ermächtigungsgrundlage nicht der Fall ist, erhebt der private Partner auch nur privatrechtliche Entgelte von den Nutzern der Einrichtung. Nichts anderes gilt, wenn es bei einer hoheitlichen Gebührenerhebung durch die öffentliche Hand bleibt und diese ihre Einnahmen an den Privaten weiterleitet.[184]

8. PPP-Gesellschaftsmodell

8.1 Grundstruktur

Wie bei den zuvor dargestellten Vertragsmodellen werden bei dem PPP-Gesellschaftsmodell bestimmte Planungs-, Herstellungs-/Sanierungs-, Betriebs- bzw. Finanzierungsleistungen für eine bestimmte Vertragsdauer vom öffentlichen Auftraggeber auf ein privatrechtlich organisiertes Unternehmen als Auftragnehmer übertragen. Die Besonderheit des PPP-Gesellschaftsmodells besteht darin, dass der öffentliche Auftraggeber direkt oder indirekt als Gesellschafter dieses Unternehmens auf Auftragnehmerseite an dem Projekt beteiligt ist. Dabei stehen dem öffentlichen Auftraggeber grundsätzlich sämtliche (gesellschaftsrechtlichen) Beteiligungsformen offen. Die Wesensmerkmale der für die Praxis wichtigsten Gesellschaftsformen werden unter besonderer Berücksichtigung von Haftungs- und Geschäftsführungsfragen nachfolgend zusammengefasst.[185]

---

[181] Reidt/Stickler, in: Motzke/Pietzcker/Prieß, Beck'scher VOB-Kommentar – VOB/A, 1. Auflage, 2001, § 32 VOB/A Rn. 13; ders., BauR 1997, 365 f.; Dreher, in: Immenga/Mestmäcker, GWB, 3. Auflage, 2001, § 98 GWB Rn. 123; Roth, NVwZ 2003, 1056 (1059).

[182] Tettinger, DVBl. 1991, 786 (787 ff.); ebenso Gern, Kommunalrecht, Rn. 767; Kopp/Ramsauer, Verwaltungsverfahrensgesetz, § 54 Rn. 40.

[183] Becker, ZRP 2002, 303 (306).

[184] Reidt/Stickler, in: Motzke/Pietzcker/Prieß, VOB/A, § 32 Rn. 14. Dementsprechend sollten sich auch Regelungen über einen Verwaltungskooperationsvertrag im Verwaltungsverfahrensgesetz nicht auf öffentlich-rechtliche Verträge beschränken, sondern darüber hinaus auch privatrechtliche Verträge erfassen. So auch: Ziekow, Verankerung verwaltungsrechtlicher Kooperationsverhältnisse (Public Private Partnership) im Verwaltungsverfahrensgesetz, Wissenschaftliches Gutachten erstellt im Auftrag des Bundesministeriums des Inneren, Juli 2001, S. 124 ff. und § 62 a des Änderungsvorschlags; Schuppert, Grundzüge eines zu entwickelnden Verwaltungskooperationsrechts, Regelungsbedarf und Handlungsoption eines Rechtsrahmens für Public Private Partnership, rechts- und verwaltungswissenschaftliches Gutachten, erstellt im Auftrag des Bundesministeriums des Inneren, Juli 2001, S. 131.

[185] Vgl. auch Grziwotz, NZG, 1999, 55 ff.; Dreher, NZBau, 2002, 245 (247 ff.)

8.2 Überblick über relevante Gesellschaftsformen

Grundsätzlich ist zwischen Kapital- und Personengesellschaften zu unterscheiden:
Eine Kapitalgesellschaft zeichnet sich dadurch aus, dass die Mitgliedschaft ihrer Gesellschafter auf die reine Kapitalbeteiligung und grundsätzlich nicht auf die persönliche Mitarbeit bzw. Geschäftsführung durch die Gesellschafter zugeschnitten ist. Die Gesellschafter einer Kapitalgesellschaft haften in aller Regel nicht persönlich.

Eine Personengesellschaft hingegen ist ein Zusammenschluss mehrerer natürlicher oder juristischer Personen zu einer Gesellschaft, bei der die Mitgliedschaft auf die Mitarbeit bzw. Geschäftsführung durch die einzelnen Gesellschafter abzielt. Die Gesellschafter einer Personengesellschaft haften grundsätzlich auch persönlich.

Für die Beteiligung der öffentlichen Hand an der Projektgesellschaft (Auftragnehmer) kommen insbesondere die Gesellschaftsformen der Aktiengesellschaft (AG), der Gesellschaft mit beschränkter Haftung (GmbH), der Offenen Handelsgesellschaft (OHG), der Kommanditgesellschaft (KG) und der Gesellschaft bürgerlichen Rechts (GbR) in Betracht.

8.3 Kapitalgesellschaften

8.3.1 Aktiengesellschaft

Die Aktiengesellschaft (AG) ist eine mit eigener Rechtspersönlichkeit ausgestattete handelsrechtliche Kapitalgesellschaft, für deren Verbindlichkeiten den Gläubigern lediglich das Gesellschaftsvermögen haftet (§ 1 AktG). Das in Aktien zerlegte Grundkapital beträgt mindestens € 50 000,–.

Der Vorstand der AG leitet die Gesellschaft, ist zur Geschäftsführung befugt und vertritt die AG gerichtlich und außergerichtlich. Soweit die Satzung der AG nichts anderes vorsieht, kann Geschäftsführung und Vertretung der AG bei mehreren Vorstandsmitgliedern nur gemeinschaftlich erfolgen (§§ 77 Abs. 1, 78 Abs. 2 AktG). Die Aufgaben des Aufsichtsrats liegen insbesondere in der Überwachung der Geschäftsführung, der Beratung und der Bestellung des Vorstands. Mitglieder sowohl des Vorstand als auch des Aufsichtsrates können nur natürliche, unbeschränkt geschäftsfähige Personen sein (§§ 76 Abs. 3, 100 Abs. 1 AktG). In der grundsätzlich jährlich einzuberufenden Hauptversammlung üben die Aktionäre ihre Rechte aus (§ 118 AktG). Zu den Aufgaben der Aktionäre zählen insbesondere die Bestellung des Aufsichtsrats, die Verwendung des Gewinns, die Änderung der Satzung sowie die Erhöhung bzw. Herabsetzung des Kapitals (§ 119 AktG). Der Hauptversammlung steht jedoch kein Weisungsrecht gegenüber Vorstand und Aufsichtsrat zu. Die Aufgaben der Hauptversammlung können durch die Satzung der AG ergänzt werden. Das Stimmrecht des jeweiligen Aktionärs wird entsprechend der Aktiennennbeträge (bzw. bei Stückaktien nach deren Zahl) ausgeübt (§ 134 Abs. 1 AktG).

Zu den weiteren Mitgliedschaftsrechten des Aktionärs gehören insbesondere das Auskunftsrecht (§ 131 AktG), das Recht auf den Gewinnanteil (Dividende) und das Recht auf Teilnahme am Liquidationserlös (§§ 60, 271 AktG). Aktionär der AG kann sowohl eine natürliche Person als auch eine juristische Person des zivilen oder öffentlichen Rechts sein.

8.3.2 Gesellschaft mit beschränkter Haftung

Die Gesellschaft mit beschränkter Haftung (GmbH) ist eine mit eigener Rechtspersönlichkeit ausgestattete handelsrechtliche Kapitalgesellschaft, die zu jedem gesetzlich zulässigen Zweck durch eine oder mehrere Personen errichtet werden kann (§ 1 GmbHG). Für die Verbindlichkeiten der GmbH haftet lediglich das Gesellschaftsvermögen (§ 13 Abs. 2 GmbHG). Das Stammkapital der GmbH beträgt mindestens € 25 000,–.

Die GmbH hat als Organ mindestens einen Geschäftsführer und eine Gesellschafterversammlung (Gesamtheit der Gesellschafter). Der oder die Geschäftsführer werden im Gesellschaftsvertrag oder durch Gesellschafterbeschluss bestimmt und sind die gesetzlichen Vertreter der GmbH (§ 35 GmbHG). Als Geschäftsführer können nur natürliche, unbeschränkt geschäftsfähige Personen benannt werden (§ 6 Abs. 2 GmbHG). Die Geschäftsführer haften der GmbH gegenüber dafür, dass sie bei der Geschäftsführung die Sorgfalt eines ordentlichen Geschäftsmannes anwenden. Bei Verletzung dieser Sorgfaltspflicht haften sie auf Schadensersatz (§§ 40 Abs. 2, 43 Abs. 2 GmbHG). Die Gesamtheit der Gesellschafter fasst die Gesellschafterbeschlüsse regelmäßig in der Gesellschafterversammlung (§ 48 GmbHG). Die Aufgaben der Gesellschafter erstrecken sich insbesondere auf die Prüfung und Überwachung der Geschäftsführung sowie auf die Bestellung, Abberufung und Entlassung der Geschäftsführer (§ 46 Nr. 6 GmbHG). Die Aufgaben der Gesellschafterversammlungen können in dem Gesellschaftervertrag eingeschränkt oder ausgeweitet werden.

Im Unterschied zur AG können die Gesellschafter unmittelbar Einfluss auf die Führung der Gesellschaft nehmen. Denn während bei der AG die wesentliche Aufgabenverteilung zwischen Aktionären, Vorstand und Aufsichtsrat kraft Gesetzes bereits zwingend vorgeschrieben ist, überlässt das GmbHG die Ausgestaltung der Funktionsverteilung zwischen den Gesellschaftern und den Geschäftsführern weitestgehend der Gesellschafterautonomie.[186] Insbesondere sind die Geschäftsführer – anders als bei der AG – an die Weisungen der Gesellschafterversammlung gebunden. Das Stimmrecht des jeweiligen Gesellschafters bemisst sich nach der Höhe seines Geschäftsanteils (eine Stimme je € 50,– Geschäftsanteil (§ 47 Abs. 2 GmbHG)).

Zu den weiteren Mitgliedschaftsrechten des Gesellschafters zählen das Auskunfts- und Einsichtsrecht (§ 51 a GmbHG), das Recht auf Gewinnbeteiligung (§ 29 GmbHG) und das Recht auf Beteiligung am Liquidationsüberschuss (§ 72 GmbHG). Sofern der Gesellschaftsvertrag keine anderweitige Regelung trifft, können sowohl natürliche als auch juristische Personen des zivilen oder öffentlichen Rechts Gesellschafter einer GmbH sein.

8.4 Personengesellschaften

8.4.1 Offene Handelsgesellschaft

Die offene Handelsgesellschaft (OHG) ist eine mit eigener Rechtsfähigkeit ausgestattete Gesellschaft, deren Zweck auf den Betrieb eines Handelsgewerbes unter gemeinschaftlicher Firma gerichtet ist (§§ 105 Abs. 1, 124 Abs. 1 HGB).

Im Unterschied zu den Kapitalgesellschaften setzt die OHG voraus, dass keiner ihrer Gesellschafter in seiner persönlichen Haftung gegenüber den Gesellschaftsgläubigern beschränkt sein darf. Mit anderen Worten haften neben der OHG auch die einzelnen Gesellschafter für die Verbindlichkeiten der OHG persönlich, unmittelbar und unbeschränkt als Gesamtschuldner (§ 128 HGB). Allerdings kann die Haftung faktisch dadurch beschränkt werden, dass der Auftraggeber sich z. B. über eine – in der Haftung beschränkte – GmbH an der OHG beteiligt.

Der Gesellschaftszweck einer OHG muss auf den Betrieb eines Handelsgewerbes ausgerichtet sein. Ein Handelsgewerbe ist dabei jeder Gewerbebetrieb, es sei denn, dass das Unternehmen nach Art und Umfang einen in kaufmännischer Weise eingerichteten Geschäftsbetrieb nicht erfordert (§ 1 Abs. 2 HGB). Eine Gesellschaft, deren Gewerbebetrieb nicht bereits gemäß § 1 Abs. 2 HGB ein Handelsgewerbe ist oder die nur eigenes Vermögen verwaltet (z. B. Immobilienverwaltungs- oder Besitzgesellschaft) wird mit Eintragung ihrer Firma in das Handelsregister eine OHG (§ 105 Abs. 2 HGB).

Die Geschäftsführung im Innenverhältnis der OHG steht grundsätzlich allen Gesellschaftern zu und umfasst alle Tätigkeiten zur Verwirklichung des Gesellschaftszwecks. Dabei ist jeder Gesellschafter – und zwar für sich allein – zur Geschäftsführung befugt, soweit der Gesellschaftsvertrag nicht einzelne Gesellschafter von der Geschäftsführung ausschließt oder

[186] Schmigelt, in: Beck'sches Handbuch der GmbH, § 3 Rn. 1 ff.

bestimmt, dass sie nur gemeinsam handeln können (§§ 114ff. HGB). Sind einzelne Gesellschafter als Geschäftsführer bestellt, sind diese grundsätzlich gegenüber einzelnen Mitgesellschaftern oder der Gesellschafterversammlung nicht weisungsgebunden.[187] Gleiches gilt für die gesetzliche Vertretung der OHG im Außenverhältnis (d. h. gegenüber Dritten). Zwar kann die Vertretungsmacht einzelner Gesellschafter im Gesellschaftsvertrag beschränkt oder ausgeschlossen werden. Derartige Beschränkungen sind jedoch im Außenverhältnis gegenüber Dritten unwirksam (§ 125f. HGB).

Weitere Rechte der Gesellschafter bestehen insbesondere in Kontrollrechten (§ 118 HGB) sowie in der Beteiligung an Gewinn und Verlust (§ 120 HGB) sowie am Liquidationsüberschuss der OHG (§ 155 HGB). Gesellschafter einer OHG können sowohl natürliche als auch juristische Personen des privaten oder des öffentlichen Rechts sein. Im Unterschied zur AG und zur GmbH kann der juristischen Person auch die Geschäftsführung der OHG übertragen werden.

8.4.2 Kommanditgesellschaft

Die Kommanditgesellschaft (KG) unterscheidet sich von der OHG allein dadurch, dass bei einem Teil der Gesellschafter (sog. Kommanditisten) die Haftung gegenüber Gesellschaftsgläubigern auf den Betrag ihrer jeweiligen Vermögenseinlage beschränkt ist und bei dem anderen Teil der Gesellschafter (sog. Komplementäre) eine Haftungsbeschränkung nicht stattfindet (§ 161 Abs. 1 HGB). Im Übrigen finden die Vorschriften zur OHG entsprechende Anwendung (§ 161 Abs. 2 HGB).

An der KG muss jeweils mindestens ein Kommanditist und ein Komplementär beteiligt sein. Während der Komplementär Gläubigern der KG persönlich, unmittelbar und unbeschränkt haftet, haftet der Kommanditist lediglich in Höhe seiner Einlage (Haftsumme). Hat er seine Einlage bereits an die KG geleistet, ist seine persönliche und unmittelbare Haftung ausgeschlossen (§ 171 Abs. 1 HGB).[188] Zudem sind die Kommanditisten regelmäßig sowohl von der Geschäftsführung als auch von der gesetzlichen Vertretung der KG ausgeschlossen (§§ 164, 170 HGB).[189]

Im Übrigen stehen auch dem Kommanditisten Kontrollrechte (§ 166 HGB) sowie Rechte zur Beteiligung an Gewinn und Verlust der KG zu (§§ 167ff. HGB).[190] Wie bei der OHG können sowohl Komplementär als auch Kommanditist juristische Personen des privaten oder des öffentlichen Rechts sein.[191]

8.4.3 Gesellschaft bürgerlichen Rechts

Die Gesellschaft bürgerlichen Rechts (GbR) stellt als Grundform der Personengesellschaften eine auf Vertrag (Gesellschaftsvertrag) beruhende Vereinigung von mindestens zwei

---

[187] Etwas anderes gilt nur bei Mehrheitsbeschlüssen, bei denen die überstimmte Mehrheit verpflichtet ist, an der Durchführung der beschlossenen Maßnahme mitzuwirken, oder wenn der Gesellschaftsvertrag etwas Abweichendes bestimmt (vgl. Müller, in: Beck'sches Handbuch der Personengesellschaften, § 4 Rn. 84).

[188] Die Haftung des Kommanditisten lebt hingegen gemäß § 172 Abs. 4 HGB wieder auf, wenn ihm seine Einlage von der KG zurückgezahlt wird.

[189] Während im Gesellschaftsvertrag einem Kommanditisten abweichend von der gesetzlichen Regelung die Geschäftsführung übertragen werden kann, ist der Ausschluss der Vertretungsmacht zwingend. Jedoch kann einem Kommanditisten eine rechtsgeschäftliche Vollmacht, z. B. eine Prokura, erteilt werden (vgl. Stengel, in: Beck'sches Handbuch der Personengesellschaften, § 3 Rn. 28 und 254).

[190] Insoweit nimmt der Kommanditist am Verlust der KG jedoch nur bis zum Betrag seines Kapitalanteils und seiner noch rückständigen Einlage teil (§ 167 Abs. 3 HGB).

[191] So kann etwa auch eine GmbH Komplementärin einer KG sein (sog. GmbH & Co KG). Zwar haftet die GmbH als Komplementärin der KG grundsätzlich unbeschränkt. Aufgrund der beschränkten Haftung der GmbH auf ihr Gesellschaftsvermögen (siehe oben), findet jedoch faktisch eine Haftungsbeschränkung auf das Kapital der GmbH statt.

(natürlichen oder juristischen) Personen (Gesellschaftern) zur Förderung eines von ihnen gemeinsam verfolgten Zwecks dar (§ 705 BGB).[192] Im Unterschied zur OHG und KG muss der Gesellschaftszweck nicht in dem Betrieb eines Handelsgewerbes bestehen. Betreiben die Gesellschafter dennoch ein Handelsgewerbe gemäß § 1 Abs. 2 HGB, wandelt sich die GbR kraft Gesetzes in eine OHG um.

Die Gesellschafter haften für Verbindlichkeiten der GbR jeweils persönlich, unmittelbar und unbeschränkt. Allerdings kann die Haftung faktisch dadurch beschränkt werden, dass der Auftraggeber sich über eine – in der Haftung beschränkte – GmbH an der GbR beteiligt. Zur Geschäftsführung sind alle Gesellschafter berechtigt und verpflichtet.[193] Soweit der Gesellschaftsvertrag nichts anderes vorsieht, sind die Gesellschafter zur Geschäftsführung nur gemeinschaftlich befugt. Dies bedeutet, dass jedes Geschäft grundsätzlich der Zustimmung aller Gesellschafter bedarf (§ 709 Abs. 1 BGB).[194] In demselben Umfang, wie die Geschäftsführung den Gesellschaftern im Innenverhältnis zusteht, sind sie im Zweifel auch zur Vertretung der GbR bzw. der anderen Gesellschafter gegenüber Dritten ermächtigt (§ 714 BGB).

Im Übrigen stehen den Gesellschaftern Widerspruchsrechte (§ 711 BGB), Kontrollrechte (§ 716 BGB), Rechte auf Beteiligung an Gewinn und Verlust der GbR (§ 721 f. BGB) sowie Rechte auf Beteiligung am Auseinandersetzungsüberschuss zu (§§ 734, 738 BGB). Wie bei der OHG und der KG können die Gesellschafter der GbR natürliche oder juristische Personen des zivilen oder öffentlichen Rechts sein.

8.5 Anwendbarkeit auf PPP-Projekte

Bei der Errichtung einer Projektgesellschaft im Rahmen der PPP-Modelle können einzelne der vorgenannten Gesellschaftsformen *per se* weder als generell vorzugswürdig noch als generell ausgeschlossen betrachtet werden. Vielmehr kommt es regelmäßig auf die Umstände des Einzelfalls an wie z.B. den Projektzweck, das Projektrisikopotential, das Know-how und die Zuverlässigkeit der anderen Gesellschafter sowie die Notwendigkeit des Verbleibs starker Steuerungsinstrumente auf Seiten der öffentlichen Hand. Bei der Auswahl der geeigneten Gesellschaftsform sind ferner haushalts-, kommunal- und vergaberechtliche Beschränkungen zu berücksichtigen.[195]

Alle Gesellschaftsformen haben gemein, dass sie ihren Gesellschaftern bzw. Aktionären Rechte auf Kontrolle, Auskunft und Beteiligung am Gewinn bzw. Liquidations- oder Auseinandersetzungsüberschuss gewähren. Im Hinblick auf den Gesellschaftszweck weisen lediglich die OHG und KG die Einschränkung auf, dass sich der Gesellschaftszweck auf den Betrieb eines nach Art und Umfang in kaufmännischer Weise eingerichteten Geschäftsbetriebs (Handelsgewerbe) beziehen muss. Dies wird jedoch bei einer PPP-Projektgesellschaft regelmäßig der Fall sein.

Im Hinblick auf die Geschäftsführung und Vertretung der Projektgesellschaft kann der öffentliche Auftraggeber in einer Kapitalgesellschaft nur im Rahmen der Benennung von

---

[192] Nach heute ganz h.M. besitzt die GbR, soweit sie als Trägerin der in ihrem Namen begründeten Rechte und Pflichten anzusehen ist und als solche auch nach außen auftritt, ebenso wie OHG und KG Rechtsfähigkeit (vgl. u.a. BGH, NJW 2003, 1043; NJW 2003, 1445; NJW 2001, 1056; ZIP 2002, 614).

[193] Im Falle der Beteiligung über eine GmbH würde an der Geschäftsführung der GbR der Geschäftsführer der GmbH mitwirken.

[194] Der Gesellschaftsvertrag kann hingegen auch vorsehen, dass bei der Geschäftsführung die Mehrheit der Stimmen entscheidet (§ 709 Abs. 2 BGB) oder die Geschäftsführung einem oder mehreren Gesellschaftern übertragen wird und die übrigen Gesellschafter von der Geschäftsführung ausgeschlossen werden (§ 710 BGB).

[195] Vgl. § 5 Abschnitt 3 (Kommunalrecht), § 6 Abschnitt 3.4 (Vergaberecht) und § 7 Abschnitt 1.3.2. (Haushaltsrecht).

Aufsichtsrat bzw. Geschäftsführung durch die Haupt- bzw. Gesellschafterversammlung Einfluss auf die Besetzung der operativen Führungsebene der Gesellschaft nehmen. Mitglied des Vorstands, Aufsichtsrats bzw. der Geschäftsführung kann der Auftraggeber (als juristische Person des öffentlichen Rechts) selbst nicht sein. Allerdings steht den Gesellschaftern einer GmbH ein besonderes Weisungsrecht gegenüber der Geschäftsführung zu. Durch die Übernahme entsprechender Aktien- oder Geschäftsanteile bzw. besonderer Stimmrechtsvereinbarungen kann sich der Auftraggeber die Mehrheit der Stimmrechte in der Haupt- bzw. Gesellschafterversammlung sichern.

In Personengesellschaften hingegen kann dem öffentlichen Auftraggeber auch die Geschäftsführung und Vertretung der Gesellschaft übertragen werden. Kann bei einer OHG grundsätzlich jeder Gesellschafter einzeln die Geschäftsführung und Vertretung der OHG übernehmen, stehen diese Rechte in der KG lediglich den Komplementären zu. Bei der GbR besteht grundsätzlich nur eine gemeinsame Geschäftsführungs- und Vertretungsbefugnis aller Gesellschafter, wenn keine anderweitige Vereinbarung getroffen wird. Ebenso wie in der AG stehen bei den Personengesellschaften den nicht geschäftsführungs- und vertretungsberechtigten Gesellschaftern grundsätzlich keine besonderen Weisungsrechte zu.

Ein wesentlicher Unterschied zwischen den Gesellschaftsformen besteht jedoch im Hinblick auf den Umfang des vom einzelnen Gesellschafter jeweils zu tragenden Haftungsrisikos. Bei einer Kapitalgesellschaft haftet grundsätzlich lediglich die Gesellschaft als juristische Person. Der einzelne Aktionär bzw. Gesellschafter haftet nicht persönlich. Bei den Personengesellschaften haften grundsätzlich neben der Gesellschaft (die GbR nur unter besonderen Voraussetzungen)[196] auch die einzelnen Gesellschafter persönlich, unmittelbar und unbeschränkt. Allerdings kann eine Haftungsbeschränkung des Auftraggebers auch über eine Beteiligung an einer GmbH erreicht werden. Dies gilt auch für die KG, wenn als Komplementär eine GmbH eingesetzt wird (GmbH & Co KG). Hier ist die Haftung des Komplementärs auf das Gesellschaftsvermögen der GmbH begrenzt. Soweit sich der Auftraggeber als Kommanditist beteiligt, ist die Haftung auf seine jeweilige Einlage beschränkt; er ist dann jedoch regelmäßig von der Geschäftsführung und Vertretung der Gesellschaft ausgeschlossen.

[196] Vgl. oben, Ziffer 8.4.3.

Überblick: Vertragsrechtliche Grundlagen*

		PPP-Erwerbermodell	PPP-FMLeasingmodell	PPP-Vermietungsmodell	PPP-Inhabermodell	PPP-Contractingmodell	PPP-Konzessionsmodell
Grundlagen	Projektgegenstand	Herstellung/ Sanierung (von Wirtschaftsgütern)	Herstellung/ Sanierung (von Wirtschaftsgütern)	Herstellung/ Sanierung (von Wirtschaftsgütern)	Herstellung/ Sanierung (von Wirtschaftsgütern)	Einbau/ Optimierung (von technischen Anlagen(-teilen))	Herstellung/ Sanierung (von Wirtschaftsgütern)
	Vertragslaufzeit (Jahre)	≤ 30	≤ 30	≤ 30	≤ 20 (ggf. auch länger)	≤ 15	≤ 30
	Kündbarkeit (ordentlich)	Nein (evtl. Teilkündbarkeit einzelner Betreiberleistungen)	Nein (evtl. Teilkündbarkeit einzelner Betreiberleistungen)	Nein (evtl. Teilkündbarkeit einzelner Betreiberleistungen)	Nein (evtl. Teilkündbarkeit einzelner Betreiberleistungen)	Nein	Nein (vgl. zuvor genannte Vertragsmodelle mit Ausn. des PPP-Contractingmodells)
Aufgabenbereiche des Auftragnehmers	Planung (Design)	Ja	Ja	Ja	Ja	Ja	Ja
	Herstellung (Build)	Ja	Ja	Ja	Ja	Ja	Ja
	Finanzierung (Finance)	Ja	Ja	Ja	Ja	Ja	Ja
	Eigentum am Projektgegenstand während Vertragslaufzeit (Own)	Auftragnehmer	Auftragnehmer	Auftragnehmer	Auftraggeber	Auftraggeber	Auftragnehmer/ Auftraggeber (vgl. zuvor genannte Vertragsmodelle mit Ausn. des PPP-Contractingmodells)
	Betrieb/Management (Operate)	Ja	Ja	Ja	Ja	Ja	Ja

* Der Überblick spiegelt nur die Grundstrukturen der Vertragsmodelle wider und ist daher weder abschließend noch umfassend. Die Vertragsparteien können eine alternative Gestaltung und Gewichtung der Vertragselemente vereinbaren.

		PPP-Erwerber-modell	PPP-FMLeasing-modell	PPP-Vermietungsmodell	PPP-Inhaber-modell	PPP-Contracting-modell	PPP-Konzessions-modell
	Verwertung des Projektgegenstands, hier: Eigentumsübergang auf den Auftraggeber nach Vertragslaufzeit (Transfer)	Ja	Nein (Ja bei Ausübung einer Kaufoption)	Nein (Ja bei Ausübung einer Kaufoption)	Ja (entweder bereits durch Einbau bzw. Verbindung mit Grundstück des Auftraggebers oder durch vertragl. Eigentumsübertragung)	Ja (entweder bereits durch Einbau bzw. Verbindung mit Grundstück des Auftraggebers oder durch vertragl. Eigentumsübertragung)	Ja/Nein (vgl. zuvor genannte Vertragsmodelle mit Ausn. des PPP-Contractingmodells)
Aufgabenbereiche des Auftraggebers	Entgelt zur Deckung von: a) sämtlichen Investitionskosten	Ja (Abzahlung)	Nein (Teilamortisation) Ja (Vollamortisation)	Nein (Miete)	Ja (Vergütung)	Ja (allerdings durch eingesparte Energiekosten; evtl. zusätzliche Vergütung des Auftraggebers)	Ja (allerdings durch Nutzerentgelte; evtl. Anschubfinanzierung/Abschlusszahlung des Auftraggebers)
	b) Betreiberkosten, sonstigen Betriebskosten, Risikozuschlag, Gewinnmarge	Ja	Ja	Ja	Ja	Ja (allerdings durch eingesparte Energiekosten)	Ja (allerdings durch Nutzerentgelte und -gebühren)
	Zusatzentgelt für Eigentumserwerb	Nein	Ja (bei Kaufoption: Kaufpreis bei Vertragsabschluss festgelegt („kalkulierter Restwert"))	Ja (bei Kaufoption: Kaufpreis bei Optionsausübung ermittelt („Verkehrswert"))	Nein (i. d. R.)	Nein (i. d. R.)	Ja/Nein (vgl. zuvor genannte Vertragsmodelle mit Ausnahme des PPP-Contractingmodells)

		PPP-Erwerbermodell	PPP-FMLeasingmodell	PPP-Vermietungsmodell	PPP-Inhabermodell	PPP-Contractingmodell	PPP-Konzessionsmodell
Eigentum	Grundstück	Auftragnehmer (oder Auftraggeber)	Auftragnehmer (oder Auftraggeber)	Auftragnehmer (oder Auftraggeber)	Auftraggeber	Auftraggeber	Auftragnehmer/Auftraggeber (vgl. zuvor genannte Vertragsmodelle mit Ausnahme des PPP-Contractingmodells)
	Bauliche/technische Anlagen(-teile) oder sonstige Wirtschaftsgüter während der Vertragslaufzeit	Auftragnehmer (falls Auftraggeber im Falle von Bauwerken Grundstückseigentümer: Auftragnehmer als Erbbauberechtigter o. ä.)	Auftragnehmer (falls Auftraggeber im Falle von Bauwerken Grundstückseigentümer: Auftragnehmer als Erbbauberechtigter o. ä.)	Auftragnehmer (falls Auftraggeber im Falle von Bauwerken Grundstückseigentümer: Auftragnehmer als Erbbauberechtigter o. ä.)	Auftraggeber	Auftraggeber	Auftragnehmer/Auftraggeber (vgl. zuvor genannte Vertragsmodelle mit Ausnahme des PPP-Contractingmodells)
	Bauliche/technische Anlagen(-teile) oder sonstige Wirtschaftsgüter nach der Vertragslaufzeit	Auftraggeber	Auftragnehmer (Auftraggeber bei Ausübung der Kaufoption)	Auftragnehmer (Auftraggeber bei Ausübung der Kaufoption)	Auftraggeber	Auftraggeber	Auftragnehmer/Auftraggeber (vgl. zuvor genannte Vertragsmodelle mit Ausnahme des PPP-Contractingmodells)

		PPP-Erwerber-modell	PPP-FMLeasing-modell	PPP-Vermietungs-modell	PPP-Inhaber-modell	PPP-Contracting modell	PPP-Konzessions-modell
Anwend-bares Recht	**P**lanung (Design)	Werkvertragsrecht	–	–	Werkvertragsrecht	Werkvertragsrecht	
	(Ein-)Bau (Build)/Erwerb	Werkvertragsrecht (u. U. ergänzt durch Auftragsrecht) bzw. Kaufvertragsrecht	–	–	Werkvertragsrecht (u. U. ergänzt durch Auftragsrecht) bzw. Kaufvertragsrecht	Werkvertragsrecht (u. U. ergänzt durch Auftragsrecht) bzw. Kaufvertragsrecht	–
	Finanzierung (Finance)	u. U. Darlehens-vertragsrecht	–	–	u. U. Darlehensver-tragsrecht	u. U. Darlehensver-tragsrecht	Zivilrechtlicher Vertrag (im Übrigen vgl. zuvor genannte Vertragsmodelle mit Ausnahme des PPP-Contractingmodells)
	Nutzungs-überlassung	Kaufvertragsrecht	„in erster Linie" Mietvertragsrecht (und werkvertrag-liches Gewähr-leistungsrecht)	Mietvertragsrecht	–	–	
	Betrieb	Dienst- oder Werkvertragsrecht (u. U. ergänzt durch Auftragsrecht)	Dienst- oder Werkvertragsrecht	Dienst- oder Werkvertragsrecht	Dienst- oder Werkvertragsrecht (u. U. ergänzt durch Auftragsrecht)	Dienst- oder Werkvertragsrecht (u. U. ergänzt durch Auftragsrecht)	
	Verwertung (Transfer)	Kaufvertragsrecht	Kaufvertrags-recht (ab Ausübung der Kauf-/Verkaufoption)	Kaufvertrags-recht (ab Ausübung der Kauf-/Verkaufoption)	– (ausnahmsweise: Kaufvertragsrecht, wenn Scheinbe-standteil und anschließender Verkauf)	– (ausnahmsweise Kaufvertragsrecht, wenn Schein-bestandteil und anschließender Verkauf)	

		PPP-Erwerber-modell	PPP-FMLeasing-modell	PPP-Vermietungs-modell	PPP-Inhaber-modell	PPP-Contracting-modell	PPP-Konzessions-modell
Risiko-verteilung	**P**lanungsrisiko (Design)	Auftragnehmer	Auftragnehmer	Auftragnehmer	Auftragnehmer	Auftragnehmer	Auftragnehmer
	Herstellungsrisiko (Build)	Auftragnehmer	Auftragnehmer	Auftragnehmer	Auftragnehmer	Auftragnehmer	Auftragnehmer
	Finanzierungsrisiko (Finance)	Auftragnehmer	Auftragnehmer	Auftragnehmer	Auftragnehmer	Auftragnehmer	Auftragnehmer
	Sach- und Preisgefahr (Operate)	Auftraggeber (i. d. R.)	Auftragnehmer (i. d. R.)	Auftragnehmer (i. d. R.)	Auftraggeber (i. d. R.)	Auftraggeber (i. d. R.)	Auftragnehmer/ Auftraggeber (vgl. zuvor genannte Vertragsmodelle mit Ausnahme des PPP-Contractingmodells; Nutzerrisiko überwiegend bei Auftragnehmer)
	Verwertungsrisiko (Transfer)	Auftraggeber	Auftragnehmer (Auftraggeber bei Ausübung einer Kaufoption)	Auftragnehmer (Auftraggeber bei Ausübung einer Kaufoption)	Auftraggeber	Auftraggeber	Auftragnehmer/ Auftraggeber (vgl. zuvor genannte Vertragsmodelle mit Ausnahme des PPP-Contractingmodells)

§ 4 Bundes- und Landeshaushaltsrecht

Übersicht

Dem staatlichen[1] Haushaltsrecht kommt neben einer bedeutenden wirtschaftspolitischen Funktion vornehmlich eine finanzwirtschaftliche Ordnungsfunktion zu: Gemäß § 2 Satz 1 HGrG dient der Haushaltsplan der Feststellung und Deckung des Finanzbedarfs, der zur Erfüllung der Aufgaben des Bundes und des Landes im Bewilligungszeitraum voraussichtlich notwendig ist. Der Haushaltsplan stellt als Wirtschaftsplan und zugleich staatsleitender Hoheitsakt in Gesetzform[2] die Grundlage für die Haushalts- und Wirtschaftsführung dar (§ 2 S. 2 HGrG). Er ermächtigt die Verwaltung, Ausgaben zu leisten und Verpflichtungen einzugehen (§ 3 Abs. 1 HGrG). Während des gesamten Hauhaltszyklus sind von der öffentlichen Hand verfassungs- und einfachgesetzlich determinierte Haushaltsgrundsätze zu beachten.

Die folgende Darstellung der für PPP-Projekte einschlägigen Vorgaben des Haushaltsrechts orientiert sich an der durch den Haushaltszyklus vorgegebenen Unterteilung in die Phasen (1) Aufstellung des Haushaltsplans, (2) Haushaltsvollzug und (3) Haushaltskontrolle durch die Rechnungshöfe.

1. Aufstellung des Haushaltsplans

Im Rahmen der Aufstellung und Festsetzung des Haushaltsplans sind von der öffentlichen Hand besondere verfahrensrechtliche und materiell-rechtliche Vorgaben zu berücksichtigen, die sich aus (i) der Finanzplanung, (ii) dem Prinzip der Wirtschaftlichkeit und Sparsamkeit, (iii) besonderen Genehmigungserfordernissen für bestimmte Geschäfte und (iv) den Anforderungen an die Darstellung der zu erwartenden Einnahmen und Ausgaben sowie der erforderlichen Verpflichtungsermächtigungen im Haushaltsplan ergeben.

1.1 Finanzplanung

Gemäß Art. 109 Abs. 2 GG haben Bund und Länder bei ihrer Haushaltswirtschaft den Erfordernissen des gesamtwirtschaftlichen Gleichgewichts Rechnung zu tragen. Einnahmen aus Krediten dürfen die Summe der im Haushaltsplan veranschlagten Ausgaben für Investitionen nicht überschreiten, es sei denn, dies ist zur Abwehr einer Störung des gesamtwirtschaftlichen Gleichgewichts erforderlich. Diese verfassungsrechtliche (Art. 115 Abs. 1 Satz 2 GG) und einfachgesetzliche (§ 18 Abs. 1 S. 1 BHO/LHO) Regelung markiert materielle Grenzen für die Staatsverschuldung und konkretisiert zugleich das aus dem Demokratieprinzip fließende Gebot der Achtung der Entscheidungsfreiheit künftiger Generationen.[3]

---

[1] Zum kommunalen Haushaltsrecht siehe § 5 Abschnitt 2.

[2] Vgl. BVerfGE 79, 311 (328).

[3] BVerfGE 79, 311, (343). Zu der umstrittenen, von der herrschenden Literatur aber bejahten Frage, ob die Staatsverschuldung eine intertemporale Lastenverschiebung bewirkt, siehe Bröcker, Grenzen

Der Finanzplanung kommt für PPP besondere Bedeutung zu. PPP können die Handlungsspielräume künftiger Generationen verengen, weil die öffentliche Hand damit Zahlungsverpflichtungen über einen längeren Zeitraum eingeht. Anders als bei einem Bargeschäft der öffentlichen Hand werden damit öffentliche Finanzierungslasten in die Zukunft verlagert. Dies gilt freilich ebenso für kreditfinanzierte Eigenrealisierungen durch die öffentliche Hand, der typischerweise eine Kreditfinanzierung zu Grunde liegt. Eine a priori weitergehendere intertemporale Lastenverschiebung als bei der Eigenrealisierung ist PPP daher nicht zu Eigen.

Ferner bestimmen Art. 115 Abs. 1 Satz 1 Alt. 1 GG und die entsprechenden Regelungen in den Landesverfassungen (z.B. Art. 84 Abs. 1 Verf Baden-Württemberg; Art. 103 Abs. 1 Verf Brandenburg), dass die Aufnahme von Krediten sowie die Übernahme von Bürgschaften, Garantien oder sonstigen Gewährleistungen, die zu Ausgaben in künftigen Rechnungsjahren führen können, einer der Höhe nach bestimmten oder bestimmbaren Ermächtigung durch Gesetz bedürfen, und stellen damit einen formalen Vorbehalt auf.

Die haushaltsrechtliche Beurteilung von PPP setzt ein klares Verständnis der Begriffe *Kredit* und *Investition* voraus. Nur so können die von den Partnern zu erbringenden Leistungen (Planung, Errichtung, Betrieb, Finanzierung, Verwertung) im Rahmen von PPP-Hochbauprojekten haushälterisch zutreffend dargestellt und rechtlich daraufhin bewertet werden, ob zu ihrer Durchführung eine gesetzliche Ermächtigung erforderlich ist. Um die europarechtliche Dimension der Klassifizierung von Ausgaben des Staates als Kredite oder Investitionen zu verdeutlichen, werden nachfolgend nicht nur die haushaltsrechtlichen Implikationen der verschiedenen PPP-Vertragsmodelle nachvollzogen, sondern es wird ebenfalls untersucht, wie Einnahmen und Ausgaben in den Volkswirtschaftlichen Gesamtrechnungen[4] gebucht werden.

1.1.1 Kredit

Der haushaltsrechtliche Kreditbegriff ist gesetzlich nicht definiert. Nach der traditionellen[5] und heute noch herrschenden Meinung[6] bedeutet die Aufnahme eines Kredits im Sinne von Art. 115 Abs. 1 Satz 1 GG die Begründung von Finanzschulden. Finanzschulden beruhen auf einem schuldrechtlichen Vertrag zwischen dem Staat und einem Kreditgeber und führen dem Staat für eine bestimmte Zeit Geldmittel zur Finanzierung von Haushaltsaufgaben zu oder ersparen ihm unmittelbar die Leistung von Haushaltsausgaben.

Den Finanzschulden stehen die sog. Verwaltungsschulden des Staates gegenüber, die nach der h.M.[7] nicht unter den Begriff der Kreditaufnahme fallen. Verwaltungsschulden entstehen aus der Geschäfts- und Verwaltungstätigkeit des Staates (z.B. Primär- oder Sekundärverbindlichkeiten aus Kauf-, Werk- oder Mietverträgen) und dienen nicht zur Erzielung von Einnahmen, sondern müssen durch Einnahmen gedeckt sein.[8]

Die Rechtsprechung hat die von der Staats- und Verwaltungswissenschaft entwickelte Dichotomie von Finanz- und Verwaltungsschulden zur Qualifizierung öffentlicher Schul-

---

staatlicher Verschuldung im System des Verfassungsstaats, S. 51ff., 59; Heun, Die Verwaltung 1985, 1ff. (28).

[4] Die Volkswirtschaftlichen Gesamtrechnungen dienen der Europäischen Kommission als Grundlage für die Beurteilung, ob die Mitgliedsstaaten die sog. Maastricht-Kriterien einhalten.

[5] Saemisch, in: Anschütz/Thoma, Handbuch des deutschen Staatsrechts, Band II, 1932, S. 435, 444; vgl. BT-Drs. V/3040, Tz. 129.

[6] Stern, Das Staatsrecht der Bundesrepublik Deutschland, Band II, S. 1268; Fischer-Menshausen, in: von Münch/Kunig, GG, Art. 115 Rn. 8; Maunz, in: Maunz/Dürig, GG, Art. 115 Rn. 10; Piduch, Bundeshaushaltsrecht, GG, Art. 115 Rn. 14; Jaeckel, in: Klein, Öffentliches Finanzrecht, VII Rn. 6; Hennecke, Öffentliches Finanzwesen Finanzverfassung, § 11 Rn. 530.

[7] Stern, Das Staatsrecht der Bundesrepublik Deutschland, Band II, S. 1268; Piduch, Bundeshaushaltsrecht, GG, Art. 115 Rn. 14.

[8] Vgl. Jahndorf, NVwZ 2001, 620 (621); Schützenmeister, LKV 1992, 80 (81).

den als Kredit aufgegriffen: Der Rheinland-Pfälzische Verfassungsgerichtshof hat in einer Entscheidung[9] über die Vereinbarkeit des Landeshaushaltsgesetzes 1996 in Bezug auf die Leasingfinanzierung von Investitionsmaßnahmen mit der Verfassung für Rheinland-Pfalz ausgeführt, dass „Kreditaufnahme i.S. von Art. 117 S. 1 RhPfVerf. [...] die vertragliche Begründung von Finanzschulden" sei, während die „Eingehung von Schulden, die bei Waren- oder Dienstleistungsgeschäften entstehen, oder die Gewährung von Zahlungszielen, die in diesem Zusammenhang verabredet werden, keine Kreditaufnahme" darstelle.

Teile der finanzverfassungsrechtlichen Literatur[10] betonen hingegen, dass der terminologischen Unterscheidung zwischen Finanz- und Verwaltungsschulden eine unmittelbare normative Direktionskraft nicht zukomme und fordern, den Kreditbegriff im Hinblick auf die Gefahr von Umgehungsgeschäften problemadäquat erweiternd auszulegen. Bei einer Verpflichtung aus einem Verwaltungsschuldverhältnis könne, wenn neben die zugrunde liegende Austauschbeziehung eine sekundäre Finanzierungsfunktion trete, auch die Verwaltungsschuld unter den Gesetzesvorbehalt des Art. 115 Abs. 1 Satz 1 GG fallen.[11] Einem Verwaltungsschuldverhältnis soll eine sekundäre Finanzierungsfunktion dann zukommen, wenn dem Staat finanziell eine außergewöhnliche, materiell mit der vorübergehenden Erschließung einer Geldquelle vergleichbare Position verschafft wird.[12]

Virulent wird die Frage nach der Finanzierungsfunktion eines Geschäfts bei privaten Leistungen zur Erfüllung einer öffentlichen Aufgabe dann, wenn für die hierfür von der öffentlichen Hand zu entrichtende Gegenleistung ein längerer Tilgungsrahmen vorgesehen ist. Der Private wird sich in diesem Fall regelmäßig über Bankkredite zwischenfinanzieren. Grundsätzlich sind jedoch nur die vom Staat selbst aufgenommenen Schulden Kredite im haushaltsrechtlichen Sinne, weil Art. 115 Abs. 1 GG und die entsprechenden landesrechtlichen Vorschriften an das Rechtsträgerprinzip anknüpfen (arg. Art. 115 Abs. 2 GG.). Die von einem juristisch selbstständigen Dritten aufgenommenen Kredite sind hiernach keine staatlichen Kredite. Nur ausnahmsweise, vor allem wenn das Gebot der Vollständigkeit des Haushaltsplans gemäß Art. 110 GG umgangen zu werden droht, soll der von einem Dritten aufgenommene Kredit dem Staat zurechenbar sein.[13]

Innerhalb der h.L. noch nicht abschließend geklärt ist die Frage, in welchen konkreten Fallgestaltungen eine Umgehung von haushaltsrechtlichen Vorschriften mit der Folge der Qualifizierung einer Kreditaufnahme durch einen Dritten als staatliche Kreditaufnahme anzunehmen ist. Einheitlich bejaht wird dies nur dann, wenn der Staat einen Privaten mit der Aufnahme von Krediten im eigenen Namen für Rechnung des Staates beauftragt.[14] Nach ganz überwiegender Auffassung[15] gilt als staatliche Kreditaufnahme ferner der Fall, dass der Staat einen Dritten, an dem er maßgeblich beteiligt ist, mit der Kreditaufnahme im eigenen Namen und auf eigene Rechnung beauftragt, dem Staat zeitgleich Geldmittel zufließen, die er zur Fi-

---

[9] RhPfVerfGH, NVwZ-RR 1998, 145 (147).

[10] Höfling, Staatsschuldenrecht, S. 42ff.; Püttner, Die Privatfinanzierung öffentlicher Vorhaben – Weg oder Irrweg ?, in: Wendt, Staat-Wirtschaft-Steuern, Festschrift für Karl Heinrich Friauf zum 65. Geburtstag, S. 729 (739); Jahndorf, NVwZ 2001, 620 (624).

[11] Höfling, Staatsschuldenrecht, S. 44.

[12] So Höfling, DÖV 1995, 141 (146). Noch weitergehend Jahndorf, NVwZ 2001, 620 (624), der wirtschaftliche Sachverhalte, die sich im weiteren Sinne als Finanzierungshilfe darstellen, unter den Kreditbegriff des Art. 115 Abs. 1 GG subsumiert.

[13] Vgl. Maunz, in: Maunz/Dürig, GG, Art. 115 Rn. 12.

[14] Siehe statt vieler Fischer-Menshausen, in: von Münch/Kunig, GG, Art. 115 Rn. 8.

[15] Wendt, Haushaltsrechtliche Probleme der Kapitalbeteiligung Privater an öffentlichen Infrastrukturinvestitionen, in: Ipsen, Privatisierung öffentlicher Aufgaben, 1994, S. 37 (45); Fischer-Menshausen, in: von Münch/Kunig, GG, Art. 115 Rn. 8; Grupp, DVBl. 1994, 140 (145); Höfling, Staatsschuldenrecht, S. 53; Kilian, Nebenhaushalte des Bundes, S. 726; Gröpl, DStZ 1999, 113 (120); a.A. Piduch, Bundeshaushaltsrecht, GG, Art. 115 Rn. 14 (Stand: Januar 1995), der Finanzierungsverfahren außerhalb des Haushaltsplans (nur) aus Zweckmäßigkeitsgründen ablehnt.

nanzierung von Staatsaufgaben verwendet, und der Staat den Finanzdienst übernimmt.[16] Eine weitergehende Zurechnung von Kreditaufnahmen Dritter, wie von den Vertretern[17] eines wirtschaftlich verstandenen Kreditbegriffs befürwortet, lehnt die h. L. dagegen ab.

Rechtsprechung zu der Frage, ob und unter welchen Voraussetzungen eine Kreditaufnahme Dritter dem Staat zurechenbar ist, liegt bislang nur vereinzelt vor. In der o. g. Entscheidung[18] hat sich der Rheinland-Pfälzische Verfassungsgerichtshof der h. L. angeschlossen und das Vorliegen eines Kredits im haushaltsrechtlichen Sinn davon abhängig gemacht, ob sich der Staat durch eine Drittkreditaufnahme eine Geldquelle zum Zwecke des Haushaltsausgleichs erschließt. So heißt es in der Urteilsbegründung:

> „Dennoch führen weder das Immobilienleasing noch das Mogendorfer Modell zu einer Kreditaufnahme im Sinne des Haushaltsverfassungsrechts. Bei beiden Formen der privaten Vorfinanzierung fließen die jeweils von einer Bank aufgenommenen Geldmittel nicht dem Land, sondern der privaten Projektgesellschaft zu. Zwar werden, wie schon oben in anderem Zusammenhang ausgeführt, Krediteinnahmen einer vom Land beherrschten Finanzierungsgesellschaft diesem zugerechnet, wenn es die Gesellschaft mit der Kreditaufnahme beauftragt, den Schuldendienst übernimmt und die einkommenden Mittel für die Erfüllung von Staatsaufgaben verwendet. Von Fallgestaltungen dieser Art unterscheiden sich die hier in Rede stehenden Finanzierungsmodelle aber grundlegend insofern, als das Land sich nicht, auch nicht vorübergehend, eine Geldquelle zum Zwecke des Haushaltsausgleichs erschließt. Allein der Umstand, dass das Land einen – im wirtschaftlichen Sinne – kreditfinanzierten Gegenstand nutzt, lässt weder die private Kreditaufnahme zu einer solchen i. S. von Art. 117 S. 1 RhPfVerf. werden, noch unterwirft es das vom Land geschlossene Rechtsgeschäft dem staatsschuldenrechtlichen Gesetzesvorbehalt".

Ähnlich hat der Verfassungsgerichtshof des Landes Berlin in einem Urteil[19] zur Rechtmäßigkeit einer Haushaltsüberschreitung des Landeshaushalts 2000 infolge der Begleichung von Forderungen durch den Senat von Berlin zugunsten der Berliner Stadtreinigungsbetriebe entschieden:

> „Eine Kreditaufnahme liegt damit vor, wenn dem Staat unmittelbar oder mittelbar Geldleistungen zugewandt werden, die er zurückzahlen und in der Regel auch verzinsen muss, die mithin Finanzschulden begründen".

In der zitierten Entscheidung zieht der Verfassungsgerichtshof Berlin drei Fälle in Erwägung, in denen dem Staat Kredite Dritter möglicherweise zugerechnet werden können. Erstens könne eine missbräuchliche Umgehung der haushaltsverfassungsrechtlichen Vorschriften dann vorliegen, wenn besondere Rechtssubjekte z. B. als sog. Finanzierungsgesellschaften gegründet werden, die weder eigene Sachaufgaben noch eigenes Vermögen haben, aber Kredite aufnehmen dürfen, für die der Bund bzw. das Land entweder ausdrücklich die Garantie übernehmen oder kraft der Anstaltslast haften. Eine verdeckte Kreditaufnahme könne ferner in den Fällen vorliegen, dass, zweitens, einem Dritten der Auftrag erteilt wird, für Rechnung des Bundes bzw. des Landes Kredite zur Finanzierung von Bundes- bzw. Landesaufgaben aufzunehmen oder, drittens, dass ihm der Auftrag erteilt wird, im eigenen Namen und für eigene Rechnung Kredite zur Finanzierung von Bundes- oder Landesauf-

---

[16] Zu solchen Finanzierungsverfahren und die Bewertung der daraus resultierenden Einnahmen als Krediteinnahmen siehe die Denkschrift des Präsidenten des Bundesrechnungshofes, BT-Drs. V/4066, S. 39. Zu dieser in den 50er und 60er Jahren vom Bund gewählten Form der Finanzierung des Baus von Bundesautobahnen durch die Deutsche Gesellschaft für öffentliche Arbeiten AG (Öffa) vgl. Höfling, DÖV 1995, 141 (142).

[17] Jahndorf, NVwZ 2001, 620 (624); Kilian, Nebenhaushalte des Bundes, S. 727.

[18] RhPfVerfGH, NVwZ-RR 1998, 145 (147).

[19] Verfassungsgerichtshof Berlin, Urteil vom 21. 3. 2003 – VerfGH 6/01, NVwZ-RR 2003, 537.

gaben unter interner Übernahme des Schuldendienstes durch den Bund bzw. das Land aufzunehmen. Eine über diese Fälle hinausgehende weitere Ausweitung des Anwendungsbereichs von Art. 87 Abs. 1 der Verfassung von Berlin, der im Wesentlichen mit Art. 115 Abs. 1 GG übereinstimmt, soll hingegen nicht in Betracht kommen.

Das Bundesverfassungsgericht hatte 1998 Gelegenheit, in einer Eilentscheidung[20] über die haushaltsrechtliche Veranschlagung bestimmter Einnahmen im Rahmen eines Liegenschaftsmodells in Schleswig-Holstein zu befinden. Nach diesem Liegenschaftsmodell sollte das Land Schleswig-Holstein Liegenschaften an die Investitionsbank Schleswig-Holstein verkaufen und diese Liegenschaften gleichzeitig über einen längeren Zeitraum zum Marktpreis zurückmieten (sale-and-lease-back). Die Investitionsbank sollte den Kauf durch Inanspruchnahme des Kapitalmarktes in Höhe von etwa 1 Mrd. DM finanzieren. Bis zu 30% des Veräußerungserlöses sollte das Land Schleswig-Holstein einer bei der Investitionsbank einzurichtenden „Zweckrücklage Liegenschaften" zuführen dürfen, im Übrigen sollten die Veräußerungserlöse jedoch den Haushalt entlasten und die Neuverschuldung reduzieren. Das Bundesverfassungsgericht ordnete an, etwaige Einnahmen aus dem Liegenschaftsmodell einstweilen so zu behandeln, als seien sie Einnahmen aus Kredit.[21] Auch wenn diese Anordnung das vom Land Schleswig-Holstein verfolgte Liegenschaftsmodell als solches nicht präjudizierte,[22] lässt sich mit guten Gründen vertreten,[23] dass die Einnahmen des Landes Schleswig-Holstein aus dem kreditfinanzierten Liegenschaftsmodell nach den von der h. L. angelegten Beurteilungskriterien eine staatliche Kreditaufnahme gewesen wären.

Nach alledem bleibt festzuhalten, dass der in der Rechtsprechung gegenwärtig verwendete haushaltsrechtliche Kreditbegriff sich nur auf unmittelbar vom Staat aufgenommene Kredite bezieht und nur ausnahmsweise auf Drittkredite ausgedehnt wird, wenn sich der Staat dadurch eine Geldquelle *zum Zwecke des Haushaltsausgleichs* erschließt.[24]

Unstrittig ist, dass unter Kredit*aufnahme* im Sinne von Art. 115 Abs. 1 Satz 1 GG die jährliche Bruttoverschuldung zu verstehen ist, während Kredit*einnahmen* im Sinne von Art. 115 Abs. 1 Satz 2 GG die Nettoneuverschuldung, d. h. die Bruttoverschuldung abzüglich der Kreditaufnahme zur Umschuldung und zur Aufrechterhaltung einer ordnungsmäßigen Kassenwirtschaft,[25] bedeutet.[26] Unstrittig ist auch, dass die Kreditaufnahme einer Ermächtigung durch das Haushaltsgesetz oder durch ein anderes Gesetz bedarf; die Veranschlagung der voraussichtlichen Krediteinnahmen im Haushaltsplan genügt hierfür nicht.[27] Obgleich nach der Rechtsprechung der Gesetzesvorbehalt grundsätzlich nur für die Aufnahme von Finanzschulden gilt, sind sog. Sonderfinanzierungen in einigen Haushaltsgesetzen durch einfachgesetzliche Ermächtigungen abgesichert worden:

„Durch den Abschluss von Leasing-, Mietkauf- und ähnlichen Verträgen (Sonderfinanzierungen) für Bauinvestitionen dürfen Verpflichtungen zu Lasten künftiger Haushaltsjahre eingegangen werden. Das Ministerium der Finanzen wird ermächtigt, mit Zustimmung des Ausschusses für Haushalt und Finan-

---

[20] BVerfG, NVwZ 1999, 173ff.

[21] BVerfG, NVwZ 1999, 173 (174).

[22] BVerfG, NVwZ 1999, 173 (174).

[23] Vgl. Gröpl, DStZ 1999, 113, (117).

[24] Die Bemerkung des Bundesverfassungsgerichts in der Entscheidung BVerfG, NVwZ 1999, 173 (174), dass die Sache „gewichtige und schwierige verfassungsrechtliche Fragen" im Zusammenhang mit der Auslegung des Merkmals „Kredit" im Sinne von Art. 53 S. 1 und 2. Halbs. 1 SchlHVerf aufwerfe, könnte allerdings darauf hindeuten, dass das letzte Wort in diesem Zusammenhang noch nicht gesprochen ist.

[25] Zu diesen Kassenverstärkungskrediten siehe § 13 Abs. 1 Satz 1 Nr. 2 HGrG, § 18 Abs. 2 Satz 1 Nr. 2 BHO und die entsprechenden landesrechtlichen Vorschriften.

[26] Gröpl, Haushaltsrecht und Reform, S. 446; Bröcker, Grenzen staatlicher Verschuldung im System des Verfassungsstaats, S. 60.

[27] Piduch, Bundeshaushaltsrecht, GG, Art. 115 Rn. 11.

zen des Landtages Sonderfinanzierungen zuzulassen; § 38 Abs. 1 der Landeshaushaltsordnung bleibt unberührt."[28]

1.1.2 Investition

Unter dem Begriff der Investition werden herkömmlich öffentliche Ausgaben für Maßnahmen verstanden, die bei makroökonomischer Betrachtung die Produktionsmittel der Volkswirtschaft erhalten, vermehren oder verbessern.[29] Das GG selbst enthält in Art. 115 Abs. 2 Satz 2 allerdings keine Definition des Investitionsbegriffs, sondern lediglich einen Regelungsauftrag an den Gesetzgeber, Näheres durch Gesetz zu regeln. Der Bundesgesetzgeber ist diesem Auftrag – nach einer Mahnung[30] durch das Bundesverfassungsgericht – dadurch nachgekommen, dass er die auf Grund der bis dahin geltenden Verwaltungsvorschriften geübte Staatspraxis[31] mit den §§ 13 Abs. 3 Nr. 2 BHO, 10 Abs. 3 Nr. 2 HGrG in Gesetzesform gegossen hat.[32] Für die Länder ist diese Legaldefinition gemäß § 1 HGrG ebenfalls verbindlich.[33]

Gemäß § 13 Abs. 3 Nr. 2 Satz 2 BHO sind Investitionen die Ausgaben für

„a) Baumaßnahmen, soweit sie nicht militärische Anlagen betreffen,
b) den Erwerb von beweglichen Sachen, soweit sie nicht als sächliche Verwaltungsausgaben veranschlagt werden oder soweit es sich nicht um Ausgaben für militärische Beschaffungen handelt,
c) den Erwerb von unbeweglichen Sachen,
d) den Erwerb von Beteiligungen und sonstigem Kapitalvermögen, von Forderungen und Anteilsrechten an Unternehmen, von Wertpapieren sowie für die Heraufsetzung des Kapitals von Unternehmen,
e) Darlehen,
f) die Inanspruchnahme aus Gewährleistungen,
g) Zuweisungen und Zuschüsse zur Finanzierung von Ausgaben für die in den Buchstaben a bis f genannten Zwecke".

Diese abschließende Begriffsbestimmung umfasst diejenigen Ausgaben, die nach dem Gruppierungsplan den Hauptgruppen 7 (Baumaßnahmen) und 8 (Sonstige Ausgaben für Investitionen und Investitionsförderungsmaßnahmen) zuzuordnen sind.[34] Allerdings sind – insbesondere um Doppelzählungen im Gesamtstaat zu vermeiden[35] – Zuweisungen, Zuschüsse und Beiträge zu Investitionen von Dritten (Einnahmetitel der Obergruppen 33 und 34)[36] zur Ermittlung der in Art. 115 Abs. 1 Satz 2 GG genannten Kreditobergrenze von der Summe der nach den in Titeln der Obergruppen 88 und 89 veranschlagten Ausgaben für Investitionen[37] abzuziehen. Es dürfen nur eigenfinanzierte Investitionen berücksichtigt

---

[28] § 8 Abs. 1 Haushaltsgesetz 2002/2003 Brandenburg; ähnlich § 6 Abs. 1 Satz 1 und 2 Haushaltsgesetz 2002/03 Berlin, allerdings mit der Einschränkung gemäß § 6 Abs. 1 Satz 3, dass „[d]ie aus Sonderfinanzierungen entstehenden Verpflichtungen Berlins [...] das vertretbare Maß für die Belastung künftiger Haushaltsjahre nicht überschreiten [dürfen]."

[29] Siehe BT-Drs. V/3040, Tz. 134.

[30] BVerfGE 79, 311 (352).

[31] Siehe die Amtl. Begr. der Gesetzesentwürfe zur Haushaltsreform, BT-Drs. V/3040, Tz. 134.

[32] Hennecke, Öffentliches Finanzwesen Finanzverfassung, § 11 Rn. 575; kritisch Stölben, SächsVBl. 2002, 13 (17f.).

[33] NdsStGH, NVwZ 1998, 1288 (1289).

[34] Vgl. BT-Drs. 11/6939, S. 5; BT-Drs. 11/6940, S. 4.

[35] Vgl. RhPfVerfGH, NVwZ-RR 1998, 145 (149); kritisch zu der in einigen Bundesländern gleichwohl stattfindenden Doppelveranschlagung Bröcker, Grenzen staatlicher Verschuldung im System des Verfassungsstaats, S. 74.

[36] Die Obergruppe 33 umfasst Zuweisungen für Investitionen aus dem öffentlichen Bereich und die Obergruppe 34 Beiträge und sonstige Zuschüsse für Investitionen; vgl. VV-BHO § 13.

[37] Die Obergruppe 88 umfasst Zuweisungen für Investitionen im öffentlichen Bereich und die Obergruppe 89 Zuschüsse für Investitionen an sonstige Bereiche; vgl. VV-BHO § 13.

werden,[38] was Bedeutung insbesondere für die Länderhaushalte hat, wenn sie kreditfinanzierte Investitionszuweisungen des Bundes erhalten.[39] Der konkrete Investitionszweck der Ausgaben ist im Haushaltsgesetz oder in dem mit ihm verabschiedeten Haushaltsplan festzulegen, damit Ausgaben als Investitionen bei der Berechnung der Kreditobergrenze berücksichtigt werden können.[40]

Ausgehend von der Überlegung, dass die Funktion von Art. 115 Abs. 1 Satz 2 GG darin besteht, intertemporale Lastenverschiebungen infolge von Krediten durch Ausgaben mit einem zukunftsbegünstigenden Effekt materiell zu kompensieren,[41] wird teilweise betont, dass bei der Ermittlung der Kreditobergrenze Ausgaben für Darlehen und für die Inanspruchnahme aus Gewährleistungen für andere als Investitionskreditierungen auszunehmen seien, weil andernfalls ein zukunftswirksamer Lastenausgleich nicht stattfinde. Jedenfalls müssten, wenn Darlehen oder Gewährleistungen zu den Investitionsausgaben gezogen würden, weil die Rückflüsse aus Gebühren, Zinsen und Tilgungen künftige Haushalte entlasten, diese Einnahmen ausnahmslos zur Tilgung von Altschulden oder für neue Investitionen verwendet werden oder aber den angesetzten Investitionsausgaben bei der Bemessung der Kreditobergrenze mindernd gegenüber gestellt werden.[42]

Diese Überlegungen haben sich in der Verwaltungspraxis bislang aber nicht durchsetzen können. Gleiches gilt für die von Teilen der Literatur[43] aufgestellte Forderung, dass Ausgaben für Investitionen nicht nach dem Bruttoprinzip, sondern nach dem Nettoprinzip, d. h. abzüglich der Ersatzinvestitionen wegen eingetretener Wertminderung, in die Berechnung einzustellen seien.

1.1.3 PPP als Kredit und Investition nach deutscher Verwaltungspraxis

PPP-Vertragsmodelle sind nach deutschem Haushaltsrecht – unter Zugrundelegung der Kriterien der h. M. – grundsätzlich nicht mit einer Kreditaufnahme des Staates verbunden, wenn der private Partner die Finanzierungsverantwortung trägt. Die Verpflichtung der öffentlichen Hand zur Zahlung eines Entgeltes stellt eine Verwaltungsschuld und damit grundsätzlich keinen Kredit dar.

Eine staatliche Kreditaufnahme wäre nur unter besonderen Voraussetzungen anzunehmen. Hieran könnte zu denken sein, wenn das PPP-FM-Leasingmodell als „Sale-and-lease-back" ausgestaltet ist. Der öffentlichen Hand fließen in diesem Fall zunächst Einnahmen aus der Veräußerung von Immobilien zu. Nähme ein privater Partner, an dem die öffentliche Hand maßgeblich beteiligt ist, zur Finanzierung des Kaufpreises einen Kredit auf, übernähme den Finanzdienst jedoch die öffentliche Hand, wäre der Veräußerungserlös als Kreditaufnahme zumindest dann anzusehen, wenn diese Einnahmen allgemein zur Deckung von Haushaltsausgaben verwendet würden.

Ob Ausgaben im Rahmen der verschiedenen PPP-Vertragsmodelle Investitionen darstellen, richtet sich maßgeblich danach, ob ein Eigentumserwerb der öffentlichen Hand an dem Hochbauprojekt vorgesehen ist. Ist dies nicht der Fall, stellt das von der öffentlichen Hand an den privaten Partner geleistete Entgelt keine Investition dar. Im Rahmen des PPP-Erwerbermodells, des PPP-FM-Leasingmodells sowie des PPP-Versicherungsmodells sind Ausgaben für einen Erwerb des Hochbaus – sofern ein Erwerb stattfindet, was bei den bei-

---

[38] NdsStGH, NVwZ 1998, 1288 (1289); BT-Drs. 11/6939, S. 5; BT-Drs. 11/6940, S. 5.

[39] Piduch, Bundeshaushaltsrecht, BHO, § 18 Rn. 4.

[40] NdsStGH, NVwZ 1998, 1288 (1289).

[41] Vgl. Schwarz, DÖV 1998, 721 (722).

[42] Bundesrechnungshof, Bemerkungen 1999 zur Haushalts- und Wirtschaftsführung, BT-Drs. 14/1667 vom 11. 10. 1999, S. 59f.; Gröpl, Haushaltsrecht und Reform, S. 448; grundsätzlich für eine enge Auslegung des Investitionsbegriffs Maunz, in: Maunz/Dürig, GG, Art. 115 Rn. 32.

[43] Höfling, Staatsschuldenrecht, S. 192ff.; Stern, Das Staatsrecht der Bundesrepublik Deutschland, Band II, S. 1280; Bröcker, Grenzen staatlicher Verschuldung im System des Verfassungsstaats, S. 72f.

den zuletzt genannten Vertragsmodellen nur bei Ausübung einer eingeräumte Kaufoption der Fall ist – Investitionen, nicht jedoch die Ausgaben für den Betrieb und die Finanzierung. Bei den PPP-Inhaber- und Contractingmodellen sind die Ausgaben für die Planung und den Bau einer Immobilie bzw. technischen Anlage und die Ausgaben für den Erwerb von beweglichen Sachen – soweit nicht als sächliche Verwaltungsausgabe veranschlagt – Investitionen. Das Vorstehende gilt für das PPP-Konzessionsmodell entsprechend, je nachdem, mit welchem der anderen Vertragsmodelle es kombiniert wird. Ausgaben des Staates im Zusammenhang mit dem Erwerb von Geschäftsanteilen eines gemischtwirtschaftlichen Unternehmens (PPP-Gesellschaftsmodell) stellen Investitionen dar.

1.1.4 Exkurs: PPP als Kredit und Investition nach dem ESVG 1995

Das seit April 1999 in allen Mitgliedsstaaten der Europäischen Union eingeführte revidierte Europäische System Volkswirtschaftlicher Gesamtrechnungen (ESVG 1995)[44] definiert einen Kredit als „eine unbedingte Verbindlichkeit gegenüber dem Gläubiger, die bei Fälligkeit zurückgezahlt werden muss und verzinslich ist".[45] Für die von den Mitgliedsstaaten an Eurostat (dem Statistischen Amt der Europäischen Gemeinschaften) bereitzustellenden Statistiken, die u. a. zur Beurteilung der Einhaltung der in Art. 121 EGV niedergelegten Maastricht-Konvergenzkriteriengemäß dem Stabilitäts- und Wachstumspakt[46] dienen, ist das ESVG 1995 und damit dieser Kreditbegriff verbindlich.[47] Zu den Krediten gehören auch Verpflichtungen aus Finanzierungsleasing und Teilzahlungskauf,[48] wiewohl in diesen Fällen die Verbindlichkeit nicht in einer Rückzahlung, sondern in der ratenweisen Zahlung des Entgelts besteht. Beim Finanzierungsleasing und dem Teilzahlungskauf im Sinne des ESVG 1995[49] wird ein Kredit des Leasinggebers/Verkäufers an den Leasingnehmer/Käufer unterstellt.[50] Damit stellen in gewissen Grenzen auch Verwaltungsschulden im Sinne des nationalen Finanzverfassungs- und Haushaltsrechts einen Kredit dar.

Der im ESVG 1995 verwendete Investitionsbegriff[51] ist einerseits weiter, andererseits enger als der im nationalen Recht verwendete Begriff: Die Bruttoinvestitionen umfassen die Anlageinvestitionen, die Vorratsveränderungen und den Nettozugang an Wertsachen. Erlöse aus der Veräußerung von beweglichem und unbeweglichem Vermögen werden als Desinvestition abgesetzt. Der Beteiligungs- oder Forderungserwerb, Darlehensvergaben, Gewährleistungsausgaben und Investitionszuschüsse an Dritte haben keinen investiven Charakter.[52] Demgegenüber werden, anders als im deutschen Recht,[53] auch militärisch genutzte Bauten und Anlagen zu den Bruttoinvestitionen gezählt, wenn sie ähnlich denjenigen sind, die von zivilen Produzenten genutzt werden.[54]

Wie PPP im Rahmen des ESVG 1995 zu verbuchen sind, ist noch nicht abschließend geklärt. Ausdrückliche Bestimmungen zu der bilanziellen Behandlung von PPP finden sich im ESVG 1995 nicht. Eurostat setzt sich mit dieser Frage in einer Entscheidung vom 11. Februar

---

[44] Anhang A zu der Verordnung (EG) Nr. 2223/96 des Rates vom 25. 6. 1996 zum Europäischen System Volkswirtschaftlicher Gesamtrechnungen auf nationaler und regionaler Ebene in der Europäischen Gemeinschaft.

[45] Kapitel 5, Nr. 5.70 Buchstabe c ESVG 1995.

[46] ABl.EG 1997 Nr. C 231/1.

[47] Vgl. Art. 285 EGV.

[48] Kapitel 5, Nr. 5.81 Buchstabe g ESVG 1995.

[49] Vgl. Anhang II, Nr. 4 und Nr. 5 zum ESVG 1995.

[50] Anhang II, Nr. 9 (Finanzierungsleasing) und 13 (Teilzahlungskauf) ESVG 1995.

[51] Siehe die Definition von „Bruttoanlageninvestitionen" in Kapitel 5, Nr. 3102 ESVG 1995.

[52] Bundesrechnungshof, Bemerkungen 1999 zur Haushalts- und Wirtschaftsführung, BT-Drs. 14/1667 vom 11. 10. 1999, S. 58.

[53] Vgl. § 10 Abs. 3 Nr. 2 Satz 2 Buchstabe a und b HGrG.

[54] Z. B. Flughäfen, Hafenanlagen, Straßen und Krankenhäuser, siehe Kapitel 3, Nr. 3107 Buchstabe b ESVG 1995.

2004[55] auseinander und empfiehlt, Vermögenswerte, die Gegenstand einer öffentlich-privaten Partnerschaft sind, nicht als Vermögenswerte des Staates zu klassifizieren und folglich nicht in der Bilanz des Sektors Staat zu verbuchen, wenn die beiden folgenden Bedingungen erfüllt sind:

- der private Partner trägt das Baurisiko (d. h. insbesondere das Risiko verspäteter Leistung, Nichteinhaltung vorgegebener Standards, zusätzlicher Kosten, technischer Mängel, externer negative Effekte), und
- der private Partner trägt mindestens entweder das Ausfallrisiko (d. h. das Risiko der Nichteinhaltung von Quantitäts- oder Qualitätsanforderungen) oder das Nachfragerisiko (d. h. das Risiko von Nachfrageschwankungen, die nicht auf das eigene Verhalten zurückzuführen sind).

Wenn das Baurisiko vom Staat getragen wird oder wenn der private Partner nur das Baurisiko und kein anderes Risiko trägt, sollen die Vermögenswerte als Vermögenswerte des Staates klassifiziert werden. Demzufolge sind die ursprünglichen Investitionsausgaben für die Vermögenswerte als Anlageinvestitionen des Staates zu verbuchen. Im Gegenzug erhöht sich der öffentliche Schuldenstand in Form eines „unterstellten Kredits“ vom privaten Partner. Die regelmäßigen Zahlungen des Staates an den privaten Partner wirken sich hingegen nur insoweit auf das Defizit bzw. den Überschuss des Staates aus, als sie sich auf Dienstleistungskäufe und unterstellte Zinsen beziehen.

Die Entscheidung von Eurostat wirft eine Reihe von Fragen auf. Erstens fehlt darin eine Bestimmung des Begriffs „öffentlich-private Partnerschaft“. In dieser Hinsicht bietet sich an, auf die Ausführungen der Kommission der Europäischen Gemeinschaften unter Ziffer 1.1 in ihrem „Grünbuch zu öffentlich-privaten Partnerschaften und den gemeinschaftlichen Rechtsvorschriften für öffentliche Aufträge und Konzessionen“ vom 30. April 2004 abzustellen.[56]

Ferner fragt sich, in welchem Verhältnis die Bewertungsvorgaben in der Eurostat-Entscheidung zu den Regelungen in Anhang II zum ESVG 1995 über das Finanzierungsleasing und den Teilzahlungskauf[57] stehen. Letztere stellen besondere Voraussetzungen für die Buchung von Vermögenswerten als Anlageinvestition des Staates bei gleichzeitiger Unterstellung eines Kredits an den staatlichen Sektor auf, die sich mit den Empfehlungen von Eurostat nicht vollständig decken. Ist Gegenstand einer PPP ein Finanzierungsleasing oder ein Teilzahlungskauf im Sinne des ESVG 1995, können die unterschiedlichen Buchungsvorgaben miteinander konkurrieren ohne dass ersichtlich wäre, welchen Regelungen im Konfliktfall der Vorzug zu geben ist. Bis zu einer verbindlichen Klärung dieser Frage erscheint es sachgerecht, vorrangig auf die in der Entscheidung von Eurostat vom 11. Februar 2004 aufgezeigten Buchungsvorgaben für PPP im öffentlichen Hochbau zu rekurrieren. Dafür spricht, dass diese Entscheidung sich speziell mit der Risikoallokation bei PPP auseinandersetzt und insofern besser geeignet erscheint, den spezifischen Umständen bei PPP im öffentlichen Hochbau buchungstechnisch Rechnung zu tragen. Andererseits weist Eurostat in der Entscheidung zutreffend darauf hin, dass eine Analyse der Bau-, Ausfall- und Nachfragerisiken nicht zwangsläufig in allen Fällen klare Schlussfolgerungen ermöglicht. Dann jedoch ist es legitim und angezeigt, geeignete zusätzliche Elemente des PPP-Vertrages, wie etwa staatliche Garantien oder Klauseln über die endgültige Bestimmung der Vermögenswerte, zu berücksichtigen. So wird man bei einer PPP in Form eines Immobilienleasing besonderes Augenmerk auf Exit-Regelungen legen.

Eine weitere Frage im Zusammenhang mit der Eurostat-Entscheidung ist schließlich die nach der Abgrenzung der darin benannten Risiken. Während die Bestimmung des sog. Nachfragerisikos vergleichsweise einfach erscheint, gestaltet sich die Klassifizierung von Risi-

---

[55] Vgl. Pressemitteilung STAT 18/04 (http://europa.eu.int/comm/eurostat/Public/datashop/print-product/DE?catalogue=Eurostat&product=2–1 102 2004-DE-AP-DE&type=pdf).

[56] Das Grünbuch der Europäischen Kommission findet sich auf der Webseite <http://europa.eu.int/comm/internal_market/publicprocurement/ppp_de.htm>.

[57] Anhang II, Nr. 9 (Finanzierungsleasing) und 13 (Teilzahlungskauf) ESVG 1995.

ken als Bau- bzw. Ausfallrisiko schwieriger. Sowohl das Bau- als auch das Ausfallrisiko beziehen sich auf Fallkonstellationen, in denen der private Partner seinen vertraglichen Verpflichtungen gegenüber dem Staat nicht oder nicht in gehöriger Weise nachkommt. Die Zuordnung beim privaten Partner hängt bei beiden Risiken davon ab, inwieweit der Staat bei einer Risikoverwirklichung verpflichtet bleibt, seine Gegenleistung zu erbringen bzw. berechtigt wird, Sanktionen (wie etwa die Geltendmachung von Vertragsstrafen) zu ergreifen. Von Bedeutung ist eine zutreffende Einordnung von Risiken als Bau- bzw. Ausfallrisiko deshalb, weil Eurostat der Verteilung des Baurisikos eine alleinentscheidende Bedeutung für die Beantwortung der Frage zugewiesen hat, ob sich PPP bei dem privaten Partner oder beim Staat „off balance" darstellen. Demgegenüber lässt sich die Zuordnung des Ausfallrisikos beim Staat durch die Übernahme des Nachfragerisikos durch den Privaten kompensieren. Im Hinblick auf diese Frage wird man zunächst davon ausgehen dürfen, das Baurisiko – anders als das Ausfallrisiko – allein auf die Bauphase eines PPP-Projekts zu beschränken. Schwierigkeiten bereitet der Fall des Ausfalls des privaten Partners in der Bauphase: Stellt dies eine Realisierung des Baurisikos oder eine Verwirklichung des Ausfallrisikos dar? Für die Zuordnung zum Baurisiko spricht dessen oben erwähnte besondere Bedeutung für die Risikobewertung, die andernfalls schwerlich erklärbar wäre. Denn der Ausfall des privaten Partners dürfte in jedem Fall, und besonders in der Bauphase, schwerer wiegen, als etwa ein bloßer Verzug mit der Leistungserbringung. Dann jedoch sollte die Bedeutung dieses Risikos in der Bauphase auch mit der Bedeutung der Zuordnung des Baurisikos für die Buchung korrespondieren. Zudem erscheint es schlicht unplausibel, Investitionsausgaben des Staates als Anlageinvestitionen des Privaten zu verbuchen, wenn der Private zwar Vertragsstrafen bei verspäteter Erfüllung zahlen muss, der Staat jedoch bei einem Ausfall des Privaten in der Bauphase gleichwohl die Gegenleistung zu erbringen hätte.[58] Diese Überlegungen legen den Schluss nahe, das Baurisiko in der Bauphase als die allein maßgebliche Risikoart anzusehen, so dass der Anwendungsbereich des Ausfallrisikos bzw. Nachfragerisikos auf nachfolgende Projektphasen beschränkt bleibt.[59]

Überträgt man das vorstehend Gesagte auf die hier erörterten Vertragsmodelle, lassen sich tendenziell die folgenden Ausführungen treffen:

In Höhe der Ausgaben der öffentlichen Hand über die gesamte Laufzeit der PPP wird bei dem PPP-Erwerbermodell und dem PPP-Inhabermodell eine Kreditaufnahme gemäß dem ESVG 1995 zu unterstellen sein, wenn der Staat das Baurisiko oder zwar nicht das Baurisiko, aber einen Großteil der übrigen Projektrisiken (wie etwa das Instandhaltungsrisiko, das Refinanzierungsrisiko oder das Restwertrisiko) trägt. Hat sich der Staat etwa fest verpflichtet, die Vermögenswerte bei Vertragsablauf zu einem vorab festgelegten Preis, der nicht dem wirtschaftlichen Wert der Güter zu diesem Zeitpunkt entspricht (wie er auf der Grundlage einer konservativen Hypothese zum Zeitpunkt des Vertragsabschlusses erwartet werden konnte), zu erwerben, so kann die damit einhergehende Zuordnung des Restwertrisikos zum Staat ausschlaggebend sein. Wie bei dem Teilzahlungskauf oder dem Finanzierungsleasing ist bei der Tilgung des unterstellten Kredits zwischen Tilgung und Zins zu differenzieren.[60] Das PPP-FM-Leasingmodell wird in der deutschen Rechtspraxis in der Regel als Operating-Leasing im Sinne des ESVG 1995 anzusehen sein, so dass eine Kreditaufnahme des Leasingnehmers (Staat) nicht unterstellt wird. Hat der Staat jedoch für das Recht bezahlt,

---

[58] Dem lässt sich nicht entgegen halten, dass der Staat mit seinen Ansprüchen auf Zahlung der Vertragsstrafe gegen die Ansprüche des Privaten auf Erbringung der Gegenleistung aufrechnen kann. Denn typischerweise sind Vertragsstrafen in ihrer Summe wesentlich niedriger, als der für einen Bau zu zahlende Gesamtpreis.

[59] Eine andere Meinung vertritt wohl das Statistische Bundesamt (Destatis). Dort wurde dem Verfasser auf telefonische Anfrage am 15. 7. 2004 mitgeteilt, dass auch der Ausfall des privaten Partners während der Bauphase eine Realisierung des Ausfallrisikos (und nicht des Baurisikos) darstelle.

[60] Zum Finanzierungsleasing und Teilzahlungskauf vgl. Anhang II, Nr. 9 und Nr. 13 zum ESVG 1995.

die Vermögenswerte während der gesamten Vertragslaufzeit mittels Zahlungen, die höher sind als sie ohne dieses Recht gewesen wären, zu erwerben, so dürfte das PPP-FM-Leasingmodell wie ein Finanzierungsleasing zu behandeln sein. Bei dem PPP-Versicherungsmodell, dem PPP-Contractingmodell sowie dem PPP-Konzessionsmodell besteht für einen unterstellten Kredit in der Regel keine Rechtsgrundlage, weil die wesentlichen wirtschaftlichen Risiken der PPP, einschließlich des Bau- und Ausfallrisikos, in diesen Fällen typischerweise der Private trägt. Das Vorstehende gilt für das PPP-Gesellschaftsmodell entsprechend, je nachdem, mit welchem der Vertragsmodelle es kombiniert wird.

Das Hochbauprojekt ist bei dem PPP-Erwerbermodell als Bruttoinvestition der öffentlichen Hand zu verbuchen, sofern es eine dem Teilzahlungskauf gemäß dem ESVG 1995 vergleichbare Risikoverteilung aufweist. Ausgaben im Rahmen des PPP-FM-Leasingmodells können – je nach Vertragsgestaltung – Bruttoinvestitionen des Staates darstellen, ohne dass jedoch allein eine Option des Staates für den Kauf des Vermögenswertes zum Marktwert nicht hierzu führte.[61] Ausgaben im Rahmen des PPP-Versicherungsmodells stellen grundsätzlich ebenfalls keine Bruttoinvestitionen des Staates dar. Ausgaben im Rahmen des PPP-Inhabermodells sowie beim PPP-Contractingmodell können eine Bruttoinvestition darstellen, soweit mit ihnen der Erwerb von Hochbauten oder Verbesserungen, die weit über die normale Instandhaltung und Reparatur hinausgehen,[62] abgegolten werden. Ausgaben für den Erwerb von Geschäftsanteilen an einem gemischt-wirtschaftlichen Unternehmen stellen keine Bruttoinvestition des Staates dar.

1.2 Wirtschaftlichkeitsuntersuchungen

Einen elementaren Grundsatz des Haushaltsrechts stellt das Gebot der Wirtschaftlichkeit und Sparsamkeit dar, das namentlich in § 6 HGrG eine besondere Ausprägung gefunden hat. Danach sind bei „Aufstellung und Ausführung des Haushaltsplans [...] die Grundsätze der Wirtschaftlichkeit und Sparsamkeit zu beachten" und für „alle finanzwirksamen Maßnahmen [...] angemessene Wirtschaftlichkeitsuntersuchungen durchzuführen".

In den Haushaltsordnungen des Bundes[63] und der Länder[64] finden sich entsprechende Vorschriften, die durch Verwaltungsvorschriften konkretisiert und zum Teil durch weitere Vorgaben ergänzt werden. So verpflichtet § 7 Abs. 1 Satz 2 BHO[65] zu der Prüfung: „inwieweit staatliche Aufgaben oder öffentlichen Zwecken dienende wirtschaftliche Tätigkeiten durch Ausgliederung und Entstaatlichung oder Privatisierung erfüllt werden können." Unklar ist, was der Gesetzgeber mit den in dieser Vorschrift verwendeten Begriffen und Konjunktionen genau gemeint hat.[66] Insoweit empfiehlt sich eine Orientierung am Zweck der Vorschrift, eine wirtschaftliche und sparsame Mittelverwendung sicherzustellen. Daher sollte jede denkbare Privatisierungsmöglichkeit in die Betrachtung einbezogen werden.[67] Versteht man unter Privatisierung die generelle Verlagerung von Rechtsmacht vom Staat in Richtung „privat",[68] fallen auch PPP unter diese Vorschrift, weil Erfüllungsverantwortung vom Staat auf Private verlagert wird.[69] Mehr als eine Pflicht zur Prüfung, inwieweit eine staatliche Aufgabe durch PPP erfüllt werden kann, lässt sich aus dieser Vorschrift freilich nicht herleiten. Erst Recht haben Private keinen Anspruch auf die Durchführung und die Vergabe von PPP-Hochbauprojekten.

---

[61] Vgl. Pressemitteilung STAT/18/04.

[62] Vgl. Anhang II, Nr. 3107 Buchstabe f ESVG 1995.

[63] § 7 Abs. 1 Satz 1, Abs. 2 Satz 1 BHO.

[64] § 7 Abs. 1 LHO. Die § 7 Abs. 2 Satz 1 LHO sehen vor, dass für geeignete Maßnahmen von erheblicher finanzieller Bedeutung Kosten-Nutzen-Untersuchungen anzustellen sind.

[65] Auf Landesebene entsprechend § 7 LHO Berlin.

[66] Vgl. dazu Kämmerer, Privatisierung, S. 8 f. (53 ff.).

[67] Helm, in: Piduch, Bundeshaushaltsrecht, BHO, § 7 Rn. 5 (Stand: Juli 1998).

[68] Kämmerer, Privatisierung, S. 60.

[69] Die Frage, inwieweit sich die Privatisierung von einer PPP unterscheidet, ist insoweit nicht weiter von Bedeutung und soll daher hier nicht vertieft werden.

Wirtschaftlichkeitsuntersuchungen sind Instrumente zur Umsetzung der Grundsätze der Wirtschaftlichkeit und Sparsamkeit.[70] Die Ausrichtung jeglichen Verwaltungshandelns an diesen Grundsätzen soll die bestmögliche Nutzung von Ressourcen bewirken, indem die günstigste Relation zwischen dem verfolgten Zweck und den einzusetzenden Mitteln gemäß dem Sparsamkeits- und dem Ergiebigkeitsprinzipangestrebt wird (vgl. die Verwaltungsvorschrift zu § 7 BHO). Nach dem Prinzip der Sparsamkeit (Minimalprinzip) soll ein bestimmtes Ergebnis mit möglichst geringem Mitteleinsatz erzielt werden. Das Ergiebigkeitsprinzip (Maximalprinzip) verlangt demgegenüber, mit einem bestimmten Mitteleinsatz das bestmögliche Ergebnis zu erzielen.

Alle finanzwirksamen Maßnahmen sind auf ihre Wirtschaftlichkeit zu untersuchen. Wirtschaftlichkeitsuntersuchungen sind sowohl bei der Planung neuer Maßnahmen einschließlich der Änderung bereits laufender Maßnahmen (Planungsphase), als auch während der Durchführung (im Rahmen einer begleitenden Erfolgskontrolle) und nach Abschluss von Maßnahmen (im Rahmen einer abschließenden Erfolgskontrolle) vorzunehmen (Nr. 2 der VV zu § 7 BHO). Eine Wirtschaftlichkeitsuntersuchung setzt sich also nicht allein aus einer, sondern – soweit angemessen – aus mehreren, auf die verschiedenen Phasen der Verwirklichung einer Maßnahme verteilten Effizienzprüfungen zusammen.

Im Zusammenhang mit Wirtschaftlichkeitsuntersuchungen stellt sich das folgende Problem: Aus vergaberechtlichen Gründen ist es erforderlich, dass geplante Ausgaben für PPP-Hochbauprojekte bereits vor der Einleitung eines – regelmäßig erforderlichen[71] – Vergabeverfahrens haushälterisch veranschlagt werden.[72] Ursache dafür ist zum einen, dass den Bietern in einem Vergabeverfahren nicht übermäßig lange Bindungsfristen auferlegt werden dürfen,[73] die Haushaltswerdung jedoch einen langen Vorlauf benötigt.[74] Zum anderen ist die Aufhebung eines Vergabeverfahrens allein aus dem Grund, dass Haushaltsmittel fehlen, grundsätzlich unzulässig.[75] Objektbezogene Angaben über die Wirtschaftlichkeit einer konkreten Maßnahme erhält die Verwaltung indessen erst im Rahmen des Vergabeverfahrens, wenn die Bieter ihre bindenden Angebote abgegeben haben. Das gilt insbesondere für PPP-Hochbaumaßnahmen, die nicht zuletzt infolge ihres ganzheitlichen Ansatzes rechtlich sehr unterschiedlich ausgestaltet und verschieden bepreist werden können. Damit fragt sich, ob und in welcher Form die Verwaltung auch schon vor der Festsetzung des Haushaltsplans eine Wirtschaftlichkeitsuntersuchung durchführen muss.

1.2.1 Wirtschaftlichkeitsuntersuchungen vor der Verabschiedung des Haushaltsplans

Gemäß § 24 Abs. 2 BHO (§ 16 Abs. 2 HGrG) dürfen Ausgaben und Verpflichtungsermächtigungen für größere Beschaffungen[76] erst veranschlagt werden, wenn Planungen und

[70] Vgl. Nr. 1 VV zu § 7 BHO.

[71] Die für Vergabeverfahren nach dem GWB geltenden Schwellenwerte – siehe dazu unten § 6 Abschnitt 3.1.3 – dürften durch PPP im öffentlichen Hochbau regelmäßig überschritten werden. Unterhalb dieser Schwellenwerte richtet sich die öffentliche Ausschreibung von Verträgen über Lieferungen und Leistungen nach § 55 BHO/LHO in Verbindung mit den dazu ergangenen Richtlinien; ausführlich dazu Nebel, in: Piduch, Bundeshaushaltsrecht, BHO, § 55.

[72] Rechnungshof Baden-Württemberg, Beitrag Nr. 13 zur Denkschrift für das Jahr 2000, Alternative Ausschreibungs- und Finanzierungsmodelle für Hochbaumaßnahmen, S. 18.

[73] Vgl. § 19 VOB/A.

[74] Wlasak, Leasing im Haushaltsrecht des Bundes, in: Michael Kroll, Leasing-Handbuch für die öffentliche Hand, S. 283.

[75] Vgl. Vergabekammer des Freistaates Sachsen, Beschluss vom 5. 9. 2002 – 1/SVK/073 – 02, unter Hinweis auf BGH, ZVgR 1998, 565 ff.

[76] Größere Beschaffungen sind gemäß § 24 Nr. 2.1 VV-BHO Anschaffungen von Sachen mit einem Mittelbedarf von mehr als 500 000 Euro im Einzelfall, für die Ausgaben und Verpflichtungsermächtigungen in der Hauptgruppe 8 und der Gruppe 554 im Haushaltsplan veranschlagt werden.

Schätzungen der Kosten und Kostenbeteiligungen vorliegen. Den Unterlagen ist eine Schätzung der nach Fertigstellung der Maßnahme entstehenden jährlichen Haushaltsbelastungen beizufügen. Ausnahmen hiervon sind gemäß § 24 Abs. 3 Satz 1 BHO nur zulässig, wenn es im Einzelfall nicht möglich ist, die Unterlagen rechtzeitig fertig zu stellen, und wenn aus einer späteren Veranschlagung dem Bund ein Nachteil entstehen würde. Die Landeshaushaltsordnungen (§ 24 LHO) stimmen im Wesentlichen mit § 24 BHO überein.[77] Teilweise haben die Länder besondere Verwaltungsvorschriften zur Durchführung von Hochbaumaßnahmen mit privater Finanzierung erlassen.[78]

In Schleswig-Holstein ist ausdrücklich geregelt, dass Wirtschaftlichkeitsuntersuchungen für Hochbauvorhaben durch private Investoren u.a. im Stadium des Bauantrages von der nutzenden Verwaltung unter Beteiligung des Ministers für Finanzen und Energie und auch im Rahmen der HU-Bau durchzuführen sind.[79] Auch auf Bundesebene ist geregelt, dass Wirtschaftlichkeitsuntersuchungen zu den Unterlagen nach § 24 BHO gehören.[80]

1.2.2 Form, Inhalt und Begründungstiefe der Wirtschaftlichkeitsuntersuchung

Das staatliche Haushaltsrecht definiert Form, Inhalt und Begründungstiefe von Wirtschaftlichkeitsuntersuchungen nicht. Die Gesetze enthalten sich konkretisierender Hinweise, wie eine Wirtschaftlichkeitsuntersuchung im Einzelfall auszusehen hat, und fordern allein, dass eine Wirtschaftlichkeitsuntersuchung „angemessen" sein muss. Die Angemessenheit einer Wirtschaftlichkeitsuntersuchung setzt voraus, dass die Untersuchung geeignet ist, den mit ihr verfolgten Zweck zu erreichen. Das Angemessenheitserfordernis deutet ferner auf eine gewisse Gestaltungsfreiheit hinsichtlich der Ausgestaltung von Wirtschaftlichkeitsuntersuchungen entsprechend den jeweiligen Umständen in einem konkreten Fall hin. Rechtlich ist damit nicht generell vorgegeben, auf welche betriebswirtschaftlich-methodische Basis eine Wirtschaftlichkeitsuntersuchung zu stellen ist und welche Qualität (Datenvalidität, Konsistenz, intersubjektive Überprüfbarkeit, etc.) die mit Wirtschaftlichkeitsuntersuchungen erarbeiteten Informationen haben sollen.

Das in den Haushaltsordnungen verschiedentlich vorgesehene Interessenbekundungsverfahren (IBV) eignet sich nach den bisherigen Erfahrungen nicht als Wirtschaftlichkeitsuntersuchung. Mit einem IBV soll privaten Anbietern in geeigneten Fällen die Möglichkeit gegeben werden, darzulegen, ob und inwieweit sie staatliche Aufgaben oder öffentlichen Zwecken dienende wirtschaftliche Tätigkeiten nicht ebenso gut oder besser erbringen können.[81] Bekunden Private ihr Interesse an einem Projekt, kann dies zwar als Indiz für die PPP-Fähigkeit eines Hochbauprojekts im Sinne einer Markterkundung angesehen werden. Weil die Privaten an ihre im IBV geäußerten Preisvorstellungen jedoch nicht gebunden sind, bilden diese regelmäßig keine belastbare Grundlage für eine Wirtschaftlichkeitsuntersuchung.

1.3 Vorgaben für Verfügungen über staatliche Vermögensgegenstände und für Unternehmensbeteiligungen des Staates

Das Haushaltsrecht stellt für den Erwerb und die Veräußerung von Vermögensgegenständen des Staates sowie für die Beteiligungen an privatrechtlichen Unternehmen besondere Vorgaben auf, die bei der Umsetzung von PPP-Hochbauprojekten zu berücksichtigen sind.

---

[77] In Schleswig-Holstein haben die Kostenschätzungen für die jährliche Haushaltsbelastung insbesondere eine Darstellung der Kosten der Nutzung (§ 24 Abs. 1 Satz 2 LHO) und – ebenso wie im Saarland – ein Nutzungskonzept (§ 24 Abs. 2 Satz 2 LHO) zu enthalten.

[78] So z.B. in Schleswig-Holstein die Anlage zu Nr. 1.5 VV zu § 24 LHO und in Berlin Anlage 2 zu Nr. 2.1 AV zu § 7 LHO.

[79] Nr. B.5 der Anlage zu Nr. 1.5 der VV zu § 24 LHO.

[80] Siehe Nr. 2.4.3 VV zu § 7 BHO.

[81] Ein Interessenbekundungsverfahren sehen gegenwärtig vor § 7 Abs. 2 Satz 2 BHO bzw. LHO Brandenburg und LHO Berlin sowie § 7 Abs. 3 LHO Hamburg und LHO Thüringen.

1.3.1 Vorgaben für Verfügungen über Sachen

§ 63 BHO/LHO normiert materielle Voraussetzungen für den Erwerb, die Veräußerung und die Nutzungsüberlassung von Vermögensgegenständen des Bundes bzw. der Länder. Die dort niedergelegten Vorgaben gelten sowohl für bewegliche als auch für unbewegliche Gegenstände. Zusätzlich stellt § 64 BHO/LHO formelle Genehmigungserfordernisse für den Erwerb und die Veräußerung von Immobilien auf.

§ 63 BHO/LHO

Gemäß § 63 Abs. 1 BHO dürfen Vermögensgegenstände nur erworben werden, soweit sie zur Erfüllung der Aufgaben des Bundes in absehbarer Zeit erforderlich sind. Veräußert werden dürfen Vermögensgegenstände gemäß § 63 Abs. 2 BHO nur dann, wenn sie zur Erfüllung der Aufgaben des Bundes in absehbarer Zeit nicht benötigt werden. Im Falle der Veräußerung gilt das Vollwertprinzip,[82] demzufolge Vermögensgegenstände nur zu ihrem vollen Wert veräußert werden dürfen. Ausnahmen können im Haushaltsplan[83] oder durch das Bundesministerium der Finanzen[84] (BMF) zugelassen werden, vom BMF aber nur dann, wenn der Wert des Vermögensgegenstandes gering ist oder ein dringendes Bundesinteresse besteht. Für zu erwerbende und zu veräußernde Grundstücke ist gemäß § 64 Abs. 3 BHO eine Wertermittlung aufzustellen, bei der die Wertermittlungsrichtlinien[85] in der jeweils geltenden Fassung anzuwenden sind. Das Ergebnis der Wertermittlung zeigt den „vollen Wert" im Sinne von § 63 Abs. 3 BHO auf, der verwaltungsintern den Maßstab für Erwerbs- oder Verkaufsverhandlungen bildet.[86]

Die Landeshaushaltsordnungen stimmen mit § 63 BHO zum großen Teil wörtlich, im Übrigen weitgehend inhaltlich überein. Terminologische Abweichungen weisen die Landeshaushaltsordnungen Nordrhein-Westfalen und Brandenburg im Hinblick auf die Voraussetzungen einer Ausnahmegestattung durch das Finanzministerium auf: hier wurde – der Haushaltspraxis der ermessensbetätigenden Einzelfallbegutachtung entsprechend – die Formulierung „dringendes Landesinteresse" durch den Begriff „in besonderen Fällen" ersetzt. Die LHO Mecklenburg-Vorpommern enthält für die Veräußerung beweglicher Sachen eine Sondervorschrift in § 63a LHO. Danach können bewegliche Sachen mit Einwilligung des Finanzministers veräußert werden, wenn sie von geringer Bedeutung sind und eine im Haushaltsgesetz genannte Wertgrenze nicht überschreiten. § 63 Abs. 2 Satz 2 LHO Berlin sieht vor, dass die „Veräußerung von Grundstücken mit dem Ziel der weiteren langfristigen Eigennutzung [...] im Einzelfall zulässig [ist], wenn dies ausschließlich der wirtschaftlichen Sanierung dieser Grundstücke dient und die Möglichkeit eines Rückerwerbs gewährleistet ist."

§ 64 BHO/LHO

Für den Erwerb und die Veräußerung von bundeseigenen Grundstücken stellt § 64 BHO besondere formelle Vorgaben auf, die zu den Erfordernissen nach § 63 BHO hinzutreten. Nach § 64 Abs. 1 BHO dürfen bundeseigene Grundstücke nur mit Einwilligung des Finanzministeriums und des für das Bundesvermögen zuständigen Bundesministeriums[87] veräußert werden. Die Ministerien können auf ihre Mitwirkung verzichten.

Gemäß § 64 Abs. 2 BHO dürfen Grundstücke von erheblichem Wert oder von besonderer Bedeutung, deren Veräußerung im Haushaltsplan nicht vorgesehen ist, nur mit Ein-

---

[82] Vgl. § 63 Abs. 3 Satz 1 BHO.

[83] § 63 Abs. 3 Satz 2 BHO.

[84] § 63 Abs. 4 BHO.

[85] Die Wertermittlungsrichtlinien sehen verschiedene Verfahren der Wertermittlung vor: Vergleichswertverfahren, Ertragswertverfahren, Sachwertverfahren; vgl. Kleiber, Verkehrswertermittlung von Grundstücken.

[86] Nr. 8 VV zu § 63 BHO.

[87] Gemäß Nr. 1 VV zu § 64 BHO ist das BMF auch für das Bundesvermögen zuständig.

willigung des Bundestages und des Bundesrates veräußert werden, soweit nicht aus zwingenden Gründen eine Ausnahme hiervon geboten ist. Ist die Zustimmung nicht eingeholt worden, so sind der Bundestag und der Bundesrat alsbald von der Veräußerung zu unterrichten.

Dingliche Rechte dürfen nach § 64 Abs. 4 BHO an Grundstücken nur gegen angemessenes Entgelt bestellt werden.[88] Die Bestellung dinglicher Rechte bedarf der Einwilligung des Bundesministeriums der Finanzen und des für das Bundesvermögen zuständigen Bundesministeriums.[89] Auch hier ist ein Mitwirkungsverzicht möglich.

In den Haushaltsordnungen der Länder finden sich zum Teil von § 64 BHO abweichende Regelungen. Die Grundlinien der Regelung des § 64 BHO sind zwar in allen Landeshaushaltsordnungen enthalten, teilweise aber durch konkrete Wertgrenzen mit verschärftem Einwilligungsvorbehalt (Berlin) ergänzt.

Während § 64 Abs. 1 BHO die Einwilligung der Ministerien lediglich für die Veräußerung der Grundstücke fordert, stellen einige Landeshaushaltsordnungen[90] auch den Erwerb von Grundstücken unter den Einwilligungsvorbehalt des jeweiligen Finanzministeriums.[91]

Dem die §§ 63, 64 BHO beherrschenden Gedanken des Werterhalts tragen einige Landeshaushaltsordnungen[92] zusätzlich dadurch Rechnung, dass Einnahmen aus der Veräußerung von Grundstücken und grundstücksgleichen Rechten einem Sondervermögen (Grundstock) zuzuführen sind, das vom Finanzministerium verwaltet wird. Die Mittel dieses Grundstocks dürfen nur zum Erwerb von Grundstücken und grundstücksgleichen Rechten verwendet werden, es können jedoch Ausnahmen durch das Finanzministerium oder den Haushaltsplan gestattet werden.

1.3.2 Vorgaben für Unternehmensbeteiligungen

§ 65 BHO stellt sowohl materielle als auch formelle Anforderungen an die Beteiligung des Bundes an privatrechtlichen Unternehmen.[93]

Unter Beteiligung ist jedes Mitwirken (als Gesellschafter, Aktionär, Genosse, Mitglied) zu verstehen, das über eine bloße Geldanlage hinaus „eine Dauerbeziehung zu dem Unternehmen begründen soll".[94] Zu unterscheiden sind unmittelbare Beteiligungen und mittelbare Beteiligungen. Mittelbare Beteiligungen liegen vor, wenn das Unternehmen, an dem der Bund unmittelbar beteiligt ist, Anteile an einem anderen Unternehmen hält.

Ein Verstoß gegen die Vorschriften des § 65 BHO schlägt nicht auf die zivilrechtliche Gültigkeit eventuell abgeschlossener Rechtsgeschäfte durch, kann jedoch haftungsrechtliche Konsequenzen für den verantwortlichen Entscheidungsträger nach sich ziehen.

Nach den materiellen Vorgaben des § 65 Abs. 1 BHO soll sich der Bund, außer in den Fällen des Absatzes 5 (Erwerbs- oder Wirtschaftsgenossenschaft), an der Gründung eines Unternehmens in einer Rechtsform des privaten Rechts[95] oder an einem bestehenden Unternehmen in einer solchen Rechtsform nur beteiligen, wenn

---

[88] Dies entspricht dem Vollwertgrundsatz aus § 63 Abs. 3 Satz 1 BHO.

[89] Zuständigkeit liegt gegenwärtig beim BMF, siehe oben Fn. 88.

[90] Vgl. die LHOen Berlin, Hamburg, Mecklenburg-Vorpommern, Niedersachsen, Sachsen Anhalt und Schleswig-Holstein.

[91] Lediglich die LHO Bremen schreibt neben der Mitwirkung des Finanzsenators die Mitwirkung des für das Grundvermögen zuständigen Senators vor.

[92] Vgl. die LHOen Berlin, Mecklenburg-Vorpommern, Niedersachsen, Saarland, Sachsen-Anhalt, Schleswig-Holstein.

[93] Siehe auch die „Hinweise für die Verwaltung von Bundesbeteiligungen", Beschluss der Bundesregierung vom 24. 9. 2001 – Bek. d. BMF v. 19. 10. 2001 – II A 3 – F 7017–14/01 – (GMBl 2001, 950).

[94] Siehe Tz. 391 der RegE-Begründung.

[95] Das Unternehmen muss keine eigene Rechtspersönlichkeit haben; s. Nr. 1.1 VV zu § 65 BHO.

– ein wichtiges Interesse des Bundes vorliegt und sich der vom Bund angestrebte Zweck nicht besser und wirtschaftlicher auf andere Weise erreichen lässt,
– die Einzahlungsverpflichtung des Bundes auf einen bestimmten Betrag begrenzt ist,
– der Bund einen angemessenen Einfluss, insbesondere im Aufsichtsrat oder in einem entsprechenden Überwachungsorgan erhält,
– gewährleistet ist, dass der Jahresabschluss und der Lagebericht, soweit nicht weitergehende gesetzliche Vorschriften gelten oder andere gesetzliche Vorschriften entgegenstehen, in entsprechender Anwendung der Vorschriften des Dritten Buchs des Handelsgesetzbuchs für große Kapitalgesellschaften aufgestellt und geprüft werden.

In prozeduraler Hinsicht gebietet § 65 Abs. 2 BHO dem für die Beteiligung zuständigen Bundesministerium,[96] die vorherige Zustimmung des BMF einzuholen und das BMF an den Verhandlungen zu beteiligen, bevor eine den Bund bindende Entscheidung über eine der folgenden Maßnahmen getroffen wird:
– das Eingehen einer Unternehmensbeteiligung im Sinne des § 65 Abs. 1 BHO,
– die Erhöhung einer solchen Beteiligung oder deren Veräußerung (ganz oder teilweise),
– die Änderung des Nennkapitals, des Unternehmensgegenstandes oder des Einflusses des Bundes.

Diese Maßnahmen werden in Nr. 2.1 der VV-BHO zu § 65 konkretisiert; bei einer unmittelbaren Beteiligung an einem privatrechtlichen Unternehmen sind danach u. a. die folgenden Geschäfte einwilligungsbedürftig:
– die Gründung einschließlich Mitgründung von Unternehmen,
– die Ausübung von Bezugsrechten und der Verzicht auf die Ausübung von solchen Rechten,
– die Auflösung eines Unternehmens,
– der Abschluss, die wesentliche Änderung und die Beendigung von Beherrschungsverträgen,
– die Umwandlung, die Verschmelzung, die Änderung der Rechtsform und die Einbringung in andere Unternehmen,
– die Kapitalerhöhung aus Gesellschaftsmitteln sowie die Kapitalherabsetzung.

Bei der Veräußerung von Anteilen sind auch die Bestimmungen des § 63 Abs. 2 bis 4 BHO anzuwenden,[97] weil der Begriff des Vermögensgegenstandes weit zu verstehen ist. Zuständig für das Landesvermögen ist der jeweilige Finanzminister.

1.3.3 Bedeutung des §§ 63 bis 65 BHO/LHO für die einzelnen PPP-Vertragsmodelle

PPP-Erwerbermodell und PPP-FM-Leasingmodell

Die Verpflichtung des Auftraggebers zum Erwerb des Eigentums am Bauobjekt bei dem PPP-Erwerbermodell sowie die Ausübung der Kaufoption bei dem PPP-FM-Leasingmodell lösen den materiellen Vorbehalt des § 63 Abs. 1 BHO aus. Danach ist der Erwerb eines Vermögensgegenstands nur dann zulässig, soweit er zur Erfüllung der Aufgaben des Landes in absehbarer Zeit erforderlich ist. Weil gemäß § 64 Abs. 3 BHO für zu erwerbende Grundstücke eine Wertermittlung aufzustellen ist, sollte bei dem PPP-FM-Leasingmodell darauf geachtet werden, dass der kalkulierte Restwert nicht über dem nach den Wertermittlungsrichtlinien ermittelten Restwert des Grundstückes liegt, um sich nicht dem Vorwurf unwirtschaftlichen Verhaltens auszusetzen.

---

[96] Gemäß Nr. 1 der VV zu § 64 BHO ist das BMF das im Sinne der §§ 64, 65 und 68 BHO für das Bundesvermögen zuständige Bundesministerium.

[97] Vgl. die „Hinweise für die Verwaltung von Bundesbeteiligungen", Beschluss der Bundesregierung vom 24. 9. 2001 – Bek. d. BMF v. 19. 10. 2001 – II A 3 – F 7017–14/01 – (GMBl 2001, 950), Tz. 23.

Fraglich ist, ob der – anders als beim Eigenbau – ans Ende der Projektlaufzeit verschobene Eigentumserwerb der Durchführung dieser Vertragsmodelle entgegen steht. Dies wäre dann der Fall, wenn im Zeitpunkt des Eigentumserwerbs keine in die Zukunft gerichtete Nutzungsperspektive (mehr) besteht und damit eine Erforderlichkeit im Sinne des § 63 Abs. 1 BHO zu verneinen wäre. Im Ergebnis greifen diese Bedenken jedoch nicht durch: Wenn sich die öffentliche Hand entschließt, eine PPP auf der Grundlage eines Vertrages einzugehen, der nach Ablauf einer bestimmten Zeit den Eigentumsübergang am Objekt auf die öffentliche Hand vorsieht, wird sie das nur tun, wenn der Eigentumserwerb ex ante erforderlich erscheint. Freilich muss gewährleistet sein, dass die Erforderlichkeit des Eigentumserwerbs bei Eingehung einer PPP in jedem Einzelfall konkret belegt werden kann. Im Übrigen wird der Grund für den hinausgeschobenen Eigentumserwerb regelmäßig darin zu suchen sein, dass sich die öffentliche Hand durch eine PPP Effizienzgewinne verspricht oder ein sofortiger Eigentumserwerb aus sonstigen Gründen nicht opportun ist.

Bei „Sale-and-lease-back"-Geschäften stellt sich im Hinblick auf § 63 Abs. 2 BHO die Frage, ob die Veräußerung eines Grundstücks durch die öffentliche Hand zu Beginn der Laufzeit zulässig ist. § 63 Abs. 2 BHO legt fest, dass Vermögensgegenstände nur dann veräußert werden dürfen, wenn sie zur Erfüllung der Aufgaben des Staates in absehbarer Zeit nicht benötigt werden. Die Durchführung des Projekts und die Nutzung des Gebäudes durch den Auftraggeber sind indessen Anzeichen dafür, dass das Gebäude zur Aufgabenerfüllung benötigt wird.

Die anfängliche Übertragung des Grundstückeigentums vom Auftraggeber auf den Auftragnehmer bei „Sale-and-lease-back"-Geschäften stellt rechtlich eine Veräußerung dar. Bei wirtschaftlicher Betrachtung ist diese Einordnung allerdings keineswegs zwingend, weil der öffentlichen Hand vertragsgemäß die Nutzungsmöglichkeit verbleibt, so dass ihre faktische Stellung in Bezug auf die Sicherstellung der Erfüllung ihrer jeweiligen öffentlichen Aufgabe durch den formalen Rechtsübergang nicht beeinträchtigt wird. Durch die Reinvestition des Erlöses in den schrittweisen – vertraglich in der Regel optional vereinbarten – Rückerwerb des Gebäudes wäre auch dem Werterhaltungsgrundsatz Genüge geleistet. Damit wäre der Schutzzweck des Veräußerungsverbots in § 63 Abs. 2 BHO nicht berührt.

Rechtlich ließe sich dieser Erkenntnis durch eine enge Auslegung des Veräußerungsbegriffs in § 63 Abs. 2 BHO in der Weise Rechnung tragen, dass „Sale-and-lease-back"-Geschäfte – mangels vollständigen Verlusts des Vermögensgegenstandes – nicht als Veräußerung im Sinne der Vorschrift aufgefasst werden. Ob ein solches Verständnis einer gerichtlichen Überprüfung standhielte, ist allerdings offen. Rechtssicherheit könnte für „Sale-and-lease-back"-Geschäfte nur durch eine besondere Ausnahmeregelung vergleichbar § 63 Abs. 2 Satz 2 LHO Berlin erreicht werden, die an Stelle des Verbotes nach § 63 Abs. 2 Satz 1 LHO Berlin eine Entscheidung über die Zulässigkeit einer Veräußerung im Einzelfall vorsieht.[98]

PPP-Vermietungsmodell

Bei diesem Vertragsmodell besteht kein Automatismus für einen Eigentumserwerb der öffentlichen Hand. Vereinbaren die Parteien jedoch eine Kaufoption und übt die öffentliche Hand diese Kaufoption aus, hat der Auftragnehmer das Eigentum am betreffenden Mietobjekt auf den Auftraggeber zu übertragen. Zu diesem Zeitpunkt ist die Erforderlichkeit des Bauobjekts für die Aufgabenerfüllung durch die öffentliche Hand gemäß § 63 BHO zu beurteilen.

---

[98] Die Entscheidung trifft gemäß § 64 Abs. 2 Satz 1 Nr. 6 LHO Berlin das Abgeordnetenhaus. De lege ferenda erscheint ein Zustimmungsvorbehalt zu Gunsten des jeweiligen Finanzministerium als hinreichende institutionelle Sicherheitsvorkehrung für die Beachtung der Grundsätze der Wirtschaftlichkeit und Sparsamkeit.

PPP-Inhabermodell und PPP-Contractingmodell

Im Rahmen dieser Vertragsmodelle findet grundsätzlich kein vertraglicher Eigentumsübergang am betreffenden Grundstück statt, so dass § 64 BHO nicht eingreift. § 63 Abs. 1 BHO dürfte nach seinem Sinn und Zweck jedoch auch auf einen gesetzlichen Eigentumserwerb einer beweglichen Sache gemäß § 946 BGB Anwendung finden, sofern die Sache mit dem Grundstück in Erfüllung eines Austauschvertrages verbunden wird. Denn bei wertender Betrachtung stellt es keinen Unterschied dar, ob die öffentliche Hand das Eigentum an einer beweglichen Sache zunächst entgeltlich erwirbt und die Sache anschließend mit ihrem Grundstück verbindet oder ob die öffentliche Hand einen Privaten gegen Zahlung eines Entgelts verpflichtet, eine bewegliche Sache mit ihrem Grundstück zu verbinden und kraft Gesetzes das Eigentum an der Sache erwirbt. In beiden Fällen ist ein Erwerb des Eigentums an der beweglichen Sache von der öffentlichen Hand beabsichtigt; insoweit ist § 63 Abs. 1 BHO daher auch hier zu beachten.

PPP-Konzessionsmodell

Bei dem PPP-Konzessionsmodell sind sowohl Fälle des Erwerbs, als auch solche der Veräußerung von Grundstücken durch die öffentliche Hand denkbar. Je nachdem, mit welchem der anderen Vertragsmodelle das PPP-Konzessionsmodell kombiniert wird, finden darauf die Vorgaben des § 63 BHO Anwendung.

PPP-Gesellschaftsmodell

Schließlich kommt auch dem PPP-Gesellschaftsmodell ein Grundstückserwerb oder eine Grundstücksveräußerung in Betracht. Der Normappell der §§ 63f. BHO/LHO trifft aber nicht das privatrechtliche Unternehmen als solches, sondern nur den Staat als Anteilseigner. Für die Beurteilung der Pflichten des Staates gilt das allgemein zu den formellen und materiellen Vorgaben der §§ 63, 64 BHO/LHO Gesagte. Von Bedeutung sind hier daher allein die Genehmigungserfordernisse des § 65 BHO/LHO. Die entscheidende Frage, ob ein „wichtiges Interesse" des Staates für eine Beteiligung an einem privatrechtlichen Unternehmen gemäß § 65 BHO/LHO vorliegt, kann regelmäßig dann bejaht werden, wenn die Heranziehung dieses Vertragsmodells im Vergleich zu den anderen PPP-Vertragsmodellen besondere Vorteile erwarten lässt. Dies wird regelmäßig deswegen möglich sein, weil mit der Gründung einer beschränkt haftenden Projektgesellschaft eine Haftungsbeschränkung der Projektpartner erzielbar ist.

1.4 Darstellung der Mittel für PPP-Hochbauprojekte im Haushaltsplan

Vor dem Hintergrund des verfassungsrechtlich verankerten[99] Grundsatzes der Vollständigkeit des Haushalts stellt sich für den öffentlichen Partner einer PPP die Frage, wie Mittel für PPP-Hochbauprojekten im Haushalt abzubilden sind.

1.4.1 Allgemein

Der Haushaltsplan hat alle im Haushaltsjahr zu erwartenden Einnahmen und die voraussichtlich zu leistenden Ausgaben und voraussichtlich benötigten Verpflichtungsermächtigungen zu enthalten.[100]

Einnahmen der öffentlichen Hand im Rahmen von PPP-Hochbauprojekten fallen vor allem bei dem PPP-Konzessionsmodell in Form von Konzessionsabgaben oder Nutzungsentgelten an. Einnahmen können sich jedoch auch aus der Veräußerung von Sachen bei „Sale-and-lease-back"-Geschäften ergeben.

---

[99] Vgl. Art. 110 Abs. 1 GG und die entsprechenden landesrechtlichen Vorschriften.

[100] § 11 Abs. 2 BHO.

Die Frage der Veranschlagung von Ausgaben adressieren § 10 HGrG und § 13 BHO/LHO, die in ihren jeweiligen ersten Absätzen die horizontale Gliederung des Haushaltsplans in Einzelpläne und in den zweiten Absätzen die vertikale Gliederung des Haushaltsplans in den Gesamtplan, in Einzelpläne, Kapitel und Titel regeln. Die Einteilung in Titel richtet sich nach Verwaltungsvorschriften über die Gruppierung der Einnahmen und Ausgaben des Haushaltsplans nach Arten (Gruppierungsplan).[101] Der Gruppierungsplan[102] ist zwischen dem Bund und den Ländern abgestimmt, um eine einheitliche Veranschlagungspraxis zu gewährleisten. Dieses Ziel ist in Bezug auf PPP bislang noch nicht vollumfänglich erreicht, weil weder der Gruppierungsplan spezielle Gruppen für die Ausweisung von Ausgaben im Rahmen von PPP enthält noch bundeseinheitlich abgestimmte Hinweise für die Zuordnung zu bestehenden Gruppen existieren.[103] Die Veranschlagungsregeln für den Bund ergeben sich aus dem Gruppierungsplan und aus den Haushaltstechnischen Richtlinien des Bundes (HRB).[104]

Die Veranschlagung der im Haushaltsjahr zu erwartenden Einnahmen und voraussichtlich anfallenden Ausgaben wird nachfolgend an Hand der Vertragsmodelle dargestellt.

Verpflichtungsermächtigungen (VE) sind Ermächtigungen zum Eingehen von Verpflichtungen zur Leistung von Ausgaben in künftigen Haushaltsjahren.[105] VE sind bei[106] den jeweiligen Ausgaben gesondert zu veranschlagen.[107] Wenn Verpflichtungen zu Lasten mehrerer Haushaltsjahre eingegangen werden, sollen die Jahresbeträge im Haushaltsplan angegeben werden[108] – dies trifft auf PPP typischerweise zu. Konkrete Regeln zur Veranschlagung von VE bei Dauerschuldverhältnissen, besonders bei Miet- und Pachtverträgen, sieht Nr. 11 VV zu § 16 BHO vor.[109]

Einer VE bedarf es ausnahmsweise nicht, wenn die Verpflichtung laufende Geschäfte oder das Eingehen von Verpflichtungen zu Lasten übertragbarer Ausgaben, die im folgenden Jahr zu Ausgaben führen, betrifft.[110] Für PPP-Hochbauprojekte kann die Ausnahme für laufende Geschäfte vor allem deshalb relevant werden, weil Miet- und Pachtverträge mit einer Jahresmiete bis zu einer bestimmten Höhe[111] laufende Geschäfte darstellen.

Der Bund/Länder-Arbeitsausschuss „Haushaltsrecht und Haushaltssystematik" hat vorgeschlagen, privat vorfinanzierte öffentliche Bauten in einer zusammenfassenden Übersicht nach einheitlichem Muster entweder als Anlage zum Gesamtplan im jährlichen Haushalts-

---

101 § 13 Abs. 2 Satz 3 BHO.

102 Der Gruppierungsplan ist Teil der Verwaltungsvorschriften zur Haushaltssystematik des Bundes (VV-HB) vom 21. 10. 1968. Siehe die Übersicht zu den Rechtsgrundlagen im Haushaltswesen bei Wiesner, Das staatliche Haushalts-, Kassen- und Rechnungswesen, S. 1 ff.

103 Dieses Ergebnis der Sitzung des Bund/Länder-Arbeitsausschusses „Haushaltsrecht und Haushaltssystematik" am 8./9. 5. 1996 zum Thema „Private Vorfinanzierung öffentlicher Investitionen", S. 8, hat bis heute wenig von seiner Aktualität verloren. Allerdings veranschlagen Bund und einige Länder Ausgaben für den privat vorfinanzierten Kauf von unbeweglichen Sachen unter einer eigens dafür gebildeten Gruppe 823 im Haushaltsplan.

104 I. d. F. der Vorschriftensammlung Bundesfinanzverwaltung, 3. Lieferung, 30. 12. 2000.

105 § 6 BHO.

106 Dies entspricht dem Gebot der Einzelveranschlagung (§ 17 Abs. 1 Satz 1 BHO) und dem Gebot, eingegangene Verpflichtungen bei den Titeln zu buchen, aus denen die Ausgaben zur Erfüllung dieser Verpflichtungen zu leisten sind (§ 71 Abs. 1 Satz 2 BHO in Verbindung mit Nr. 1.1 der dazu ergangenen Richtlinie des BMF vom 16. 7. 1993).

107 § 16 Satz 1 BHO.

108 § 16 Satz 2 BHO.

109 Nr. 11 der VV-BHO zu § 16 differenziert zwischen VE bei Dauerschuldverhältnissen auf bestimmte Zeit (Nr. 11.1), auf unbestimmte Zeit (Nr. 11.2) oder mit Verlängerungsklausel (Nr. 11.3), und macht Vorgaben zur Berechnung der VE (Nr. 11.4).

110 Vgl. § 38 Abs. 4 Satz 1 BHO, Nr. 3.1 der VV-BHO zu § 16.

111 Beim Bund liegt der Höchstbetrag der Jahresmiete, Jahrespacht für laufende Geschäfte bei 120 000 Euro; vgl. Nr. 5.1.1 der VV-BHO zu § 38.

plan oder im Finanzplan auszuweisen.[112] Der Bund und die Länder,[113] die diesem Vorschlag gefolgt sind, weisen durch private Vorfinanzierungen entstehende Belastungen künftiger Haushalte hinreichend transparent aus. Aus Gründen der Haushaltsklarheit ist zu fordern, dass PPP-Verträge vergleichbar transparent ausgewiesen werden. Werden PPP-Verträge entsprechend ausgewiesen, führt dies im Vergleich zu einer konventionellen Beschaffung durch die öffentliche Hand zu einer höheren Kostentransparenz, weil alle im Zusammenhang mit dem PPP-Projekt anfallenden Ausgaben über einen langen Zeitraum dargestellt werden.

1.4.2 PPP-Erwerbermodell

Im Rahmen des PPP-Erwerbermodell zahlt der Bund als Auftraggeber dem privaten Auftragnehmer ein fortlaufendes Entgelt über die Laufzeit von 20 bis 30 Jahren für die Planung, den Bau und die Finanzierung (Annuität) sowie für die laufenden Kosten und Aufwendungen des Privaten für den Betrieb und für das Facility Management.

Veranschlagung im Bund und in den Ländern

Bei gesonderter Betrachtung wären die Ausgaben für die Planung und den Bau gemäß dem Gruppierungsplan in der Hauptgruppe 7 – Baumaßnahmen – zu veranschlagen. Weil das PPP-Erwerbermodell jedoch auch den Erwerb des Grundstücks einschließlich[114] des Gebäudes umfasst, sind diese Ausgaben unter der Hauptgruppe 8, Obergruppe 82 – Erwerb von unbeweglichen Sachen – zu veranschlagen.

Dementsprechend bestimmt Nr. 12.2 Abs. 1 HRB:

„Ausgaben auf Grund von Ratenkauf- und Mietkauf-Verträgen (vgl. Nr. 10.1) sind investiv zu veranschlagen, wenn im Falle des Ratenkaufs die Summe der Kaufpreisraten und im Falle des Mietkaufs die Summe aller Mietkaufraten und des Restkaufpreises 5000 € übersteigt."

Liegt die Summe aller Kaufpreis- oder Mietkaufraten unter dem Betrag von 5000 Euro, sind die Ausgaben konsumtiv unter der Gruppe 511 – Geschäftsbedarf und Kommunikation sowie Geräte, Ausstattungs- und Ausrüstungsgegenstände, sonstige Gebrauchsgegenstände – zu veranschlagen.[115] Dies bleibt für PPP-Hochbauprojekte jedoch theoretisch.

Das PPP-Erwerbermodell steht dem in den HRB[116] definierten „Mietkauf" nahe, wie die Definition des Begriffs „Mietkauf" zeigt:

„Auch beim Mietkauf erstellt und finanziert ein Privater ein Investitionsobjekt, das anschließend an eine öffentliche Gebietskörperschaft gegen Zahlung von Mietkaufraten überlassen wird. Bei Vertragsabschluss wird dabei zwischen den beiden Parteien fest vereinbart, dass das Eigentum des Investitionsobjekts nach Ablauf einer festgelegten Zeit gegen Zahlung des vereinbarten Restkaufpreises in das Eigentum der öffentlichen Gebietskörperschaft übergeht."

Der so verstandene Begriff des Mietkaufs deckt sich aber nicht vollständig mit dem PPP-Erwerbermodell. Insbesondere ist nach Letzterem nämlich nicht erforderlich, dass ein Restkaufpreis vereinbart wird. Statt dessen kann der Kaufpreis Bestandteil des fortlaufend ge-

---

[112] Ergebnis der Sitzung des Bund/Länder-Arbeitsausschusses „Haushaltsrecht und Haushaltssystematik" am 8./9. 5. 1996 zum Thema „Private Vorfinanzierung öffentlicher Investitionen", S. 18.

[113] Siehe z.B. Anlage 4 zum Haushaltsplan 2003/2004 des Landes Berlin „Übersicht über Investitionen (Immobilien) im Sonderfinanzierungsverfahren (Leasing u.ä.) und Einnahmeverzichte in Zusammenhang mit besonderen Finanzierungsvorgängen"; siehe auch B 2.3.3 der Anlage zu Nr. 1.5 der VV zu § 24 LHO Schleswig-Holstein: Darstellung in den Allgemeinen Bemerkungen zum Haushaltsplans. Anders – jedenfalls bis 1996 – Sachsen; vgl. Beitrag Nr. 12 „Behördenunterbringung" aus dem Jahresbericht des Sächsischen Rechnungshofes 1996, S. 100.

[114] Gebäude sind gemäß § 94 Abs. 1 Satz 1 BGB wesentliche Bestandteile des Grundstücks und können daher gemäß § 93 BGB nicht Gegenstand besonderer Rechte sein.

[115] Nr. 10.1 HRB.

[116] Nr. 10.1 HRB.

zahlten Entgelts sein. Der Begriff Mietkauf[117] entspricht ferner nicht dem ganzheitlichen PPP-Ansatz, weil er nicht berücksichtigt, dass auch Dienstleistungen erbracht werden können. Ausgaben für Dienstleistungen stellen aber keine Investitionen dar.

Demzufolge sollten Ausgaben im Rahmen des PPP-Erwerbermodell zwar wie bei einem herkömmlichen Mietkauf im o.g. Sinne investiv[118] veranschlagt werden, aber nur in der Höhe des Anteils am Entgelt, der zur Tilgung des Kaufpreises dient. Die in den Mietkaufraten enthaltenen Finanzierungsanteile sind mit der überwiegenden Ansicht[119] konsumtiv[120] zu veranschlagen. Entsprechendes gilt für die Entgeltbestandteile, die auf die Finanzierung und den Betrieb der Immobilie entfallen.

Vereinbaren die Vertragsparteien nicht eine Kombination mehrerer Leistungen (Planung, Bau, Betrieb usw.), sondern eine einheitliche Gesamtleistung,[121] kommt eine getrennte Veranschlagung von investiven und konsumtiven Ausgaben allerdings nur dann in Betracht, wenn eine plausible Schätzung der auf die Verwertungsphase einerseits und der auf die Betriebs- und Finanzierungsphase andererseits entfallenden Vergütungsbestandteile möglich ist. Ist eine plausible Schätzung der Aufteilung der Vergütung nicht möglich, werden die Ausgaben regelmäßig einheitlich konsumtiv zu veranschlagen sein. Denn auf Grund der langen Laufzeit eines PPP-Vertrages wird der Schwerpunkt der einheitlichen Gesamtleistung vermutlich in der Betriebs- und Finanzierungsphase liegen. Im Falle einer einheitlich konsumtiven Veranschlagung aller Ausgaben würde das PPP-Erwerbermodell zugleich einen positiven Beitrag zur Reduzierung der Staatsneuverschuldung leisten. Denn anders als bei einer konventionellen Beschaffungsvariante würden die tatsächlich vorliegenden Investitionsanteile bei der Berechnung der finanzverfassungsrechtlichen Kreditobergrenze nicht berücksichtigt.

Buchung gemäß dem ESVG 1995

In Anhang II zum ESVG 1995 werden einzelne Vertragstypen, bei denen eine institutionelle Einheit das Nutzungsrecht an dauerhaften Gütern erwirbt, definiert und spezielle Regeln zur Behandlung dieser Vertragstypen im Kontensystem vorgegeben. Zu diesen Vertragstypen gehören das Leasing, unterteilt in Operating-Leasing und Finanzierungsleasing, und der Teilzahlungskauf.

PPP-Erwerbermodell lässt sich keinem der im ESVG definierten Vertragstypen eindeutig zuordnen. Im Unterschied zum Operating-Leasing[122] ist es nicht vorgesehen, dass der Besitz am Grundstück (Nutzungsmöglichkeit) nach Ablauf der Mietzeit an den Auftragnehmer zurückübertragen wird. Vom Finanzierungsleasing[123] unterscheidet sich das PPP-Erwerbermodell insofern, als nicht sämtliche mit dem Eigentum an der Immobilie verbundenen Risiken auf den Auftraggeber übertragen werden, sondern regelmäßig auch der Auftragnehmer während der Vertragslaufzeit einen Teil der Risiken trägt (Gedanke der Risikoteilung bei PPP). Schließlich entspricht dieses PPP-Vertragsmodell nicht dem Teilzahlungs-

---

117 Unter Mietkauf wird hier und im Folgenden der sog. unechte Mietkauf verstanden; vgl. dazu unten 8.1.3.2.4.

118 Der Bund verbucht Ausgaben für den Erwerb von privat vorfinanzierten unbeweglichen Sachen unter Gruppe 823; vgl. den Gruppierungsplan (VV-HB) in der Fassung vom 30. 12. 1999.

119 Vgl. RhPfVerfGH, NVwZ-RR 1998, 145 (148); Ergebnis der Sitzung des Bund/Länder-Arbeitsausschusses „Haushaltsrecht und Haushaltssystematik" am 8./9. 5. 1996 zum Thema „Private Vorfinanzierung öffentlicher Investitionen", S. 17; angedeutet in Pkt. 2.5 der Leitlinien der Präsidentinnen und Präsidenten der Rechnungshöfe des Bundes und der Länder für die Beurteilung von Immobilien-Leasing vom 8. 5. 1996.

120 Sofern keine besondere Gruppe existiert, käme eine Veranschlagung bei Gruppe 518 – Mieten und Pachten – in Betracht.

121 Zu dieser Ausgestaltungsvariante des PPP-Erwerbermodells siehe oben, Abschnitt 4.2.2.4.

122 Vgl. Anhang II, Nr. 3 ESVG 1995.

123 Vgl. Anhang II, Nr. 4 ESVG 1995.

kauf,[124] weil Auftraggeber im Rahmen von PPP die öffentliche Hand ist und nicht, wie die Käufer beim Teilzahlungskauf gemäß ESVG 1995, überwiegend private Haushalte.

Gleichwohl dürfte das PPP-Erwerbermodell bilanziell in der Regel wie ein Teilzahlungskauf zu behandeln sein, weil es die wesentlichen Elemente eines Teilzahlungskaufs – Verkauf eines dauerhaften Gutes gegen Leistung von vereinbarten künftigen Zahlungen – aufweist. Anlage II zum ESVG 1995 dürfte daher zumindest entsprechend anwendbar sein mit der Folge, dass das gekaufte Gut als Bruttoinvestition der öffentlichen Hand gebucht und zugleich ein staatlicher Kredit in entsprechender Höhe unterstellt wird.[125] Eine andere Bewertung dieser Frage käme nur dann in Betracht, wenn das Baurisiko und die sonstigen Risiken des PPP-Projekts (wie etwa das Instandhaltungsrisiko, das Refinanzierungsrisiko oder das Restwertrisiko) ausnahmsweise überwiegend vom privaten AN getragen würden. In diesem Fall wäre trotz des fest vereinbarten Eigentumsübergangs auf den AG das PPP-Erwerbermodell nicht wie ein Teilzahlungskauf zu verbuchen.

1.4.3 PPP-FM-Leasingmodell

Das PPP-FM-Leasingmodell unterscheidet sich seiner Konzeption nach von dem PPP-Erwerbermodell dadurch, dass ein automatischer Eigentumserwerb des Staates nach Ablauf der Vertragslaufzeit nicht stattfindet. Dem Staat steht nur eine Kaufoption zu. Übt der Staat die Kaufoption aus, kann er das Eigentum am Grundstück zu dem bei Vertragsschluss festgesetzten Preis (kalkulierter Restwert) erwerben. Die Ausgaben des Staates (Leasingnehmers) setzen sich zusammen aus einem fortlaufenden Entgelt (Leasingrate) und einem gesondert zu entrichtenden Entgelt für die Ausübung der Kaufoption. Die Höhe der Leasingrate hängt maßgeblich davon ab, ob eine Teil- oder eine Vollamortisation angestrebt wird.

Veranschlagung im Bund und in den Ländern

In Bund und Ländern besteht weitgehend Konsens darüber, dass Leasingraten grundsätzlich konsumtiv und Ausgaben auf Grund der Ausübung der Kaufoption investiv veranschlagt werden.[126] Auf Bundesebene ist bestimmt, dass die Leasingraten in Gruppe 518[127] – Mieten und Pachten – und Ausgaben auf Grund der Ausübung der Kaufoption von mehr als 5000 Euro in Hauptgruppe 8[128] – Sonstige Ausgaben für Investitionen –, Gruppe 823 – Erwerb von privat vorfinanzierten unbeweglichen Sachen – zu veranschlagen sind. Ob der Vertragsgestaltung eine Teil- oder eine Vollamortisation zu Grunde liegt, bleibt insoweit außer Betracht.

Teile der Literatur[129] schlagen vor, die Zuordnung der Baransätze für Leasingraten bei Gruppe 518 davon abhängig zu machen, ob die entgeltliche Nutzung der Immobilie auf Zeit im Vordergrund steht. Dies ist bei den sog. erlasskonformen Leasingverträgen der Fall, bei denen das wirtschaftliche Eigentum während der Vertragsdauer beim Leasinggeber verbleibt. Anders verhält es sich mit nichterlasskonformen Leasingverträgen, bei denen der Eigentumsübergang auf den Leasingnehmer nach Vertragsablauf von Vornherein als wirtschaftlicher Endzweck feststeht. Bei nichterlasskonformen Leasingverträgen sei eine haushaltssystematische Zuordnung zur Obergruppe 82 – Erwerb von unbeweglichen Sachen – geboten.

---

[124] Vgl. Anhang II, Nr. 5 ESVG 1995.

[125] Vgl. Anhang II, Nr. 13 ESVG 1995.

[126] Vgl. Ergebnis der Sitzung des Bund/Länder-Arbeitsausschusses „Haushaltsrecht und Haushaltssystematik" am 8./9. 5. 1996 zum Thema „Private Vorfinanzierung öffentlicher Investitionen", S. 17.

[127] Nr. 10.4 HRB.

[128] Nr. 12.2 HRB. Übersteigt der Kaufpreis bei der Ausübung der Option für den Einzelfall 5000 Euro nicht, sind die Ausgaben dafür konsumtiv unter Gruppe 511 – Geschäftsbedarf und Kommunikation usw. – zu veranschlagen; siehe Nr. 10.1 HRB.

[129] Siehe zum Folgenden Schweisfurth/Christen, Leasing im Haushaltsrecht der Länder, in: Kroll, Leasing-Handbuch für die öffentliche Hand, S. 273, (274).

Dieser Auffassung ist grundsätzlich zuzustimmen. Bei wirtschaftlicher Betrachtungsweise unterscheidet sich ein sog. nichterlasskonformer Leasingvertrag nur marginal von einem Mietkaufvertrag im o.g. Sinne, bei dem ein Eigentumsübergang nach Ablauf der Mietzeit fest vereinbart ist. Haushaltsrechtlich erscheint es gerechtfertigt, Ausgaben für sog. nichterlasskonforme Leasingverträge ebenso zu veranschlagen, wie beim Mietkauf. Positiv zu beurteilen wäre der damit verbundene Anstieg der staatlichen Investitionsquote und die einheitliche Behandlung von sog. nichterlasskonformen Leasinggeschäften im Steuerrecht,[130] im Bilanzrecht[131] und im Haushaltsrecht. Zu beachten ist freilich, dass Immobilienleasingverträge häufig so ausgestaltet sind, dass das wirtschaftliche Eigentum beim Leasinggeber verbleibt,[132] es sei denn, es handelt sich um einen Fall von Spezialleasing.

Andererseits darf nicht verkannt werden, dass das PPP-FM-Leasingmodell auf Grund seines ganzheitlichen Ansatzes Unterschiede zu den herkömmlichen Leasingverträgen aufweisen kann. Soweit in der Leasingrate zu einem nicht unwesentlichen Teil ein Entgelt für den Betrieb und die Finanzierung des Hochbauprojekts enthalten ist, sollten diese Ausgaben auch dann konsumtiv veranschlagt werden, wenn das wirtschaftliche Eigentum an der Leasingsache während der Vertragslaufzeit dem Leasingnehmer zugerechnet werden kann.

Einnahmen aus der Veräußerung von Grundstücken im Rahmen von „Sale-and-lease-back"-Geschäften werden grundsätzlich unter Gruppe 131 – Erlöse aus der Veräußerung von unbeweglichen Sachen – veranschlagt.[133] Es ist allerdings möglich, diese Einnahmen für die spätere Tilgung der Leasingraten zu reservieren. Als Ausnahme vom Grundsatz der Gesamtdeckung bedarf es hierfür einer gesetzlichen Regelung oder der Zulassung durch den Haushaltsplan.[134] Darüber hinaus kommt die Errichtung eines Sondervermögens[135] in Betracht, wozu auch der von den Ländern eingerichtete Grundstock zählt.[136]

In Schleswig-Holstein wurde zur Sicherung der Ausgaben auf Grund der Ausgaben der Kaufoption eine besondere zweckgebundene „Rücklage für leasingfinanzierte Hochbaumaßnahmen" gebildet.[137] Die jährlich gleich bleibende Zuführung zu dieser Rücklage ist, verteilt auf die Grundmietzeit, unter der Obergruppe 91 – Zuführungen an Rücklagen, Fonds und Stöcke – zu veranschlagen. Die späteren Ausgaben auf Grund der Ausübung der Kaufoption werden durch Entnahmen aus Rücklagen, Fonds und Stücken (Obergruppe 32) finanziert.

Buchung gemäß dem ESVG 1995

Das PPP-FM-Leasingmodell kann im ESVG 1995 entweder als Operating-Leasing[138] oder als Finanzierungsleasing[139] gebucht werden, je nachdem, welche Merkmale es erfüllt. Die Merkmale eines Operating-Leasings liegen dann vor, wenn der Großteil der mit dem Eigentum verbundenen Risiken und Gewinne im Nutzungszeitraum vom Leasinggeber ge-

---

130 Die Erlasskonformität eines Leasingvertrages bezieht sich auf die Leasingerlasse des BMF zur steuerrechtlichen Behandlung von Leasingverträgen gemäß § 39 Abs. 2 Nr. 1 AO.

131 Im Bilanzrecht ist die Vermögenszugehörigkeit von Aktiva und Passiva im Sinne von § 246 HGB nach wirtschaftlichen Kriterien bestimmt; s. Reuter, BB 2000, 659 (662).

132 Zum Unterschied zwischen dem herkömmlichen Finanzierungsleasing und dem Immobilienleasing siehe oben, § 3 Abschnitt 3.1.2.

133 Siehe aber BVerfG, NVwZ 1999, 173ff., wonach Einnahmen aus der Veräußerung von Immobilien bei der Berechnung der Kreditobergrenze gemäß Art. 115 Abs. 1 GG unter Umständen wie Einnahmen aus Kredit zu behandeln sind.

134 Vgl. § 7 Satz 2 HGrG; § 8 Satz 2 BHO/LHO.

135 § 113 BHO/LHO.

136 Siehe dazu Nebel, in: Piduch, Bundeshaushaltsrecht, BHO, Anhang § 113 und Gatzer, in: Piduch, Bundeshaushaltsrecht, BHO, Anhang § 64.

137 Siehe dazu Nr. 2.3.4, letzter Spiegelstrich, der Anlage Nr. 1.5 der VV zu § 24 LHO.

138 Vgl. Anhang II, Nr. 3 ESVG 1995.

139 Vgl. Anhang II, Nr. 4 ESVG 1995.

tragen wird.[140] Geht der Großteil der mit dem Eigentum verbundenen Risiken und Gewinne – d. h. das wirtschaftliche Eigentum – mit Vertragsbeginn auf den Leasingnehmer (Staat) über, liegen die Merkmale eines Finanzierungsleasings vor.[141]

Nach Eurostat[142] liegen die Merkmale eines Operating-Leasings vor, wenn der Staat mit einem Unternehmen einen Vertrag über den Bau einer Infrastruktureinrichtung zur Erbringung von Dienstleistungen schließt[143] und wenn der Großteil der mit dem Eigentum verbundenen Risiken und Gewinne im Nutzungszeitraum von dem Unternehmen getragen wird.[144] Beim Operating-Leasing wirken sich auf den Finanzierungssaldo des Staates nur die regelmäßigen Zahlungen des Staates aus.[145] Die Ausgaben während der Nutzungszeit sollen nach Auffassung von Eurostat den Konsumausgaben des Staates zugeordnet werden. Nur die Gegenleistung für den Besitzerwechsel am Ende der Vertragslaufzeit soll als Bruttoanlageninvestition (P.51)[146] gebucht werden. Eurostat schlägt vor, die Bruttoanlageninvestition mit einem Vermögenstransfer („Sonstige Vermögenstransfers“ D.99)[147] gegen zu buchen.[148]

Beim Finanzierungsleasing wird das Leasinggut als Bruttoanlageninvestition des Leasingnehmers gebucht[149] und ihm zugleich ein Kredit in gleicher Höhe unterstellt.[150] Der Grund hierfür liegt darin, dass beim Finanzierungsleasing im Sinne des ESVG 1995 der Leasingnehmer mit Beginn des Vertrages wirtschaftlicher Eigentümer wird und für die im ESVG 1995 vorgesehene Buchung der einer Transaktion zu Grunde liegende wirtschaftliche Sachverhalt ausschlaggebend ist.[151] Um die Einordnung von Leasinggeschäften als Operating-Leasing oder als Finanzierungsleasing zu erleichtern, hat Eurostat Testfragen entwickelt,[152] die für eine Abgrenzung hilfreich sein können:
- Wer ist für die Instandhaltung und Versicherung des Leasinggutes verantwortlich?
- Wer zahlt die Finanzmittel bei vorzeitiger Beendigung des Vertrages zurück?
- Wer bestimmt die Art des Leasinggutes?
- Wer trägt das Nachfragerisiko?
- Gibt es Einnahmen seitens Dritter?
- Zahlt der Staat weniger, wenn die Qualität der Dienstleistung nicht gut genug ist?
- Zahlt der Staat mehr, wenn die Kosten des Unternehmens steigen?
- Wer trägt das Restwertrisiko?

Entsprechend dem relativen Gewicht der einzelnen Fragen im konkreten Einzelfall ist das PPP-FM-Leasingsmodell dem Finanzierungsleasing oder dem Operate-Leasing zuzuordnen, wobei im Immobilienbereich vermutlich überwiegend von einem Operating-Leasing im Sinne des ESVG 1995 auszugehen sein wird. Eine pauschale Einordnung von PPP-Ver-

140 Vgl. Handbuch zum ESVG 1995, S. 189.

141 Vgl. Eurostat, Handbuch zum ESVG 1995, S. 189.

142 Eurostat, Handbuch zum ESVG 1995, S. 189 („Fall 1 a“).

143 Dieser mit dem Vertragsmodell I vergleichbar Fall wird als Typ 1 bezeichnet; vgl. Eurostat, Handbuch zum ESVG 1995, S. 188.

144 Diese Risikoverteilung stimmt mit der Risikoverteilung im Rahmen des Vertragsmodells I zwar nicht gänzlich überein, kommt der Risikoverteilung beim Vertragsmodell I aber recht nahe.

145 Eurostat, Handbuch zum ESVG 1995, S. 189.

146 Zur Definition von Bruttoanlageninvestition siehe Kapitel 3, Nr. 3102 ESVG 1995.

147 „Sonstige Vermögenstransfers“ sind „[...] alle Transfers (außer Investitionszuschüssen und vermögenswirksamen Steuern) [...], die keine Transaktionen der Einkommensverteilung darstellen, sondern eine Ersparnis- oder Vermögensumverteilung zwischen den verschiedenen Sektoren oder Teilsektoren der Volkswirtschaft oder mit der übrigen Welt bewirken.“; s. Kapitel 4, Nr. 4164 ESVG 1995.

148 Eurostat, Handbuch zum ESVG 1995, S. 191.

149 Vgl. Kapitel 3, Nr. 3103 Buchstabe a Abs. 5 ESVG 1995 in Verbindung mit Anhang II, Nr. 8 ESVG 1995.

150 Vgl. Anhang II, Nr. 9 ESVG 1995.

151 Vgl. Anhang II, Nr. 4 ESVG 1995.

152 Vgl. Eurostat, Handbuch zum ESVG 1995.

tragsmodellen in die eine oder in die andere Kategorie gemäß dem ESVG ist allerdings nicht möglich, weil es hierfür maßgeblich auf die vertragliche Risikoverteilung im konkreten Fall ankommt. Daher ist nicht auszuschließen, dass – etwa bei Spezialleasing – ein Vertrag dem Finanzierungsleasing im Sinne des ESVG 1995 zuzuordnen ist, etwa weil sich der Staat fest verpflichtet hat, die Vermögenswerte bei Vertragsablauf zu einem vorab festgelegten Preis, der nicht dem wirtschaftlichen Wert der Güter zu diesem Zeitpunkt entspricht (wie er auf der Grundlage einer konservativen Hypothese zum Zeitpunkt des Vertragsabschlusses erwartet werden konnte), zu erwerben.[153]

1.4.4 PPP-Vermietungsmodell

Das PPP-Vermietungsmodell unterscheidet sich vom PPP-Erwerbermodell insoweit, als ein Eigentumserwerb des Staates nicht automatisch stattfindet und vom PPP-FM-Leasingmodell insoweit, dass die Vereinbarung einer Kaufoption nicht zwingend ist. Wird eine Kaufoption vereinbart, richtet sich die Buchung nach denselben Grundsätzen, wie die Buchung des PPP-FM-Leasingmodells. Ist eine Kaufoption nicht vorgesehen, bestehen die Ausgaben des Staates aus einem monatlichen Entgelt („Mietraten").

Veranschlagung im Bund und in den Ländern

In Bund und Ländern werden Ausgaben für Mietraten einheitlich konsumtiv unter Gruppe 518 – Mieten und Pachten – veranschlagt. Hat der Private dem Staat ausnahmsweise eine Kaufoption eingeräumt, werden Ausgaben auf Grund der Ausübung der Kaufoption unter Hauptgruppe 8 – Sonstige Ausgaben für Investitionen – veranschlagt.[154]

Buchung gemäß dem ESVG 1995

Ausgaben für Mietzinszahlungen werden im ESVG 1995 als Konsumausgaben (P.3)[155] gebucht, und zwar selbst dann, wenn ausnahmsweise eine Option des Staates für den Erwerb des Objekts zum Marktwert besteht.[156] Ausgaben auf Grund der Ausübung der Kaufoption werden als Bruttoanlageninvestition (P.51) gebucht.

1.4.5 PPP-Inhabermodell

Das Kennzeichen des PPP-Inhabermodells besteht im Wesentlichen darin, dass ein Privater ein Gebäude auf dem Grundstück des öffentlichen Auftraggebers für den Auftraggeber errichtet oder saniert und betreibt. Der Staat hat die Leistungen des Privaten durch ein periodisches Entgelt fortlaufend zu vergüten.

Veranschlagung im Bund und in den Ländern

Ausgaben beim PPP-Inhabermodell setzen sich aus einer investiven Komponente und aus einer konsumtiven Komponente zusammen. Die Ausgabenbestandteile des Entgelts sollten dementsprechend teils investiv unter Hauptgruppe 7 – Baumaßnahmen – und teils konsumtiv unter Gruppe 517 – Bewirtschaftung der Grundstücke, Gebäude und Räume – oder Gruppe 519 – Unterhaltung der Grundstücke und baulichen Anlagen – veranschlagt werden. Investiv zu veranschlagen wären die Ausgaben für die Errichtung einschließlich der Planung der Immobilie und darüber hinaus die Ausgaben für Sanierungsmaßnahmen oder Modernisierungen, die zu einer nachhaltigen Erhöhung des Gebrauchswertes eines Objekts beitragen.[157] Alle anderen Ausgaben wären konsumtiv zu veranschlagen.

---

153 Vgl. die Entscheidung von Eurostat vom 11. 2. 2004 (Pressemitteilung STAT/18/04).
154 Siehe oben 1.4.3.1.
155 Zur Definition von Konsumausgaben siehe Kapitel 3, Nr. 3.75 ESVG 1995.
156 Vgl. die Entscheidung von Eurostat vom 11. 2. 2004 (Pressemitteilung STAT/18/04).
157 So für die Bundesebene Nr. 10.5 HRB.

Vereinbaren die Vertragsparteien nicht eine Kombination mehrerer Leistungspakete (Planung, Bau, Betrieb, Finanzierung, Verwertung), sondern eine einheitliche Gesamtleistung,[158] kommt eine getrennte Veranschlagung von investiven und konsumtiven Ausgaben allerdings nur dann in Betracht, wenn eine plausible Schätzung der auf die Planungs- und Bauphase einerseits und der auf die Betriebs- und Finanzierungsphase andererseits entfallenden investiven bzw. konsumtiven Entgeltbestandteile möglich ist. Ist eine plausible Schätzung der auf investive bzw. konsumtive Zwecke entfallenden Entgeltbestandteile nicht möglich, werden die Ausgaben im Zweifel einheitlich konsumtiv zu veranschlagen sein. Denn der Schwerpunkt der einheitlichen Gesamtleistung wird wegen der langen Laufzeit eines PPP-Vertrags im Zweifel in der Betriebs- und Finanzierungsphase liegen.

Buchung gemäß dem ESVG 1995

Besondere Vorgaben für die Buchung von Ausgaben im Rahmen des ESVG 1995 existieren nicht. Soweit die Leistung des Privaten den Bau und solche Verbesserungen an Gebäuden umfasst, die weit über normale Instandhaltungs- und Reparaturmaßnahmen hinausgehen,[159] sind Ausgaben hierfür investiv zu verbuchen. Im Übrigen liegt keine Investition, sondern Konsum vor. Das ESVG 1995 unterscheidet sich insoweit nur geringfügig von den deutschen Veranschlagungsregeln. Zu beachten ist jedoch, dass auch bei diesem Vertragsmodell die Einordnung eines entsprechenden Vertrages als Finanzierungsleasing denkbar erscheint, sofern ein Großteil der mit dem Eigentum verbundenen Risiken (besonders das Baurisiko und das Ausfallrisiko) und Gewinne im Nutzungszeitraum vom Staat getragen werden. In diesem Fall würde dem Staat ein Kredit in Höhe der Bruttoinvestition für den Erwerb der Immobilie unterstellt.

1.4.6 PPP-Contractingmodell

Nach dem PPP-Contractingmodell erbringt der Private Einbau- und Optimierungsarbeiten an technischen Anlagen einer Immobilie des öffentlichen Auftraggebers. Im Unterschied zu dem PPP-Inhabermodell ist grundsätzlich weder die Errichtung oder die Sanierung noch ein umfassendes Management des gesamten Gebäudes Gegenstand des Vertrages. Der Staat hat dem Privaten ratenweise ein Entgelt zu zahlen, welches alle Leistungen des Privaten abdeckt.

Veranschlagung im Bund und in den Ländern

Ausgaben bei dem PPP-Contractingmodell sind grundsätzlich konsumtiv unter Gruppe 517 – Bewirtschaftung der Grundstücke, Gebäude und Räume – oder Gruppe 519 – Unterhaltung der Grundstücke und baulichen Anlagen – zu veranschlagen. Nur wenn Sanierungsmaßnahmen oder Modernisierungen vereinbart werden, die zu einer nachhaltigen Erhöhung des Gebrauchswertes führen, wären die Ausgaben hierfür unter Hauptgruppe 7 – Baumaßnahmen – zu veranschlagen.[160]

Buchung gemäß dem ESVG 1995

Besondere Vorgaben für die Buchung von Ausgaben gemäß ESVG 1995 gibt es nicht. Insoweit kann auf die Ausführungen zu dem PPP-Inhabermodell verwiesen werden, wobei im Rahmen des PPP-Contractingmodells der Schwerpunkt der Ausgaben eher im konsumtiven Bereich liegen wird. Weil das wirtschaftliche Risiko im Rahmen dieses PPP-Vertragsmodells typischerweise der Private trägt, dürfte jedoch anders als bei dem PPP-Inhabermodell der öffentlichen Hand in der Regel kein Kredit in Höhe einer etwaigen Bruttoanlageninvestition unterstellt werden.

---

[158] Zu dieser Ausgestaltungsvariante des PPP-Inhabermodells siehe oben, § 3 Abschnitt 2.2.3.
[159] Vgl. Anhang II, Nr. 3107 Buchstabe f ESVG 1995.
[160] Vgl. Nr. 10.5 HRB.

1.4.7 PPP-Konzessionsmodell

Im Rahmen des PPP-Konzessionsmodells verpflichtet sich der private Auftragnehmer gegenüber dem Staat, ein Gebäude zu planen und – ggf. auch auf eigenem Grund und Boden – zu errichten (Baukonzession) oder bestimmte Dienstleistungen unmittelbar gegenüber den Nutzern zu erbringen (Dienstleistungskonzession). Werden gemäß dem ganzheitlichen Ansatz von PPP sowohl der Bau einschließlich der Planung, als auch der Betrieb und die Erbringung sonstiger Dienstleistungen vereinbart, hängt die Frage, ob eine Bau- oder eine Dienstleistungskonzession vorliegt, im Einzelfall vom Schwerpunkt des Vertrages ab. Wegen der Vorfinanzierung und der langfristigen Dienstleistungspflichten des Privaten wird ein PPP-Konzessionsvertrag tendenziell als Dienstleistungskonzession einzuordnen sein.

Das Refinanzierungsrisiko liegt im Wesentlichen beim Auftragnehmer. Refinanziert sich der Private unmittelbar bei den Nutzern (Fall 1), hat der Staat grundsätzlich keine Ausgaben zu leisten. Dies jedenfalls dann nicht, wenn mit dem Vertrag eine Vollamortisation erzielt werden soll. Bei einer Teilamortisation kann den Staat die Verpflichtung treffen, während der Vertragslaufzeit an den Privaten ein laufendes Entgelt zu zahlen, welches die Leistungen des Privaten teilweise abdeckt. Möglich ist jedoch auch ein Erwerb des Objekts nach Ablauf der Vertragslaufzeit unter Abgeltung des Restwertes. Refinanziert sich der Private nicht unmittelbar durch die Erhebung von Gebühren oder Entgelten bei den Nutzern (Fall 2), vereinbaren die Parteien gewöhnlich eine nutzungsabhängige periodische Vergütung des Privaten durch den Staat. In diesem Fall ist es dem Staat überlassen, ob er die Ausgaben für die Vergütung über Nutzungsgebühren oder Nutzungsentgelte, über Steuern oder auf sonstige Weise finanziert.

Einnahmen fallen beim Staat in den Fällen 1 und 2 dann an, wenn er vom Privaten für die Einräumung der Konzession ein Konzessionsentgelt erhält oder in Fall 2 dann, wenn er von den Nutzern Entgelte oder Gebühren für die Nutzung des Objekts erhebt.

Veranschlagung im Bund und in den Ländern

Einnahmen des Staates aus Konzessionsabgaben sind unter Gruppe 122 – Konzessionsabgaben – und Einnahmen aus Nutzungsgebühren oder Nutzungsentgelten im Fall 2 unter Gruppe 111 – Gebühren, sonstige Entgelte – oder Gruppe 124 – Einnahmen aus Vermietung, Verpachtung und Nutzung – zu veranschlagen.

Ausgaben des Staates in den Fällen 1 und 2 können sich unabhängig davon, ob vertraglich eine Teil- oder eine Vollamortisation beabsichtigt ist, aus investiven und aus konsumtiven Teilen zusammensetzen. Die Ausgaben auf Grund der Ausübung einer Kaufoption sind in jedem Fall investiv unter der Obergruppe 82 – Erwerb von unbeweglichen Sachen – zu veranschlagen. Steht das Bauobjekt im Eigentum des Privaten, und ist auch ein späterer Eigentumserwerb nicht beabsichtigt, sind die Ausgaben des Staates konsumtiv zu veranschlagen.[161] Steht das Bauobjekt im Eigentum des Staates, bestehen dieselben Abgrenzungs- und damit Veranschlagungsschwierigkeiten wie beim PPP-Inhabermodell.

Buchung gemäß dem ESVG 1995

Besondere Vorgaben für die Buchung von Einnahmen und Ausgaben im Rahmen des PPP-Konzessionsmodells gemäß ESVG 1995 gibt es nicht. Ausgaben des Staates für die Vergütung des Privaten stellen, anders als die Ausgaben für die Ausübung einer Kaufoption, keine Bruttoanlageninvestition (P.5)[162] im Sinne des ESVG 1995 dar. Sind etwaige Ausgaben für die Ausübung einer Kaufoption nutzerfinanziert, erscheint es unabhängig hiervon nicht gerechtfertigt, dem Staat in Höhe der Bruttoanlageninvestition einen Kredit in entsprechender Höhe zu unterstellen, sofern das Baurisiko und das Nachfragerisiko überwie-

---

[161] In Betracht kommen die Gruppen 531 bis 546 – Vermischtes –, die Ausgaben für sächliche Verwaltungsausgaben enthalten.

[162] Zur Definition von Bruttoanlageninvestition siehe Kapitel 3, Nr. 3102 ESVG 1995.

gend beim Privaten liegt. Das Nachfragerisiko umfasst Nachfrageschwankungen (höhere oder geringere Nachfrage als bei Vertragsabschluss zu erwarten), die nicht dem Verhalten (Management) des Privaten zuzuschreiben sind, sondern ihre Ursache in anderen Faktoren finden, wie beispielsweise im Konjunkturzyklus, neuen Markttrends, direktem Wettbewerb oder technologischem Veralten. Es ist davon auszugehen, dass der Staat dieses Nachfragerisiko trägt, wenn er dem privaten Partner unabhängig vom tatsächlichen Umfang der Nachfrage durch Endnutzer Zahlungen in einem bestimmten Umfang zugesichert hat, sodass die Schwankungen der Nachfrage für die Rentabilität des Privaten irrelevant sind.[163] Gegebenenfalls kann jedoch selbst dann, wenn der Staat einen Großteil des Nachfragerisikos trägt, die Annahme einer Bruttoanlageinvestition des Staates vermieden werden, sofern nur der Private neben dem Baurisiko auch das Ausfallrisiko trägt.[164]

1.4.8 PPP-Gesellschaftsmodell

Das PPP-Gesellschaftsmodell hebt im Gegensatz zu den vorgenannten Vertragsmodellen nicht auf einen bestimmten Vertragsinhalt ab, sondern auf die personale Zuordnung der vertraglichen Leistungspflichten ab. Diese sind weder von der öffentlichen Hand noch von dem Privaten, sondern vielmehr von einem von beiden Partnern gegründeten gemischtwirtschaftlichen Unternehmen in Form einer Personen- oder Kapitalgesellschaft zu erfüllen.

Ausgaben fallen dem Staat zur Last, wenn er Anteile an einem bestehenden privaten Unternehmen erwirbt oder Ausgaben im Zusammenhang mit der Gründung eines gemischtwirtschaftlichen Unternehmen anfallen. Nachschusspflichten oder unübersehbare Haftungsverpflichtungen dürfen mit einer Beteiligung an einer privatrechtlichen Unternehmen nicht einhergehen.[165] Diese Vorgabe kann unter Umständen mit dem Bestreben des öffentlichen Partners kollidieren, einen möglichst weit gehenden Einfluss auf das gemischt-wirtschaftliche Unternehmen auszuüben, falls die Beeinflussung gesellschaftsrechtliche Haftungsrisiken für die öffentliche Hand auslöst.

Veranschlagung im Bund und in den Ländern

Ausgaben für den Erwerb von Beteiligungen an bestehenden Unternehmen sind investiv unter Gruppe 831 – Erwerb von Beteiligungen und dgl. im Inland – oder unter Gruppe 836 – Erwerb von Beteiligungen und dgl. im Ausland – zu veranschlagen. Entsprechendes gilt im Falle der Neugründung von gemischt-wirtschaftlichen Unternehmen. Erwirtschaftet das gemischt-wirtschaftliche Unternehmen einen Gewinn, und steht der Gewinn zum Teil auch dem Staat als Anteilsinhaber zu, sind diese Einnahmen unter Gruppe 121 – Gewinne aus Unternehmen und Beteiligungen – zu veranschlagen.

Buchung gemäß dem ESVG 1995

Im ESVG 1995 werden Anteilsrechte (AF. 5)[166] auf der Aktivseite der Vermögensbilanz des Anteilsinhabers zu den jeweiligen Preisen gebucht.[167] Der Erwerb von Anteilsrechten erscheint in den VGR als „Finanzielle Transaktion"[168] und nicht als Bruttoanlageninvestition.

1.4.9 Zusammenfassung

Der Überblick über die Veranschlagungsregeln im nationalen Haushaltsrecht und im ESVG hat gezeigt, dass die Ausgaben und ggf. die Einnahmen im Rahmen der verschiedenen PPP-Vertragsmodelle nicht einheitlich veranschlagt werden. Wegen der verfassungs- und verordnungsrechtlichen Unterscheidung zwischen Investitionen und Krediten ist eine

---

[163] Vgl. die Entscheidung von Eurostat vom 11. 2. 2004 (Pressemitteilung STAT/18/04).
[164] Siehe hierzu Näheres oben Abschnitt 1.1.4.
[165] Vgl. § 65 Abs. 1 Nr. 2 BHO.
[166] Zur Definition des Begriffs „Anteilsrechte" siehe Kapitel 7, Anhang 7.1 ESVG 1995.
[167] Vgl. Kapitel 7, Nr. 7.52 ESVG 1995.
[168] Zur Definition des Begriffs „Finanzielle Transaktion" siehe Kapitel 5, Nr. 5.01 ESVG 1995.

einheitliche Veranschlagung der Ausgaben im Rahmen der verschiedenen PPP-Vertragsmodelle grundsätzlich auch nicht möglich.

Des Weiteren ist bei der Entwicklung von PPP-Hochbauprojekten zwischen der Veranschlagung von in der Zukunft voraussichtlich anfallenden Ausgaben zum Zeitpunkt der Aufstellung des Haushaltsplans und der Veranschlagung der jeweils kassenwirksam werdenden Ausgaben nach dem Zeitpunkt der Vergabe einer PPP zu unterscheiden. Während einer Verpflichtungsermächtigung in dieser Hinsicht lediglich eine indikative Funktion zukommt, richtet sich die Veranschlagung der kassenwirksamen Ausgaben nach den konkret erforderlichen Entgeltzahlungen des Staates an den privaten Partner. Das Problem, dass zum Zeitpunkt der Haushaltsaufstellung noch keine Gewissheit über die konkreten zukünftigen Entgeltverpflichtungen und deren Aufteilung in investive und konsumtive Ausgaben besteht, könnte durch gegenseitig deckungsfähige Verpflichtungsermächtigungen[169] für investive bzw. konsumtive Ausgaben gelöst werden.

Der Überblick hat ferner gezeigt, dass sich die vom Staat zu leistenden Ausgaben zur Erfüllung eines einheitlichen Vergütungsanspruchs des Privaten bei PPP-Vertragsmodellen aus investiven und konsumtiven Komponenten zusammensetzen können. Sofern Entgeltbestandteile im Rahmen von PPP-Verträgen in eine investive und in eine konsumtive Komponente aufgeschlüsselt werden können, sollten die Ausgaben im Haushaltsplan entsprechend differenziert veranschlagt werden. Ist eine Aufteilung der Ausgaben in Investitionen nicht möglich, können nach der Haushaltssystematik des Bundes Ausgaben und Einnahmen nach dem Schwergewicht der Zweckbestimmung veranschlagt werden.[170] Der Bundesrechnungshof billigt diese Veranschlagung nach dem jeweiligen Schwerpunkt und legt besonderen Wert auf eine „ökonomisch korrekte" Schwerpunktbildung.[171] Dies wird regelmäßig dazu führen, dass alle Ausgaben konsumtiv zu veranschlagen sind, weil der Schwerpunkt der Ausgabenvolumina wegen der langen Laufzeit von PPP-Verträgen vermutlich auf die Betriebs- und Finanzierungsphase entfallen wird. Eine Aufteilung in investive und konsumtive Ausgaben und eine entsprechend differenzierende Veranschlagung kommt schließlich dann nicht in Frage, wenn Ausgaben von Vornherein nur investiven oder nur konsumtiven Zwecken dienen.

2. Haushaltsvollzug

Ist der Haushaltsplan aufgestellt und durch Gesetz festgestellt, steht der Verwaltung die Aufgabe des Haushaltsvollzugs zu. Beim Haushaltsvollzug stellt sich für PPP vor allem die Frage, zu welchem Zeitpunkt und auf welche Art und Weise Wirtschaftlichkeitsuntersuchungen die Effizienz der PPP belegen müssen, damit dem PPP-Hochbauprojekt keine haushaltsrechtlichen Hindernisse entgegenstehen. Eine Zäsur stellt dabei die Vergabe des PPP-Hochbauprojekts dar.

2.1 Wirtschaftlichkeitsuntersuchung vor der Vergabe

Nach Eingang der bindenden Angebote und vor der Entscheidung darüber, ob und welchem Bieter der Zuschlag erteilt wird, sind PPP-Hochbauprojekte auf ihre Wirtschaftlichkeit zu untersuchen (Wirtschaftlichkeitsuntersuchung als Planungsinstrument).[172] Nachfol-

---

[169] Zur gekorenen gegenseitigen Deckungsfähigkeit von VE vgl. § 20 Abs. 2 BHO.

[170] Vgl. BR-Drs. 14/1667, S. 61 mit Hinweis auf Ziff. 13 der Allgemeinen Hinweise zum Gruppierungsplan und zum Funktionenplan.

[171] Vgl. BR-Drs. 14/1667, S. 61.

[172] § 7 Abs. 2 Satz 1 BHO. In den Ländern schränken die § 7 Abs. 2 Satz 1 LHO dieses Erfordernis in der Regel auf „geeignete Maßnahmen von erheblicher finanzieller Bedeutung" ein. Siehe aber auch Nr. 6 der Anlage 2 zu § 7 AV-LHO Berlin: „Die Wirtschaftlichkeit von Sonderfinanzierungen ist in jedem Einzelfall zu belegen".

gend werden an Hand der geltenden Verwaltungsvorschriften auf Bundes- und auf Landesebene die wichtigsten Vorgaben für Wirtschaftlichkeitsuntersuchungen dargestellt.

2.1.1 Inhalt

Wirtschaftlichkeitsuntersuchungen müssen nach geltendem Recht mindestens Aussagen zu folgenden Teilaspekten enthalten:[173]

- Analyse der Ausgangslage und des Handlungsbedarfs,
- Ziele, Prioritätsvorstellungen und mögliche Zielkonflikte,
- relevante Lösungsmöglichkeiten und deren Nutzen und Kosten (einschl. Folgekosten), auch soweit sie nicht in Geld auszudrücken sind,
- finanzielle Auswirkungen auf den Haushalt,
- Eignung der einzelnen Lösungsmöglichkeiten zur Erreichung der Ziele unter Einbeziehung der rechtlichen, organisatorischen und personellen Rahmenbedingungen,
- Zeitplan für die Durchführung der Maßnahme,
- Kriterien und Verfahren für Erfolgskontrollen.

Besteht für den Erwerb oder für die Nutzung von Vermögensgegenständen eine Wahlmöglichkeit zwischen Kauf-, Miet-, Leasing-, Mietkauf- und ähnlichen Verträgen, so ist vor Vertragsabschluss zu prüfen, welche Vertragsart für die Verwaltung am wirtschaftlichsten ist.[174] Dem Vergleich der Varianten sind hinreichend konkrete und einheitliche bauliche Standards und Ausführungen zugrunde zu legen; Gewährleistungs- und Haftpflichtansprüche müssen den rechtlichen Kriterien des staatlichen Eigenbaus entsprechen.[175] Ein Mangel an Haushaltsmitteln für den Erwerb durch Kauf reicht als Rechtfertigungsgrund für die Begründung von Dauerschuldverhältnissen nicht aus.[176]

Ob die vorgenannten, an Hand herkömmlicher Verträge entwickelten Vorgaben für eine Wirtschaftlichkeitsuntersuchung uneingeschränkt auch auf PPP-Verträge Anwendung finden sollten, ist fraglich. PPP-Verträge im öffentlichen Hochbau werden in der Regel einen so hohen Komplexitätsgrad aufweisen, dass eine umfassende vergleichende Prüfung der Wirtschaftlichkeit der präferierten und sonstiger PPP-Vertragsvarianten, falls überhaupt, vermutlich nur mit einem unangemessen hohen Aufwand möglich wäre. Im Hinblick darauf ist eine Beschränkung der Wirtschaftlichkeitsuntersuchung auf die Prüfung, ob die präferierte PPP-Beschaffungsvariante oder die konventionelle Beschaffungsvariante für die öffentliche Hand die wirtschaftlichere Lösung ist, erforderlich.

2.1.2 Methoden

Generell sind einzelwirtschaftlich und gesamtwirtschaftlich orientierte Verfahren für eine Wirtschaftlichkeitsuntersuchung zu unterscheiden, wobei stets die Methode anzuwenden ist, die nach den Erfordernissen des Einzelfalls die einfachste und wirtschaftlichste Methode ist.[177] Einzelwirtschaftlich orientierte Verfahren sind für Maßnahmen geeignet, die sich in erster Linie auf den betrachteten Verwaltungsbereich beziehen. Gesamtwirtschaftlich orientierte Verfahren sind für Maßnahmen mit erheblichen gesamtwirtschaftlichen Auswirkungen auf Bundes- oder Landesebene geeignet.[178]

---

[173] Nr. 2.1 VV zu § 7 BHO; Nr. 2.1 VV zu § 7 LHO Schleswig-Holstein.

[174] Nr. 2.1 VV zu § 7 BHO.

[175] So die Forderung der Rechnungshöfe in Bezug auf Leasingverträge; vgl. Pkt. 3.2 der Leitlinien der Präsidentinnen und Präsidenten der Rechnungshöfe des Bundes und der Länder für die Beurteilung von Immobilien-Leasing vom 8. 5. 1996.

[176] Siehe Nr. 2.1 VV zu § 7 BHO.

[177] Siehe Nr. 2.3.1 VV zu § 7 BHO.

[178] Vgl. Staatsbetrieb Sächsisches Immobilien- und Baumanagement, Leitfaden für Wirtschaftlichkeitsuntersuchungen, S. 11 f.

Bei Hochbaumaßnahmen mit einzelwirtschaftlicher Bedeutung kommt regelmäßig ein finanzmathematisches Verfahren der Investitionsrechnung, wie z. B. die Kapitalwertmethode, zur Anwendung. Für Maßnahmen mit geringer finanzieller Bedeutung können auch Hilfsverfahren der Praxis, wie z. B. Kostenvergleichsanalysen, angewendet werden. Aufgrund des Volumens von PPP-Hochbauprojekten dürften diese Hilfsmethoden in der Regel ausscheiden. Treten zusätzliche nichtquantifizierbare Nutzen- oder Kostenpotentiale auf, sollte ergänzend eine trägerbezogene Nutzwertanalyse durchgeführt werden.

Für Maßnahmen, die nicht zu vernachlässigende gesamtwirtschaftliche Auswirkungen haben, sind gesamtwirtschaftliche Wirtschaftlichkeitsuntersuchungen, z. B. eine Kosten-Nutzen-Analyse, durchzuführen.[179] Teilweise ist bestimmt, dass in Fällen von erheblicher finanzieller Bedeutung in die Wirtschaftlichkeitsuntersuchung auch die Auswirkungen auf die Einnahmen der Gebietskörperschaften einzubeziehen sind.[180] In der VV zu § 7 BHO wurde diese Vorgabe in der seit dem 16. Mai 2001 geltenden Fassung gestrichen. Fälle von erheblicher finanzieller Bedeutung werden in der Regel auch gesamtwirtschaftliche Auswirkungen haben. Eine feste Grenze zwischen Maßnahmen mit einzelwirtschaftlicher respektive gesamtwirtschaftlicher Bedeutung gibt es allerdings nicht.

2.2 Wirtschaftlichkeitsuntersuchung nach der Vergabe

Die Berücksichtigung des Grundsatzes der Wirtschaftlichkeit und Sparsamkeit erfordert auch nach der Erteilung des Zuschlags an einen Bieter Wirtschaftlichkeitsuntersuchungen (Wirtschaftlichkeitsuntersuchungen als Instrument der Erfolgskontrolle). Während der Durchführung (begleitende Erfolgskontrolle) und nach Abschluss einer Maßnahme (abschließende Erfolgskontrolle) soll – ausgehend von der Planung – festgestellt werden, ob die Maßnahme ursächlich für die Zielerreichung (effektiv) war und ob die Maßnahme wirtschaftlich (effizient) war. Gemäß den VV zu BHO/LHO sind bei Maßnahmen, die sich über mehr als zwei Jahre erstrecken, nach individuell festzulegenden Laufzeiten oder zu Zeitpunkten, an denen abgrenzbare Ergebnisse oder Teilrealisierungen einer Maßnahme zu erwarten sind, begleitende Erfolgskontrollen durchzuführen.[181] Diese dienen als Grundlage für die Entscheidung, ob und wie die Maßnahme fortgeführt werden soll.

3. Haushaltskontrolle durch die Rechnungshöfe des Bundes und der Länder

Die folgenden Ausführungen befassen sich mit dem Prüfungsrecht des Bundesrechnungshofes und der Landesrechnungshöfe bei der Durchführung von PPP-Projekten. Es wird dabei jeweils Bezug genommen auf die Bestimmungen des – auch für die Länder geltenden – HGrG und der BHO.

3.1 Prüfungsrechte im Rahmen der Prüfung der Haushalts- und Wirtschaftsführung

3.1.1 PPP-Vertragsmodelle, die unmittelbar den Preisvorschriften für öffentliche Aufträge unterliegen

Mit Ausnahme des PPP-Gesellschaftsmodells beruhen alle PPP-Vertragsmodelle auf einem oder mehreren – ggf. inhaltlich miteinander verbundenen – schuldrechtlichen Verträgen zwischen der öffentlichen Hand und dem Privaten, deren Gegenstand die Erbringung

---

[179] Siehe Nr. 2.3.3 der Arbeitsanleitung „Einführung in Wirtschaftlichkeitsuntersuchungen", Anlage zu VV-BHO § 7.

[180] Nr. 2.1 der VV zu § 7 LHO Schleswig-Holstein.

[181] Nr. 2.2 der VV zu § 7 BHO/LHO Schleswig-Holstein, Mecklenburg-Vorpommern.

von Leistungen gegen Entgelt ist. Hierunter fallen nicht Zuwendungen i. S. d. § 23 BHO, bei denen ein Anspruch des Empfängers aus Vertrag oder Gesetz besteht, ohne dass eine unmittelbare Gegenleistung des Empfängers vereinbart ist.

Verträge, deren Gegenstand die Erbringung von Leistungen gegen Entgelt ist

Gegenseitige Verträge, in denen die Erbringung von Leistungen gegen Entgelt vereinbart ist, unterliegen den Preisvorschriften für öffentliche Aufträge. Nr. 1.1 der Anlage zu Nr. 1.2.4 zu § 23 BHO zählt zu den Verträgen, die unmittelbar den Preisvorschriften für öffentliche Aufträge unterliegen, insbesondere Kauf-, Miet-, Pacht-, Werk- und Werklieferungsverträge.

Abgrenzungskriterien zu einer Zuwendung können sein: Gegenseitiger Vertrag zivilrechtlicher Art mit unternehmerisch tätigen natürlichen oder juristischen Personen zur Beschaffung von Leistungen; das Interesse des Vertragspartners ist die Erzielung eines angemessenen Entgelts einschließlich Gewinn; vertraglicher Anspruch auf tatsächliche Erbringung der Leistung, notfalls gerichtlich durchsetzbar; im Regelfall ist Umsatzsteuer zu entrichten; grundsätzlich Ausschreibungspflicht.

Prüfungsrecht der Rechnungshöfe

Bei Verträgen, die unmittelbar den Preisvorschriften für öffentliche Aufträge unterliegen, besteht ein Prüfungsrecht des BRH nur bei der vertragschließenden staatlichen Stelle (Auftraggeber), aber nicht bei dem privaten Vertragspartner (Auftragnehmer). Der BRH prüft damit nur die Tätigkeit der staatlichen Stelle, ein Prüfungsrecht bei dem Vertragspartner besteht nicht. Der Vertragspartner unterliegt ausschließlich der Preisprüfung nach § 9 der VO PR Nr. 30/53 über die Preise bei öffentlichen Aufträgen.

3.1.2 Beteiligung des Bundes an privatrechtlichen Unternehmen

Das PPP-Gesellschaftsmodell beruht auf einer gesellschaftsrechtlichen Beteiligung des Staates an einem privatrechtlichen Unternehmen.

Die Prüfung des BRH bei der gesellschaftsrechtlichen Beteiligung des Bundes an einem privatrechtlichen Unternehmen bezieht sich grundsätzlich auf die Tätigkeit der beteiligungsverwaltenden Stelle (sog. Betätigungsprüfung). Für die gesellschaftsrechtliche Beteiligung des Staates an einem privatrechtlichen Unternehmen können aber besondere Prüfungsrechte des BRH bestehen. Insbesondere können unmittelbare Informations- und Einsichtsrechte des BRH bei dem privatrechtlichen Unternehmen bestehen (§ 104 BHO, §§ 53f. HGrG). Die besonderen Rechte des BRH hängen maßgeblich von der Höhe der Beteiligung und der Gesellschaftsform ab.

Mehrheitsbeteiligung

Für die Mehrheitsbeteiligung des Bundes oder der Länder an einem privatrechtlichen Unternehmen legt § 53 HGrG mit unmittelbarer Geltung fest, dass die beteiligungsverwaltende Stelle von dem privatrechtlichen Unternehmen verlangen kann, dass das Unternehmen im Rahmen der Abschlussprüfung bestimmte Sachverhalte prüfen lässt und den Prüfungsbericht der beteiligungsverwaltenden Stelle zur Verfügung stellt. Die Unterlagen, die die beteiligungsverwaltende Stelle erhält, sind dem BRH gem. § 69 BHO durch die beteiligungsverwaltende Stelle zur Verfügung zu stellen.

Die besonderen Informationsrechte der beteiligungsverwaltenden Stelle gehen damit über das Ausmaß dessen hinaus, zu dem Anteilseigner im „üblichen" gesellschaftsrechtlichen Rahmen Informationen beanspruchen können. Durch § 53 Abs. 1 HGrG wird darüber hinaus die Pflicht des privatrechtlichen Unternehmens im Hinblick auf den Inhalt der Abschlussprüfung erweitert.[182]

---

[182] Vgl. dazu den Prüfungsstandard IDW PS 720 und hierzu Preußner, LKV 2003, 210 (211).

Gem. § 54 HGrG kann in den Fällen einer Mehrheitsbeteiligung überdies in der Satzung (im Gesellschaftsvertrag) des privatrechtlichen Unternehmens mit ¾-Mehrheit des vertretenen Kapitals bestimmt werden, dass sich die Rechnungsprüfungsbehörde zur Klärung von Fragen, die im Rahmen der Betätigungsprüfung entstehen,

„unmittelbar unterrichten und zu diesem Zweck den Betrieb, die Bücher und die Schriften des Unternehmens einsehen kann."

Damit wird es dem BRH ermöglicht, die Tätigkeit der beteiligungsverwaltenden Stelle durch direkte Unterrichtung bei dem privatrechtlichen Unternehmen effektiver prüfen zu können. Allerdings: Durch diese besonderen Informations- und Einsichtsrechte wird nicht das privatrechtliche Unternehmen selbst geprüft, sondern es werden die Maßnahmen, die die beteiligungsverwaltende Stelle – z.B. in Form der Wahrnehmung von Aussichtsratsbefugnissen – ergriffen oder unterlassen hat, geprüft (Betätigungsprüfung):

„Nicht die Unternehmen, sondern die die Beteiligung verwaltenden Bundes- oder Landesbehörden unterliegen der Prüfung. Die Unternehmen sind nur insoweit berührt, als sie verpflichtet sein sollen, die erforderlichen Auskünfte zu erteilen, Unterlagen zur Verfügung zu stellen und ggf. örtliche Erhebungen zu dulden."[183]

Die Rahmenvorschriften des HGrG bzw. die unmittelbar geltenden Bestimmungen des HGrG hat der Haushaltsgesetzgeber des Bundes u.a. durch § 91 Abs. 1 Nr. 4 BHO mit unmittelbarer Außenwirkung umgesetzt bzw. ergänzt. Diese Bestimmung unterstellt solche privatrechtlichen Unternehmen, die nicht der Kontrolle des Marktes unterliegen, der Kontrolle durch den BRH, wenn sie für ihre Tätigkeiten Haushaltsmittel erhalten. Damit soll die finanzielle Erfüllung von Bundesaufgaben bei Organisationsprivatisierungen in einem Maße durch den BRH geprüft werden können, in dem es auch ohne Organisationsprivatisierung der Fall wäre.[184] § 91 Abs. 1 Nr. 4 BHO knüpft an das Merkmal des fehlenden Wettbewerbs an, so dass ein unmittelbares Prüfungsrecht des BRH nicht gegeben ist, wenn das Unternehmen durch eine Marktorientierung – ohnehin – zu wirtschaftlichem Handeln gezwungen ist.

Minderheitsbeteiligung

Bei einer Minderheitsbeteiligung der öffentlichen Hand an einem privatrechtlichen Unternehmen bestehen die besonderen Informations- und Prüfungsrechte gem. § 53, 54 HGrG nicht, es sei denn, dem BRH werden in der Satzung (im Gesellschaftsvertrag) diese Rechte eingeräumt. Auf eine solche Bestimmung in der Satzung soll das zuständige Bundesministerium gemäß § 67 Satz 1 BHO hinwirken, wenn es sich bei dem privatrechtlichen Unternehmen nicht um eine AG, KGaA oder Genossenschaft handelt. Bei diesen Gesellschaftsformen wäre der aktien- und genossenschaftsrechtliche Gleichbehandlungsgrundsatz wegen eines Informationsvorsprunges für den Anteilseigner Bund beeinträchtigt.

Allerdings legt § 92 Abs. 1 BHO – in Anlehnung an § 44 Abs. 1 HGrG – fest:

„Der Bundesrechnungshof prüft die Betätigung des Bundes bei Unternehmen in einer Rechtsform des privaten Rechts, an denen der Bund unmittelbar oder mittelbar beteiligt ist, unter Beachtung kaufmännischer Grundsätze."

Ein unmittelbares Prüfungsrecht des BRH bei dem privatrechtlichen Unternehmen besteht somit nicht, so dass der BRH darauf beschränkt ist, Einblick in die Unterlagen und Dokumente zu nehmen, die die beteiligungsverwaltende Stelle dem BRH gem. § 69 BHO zur Verfügung stellt.

Gemäß § 394 AktG wird ein besonderer Pflichtenrahmen für die Vertreter des Bundes in Aufsichtsräten privatrechtlicher Unternehmen aufgestellt, der das Spannungsverhältnis zwi-

---

[183] Gesetzesbegründung zum Erlass einer Bundeshaushaltsordnung, BT-Drs. V/3040, S. 57.

[184] Vgl. Nebel, in: Piduch, Bundeshaushaltsrecht, BHO, § 91 Rn. 7.

schen der beamtenrechtlichen Bindung der Vertreteranweisungen und der Verpflichtung der Aufsichtsratsmitglieder eines privatrechtlichen Unternehmens zur eigenverantwortlichen Mandatswahrnehmung widerspiegelt. Adressat der Berichtspflicht ist nicht das privatrechtliche Unternehmen, sondern das vom Bund entsandte Aufsichtsratsmitglied.

Besondere Vereinbarung

Gemäß 104 Abs. 1 Nr. 3 BHO prüft der BRH die Haushalts- und Wirtschaftsführung der (nicht: bei der) juristischen Personen privaten Rechts ferner dann, wenn

„3. mit dem Bundesrechnungshof eine Prüfung durch ihn vereinbart ist (...)."

Eine besondere Vereinbarung über ein Prüfungsrecht des BRH kann damit auch außerhalb der Satzung (des Gesellschaftsvertrages) getroffen werden. Ob dies allerdings eine von den materiellen Voraussetzungen des § 91 Abs. 1 Nr. 4 BHO unabhängige Rechtsgrundlage für besondere Vereinbarungen der Rechnungshöfe mit privatrechtlichen Unternehmen schafft, ist in der Praxis umstritten. Dagegen spricht vor allem, dass das zwischen Gesellschaftsrecht und Haushaltsrecht abgestimmte System der Rechnungskontrolle durch die Möglichkeit besonderer Vereinbarungen, die unabhängig von der Beteiligungshöhe getroffen werden, ausgehöhlt würde.[185] Es ist daher noch nicht abschließend geklärt, ob ein von der Beteiligungshöhe unabhängiges Prüfungsrecht durch einen nichtstatusrechtlichen Vertrag zwischen der Gesellschaft und dem BRH im Wege eines öffentlich-rechtlichen Vertrages (§ 54 VwVfG) für eine GmbH vereinbart werden kann.[186]

§ 104 Abs. 1 Nr. 3 BHO bestimmt, dass der BRH die Haushalts- und Wirtschaftsführung der juristischen Person des privaten Rechts selbst prüft. Bei der Prüfung des privatrechtlichen Unternehmens hätte der BRH sich an kaufmännischen Grundsätzen zu orientieren.

3.1.3 Zuwendungen entsprechend § 23 BHO

Zuwendungen sind entsprechend Nr. 2 der Anlage zur VV 1.2.4 zu § 23 BHO Geldleistungen der öffentlichen Hand, die dem Empfänger zur Erfüllung seiner Aufgaben, an deren Förderung der Bund ein eigenes Interesse hat, gewährt werden, ohne dass die Geldleistung ein Entgelt für eine Leistung im Sinne der Nr. 1 der o. a. Anlage zur VV ist. Zuwendungen werden typischerweise durch Verwaltungsakt, in seltenen Fällen durch öffentlich-rechtlichen (§ 54 VwVfG) oder privatrechtlichen Vertrag bewilligt.

Gem. § 91 Abs. 1 Nr. 3 BHO prüft der BRH

„bei Stellen außerhalb der Bundesverwaltung (...), wenn sie (...) vom Bund Zuwendungen erhalten".

Für die Prüfung des BRH bei Zuwendungen besteht ein breiter Raum, der lediglich durch den Grundsatz der Verhältnismäßigkeit gegenüber privaten Stellen eingeschränkt wird.[187] Der BRH beurteilt deshalb nicht die Haushalts- und Wirtschaftsführung des Zuwendungsempfängers als solche, sondern er prüft sie in ihrer Beziehung zur bestimmungsgemäßen Verwaltung und Verwendung der Zuwendung. Feststellungen des BRH sind aber allein für die gewährende Stelle zu treffen und allein die gewährende Stelle hat die Schlussfolgerungen daraus zu ziehen.

3.1.4 Andere Förderung als durch Zuwendung

Eine andere Förderung als durch Zuwendung liegt vor, wenn die öffentliche Hand den Empfänger anders als durch einen Finanztransfer fördert, ohne dass die Förderung ein Entgelt für eine Leistung im Sinne der Nr. 1 der Anlage zur VV zu § 23 BHO ist.

---

[185] Vgl. Kammer, in: Heuer, Haushaltsrecht, § 91 Nr. 3.

[186] Bejahend Eibelhäuser/Wallis, in: Heuer, Haushaltsrecht, § 104 Nr. 5; anders wohl Nebel, in: Piduch, Bundeshaushaltsrecht, BHO, § 104 Rn. 1.

[187] Vgl. u. a. Kammer, in: Heuer, Kommentar zum Bundeshaushaltsrecht, § 91 Ziff. 15.

Hier bezieht sich das Prüfungsrecht gemäß § 91 Abs. 3 BHO darauf, ob die Beteiligten (aber auch nur die Beteiligten, nicht etwa deren Hausbanken oder Abschlussprüfer) ausreichende Vorkehrungen zum Schutz der wirtschaftlichen Interessen des Bundes getroffen haben. Der BRH ist an Vereinbarungen dazu zwischen dem Bund und den Beteiligten nicht gebunden, sondern er kann darüber hinausgehende Informationen – auch von den Beteiligten selbst – verlangen.

Auch bei einer anderen Förderung als durch Zuwendung sind Feststellungen des BRH allein für die gewährende Stelle zu treffen und allein die gewährende Stelle und hat die Schlussfolgerungen daraus zu ziehen.

3.1.5 Auswirkungen der Prüfungsrechte des BRH auf die Prüfung von PPP-Vertragsmodellen

Für die PPP-Vertragsmodelle, denen schuldrechtliche Verträge zwischen der öffentlichen Hand und dem Privaten zugrunde liegen, bestehen im Rahmen der geltenden gesetzlichen Bestimmungen keine besonderen Prüfungsrechte der Rechnungshöfe. Die Rechnungshöfe können ihre Prüfung weder auf die Tätigkeit der privaten Vertragspartner ausdehnen noch besondere Einsichts- und Informationsrechte geltend machen.

Für die PPP-Vertragsmodelle, bei denen sich die öffentliche Hand an einem privatrechtlichen Unternehmen gesellschaftsrechtlich beteiligt, gilt grundsätzlich, dass die Rechnungshöfe die Betätigung der beteiligungsverwaltenden Stelle prüfen, sich dazu aber im Falle einer Mehrheitsbeteiligung der öffentlichen Hand unmittelbar bei den privatrechtlichen Unternehmen informieren können. Eine Prüfung des privatrechtlichen Unternehmens selbst findet unter der Beachtung kaufmännischer Grundsätze nur dann statt, wenn dies zwischen dem Rechnungshof und dem privatrechtlichen Unternehmen vereinbart ist. Für die PPP-Vertragsmodelle ist damit jeweils abzuwägen, ob eine solche Vereinbarung zulässig wäre[188] und zweckmäßig sein kann. Für die Zweckmäßigkeit spricht, dass die Transparenz der Tätigkeit des privatrechtlichen Unternehmens und damit der Verwendung stattlicher Mittel erhöht wird. Dies vergrößert die Akzeptanz von PPP-Vertragsmodellen, die eine gesellschaftsrechtliche Beteiligung der öffentlichen Hand an einem privatrechtlichen Unternehmen beinhalten. Dagegen spricht aber, dass ein privatrechtliches Unternehmen – unabhängig von der staatlichen Beteiligung – der kaufmännischen Rechnungsprüfung unterliegt und besondere Prüfungsrechte des BRH, auch wenn sie unter der Beachtung kaufmännischer Grundsätze wahrgenommen werden, die wirtschaftliche Betätigung beeinflussen können, so dass potentielle Vertragspartner der öffentlichen Hand von der Teilnahme an einem PPP-Projekt abgeschreckt werden könnten.

3.2 Vorabprüfung von PPP-Projekten durch die Rechnungshöfe

Bevor die Ausgaben für ein PPP-Vertragsmodell im Haushaltsplan veranschlagt werden, kommen zwei Möglichkeiten in Betracht, die Rechnungshöfe mit PPP-Vertragsmodellen bereits in der Planungsphase, also vorab, zu befassen. Für die Vorabbefassung gelten für alle PPP-Vertragsmodelle die gleichen Grundsätze.

3.2.1 Mitwirkung an der Aufstellung des Haushaltsplanes

Die Rechnungshöfe wirken an der Aufstellung der Haushaltspläne mit, indem sie die Haushaltsvoranschläge von den zuständigen Behörden zur Kenntnis erhalten und dazu Stellung nehmen können (vgl. § 27 Abs. 2 BHO). Diese Form der institutionalisierten Einbindung der Rechnungshöfe in den Gang der Haushaltsaufstellung ermöglicht es den Rechnungshöfen, ihre Prüfungserfahrungen bereits vor der Verabschiedung des Haushaltsgesetzes durch den Gesetzgeber in die Beratungen der Exekutive und der Legislative einzubringen.

188 Vgl. die Ausführungen zu 3.1.2.3.

3.2.2 Beratungstätigkeit außerhalb der regulären Prüfungstätigkeit

BHO

§ 88 Abs. 2 BHO sieht vor, dass der BRH

„auf Grund von Prüfungserfahrungen den Bundestag, den Bundesrat, die Bundesregierung und einzelne Bundesministerien beraten"

kann.[189]

Diese Beratung durch den BRH findet unabhängig von der regulären Prüfung der Haushalt- und Wirtschaftsführung der öffentlichen Hand statt. Sie stützt sich auf Prüfungserfahrungen, die der BRH gesammelt hat. Die Vorschrift ist als Kann-Vorschrift gefasst, so dass der BRH nicht gezwungen ist, zu bestimmten Themen zu beraten. Vielmehr obliegt es seiner – nicht überprüfbaren – Entscheidung, ob er einem Beratungsersuchen nachkommt oder sich entschließt, von sich aus beratend tätig zu werden. Diese Entscheidungsfreiheit des BRH dient der Wahrung seiner Unabhängigkeit und der Wahrung der Unvoreingenommenheit seiner ex post-Prüfungstätigkeit.

LHO

In den Landeshaushaltsordnungen finden sich dazu teilweise andere Regelungen. In den Ländern Baden-Württemberg, Bayern, Hessen, Mecklenburg-Vorpommern, Niedersachsen, Rheinland-Pfalz, Sachsen, Sachsen-Anhalt, Schleswig-Holstein und Thüringen hat der Landesrechnungshof einem Beratungsersuchen nachzukommen. Er ist in seiner Entscheidung, ob er beratend tätig wird oder nicht, also nicht frei. Dies stößt insofern auf Bedenken, als die Unabhängigkeit des Rechnungshofes im Hinblick auf seine eigentliche Hauptaufgabe, die unvoreingenommene Prüfung der Verwendung staatlicher Mittel, jedenfalls dann in Zweifel steht, wenn der Rechnungshof sich durch die Vorabbegutachtung einzelner Fragestellungen inhaltlich bereits geäußert hat.

Vorabbegutachtung einzelner PPP-Projekte

Soweit ersichtlich haben sich Rechnungshöfe bislang nicht vorab zu einzelnen PPP-Projekten geäußert. Es wäre unter der derzeit geltenden Gesetzeslage im Einzelfall zu prüfen, ob die Vorabbefassung eines Rechnungshofes überhaupt sinnvoll ist. Eine Änderung der derzeit geltenden Gesetzeslage, die etwa eine regelmäßige Vorabbegutachtung von PPP-Projekten durch Rechnungshöfe festlegt, erscheint nicht zweckmäßig, weil die Rechnungshöfe dadurch ihrer Unabhängigkeit beraubt würden.

---

[189] Vgl. zu abweichenden Bestimmungen in einzelnen Landeshaushaltsordnungen. 3.2.2.2.

§ 5 Kommunalrecht

Übersicht

Im Hinblick auf PPP-Projekte der Kommunen setzt insbesondere das Kommunalrecht projektwesentliche Rahmenbedingungen. Hier ist der Anwendungsbereich von PPP-Modellen besonders groß. Das Deutsche Institut für Urbanistik rechnet allein für die Kommunen mit einem Investitionsbedarf von über 686 Milliarden Euro für den Zeitraum 2000–2009. Jährlich steht dem zurzeit ein Investitionsvolumen von ca. 22 Milliarden Euro gegenüber. Dieser Investitionsstau und der gegenwärtige Abbau von Personal in Planungs-, Hochbau- und Tiefbauämtern, gestatten es kaum mehr, die drängenden Investitionen in Infrastruktur allein im Wege konventioneller Beschaffung umzusetzen. Sowohl aus finanziellen als auch personellen Gründen werden die Kommunen in Zukunft daher verstärkt auf PPP-Modelle zurückgreifen.

1. Kommunale Aufgabenwahrnehmung

Der Umfang der Zulässigkeit einer partnerschaftlichen Aufgabenerfüllung von Gemeinde[1] und einem privaten Partner hängt zunächst davon ab, ob die zu erfüllende Aufgabe nicht ausschließlich der kommunalen Eigenwahrnehmung vorbehalten ist. Die nachfolgend im Einzelnen zu betrachtenden Grenzen der Übertragung von kommunalen Aufgaben auf Private ergeben sich vor allem aus der Bindung der Gemeinden an die ihnen ausdrücklich übertragenen Aufgaben. Deswegen wird herkömmlich zwischen Pflichtaufgaben und freiwilligen Aufgaben der Gemeinden unterschieden. Zu beachten ist darüber hinaus die verfassungsrechtlich verankerte Garantie der kommunalen Selbstverwaltung.

1.1 Ausschließliche Aufgabenzuweisung an die Kommunen

Grenzen für die Zusammenarbeit in öffentlich-privaten Partnerschaften ergeben sich zunächst in Bereichen, in denen das Gesetz den Gemeinden ausdrücklich Aufgaben zuweist. Auf kommunaler Ebene betrifft dies bei Ländern, die in ihren Gemeindeordnungen eine dualistische Aufgabenstruktur vorsehen, die Auftragsangelegenheiten und die pflichtigen Selbstverwaltungsaufgaben der Gemeinden, und in Ländern mit einer monistischen Aufgabenstruktur die Pflichtaufgaben zur Erfüllung nach Weisung sowie die Pflichtaufgaben ohne Weisung.[2]

---

[1] Die Darstellung beschränkt sich auf die rechtlichen Rahmenbedingungen für das Handeln von Gemeinden. Für Landkreise gelten hinsichtlich der Gemeindewirtschaft, des Rechts kommunaler Unternehmen und des Gebührenrechts jedoch weitgehend identische Vorschriften (vgl. etwa § 52 HKO, § 1 KAG Hess; Gern, Deutsches Kommunalrecht, Rn. 908).

[2] Zur monistischen und dualistischen Aufgabenstruktur siehe Gern, Deutsches Kommunalrecht, Rn. 227 ff.

Zur Wahrnehmung dieser Aufgaben ist die Gemeinde verpflichtet, sie darf sich ihrer grundsätzlich nicht vollständig entledigen.[3] Das schließt aber nicht aus, dass die Gemeinde die ihr übertragene Aufgabe in Zusammenarbeit mit Privaten erfüllt, sich also der Hilfe Privater bedient, solange die Aufgabe selbst bei ihr verbleibt. Eine solche Form der Verwaltungshilfe, die auch als funktionale Privatisierung bezeichnet wird,[4] ist auch ohne gesetzliche Ermächtigungsgrundlage grundsätzlich zulässig.[5] Verwaltungshilfe liegt nicht nur dann vor, wenn der Verwaltungshelfer streng weisungsgebunden tätig wird, sondern auch, wenn ihm innerhalb eines vorgegebenen Handlungsrahmens autonome Entscheidungsbefugnisse zustehen.[6] Entscheidend ist, dass keine Aufgabenverlagerung von der Gemeinde auf den Privaten vorliegt, die Gemeinde also weiterhin zur Aufgabenerfüllung verpflichtet bleibt. Lediglich die Aufgabe selbst muss nämlich der öffentlichen Hand verbleiben, ihre Durchführung kann durch einen Privaten erfolgen. Eine darüber hinausgehende Entledigung von der Aufgabe ist nur zulässig, wenn Spezialgesetze sie erlauben. So gestattet etwa § 18a Abs. 2a WHG den Ländern zu regeln, unter welchen Voraussetzungen eine öffentlich-rechtliche Körperschaft ihre Abwasserbeseitigungspflicht auf einen Dritten ganz oder teilweise übertragen kann.[7]

Problematisch kann sich im Einzelfall allerdings die Grenzziehung zwischen zulässiger Verwaltungshilfe und unzulässiger Abgabe der Aufgabe selbst (Aufgabenprivatisierung) darstellen. Ist beispielsweise die Schulträgerschaft eine nach Landesrecht pflichtige Selbstverwaltungsaufgabe der Gemeinden oder Landkreise,[8] stellt sich die Frage, ob der Betrieb der Schulgebäude (z.B. Schulmensa, Facility-Management) eine der Schulträgerschaft vorbehaltene Aufgabe darstellt. Bei einer entsprechenden Ausgestaltung eines PPP-Vertrages, nach welcher die Aufgabenzuständigkeit und -verantwortung bei der Gemeinde verbleiben,[9] dürfte dies zu verneinen sein. Eine solche Vertragsgestaltung ist durch die Vorgabe noch auszufüllender Rahmenbedingungen der Aufgabenerledigung einerseits und die Statuierung entsprechender Aufsichts- und Kontrollbefugnisse andererseits möglich.[10]

1.2 Freiwillige Selbstverwaltungsaufgaben

Den dargestellten Grenzen für PPP-Projekte im Hinblick auf Pflichtaufgaben unterliegen die Gemeinden nicht hinsichtlich der Erfüllung freiwilliger Selbstverwaltungsaufgaben. Beispiele für solche Aufgaben der Gemeinden sind Errichtung und Betrieb von Sportanlagen, Bädern, Stadthallen, Theatern und Museen. Hier hat die Gemeinde ein „Aufgabenfindungsrecht". Sie entscheidet über das Ob und das Wie der Aufgabenerfüllung.[11] Es liegt in ihrem pflichtgemäßen Ermessen, ob sie die Aufgabe wahrnimmt, sie alleine oder in einer Form der Zusammenarbeit mit Privaten erfüllt oder sich ihrer entledigt. Dient das PPP-Projekt der Erfüllung einer freiwilligen Selbstverwaltungsaufgabe der Gemeinde, ist sie bei der Übertragung des Betriebes auf den Privaten daher weitgehend frei.

Die Übertragung von freiwilligen Selbstverwaltungsaufgaben auf einen Privaten bedarf grundsätzlich keiner gesetzlichen Regelung. Denn nach ganz überwiegender Auffassung be-

[3] OVG Koblenz, DVBl. 1985, 176 (177); Burgi, NVwZ 2001, 601 (602); Mayen, DÖV 2001, 110 (111).

[4] Stelkens/Schmitz, in: Stelkens/Bonk/Sachs, Verwaltungsverfahrensgesetz, § 1 Rn. 114, 116.

[5] Ehlers, Gutachten E zum 64. DJT, S. 93.

[6] Vgl. Brüning, NWVBl. 1997, 286 (292); Di Fabio, VVDStRL 56 (1997), 235 (273).

[7] Dazu und zu den entsprechenden Landesvorschriften Jessen, Die Privatisierung der Abwasserbeseitigung aus gebührenrechtlicher Sicht, S. 45f., 58f.; Zacharias, DÖV 2001, 454ff.

[8] So etwa §§ 138 Abs. 1, 147 S. 1 HSchG.

[9] Vgl. Ehlers, DVBl. 1998, 497 (506); Stelkens/Schmitz, in: Stelkens/Bonk/Sachs, Verwaltungsverfahrensgesetz, § 1 Rn. 114.

[10] Brüning, NWVBl. 1997, 286 (290).

[11] Gern, Deutsches Kommunalrecht, Rn. 232.

dürfen weder die Organisation der gemeindlichen Selbstverwaltung noch die Erbringung von Leistungen einer gesetzlichen Ermächtigungsgrundlage.[12]

Gänzlich frei sind die Gemeinden allerdings auch bei der Verankerung von PPP-Strukturen zur Erfüllung freiwilliger Selbstverwaltungsaufgaben nicht. Entschließt sich die Gemeinde nämlich zum Betrieb einer öffentlichen Einrichtung wie etwa einer Sportanlage, eines Schwimmbades, einer Stadthalle, eines Theaters oder eines Museums, haben die Gemeindeeinwohner kommunalrechtlich verankerte Nutzungsansprüche gegen die Gemeinde.[13] Dies gilt auch dann, wenn die Einrichtung von einem Privaten betrieben wird, solange sie – und das ist entscheidend – als öffentliche Einrichtung gewidmet ist.[14] Das Recht zur Nutzung der Einrichtung durch die Gemeindeeinwohner sollte daher in diesen Fällen in dem PPP-Vertrag vereinbart und im Einzelnen geregelt werden; die Gemeinde sollte sich in dem Vertrag zudem hinreichende Einflussmöglichkeiten vorbehalten, um gegebenenfalls gegen sie gerichtete Nutzungsverschaffungsansprüche erfüllen zu können.[15]

Darüber hinaus sind die Gemeinden auch nicht gehindert, die Einrichtung zu entwidmen oder die Widmung einzuschränken. Aus der bisherigen Existenz von kommunalen Einrichtungen, mit denen die Gemeinde freiwillige Selbstverwaltungsaufgaben wahrnimmt, folgt kein Gebot zur Eigenwahrnehmung der Aufgabe in der Zukunft. Ein Grundrechtsschutz der Nutzer auf bleibende oder unveränderte Nutzungsmöglichkeiten einer öffentlichen Einrichtung aus Art. 14 GG kann allenfalls ausnahmsweise dann bestehen, wenn in der Nutzungsmöglichkeit eine öffentlich-rechtliche Rechtsposition zu sehen ist, die ein Äquivalent für eine eigene, vermögenswerte Leistung des Benutzers darstellt.[16] Dies wird regelmäßig nicht der Fall sein, ist aber in Ausnahmefällen dann möglich, wenn die Benutzer die Herstellungskosten der öffentlichen Einrichtung durch Beiträge mitfinanziert haben.

Die Überführung einer der Erfüllung freiwilliger Selbstverwaltungsaufgaben dienenden Einrichtung in eine Public Private Partnership unterliegt folglich dem pflichtgemäßen Ermessen der Gemeinde. Im Rahmen dieses Ermessens sind die örtlichen Bedürfnisse und die Leistungsfähigkeit der Gemeinde zu berücksichtigen.[17] Ebenso wenig wie der einzelne Einwohner einen Anspruch auf Schaffung oder Erweiterung einer öffentlichen Einrichtung durch die Gemeinde hat, kann er unter Berufung auf sein Nutzungsrecht gegen die Überführung in ein PPP-Modell klagen.

1.3 Kommunale Selbstverwaltungsgarantie

Aus der kommunalen Selbstverwaltungsgarantie des Art. 28 Abs. 2 S. 1 GG lassen sich für PPP-Projekte allenfalls geringfügige Begrenzungen entnehmen. Art. 28 Abs. 2 GG dient in erster Linie der Abwehr staatlicher Eingriffe in die kommunale Selbstverwaltung. Es handelt sich um ein Recht der Gemeinde, nicht um eine Pflicht. Dieses Recht zur Wahrnehmung aller Angelegenheiten der örtlichen Gemeinschaft umfasst grundsätzlich auch die Kompetenz, diese Angelegenheit in Zusammenarbeit mit Privaten zu erledigen.[18] Denn als objektive Rechtsinstitutionsgarantie umfasst die kommunale Selbstverwaltung nicht nur die materielle Gewährleistung eines grundsätzlich alle Angelegenheiten der örtlichen Gemeinschaft umfassenden Aufgabenbereichs („Allzuständigkeit"), sondern in dem so umgrenzten Bereich auch die eigenverantwortliche Führung der Geschäfte unter Einschluss der Organisationshoheit.[19]

---

[12] Vgl. Eifert, VerwArch 2002, 561 (567) m. w. N.

[13] Siehe etwa § 20 Abs. 1 HGO, § 8 Abs. 2 GO NW. Näher Axer, NVwZ 1996, 114ff.

[14] Vgl. Axer, NVwZ 1996, 114 (115f.).

[15] Vgl. Driehaus, Kommunalabgabenrecht, § 6 KAG NW Rn. 701 m. w. N.

[16] Gern, Deutsches Kommunalrecht, Rn. 551.

[17] Vgl. Gern, Deutsches Kommunalrecht, Rn. 533.

[18] Vgl. Schoch, DVBl. 1994, 962 (970).

[19] Nierhaus, in: Sachs, GG, Art. 28 Rn. 44; Kämmerer, Privatisierung, S. 182.

Eine Grenze für die Zusammenarbeit zwischen Staat und Privaten könnte sich nur aus dem absolut geschützten Wesensgehalt der kommunalen Selbstverwaltung ergeben. Nach der Rechtsprechung des Bundesverfassungsgerichts gehört zum Wesensgehalt der kommunalen Selbstverwaltung kein bestimmter oder nach feststehenden Merkmalen bestimmbarer Aufgabenkatalog, wohl aber die Befugnis, sich aller Angelegenheiten der örtlichen Gemeinschaft, die nicht durch Gesetz bereits anderen Trägern öffentlicher Verwaltung übertragen sind, ohne besonderen Kompetenztitel anzunehmen.[20] Diese Garantie kommunaler Selbstverwaltung könnte durch weitreichende Organisationsprivatisierungen der Gemeinden selbst beeinträchtigt werden, durch welche die demokratisch gewählten Organe der Gemeinden sich ihres eigenen politischen Einflusses entäußern. Daraus wird teilweise gefolgert, dass die Gemeinde sich der Aufgaben, die dem Kernbereich kommunaler Selbstverwaltung zuzuordnen sind, nicht vollständig entledigen darf.[21] Auch bei der Erfüllung von Aufgaben im Kernbereich darf die Gemeinde sich jedoch der Hilfe Privater bedienen. Selbst bei der Erfüllung gemeindlicher Kernaufgaben ist es daher unproblematisch, wenn die Gemeinde hierfür von Privaten zur Verfügung gestellte und betriebene Anlagen oder Immobilien nutzt. Ein Privatisierungsverbot enthält Art. 28 Abs. 2 Satz 1 GG zwar dann, wenn für die Gemeinde selbst nach einer Gesamtschau all ihrer Betätigungen keine oder kaum noch Aufgaben verbleiben. Eine solche Konstellation ist bei der Etablierung von PPP-Strukturen jedenfalls derzeit kaum vorstellbar und praktisch daher nur von untergeordneter Bedeutung.

Art. 28 Abs. 2 GG ist schließlich kein grundsätzlicher Vorrang der kommunalen Eigenwahrnehmung vor einer Partnerschaft mit Privaten zu entnehmen. Zwar ist umstritten, ob die durch das Bundesverfassungsgericht in der Rastede-Entscheidung[22] statuierte Vorrangigkeit der kommunalen Aufgabenerfüllung im Verhältnis zwischen Staat und Gemeinde auch für das Verhältnis zwischen Gemeinde und Privatem gilt. Diese Frage dürfte aber zu verneinen sein. Denn Zweck der Vorschrift ist es, die dezentrale Verwaltungsebene gegenüber zentralistischen Tendenzen nach großräumigen Verwaltungsstrukturen zu stärken. Aus Art. 28 GG folgt hingegen kein Verteilungsprinzip zwischen Gemeinden und privater Wirtschaft.[23]

1.4 Pflicht zur Berücksichtigung von PPP bei der gemeindlichen Aufgabenwahrnehmung

Einige Gemeindeordnungen enthalten darüber hinaus sogar Regelungen, wonach die Erfüllung von Aufgaben in PPP's geboten sein kann. Beispiel hierfür ist etwa § 100 Abs. 3 GO Brdbg. Die Bestimmung lautet:

„Die Gemeinde hat im Interesse einer sparsamen Haushaltsführung dafür zu sorgen, dass Leistungen, die von privaten Anbietern in mindestens gleicher Qualität und Zuverlässigkeit bei gleichen oder geringeren Kosten erbracht werden können, diesen Anbietern übertragen werden, sofern dies mit dem öffentlichen Interesse vereinbar ist. Dazu sind Angebote einzuholen und Vergleichsberechnungen vorzunehmen, die der Gemeindevertretung [...] vorzulegen sind."

Eine vergleichbare Regelung findet sich in § 2 Abs. 1 S. 2 und 3 GO SchlH. Hier ist die Regelung – systematisch wohl treffender – nicht der wirtschaftlichen Betätigung sondern den gemeindlichen Aufgaben zugeordnet.

„Die Gemeinden sind nicht verpflichtet, öffentliche Aufgaben selbst zu erfüllen, wenn diese ebenso gut auf andere Weise, insbesondere durch Private, erfüllt werden [...]. Bevor die Gemeinde eine

---

[20] BVerfGE 79, 127 (146).

[21] Kämmerer, Privatisierung, S. 184.

[22] BVerfGE 79, 127.

[23] RhPfVerfGH, NVwZ 2000, 801 (804); Kämmerer, Privatisierung, S. 185 f.; Schink, NVwZ 2002, 129 (133); Ruffert, NVwZ 2000, 763 (764).

öffentliche Aufgabe übernimmt, die zu erfüllen sie nicht gesetzlich verpflichtet ist, hat sie zu prüfen, ob die Aufgabe nicht ebenso gut auf andere Weise, insbesondere durch Private, erfüllt werden kann".

Die Aufgabenerfüllung unter Heranziehung Dritter ist auch in Bayern zu prüfen. Art. 61 Abs. 2 S. 2 GO Bay lautet:

„Aufgaben sollen in geeigneten Fällen daraufhin untersucht werden, ob und in welchem Umfang sie durch nichtkommunale Stellen, insbesondere durch private Dritte oder unter Heranziehung Dritter, mindestens ebenso gut erledigt werden können."

Rechtsfolge solcher Regelungen ist, dass der Einbeziehung Privater dann der Vorrang vor der konventionellen Realisierung eingeräumt würde, wenn sie zu einer besseren oder wirtschaftlicheren Aufgabenerfüllung führen würde.

2. Kommunales Haushaltswirtschaftsrecht

Von besonderer Relevanz für gemeindliche PPP-Projekte ist das in speziellen Abschnitten der Gemeindeordnungen und in den Gemeindehaushaltsverordnungen geregelte kommunale Haushaltswirtschaftsrecht. Im Folgenden sollen daher die vom Bundes- und Landeshaushaltsrecht[24] abweichenden und für PPP-Projekte relevanten Bestimmungen des kommunalen Haushaltswirtschaftsrechts dargestellt werden. Nach einem kurzen Blick auf die allgemeinen Grundsätze und die Anforderungen an einen Wirtschaftlichkeitsvergleich sind vor allem die von den Kommunalordnungen aufgestellten inhaltlichen und formalen Beschränkungen (Genehmigungsvorbehalte) und die Anforderungen an die Darstellung von PPP-Projekten im Gemeindehaushalt von Interesse.

2.1 Allgemeine Grundsätze und Wirtschaftlichkeitsvergleich

Die für die Kommunalhaushalte geltenden Grundsätze unterscheiden sich nur unwesentlich von den Regelungen in der Bundeshaushaltsordnung und den Landeshaushaltsordnungen. Nach den Gemeindeordnungen hat die Gemeinde ihre Haushaltswirtschaft so zu planen und zu führen, dass die stetige Erfüllung ihrer Aufgaben gesichert ist.[25] Es ist dabei den Erfordernissen des gesamtwirtschaftlichen Gleichgewichts Rechnung zu tragen. Weiter gelten die Grundsätze der Wirtschaftlichkeit und Sparsamkeit und des Haushaltsausgleichs.[26] Für die Gemeindehaushalte gelten ferner weitgehend mit dem Bundes- und Landeshaushaltsrecht übereinstimmende Veranschlagungs- und Deckungsgrundsätze.[27]

Vor der Tätigung einer Investition[28] ist vor allem ein Wirtschaftlichkeitsvergleich erforderlich.[29] Die Gemeindehaushaltsverordnungen der Länder enthalten in Konkretisierung der

---

[24] Siehe hierzu unter § 4.

[25] So § 77 GO BW, Art. 61 GO Bay, § 74 GO Brdbg, § 92 HGO, § 43 KV MV, § 75 GO NW, § 82 NGO, § 93 GO RhPf, § 82 KSVG Saar, § 72 GO Sachs, § 90 GO LSA, § 75 GO SchlH, § 53 ThürKO, siehe auch § 6 VerfBrhv für die Stadtgemeinde Bremerhaven. Auf die Rechtslage in den Stadtstaaten und Einheitsgemeinden Berlin und Hamburg wird im Folgenden nicht gesondert verwiesen; insoweit sind die Vorgaben der jeweiligen LHO maßgeblich.

[26] Vgl. beispielsweise § 77 Abs. 2 GO BW, § 92 Abs. 2 HGO, § 75 Abs. 2 GO NW.

[27] Vgl. Reiners, Einführung in das kommunale Haushaltsrecht, S. 96 ff.

[28] Wird mit dem PPP-Projekt keine Investition getätigt, handelt es sich bei den Entgelten also nicht um Ausgaben für die Veränderung des Anlagevermögens, folgt die Notwendigkeit eines Wirtschaftlichkeitsvergleichs bei Maßnahmen mit erheblicher finanzieller Bedeutung aus dem allgemeinem in den Gemeindeordnungen verankerten Grundsatz der Wirtschaftlichkeit und Sparsamkeit, der für alle finanzwirksamen Maßnahmen gilt, vgl. Scheel/Steup/Schneider/Lienen, Gemeindehaushaltsrecht NRW, § 75 GO NW Rn. 5.

[29] Zur Problematik Haushaltsrecht und Wirtschaftlichkeitsvergleich siehe allg. unter § 4 Ziff. 1.2.

Grundsätze der Wirtschaftlichkeit und Sparsamkeit lediglich folgende, im Wesentlichen bundesweit gleich lautende Regelung:

„Bevor Investitionen von erheblicher finanzieller Bedeutung beschlossen werden, soll unter mehreren in Betracht kommenden Möglichkeiten durch Vergleich der Anschaffungs- oder Herstellungskosten und der Folgekosten die für die Gemeinde wirtschaftlichste Lösung ermittelt werden."[30]

PPP-Projekte haben für die Gemeinden häufig eine große finanzielle Bedeutung, so dass die Erheblichkeitsschwelle regelmäßig überschritten sein dürfte.[31] Die einschlägigen Bestimmungen in den Gemeindehaushaltsverordnungen fordern daher von den Kommunen, dass sie mehrere Realisierungsmöglichkeiten in Betracht ziehen und deren Kosten miteinander vergleichen. Ein solcher Vergleich setzt voraus, dass die Gemeinde sich einen Überblick über die Möglichkeiten verschafft, nach denen die beabsichtigte Investition realisiert werden kann.

In den Vergleich müssen nicht nur die Anschaffungs- und Herstellungs-, sondern auch die Folgekosten mit einbezogen werden. Nimmt man diese Vorgabe ernst, sind in den Wirtschaftlichkeitsvergleich nicht nur die Kosten der Anschaffung/Herstellung und Finanzierung, sondern insbesondere auch die Betriebs-, Instandhaltungs-, Wartungs- und Risikokosten zu berücksichtigen. Ein Wirtschaftlichkeitsvergleich muss danach die Kosten der unterschiedlichen Realisierungsvarianten über den gesamten Lebenszyklus des PPP-Projekts zugrundelegen. Die gegenwärtige Praxis wird dem häufig nicht gerecht.

In den Wirtschaftlichkeitsvergleich ist auch einzubeziehen, ob die ermittelte wirtschaftlichste Lösung eine ausreichende Erfüllung der Aufgabe gewährleistet.[32] Umfang und Methode der Wirtschaftlichkeitsuntersuchungen sollten Art und Größe der Investition angepasst werden.

In Abweichung von der Verwaltungsvorschrift zu § 7 BHO[33] sehen die Verwaltungsvorschriften zum kommunalen Haushaltsrecht regelmäßig von einer näheren Konkretisierung der Vorgaben an den Wirtschaftlichkeitsvergleich ab. Es ist den Gemeinden aber grundsätzlich freigestellt, die in den Gemeindehaushaltsverordnungen vorgesehenen Wirtschaftlichkeitsvergleiche entsprechend auszugestalten. In den Fällen, in denen bei der Bereitstellung staatlicher Investitionszuschüsse Kosten-Nutzen-Untersuchungen zur Bedingung gemacht werden, ergibt sich die Verpflichtung zu diesem umfangreichen Verfahren aus der Annahme des Zuschusses[34] bzw. der Forderung der Bewilligungsbehörde.[35]

Die Verwaltungsvorschriften der Länder enthalten nur vereinzelt Konkretisierungen der allgemeinen Vorgaben für den Wirtschaftlichkeitsvergleich.[36] Differenzierte Anforderungen finden sich beispielsweise in der sächsischen Verwaltungsvorschrift zur kommunal- und haushaltsrechtlichen Beurteilung von Investorenvorhaben im kommunalen Bereich

---

[30] § 10 Abs. 2 GemHVO Hess. Identisch oder ähnlich § 10 Abs. 2 KommHVO Bay, § 10 Abs. 2 GemHVO BW, § 9 Abs. 2 GemHVO Brdbg, § 10 Abs. 2 GemHVO Nds, § 10 Abs. 2 GemHVO NW, § 9 Abs. 2 GemHVO MV, § 10 Abs. 2 GemHV RhPf, § 10 Abs. 2 GemHVO Saarl, § 9 Abs. 2 GemHVO SH, § 10 Abs. 2 KomHVO Sachs, § 10 Abs. 2 ThürGemHV. Für die Stadtgemeinden Bremens gilt § 7 Abs. 2 LHO Bremen über § 118 LHO Bremen entsprechend.

[31] Vgl. zur Erheblichkeitsgrenze z. B. § 79 Abs. 3 Satz 2 GO Brdbg.

[32] Scheel/Steup/Schneider/Lienen, Gemeindehaushaltsrecht NRW, § 10 GemHVO NW Rn. 3.

[33] Vgl. VV-BHO zu § 7 und Arbeitsanleitung Einführung in Wirtschaftlichkeitsuntersuchungen, Rdschr. d. BMF v. 31. 8. 1995 – II A 3 – H 1005 – 23/95 –, GMBl. 1995, 764 ff.

[34] Scheel/Steup/Schneider/Lienen, Gemeindehaushaltsrecht NRW, § 10 GemHVO NW Rn. 3.

[35] Vgl. Ministerium des Innern des Landes Brandenburg, VwV zur GemHVO Brdbg, Ziff. 11.1, zu § 9 GemHVO Brdbg, Amtsblatt für Brandenburg, 2002, 718.

[36] Vgl. etwa Ziff. 3.2.1 Bayerisches Staatsministerien des Innern, der Finanzen und für Landesentwicklung und Umweltfragen, Besondere Formen der Zusammenarbeit mit Privaten bei der Erfüllung kommunaler Aufgaben, Gemeinsame Bekanntmachung vom 20. 3. 2001, AllMBl. 2001, S. 148 ff.

(KommInvestVwV)[37] für Investorenvorhaben mit einer Laufzeit von mehr als sechs Jahren.[38]

2.2 Kommunalhaushaltsrechtliche Vorgaben an PPP-Projekte

Die Gemeindeordnungen enthalten Vorschriften über Kreditaufnahmen, kreditähnliche Geschäfte, Sicherheiten, Bürgschaften und Gewährverträge, Verpflichtungsermächtigungen und Vermögensveräußerungen, die in unterschiedlicher Art und Weise auf die Durchführbarkeit und Gestaltung von PPP-Projekten Einfluss haben können.

2.2.1 Vorgaben an eine Kreditaufnahme

Ein Kredit im Sinne des kommunalen Haushaltswirtschaftsrechts ist das unter Rückzahlungsverpflichtung von Dritten oder von Sondervermögen durch Darlehensvertrag aufgenommene Kapital mit Ausnahme der Kassenkredite.[39]

PPP-Modelle enthalten regelmäßig keine Kreditaufnahme der Gemeinde. Eine solche könnte man zwar bejahen, wenn man einen Kreditbegriff zugrunde legen würde, der auf eine wirtschaftliche Betrachtung abstellt.[40] Im Haushaltsrecht vorherrschend ist jedoch ein formaler Kreditbegriff,[41] der eine Kreditaufnahme durch die öffentliche Hand selbst voraussetzt (Rechtsträgerprinzip). Für die Maßgeblichkeit dieses engen (bundes-)haushaltsrechtlichen Kreditbegriffs spricht im kommunalen Haushaltswirtschaftsrecht zusätzlich, dass ähnliche Voraussetzungen für kreditähnliche Geschäfte gelten und diese in den meisten Ländern dem Vorbehalt der Einzelgenehmigung unterliegen, so dass eine Umgehungsgefahr der Schutzvorschriften für den Gemeindehaushalt in Folge eines engen Kreditbegriffs nicht besteht. Da bei den hier untersuchten Modellen der private Partner und nicht die Kommune das Vorhaben finanzieren, also gegebenenfalls Kredite aufnimmt, müssen die Voraussetzungen für Kreditaufnahmen durch die Gemeinden zumindest nach derzeit herrschender Meinung nicht erfüllt werden.

2.2.2 Kreditähnliche Geschäfte

Für bestimmte Spezialfinanzierungen, die im weiteren Sinne als „kreditähnlich" zu bezeichnen sind, gelten besondere kommunalhaushaltsrechtliche Bestimmungen. Solche Finanzierungsformen werden häufig bei PPP-Modellen gewählt.

2.2.2.1 Genehmigungsvorbehalt

Während Einzelkreditaufnahmen im Rahmen der erteilten Gesamtgenehmigung durch die Kommunalaufsichtsbehörde grundsätzlich nicht genehmigungspflichtig sind, unterliegen in nahezu allen Bundesländern kreditähnliche Geschäfte einem Genehmigungsvorbehalt.[42] Nur in Nordrhein-Westfalen ist lediglich eine Anzeigepflicht vorgesehen § 85 Abs. 4 GO

---

[37] Vgl. Sächsisches Staatsministerium der Finanzen/Sächsisches Staatsministerium des Innern, KommInvestVwV, Sächs. ABl. 1997, 73 ff.

[38] Investorenvorhaben im Sinne der Verwaltungsvorschrift sind Vorhaben, bei denen Gebäude oder Anlagen von dem kommunalen Aufgabenträger ganz oder teilweise durch Einschalten eines privaten Investors finanziert werden, insbesondere Leasing-, Mietkauf-, Betreiber- und Kooperationsmodelle. Sächsisches Staatsministerium der Finanzen/Sächsisches Staatsministerium des Innern, KommInvestVwV, Sächs. ABl. 1997, Ziff. 1.

[39] So z. B. § 46 Nr. 18 GemHVO BW, § 45 Nr. 19 GemHVO Hess, § 45 Nr. 18 GemHVO NW, § 44 Nr. 19 GemHVO SH. Vgl. Gern, Deutsches Kommunalrecht, Rn. 673 a.

[40] Vgl. Jahndorf, NVwZ 2001, 620 (624).

[41] Vgl. RhPfVerfGH, NVwZ-RR 1998, 145 ff.; vgl. Nachweise bei Jahndorf, NVwZ 2001, 620 (624), und die Ausführungen unter § 4 Ziff. 1.1.1.

[42] § 87 Abs. 5 GO BW, Art. 72 Abs. 1 GO Bay, § 85 Abs. 5 GO Brdbg, § 103 Abs. 7 HGO, § 49 Abs. 1 S. 2 KV MV, § 92 Abs. 6 NGO, § 103 Abs. 6 GO RhPf, § 92 Abs. 6 KSVG Saar, § 82 Abs. 5 GO Sachs, § 100 Abs. 5 GO LSA, § 85 Abs. 5 GO SchlH, § 64 Abs. 1 ThürKO.

NW. Mit dem grundsätzlichen Genehmigungsvorbehalt bei durchaus unterschiedlich und teilweise unübersichtlich ausgestalteten Ausnahmetatbeständen soll insgesamt eine Umgehung des für Kreditaufnahmen geltenden Vorbehalts unterbunden werden.[43] Wesentliche Rechtsfolge des Genehmigungsvorbehalts ist, dass die Wirksamkeit des kreditähnlichen Geschäfts von ihr abhängt; ein ordnungsgemäß abgeschlossener kreditähnlicher Vertrag bleibt bis zur Einzelgenehmigung schwebend unwirksam.[44] Demgegenüber bleibt die Wirksamkeit eines Vertrags, der keiner Genehmigung bedarf, von einer ablehnenden Entscheidung der Kommunalaufsicht grundsätzlich auch dann unberührt, wenn die Entscheidung bestandskräftig geworden ist.[45]

Wird die Genehmigung trotz Nichtvorliegens der im Folgenden zu untersuchenden Genehmigungsvoraussetzungen erteilt, kann dies nach dem sogenannten Oderwitz-Urteil des Bundesgerichtshofes sogar die Verletzung einer die Gemeinde schützenden Amtspflicht darstellen, die zu Schadensersatzansprüchen der Gemeinde gegen die Kommunalaufsicht führen kann.[46] Nach den Grundsätzen dieser Rechtsprechung haftet die Kommunalaufsicht allerdings auch, wenn sie eine beantragte Genehmigung trotz des Vorliegens der Genehmigungsvoraussetzungen ablehnt und sich die nachfolgende Eigenrealisierung des Vorhabens als ungünstiger erweist.

Wird umgekehrt die Genehmigung zu Recht verweigert, kann die Gemeinde gegenüber ihrem Vertragspartner unter dem Gesichtspunkt eines Verschuldens bei Vertragsschluss haftbar sein, wenn sie über das Genehmigungserfordernis nicht hinreichend aufgeklärt hat.[47] Die Haftung zielt dann auf den Ausgleich des (durch das positive Interesse nicht begrenzten) Vertrauensschadens des Vertragspartners.[48]

2.2.2.2 Kreditähnlichkeit

Ob ein Rechtsgeschäft als kreditähnlich einzustufen ist, ist anhand der wirtschaftlichen Gegebenheiten zu bestimmen, die mit dem Rechtsgeschäft erreicht werden sollen.[49] Maßgeblich für die Annahme eines kreditähnlichen Geschäfts ist stets, dass bei wirtschaftlicher Betrachtung das Geschäft in seiner Wirkung einer Kreditaufnahme gleichkommt.[50] Abzugrenzen sind kreditähnliche Geschäfte von bloßen Verwaltungsschulden ohne Finanzierungsfunktion, die nicht begründet werden, um der öffentlichen Hand Einnahmen zu verschaffen, sondern im Haushalt durch andere Einnahmen gedeckt sein müssen.

Entscheidendes Kriterium für die Kreditähnlichkeit ist nach der Rechtsprechung die Fälligkeit der Zahlungsverpflichtung: Erhält die Gemeinde die volle Leistung im laufenden Haushaltsjahr, während die Zahlung und damit die Gegenleistung der Gemeinde für spätere Jahre vereinbart worden ist, handelt es sich um ein kreditähnliches Geschäft.[51] Teilweise wird auch darauf abgestellt, ob das Eigentum am Investitionsgegenstand am Ende der Ver-

---

[43] Vgl. BGH, NZM 2004, 340 (341); Wilkens, LKV 2002, 169 (170); Gundlach, LKV 2001, 203 (204 f.) m. w. N.

[44] § 117 GO BW, § 122 Abs. 1, 4 GO Brdbg, § 134 HGO, § 57 Abs. 3 KV MV, § 133 Abs. 3, 5 NGO, § 127 GO NW, §§ 115, 119 Abs. 2 GO RhPf, § 125 KSVG Saar, § 120 GO Sachs, § 140 Abs. 3 GO LSA, § 118 GO SchlH, § 67 Abs. 3 ThürKO.

[45] BGH, NZM 2004, 340 (340 f.).

[46] BGH, NJW 2003, 1318 ff. Vgl. dazu auch die kritischen Anmerkungen von von Mutius/Groth, NJW 2003, 1278 ff., und Pegatzky, LKV 2003, 451 ff.

[47] BGH, DVBl 2004, 577 (580).

[48] In Bezug auf die im Vertragsvollzug bereits erlangten Gegenstände haftet die Gemeinde nach der Rechtsprechung des BGH als Geschäftsführerin ohne Auftrag. Ist ihr die Herausgabe unmöglich, haftet sie aus § 280 Abs. 1 BGB auf Schadensersatz, BGH, DVBl 2004, 577 (579 f.).

[49] Gundlach, LKV 2001, 203 (204).

[50] BGH, NZM 2004, 340 (341).

[51] OLG Dresden, SächsVBl. 2002, 63 ff. Entscheidung bestätigt von BGH, NJW 2003, 1318 ff.; VG Gera, ThürVBl. 2002, 216 ff.

tragslaufzeit auf den Auftragnehmer übergeht oder ihm eine Option zusteht, das Eigentum zu erwerben.[52]

Der Leasingvertrag mit Kaufoption ist mittlerweile als geradezu klassisches kreditähnliches Verpflichtungsgeschäft anerkannt, da die Leasing-Raten, die die Gemeinde als Leasing-Nehmer zu leisten hat, sowohl im Falle der Vollamortisation als auch im Falle der Teilamortisation insbesondere bei größeren Objekten mit erheblichen finanziellen Belastungen des kommunalen Haushalts verbunden sind. Mithin werden PPP-Leasingmodelle der Kreditaufnahme gleichgestellt und einer Genehmigungspflicht durch die Kommunalaufsichtsbehörde unterworfen.[53]

Weniger eindeutig fällt die Beurteilung von PPP-Mietmodellen aus. Es besteht zwar Einigkeit darüber, dass Mietverträge jedenfalls dann nicht kreditähnlich sind, wenn sie ihrem Zuschnitt nach dem „klassischen Mietvertragstypus" nahe kommen und keine Kaufoptionen vorsehen; in diesen Fällen besteht nämlich ein unmittelbarer bzw. enger zeitlicher Zusammenhang zwischen der Leistung des Vermieters (Bereitstellung einer zeitlich begrenzten Nutzung sowie ggf. weitere vertragliche Nebenpflichten) und der Gegenleistung (nutzungsperiodenbezogene Zahlung des Nutzungsentgelts bzw. Miete). Bei langfristigen, unkündbaren Verträgen wird demgegenüber vertreten, dass es kommunalverfassungsrechtlich geboten sei, diese ebenfalls als kreditähnliche Rechtsgeschäfte einzustufen, da die Gemeinde im Zeitpunkt des Vertragsschlusses bei wirtschaftlicher Betrachtungsweise nicht nur eine zeitlich begrenzte Nutzung des Gegenstands erwerben wolle, sondern einen maßgeblichen Anteil des wirtschaftlichen Wertes des Gegenstands oder den wirtschaftlichen Wert des Gegenstands insgesamt.[54] Werde ein als Mietvertrag bezeichneter Vertrag so ausgestaltet, dass die unkündbare Laufzeit (fast) die gesamte übliche Nutzungszeit umfasse, so sei die Frage, ob der Vertrag einen Eigentumserwerb vorsehe bzw. eine Option zum anschließenden Eigentumserwerb enthalte, wirtschaftlich nachrangig bzw. ohne Bedeutung. Die wirtschaftliche Betrachtungsweise sei allein maßgeblich. Dieser Argumentation entsprechend hält der sächsische Rechnungshof es vor dem Hintergrund einer mittlerweile restriktiveren Genehmigungspraxis der Aufsichtsbehörden im Leasingbereich für bedenklich, wenn durch Gemeinden abgeschlossene, langfristige, wertintensive Mietverträge mit beträchtlichen Auswirkungen auf den kommunalen Haushalt nach der geltenden Erlasslage weitgehend nicht genehmigungspflichtig sind.[55] Der Bundesgerichtshof hat es demgegenüber abgelehnt, Mietverträge allein ihrer Langfristigkeit wegen als kreditähnliche Geschäfte zu behandeln.[56] Auch wenn dem Mieter bei langfristigen Mietverträgen ein maßgeblicher Anteil an dem wirtschaftlichen Nutzwert des Gegenstandes zukommen könne, stünden diesen Vorteilen stets die langfristigen Verbindlichkeiten des Mieters gegenüber. Die ausgetauschten Leistungen hielten sich dabei stets die Waage, weil sie wechselseitig in jedem Haushaltsjahr fällig würden. Deshalb erhalte der Mieter bei Vertragsabschluss auch keine Leistung, die er erst in späteren Perioden entgelten

---

[52] Kritisch dazu Gundlach, LKV 2001, 203 (204).

[53] Siehe zum Leasinggeschäft als Finanzierungsgeschäft auf kommunaler Ebene Wilkens, LKV 2002, 169 (170); Engel, NZM 1998, 785 ff. Vgl. ferner Gern, Deutsches Kommunalrecht, Rn. 693 m. w. N. Zur besonderen Problematik der US-Leasingfinanzierungen im Rahmen des Cross-Border-Leasing vgl. Laudenklos/Pegatzky, NVwZ 2002, 1299 (1303). Bezüglich derartiger Geschäfte hat die nordrhein-westfälische Landesregierung vertreten, dass für eine Gemeinde keine gesetzliche Verpflichtung aus der Gemeindeordnung bestehe, der zuständigen Aufsichtsbehörde ein solches Rechtsgeschäft anzuzeigen (Antwort auf eine Kleine Anfrage des Landtags NRW, abgedruckt in: Mitteilungen des Städte- und Gemeindebundes NW 19/2001, 326 ff.). Nach Ansicht von Laudenklos/Pegatzky (a. a. O.) bestehen allerdings gute Gründe, eine US-Leasingfinanzierung als kreditähnliches Rechtsgeschäft zu werten und der Anzeige- bzw. Genehmigungspflicht zu unterwerfen.

[54] Gundlach, LKV 2001, 203 (205 f.).

[55] Sächsischer Rechnungshof, Alternative Finanzierungsformen kommunaler Investitionen, 2000, S. 17.

[56] BGH NZM 2004, 340 (341).

müsse. Diese Argumentation ist indes problematisch, weil sie sich auf die Betrachtung der periodischen Fälligkeitskongruenz von Leistung und Gegenleistung beschränkt. Sie ließe sich insoweit auch ohne weiteres auf das (Vollamortisations-)Leasing übertragen: Auch hier stehen Nutzungsüberlassung und Entgelt einander in jeder Periode gegenüber und kommt es zu keiner Vorleistung im technischen Sinne, obwohl der Leasingvertrag Finanzierungs- und damit auch Kreditierungsfunktionen übernimmt. Trotzdem erweist sich der Standpunkt des Bundesgerichtshofs im Ergebnis aus anderem Grunde als richtig. So unterscheidet sich das Finanzierungsleasing von langfristigen Mietverträgen unter anderem darin, dass sowohl die Preis- als auch die Sachgefahr auf den Leasingnehmer abgewälzt wird, dessen Rechtsstellung damit derjenigen eines (drittfinanzierten) Eigentümers näher steht als derjenigen eines Mieters.[57] Insoweit bleiben auch langfristige, die durchschnittliche Nutzungsdauer des Mietobjekts erreichende Mietverträge noch von finanzierten Erwerbsgeschäften unterschieden. Vor diesem Hintergrund begegnet die Aufsichtspraxis Bedenken, soweit sie diese Verträge gegen die Tendenz der Rechtsprechung[58] mehr und mehr der Genehmigungspflicht unterwirft.[59]

Für das PPP-Erwerbermodell[60] ist die Kreditähnlichkeit und damit die Genehmigungsbedürftigkeit jedenfalls dann zu bejahen, wenn dem Auftraggeber schon zu Beginn der Vertragslaufzeit das Eigentum an dem Vertragsobjekt als Vorleistung verschafft wird. Auch dürfte das PPP-Contracting-Modell[61] wegen der Installationen und Vorleistungen des Auftragnehmers im Rahmen der Sanierungsarbeiten[62] als kreditähnlich und daher genehmigungsbedürftig bzw. anzeigepflichtig einzuordnen sein.[63] Im Bereich der Energiespar-Contracting-Verträge wird für kleinere und mittlere Vorhaben, bei denen die Laufzeit von 10 Jahren nicht überschritten wird, der Rahmen der genehmigungsfreien „laufenden Verwaltung" jedoch z. T. weiter gezogen, so dass die Gemeinde ohne Beteiligung der Kommunalaufsicht tätig werden kann.[64]

Ob das Konzessionsmodell[65] kreditähnlich ist, hängt von der konkreten Ausgestaltung ab. Erfolgt eine 100%ige Drittnutzerfinanzierung auf Grundlage von Entgelten, die der Private selbst erhebt, ist die Kreditähnlichkeit zu verneinen. Auch eine einmalige Anschubfinanzierung zu Beginn der Vertragslaufzeit führt nicht zur Kreditähnlichkeit.

Für sich genommen stellt auch das PPP-Gesellschaftsmodell[66] kein kreditähnliches Geschäft dar. Kreditähnlich können jedoch die Geschäfte zwischen der Gesellschaft und der Gemeinde sein. Hier gelten die für die übrigen Vertragsmodelle dargestellten Grundsätze, so dass diese Geschäfte regelmäßig als kreditähnlich einzustufen sind.

---

[57] Darauf stellt letztlich auch der BGH ab, NZM 2004, 340 (341).

[58] OLG Dresden, SächsVBl. 2002, 63 ff.; Entscheidung bestätigt von BGH, NJW 2003, 1318 ff.; VG Gera, ThürVBl. 2002, 216 ff.

[59] So hat das Innenministerium von Mecklenburg-Vorpommern mit Erlass vom 5. 1. 1998 (AZ. II-320) ausdrücklich festgelegt, dass langfristig unkündbare Mietverträge als kreditähnliche Rechtsgeschäfte gemäß § 49 Abs. 1 KV MV genehmigungspflichtig sind. Als langfristig wird darin bereits ein Zeitraum von über einem Jahr angesehen. Diese erhebliche Ausweitung des Genehmigungsvorbehalts dürfte mit der Voraussetzung, dass die Zahlungsverpflichtung wirtschaftlich einer Kreditverpflichtung gleichkommt, nicht zu vereinbaren sein.

[60] Siehe oben § 3 Ziff 2.

[61] Siehe § 3 Ziff. 6.

[62] Anders stellt sich die Situation dar, wenn kein Eigentumsübergang stattfindet, wie bei der Scheinbestandteilskonstruktion.

[63] Näher Rose, Haushaltswirtschaft der niedersächsischen Gemeinden, S. 88 ff.; Scheel/Steup/Schneider/Lienen, GemeindehaushaltsR NW, S. 165; Thiele, NGO, § 92 Rn. 6; Hölzl/Hien, GO, LKO und BezirksO für den Freistaat Bayern, Art. 72 GO Rn. 2.

[64] Vgl. Hessisches Ministerium für Umwelt, Energie, Jugend, Familie und Gesundheit: Contracting-Leitfaden für öffentliche Liegenschaften in Hessen, Juli 1998 (unveröffentlicht), Ziff. 4.1.

[65] Siehe § 3 Ziff. 7.

[66] Siehe § 3 Ziff. 8

2.2.2.3 Genehmigungsvoraussetzungen bei kreditähnlichen Geschäften

Bei kreditähnlichen Geschäften ist Genehmigungsvoraussetzung die Einhaltung einer geordneten Haushaltswirtschaft und die Sicherstellung der dauernden Leistungsfähigkeit der Gemeinde. Notwendig ist damit, dass das Investorenvorhaben einer sparsamen, wirtschaftlichen und geordneten Haushaltsführung entspricht und die Aufgabenerfüllung durch die Gemeinde sichergestellt ist. Die auf die Rechtmäßigkeit beschränkte[67] Prüfung der Genehmigungsvoraussetzungen ist in den Bundesländern unterschiedlich detailliert: Während sie sich teilweise auf eine Schlüssigkeitsprüfung der durch die Gemeinde vorgelegten Unterlagen beschränkt, finden zum Teil umfassende Überprüfungen im Einzelnen statt. Der Umfang der Prüfung wird tatsächlich auch durch die personellen Ressourcen der jeweiligen Kommunalaufsichtsbehörde bestimmt. Er orientiert sich zum Teil auch an den personellen, fachlichen und sachlichen Ressourcen in der vertragschließenden Gemeinde. Insbesondere die Beratung der Gemeinde durch die Kommunalaufsicht kann daher bei kleinen Gemeinden intensiver als bei großen Gemeinden sein.

Hinsichtlich der Vereinbarkeit des PPP-Projekts mit der dauernden Leistungsfähigkeit des kommunalen Aufgabenträgers wird die Genehmigungsbehörde u. a. darauf achten, ob und wie die Liquidität der Gemeinde auch während der gesamten – meist sehr langfristigen – Vertragslaufzeit gewährleistet ist. Tangieren die laufenden Verpflichtungen aus dem zu genehmigenden kreditähnlichen Rechtsgeschäft die sog. „freie Finanzspitze" der gemeindlichen Haushaltswirtschaft, ist die Genehmigung in der Regel zu versagen. In Konkretisierung der Genehmigungsvoraussetzung der dauernden Leistungsfähigkeit ordnet beispielsweise Nr. 3.2.1 KommInvestVwV des Freistaates Sachsen eine besondere Überprüfung der finanziellen Leistungsfähigkeit bei der Überschreitung bestimmter festgelegter Verschuldensobergrenzen an, auf die auch Verpflichtungen aus kreditähnlichen Rechtsgeschäften mit ihrem Barwert anzurechnen sind.

Die Genehmigungsbehörde kann das Genehmigungsersuchen der Gemeinde in der Praxis auch zum Anlass nehmen, die vorgesehenen vertraglichen Regelungen auf unangemessene Risiken für den Gemeindehaushalt zu überprüfen; Prüfungsgegenstand können deshalb auch einzelne, u. U. problematische Vertragsklauseln sein. So wird immer wieder darauf hingewiesen, dass unter haushaltswirtschaftlichen Gesichtspunkten Index- und Wertsicherungsklauseln, aus denen sich für die Gemeinde zusätzliche Belastungen gegenüber einer herkömmlichen Kreditfinanzierung ergeben können, problematisch seien.[68] Auch sei sicherzustellen, dass besondere Vertragsrisiken mit Folgeansprüchen für den gemeindlichen Haushalt ausgeschlossen sein müssten und dass eine wettbewerbsgerechte Vergabe der Bauleistungen durch den privaten Investor Vertragsbestandteil wird.[69]

Das Genehmigungsverfahren kann die kommunale Aufsichtsbehörde auch zum Anlass nehmen, die Sicherstellung der kommunalen Aufgabenerfüllung in Form von hinreichenden Kontroll- und Einwirkungsmöglichkeiten auf den Privaten zu überprüfen. Zum Teil ist diese Überprüfung in den Verwaltungsvorschriften vorgeschrieben.[70] Im Bereich der kommunalen Pflichtaufgaben wird teilweise verlangt, dass der kommunale Aufgabenträger im Falle der

---

[67] Vgl. Jäschke, Finanzwirtschaft 1997, 81 (83).

[68] Ministerium des Inneren und für Sport, VwV zur Durchführung der Gemeindeordnung Rheinland-Pfalz, MinBl. RhPf 1979, 179; MinBl. RhPf 1999, 243, Zu § 103 GO RhPf, Ziff. 5.2. Vgl. hierzu auch Oster, Gemeinde und Stadt, Beilage 14/95 zu Heft 8/95; Ziff. 3.2.1 Bayerisches Staatsministerien des Innern, der Finanzen und für Landesentwicklung und Umweltfragen, Besondere Formen der Zusammenarbeit mit Privaten bei der Erfüllung kommunaler Aufgaben, Gemeinsame Bekanntmachung vom 20. 3. 2001, AllMBl. 2001, S. 148 ff.

[69] Ministerium des Inneren und für Sport, VwV zur Durchführung der Gemeindeordnung Rheinland-Pfalz, MinBl. RhPf 1979, 179; MinBl. RhPf 1999, 243, Zu § 103 GO RhPf, Ziff. 5.2.

[70] Vgl. Sächsisches Staatsministerium der Finanzen und Sächsisches Staatsministerium des Innern, KommInvestVwV, Sächs. ABl. 1997, 73 ff., Ziff. 3.4.

gravierenden Schlechterfüllung oder des Konkurses in der Lage ist, die Leistungserstellung sofort selbst zu übernehmen. Dies erfordert die tatsächliche Verfügungsmöglichkeit über die zur Aufgabenerfüllung notwendigen Anlagen.[71]

Die Genehmigungsbehörde nimmt in der Praxis auf den Wirtschaftlichkeitsvergleich Bezug, den der kommunale Aufgabenträger in eigener Verantwortung erstellt hat, und überprüft dessen Plausibilität.[72] In Einzelfällen ist es auch denkbar, dass sich die Genehmigungsbehörden vorbehalten, eine Vergleichsberechnung durch einen unabhängigen Dritten erstellen zu lassen. Gelingt der Nachweis der Wirtschaftlichkeit des Vorhabens – z.B. durch Kostenvergleich mit einer durch ein günstiges Kommunaldarlehen finanzierten Baumaßnahme[73] – nicht, weil es eine wirtschaftlichere Verwirklichungsform gibt, ist das Geschäft grundsätzlich nicht genehmigungsfähig. Denn kurzfristige Liquiditätsvorteile rechtfertigen für sich genommen nicht die Verwirklichung eines Investorenvorhabens.[74] Gerade bei langfristigen PPP-Vertragskonstruktionen ist es deshalb wichtig, dass die Gemeinden einen wirtschaftlichen Vorteil der Finanzierungskonstruktion auf Grundlage einer Liquiditätsbetrachtung der gesamten Vertragslaufzeit gegenüber der Genehmigungsbehörde nachweisen können.

2.2.3 Vorgaben an Bürgschaften, Gewährverträge und sonstige Sicherheiten

Weitere zu beachtende Vorgaben gelten für Bürgschaften, Gewährverträge und sonstige Sicherheiten. Die Bestellung von Sicherheiten oder Bürgschaften sowie die Übernahme sonstiger Gewährleistungen bzw. dem wirtschaftlich gleichkommende Rechtsgeschäfte sind zwar nicht zwangsläufig mit den hier behandelten PPP-Vertragsmodellen verbunden, sie können sich – je nach den Bedürfnissen der Vertragsparteien – jedoch anbieten, beispielsweise um dem Privaten die Bonität der Gemeinde zu nutze zu machen, was zu günstigeren Kreditkonditionen führen kann oder die Inanspruchnahme von KfW-Krediten ermöglicht.[75]

2.2.3.1 Einordnung

Bei der Gewährung von Sicherheiten durch die Gemeinde ist nach den Gemeindeordnungen zwischen einem repressiven Verbot mit Ausnahmevorbehalt und dem präventiven Genehmigungsvorbehalt zu unterscheiden. Vom präventiven Genehmigungserfordernis sind kommunalrechtlich die in der Praxis häufigsten Sicherheiten – nämlich Bürgschaften, Gewährverträge und diesen wirtschaftlich gleichkommende[76] Rechtsgeschäfte – erfasst. Der Begriff Bürgschaft nimmt dabei Bezug auf die Regelungen der §§ 765 ff. BGB. Gewährverträge sind Verträge, durch die die Gemeinde verspricht, für einen bestimmten Erfolg, für ein bestimmtes Verhalten des Schuldners oder für ein Risiko einzustehen oder die Gefahr eines künftigen Schadens übernimmt.[77] Der Begünstigte ist im Gewährsfall so zu stellen, als wäre der Erfolg eingetreten beziehungsweise der Schaden nicht entstanden.[78]

---

[71] Vgl. nochmals Sächsisches Staatsministerium der Finanzen und Sächsisches Staatsministerium des Innern, KommInvestVwV, Sächs. ABl. 1997, 73 ff., Ziff. 3.4.

[72] So bestimmt etwa die Bayerische Verwaltungsvorschrift, dass den Gemeinden ein nicht unerheblicher Entscheidungs- und Ermessensspielraum zustehe. Ziff. 3.2.1 Bayerisches Staatsministerien des Innern, der Finanzen und für Landesentwicklung und Umweltfragen, Besondere Formen der Zusammenarbeit mit Privaten bei der Erfüllung kommunaler Aufgaben, Gemeinsame Bekanntmachung vom 20. 3. 2001, AllMBl. 2001, S. 148 ff.

[73] Vgl. Wilkens, LKV 2002, 169 (169).

[74] Vgl. Sächsisches Staatsministerium der Finanzen und Sächsisches Staatsministerium des Innern, KommInvestVwV, Sächs. ABl. 1997, 73 ff., Ziff. 3.3.2.

[75] Dies sind in der Praxis die häufigsten Motive.

[76] Einen Überblick über gleichstehende Rechtsgeschäfte gibt der Erlass des Ministeriums des Innern des Landes Brandenburg, Kreditwesen der Kommunen, vom 17. 11. 2000, Ziff. 3.4 (unveröffentlicht).

[77] Sprau, in: Palandt, BGB-Kommentar, v. § 765 Rn. 16.

[78] In der kommunalen Praxis sind z. B. die Gewährleistungen von Mindestabnahmen von Elektrizität, Gas oder Wasser, Mindesteinnahmen bei Schaustellungen und sonstigen Veranstaltungen oder Mindestbelegungen von bestimmten sozialen Einrichtungen denkbar.

Nicht jede über die gesetzliche Haftung hinausgehende Garantie oder Übernahme von Schadensersatzverpflichtungen ist allerdings nach den einschlägigen gemeinderechtlichen Bestimmungen als Gewährvertrag einzustufen. Es kann sich auch um eine unmittelbare Nebenpflicht aus dem jeweiligen Rechtsgeschäft handeln.[79]

2.2.3.2 Voraussetzungen

Die Übernahme von Bürgschaften und Verpflichtungen aus Gewährverträgen ist an enge Voraussetzungen geknüpft.[80] Grundsätzlich dürfen Gemeinden Bürgschaften und Gewährverträge sowie dem wirtschaftlich gleichkommende Verträge nur übernehmen, wenn dies zur Erfüllung ihrer eigenen Aufgaben erforderlich ist. Überdies ist in allen Ländern mit Ausnahme von Nordrhein-Westfalen grundsätzlich die ausdrückliche Genehmigung der Kommunalaufsichtsbehörde erforderlich.[81] Ob z.B. eine Bürgschaftsübernahme unbedenklich ist, muss nach dem mit dem Rechtsgeschäft verbundenen Risiko beurteilt werden; ggf. ist durch die Gemeinde Vorsorge zu treffen. In Brandenburg werden beispielsweise nur Ausfallbürgschaften oder einfache Bürgschaften genehmigt, um die Risiken für die kommunale Haushaltswirtschaft überschaubar zu halten.[82] Auch die Genehmigung von Gewährverträgen setzt eine Risikoabschätzung voraus, mit der – auf der Grundlage eines Maximalrisikos und einer prozentual ausgedrückten Wahrscheinlichkeit des Risikoeintritts – das realistisch zu erwartende Risiko mit einem bestimmten Betrag ermittelt wird. Danach ist ein Gewährvertrag genehmigungsfähig, soweit der ermittelte Risikobetrag mit der dauernden Leistungsfähigkeit der Gemeinde in Einklang steht.[83]

Um die Teilnahme der Gemeinde am Wirtschaftsleben zu erleichtern, sehen einige Gemeindeordnungen Vereinfachungen vor. So entfällt das Genehmigungserfordernis in einigen Ländern etwa für Rechtsgeschäfte, die im Rahmen der laufenden Verwaltung abgeschlossen werden.[84] In einigen Gemeindeordnungen ist auch die Möglichkeit der Erteilung einer generellen Genehmigung für Rechtsgeschäfte vorgesehen, die von der Gemeinde zur Förderung des Städte- und Wohnungsbaus eingegangen werden oder die für den Haushalt der Gemeinde keine besondere Belastung bedeuten.[85] Die Thüringer Kommunalordnung enthält darüber hinaus eine Verordnungsermächtigung, nach der Rechtsgeschäfte, die ihrer Natur nach regelmäßig wiederkehren oder die die Gemeinde für bestimmte Aufgaben eingeht, vom Genehmigungserfordernis freigestellt werden können.[86]

Gemeinden dürfen darüber hinaus grundsätzlich keine sonstigen Sicherheiten zugunsten Dritter bestellen. Mit „Sicherheiten" sind alle speziell zugunsten Dritter dienende insbesondere dingliche Sicherheiten gemeint, die nicht – wie Bürgschaften, Gewährverträge oder diesen wirtschaftlich gleichkommende Rechtsgeschäfte – nur der Genehmigungspflicht unterworfen sind. Diesem generellen Verbot liegt die Überlegung zugrunde, dass die Bestellung von Sicherheiten die Übernahme des wirtschaftlichen Risikos für fremde Interessen

---

[79] Vgl. z.B. Ministerium des Innern des Landes Brandenburg, Erlass zum Kreditwesen der Kommunen, vom 17. 11. 2000, Ziff. 3.3.2.

[80] Vgl. Achterberg/Püttner/Würtenberger, VerwR BT, Bd. II, § 19 Rn. 103.

[81] § 88 Abs. 1 und 2 GO BW, Art. 72 Abs. 1 und 2 GO Bay, §§ 86 Abs. 2 und 3 GO Bradbg., § 104 Abs. 2 und 3 HGO, § 58 Abs. 2 und 3 KV MV, § 93 Abs. 2 und 3 NGO, § 104 Abs. 2 und 3 RhPf, § 93 Abs. 2 und 3 KSVG Saar, § 83 Abs. 2 und 3 GO Sachs, § 101 Abs. 2 und 3 GO LSA, § 86 Abs. 2 und 3 SchlH, § 63 Abs. 2 ThürKO. In Nordrhein-Westfalen besteht lediglich eine Anzeigepflicht, § 86 Abs. 2 und 3 GO NW.

[82] Vgl. Ministerium des Innern des Landes Brandenburg, Erlass zum Kreditwesen der Kommunen, vom 17. 11. 2000, Ziff. 3.2.13.

[83] Vgl. Ministerium des Innern des Saarlands, Erlass zur Kreditwirtschaft der Gemeinden, vom 21. 8. 1990, Gem. MinBl. Saar, 238.

[84] Vgl. z.B. § 64 Abs. 2 ThürKO.

[85] Vgl. § 101 Abs. 4 GO LSA, § 86 Abs. 4 GO Brdbg.

[86] Vgl. § 64 Abs. 5 ThürKO.

bedeutet. Es gilt allerdings nicht absolut. Vielmehr bleibt die Erteilung von Ausnahmegenehmigungen durch die Kommunalaufsichtsbehörden möglich,[87] teilweise unter der Voraussetzung, dass ein öffentliches Interesse an dem konkreten Rechtsgeschäft besteht, für welches die Sicherheit bestellt werden soll. Ähnlich ist die Rechtslage bei der Bestellung von Sicherheiten durch die Gemeinde zur Kreditsicherung. Sie ist grundsätzlich unzulässig.[88] Die Kommunalaufsichtsbehörde kann jedoch eine Ausnahmegenehmigung erteilen, wenn die Bestellung von Sicherheiten der Verkehrsübung entspricht.

2.2.3.3 Sonderfall: Fortfaitierung nach dem sog. Mogendorfer Modell

Als alternative vertragliche Konstruktion, die wirtschaftlich auch das Ziel günstigerer Kreditkonditionen der privaten PPP-Vertragspartner erreichen kann, wird häufig auf eine Forfaitierung[89] nach dem sog. Mogendorfer Modell hingewiesen. Hierbei schließt die öffentliche Hand mit einem Unternehmer einen Vertrag und gibt dem Unternehmer statt der Kaufpreiszahlung Testate, mit denen die öffentliche Hand die Forderung anerkennt und auf Einwendungen verzichtet und in denen zugleich verbrieft ist, dass die Forderung über einen bestimmten Zeitraum in Raten zu bezahlen ist. Der Unternehmer überträgt die Testate an die finanzierende Bank, die ihrerseits von der öffentlichen Hand die Ratenzahlung einfordert.

Die Erteilung der im Rahmen dieses Modells gewährten Testate dürfte entweder als wirtschaftlich einem Gewährvertrag ähnliches oder als kreditähnliches Rechtsgeschäft in allen Flächenländern – mit Ausnahme von Nordrhein-Westfalen – genehmigungsbedürftig sein.

2.2.4 Vermögensveräußerungen, Nutzungsüberlassungen und Vermögenserwerb

Auch Vermögensveräußerungen und Nutzungsüberlassungen unterliegen verschiedenen kommunalrechtlichen Beschränkungen.[90] Der Begriff der „Veräußerung" umfasst dabei die Verfügung über den Vermögensgegenstand mit dem Ziel der Rechtsübertragung – also Übereignung oder Abtretung und nicht schon die bloße Belastung.[91] Namentlich die Belastung mit einem Erbbaurecht oder einem Pfandrecht wird in der Kommentarliteratur nicht als von den Veräußerungsverboten erfasst angesehen.[92] Die gemeinderechtlichen Restriktionen für Vermögensveräußerungen gelten für die Nutzungsüberlassung entsprechend.

Vergleichbaren Restriktionen unterliegt auch der für PPP-Projekte u. U. relevante Vermögenserwerb.[93]

2.2.4.1 Aufgabenbindung

Vermögens- und insbesondere Grundstücksveräußerungen sind mit den hier zugrundegelegten Vertragsmodellen zwar nicht zwangsläufig verbunden, bei einem PPP-Erwerber-,

---

[87] § 88 Abs. 1 GO BW, Art. 72 Abs. 3 GO Bay, §§ 86 Abs. 1 GO Brbg, § 104 Abs. 1 HGO, § 58 Abs. 1 KV MV, § 93 Abs. 1 NGO, § 86 Abs. 1 GO NW, § 104 Abs. 1 GO RhPf, § 93 Abs. 1 KSVG Saar, § 83 Abs. GO Sachs, § 101 Abs. 1 GO LSA, § 86 Abs. 1 GO SchlH, § 64 Abs. 2 ThürKO.

[88] § 87 Abs. 6 GO BW, Art. 71 Abs. 6 GO Bay, §§ 85 Abs. 6 GO Brbg, § 103 Abs. 8 HGO, § 54 Abs. 3 KV MV, § 92 Abs. 7 NGO, § 85 Abs. 5 GO NW, § 103 Abs. 7 GO RhPf, § 92 Abs. 7 KSVG Saar, § 82 Abs. 5 GO Sachs, § 100 Abs. 6 GO LSA, § 85 Abs. 7 GO SchlH, § 63 Abs. 6 ThürKO.

[89] Vgl. dazu Larek/Steins, Leasing, Factoring und Fortfaitierung als Finanzierungssurrogate, S. 103 ff.

[90] Vgl. § 97 KSVG Saar, § 92 GO BW, Art. 75 GO Bay, § 90 GO Brdbg, § 50 VerfBrhv, § 109 HGO, § 57 KV MV, § 97 NGO, § 90 GO NW, § 79 GO RhPf, § 90 GO Sachs, § 105 GO LSA, § 90 GO SchlH, § 67 ThürKO.

[91] Scheel/Steup/Schneider/Lienen, Gemeindehaushaltsrecht NRW, § 90 GO NW Rn. 1.

[92] Widtmann/Grasser, Bayerische Gemeindeordnung, Art. 75 Rn. 3. Selbstverständlich unterfällt die Belastung mit einem Pfandrecht aber den soeben dargestellten Vorschriften für Sicherheiten.

[93] § 91 GO BW, Art. 74 GO Bay, § 89 GO Brdbg, § 108 HGO, § 96 NGO, § 56 KV MV, § 89 GO NW, § 78 GO RhPf, § 89 GO Sachs, § 104 GO LSA, § 89 GO SchlH, § 86 ThürKO, § 96 KSVG Saar.

-FMLeasing- oder -Vermietungsmodell[94] bietet sich jedoch häufig eine Gestaltung an, bei der die Gemeinde dem Privaten zunächst Eigentum oder ein Erbbaurecht überträgt. Im Rahmen eines solchen Geschäfts würde die Gemeinde gleichzeitig oder später das Objekt anmieten bzw. zurückkaufen. Auch wenn diese Abwicklung nicht ganz dem einfachen Sale-and-lease-back-Verfahren entspricht, da das Vertragsobjekt unter Umständen ein aliud gegenüber dem zuvor übertragenen darstellen kann, ist dieses Verfahren im Hinblick auf den Vorbehalt der kommunalen Aufgabenerfüllung – der zudem teilweise unter kommunalaufsichtlicher Kontrolle steht – problematisch.[95] Das kommunale Eigentum ist nämlich aufgabengebunden. Das heißt Vermögensgegenstände dürfen nur veräußert oder zur Nutzung überlassen werden, soweit die Gemeinde diese nicht in absehbarer Zeit zur Erfüllung ihrer Aufgaben benötigt.[96]

Auf diesen Vorbehalt, der PPP-Vertragsgestaltungen entgegenstehen kann, haben die Bundesländer in ihren Ausführungserlassen unterschiedlich reagiert. Für Hessen wurde festgelegt,[97] dass Sale-and-lease-back-Geschäfte, die ausschließlich oder überwiegend der Geldbeschaffung dienen und nicht Investitionen durch den Leasinggeber zum Ziel haben, grundsätzlich nicht genehmigungsfähig sind. Demgegenüber besteht in Brandenburg die Erlasslage, dass Sale-and-lease-back-Geschäfte genehmigungsfähig sein können, wenn die Entbehrlichkeit des Vermögensgegenstandes gegeben und eine wesentliche Veränderung des Vertragsgegenstandes vorgesehen ist.[98] Konkretisierend für die Ausgestaltung von Betreiberverträgen zwischen Gemeinde und privatem Betreiber hat Brandenburg festgehalten,[99] dass die Veräußerung einer vorhandenen Anlage an einen Betreiber nicht gegen das gemeinderechtliche Veräußerungsverbot verstößt, weil die Gemeinde die Anlage während der Laufzeit des Betreibervertrages nicht zur Erfüllung ihrer Aufgabe benötige.[100] Auch wenn Brandenburg mit den genannten Differenzierungen einen sachgerechten Ausweg aus den gemeinderechtlichen Veräußerungsrestriktionen weist, ist fraglich, ob sich die einschränkenden Erlasse mit dem Wortlaut der gesetzlichen Regelung in der Gemeindeordnung vereinbaren lassen, die eine Veräußerung nur gestattet, sofern die Gemeinde den Vermögensgegenstand zur „Erfüllung ihrer Aufgaben in absehbarer Zeit nicht braucht".[101]

Entsprechend dem Sinn und Zweck der Regelungen, die gemeindliche Aufgabenerfüllung zu sichern, lässt sich mit guten Gründen vertreten, dass die Veräußerungsverbote nicht greifen sollen, wenn die Veräußerung der günstigen Finanzierung einer Investitionsmaßnahme an der betreffenden Immobilie selbst dienen soll, um diese zu sanieren, zu modernisieren oder auszubauen, damit sie auch zukünftig zur kommunalen Aufgabenerfüllung zur Verfügung steht. Diese einschränkende Auslegung wird auch in einer Reihe von Ländern von den Aufsichtsbehörden vertreten.

---

[94] Siehe oben § 3 Ziff. 2–4.

[95] Scheel/Steup/Schneider/Lienen, Gemeindehaushaltsrecht NRW, § 90 GO NW Rn. 1.

[96] Vgl. § 92 Abs. 1 und 2 GO BW, § 90 Abs. 1 und 2 GO Brdbg, § 109 HGO, § 57 Abs. 1 und 2 KV MV, § 90 GO NW, § 97 Abs. 1 und 2 NGO, § 90 Abs. 1 und 2 GO Sachs, § 105 Abs. 1 und 2 GO LSA, § 90 Abs. 1 und 2 GO SchlH, § 67 Abs. 1 und 2 ThürKO.

[97] Vgl. Hessisches Ministerium des Innern und für Landwirtschaft, Forsten und Naturschutz, Erlass zu Leasing-Finanzierungen im kommunalen Bereich, vom 7. 7. 1997, Hess StAnz. 1997, 2174f.

[98] Ministerium des Innern des Landes Brandenburg, Erlass zum Kreditwesen der Kommunen, vom 17. 11. 2000, Ziff. 2.1.5 (unveröffentlicht).

[99] Ministerium des Innern des Landes Brandenburg, Runderlass III Nr. 61/1994, vom 30. 12. 1994, Ziff. III. 2 (unveröffentlicht).

[100] Ebenso z.B. Ziff. 5.1 Bayerisches Staatsministerien des Innern, der Finanzen und für Landesentwicklung und Umweltfragen, Besondere Formen der Zusammenarbeit mit Privaten bei der Erfüllung kommunaler Aufgaben, Gemeinsame Bekanntmachung vom 20. 3. 2001, AllMBl. 2001, S. 148ff.

[101] § 90 Abs. 1 Satz 1 GO Brdbg.

Auch der für PPP-Projekte relevante Erwerb von Vermögen unterliegt der Aufgabenbindung. Grundsätzlich gilt, dass die Gemeinde Vermögensgegenstände nur erwerben soll, soweit dies zur Erfüllung ihrer Aufgaben in absehbarer Zeit erforderlich ist.[102] Nach diesen Anforderungen erweist es sich im Ergebnis als unproblematisch, wenn im Rahmen von PPP-Vertragsmodellen der Eigentumserwerb an dem Objekt erst am Ende der Projektlaufzeit vorgesehen ist.[103]

2.2.4.2 Genehmigungsbedürftigkeit

Da kommunalhaushaltsrechtlich grundsätzlich das Vollwertprinzip für Vermögensveräußerungen gilt,[104] sehen die meisten Gemeindeordnungen formal Genehmigungsvorbehalte für den Fall vor, dass die Gemeinden Vermögensgegenstände unter Wert veräußern oder gar unentgeltlich abgeben wollen.[105] Grundsätzlich dürfen Gemeinden Vermögensgegenstände nämlich nur zu ihrem vollen Wert veräußern. Darunter ist der Wert zu verstehen, der sich bei Veräußerung des einzelnen Gegenstandes unter voller Ausnutzung aller Möglichkeiten am Markt erzielen lässt.[106] Allerdings kann im Rahmen und zum Zweck der Aufgabenerfüllung in Ausnahmefällen unter Anlegung strengster Maßstäbe auch eine Subventionierung in Form eines niedrigeren Preises zulässig sein (z.B. zur Wohnungs- und Wirtschaftsförderung oder zur Förderung privater Träger im Sozialbereich).[107]

In den vergangenen Jahren sind die darüber hinausgehenden Genehmigungsvorbehalte für die Veräußerungen von Grundstücken oder grundstücksgleichen Rechten vielfach abgebaut worden,[108] hauptsächlich in den neuen Bundesländern finden sich noch entsprechende Bestimmungen.[109] Vereinzelt bestehen auch noch Genehmigungsvorbehalte für die Veräußerung solcher Gegenstände, die einen besonderen wissenschaftlichen, geschichtlichen oder künstlerischen Wert haben,[110] was für PPP-Projekte im Kulturbereich wie z.B. bei Museen von Relevanz sein kann.

Die Prüfung der Kommunalaufsicht wird sich bei Veräußerungen im Rahmen von PPP-Vertragsmodellen – entsprechend der gemeindehaushalts- und aufsichtsrechtlichen Genehmigungsmaßstäbe bei kreditähnlichen Geschäften – insbesondere auf die Sicherstellung der gemeindlichen Aufgabenerfüllung im Rahmen der PPP-Vertragsbeziehungen und die Wirtschaftlichkeit der Veräußerung konzentrieren.[111] Da die Voraussetzungen für die Erteilung der Genehmigungen darüber hinaus teilweise nicht gesetzlich normiert sind, besteht über diese und ihren Zweck im einzelnen Streit.[112]

---

[102] Vgl. im Einzelnen die Maßgaben aus § 91 Abs. 1 GO BW, Art. 74 Abs. 1 GO Bay, § 89 Abs. 1 GO Brdbg, § 108 Abs. 1 HGO, § 96 Abs. 1 NGO, § 56 Abs. 1 KV MV, § 89 Abs. 1 GO NW, § 78 Abs. 1 GO RhPf, § 89 Abs. 1 GO Sachs, § 104 Abs. 1 GO LSA, § 89 Abs. 1 GO SchlH, § 86 Abs. 1 ThürKO, § 96 Abs. 1 KSVG Saar.

[103] Vgl. näher § 5 Ziff. 1.3.3.1.

[104] Vgl. zum Vollwertprinzip § 5 Ziff. 1.3.1.

[105] Vgl. § 92 Abs. 3 GO BW, § 90 Abs. 3 GO Brdbg, § 57 Abs. 3 KV MV, § 97 Abs. 3 NGO, § 90 Abs. 3 GO Sachs, § 105 Abs. 3 und 4 GO LSA, § 90 Abs. 3 GO SchlH, § 67 Abs. 3 ThürKO.

[106] OVG Münster, NJW 1983, 2517 (2518).

[107] Scheel/Steup/Schneider/Lienen, Gemeindehaushaltsrecht NRW, § 90 GO NW Rn. 1.

[108] Vgl. zur zum Teil nicht mehr gültigen Rechtslage BMU, Umweltpolitik, Gutachten zu rechtlichen und wirtschaftlichen Aspekten bei der Einbeziehung privater Dritter in dem Bereich der Abwasserbeseitigung, 1997.

[109] Vgl. § 57 Abs. 3 Nr. 2 KV MV; § 90 Abs. 3 Nr. 1 GO Sachs, § 105 Abs. 3 S. 1 GO LSA; § 57 Abs. 3 Nr. 2 ThürKO.

[110] § 105 Abs. 4 Nr. 2 GO LSA, § 57 Abs. 3 Nr. 3 KV MV, § 97 Abs. 3 Nr. 2 NGO, § 90 Abs. 3 Nr. 2 GO Sachs, § 90 Abs. 3 Nr. 2 GO SchlH, § 67 Abs. 3 Nr. 4 ThürKO.

[111] Vgl. BMU, Umweltpolitik, Gutachten zu rechtlichen und wirtschaftlichen Aspekten bei der Einbeziehung privater Dritter in dem Bereich der Abwasserbeseitigung, S. 33f.

[112] Vgl. Groth, LKV 2002, 460ff.

2.3 Darstellung der PPP-Vertragsmodelle in Gemeindehaushaltsplan und Anlagen

Die Veranschlagung und Darstellung von PPP-Vertragsmodellen im Haushaltsplan erfolgt in den einzelnen Bundesländern unterschiedlich und kann vor dem Hintergrund der Grundsätze der Haushaltswahrheit und -klarheit, der Kassenwirksamkeit, der Öffentlichkeit und Vollständigkeit problematisch sein.

Bei der Prüfung ist insbesondere darauf zu achten, dass die Verpflichtungen aus PPP-Modellen – insbesondere bei Leasingverträgen – im Haushaltsplan nicht verschleiert werden.[113]

2.3.1 Zuordnung zum Vermögens- oder Verwaltungshaushalt

Gemäß § 1 der Gemeindehaushaltsverordnungen der Länder ist der Haushaltsplan der Gemeinden in einen Vermögenshaushalt und einen Verwaltungshaushalt aufzuteilen. Der Vermögenshaushalt umfasst auf der Einnahmenseite unter anderem Einnahmen aus Krediten und auf der Ausgabenseite die Tilgung von Krediten und die Kreditbeschaffungskosten sowie vor allem Ausgaben für die Veränderung des Anlagevermögens, Zuweisungen und Zuschüsse für Investitionen Dritter sowie Verpflichtungsermächtigungen. Der Verwaltungshaushalt umfasst die nicht unter den Vermögenshaushalt fallenden Einnahmen und Ausgaben.[114] Grundsätzlich sind alle vermögenswirksamen Einnahmen und Ausgaben im Vermögenshaushalt darzustellen, alle übrigen im Verwaltungshaushalt.[115] Hierdurch soll die Kontrolle der Wirtschaftlichkeit erleichtert und der kommunale Haushalt nach laufendem Aufwand und Investitionen getrennt werden. Das entscheidende Kriterium für die Zuordnung einer Einnahme oder Ausgabe zum Verwaltungs- oder Vermögenshaushalt ist daher die Vermögenswirksamkeit des Finanzvorfalles.[116] Bei der Frage, ob die Ausgaben im Rahmen von PPP-Vertragsmodellen dem Vermögenshaushalt zuzuordnen sind, ist zu differenzieren.

Beim PPP-Erwerber, -FMLeasing-, -Inhaber- und -Contractingmodell kann die zutreffende Veranschlagung Schwierigkeiten bereiten. Wie dargelegt, handelt es sich bei den untersuchten Modellen nicht um Kreditaufnahmen im strengen Sinne, so dass die Entgelte auch keine Tilgung von Krediten darstellen. Die Ausgaben können allerdings Ausgaben für die Veränderung des Anlagevermögens im Sinne des § 1 Abs. 1 Nr. 7 der jeweiligen Gemeindehaushaltsverordnung darstellen. Dies gilt für Ausgaben für den Erwerb und die Neuherstellung. Der Herstellungsaufwand ist immer dem Vermögenshaushalt zuzuordnen, während Ausgaben für die Unterhaltung als Erhaltungsaufwand zu den Ausgaben des Verwaltungshaushalts zählen. Problematisch ist die Abgrenzung zwischen der Herstellung und der Erhaltung insbesondere bei umfangreichen Sanierungsmaßnahmen. Hierzu enthalten die Verwaltungsvorschriften Gliederung und Gruppierung nähere Abgrenzungshinweise (Erhaltung, wenn durch die gewöhnliche Nutzung des Grundstücks veranlasst und regelmässig wiederkehrend, Herstellung bei Mehrung der Substanz, also erheblicher Verbesserung des bisherigen Zustands). Die an den Privaten entrichteten Entgelte sind danach zu trennen und teilweise, nämlich soweit sie den Herstellungsaufwand oder den Erwerb abgelten, dem Vermögenshaushalt im Übrigen jedoch, soweit sie den Erhaltungsaufwand und die Betriebskosten betreffen, dem Verwaltungshaushalt als sächlicher Verwaltungs- und Betriebsaufwand zuzuordnen. Eine entsprechende Aufteilung des Entgelts ist daher bereits im Vertrag geboten. Soweit außerdem Finanz- und Zinsanteile (Finanzierung) separat ausweisbar sind, können diese im Verwaltungshaushalt unter „sonstige Finanzausgaben" veranschlagt werden.

---

[113] Vg. Binus, in: Kroll, Leasing-Handbuch für die öffentliche Hand, S. 258.
[114] Siehe beispielsweise § 1 GemHVO BW, § 1 GemHVO Hess, § 1 GemHVO NW.
[115] Reiners, Einführung in das Kommunale Haushaltsrecht, S. 64.
[116] Reiners, Einführung in das Kommunale Haushaltsrecht, S. 64.

Ob sich diese Differenzierung auch auf die Eingruppierung von Entgelten aus dem PPP-FMLeasingmodell übertragen lässt, ist problematisch. Hier bietet es sich an, nach den ertragssteuerlichen Bestimmungen danach zu differenzieren, wem das wirtschaftliche Eigentum am Leasingobjekt zusteht. Laufende Leistungen auf Grund eines Leasing-Vertrages sind danach im Verwaltungshaushalt zu veranschlagen, wenn der Leasinggegenstand nach den ertragssteuerlichen Bestimmungen dem Leasinggeber zuzurechnen ist. Wird das Leasinggut nach dem Ertragssteuerrecht der Kommune zugeordnet, ist die Leasingrate in einen Tilgungsanteil, der im Vermögenshaushalt zu veranschlagen ist, sowie in einen Zins- und Kostenanteil, der im Verwaltungshaushalt zu veranschlagen ist, aufzuteilen.[117]

Vereinbaren die Vertragsparteien nicht eine Kombination mehrerer Leistungen (z.B. Planung, Errichtung, Betrieb, usw.), sondern eine einheitliche Gesamtleistung,[118] kommt eine getrennte Veranschlagung von Ausgaben im Vermögens- und im Verwaltungshaushalt nur dann in Betracht, wenn eine plausible Schätzung der auf die Planungs-, Bau und Verwertungsphase einerseits und der auf die Betriebs- und Finanzierungsphase andererseits entfallenden Vergütungsbestandteile möglich ist. Ist eine plausible Schätzung nicht möglich, werden die Ausgaben regelmäßig entsprechend dem Schwerpunkt einheitlich im Verwaltungshaushalt zu veranschlagen sein. Eine einheitliche Veranschlagung aller Ausgaben kann mit einer faktischen Begrenzung des Neuverschuldungsspielraums der Gemeinden einhergehen. Denn anders als bei einer konventionellen Beschaffungsvariante können die tatsächlich vorliegenden Investitionsanteile dann nicht bei der Berechnung der Kreditobergrenze berücksichtigt werden.

Die Veranschlagung von Nutzungsentgelten nach dem PPP-Vermietungsmodell ist unproblematisch. Es handelt sich um typische Ausgaben des Verwaltungshaushalts, die als „sächlicher Verwaltungs- und Betriebsaufwand" in der Ausgabengruppe „Mieten und Pachten" zu veranschlagen sind.

Besonderheiten ergeben sich beim PPP-Konzessionsmodell. Hier müssen die Einnahmen der Gemeinde aus dem Betrieb der Einrichtung (Gebühren oder privatrechtliche Entgelte) im Verwaltungshaushalt veranschlagt werden, sofern die Gemeinde selbst Trägerin der Einrichtung bleibt und hierfür Gebühren oder Entgelte erhebt[119] (bei öffentlich-rechtlichen Entgelten für die Inanspruchnahme von Verwaltungsleistungen im engeren Sinne in der Einnahmegruppe „Verwaltungsgebühren", ansonsten in der Einnahmegruppe „Benutzungsgebühren und ähnliche Entgelte"), die die an den Privaten abgeführten Entgelte ganz oder teilweise decken. Möglich erscheint sogar eine Verwirklichung völlig außerhalb des Haushalts: Der Private errichtet die Anlage und erhält nur die unmittelbar von ihm selbst erhobenen Entgelte der Benutzer,[120] ohne das etwas in den Haushalt eingestellt werden müsste. Für etwaige Zuzahlungen der Gemeinde (Anschubfinanzierung, Abschlusszahlung, jährliche Zuschüsse) gelten allerdings die vorbeschriebenen allgemeinen Grundsätze.

Für den Zahlungsfluss im Rahmen des PPP-Gesellschaftsmodells gelten die gleichen Grundsätze, soweit die Verträge zwischen der Gesellschaft und der Gemeinde betroffen sind. Ausgaben für den Erwerb von Geschäftsanteilen sind in den Vermögenshaushalt einzustellen, Gewinne aus der Gesellschaft sind als Einnahmen im Verwaltungshaushalt zu veranschlagen.

---

[117] Vgl. auch Sächsisches Ministerium des Innern, VwV Gliederung und Gruppierung, vom 8. 1. 2002, Sächs. Amtsblatt, Sonderdruck 4/2002, v. 18. 2. 2002; Ministerium des Innern des Landes Brandenburg, VwV zur GemHVO Brdbg, vom 28. 6. 2002, Amtsblatt für Brandenburg 2002, 718ff.

[118] Zu dieser Ausgestaltungsvariante des PPP-Erwerbermodells siehe oben § 3 Ziff. 2.2.3.

[119] Dies entspricht der im Abschnitt Haushaltsrecht als Variante 2 dargestellten Konstellation, vgl. § 4 Ziff. 1.4.7.

[120] Dies entspricht der im Abschnitt Haushaltsrecht als Variante 1 dargestellten Konstellation, vgl. § 4 Ziff. 1.4.7.

2.3.2 Anforderungen an Verpflichtungsermächtigungen

Gemeinden dürfen Verpflichtungen, Ausgaben in künftigen Jahren für Investitionen und Investitionsförderungsmaßnahmen zu leisten, nur eingehen, wenn der Haushaltsplan hierzu ermächtigt (Verpflichtungsermächtigungen).[121] Im Regelfall dürfen Verpflichtungsermächtigungen lediglich zu Lasten der dem Haushaltsjahr folgenden drei Jahre veranschlagt werden, nur in Ausnahmefällen bis zum Abschluss einer Maßnahme. Zulässigkeitsvoraussetzung ist dabei, dass die Finanzierung der Ausgaben in den künftigen Jahren gesichert erscheint. Darüber hinaus dürfen Verpflichtungsermächtigungen nach einigen Kommunalordnungen ausnahmsweise auch überplanmäßig oder außerplanmäßig eingegangen werden, wenn sie unabweisbar sind und der in der Haushaltssatzung festgesetzte Gesamtbetrag der Verpflichtungsermächtigungen nicht überschritten wird.[122] Der Gesamtbetrag der Ausgaben bedarf in nahezu allen Bundesländern im Rahmen der Haushaltssatzung der Genehmigung durch die Kommunalaufsichtsbehörden, wenn in den Jahren, zu deren Lasten sie veranschlagt sind, Kreditaufnahmen vorgesehen sind.[123] Lediglich das Kommunalrecht des Landes Nordrhein-Westfalen trifft hierzu keine Regelung.[124] Aus der investiven Zuordnung der Verpflichtungsermächtigung folgt, dass Nutzungsentgeltzahlungen für die Folgejahre im Rahmen des PPP-Vermietungsmodells nach der oben dargelegten traditionellen Betrachtung keiner Verpflichtungsermächtigung im Haushaltsplan der Gemeinde zugänglich sind und den genannten Anforderungen nicht unterliegen.[125] Auch beim PPP-FMLeasingmodell muss gemäß der dargestellten Differenzierung unterschieden werden: Nur soweit das Leasinggut der Gemeinde zugeordnet wird, sind künftige Tilgungs- und Investitionsanteile der Leasingrate als Verpflichtungsermächtigungen in den Vermögenshaushalt einstellbar.

Diese Abgrenzung kann auch für das PPP-Erwerber-, -Inhaber- und -Contractingmodell Geltung beanspruchen. Soweit es sich bei den zu zahlenden Entgelten um Investitionsausgaben handelt, sind diese für die Folgejahre – gemäß den für Verpflichtungsermächtigungen geltenden Restriktionen – als solche in den Haushalt einzustellen.

2.3.3 Einstellung in die Finanzplanung

Planung und Umsetzung von PPP-Vertragsmodellen müssen auch in die gemeindliche Finanzplanung eingestellt werden. Nach den Gemeindeordnungen hat die Gemeinde ihrer Haushaltswirtschaft eine fünfjährige Finanzplanung zugrunde zu legen.[126] Das erste Planungsjahr der Finanzplanung ist das laufende Haushaltsjahr. Als Unterlage für die Finanzplanung ist ein Investitionsprogramm aufzustellen. Im Finanzplan sind Umfang und Zusammensetzung der voraussichtlichen Ausgaben und die Deckungsmöglichkeiten darzustellen. Der Finanzplan, der dem Gemeinderat spätestens mit dem Entwurf der Haushaltssatzung vorzulegen ist, und das Investitionsprogramm sind jährlich der Entwicklung anzupassen und fortzuführen. Der Finanzplan soll eine dauerhafte Ordnung der Finanzen sichern und den künftigen Haushaltsausgleich gewährleisten.

---

[121] § 86 GO BW, Art. 67 GO Bay, § 84 GO Brdbg., § 16 BremLHO, § 102 HGO, § 53 KV MV, § 91 NGO, § 84 GO NW, § 102 GO RhPf, § 91 KSVG Saar, § 81 GO Sachs, § 99 GO LSA, § 84 GO SchlH, § 59 ThürKO.

[122] Vgl. § 84 Abs. 1 S. 2 GO NW.

[123] Vgl. § 86 Abs. 4 GO BW, Art. 67 Abs. 4 GO Bay, §§ 84 Abs. 4 GO Brdbg, § 102 Abs. 4 HGO, § 49 Abs. 1 S. 1 KV MV, § 91 Abs. 4 NGO, § 102 Abs. 4 GO RhPf, § 91 Abs. 4 KSVG Saar, § 81 Abs. 4 GO Sachs, § 99 Abs. 4 GO LSA, § 84 Abs. 4 GO SchlH, § 59 ThürKO.

[124] Vgl. § 84 GO NW.

[125] Kritisch hierzu Reiners, Einführung in das kommunale Haushaltsrecht, S. 89.

[126] Vgl. § 85 GO BW, Art. 70 GO Bay, § 83 GO Brdbg, § 31 BremLHO, § 101 HGO, § 45 KV MV, § 90 NGO, § 83 GO NW, § 101 GO RhPf, § 90 KSVG Saar, § 80 GO Sachs, § 98 GO LSA, § 83 GO SchlH, § 62 ThürKO.

2.3.3.1 Langfristige Verpflichtungen

Gerade auf Grund der Längerfristigkeit der PPP-Vertragsmodelle ist eine haushaltsehrliche Berücksichtigung zukünftiger Verpflichtungen aus derartigen Rechtsgeschäften in der gemeindlichen Finanzplanung dringend geboten. Grundsätzlich gilt, dass Maßnahmen, die zu späteren Belastungen und Verpflichtungen führen, nur eingeplant werden dürfen, wenn – unter Berücksichtigung aller bereits bekannten unabweisbaren Forderungen und Ausgabeverpflichtungen in Haushalten künftiger Jahre – die Deckung der Folgekosten sicher zu erwarten ist.[127] Ist die PPP-Vertragsverpflichtung unabweisbar begründet, so sind Forderungen gegen Haushalte künftiger Jahre aus diesen – teilweise als kreditähnlich einzuordnenden – Geschäften in einer von einigen Gemeindehaushaltsverordnungen geforderten Forderungsübersicht darzustellen.[128] Durch eine derart transparente Darstellung kann weitgehend Vorsorge gegen Haushaltsrisiken getroffen und die haushaltsrechtliche Kritik an PPP-Modellen entkräftet werden.

2.3.3.2 Vorsorge für spätere Optionen

Die häufig bei kreditähnlichen Rechtsgeschäften, insbesondere Leasingverträgen, mit Vertragsablauf fälligen einmaligen Zahlungsverpflichtungen bei Ausübung einer Kaufoption oder Wahrnehmung eines Andienungsrechts sind haushaltswirtschaftlich ebenfalls im Rahmen der Finanzplanung zu berücksichtigen. Bei relativ unbestimmten Optionen oder Vereinbarung des Verkehrswertes als Optionspreis bestehen Risiken für die gemeindliche Haushaltswirtschaft. Die kommunalen Aufgabenträger sollten hier rechtzeitig Vorsorge zur Sicherung der erforderlichen Liquidität treffen, sofern sie die Ausübung der Option beabsichtigen.[129]

Die Gemeinde hat nach pflichtgemäßem Ermessen zu entscheiden, welche Beiträge der Allgemeinrücklage über den in den Gemeindehaushaltsverordnungen geforderten Mindestbestand[130] hinaus zugeführt werden soll.

2.4 Weitere Anforderungen des kommunalen Haushaltsrechts

Gegen die Kritik an PPP-Vertragsmodellen unter den Gesichtspunkten von Haushaltswahrheit und Haushaltsklarheit spricht darüber hinaus, dass PPP-Vertragsmodelle im Vorbericht zum Haushaltsplan und der Schuldenübersicht bzw. Vermögensrechnung zu berücksichtigen sind oder berücksichtigt werden können.

2.4.1 Vorbericht zum Haushaltsplan

Der nach den Gemeindehaushaltsverordnungen notwendige Vorbericht zum Haushaltsplan soll – ergänzend zum eigentlichen Haushaltsplan – einen Überblick über den Stand und die Entwicklung der Haushaltswirtschaft geben. Konkret zu den genannten kreditähnlichen PPP-Vertragsmodellen fordert etwa § 3 Nr. 7 GemHVO NW eine Darstellung, „wie hoch die Belastungen aus kreditähnlichen Rechtsgeschäften (insbesondere Immobilien-Leasing) in den Folgejahren sein werden“. Mit dieser neu in die Gemeindehaushaltsverordnung des Landes Nordrhein-Westfalen eingefügten Berichtspflicht sollen im Interesse einer soliden Haushaltswirtschaft und der Forderung nach mehr Transparenz für die Öffentlichkeit die Vorausbelastungen künftiger Haushalte deutlich gemacht werden.[131]

---

[127] Vgl. Ministerium des Innern des Landes Brandenburg, VwV zur GemHVO Brdbg, vom 28. 6. 2002, zu § 23 GemHVO Brdbg, Amtsblatt für Brandenburg 2002, 718ff., Ziff. 25.4.

[128] Vgl. Anlage 21 zu § 23 GemHVO Brdbg, Ziff. 25.4., Amtsblatt für Brandenburg 2002, 759.

[129] Vgl. weitergehend Sächsisches Staatsministerium der Finanzen und Sächsisches Staatsministerium des Innern, KommInvestVwV, Sächs. ABl. 1997, 73ff.

[130] Vgl. z.B. § 20 Abs. 2 GemHVO BW, § 20 Abs. 2 GemHVO NRW, § 20 Abs. 2 KomHVO Sachs.

[131] Scheel/Steup/Schneider/Lienen, Gemeindehaushaltsrecht NRW, Erl. § 3 GemHVO NW Rn. 5.

Auch Bürgschaften und Gewährverträge können Risiken für die Haushaltswirtschaft enthalten, die im Haushalt der Gemeinde nicht ausgewiesen sind. Da sie jedoch zur Gesamtbeurteilung der Haushalts- und Finanzlage erforderlich sind, bietet es sich an, Bürgschaften und Gewährverträge in einer Übersicht mit dem Haushaltsplan gegenüber der Gemeindevertretung und der Kommunalaufsichtsbehörde nachzuweisen.[132] Diesen Nachweis – Übersicht über übernommene Bürgschaften, Verpflichtungen aus Gewährverträgen sowie die Rechtsgeschäfte, die diesen wirtschaftlich gleichkommen – im Haushaltsvorbericht fordert z. B. Schleswig-Holstein in § 3 Nr. 3 GemHVO SH ausdrücklich.

2.4.2 Schuldenübersicht und Vermögensrechnung

Der nach den Gemeindehaushaltsverordnungen notwendigen Jahresrechnung ist entweder eine Übersicht über die Schulden[133] oder eine Vermögensrechnung[134] beizufügen. In diesem Rahmen sind auch die finanziellen Belastungen aus Rückzahlungsverpflichtungen aus kreditähnlichen Rechtsgeschäften in der Vermögensrechnung bzw. der Schuldenübersicht aufzuführen. Weiter sind in der Übersicht über den voraussichtlichen Stand der Schulden gemäß § 2 Abs. 2 Nr. 4 der Gemeindehaushaltsverordnungen der Länder in Verbindung mit der entsprechenden Anlage in der VwV Gliederung und Gruppierung Schulden aus Vorgängen, die Kreditaufnahmen wirtschaftlich gleichkommen, ausdrücklich auszuweisen.

3. Kommunale Unternehmen – Voraussetzungen für das PPP-Gesellschaftsmodell

Die soeben dargestellten haushaltswirtschaftsrechtlichen Maßgaben für PPP-Projekte gelten – mit den dargestellten Differenzierungen – für alle PPP-Modelle. Beim PPP-Gesellschaftsmodell besteht die Besonderheit lediglich darin, dass die öffentliche Hand an dem Privaten beteiligt ist. In diesem Fall sind zusätzlich die Vorschriften der Gemeindeordnungen über kommunale Unternehmen zu berücksichtigen.

Die Gemeindeordnungen der Flächenstaaten sehen durchweg einschränkende Voraussetzungen für die Gründung von wirtschaftlichen Unternehmen durch die Gemeinde vor. Unabhängig von der wirtschaftlichen Betätigung bestehen weitere einschränkende Voraussetzungen für Unternehmen und Einrichtungen in Rechtsformen des privaten Rechts. Diese Voraussetzungen sind nicht nur zu beachten, wenn die Gemeinde ein Unternehmen alleine gründet, sie gelten vielmehr auch für privatrechtlich verfasste Unternehmen, an denen neben der Gemeinde auch Private beteiligt sind.[135]

Voraussetzung für die Gründung eines wirtschaftlichen Unternehmens durch die Gemeinde ist regelmäßig, dass ein öffentlicher Zweck das Unternehmen erfordert und es nach Art und Umfang in einem angemessenen Verhältnis zur Leistungsfähigkeit der Gemeinde steht. Die meisten Gemeindeordnungen enthalten darüber hinaus sogenannte Subsidiaritätsklauseln, die wirtschaftliche Unternehmen der Gemeinden davon abhängig machen, dass der öffentliche Zweck nicht ebenso gut und wirtschaftlich durch einen privaten Dritten erfüllt wird oder erfüllt werden kann[136] und Voraussetzungen für (auch nichtwirtschaftliche) Unternehmen in privater Rechtsform.

---

[132] Vgl. Ministerium des Innern des Saarlandes, Erlass zur Kreditwirtschaft der Gemeinden, vom 21. 8. 1990, Gem. MinBl. Saar, 238.

[133] Vgl. § 39 Abs. 2 Nr. 2 GemHVO NW.

[134] Vgl. § 38 Abs. 1 Nr. 3 i. V. m. § 42 KomHVO Sachs.

[135] Vgl. etwa § 122 HGO, § 109 NGO, § 108 GO NW.

[136] So etwa § 85 Abs. 1 Nr. 3 GO RhPf, § 102 Abs. 1 Nr. 3 GO BW, Art. 87 GO Bay, § 108 NGO, § 107 GO NW, § 101 GO SchlH. Keine Subsidiaritätsklausel findet sich in der Hessischen Gemeindeordnung (vgl. § 121 HGO).

3.1 Wirtschaftliche Unternehmen

Ob die Gemeinde die engen Voraussetzungen für wirtschaftliche Unternehmen erfüllen muss, wenn sie eine gesellschaftsrechtliche Partnerschaft mit Privaten eingehen will, hängt davon ab, ob dies – je nach Wortlaut der Gemeindeordnungen – als „wirtschaftliches Unternehmen" bzw. als „wirtschaftliche Betätigung" einzustufen ist. Verzichtet wird auf diese zentrale Begrifflichkeit bislang lediglich in Bayern und Thüringen. In Bayern gelten die einschränkenden Voraussetzungen für die Einrichtung aller gemeindlichen Unternehmen außerhalb der allgemeinen Verwaltung der Gemeinde,[137] in Thüringen für jedes Unternehmen.[138]

Herkömmlicherweise wird die nichtwirtschaftliche von der wirtschaftlichen Betätigung positiv durch das sogenannte „Popitz-Kriterium" abgegrenzt. Demzufolge gelten solche Veranstaltungen der Gemeinde als wirtschaftlich, die gegen Entgelt Leistungen zur Verfügung stellen, die ihrer Art nach auch durch Privatunternehmer mit der Absicht der Gewinnerzielung in den allgemeinen Verkehr gebracht zu werden pflegen.[139] § 107 Abs. 1 S. 3 GO NW definiert wirtschaftliche Betätigung dementsprechend als den Betrieb von Unternehmen, die als Hersteller, Anbieter oder Verteiler von Gütern oder Dienstleistungen am Markt tätig werden, sofern die Leistung ihrer Art nach auch von einem Privaten mit der Absicht der Gewinnerzielung erbracht werden könnte. § 100 Abs. 1 GO Brdbg enthält eine ähnliche Definition. Wirtschaftliche Betätigung ist danach das Herstellen, Anbieten oder Verteilen von Gütern, Dienstleistungen oder vergleichbaren Leistungen, die ihrer Art nach auch mit der Absicht der Gewinnerzielung erbracht werden könnten.

Nicht als wirtschaftlich einzustufen sind demgemäß PPP-Projekte, bei denen die Gemeinde lediglich als Nachfrager für private Dienstleistungen oder Produkte auftritt. Denn die Erbringung von Leistungen für die Gemeinde und ihre Einrichtungen fällt mangels konkurrenzwirtschaftlichem Angebot von Waren oder Dienstleistungen durch die Gemeinde nicht unter den Begriff der wirtschaftlichen Betätigung.[140] Auch bloße „Hilfsbetriebe", die ausschließlich der Deckung des Eigenbedarfs der Gemeinden dienen, sind mangels Teilnahme am Markt aus dem Begriff der wirtschaftlichen Betriebe ausgenommen.[141] Zum Teil sehen die Gemeindeordnungen dies auch ausdrücklich vor.[142] Gründet die Gemeinde also eine Projektgesellschaft, deren einzige Aufgabe die Erstellung und der Betrieb von der Gemeinde selbst benötigter Leistungen ist, liegt keine wirtschaftliche Betätigung vor. Nichts anderes gilt, wenn sich an dieser Gesellschaft ein Privater beteiligt.

Nicht als wirtschaftliche Unternehmen angesehen werden teilweise auch sogenannte „Annexbetriebe", die mit Verwaltungseinrichtungen verbunden sind und die mit ihren gegenüber Dritten erbrachten Leistungen unmittelbar Verwaltungsaufgaben dienen. Allerdings müssen diese Betriebe vom öffentlichen Zweck der Einrichtungen gedeckt sein und dürfen nicht als wirtschaftlich selbstständige Anbieter auftreten.[143] Für PPP's in gesellschaftsrechtlicher Form kann dies etwa in Betracht kommen, wenn die gegründete Gesellschaft alleine zur Erfüllung öffentlicher Aufgaben im Bereich der Daseinsvorsorge tätig wird.

Die Positivdefinitionen sind mit Abgrenzungsunsicherheiten belastet. Dementsprechend verzichten die meisten Gemeindeordnungen auf sie und fingieren – mit Ausnahme von Bayern und Thüringen – die nichtwirtschaftliche Natur bestimmter kommunaler Unternehmen durch unterschiedlich weite Negativlisten. So bestimmt etwa § 102 Abs. 3 GO BW, dass folgende Unternehmen nicht als wirtschaftlich gelten:

---

[137] Art. 86f. GO Bay.

[138] § 71 Abs. 1 ThürKO.

[139] Popitz, Der künftige Finanzausgleich zwischen Reich, Ländern und Gemeinden, S. 49.

[140] Badura, DÖV 1998, 818 (820); vgl. Eifert, VerwArch 2002, 561 (568f.).

[141] Badura, DÖV 1998, 818 (821).

[142] Z.B. § 107 Abs. 2 Nr. 5 GO NW, § 85 Abs. 3 Nr. 7 GO RhPf.

[143] Badura, DÖV 1998, 818 (821).

- Unternehmen, zu deren Betrieb die Gemeinde gesetzlich verpflichtet ist,
- Einrichtungen des Unterrichts-, Erziehungs- und Bildungswesens, der Kunstpflege, der körperlichen Ertüchtigung, der Gesundheits- und Wohlfahrtspflege sowie öffentliche Einrichtungen ähnlicher Art und
- Hilfsbetriebe, die ausschließlich zur Deckung des Eigenbedarfs der Gemeinde dienen.

Einen erheblich weiteren und konkreteren Negativkatalog sieht beispielsweise die Gemeindeordnung für das Land Nordrhein-Westfalen vor.[144]

Nach der Positivdefinition dürften viele der von den Gemeinden in Zusammenarbeit mit Privaten durch gesellschaftsrechtliche Kooperationsverträge gegründeten Unternehmen als wirtschaftlich einzustufen sein, da sich ein Privater regelmäßig nur mit der Absicht der Gewinnerzielung an einem solchen Unternehmen beteiligen wird. Daher ist die Formulierung der Negativkataloge die entscheidende Weichenstellung dafür, in welchen Bereichen die Gemeinde sich ohne die einschränkenden Voraussetzungen für wirtschaftliche Unternehmen am PPP-Gesellschaftsmodell beteiligen kann. Ist das geplante Unternehmen nach der einschlägigen Bestimmung der Gemeindeordnung als wirtschaftlich einzustufen, unterliegt es den nachfolgend dargestellten Schranken.

3.2 Öffentlicher Zweck

Die Kommunalverfassungen der Flächenstaaten verlangen, dass ein öffentlicher Zweck das wirtschaftliche Unternehmen rechtfertigt[145] oder – noch strenger – erfordert.[146] Das Vorliegen eines öffentlichen Zwecks der Betätigung wird bejaht, wenn das Unternehmen „unmittelbar durch seine Leistung, nicht nur mittelbar durch seine Gewinne und Erträge“ dem Wohl der Gemeindebürger dient.[147] Die Leistungen des Unternehmens müssen im gemeindlichen Wirkungskreis liegen und eine im öffentlichen Interesse gebotene Versorgung der Einwohner zum Ziel haben, also zum Bereich der Daseinsvorsorge gehören. Zulässig sind auch Annextätigkeiten zur Daseinsvorsorge, die einen engen Zusammenhang zur Hauptaufgabe aufweisen oder nur vorrübergehend zur Auslastung freier Kapazitäten aufgenommen werden.

Selbst die mit dem Erfordernis eines öffentlichen Zwecks errichtete Hürde ist vergleichsweise niedrig, da es hauptsächlich den Anschauungen und Entschließungen der maßgeblichen Gemeindeorgane überlassen bleibt, worin sie eine Förderung des Gemeinwohls erblicken und diese Einschätzung der Beurteilung durch den Richter weitgehend entzogen ist.[148] Allerdings reicht die bloße Gewinnerzielung nicht als öffentlicher Zweck aus.[149] Das schließt nicht aus, dass die Gemeinde Gewinne erzielt, wenn dadurch der öffentliche Zweck nicht beeinträchtigt wird.[150]

Ist die Hauptbetätigung des kommunalen Unternehmens durch einen öffentlichen Zweck gerechtfertigt, können auch nicht unmittelbar zur Erreichung des öffentlichen Zwecks erforderliche Annextätigkeiten zulässig sein, sofern sie im Vergleich zum Hauptzweck über eine nur untergeordnete Rolle nicht hinausgehen. Die Nebentätigkeiten dürfen nur bei Gelegenheit der eigentlichen, bislang wahrgenommenen Aufgaben unter Ausschöpfung vorhandener, sonst brach liegender Kapazitäten betrieben werden (z.B. Verkehrsmittelreklame durch Verkehrsunternehmen; Einsatz zeitweise freier Kapazitäten der eigenen Reparaturwerkstätten für Fremdnutzungen).[151]

---

[144] § 107 Abs. 2 GO NW.

[145] Vgl. etwa § 102 Abs. 1 Nr. 1 GO BW, § 100 Abs. 2 Nr. 1 GO Brdbg, § 85 Abs. 1 Nr. 1 GO RhPf.

[146] Etwa Art. 87 Abs. 1 S. 1 Nr. 1 GO Bay, § 121 HGO, § 107 Abs. 1 S. 1 Nr. 1 GO NW, § 108 NGO.

[147] BVerfGE 61, 82 (107); vgl. RhPfVerfG, NVwZ 2000, 801 (803).

[148] Vgl. BVerwGE 39, 329 (334); Schink, NVwZ 2002, 129 (132).

[149] Ehlers, Gutachten E zum 64. DJT, S. 70.

[150] Meininger, in: Fabry/Augsten, Handbuch Unternehmen der öffentlichen Hand, Rn. 2/14.

[151] Meininger, in: Fabry/Augsten, Handbuch Unternehmen der öffentlichen Hand, Rn. 2/17.

3.3 Leistungsfähigkeit

Die Gemeindeordnungen sehen darüber hinaus vor, dass die wirtschaftliche Betätigung nach Art und Umfang in einem angemessenen Verhältnis zu der Leistungsfähigkeit der Gemeinde stehen muss.[152] Die Gemeinde darf also keine wirtschaftlichen Unternehmen errichten, übernehmen oder wesentlich erweitern, die ihre personellen, sachlichen oder finanziellen Kräfte überfordern.[153]

Die meisten Gemeindeordnungen fordern weiter, dass auch ein angemessenes Verhältnis zum voraussichtlichen Bedarf besteht.[154] Nach diesen Bestimmungen müssen die erzielbaren Vorteile sich mit den finanziellen Belastungen zumindest die Waage halten.[155]

3.4 Subsidiarität

Nach den meisten Gemeindeordnungen sind wirtschaftliche Unternehmen der Gemeinden nur zulässig, wenn der öffentliche Zweck nicht besser und wirtschaftlicher durch andere Unternehmen erfüllt werden kann,[156] die Gemeinde die Aufgabe also ebenso gut und wirtschaftlich wie ein Privater zu erfüllen in der Lage ist.[157] Einige Gemeindeordnungen schließen eine gemeindliche Wirtschaftstätigkeit darüber hinausgehend bereits dann aus, wenn die Aufgabe ebenso gut und wirtschaftlich von Dritten erfüllt werden kann,[158] fordern von den Gemeinden also eine wirtschaftlichere oder bessere Aufgabenerfüllung. Nur in Hessen findet sich keine Subsidiaritätsklausel.[159]

Mit den Subsidiaritätsklauseln wollten die Gesetzgeber eine ungehemmte wirtschaftliche Betätigung der Gemeinden zu Lasten der Privatwirtschaft verhindern und erreichen, dass sich die öffentliche Hand auf ihre eigentlichen Aufgaben konzentriert und nicht die mit einer Unternehmertätigkeit verbundenen Risiken am Markt eingeht. Allerdings steht der Gemeinde bei der Frage, ob sie sich hinsichtlich Wirtschaftlichkeit und Güte der Leistung mit einem Privaten messen kann, ein Beurteilungsspielraum zu. Der Beurteilungsspielraum bezieht sich vor allem auf die Güte der Leistung und damit auch auf die Nachhaltigkeit der Leistungserfüllung.[160]

In den letzten Jahren sind einige Veränderungen im gemeindlichen Wirtschaftsrecht vorgenommen worden, die vor allem die Subsidiaritätsklausel betreffen und auf eine Restriktion der wirtschaftlichen Betätigung der Gemeinden zugunsten privater Dritter ausgerichtet sind.[161] So sieht etwa § 101 Abs. 4 GO Brdbg zur Sicherung der Subsidiarität vor, dass der Gemeindevertretung Angebote privater Unternehmen vorzulegen sind. Die Gemeinde ist danach zu einem Markterkundungsverfahren verpflichtet. Die Gemeindeordnung für das Land Brandenburg fordert im Interesse einer sparsamen Haushaltsführung darüber hinaus, dass Leistungen, die von

---

[152] Vgl. etwa § 107 Abs. 1 S. 1 Nr. 2 GO NW.

[153] Meininger, in: Fabry/Augsten, Handbuch Unternehmen der öffentlichen Hand, Rn. 2/19.

[154] Vgl. etwa § 100 Abs. 2 Nr. 2 GO Brdbg, § 102 Abs. 1 Nr. 2 GO BW, Art. 87 Abs. 1 Nr. 2 GO Bay.

[155] Kämmerer, Privatisierung, S. 247.

[156] Vgl. § 102 Abs. 1 Nr. 3 GO BW, § 100 Abs. 3 GO Brdbg, § 107 Abs. 1 Nr. 3 GO NW, § 108 Abs. 1 Nr. 3 KSVG Saar, § 116 Abs. 1 Nr. 3 GO LSA, § 108 Abs. 1 S. 2 Nr. 3 NGO, § 101 Abs. 1 Nr. 3 GO SchlH.

[157] So § 68 Abs. 1 Nr. 3 KV MV.

[158] Vgl. Art. 87 Abs. 1 Nr. 4 GO Bay, § 85 Abs. 1 Nr. 3 GO RhPf, § 71 Abs. 1 Nr. 4 ThürKO.

[159] Vgl. § 121 HGO; dieses Erfordernis wird der hessischen Gemeindeordnung allerdings gelegentlich durch Auslegung entnommen. Knemeyer/Kempen, in: Achterberg/Püttner/Würtenberger; Besonderes Verwaltungsrecht, Bd. 2, Rn. 17/51 m. w. N.; a. A. Otting, Neueres Steuerungsmodell und rechtliche Beurteilungsspielräume der Kommunen, S. 133.

[160] RhPfVerfGH, NVwZ 2000, 801 (803).

[161] Schink, NVwZ 2002, 129 (132). Damit geht eine Entwicklung zur Auflösung der bisherigen Einheitlichkeit des Gemeindewirtschaftsrecht einher.

privaten Anbietern in mindestens gleicher Qualität und Zuverlässigkeit bei gleichen oder geringeren Kosten erbracht werden können, diesen Anbietern übertragen werden, sofern dies mit dem öffentlichen Interesse vereinbar ist.[162] Hierzu sind Angebote einzuholen und Vergleichsberechnungen vorzunehmen, die der Gemeindevertretung vorzulegen sind. Gefordert ist damit ein Wirtschaftlichkeitsvergleich zur Sicherung der Subsidiarität, der die Erfüllung der Aufgabe durch die Gemeinde der Erfüllung durch private Anbieter gegenüberstellt.

In eine andere Richtung geht die Neuregelung in Nordrhein-Westfalen. Hier ist die Geltung der Subsidiaritätsklausel auf ein Tätigwerden der Gemeinde außerhalb der Energieversorgung, der Wasserversorgung, des öffentlichen Verkehrs sowie des Betriebs von Telekommunikationsleitungsnetzen einschließlich der Telefondienstleistungen beschränkt.[163] Prozedural sieht die nordrhein-westfälische Gemeindeordnung vor der Entscheidung über die wirtschaftliche Betätigung jedoch in ähnlicher Art und Weise eine Marktanalyse über Chancen und Risiken und die Auswirkungen der wirtschaftlichen Unternehmung auf Handwerk und mittelständische Wirtschaft vor, die dem Rat zuzuleiten ist. Den örtlichen Selbstverwaltungsorganisationen von Handwerk, Industrie und Handel sowie den betroffenen Gewerkschaften ist Gelegenheit zur Stellungnahme zu geben.[164] Der Schutz der örtlichen Wirtschaft und insbesondere des Mittelstandes vor gemeindlicher Konkurrenz, den die Subsidiaritätsklauseln bezwecken, wird also durch Anhörungsrechte und die Durchführung einer Marktanalyse abgesichert.[165]

In Ländern, die keine entsprechenden Regelungen enthalten, kann die Gemeinde Markterkundungsverfahren selbstverständlich in gleicher Weise freiwillig durchführen. Dies empfiehlt sich zur Überprüfung der Erforderlichkeit gemeindlicher Wirtschaftstätigkeit und um der Gemeindevertretung (Gemeinderat, Rat) eine aussagefähige Entscheidungsgrundlage zu liefern.

3.5 Wirtschaftliche Unternehmen in Privatrechtsform

Neben der dargestellten kommunalrechtlichen Schrankentrias sehen die einzelnen Bundesländer weitere einschränkende Sonderregelungen für wirtschaftliche Unternehmen vor, die in Privatrechtsform betrieben werden. Diese Voraussetzungen gelten auch für die Beteiligung von Gemeinden an Unternehmen in Privatrechtsform. Die Voraussetzungen gehen zwar im Detail auseinander, fordern typischerweise jedoch, dass

- im Gesellschaftsvertrag oder in der Satzung sichergestellt ist, dass das Unternehmen den öffentlichen Zweck erfüllt,
- die Gemeinde angemessenen Einfluss im Aufsichtsrat oder in einem entsprechendem Gremium erhält,
- die Haftung der Gemeinde auf einen bestimmten, ihrer Leistungsfähigkeit angemessenen Betrag begrenzt wird.[166]

Darüber hinaus enthalten die meisten Gemeindeordnungen mehr oder minder strenge weitere Voraussetzungen für die Beteiligung von Gemeinden an privatrechtlichen Gesellschaften. Beispiele hierfür sind, dass

- ein wichtiges Interesse der Gemeinde an der Beteiligung vorliegt,[167]
- die kommunale Aufgabe dauerhaft nicht mindestens ebenso gut in Organisationsformen des öffentlichen Rechts erfüllt werden kann,[168]

---

[162] § 100 Abs. 3 GO Brdbg.
[163] § 107 Abs. 1 S. 1 Nr. 3 GO NW.
[164] § 107 Abs. 5 GO NW.
[165] Vgl. auch mit einer ähnlichen Regelung § 71 Abs. 1 Nr. 4 ThürKO.
[166] Art. 92 Abs. 1 S. 1 GO Bay, § 103 Abs. 1 S. 1 GO BW, § 109 Abs. 1 NGO, § 108 Abs. 1 S. 1 GO NW, § 69 Abs. 1 KV MV.
[167] § 110 Abs. 1 Nr. 1 KSVG Saar, § 102 Abs. 1 Nr. 1 GO SchlH.
[168] § 102 Abs. 1 Nr. 1 GO SchlH, vgl. auch § 108 Abs. 1 Nr. 2 GO NW, § 69 Abs. 1 Nr. 1 KV MV.

- die Einzahlungspflicht der Gemeinde in einem angemessenen Verhältnis zu ihrer Leistungsfähigkeit steht,[169]
- die Gemeinde sich nicht zur Übernahme von Verlusten in unbestimmter oder unangemessener Höhe verpflichtet,[170]
- gewährleistet ist, dass der Jahresabschluss und der Lagebericht, soweit nicht weitergehende gesetzliche Vorschriften gelten oder andere gesetzliche Vorschriften entgegenstehen, entsprechend den für große Kapitalgesellschaften geltenden Vorschriften des dritten Buchs des Handelsgesetzbuches aufgestellt und geprüft werden.[171]

Von bestimmten Voraussetzungen können sich die Gemeinden in einigen Ländern im Einzelfall durch die Kommunalaufsichtsbehörden befreien lassen.[172]

Darüber hinaus verpflichten die Gemeindeordnungen die Gemeinden dazu, von ihren die Rechnungsprüfung betreffenden Rechten nach § 53 HGrG Gebrauch zu machen und stellen in unterschiedlicher Weite zusätzliche Anforderungen für die Wirtschafts- und Finanzplanung, die Prüfung und das Berichtswesen auf.[173]

Relevant werden diese Vorschriften für PPP-Gesellschaftsmodelle, die eine wirtschaftliche Betätigung der Gemeinde selbst zum Gegenstand haben, regelmäßig aber auch für nichtwirtschaftliche Unternehmen in Privatrechtsform (dazu sogleich). Die regelmäßig vorzufindende Voraussetzung einer Haftungsbegrenzung schließt eine Beteiligung der Gemeinden an Gesellschaften bürgerlichen Rechts oder offenen Handelsgesellschaften aus und beschränkt die gesellschaftsrechtlichen Möglichkeiten für PPP's auf die Gründung einer Gesellschaft mit beschränkter Haftung, einer Aktiengesellschaft oder die Beteiligung der Gemeinde als Kommanditist einer Kommanditgesellschaft. Die Beteiligung als Kommanditist an einer Kommanditgesellschaft ist allerdings wegen der bei dieser Organisationsform lediglich begrenzten Einflussmöglichkeiten der Gemeinde auf die Geschäftsführung kommunalwirtschaftsrechtlich problematisch. Möglich ist aber die Beteiligung an einer GmbH & Co. KG.

Nicht unproblematisch ist angesichts des kommunalrechtlich geforderten angemessenen Einflusses auch die Organisation des kommunalen Unternehmens in der Rechtsform der Aktiengesellschaft. Denn nach dem Aktiengesetz sind der Vorstand und der Aufsichtsrat der Aktiengesellschaft vergleichsweise unabhängig.[174] Ein Weisungsrecht des kommunalen Mehrheitsgesellschafters ist gegenüber Vorstand und Aufsichtsrat der Aktiengesellschaft nicht zulässig.[175] Dementsprechend lassen einige Gemeindeordnungen Aktiengesellschaften nur unter einschränkenden Voraussetzungen zu und bestimmen, dass die Gemeinde Unternehmen und Einrichtungen in dieser Rechtsform nur gründen, übernehmen, wesentlich erweitern oder sich daran beteiligen darf, wenn der öffentliche Zweck nicht ebenso gut in einer anderen Rechtsform erfüllt wird oder erfüllt werden kann.[176] Gegenüber der Rechtsform einer Gesellschaft mit beschränkter Haftung ist die Rechtsform einer Aktiengesellschaft nach diesen Regelungen subsidiär.

Für Unternehmen, an denen eine Gemeinde beteiligt ist, kommt daher in erster Linie die Organisationsform der Gesellschaft mit beschränkter Haftung bzw. der GmbH & Co. KG in Betracht. Die Gesellschaft mit beschränkter Haftung bietet vor allem die Möglichkeit, der

---

[169] § 108 Abs. 1 S. 1 Nr. 4 GO NW.

[170] § 108 Abs. 1 S. 1 Nr. 5 GO NW.

[171] § 122 Abs. 1 S. 1 Nr. 4 HGO, ähnlich § 103 Abs. 1 S. 1 Nr. 5 Buchst. b GO BW, § 108 Abs. 1 S. 1 Nr. 8 GO NW, § 102 Abs. 1 Nr. 4 GO SchlH.

[172] Art. 92 Abs. 1 Nr. 3 GO Bay, § 122 Abs. 1 S. 2 HGO, § 108 Abs. 1 S. 2 GO NW, § 102 Abs. 1 S. 2 GO SchlH.

[173] Siehe Art. 94 GO Bay, § 103 Abs. 1 Nr. 5 GO BW, § 123 HGO, § 121 GO LSA, § 108 Abs. 2 GO NW, §§ 89 f. GO RhPf.

[174] Vgl. § 76 Abs. 1 AktG; Mayen, DÖV 2001, 110 (113).

[175] Mayen, DÖV 2001, 110 (113).

[176] § 108 Abs. 3 GO NW, § 95 Abs. 2 GO Sachs.

Gemeinde einen angemessenen Einfluss einzuräumen, damit die demokratisch legitimierten Gemeindeorgane ihrer Einwirkungspflicht nachkommen können. Der angemessene Einfluss hängt nicht allein von einer bestimmten betragsmäßigen Beteiligung – insbesondere einer Mehrheitsbeteiligung – ab. Entscheidend sind vielmehr die Umstände des Einzelfalls. Maßgeblich dafür, ob ein angemessener Einfluss vorliegt, sind

- die Höhe der Beteiligung,[177]
- das Bestehen von Entsenderechten,
- Abstimmungsmodalitäten zugunsten der Gemeinde (qualifizierte Mehrheiten, Vetorechte, Mehrfachstimmrechte, Sperrminoritäten, Stimmbindungsverträge mit anderen Anteilseignern),
- Kündigungs- und Heimfallrechte sowie allgemeine Auseinandersetzungsregelungen zugunsten der Gemeinde,
- Art der auf die Gesellschaft übertragenen Aufgabe, insbesondere ihre Zuordnung zum hoheitlichen Bereich.[178]

3.6 Nichtwirtschaftliche Unternehmen in Privatrechtsform

Nichtwirtschaftliche Unternehmen unterliegen nach den Gemeindeordnungen ähnlichen Restriktionen wie wirtschaftliche, sofern sie in Privatrechtsform betrieben werden. Sinn dieser Regelungen ist es, der Auslagerung hoheitlicher Aufgaben auf verselbstständigte Einheiten vorzubeugen.[179] Die meisten Gemeindeordnungen differenzieren bei der Beteiligung an privatrechtlichen Unternehmen daher nicht mehr oder kaum noch zwischen solchen wirtschaftlicher und nichtwirtschaftlicher Natur.[180] Zum Teil werden aber auch zusätzliche Voraussetzungen für nichtwirtschaftliche Unternehmen in Privatrechtsform verlangt. So fordert etwa § 122 Abs. 2 HGO ein wichtiges Interesse an der Beteiligung an der Gesellschaft in Privatrechtsform. Diese Voraussetzung hat das Ziel, die Erfüllung hoheitlicher Aufgaben nur im Ausnahmefall privatrechtlich verfassten Gesellschaften zu überlassen. Der Begriff des wichtigen Interesses geht daher über den des öffentlichen Interesses hinaus. Für die Durchführung eines PPP-Gesellschaftsmodells dürfte ein wichtiges Interesse regelmäßig vorliegen, sofern mit ihm eine wirtschaftlichere Aufgabenerfüllung verbunden ist.[181]

Aus den Sonderregelungen der Gemeindeordnungen für nichtwirtschaftliche Unternehmen in Privatrechtsform ist die Regelung in § 70 KV MV hervorzuheben. Solche Unternehmen sind danach nur zugelassen, wenn neben weiteren – auch für wirtschaftliche Unternehmen geltenden – Vorschriften eine Aufgabe der Gemeinde unter wesentlicher Beteiligung eines privaten Dritten erfüllt werden soll und hierfür geeignet ist sowie ein wichtiges Interesse der Gemeinde an der gemeinsamen Aufgabenerfüllung vorliegt.[182] Liegen diese Voraussetzungen vor, ist im Gegensatz zu wirtschaftlichen Unternehmen in Privatrechtsform nicht mehr erforderlich, dass der öffentliche Unternehmenszweck nicht durch einen Eigenbetrieb erfüllt werden kann.[183] In dieser Regelung liegt die ausdrückliche Anerkennung des

---

[177] Zum Teil wird „angemessener Einfluss" demgegenüber als ein der Kapitalbeteiligung entsprechender Einfluss verstanden. So Brandenburgisches Ministerium des Innern, Die wirtschaftliche Betätigung der Gemeinden und die Beteiligung Privater nach den Regelungen der Kommunalverfassung Brandenburg vom 15. 10. 1993, Runderlass III Nr. 61/1994, Anlage 2, S. 3. Nach dieser Sichtweise ist die Höhe der Beteiligung Ausgangspunkt der Angemessenheitsprüfung und nicht deren Rechtsfolge.

[178] Vgl. Schneider/Dreßler/Lüll, HGO, § 122 Rn. 7.

[179] Kämmerer, Privatisierung, S. 251.

[180] Vgl. § 103 GO BW, Art. 92 GO Bay, § 102 GO Brdbg, § 109 Abs. 1 NGO, § 122 Abs. 2 HGO, § 108 GO NW, § 87 GO RhPf, § 110 KSVG Saar, § 96 GO Sachs, § 102 Abs. 2 GO SchlH.

[181] Vgl. Schneider/Dreßler/Lüll, HGO, § 122 Rn. 10.

[182] Vgl. auch die ähnliche Regelung in § 104 GO BW a. F.; Schuppert, in: Budäus/Eichhorn, Public Private Partnership, S. 93 (113 f.).

[183] § 70 Abs. 1 Nr. 3 i. V. m. § 69 Abs. 1 Nr. 1 KV MV.

PPP-Gesellschaftsmodells unter Verzicht auf die in Mecklenburg-Vorpommern sonst angeordneten Vorrangigkeit des öffentlich-rechtlichen Eigenbetriebs. Die Vorschrift führt zugleich dazu, dass einer Erfüllung der Aufgabe in Form eines gemischtwirtschaftlichen Unternehmens der Vorrang vor der Wahrnehmung durch eine Eigengesellschaft in Privatrechtsform eingeräumt wird.

Hinzuweisen ist weiter auf § 109 Abs. 1 Nr. 7 NGO, der für die kraft gesetzlicher Fiktion als nichtwirtschaftlich geltenden kommunalen Unternehmen in Privatrechtsform, an denen die Gemeinden über eine Anteilsmehrheit verfügen, ein Letztentscheidungsrecht der Gemeinde in allen wichtigen Angelegenheiten dieser Einrichtung fordert. Diese Voraussetzung geht über den sonst geforderten „angemessenen Einfluss" hinaus.

3.7 Begrenzung wirtschaftlicher Betätigung auf das Gemeindegebiet

In den meisten Bundesländern existieren keine Vorschriften darüber, ob und inwieweit sich gemeindliche Wirtschaftstätigkeit auf Gebiete außerhalb der Gemeinde erstrecken darf. In diesen Ländern ist eine überörtliche kommunale Wirtschaftstätigkeit – mit Ausnahme der kommunalen Gemeinschaftsarbeit nach den entsprechenden Landesgesetzen – nach überwiegender Auffassung unzulässig.[184] Begründet wird dies damit, dass auch das privatwirtschaftliche Handeln von Gemeinden Verwaltung sei und daher Kompetenzen voraussetze.[185] Art. 28 Abs. 2 GG gewähre den Gemeinden jedoch nur das Recht, alle Angelegenheiten der örtlichen Gemeinschaft zu regeln.

Zumindest soweit keine gesetzlichen Spezialermächtigungen vorliegen, ist kommunale Wirtschaftstätigkeit nach dieser Argumentation nur in Angelegenheiten der örtlichen Gemeinschaft zulässig. Angelegenheiten der örtlichen Gemeinschaft sind nach der Rechtsprechung des Bundesverfassungsgerichts diejenigen Bedürfnisse und Interessen, die in der örtlichen Gemeinschaft wurzeln oder auf sie einen spezifischen Bezug haben, die also den Gemeindeeinwohnern gerade als solchen gemeinsam sind, indem sie das Zusammenleben und -wohnen der Menschen in der Gemeinde betreffen.[186] Eine bloße Ausstrahlung kommunalen Wirkens auf Fremdgemeinden ohne Kompetenzübergriff wird als unschädlich angesehen, da die Bindung des Selbstverwaltungsrechts an die örtliche Gemeinschaft keine strikte geographische Beschränkung der Reichweite des kommunalen Handelns auf das Gemeindegebiet erfordert.[187] Bei der Frage, ob sich die Wirtschaftstätigkeit auf das Gemeindegebiet bezieht, wird zum Teil darauf abgestellt, ob die eigentliche Wertschöpfung der erbrachten Leistung auf dem Gemeindegebiet stattfindet oder für die Gemeindebevölkerung erfolgt.[188]

In Bayern, Nordrhein-Westfalen, Sachsen-Anhalt und Thüringen wurde die überörtliche wirtschaftliche Betätigung in jüngerer Vergangenheit ausdrücklich zugelassen. Ziel der Regelungen ist es, den gemeindlichen Unternehmen im Wettbewerb mit regelmäßig überörtlich tätigen privaten Unternehmen Chancengleichheit zu gewähren. Gemäß Art. 87 Abs. 2 GO Bay darf die Gemeinde mit ihren Unternehmen außerhalb des Gemeindegebiets tätig werden, wenn die allgemeinen Voraussetzungen für gemeindliche Unternehmen erfüllt sind und die berechtigten Interessen der betroffenen kommunalen Gebietskörperschaften gewahrt werden, wobei bei der Versorgung mit Strom und Gas nur die Interessen als berechtigt gelten, die nach den Vorschriften des Energiewirtschaftsgesetzes eine Einschränkung des Wettbewerbs zulassen. Nordrhein-Westfalen, Sachsen-Anhalt und Thüringen enthalten

[184] Etwa Mann, JZ 2002, 819 (825); Schink, NVwZ 2002, 129 (135); Stober, NJW 2002, 2357 (2365).
[185] RhPfVerfGH, NVwZ 2000, 801; Gern, NJW 2002, 2593 (2598).
[186] BVerfGE 79, 127 (151 f.).
[187] Gern, NJW 2002, 2593 (2595).
[188] Kühling, NJW 2001, 177 (182).

ähnliche Regelungen,[189] wobei die Regelung in Sachsen-Anhalt am weitesten geht. Dort gelten bei im Wettbewerb wahrgenommenen Aufgaben nur die Interessen anderer Gemeinden als berechtigt, die nach bundesgesetzlichen Vorgaben eine Einschränkung des Wettbewerbs zulassen. Die betroffene Gemeinde ist so rechtzeitig vor der Aufnahme der wirtschaftlichen Tätigkeit in ihrem Gemeindegebiet zu informieren, dass sie ihre berechtigten Interessen geltend machen kann.

Die Verfassungsmäßigkeit der Neuregelungen wird zum Teil bezweifelt.[190] Die Aufgabe des Örtlichkeitsprinzips berge nämlich das Risiko, dass einzelne Gemeinden legitimiert werden, über ihre öffentlichen Unternehmen in das Selbstverwaltungsrecht anderer Gemeinden gegen deren Willen einzugreifen.[191] Neben den verfassungsrechtlichen Einwänden wird vorgetragen, dass öffentliche Unternehmen an den jeweiligen Verwaltungsauftrag der Gemeinde gebunden seien, was eine örtliche Begrenzung impliziere. Den Gemeinden seien auch keinesfalls die Hände gebunden, da sie das Örtlichkeitskriterium durch eine demokratisch legitimierte freiwillige Zusammenarbeit im Rahmen ihrer anerkannten Kooperationshoheit überwinden könnten.[192]

Das Oberlandesgericht Düsseldorf hat hierzu festgestellt, dass sich aus Art. 28 GG kein generelles Verbot einer überörtlichen Tätigkeit ableiten lasse und diese – jedenfalls unter bestimmten Voraussetzungen – für zulässig gehalten.[193] Insgesamt scheint die Diskussion allerdings noch keineswegs abgeschlossen zu sein.[194]

3.8 Durchsetzung der kommunalwirtschaftsrechtlichen Voraussetzungen

3.8.1 Rechtsschutz gegen kommunale Wettbewerbsteilnahme

Ob die Einhaltung der Voraussetzungen für die wirtschaftliche Betätigung von Gemeinden durch private Unternehmen einer gerichtlichen Überprüfung zugeführt werden kann, ist zweifelhaft. Den von einigen Oberlandesgerichten[195] eingenommenen Standpunkt, dass den gemeinderechtlichen Beschränkungen der wirtschaftlichen Betätigung Schutzgesetzcharakter im Sinne von § 823 Abs. 2 BGB zukommt, hat der Bundesgerichtshof kürzlich jedenfalls in Bezug auf die bayerische Bestimmung des Art. 87 GO Bay verworfen.[196] Zuvor hatte das Bundesverwaltungsgericht den baden-württembergischen Bestimmungen den drittschützenden Charakter im Sinne des § 42 Abs. 2 VwGO abgesprochen, und damit die verwaltungsprozessuale Klagebefugnis Privater ausgeschlossen.[197] Teile der Literatur übertragen diese Rechtsprechung auf das gesamte Bundesgebiet und verneinen den drittschützenden Charakter der kommunalwirtschaftsrechtlichen Bestimmungen generell.[198]

Demgegenüber sehen andere die kommunalwirtschaftsrechtlichen Vorschriften generell oder für einzelne Länder als drittschützend an und bejahen die Klagemöglichkeit privater

[189] § 107 Abs. 3 GO NW, § 116 Abs. 3 GO LSA, § 71 Abs. 4 ThürKO.

[190] Schink, NVwZ 2002, 129 (135 ff.); Stober, NJW 2002, 2357 (2365); eingehend Gern, NJW 2002, (2593 ff.), der sich für eine verfassungskonforme Reduktion ausspricht.

[191] Stober, NJW 2002, 2357 (2365); dagegen Britz, NVwZ 2001, 380 (386).

[192] Stober, NJW 2002, 2357 (2365).

[193] NVwZ 2000, 714 (715).

[194] Vgl. Britz, NVwZ 2001, 380 ff.; Gern, NJW 2002, 2593 ff.; Kühling, NJW 2001, 177; Schink, NVwZ 2002, 129 ff.; Stober, NJW 2002, 2357 ff.

[195] OLG Hamm, NJW 1998, 3504 (3505); OLG Düsseldorf, NJW-RR 1997, 1470 (1471); OLG Düsseldorf, NVwZ 2000, 111; ebenso Badura, DÖV 1998, 818 (822); Cosson, DVBl 1999, 891 (895 f.); David, NVwZ 2000, 738; Dietlein, NZBau 2003, 141.

[196] BGH, NJW 2002, 2645 (2648), mit zust. Anmerkung Meyer, NVwZ 2002, 1075 ff., entgegen der vorherigen Rechtsprechung der Mehrzahl der Oberlandesgerichte.

[197] BVerwGE 39, 329 (336); die damals geltende Rechtslage enthielt allerdings keine ausdrückliche Subsidiaritätsklausel.

[198] Badura, DÖV 1998, 818 (921); zum Streitstand Schmahl, LKV 2000, 47 (51).

Konkurrenten.[199] Jüngst hat das OVG Münster den nordrhein-westfälischen Bestimmungen drittschützende Wirkungen zugeschrieben.[200] Subjektive Abwehrrechte leitete das OVG Münster aus dem in § 107 Abs. 1 S. 1 Nr. 1 GO NW enthaltenen Erfordernis eines öffentlichen Zwecks ab, durch den die wirtschaftliche Betätigung von Gemeinden gerechtfertigt sein muss; diese Betätigungsschranke sei den Gemeinden zur Wahrung der Interessen örtlicher Wirtschaftsteilnehmer auferlegt. Auch wenn die diesbezüglichen Erwägungen an gesetzeshistorischen und -systematischen Besonderheiten der nordrhein-westfälischen Regelung ansetzen[201] und sich deshalb nur schwer verallgemeinern lassen,[202] bleibt der Beschluss des OVG Münster zumindest insoweit bedeutsam und wegweisend, als in ihm die dogmatischen und inhaltlichen Konturen eines Unterlassungs- und Beseitigungsanspruches vorgezeichnet werden. In den persönlichen Schutzbereich fallen nach Auffassung des OVG Münster nicht nur unmittelbare Konkurrenten der Gemeinde, sondern jeder, dessen Marktinteressen durch die gemeindliche Tätigkeit signifikant beeinträchtigt wird.[203] In sachlicher Hinsicht schränkt das OVG Münster die aus § 107 GO NW folgenden subjektiven Abwehrrechte dadurch ein, dass es einen betriebsbezogenen Begriff der wirtschaftlichen Betätigung zugrunde legt, bei welchem es für die Zulässigkeitsschranken auf den Unternehmensgegenstand insgesamt ankommt, nicht hingegen schon auf einzelne unternehmerischen Handlungen, die bei Gelegenheit der Verfolgung des Unternehmensgegenstandes vorgenommen werden. Wirtschaftliche Aktivitäten der Gemeinde seien daher nicht zu beanstanden, solange der Tätigkeitsschwerpunkt bei einem zulässigen Unternehmensgegenstand verbleibt und sich Nebentätigkeiten in der Nutzung von zeitweilig nicht ausgelasteten Unternehmenskapazitäten erschöpfen.[204]

Nach Auffassung des OVG Münster kann den kommunalwirtschaftsrechtlichen Vorschriften auch dann drittschützende Wirkkraft zukommen, wenn ihnen mit dem BGH der zivil- und wettbewerbsrechtliche Charakter eines Schutzgesetzes abgesprochen bleibt. Der Standpunkt des OVG Münster erhält eine gewisse Bestärkung dadurch, dass den nordrhein-westfälischen Vorschriften über die gemeindliche Wirtschaftstätigkeit in einem jüngeren obergerichtlichtlichen Urteil auch nach Auseinandersetzung mit der Rechtsprechung des Bundesgerichtshofes zur Rechtslage in Bayern Schutzcharakter im wettbewerbsrechtlichen Sinne beigemessen wurde.[205] Nach alledem bleibt zu konstatieren, dass die Diskussion noch keineswegs abgeschlossen ist.

Unabhängig davon, ob man den drittschützenden Charakter der kommunalwirtschaftsrechtlichen Bestimmungen bejaht, steht einem betroffenen Konkurrenten die Möglichkeit einer Klage gegen das wirtschaftliche Unternehmen der Gemeinde zur Seite, sofern er durch die Unternehmenstätigkeit in seinen Grundrechten (z.B. aus Art. 12 GG) betroffen ist. Dies wird allerdings erst dann angenommen, wenn die private wirtschaftliche Betätigung unmöglich gemacht oder unzumutbar eingeschränkt wird oder eine unerlaubte Monopolstellung der Gemeinde entsteht.[206] Klagemöglichkeiten gegen eine wirtschaftliche Betätigung der

---

[199] RhPfVerfGH, NVwZ 2000, 801 (804); Schink, NVwZ 2002, 129 (138); zum Streitstand Schmahl, LKV 2000, 47 (51) m. w. N.

[200] OVG Münster, NVwZ 2003, 1520.

[201] Abgestellt wurde zum einen auf die Gesetzesmaterialien, zum anderen auf die in § 107 Abs. 5 GO NW vorgesehene Beteiligung der Selbstverwaltungsorganisationen von Handwerk, Industrie und Handel sowie der jeweiligen Gewerksschaftsorganisationen (sog. Branchendialog).

[202] Vgl. Antweiler, NVwZ 2003, 1466, 1469, der auf die Besonderheiten der landesrechtlichen Vorschriften und die nur eingeschränkte Revisibilität der oberverwaltungsgerichtlichen Auslegung hinweist.

[203] OVG Münster, NVwZ 2003, 1520 (1522).

[204] OVG Münster, NVwZ 2003, 1520 (1522) [Vermietung eines Parkhausteils an den Betreiber eines Fitness-Studios].

[205] OLG Düsseldorf, NZBau 2002, 626 (630 ff.).

[206] BVerwG, NJW 1995, 2938; Tettinger, NJW 1998, 3473 (3474).

Gemeinden unter Berufung auf Art. 12 GG kommen danach nur in Ausnahmefällen in Betracht.

3.8.2 Kommunalaufsicht

Über die Einhaltung der einschränkenden Voraussetzung für die gemeindliche Wirtschaftstätigkeit wachen die Kommunalaufsichtsbehörden mit der Rechtsaufsicht. Über das reguläre Instrumentarium der repressiven Staatsaufsicht hinaus, mit dem die Aufsicht rechtswidrige Handlungen beanstanden und ihre Korrektur verlangen kann, sichern die Gemeindeordnungen die Einhaltung der Voraussetzungen für die gemeindliche Wirtschaftstätigkeit prozedural durch Anzeigepflichten oder durch Genehmigungsvorbehalte.

Die Anzeigepflicht ist das am wenigsten in die kommunale Selbstverwaltung eingreifende und aus der Aufsichtsperspektive schwächste Mittel. Ein Vollzugsverbot tritt hier regelmäßig erst mit der Beanstandung der Maßnahme ein. Die Anzeigepflicht ist das typische für die kommunalaufsichtsrechtliche Kontrolle gemeindlicher Wirtschaftstätigkeit vorgesehene Instrument und findet sich in den meisten Gemeindeordnungen.[207] Teilweise wird sie – als stärkere Eingriffsform – mit einer zeitlich begrenzten Vollzugssperre gekoppelt.[208]

Die weitestgehende formale Beschränkung der kommunalen Wirtschaftstätigkeit und das stärkste aufsichtsrechtliche Instrumentarium stellen die präventiven Genehmigungsvorbehalte dar. Hier bedarf die Unternehmensgründung oder -beteiligung zu ihrer Wirksamkeit der ausdrücklichen Zustimmung der Kommunalaufsichtsbehörde. Hinsichtlich der gemeindlichen Wirtschaftstätigkeit finden sich Genehmigungsvorbehalte nur vereinzelt. Einige Länder sehen einen Genehmigungsvorbehalt für die Gründung eines Unternehmens in Privatrechtsform, die Änderung der Zweckbestimmung oder die Beteiligung an einem solchen vor.[209] In Thüringen ist auch die überörtliche gemeindliche Wirtschaftstätigkeit genehmigungsbedürftig, sofern sie nicht auf die Versorgung mit Strom oder Gas gerichtet ist.[210] In Nordrhein-Westfalen bedarf nur die Aufnahme einer wirtschaftlichen Betätigung der Gemeinde auf ausländischen Märkten der kommunalaufsichtsrechtlichen Genehmigung.[211]

4. Gebühren und Entgelte – Besonderheiten beim PPP-Konzessionsmodell

Besonderheiten gelten bei PPP-Projekten, wenn von den Drittnutzern Gebühren oder Entgelte für die Benutzung erhoben werden. Dies ist beim PPP-Konzessionsmodell der Fall. Die rechtlichen Grenzen der Gebühren- bzw. Entgelterhebung sind für die Gestaltung des Konzessionsvertrages von entscheidender Bedeutung, da durch sie konkretisiert wird, in welcher Höhe die Gemeinde und der Private ihre Kosten aus den Drittnutzerentgelten refinanzieren können.

Für die rechtliche Behandlung der Preisfestsetzung ist zwischen der öffentlich-rechtlichen und der privatrechtlichen Ausgestaltung des Benutzungsverhältnisses zu differenzieren. Während sich die rechtlichen Grenzen bei der öffentlich-rechtlichen Ausgestaltung des Benutzungsverhältnisses unmittelbar aus dem Gebührenrecht ergeben, stellt sich bei privatrechtlicher Ausgestaltung die Frage, inwiefern die gebührenrechtlichen Grundsätze auch auf das privatrechtliche Entgelt anzuwenden sind.

---

[207] Etwa Art. 96 GO Bay, § 77 KV MV, § 116 Abs. 1 NGO, § 115 GO NW, § 108 GO SchlH.

[208] §§ 102, 119 Abs. 1 GO LSA, § 108 Abs. 1 S. 3 GO SchlH.

[209] § 96 Abs. 3 GO Sachs, § 71 Abs. 1 S. 4 ThürKO. Eine ähnliche Regelung fand sich bis Ende 2003 noch in § 110 Abs. 4 GO Brdbg.

[210] § 71 Abs. 4 S. 3 ThürKO.

[211] § 107 Abs. 4 GO NW.

4.1 Öffentlich-rechtliche Ausgestaltung des Benutzungsverhältnisses

4.1.1 Öffentlich-rechtliches Benutzungsverhältnis

Im Bereich der Leistungsverwaltung können die Gemeinden die Inanspruchnahme ihrer öffentlichen Einrichtungen öffentlich-rechtlich oder privatrechtlich gestalten. Die Wahlfreiheit der Gemeinde bezieht sich sowohl auf die Organisationsform der Einrichtung als auch auf die Ausgestaltung des Leistungs- und Benutzungsverhältnisses.[212] Eine öffentlich-rechtliche Ausgestaltung setzt jedoch voraus, dass die Gemeinde selbst Trägerin der Einrichtung bleibt und dies nicht einer privaten Gesellschaft überlässt (selbst wenn es sich hierbei um eine 100%ige Tochtergesellschaft der Gemeinde handelt).

Im Hinblick auf das PPP-Konzessionsmodell spielt das Kommunalabgabenrecht in seinem unmittelbaren Anwendungsbereich daher vor allem dann eine Rolle, wenn die Gemeinde selbst Trägerin der Einrichtung bleibt. Dies ist – je nach Ausgestaltung – auch bei Konzessionsverträgen möglich. Denn dass die Gemeinde Privaten den Betrieb einer öffentlichen Einrichtung überträgt, steht der Qualifizierung als öffentliche Einrichtung nicht zwingend entgegen. Auch bei Übertragung des Betriebs einer Einrichtung (z. B. eines Schwimmbads) auf einen Privaten kann die Gemeinde Trägerin der Einrichtung bleiben. Bei einer solchen „funktionalen Privatisierung" wird lediglich die Erfüllung der Aufgabe auf ein Privatrechtssubjekt übertragen, wobei die Gemeinde die jeweilige Aufgabe in ihrem Zuständigkeits- und Verantwortungsbereich behält. Der Private tritt nur als Verwaltungshelfer auf.[213] Private können in diesen Fällen nach vereinzelten Bestimmungen in den Kommunalabgabengesetzen auch in das Abgabenerhebungsverfahren eingeschaltet werden.[214] Liegen, wie in den meisten Ländern, keine derartigen Ermächtigungen zur Einschaltung Dritter in die Gebührenerhebung vor, verbleibt es bei der Grundregel, dass die Gebühren von der Gemeinde selbst zu erheben sind und diese sich dabei im Wege der Verwaltungshilfe der Unterstützung Privater bedienen darf.[215]

Die öffentlich-rechtlichen Bindungen gelten darüber hinaus, wenn das Projekt zwar von einem Privaten betrieben wird, dieser aber durch oder auf Grund eines Gesetzes mit hoheitlichen Befugnissen beliehen wurde (Beliehener), Dritten gegenüber also öffentlich-rechtlich handelt.[216] Denkbar ist insbesondere eine Beleihung mit dem Recht zur Gebührenerhebung. In diesem Fall gelten die gebührenrechtlichen Grundsätze ebenfalls unmittelbar. Ein Beispiel hierfür sind die Regelungen in den §§ 2 ff. Fernstraßenbauprivatfinanzierungsgesetz.

Neben der Einbeziehung Privater als Verwaltungshelfer in die Aufgabenerfüllung und der Beleihung ist eine Privatisierung unter Wahrung der öffentlich-rechtlichen Organisationsform dadurch möglich, dass Private an dem öffentlichen Unternehmen beteiligt werden. Bei diesem sog. „Holding-Modell" gründet der Anstaltsträger eine Holding AG, die sich in einer bestimmten Höhe als atypisch stiller Gesellschafter an der Anstalt des öffentlichen Rechts beteiligt und hierdurch an Gewinn und Verlust der Anstalt entsprechend ihrer Beteiligungsquote teilnimmt. An dieser Holding wird wiederum ein privater Investor mit bis zu 49,9% beteiligt.[217] Dieses Privatisierungsmodell wurde im Falle der Berliner Wasserbetriebe durch das Urteil des Berliner Verfassungsgerichtshofs verfassungsrechtlich gebilligt.[218]

4.1.2 Gebührenrechtliche Grundsätze

Im Falle der öffentlich-rechtlichen Ausgestaltung des Benutzungsverhältnisses bestimmt sich die Erhebung der Gebühren für die Inanspruchnahme öffentlicher Einrichtungen und

---

[212] Maurer, Allgemeines Verwaltungsrecht, § 3 Rn. 9.

[213] Stelkens/Schmitz, in: Stelkens/Bonk/Sachs, Verwaltungsverfahrensgesetz, § 1 Rn. 114.

[214] Vgl. etwa § 10 Abs. 1 KAG SA.

[215] Siehe oben § 5 Ziff. 1.1.

[216] Jarass, in: Jarass/Pieroth, GG, Art. 1 Rn. 30.

[217] Vgl. zur Gestaltung des Modells im Einzelnen: Wolfers, NVwZ 2000, 765 ff.

[218] BerlVerfGH, NVwZ 2000, 794 ff.

Anlagen nach dem Gebührenrecht, bei kommunalen Projekten regelmäßig nach den Kommunalabgabengesetzen der Länder.[219] Eine Erhebung der Benutzungsgebühren ist danach nur auf Grund einer Satzung möglich.[220]

Für die Erhebung der Gebühren gelten die abgabenrechtlichen Grundsätze, also insbesondere das Äquivalenzprinzip, nach dem ein Missverhältnis zwischen der Leistung der Verwaltung und der Gebührenhöhe im Einzelfall unzulässig ist, der Gleichheitsgrundsatz, nach dem die einzelnen Abgaben im Verhältnis der Abgabenschuldner untereinander dem Grunde und der Höhe nach nicht willkürlich festgesetzt werden dürfen, und das Kostendeckungsprinzip in seiner einfachgesetzlichen Ausgestaltung in den Kommunalabgabengesetzen[221] oder spezialgesetzlichen Gebührenvorschriften (z. B. § 3a Abs. 2 FStrPrivFinG). Der Inhalt des Kostendeckungsprinzips variiert von Regelung zu Regelung bzw. von Bundesland zu Bundesland. Es ist teilweise als Kostendeckungsgebot,[222] teilweise als Kostenüberschreitungsverbot[223] und teilweise als Kostenorientierungsgebot[224] bzw. als Mischung dieser Grundsätze ausgestaltet.

Nahezu alle Kommunalabgabengesetze konkretisieren den Kostenbegriff unter Inbezugnahme betriebswirtschaftlicher Grundsätze.[225] Diese Bezugnahme führt zu einem weiten Beurteilungsspielraum der Gemeinden bei der Gebührengestaltung, denn die Rechtsprechung versteht unter betriebwirtschaftlichen Grundsätzen:

> „betriebswirtschaftliche Lehrmeinungen, die in der wissenschaftlichen Literatur mit beachtlichem Gewicht vertreten werden, ohne jedoch notwendig eine Mehrheitsmeinung darzustellen, und die zumindest Eingang in die betriebswirtschaftliche Praxis gefunden haben.“ [226]

Den Kommunalabgabengesetzen lässt sich jedoch insoweit eine Festlegung entnehmen, als durchgängig die Einbeziehung kalkulatorischer Kosten vorgesehen ist. Hieraus wird geschlossen, dass nicht von einem pagatorischen, also allein auf Zahlungsströme abstellenden Kostenbegriff, sondern von einem wertmäßigen Kostenbegriff auszugehen ist. Dieser betont den Wert, den der im Zuge der Leistungserstellung verbrauchte Produktionsfaktor repräsentiert. Unter den Kosten im betriebswirtschaftlichen Sinne ist danach der „durch die Leistungserbringung in einer Periode bedingte Wertverzehr an Gütern und Dienstleistungen“ zu verstehen.[227]

Eine Begrenzung der in der Gebührenkalkulation ansatzfähigen betriebsbedingten Kosten ergibt sich bei der Einbeziehung Privater in die Aufgabenerfüllung insbesondere aus dem Grundsatz der Erforderlichkeit der Kosten. Nach diesem aus dem Äquivalenzprinzip und dem Prinzip der Sparsamkeit und Wirtschaftlichkeit folgenden Grundsatz dürfen überflüssige wie auch übermäßige Kosten bei der Gebührenkalkulation nicht berücksichtigt werden.[228] Darüber hinaus besteht für die Gemeinden auf Grund des Kostendeckungsprinzips eine Begrenzung in der Gebührenkalkulation hinsichtlich der Erzielung von „eigenen Gewinnen“,

---

[219] Vgl. § 6 KAG NW, Art. 8 Abs. 1 und 2 KAG Bay.

[220] Vgl. § 2 KAG BW, Art. 2 KAG Bay.

[221] Gern, Deutsches Kommunalrecht, Rn. 999ff.

[222] Vgl. § 12 Abs. 2 S. 1 ThürKAG.

[223] Vgl. § 9 Abs. 2 S. 1 KAG BW (wobei nach Satz 3 der Vorschrift Versorgungseinrichtungen und wirtschaftliche Unternehmen einen angemessenen Ertrag für die Gemeinde abwerfen dürfen), § 5 Abs. 1 S. 2 NKAG, § 6 Abs. 1 S. 2 KAG MV, § 10 Abs. 1 KAG Sachs.

[224] § 10 Abs. 2 S. 1 KAG Hess, Art. 8 Abs. 2 S. 1 KAG Bay.

[225] § 6 Abs. 2 KAG NW, § 5 Abs. 2 NKAG, § 9 Abs. 2 KAG BW, Art. 8 Abs. 2 KAG Bay, § 8 Abs. 1 KAG RP, § 6 Abs. 2 SaarKAG, § 6 Abs. 2 S. 2 KAG SH, § 6 Abs. 2 KAG Brdbg, § 6 Abs. 2 KAG MV, § 11 SächsKAG, § 12 Abs. 2 ThürKAG. Schulte/Wiesemann, in: Driehaus, Kommunalabgabenrecht, § 6 KAG NW Rn. 29ff.; Tettinger, NWVBl. 1996, 81, Fn. 4 m. w. N.

[226] Ständige Rechtsprechung seit OVG Münster, NVwZ 1995, 1233 (1234).

[227] Vgl. Nachweise bei Schulte/Wiesemann, in: Driehaus, Kommunalabgabenrecht, § 6 KAG NW Rn. 47.

[228] VGH Kassel, NVwZ-RR 2000, 243ff.; Schulte/Wiesemann, in: Driehaus, Kommunalabgabenrecht, § 6 KAG NW Rn. 70–72; Quaas, NVwZ 2002, 144 (145).

welche bei der Gestaltung der verschiedenen PPP-Modelle ebenfalls zu beachten ist. Aufgrund des Kostendeckungsprinzips ist den Kommunen der Ansatz eines sogenannten kalkulatorischen Gewinns, mit dem insbesondere das allgemeine Unternehmenswagnis abgegolten wird, untersagt.[229] In der Gebührenkalkulation ist nach den Regelungen in den Bundesländern als Kostenansatz allein eine angemessene Verzinsung des aufgewandten Kapitals anerkannt.[230] Anders als beim Entgelt an einen Privaten – dazu näher unten –, darf also bei der Gebührenermittlung von der Gemeinde kein darüber hinausgehender Gewinnaufschlag für das allgemeine Unternehmenswagnis vorgenommen werden.

Zum aufgewandten Kapital gehört sowohl das Eigenkapital als auch das Fremdkapital. Die Einbeziehung von Kapitalzinsen in die durch Benutzungsgebühren zu deckenden Kosten einer öffentlichen Einrichtung ist nach der Rechtsprechung des Bundesverwaltungsgerichts sachgemäß, da die Bindung von Kapital in einer öffentlichen Einrichtung zugunsten eines bestimmten Personenkreises dazu führt, dass der Träger öffentlicher Verwaltung andere öffentliche Vorhaben nicht oder erst zu einem späteren Zeitpunkt verwirklichen kann. Dadurch wird der Allgemeinheit ein Nutzen entzogen, welcher der öffentlichen Einrichtung und ihren Benutzern über den Ansatz dieser „Kosten" anzulasten ist.[231]

Für den Ansatz des kalkulatorischen Zinssatzes sind nach einem Grundsatzurteil des Oberverwaltungsgerichts Münster nicht die in der jeweiligen Gebührenperiode am Kapitalmarkt herrschenden Verhältnisse, sondern langfristige Durchschnittsverhältnisse maßgebend. Als Ausgangswert für die Berechnung der fiktiven Eigenkapitalzinsen hielt das Gericht einen durchschnittlichen Zinssatz in Höhe von 7,5 bis 7,7% für angemessen. Dieser Zinssatz ist dann hinsichtlich des zu verzinsenden Fremdkapitals angemessen zu erhöhen. Das Gericht hielt insofern einen Mischzinssatz für Fremd- und Eigenkapitalzinsen bis zur Höhe von maximal 8% auf das aufgewandte Kapital für zulässig.[232]

Ob diese Begrenzung auf die Kapitalverzinsung auch auf den Fall der Beteiligung eines Privaten an einem öffentlichen Unternehmen anzuwenden ist oder ob ein Gewinnaufschlag für den beteiligten Privaten in diesem Fall möglich ist, ist bisher noch nicht entschieden worden. Im Falle der Privatisierung der Berliner Wasserbetriebe war in die Kalkulation zwar ein solcher „Wagnisaufschlag" von zwei Prozentpunkten auf den langfristigen Darlehenszins eingestellt und vom Berliner Verfassungsgerichtshof für verfassungswidrig erklärt worden. Begründet wurde dies aber allein damit, dass der „Wagnisaufschlag" unabhängig von der Teilprivatisierung erhoben wurde. Die Frage der allgemeinen Zulässigkeit eines solchen Zuschlags blieb hingegen mit 4:4 Stimmen umstritten. Nach der Auffassung von vier Richtern sei eine Gewinnmaximierung die zwangsläufige Konsequenz einer zulässigen Teilprivatisierung und daher bei Sachgerechtigkeit des Zuschlags mit in die Kalkulation einzubeziehen. Dies wurde von den anderen vier Richtern mit der Begründung abgelehnt, dass die erstrebte Haushaltsentlastung nicht durch einen „Gewinnaufschlag" zu Lasten der Drittnutzer finanziert werden dürfe. Allerdings war Grundlage ihrer ablehnenden Entscheidung, dass im vorliegenden Fall der Zuschlag zumindest teilweise wiederum dem Landeshaushalt zu Gute kommen sollte.[233] Eine Begrenzung des Gewinnzuschlags auf den privaten Kapitalanteil war bei der Privatisierung der Berliner Wasserbetriebe nämlich nicht vorgesehen. Da der Berliner Verfassungsgerichtshof über die generelle Zulässigkeit eines solchen Zuschlags nicht abschließend entschieden und eine höhere Verzinsung des dem Kapitalanteil des privaten Investors zuzurechnenden betriebsnotwendigen Kapitals nicht grundsätzlich ausgeschlossen hat, ist die Frage der Zulässigkeit eines solchen Zuschlags im Rahmen der Beteiligung eines

[229] Schulte/Wiesemann, in: Driehaus, Kommunalabgabenrecht, § 6 KAG NW Rn. 82–83; Jessen, Die Privatisierung der Abwasserbeseitigung aus gebührenrechtlicher Sicht, S. 236.
[230] Z.B. § 6 Abs. 2 S. 4 KAG NW, dazu BVerwG, NVwZ 1984, 239 (239).
[231] BVerwG, NVwZ 1984, 239 (240).
[232] OVG Münster, NVwZ 1995, 1233 (1238); OVG Münster, NVwZ-RR 1996, 695 (697).
[233] BerlVerfGH, NVwZ 2000, 794 (799).

Privaten an einer solchen Holding AG gerichtlich nicht entschieden. Eine sich an der im Folgenden dargestellten Rechtsprechung zu der zulässigen Einbeziehung von Fremdleistungsentgelten in die Gebührenkalkulation orientierende Regelung ist daher – bei vergleichbarem Risiko des Privaten – auch in diesem Fall vorstellbar.

4.1.3 Entgelte für Fremdleistungen

Die Einbindung eines Privaten in die Erfüllung öffentlicher Aufgaben erfolgt in der Regel über einen Vertrag, in dem festgelegt wird, welche Leistungen der Private für die Gemeinde zu erbringen und welches Entgelt diese dafür zu zahlen hat.[234] Erhebt die Gemeinde für die Aufgabenerfüllung von einem Dritten Gebühren ist daher entscheidend, welche an den Privaten auf Grund des Vertrages abzuführenden Entgelte als Kosten der Gemeinde gebührenrechtlich ansatzfähig sind.

In einigen Kommunalabgabengesetzen wird diesbezüglich ausdrücklich klargestellt, dass zu den Kosten auch Entgelte für in Anspruch genommene „Fremdleistungen" gehören.[235] Aber auch in Ländern, in denen es an einer solchen Regelung fehlt, kann die Beauftragung privater Dritter mit der Erfüllung öffentlicher Aufgaben auf Grund der Organisationshoheit der Gemeinde nicht über das kommunale Gebührenrecht faktisch gänzlich ausgeschlossen werden.[236] Grundsätzlich sind damit Kosten des im Rahmen eines PPP-Projektes als Verwaltungshelfer beauftragten Dritten rechtlich Kosten der laufenden Verwaltung und als solche in die Gebühren einzukalkulieren.[237] Betreibt mithin der Dritte die öffentliche Einrichtung und schuldet ihm die Gemeinde kraft Vertrages entsprechende Betriebskosten, so gehören die an den Dritten abzuführenden Betriebskostenumlagen zu den ansatzfähigen Kosten der Einrichtung.[238]

An den Ansatz der Kosten werden durch die verwaltungsgerichtliche Rechtsprechung in Einzelfragen durchaus abweichende Anforderungen gestellt. Grundvoraussetzung für die Ansatzfähigkeit ist zunächst, dass die für die Einschaltung des privaten Dritten entstandenen Kosten für „Fremdleistungen" zutreffend ermittelt und in die Gebührenkalkulation eingestellt werden.[239] Einigkeit besteht in der Rechtsprechung darüber hinaus, dass das Prinzip der Erforderlichkeit und Angemessenheit der Kosten maßgeblich für die Gebührenfähigkeit der an den Privaten gezahlten Entgelte ist.[240] Eine vertragliche Festlegung des Entgelts bedeutet also nicht, dass es ohne Rücksicht auf seine Höhe als erforderliche Aufwendung für die Leistungserbringung anzusehen ist.

Anerkannt ist auch die Einbeziehung einer angemessenen kalkulatorischen Verzinsung des Kapitals, das der Betreiber für die Herstellung oder Erweiterung eines Betriebs einsetzt. Diese können nämlich grundsätzlich als Kosten für die Bereitstellung des betriebsnotwendigen Kapitals und damit als Kosten des Betriebes verstanden werden.[241] Anders als bei der Gemeinde ist es nach der Rechtsprechung darüber hinaus grundsätzlich möglich, das „allgemeine Unternehmenswagnis" des Privaten, das aus den Wagnissen gebildet wird, die das Unternehmen als Ganzes gefährden und die in seiner Eigenart, in den besonderen Bedin-

[234] Wiesemann, NWVBl. 1998, 257.

[235] Z.B. § 10 Abs. 2 S. 2 KAG Hess, § 6 Abs. 2 S. 4 KAG NW, § 5 Abs. 2 S. 4 KAG SA.

[236] Vgl. BVerwG, NVwZ 1999, 653.

[237] OVG Münster, NVwZ 1995, 1238; Quaas, NVwZ 2002, 144 f.

[238] Lichtenfeld, in: Driehaus, Kommunalabgabenrecht, § 6 KAG NW Rn. 736 m.w.N.

[239] Burgi, NVwZ 2001, 601 (607); Lichtenfeld, in: Driehaus, Kommunalabgabenrecht, § 6 KAG NW Rn. 736 f.; vgl. zur Kalkulation im Einzelnen: VGH Kassel, NVwZ-RR 2000, 243 ff.

[240] VGH Kassel, NVwZ-RR 2000, 243 (246); vgl. weitere Nachweise der Rechtsprechung bei Schulte/Wiesemann, in: Driehaus, Kommunalabgabenrecht, § 6 KAG NW Rn. 194; Quaas, NVwZ 2002, 144 (145).

[241] BerlVerfGH, NVwZ 2000, 794 (799); Wolfers, NVwZ 2000, 765 (766); VGH München, NVwZ-RR 2001, 120 (122); Bundesministerium für Verkehr, Bau- und Wohnungswesen, Forschung, Straßenbau und Straßenverkehrstechnik, Heft 822, S. 91–95.

gungen des Wirtschaftszweiges oder in wirtschaftlicher Tätigkeit schlechthin begründet sind (Wagnisaufschlag), in der Kalkulation mit anzusetzen.[242] Die Umlegung des vom Privaten über die zulässige Kapitalverzinsung hinausgehenden erhofften Gewinns auf die Benutzergebühren ist nicht deshalb von vornherein unzulässig, weil der Gemeinde tatsächlich höhere Kosten entstanden sind. Denn es liegt gerade keine unstatthafte Gewinnerzielung durch die Gemeinde selbst vor.[243]

Problematisch ist allein die zulässige Höhe des ansatzfähigen Wagnisaufschlags. Nach dem Oberverwaltungsgericht Schleswig[244] und dem Oberverwaltungsgericht Lüneburg[245] ist dem Grundsatz der Erforderlichkeit in der Regel dann hinreichend Rechnung getragen, wenn eine Überprüfung der Gemeinde vor der Vergabe des Auftrags an den Dritten ergibt, dass sie die Aufgabe nicht in eigener Regie hätte kostengünstiger erfüllen können.[246] In solchen Fällen seien rechtlich schutzwürdige Interessen des Gebührenzahlers nicht berührt, weil sich die Übertragung kostenmäßig nicht nachteilig auf ihn auswirke. Entstünden der Gemeinde hingegen durch die Übertragung der Aufgabe auf einen Privaten Mehrkosten, dürften diese nur dann in die Gebührenkalkulation eingestellt werden, wenn sachliche Gründe dafür vorlägen, trotz dieser Mehrkosten eine Privatisierung durchzuführen.[247] Nach Durchführung eines zugunsten der Übertragung der Aufgabe ausfallenden Wirtschaftlichkeitsvergleichs kann die Gemeinde unter Zugrundelegung dieser Rechtsprechung davon ausgehen, dass die an den Privaten bezahlten Entgelte bei der Gebührenkalkulation in der Regel in Ansatz gebracht werden können.

Private Gewinne enthaltende Entgelte des an einem PPP-Modell beteiligten Unternehmens (Eigenkapitalverzinsung und Wagnisaufschlag) sind nach allgemeiner Auffassung auch erforderlich bzw. angemessen, wenn ein Ausschreibungs- und Vergabeverfahren korrekt durchgeführt wurde.[248] Durch das System des Wettbewerbs wird die Ermittlung eines Wettbewerbspreises des vereinbarten Entgelts erreicht und dadurch garantiert, dass der Gewinnzuschlag nicht zu Lasten des Gebührenpflichtigen zu hoch ausfällt.[249]

Unterschiedlich wird in der Rechtsprechung der Oberverwaltungsgerichte die Rechtsfolge einer nicht erfolgten aber notwendigen Ausschreibung der Fremdleistung beurteilt. Das Oberverwaltungsgericht Koblenz und das Oberverwaltungsgericht Schleswig haben apodiktisch festgestellt, dass eine Gebührenfestsetzung, die unter Missachtung der Ausschreibungspflicht vorgenommen worden ist, wegen Verstoßes gegen das Kostendeckungsprinzip unwirksam ist.[250] Andere Oberverwaltungsgerichte[251] und die kommunalabgabenrechtliche Literatur[252] lehnen diese Auffassung zu recht ab. Im Rahmen einer Gebührensatzung kommt es nämlich nicht auf die Einhaltung vergaberechtlicher Vorschriften an. Es ist allein die Wahrung des gebührenrechtlichen Erforderlichkeitsprinzips zu beachten. Die Einhaltung dieses Prinzips kann auch bei Fehlen einer Ausschreibung gewährleistet sein, insbesondere dann, wenn selbst bei der Ausschreibung keine günstigeren Entgelte hätten vereinbart wer-

---

242 OVG Münster, NVwZ 1995, 1238 (1240); OVG Münster, DVBl. 1988, 907 (909).

243 Jessen, Die Privatisierung der Abwasserbeseitigung aus gebührenrechtlicher Sicht, S. 237f.; Burgi, NVwZ 2001, 601 (607).

244 OVG Schleswig, NordÖR 1998, 314.

245 OVG Lüneburg, NdsVBl. 1998, 289.

246 Lichtenfeld, in: Driehaus, Kommunalabgabenrecht, § 6 KAG NW Rn. 738a.

247 OVG Lüneburg, NdsVBl. 1998, 289f.

248 Schulte/Wiesemann, in: Driehaus, Kommunalabgabenrecht, § 6 KAG NW Rn. 196 m.w.N.

249 Wiesemann, NWVBl. 1998, 257 (260).

250 OVG Koblenz, NVwZ-RR 1996, 230 (230); OVG Schleswig, NordÖR 1998, 314 (314).

251 OVG Lüneburg, NdsVBl. 1998, 289 (290); OVG Lüneburg, NVwZ 1999, 1128 (1129); OVG Münster, NVwZ 1995, 1238 (1238); VGH Kassel, NVwZ-RR 2000, 243 (246).

252 Lohmann, in: Driehaus, Kommunalabgabenrecht, § 6 KAG NW Rn. 670; Lichtenfeld, in: Driehaus, Kommunalabgabenrecht, § 6 KAG NW Rn 738a; Wiesemann, NWVBl. 1998, 257 (260); Quaas, NVwZ 2002, 144 (145).

den können.[253] Eine eindeutige Entscheidung des Bundesverwaltungsgerichts zu dieser Frage steht noch aus.[254] Das Gericht scheint allerdings der Auffassung zuzuneigen, dass eine unterbliebene Ausschreibung bei der Privatisierung einer kommunalen Leistung nicht zwangsläufig zur Rechtswidrigkeit der Gebührenkalkulation führt.[255]

Hat die Gemeinde die von dem Privaten erbrachte Leistung nicht ausgeschrieben, muss sie auf geeignete Weise nachweisen, dass das vereinbarte und in die Gebührenkalkulation eingestellte Entgelt wettbewerbsgerecht ist, niedrigere Entgelte also selbst bei einer Ausschreibung voraussichtlich nicht hätten erzielt werden können. Der Nachweis ist nach der Rechtsprechung des Oberverwaltungsgerichts Lüneburg[256] und des Verwaltungsgerichtshofes Kassel[257] in aller Regel dann geführt, wenn der geschlossene Vertrag den Vorschriften des Preisprüfungsrechts entspricht. Hierzu zählt die auf § 2 PreisG vom 10. 4. 1948 beruhende Verordnung PR Nr. 30/53 über die Preise bei öffentlichen Aufträgen vom 21. November 1953[258] mit den in der Anlage aufgeführten Leitsätzen für die Preisermittlung (LSP). Zu den ansatzfähigen Kosten zählt dabei auch ein kalkulatorischer Gewinn zur Abgeltung des allgemeinen Unternehmenswagnisses gemäß Nr. 51 LSP, der nach Nr. 52 Abs. 1 Satz 1 LSP nach einem Prozentsatz vom betriebsnotwendigen Vermögen oder vom Umsatz zu bemessen ist.[259] Wie hoch dabei die Gefahren und Risiken zu bewerten sind, ist eine Frage des Einzelfalles.[260] Die konkrete Bestimmung eines nicht zu hohen kalkulatorischen Gewinns stellt sich für die Gemeinde als äußerst schwierig dar.[261] Vorgeschlagen wurde eine Orientierung an branchenüblichen Gewinnen.[262] In Einzelfällen wurde ein kalkulatorischer Gewinn in Höhe von 5% der vorkalkulatorisch ermittelten Selbstkosten anerkannt.[263] Vertraglich vereinbarte Entgeltregelungen, die nicht mit diesen Bestimmungen übereinstimmen, sind wegen Verstoßes gegen § 1 Abs. 3 der Verordnung PR 30/53 gemäß § 134 BGB nichtig, soweit ein überhöhter Preis vereinbart wurde. Daher wäre auch eine Gebührenerhebung in einem solchen Fall rechtswidrig und unzulässig.[264]

Nach diesen Leitlinien sollten PPP-Konzessionsmodelle erst verwirklicht werden, wenn der Wirtschaftlichkeitsvergleich zwischen dem PPP-Modell und der Eigenerledigung zugunsten des PPP-Projektes ausgefallen ist, und in einem Vergabeverfahren das wirtschaftlichste Angebot den Zuschlag erhielt. Eine falsche Bestimmung branchenüblicher Gewinnzuschläge könnte andernfalls die Refinanzierbarkeit des PPP-Projekts verhindern.[265]

Für die in die Gebührenkalkulation berücksichtigungsfähigen Entgelte für Fremdleistungen gilt eine Einschränkung für das PPP-Gesellschaftsmodell. Wird in die Aufgabenerfüllung eine gemischt-wirtschaftliche Gesellschaft eingeschaltet, an der neben Privatrechtssubjekten auch die Gemeinde selbst beteiligt ist, so sind grundsätzlich alle betriebsnotwendigen Kosten berücksichtigungsfähig, unabhängig von der Frage, ob entsprechende Kosten bei Aufgabenerledigung in öffentlichrechtlicher Form angefallen wären.[266] Der die Eigenkapitalverzinsung übersteigende Gewinnanteil der Gemeinde ist jedoch gebührenmindernd in die Gebühren-

---

[253] OVG Lüneburg, NVwZ 1999, 1128 (1129), Quaas, NVwZ 2002, 144 (145).
[254] Vgl. BVerwG, NVwZ 1999, 653 (653); BVerwG, NVwZ-RR 1999, 336 f.
[255] BVerwG, NVwZ-RR 1999, 336 (337/insbes. Urteilsgründe 2.b).
[256] OVG Lüneburg, NdsVBl. 1998, 289 (290); OVG Lüneburg, NVwZ 1999, 1128 (1129).
[257] VGH Kassel, NVwZ-RR 2000, 243 (246).
[258] BAnz Nr. 244 vom 18. 12. 1953.
[259] Wiesemann, NWVBl. 1998, 258.
[260] OVG Münster, NVwZ 1995, 1238 (1240).
[261] Lichtenfeld, in: Driehaus, Kommunalabgabenrecht, § 6 KAG NW Rn. 738 a.
[262] Wiesemann, NWVBl. 1998, 257 (260).
[263] OVG Lüneburg, NVwZ 1999, 1128 (1130); VG Düsseldorf, Urt. v. 3. 3. 1999 – 16 KA 6550/95 – unveröffentlicht (zitiert nach Quaas, NVwZ 2002, 144 (146 Fn. 19.
[264] OVG Lüneburg, NdsVBl. 1998, 289 (290).
[265] Vgl. Lichtenfeld, in: Driehaus, Kommunalabgabenrecht, § 6 KAG NW Rn. 738 a.
[266] OVG Münster, NVwZ 1995, 1238 (1240).

kalkulation einzustellen.[267] Ein Abzug dieses auf die Gemeinde entfallenden kalkulatorischen Gewinns muss nicht nur dann erfolgen, wenn der Gewinn an sie ausgeschüttet wird, sondern auch, wenn er in Gestalt eines Wertzuwachses für den kommunalen Anteil in der privaten Gesellschaft verbleibt.[268] Da es auf Grund des Kostendeckungsprinzips der Gemeinde verwehrt ist, einen Wagnisaufschlag zu veranschlagen, darf sich eine Gemeinde nicht auf diesem Wege illegale Finanzquellen erschließen.[269] Den privaten Gesellschaftern kann hingegen der Unternehmensgewinn verbleiben, da ihnen dieser auch zustünde, wenn sie die Erfüllung der öffentlichen Aufgabe allein wahrnehmen würden.[270]

4.2 Geltung gebührenrechtlicher Grundsätze bei privatrechtlicher Ausgestaltung des Benutzungsverhältnisses

4.2.1 Betrieb durch die Gemeinde

Bleibt die Gemeinde Trägerin der öffentlichen Einrichtung und gestaltet das Benutzungsverhältnis privatrechtlich aus,[271] erhebt sie anstelle von Benutzungsgebühren privatrechtliche Entgelte.[272] Diese werden nicht durch Satzung, sondern auf Grund vertraglicher Regelung unter Einbeziehung Allgemeiner Geschäftsbedingungen festgesetzt.

Ausdrückliche Regelungen für rechtliche Bindungen der Gemeinde bei Erhebung von privatrechtlichen Entgelten bestehen nur vereinzelt. Ein Beispiel hierfür ist § 7 Abs. 9 KAG RP. Die Vorschrift bestimmt, dass die umfangreichen Kalkulationsdirektiven für die Berechnung von Benutzungsgebühren für privatrechtliche Entgelte entsprechende Anwendung finden.

Soweit solche konkreten Vorgaben fehlen, ist die Gemeinde jedoch nicht frei in der Gestaltung der Entgelte. Nach der ständigen Rechtsprechung des Bundesgerichtshofes werden die Zivilrechtsnormen bei der Erfüllung öffentlicher Aufgaben in Formen des Privatrechts durch Bestimmungen des öffentlichen Rechts ergänzt, überlagert und modifiziert (sogenanntes Verwaltungsprivatrecht).[273] Die in Formen des Privatrechts handelnde Gemeinde hat insbesondere die grundlegenden Prinzipien öffentlicher Finanzgebarung zu beachten. Jedenfalls sofern die Gemeinde Trägerin der Einrichtung bleibt, ist sie damit an die Grundsätze des Gebührenrechts, namentlich den Gleichbehandlungsgrundsatz, das Äquivalenzprinzip und das Kostendeckungsprinzip gebunden.[274] Dem Drittnutzer dürfen daher keine Leistungen abverlangt werden, für die bei öffentlich-rechtlicher Ausgestaltung des Rechtsverhältnisses Abgaben nicht erhoben werden dürfen.[275] Die Entgeltbestimmungen unterliegen dabei nach der Rechtsprechung des Bundesgerichtshofs einer Billigkeitskontrolle nach privatrechtlichen Grundsätzen entsprechend § 315 Abs. 3 BGB, wenn die Gemeinde Leistungen der Daseinsvorsorge anbietet, auf deren Inanspruchnahme der andere Vertragsteil im Bedarfsfall angewiesen ist. Im Rahmen dieser Kontrolle sind die allgemeinen Grundsätze des Verwaltungsprivatrechts zu berücksichtigen.[276]

---

[267] OVG Greifswald, DVBl. 1997, 1072 (LS); OVG Greifswald, NordÖR 1998, 256 (259); Jessen, Die Privatisierung der Abwasserbeseitigung aus gebührenrechtlicher Sicht, S. 246f.; Wiesemann, NWVBl. 1998, 257 (259f.), a.A. noch OVG Münster, NVwZ 1995, 1238 (1240), das grundsätzlich eine Einstellung der Kostenposition des allgemeinen Unternehmenswagnisses für ansatzfähig hielt.

[268] Wiesemann, NWVBl. 1998, 257 (260); Quaas, NVwZ 2002, 144 (146).

[269] OVG Greifswald, Urt. v. 7. 11. 1996 – 4 K 11/96 –.

[270] Wiesemann, NWVBl. 1998, 257 (260); Jessen, Die Privatisierung der Abwasserbeseitigung aus gebührenrechtlicher Sicht, S. 247, Fn. 585.

[271] Tettinger, NWVBl. 1996, 81 (88).

[272] Vgl. § 5 Abs. 1 Satz 1 NKAG, § 6 Abs. 1 Satz 1 KAG NW.

[273] BGHZ 91, 84 (96); BGHZ 115, 311 (318).

[274] BGHZ 91, 84 (96f.); BGHZ 115, 311 (319f.); OLG Düsseldorf, NWVBl. 1996, 277 (278); BerlVerfGH, NVwZ 2000, 794 (797).

[275] BGHZ 91, 84 (97).

[276] BGHZ 115, 311 (317).

Bei der Gestaltung der Tarife verbleibt der Gemeinde trotz des geltenden Prinzips der Kostendeckung ein gewisser Spielraum, sowohl hinsichtlich der Wahl von Bemessungsmaßstäben als auch für sachgerechte Differenzierungen zwischen verschiedenen Drittnutzergruppen.[277] Je größer allerdings die unternehmerische Macht und je abhängiger der Bürger von der Teilhabe an der Leistung ist, desto enger sind die Bindungen an das öffentliche Abgabenrecht.[278] Für die Einbeziehung von Fremdleistungsentgelten in die Entgeltkalkulation im Rahmen eines PPP-Konzessionsmodells gelten mithin auch bei privatrechtlicher Ausgestaltung des Benutzungsverhältnisses die für die öffentlich-rechtliche Ausgestaltung dargelegten Grundsätze. Diesen verwaltungsprivatrechtlichen Bindungen unterliegt eine Einrichtung bei Trägerschaft durch die Gemeinde nur dann nicht mehr, wenn die Einrichtung keine öffentlichen Aufgaben wahrnimmt.[279]

4.2.2 Betrieb durch ein von der Gemeinde beherrschtes gemischtwirtschaftliches Unternehmen

Die Bindungen des Verwaltungsprivatrechts gelten nach der Rechtsprechung des Bundesgerichtshofes auch dann, wenn die Gemeinde dem Bürger in Gestalt eines von ihr beherrschten, privatrechtlich verfassten Rechtssubjekts gegenübertritt (PPP-Gesellschaftsmodell). Ein solches Unternehmen übt Verwaltung im funktionalen Sinne aus und ist daher in Fragen der Grundrechtsbindung und hinsichtlich der Anwendbarkeit des Verwaltungsprivatrechts wie der Verwaltungsträger selbst zu behandeln.[280]

Ist beim PPP-Konzessionsmodell der Konzessionär also eine privatrechtliche Gesellschaft, die im Alleinbesitz des Staates steht oder aber von ihm beherrscht wird, unterliegt sie den gebührenrechtlichen Grundsätzen.

4.2.3 Betrieb durch einen Privaten

Auch wenn der Konzessionsvertrag einen nicht durch die öffentliche Hand beherrschten Privaten zum Träger der Einrichtung macht, ihm den Betrieb überlässt und sich der Einfluss der Gemeinde auf die Kontrolle des Betriebs beschränkt, steht die Entgeltgestaltung häufig nicht im freien Belieben des Privaten. Denn es ist in der höchstrichterlichen Rechtsprechung anerkannt, dass die Tarife von Unternehmen, die im Rahmen eines privatrechtlich ausgestalteten Benutzungsverhältnisses Leistungen der Daseinsvorsorge anbieten, auf deren Inanspruchnahme der andere Vertragsteil im Bedarfsfall angewiesen ist, grundsätzlich der Billigkeitskontrolle nach § 315 Abs. 3 BGB unterworfen sind.[281] Im Rahmen dieser Billigkeitskontrolle sind auch die in fachgesetzlichen Spezialvorschriften enthaltenen Postulate und Direktiven in die Wertung mit einzubeziehen.[282] Die Billigkeitskontrolle erfordert eine Gleichbehandlung der Benutzer und eine Angemessenheit der Gegenleistung.

In diesem Zusammenhang stellt sich die Frage, ob über die Billigkeitskontrolle nach § 315 Abs. 3 BGB hinaus auch die „grundlegenden Prinzipien öffentlicher Finanzgebarung" bzw. der grundrechtlich begründeten gebührenrechtlichen Grundsätze gelten.[283] Für die Geltung dieser Grundsätze spricht bei einer solchen Vertragsgestaltung, dass die private Entgelterhebung gezielt durch die Gemeinde veranlasst wurde und eine Umgehung öffentlich-rechtlicher Grundsätze vermieden werden soll. Dagegen lässt sich anführen, dass eine privat getragene und betriebene Einrichtung nicht allein durch die Beauftragung durch die öffent-

---

[277] BGHZ 115, 311 (320); OLG Düsseldorf, NWVBl. 1996, 277 (278).

[278] OVG Lüneburg, NVwZ 1990, 91 (92).

[279] So die Rechtssprechung des Bundesgerichtshofs zu öffentlich-rechtlichen Bindungen beim privatrechtlichen Handeln der öffentlichen Hand (Verwaltungsprivatrecht), BGHZ 36, 91 (95f.); 91, 84 (96f.). Zur Kritik an dieser Rechtssprechung Jarass, in: Jarass/Pieroth, GG, Art. 1 Rn. 28.

[280] BGHZ 91, 84 (97f.).

[281] BGHZ 91, 311 (316) m.w.N.

[282] Tettinger, NWVBl. 1996, 81 (89) m.w.N.

[283] Vgl. Sachs, in: Stern, Staatsrecht, Band III/II, S. 188ff.

liche Hand zu einer öffentlichen Einrichtung wird und der Drittnutzer das privatrechtliche Entgelt freiwillig entrichtet. Die Frage ist höchstrichterlich – soweit ersichtlich – noch nicht entschieden.

5. Anschluss- und Benutzungszwang

Bei öffentlichem oder dringendem[284] „öffentlichem Bedürfnis"[285] kann die Gemeinde durch Satzung für die Grundstücke ihres Gebiets den Anschluss an die Wasserversorgung, Abwasserbeseitigung, Straßenreinigung und ähnliche der Volksgesundheit dienende Einrichtungen (Anschlusszwang) und die Benutzung dieser Einrichtungen sowie der Schlachthöfe und Bestattungseinrichtungen (Benutzungszwang) vorschreiben.[286] Einige Gemeindeordnungen sehen den Anschluss- und Benutzungszwang darüber hinaus für weitere Einrichtungen, wie Fernwärmeversorgung, Gasversorgung oder andere Energieversorgungseinrichtungen vor.[287] Je nach der Zweckbestimmung kann ein Anschluss- und Benutzungszwang auch bei den hier untersuchten PPP-Modellen in Betracht kommen.

In diesem Zusammenhang stellt sich die Frage, ob der Anschluss- und Benutzungszwang auch nach Überführung der öffentlichen Einrichtung in ein PPP-Modell beibehalten werden darf. Dass es sich bei der dem Anschluss- und Benutzungszwang unterfallenden Einrichtung um eine in den Rechtsformen des öffentlichen Rechts betriebene handelt, setzen die Gemeindeordnungen nicht ausdrücklich voraus. Prinzipiell ist der Anschluss- und Benutzungszwang daher auch zu Gunsten von Einrichtungen zulässig, die nicht in kommunaler Trägerschaft stehen, soweit es sich weiter um öffentliche Einrichtungen handelt. Der Anschluss- und Benutzungszwang setzt auch keine öffentlich-rechtliche Ausgestaltung des Benutzungsverhältnisses voraus.[288] Er kann daher so ausgestaltet sein, dass die Bürger sich an eine von privater Seite angebotene, von der Gemeinde zugelassene Einrichtung anschließen müssen.[289] Zum Teil wird jedoch verlangt, dass sich die Gemeinde auf diese Einrichtung beherrschenden Einfluss vorbehält.[290]

Auch für PPP-Projekte ist damit ein Anschluss- und Benutzungszwang möglich, sofern sie einem Zweck dienen, für den nach der jeweiligen Gemeindeordnung ein Anschluss- und Benutzungszwang angeordnet werden kann.

6. Zuständigkeiten und Formalia

PPP-Projekte werden durch Verträge begründet, für deren Abschluss für den Fall, dass eine Gemeinde Vertragspartner wird, die Zuständigkeitsordnung und die Formalia der jeweiligen Gemeindeordnung einzuhalten sind.

6.1 Außenvertretung

Zuständig für die Außenvertretung der Gemeinden ist der Bürgermeister, in Hessen der Gemeindevorstand (Magistrat).[291] Rechtsgeschäftliche Erklärungen der Gemeinden werden

---

284 Etwa § 17 Abs. 2 GO SchlH.

285 So die Formulierung in den Gemeindeordnungen, vgl. etwa § 19 Abs. 2 HGO.

286 Vgl. § 11 Abs. 1 S. 1 GO BW, Art. 24 Abs. 1 Nr. 2 GO Bay, § 19 Abs. 2 HGO.

287 Gern, Deutsches Kommunalrecht, Rn. 598.

288 BGH, NJW 1992, 171 (172), vgl. zu dem in der Literatur umstrittenen Problem Jessen, Die Privatisierung der Abwasserbeseitigung aus gebührenrechtlicher Sicht, S. 49 ff; Weiß, VerwArch 1999, 415 (436 Fn. 103).

289 Vgl. OVG Münster, NVwZ 1987, 727 ff.

290 Vgl. Gern, Deutsches Kommunalrecht, Rn. 605.

291 Vgl. § 42 Abs. 1 S. 2 GO BW, Art. 38 Abs. 1 GO Bay, § 71 Abs. 1 S. 1 HGO, § 63 Abs. 1 S. 1 GO NRW.

in allen Bundesländern durch den Bürgermeister bzw. Oberbürgermeister abgegeben. Nach herrschender Meinung sind diese Erklärungen im Außenverhältnis auch dann verbindlich und wirksam, wenn das intern zustände Organ ihnen nicht zugestimmt hat.[292]

Allerdings bedürfen Erklärungen, durch welche die Gemeinden verpflichtet werden sollen (Verpflichtungserklärungen), der Schriftform und sind vom Bürgermeister handschriftlich zu unterzeichnen, nach den meisten Gemeindeordnungen darüber hinaus auch mit Dienstsiegel und Amtsbezeichnung zu versehen.[293] Einige Gemeindeordnungen sehen zudem die Mitunterzeichnung durch einen weiteren Amtsträger der Gemeinde vor.[294] Da PPP-Verträge Verpflichtungen der Gemeinde enthalten, müssen diese Formerfordernisse bei Abschluss der Verträge Beachtung finden.

6.2 Interne Zuständigkeit

Von der Frage der wirksamen Außenvertretung zu trennen ist die Frage der Organzuständigkeit innerhalb der Gemeinde. Diese Zuständigkeit liegt regelmäßig beim Vertretungsorgan (Gemeinderat, Gemeindevertretung, Rat). Das Vertretungsorgan ist nach den Gemeindeordnungen das kommunalpolitische Führungsorgan, welches die Grundsätze für die Verwaltung der Gemeinde festlegt und im Rahmen der kommunalen Verbandskompetenzen über alle politisch, rechtlich, wirtschaftlich oder in sonstiger Beziehung wichtigen und grundsätzlichen Angelegenheiten der Gemeinde entscheidet, soweit nicht kraft Gesetzes ein anderes Gemeindeorgan zuständig ist. Der Verwaltungsleitung (Bürgermeister, Gemeindevorstand) obliegen demgegenüber die Geschäfte der laufenden Verwaltung. Die hier in Rede stehenden Projekte haben meist eine Größenordnung, die sich auch bei großen Gemeinden nicht mehr als laufende Verwaltung ansehen lässt.

Unabhängig von der Abgrenzung zwischen laufender Verwaltung und grundsätzlichen Angelegenheiten enthalten die Gemeindeordnungen Kataloge mit Entscheidungen, die den Vertretungskörperschaften vorbehalten bleiben. In diesen Katalogen finden sich eine Reihe von unübertragbaren Beschlussgegenständen, die auch bei PPP-Modellen einschlägig sein können. Hierzu zählen beispielsweise

- die teilweise oder vollständige Veräußerung oder Verpachtung von Eigenbetrieben, die teilweise oder vollständige Veräußerung einer Beteiligung an einer Gesellschaft oder anderen Vereinigungen des privaten Rechts,
- die Errichtung, Übernahme, Erweiterung, Einschränkung und Auflösung von Anstalten des öffentlichen Rechts, öffentlichen Einrichtungen und Eigenbetrieben, die erstmalige Beteiligung sowie die Erhöhung einer Beteiligung an einer Gesellschaft oder anderen Vereinigungen in privater Rechtsform,
- die Umwandlung der Rechtsform von Anstalten des öffentlichen Rechts, öffentlichen Einrichtungen und Eigenbetrieben sowie die Umwandlung der Rechtsform von Gesellschaften, an denen die Gemeinde beteiligt ist,
- die Übernahme von Bürgschaften, der Abschluss von Gewährverträgen und die Bestellung sonstiger Sicherheiten für andere sowie solche Rechtsgeschäfte, die den vorgenannten wirtschaftlich gleichkommen,[295]
- der Abschluss, die Änderung und Aufhebung von Grundstücksgeschäften und Vermögensgeschäften, es sei denn, es handelt sich um ein Geschäft der laufenden Verwaltung oder der Wert des Vermögensgegenstandes übersteigt nicht einen in der Hauptsatzung bestimmten Betrag.[296]

---

[292] BAG, NZA 2002, 1171 (1174) m. w. N.; Gern, Deutsches Kommunalrecht, Rn. 369.

[293] Vgl. § 54 GO BW, Art. 38 Abs. 2 GO Bay, § 71 Abs. 2 HGO, § 64 GO NRW, § 60 GO LSA.

[294] § 71 Abs. 2 HGO, § 38 Abs. 6 KV MV, § 67 Abs. 2 GO Brdbg.

[295] Vgl. § 41 Abs. 1 S. 2 Buchst. k, l, m GO NW, ähnlich z. B. § 39 Abs. 2 GO BW, § 35 Abs. 2 GO Brdbg, § 41 Abs. 2 GO LSA.

[296] § 35 Abs. 2 Nr. 19 GO Brdbg.

Nach diesen – im Einzelnen unterschiedlichen Katalogen – dürften die meisten PPP-Modelle der Zustimmung des Kommunalvertretungsorgans bedürfen.

6.3 Beteiligungserfordernisse

Bei der Verwirklichung eines PPP-Modells ist in aller Regel die zuständige Kommunalaufsichtsbehörde zu beteiligen. Zwar muss der Antrag auf Genehmigung bzw. die Anzeige erst nach Vertragsschluss erfolgen, wegen der projektwesentlichen Bedeutung der Genehmigung sollte ein Gespräch mit der zuständigen Rechtsaufsichtsbehörde zwecks Klärung der grundlegenden Fragen jedoch bereits zu Beginn der Projektplanung erfolgen. Dies ist teilweise auch in den einschlägigen Verwaltungsvorschriften vorgesehen.[297] Es kann sich auch eine durchgehende verfahrensbegleitende Beratung durch die Kommunalaufsicht und eine häufigere Rückkopplung zwischen Gemeinde und Kommunalaufsicht anbieten, um das Projekt von vornherein genehmigungsfähig auszugestalten und spätere, aufwändige Vertragsänderungen zu vermeiden. Gerade bei kleineren Gemeinden, die nicht über die personellen, sachlichen und fachlichen Ressourcen für komplexe Vertragsgestaltungen verfügen, ist ein intensives, kooperatives Zusammenwirken mit der Kommunalaufsichtsbehörde zweckmäßig.

Darüber hinaus können sich weitere Beteiligungserfordernisse, je nach dem abzuschließenden Vertrag, aus allgemeinen Gesetzen oder Spezialvorschriften ergeben. Beispielsweise fordern die Landesschulgesetze zum Teil die Beteiligung von Schulorganen und der Schulaufsichtsbehörden für den Neubau oder die Sanierung von Schulen. Einige Landesverwaltungsverfahrensgesetze enthalten das Erfordernis der Genehmigung der fachlich zuständigen Aufsichtsbehörde, sofern sich die Gemeinde in einem öffentlich-rechtlichen Vertrag der sofortigen Zwangsvollstreckung unterwirft.[298] Nach den Umständen des konkreten Falls kann etwa auch eine Beteiligung der Personalvertretungen nach den einschlägigen Landespersonalvertretungsgesetzen erforderlich sein.

---

[297] Sächsisches Staatsministerium der Finanzen/Sächsisches Staatsministerium des Innern, KommInvestVwV, Sächs.ABl. 1997, 73ff.

[298] Vgl. z.B. § 61 Abs. 1 S. 3 VwVfG Brdbg; § 61 Abs. 1 S. 3 VwVfG NRW. Im Verwaltungsverfahrensgesetz des Bundes wurde diese Regelung mit Wirkung vom 1. 2. 2003 aufgehoben.

§ 6 Vergaberecht

Übersicht

1. Grundlagen

Die Grundlagen des deutschen Vergaberechts sind in den §§ 97ff. des Gesetzes gegen Wettbewerbsbeschränkungen (GWB) geregelt. Die Vorschriften zur näheren Ausgestaltung der Vergabeverfahren ergeben sich aus den einschlägigen Verdingungsordnungen für Bau-, Liefer- und Dienstleistungen.[1] Bindeglied zwischen den Vorschriften des GWB und den Verdingungsordnungen ist die Vergabeverordnung,[2] die insbesondere regelt, welche Abschnitte der jeweiligen Verdingungsordnungen im konkreten Fall anwendbar sind. Für Aufträge unterhalb der Schwellenwerte gilt nur das Haushaltsrecht und der 1. Abschnitt der Verdingungsordnungen; das formelle Nachprüfungsverfahren nach §§ 107ff. GWB ist ausgeschlossen. Oberhalb der Schwellenwerte sind Öffentliche Auftraggeber grundsätzlich verpflichtet, Aufträge im europaweiten Wettbewerb zu vergeben und die Regeln der Abschnitte 2 bis 4 der Verdingungsordnungen anzuwenden. Zu den wesentlichen Verfahrensgrundsätzen des Vergaberechts gehören gemäß § 97 GWB u.a. der Wettbewerbsgrundsatz,[3] das Transparenzgebot, der Gleichbehandlungsgrundsatz,[4] die Berücksichtigung mittelständischer Interessen,[5] das Erfordernis der Leistungsfähigkeit und Zuverlässigkeit der Bieter und das Wirtschaftlichkeitsgebot.

Das deutsche Vergaberecht dient der Umsetzung der EG-Vergaberichtlinien. Es ist daher richtlinienkonform auszulegen. Dabei sind auch die Rechtsprechung des Europäischen Gerichtshofs und die Praxis der EG-Kommission zu berücksichtigen.

---

[1] VOB/A (Neufassung in Kraft seit 12. 9. 2002, Bundesanzeiger vom 29. 10. 2002, Jahrgang 54, Nr. 202a); VOL/A (Neufassung in Kraft seit 17. 9. 2002, Bundesanzeiger vom 20. 11. 2002, Ausgabe 216, Beilage 216a), VOF (Neufassung in Kraft seit 26. 8. 2002, Bundesanzeiger vom 30. 10. 2002, Ausgabe 203, Beilage 203a).

[2] Neufassung in Kraft seit dem 15. 2. 2003, BGBl. vom 14. 2. 2003, I Nr. 6, S. 168ff.

[3] Dieser zeigt sich u.a. im grundsätzlichen Vorrang des Offenen vor dem Nichtoffenen Verfahren und des Nichtoffenen vor dem Verhandlungsverfahren; vgl. zu Ausnahmen unter 7.5.2.

[4] Um die Chancengleichheit im Wettbewerb sicherzustellen, dürfen Bieter während des Vergabeverfahrens und insbesondere bei der abschließenden Wertungsentscheidung nicht ohne sachlichen Grund unterschiedlich behandelt werden.

[5] Vgl. zu den damit verbundenen Problempunkten speziell in PPP-Projekten unten, Abschnitt 7.

2. Adressaten des Vergaberechts

Das GWB-Vergaberecht gilt nur für die in § 98 GWB abschließend aufgezählten Auftraggeber. Dem Vergaberecht unterworfen sind zunächst die sog. klassischen Auftraggeber Bund, Länder und Kommunen mit ihren öffentlichen Sondervermögen und Eigenbetrieben (§ 98 Nr. 1 GWB). Der funktionale Auftraggeberbegriff des § 98 GWB umfasst jedoch nicht nur formelle Bestandteile des Staates, die diesem eingegliedert sind, sondern auch sonstige Einrichtungen, die auf Grund ihrer Aufgabenerfüllung, Finanzierung etc. funktional als dem Staat zugehörig angesehen werden können.[6] Gemäß § 98 Nr. 2 GWB sind über die klassischen Auftraggeber hinaus auch alle juristischen Personen des öffentlichen oder privaten Rechts öffentliche Auftraggeber, die zu dem besonderen Zweck gegründet wurden, im Allgemeininteresse liegende Aufgaben nicht gewerblicher Art zu erfüllen, wenn Gebietskörperschaften sie überwiegend finanzieren oder über ihre Leitung die Aufsicht ausüben. § 98 Nr. 4 GWB bezieht Unternehmen, die in bestimmten Sektoren[7] tätig sind, unabhängig von einem im Allgemeininteresse liegenden Unternehmenszweck nicht gewerblicher Art in den sachlichen Anwendungsbereich des GWB ein, wenn sie staatlich beherrscht sind oder als Private auf der Basis besonderer oder ausschließlicher Rechte ihre Tätigkeit ausüben. Das EU-Legislativpaket (die Richtlinien 2004/18/EG, 2004/17 EG) enthält einige entscheidende Änderungen im Hinblick auf die Sektorenauftraggeberstellung: Beispielsweise unterfallen Unternehmen, die im Telekommunikationsbereich tätig sind, ausdrücklich nicht länger als Sektorenauftraggeber den Regelungen der Sektorenrichtlinie; dafür wird der Anwendungsbereich der Sektorenrichtlinie auf der anderen Seite auf Unternehmen im Bereich der Postdienste ausgedehnt.[8] Nach § 98 Nr. 5 GWB sind auch private Subventionsempfänger bei bestimmten Bauvorhaben[9] als Auftraggeber anzusehen.[10] Vergaberecht gilt nach § 98 Nr. 6 GWB auch für Privatunternehmen, denen eine Baukonzession erteilt wurde.

Im Rahmen von PPP-Projekten wird bei der Erteilung eines (Gesamt-)Auftrags oder einer Konzession zur Durchführung des PPP-Projektes oder bei der Suche nach einem privaten Partner zu diesem Zweck in aller Regel eine Gebietskörperschaft gemäß § 98 Nr. 1 GWB (der Bund, die Länder und die kommunalen Gebietskörperschaften) oder ein Verband solcher Körperschaften gemäß § 98 Nr. 3 GWB tätig. Bei der späteren Auftrags- oder Konzessionsvergabe durch den ausgewählten Bieter, die Bietergemeinschaft oder das gemischtwirtschaftliche Unternehmen stellt sich ggf. auch bezüglich dieser Einheiten die Frage ihrer Auftraggebereigenschaft v. a. gemäß § 98 Nr. 2, Nr. 5 oder Nr. 6 GWB.[11]

---

[6] EuGH, Urt. v. 20. 9. 1988, Rs. 31/87, Slg. 1988, 4635 (4655) – Beentjes; EuGH, Urt. v. 15. 1. 1998, Rs. C-44/96, Slg. 1998, I-73 – Mannesmann Anlagenbau Austria.

[7] Trinkwasser- und Energie-/Brennstoffversorgung, Häfen, Flughäfen, Eisenbahnen, Personenverkehr.

[8] Zudem wird ein Verfahren vorgesehen, nach dem die Mitgliedstaaten (nach Genehmigung durch die EU-Kommission) bestimmte Tätigkeiten aus dem Anwendungsbereich der Sektorenrichtlinie ausnehmen können, wenn diese auf Märkten mit freiem Zugang unmittelbar dem Wettbewerb ausgesetzt sind (Art. 30 RL 204/17/EG): Auch der Begriff der „besonderen und ausschließlichen Rechte" wird neu und etwas enger definiert: Die Tatsache, dass ein Unternehmen beim Bau eines Netzes oder eines Flughafens Vorteile aus Enteignungsverfahren oder Nutzungsrechten ziehen kann, soll nicht mehr automatisch zur Annahme von „besonderen und ausschließlichen Rechten" führen (Präambel 25, Art. 2 Abs. 3 RL 2004/17/EG).

[9] Natürliche oder juristische Personen des privaten Rechts in den Fällen, in denen sie für Tiefbaumaßnahmen, für die Errichtung von Krankenhäusern, Sport-, Erholungs- oder Freizeiteinrichtungen, Schul-, Hochschul- oder Verwaltungsgebäuden oder für damit in Verbindung stehende Dienstleistungen von Gebietskörperschaften Mittel erhalten, mit denen diese Vorhaben zu mehr als 50% finanziert werden.

[10] BayObLG, Beschluss vom 10. 9. 2002, Verg 23/02: Im Unterschied zu § 98 Nr. 5 GWB komme es für die überwiegende Finanzierung oder Beherrschung durch Gebietskörperschaften nach § 98 Nr. 2 GWB nicht auf einen einzelnen Aufgabenbereich, sondern auf den Rechtsträger als solchen an.

[11] Vgl. hierzu näher unter Abschnitt 4.2.

3. Öffentlicher Auftrag

Dem GWB-Vergaberecht unterliegen sämtliche entgeltlichen Verträge zwischen einem öffentlichen Auftraggeber und einem Unternehmen über Bau-, Dienst- oder Lieferleistungen (öffentlicher Auftrag, § 99 GWB). Nicht dem Vergaberecht unterfallen (für sich betrachtet) Grundstücksmiete oder Pacht und Grundstückserwerb (§ 100 Abs. 2 lit. h GWB) sowie Grundstücksveräußerungen und Gesellschaftsgründungen oder Anteilsveräußerungen durch die öffentliche Hand.[12] Für die Zuordnung zum Vergaberecht ist die Rechtsform des zugrunde liegenden Vertrages grundsätzlich unerheblich; entscheidend ist allein, ob sich der öffentliche Auftraggeber von einem Dritten entgeltlich Leistungen beschafft.[13] Deshalb fallen – entgegen den amtlichen Begründungen[14] – nach der Rechtsprechung des EuGH[15] und der überwiegenden deutschen Nachprüfungsinstanzen[16] auch öffentlich-rechtliche Verträge grundsätzlich unter den Auftragsbegriff des Vergaberechts.[17]

3.1 Auftragsarten im Sinne des Vergaberechts und ihre Abgrenzung

3.1.1 Bau- oder Dienstleistungsaufträge

Unter **Bauaufträgen** versteht man grundsätzlich alle entgeltlichen Verträge über die Ausführung oder die gleichzeitige Planung und Ausführung eines Bauvorhabens oder Bauwerks (§ 99 Abs. 3 GWB). Der Bauauftragsbegriff ist unter Berücksichtigung der Vorgaben der Baukoordinierungsrichtlinie und der nachfolgenden Basisrichtlinie (insb. Art. 1 Abs. 2a RL 2004/18/EG) weit auszulegen.[18] Erfasst sind danach alle Tätigkeiten, die eine bauliche Anlage betreffen, insbesondere deren Errichtung, Instandhaltung, Renovierung, Änderung oder Beseitigung.[19] Auch Baukonzessionen, die eine Vergütung nicht in Geld, sondern durch ein Nutzungsrecht beinhalten, fallen nach herrschender Ansicht in richtlinienkonformer Auslegung des § 99 GWB unter den Begriff des öffentlichen Bauauftrags.[20]

Ebenfalls erfasst sind Verträge über die Ausführung oder die Planung und Ausführung von Bauleistungen durch Dritte gemäß den vom Auftraggeber genannten Erfordernissen (§ 99 Abs. 3 2. Variante GWB). Diese Vorschrift betrifft alle Konstellationen, in denen ein öffent-

---

[12] Vgl. hierzu die Ausführungen unter Kap. 3.3 und 3.4.

[13] OLG Düsseldorf, VergabeR 2002, 404 (410); VK Magdeburg, Beschluss vom 6. 6. 2002, 33–32571/07 VK 05/02 MD.

[14] Vgl. Begründung zum Entwurf des § 108 (nunmehr 99) GWB, in: BT-Drs. 13/9340, S. 15.

[15] EuGH, Urt. v. 12. 7. 2001, Rs. C-399/98, Slg. 2001, I-5409 (5462) Rdnr. 73 – Ordine degli Architetti u. a.

[16] Vgl. etwa BayObLG, VergabeR 2003, 563 (564); OLG Düsseldorf, VergabeR 2002, 404 (410); OLG Naumburg, VergabeR 2001, 134 (136); OLG Koblenz, NZBau 2001, 283 (285); VK Baden-Württemberg, Beschluss vom 20. 6. 2002 – 1 VK 27/02; *a. A.* VK Südbayern, Beschluss vom 15. 11. 2000 – 21–10/00; VK Halle, Beschluss vom 22. 9. 2000 – VK Hal 27/00.

[17] Ausgenommen sind jedoch öffentlich-rechtliche Verträge, deren Inhalt die Behörde auch mit Verwaltungsakt durchsetzen könnte. Hier fehlt die Gleichordnung als causa für die Einbeziehung öffentlich-rechtlicher Verträge. Vgl. hierzu OLG Celle, NZBau 2000, 299 (300); Prieß, NZBau 2002, 539 (543); Zwangsbeschaffungen – etwa im Wege eines Verwaltungsaktes – fallen nach zutreffender h. M. nicht unter den Begriff des öffentlichen Auftrags, vgl. Burgi, NZBau 2002, 57 (62).

[18] Thüringer OLG, VergabeR 2003, 97 (99).

[19] Stickler, in: Reidt/Stickler/Glahs, Vergaberecht, § 99 GWB Rn. 22; Dreher, in: Immenga/Mestmäcker, GWB, § 99 Rn. 35.

[20] Vgl. etwa die Begründung zu § 6 VgV, in: BR-Drs. 455/00, S. 17; OLG Brandenburg, NZBau 2000, 39 (40); VK Berlin, Beschluss vom 31. 5. 2000 – VK-B2–15/00; Stickler, in: Reidt/Stickler/Glahs, Vergaberecht, § 99 GWB Rn. 28; Prieß, Handbuch des europäischen Vergaberechts, S. 78; Marx, in: Motzke/Pietzcker/Prieß, VOB/A, § 99 GWB Rn. 13; *a. A.* Dreher, in: Immenga/Mestmäcker, GWB, § 98 Rn. 124: öffentlicher Auftrag sui generis.

licher Auftraggeber ein auf seinen Zweck zugeschnittenes Bauobjekt erstellen lässt, dabei aber nicht selbst tätig wird, sondern das Vorhaben durch einen anderen abwickeln lässt.[21] Unter diese Variante fallen u.a. Bauträger- und Leasinggestaltungen, also Vorhaben, bei denen der Auftraggeber nicht selbst als Bauherr auftritt, sondern die Bauherrenfunktion einem Dritten, in der Regel einer Objektgesellschaft, überträgt und diese nach seinen (konkreten) Plänen Bauleistungen an Dritte vergeben lässt.[22] Damit soll eine Umgehung der Vergabevorschriften durch Einschaltung eines Dritten verhindert werden.[23] Die Vorschrift erfasst insbesondere sogenannte General- oder Totalübernehmerverträge (die im Bereich der öffentlichen Aufträge allerdings häufig für unzulässig gehalten werden).[24] Auf die genaue zivilrechtliche Qualifizierung des Vertrags kommt es für die vergaberechtliche Beurteilung bei Aufträgen über Bauleistungen durch Dritte nicht an.[25]

Unter **Dienstleistungsaufträgen** versteht man Verträge über Leistungen, die weder der Beschaffung von Waren dienen, noch Bauaufträge oder Auslobungsverfahren sind (§ 99 Abs. 4 GWB). Im Bereich von PPP fallen insbesondere Verträge über Projektierungs- und Planungsleistungen sowie über Betreiber- und Finanzierungsleistungen unter den Begriff des Dienstleistungsauftrags. Allerdings unterliegt die Vergabe bestimmter Arten von Dienstleistungen, die in Anhang I B der Dienstleistungskoordinierungsrichtlinie bzw. der VOL/A bzw. Anhang II Teil B der Vergaberichtlinie 2004/18/EG aufgeführt sind, nur sehr eingeschränkten Bekanntmachungspflichten. Im Gegensatz zu den „priority services" des Anhangs I A erfordert die Vergabe solcher Dienstleistungen nach der Rechtsprechung des EuGH lediglich die Beachtung der Art. 14 und 16 der Dienstleistungskoordinierungsrichtlinie[26] (vgl. Art. 21 Vergaberichtlinie 2004/18/EG). Danach müssen die Vorschriften über die technischen Spezifikationen und über die Ex-Post-Bekanntmachung eingehalten sowie der Gleichbehandlungsgrundsatz berücksichtigt werden. Ein förmliches Vergabeverfahren ist aber nicht zwingend durchzuführen.[27] Das gilt z.B. für Rechtsberatungsleistungen (§ 1a Nr. 2 Abs. 2 VOL/A i.V.m. Ziff. 21 Anhang I B).

PPP-Modelle nach dem Lebenszyklus-Ansatz beinhalten typischerweise Elemente verschiedenartiger Leistungen (etwa Planungs-, Projektsteuerungs-, Bau-, Betriebs- und Finanzierungsleistungen). In PPP-Modellen in diesem Sinne übernimmt der Auftragnehmer z.B. die Errichtung (Bauleistung, VOB/A) und die Planung, den Betrieb und die Finanzierung (Dienstleistung, VOL/A) eines Bauvorhabens. Somit handelt es sich bei PPP-Verträgen regelmäßig um typengemischte Verträge, die Elemente mehrerer Vertragstypen aufweisen,

---

[21] Stickler, in: Reidt/Stickler/Glahs, Vergaberecht, § 99 Rn. 17; Boesen, Vergaberecht, § 99 Rn. 136; Hailbronner, in: Byok/Jaeger, Kommentar zum Vergaberecht, § 99 Rn. 360.

[22] Vgl. Boesen, Vergaberecht, § 99, Rn. 136; Jestaedt/Kemper/Marx/Prieß, Das Recht der Auftragsvergabe, S. 65; Stickler, in: Reidt/Stickler/Glahs, Vergaberecht, § 99, Rn. 17; Hailbronner, in: Byok/Jaeger, Vergaberecht, § 99, Rn. 360; Eschenbruch, in: Niebuhr/Kulartz/Kus/Portz, Vergaberecht, § 99, Rn. 77.

[23] Marx, in: Motzke/Pietzcker/Prieß, VOB/A, § 99 GWB Rn. 28; Prieß, Handbuch des europäischen Vergaberechts, S. 78; Lampe-Helbig/Wörmann, Handbuch der Bauvergabe, S. 15 Rn. 32; Boesen, Vergaberecht, 2000, § 99 Rn. 137; Eschenbruch, in: Niebuhr/Kulartz/Kus/Portz, Kommentar zum Vergaberecht, § 99 Rn. 77.

[24] Nach dieser Meinung ergibt sich die vergaberechtliche Unzulässigkeit von General- oder Totalübernehmeraufträgen aus § 8 Nr. 2 Abs. 1 VOB/A, wonach an Öffentlichen Ausschreibungen nur Unternehmen zu beteiligen sind, die sich „gewerbsmäßig mit der Ausführung von Leistungen der ausgeschriebenen Art befassen", VÜA Bayern, Beschl. v. 28. 2. 1997 – VÜ A 14/96. Für Gegenargumente s. jedoch im Einzelnen unter 7.7 (Mittelstandsaspekte); sowie für Aufträge oberhalb der EG-Schwellenwerte Prieß/Hausmann, in: Motzke/Pietzcker/Prieß, VOB/A § 8 Rn. 49.

[25] Schwenker/Heinze, VergabeR 2001, 96, 99.

[26] EuGH, Urt. v. 14. 11. 2002, Rs. C-411/00, Slg. 2002, I-10567 (10607) Rdnr. 47 – Felix Swoboda GmbH.

[27] OLG Brandenburg, NZBau 2003, 688 (693).

die so miteinander verwoben sind, dass die Einzelleistungen nicht getrennt voneinander vergeben werden können.

Die Komplexität derartiger Vertragsmodelle führt nicht dazu, dass sie dem Vergaberecht entzogen wären.[28] Fraglich ist lediglich, welche Regeln im Einzelfall anzuwenden sind – die der VOB/A oder die der VOL/A.[29] EuGH und Kommission vertreten die Auffassung, es komme auf den „Hauptgegenstand des Vertrags" an.[30]

In der deutschen Literatur und Rechtsprechung wurde bisher für die Abgrenzung von Bau- und Dienstleistungsauftrag häufig ebenfalls auf den (wirtschaftlichen oder qualitativen) Schwerpunkt des Vertrags abgestellt **(„Schwerpunkttheorie").**[31] Nach der **Kontaminierungstheorie**[32] ist ein Vertrag, der sowohl Elemente eines Bauauftrags wie auch eines Mietvertrags und einer Dienstleistung, wie z. B. Facility Management enthält, selbst dann als Bauauftrag auszuschreiben, wenn das Gesamtvolumen der Dienstleistung den Wert der Bauleistung übersteigt.

Die neue Basisrichtlinie des EU-Legislativpakets[33] greift die Abgrenzungsproblematik von Bau- und Dienstleistungsaufträgen in Erwägungsgrund 10 und in Art. 1 Abs. 2 d) Satz 2 auf. Die Tatsache, dass der Vertrag auch Bauleistungen umfasst, die aber im Verhältnis zum Hauptgegenstand des Vertrags nur „Nebenarbeiten" darstellen und eine Folge oder Ergänzung desselben sind, soll danach nicht die Einstufung als öffentlicher Bauauftrag rechtfertigen. Da der Wortlaut dieser Bestimmung auf den Hauptgegenstand des Vertrages, also auf einen Terminus der „Schwerpunkttheorie" Bezug nimmt, ist wohl auch künftig kein Abrücken des EuGH von seiner bisherigen Rechtsprechung zu erwarten. Das **PPP-Beschleunigungsgesetz** vom 1. 9. 2005[34] hat die Regelung der Basisrichtlinie weitgehend unverändert übernommen. Gemäß dem neu eingeführten **§ 99 Abs. 6 Satz 2 GWB** sind Dienstleistungen und Bauleistungen nach dem Hauptgegenstand des Auftrags abzugrenzen. Enthalten gemischte Aufträge neben Dienstleistungen auch Bauleistungen, so gilt der Auftrag als Dienstleistungsauftrag, wenn die Bauleistungen im Verhältnis zum Hauptgegenstand des Auftrags lediglich Nebenarbeiten sind.

Ob der Hauptgegenstand eines Auftrags danach bestimmt werden soll, welche Auftragsart innerhalb des Gesamtvorhabens wertmäßig überwiegt („Main Value Test") oder welcher der Vertragsbestandteile den hauptsächlichen Gegenstand des Vertrages bildet („Main Object Test"), ist nicht letztgültig geklärt. § 99 Abs. 6 S. 2 GWB lässt offen, wonach sich bestimmt, wann Bauleistungen lediglich Nebenarbeiten sind. Weder der Wortlaut des § 99 Abs. 6 GWB noch die Gesetzesbegründung[35] enthalten Kriterien, die für die Abgrenzung maßgeblich sind. Der Gesetzesbegründung ist lediglich zu entnehmen, dass die Definition von Bauleistungen als Nebenarbeiten „unabhängig vom jeweiligen Wert" der Leistungen erfolgen soll. Für die Abgrenzung zwischen Lieferleistungen und Dienstleistungen stellt § 99 Abs. 6 Satz 1 GWB dagegen ausdrücklich auf den Wert der jeweiligen Leistung ab. Dieses Abgren-

---

[28] Eschenbruch, in: Niebuhr/Kulartz/Kus/Portz, Kommentar zum Vergaberecht, § 99 GWB, Rn. 93.

[29] EuGH, Urt. v. 19. 4. 1994, Rs. C-331/92, Slg. 1994, I-1329 (1350) Rdnr. 25 – Géstion Hotelera Internacional.

[30] Mitteilung der Kommission zu Auslegungsfragen im Bereich Konzessionen im Gemeinschaftsrecht, ABl.EG vom 29. 4. 2000, C 121/5.

[31] Thüringer OLG, VergabeR 2004, 113 (115); OLG Düsseldorf, Beschluss vom 12. 3. 2003 – Verg 49/02; Eschenbruch, in: Niebuhr/Kulartz/Kus/Portz, Kommentar zum Vergaberecht, § 99 GWB, Rn. 93; VK Sachsen Anhalt, Beschluss vom 13. 3. 2001, VK Hal 23/99.

[32] OLG Brandenburg, NZBau 2000, 39 (41); zustimmend Marx, in: Motzke/Pietzcker/Prieß, VOB/A, § 99 GWB Rn. 14 und 31.

[33] Richtlinie 2004/18/EG, Abl.EG L134/114 v. 1. 5. 2004.

[34] Gesetz zur Beschleunigung der Umsetzung von Öffentlich Privaten Partnerschaften und zur Verbesserung gesetzlicher Rahmenbedingungen für Öffentlich Private Partnerschaften, BGBl. Teil I Nr. 56 vom 7. 9. 2005, S. 2676.

[35] BT-Dr. 15/5668 S. 11.

zungskriterium wird in § 99 Abs. 6 Satz 2 GWB für die Abgrenzung zwischen Dienstleistungen und Bauleistungen nicht übernommen. Eine Orientierung ausschließlich am Wert der jeweiligen Leistungen erscheint angesichts des insoweit klaren Wortlauts des § 99 Abs. 6 GWB deshalb ausgeschlossen. Vielmehr ist eine **Gesamtbetrachtung** vorzunehmen, in deren Rahmen der Wert der Leistungen Berücksichtigung finden kann. Da auch die Basisrichtlinie hinsichtlich der genauen Abgrenzungskriterien keine Anhaltspunkte liefert, bleibt es Aufgabe der Rechtsprechung § 99 Abs. 6 Satz 2 zu konkretisieren. Insoweit ist auch offen, ob auf die bisherige Rechtsprechung zurückgegriffen werden kann. Nach Auffassung des OLG Düsseldorf war z.B. vorrangig auf den Wert der jeweiligen Teilleistungen abzustellen, eine generalisierende Bewertung im Sinne fester Wertgrenzen verbiete sich aber. Allerdings ist auch nach dieser Entscheidung im Rahmen einer wirtschaftlichen Gesamtbetrachtung auch der Schwerpunkt der Vertragsleistung, insbesondere die Risikoverteilung in die Einzelfallabwägung einzubeziehen.[36] Mit der Errichtung eines Bauwerks verbundene Planungsleistungen sind gemäß § 1a Nr. 1 Abs. 1 VOB/A als Bestandteil eines Bauauftrags anzusehen. Bei PPP, die neben Planungs- und Bauarbeiten (Errichtung oder Sanierung) auch langjährige Betreiberpflichten beinhalten, erscheint jedoch durchaus auch die Bejahung eines Dienstleistungs-Schwerpunktes denkbar.

Das PPP-Beschleunigungsgesetz bringt insoweit aber wenig Klarheit. Der Grund dafür liegt in den ebenso unklaren Regelungen der Basisrichtlinie. Der deutsche Gesetzgeber hält aber mit ein wenig mehr Mut der Praxis einen Katalog von Abgrenzungskriterien an die Hand geben können. Zu beachten ist aber, dass angesichts der neueren Rechtsprechung zu „kombinierten Vergaben" in Konstellationen, in denen ein ausschreibungspflichtiger Auftrag mit einem **nicht ausschreibungspflichtigen** Vorgang, wie z.B. einer Anteilsveräußerung oder einem Grundstücksgeschäft zusammentrifft bzw. in Zusammenhang steht, in Deutschland gegenwärtig in der Regel von der Ausschreibungspflichtigkeit auszugehen sein wird – unabhängig davon, auf welchem Element der Schwerpunkt liegt.[37] Auch vor Einführung des § 99 Abs. 6 Satz 2 GWB wurde die Schwerpunkttheorie in Deutschland lediglich zur Abgrenzung der Anwendungsbereiche der verschiedenen Verdingungsordnungen, nicht jedoch zur Abgrenzung von Ausschreibungspflicht oder Nicht-Ausschreibungspflicht akzeptiert. Ob die Einführung des § 99 Abs. 6 GWB Auswirkungen auf diese Rechtsprechung hat, ist ungewiss. § 99 Abs. 6 GWB regelt lediglich die Abgrenzung zwischen Lieferaufträgen und Dienstleistungsaufträgen (Satz 1) sowie Dienstleistungsaufträgen und Bauaufträgen (Satz 2), nicht aber die Kombination von ausschreibungspflichtigem Auftrag und nicht ausschreibungspflichtiger „Beschaffung". Ein Grundsatz, dass sich bei „kombinierten Vergaben" immer der wertmäßig überwiegende Teil oder der Hauptgegenstand des Auftrags durchsetzt, ist § 99 Abs. 6 GWB nicht zu entnehmen.

Die Abgrenzung bei den Mischformen in den hier erörterten PPP-Modellen muss aber letztlich immer im Einzelfall getroffen werden.

3.1.2 Konzessionen

Baukonzessionen sind ein Unterfall der Bauaufträge. Es handelt sich um Verträge über die Erbringung von Bauleistungen, bei denen die Gegenleistung nicht in einer Vergütung in Geld, sondern ausschließlich in dem Recht zur Nutzung des Bauwerks oder in diesem Recht zuzüglich der Zahlung eines Preises besteht.[38] Mit der Vergabe einer Konzession erfüllt der Konzessionsgeber eine ihm obliegende Pflicht durch die Einschaltung privater Dritter, die nach seinen Vorgaben den Bau und im Anschluss auch den Betrieb übernehmen

[36] OLG Düsseldorf, Beschluss vom 12. 3. 2003 – Verg 49/02.

[37] So ausdrücklich das OLG Düsseldorf, VergabeR 2001, 329 (332).

[38] Vgl. Definition in § 98 Nr. 6 GWB, § 6 VgV; Art. 1 Buchst. d EG-Baurichtlinie 93/37/EWG; Art. 1 Abs. 3 der Basisrichtlinie des EU-Legislativpakets RL 2004/18/EG; Mitteilung der Kommission zu Auslegungsfragen im Bereich Konzessionen im Gemeinschaftsrecht, ABl.EG vom 29. 4. 2000, C 121/3.

und sich dabei durch die Erhebung von Nutzerentgelten von dritter Seite refinanzieren.[39] Mit dem Nutzungsrecht wird auch die Verantwortung für die Nutzung übertragen. **Baukonzessionen sind** zwar ebenfalls **ausschreibungspflichtig,**[40] **aber die Regelungen der VOB/A gelten für sie nur in eingeschränktem Umfang.**[41]

Die Abgrenzung zwischen Bauaufträgen und Baukonzessionen kann insbesondere dann Probleme bereiten, wenn von Seiten des öffentlichen Auftraggebers dem Auftragnehmer sowohl ein Vergütungsanteil in Geld wie auch ein Nutzungsrecht gewährt werden, z.B. wenn eine Konzession für Errichtung und Betrieb eines Schwimmbads vergeben wird und gleichzeitig Zuschüsse zum laufenden Betrieb zugesichert werden. Die Tatsache, dass der Auftraggeber einen Teil der Kosten zuschießt, um die Nutzungsgebühren für die Allgemeinheit sozialverträglich zu halten, schließt nach herrschender Meinung den Konzessionscharakter nicht per se aus; entscheidend ist, dass der Konzessionär dennoch einen **bedeutenden Teil des mit der Nutzung verbundenen Risikos** trägt.[42] Es kommt daher auf den Einzelfall an.

Dienstleistungskonzessionen lassen sich grundsätzlich durch die gleichen Elemente der drittnutzungsabhängigen Finanzierung und Risikoverteilung charakterisieren wie Baukonzessionen. Eine Dienstleistungskonzession liegt vor, wenn der Unternehmer die mit der Dienstleistung verbundenen Risiken trägt (Erbringung der Dienstleistung und deren Nutzung durch Dritte), indem er seine Vergütung, in welcher Form auch immer, über den Drittnutzer – insbesondere durch die Erhebung von Gebühren oder Entgelten – erhält.[43] Inhalt einer Dienstleistungskonzession ist üblicherweise die private Erledigung von Tätigkeiten, die nach ihrer Natur, ihrem Gegenstand und nach den anwendbaren Vorschriften in den Verantwortungsbereich des Staates fallen,[44] auf eigenes Risiko des Auftragnehmers und teilweise gegen Bezahlung einer Konzessionsabgabe an die Gegenseite.[45] Im Gegensatz zu Baukonzessionen **sind Dienstleistungskonzessionen nicht ausschreibungspflichtig,** da sie in den EG-Richtlinien bewusst nicht erfasst wurden.[46] In Art. 17 der neuen EG-

---

[39] Denkbar sind wohl auch Zahlungen der öffentlichen Hand an den Konzessionär, die jedoch – im Gegensatz zu den Entgelten bei Betreibermodellen – in ihrer Höhe allein durch die Nutzung durch Dritte bestimmt sind (von der öffentlichen Hand erhobene Nutzungsgebühren werden durchgereicht); vgl. Reidt/Stickler, in: Motzke/Pietzcker/Prieß, VOB/A, § 32 Rn. 30.

[40] OLG Schleswig-Holstein, NZBau 2000, 100 (setzt die Anwendbarkeit des Vergaberechts auf Baukonzessionen voraus); OLG Brandenburg, DB 1999, 1793 (leitet die Anwendbarkeit des Vergaberechts im Wege der richtlinienkonformen Auslegung aus Art. 3 der EG-Baurichtlinie 37/93/EWG ab).

[41] Vgl. § 32a VOB/A, Art. 3 Abs. 1, 11 Abs. 3, 15 EG-Baurichtlinie 93/37/EWG, Art. 56ff. der neuen Basisrichtlinie des EU-Legislativpakets RL 2004/18/EG.

[42] Mitteilung der Kommission zu Auslegungsfragen im Bereich Konzessionen im Gemeinschaftsrecht, ABl.EG vom 29. 4. 2000, C 121/3, 4.

[43] Mitteilung der Kommission zu Auslegungsfragen im Bereich Konzessionen im Gemeinschaftsrecht, ABl.EG vom 29. 4. 2000, C 121/4; vgl. nunmehr die Legaldefinition in Art. 1 Abs. 4 der Basisrichtlinie des EU-Legislativpakets RL 2004/18/EG.

[44] Ob die Erfüllung der Aufgabe zwingend im Allgemeininteresse liegen muss, ist umstritten: *pro:* VG Neustadt a. d. Weinstraße, VergabeR 2002, 51 (53f.); *ebenso* OLG Naumburg, VergabeR 2002, 309 (311); OLG Brandenburg, NZBau 2001, 645 (647); VK Lüneburg, Beschluss vom 12. 11. 2003 – 203-VgK-27/2003; VK Hamburg, Beschluss vom 2. 4. 2003 – VgF FB 2/03; *contra:* OLG Celle, Beschluss vom 20. 1. 2004 – 13 Verg 26/03; *a.A.* Gröning, VergabeR 2002, 24 (26); die neue EG-Richtlinie 2004/18/EG enthält keine solche Anforderung.

[45] Vgl. insgesamt zur Behandlung von Dienstleistungskonzessionen nach dem EuGH – Telaustria: Gröning, NZBau 2001, 123ff.

[46] EuGH, Urt. v. 7. 12. 2000, Rs. C-324/98, Slg. 2000, I-10745 (10792f.) Rdnr. 46–57 – Telaustria; EuGH, Beschluss vom 30. 5. 2002, Rs. C-358/00, Slg. 2002, I-4685 (4697) Rdnr. 29f. – Buchhändler-Vereinigung; Mitteilung der Kommission zu Auslegungsfragen bei Konzessionen, 2000/C 121/02, ABl. EG vom 29. 4. 2001.

Richtlinie 2004/18/EG wird ausdrücklich geregelt, dass die Richtlinie nicht für Dienstleistungskonzessionen gilt. Dass bedeutet allerdings nicht, dass für die Vergabe von Dienstleistungskonzessionen keinerlei rechtliche Vorgaben bestünden. Nach der Rechtsprechung des Europäischen Gerichtshofs sind auch hier die allgemeinen Grundsätze des Gemeinschaftsrechts, insbesondere der Nichtdiskriminierung und Gleichbehandlung und der Transparenz zu beachten. Daraus resultiert die Verpflichtung der Auftraggeber, zu Gunsten potentieller Bieter einen angemessenen Grad von Öffentlichkeit sicherzustellen (Transparenz), der den Dienstleistungsmarkt dem Wettbewerb öffnet (Wettbewerb). Zudem muss sichergestellt werden, dass die Nachprüfung (Rechtsschutz) möglich ist, ob die Vergabe ordnungsgemäß durchgeführt wurde (Nichtdiskriminierung).[47] Welche konkreten Verfahrenspflichten dem Auftraggeber bei der Vergabe von Dienstleistungskonzessionen obliegen, lässt sich aber weder aus den Vorgaben des Gerichtshofs mit Sicherheit bestimmen, noch ergibt sich dazu aus der Basisrichtlinie des EU-Legislativpakets 2004/18/EG wesentlich Neues: Zwar nimmt deren Art. 17 die Vergabe von Dienstleistungskonzessionen aus dem Anwendungsbereich der Richtlinie aus und bindet den Konzessionär in Verbindung mit Art. 3 an den Grundsatz der Nichtdiskriminierung aus Gründen der Staatsangehörigkeit, konkrete Verfahrensanforderungen werden aber nicht kodifiziert. Der Auftraggeber wird auch bei der Vergabe von Dienstleistungskonzessionen ein transparentes und wettbewerbliches Verfahren durchführen und zumindest die Absicht, eine Dienstleistungskonzession zu vergeben, in geeigneter Weise bekannt machen müssen.[48]

Die Abgrenzung einer Dienstleistungskonzession zum Dienstleistungsvertrag entspricht weitestgehend der des Bauauftrags zur Baukonzession – entscheidend ist die überwiegende Risikoübernahme durch den Konzessionär und die Nutzerfinanzierung.[49]

Bei gemischten Verträgen, die sowohl Elemente einer Bau- wie einer Dienstleistungskonzession aufweisen, stellt sich die über Bestehen oder Nichtbestehen einer vergaberechtlichen Ausschreibungspflicht entscheidende Frage, wonach sich die Einordnung in die eine oder die andere Gruppe zu richten hat. Der neu eingeführte § 99 Abs. 6 Satz 1 GWB regelt nur die Abgrenzung zwischen Dienstleistungs- und Bauaufträgen. Nach einer Ansicht ist auch bei Konzessionen – wie bei der Abgrenzung Bau-/Dienstleistungsauftrag – der aufgrund wirtschaftlicher Gesamtbetrachtung zu ermittelnde Schwerpunkt maßgeblich.[50] § 99 Abs. 6 Satz 2 GWB ist insoweit entsprechend anzuwenden. Nach Teilen der Rechtsprechung unterfällt eine gemischte Bau-/Dienstleistungskonzession hingegen bereits dann (als Baukonzession) den Ausschreibungsvorschriften, wenn die Bauleistung nicht lediglich von untergeordneter Bedeutung ist („Kontaminierungstheorie").[51] Inwieweit diese strikte Auffassung mit der dargestellten Rechtsprechung des EuGH vereinbar ist, ist bis heute nicht geklärt. Das EuGH-Urteil in Sachen Gestion Hotelera Internacional[52] beschränkt die Schwer-

---

[47] EuGH, Urt. v. 7. 12. 2000, Rs. C-324/98, Slg. 2000, I-10745 (10792f.) Rdnr. 46–57 – Telaustria; vgl. auch EuGH, Urt. v. 18. 11. 1999, Rs. C-275/98, Slg. 1999, I-8291 (8316) Rdnr. 31 – Unitron Scandinavia; Mitteilung der Kommission zu Auslegungsfragen im Bereich Konzessionen im Gemeinschaftsrecht, Abl. EG vom 29. 4. 2000, C 121/02.

[48] Gröning, NZBau 2001, 123, 124f. schlägt hierzu vor, bei Dienstleistungskonzessionen (nur) eine Bekanntmachung analog § 32a VOB/A und eine nachträgliche Information über die Gründe der Ablehnung analog § 27a VOB/A anzunehmen.

[49] Vgl. VK Hamburg, Beschluss vom 2. 4. 2003 – VgF FB 2/03; VK Sachsen, Beschluss vom 30. 9. 2002 – 1/SVK/087–02: die in einem Vertrag über die Verpachtung des Rechts auf Außenwerbung ebenfalls enthaltenen Verpflichtungen zur Aufstellung und Instandhaltung von WC-Anlagen mache nicht die Hauptleistung des Vertrages aus, weswegen dieser als Dienstleistungskonzession und nicht als Dienstleistungsvertrag anzusehen sei; VK Südbayern, Beschluss vom 28. 12. 2001, 47–11/01.

[50] VÜA Hessen, Beschluss vom 3. 2. 1997 – VÜ 4/96; Kulartz/Niebuhr, NZBau 2000, S. 6, S. 9.

[51] OLG Brandenburg, NZBau 2000, 39 (41).

[52] EuGH, Urt. v. 19. 4. 1994, Rs. C-331/92, Slg. 1994, I-1329 (1350) Rdnr. 25ff.– Géstion Hotelera Internacional.

punkttheorie zwar nicht ausdrücklich auf die Abgrenzung Bau-/Dienstleistungs**auftrag,** bezieht die Abgrenzung von Bau- und Dienstleistungskonzession aber auch nicht mit ein. Die Europäische Kommission spricht sich in ihrer Mitteilung zu Auslegungsfragen im Bereich Konzessionen im Gemeinschaftsrecht ausdrücklich für eine analoge Anknüpfung an den Hauptgegenstand des Vertrags auch für die Abgrenzung Bau-/Dienstleistungskonzession aus.[53]

3.1.3 Schwellenwerte

Den gemäß § 97 Abs. 6 GWB in Verbindung mit § 100 Abs. 1 GWB in § 2 VgV festgelegten Schwellenwerten kommt eine große Bedeutung zu. Sie unterteilen das deutsche Vergaberecht in zwei Bereiche: Oberhalb der Schwellenwerte müssen öffentliche Aufträge europaweit ausgeschrieben werden. Auf Verfahren oberhalb der Schwellenwerte sind die Abschnitte 2 bis 4 der VOB/A und VOL/A anwendbar. (Nur) Vergabeverfahren, in denen die Schwellenwerte erreicht werden, sind nach § 100 Abs. 1 GWB im Wege des Nachprüfungsverfahrens gemäß § 107 ff. GWB überprüfbar. Die Schwellenwerte liegen derzeit bei 5 Mio. EUR für Bauaufträge (§ 2 Nr. 4 VgV) und 200 000 EUR für Dienstleistungs- und Lieferaufträge (§ 2 Nr. 3 VgV). Für Liefer- und Dienstleistungsaufträge der obersten und oberen Bundesbehörden gilt ein Schwellenwert von 130 000 EUR (§ 2 Nr. 2 VgV), bei der Vergabe durch einen Sektorenauftraggeber liegt die Schwelle bei 400 000 EUR (§ 2 Nr. 1 VgV). Im Rahmen einer losweisen Auftragsvergabe unterliegen auch die Teillose den Bindungen des Kartellvergaberechts, wenn diese einen Auftragswert von jeweils mindestens 1 Mio. EUR (bei Bauaufträgen) bzw. 80 000 EUR (bei Dienstleistungsaufträgen)[54] haben und der **Gesamtauftragswert** den jeweiligen Schwellenwert überschreitet. Kleinere Teillose eines insgesamt europaweit ausschreibungspflichtigen Gesamtauftrages unterfallen erst dann den Bindungen des Kartellvergaberechts, wenn ihr Wert in der Addition 20% des Gesamtauftragswertes überschreitet (§ 2 Nrn. 7 und 8 VgV); das bedeutet auf der anderen Seite, dass mindestens 80% aller Lose eines ausschreibungspflichtigen Gesamtauftrags – unabhängig von ihrer Größe – ebenfalls europaweit ausgeschrieben werden müssen. In der Zuordnung zu dem 20%-Kontingent ist der Auftraggeber nach zutreffender Auffassung grundsätzlich frei.[55] An seine einmal vorgenommene Zuteilung ist er allerdings gebunden.[56]

Diese Vorgaben stehen als objektive Regelungen nicht zur Disposition des öffentlichen Auftraggebers. Insbesondere führt eine freiwillige Ausschreibung nicht zur Anwendbarkeit des Kartellvergaberechts.[57]

Das EU-Legislativpaket sieht neue Schwellenwerte vor, die allerdings erst nach Umsetzung in deutsches Recht (innerhalb der Umsetzungsfrist bis spätestens zum 31. Januar 2006) maßgeblich sind. Danach gelten künftig (erhöhte) Schwellenwerte von 236 000 EUR für Dienstleistungs- und Lieferaufträge 154 000 EUR für Dienstleistungs- und Lieferaufträge zentraler Regierungsbehörden (vgl. Anhang IV zur RL 2004/18/EG), 473 000 EUR für Dienstleistungs- und Lieferaufträge von Sektorenauftraggebern und 5 923 000 € für Bauaufträge.[58] Da es dem nationalen Gesetzgeber jedoch freisteht, niedrigere als in den EU-

---

[53] ABl.EG vom 29. 4. 2000, C 121/5; anders noch (i. S. der Kontaminierungstheorie) Entwurf der Mitteilung, Abl. EG C 94 vom 7. 4. 1999, S. 4.

[54] Ausgenommen sind hier die Vergaben im Sektorenbereich.

[55] BayObLG, VergabeR 2002, 510 (512) m. w. N. aus seiner st. Rsprg.; *a. A.* KG, Beschluss vom 11. 7. 2000 – KartVerg 7/00; *offengelassen* OLG Koblenz, VergabeR 2003, 567 (570).

[56] OLG Koblenz, VergabeR 2003, 567 (570); BayObLG, VergabeR 2001, 402 (404).

[57] OLG Stuttgart, VergabeR 2003, 101 (102 f.); VK Bund, Beschluss vom 24. 4. 2002 – VK 2-12/02; VK Rheinland-Pfalz, Beschluss vom 10. 6. 2003 – VK 10/03; VK Thüringen, Beschluss vom 17. 4. 2002 – 216-4002.20-008/02-SHL-S.

[58] Die ursprünglichen Werte in Art. 7 der Basisrichtlinie 2004/18/EG und Art. 16 der Sektorenrichtlinie 2004/17/EG des EU-Legislativpakets wurden durch die Verordnung Nr. 1874/2004 der

Richtlinien vorgesehene Schwellenwerte beizubehalten, bleibt es bis zur Umsetzung der EU-Richtlinien bei den Schwellenwerten des GWB bzw. der VgV. Die Regelungen zum 20%- Kontingent bleiben unverändert.

Der jeweilige Wert eines Auftrags ist vom öffentlichen Auftraggeber nach den Vorgaben des § 3 VgV bei Einleitung des konkreten Vergabeverfahrens umsichtig und sachkundig zu schätzen.[59] Grundsätzlich ist von der voraussichtlichen Gesamtvergütung ohne Umsatzsteuer auszugehen. Bei gemischten Verträgen mit Bau- und Dienstleistungselementen ist grundsätzlich der Wert des Leistungselements maßgeblich, das den Schwerpunkt des Vertrages bildet.[60] Für Bauaufträge muss der Auftragswert des Gesamtauftrags ermittelt werden (§ 1a Nr. 1 Abs. 1 VOB/A). Um eine angemessene Berücksichtigung des Vergaberechts auch bei kleineren PPP-Vorhaben sicherzustellen, ist zu erwägen, ob mit dem Argument der Zusammengehörigkeit bei PPP-Modellen neben etwaigen Bauleistungen auch die im Anschluss an die Errichtung über Jahre hinweg zu erbringenden Dienstleistungen in den Gesamtauftragswert mit einbezogen werden müssten. Dafür erscheint jedoch eine Änderung der entsprechenden Regelungen erforderlich.

3.2 Ausschreibungsfreie Immobiliengeschäfte im Sinne von § 100 Abs. 2 lit. h) GWB

§ 100 Abs. 2 lit. h) GWB sieht für Immobiliengeschäfte eine Ausnahme von der grundsätzlichen Ausschreibungspflicht vor. Nach dieser Vorschrift sind Aufträge „über Erwerb oder Miete von oder Rechte an Grundstücken oder vorhandenen Gebäuden oder anderem unbeweglichen Vermögen ungeachtet ihrer Finanzierung" vom Anwendungsbereich der §§ 97ff. GWB ausgenommen. Der Erwerb sowie die Miete oder Pacht von bebauten oder unbebauten Grundstücken unterfällt damit nicht dem Vergaberecht. Denn ein echter Vergabewettbewerb ist mangels Austauschbarkeit des Vertragsgegenstands grundsätzlich nicht denkbar.[61] Einige PPP-Modelle (z.B. das PPP-Erwerbermodell, das PPP-FMLeasingmodell und das PPP-Vermietungsmodell) beinhalten eine (Rück-)Überlassung eines auf privatem Grund für den Auftraggeber errichteten Gebäudes an die öffentliche Hand, die dieses Gebäude gegen Entgelt nutzt. Bei isolierter Betrachtung unterfällt die Nutzungsüberlassung der Gebäude gemäß § 100 Abs. 2 lit. h GWB nicht dem Vergaberecht. Das Gleiche gilt für den (optionalen) Erwerb des bebauten Grundstücks zu Vertragsende.

Mietet ein öffentlicher Auftraggeber ein von einem Privaten errichtetes Gebäude, ist dieser Vorgang grundsätzlich nach § 100 Abs. 2 lit. h GWB vergaberechtsfrei. § 100 Abs. 2 lit. h GWB gilt jedoch nach seinem Sinn und Zweck dann nicht, wenn sich bei wirtschaftlicher Gesamtbetrachtung des Vorhabens herausstellt, dass sich der öffentliche Auftraggeber tatsächlich eine Bauleistung im Sinne von § 1a Nr. 1 Abs. 1 VOB/A beschafft. In dem (wohl eher seltenen) Fall, dass für das Vorhaben der Errichtung eines Gebäudes, das dann dem öffentlichen Auftraggeber überlassen werden soll, nur ein einziges Grundstück in Betracht kommt und dieses bereits im Eigentum eines potentiellen Auftragnehmers steht, ist ein Wettbewerb um die Bauleistung wohl nicht möglich, wenn der Eigentümer und potentielle Vermieter darauf besteht, die Bauarbeiten selbst oder durch eigene Auftragnehmer zu erbringen.[62] Wird eine solche „Monopolstellung" eines Auftragnehmers allerdings schon mit

---

Kommission von 28. 10. 2004 nochmals abgeändert in diese nun geltenden Schwellenwerte (s. ABl. EG Nr. L 326 vom 29. 10. 2004, S. 17f.).

[59] Vgl. BayObLG, VergabeR 2002, 657f.; OLG Düsseldorf, VergabeR 2002, 665 (666).

[60] S. Abschnitt 3.1.1.

[61] Vgl. Boesen, VergabeR, § 100 Rn. 108.

[62] In diesem Fall wäre wohl eine Vergabe der Bauleistung im Verhandlungsverfahren ohne öffentliche Vergabebekanntmachung, d.h. ohne formelle Ausschreibung gemäß § 3a Nr. 5c VOB/A zulässig. Die Ausschreibungspflichtigkeit des Gesamtpakets ist damit allerdings noch nicht ausgeschlossen.

Blick auf die geplante Errichtung des Bauwerks auf dem konkreten Grundstück gezielt durch Verkauf des Grundstücks vom Auftraggeber an den Auftragnehmer herbeigeführt, dürfte die Ausschreibungspflicht für den Gesamtvorgang unter dem Gesichtspunkt der wirtschaftlichen Gesamtbetrachtung und des Umgehungsverbots zu bejahen sein. Ein potentieller Bieter, der sich im Hinblick auf die geplante Bebauung für den öffentlichen Auftraggeber das betreffende Grundstück sichert, um der einzige Bieter zu sein, ist u.U. vom Vergabeverfahren auszuschließen.[63] In der Regel wird eine PPP-Ausschreibung eine Verpflichtung des Auftragnehmers zur Beschaffung eines passenden Grundstücks enthalten oder eine Übertragung von Rechten an einem in Frage kommenden Grundstück auf den Auftragnehmer nach Beauftragung mit der Gebäudeerrichtung, der Finanzierung und dem Betrieb durch den Auftraggeber erfolgen.

Für PPP-Projekte im Hochbau dürfte eine Ausschreibungsfreiheit nach § 100 Abs. 2 lit. h GWB nur in Ausnahmefällen in Betracht kommen. Die Ausnahme des § 100 Abs. 2 lit. h GWB muss ihre Grenzen dort finden, wo es gar nicht vorrangig um ein Immobiliengeschäft geht. Wird nicht ein bebautes Grundstück gekauft oder zur Nutzung überlassen, sondern die Bebauung erst nach den Vorstellungen des Auftraggebers errichtet, ist in der Regel von der (ausschreibungspflichtigen) Beschaffung einer Bauleistung auszugehen.[64] Selbst in dem PPP-Vermietungsmodell, das einer herkömmlichen Miete am nächsten kommt, geht es nicht – wie für die Ausnahmeregelung des § 100 Abs. 2 lit. h GWB erforderlich – um die Miete eines bereits vorhandenen Gebäudes, sondern vielmehr um die Errichtung des Gebäudes nach spezifischen Vorgaben des Auftraggebers und um dessen langjährigen Betrieb durch den Auftragnehmer.

3.3 Beschaffungscharakter/Veräußerungsgeschäfte

Wie im Rahmen der Ausführungen zu § 100 Abs. 2 lit. h GWB bereits angesprochen, kommt es für die Anwendbarkeit des Vergaberechts auf PPP-Modelle darauf an, ob ein **Beschaffungsvorgang** eines öffentlichen Auftraggebers vorliegt.[65] **Keine** Anwendung findet das Vergaberecht auf die bloße Veräußerung von Vermögenswerten (Grundstücken oder Gesellschaftsanteilen) durch den öffentlichen Auftraggeber – diese ist kein öffentlicher Auftrag gemäß § 99 GWB.[66] Sofern der Auftraggeber also zum Beispiel eine Sale and Lease Back-Konstruktion realisiert, stellt der zunächst erfolgende Grundstücksverkauf an den Auftragnehmer isoliert betrachtet keine ausschreibungspflichtige Beschaffung der öffentlichen Hand dar. Gleiches gilt für die Einräumung eines Erbbaurechts. Der Verkauf von bebauten oder unbebauten Grundstücken bzw. die Einräumung dinglicher Rechte an Grundstücken unterfällt nicht dem Vergaberecht.[67] Das gilt grundsätzlich selbst dann, wenn der Verkauf an die Auflage geknüpft ist, auf dem Grundstück ein den Vorstellungen des öffentlichen Auftraggebers entsprechendes Objekt zu errichten.[68] Voraussetzung ist jedoch, dass der Private

---

[63] Vgl. VÜA Bund, Beschluss vom 7. 1. 1997, 1 VÜ 26/96, WuW/E Verg 49.

[64] Vgl. Art. 1 lit. a BKR; § 1 a Nr. 1 Abs. 1 S. 3 a.E. VOB/A: der Begriff des Bauauftrags umfasst ausdrücklich auch Mietkauf- und Leasing-Konstellationen; zur Abgrenzung des sachlichen Anwendungsbereichs des Vergaberechts auf Immobilienleasingkonstellationen vgl. auch Eschenbruch, Beilage zu BB 2000, 8, 11f.

[65] BayObLG, VergabeR 2003, 329 (331) m.w.N.; VK Baden-Württemberg, NZBau 2001, 406 (407); Otting, VergabeR 2002, 11, 12; Marx, in: Motzke/Pietzcker/Prieß, VOB/A, § 99 Rn. 10.

[66] Vgl. OLG Brandenburg, NZBau 2001, 645 (646); VÜA Niedersachsen, ZVgR 1998, 407, (408); Wilke, ZfBR 2004, 141 (147); Krutisch, NZBau 2003, 650 m.w.N.; Marx, NZBau 2002, 311 (313); Dreher, NZBau 2002, 245 (247f.) m.w.N.; Müller-Wrede, in: Ingenstau/Korbion, VOB Teile A und B, § 99 GWB Rn. 2, 13; Stickler, in: Reidt/Stickler/Glahs, Vergaberecht, § 99 GWB Rn. 43; Noch, Vergaberecht kompakt, S. 116f.

[67] VK Baden-Württemberg, NZBau 2001, 406 (407); VÜA Niedersachsen, ZVgR 1998, S. 407ff.

[68] VÜA Niedersachsen, ZVgR 1988, S. 407ff.

und nicht die öffentliche Hand bei wirtschaftlicher Betrachtung als „Beschaffer" des zu errichtenden Objekts erscheint. Gibt der öffentliche Auftraggeber die Einzelheiten des Objekts vor und ist vereinbart, dass er das Objekt nach Fertigstellung (zurück)kauft oder mittels eines langfristigen Vertrags zur Nutzung übernimmt, wird man von einer – ausschreibungspflichtigen – Beschaffung der Bauleistung durch den öffentlichen Auftraggeber ausgehen müssen (vgl. § 99 Abs. 3 Var. 2 GWB; § 1a Nr. 1 Abs. 1 S. 3 a.E. VOB/A).[69] Anders liegt es dagegen, wenn der Investor das Objekt auf eigene Kosten und auf eigenes Nutzungsoder Vermarktungsrisiko errichtet und der öffentliche Auftraggeber sich erst nach Fertigstellung zur Anmietung oder zum Erwerb des Objekts entschließt.

Nach der neueren vergaberechtlichen Rechtsprechung bei der Beurteilung von Rechtsgeschäften ist nicht die formale Betrachtung einzelner Vorgänge (Verkauf des Grundstücks, Errichtung eines Bauwerks, Vermietung des Bauwerks, Erwerb des bebauten Grundstücks), sondern eine **funktionale wirtschaftliche Gesamtbetrachtung** geboten. So sind auch formell nicht vom Vergaberecht erfasste Rechtsgeschäfte daraufhin zu überprüfen, ob sie wirtschaftlich der Auftragsvergabe eines öffentlichen Auftraggebers an einen Dritten gleichkommen.[70] Auch die Einräumung von Rechten an im Eigentum eines öffentlichen Auftraggebers stehenden Grundstücken ist danach jedenfalls dann als öffentlicher Auftrag anzusehen und insoweit ausschreibungspflichtig, wenn die Verträge mit Beschaffungsgeschäften eng verknüpft sind und insoweit in engem wirtschaftlichen und zeitlichen Zusammenhang mit der Beauftragung zur Erbringung bestimmter Leistungen stehen, d.h. wenn der öffentliche Auftraggeber bei wirtschaftlicher Betrachtung als „materieller Beschaffer" erscheint.[71] Sofern sich der Auftraggeber also in unmittelbarem Zusammenhang mit einem Veräußerungsgeschäft z.B. eine Bauleistung des Auftragnehmers beschafft, ist der gesamte Vorgang ausschreibungspflichtig. Gleiches gilt für an sich vergaberechtsfreie Mietgeschäfte mit Beschaffungsbezug.[72]

Ob eine Beschaffung einer Bauleistung im vergaberechtlichen Sinne anzunehmen ist oder ein Vorhaben als Veräußerungsgeschäft und/oder Immobiliengeschäft vergaberechtsfrei bleibt, hängt grundsätzlich von den Umständen des **Einzelfalls** ab. Als Indizien können insbesondere die folgenden Umstände dienen:

– Einfluss auf das Bauvorhaben:

Von wesentlicher Bedeutung ist, ob der öffentliche Auftraggeber im Rahmen der Vertragsbeziehung faktisch auf das Baugeschehen Einfluss nehmen kann. Gibt der öffentliche Auftraggeber die planerischen Einzelheiten vor, spricht dies für eine Beschaffung im Sinne des Vergaberechts durch den öffentlichen Auftraggeber (vgl. Art. 1 lit. a) BKR § 99 Abs. 3 Var. 2 GWB; § 1a Nr. 1 Abs. 1 S. 3 a.E. VOB/A). Gibt der Auftraggeber dagegen nur allgemeine Eckdaten vor, spricht das gegen eine Beschaffung des öffentlichen Auftraggebers.

---

[69] Vgl. Marx, in: Motzke/Pietzcker/Prieß, VOB/A, § 100 GWB Rn. 24, zum Fall, dass die Kommune das Grundstück nach Errichtung eines Bauwerks durch den Investor nach Ablauf einer „Schamfrist" zurückerwirbt.

[70] Vgl. z.B. OLG Brandenburg, NZBau 2001, 645 (646); VK Baden-Württemberg, NZBau 2003, 61 (62); VK Baden-Württemberg, NZBau 2001, 340 (344); VK Sachsen, Beschluss vom 9. 3. 2000, 1/SVK/71–00; VK Lüneburg, NZBau 2001, 51; *vgl. auch* Krutisch, NZBau 2003, 650f. m.w.N. und Eschenbruch, in: Niebuhr/Kulartz/Kus/Portz, Vergaberecht, § 99, Rn. 42f.

[71] Vgl. z.B. BayObLG, VergabeR 2003, 329 (331f.): Veräußerung oder Überlassung unterliegt den vergaberechtlichen Bestimmungen, wenn sie Element eines einheitlichen Vorgangs ist, der einen beschaffungsrechtlichen Bezug hat.

[72] Vgl. VK Baden-Württemberg, NZBau 2003, 61 (62): US-Cross-Border-Leasing-Transaktion ist funktional eine Umschuldung, also die Beschaffung einer Finanzdienstleistung; diese unterfällt nach Ansicht der Vergabekammer dem Ausnahmetatbestand des § 100 Abs. 2 lit. m GWB und damit nicht dem Anwendungsbereich des Vergaberechts.

– Die beabsichtigte Nutzung:

Ist von Anfang an geplant, dass der öffentliche Auftraggeber selbst das Objekt nach Fertigstellung länger nutzt, spricht das für eine Beschaffung durch den Auftraggeber.

– Überwiegendes Eigeninteresse:

Als weiteres Abgrenzungskriterium ist in der Rechtsprechung schließlich anerkannt, dass die Leistungen, die im überwiegenden Eigeninteresse des Leistungserbringers getätigt werden, nicht einem Auftrag im Sinne des Vergaberechts zuzuordnen sind, also keinen beschaffungsrechtlichen Bezug haben.[73]

– Umgehungsabsicht

Letztlich darf die Projekt- und Vertragskonstellation nicht dem Zweck dienen, die Vorschriften des Vergaberechts zu umgehen.[74]

Diese Indizien deuten bei PPP-Erwerbermodell, PPP-FMLeasingmodell, PPP-Vermietungsmodell, PPP-Inhabermodell und PPP-Contractingmodell insgesamt (trotz der enthaltenen Immobiliengeschäfte) eher auf einen Beschaffungscharakter im Sinne des Vergaberechts hin. In sämtlichen Modellen ist eine langjährige Nutzung der errichteten oder sanierten Bauwerke durch den Auftraggeber vorgesehen. Die Errichtung bzw. Sanierung der Gebäude erfolgt in allen Modellen gemäß den Festlegungen des Auftraggebers.

Im Einzelnen:

– PPP-Erwerbermodell:

Bei diesem Modell ist – wie auch bei den PPP-FMLeasingmodellen und PPP-Vermietungsmodellen – von Anfang an geplant, dass der öffentliche Auftraggeber das Objekt nach Fertigstellung längerfristig nutzt. Die Überlassungsverpflichtung richtet sich auf ein noch nicht existentes, vom Privaten zu errichtendes Gebäude und beinhaltet damit die Ausführung oder die Planung und Ausführung von Bauarbeiten durch den Auftragnehmer oder einen von diesem zu beauftragenden Dritten. Die Durchführung der Bauarbeiten und die Planung sollen nach den grundlegenden Vorgaben des Auftraggebers erfolgen. Damit ist grundsätzlich von einem ausschreibungspflichtigen Bauauftrag auszugehen. Das kann für das PPP-Erwerbermodell insbesondere auch deshalb nicht zweifelhaft sein, weil die festgelegte Nutzungsdauer einen für die Amortisation der Bauinvestition ausreichenden Zeitraum umfasst. Da vorgesehen ist, dass der öffentliche Auftraggeber das Objekt nach Ablauf der vorgesehenen Vertragslaufzeit übernimmt, liegt unabhängig von der Laufzeit des Nutzungsvertrags eine ausschreibungspflichtige Baubeschaffung seitens der öffentlichen Hand (und zusätzliche Beschaffung von Betreiberleistungen) gegen ein monatliches Gesamtentgelt vor; es handelt sich letztlich um einen Bauauftrag (kombiniert mit einem Dienstleistungsauftrag für den späteren Betrieb) mit gestreckter Finanzierung.

– PPP-FMLeasingmodell:

Das PPP-FMLeasingmodell unterscheidet sich vom PPP-Erwerbermodell vor allem dadurch, dass der Eigentumsübergang am Ende der Laufzeit weder automatisch noch unentgeltlich erfolgt. Für das Vertragsende besteht (als Alternative zur Rückgabe oder einer Nutzungsverlängerung) lediglich eine Kaufoption zu einem vorher festgesetzten Restkaufpreis. Gibt der Auftraggeber am Ende der Vertragslaufzeit das Gebäude wieder an den Auftragnehmer zurück, könnte der Beschaffungscharakter (auch mit Blick auf das nur auf Teilamortisation angelegte Entgelt) u. U. fraglich sein. Allerdings dürfte sich der öffentliche Auftraggeber letztlich selbst in diesem Fall angesichts der langjährigen, die übliche Betriebsdauer des Gebäudes abdeckenden Nutzungsdauer und seiner Einflussnahmemöglichkeit auf die Baugestaltung (Abweichungen von der Leistungsbeschreibung stehen unter Zustimmungsvorbehalt) Bauleistungen (und Dienstleistungen) beschaffen, die dem Vergaberecht bei wirtschaftlicher Gesamtbetrachtung nicht unter dem Gesichtspunkt des § 100 Abs. 2 lit. h GWB oder

---

[73] Vgl. VK Baden-Württemberg, Beschluss vom 19. 12. 2000, 1 VK 32/00.

[74] Vgl. Marx, in: Motzke/Pietzcker/Prieß, VOB/A, § 100 Rn. 24.

des Veräußerungscharakters einer evtl. vorgeschalteten Grundstücksveräußerung entzogen sind.

– PPP-Vermietungsmodell:

Das PPP-Vermietungsmodell unterscheidet sich von den vorstehenden Vertragsmodellen dadurch, dass für das Vertragsende eine Kaufoption zum Verkehrswert vorgesehen ist. Diese Endschaftsregelung schließt zunächst den gestreckten Erwerb einer Bauleistung zu feststehenden Konditionen aus.[75] Da der Vertragszweck hier hauptsächlich in der Gebrauchsüberlassung liegt, erscheint eine Ausschreibungsfreiheit nach § 100 Abs. 2 lit. h GWB als Mietgeschäft zumindest denkbar. Allerdings dürfte es sich letztlich auch bei diesem Vertragsmodell um ein ausschreibungspflichtiges Vorhaben handeln, wenn das zu mietende Gebäude speziell nach den Bedürfnissen des Auftraggebers errichtet (und nicht etwa ein bestehendes Gebäude vermietet wird) und diesem für einen wesentlichen Teil der typischen Lebensdauer zur Nutzung überlassen wird. Jedenfalls aber beschafft sich der Auftraggeber mit den umfassenden Betreiber- und Facility-Management-Leistungen des Auftragnehmers (ausschreibungspflichtige) Dienstleistungen, die über das hinausgehen, was ein Vermieter üblicherweise zu leisten hat.

– PPP-Inhabermodell:

Bei dem PPP-Inhabermodell und dem PPP-Contractingmodell verbleibt das Grundstückseigentum von vornherein beim Auftraggeber. Im PPP-Inhabermodell soll der private Auftragnehmer auf einem Grundstück des Auftraggebers ein Bauwerk errichten bzw. sanieren. Der Auftragnehmer erbringt mit der Sanierung nach den (u. U. nur groben) Vorgaben des Auftraggebers Bauleistungen, die durch Einbau automatisch ins Eigentum des Auftraggebers übergehen. Selbst wenn dem Auftragnehmer für die Vertragslaufzeit (vergaberechtsfrei) ein Recht an dem Grundstück des Auftraggebers eingeräumt wird, bleibt daher der Beschaffungscharakter des Gesamtpaketes bestehen.

– PPP-Contractingmodell:

Im PPP-Contractingmodell wird der Auftragnehmer zwar wie im PPP-Inhabermodell auf einem Grundstück des Auftraggebers tätig. Allerdings erbringt er keine oder zumindest nur untergeordnete Bauleistungen – Hauptgegenstand seiner Pflichten ist die Planung und Optimierung von Anlagen(-teilen) in Gebäuden des Auftraggebers. Das Eigentum an den eingebauten Anlagen geht im Regelfall nicht auf den Auftraggeber als Eigentümer des Gebäudes über, sondern verbleibt deswegen beim Auftragnehmer, weil von vornherein geplant ist, dass dieser die Anlage nach Ende der 10–15jährigen Vertragslaufzeit wieder aus dem Gebäude ausbaut (Scheinbestandteil). Da somit das Eigentum an den errichteten Anlagen in aller Regel nicht auf den Auftraggeber übergeht, die Planung und Ausführung vom Auftragnehmer selbst bestimmt wird und dieser auch allein nutzungsberechtigt an der Anlage ist, dürfte eine Beschaffung einer Bauleistung in diesem Vertragsmodell regelmäßig nicht vorliegen. Der Schwerpunkt scheint vielmehr auf der (ebenfalls grundsätzlich ausschreibungspflichtigen) Beschaffung von Betreiber- und sonstigen Dienstleistungen zu liegen.

Unabhängig von der Beschaffung von Bauleistungen ist allen fünf privatrechtlichen Vertragsmodellen gemeinsam, dass über die gesamte Vertragslaufzeit jedenfalls Dienstleistungen (Facility Management, Betrieb), die über die üblichen Verpflichtungen eines Vermieters hinausgehen, vom Auftraggeber beschafft werden. Da PPP-Modelle nach dem hier zugrundegelegten Ansatz grundsätzlich ein den gesamten Lebenszyklus abdeckendes „Gesamtpaket" von Planung, Bau, Betrieb und Verwertung umfassen sollen, ist davon auszugehen, dass auch im Hinblick auf den Beschaffungscharakter keine isolierte Betrachtung einzelner Teile der PPP erfolgen kann. Nach dieser Auffassung ist der Beschaffungscharakter in aller Regel zu bejahen.

---

[75] Vgl. hierzu auch: Horn, LKV 1996, 81 (82) (wohl zu weitgehend).

3.4 Gründung von gemischtwirtschaftlichen Unternehmen

Bei PPP-Projekten, die auf der Zusammenarbeit von öffentlicher Hand und Privaten aufbauen, sinnvoll und durchaus üblich ist die Gründung eines sog. „Joint Ventures" zwischen öffentlicher Hand und privatem Partner (häufig im Verhältnis öffentliche Hand 51% – Privater 49%) zur Durchführung bzw. Weitervergabe der geplanten Bau- und Dienstleistungen während der Vertragslaufzeit. Diese als PPP-Gesellschaftsmodell vorgestellte Vorgehensweise ist grundsätzlich in Kombination mit sämtlichen übrigen Vertragsmodellen denkbar. Die Gründung eines gemischtwirtschaftlichen Unternehmens durch die öffentliche Hand und einen Privaten kann entweder durch Übertragung von Anteilen an einer 100%igen Eigengesellschaft des öffentlichen Auftraggebers auf die neue Gesellschaft oder durch direkten Anteilserwerb des privaten Partners an der neuen Gesellschaft erfolgen. Der Abschluss eines Gesellschaftsvertrages oder die Veräußerung von Vermögensgegenständen wie z.B. Gesellschaftsanteilen fällt nicht unter die in § 99 GWB aufgeführten Beschaffungsverträge der öffentlichen Hand[76] und stellt somit für sich genommen keinen ausschreibungspflichtigen, vergaberechtlich relevanten Vorgang dar. Nach der von der neueren vergaberechtlichen Rechtsprechung geforderten „wirtschaftlichen Gesamtbetrachtung" von Vergabevorgängen unterliegt allerdings auch die isoliert betrachtet vergaberechtsfreie Auswahl des privaten Partners bzw. Gründung des gemischtwirtschaftlichen Unternehmens dann vergaberechtlichen Ausschreibungspflichten, wenn im Zusammenhang damit eine Auftragsvergabe an das Unternehmen erfolgt, die § 99 GWB unterfällt.[77]

Von einem ausschreibungspflichtigen Auftrag ist nach allgemeiner Auffassung nicht auszugehen, wenn ein sog. **„In-house-Geschäft"** vorliegt. Die Beauftragung einer zu 100% von der öffentlichen Hand gehaltenen privatrechtlichen Eigengesellschaft bleibt als „Eigengeschäft" vergaberechtsfrei, weil sich die Aufgabenübertragung materiell nur als interne Organisationsmaßnahme darstellt.[78] Ein „In-house-Geschäft" hat nach der EuGH-Rechtsprechung[79] zur Voraussetzung, dass der öffentliche Auftraggeber Anteilseigner[80] des Auftragnehmers ist, über diesen eine Kontrolle „wie über eine eigene Dienststelle" ausübt und der Auftragnehmer seine Tätigkeit „im Wesentlichen für den Auftraggeber" ausführt.

Der konkrete Bedeutungsgehalt und die Reichweite der genannten Merkmale eines Eigengeschäftes waren im Einzelnen bisher äußerst umstritten.[81]

---

76 OLG Brandenburg, NZBau 2001, 645 (646); Krutisch, NZBau 2003, 650 m.w.N.; Schröder, NJW 2002, 1831; Dreher, NZBau 2002, 245 (247f.) m.w.N.; Marx, NZBau 2002, 311 (313); Burgi, NVwZ 2001, 601 (605); Noch, Vergaberecht kompakt, S. 116f; Boesen, Vergaberecht, § 100 GWB Rn. 105.

77 OLG Brandenburg, NZBau 2001, 645 (646); VK Brandenburg, Beschluss vom 17. 9. 2002 – VK 50/02; VK Lüneburg, Beschluss vom 26. 4. 2002 – 203-VgK-06/2002; VK Köln, Beschluss vom 11. 12. 2001 – VK 20/01; VK Südbayern, Beschluss vom 24. 10. 2001 – 1–32–09/01; VK Baden-Württemberg, NZBau 2001, 340; VK Sachsen, Beschluss vom 14. 8. 2000 – 1/SVK/71–00; VK Düsseldorf, NZBau 2001, 46; VK Lüneburg, NZBau 2001, 51.

78 OLG Brandenburg, VergabeR 2003, 168 (171); Marx, NZBau 2002, 311 (314); Dreher, in: Immenga/Mestmäcker, GWB, § 99 Rn. 26 m.w.N. in Fn. 49.

79 EuGH, Urt. v. 18. 11. 1999, Rs. C-107/98, Slg. 1999, I-8121 (8154) Rdnr. 50 – Teckal; EuGH, Urt. v. 7. 12. 2000, Rs. C-94/99, Slg. 2000, I-11037 (11080) Rdnr. 40 – ARGE Gewässerschutz.

80 Nach OLG Düsseldorf, VergabeR 2004, 63 (66) genügt auch der mittelbare Anteilsbesitz innerhalb von (kommunalen) Holding-Strukturen. Solange in Bezug auf das letztlich mit der (Dienst)Leistung zu betrauende (Enkel-)Unternehmen die Voraussetzungen für ein vergaberechtsfreies Eigengeschäft erfüllt sind, sei es vergaberechtlich ohne Belang, ob ein „zwischengeschaltetes" Tochterunternehmen ebenfalls die Voraussetzungen für ein In-House-Geschäft erfüllt.

81 Umfassende Nachweise zum Streitstand bei Hausmann/Greb, VergabeR 2004, 67; vgl. auch die Kritik von Dreher, NZBau 2004, 14 (15): kein subsumtionsfähiger Tatbestand.

Der *Bundesgerichtshof* stellte – obgleich ihm ein Fall der 100%-igen Beteiligung vorlag – ebenfalls auf die konkreten Einfluss- und Steuerungsmöglichkeiten auf Grund der gesellschaftsvertraglich geregelten Organisationsstruktur ab.[82] Auch in der vergaberechtlichen Literatur wurde bisher ganz überwiegend an die konkrete gesellschaftsrechtliche Kompetenzverteilung angeknüpft.[83] Das OLG Naumburg hat dem EuGH die Frage zur Klärung vorgelegt, ob eine sog. Beteiligungsgesellschaft der öffentlichen Hand mit einer privaten gesellschaftsrechtlichen Mitbeteiligung überhaupt und falls ja, unter welchen Voraussetzungen, dem internen Geschäftsbetrieb des öffentlichen Auftraggebers („In-House") zugerechnet werden kann.[84] Der EuGH hat in seinem Urteil vom 11. 1. 05 (Rs. C-26/03 – „Stadt Halle") angesichts des **Ausnahmecharakters** des vergabefreien Eigengeschäftes eine enge Auslegung vorgenommen. Der EuGH stellt in Rn. 49 des Urteils klar, dass die „auch nur minderheitliche Beteiligung eines privaten Unternehmens am Kapital einer Gesellschaft, an der auch der betreffende öffentliche Auftraggeber beteiligt ist, es auf jeden Fall aus[schließt], dass der öffentliche Auftraggeber über diese Gesellschaft eine ähnliche Kontrolle ausübt wie über seine eigenen Dienststellen". Die Annahme einer ausschreibungsfreien In-House-Vergabe kommt danach bei jeglicher (auch Minderheits-)Beteiligung eines Privaten an der zu beauftragenden Gesellschaft nicht in Betracht.

Umstritten ist weiterhin, wann der Auftragnehmer noch im Wesentlichen für den Auftraggeber tätig ist. Die wohl überwiegende Auffassung verlangt in Analogie zu Art. 13 Abs. 1 SKR (entspricht Art. 23 Abs. 3 der neuen Sektorenrichtlinie 2004/17/EG) und § 10 VgV, dass der Auftragnehmer mindestens 80% seiner Umsätze mit Leistungen für den Auftraggeber erzielt.[85] Die Gegenauffassung fordert darüber hinausgehend, dass sich die Tätigkeit „nahezu ausschließlich" auf den öffentlichen Leistungsempfänger beschränkt. Die gewerbliche Tätigkeit für Dritte dürfe allenfalls „eine untergeordnete Stellung" einnehmen.[86] Auch diese Frage hat das OLG Naumburg dem EuGH zur Entscheidung vorgelegt – allerdings lediglich für den Fall, dass der EuGH eine In-House-Vergabe an eine gemischtwirtschaftliche Gesellschaft für möglich hielte. Da der EuGH bereits die erste Frage verneinte, war über die weitere Frage nicht mehr zu entscheiden.

Die Frage der Ausschreibungspflicht von gesellschaftsrechtlichen Kooperationen stellt sich auch, wenn die öffentliche Hand zunächst eine 100%ige Eigengesellschaft im Wege eines dann unstreitig vergaberechtsfreien Eigengeschäftes beauftragt und anschließend Gesellschaftsanteile an dieser beauftragten Eigengesellschaft an einen privaten Investor verkauft und diesen somit über seine Stellung als Gesellschafter an dem Auftrag beteiligt. Trotz Ausschreibungsfreiheit beider Einzelelemente In-house-Vergabe und Anteilsverkauf ist auf Grund des vergaberechtlichen Umgehungsverbotes unter Zugrundelegung der wirtschaftlichen Gesamtbetrachtung der

[82] BGH, NZBau 2001, 516 (519).

[83] Vgl. Jasper/Pooth, VergabeR 2003, 613 (619); Jaeger, in: Büdenbender/Kühne (Hrsg.), Das neue Energierecht in der Bewährung, 2002, S. 467f.; Müller-Wrede, in: Ingenstau/Korbion, VOB Teile A und B, § 99 GWB Rn. 11; Stickler, in: Reidt/Stickler/Glahs, Vergaberecht, § 99 GWB Rn. 5c; Masing, ZfBR 2002, 450, 453; Dreher, NZBau 2001, 360 (363); Prieß, Handbuch des europäischen Vergaberechts, S. 112.

[84] OLG Naumburg, NZBau 2003, 224.

[85] VK Halle, Beschluss vom 27. 5. 2002 – VK Hal 03/02; VK Südbayern, Beschluss vom 23. 10. 2001 – 32–09/01; Jasper/Pooth, VergabeR 2003, 613 (621); Stickler, in: Reidt/Stickler/Glahs, Vergaberecht, § 99 GWB Rn. 5c; Marx, NZBau 2002, 311 (315); Endler, NZBau 2002, 125 (132); Faber, DVBl. 2001, 248 (254f.); Müller, NZBau 2001, 416 (420f.); Eschenbruch, in: Niebuhr/Kulartz/Kus/Portz, Vergaberecht, § 99 Rn. 62 Gnittke/Siederer, ZVgR 2000, 236.

[86] GA Leger, Schlussanträge – Rs. C-94/99, Slg. 2000, I-11054 Rdnr. 81 – ARGE Gewässerschutz; Müller-Wrede, in: Ingenstau/Korbion, VOB Teile A und B, § 99 GWB Rn. 12; Jaeger, in: Büdenbender/Kühne (Hrsg.), Das neue Energierecht in der Bewährung, 2002, S. 464; Dreher, NZBau 2001, 360 (363).

neueren Rechtsprechung auch hier ein insgesamt dem Vergaberecht unterfallender Beschaffungsvorgang anzunehmen – jedenfalls dann, wenn Auftragsvergabe und Anteilsverkauf in unmittelbarem zeitlichen Zusammenhang erfolgen.[87] Die in der Literatur stark vertretene Auffassung, auch der zeitlich spätere Verkauf von Geschäftsanteilen an einer langfristig (in house) beauftragten Eigengesellschaft unterfalle dem Vergaberecht,[88] ist von der Rechtsprechung noch nicht endgültig bestätigt oder verworfen worden.[89]

Nach der dargestellten Rechtsprechung lässt sich die Ausschreibungspflicht demnach weder durch gestufte Gründungsprozesse noch durch gestuftes Vorgehen umgehen. Die Ausschreibungspflicht entfällt nicht, wenn zunächst eine 100%ige Eigengesellschaft gegründet wird, dieser vorab im Wege des vergaberechtsfreien In-house-Geschäfts ein Auftrag erteilt wird und anschließend Anteile an der Gesellschaft an den Kooperationspartner veräußert werden.[90] Auch die Beauftragung einer 100%igen Tochtergesellschaft im Wege des In-house-Geschäfts durch den öffentlichen Auftraggeber und die anschließende Gründung und Unterbeauftragung einer gemischtwirtschaftlichen Enkelgesellschaft durch die Tochtergesellschaft und einen privaten Kooperationspartner wird vergaberechtlich als Einheit angesehen und lässt die Ausschreibungspflicht nicht entfallen.[91] Letztlich kann die Entscheidung, inwieweit bei Gründung eines gemischtwirtschaftlichen Unternehmens im Rahmen von PPP eine vergaberechtliche Ausschreibungspflicht besteht, jedoch jeweils nur im Einzelfall erfolgen.

4. Ausschreibungsregime für die untersuchten PPP-Modelle

4.1 Ausschreibungspflichten für den Auftraggeber

– Betreibermodelle

Die PPP-Erwerber-, PPP-FMLeasing-, PPP-Vermietungs-, PPP-PPP-Inhaber- und PPP-Contractingmodelle enthalten Elemente sog. Betreibermodelle. Unter Betreibermodellen im vergaberechtlichen Sinne werden unterschiedliche Konstruktionen verstanden, bei denen der Auftragnehmer ergänzend zu einer Bauleistung den Betrieb, die Instandhaltung, die Wartung bzw. sonstige Facility-Management-Aufgaben auf Rechnung des Auftraggebers übernimmt. Ein Privatunternehmen errichtet also z. B. nicht nur ein neues Gebäude für den öffentlichen Auftraggeber, sondern „betreibt" es auch eigenverantwortlich über den gesamten Nutzungszeitraum. Im Gegenzug erhält es vom Auftraggeber ein im Voraus festgelegtes Betreiberentgelt. Von der Konzession unterscheidet sich ein Betreibermodell dadurch, dass der öffentliche Auftraggeber und nicht etwaige Drittnutzer den Betreiber vergüten[92]

[87] Vgl. OLG Brandenburg, NZBau 2001, 645 (646); VK Brandenburg, Beschluss vom 17. 9. 2002 – VK 50/02; VK Lüneburg, Beschluss vom 26. 4. 2002 – 203-VgK-06/2002; VK Köln.

[88] Müller-Wrede, in: Ingenstau/Korbion, VOB Teile A und B, § 99 GWB Rn. 13; Dreher, NZBau 2002, 245 (249 f.); Endler, NZBau 2002, 126 (133); Jaeger, in: Büdenbender/Kühne (Hrsg.), Das neue Energierecht in der Bewährung, 2002, S. 471; ders., NZBau 2001, 6 (10); Boesen, Vergaberecht, § 100 Rn. 106; Otting, VergabeR 2002, 11 (16 f.); *ablehnend bei fehlender subjektiver Umgehungsabsicht:* Krutisch, NZBau 2003, 650 f.; Schröder, NJW 2002, 1831 (1832); Burgi, NVwZ 2001, 601 (605).

[89] Lediglich OLG Brandenburg, NZBau 2001, 645 (646) deutete in einem obiter dictum an, dass ein zeitlicher Zusammenhang nicht erforderlich sei bzw. ein Zeitraum von 6 Jahren zwischen Beauftragung und Anteilsverkauf jedenfalls nicht per se den wirtschaftlichen Gesamtzusammenhang ausschließe.

[90] VK Düsseldorf, NZBau 2001, 46: Auftragserteilung an Eigengesellschaft der Gemeinde als Auftragserteilung an gemischtwirtschaftliches Unternehmen anzusehen, wenn Alleineigentum der Gemeinde an der Gesellschaft nur gewolltes Durchgangsstadium zur Kooperationsgesellschaft.

[91] VK Baden-Württemberg, NZBau 2001, 340.

[92] Vgl. Dreher, NZBau 2002, 245, 258; Opitz, ZVgR 2000, 108; Marx, in: Motzke/Pietzcker/Prieß, VOB/A, § 99 Rn. 18.

und dass der Betreiber, anders als der Konzessionär, nicht das Nutzungsrisiko trägt. Grundsätzlich muss die Vergabe der in Betreibermodellen regelmäßig enthaltenen Aufträge im Sinne des § 99 GWB im Einklang mit den Vorschriften der jeweils anwendbaren Verdingungsordnung erfolgen und oberhalb der Schwellenwerte europaweit ausgeschrieben werden.

– PPP-Erwerbermodell:

Das PPP-Erwerbermodell ist als öffentlicher Auftrag (§ 99 GWB) ausschreibungspflichtig. Die Schwellenwerte für eine europaweite Bekanntmachungspflicht dürften in aller Regel überschritten sein. Eine Ausnahme von der Ausschreibungspflicht nach § 100 Abs. 2 lit. h GWB kommt nicht in Betracht. Das Gesamtpaket Planung, Bau, Betrieb und Eigentumsübertragung am Ende der Vertragslaufzeit stellt sich bei wirtschaftlicher Betrachtung anhand der oben dargelegten Indizien als ausschreibungspflichtige Beschaffung durch die öffentliche Hand dar.

Welcher Verdingungsordnung der Auftrag unterfällt, muss nach der Schwerpunkttheorie bestimmt werden. Angesichts der zahlreichen Dienstleistungsverpflichtungen (Facility Management, Sicherheitsdienste, Catering, etc.), die dem Auftragnehmer neben der Errichtung des Gebäudes auferlegt werden, ist jedoch ein Überwiegen des Werts und des Gewichts dieser Dienstleistungskomponenten gegenüber der Bauleistung durchaus denkbar. Der Gesamtauftrag unterfällt dann der VOL/A und nicht der VOB/A.

Das PPP-Erwerbermodell (wie im Übrigen auch die anderen genannten Betreibermodelle) hat Auftrags- und nicht Konzessionscharakter. Denn als Gegenleistung für die Erbringung der Bau, Finanzierungs-, Planungs- und Dienstleistungen ist die Zahlung eines regelmäßigen Entgelts durch den Auftraggeber vorgesehen, mit dem der Auftragnehmer seine Kosten refinanzieren kann. Dem Auftragnehmer obliegt somit nicht – wie für eine Konzession erforderlich – das Risiko der Nutzung des Bauwerks oder der Dienstleistung durch Dritte. Die Vergabe eines PPP-Projekts in der Form des PPP-Erwerbermodells ist daher europaweit bekannt zu machen und unterliegt – je nach Schwerpunkt – den Regelungen der VOB/A oder der VOL/A.

– PPP-FMLeasingmodell:

Das PPP-FMLeasingmodell ist weitgehend entsprechend dem vorstehenden Vertragsmodell zu beurteilen. Trotz weniger eindeutiger Heimfallregelung muss auch bei dem PPP-FMLeasingmodell von einem Bauauftrag und nicht von einer Miete nach § 100 Abs. II lit. h GWB ausgegangen werden, da die Errichtung des Gebäudes nach gewissen Vorgaben des Auftraggebers wiederum Vorbedingung der von Anfang an geplanten langjährigen Nutzung durch den Auftraggeber ist. Reine Sale and Lease Back-Konstruktionen, d.h. Verkauf eines im Eigentum der öffentlichen Hand stehenden Gebäudes und Leasing dieses **bestehenden** Gebäudes vom neuen Eigentümer, sind in der Regel als Finanzdienstleistungen nach § 1 a Nr. 2 VOL/A i.V.m. Anhang I A Nr. 6 auszuschreiben. Da in dem PPP-FMLeasingmodell jedoch eine Verpflichtung zur Errichtung und zum Betrieb eines Gebäudes für den Auftraggeber enthalten ist, bleibt es bei der Ausschreibungspflicht als – je nach Schwerpunkt – Bau- oder Dienstleistungsauftrag.

– PPP-Vermietungsmodell:

Für das PPP-Vermietungsmodell ergeben sich gegenüber den vorstehenden Vertragsmodellen keine Abweichungen hinsichtlich der vergaberechtlichen Beurteilung.

– PPP-Inhabermodell:

Die Erbringung von Bau- und Dienstleistungen für den Auftraggeber auf dessen Gelände unterfällt ebenfalls als öffentlicher Auftrag dem Vergaberecht. Eine Ausnahme wegen der Einräumung von Rechten am Grundstück des Auftraggebers für den Auftragnehmer besteht nicht, da der Auftragnehmer im Interesse des Auftraggebers und nach dessen Vorstellungen Bau- und Dienstleistungen erbringt.

– PPP-Contractingmodell:

Für das PPP-Contractingmodell ergeben sich gegenüber dem PPP-Inhabermodell insofern keine maßgeblichen Unterschiede als der Beschaffungscharakter ebenfalls grundsätzlich zu bejahen sein dürfte. Allerdings liegt bei der Durchführung von bloßen Optimierungsleistungen bezüglich bereits eingebauter Anlagen und kleineren Einbauleistungen in Gebäuden des Auftraggebers in diesem Modell im Vergleich zu den im PPP-Inhabermodell zu erbringenden Sanierungs- und Bauleistungen an Gebäuden des Auftraggebers ein Dienstleistungsschwerpunkt des Gesamtauftrages näher.

– PPP-Konzessionsmodell

Im Rahmen des Konzessionsmodells erhält der Private als Gegenleistung für die von ihm erbrachten Leistungen anstelle einer Vergütung in Geld das Recht, seine Kosten über Entgelte oder Gebühren von Drittnutzern zu finanzieren. Die Endschaftsregelung (automatischer Eigentumsübergang auf Konzessionsgeber?, mit/ohne festvereinbarte Schlusszahlung etc.) ist relativ frei gestaltbar. Insofern sind sämtliche in den bisher dargestellten Vertragsmodellen enthaltenen Regelungen grundsätzlich denkbar. Entscheidender Unterschied zu diesen Modellen ist bei der Konzession jedoch, dass der Konzessionär nicht wie der dortige Auftragnehmer vom Auftraggeber ein festes regelmäßiges Entgelt erhält, über das er seine Kosten refinanzieren kann, sondern statt dessen ein Recht zur Nutzung des von ihm errichteten Bauwerks oder von ihm erbrachter Dienstleistungen erhält und sich über Entgelte von Drittnutzern seiner Leistung refinanzieren muss. Entscheidend für die Bejahung einer Baukonzession – im Gegensatz zu einem traditionellen Bauauftrag, der weitergehenden vergaberechtlichen Anforderungen unterliegt – ist, dass der Konzessionär nicht vorrangig im Interesse des Konzessionsgebers, sondern im Eigeninteresse tätig wird.

Ist das Gesamtvorhaben im Einzelfall in Abgrenzung vom Bauauftrag als Konzession und in Abgrenzung zur Dienstleistungskonzession nach der Schwerpunkttheorie[93] als Baukonzession einzuordnen, muss die Vergabe nicht wie bei Bauaufträgen grundsätzlich im Wege eines formellen Verfahrens wie des Offenen oder Nichtoffenen Verfahrens erfolgen. Der Auftraggeber kann ohne weiteres das Verhandlungsverfahren wählen und muss lediglich die Bekanntmachungsvorschriften der § 32a VOB/A, Art. 11 Abs. 3, 6, 7 und 9–13, Art. 15 der EG-Baurichtlinie beachten.[94] Auch außerhalb eines förmlichen Verfahrens zu berücksichtigen bleiben allerdings die allgemeinen Grundsätze der Nichtdiskriminierung, Transparenz, Verhältnismäßigkeit und gegenseitigen Anerkennung.

Überwiegt bei einem als Konzession ausgestalteten PPP-Modell der Dienstleistungsanteil, so ist das damit als Dienstleistungskonzession zu qualifizierende Vertragswerk grundsätzlich vergaberechtsfrei. Im Rahmen der vorgestellten PPP-Modelle mit langjähriger Übertragung des Betriebs öffentlicher Infrastruktureinrichtungen auf Private zusätzlich zur Bauleistung am Beginn des Projekts ist ein solches Überwiegen der Dienstleistungselemente durchaus denkbar: Die langjährigen Betreiberentgelte werden teilweise die Anfangsinvestitionen in das Bauwerk wertmäßig überwiegen und die Hauptzielsetzung der Projekte ist u.U. nicht so sehr die Errichtung des Gebäudes, sondern die Sicherung des Weiterbestandes und Betriebs z.B. eines öffentlichen Schwimmbades oder Konzerthauses. Die Dienstleistungskonzession fällt nicht in den Anwendungsbereich der europäischen Vergaberichtlinien[95] und ist vom

---

[93] Oder nach der von Teilen der Rechtsprechung in Deutschland angewandten Kontaminierungstheorie (vgl. Abschnitt 3.1.2.).

[94] In der neuen Basisrichtlinie 2004/18/EG werden die Bekanntmachungspflichten bei Vergabe einer Baukonzession in Art. 58 geregelt.

[95] So nunmehr ausdrücklich Art 17 der EG-Richtlinie 2004/18/EG; Mitteilung der Kommission zu Auslegungsfragen im Bereich Konzessionen im Gemeinschaftsrecht 2000/C 121/02, Abl. EG vom 29. 4. 2000, Entwurf vom 24. 2. 1999, 1999/C 94/04, Abl. EG C 94 vom 7. 4. 1999, 4; vgl. auch ABl. EG 1998/C 21/53–54.

Anwendungsbereich der VOL/A ausgeschlossen.[96] Sie unterliegt daher keinen Ausschreibungspflichten; bei ihrer Vergabe müssen jedoch die genannten allgemeinen Prinzipien des Gemeinschaftsrechts Beachtung finden.[97]

– PPP-Gesellschaftsmodell

Für die Durchführung von PPP-Modellen kann es sich empfehlen, ein gemischtwirtschaftliches Unternehmen zu gründen, das die Unterbeauftragung der einzelnen Leistungserbringer übernimmt und durch eine einheitliche Planung und Koordination dazu beiträgt, Schnittstellenprobleme zwischen einzelnen Ausführenden und Verständigungsschwierigkeiten zwischen Auftraggeber und Auftragnehmer zu verhindern. Grundsätzlich unterfällt die Gründung eines solchen gemischtwirtschaftlichen Unternehmens nicht dem Vergaberecht. Eine andere Beurteilung kann auf Grund einer wirtschaftlichen Gesamtbetrachtung dann geboten sein, wenn die Gründung der Gesellschaft in unmittelbarem Zusammenhang mit der Vergabe eines ausschreibungspflichtigen Auftrags an die Gesellschaft steht.[98] Ein Auftrag an das gemischtwirtschaftliche Unternehmen kann – jedenfalls bei der typischen Anteilsverteilung von 51% öffentlicher Hand und 49% privatem Investor – nach der aktuellen europäischen und deutschen Rechtsprechung nicht als vom Anwendungsbereich des Vergaberechts auszunehmende „In-House-Vergabe" betrachtet werden. Er unterliegt damit in aller Regel dem Vergaberecht – und mit ihm die zur Durchführung dieses Auftrags erfolgte Gründung des gemischtwirtschaftlichen Unternehmens. Eine weitere Ausnahme von der Ausschreibungsfreiheit von Anteilsverkäufen und Gesellschaftsgründungen wird im Fall der Aufnahme eines privaten Partners in eine bereits „In-House" (ohne Ausschreibung) beauftragte 100%-Tochtergesellschaft der öffentlichen Hand gemacht.[99]

4.2 Ausschreibungspflichten für die Vergabe von Aufträgen auf der „2. Stufe"

Die Frage der Ausschreibungspflicht stellt sich nicht nur auf der Ebene der Auswahl und Beauftragung des privaten Partners durch die öffentliche Hand, sondern auch bezüglich der bei PPP typischerweise im Anschluss erfolgenden Beauftragung privater Unternehmen mit den durchzuführenden Bauarbeiten und Dienstleistungen durch den erfolgreichen Bieter bzw. das neugegründete gemischt-wirtschaftliche Unternehmen. Privatunternehmen, die nicht in bestimmten Sektoren der öffentlichen Daseinsvorsorge tätig sind (Sektorenauftraggeber), sind nach Vergaberecht grundsätzlich **nicht** zur Ausschreibung der von ihnen vergebenen Aufträge verpflichtet.

– Weitervergabe von Bauleistungen an Nachunternehmer

Der mit dem **PPP-Beschleunigungsgesetz** vom 1. 9. 2005[100] neu eingeführte § 6 Abs. 2 Nr. 2 VgV stellt nunmehr klar, dass der Auftragnehmer jegliche Bauleistungen an einen Nachunternehmer vergeben kann.

Der Auftragnehmer ist nicht verpflichtet, einen wesentlichen Anteil der vertraglichen Leistung als Eigenanteil zu erbringen.[101] Der ebenfalls mit dem PPP-Beschleunigungsgesetz neu eingeführte § 6 Abs. 2 Nr. 3 VgV stellt klar, dass der Auftragnehmer bei der Weitervergabe von Bauleistungen an Nachunternehmer lediglich die Bestimmungen des Teiles B der

---

[96] Vgl. VÜA Bayern, Beschluss vom 28. 8. 1998, VÜ 16/97.

[97] EuGH, Urt. v. 7. 12. 2000, Rs. C-324/98, Slg. 2000, I-10745 – Telaustria.

[98] Vgl. OLG Brandenburg, DB 1999, 1793; VK Lüneburg, NZBau 2001, 51; VK Sachsen, AbfallPrax 2000, 199; VK Düsseldorf, NZBau 2001, 46.

[99] Vgl. hierzu oben unter Abschnitt 3.4.

[100] Gesetz zur Beschleunigung der Umsetzung von öffentlich privaten Partnerschaften und zur Verbesserung gesetzlicher Rahmenbedingungen für Öffentlich Private Partnerschaften, BGBl. Teil I Nr. 56 vom 7. 9. 2005, S. 2676.

[101] Vgl. hierzu Abschnitt 7.4.

VOB zugrunde zu legen hat. Eine Ausschreibungspflicht besteht für die Weitervergabe der Bauleistungen daher grundsätzlich nicht. § 4 Nr. 8 Abs. 2 VOB/B, der Auftragnehmer bei der Weitervergabe von Bauleistungen an Nachunternehmer zur Anwendung der VOB verpflichtet, ist dementsprechend auszulegen. Unabhängig hiervon ist eine Weitervergabe von Leistungen an Nachunternehmer jedoch immer dann ausschreibungspflichtig, wenn der Auftragnehmer selbst öffentlicher Auftraggeber im Sinne von § 98 GWB ist (möglich z.B. bei Gemischtwirtschaftlichen Unternehmen).

– Auftragsvergabe durch Gemischtwirtschaftliche Unternehmen

Für gemischtwirtschaftliche Unternehmen können sich Ausschreibungspflichten ausnahmsweise dann ergeben, wenn sie als Auftraggeber im Sinne des § 98 GWB anzusehen sind.[102]

Gemäß § 98 Nr. 2 GWB ist die Auftraggebereigenschaft zu bejahen, wenn eine juristische Person des öffentlichen oder privaten Rechts zu dem Zweck gegründet wurde, im Allgemeininteresse liegende Aufgaben nicht gewerblicher Art zu erfüllen und von staatlichen Gebietskörperschaften, deren Sondervermögen oder Verbänden von öffentlichen Auftraggebern durch Beteiligung oder auf sonstige Weise überwiegend finanziert oder beherrscht wird. Von einer überwiegenden Finanzierung ist auszugehen, wenn die öffentliche Hand zu mehr als 50% an dem Gesellschaftskapital der gemischtwirtschaftlichen Gesellschaft beteiligt ist.[103] Der dadurch vermittelte tatsächliche Einfluss ist nach ganz h.M. unerheblich.[104] Umgekehrt kann auch bei einer Minderheitsbeteiligung bei entsprechender Ausgestaltung eine beherrschende Stellung der öffentlichen Hand vorliegen (verlängerter Arm des Staates).[105] Schwierig abzugrenzen ist das Merkmal der Gründung zum Zweck der Wahrnehmung „im Allgemeininteresse liegender Aufgaben nicht gewerblicher Art". Der Begriff des Allgemeininteresses ist gemeinschaftsrechtlich weit auszulegen[106] und im Gegensatz zum reinen Individualinteresse zu verstehen. Darunter fallen nicht nur eng mit der öffentlichen Ordnung und dem institutionellen Funktionieren des Staates verknüpfte genuin staatliche Aufgaben,[107] sondern auch sonstige Aufgaben der Daseinsvorsorge und Förderung des Gemeinwohls, deren Erfüllung der Staat ohne Rücksicht auf wirtschaftliche Kostendeckung erfüllen will/muss.[108] Um die Auftraggebereigenschaft nach § 98 Nr. 2 GWB zu bejahen,

---

[102] Die Vergabekammer des Bundes hat in ihrer Entscheidung vom 12. 12. 2002, VK 1 – 83/02 ausdrücklich klargestellt, dass ein Einzel-Beschaffungsakt eines unter § 98 GWB fallenden Auftraggebers nicht dadurch dem Vergaberecht entzogen werden kann, dass zuvor die Gründung sowie die Aufgaben und Leistungspflichten dieses öffentlichen Auftraggebers auf Grund eines öffentlichen Vergabeverfahrens festgelegt wurden.

[103] BayObLG, Beschluss vom 10. 9. 2002, Verg 23/02: entscheidend sei nicht die Finanzierung oder Beherrschung eines Aufgabenteils, sondern des Rechtsträgers als solchen durch den Staat; vgl. auch VÜA Bund, Beschluss vom 24. 4. 1998, 1 VÜ 15/98.

[104] EuGH, Urt. v. 3. 10. 2000, Rs. C-380/98, Slg. 2000, I-8035 ff. – University of Cambridge; Marx, in: Motzke/Pietzcker/Prieß, VOB/A, § 98 Rn. 10; Dreher, in: Immenga/Mestmäcker, GWB, § 98 Rn. 46.

[105] OLG Düsseldorf, Beschluss vom 30. 4. 2003, Verg 67/02; VK Bund, Beschluss vom 12. 12. 2002, VK 1–83/02; keine Aufsicht des Staates über die Leitung der betreffenden Einrichtung hingegen bei bloßer nachprüfender Kontrolle der Leitung der Einrichtung, EuGH, Urt. v. 27. 2. 2003, Rs. C-373/00, Slg. 2003, I-1931 – Adolf Truley.

[106] EuGH, Urt. v. 22. 5. 2003, Rs. C-18/01, Slg. 2003, I-5345 – Varkauden; EuGH, Urt. v. 27. 2. 2003, Rs. C-373/00, Slg. 2003, I-1931 – Adolf Truley; VK Brandenburg, Beschluss vom 1. 10. 2002, VK 53/02: regionale Wirtschafts- und Strukturförderung (+); VK Bund, Beschluss vom 12. 12. 2002, VK 1 – 83/02: Deckung des Sachbedarfs der Bundeswehr (+); VK Brandenburg, Beschluss vom 17. 5. 2002, VK 23/02: Daseinsvorsorge im ÖPNV (+).

[107] EuGH, Urt. v. 15. 1. 1998, Rs. C-44/96, Slg. 1998, I-73 – Mannesmann Anlagenbau Austria; EuGH, Urt. v. 10. 11. 1998, Rs. C-360/96, Slg. 1998, I-6821 – BFI Holding.

[108] Und auf die er einen entscheidenden Einfluss haben möchte, vgl.: EuGH, Urt. v. 27. 2. 2003, Rs. C-373/00, Slg. 2003, I-1931 – Adolf Truley. Als Indiz kann die Aufzählung in Anhang I zur BKR

reicht es schon aus, wenn ein Unternehmen **auch** solche Aufgaben erfüllt.[109] Hat ein gemischtwirtschaftliches Unternehmen z. B. die Aufgabe, ein öffentliches Schwimmbad zu errichten und zu betreiben, kann dies durchaus als Tätigkeit im Allgemeininteresse anzusehen sein.[110] Für die Auftraggebereigenschaft des gemischtwirtschaftlichen Unternehmens (mit der Folge seiner Verpflichtung zur Ausschreibung seiner Beschaffungen) kommt es dann entscheidend auf Gewerblichkeit oder Nichtgewerblichkeit seiner Aufgabendurchführung an. Indiz für eine Gewerblichkeit kann ein „entwickelter Wettbewerb" auf dem betreffenden Markt[111] sein, d. h. dass der Auftraggeber den Kräften des Marktes ausgesetzt ist, so dass sein Handeln wesentlich von marktwirtschaftlichen Maximen bestimmt ist.[112] Die Erfüllung der Tatbestandsmerkmale des § 98 Nr. 2 GWB muss im Einzelfall bezüglich der konkreten Gesellschaft überprüft werden. Da in der Konstellation der Gründung eines gemischtwirtschaftlichen Unternehmens zur Durchführung eines PPP-Projekts i. d. R. der Gründungsakt und die Beauftragung mit den Bau- und Dienstleistungen zeitgleich erfolgen und demnach gemeinsam auszuschreiben sind, ergeben sich zusätzliche spätere Ausschreibungspflichten für das neu gegründete Unternehmen nur, wenn es weitere, noch nicht mit dem Gründungsakt ausgeschriebene Aufträge vergeben will.

Nach § 98 Nr. 5 GWB sind private Unternehmen ausnahmsweise als öffentliche Auftraggeber anzusehen – und damit den gleichen Ausschreibungspflichten unterworfen wie die öffentliche Hand –, wenn sie Aufträge für Tiefbaumaßnahmen, für die Errichtung[113] von Krankenhäusern, Sport-, Erholungs- oder Freizeiteinrichtungen, Schul-, Hochschul- oder Verwaltungsgebäuden[114] oder für damit in Verbindung stehende Dienstleistungen vergeben, die überwiegend, d. h. zu mehr als 50%, von einem öffentlichen Auftraggeber gemäß § 98 Nr. 1–3 GWB finanziert werden.[115] Zwar erfasst die Vorschrift ihrem Wortlaut nach auch Generalübernehmer oder -unternehmer, die im Auftrag der öffentlichen Hand Infrastrukturvorhaben realisieren und dafür Mittel erhalten, mit denen das Vorhaben (vollständig) finanziert wird. Aber nach der herrschenden Meinung in der Literatur muss zur reinen Fremdfinanzierung durch die öffentliche Hand ein Element der „Subventionierung" hinzutreten, um die Auftraggebereigenschaft des Empfängers zu begründen.[116] Unter § 98 Nr. 5 GWB fallen damit nur Konstellationen, bei denen die öffentliche Hand dem Privatinvestor

---

dienen, in der u. a. Krankenhäuser, öffentliche Bühnen, Bibliotheken, Schwimmbäder als mögliche Einrichtungen des öffentlichen Rechts genannt werden.

[109] EuGH, Urt. v. 27. 2. 2003, Rs. C-373/00, Slg. 2003, I-1931 – Adolf Truley; VK Bund, Beschluss vom 12. 12. 2002, VK 1–83/02.

[110] Vgl. VK Nordbayern, Beschluss vom 15. 2. 2002, 320.VK-3194–02/02. Es kommt auf die „tatsächlich ausgeübte Tätigkeit" und nicht allein auf den aus dem Gründungsakt ersichtlichen Gründungszweck an, EuGH, Urt. v. 12. 12. 2002, Rs. C-470/99, Slg. 2002, I-11 617 – Universale Bau AG.

[111] EuGH, Urt. v. 10. 11. 1998, Rs. C-360/96, Slg. 1998, I-6821 Rdnr. 49 – Gemeente Arnhem; in Urt. v. 27. 2. 2003, Rs. C-373/00, Slg. 2003, I-1931 – Adolf Truley, wird nochmals klargestellt, „dass das Vorliegen eines entwickelten Wettbewerbs allein nicht auf das Nichtvorliegen einer im Allgemeininteresse liegenden Aufgabe nicht gewerblicher Art schließen lässt, jedoch für diese Frage nicht völlig unerheblich ist".

[112] Vgl. EuGH, Urt. v. 22. 5. 2003, Rs. C-18/01, Slg. 2003, I-5321 – Varkauden; VK Bund, Beschluss vom 12. 12. 2002, VK 1–83/02; VK Nordbayern, Beschluss vom 15. 2. 2002, 320.VK-3194–02/02: beim Betrieb öffentlicher Bäder keine solche Wettbewerbssituation.

[113] VK Thüringen, Beschluss vom 17. 4. 2002, 216–4002.20–008/02-SHL-S fasst hierunter auch Sanierung, Modernisierung und Rekonstruktion.

[114] Nach VK Lüneburg, Beschluss vom 8. 11. 2002, 203-VgK-24/2002 ist diese Aufzählung abschließend.

[115] VK Sachsen, IBR 2002, 631: dies gilt schon vor Erhalt des Förderbescheides, wenn „voraussichtlich" eine über 50%ige Förderung erfolgen wird.

[116] Vgl. Wortlaut des Art. 2 Abs. 1 der EG-Baurichtlinie 93/37/EWG; Boesen, Vergaberecht, § 98 Rn. 118; weiterführend zur vergaberechtlichen Beurteilung von Infrastrukturaufträgen: Koenig/Kühling/Theobald, Recht der Infrastrukturförderung, 2004, 90 ff.

direkte Subventionen in Form von echten Zuwendungen (z.B. auch verbilligte Darlehen oder Bürgschaften) von über 50% des Bauvolumens gewährt.[117]

– Auftragsvergabe durch Konzessionäre

Privatunternehmen, denen von der öffentlichen Hand eine Baukonzession erteilt worden ist, sind gewissen Verpflichtungen bei der (Weiter-)Vergabe von Aufträgen unterworfen.[118] Sie sind nicht zur Beachtung aller Ausschreibungsvorschriften der VOB/A oder der VOL/A verpflichtet, müssen aber gemäß § 32a Nr. 2 VOB/A, § 6 Satz 1 Halbsatz 2 VgV von ihnen zu vergebende Bauaufträge europaweit bekannt machen und damit dem Wettbewerb zugänglich machen.

Eine Ausnahme von diesem Grundsatz sieht Art. 3 Abs. 4 der EG-Baurichtlinie (sowie Art. 63 Abs. 2 der neuen Richtlinie 2004/18/EG) für die Auftragserteilung an mit dem Konzessionär „verbundene" Personen/Unternehmen vor. Die Ausnahme gewinnt gerade in komplexen PPP-Vorhaben große Bedeutung. Denn dadurch wird die Aufteilung und Zuweisung der Aufträge zwischen den einzelnen Unternehmen im typischen Fall eines Bieterkonsortiums ermöglicht. Ebenfalls wohl nicht im Wettbewerb nach europaweiter Bekanntmachung erfolgen muss die Vergabe von (Sub-)**Konzessionen** durch den Konzessionär.[119] Denn die Ausschreibungspflichten für private Konzessionäre beschränken sich auf die Vergabe von Bau**aufträgen** durch diese.[120]

5. Auswahl des anwendbaren Vergabeverfahrens

5.1 Arten des Vergabeverfahrens

§ 101 Abs. 1 GWB nennt abschließend die vier Arten von Vergabeverfahren, nach denen die Vergabe von öffentlichen Aufträgen oberhalb der Schwellenwerte (vgl. § 100 Abs. 1 GWB, § 2 VgV), die im Rahmen von PPP-Ausschreibungen regelmäßig erreicht werden,[121] erfolgen kann: das Offene Verfahren, das Nichtoffene Verfahren, das Verhandlungsverfahren und den wettbewerblichen Dialog. Der wettbewerbliche Dialog ist mit dem PPP-Beschleunigungsgesetz vom 1. 9. 2005[122] als eigenständiges Verfahren neu in § 101 Abs. 1 und 5 GWB eingeführt worden.

Gemäß dem ebenfalls mit dem PPP-Beschleunigungsgesetz eingefügten § 101 Abs. 5 Satz 1 GWB steht der wettbewerbliche Dialog nur „staatlichen Auftraggebern" zur Verfügung. Sektorenauftraggeber im Sinne von § 98 Nr. 4 GWB sind keine staatlichen Auftraggeber. Sie können nur das offene Verfahren, das nicht offene Verfahren und das Verhandlungsverfahren wählen (§ 101 Abs. 6 Satz 2 GWB). Dabei ist es ihnen jedoch freigestellt, ein Verhandlungsverfahren so zu gestalten, dass es einem wettbewerblichen Dialog entspricht.[123]

Die Einzelheiten hinsichtlich der Frage, wer staatlicher Auftraggeber ist, sind bislang noch nicht abschließend geklärt.[124]

Für öffentliche Auftraggeber, die nicht in den Sektoren der Trinkwasser-, Energie- oder Verkehrsversorgung tätig sind, gilt grundsätzlich der Vorrang des Offenen Verfahrens (§ 101

---

117 Dreher, in: Immenga/Mestmäcker, GWB, § 98 Rn. 118; Boesen, Vergaberecht, § 98 Rn. 118.

118 Vgl. hierzu Art. 63ff. der neuen Basisrichtlinie 2004/18/EG.

119 Hausmann, Public Procurement Law Review 1999, No. 6, 269.

120 Vgl. Wortlaut des § 32a Nr. 2 VOB/A, Art. 3 Abs. 4 der EG-Baurichtlinie 93/37, Art. 63 Abs. 1, 64 Abs. 1 der neuen Richtlinie 2004/18/EG.

121 Vgl. Abschnitt 3.1.3.

122 Gesetz zur Beschleunigung der Umsetzung von öffentlich privaten Partnerschaften und zur Verbesserung gesetzlicher Rahmenbedingungen für öffentlich private Partnerschaften, BGBl. Teil I Nr. 56 vom 7. 9. 2005, S. 2676.

123 Vgl. auch die Gesetzesbegründung BT-Ds. 15/5668 S. 11.

124 Zum Begriff des „staatlichen Auftraggebers" vgl. Abschnitt 5.3.

Abs. 6 GWB, § 3a Nr. 2, 3 Nr. 2 VOB/A).[125] Das PPP-Beschleunigungsgesetz hat den Vorrang des offenen Verfahrens nicht geändert. Die genannten Verfahren stehen damit insgesamt in einem Stufenverhältnis:[126] Danach ist nicht nur das Offene Verfahren vorrangig vor dem Nichtoffenen, sondern auch das Nichtoffene vor dem Verhandlungsverfahren.[127] Ein wettbewerblicher Dialog darf nur durchgeführt werden, wenn die Voraussetzungen dafür vorliegen (§ 6a VgV).

Beim Offenen Verfahren wird mit der europaweiten Bekanntmachung eine unbeschränkte Anzahl von Unternehmen öffentlich zur Abgabe von Angeboten aufgefordert. Kennzeichnend für dieses Verfahren ist nicht nur dessen besondere Formenstrenge, sondern auch, dass keine Einengung des Bewerberkreises erfolgt, sondern alle Bewerber ein Angebot abgeben können.[128] Das Nichtoffene Verfahren stellt im Vergleich zum Offenen Verfahren einen Ausnahmetatbestand dar, welcher im Einzelfall immer einer besonderen Begründung bedarf (§§ 3a Nr. 2, 3 Nr. 2 VOB/A). Beim Nichtoffenen Verfahren wird zunächst europaweit öffentlich zur Teilnahme aufgefordert. Aus dem so festgestellten Bewerberkreis wird sodann eine beschränkte Anzahl von Unternehmen zur Angebotabgabe aufgefordert. In beiden (formalen) Verfahrensarten gilt nach Angebotsöffnung ein striktes Verbot von Verhandlungen über Änderungen der Angebotsinhalte und Preise (§§ 24 Nr. 3 VOB/A, 24 Nr. 2 Abs. 1 VOL/A).

Weniger formal und von öffentlichen Auftraggebern wegen seiner Flexibilität häufig angestrebte Vergabeverfahren ist das Verhandlungsverfahren.[129] Im Verhandlungsverfahren wendet sich der Auftraggeber gemäß § 101 Abs. 4 GWB mit oder ohne vorherigen europaweiten Teilnahmewettbewerb an ausgewählte Unternehmen, um mit einem oder mehreren von ihnen im Sinne eines dynamischen Prozesses über sämtliche Auftragsbedingungen zu verhandeln.[130] Die europäischen Vergaberichtlinien wie auch § 101 Abs. 4 i.V.m. Abs. 6 GWB geben vor, dass die Durchführung eines Verhandlungsverfahrens im Einzelfall ein sehr sorgfältig zu begründender Ausnahmetatbestand sein soll.[131] Wie im Folgenden im Einzelnen dargelegt, lässt sich eine solche Ausnahmekonstellation im Fall von PPP regelmäßig begründen.[132]

Der mit dem PPP-Beschleunigungsgesetz neu eingeführte wettbewerbliche Dialog ist ein Verfahren zur Vergabe besonders komplexer Aufträge durch staatliche Auftraggeber.[133]

Im wettbewerblichen Dialog erfolgt zunächst eine Aufforderung zur Teilnahme. Daran schließt sich eine Dialogphase an, in der Verhandlungen mit ausgewählten Unternehmen über alle Einzelheiten des Auftrags geführt werden. Nach Abschluss der Dialogphase legen die verbliebenen Bieter auf Grundlage der eingereichten und in der Dialogphase näher ausgeführten Lösungen ihr endgültiges Angebot vor, welches danach jedoch nicht mehr grundlegend geändert werden darf (§ 101 Abs. 5 GWB, § 6a VgV). Der wettbewerbliche Dialog kombiniert damit Elemnte des Verhandlungsverfahrens mit Elementen der Aus-

[125] Vgl. OLG Düsseldorf, NZBau 2001, 155.

[126] Vgl. Kulartz, in: Niebuhr/Kulartz/Kus/Portz, § 101 Rn. 37.

[127] Vgl. Bechtold, GWB, § 101 Rn. 12.

[128] Vgl. Müller, in: Daub/Eberstein, VOL/A, § 3 Rn. 5.

[129] Vgl. Müller-Wrede, in: Ingenstau/Korbion, § 101 Rn. 1.

[130] Vgl. VK Sachsen, Beschluss vom 13. 5. 2002, 1/SVK/027–02.

[131] Vgl. Kulartz, in: Niebuhr/Kulartz/Kus/Portz, Vergaberecht, § 101 Rn. 16.

[132] Zu diesem Ergebnis kommen auch das Gutachten zu PPP im Hochbau, Stand August 2003; Ziff. 7.5.1 (http://freshfields.com/publications/ppp/de.asp); der Vergaberechtsleitfaden NRW, Stand vom 5. 5. 2003, Ziff. 2.4, 3.2 (www.ppp.nrw.de/publikationen/vergaberechtsleitfaden/vergaberechtsleitfaden_gesamt.pdf), der Prozessleitfaden PPP der Initiative D 21, UAG 2.5, S. 98 (http://www.initiatived21.de/themen/egovernment_pppleitfaden/doc/16_1 057 764682.pdf); VK Lüneburg, Beschluss vom 26. 4. 2002, 203 – VgK – 06/2002.

[133] Zum Begriff des „staatlichen Auftraggebers“ vgl. Abschnitt 5.3.

schreibungsverfahren. Dem Bedürfnis nach flexibleren Verfahren bei PPP-Projekten wird damit grundsätzlich entsprochen.[134]

5.2 Verhandlungsverfahren

5.2.1 Zulässigkeit des Verhandlungsverfahrens

Das Verhandlungsverfahren – mit vorgeschaltetem europaweitem Teilnahmewettbewerb – ist ausnahmsweise zulässig,

- wenn die Leistung nach Art und Umfang oder wegen der damit verbundenen Wagnisse nicht eindeutig beschrieben werden kann, dass eine Preisermittlung zwecks Vereinbarung einer festen Vergütung möglich ist (§ 3a Nr. 4 Buchst. c VOB/A),
- wenn es sich um Dienstleistungsaufträge handelt, die ihrer Natur nach oder wegen der damit verbundenen Risiken eine vorherige Festlegung eines Gesamtpreises nicht zulassen (§ 3a Nr. 1 Abs. 4 lit. b VOL/A),
- wenn die zu erbringenden Dienstleistungsaufträge, insbesondere geistig-schöpferische Dienstleistungen und Dienstleistungen der Kategorie 6 des Anhangs I A VOL/A (Finanzielle Dienstleistungen), dergestalt sind, dass vertragliche Spezifikationen nicht hinreichend genau festgelegt werden können, um den Auftrag durch die Wahl des besten Angebots in Übereinstimmung mit den Vorschriften über Offene und Nichtoffene Verfahren vergeben zu können (§ 3a Nr. 1 Abs. 4 lit. c VOL/A).

Das kann insbesondere bei konzeptoffenen oder kreativen Leistungen oder besonders komplexen Vorhaben der Fall sein.[135]

Nach der Rechtsprechung des Europäischen Gerichtshofs sind die Vorschriften der EG-Vergaberichtlinien, die ein Abweichen vom offenen oder nichtoffenen Verfahren vorsehen, als Ausnahmen eng auszulegen. Der öffentliche Auftraggeber trägt die Beweislast dafür, dass die außergewöhnlichen Umstände, die eine Ausnahme rechtfertigen, tatsächlich vorliegen.[136]

Hervorzuheben ist allerdings, dass die Zulässigkeit des Verhandlungsverfahrens stets eine Frage des Einzelfalls ist. Da die Wahl der Verfahrensart der Überprüfung durch die Nachprüfungsinstanzen unterliegt, ist die voreilige Anwendung des Verhandlungsverfahrens mit einem nicht unerheblichen Risiko der Anfechtung des Vorhabens im vergaberechtlichen Nachprüfungsverfahren verbunden.[137]

Das Verhandlungsverfahren kommt für die Vergabe von PPP-Projekten insbesondere aus folgenden Gründen in Betracht:

– Konzeptoffene und kreative Leistungen

An einer eindeutig und erschöpfend beschreibbaren Leistung fehlt es regelmäßig bei konzeptoffenen oder technikoffenen Ausschreibungen[138] sowie der Vergabe von kreativen Leistungen. Sollen das konkrete Leistungskonzept oder die planerische Gestaltung eines Vorhabens selbst dem Wettbewerb unterstellt werden, ist eine vorherige Festlegung der betreffenden Parameter durch den Auftraggeber nicht möglich. Derartige konzeptoffene Ausschreibungen empfehlen sich insbesondere bei komplexen Vorhaben, weil sie zu einer Ausweitung der potentiellen Angebotspalette und damit des Wettbewerbs führen.

Im Rahmen von PPP-Projekten wird regelmäßig ein Gesamtpaket von Planung, Bau, Finanzierung und Betrieb eines Projekts über einen längeren Zeitraum vergeben. Kreative Lösungen sind notwendig, um PPP-Modelle für Auftraggeber- und Auftragnehmerseite erfolgreich durchzuführen. Dafür ist eine gewisse Konzeptoffenheit unabdingbar, damit der

---

[134] Einzelheiten zum wettbewerblichen Dialog vgl. Abschnitt 5.3.
[135] Vgl. Jasper, in: Motzke/Pietzcker/Prieß, VOB/A, § 3a Rn. 42.
[136] Vgl. EuGH, Urt. v. 28. 3. 1996, Rs. C-318/94, Slg. 1996, I-1949.
[137] Vgl. zum Bieterrechtsschutz im Nachprüfungsverfahren Abschnitt 15.
[138] Vgl. VÜA Baden-Württemberg, Beschluss vom 28. 5. 1999, 1 VÜ 7/99.

Auftraggeber von dem Know-how und den Ideen der Bieter profitieren kann, um zur besten (Gesamt-)Lösung zu gelangen.[139]

Das Verhandlungsverfahren ist in diesen Fällen allerdings nur zulässig, wenn das Ziel des Auftraggebers nicht umfassend mit einer funktionalen Leistungsbeschreibung (in der Terminologie der VOB/A: „Leistungsbeschreibung mit Leistungsprogramm") oder durch die Einbeziehung von Nebenangeboten oder Alternativvorschlägen in einem Offenen oder Nicht-Offenen Verfahren erreicht werden kann. Das ist in solchen Fällen anzunehmen, in denen auch ein Leistungsprogramm oder die Mindestanforderung des Auftraggebers nicht mit der erforderlichen Eindeutigkeit beschrieben werden können, oder eine solche Beschreibung übermäßigen Aufwand verursachen oder zu einer unzumutbaren Verengung der Angebotspalette führen würde.

Wegen des Umfangs und der Komplexität der angestrebten PPP, bei der die inhaltlichen und wirtschaftlichen Rahmenbedingungen der vom Auftragnehmer zu übernehmenden Aufgaben erst auf Basis der konkreten Projektdetails festgelegt werden können, wird es eingehender Verhandlungen zwischen Bietern und Auftraggeber insbesondere in der Endphase des Vergabeverfahrens bis zur Abschlussreife bedürfen. Das gilt insbesondere dann, wenn neben Bau- und Planungsleistungen auch der Betrieb über einen langen Zeitraum durch einen außenstehenden Dritten erfolgen soll, mit dem besondere Verhandlungen erforderlich sind. Strebt der öffentliche Auftraggeber ein innovatives Finanzierungskonzept an, das ihm einen optimalen Einsatz der verfügbaren Haushaltsmittel (und evtl. Fördermittel) ermöglicht, das jedoch noch nicht im Einzelnen feststeht, und erfordern die in Frage kommenden Finanzierungsmöglichkeiten eine jeweils unterschiedliche Ausgestaltung des Auftragsverhältnisses – etwa durch Mietkauf-, Leasing- oder Contracting-Strukturen mit oder ohne Forfaitierung oder sonstige Investorenkonzepte – ist eine eindeutige Festlegung des Auftragsinhalts und der Vertragsbedingungen vor Beginn der Ausschreibung nicht möglich. Vielmehr muss den am Vergabeverfahren beteiligten Bietern/Bieterkonsortien in Verhandlungen mit dem Auftraggeber die Möglichkeit gegeben werden, auf der Basis ihres Angebots eine realisierbare Gesamtkonzeption mit angemessener Risikoverteilung zu entwickeln.

Entscheidend ist dabei allerdings, dass im Vorfeld tatsächlich noch keine Festlegung auf ein bestimmtes PPP-Modell erfolgt und somit die konkrete Ausgestaltung des Auftragsverhältnisses wirklich offen ist. Zwar erscheint die Anwendung des Verhandlungsverfahrens bei den dargestellten PPP-Modellen unter dem Gesichtspunkt der Konzeptoffenheit nicht zwingend erforderlich, da die wesentlichen Eckpunkte jeder Variante weitgehend feststehen. Anders liegt es allerdings, wenn der öffentliche Auftraggeber hinsichtlich der Frage, welches PPP-Modell zur Anwendung kommen soll, gerade noch nicht festgelegt ist, sondern die Auswahl und Ausgestaltung des für ihn günstigsten und besten Modells erst im Rahmen des Wettbewerbs erfolgen soll. Das gilt umso mehr, wenn die konkreten Zahlungsverpflichtungen des öffentlichen Auftraggebers zur wirtschaftlichen Optimierung des Modells zunächst auf die spezielle haushaltsrechtliche Situation der öffentlichen Hand abgestimmt werden sollen.

– Besonders komplexe Vorhaben

In der Praxis wird das Verhandlungsverfahren ferner bei besonders komplexen Vorhaben für zulässig gehalten, bei denen der Auftraggeber nicht in der Lage ist, die gewünschte Leistung so präzise zu beschreiben, oder die konkret erforderliche Leistung auf Grund der Komplexität nicht von vornherein feststeht. Von den Vergabenachprüfungsinstanzen ist die Zulässigkeit des Verhandlungsverfahrens mit öffentlichem Teilnahmewettbewerb wegen der Komplexität der Leistungen u.a. bei einem Auftrag für eine PPP zur Teilprivatisierung öffentlicher Krankenhäuser und der gleichzeitigen Beauftragung der neuen gemischtwirtschaftlichen Gesellschaft mit dem langjährigen Betrieb der Krankenhäuser bejaht worden.[140]

---

[139] Vgl. Kulartz, in: Niebuhr/Kulartz/Kus/Portz, Vergaberecht, § 101 Rn. 26.

[140] VK Lüneburg, Beschluss vom 26. 4. 2002, 203 – VgK – 06/2002; ebenso für den Abriss eines Kernreaktors VÜA Bund, Beschluss vom 9. 6. 1998, 2 VÜ 22/98.

Zudem hat die obergerichtliche Rechtsprechung in mehreren Fällen die Wahl des Verhandlungsverfahrens für komplexe PPP-Projekte zumindest nicht beanstandet.[141] Im Lichte dieser Rechtsprechung wird man das Verhandlungsverfahren auch für sonstige komplexe PPP-Kooperationsmodelle für zulässig erachten können, sofern dabei Lösungen angestrebt werden, deren Einzelheiten mit den Bietern erst nach und nach entwickelt werden müssen.

Eine Abstimmung zwischen Auftraggeber und Bietern in Verhandlungen ist vor allem für die grundlegenden Frage der Vertragsgestaltung im Hinblick auf die langjährige Kooperation nötig: wie etwa, ob öffentliches Eigentum auf einen Investor übertragen werden soll, ob der Auftraggeber Anteile an einer Objektgesellschaft übernehmen soll und ggf. in welcher Form und Intensität die öffentliche Hand Einfluss auf den Planungsprozess oder die Auswahl der Nachauftragnehmer behalten soll oder wer welche Risiken übernehmen soll. Bei den vorgestellten Modellen sind diese Punkte teilweise offen und bedürfen der Festlegung im Einzelfall.

5.2.2 Ablauf eines Verhandlungsverfahrens

Das OLG Celle hat in einem Beschluss vom 16. Januar 2002[142] den Begriff des Verhandelns wie folgt definiert:

> „(...) dass Auftraggeber und potentieller Auftragnehmer den Auftragsinhalt und die Auftragsbedingungen solange besprechen bis klar ist, wie die Leistung ganz konkret beschaffen sein soll, zu welchen Konditionen der Auftragnehmer diese liefert und grundsätzlich insbesondere auch, zu welchem Preis geliefert wird. Ein Vertrag wird am Ende des Verhandlungsprozesses mit dem Unternehmen geschlossen, das zum Schluss übrig geblieben ist".

Der Ablauf des Verhandlungsverfahrens ist weder durch das europäische noch durch das deutsche Vergaberecht zwingend vorgegeben. Es bleibt demnach offen, wie im Rahmen des abstrakten Prozesses des Verhandelns ein fairer, nicht diskriminierender und transparenter Wettbewerb zwischen den beteiligten Bietern gewährleistet wird und sogleich ein praktikables Vorgehen zustande kommt.[143] In der Praxis haben sich sowohl in Deutschland als auch z.B. in Großbritannien, wo Konzessions- und PPP-Modelle im Rahmen der sog. PFI-Initiative *(„Private Finance Initiative")* erhebliche Bedeutung erlangt haben, sog. **gestufte Verhandlungsverfahren** entwickelt:[144] In gestuften Verhandlungsverfahren werden die im Teilnahmewettbewerb auf Grund der vorgelegten Eignungsnachweise ausgewählten Bieter zunächst auf der Grundlage einer möglichst detaillierten und umfassenden Beschreibung des Vorhabens zur Abgabe von gelegentlich als „indikativ" oder auch „unverbindlich" bezeichneten Angeboten aufgefordert. Die fristgemäß eingegangenen Angebote werden zunächst nach formellen und inhaltlichen Kriterien geprüft, wobei unter den verbliebenden Angeboten regelmäßig eine an den in der Angebotsaufforderung bekannt gemachten Vergabekriterien orientierte Rangfolge gebildet wird. Der Auftraggeber kann dann auf Grund des Ergebnisses der ersten Stufe die Anzahl der Verhandlungspartner reduzieren. Bieter, die nicht am weiteren Verfahren beteiligt werden sollen, sollten regelmäßig zeitnah darüber informiert werden.[145]

---

[141] Vgl. OLG Naumburg, Beschluss vom 21. 8. 2003, 1 Verg 12/03 (Baukonzession für Planung, Bau, Betrieb und Finanzierung eines Sportcenters); OLG Düsseldorf, Beschluss vom 19. 12. 2001, Verg 42/01 (LKW-Maut); OLG Dresden, Beschluss vom 21. 3. 2004, Wverg 0002/04 (PPP für Teilprivatisierung der Abwasserentsorgung).

[142] OLG Celle, VergabeR 2002, 299.

[143] Vgl. BayObLG, ZfBR 2003, 205; das BMVBW hat konkret für den Bereich der Straßenverkehrsinfrastrukturprojekte (A-Modelle, F-Modelle) kürzlich ein Beraterkonsortium mit der Erarbeitung eines Leitfadens für ein „strukturiertes Verhandlungsverfahren" beauftragt.

[144] Vgl. OLG Frankfurt, VergabeR 2001, 299.

[145] Durch eine frühzeitige Information beginnt die „Frist" für etwaige Beanstandungen des Ausschlusses durch einen Bieter sofort zu laufen. Macht ein ausgeschlossener Bieter nicht umgehend gem. § 107 Abs. 3 GWB seine Bedenken geltend, ist er mit diesem Vorbringen präkludiert.

Diese oder auch weitere Verfahrens- bzw. Angebotsrunden können dann entweder zur Auswahl eines sog. *Preferred Bidder* (lineare Strategie) oder zu einer entgültigen Vergabeentscheidung im Wettbewerb mehrerer Bieter (parallele Strategie) führen. Auch auf dieser Stufe sollten die Bieter möglichst zeitnah über ihr Ausscheiden oder Verbleiben im Wettbewerb informiert werden. Allerdings sollte hier u. U. darauf hingewiesen werden, dass bei Scheitern der Verhandlungen mit dem/den ausgewählten Bieter(n) weitere Verhandlungen mit den zunächst nicht ausgewählten Bietern denkbar sind.

Nach der linearen Strategie wird der Bieter, der das wirtschaftlichste Angebot eingereicht hat, bevorzugter Bieter *(„Preferred Bidder")*. Allein mit dem bevorzugten Bieter werden dann Vertragsverhandlungen mit dem Ziel des Abschlusses eines Vertrages geführt. Sofern diese Verhandlungen nicht zum Ziel führen, werden die Verhandlungen mit dem nächstbesten Bieter der festgestellten Reihung aufgenommen. Durch diese Möglichkeit bleibt zumindest ein potentieller Wettbewerbsdruck auf den *Preferred Bidder* erhalten.

Bei der parallelen Strategie verhandelt der Auftraggeber mit mehreren Bietern parallel bis zum Abschluss eines Vertrages. Dadurch bleibt ein unmittelbarer Wettbewerb zwischen den Bietern bis zur Zuschlagsentscheidung erhalten. Den Verfahrensablauf zeigt die nachfolgende Übersicht:

Abbildung 1: Ablauf Verhandlungsverfahren

<table>
<tr><th>Lineare Strategie</th><th>Parallele Strategie</th></tr>
<tr><td colspan="2">A. Teilnahmewettbewerb
I. Bekanntmachung im Amtsblatt der EG
II. Bewerbungsfrist von mind. 37 Tagen
III. Auswahl der Bewerber nach deren Geeignetheit (Fachkunde, Leistungsfähigkeit, Zuverlässigkeit)
IV. Information an im Weiteren nicht mehr berücksichtigte Bewerber</td></tr>
<tr><td>B. Verhandlungsverfahren
I. „1. Runde"
1. Angebotsaufforderung („request for proposals")
2. Abgabe indikative Angebote
3. Angebotsprüfung
4. Bieterverhandlungen
5. Wertung/Rangfolge („short list")
II. Verhandlungen mit dem Ziel des Zuschlags mit dem Preferred Bidder (Nr. 1 auf der „short list")
III. Bei Scheitern: Rückgriff auf das zweitbeste Angebot aus der „short list" (ggf. weitere „Runde" wie I.)
IV. Entscheidung und Zuschlagsverhandlungen
V. Information an nicht berücksichtigte Bieter
VI. Zuschlag</td><td>B. Verhandlungsverfahren
I. „1. Runde"
1. Angebotsaufforderung („request for proposals")
2. Abgabe indikative Angebote
3. Angebotsprüfung
4. Bieterverhandlungen
5. Wertung/Rangfolge („short list")
II. Ggf. weitere „Runden" nach Verengung des Bieterkreises (wie I.)
III. „Letzte Runde"
– Aufforderung zur Abgabe letztes, verbindliches Angebot unter Berücksichtigung der Verhandlungsergebnisse der vorhergehenden „Runden"
– Abgabe letztes verbindliches Angebot
– Angebotsprüfung und Wertung
– Auswahl bestes Angebot und Zuschlagsentscheidung
IV. Information an nicht berücksichtigte Bieter
V. Zuschlag</td></tr>
</table>

C. Dauer	**C. Dauer**
(nur grobe Schätzung, abhängig von der Komplexität der Angebotserstellung und -bewertung) Teilnahmewettbewerb: ca. 5 Wochen (37 Tage ab Absendung der Bekanntmachung) Auswahl der Teilnehmer: ca. 3 Wochen Verhandlungsverfahren: Eine Runde: ca. 10–14 Wochen Verhandlung mit preferred bidder: ca. 6–10 Wochen Grundsätzlich nur 1 Runde Stillhaltefrist (§ 13 VgV) 2 Wochen Gesamtdauer: ca. 26–34 Wochen (ab Absendung der Bekanntmachung)	(nur grobe Schätzung, abhängig von der Komplexität der Angebotserstellung und -bewertung) Teilnahmewettbewerb: ca. 5 Wochen (37 Tage ab Absendung der Bekanntmachung) Auswahl der Teilnehmer: ca. 3 Wochen Verhandlungsverfahren: Eine Runde: ca. 10–14 Wochen Letzte Runde: ca. 10–14 Wochen Grundsätzlich mind. 2 Runden Stillhaltefrist (§ 13 VgV) 2 Wochen Gesamtdauer: ca. 30–38 Wochen (ab Absendung der Bekanntmachung)

Um den Grundsätzen der Gleichbehandlung, der Transparenz und des Wettbewerbs umfassend zu genügen, sollte die Vergabestelle den Bietern den vorgesehenen Verfahrensablauf – soweit bekannt – möglichst frühzeitig, mitteilen. Die Entscheidung über die Auswahl der Bieter ist nach den bekannt gemachten Kriterien zu treffen.[146] Der Auftraggeber darf durch sein Verhalten keine ungleiche Wettbewerbssituation schaffen, indem er etwa den Bietern unterschiedlich weitgehende Informationen erteilt und sie gegeneinander ausspielt[147] oder indem er nach Zuschlagsentscheidung und Mitteilung an die nichtberücksichtigten Bieter ohne sachgerechte Gründe in erneute Verhandlungen mit dem ausgewählten Bieter eintritt.[148] Nach Ablauf einer vom Auftraggeber festgelegten Frist für die Einreichung des letztverbindlichen Angebots, dürfen keine Änderungen der Angebote mehr vorgenommen werden.[149]

Im Ergebnis sind sowohl die parallele wie die lineare Strategie vergaberechtlich zulässig. Fraglich ist gleichwohl, welche der Strategien aus praktischer Sicht vorteilhafter erscheint:

Abbildung 2: Vorteile der verschiedenen Strategien

Vorteile für den Auftraggeber	
Lineare Strategie	**Parallele Strategie**
– Effizientes Verfahren, zeitlich, personell begrenzbarer Aufwand, da intensive Verhandlungen nur mit einem Bieter geführt werden. – Durch frühe preferred bidder-Entscheidung (und damit quasi Zuschlagsentscheidung „unter Vorbehalt") und deren Mitteilung an die anderen Bieter frühzeitige Erlangung von Rechts-/Anfechtungssicherheit (Rügepräklusion).	– Aktiver Wettbewerb zwischen Bietern bis unmittelbar zur Zuschlagsentscheidung, dadurch ständiger akuter Wettbewerbsdruck auf die Bieter.

[146] Vgl. OLG Frankfurt, VergabeR 2001, 299.

[147] Vgl. VK Südbayern, Beschluss vom 9. 8. 2002, 28–07/02; Noelle, NZBau 2002, 197.

[148] Vgl. BayObLG, ZfBR 2003, 205.

[149] Vgl. OLG Düsseldorf, VergabeR 2003, 105; VK Nordbayern, Beschluss vom 23. 6. 2003, 320.VK-3194–17/03; 13–08/99; BayObLG, Beschluss vom 23. 10. 2003, Verg 13/03.

Nachteile für den Auftraggeber	
Lineare Strategie	**Parallele Strategie**
– Kein akuter Wettbewerbsdruck auf den Preferred Bidder in den Exklusivverhandlungen.	– hoher Verfahrensaufwand (zeitlich, personell, finanziell) durch die Verhandlungen sowie (ggf. mehrfache) Angebotsprüfung und Wertung für mehrere Angebote parallel. – Späte Erlangung von Rechts- und Anfechtungssicherheit: Anfechtung der Zuschlagsentscheidung bleibt bis zum Ende des Vergabeverfahrens möglich.
Vorteile für den Bieter	
Lineare Strategie	**Parallele Strategie**
– Effizientes Verfahren, da frühzeitiges Ausscheiden bei nicht wettbewerbsfähigem Angebot. – Relativ frühzeitige Erlangung von Rechts-/Anfechtungssicherheit (Rügepräklusion) bei Auswahl als preferred bidder.	– Möglichkeiten zur Verbesserung des Angebots und der Stellung im Wettbewerb während des gesamten Verfahrens.
Lineare Strategie	**Parallele Strategie**
– Nur eingeschränkter Wettbewerbsdruck als Preferred Bidder, dadurch auch „individualisierter" Zuschlag möglich – Sicherstellung Finanzierung (Financial Close) mit Zuschlagsentscheidung möglich	
Nachteile für den Bieter	
Lineare Strategie	**Parallele Strategie**
– Nur begrenzte Möglichkeiten zur Reaktion im Wettbewerb zur Verbesserung des Angebots und der Wettbewerbsstellung.	– Bei Misserfolg möglicherweise hoher verlorener Angebots- und Verhandlungsaufwand. – Hoher Wettbewerbsdruck. – Sicherstellung Finanzierung (Financial Close i. d. R. erst nach Zuschlag möglich).

In der Praxis haben sich häufig Mischformen bewährt, bei denen der *Preferred Bidder Entscheidung* mehrere parallele Verfahrensstufen vorausgehen.

Komplizierte Detailverhandlungen sowie die abschließende Klärung und Sicherstellung der Finanzierung können jedoch den Verhandlungen mit einem *Preferred Bidder* vorbehalten werden, um den Aufwand für alle Beteiligten überschaubar zu halten und möglichst wenig „verlorene" Kosten zu verursachen sowie den zeitlichen Rahmen nicht ausufern zu lassen. Die mit der Mitteilung der *Preferred Bidder* Entscheidung eintretende Rügepräklusion schafft zudem möglichst frühzeitige Rechtssicherheit.

5.3 Der wettbewerbliche Dialog, eine neue Verfahrensart nach dem Legislativpaket der EU

Der Rat der Europäischen Gemeinschaften hat am 2. Februar 2004 nach Durchführung eines Vermittlungsverfahrens[150] zwei neue EG-Vergaberichtlinien beschlossen, die am 30. 4.

[150] Die Richtlinie wurde im Mitentscheidungsverfahren nach Art. 251 EG erlassen. Darin wirken das Europäische Parlament und der Rat gleichberechtigt an der Rechtsetzung mit. Es besteht kein Letzt-

2003 mit ihrer Veröffentlichung im Amtsblatt der EG in Kraft getreten sind: Die neue sog. Basis-Richtlinie 2004/18/EG koordiniert die Verfahren zur Vergabe von Bauaufträgen, Lieferaufträgen und Dienstleistungsaufträgen und ersetzt damit die bisher geltende Baukoordinierungsrichtlinie (93/37/EWG), die Dienstleistungskoordinierungsrichtlinie (92/50/EWG) und die Lieferkoordinierungsrichtlinie (93/36/EWG). Die zeitgleich in Kraft getretene neue Sektorenrichtlinie 2004/17/EG ersetzt die bisherige Sektorenrichtlinie 93/38/EG. Durch die neuen Richtlinien soll das Verfahren zur Vergabe öffentlicher Bauaufträge, Lieferaufträge und Dienstleistungsaufträge vereinheitlicht, modernisiert und vereinfacht werden. Auch hinsichtlich der anwendbaren Verfahrensarten wurden Änderungen vorgenommen. Es wurde ein neues, flexibles Verfahren für besonders komplexe Aufträge eingeführt: der in Art. 29 der Richtlinie 2004/18/EG geregelte „Wettbewerbliche Dialog". Die Regelungen zum wettbewerblichen Dialog sind das verfahrensrechtliche Kernstück des nunmehr in Kraft getretenen Legislativpakets. Der deutsche Gesetzgeber hat mit dem **PPP-Beschleunigungsgesetz** vom 1. 9. 2005[151] von der Möglichkeit Gebrauch gemacht, den wettbewerblichen Dialog als eigenständige Vergabeart in das deutsche Vergaberecht einzuführen.

Dabei wurden im wesentlichen die Vorgaben der Basisrichtlinie übernommen. Der wettbewerbliche Dialog soll es dem Auftraggeber bei besonders komplexen Aufträgen ermöglichen, die Auftragsbedingungen im Dialog mit den Bewerbern festzulegen (§ 101 Abs. 5 GWB, § 6a VgV, Art. 29 Abs. 3 RL 2004/18/EG).

– Wettbewerblicher Dialog

Den Anwendungsbereich des wettbewerblichen Dialogs bestimmen § 101 Abs. 5 GWB und § 6a Abs. 1 VgV. Die Durchführung des Dialogs unterliegt folgenden Voraussetzungen: Nur staatliche Auftraggeber dürfen den wettbewerblichen Dialog durchführen (§ 101 Abs. 5 GWB). Des weiteren ist der wettbewerbliche Dialog nur für die Vergabe von Aufträgen oberhalb der Schwellenwerte zulässig (§ 6a Abs. 1 VgV). Darüber hinaus darf der wettbewerbliche Dialog nur bei besonders komplexen Aufträgen gewählt werden (§ 101 Abs. 5 GWB). Der Auftraggeber darf objektiv nicht in der Lage sein, die technischen Mittel für die Deckung seines Bedarfs oder die rechtlichen oder finanziellen Bedingungen des Vorhabens anzugeben (§ 6a Abs. 1 VgV).

Wer **staatlicher Auftraggeber** ist, ist weder im GWB noch in der VgV ausdrücklich geregelt. Auch die Begründung des PPP-Beschleunigungsgesetzes[152] liefert hierzu keine Hinweise.

Da der wettbewerbliche Dialog aber ursprünglich im Rahmen einer umfassenden Vergaberechtsform eingeführt werden sollte,[153] kann die anlässlich der Reformbemühungen im Entwurf einer neuen Verordnung über die Vergabe öffentlicher Aufträge[154] enthaltene Legaldefinition staatlicher Auftraggeber[155] als Auslegungshilfe herangezogen werden (historische Auslegung). Staatliche Auftraggeber sind danach Auftraggeber nach § 98 Nr. 1 bis 3 GWB, soweit sie nicht in den Sektoren tätig sind. Das GWB spiegelt dies insofern wider, als dass Sektorenauftraggebern im Sinne von § 98 Nr. 4 GWB ausdrücklich nur das offene, das nicht offene und das Verhandlungsverfahren zur Verfügung steht (§ 101 Abs. 6 Satz 2 GWB).

---

entscheidungsrecht des Rates. Hätten Rat und Parlament auch im Vermittlungsverfahren keine gemeinsame Lösung gefunden, wäre der geplante Rechtsakt gescheitert.

[151] Gesetz zur Beschleunigung der Umsetzung von öffentlich privaten Partnerschaften und zur Verbesserung gesetzlicher Rahmenbedingungen für öffentlich private Partnerschaften, BGBl. Teil I Nr. 56 vom 7. 9. 2005, S. 2676.

[152] Vgl. Gesetzesbegründung BT-Ds. 15/5668.

[153] Vgl. Entwurf einer neuen Verordnung über die Vergabe öffentlicher Aufträge vom 18. März 2005, insb. § 11 VgV-E.

[154] Entwurf einer neuen Verordnung über die Vergabe öffentlicher Aufträge vom 18. März 2005.

[155] § 2 Nr. 3 VgV-E vom 18. März 2005.

Allerdings wird in der Begründung zum PPP-Beschleunigungsgesetz darauf hingewiesen, dass es Sektorenauftraggebern freisteht, ein Verhandlungsverfahren so zu gestalten, dass es dem wettbewerblichen Dialog entspricht.[156]

Es bleibt jedoch abzuwarten, welche Auftraggeber die Gerichte als staatliche Auftraggeber im Sinne von § 101 Abs. 5 GWB, § 6a VgV ansehen werden. Es dürfte insbesondere zu klären sein, ob auch staatlich beherrschte privatrechtliche Unternehmen, die unter Nr. 2 GWB fallen, als staatliche Auftraggeber gelten. Angesichts der funktionalen Gleichbehandlung von „Einrichtungen des öffentlichen Rechts" im Sinne des § 98 Nr. 2 GWB ungeachtet ihrer Rechtsform, spricht aber alles dafür, dass auch privatrechtlich organisierte öffentliche Auftraggeber im Sinne des § 98 Nr. 1–3 GWB den wettbewerblichen Dialog anwenden dürfen.

Wann ein **besonders komplexer Auftrag** im Sinne von § 101 Abs. 5 GWB vorliegt, wird in § 6a Abs. 1 VgV konkretisiert.[157] Eine Leistung gilt daher dann als besonders komplex, wenn es dem Auftraggeber **objektiv unmöglich** ist, die erforderlichen technischen Mittel oder die rechtlichen oder finanziellen Bedingungen anzugeben, mit denen sich seine Bedürfnisse erfüllen lassen.

Objektiv unmöglich in diesem Sinne heißt, dass dem Auftraggeber die Unmöglichkeit nicht anzulasten ist.[158]

Eine subjektive Unmöglichkeit auf Grund von Unzulänglichkeiten des Auftraggebers oder fehlenden Willens ist keine ausreichende Voraussetzung. Ausreichend ist es jedoch, wenn der Auftraggeber auf Grund des besonderen Charakters der Leistung nicht in der Lage ist, die technischen, rechtlichen oder finanziellen Bedingungen zu beschreiben, wenn es z. B. der erste Auftrag seiner Art ist oder es für den Auftraggeber mit unverhältnismäßig hohen Kosten und/oder Zeitaufwand verbunden wäre, die für die Beschreibung notwendigen Kenntnisse zu erlangen. Ferner ist eine objektive Unmöglichkeit anzunehmen, wenn die Komplexität der Leistung es mit sich bringt, dass eine vorherige Beschreibung der technischen, rechtlichen oder finanziellen Bedingungen zu einer erheblichen Verengung des Wettbewerbs führt.[159]

Im Einzelfall kann zweifelhaft sein, wann diese Voraussetzungen gegeben sind. Die Europäische Kommission sieht laut ihrem „Grünbuch zu öffentlich-privaten Partnerschaften und den gemeinschaftlichen Rechtsvorschriften für öffentliche Aufträge und Konzessionen" vom 30. 4. 2004[160] vor allem bei PPP-Modellen ein Anwendungsfeld für den wettbewerblichen Dialog.

Mit der neuen Form der Diskussion zwischen Auftraggeber und Bieter soll gerade auch dem Flexibilitätsbedarf Rechnung getragen werden, der im Zusammenhang mit komplexen PPP-Modellen z. B. dadurch entsteht, dass der Auftraggeber oftmals im Vorhinein nicht abschließend einschätzen kann, ob für die wirtschaftlich günstigste Lösung eine Finanzierung durch die öffentliche Hand, ein Modell mit Risikoteilung oder eine zur Gänze vom privaten Sektor getragene Lösung am besten geeignet wäre.[161]

Der Dialog ist jedoch nach genau festgelegten Regeln zu führen. Das Verfahren ist in drei Abschnitte aufgegliedert, in den vorgeschalteten Teilnahmewettbewerb, die Dialogphase und die Bietphase.[162] Das Verfahren beginnt mit der Veröffentlichung einer Bekanntmachung, in welcher der Auftraggeber zur Teilnahme auffordert und den Auftragsgegenstand,

---

[156] Vgl. die Gesetzesbegründung BT-Ds. 15/5668 S. 11.

[157] Vgl. die Gesetzesbegründung BT-Ds. 15/5668 S. 11 und 13.

[158] Vgl. die Gesetzesbegründung BT-Ds. 15/5668 S. 13, Erwägungsgrund 31 der RL 2004/18/EG.

[159] Vgl. die Gesetzesbegründung BT-Ds. 15/5668 S. 11 und 13.

[160] KOM(2004) 327 endg.

[161] Geänderter Vorschlag der Kommission für eine BLD-RL vom 6. 5. 2002, KOM (2002) 236 endgültig, S. 9; RiLE KOM (2000) 275 endg., S. 22.

[162] Vgl. Opitz, NZBau 2003, 183 (191).

seine Anforderungen und die Zuschlagskriterien angibt (§ 6a Abs. 2 und Abs. 6 VgV; Art. 29 Abs. 2 RL 2004/18/EG). Dabei hat der Auftraggeber auch bereits in der Bekanntmachung (oder in der Beschreibung der Anforderungen, die den interessierten Unternehmen übersendet wird) die Gewichtung der Zuschlagkriterien anzugeben.[163] Aus dem Kreis der Bewerber wählt der Auftraggeber die geeigneten Teilnehmer für den Dialog aus (vorgeschalteter Teilnahmewettbewerb) § 6a VgV gibt keine Kriterien für die Auswahl der Unternehmen vor, mit denen der Dialog geführt werden soll. Art. 29 Abs. 3 RL 2004/18/EG jedoch verweist auf die in den Artikeln 44–52 der RL 2004/18/EG genannten Eignungskriterien. In Ermängelung einer Regelung im deutschen Vergaberecht hat sich der Auftraggeber daher an Art. 44–52 der RL 2004/18/EG zu orientieren. § 6a VgV sieht ebenso, wie die letztlich in Kraft getretene Fassung der Richtlinie – entgegen der Forderung des Parlaments[164] – keine Pflicht des Auftraggebers vor, von den Teilnehmern ein Lösungskonzept zu verlangen. Der Auftraggeber ist aber berechtigt, schon vor Auswahl der Dialogteilnehmer von den Bewerbern ein vorläufiges Lösungskonzept mit vorläufiger Kostenschätzung zu fordern, das Grundlage der Verhandlung ist.[165] Im Anschluss findet der Dialog zwischen dem Auftraggeber und den Teilnehmern statt. Er dient der Feststellung und Definition der Mittel, die am besten geeignet sind, die Bedürfnisse des Auftraggebers zu erfüllen (Dialogphase). Während des Verfahrens hat der Auftraggeber die Bieter gleich zu behandeln (§ 6a Abs. 3 Satz 3 und 4 VgV; Art. 29 Abs. 3 RL 2004/18/EG). Informationen, die einem Teilnehmer einen Wettbewerbsvorteil geben könnten, hat er demnach allen oder keinem mitzuteilen. Die Lösungsvorschläge der Bieter unterliegen jeweils der Vertraulichkeit (§ 6a Abs. 3 Satz 5 VgV).

Die ursprüngliche Forderung des Europäischen Parlaments, die Verhandlungen während dieses Dialoges auf nichtwirtschaftliche Aspekte zu begrenzen,[166] fand keinen Niederschlag in der neuen Richtlinie. Diese bestimmt vielmehr ausdrücklich, dass „alle Aspekte des Auftrags" erörtert werden können (Art. 29 Abs. 3 RL 2004/18/EG). Dem ist § 6a Abs. 3 Satz 2 VgV gefolgt („alle Einzelheiten des Auftrags").

Nach § 6a Abs. 4 VgV (Art. 29 Abs. 4 RL 2004/18/EG) kann der Auftraggeber in verschiedenen aufeinander folgenden Phasen die Anzahl der erörterten Lösungen anhand der zuvor bekannt gemachten Zuschlagskriterien im Laufe des Dialogs sukzessive verringern, wenn er in der Bekanntmachung auf diese Vorgehensweise hinweist. Der Auftraggeber muss die Unternehmen, die ausscheiden sollen, darüber informieren.

Sind tragfähige Lösungen gefunden, erklärt der Auftraggeber den Dialog für abgeschlossen und fordert die Teilnehmer auf, auf der Grundlage der eingereichten und in der Dialogphase näher ausgeführten Lösungen ihr endgültiges Angebot abzugeben (Bietphase). Diese Angebote unterliegen gem. § 6a Abs. 5 VgV (Art. 29 Abs. 6 UAbs. 1 S. 2 RL 2004/18/EG) grundsätzlich dem Gebot der Vollständigkeit. Der Auftraggeber kann von den Bietern nach Angebotsabgabe lediglich Klarstellungen und Präzisierungen verlangen sowie eine „Feinabstimmung" mit ihnen durchführen. Dabei ist darauf zu achten, dass keine Änderung der grundlegenden Elemente des Angebots oder der Ausschreibung erfolgt, die den Wettbewerb verfälschen oder sich diskriminierend auswirken könnte. Die anschließende Wertung der Angebote soll ohne weitere Verhandlungen erfolgen. Der Zuschlag darf beim wettbewerblichen Dialog aus-

---

[163] Vgl. Art. 53 Abs. 2 Unterabsatz 2 und Art. 40 Abs. 5 e) RL 2004/18/EG, vgl. auch Abschnitt 8.5.4.

[164] Stellungnahme und legislative Entschließung des Europäischen Parlaments vom 17. 1. 2002, Az.: A5/2001/378, Abänderung 137.

[165] Vgl. Opitz, NZBau 2003, 183 (191).

[166] Stellungnahme und legislative Entschließung des Europäischen Parlaments vom 17. 1. 2002, Az.: A5/2001/378, Abänderung 137; dagegen: Geänderter Vorschlag der Kommission für eine BLD-RL vom 6. 5. 2002, KOM (2002) 236 endgültig, S. 8: das Verfahren sei nur dann sinnvoll, wenn die Erörterung **aller** Aspekte des Projekts während der Dialogphase möglich sei.

schließlich nach dem Kriterium des wirtschaftlich günstigsten Angebots erfolgen (§ 6a Abs. 6 VgV, Art. 29 Abs. 1 Unterabsatz 2 RL 2004/18/EG). Eine Wertung allein nach dem Preis würde der Komplexität des Vorhabens nicht gerecht werden. Die Angebote werden daher anhand der vorab festgelegten Kriterien und deren ebenfalls vorab festgelegten Gewichtung gewertet (§ 6a Abs. 6 VgV).

Die Richtlinie sieht – anders als der auf Initiative des Parlamentes geänderte Kommissionsvorschlag[167] – keine obligatorische Aufwandsentschädigung für die Teilnehmer am Dialog vor. Sie stellt die Gewährung einer Aufwandsentschädigung im Ermessen des Auftraggebers (Art. 29 Abs. 8 RL 2004/18/EG). § 6a Abs. 7 VgV sieht jedoch eine angemessene Kostenerstattung für die Unternehmen vor, sofern sie für die Teilnahme am Dialog Entwürfe, Pläne, Zeichnungen, Berechnungen oder andere Unterlagen ausarbeiten sollen. Hiermit ist gewährleistet, dass die Teilnahme am wettbewerblichen Dialog für die Wirtschaftsteilnehmer interessant ist, auch wenn sie den Auftrag später nicht erhalten. Dem Auftraggeber steht es auch über den Anwendungsbereich des § 6a Abs. 7 VgV hinaus frei, Aufwandsentschädigungen vorzusehen. Dabei muss er die Gleichbehandlung aller Teilnehmer gewährleisten.[168]

Auch wenn nach der hier vertretenen Auffassung bereits unter der bisherigen deutschen und gemeinschaftsrechtlichen Rechtslage für PPP-Projekte i. d. R. die Durchführung eines Verhandlungsverfahrens zulässig ist und dieses ähnlich dem gestuften Ablauf des Wettbewerblichen Dialogs gestaltet werden kann, ist die gesetzgeberische Einführung des neuen Verfahrens grundsätzlich zu begrüßen – insbesondere angesichts des bisherigen sehr restriktiven Verständnisses der EU-Institutionen von der Zulässigkeit eines Verhandlungsverfahrens. Das neue Verfahren des „wettbewerblichen Dialogs“ erscheint für PPP-Projekte grundsätzlich als besonders geeignet.

– Ausschließlicher Dialog (Verhandlungen mit dem preferred bidder)?

Das Europäische Parlament schlug ursprünglich die Einfügung eines neuen Art. 30a Basisrichtlinie-RL vor.[169] Danach sollte bei der Schaffung einer Public Private Partnership ein „ausschließlicher Dialog“, d. h. eine Art Nachverhandlungsverfahren zwischen dem Auftraggeber und dem Bieter, der das wirtschaftlich günstigste Angebot vorgelegt hat, zulässig sein. Ziel sei die Klärung von Fragen, die vernünftig und kosteneffektiv erst nach Eingang der Angebote mit dem erstrangigen Bieter geregelt werden könnten.[170] Die Kommission verwies demgegenüber auf den Wettbewerblichen Dialog, welcher gerade auch dem Flexibilitätsbedarf Rechnung trage, der im Zusammenhang mit PPP entsteht.[171] Die Richtlinie 2004/18/EG schließt sich der Kommissionsauffassung an, übernimmt aber den Gedanken der zulässigen Nachverhandlung in abgeschwächter Form auch für die Schlussphase des wettbewerblichen Dialogs in Art. 29 Abs. 7 UAbs. 2 RL 2004/18/EG: Der Bieter, dessen Angebot nach der Dialogphase als das wirtschaftlichste ermittelt wurde, darf auf Aufforderung des Auftraggebers „bestimmte Aspekte des Angebots näher [...] erläutern oder im Angebot enthaltene Zusagen [...] bestätigen, sofern dies nicht dazu führt, dass wesentliche As-

---

[167] Geänderter Vorschlag der Kommission für eine BLD-RL vom 6. 5. 2002, KOM (2002) 236 endgültig, S. 11.

[168] Skeptisch: Werner/Freitag, NZBau 2000, 551 (552). Problematisch ist in diesem Zusammenhang, dass der Auftraggeber zwar in der Dialogphase zur Vertraulichkeit verpflichtet sein soll, im Ergebnis jedoch den Lösungsvorschlag eines Teilnehmers oder auch eine Kombination mehrerer Vorschläge zur Grundlage für die endgültigen Angebote machen kann.

[169] Stellungnahme und legislative Entschließung des Europäischen Parlaments vom 17. 1. 2002, Az.: A5/2001/378, Abänderung 138.

[170] Änderungsvorschläge des EP vom 17. 1. 2002, A5/2001/379, Abänderung 138, und dazu Ablehnend KOM (2002) 236 endg.

[171] Geänderter Vorschlag der Kommission für eine LDB-RL vom 6. 5. 2002, KOM (2002) 236.

pekte des Angebots oder der Ausschreibung geändert werden, und sofern dies nicht die Gefahr von Wettbewerbsverzerrungen oder Diskriminierungen mit sich bringt". Dem folgt § 6a Abs. 6 VgV in vollem Umfang.

Die nach Einreichung der endgültigen Angebote und Ermittlung des wirtschaftlichsten Angebotes mit dem preferred bidder stattfindenden Verhandlungen sollen nach § 6a Abs. 6 und 7 (Art. 29 Abs. 6, 7 RL 2004/18/EG) begrenzt werden, um allzu weitreichende Änderungen zu verhindern, die zu einer Benachteiligung der übrigen Bieter führten. Dabei muss allerdings eine ausreichende Flexibilität gesichert bleiben, um möglicherweise erst in diesem (verbindlicheren) Stadium zu klärende Inhalte (insbes. im Hinblick auf die Finanzierungskonditionen der finanzierenden Banken) einbeziehen zu können. Abweichungen von zwingenden Anforderungen der Ausschreibung dürften allerdings unter dem Gesichtspunkt der Gleichbehandlung nicht zulässig sein. Der wettbewerbliche Dialog endet mit dem Zuschlag auf das wirtschaftlichste Angebot. Zeichnet sich im Laufe des Dialogs ab, dass keine tragfähigen Lösungen gefunden werden, hat der Auftraggeber den Dialog für abgeschlossen zu erklären (§ 6a Abs. 5 VgV). Das Vergabeverfahren ist damit beendet.

– Verhältnis zum Verhandlungsverfahren

Das PPP-Beschleunigungsgesetz trifft keine Aussage darüber, ob der wettbewerbliche Dialog dem Verhandlungsverfahren vorgeht.[172]

Unverändert geblieben ist jedoch der Vorrang des offenen Verfahrens (§ 101 Abs. 6 Satz 1 GWB).[173]

Sofern der Auftrag im Offenen Verfahren vergeben werden kann, ist ein wettbewerblicher Dialog daher unzulässig. Dasselbe gilt für das nicht offene Verfahren. Jedoch dürfen in diesem Fall die Voraussetzungen für die Anwendung des wettbewerblichen Dialogs (objektive Unmöglichkeit die Rahmenbedingungen des Auftrags anzugeben) ohnehin nicht vorliegen. Denn ein offenes oder nicht offenes Verfahren ist nur dann möglich, wenn die Leistung – zumindest funktional – beschrieben werden kann. Da dem Wortlaut des GWB und der VgV aber kein Vorrang des wettbewerblichen Dialogs vor dem Verhandlungsverfahren zu entnehmen ist, kann der Auftraggeber statt des wettbewerblichen Dialogs auch ein Verhandlungsverfahren durchführen, sofern dessen enge Voraussetzung gegeben sind.

Der wettbewerbliche Dialog und das Verhandlungsverfahren weisen hinsichtlich ihrer Durchführung viele Parallelen auf. Insbesondere kann ein Verhandlungsverfahren grundsätzlich so gestaltet werden, dass es dem wettbewerblichen Dialog entspricht.[174]

Im Vergleich zum Verhandlungsverfahren sind im wettbewerblichen Dialog jedoch Elemente des Verhandlungsverfahrens mit Ausschreibungselementen kombiniert. Während im Verhandlungsverfahren Angebote im Rahmen der Verhandlungen geändert werden können, ist im wettbewerblichen Dialog eine Änderung der Angebote nach Abschluss der Dialogphase grundsätzlich nicht mehr möglich. Der Bieter kann auf Aufforderung des Auftraggebers lediglich Präzisierungen, Klarstellungen und Ergänzungen vornehmen, die jedoch keine Änderung der grundlegenden Elemente des Angebots zur Folge haben dürfen, welche den Wettbewerb verfälschen oder andere Bieter diskriminieren können (§ 6a Abs. 5 Satz 4 und 5 sowie Abs. 6 Satz 2 und 3 VgV). Aber auch im Verhandlungsverfahren wird vom Auftraggeber im Hinblick auf das Gleichbehandlungsgebot in der Regel eine Frist zur Abgabe der endgültigen Angebote gesetzt. Nach Ablauf dieser Frist dürfen die Bieter ihre Angebote ebenfalls nicht mehr maßgeblich ändern. Etwaige Änderungen darf der Auftraggeber nicht mehr berücksichtigen, da auch er an die von ihm gesetzte Frist gebunden ist

172 Für einen Vorrang des wettbewerblichen Dialogs vor dem Verhandlungsverfahrens jedoch Knauff, NZBau 2005, 249 (256), allerdings auf Grundlage der Regelung der Basisrichtlinie.

173 Vgl. auch die Begründung zum PPP-Beschleunigungsgesetz, BT-Ds. 15/5668 S. 11.

174 So ausdrücklich die Gesetzesbegründung zum PPP-Beschleunigungsgesetz, BT-Ds. 15/5668 S. 11 für Sektorenauftraggeber, denen der wettbewerbliche Dialog nicht zur Verfügung steht.

(Selbstbindung).[175] Insofern sind sich der wettbewerbliche Dialog und das Verhandlungsverfahren (zumindest bei Anwendung der parallelen Strategie) durchaus ähnlich.

Eine Parallele ist auch darin zu sehen, dass sowohl während der Dialogphase im wettbewerblichen Dialog als auch in der Verhandlungsphase des Verhandlungsverfahrens die Identität des zu vergebenden Auftrags als Grenze der Verhandlungen zu beachten ist. Darüber hinaus präzisiert der wettbewerbliche Dialog die für das Verhandlungsverfahren von der Rechtsprechung bereits gelegentlich formulierten Anforderungen an die Vertraulichkeit der Angebotsinhalte. Für den wettbewerblichen Dialog ergibt sich das aus § 6a Abs. 3 Satz 5 VgV, für das Verhandlungsverfahren aus dem Wettbewerbs- und dem Gleichbehandlungsgrundsatz.[176]

Unterschiede ergeben sich hinsichtlich der Beendigung des Vergabeverfahrens, sofern keine tragfähigen Lösungskonzepte für den Beschaffungsbedarf gefunden werden. Im Verhandlungsverfahren ist der Auftraggeber grundsätzlich an den von der Rechtsprechung sehr restriktiv angewendeten § 26 VOB/A bzw. VOL/A gebunden.[177]

Im wettbewerblichen Dialog hingegen ist die Beendigung des Vergabeverfahrens während der Dialogphase möglich, sobald erkennbar ist, dass keine Lösung gefunden werden kann (§ 6a Abs. 5 Satz 1 Nr. 2 VgV). § 26 VOB/A bzw. VOL/A sind in diesem Fall nicht anzwenden. Ob die Rechtsprchung die für § 26 VOB/A und VOL/A entwickelten restriktiven Grundsätze auf § 6a Abs. 5 Satz 1 Nr. 2 VgV übertragen wird, bleibt jedoch abzuwarten.

Auch hinsichtlich der Projektantenproblematik[178] könnte der wettbewerbliche Dialog Vorteile bieten, da im wettbewerblichen Dialog die Möglichkeit besteht, die Leistung gemeinsam mit potenziellen Bietern in der Dialogphase zu definieren und Lösungskonzepte zu erarbeiten. Jedoch sind die sich bietenden Vorteile nicht zu überschätzen. Bei umfangreichen PPP-Projekten kann auch bei der Vorbereitung eines wettbewerblichen Dialogs die vorherige Beratung des Auftraggebers durch am Markt tätige Unternehmen erforderlich sein (z.B. bei der Erstellung der Beschreibung der Bedürfnisse des Auftraggebers oder bei der Festlegung der Zuschlagskriterien und ihrer Gewichtung), so dass die Projektantenproblematik ebenfalls relevant ist. Darüber hinaus bietet auch das Verhandlungsverfahren bei konzeptoffener Ausgestaltung (funktionale Leistungsbeschreibung) die Möglichkeit, die Lösungskonzepte gemeinsam den Bietern zu erarbeiten.

6. Bedeutung des Interessenbekundungsverfahrens für das Vergabeverfahren

Da das Vergabeverfahren nach § 16 Nr. 2 VOB/A nicht vergabefremden Zwecken wie der Markterkundung dienen darf, sondern letztere grundsätzlich **vor** der Einleitung eines Vergabeverfahrens stattzufinden hat, stellt sich die Frage nach dem Einfluss des Interessenbekundungsverfahrens (IBV) auf das Vergabeverfahren. Das IBV ist nicht Teil des Vergabeverfahrens. Anders als ein Vergabeverfahren ist es nicht auf einen Vertragsschluss gerichtet.[179]

---

[175] Vgl. z.B. OLG Düsseldorf, Beschluss vom 7. 1. 2002, Verg 36/02; VK Bund, Beschluss vom 26. 9. 2001, VK 2-30/01; VK Sachsen, Beschluss vom 13. 5. 2002; zulässig sind nach Ablauf der Frist allenfalls Verhandlungen, die den Maßstäben von § 24 Nr. 1 und 2 VOB/A bzw. VOL/A entsprechen, vgl. hierzu VK Sachsen, Beschluss vom 29. 2. 2004, 1/SVK/157/03, die wohl die Maßstäbe des § 24 Nr. 1 und 2 VOL/A für anwendbar hält.

[176] Vgl. VK Münster, Beschluss vom 9. 4. 2003, VK 05/03.

[177] Vgl. hierzu Abschnitt 14.

[178] Wird der Bieter bei der Vorbereitung eines Vergabeverfahrens von einem Unternehmen beraten, das sich später als Bieter oder als Mitglied einer Bietergemeinschaft an der Ausschreibung beteiligt, kann bei diesem Unternehmen ein nicht ausgleichbarer Wissensvorsprung bestehen, der zum Ausschluss dieses Unternehmens vom Verfahren führen kann. Vgl. Abschnitt 8.3.

[179] Vgl. Helm, in: Piduch, Bundeshaushaltsrecht, § 7, Rn. 8.

Das Interessenbekundungsverfahren (IBV) ist eine Form der Markterkundung und der Erforschung der Wirtschaftlichkeit und Realisierbarkeit verschiedener Durchführungsvarianten eines Projekts.[180] Im Rahmen des IBV soll privaten Anbietern die Möglichkeit gegeben werden, darzulegen, ob und inwieweit sie staatliche Aufgaben oder öffentlichen Zwecken dienende wirtschaftliche Tätigkeiten nicht ebenso gut oder besser erbringen könnten wie die öffentliche Hand.[181] Gegenwärtig ist das IBV neben § 7 Abs. 2 S. 2 BHO in den Landeshaushaltsordnungen von Brandenburg, Berlin, Hamburg und Thüringen vorgesehen. Das IBV ist in erster Linie zugeschnitten auf die Vorbereitung von Maßnahmen der „Produktionsprivatisierung" oder „funktionellen Privatisierung", bei denen der Staat sich privater Rechtsträger bedient, um die in seiner Verantwortung verbleibenden Aufgaben zu erfüllen[182] und kann daher für PPP-Projekte eine besondere Rolle spielen.[183] Im Rahmen des IBV geben interessierte Unternehmen eine Interessenbekundung ab, in der sie die Art der von ihnen vorgeschlagenen Aufgabenerfüllung darlegen und den Preis angeben, zu dem sie bereit wären, die Aufgabe zu erfüllen. Kosten werden im IBV grundsätzlich nicht erstattet.[184]

Im Zusammenhang mit einer öffentlichen Auftragsvergabe ist ein IBV wohl nur in der dem Vergabeverfahren vorangehenden Planungsphase denkbar. Während des Ausschreibungsverfahrens, wenn bereits bindende Angebote der Bieter eingehen, macht es wenig Sinn, zusätzlich unverbindliche Preisberechnungen einzuholen. Vor der Einleitung eines Vergabeverfahren können hingegen mit Hilfe eines IBV der Markt erkundet und die verschiedenen Ausschreibungsalternativen miteinander verglichen werden, indem z.B. verschiedene Finanzierungsvarianten oder PPP-„Gesamtpakete" abgefragt werden. Das IBV kann wertvolle Hinweise darüber liefern, ob bzw. in welchem Umfang und welcher Form der Markt fähig und willens ist, ein bestimmtes Projekt durchzuführen. Auch aus der VV Nr. 3 zur BHO ergibt sich, dass das Interessenbekundungsverfahren dem Vergabeverfahren vorangehen soll[185] und eine Orientierungshilfe für das Vergabeverfahren darstellen. Nachteil eines IBV in der in der Praxis gegenwärtig üblichen Form sind die sehr hohen Anforderungen an die Bieter, bereits weitgehend ausgearbeitete Angebote vorzulegen. Dies in Verbindung mit der Nichterstattung von Angebotserstellungskosten führt häufig zu geringem Teilnahmeinteresse im Markt und zu „Phantasieangeboten". Zwar kann durch die Ausschreibung eines Wettbewerbs und die Auslobung von Preisen[186] der Anreiz zur Teilnahme und zur Abgabe marktorientierter Angebote erhöht werden. Die Entscheidung, welche Leistung ausgeschrieben werden soll, sollte aber nicht *allein* auf die im IBV erhaltenen Angaben potentieller Bieter gestützt werden.[187]

Neben der formellen Befragung potentieller Bieter im Rahmen eines IBV ist zur Erforschung des Interesses der Marktteilnehmer an einem Projekt bzw. zur Ermittlung verschiedener denkbarer Ausführungsvarianten auch eine informelle Nachfrage bei einzelnen Bietern denkbar.[188] Zusätzlich zu dem Adressatenkreis eines IBV können bei einem solchen Vorgehen nicht nur potenzielle Bieter, sondern auch andere Ansprechpartner wie beispielsweise Banken oder Versicherungen angesprochen werden. Auch dieses Vorgehen dürfte auf Grund der Unverbindlichkeit der Auskünfte keine vollständig verlässliche Entscheidungsgrundlage für den öffentlichen Auftraggeber darstellen, aber wie das IBV zumindest ungefähre Richtlinien ge-

---

180 Zum IBV siehe § 4 Abschnitt 1.2.

181 Verwaltungsvorschrift Nr. 3 zur BHO.

182 Grupp, in: Saarbrücker Bibliothek, http://www.jura.uni-sb.de/projekte/Bibliothek.

183 Siehe hierzu die Ausführungen zu § 4 Abschnitt 1.2.2.

184 Vgl. RdSchr. d. BMF v. 31. 8. 1995-II A 3-H 1005–22/95, GMBl. 1995, S. 764.

185 „Wenn das Interessenbekundungsverfahren ergibt, dass eine private Lösung voraussichtlich wirtschaftlich ist, ist ein Verfahren zur Vergabe öffentlicher Aufträge durchzuführen."

186 Vgl. Anlage 1 zu Berliner AV-LHO Nr. 3 zu § 7; RdSchr. d. BMF v. 31. 8. 1995 – II A 3-H 1005–22/95, GMBl. 1995 S. 764.

187 Vgl. auch hierzu die Ausführungen zu § 4 Abschnitt 1.2.2.

188 Vgl. auch Abschnitt 8.1 (Vorbereitung des Vergabeverfahrens).

ben können. Frühzeitige Informationen über die Leistungsfähigkeit und -willigkeit des Marktes in Bezug auf ein konkretes Projekt mindern das Risiko unwirtschaftlicher Verhandlungsergebnisse auf Basis unrealistischer Leistungsanforderungen im Rahmen einer funktionalen Ausschreibung. Einen Vorteil gegenüber dem IBV kann die informellere Natur einer nicht-förmlichen Marktansprache und der geringere Aufwand für den Auftraggeber und die angesprochenen Unternehmen darstellen. Bei individueller Anfrage bei einzelnen Bietern muss allerdings – noch stärker als bei einem öffentlichen IBV – darauf geachtet werden, dass diese Bieter nicht einen (uneinholbaren) Informationsvorsprung erhalten.

7. Mittelstandsaspekte des Vergaberechts

PPP-Modelle nach dem ganzheitlichen Lebenszyklus-Ansatz sehen in aller Regel eine einheitliche vertragliche Bindung zwischen dem öffentlichen Auftraggeber und einem privaten Partner über sämtliche wesentlichen Leistungsbestandteile für ein Projekt vor. Planung, Bau, Finanzierung und Betrieb sowie ggf. die Verwertung werden in einem einheitlichen Vertrag geregelt. Eine Aufteilung in die genannten Leistungsbestandteile und darüber hinaus insbesondere im Bereich der Bauleistungen in verschiedene Gewerke ist den hier zu betrachtenden PPP-Modellen fremd.[189] Fraglich ist aus vergaberechtlicher Sicht, ob und ggf. unter welchen Voraussetzungen die PPP-Modellen inhärente Gesamtvergabe unterschiedlicher Leistungen und Gewerke mit den vergaberechtlichen Vorgaben des Mittelstandsschutzes[190] (vgl. § 97 Abs. 3 GWB) vereinbar ist.

Die Förderung mittelständischer Interessen fand – obwohl ein grundsätzlich vergabefremder Aspekt[191] – an verschiedenen Stellen Eingang in das deutsche Vergaberecht. Mit dem Vergaberechtsänderungsgesetz vom 26. 8. 1998 wurde der Mittelstandsförderung ein gesetzlicher Stellenwert eingeräumt. Für Vergaben oberhalb der EU-Schwellenwerte bestimmt § 97 Abs. 3 GWB, dass mittelständische Interessen „vornehmlich" durch Teilung der Aufträge in Fach- und Teillose angemessen zu berücksichtigen sind. Nach § 4 Nr. 2 VOB/A sollen umfangreiche Bauleistungen möglichst in Lose geteilt und nach Losen vergeben werden (Teillose). § 4 Nr. 3 S. 1 VOB/A ordnet an, dass Bauleistungen verschiedener Handwerks- und Gewerbezweige in der Regel nach Fachgebieten oder Gewerbezweigen zu vergeben sind (Fachlose). Auch nach § 5 Nr. 1 VOL/A haben öffentliche Auftraggeber immer dann, wenn dies nach Art und Umfang der Leistung zweckmäßig ist, diese – z.B. nach Menge, Art – in Lose zu zerlegen, damit sich auch kleine und mittlere Unternehmen um Lose bewerben können.[192] Eine „unwirtschaftliche Zersplitterung" ist aber nach § 5 Nr. 1 Satz 2 VOL/A zu vermeiden.[193]

---

[189] Anders als eine Aufteilung in die einzelnen Leistungsbestandteile erscheint eine Aufteilung des Gesamtvorhabens in mittelstandsfreundliche „vertikale" Teillose, die jeweils sämtliche Lebenszyklusphasen umfassen, durchaus denkbar und bei geeigneten Projekten sinnvoll (z.B. Sanierung und Betrieb von 10 der insgesamt 100 ausgeschriebenen Schulen).

[190] Eine rechtsverbindliche Definition des Mittelstandsbegriffs existiert bisher nicht. Nach der Empfehlung der Kommission betreffend die Definition der kleinen und mittleren Unternehmen (vgl. ABlEG 1996 Nr. L 107, S. 4ff.) zählen hierzu Unternehmen, die 1.) weniger als 250 Personen beschäftigen, 2.) einen Jahresumsatz von max. 40 Mio. € *oder* eine Jahresbilanzsumme von max. 27 Mio. € haben und 3.) unabhängig i.d.S. sind, dass sich nicht 25% der Anteile oder mehr im Besitz von Nicht-KMU befinden.

[191] BGH, NJW 2000, 137 (140); VK Bund, Beschluss vom 30. 1. 2003 – VK 1–01/03; Stickler, in: Reidt/Stickler/Glahs, Vergaberecht, § 97 GWB Rn. 11; *a.A.* Marx, in: Motzke/Pietzcker/Prieß, VOB/A, § 97 Rn. 27; Kulartz, in: Niebuhr/Kulartz/Kus/Portz, Vergaberecht, § 97 Rn. 139.

[192] BGH, NJW 2000, 137 (140).

[193] Die VOF hingegen kennt eine Vorschrift zur Aufteilung nach Losen nicht. Der Verordnungsgeber hielt eine Losaufteilung bei freiberuflichen Leistungen nicht für sinnvoll, vgl. Noch, in: Müller-Wrede, VOL/A, § 5 Rn. 9.

Auch die Mittelstandsförderungsgesetze der Länder Bayern, Brandenburg, Hamburg, Mecklenburg-Vorpommern, Niedersachsen, Sachsen-Anhalt und Thüringen zielen darauf ab, die Partizipation kleiner und mittelständischer Unternehmen an öffentlichen Aufträgen vor allem durch eine vorrangig losweise Vergabe sicherzustellen.[194]

Dem europäischen Vergaberecht sind vergleichbare Regelungen nicht ausdrücklich zu entnehmen. Die Europäische Kommission hat in ihrer Mitteilung zum öffentlichen Auftragswesen vom 11. 3. 1998 jedoch deutlich gemacht, dass die Förderung kleiner und mittelständischer Unternehmen im Bereich der öffentlichen Auftragsvergabe ein wichtiges Ziel des europäischen Vergaberechts darstellt. Jegliche Bemühungen, das öffentliche Beschaffungswesen für die Unternehmen zugänglicher zu machen, sollten daher vom Standpunkt der kleinen und mittleren Unternehmen aus erfolgen.[195]

7.1 Teil- und Fachlosvergabe

Die losweise Vergabe von Bauaufträgen ist die gesetzgeberische Grundentscheidung (vgl. § 97 Abs. 3 GWB). § 97 Abs. 3 GWB formuliert nach der ausdrücklichen Vorstellung des Gesetzgebers nicht nur einen allgemeinen Programmsatz, sondern eine eindeutige und justiziable Verpflichtung für alle öffentlichen Auftraggeber, mittelstandsfreundlich zu verfahren.[196] Gleichwohl enthält § 97 Abs. 3 keine unbedingte Verpflichtung für öffentliche Auftraggeber, Vergabevorhaben generell losweise aufzuteilen.[197] Nach dem eindeutigen Wortlaut des § 97 Abs. 3 braucht eine Teilung nicht vorgenommen zu werden, wenn eine kleinteilige Vergabe nicht „angemessen" ist. Das dürfte insbesondere dann der Fall sein, wenn es für die zu beschaffenden Leistungen keine oder nicht genügend mittelständische Anbieter gibt.

Darüber hinaus sieht § 97 Abs. 3 GWB lediglich vor, dass mittelständische Interessen „vornehmlich" durch Losaufteilung zu gewährleisten sind. Das bedeutet, dass es nach der Vorstellung des Gesetzgebers auch andere Möglichkeiten gibt, mittelständische Interessen angemessen zu wahren.[198]

Für den Bereich der Bauvergaben kann vom Regelfall der **Teil**losvergabe nach § 4 Nr. 2 VOB/A bereits aus Zweckmäßigkeitsgesichtspunkten abgewichen werden. Insoweit rechtfertigen etwa Kapazitätsmängel in der Bauverwaltung oder ein erhöhter Koordinierungsaufwand die einheitliche Vergabe.[199] Von der **Fach**losvergabe hingegen sind Ausnahmen nach § 4 Nr. 3 S. 2 VOB/A nur aus wirtschaftlichen oder technischen Gründen zulässig. Die Zusammenfassung mehrerer Fachlose zu sogenannten Leistungspaketen bis hin zur Generalunternehmervergabe ist nur bei Vorliegen solcher Gründe zulässig.

Eine Abweichung vom Gebot der Fachlosvergabe ist im konkreten Einzelfall zu entscheiden und am Sachverhalt zu begründen. Ein globaler Hinweis auf allgemeine wirtschaftliche

---

194 Vgl. § 8 Abs. 1 S. 2 MFG LSA; § 14 Abs. 2 S. 1 MFG Nds.; Art. 12 Abs. 2 MFG Bay. i. V. m. Nr. 5 lit. a) u. b) Mittelstandsrichtlinie Öffentliches Auftragswesen (öAMstR); § 15 Abs. 2 S. 2 MFG HH; § 13 Abs. 1 S. 1 MFG Thü.; § 15 Abs. 2 S. 1 MFG M-V; § 5 Abs. 3 S. 1 MFG BB.

195 Mitteilung der Kommission – Das öffentliche Auftragswesen in der Europäischen Union, KOM (98) 0143 endgültig, S. 23.

196 VK Bund, VergabeR 2001, 143 (144 f.); VK Baden-Württemberg, Beschluss vom 18. 7. 2003, 1 VK 30/03; Marx, in: Motzke/Pietzcker/Prieß, VOB/A, § 97 Rn. 26.

197 Vgl. auch die in die gleiche Richtung weisende Rede des Ministerialrats Steingen aus dem Ministerium für Städtebau und Wohnen, Kultur und Sport des Landes NRW bei der Eröffnungsveranstaltung zum Seminar „Leistung aus einer Hand" der Handwerkskammer Köln am 16. 6. 2001.

198 Müller-Wrede, in: Ingenstau/Korbion, VOB Teile A und B, § 97 GWB Rn. 22; Stickler, in: Reidt/Stickler/Glahs, Vergaberecht, § 97 GWB Rn. 13; Dreher, in: Immenga/Mestmäcker, GWB, § 97 Rn. 80.

199 Vgl. Hertwig, in: Motzke/Pietzcker/Prieß, VOB/A, § 4 Rn. 17; vgl. Rusam, in: Heiermann/Riedl/Rusam, VOB/A, § 4 Rn. 10.

oder technische Vorteile einer zusammengefassten Vergabe reicht nicht aus.[200] Die Begründung muss dem Regel-/Ausnahmeverhältnis zwischen Fachlos- und Gesamtvergabe gerecht werden,[201] d.h. die Vergabestelle muss die konkreten Vorteile bei einer Generalunternehmervergabe nachweisen können. Das bloße Fehlen von Nachteilen im Falle einer Generalunternehmervergabe genügt wegen des grundsätzlichen Vorrangs der Fachlosvergabe gerade nicht.[202] Auch einen Erfahrungssatz, dass die Vergabe an Generalunternehmer kostengünstiger ist als die Fachunternehmervergabe, gibt es wohl nicht. Die Rechtsprechung hatte bereits umfangreich Gelegenheit, sich mit der Zulässigkeit von Gesamtvergaben auseinander zu setzen. Ist ein Wirtschaftlichkeitsvergleich zwischen Los- und Gesamtvergabe nicht möglich oder nicht vorgesehen, so kann ein tragfähiger Grund für die Zusammenfassung von Fachlosen der Gesichtspunkt der einheitlichen Gewährleistung sein. Nach § 4 Nr. 1 VOB/A sind Bauleistungen so zu vergeben, dass eine zweifelsfreie und umfassende Gewährleistung erreicht wird. Insbesondere in Leistungsbereichen, die durch eine erhöhte Schadensgeneigtheit und erschwerte Zuordnung der Verantwortlichkeiten gekennzeichnet sind, kommt demnach die zusammengefasste Vergabe in Betracht.[203]

Kurze Ausführungsfristen können eine Zusammenfassung von Fachlosen dann rechtfertigen, wenn eine nicht termingerechte Fertigstellung der Maßnahme erhebliche und konkret bezifferbare wirtschaftliche Nachteile erbringen würde und die Einhaltung kurzer Ausführungsfristen im Einzelfall bei einer zusammengefassten Vergabe besser durchgesetzt werden kann.[204] Es ist hier aber zu gewährleisten, dass durch die kurzen Ausführungsfristen insgesamt erhebliche wirtschaftliche Vorteile erzielt werden können.[205]

Die Reduzierung des Koordinierungsaufwandes für den Auftraggeber, die Forderung des öffentlichen Bauherrn nach Kostensicherheit oder die allgemeine Eilbedürftigkeit sind dagegen für sich allein regelmäßig keine Begründung für eine Abweichung vom Grundsatz der Fachlosvergabe.[206] Fasst man die Beispiele aus der vergaberechtlichen Rechtsprechung zusammen, so ist im Ergebnis nicht das Bedürfnis des Auftraggebers an einer möglichst reibungslosen Vergabe, sondern die **Reibungslosigkeit und Effizienz der Ausführung der Leistungen selbst** das entscheidende Kriterium für die Zulässigkeit der Abweichung vom Vorrang der Fachlosvergabe.[207]

Die Realisierung von PPP-Projekten im zugrundegelegten ganzheitlichen Sinne bedingt einen erheblichen, deutlich über das normale Maß hinausgehenden Koordinierungsbedarf bei der Ausführung der Leistungen selbst. Zu bewältigen ist nicht nur die Koordinierung der einzelnen Gewerke mit zunehmendem Fortschritt des Projekts, sondern auch die Abstimmung der einzelnen Projektphasen (Planen, Bauen, Finanzieren, Nutzen/Betreiben, Verwerten). Eine Aufteilung der zu vergebenden Gesamtleistung in Fachlose auf der ersten Ebene, die sich nach den einzelnen Leistungsbestandteilen (Planung, Bau, Finanzierung, Betrieb) richten, widerspricht dem gesamtheitlichen Lebenszyklus-Ansatz von PPP-Vorhaben. Ziel der Partnerschaft ist insbesondere die Integration der Projektphasen eines Vorhabens in der ganzheitlichen Verantwortung eines Vertragspartners (Bieter/Bieterkonsortium), um Planung, Bau, Finanzierung, Nutzung, Betrieb und ggf. Verwertung technisch und

---

[200] Noch, Vergaberecht kompakt, S. 137; Sterner, in: Motzke/Pietzcker/Prieß, VOB/A, Syst IX Rn. 18.

[201] Vgl. VK Darmstadt, Beschluss vom 12. 9. 2001 – 69 d VK-20/2001; VK Arnsberg, Beschluss vom 23. 8. 1999 -VK 11/99.

[202] VÜA Rheinland-Pfalz, Fischer/Noch, EzEG-VergabeR, IV 11.8.

[203] Vgl. VÜA Bayern, Fischer/Noch, EzEG-Vergaberecht, IV 1.17.

[204] Vgl. VK Arnsberg, Beschluss vom 23. 8. 1999, Az.: VK 11/99; VÜA Baden-Württemberg, Fischer/Noch, EzEG-VergabeR, IV 2.13.

[205] Deutscher Vergabe- und Vertragsausschuss (DVA), NZBau 2000, 555 (557).

[206] Vgl. LG Hannover, EuZW 1997, 638 (640).

[207] Vgl. LG Hannover, EuZW 1997, 638 (640); Sterner, in: Motzke/Pietzcker/Prieß, VOB/A, Syst IX Rn. 18.

wirtschaftlich miteinander zu verknüpfen. Die Zerlegung eines PPP-Modells in Fachlose würde diesen Zweck regelmäßig konterkarieren. Anders ist (bei dafür geeigneten Projekten) die Aufteilung in „vertikale Mengenlose" zu beurteilen. Umfasst ein Vorhaben mehrere eigenständige Einheiten, bzgl. derer jeweils alle Phasen der PPP durchlaufen werden sollen, so widerspricht eine Aufteilung der Gesamtmenge in mittelstandsfreundliche Teillose (z. B. Sanierung und Betrieb von 3 von 5 Sporthallen) nicht dem Lebenszyklusansatz. Eine solche Aufteilung sollte daher, sofern sich das Projekt – auch aus wirtschaftlicher Sicht – für eine vertikale mengenmäßige Aufteilung anbietet, vorgenommen werden.

In Bezug auf die zuvor dargestellte Aufsplittung eines PPP-Gesamtvorhabens in „horizontale" Fachlose dürfte hingegen davon auszugehen sein, dass, sofern die wirtschaftliche Vorteilhaftigkeit einer PPP-Vergabe im Vorfeld untersucht und festgestellt worden ist, eine Gesamtvergabe bei PPP-Vergaben i. d. R. verdingungsrechtlich unbedenklich ist.

7.2 Bindung des Generalunternehmers

Dennoch ist die Mittelstandsförderung im Rahmen von PPP-Hochbauprojekten nicht außer Acht zu lassen. Kommt eine losweise Vergabe auf der ersten Ebene nicht in Betracht, so ist mittelständischen Interessen entsprechend der gesetzlichen Verpflichtung nach § 97 Abs. 3 GWB in anderer Weise gerecht zu werden, z. B. durch die Verpflichtung des Auftragnehmers, im Fall der Weitergabe von Leistungen auf der zweiten Ebene kleine und mittlere Unternehmen angemessen zu berücksichtigen oder gar zu bevorzugen. Darüber hinaus sehen § 4 Nr. 8 Abs. 2 VOB/B sowie § 5 VOL/A und die Mittelstandsförderungsgesetze zahlreicher Länder vor, dass Nachunternehmern keine ungünstigeren Bedingungen aufzuerlegen sind, als sie dem Generalunternehmer vom öffentlichen Auftraggeber auferlegt worden sind.

Nach § 4 Nr. 8 Abs. 2 VOB/B und zum Teil nach den Ländervorschriften zur Mittelstandsförderung[208] hat der Generalunternehmer bei der Weitergabe an Nachunternehmer die VOB zugrunde zu legen. Der mit dem **PPP-Beschleunigungsgesetz** neu eingefügte § 6 Abs. 2 Nr. 3 VgV stellt nunmehr klar, dass ein Auftragnehmer bei der Weitervergabe von Bauleistungen lediglich die Bestimmungen des Teiles B der VOB zugrunde zu legen hat. Die VOB/A ist nicht anzuwenden. Eine Plicht, die Bauleitung in einem wettbewerblichen Verfahren weiter zu vergeben besteht daher nicht. § 4 Nr. 8 Abs. 2 VOB/B ist dementsprechend auszulegen.[209]

Bei PPP-Vergaben, die, wie bereits ausgeführt, i. d. R. für eine losweise Vergabe nicht in Betracht kommen, sind zur Gewährleistung des Mittelstandsschutzes gemäß § 97 Abs. 3 GWB bzw. zur Einhaltung der Regelungen der VOB/B, der VOL/A sowie der Mittelstandsförderungsgesetze der Länder deshalb die Auftragnehmer zu verpflichten, mittelständische Unternehmen bei der Vergabe von Unteraufträgen angemessen oder sogar bevorzugt zu berücksichtigen und die anwendbaren allgemeinen Vertragsbedingungen der VOB/B bzw. VOL/B vertraglich zu Grunde zu legen.

7.3 Nachunternehmererklärung

Zur Verfolgung des Sekundärzweckes der Mittelstandsförderung kann der öffentliche Auftraggeber insbesondere eine Erklärung über den beabsichtigten Nachunternehmereinsatz verlangen, § 10 Abs. 5 Nr. 3 VOB/A. Bei Art und Umfang eines Nachunternehmereinsatzes handelt es sich grundsätzlich um eine kalkulationserhebliche Erklärung, die sich auf die

---

[208] Vgl. § 8 Abs. 3 Nr. 2 MFG LSA; § 14 Abs. 4 Nr. 3 MFG Nds.; Art. 12 Abs. 2 MFG Bay. i. V. m. Nr. 3 lit. b) öAMstR; § 15Abs. 3 lit. c) MFG HH; § 13 Abs. 3 S. 2 MFG Thü.; § 15 Abs. 5 MFG M-V; § 5 Abs. 6 MFG BB.

[209] Vgl. auch Abschnitt 4.2. sowie die Begründung zum PPP-Beschleunigungsgesetz, BT-Ds. 15/5668 S. 12.

Wettbewerbsstellung auswirkt.[210] Ein Angebot, das entgegen § 21 Nr. 1 Abs. 1 S. 3 VOB/A zum Zeitpunkt der Angebotsöffnung nicht sämtliche von der Vergabestelle geforderten wettbewerbserheblichen Erklärungen enthält, ist nach § 25 Nr. 1 Abs. 1 lit. b) VOB/A zwingend auszuschließen.[211] Daher führt auch eine fehlende Nachunternehmererklärung grundsätzlich zum Ausschluss des Angebots.[212] Ein Angebotsausschluss wegen fehlender Nachunternehmererklärung dürfte aber unzulässig sein, wenn die Vergabestelle in der Vergangenheit entgegen den Bewerbungsbedingungen in ständiger Praxis Nachunternehmererklärungen mit dem Hinweis „wird nachgereicht" akzeptiert und sich somit selbst gebunden hat.[213]

Auszuschließen sind grundsätzlich *alle* unvollständigen Angebote. Selbst vom Ausschluss bedrohte Bieter können nach der Rechtsprechung aber dann im Wege eines Nachprüfungsverfahrens den Ausschluss anderer Bieter durchsetzen, wenn alle Angebote an demselben Mangel leiden und der Auftraggeber gleichheitswidrig allein das Angebot des favorisierten Bieters in der Wertung belässt.[214]

7.4. Generalübernehmerproblematik, Totalübernehmer

PPP-Projekte schließen in der Regel eine Vielzahl unterschiedlichster Leistungen mit ein. Diese können nur selten durch ein Unternehmen allein erledigt werden. Daher kann die erfolgreiche Vergabe von PPP-Aufträgen unter anderem davon abhängen, ob die Auftragsvergabe an sogenannte „Generalübernehmer" vergaberechtlich zulässig ist. „Generalübernehmer" ist ein Auftragnehmer, der mehrere oder alle Leistungsbereiche übernimmt, die Bauleistung selbst jedoch ausschließlich durch Nachunternehmer erbringen lässt. Im Unterschied zum „Generalunternehmer" erledigt der Generalübernehmer den Auftrag also nicht im Wesentlichen selbst. Der sogenannte „Totalübernehmer" übernimmt noch weitergehend der als der Generalübernehmer zusätzlich zur Bauleistung auch deren Planung und führt diese selbst aus oder gibt sie – wie die gesamte Bauleistung – an Dritte weiter. Insoweit entspricht der rechtliche Rahmen dem des Generalübernehmers.[215]

Bis zum Inkrafttreten des PPP-Beschleunigungsgesetzes am 8. 9. 2005 war im deutschen Vergaberecht die Zulässigkeit der öffentlichen Auftragsvergabe an Generalübernehmer auf Länderebene unterschiedlich geregelt. Auch die Rechtsprechung war bislang uneinheitlich. In den Bundesländern Bayern, Niedersachsen und Rheinland-Pfalz waren General- und Totalübernehmervergaben durch Verwaltungsvorschrift grundsätzlich untersagt.[216] Auch die überwiegende Auffassung der Nachprüfungsbehörden und der vergaberechtlichen Literatur hielt den Einsatz von Generalübernehmern bei Bauvergaben vor allem wegen Verstoßes gegen § 8 Nr. 2 Abs. 1 und Nr. 3 VOB/A für unzulässig.[217] § 8 Nr. 2 Abs. 1 und Nr. 3 wurden so ausgelegt, dass die gewerbsmäßige Ausführung von Leistungen der ausgeschriebenen Art schon Voraussetzung für die Teilnahme am Wettbewerb ist. Nur ein Unternehmen, das

---

[210] BayObLG, VergabeR 2003, 457 (458) m. w. N.; Thüringer OLG, VergabeR 2002, 488 (489 f.).

[211] BGH, VergabeR 2003, 558 (560); BGH, NZBau 2003, 293 (295 f.); OLG Koblenz, VergabeR 2003, 699 (703) m. w. N.; OLG Düsseldorf, VergabeR 2003, 687 (688 f.); BayObLG, VergabeR 2003, 76.

[212] OLG Düsseldorf, Beschluss vom 30. 7. 2003 – Verg 32/03.

[213] OLG Düsseldorf, VergabeR 2003, 461 (462).

[214] OLG Düsseldorf, VergabeR 2003, 690 (692); OLG Frankfurt, VergabeR 2003, 349 (351).

[215] Allerdings werden die dargestellten Begrifflichkeiten in der Praxis nicht einheitlich verwendet.

[216] Vgl. Runderlass des MWTV Nds. vom 15. 11 1996, Nds. MBl. Nr. 47/1996 S. 1904; Mittelstandsrichtlinien Öffentliches Auftragswesen der Bayerischen Staatsregierung, Nr. 6, All. MBl. S. 667; VV des MWVLW Rh-Pf. vom 21. 11. 2001, MBl. Nr. 17 S. 475 (481).

[217] Vgl. OLG Frankfurt am Main, NZBau 2001, 101 (104); BayObLG, VergabeR 2002, 485 (486), BayObLG, NZBau 2000, 481 (483); Zdzieblo, in: Daub/Eberstein, VOL/A, § 7 Rn. 40; Schranner, in: Ingenstau/Korbion, VOB/A § 8 Rn. 16; a. A. Prieß/Hausmann, in: Motzke/Pietzcker/Prieß, VOB/A, § 8 Rn. 49; differenzierend Kuß, VOB/A, § 8 Rn. 20 f.

auf Grund seiner Ausstattung in der Lage ist, die Leistung selbst auszuführen, sollte den Nachweis seiner Eignung erbringen können.[218] Gestützt wurde dieses Ergebnis auch auf § 4 Nr. 8 Abs. 1 VOB/B (Gebot der Selbstausführung).[219] Entsprechende Bedenken bestanden auch gegen die sogenannten Totalübernehmer, die auch Planungsleistungen mitanbieten.[220] Die herrschende Meinung ging davon aus, dass der Auftragnehmer die ausgeschriebene Leistung „im Wesentlichen" selbst auszuführen hat, wobei im Einzelnen umstritten war, wie der Begriff „im Wesentlichen" auszulegen ist.[221]

Zum Teil wurde ein Drittel als ausreichend angesehen,[222] teilweise „annähernd die Hälfte" verlangt.[223] Vereinzelt wurde sogar davon ausgegangen, dass Generalunternehmer mindestens 50% der Leistung im eigenen Betrieb zu erbringen haben.[224] Ähnliches galt nach der bisher herrschenden Meinung auch für Vergaben nach der VOL/A. Gemäß § 7 Nr. 2 Abs. 1 VOL/A sollten bei öffentlichen Ausschreibungen die Vergabeunterlagen nur an solche Bewerber abgegeben werden, die sich „gewerbsmäßig mit der Ausführung von Leistungen der ausgeschriebenen Art befassen". Unternehmen, die lediglich als Vermittler am Markt auftreten, ohne die Leistungen im eigenen Betrieb erbringen zu können, sondern die Gesamtleistung auf Dritte im Wege der Unterbeauftragung übertragen wollen, sollten daher nach h. M. an Vergabeverfahren nicht teilnehmen können.[225]

Diese Eigenleistungserfordernisse waren im Rahmen von PPP-Vergaben sachlich zweifelhaft und tatsächlich hinderlich. PPP-Bauvorhaben durften z. B. nach der bisher herrschenden Meinung zumindest dann, wenn sie nach den Regeln der VOB/A zu vergeben sind, nur an Auftragnehmer bzw. Bieterkonsortien vergeben werden, die einen wesentlichen Teil der Bauleistungen selbst erbringen können. Bei technisch komplexen Bauvorhaben konnten sich nur einzelne Bauunternehmen mit erheblicher Fertigungstiefe oder Konsortien, die diese Fertigungstiefe mit einer Vielzahl von Spezialunternehmen zusammenführen, beteiligen. Mit dem **ÖPP-Beschleunigungsgesetz** vom 1. 9. 2005[226] hat der Gesetzgeber diese Hemmnisse für öffentliche Auftragsverfahren mit erfreulicher Klarheit beseitigt. Die VgV ist dahingehend ergänzt worden, dass in Zukunft auf **Eigenleistungserfordernisses gänzlich verzichtet** wird. **§ 6 Abs. 2 Nr. 2 VgV** stellt klar, dass die bisher als Grundlage für Eigenleistungserfordernisse angesehenen § 8 Nr. 2 Abs. 1 und § 25 Nr. 6 VOB/A „mit der Maßgabe anzuwenden sind, dass der Auftragnehmer sich bei der Erfüllung der Leistung der Fähigkeiten anderer Unternehmen bedienen kann." **§ 4 Abs. 4 VgV** enthält eine wortgleiche Regelung für die Anwendung von § 7 Nr. 2 VOL/A, welcher in der VOL/A als Grundlage für Eigenleistungserfordernisse angesehen wurde.

---

218 Vgl. VK Nordbayern, Beschluss vom 6. 2. 2003 – 320.VK-3194–01/03; Korbion, in: Ingenstau/Korbion, VOB/A Anh. 1, Rn. 129.

219 BayObLG, VergabeR 2002, 485 (486); Rusam, in: Heiermann/Riedl/Rusam, VOB/A Einf. § 8 Rn. 49.

220 Vgl. Heiermann/Riedl/Rusam, VOB/A Einf. § 8 Rn. 49; Schranner, in: Ingenstau/Korbion, VOB/A Einf. § 8 Rn. 16.

221 Ein Drittel: OLG Frankfurt am Main, NZBau 2001, 101 (104); Rusam, in: Heiermann/Riedl/Rusam, VOB/A Einf. § 8 Rn. 36; etwa die Hälfte: OLG Bremen, BauR 2001, 94 (97); mind. 50 % im eigenen Betrieb: Runderlass des MWTV Nds. vom 15. 11. 1996, Nds. MBl. Nr. 47/1996 S. 1904; ohne starre Grenze: VK Bremen, Beschluss vom 23. 8. 2001, Az.: VK 1/01.

222 OLG Frankfurt am Main, NZBau 2001, 101 (104); Rusam, in: Heiermann/Riedl/Rusam, VOB/A, Einf. § 8, Rn. 36.

223 OLG Bremen, BauR 2001, 94 (97).

224 Vgl. Runderlass des MWTV Nds. vom 15. 11. 1996, Nds. MBl. Nr. 47/1996 S. 1904.

225 Müller-Wrede, in: Müller-Wrede, VOL/A, § 7 Rn. 18; Zdzieblo, in: Daub/Eberstein, VOL/A, § 7 Rn. 40.

226 Gesetz zur Beschleunigung der Umsetzung von Öffentlich Privaten Partnerschaften und zur Verbesserung gesetzlicher Rahmenbedingungen für Öffentlich Private Partnerschaften, BGBl. Teil I Nr. 56 vom 7. 9. 2005, S. 2676.

Damit erklärt der Gesetzgeber die öffentliche Auftragsvergabe an General- bzw. Totalübernehmer für zulässig. Ein Auftragnehmer muss also weder technisch in der Lage sein, die Leistung selbst auszuführen, noch muss er gewerbsmäßig mit der Ausführung von Leistungen der ausgeschriebenen Art befasst sein und die Leistung „im Wesentlichen" selbst ausführen. Vielmehr können auch Unternehmen an Vergabeverfahren teilnehmen, die am Markt lediglich als Vermittler auftreteten und die Gesamtleistung im Wege der Unterbeauftragung auf Dritte übertragen wollen. Eigenkapitalinvestoren, die sich – mit Ausnahme der Fiananzierung und der Risikotragung – an der Leistungsausführung nicht selbst beteiligen, können nun unmittelbare Vertragspartner der öffentlichen Hand werden, was die Mobilisierung privaten Kapitals für PPP-Modelle begünstigt.[227]

Die VgV gibt jedoch zunächst nur pauschal vor, dass sich der Auftragnehmer der Fähigkeiten anderer Unternehmen bedienen kann. Im Vergabeverfahren hat der Auftragnehmer darüber hinaus die Pflicht

- eine Nachunternehmererklärung abzugeben[228]
- den Nachweis zu erbringen, dass er über die Mittel des leistungsfähigen Dritten verbindlich verfügen kann[229] (z.B. anhand einer bestehenden vertraglichen Vereinbarung mit dem Nachunternehmer bzw. einer Verpflichtungserklärung)
- den Nachweis zu erbringen, dass diese Kapazitäten auch tatsächlich seine Eignung für die Ausführung des Auftrags begründen.[230]

Mit dem Verzicht auf Eigenleistungserfordernisse entspricht das deutsche Vergaberecht den Vorgaben der neuen Basisrichtlinie 2004/18/EG. Die Richtlinie sieht in Art. 47 Abs. 2 und Art. 48 Abs. 3 ausdrücklich vor, dass sich ein Wirtschaftsteilnehmer – unabhängig vom rechtlichen Charakter der Verbindung – für einen bestimmten Auftrag auf die Kapazitäten anderer Unternehmen stützen kann, wenn er dem Auftraggeber gegenüber nachweist, dass ihm Kapazitäten dritter Unternehmen zur Verfügung stehen. Eine entsprechende Regelung findet sich auch in der neuen Sektorenrichtlinie (Art. 54 Abs. 5 und 6 RL 2004/17/EG).

Hintergrund der Neuerungen des ÖPP-Beschleunigungsgesetzes ist jedoch auch die Rspr. des EuGH, insbesondere das Urteil „Siemens AG Österreich/ARGO Telekom & Partner",[231] in dem der EuGH feststellt, dass die verpflichtende Vorgabe eines Eigenleistungsanteils mit den Vorgaben des Gemeinschaftsrechts nicht vereinbar ist.[232] Der *EuGH* hatte über die Frage zu entscheiden, ob eine Ausschreibungsbestimmung gemeinschaftsrechtswidrig ist, wenn sie eine Subvergabe von bis zu 30% der Leistungen nur erlaubte, falls die vertragstypischen Leistungen beim Bieter verblieben. Das Österreichische Vergabeamt berief sich insbesondere auf Art. 25, 32 II lit. c der EG-Dienstleistungsrichtlinie und die bisherige Rechtsprechung des EuGH. Art. 25 S. 1 lautet: „In den Verdingungsunterlagen kann der Auftraggeber den Bieter auffordern, ihm in seinem Angebot den Teil des Auftrags bekanntzugeben, den der Bieter gegebenenfalls im Wege von Unteraufträgen an Dritte zu vergeben gedenkt." Art. 32 II lit. c bestimmt: „Der Nachweis der Eignung kann [...] folgendermaßen erbracht werden: [...] (c) durch Angabe über die technische Leitung oder die technischen Stellen, unabhängig davon, ob sie dem Dienstleistungserbringer angeschlossen sind oder nicht".

In seiner Entscheidung stellt der *EuGH* klar, dass derjenige, der auf die Leistungsfähigkeit Dritter verweist, nur dann vom Vergabeverfahren ausgeschlossen werden darf, wenn ihm

---

[227] Vgl. die Begründung zum ÖPP-Beschleunigungsgesetz, BT-Ds. 15/5668 S. 11, wonach insbesondere die Projektfinanzierung durch institutionelle Kapitalgeber gefördert werden soll.

[228] Vgl. Abschnitt 7.3.

[229] Vgl. die Begründung zum ÖPP-Beschleunigungsgesetz, BT-Ds. 15/5668 S. 11.

[230] Vgl. auch OLG Naumburg, VergabeR 2004, 80 (82).

[231] EuGH, Urteil vom 18. 3. 2004, Rs. C 314/01.

[232] Vgl. auch die Begründung zum ÖPP-Beschleunigungsgesetz, BT-Ds. 15/5668 S. 11.

der Nachweis nicht gelingt, dass er über die notwendigen Mittel des Dritten verfügen kann. Worauf er die Verfügungsmacht über die notwendigen Mittel stützt, ist unerheblich. Unter der Voraussetzung, dass der geforderte Nachweis erbracht werden, sei **ein generelles Verbot der Subvergabe „rechtswidrig".**[233] Umgekehrt stehe die Dienstleistungsrichtlinie 92/50/EWG[234] einem Verbot oder einer Einschränkung der Subvergabe für die Ausführung wesentlicher Teile des Auftrags nicht entgegen, wenn der öffentliche Auftraggeber bei der Prüfung der Angebote und der Auswahl des Bestbieters die technische und wirtschaftliche Leistungsfähigkeit der Subunternehmer nicht habe prüfen können.[235]

Damit hat der EuGH seine bisherige Rechtsprechung maßgeblich weiterentwickelt. Zuvor hatte der EuGH in Sachen „*Ballast Nedam*" entschieden, dass einer Holdinggesellschaft, die für den Nachweis ihrer technischen, finanziellen und wirtschaftlichen Leistungsfähigkeit Referenzen ihrer Tochtergesellschaften vorlegt, die Zulassung zu der Teilnahme an öffentlichen Bauaufträgen nicht verweigert werden darf, wenn sie den **Nachweis** führt, dass sie unabhängig von der Art der rechtlichen Beziehungen zu ihren Tochtergesellschaften über deren sächliche bzw. personelle Mittel verfügen kann, die zur Ausführung der Aufträge erforderlich sind.[236] Beschränkte der Gerichtshof diese Möglichkeit zunächst auf konzernverbundene – und beherrschte – Tochterunternehmen,[237] hat er in Fortentwicklung dieser Rechtsprechung in der Rechtssache *Holst Italia* entschieden, dass ein Bieter oder Bewerber auch auf die Leistungsfähigkeit anderer Unternehmen verweisen kann.[238] Zur Begründung hat der Gerichtshof unter anderem darauf verwiesen, dass die in den Vergaberichtlinien festgelegten Eignungskriterien lediglich die Regeln für die sachliche Prüfung der Leistungsfähigkeit der Unternehmer insbesondere in technischer Hinsicht festlegen sollen. Art. 26 Buchst. e) Baurichtlinie 71/305/EWG[239] bzw. Art. 32 Abs. 2 Buchst. c Dienstleistungsrichtlinie 92/50/EWG sehen ausdrücklich vor, dass der Nachweis dieser technischen Leistungsfähigkeit durch Vorlage einer Erklärung erbracht werden könne, in der die Techniker oder die technischen Stellen anzugeben seien, über die der Unternehmer – unabhängig davon, ob sie dem Unternehmen angehörten oder nicht – bei der Ausführung des Bauvorhabens verfügen werde.[240] Auf gemeinschaftsrechtlicher Ebene bestanden deshalb schon bisher keine Bedenken gegen die Eignung von Generalübernehmern (bzw. Totalübernehmern).

Allerdings blieb die Frage, ob die Wettbewerbsteilnahme eines Unternehmens über seine objektive Eignung, d. h. wirtschaftliche, finanzielle und technische Leistungsfähigkeit hinaus an weitere Bedingungen geknüpft sein darf. Die Kommentarliteratur verneinte das zum Teil. Die Rechtsprechung des EuGH – vor Siemens/ARGE Telekom – wies aber stets dar-

---

[233] EuGH, Urt. v. 18. 3. 2004, Rs. C-314/01, NZBau 2004, 340 ff. insbesondere Rdnr. 46 ff. – Siemens/ARGE Telekom; dazu Hausmann/Wendenburg, NZBau 2004, 315 ff.

[234] Diese Rechtsprechung ist aber auch auf die Vergabe von Bauaufträgen anwendbar. In der vorliegenden Rechtssache Siemens/ARGE Telekom bestätigt der Gerichtshof seine Rechtsprechung in der Rechtssache Holst Italia. In dieser nahm er ausdrücklich Bezug auf die Urteile Ballast Nedam, welche die Vergabe von öffentlichen Bauaufträgen betrafen.

[235] EuGH, Urt. v. 18. 3. 2004, Rs. C-314/01, NZBau 2004, 340 ff. Rdnr. 45 – Siemens/ARGE Telekom.

[236] EuGH, Urt. v. 29. 9. 1992, Rs. C-389/92, Slg. 1994, I-1289 (1307) Rdnr. 14–18 – Ballast Nedam I; EuGH, Urt. v. 18. 12. 1997, Rs. C-5/97, Slg. 1997, I-7549 (7562) Rdnr. 10–14 – Ballast Nedam II.

[237] EuGH, Urt. v. 29. 9. 1992, Rs. C-389/92, Slg. 1994, I-1289 (1307) Rdnr. 15 u. 17. – Ballast Nedam I; EuGH, Urt. v. 18. 12. 1997, Rs. C-5/97, Slg. 1997, I-7549 (7562) Rdnr. 13 – Ballast Nedam II.

[238] EuGH, Urt. v. 2. 12. 1999, Rs. C-176/98, Slg. 1999, I-8607 (8638 f.) Rdnr. 26–29 – Holst Italia.

[239] Jetzt Art. 27 Abs. 1 lit. e) Baukoordinierungsrichtlinie.

[240] EuGH, Urt. v. 2. 12. 1999, Rs. C-176/98, Slg. 1999, I-8607 (8638 f.) Rdnr. 25 – Holst Italia; EuGH, Urt. v. 29. 9. 1992, Rs. C-389/92, Slg. 1994, I-1289 (1307) Rdnr. 12 – Ballast Nedam I; vgl. auch Mader, EuZW 1999, 331 (340).

auf hin, dass die Vergaberichtlinien kein erschöpfendes gemeinschaftliches Vergaberecht schafften, sondern dass es **den Mitgliedstaaten unbenommen** sei – freilich unter Beachtung der einschlägigen Vorschriften des Gemeinschaftsrechts – **weitergehende Anforderungen zu stellen.**[241] Denn es sei nicht der Zweck der Vergaberichtlinien, die Standards der Leistungsfähigkeit festzuschreiben, sondern zu bestimmen, mit welchen Nachweisen die Leistungsfähigkeit dargelegt werden kann.[242] Die Schlussfolgerung, dass Bieter, die keinen wesentlichen Teil der Leistungen selbst ausführen können oder wollen, auch dann zum Wettbewerb zuzulassen sind, wenn der Auftraggeber Wert auf die Selbstausführung legt, war danach nicht zwingend.

Indem der *EuGH* in Sachen „Siemens/ARGE Telekom" jeden generellen Ausschluss von Bewerbern und Bietern auf Grund fehlender Eigenleistung untersagt, überträgt er die in der Entscheidung „Holst Italia" zunächst nur für die EG-Dienstleistungsrichtlinie gezogene Auslegungsgrenze auf die nationalstaatlichen Regelungen. **Er verbietet damit strengere Regelungen der Mitgliedstaaten.** Zugleich erklärt er den Anwendungsvorrang der Dienstleistungsrichtlinie. Damit sind auch dort, wo die Richtlinie keine ausdrücklichen Aussagen trifft, strengere Regelungen des nationalen Rechts ausgeschlossen. Mit dem Verzicht auf Eigenleistungserfordernisse hat der deutsche Gesetzgeber die Vorgaben des EuGH in vollem Umlauf im PPP-Beschleunigungsgesetz umgesetzt.

Die landesrechtlichen Vergabevorschriften, die ein Generalübernehmerverbot ausdrücklich vorsehen, sind im Oberschwellenbereich auf Grund des Vorrangs der VgV als Bundesrecht vor dem Landesrecht[243] nicht anwendbar.

Unklar ist jedoch, ob der Verzicht auf Eigenleistungserfordernisse auch **unterhalb der Schwellenwerte** gilt. Die VgV enthält nur Bestimmungen für Vergabeverfahren oberhalb der Schwellenwerte (§ 1 VgV). § 6 Abs. 2 Nr. 2 und § 4 Abs. 4 VgV enthalten daher nur für den Oberschwellenbereich die inhaltliche Vorgabe § 8 Nr. 2 Abs. 1, § 25 Nr. 6 VOB/A und § 7 Nr. 2 VOL/A so anzuwenden, dass Eigenleistungserfordernisse nicht bestehen. Der Wortlaut der Regelungen der VOB/A und der VOL/A bleibt dabei unverändert. Im Unterschwellenbereich könnten daher theoretisch die bisher von der Rechtsprechung aufgestellten Eigenleistungserfordernisse weiterhin aus den unverändert gebliebenen §§ 8 Nr. 2 Abs. 1, 25 Nr. 6 VOB/A und § 7 Nr. 2 VOL/A abgeleitet werden. Dies würde jedoch zu dem untragbarem Ergebnis führen, dass ein und derselbe Gesetzeswortlaut diametral entgegengesetzt ausgelegt wird (je nach Erreichen der Schwellenwerte). Um Rechtssicherheit und eine einheitliche Rechtsanwendung zu gewährleisten, sollten daher §§ 8 Nr. 2 Abs. 1, 25 Nr. 6 VOB/A und § 7 Nr. 2 VOL/A auch unterhalb der Schwellenwerte so angewendet werden, dass Eigenleistungserfordernisse nicht bestehen.[244] Eine entsprechende Änderung des Wortlauts von §§ 8 Nr. 2 Abs. 1, 25 Nr. 6 VOB/A und § 7 Nr. 2 VOL/A wäre sehr zu begrüßen.

8. Durchführung des Vergabeverfahrens

Öffentliche Auftraggeber unterliegen bei der Vorbereitung und Durchführung eines Vergabeverfahrens vergaberechtlichen Anforderungen aus der jeweils anwendbaren Ver-

---

[241] Vgl. EuGH, Urt. v. 9. 7. 1987, Rs. 27–29/86, Slg. 1987, 3347 (3373) Rdnr. 15 – CEI und Bellini; EuGH, Urt. v. 20. 9. 1988, Rs. 31/87, Slg. 1988, 4635 (4657) Rdnr. 20 – Beentjes.

[242] Vgl. EuGH, Urt. v. 9. 7. 1987, Rs. 27–29/86, Slg. 1987, 3347 (3373) Rdnr. 13 – CEI und Bellini.

[243] Vgl. Art. 31 GG.

[244] Ob auch im Unterschwellenbereich Generalübernehmer zuzulassen sind, richtet sich darüber hinaus auch danach, ob man einen Verstoß gegen das Diskriminierungsverbot der Verdingungsordnungen anerkennt, i. d. S. *Fietz* NZBau 2003, 426, 427. *Prieß/Decker* VergabeR 2004, 159, 162 fordern zumindest dann Zulassung von Generalübernehmern im Unterschwellenbereich, wenn sie für die Ausführungen der Bauleistungen auf konzern- bzw. unternehmensgruppenzugehörige Nachunternehmen zurückgreifen wollen.

dingungsordnung, der Vergabeverordnung und den §§ 97ff. GWB. Bei Verstoß gegen (bieterschützende) Vorschriften droht eine Überprüfung des Verfahrens durch die Nachprüfungsinstanzen auf Antrag eines benachteiligten Bieters.

8.1 Vorbereitung und Voraussetzungen

Vergabeverfahren für komplexe PPP-Projekte bedürfen einer gründlichen Vorbereitung bereits **vor** Beginn des Vergabeverfahrens. Denn gemäß § 16 VOB/A bzw. VOL/A soll ein Auftraggeber ein Projekt erst nach Erreichen der sogenannten „Vergabereife" ausschreiben. Die Verdingungsunterlagen, insbesondere die Leistungsbeschreibung, müssen bereits so genau und vollständig vorbereitet sein, dass sie den Bewerbern ausgehändigt werden können und diese auf Basis dieser Unterlagen in der Lage sind, ein den Vorstellungen des Auftraggebers entsprechendes Angebot abzugeben. Wie konkret und detailliert die Leistungsbeschreibung zu sein hat, hängt im Einzelnen von der gewählten Verfahrensart sowie den Besonderheiten des Einzelprojektes ab. Bei PPP-Projekten, in denen regelmäßig Ideen und Innovationsvorschläge der Bieter weitestmöglich einbezogen werden sollen, können beispielsweise konzeptoffene Leistungsbeschreibungen zulässig und sinnvoll sein.[245] Damit „innerhalb der angegebenen Fristen mit der Ausführung begonnen werden kann" (§ 16 Nr. 1 VOB/A), muss grundsätzlich auch die Finanzierung (auf der Basis einer Kostenschätzung) zumindest insoweit gesichert sein, dass im Haushaltsplan Mittel für die Durchführung des Projektes ausgewiesen werden.[246]

Um Verdingungsunterlagen erstellen zu können, die die gewünschte Leistung so konkret bezeichnen, dass die Bieter sie in der gleichen Weise verstehen, muss sich der Auftraggeber typischerweise zunächst Informationen über mögliche Ausführungsmodelle beschaffen. Eine solche „Markterforschung" hat vor Beginn des Vergabeverfahrens zu erfolgen. Die Durchführung eines Vergabeverfahrens ohne Vergabewillen, d.h. lediglich zur Abfrage von denkbaren Ausführungsvarianten bzw. zum Vergleich solcher Varianten, ist nach § 16 Nr. 2 VOB/A bzw. VOL/A unzulässig.[247] Nachforschungen des Auftraggebers in Bezug auf verschiedene Durchführungsmodelle für ein geplantes Projekt wie z.B. Sanierung und Betrieb einer Schule, müssen daher grundsätzlich außerhalb des Vergabeverfahrens erfolgen.[248] Anfragen können grundsätzlich vor Beginn des Verfahrens auch an einzelne Bieter gerichtet werden. Dabei ist jedoch darauf zu achten, dass nicht mit einzelnen Bietern bereits so konkrete Gespräche über bestimmte Ausführungsvarianten geführt werden, dass diese als eine Art „Projektanten" gegenüber den Bietern, die erst nach Bekanntmachung der Ausschreibung von dem Projekt erfahren, einen nicht mehr einholbaren Wissensvorsprung erhalten. Inwiefern die Regelungen über den Ausschluss voreingenommener Personen bereits vor dem formellen Beginn eines Vergabeverfahrens einschlägig sind, ist noch nicht endgültig geklärt.[249] Um potentiell wettbewerbsverzerrende Informationsvorsprünge zu vermeiden, sollten keine zu intensiven und detaillierten Besprechungen des gewünschten Leistungsinhalts mit einzelnen Bietern geführt werden.

---

[245] Im Einzelnen sei hierzu auf die späteren Ausführungen unter 8.5 verwiesen.

[246] BGH, BauR 1998, 1232: in jedem Fall müsste bei noch nicht endgültig sichergestellter Finanzierung mit der Ausschreibung ein ausdrücklicher Hinweis auf diese Tatsache erfolgen.

[247] Vgl. die Klarstellung der VK Brandenburg, Beschluss vom 17. 9. 2002 – VK 50/02, dass auch der dem Verhandlungsverfahren vorgeschaltete Teilnahmewettbewerb (als unselbstständiger Teil des Verfahrens) nur unter den Voraussetzungen des § 26 VOB/A aufgehoben werden darf und nicht zur Markterforschung genutzt werden kann; OLG Celle, NZBau 2002, 400 (401).

[248] Zu unter bestimmten Umständen zulässigen Parallelausschreibungen, die einen Vergleich verschiedener Ausführungsmodelle im Vergabeverfahren ermöglichen siehe unter Abschnitt 9 (Parallelausschreibungen).

[249] Vgl. hierzu im Folgenden unter Abschnitt 6.

8.2 Fristen und Zeitplan

Die Vergabestelle muss die Vorschriften über die Fristen im Vergabeverfahren beachten.[250] Den Vergabevorschriften über die Fristen kommt eine elementare Bedeutung zu.[251] Ein Verstoß der ausschreibenden Stelle gegen die Fristenregelungen ist ein Vergabefehler.[252] Daher ist bei der Vergabe von PPP-Projekten ein besonderes Augenmerk auf die Fristenregelungen zu legen. Im für PPP-Vergaben regelmäßig anzuwendenden Verhandlungsverfahren sind die Fristen nicht starr anhand einer Mindestanzahl von Tagen vorgegeben, sondern es wird – außer für die Bewerbungsfrist im Teilnahmewettbewerb (mind. 37 Tage) – lediglich gefordert, dass die Fristen „ausreichend" bemessen werden. In diesem Punkt liegt ein erheblicher Unterschied zum Offenen und Nichtoffenen Verfahren, für die konkrete Mindestfristen festgelegt sind. Für Verhandlungsverfahren stehen die allgemeinen Grundsätze für die Fristenregelungen im Vordergrund: Sämtliche Fristen sind bekannt zu machen. Alle Bewerber und Bieter sind gleich zu behandeln.

Unter den Fristen im Vergabeverfahren werden unterschieden: die Bewerbungsfrist, die Zuschlags- und Bindefrist und die Ausführungsfrist. Die Bewerbungsfrist beschreibt bei Durchführung eines Teilnahmewettbewerbs den Zeitraum, der dem Bieter für die Mitteilung zur Verfügung steht, ob er sich an der Ausschreibung beteiligt und ein Angebot abgeben will (§§ 18 Nr. 4, 18a Nr. 3, Nr. 2 Abs. 1 VOB/A, § 18a Nr. 2 Abs. 1 VOL/A). Innerhalb der Bewerbungsfrist hat der Bewerber die in der Bekanntmachung verlangten Nachweise seiner Eignung zusammenzustellen und zusammen mit seinem Teilnahmeantrag an den Auftraggeber zu übermitteln. Die Länge der Frist hat der Auftraggeber angemessen zu bestimmen[253] – sie muss jedoch mindestens 37 Kalendertage gerechnet vom Tag der Absendung der Bekanntmachung betragen.[254]

Die Angebotsfrist folgt auf die Bewerbungsfrist. Im Rahmen des Verhandlungsverfahrens wird sie auch als Einreichungsfrist bezeichnet. Das ist der Zeitraum, welcher dem Bieter für die Bearbeitung und Einreichung des Angebots zur Verfügung steht (§ 18 Nr. 1 bis 3 VOB/A). Sie beginnt bei Verfahren mit Teilnahmewettbewerb mit der Absendung der Aufforderung zur Angebotsabgabe. Die vom Auftraggeber zu bemessende Frist sollte die Erstellung eines sorgfältigen Angebots, die Zeit zur Übermittlung des Angebots und den zusätzlichen Aufwand zur Besichtigung von Baustellen oder der Beschaffung von Unterlagen berücksichtigen. Insbesondere wenn der Auftraggeber zuvor bereits bei einzelnen Bietern angefragt hat, welche Lösungsmöglichkeiten sie für das nun ausgeschrieben Projekt sehen, oder wenn in sonstiger Weise einzelne Bieter bereits einen (zumindest zeitlichen) Vorsprung gegenüber den restlichen Bietern erlangt haben, sollte auf eine großzügige Fristbemessung geachtet werden, die den Ausgleich eines solchen Vorsprungs ermöglicht. Bei komplexen PPP-Modellen ist eine den Schwierigkeiten angepasste, eher großzügige Fristsetzung anzuraten.

Die Zuschlags- und Bindefrist ist der Zeitraum, innerhalb dessen der Auftraggeber die Angebote zu prüfen und zu werten hat und während dessen der Bieter an sein Angebot gebunden ist. Da es im Verhandlungsverfahren nicht zu einem förmlichen Eröffnungstermin kommt, beginnt die Zuschlagsfrist unmittelbar mit dem Ablauf der Angebotsfrist.[255] Sie soll nach § 19 VOB/A bzw. VOL/A möglichst kurz gehalten werden, um die potenziellen Auftragnehmer nicht unnötig lange hinzuhalten.

---

250 Vgl. zu den Fristen im Verhandlungsverfahren schon oben Abschnitt 5.2.2.

251 Vgl. VÜA Hessen, Fischer/Noch, EzEG-VergabeR IV 7.10.

252 Vgl. Noch, Vergaberecht Kompakt, S. 155.

253 VK Sachsen, Beschluss vom 2. 10. 2001, 1 VK 88/01.

254 In Fällen besonderer Dringlichkeit kann die Frist ausnahmsweise auf mind. 15 Kalendertage verkürzt werden, §§ 18a Nr. 2 Abs. 1 VOL/A, § 18a Nr. 2 Abs. 1, Nr. 3 VOB/A.

255 Vgl. Hertwig, in: Motzke/Pietzcker/Prieß, VOB/A, § 19 Rn. 4.

Die Ausführungsfrist bezeichnet den Zeitraum, innerhalb dessen der Auftragnehmer die ausgeschriebene Leistung zu erbringen hat. Sie kann als Vertragsfrist, aber auch als bloße Kontrollfrist ausgestaltet sein.

8.3 Ausgeschlossene Personen, Interessenkonflikte, Projektanten

PPP verursachen Schnittstellen zwischen öffentlicher Hand und privaten Wirtschaftsteilnehmern. Es werden (häufig) Personen beteiligt sein, die sowohl mit dem Auftraggeber als auch mit der Auftragnehmerseite verbunden sind. Der Schutz der Bieter vor Parteilichkeit und das allgemeine öffentliche Integritäts- und Neutralitätsinteresse ziehen hier jedoch gewisse Grenzen.[256]

Die öffentliche Hand hat dafür Sorge zu tragen, dass voreingenommene, befangene oder sonst parteiische Personen nicht an relevanten Entscheidungen teilhaben. Für das Vergabeverfahren statuiert § 16 VgV eine spezielles Ausschlussregime zur Durchsetzung des auf dem Diskriminierungsverbot beruhenden Neutralitätsgebotes,[257] welches in jedem Stadium des Vergabeverfahrens zu beachten ist.[258] Als voreingenommen gelten im Sinne einer Vermutungsregel natürliche Personen, wenn sie

- Organmitglieder oder Mitarbeiter eines Auftraggebers sind oder
- Beauftragte oder Mitarbeiter des Beauftragten des Auftraggebers sind

und zugleich

1. auch Bieter oder Bewerber sind (§ 16 Abs. 1 Nr. 1 VgV);
2. einen Bieter oder Bewerber beraten oder sonst unterstützen oder als gesetzlicher Vertreter oder nur in dem Vergabeverfahren vertreten (§ 16 Abs. 1 Nr. 2 VgV);
3. a) bei einem Bieter oder Bewerber gegen Entgelt beschäftigt oder bei ihm als Mitglied des Vorstands, Aufsichtsrats oder gleichartigen Organs tätig sind (§ 16 Abs. 1 Nr. 3a VgV), oder
   b) für ein in das Vergabeverfahren eingeschaltetes Unternehmen tätig sind, wenn dieses Unternehmen zugleich geschäftliche Beziehungen zum Auftraggeber und zum Bieter oder Bewerber hat (§ 16 Abs. 1 Nr. 3b VgV).

Als voreingenommen gelten auch diejenigen Personen, deren in § 16 Abs. 2 VgV genannte Angehörige die vorstehenden Voraussetzungen erfüllen. Der Angehörigenbegriff ist hier sehr weit zu fassen.[259]

Bei Personen, die unter Nr. 3 fallen, kann die durch die Verordnung aufgestellte Vermutungsregel im Einzelfall durch den Auftraggeber[260] widerlegt werden, wenn **im konkreten Fall kein Interessenkonflikt besteht** oder **die Tätigkeiten sich nicht auf die Entscheidungen im vorliegenden Verfahren auswirken.**

Nach § 16 Abs. 1 Nr. 3 VgV ist es für einen Auftraggeber nicht ausgeschlossen, sich in einem komplexen Vergabeverfahren, wie es PPP-Modelle regelmäßig erfordern, von einem

---

[256] Das OLG Koblenz, VergabeR 2003, 709 (717), leitet diese Grundsätze aus dem allen rechtsstaatlichen Verfahren eigenen Objektivitäts- und Unbefangenheitsprinzip ab.

[257] Vgl. Reg.-Begr. zu § 16 VgV, in: BR-Drs. 455/00, S. 20 unter Bezugnahme auf OLG Brandenburg, NZBau 2000, 39 (42); *a.A.* Müller-Wrede, in: Ingenstau/Korbion, VOB Teile A und B, § 99 GWB Rn. 12; Noch, Vergaberecht kompakt, S. 129, die bereits die Existenz eines selbstständigen Neutralitätsgebots bestreiten. Zusammenfassend zu den bisherigen Erfahrungen mit § 16 VgV: Schröder, NZBau 2004, 168 ff.

[258] Vgl. Müller-Wrede, in: Ingenstau/Korbion, VOB Teile A und B, § 99 GWB Rn. 6; Dreher, in: Immenga/Mestmäcker, GWB, § 97 Rn. 47.

[259] Verwandte und Verschwägerte in gerader Linie, Pflegeeltern, und -kinder etc.

[260] Die Darlegungs- und Beweislast für das Fehlen eines Interessenkonfliktes und für die fehlende Kausalität trägt der Auftraggeber, vgl. Thüringer OLG, NZBau 2003, 624 (625); VK Baden-Württemberg, Beschluss vom 3. 6. 2002, Az.: 1 VK 20/02; Quilisch/Fietz, NZBau 2001, 540 (543); Berrisch/Nehl, DB 2001, 184 (187); Otting, NVwZ 2001, 775 (777).

Architektur-, Ingenieur- oder Planungsbüro oder einer Rechtsanwaltskanzlei beraten zu lassen, obwohl dieses Büro auch zu einem oder mehreren Bietern[261] in geschäftlichen Beziehungen steht. Es muss aber gesichert sein, dass die für den Auftraggeber tätigen natürlichen Personen nicht in einem Interessenkonflikt stehen [Denkbar wäre, hier für Rechtsanwälte auf § 43a Abs. 4 BRAO, § 3 BORA und § 356 StGB abzustellen]. Beratungsunternehmen wie Vergabestelle können dies durch geeignete organisatorische Maßnahmen sicherstellen, etwa durch Schaffung unabhängiger Vertraulichkeitsbereiche („chinese walls") nach den Grundsätzen des § 33 Abs. 1 Nr. 2 WpHG.[262] Besonders zweckmäßig ist es, wenn der Auftraggeber Erklärungen der für ihn tätigen Personen über deren Unvoreingenommenheit verlangt und diese in den Vergabeakten niederlegt.[263]

Eine Voreingenommenheit nach § 16 Abs. 1 Nr. 3 VgV wird nur angenommen, wenn die Tätigkeit der betreffenden Person für den Auftraggeber überhaupt Einfluss auf die konkreten Entscheidungen in dem betreffenden Vergabeverfahren haben kann. Die substanzielle Ausfüllung dieses Tatbestandsmerkmals ist nicht abschließend geklärt. Nahezu Einigkeit besteht inzwischen darüber, dass die Mitwirkung der betreffenden Person **konkrete Nachteile** bedingen muss. Der böse Schein einer möglichen Parteilichkeit allein genügt nicht;[264] die dahingehende frühere Spruchpraxis einiger Vergabesenate[265] hat sich mit der Einführung von § 16 VgV insoweit erledigt. Wann welcher Nachteil hinreichend konkretisiert ist, lassen Rechtsprechung und Literatur aber weitgehend offen. Dem öffentlichen Auftraggeber fehlt insoweit ein hinreichend klar umrissener Handlungsspielraum, denn er muss die betreffenden Personen für das gesamte Vergabeverfahren von der Mitwirkung ausschließen, folglich schon im Vorfeld des Vergabeverfahrens erkennen, ob sich die Einflussnahme der am Verfahren Beteiligten konkret nachteilig auswirken kann. Dem Auftraggeber ist daher zu raten, einen im (vermuteten) Interessenkonflikt stehenden Beteiligten jedenfalls von der Mitwirkung an den Maßnahmen auszuschließen, die gestalterischen Einfluss auf das weitere Vergabeverfahren haben können. Das sind grundsätzlich alle Tätigkeiten, die sich bei der Entscheidung über den Zuschlag auswirken.[266] Ob auch Tätigkeiten im Vorfeld des Vergabeverfahrens von § 16 VgV erfasst werden, ist umstritten.[267]

Wird in einem Vergabeverfahren eine an sich auszuschließende Person tätig, so kann dieser Verstoß gegen § 16 VgV als zwingende Vergabevorschrift als schwerwiegender Grund die Aufhebung der Ausschreibung nach § 26 Nr. 1c) VOB/A bzw. § 26 Nr. 1d) VOL/A rechtfertigen.[268] Zu beachten ist aber, dass die Aufhebung des gesamten Verfahrens nicht die einzige Möglichkeit der Vergabekammer ist, auf eine rechtmäßige Vergabe hinzuwirken. Es dürfte genügen, das Verfahren in den Stand zurück zu versetzen, in dem es sich bis zum Zeitpunkt der unzulässigen Mitwirkung der ausgeschlossenen Person befand.[269] Der Verstoß

---

[261] Nach Ansicht des OLG Dresden, WuW/E Verg I-694 (698), soll eine geschäftliche Beziehung eines Anwalts allein zu einem Anteilseigner des Bieters nicht von § 16 Abs. 1 Nr. 3b VgV erfasst sein. Hiernach wäre die Vermutungsregel schon nicht einschlägig, eine Widerlegung also nicht von Nöten.

[262] Vgl. Quilisch/Fietz, NZBau 2001, 540 (543f.).

[263] Kratzenberg, NZBau 2001, 119 (122).

[264] Vgl. VK Lüneburg, Beschluss vom 14. 1. 2002, Az.: 203-VgK-22/2001; Noch, Vergaberecht kompakt, S. 57 m.w.N.; vgl. auch Dreher, NZBau 2000, 280 (281f.); Berrisch/Nehl, DB 2001, 184 (187); Winnes, NZBau 2002, 371 (375) a.A. Danckwerts, NZBau 2001, 242 (244); wohl auch Höfler/Bert, NVersZ 2001, 197 (203).

[265] Vgl. OLG Brandenburg, NZBau 2000, 39; BayObLG, NZBau 2000, 94, BayObLG, NZBau 2000, 259.

[266] VK Bund, Beschluss vom 11. 9. 2002, Az.: VK 2–42/02.

[267] Vgl. hierzu die nachfolgenden Ausführungen zur Projektantenproblematik.

[268] Vgl. OLG Hamburg, VergabeR 2003, 40 (43) = ZfBR 2003, 186 (187); VK Rheinland-Pfalz, Beschluss vom 30. 4. 2002, Az.: VK 6/02.

[269] Hölzl, VergabeR 2002, 676 (677); so bereits vor Einführung von § 16 VgV OLG Brandenburg, NZBau 2000, 39 (43); OLG Rostock, VersR 1999, 1511 (1513).

gegen § 16 VgV ist ein Verfahrensfehler, der durch Neuvornahme oder auch Bestätigung der betroffenen Entscheidung unter Ausschluss der als voreingenommen geltenden Personen geheilt werden kann.[270] Auf die Wirksamkeit eines bereits geschlossenen Vertrages hat ein Verstoß gegen § 16 VgV keinen Einfluss.[271] Vielmehr ist auch dieser Verstoß entsprechend der gesetzgeberischen Grundentscheidung des § 114 Abs. 2 S. 1 GWB ein bloßer Fehler im Vergabeverfahren, der sich in seiner Begehung erschöpft und keine Fortwirkung im geschlossenen Vertrag entfaltet.[272] Allenfalls bei gezielter Umgehung von § 16 VgV – insbesondere bei kollusivem Zusammenwirken zwischen Auftraggeber und Bieter – können Verträge gemäß § 138 Abs. 1 BGB nichtig sein.[273]

Projektantenproblematik

Bei der Vorbereitung komplexer Vergabeverfahren zur Durchführung einer PPP wird oftmals zunächst informell bei einigen Unternehmen nach innovativen Lösungskonzepten für die Deckung des identifizierten Bedarfs im Rahmen eines PPP-Modells angefragt werden (müssen) oder auch bereits im Vorfeld des Vergabeverfahrens externe Unternehmen dazu eingesetzt werden, die Eckpunkte und unterschiedlichen Ausgestaltungsmöglichkeiten einer Leistungsbeschreibung zu ermitteln und festzulegen. Daraus kann ein vergaberechtliches Problem u. U. dann entstehen, wenn diese oder mit ihnen verbundene Unternehmen am späteren Vergabeverfahren teilnehmen. Da bei PPP-Modellen die Projektplanung regelmäßig Teil der zu vergebenden Leistung ist und somit nicht im Vorfeld, sondern erst nach dem Vergabeverfahren erbracht werden soll, kann sich die sog. Projektantenproblematik nur bezüglich der angesprochenen sonstigen, dem Vergabeverfahren vorausgehenden Planungen auswirken.

Da § 16 VgV die Mitwirkung von voreingenommenen Personen (erst) **„in einem Vergabeverfahren"** verbietet, ist seine Anwendbarkeit auf die dargestellten Fälle der Projektantenbeteiligung vor Beginn eines Vergabeverfahrens nicht unumstritten. Förmlicher Verfahrensbeginn ist die Kundgabe des Vergabewillens nach außen, durch Ausschreibung, Aufforderung zur Angebotsabgabe bzw. Vergabebekanntmachung (vgl. §§ 3, 3a VOB/A). Einige Vergabesenate und Vergabekammern nehmen die im Vorfeld des förmlichen Verfahrensbeginns erbrachten Planungs- und Beratungstätigkeiten aus dem Anwendungsbereich von § 16 VgV heraus.[274] Denn im Stadium der Vorbereitung gebe es noch keine um den Auftrag konkurrierenden Unternehmen, zu deren Gunsten oder Lasten eine etwaige Voreingenommenheit bestehen könne. Weder der Wortlaut noch der Zweck der Vorschrift lasse deshalb eine Erstreckung des Mitwirkungsverbots auf das Vorbereitungsstadium zu.[275] Die vorherigen (inneren) Entscheidungen in einem frühen Stadium des Beschaffungsvorgangs seien änderbar und sollten dies aus Praktikabilitätsgründen und im Interesse der Rechtssicherheit auch bleiben.[276]

Ob für den Beginn eines Vergabeverfahrens – und damit die Anwendbarkeit des § 16 VgV – der dargestellte formelle Verfahrensbegriff[277] maßgeblich sein soll oder nicht viel-

---

270 Reidt, in: Reidt/Stickler/Glahs, Vergaberecht, § 16 VgV Rn. 43; *wohl a. A.* Horn, LKV 2001, 241 (245).

271 Vgl. Antweiler, DB 2001, 1975 (1979).

272 Vgl. BGHZ 146, 202 (213f.) = NZBau 2001, 151 (154).

273 Vgl. OLG Düsseldorf, NZBau 2000, 391 (394f.).

274 Thüringer OLG, NZBau 2003, 624; OLG Koblenz, NZBau 2002, 699 (700f.) = VergabeR 2002, 617 (für das Offene Verfahren); vgl. VK Lüneburg, Beschluss vom 21. 1. 2003, Az.: 203-VgK-30/2002; VK Lüneburg, Beschluss vom 14. 1. 2002, Az.: 203-VgK-22/2001; vgl. auch OLG Naumburg, NZBau 2003, 224.

275 OLG Koblenz, NZBau 2002, 699 (700) = VergabeR 2002, 617 (621); *i. E. ebenso* Thüringer OLG, NZBau 2003, 624.

276 Vgl. OLG Naumburg, NZBau 2003, 224 (227).

277 OLG Koblenz, NZBau 2002, 699 (700) = VergabeR 2002, 617 (621).

mehr auf ein materielles Verständnis[278] abzustellen ist, wird von den Vergabesenaten nicht einheitlich beantwortet.[279] Vertreter der Auffassung vom materiellen Verfahrensbegriff[280] wollen schon die Teilnahme an Sitzungen, die der Erarbeitung der technischen Leistungsbeschreibung dienen, unter § 16 VgV erfassen.[281] Ohne Relevanz sei, ob die betreffende Person die Ausschreibung als solche mitbeschließt oder im weiteren Verlauf des Vergabeverfahrens mitentscheidet. Auch die mit dem ÖPP-Beschleunigungsgesetz vom 1. 9. 2005[282] neu eingefügten Regelungen zur Projektantenproblematik (§ 4 Abs. 5 und § 6 Abs. 3 VgV) klären nicht die Frage, ob § 16 VgV bei Tätigkeiten im Vorfeld des Vergabeverfahrens einschlägig ist.

Die neuen Regelungen verpflichten den Auftraggeber lediglich dazu, sicherzustellen, dass der Wettbewerb nicht durch die Teilnahme eines Bieters verfälscht wird, der bereits vor Einleitung des Vergabeverfahrens den Auftraggeber beraten oder auf andere Weise unterstützt hat. Das lässt nicht ohne weiteres die Schlussfolgerung zu, dass die Beteiligung von Bietern bei der Vorbereitung des Vergabeverfahrens nicht an § 16 VgV zu messen ist. Die neuen Regelungen betreffen gerade nicht die Frage, unter welchen Voraussetzungen die Unterstützung des Auftraggebers im Vorfeld des Vergabeverfahrens überhaupt rechtmäßig ist.[283] Festzuhalten bleibt ein nach momentaner Entscheidungspraxis kaum kalkulierbares Aufhebungsrisiko für den Auftraggeber, wenn er im Vorbereitungsstadium eines förmlichen Vergabeverfahrens als voreingenommen geltende Personen am Beschaffungsvorgang teilhaben lässt. Um vor späteren Beanstandungen durch die Nachprüfungsbehörden sicher zu sein, sollte er die Beauftragung eines Unternehmens mit der Erstellung der Vergabeunterlagen unter die Bedingung stellen, dass das betreffende Unternehmen weder unmittelbar noch mittelbar (z.B. über ein Tochterunternehmen) an dem von ihm vorbereiteten Vergabeverfahren teilnimmt.

Auch wenn die Anwendbarkeit von § 16 VgV auf Projektanten verneint wird, bleibt bei deren späterer Beteiligung auf Bieterseite das Risiko eines Vergaberechtsverstoßes. Denn ein Projektant hat seinen Konkurrenten die überlegene Kenntnis von Einzelheiten des Auftrags-

---

[278] OLG Hamburg, VergabeR 2003, 40 (42) = ZfBR 2003, 186 (187); Thüringer OLG, VergabeR 2001, 52; OLG Düsseldorf, NZBau 2001, 696 = VergabeR 2001, 329; OLG Düsseldorf, VergabeR 2002, 404 (409); BayObLG, VergabeR 2003, 563 (564), BayObLG, VergabeR 2003, 329 (330), BayObLG, VergabeR 2002, 244 (246); VK Bund, Beschluss vom 12. 12. 2002, Az.: VK 1–83/02; VK Rheinland-Pfalz, Beschluss vom 30. 4. 2002, Az.: VK 6/02; VK Magdeburg, Beschluss vom 6. 6. 2002, Az.: 33–32571/07 VK 05/02 MD; VK Baden-Württemberg, Beschluss vom 27. 6. 2003, Az.: 1 VK 29/03, VK Baden-Württemberg, Beschluss vom 26. 3. 2002, Az.: 1 VK 7/02.

[279] OLG Naumburg, NZBau 2003, 224, legte die Frage, welcher Verfahrensbegriff maßgeblich sei, nun dem EuGH zur Entscheidung vor.

[280] Unabhängig von bereits eingeleiteten Förmlichkeiten sei der Beginn eines konkreten Vergabeverfahrens in Abgrenzung zur bloßen Markterkundung jedenfalls dann anzunehmen, wenn sich der öffentliche Auftraggeber zur Deckung eines akuten Bedarfs, also zur Beschaffung von Waren, Bau- oder Dienstleistungen, entschlossen hat und mit organisatorischen und/oder planerischen Schritten zu regeln beginnt, auf welche Weise das Beschaffungsvorhaben realisiert werden soll (OLG Düsseldorf, VergabeR 2002, 404, 409). Auch der EuGH sieht bereits die Entscheidung eines Auftraggebers, für eine Beschaffung kein Vergabeverfahren durchzuführen, als nachprüfbar an – unabhängig vom Erreichen eines bestimmten formalen Verfahrensstadiums; s. EuGH, Urteil vom 11. 1. 05, Rs C-26/03, Stadt Halle, Rn. 33 ff.

[281] OLG Hamburg, VergabeR 2003, 40 (42) = ZfBR 2003, 186 (187).

[282] Gesetz zur Beschleunigung der Umsetzung von öffentlich privaten Partnerschaften und zur Verbesserung gesetzlicher Rahmenbedingungen für öffentlich private Partnerschaften, BGBl. Teil I Nr. 56 vom 7. 9. 2005, S. 2676.

[283] Vgl. auch die Begründung zum PPP-Beschleunigungsgesetz, BT-Ds. 15/5668, S. 11, wonach die neuen Regelungen lediglich die Frage betreffen, wie mit Unternehmen umzugehen ist, die den Auftraggeber bei der Vorbereitung des Vergabeverfahrens unterstützt haben und sich dann nach Beginn des Vergabeverfahrens als Bieter beteiligen möchten.

gegenstandes voraus. Dieser Informationsvorsprung verbessert potentiell seine Wettbewerbsposition und kann daher einen Verstoß gegen den Gleichbehandlungsgrundsatz darstellen. Ein unter Verstoß gegen den Gleichbehandlungsgrundsatz abgegebenes Angebot ist von der Wertung auszuschließen.[284]

Die deutsche Rechtsprechung zur Projektantenproblematik ist bislang uneinheitlich. Auf europäischer Ebene hat der EuGH in der Rechtssache „Fabricom" über eine belgische Projektantenregelung entschieden.[285] In dieser Entscheidung wies der EuGH zunächst darauf hin, dass die Beteiligung von Projektanten auf Bieterseite grundsätzlich geeignet ist, den Wettbewerb zu verfälschen. Er erklärte jedoch die belgische Regelung für unvereinbar mit dem Gemeinschaftsrecht, da sie jeden, der an der Vorbereitung des Vergabeverfahrens mitgewirkt hat, vom weiteren Vergabeverfahren ausschloss. Nach Auffassung des EuGH muss jedem Bewerber die Möglichkeit gegeben werden, zu beweisen, dass nach den Umständen des Einzelfalls die Beteiligung im Vorfeld den Wettbewerb nicht verfälscht.

In Übereinstimmung mit den Vorgaben des EuGH bestimmen die mit dem **ÖPP-Beschleunigungsgesetz** neu in die VgV eingefügten Projektantenregelungen (§ 4 Abs. 5 und § 6 Abs. 3 VgV), dass der Auftraggeber beim Einsatz sogenannter Projektanten sicherzustellen hat, dass der Wettbewerb durch die spätere Beteiligung des Projektanten als Bewerber nicht verfälscht wird. Die Regelung trifft jedoch keine Aussage darüber, ob und wann die Beteiligung von Bietern im Vorfeld der Vergabe zulässig ist (zur Anwendbarkeit von § 16 VgV siehe oben). Auch bestimmen die Vorschriften nicht näher, wann Projektanten vom Vergabeverfahren auszuschließen sind. Unter Berücksichtigung des „Fabricom"-Urteils des EuGH ist ein genereller Ausschluss (allein auf Grund der Projektantenstellung) jedoch nicht mehr möglich. Ein Ausschluss kann (und muss) erst und nur dann erfolgen, wenn im konkreten Fall der Wettbewerb durch die Beteiligung von Projektanten verfälscht wird und diese Wettbewerbsverfälschung durch andere Maßnahmen (etwa die Herstellung eines Informationsgleichstandes aller Bieter) nicht beseitigt werden kann. Die Neuregelung stellt insoweit eindeutig klar, dass es Sache des Auftraggebers ist, Wettbewerbsverfälschungen durch Projektanten zu vermeiden. Nach deutschen Vergaberecht kann er deshalb die Verantwortung und Beweislast insoweit nicht auf die Bieter bzw. den potentiellen Projektanten und zu dessen Kosten verlagern.

Der Informationsvorsprung eines Wettbewerbers führt daher dann zum Ausschluss des Angebots, wenn eine tatsächliche Diskriminierung einzelner Bewerber oder Bieter in einem konkreten Vergabeverfahren[286] (durch Informationsvorteile des Projektanten) feststellbar ist. Die sehr weitgehende Rechtsprechung des OLG Brandenburg,[287] wonach allein der böse Schein möglicher Parteilichkeit einen Verstoß gegen den Gleichbehandlungsgrundsatz begründe, widerspricht dem vergaberechtlichen Grundsatz der Einzelfallprüfung[288] und ist nach dem „Fabricom-Urteil" der EuGH nicht mehr haltbar. Darüber hinaus zeigen sowohl die Neuregelungen der VgV auch die Ausgestaltung von § 16 VgV, dass der Verordnungsgeber eine Einzelfallprüfung für notwendig erachtet, um einen Verstoß gegen den Grundsatz der Gleichbehandlung feststellen zu können. Welchen Grad der Informationsvorsprung erreichen muss, um eine vergaberechtswidrige Wettbewerbsverzerrung anzunehmen, wird

---

[284] BGH, NZBau 2003, 293 (295 f.); Thüringer OLG, NZBau 2003, 624 (625); VK Bund, Beschluss vom 11. 9. 2002, Az.: VK 2–42/02.

[285] EuGH, Urteil vom 3. 3. 2005, Rs. C-31/03 und C-34/03 „Fabricom".

[286] Vgl. Noch, Vergaberecht kompakt, S. 128; Dreher, in: Immenga/Mestmäcker, GWB, § 97 Rn. 47, 50; deshalb begründet allein die Tatsache, dass zwischen dem Auftraggeber und einem Bieter oder Bewerber eine gesellschaftsrechtliche Verbindung besteht, noch keinen Verstoß gegen das Gleichbehandlungsgebot. Zu verlangen ist vielmehr eine konkrete Wettbewerbsverzerrung durch die Nichteinhaltung des Neutralitätsgebotes; OLG Hamburg, NZBau 2001, 460 (461); OLG Koblenz, NZBau 2000, 534 (536).

[287] Vgl. OLG Brandenburg, NZBau 2000, 39.

[288] Vgl. zur Kritik Quilisch/Fietz, NZBau 2001, 540 (541) m. w. N.

unterschiedlich beurteilt.[289] Weder das „Fabricom-Urteil" des EuGH noch die neueren Regelungen zur Projektantenproblematik geben Hinweise für diese Frage. Die wohl überwiegende Auffassung in Wissenschaft und Praxis bestimmt die Schwere der Wettbewerbsverzerrung danach, ob lediglich eine Beteiligung an Planungs- und Entwurfsarbeiten bestand oder ob unmittelbar an den Vorarbeiten für die Ausschreibung, insbesondere bei der Erstellung des Leistungsverzeichnisses, mitgewirkt wurde.[290] Hat danach der Projektant den Inhalt der Verdingungsunterlagen beeinflusst, ist sein gewonnener Informationsvorsprung in der Regel wettbewerbsverzerrend und als Verstoß gegen den Gleichbehandlungsgrundsatz zu werten. Auf Grund des „Fabricom"-Urteils des EuGH muss es dem Projektanten aber möglich sein, zu beweisen, dass nach den Umständen des Einzelfalls keine Wettbewerberverfälschung gegeben ist. Da aber gerade bei der Erarbeitung des Leistungsverzeichnisses die Gefahr besteht, dass der Bieter das Verzeichnis in einem für ihn günstigen Sinne beeinflusst,[291] ist ein Entlastungsbeweis aber regelmäßig schwer zu führen.

Darüber hinaus kann (und muss) der Auftraggeber wettbewerbsverzerrende Informationsvorsprünge grundsätzlich ausgleichen (vgl. auch § 4 Abs. 5 und § 6 Abs. 3 VgV).[292] Aber auch der Wissensvorsprung eines direkt an der Erstellung der Leistungsbeschreibung beteiligten Projektanten kann kaum kompensiert werden. Gerade bei schwer zu beschreibenden, komplexen Vorhaben wie PPP-Projekten ist die Gefahr fehlerhafter oder missverständlicher Verdingungsunterlagen besonders groß. Der Projektant kennt Sinn und Zweck der Anforderungen genau. Die Konkurrenten hingegen können den Umfang der zu erbringenden Leistung und auch etwaige Präferenzen der öffentlichen Hand nicht abschätzen. Das vergaberechtliche Diskriminierungsverbot erfordert daher nicht nur eine organisatorische, sondern auch eine personelle Trennung zwischen denjenigen, die die Leistungsbeschreibung formulieren und denjenigen, die die Angebote entsprechend dieser Leistungsbeschreibung erstellen.[293] Bei bloßen informellen Markterforschungsanfragen an einzelne Unternehmen im Vorfeld eines Vergabeverfahrens dürfte i. d. R. noch kein wettbewerbsverzerrender Informationsvorsprung dieser Unternehmen entstehen.[294] Wenn der Lösungsvorschlag eines der Unternehmen eins zu eins in die Leistungsbeschreibung übernommen würde, wäre die Ausgleichbarkeit des dadurch verursachten Informationsvorsprungs (z. B. durch lange Angebotsfristen und umfassende Informationsvermittlung an die übrigen Bieter) allerdings kritisch zu hinterfragen. In jedem Fall ist der Auftraggeber im Fall der Beteiligung eines Projektanten am Wettbewerb verpflichtet, „besonders sorgfältig und umfassend das Verga-

---

[289] VK Baden-Württemberg, Beschluss vom 3. 6. 2002, Az.: 1 VK 20/02: besondere Umstände erforderlich, etwa dass die Leistungsbeschreibungen auf die spezifischen Interessen des Projektanten zugeschnitten sind; *a. A.*: VK Bund, Beschluss vom 11. 9. 2002, Az.: VK 2–42/02: ohne weitere Darlegung auf eine Wettbewerbsverzerrung auf Grund dieser „Insider-Kenntnisse" zu schließen; Kommission, KOM (2000) 275 endgültig, S. 6: tendiert ebenfalls zu einer strengen Haltung und schlägt zur Vermeidung der Probleme die Einführung des neuen Verfahrens des **„Wettbewerblichen Dialogs"** vor.

[290] Vgl. etwa OLG Düsseldorf, VergabeR 2004, 236 (237): Bei Projektierung und Erstellung des Leistungsverzeichnisses bedarf es keiner näheren Darlegung; Thüringer OLG, NZBau 2003, 624 (625): Jedenfalls die im unmittelbaren Vorfeld der Projektrealisierung erbrachten, die Entscheidung der Vergabestelle maßgeblich mitbestimmenden Vorleistungen sind erfasst; VÜA Bund, WuW/E VergAB 79 (84 f.); Dreher, in: Immenga/Mestmäcker, GWB, § 97 Rn. 50 mit umfänglichen Nachweisen in Fn. 68.

[291] EuGH, Urteil von 3. 3. 2005, Rs. C-21/03 und C-34/03, Rd. 30.

[292] OLG Naumburg, NZBau 2003, 628 (632); VK Baden-Württemberg, Beschluss vom 29. 11. 2002, 1 VK 62/02; VK Bund, Beschluss vom 10. 7. 2002, VK 2–34/02: sofern dies möglich ist.

[293] VK Bund, Beschluss vom 11. 9. 2002, VK 2–42/02.

[294] VK Bund, Beschluss vom 10. 7. 2002, VK 2–34/02 betont, dass es gerade bei umfangreichen und finanziell bedeutsamen Projekten dem Auftraggeber möglich sein müsse, eine intensive Markterkundigung durchzuführen. Eventuell entstandene Informationsvorsprünge könnten durch Übersendung des Fragen- und Antwortkatalogs zur Leistungsbeschreibung an alle Bieter ausgeglichen werden (Möglichkeit, eigene Fragen zu stellen und Fragen der Konkurrenz mitzubekommen).

beverfahren auf Abweichungen, Auffälligkeiten und Unregelmäßigkeiten hin (zu) überprüfen".[295] Im Hinblick auf einen etwaigen Nachprüfungsantrag sollte diese Prüfung minutiös in den Vergabevermerk aufgenommen werden.

8.4 Teilnahmewettbewerb

Im Nichtoffenen Verfahren wie im Verhandlungsverfahren erfolgt im Rahmen eines vorgeschalteten Teilnahmewettbewerbs zunächst eine europaweite Vergabebekanntmachung, in der die Unternehmer aufgefordert werden, Teilnahmeanträge zu stellen. Die Bekannmachung erfolgt im Amtsblatt der Europäischen Gemeinschaft. Dabei sind Standardformulare zu verwenden, die sich im Anhang II des Abschnitts 2 der VOB/A bzw. VOL/A sowie in Anhang I des Abschnitts 3 der VOB/A bzw. VOL/A befinden. Ferner sind die aktuellen Formulare auf der Homepage des Bundesministerium für Wirtschaft und Arbeit (www.bmwa.bund.de) und auf der Homepage der Europäischen Kommission (www.simap.eu.int) abrufbar. Die Europäische Kommission hat mit Verordnung vom 7. 9. 2005[296] neue Standardformulare eingeführt. Diese sind für Auftraggeber, die unter die neue Sektorenrichtlinie 2004/17/EG fallen, ab dem 1. 2. 2006 verblindlich (Art. 1 VO (EG) Nr. 1564/2005). Auftraggeber für die die Basisrichtlinie gilt, müssen die neuen Standardformulare erst anwenden, nachdem die Regelung der Basisrichtlinie in deutsches Recht umgesetzt worden sind oder der deutsche Gesetzgeber die Anwendung der neuen Formulare anordnet.

Die Unternehmen, die Teilnahmeanträge gestellt haben, werden dann nach den Eignungskriterien der Fachkunde, Leistungsfähigkeit und Zuverlässigkeit auf ihre Eignung hin überprüft (§§ 8 Nr. 4 VOB/A, 7 Nr. 4 VOL/A). Sodann werden aus dem verbleibenden Bewerberkreis diejenigen Unternehmen ausgewählt, die zu Verhandlungen aufgefordert werden sollen. Die auf dieser Stufe vorgenommene Eignungsprüfung anhand der eingereichten Nachweise ist grundsätzlich abschließend und darf nicht auf der Ebene der Wertung der Angebote gemäß § 25 Nr. 3 VOB/A bzw. VOL/A nochmals berücksichtigt werden.[297]

8.5 Vergabeunterlagen

Die Vergabeunterlagen bestehen gemäß § 10 Nr. 1 Abs. 1 VOB/A aus dem Anschreiben (Aufforderung zur Angebotsabgabe), ggf. den Bewerbungsbedingungen (§ 10 Nr. 5 VOB/A) und den Verdingungsunterlagen (§§ 9 und 10 Nr. 1 Abs. 2 und Nr. 2 bis 4). Den Vergabeunterlagen kommt für das Vergabeverfahren eine maßgebliche Bedeutung zu, da sie die Grundlage für die Einleitung und die Durchführung der Beschaffung durch den Auftraggeber bilden.[298]

Die Aufforderung zur Angebotsabgabe soll alle Angaben enthalten, die außer den Verdingungsunterlagen für den Entschluss des Bieters zur Abgabe eines Angebots notwendig sind (§ 10 Nr. 5 Abs. 1 VOB/A). Zu den notwendigen Angaben zählen insbesondere Art und Umfang der Leistungen sowie der Ausführungsort, etwaige Bestimmungen über die Ausführungszeit, Daten der Vergabestelle und die Art der Vergabe (§ 10 Nr. 5 Abs. 2 VOB/A). Aufgenommen werden können auch sog. Bieterentschädigungen, d.h. pauschalierte Honorare, die an Bieter gezahlt werden, die den Zuschlag letztlich nicht erhalten. Durch die zumindest teilweise Entschädigung der Bieter für den (bei komplexen PPP-Projekten regel-

[295] VÜA Niedersachen, Beschluss vom 23. 12. 1997 – 34.2–35.66.

[296] VO (EG) Nr. 1564/2005 der Kommission vom 7. 9. 2005, veröffentlicht im ABlEG v. 1. 10. 2005 L 257/1).

[297] Ein „Mehr an Eignung" kann daher nicht als Zuschlagskriterium herangezogen werden, BGH, NJW 1998, 3644; ebenfalls für eine strikte Trennung von Eignungsprüfung und Zuschlagsentscheidung: EuGH, Urt. v. 20. 9. 1988, Rs. 31/87, Slg. 1988, 4635 – Beentjes.

[298] Vgl. Eberstein, in: Daub/Eberstein, VOL/A, § 9 Rn. 25.

mäßig großen) Aufwand der Angebotserstellung kann ein Anreiz zur Angebotsabgabe geschaffen und damit der Markt erweitert und der Wettbewerb verstärkt werden. Im wettbewerblichen Dialog sind staatliche Auftraggeber verpflichtet eine angemessene Kostenerstattung zu gewähren, wenn vorgesehen ist, dass Unterlagen ausgearbeitet werden müssen, z.B. Entwürfe, Pläne, Zeichnungen und die Unterlagen rechtzeitig vorgelegt wurden (§ 6a Abs. 7 VgV).

In den Bewerbungsbedingungen werden die Erfordernisse, die die Bewerber bei der Bearbeitung ihrer Angebote beachten müssen, zusammengefasst und diese dann dem Anschreiben beigefügt (§ 10 Nr. 5 Abs. 5 VOB/A).

Die Verdingungsunterlagen enthalten im Wesentlichen die Leistungsbeschreibung (§ 9 VOB/A)[299] und dazu allgemeine, ggf. zusätzliche und besondere Vertragsbedingungen (§ 10 Nr. 1 Abs. 2 und Nr. 2 bis 4 VOB/A). Gemäß §§ 10 Nr. 1 Abs. 2 VOB/A und 9 Nr. 2 VOL/A ist der öffentliche Auftraggeber bei der Durchführung von Vergabeverfahren nach VOB/A bzw. VOL/A dazu verpflichtet, die Einbeziehung der Allgemeinen Vertragsbedingungen nach VOB/B und VOL/B (in ihrer Gesamtheit) vorzuschreiben. Ergänzungen oder Änderungen der Regelungen der B-Teile der Verdingungsordnungen sind unproblematisch dann möglich, wenn die Bestimmungen dies ausdrücklich vorsehen oder einer näheren Festlegung in tatsächlicher Hinsicht bedürfen. Darüber hinausgehende Abweichungen sind in Ausnahmefällen zulässig, wenn die Eigenart der Leistung und ihre Ausführung dies erfordern (§§ 10 Nr. 2 Abs. 1, 2 VOB/A, 9 Nr. 3 Abs. 1, 2 VOL/A).

8.5.1 Vergabebedingungen

In den Vergabebedingungen werden die Anforderungen an das Angebot festgelegt. Sie müssen, ggf. nach entsprechender Auslegung, unmissverständlich formuliert sein.[300] Neben der Leistungsbeschreibung werden vor allen Dingen in den Bewerbungsbedingungen Anforderungen an das Angebot aufgestellt.

Die Bewerbungsbedingungen werden dem Anschreiben beigefügt (§ 10 Nr. 5 Abs. 5 VOB/A). Sie enthalten zumindest Bestimmungen über die Angebotsfrist (§ 18 VOB/A), die Zuschlags- und Bindefrist (§ 19 VOB/A)[301] und den notwendigen Inhalt der Angebote (§ 21 VOB/A) nebst einer Auflistung von vom Bieter vorzulegenden Nachweisen über dessen Eignung.[302] In einer EU-weiten Ausschreibung sind die geforderten Eignungsnachweise bereits in der Vergabebekanntmachung eindeutig zu benennen. Der öffentliche Auftraggeber darf in den Verdingungsunterlagen weder zusätzliche noch andere Belege für den Eignungsnachweis fordern oder gestatten. Der bloße Verweis auf Nachweise „gemäß §§ 7, 7a VOL/A" in der Vergabebekanntmachung beinhaltet beispielsweise nicht schon das Verlangen der Vorlage von Referenzen.[303]

Die oftmals formularmäßig zusammengefassten Angaben, die häufig bei Vergabeverfahren eines Auftraggebers wiederkehren, dienen der Vereinfachung des Vergabevorgangs und seiner Rationalisierung.[304] Nach überwiegender Meinung unterliegen die Bewerbungsbedingungen durch die wiederkehrende Verwendung und ihre Formularmäßigkeit den Vorschriften der allgemeinen Geschäftsbedingungen nach §§ 305ff. BGB.[305]

---

[299] Umfassend zu Rechtsfragen im Zusammenhang mit der Leistungsbeschreibung: Prieß, NZBau 2004, 20ff. und 87ff.

[300] Vgl. OLG Düsseldorf, NZBau 2002, 287.

[301] Vgl. Kapellmann, NZBau 2003, 1.

[302] Vgl. Jaeger, NZBau 2001, 427; in Verhandlungsverfahren wird die Eignung allerdings bereits im vorgeschalteten Teilnahmewettbewerb überprüft.

[303] OLG Naumburg, VergabeR 2004, 80ff.

[304] Vgl. Eberstein, in: Daub/Eberstein, VOL/A, § 17, Rn. 41.

[305] Vgl. Kratzenberg, in: Ingenstau/Korbion, VOB/A, § 10 Rn. 85; Heiermann, in: Heiermann/Riedl/Rusam, VOB/A, § 10 Rn. 26a; Fett, in: Müller-Wrede, VOB/A, § 17, Rn. 40; dagegen mit guter Argumentation Eberstein, in: Daub/Eberstein, VOL/A, § 17 Rn. 41.

Eine Missachtung der Bewerbungsbedingungen bleibt nicht folgenlos. Falls etwa ein Nebenangebot nach den Bewerbungsbedingungen nur in Verbindung mit einem Hauptangebot zugelassen wurde, ein Bieter jedoch lediglich ein Neben-, nicht aber ein Hauptangebot abgegeben hat, so ist er zwingend auszuschließen.[306] Sobald der Auftraggeber eine Vergabebedingung transparent macht, ist auch er selbst daran gebunden.

Der Auftraggeber hat den Inhalt der Vergabebedingungen nach alledem sorgfältig festzulegen. Er sollte sich weitgehend an die Vorgaben der VOB/A bzw. VOL/A halten. Darüber hinaus wird der Inhalt der Vergabebedingungen durch die Besonderheiten der Einzelvergabe bestimmt. Bei der Ausschreibung von komplexen PPP-Projekten bedeutet dies, dass wegen der Durchführung des weitgehend formfreien Verhandlungsverfahrens einerseits auf für Kompromisse offene Bedingungen geachtet werden muss. Andererseits muss jede Bedingung mit den Vorgaben aus der VOB/A bzw. VOL/A und mit den weiteren Festlegungen in den Vergabeunterlagen stimmig sein.

8.5.2 Leistungsbeschreibung

Die Leistungsbeschreibung (vgl. §§ 9 VOB/A, 8 VOL/A) bildet das Kernstück der Vergabeunterlagen. Sie ist maßgeblicher Bestandteil des zwischen dem Auftraggeber und dem besten Bieter abzuschließenden Vertrags. Alle Bieter sollen durch die Leistungsbeschreibung die gleiche Ausgangsposition haben (Gleichbehandlungsgebot) und sich im Vorhinein ein Bild machen können (Transparenzgebot), ob eine Beteiligung an einer Ausschreibung lohnend erscheint.[307] Der Auftraggeber muss sich in der Leistungsbeschreibung derart klar ausdrücken, dass die an dem Vergabeverfahren beteiligten Unternehmer die zu erfüllenden Bedingungen ohne Zugrundelegung der bei ihnen vorauszusetzenden Fachkenntnisse objektiv im gleichen Sinne verstehen können.[308]

§§ 9 VOB/A und 8 VOL/A sehen verschiedene Formen der Leistungsbeschreibung vor. Im Fall von komplexen PPP-Vergaben erscheint eine funktionale Leistungsbeschreibung sachgerecht. Eine funktionale Leistungsbeschreibung ist zulässig, soweit die Gesamtleistung oder Teile durch verkehrsübliche Bezeichnungen nach Art, Beschaffenheit und Umfang nicht hinreichend beschreibbar sind. Für funktionale Leistungsbeschreibungen ist es typisch, dass Teile der Planung und Konzeption der Leistungen, und damit auch ein Teil des planerischen Risikos, auf die Bieter übertragen werden, um deren Sachverstand und unternehmerische bzw. technische Kreativität nutzbar zu machen.[309] Für den Erfolg von PPP-Modellen ist es regelmäßig zwingend, dass Teile der Planung und Konzeption auf die Bieter übertragen werden, um ihr Know-how zu nutzen. Planungsleistungen des Auftragnehmers sind in den PPP-Modellen, die ein Gesamtpaket umfassen sollen, bereits Teil des dem Auftragnehmer übertragenen Leistungspakets und können auch in Bezug auf die Strukturierung des Gesamtkonzepts gerade auch im Hinblick auf langjährige Betriebsverpflichtungen des Auftragnehmers nach Errichtung eines Objekts letztlich am sinnvollsten durch diesen (innerhalb der vom Auftraggeber vorgegebenen Grenzen) erbracht werden.

Die Vergabestelle gibt durch die Umschreibung der Funktion, des Zweckes und weiterer Rahmenanforderungen („output specifications") ein Ziel vor, lässt aber den Weg dorthin im Wesentlichen offen, um einen Spielraum für unternehmerische Entscheidungen und Gestaltungen der Bieter zuzulassen.[310] Jedoch unterliegt auch die funktionale Leistungsbeschreibung der Anforderung, den Beschaffungsbedarf des Auftraggebers mit größtmöglicher Bestimmtheit zum Ausdruck zu bringen.[311] Der Auftraggeber darf die Planung und Kon-

---

[306] Vgl. OLG Celle, VergabeR 2001, 252.
[307] Vgl. Noch, in: Müller-Wrede, VOL/A, § 8 Rn. 19.
[308] Vgl. OLG Brandenburg, NZBau 2000, 39.
[309] Vgl. OLG Naumburg, ZfBR 2003, 182; BGH, NJW 1997, 61.
[310] Vgl. VK Bund, Beschluss vom 14. 1. 2003, VK 1–97/02.
[311] Vgl. OLG Naumburg, ZfBR 2003, 182.

zeptionierung der Leistung nicht gänzlich den Bietern übertragen.[312] Ob es bei einem komplexen PPP-Modell sinnvoll ist, in der Leistungsbeschreibung bereits ein bestimmtes (Finanzierungs-)Konzept vorzuschreiben, ist letztlich eine Entscheidung des Einzelfalls.

Der konkrete Inhalt der Leistungsbeschreibung ist abhängig vom Gegenstand des PPP-Vorhabens. Unabhängig vom angestrebten Vertragsmodell sollte zumindest ein grobes Konzept über die technische und ästhetische Gestaltung des Bauwerks bzw. über die Eckpunkte der zu erbringenden Dienstleistung, über eine u. U. gemeinsame Gesellschaft von Auftraggeber und -nehmer, die Finanzierung, die Überführung des bisherigen in den angestrebten Zustand sowie das Projektmanagement samt dazugehörigem qualifizierten Personal kreiert werden. Bei der Ausschreibung eines PPP-Projekts wird es häufig geboten sein, die Bieter nicht nur zur Angabe ihres Angebotspreises zu verpflichten, sondern darüber hinaus zur Aufgliederung dieses Preises nach den einzelnen Leistungsphasen (Planung, Bau, Betrieb, Übertragung) und ggf. Leistungsbestandteilen sowie Einzelleistungen. Nur so wird eine substanzielle Prüfung der Angebote möglich. Außerdem kann eine solche Aufgliederung des Angebotspreises etwaige spätere Vertragsanpassungen erleichtern.

Über eine Rahmengestaltung kann die Leistungsbeschreibung bei komplexen PPP-Projekten nicht hinausgehen. Dafür spricht der durch den Dialog mit den Bietern zu gewinnende konkrete Inhalt des am Ende des Vergabeverfahrens stehenden Projekts. Außerdem würde bereits die Möglichkeit einer detaillierten Gestaltung der Leistungsbeschreibung gegen die Durchführung eines für den Auftraggeber erstrebenswerten Verhandlungsverfahrens sprechen.[313] Letztlich muss für die funktionale Leistungsbeschreibung damit der Grundsatz gelten: Bezüglich der Eckdaten so detailliert und konkret und im Hinblick auf die Nutzung von Innovationspotential der Bieter so offen wie möglich.

8.5.3 Eignungskriterien

Gemäß §§ 25 Nr. 2 VOB/A, VOL/A muss die Vergabestelle die Eignung der Bieter überprüfen. Im Offenen Verfahren geschieht das erst im Zeitpunkt der Gesamtwertung der eingegangenen Angebote nach § 25 VOB/A, VOL/A. Im Nichtoffenen Verfahren und Verhandlungsverfahren mit vorgeschaltetem Teilnahmewettbewerb erfolgt diese Prüfung bereits zeitlich vorgeschaltet im Teilnahmewettbewerb und führt zur Entscheidung darüber, welche Bieter überhaupt zur Abgabe eines Angebots aufgefordert werden. Ein Bieter ist geeignet, wenn er die erforderliche Fachkunde, Leistungsfähigkeit und Zuverlässigkeit besitzt und über ausreichende technische und wirtschaftliche Mittel verfügt (vgl. §§ 2 Nr. 1, 25 Nr. 2 Abs. 1 VOB/A, 2 Nr. 3, 25 Nr. 2 Abs. 1 VOL/A). Fachkundig ist der Bieter, der über die in dem betreffenden Fachgebiet notwendigen technischen Kenntnisse verfügt, um die für die Vorbereitung und Ausführung erforderliche Leistung zu erbringen.[314] Der Bieter ist leistungsfähig, wenn sein Betrieb in technischer, kaufmännischer, personeller und finanzieller Hinsicht so ausgestattet ist, dass er die Gewähr und die Sicherheit für eine fach- und fristgerechte Ausführung der zu erbringenden Bau- und weiterer Leistungen bietet.[315] Der Bieter ist zuverlässig, wenn er seinen gesetzlichen Verpflichtungen – auch zur Entrichtung von Steuern und sonstigen Abgaben – nachgekommen ist und eine sorgfältige und einwandfreie Ausführung der ausgeschriebenen und vom Bieter angebotenen Bauleistungen bzw. anderer Leistungen entsprechend den rechtlichen und technischen Normen (einschließlich Gewährleistung) erwarten lässt.[316] Die Art und der Umfang der Nachweise, die der Auftraggeber zwecks Eignungsprüfung vom Bieter verlangen kann, sind in § 8 Nr. 3 VOB/A festgelegt.

---

[312] Vgl. OLG Düsseldorf, NZBau 2003, 60.
[313] Vgl. Abschnitt 5.2.1.
[314] Vgl. VÜA Bund, Beschl. v. 17. 12. 1997, 1 VÜ 23/97.
[315] Vgl. OLG Karlsruhe, NZBau 2002, 109.
[316] Vgl. OLG Düsseldorf, NZBau 2000, 540.

8.5.4 Zuschlagskriterien

Gemäß § 10a VOB/A, § 9a VOL/A sind in dem Anschreiben, sofern nicht in der Bekanntmachung angegeben (§ 17a Nr. 2 bis 4 VOB/A), die maßgebenden Wertungskriterien für den Zuschlag möglichst in der Reihenfolge der Ihnen zuerkannten Bedeutung aufzuführen. Nach §§ 25 Nr. 3 Abs. 2 VOB/A, 25 Nr. 3 VOL/A soll der Zuschlag auf das Angebot erteilt werden, das unter Berücksichtigung aller Gesichtspunkte als das **wirtschaftlichste** erscheint. Es ist zu ermitteln, bei welchem Angebot die Ausführung der ausgeschriebenen Leistung und der Angebotspreis unter Berücksichtigung aller Wertungskriterien im bestmöglichen Verhältnis zueinander stehen.[317] Neben technischen und wirtschaftlichen Kriterien (z.B. Angebotspreis, Unterhaltungs- und Betriebskosten) können für die Beurteilung der Wirtschaftlichkeit auch besondere Kriterien maßgeblich sein, die sich durch Bezug auf das einzelne Projekt ergeben (z.B. gestalterische und funktionsbedingte Gesichtspunkte, Nutzungsdauer und Ausführungsfrist).[318] Bei der Beurteilung der Wirtschaftlichkeit i.S. des § 25 Nr. 3 VOB/A bzw. VOL/A dürfen grundsätzlich nur unmittelbar auftragsgegenstandsbezogene Gesichtspunkte berücksichtigt werden.[319] Außerhalb des Auftrags angesiedelte Bedingungen oder Merkmale eines Unternehmens (sog. „vergabefremde Aspekte") sind nicht als Zuschlagskriterien einzustufen. Vergabefremde Kriterien sind von (in die Wertung einzubeziehenden) leistungsbeschreibenden Merkmalen, wie beispielsweise dem Erfordernis umweltgerechter Produkte oder umweltfreundlicher Herstellungsweisen zum Ziel der Energieersparnis in einem konkreten Projekt, abzugrenzen.[320]

Der Auftraggeber darf die Auswahl des wirtschaftlichsten Angebots lediglich anhand der in der Bekanntmachung oder dem Anschreiben genannten Kriterien durchführen.[321] Es ist ausgeschlossen, dass der Auftraggeber nachträglich von den bekannt gegebenen Zuschlagskriterien abweicht.[322] Die Berücksichtigung von anderen Kriterien als dem Preis ist möglich. Sie müssen aber in der Bekanntmachung oder in den Verdingungsunterlagen angegeben werden[323] und sich in technischer und wirtschaftlicher Hinsicht auf das ausgeschriebene Gesamtprojekt des PPP beziehen.[324]

Für PPP ergibt sich wegen der finanziellen Rechtfertigung im Sinne des haushaltsrechtlichen Sparsamkeitsgebots mit einiger Wahrscheinlichkeit ein Vorrang des Preis-Kriteriums.

---

[317] Vgl. Brinker/Ohler, in: Motzke/Pietzcker/Prieß, VOB/A, § 25 Rn. 78.

[318] Vgl. EuGH, Urt. v. 20. 9. 1988, Rs. 31/87, Slg. 1988, 4635 – Beentjes.

[319] EG-Kommission, Mitteilung KOM (2001) 566 endg., S. 14; EuGH, Urt. v. 17. 9. 2002, Rs. C-513/99, Slg. 2002, I-7213 – Concordia Bus Finland, besprochen von Bungenberg, NVwZ 2003, 514ff; Bultmann, ZfBR 2002, 818ff; Kaelble, VergabeR 2002, 604f; Schneider, DVBl 2003, 1186ff; Steinberg, EuZW 2002, 628f. Die neue Rechtsprechung wurde nun bestätigt durch EuGH, Urt. v. 4. 12. 2003, Rs. C-448/01, NZBau 2004, 105ff. – Wienstrom, dazu Anm. Krohn, NZBau 2004, 92ff.

[320] Im Rahmen des EU-Legislativpakets strebte das Parlament eine prinzipielle Berücksichtigung des Umweltschutzes sogar ohne Auftragsbezug (vergabefremdes Kriterium als Zuschlagskriterium) an, während die Kommission zwar ebenfalls ausdrücklich Umwelteigenschaften stärker berücksichtigt wissen will, diese aber als Kriterien bei der Ermittlung der Wirtschaftlichkeit des Einzelangebots versteht. Vgl. Änderungsvorschläge EP v. 17. 1. 2002, A5/2001/378; KOM (2002) 236 endg., S. 54 bei 2 zu 3b (neu). Nach der zweiten Lesung scheint auch das Europäische Parlament einen Auftragsbezug zu fordern (2000/0115 COD Recital 27). Umfassend zu beschaffungsfremden Umweltkriterien: Krohn, Öffentliche Auftragsvergabe und Umweltschutz – Die Berücksichtigung von Umweltschutzbelangen bei der öffentlichen Auftragsvergabe nach europäischem und deutschem Vergaberecht, 2003.

[321] Vgl. EuGH, Urt. v. 18. 10. 2001, Rs. C-19/00, Slg. 2001, I-7725 (7755) Rdnr. 43 – SIAC Construction; BGH, NJW 2000, 137; OLG Naumburg, VergabeR 2002, 520. OLG Hamburg, NZBau 2002, 519.

[322] Vgl. BayObLG, NZBau 2003, 105.

[323] Vgl. OLG Schleswig, VergabeR 2001, 214.

[324] Vgl. Brinker/Ohler, in: Motzke/Pietzcker/Prieß, VOB/A, § 25 Rn. 15.

Darüber hinaus sollten es abhängig von der einzelnen, im Wege des PPP zu vergebenden Leistung quantifizierbare Größen sein, die zu belastbaren Aussagen bei der Rechtfertigung der Wertung führen. Wenn z. B. die technische Innovationsfähigkeit als Kriterium aufgeführt wird, ist zu bedenken, dass sich gleichzeitig gegenüber bewährten Verfahren ein höheres technisches Risiko in Fragen der Funktionsfähigkeit und Langlebigkeit ergibt. Städtebauliche oder architektonische Aspekte hinsichtlich des Hochbaus führen auf Grund ihrer subjektiven Qualität zu einem größeren Beurteilungsspielraum des Auftraggebers. Die Gefahr bei einem nicht näher bestimmten Kriterium ist, dass die Angebote in größerem Umfang divergieren können, was ihre Vergleichbarkeit erschweren kann. Dennoch können, um auch bezüglich der architektonischen Gestaltung von der Kreativität und der Innovationsbereitschaft Privater zu profitieren, durchaus gewisse architektonische Anforderungen gestellt und deren kreative und überzeugende Erfüllung zu einem Zuschlagskriterium gemacht werden. Um eine sachgerechte Bewertung der Qualität architektonischer Vorschläge der Bieter zu gewährleisten, bietet sich die Gründung eines Gremiums für die Bewertung dieses Zuschlagskriteriums an, das sich z. B. aus Vertretern des Auftraggebers sowie Fachleuten und ggf. politischen Interessenvertretern zusammensetzen könnte. Die Durchführung eines traditionellen, der eigentlichen Vergabe vorgeschalteten Architektenwettbewerbs, dessen Ergebnis zur Grundlage der Leistungsbeschreibung für die spätere Vergabe der Bau- und Betriebsleistungen gemacht wird, erscheint bei PPP-Modellen nicht unproblematisch. Denn gerade die weitgehende Freiheit der Bieter bei Planung und Bau sowie dem sich anschließenden Betrieb der Gebäude, durch die ihnen wirtschaftliche Optimierungspotentiale eröffnet werden, ermöglichen die Erzielung von Effizienzvorteilen in diesen Projekten. Ein vorgeschalteter Architektenwettbewerb ist bei Vergabe eines PPP-Projekts daher nur in Ausnahmefällen denkbar. Letztlich muss der Auftraggeber jedoch im Einzelfall entscheiden, durch welche Verfahrensausgestaltung die architektonische Qualität eines Hochbauvorhabens sichergestellt werden kann, d. h. ob ein vorgeschalteter oder von den Bietern durchzuführender Architektenwettbewerb sinnvoll erscheint oder eine Festlegung von architektonischen Qualitätsanforderungen als von einer interdisziplinären Jury zu bewertendes Zuschlagskriterium.

Je nach Fallgestaltung könnten auch Punkte wie Nutzergebühren, Refinanzierungsdauer, Sponsoren des Auftragnehmers oder die Leistungsqualität eine Rolle spielen. Letztlich bleibt die Bestimmung der Kriterien aber dem konkreten Projekt und dem jeweiligen Auftraggeber überlassen. Auch die Gewichtung der Kriterien sollte unbedingt vor Beginn des Vergabeverfahrens festgelegt und bekannt gemacht werden. Der EuGH hat für den Fall, dass vor der Veröffentlichung bereits eine Entscheidung über die Gewichtung durch die Vergabestelle gefallen ist, eine Bekanntmachungspflicht bejaht.[325] Auch die nationalen Vorschriften über die Veröffenlichungspflichten öffentlicher Auftraggeber (§ 9a VOL/A und § 10a VOB/A) sind gemeinschaftsrechtskonform auszulegen. Nach nunmehr gefestigter Rechtsprechung muss ein Auftraggeber daher eine vorab festgelegte Gewichtung in der Bekanntmachung oder in den Vergabeunterlagen bekannt geben.[326]

An die einmal bekannt gegebene Gewichtung ist der Auftraggeber auf Grund des Transparenzgebotes für das gesamte Vergabeverfahren grundsätzlich gebunden.[327]

Nach bisheriger Rechtslage – auch nach der „Universale Bau"-Entscheidung des EuGH – war der Auftraggeber jedoch nicht verpflichtet, vorab die Gewichtung der Kriterien festzulegen. Das OLG Düsseldorf[328] hat in einer jüngeren Entscheidung jedoch festgestellt, dass eine Gewichtung auch dann als „im Voraus aufgestellt" anzusehen ist, wenn „der Auf-

[325] Vgl. EuGH, Urt. v. 12. 12. 2002, Rs. C-470/99, Slg. 2002, I-11617 – Universale Bau AG.

[326] OLG Düsseldorf, Beschluss vom 16. 2. 2005, VII – Verg 74/04 OLG; Celle, Beschluss vom 2. 9. 2004, 13 Verg 14/04; OLG Naumburg, Beschluss vom 31. 3. 2004, I Vergl 4, ZfBR 2004, 497.

[327] Vgl. z. B. VK Sachsen, Beschluss 29. 11. 2001; zu einer Ausnahme vom Grundsatz der Bindung an die bekannt gemachte Gewichtung vgl. VK Südbayern, Beschluss vom 18. 3. 2002, 04-02/02.

[328] OLG Düsseldorf, Beschluss vom 23. 3. 2005, VII – Verg 77/04.

traggeber zur Gewichtung der festgelegten Zuschlagkriterien entschlossen ist und die Gewichtung bei der erforderlichen Anstrengung der Kräfte bis zur Bekanntgabe der Verdingungsunterlagen aufgestellt sein kann". Jede andere Beurteilung ließe es zu, den Eintritt des Merkmals „im Voraus aufgestellt" von Zufälligkeiten abhängig zu machen. Gelingt es nicht, die beabsichtigte Gewichtung rechtzeitig vorzunehmen, muss der Auftraggeber dem OLG Düsseldorf zur Folge die Übersendung der Verdingungsunterlagen verschieben. Jedoch hat auch das OLG Düsseldorf die Pflicht zur vorherigen Festlegung nur auf die Fälle beschränkt, in denen der Auftraggeber nachweislich zum Zeitpunkt der Übersendung der Verdingungsunterlagen zur Gewichtung der Zuschlagkriterien bereits fest entschlossen war.

Die neuen Richtlinien des Legislativpakets hingegen verpflichtet den Auftraggeber ausdrücklich, in der Bekanntmachung bzw. in den Vergabeunterlagen auch die Gewichtung der Kriterien bekannt zu geben.[329]

Mit Ablauf der Umsetzungsfrist zum 31. 1. 2006 werden diese Bestimmungen des Legislativpakets unmittelbar gelten. Auftraggeber sind daher gehalten, die Gewichtung der Zuschlagkriterien bereits vor Beginn des Vergabeverfahrens festzulegen und den Bietern bekannt zu machen.

Durch die Bekanntgabe der Gewichtung wird zudem den Bietern die Erstellung ihrer Angebote erleichtert und gleichzeitig deren Vergleichbarkeit erhöht. Zudem wird durch eine vorherige Bekanntgabe der Gewichtung eine objektive und transparente Zuschlagsentscheidung vorbereitet, die weniger angreifbar ist als eine auf nachträglichen Gewichtungen beruhende und dadurch eher manipulierbare Entscheidung. Bewährt hat sich die Erstellung eines Punktsystems, in dem die Kriterien und deren relative Gewichtung zueinander festgelegt werden (Bewertungsmatrix).[330] Die Bewertungsmatrix muss die zulässigen und gebotenen Wertungskriterien in ein nach Sachgesichtspunkten sinnvolles Verhältnis zueinander bringen und eine sachbezogene Ausfüllung zulassen.[331] Eine sinnvolle Bewertung ergibt sich nicht allein daraus, dass die Darstellung der Einzelbewertungen in den Matrix-Tabellen der Wertungsstufen Punkt für Punkt unwiderleglich ist.[332] Vielmehr muss in einer Gesamtbetrachtung klar sein, auf welchen tragenden konkreten Erwägungen eine Wertungsentscheidung innerhalb des Beurteilungsspielraums beruht.[333] Der Preis darf jedenfalls nicht bis zur Bedeutungslosigkeit marginalisiert werden.[334] Erfüllen alle in die Wertung einbezogenen Angebote die nach den Verdingungsunterlagen maßgebenden Zuschlagskriterien gleichermaßen, so ist dem preiswertesten Gebot der Zuschlag zu erteilen.[335]

8.5.5 Zulassung von Nebenangeboten

Wenn der Auftraggeber Änderungsvorschläge oder Nebenangebote wünscht oder sie im Gegenteil nicht zulassen will, so hat er das in den Vergabebedingungen anzugeben.[336]

---

[329] Vgl. Art. 53 Abs. 2 Basisrichtlinie 2004/18/EG und Art. 55 Abs. 2 Sektorenrichtlinie 2004/17/EG sowie Abs. 2 der Begründungserwägung 46 der RL 2004/18/EG.

[330] Vgl. Noch, in: Müller-Wrede, VOB/A, § 25 Rn. 90; OLG Rostock, NZBau 2000, 479; VK Sachsen, Beschluss vom 13. 5. 2002, 1/SVK/027–02; nur eine Einzelmeinung zur angeblichen Pflicht der Erstellung einer Beurteilungsmatrix vgl. VK Lüneburg, Beschluss vom 13. 7. 2001, 203-VgK-14/2001.

[331] Vgl. OLG Dresden, Beschluss vom 23. 7. 2002, WVerg 7/02.

[332] Vgl. VK Bremen, Beschluss vom 11. 11. 2002, 810-VK 4/02.

[333] Vgl. OLG Dresden, Beschluss vom 6. 6. 2002, WVerg 4/02.

[334] Vgl. VK Bund, Beschluss vom 12. 12. 2002, VK 2–92/02; Beachte OLG Düsseldorf, VergR 2002, 267, wonach es keinen Grundsatz gebe, wonach der Preis mit wenigstens 30% in die Angebotswertung einzufließen habe (gegen OLG Dresden, NZBau 2001, 459).

[335] Vgl. OLG Koblenz, BauR 2001, 1968.

[336] Vgl. Kap. 8.5.1.

Darüber hinaus hat ein öffentlicher Auftraggeber die Mindestanforderungen zu erläutern, die Nebenangebote und Änderungsvorschläge erfüllen müssen.[337] Ebenso ist anzugeben, wenn Nebenangebote ohne gleichzeitige Abgabe eines Hauptangebots ausgeschlossen werden sollen (§§ 10 Nr. 5 Abs. 4 Satz 1 VOB/A, 17 Nr. 3 Abs. 5 VOL/A). Nebenangebote und Änderungsvorschläge (die inhaltlich und von der rechtlichen Behandlung im Grunde gleichartig sind) müssen als solche vom Bieter deutlich gekennzeichnet werden (§§ 21 Nr. 3 VOB/A, 21 Nr. 2 VOL/A). Sie könnten von der weiteren Wertung gemäß §§ 25 Nr. 1 Abs. 2 VOB/A, 25 Nr. 1 Abs. 2 lit. c VOL/A ausgeschlossen werden, falls der Auftraggeber ein Nebenangebot oder einen Änderungsvorschlag nicht als solche erkennt.[338]

Für den Auftraggeber bieten Änderungsvorschläge und Nebenangebote die Chance, Kenntnis von anderen, ihm möglicherweise unbekannten Ausführungsvarianten zu erhalten. Sie dienen dazu, „Schwächen des Staates als Marktteilnehmer" zu kompensieren.[339] Der Auftraggeber sollte deshalb in den Verdingungsunterlagen bestimmen, dass er Nebenangebote wünscht und diese immer zusammen mit dem Hauptangebot abgegeben werden sollen oder die Abgabe von Nebenangeboten auch ohne gleichzeitige Abgabe eines Hauptangebots möglich ist. Die Abgabe von Nebenangeboten bei letztgenannter Vorgehensweise wird besonders für Bieter aus dem Mittelstand in Betracht kommen, die technisch und wirtschaftlich nicht in der Lage sind, die in dem Hauptangebot geforderten Leistungen (z. B. vollständige Erbringung der in einem bestimmten PPP-Modell vorgestellten Leistungen) zu erbringen, andererseits aber ein gleichwertiges alternatives Verfahren (u. U. innerhalb einer Arbeitsgemeinschaft) anbieten könnten.[340]

8.5.6 Angebotswertung

Eine rechtmäßige Wertung der Angebote setzt eine strikte Beachtung des Grundsatzes der Gleichbehandlung voraus. Hierzu sind die Angebote anhand der gleichen, bekanntgemachten Kriterien differenziert zu würdigen. Die Auftraggeber haben dabei einen relativ weitgehenden Beurteilungsspielraum. Sie müssen jedoch immer die elementaren Vergabegrundsätze beachten.[341] Die Wertung der Angebote erfolgt gemäß § 25 VOB/A, VOL/A grundsätzlich in vier Stufen: Stufe 1 betrifft den zwingenden oder fakultativen Ausschluss von Angeboten aus formalen Gründen, Stufe 2 die Eignungsprüfung der Bieter, Stufe 3 die Wertung der Angebote nach ihrem sachlichen Gehalt und schließlich Stufe 4 die Auswahl des wirtschaftlichsten Angebots.

Ein zwingender Ausschluss von Angeboten aus formalen Gründen nach §§ 25 Nr. 1 VOB/A, 25 Nr. 1 Abs. 1 VOL/A ergibt sich u. a., wenn Nebenangebote abgegeben werden, obwohl der Auftraggeber erklärt hat, dass er diese nicht zulässt, wenn die Angebote nicht unterschrieben sind oder wenn der Bieter Änderungen an den Verdingungsunterlagen vorgenommen hat.[342] Angebote können ausgeschlossen werden, wenn sich ein Unternehmen z. B. in einem Insolvenzverfahren befindet (vgl. § 8 Nr. 5 VOB/A) oder wenn Änderungsvorschläge oder Nebenangebote nicht auf einer besonderen Anlage gemacht und nach der äußeren Gestaltung deutlich gekennzeichnet wurden.[343]

---

[337] EuGH, Urt. v. 16. 10. 2003, Rs C-421/01, ZfBR 2004, 85 ff. – Traunfellner, mit Anm. Bultmann, ZfBR 2004, 88 f; dort auch zur Frage der Rechtsfolgen im Falle eines Verstoßes gegen die Maßgabe des EuGH. Der EuGH selbst hat die Frage der Rechtsfolgen nicht abschließend geklärt.

[338] Vgl. Gröning, NZBau 2003, 86.

[339] Vgl. Pietzcker, ZHR 1998, 427 (432).

[340] Vgl. Hertwig, in: Motzke/Pietzcker/Prieß, VOB/A, § 10 Rn. 22.

[341] Umfassend zur Angebotswertung unter Auswertung der vorhandenen Rspr.: Gröning, NZBau 2003, 86 ff.

[342] Vgl. BGH, NJW 2002, 2558.

[343] Vgl. Kratzenberg, in: Ingenstau/Korbion, VOB/A, § 21 Rn. 27 a.

Auf der zweiten Stufe erfolgt nach §§ 25 Nr. 2 VOB/A, 25 Nr. 2 Abs. 1 VOL/A die Prüfung der Eignung der Bieter. Das Ergebnis dieser Prüfung ist eine bedeutende Weichenstellung für den weiteren Verlauf der Wertung – ungeeignete Bieter werden nicht weiter berücksichtigt. Die Vergabestelle ist verpflichtet, die Eignung eines Bieters für ein konkretes Vergabeverfahren anhand der Kriterien Fachkunde, Leistungsfähigkeit und Zuverlässigkeit vollumfänglich zu überprüfen. Da im Nichtoffenen Verfahren und im Verhandlungsverfahren die Eignungsprüfung bereits im Rahmen des Teilnahmewettbewerbs vor der Aufforderung zur Angebotsabgabe erfolgen muss, bleibt im Rahmen der Angebotswertung nach §§ 25 Nr. 2 Abs. 2 VOB/A, 25 Nr. 2 Abs. 1 VOL/A dann nur noch Raum für die Berücksichtigung solcher Umstände, die nach der Aufforderung zur Angebotsabgabe Zweifel an der Eignung des Bieters begründen.[344]

Auf der dritten Wertungsstufe gemäß §§ 25 Nr. 3 Abs. 1, 2 VOB/A, 25 Nr. 2 Abs. 2, 3 VOL/A wird überprüft, ob ungewöhnlich niedrige Angebotspreise geboten wurden. Zur Feststellung eines konkreten, außerhalb anerkannter fachlicher Maßstäbe liegenden Missverhältnisses zwischen Preis und Leistung ist grundsätzlich das Angebot mit seinem Gesamtpreis heranzuziehen.[345] Allerdings können Niedrigpreise auch durch den Wettbewerb begründet sein. Ein Bieter ist auszuschließen, wenn er ein Unterkostenangebot abgibt, das andere Mitbewerber vom Markt verdrängen soll und das im konkreten Einzelfall den Bieter selbst in wirtschaftliche Schwierigkeiten bringt, so dass er den Auftrag nicht mehr vertragsgerecht durchführen kann.[346] Ist ein sehr niedriges Angebot nur deshalb auskömmlich, weil der Bieter rechtmäßig staatlich subventioniert wurde, so ist das kein Ausschlussgrund.[347]

Die vierte Wertungsstufe betrifft die Wertung im engeren Sinne. Im Rahmen der §§ 25 Nr. 3 Abs. 3 VOB/A, 25 Nr. 3 VOL/A werden die in die engere Wahl kommenden Angebote verglichen und anhand der bekannt gemachten Kriterien das **wirtschaftlichste Angebot** ermittelt. Dabei hat die Vergabestelle einen Beurteilungsspielraum. Nach der Rechtsprechung des BGH darf allerdings ein „Mehr an Eignung" bei der Würdigung der Wirtschaftlichkeit nicht berücksichtigt werden. Der Beurteilungsspielraum des Auftraggebers ist in einem Nachprüfungsverfahren daraufhin überprüfbar, ob das vorgeschriebene Verfahren eingehalten wurde, von einem zutreffenden und vollständigen Sachverhalt ausgegangen wurde und sachliche Erwägungen für die Entscheidung verantwortlich waren sowie die Entscheidung sowohl im Rahmen der Gesetze als auch im Rahmen der Beurteilungsermächtigung zutreffend war.[348]

8.5.7 Zuschlag, Vertragsschluss und Informationspflicht nach § 13 VgV

Der Zuschlag gemäß §§ 28 VOB/A, VOL/A ist die zivilrechtliche Annahme eines vom Bieter abgegebenen Angebotes, die den Regelungen der §§ 145 ff. BGB unterliegt. Als essentialia negotii müssen zumindest der Zuschlags- und Vertragsgegenstand, die Vertragsparteien und der Vertragspreis bestimmt sein.[349] Als empfangbedürftige Willenserklärung wird der Zuschlag nach § 130 BGB im Zeitpunkt des Zugangs beim Auftragnehmer wirksam.[350]

---

[344] Vgl. Brinker/Ohler, in: Motzke/Pietzcker/Prieß, VOB/A, § 25 Rn. 23.

[345] Vgl. BGH, MDR 1977, 216.

[346] Vgl. OLG Düsseldorf, NZBau 2002, 626.

[347] EuGH, Urt. v. 7. 12. 2000, Rs. C-94/99, Slg. 2000, I-11037 (11079) Rdnr. 35 – ARGE Gewässerschutz.

[348] Vgl. BGH, NZBau 2000, 35; OLG Saarbrücken, Beschluss vom 13. 11. 2002, 5 Verg 1/02; VK Hessen, Beschluss vom 3. 2. 2003, 69d VK 74/2002.

[349] Vgl. OLG Düsseldorf, VergabeR 2001, 226 (228); VK Bund, Beschluss vom 23. 11. 2000 – VK 2–36/00; Kuß, VOB/A, § 28 Rn. 2; ein Zuschlag unter Vorbehalt (z. B. einer verbindlichen Finanzierungszusage der vom Bieterkonsortium angegebenen Bank) ist wohl nicht möglich.

[350] Vgl. Thüringer OLG, NZBau 2002, 526; VK Sachsen, Beschluss vom 26. 7. 2001, 1/SVK/73–01.

Ein „Zuschlag" unter Bedingungen oder Abänderungen des Angebots hat die Qualität eines neuen Vertragsangebotes im Sinne von § 150 Abs. 1 BGB, das der – ggf. auch konkludenten – Annahme durch den Bieter bedarf.[351] Der Zuschlag ist nicht formbedürftig und kann deshalb auch durch ein Fax erfolgen, das jedoch aus Beweisgründen durch ein Gegenfax mit Empfangsbestätigung durch den Auftragnehmer beantwortet werden sollte.[352]

Die Kenntnis des § 13 VgV und der dort geregelten Vorabinformation ist für (erfolgreiche wie erfolglose) Bieter von großer Bedeutung, denn nach ihr bestimmt sich, ob ein wirksamer Vertrag geschlossen wurde oder bis wann Rechtsschutz gegen rechtswidrige Entscheidungen einer Vergabestelle in Anspruch genommen werden kann.[353] Der Auftraggeber wiederum hat der Vorschrift wegen der Nichtigkeitsfolge einer fehlenden Information (§ 13 Satz 6 VgV) [354] genaue Beachtung zu schenken. Die Pflicht zur Vorabinformation nach § 13 VgV geht als Ausfluss des vergaberechtlichen Transparenzgrundsatzes[355] auf Entscheidungen des *EuGH*[356] und der *Vergabekammer des Bundes*[357] zurück. Der Auftraggeber wird durch § 13 VgV verpflichtet, seine Entscheidung über die Annahme eines bestimmten Angebots den nicht berücksichtigten Bietern mitzuteilen und eine 14-tägige Frist verstreichen zu lassen, bis der Zuschlag bzw. der Vertragsschluss erfolgt, um den informierten erfolglosen Bietern die Chance für ein Nachprüfungsverfahren gegen die Zuschlagsentscheidung zu lassen.[358]

Für den Erhalt der Vorabinformation muss der Bieter im Gegensatz zur Information nach dem erfolgten Zuschlag (§§ 27, 27a VOL/A, VOB/A) keinen Antrag stellen.[359] Nach § 13 VgV sind sämtliche nicht berücksichtigten „Bieter" Adressaten der Vorabinformation. Bieter ist grundsätzlich derjenige Unternehmer, der ein Angebot abgibt.[360] Um einen umfassenden Primärrechtsschutz zu gewähren, können nach der Rechtsprechung aber auch diejenigen Unternehmen den – materiellen – Bieterstatus beanspruchen, die an dem zu vergebenden Auftrag interessiert sind und bei vergaberechtlich korrekter Vorgehensweise am Verhandlungs-)verfahren hätten beteiligt werden müssen.[361]

Bei der Vergabe einer Dienstleistungskonzession ist zwar das gemeinschaftliche Primärrecht, insbesondere das Transparenzgebot, zu beachten.[362] Eine etwaige Informationspflicht zugunsten nicht berücksichtigter Interessenten ist aber nicht aus § 13 VgV abzuleiten. Denn Dienstleistungskonzessionen sind vom Anwendungsbereich der EG-Vergaberichtlinien ausgenommen.[363] Deshalb kann bei Dienstleistungskonzessionen der durch das Europarecht geschaffene Rechtsschutzstandard, den § 13 VgV unterstützen soll, nicht gel-

---

[351] OLG Naumburg, NZBau 2002, 168 (170); OLG Düsseldorf, NZBau 2001, 106 (107); BayObLG, VergabeR 2001, 55 (57).

[352] Vgl. OLG Bremen, NZBau 2004, 172f.; Thüringer OLG, NZBau 2002, 526.

[353] Vgl. Prieß, Der Syndikus, Heft März/April 2002, 56.

[354] Der Bundesgerichtshof hat unlängst bestätigt, dass die Nichtigkeitsfolge durch die Ermächtigungsnorm des § 97 Abs. 6 GWB gedeckt ist, vgl. BGH, NZBau 2004, 229 (230f.).

[355] Stickler, in: Reidt/Stickler/Glahs, Vergaberecht, § 97 GWB Rn. 7; Dreher, in: Immenga/Mestmäcker, GWB, § 97 Rn. 30.

[356] Vgl. EuGH, Urt. v. 28. 10. 1999, Rs. C-81/98, Slg. 1999, I-7671ff. – Alcatel Austria.

[357] Vgl. VK Bund, NJW 2000, 151.

[358] Vgl. die Begründung zu § 13 VgV, in: BR-Drs. 455/00, S. 18f.; Marx, in: Müller-Wrede, VOL/A, §§ 13, 14 VgV Rn. 3.

[359] Vgl. VK Baden-Württemberg, Beschluss vom 30. 8. 2002, 1 VK 41/02.

[360] Vgl. VK Sachsen, Beschluss vom 2. 8. 2001, 1-SVK/70/01.

[361] Vgl. OLG Celle, Beschluss vom 20. 1. 2004 – 13 Verg 26/03; Thüringer OLG, VergabeR 2004, 113 (117f.); OLG Düsseldorf, VergabeR 2003, 435 (443f.); OLG Dresden, VergabeR 2002, 142 (144); VK Bund, Beschluss vom 20. 5. 2003 – VK 1–35/03; *wohl enger:* Thüringer OLG, Beschluss vom 28. 1. 2004 – 6 Verg 11/03: Interesse an einer Teilnahme ist anzuzeigen.

[362] Vgl. EuGH, Urt. v. 7. 12. 2000, Rs. C-324/98, Slg. 2000, I-10745 (10794) Rdnr. 60–62 – Telaustria.

[363] Siehe dazu Abschnitt 3.1.2.

ten.[364] Weder aus § 13 VgV noch nach den §§ 134, 138 BGB kann sich auf Grund dessen die Nichtigkeit der Vergabe einer Dienstleistungskonzession ohne vorherige Vorabinformation ergeben.[365]

Der Auftraggeber muss die Information in Textform spätestens 14 Kalendertage vor dem Vertragsschluss absenden (§ 13 Satz 2 VgV). Nach § 13 Satz 3, 4 VgV beginnt die Frist am Tage nach der Absendung der Information durch den Auftraggeber. Auf den Tag des Zugangs der Information beim Bieter kommt es nicht an.[366] Die Fristberechnung erfolgt nach den §§ 187ff. BGB. § 193 BGB, wonach bei fristgebundenen Willenserklärungen anstelle eines Sonnabends, Sonn- oder anerkannten Feiertages als Ende der Frist der nächste Werktag gilt, findet keine Anwendung. Die Vorabinformation ist keine Willenserklärung, denn die Information ist nicht darauf gerichtet, zwischen Vergabestelle und erfolglosen Bietern ein Rechtsverhältnis zu begründen, inhaltlich zu ändern oder zu beenden.[367] Die bloße Absichtserklärung des Auftraggebers, den Zuschlag zu einem bestimmten Datum erteilen zu wollen, führt grundsätzlich nicht dazu, dass statt der gesetzlichen Frist wegen des Grundsatzes der Selbstbindung das in der Vorabinformation genannte spätere Fristende gilt; es sei denn, die Vorabinformation wird ausdrücklich mit einer Rechtsbehelfsbelehrung über den Lauf der (genannten) Frist verbunden.[368]

Die Information soll seit der Neufassung des § 13 Satz 2 VgV statt in Schrift- in Textform erfolgen. Die Anforderungen an die Textform ergeben sich aus § 126b BGB. Damit kann die Vorabinformation auch per Fax übermittelt werden.

Inhaltlich hat die Zuschlagsinformation den Namen des Bieters, dessen Angebot angenommen werden soll, zu enthalten.[369] Außerdem ist jeweils **individuell** gegenüber dem nicht berücksichtigten Bieter anzugeben, warum der Zuschlag nicht an ihn erfolgen soll. Nach der amtlichen Begründung zu § 13 VgV kann die Information auch durch einen Standardtext erfolgen, der aber die für den jeweiligen Einzelfall tragende Begründung enthalten muss.[370] Übertriebene Anforderungen an die Informationspflicht sind nach der Rechtsprechung zwar nicht zu stellen, insbesondere darf sich der Auftraggeber kurz fassen.[371] Der unterlegene Bieter muss jedoch auf Grund dieser Information tatsächlich in der Lage sein, zu entscheiden, ob er einen Nachprüfungsantrag stellt,[372] d.h. zumindest im Ansatz nachvollziehen können, welche konkreten Erwägungen für die Vergabestelle bei der

---

364 Vgl. Gröning, NZBau 2001, 123 (124f.).

365 Vgl. BayObLG, VergabeR 2002, 55 (59).

366 Die gegenläufige frühere Rechtsprechung des Kammergerichts und die wohl herrschende Meinung (vgl. KG, NZBau 2002, 522; OLG Brandenburg, NZBau 2004, 169f.; Thüringer OLG, VergabeR 2002, 631; VK Darmstadt, Beschluss vom 27. 2. 2003 – 69d VK 70/2002; VK Thüringen, Beschluss vom 29. 11. 2002 – 216–4004.20–015/02-SON; VK Lüneburg, Beschluss vom 11. 9. 2002 – 203-VgK-17/2002) zu § 13 S. 2 VgV a.F. lässt sich mit der Änderung des Verordnungstextes nicht mehr aufrecht erhalten. Zudem hat der Bundesgerichtshof jüngst auch zur alten Fassung der VgV entschieden, dass die Frist mit der Absendung der schriftlichen Information zu laufen beginnt, vgl. BGH, NZBau 2004, 229 (232).

367 Vgl. Gesterkamp, NZBau 2002, 481 (482).

368 OLG Bremen, NZBau 2004, 172; VK Bund, Beschluss vom 27. 9. 2002 – VK 1–63/02; VK Bund, Beschluss vom 16. 7. 2002 – VK 2–50/02.

369 „Versäumt es die Vergabestelle, dem unterlegenen Bieter in dem Informationsschreiben gemäß § 13 VgV den Namen desjenigen mitzuteilen, der den Zuschlag erhalten soll, tritt die Nichtigkeitsfolge des 13 Satz 6 VgV jedenfalls dann nicht ein, wenn die Nichtberücksichtigung des Bieters allein auf preislichen Erwägungen beruht, ihm dies unter Angabe des niedrigeren Preises des obsiegenden Angebotes mitgeteilt wurde und er rechtzeitig vor Ablauf der Frist des § 13 Satz 2 VgV von der Identität des Begünstigten Kenntnis erlangt", OLG Naumburg, Beschluss vom 26. 4. 2004 – 1 Verg 2/04.

370 Vgl. Begründung zu § 13 VgV, in: BR-Drs. 455/00, S. 18.

371 Vgl. BayObLG NZBau 2003, 105 (106); OLG Düsseldorf, VergabeR 2001, 429 (430).

372 Vgl. OLG Koblenz, NZBau 2002, 526 (527).

Nichtberücksichtigung seines Angebotes ausschlaggebend waren.[373] Hält ein Bieter die erteilte Information für nicht ausreichend, so muss er dies unverzüglich gemäß § 107 Abs. 3 GWB rügen.[374] Die strenge Folge der Nichtigkeit gilt nach überwiegender Ansicht nicht für eine unzureichende Information, die jedenfalls den Grund der Ablehnung enthält und ohne weiteres ergänzt werden kann; das Ziel einer ausreichenden Begründung der Ablehnung für den Antragsteller bliebe gewahrt, und vor einem Rechtsverlust würde er zudem durch das Zuschlagsverbot des § 115 Abs. 1 GWB geschützt.[375]

Die Nichtigkeitsfolge kann nur von demjenigen geltend gemacht werden, der zum Adressatenkreis der in § 13 VgV begründeten Informationspflicht gehört.[376] Folglich können sich weder die Vertragspartner selbst[377] noch am Vergabeverfahren unbeteiligte Dritte auf die Nichtigkeit berufen.[378] Auch dem korrekt informierten Bieter fehlt die Befugnis, aus der fehlerhaften Unterrichtung anderer Bieter „Gewinn zu schlagen".[379] Ferner muss der Antragsteller die üblichen Hürden eines Nachprüfungsverfahrens nehmen, d.h. sein Nachprüfungsantrag muss alle Voraussetzungen der §§ 107, 108 GWB erfüllen. Deshalb muss über den Verstoß gegen § 13 VgV hinaus ein weiteres vergaberechtliches Fehlverhalten des Auftraggebers vorgetragen werden.[380]

9. Zulässigkeit von Parallelausschreibungen

Die Zulässigkeit und sachliche Rechtfertigung von Parallelausschreibungen oder Doppelausschreibungen ist in der Rechtsprechung bisher nicht eindeutig beantwortet worden.[381] Eine eindeutige gesetzgeberische Klarstellung zu diesem Fragenkomplex wäre wünschenswert, um für zukünftige PPP-Projekte Rechtssicherheit bezüglich der zulässigen Ausschreibungsformen zu schaffen.

Der Begriff der „Parallelausschreibung" wird in Literatur und Rechtsprechung auf verschiedene Konstellationen angewandt. Die Ausschreibung einer Bauleistung nach VOB/A und derselben Bauleistung mit Finanzierung nach VOL/A in einem anderen Verfahren wird ebenso als Parallelausschreibung bezeichnet wie das sog. ABC-Modell, d.h. die Ausschreibung von Bau, Finanzierung und Betreibermodell als drei Lose eines einheitlichen Vergabeverfahrens, oder eine Ausschreibung mit dem Vorbehalt der losweisen Vergabe. Zunächst sollte zwischen sogenannten Parallelausschreibungen und Doppelausschreibungen unter-

---

[373] KG, NZBau 2002, 522 (523).

[374] Vgl. Thüringer OLG, Beschluss vom 28. 1. 2004 – 6 Verg 11/03; Putzier, DÖV 2002, 517 (520).

[375] Vgl. BayObLG, NZBau 2003, 105 (106); OLG Koblenz, NZBau 2002, 526 (527); Thüringer OLG, NZBau 2002, 526; VK Münster, Beschluss vom 14. 11. 2002 – VK 16/02; VK Thüringen, Beschluss vom 31. 7. 2002 – 216–4002.20–009/02-SON; Erdl, VergabeR 2001, 10 (22f.); Glahs, in: Reidt/Stickler/Glahs, Vergaberecht, § 13 VgV Rn. 33; *a. A.* OLG Düsseldorf, VergabeR 2001, 429 (430); Schröder, NVwZ 2002, 1440 (1443); Antweiler, DB 2001, 1975 (1978); *unklar* VK Baden-Württemberg, Beschluss vom 7. 10. 2002, 1 VK 48/02.

[376] Instruktiv hierzu Thüringer OLG, Beschluss vom 28. 1. 2004 – 6 Verg 11/03.

[377] OLG Düsseldorf, VergabeR 2003, 594 (597).

[378] Thüringer OLG, Beschluss vom 28. 1. 2004 – 6 Verg 11/03; OLG Dresden, VergabeR 2002, 138 (140).

[379] Thüringer OLG, VergabeR 2003, 600 (604): Die Nichtbeachtung von § 13 VgV gegenüber Konkurrenten könne allenfalls deren Rechte verletzen, keinesfalls aber einem Nachprüfungsantrag des korrekt informierten Bieters zur Zulässigkeit verhelfen.

[380] OLG Dresden, Beschluss vom 14. 2. 2003 – WVerg 11/01; VK Sachsen, Beschluss vom 27. 1. 2003 – 1/SVK/123–02; *a.A. offenbar* VK Lüneburg, Beschluss vom 20. 1. 2004 – 203-VgK-38/2004.

[381] Zu diesem Schluss kommt auch VK Thüringen, Beschluss vom 20. 3. 2001, 216–4003.20–001/01-SHL-S; vgl. Eschenbruch, in: Niebuhr/Kulartz/Kus/Portz, Vergaberecht, § 99 Rn. 109ff. Speziell zu Parallelausschreibungen: Heiermann, FS Jagenburg 2002, 265ff.

schieden werden. Parallelausschreibungen werden im Schrifttum und in der Entscheidungspraxis üblicherweise als gleichzeitige Ausschreibung unterschiedlicher Leistungen, z.B. einer Bau- und einer Dienstleistung, in getrennten Vergabeverfahren nach VOL/A und VOB/A bezeichnet. Dagegen sind sogenannte Doppelausschreibungen Verfahren, in denen in ein und demselben Vergabeverfahren alternative Varianten für ein bestimmtes Vorhaben, also z.B. als eine Variante der Bau, als eine weitere Variante der Bau und die private Finanzierung eines bestimmten Projektes ausgeschrieben werden.

Bei der Diskussion über die Zulässigkeit von Parallel- und Doppelausschreibungen ist zu berücksichtigen, dass die öffentliche Hand häufig nicht über Mittel und Möglichkeiten verfügt, die Wirtschaftlichkeit verschiedener technischer oder wirtschaftlicher Alternativen für Bauvorhaben zu evaluieren. Diese Defizite der öffentlichen Verwaltung dürfen nicht als unüberwindliches Investitionshindernis wirken. Gleichzeitig darf die Kompensation solcher Mängel allerdings auch nicht dazu führen, dass Vergabeverfahren willkürlich entschieden werden können, ein echter Wettbewerb nicht gewährleistet ist und den Bietern hohe Angebots- und Planungskosten aufgebürdet werden, die der Verwaltung nutzen, aber in keiner Weise vergütet werden.

9.1 Parallele Ausschreibung nach VOB/A und VOL/A in zwei getrennten Verfahren

Der Vergabeüberwachungsausschuss des Bundes hat in einer älteren Entscheidung die parallele Ausschreibung des Baus (in einem Verfahren nach VOB/A) und des Baus und Betriebs (in einem Verfahren nach VOL/A) eines Kraftwerks für zulässig erachtet, da im konkreten Fall das berechtigte Interesse der Bieter im Hinblick auf einen zumutbaren Angebotsaufwand gewahrt worden sei.[382] Allerdings begegnen in der gegenwärtigen Rechtsprechung Parallelausschreibungen, d.h. mehrere parallele Vergabeverfahren über denselben Auftragsgegenstand, aus vergaberechtlicher Sicht erheblichen Bedenken. Die VK Thüringen erklärte eine parallele Ausschreibung des Baus einer Abfallbehandlungsanlage (VOB/A) und der Abfallentsorgung in bestehenden oder zu errichtenden Anlagen (VOL/A) in getrennten Verfahren für unzulässig.[383] Aufgrund der unterschiedlichen Ansätze der beiden Verdingungsordnungen bestehe nicht die erforderliche Transparenz der Verfahren für die Bieter. Die Durchführung zweier getrennter Ausschreibungen bei nur einem zu vergebenden Auftrag setze notwendig die Aufhebung eines der beiden Verfahren voraus – dies sei jedoch nicht durch § 26 VOB/A bzw. VOL/A gedeckt. Im Übrigen stelle eine solche Ausschreibung eine unzulässige Verlagerung der zwingend vor Beginn des Vergabeverfahrens durchzuführenden Markterkundung und Wirtschaftlichkeitsbetrachtung in das Vergabeverfahren dar (§ 16 VOB/A bzw. VOL/A).

Getrennte Vergabeverfahren führen dazu, dass sich Bieter im Vertrauen darauf, dass ihre Angebote eine Chance auf den Zuschlag haben, in Aufwendungen für die Angebotsbearbeitung stürzen, die Ausschreibung jedoch dann auf Grund rechtlich nicht nachprüfbarer Kriterien, die letztlich aus einer anderen Ausschreibung herrühren, aufgehoben wird und die Angebote damit ins Leere laufen. Zugleich ist bei solchen Parallelausschreibungen nicht sichergestellt, dass die Auswahl zwischen den parallel ausgeschriebenen Realisierungsmodellen in wettbewerblicher und nicht diskriminierender Art und Weise erfolgt. Aufgrund dieser Argumente und in Anbetracht des Anfechtungsrisikos nach der Entscheidung der VK Thüringen sollten Ausschreibungen nach VOB/A und VOL/A in getrennten Vergabeverfahren vermieden werden.

---

[382] VÜA Bund, Beschluss vom 14. 4. 1997 – 1 VÜ 24/96, 25/96 und 27/96.

[383] Beschluss vom 20. 3. 2001 (Az. 216–4003.20–001/01-SHL-S); ähnlich OLG Düsseldorf, VergR 2001, 234.

9.2 Ausschreibung sich überschneidender Lose in einem Verfahren

Die nach den bisherigen europaweiten Erfahrungen mit der Ausschreibung von PPP-Projekten im Hochbau am häufigsten gewählten Varianten sind jedoch nicht Ausschreibungen verschiedener Leistungen in getrennten Verfahren, sondern parallele Ausschreibungen in **einem** Verfahren (nach ABC-Modell oder C-Verfahren). Auftraggeber schätzten in der Vergangenheit insbesondere das ABC-Verfahren zur Ermittlung der Wirtschaftlichkeit von PPP-Projekten im Vergleich zu Modellen der konventionellen Vergabe der Leistungen. Eine „Doppelausschreibung" nach dem „ABC-Modell" (dem sogenannten Thüringer Modell) besteht aus mindestens den Teilen A (Bauleistung als Generalunternehmerangebot), B (Finanzierung) und C (Bau und Finanzierung aus einer Hand, sog. Investorenmodell). Bei Teil C handelt es sich um einen privat finanzierten und realisierten Bau, der unter Einräumung von Erwerbsoptionen langfristig an die öffentliche Hand zur Nutzung überlassen wird. Ist zusätzlich der Betrieb zu vergeben, muss dieser gesondert und zusätzlich als Element einer Einzel- und Gesamtleistung ausgewiesen werden (ABCD).[384] Wegen der Überschneidung der Lose ist der Begriff „Doppelausschreibung" für dieses Modell treffender als der häufig verwendete Begriff der Parallelausschreibung.[385]

Bei einer „Doppelausschreibung" bestehen die für eine „Parallelausschreibung" ausgeführten Risiken nicht in der gleichen Weise. Zwar werden auch hier tatsächlich häufig Planungs- und Vorbereitungsmängel für ein Vorhaben zunächst auf Kosten der Bieter kompensiert. Aber es besteht zumindest die Möglichkeit, die Angebote zu den sich überschneidenden Varianten nach wettbewerblichen und nicht diskriminierenden Kriterien zu vergleichen und zu bewerten. Voraussetzung dafür ist allerdings, dass der Auftraggeber diese Kriterien im Vorhinein festlegt und auch verlässlich und nachvollziehbar in den Vergabeunterlagen bzw. in der Bekanntmachung veröffentlicht.

Von der Rechtsprechung wird die Durchführung einer Doppelausschreibung dann nicht von vornherein als unzulässig angesehen, wenn die berechtigten Interessen der Bieter im Hinblick auf einen zumutbaren Arbeitsaufwand gewahrt werden,[386] das Verfahren für die Beteiligten hinreichend transparent ist[387] und sichergestellt ist, dass die wirtschaftlichste Verfahrensweise zum Zug kommt.[388] Da die Rechtsprechung bereits mehrfach darauf hingewiesen hat, dass durch derartige Verfahren den Bietern kein ungebührlicher Angebotsaufwand auferlegt werden darf,[389] sollte (zumindest) eine eindeutige Kompensationsregelung vorgesehen werden, die den Unternehmen eine Erstattung der zur Kompensation von Planungs- und Vorbereitungsdefiziten der öffentlichen Hand aufgewendeten Angebotskosten garantiert.

Die Rechtsprechung scheint davon auszugehen, dass Doppelausschreibungen zwar nicht grundsätzlich unzulässig sind, aber gewisse Mindestkriterien, namentlich der Transparenz, der Zumutbarkeit des Angebotsaufwands für die Bieter und der Herstellung und Überprüfbarkeit der Vergleichbarkeit der Angebote durch Offenlegung der Wertungskriterien erfüllen müssen. Denn Doppelausschreibungen dürfen **nicht** dazu dienen, eine unzureichende

---

[384] Eschenbruch, Beilage zu BB 2000, 8 (19).

[385] Vgl. Prieß, VergabeR 2001, 399 (400).

[386] Dies kann möglicherweise durch eine Klarstellung in den Verdingungsunterlagen erfolgen, dass Bietern für Lose, auf die kein Zuschlag erteilt wird, die Angebotserstellungskosten erstattet werden, vgl. Prieß, VergabeR 2001, 392 (400), Anm. zu KG, Beschluss vom 22. 8. 2001; so wohl auch VÜA Bund, Beschluss vom 14. 4. 1997, 1 VÜ 24/96 – 27/96, in: Fischer/Noch, Entscheidungspraxis europäisches Vergaberecht, III. 33, S. 8.

[387] Z.B. durch Offenlegung der Wertung der einzelnen Alternativen und deren Verknüpfung.

[388] KG, Beschluss vom 22. 8. 2001, KartVerg 3/01; OLG Celle, Beschluss vom 8. 11. 2001, 13 Verg 9/01; VÜA Bund, 1 VÜ 24/96.

[389] Vgl. bereits VÜA Bund, Beschluss vom 14. 4. 1997 – 1 VÜ 24/96, 25/96 und 27/96; OLG Schleswig, NZBau 2000, 207.

Verfahrensvorbereitung durch den Auftraggeber auszugleichen:[390] Markterkundungsverfahren oder Wirtschaftlichkeitsuntersuchungen müssen (schon nach zwingendem Haushaltsrecht) der Ausschreibung der (Bau-)Maßnahme vorausgehen. Angesichts der uneinheitlichen Rechtsprechung verbleibt für Ausschreibungen mehrerer sich überschneidender Lose in einem Vergabeverfahren ein Anfechtungsrisiko.

Unabhängig von der (umstrittenen) vergaberechtlichen Zulässigkeit von Parallelausschreibungen stellt sich die Frage, ob eine ABCD-Ausschreibung bei PPP-Modellen in der Praxis überhaupt als sinnvolle Vorgehensweise erscheint. Ein solches Verfahren bedeutet einen hohen Aufwand für die Bieter und bereitet erhebliche Probleme bei der Vergleichbarkeit der Angebote – aus diesen Gründen hat die Bereitschaft von Bietern, sich an solchen Verfahren zu beteiligen, in den letzten Jahren deutlich abgenommen.

Bei komplexen PPP-Projekten, die naturgemäß verschiedene Leistungen enthalten, die untrennbar miteinander verbunden sind, erscheint u. U. eine Ausschreibung lediglich als Gesamtangebot sinnvoller. Vorteil einer solchen Ausschreibung ist, dass bei einem Wettbewerb der Gesamtlösungen die Anbieter bereits bei der Angebotserstellung ihr spezifisches Know-how in eine ganzheitliche Lösung einbringen, Schnittstellen definieren und Risiken einschätzen können. Einer solchen Gesamtvergabe muss ein grundsätzlicher Beschaffungsvariantenvergleich voraus gehen, in dem eine sorgfältig kalkulierte konventionelle Beschaffungsvariante einer ebenso sorgfältig geschätzten PPP-Beschaffungsvariante gegenübergestellt wird. Nur wenn die PPP-Variante auf belastbarer Grundlage wirtschaftlicher erscheint, wird diese bekannt gemacht und in den Wettbewerb gegeben. Durch diesen vorgeschalteten Vergleich, der ergänzt wird durch den dauernden Vergleich der eingehenden Angebote mit der zuvor definierten PPP-Beschaffungsvariante bzw. der konventionellen Beschaffungsvariante, kann eine genauere Wirtschaftlichkeitsanalyse bei geringerem Aufwand für die Bieter erfolgen als mit einer Parallelausschreibung nach dem Thüringer Modell. Voraussetzung für einen sinnvollen Vergleich wäre allerdings die Verpflichtung der Bieter zur Offenlegung der für die einzelnen Leistungsteile (Planung, Bau, Finanzierung, Betrieb) angesetzten Preise.

Im Rahmen einer solchen Gesamtausschreibung erscheint eine parallele Ausschreibung einzelner definierter PPP-Modelle (PPP-Erwerbermodell, PPP-FMLeasingmodell, etc.) nicht notwendig oder sinnvoll. Die Flexibilität einer konzeptoffenen Leistungsbeschreibung sollte dazu genutzt werden, innovative Gesamtangebote (mit unterschiedlichen Finanzierungsvarianten, Risikoverteilungen und Betreiberregelungen) einzuholen. Dabei ist allerdings auf die Vergleichbarkeit anhand vorher festgelegter Kriterien und ermittelter Vergleichskosten zu achten.

10. Behandlung von Konsortien

Konsortien sind vorübergehende Vereinigungen von Unternehmen. Im Rahmen komplexer PPP-Modelle ist die Bildung von Konsortien nahezu unumgänglich, da kein Einzelunternehmen sämtliche vom Auftragnehmer geforderten Leistungen (Planung, Bau, Finanzierung, Betrieb, sonstige Dienstleistungen) erbringen können wird.[391] In einem Konsortium kann sowohl fachliches als auch finanzielles Potential gebündelt werden.

Im Vergaberecht werden Konsortien in der Regel mit dem Begriff der Bietergemeinschaft gleichgesetzt. Die Bietergemeinschaft ist eine Mehrzahl von Unternehmen, die gemeinschaftlich ein Angebot mit dem Ziel abgibt, einen bestimmten Auftrag zu erhalten.[392]

---

[390] Vgl. VK Thüringen, Beschluss vom 20. 3. 2001, 216–4003.20–001/01-SHL-S; Portz, in: Ingenstau/Korbion, VOB/A, § 16 Rn. 9; Sterner, in: Motzke/Pietzcker/Prieß, VOB/A, § 16 Rn. 27.

[391] Eine andere Möglichkeit ist die Gründung eines gemischtwirtschaftlichen Unternehmens, das die einzelnen Leistungen untervergibt.

[392] Vgl. VK Lüneburg, Beschluss vom 14. 1. 2002, 203-VgK-22/2001.

Die regelmäßig als GbR[393] konstituierte Bietergemeinschaft wandelt sich im Falle der Auftragserteilung in eine Arbeitsgemeinschaft (ARGE) um, deren Ziel die gemeinsame Ausführung des erhaltenen Auftrags ist.[394] Bietergemeinschaften sind grundsätzlich Einzelbietern gleichzusetzen (§ 25 Nr. 6 VOB/A[395]). Sie müssen eines ihrer Mitglieder als bevollmächtigten Vertreter für den Abschluss und die Durchführung des Vertrags, spätestens bis zur Zuschlagserteilung, bezeichnen (§§ 21 Nr. 5 Abs. 1 VOB/A, 21 Nr. 4 VOL/A).[396] Ob dem einzelnen Mitglied der Bietergemeinschaft eine eigene Antragsbefugnis in einem Nachprüfungsverfahren zusteht, ist in der Rechtsprechung noch nicht abschließend geklärt.[397]

Die in einer solchen Gemeinschaft zusammengefassten technischen und wirtschaftlichen Kapazitäten sind bei der Beurteilung der Geeignetheit der Bietergemeinschaft als Gesamtheit, d. h. addiert, zu berücksichtigen.[398] Falls die Bietergemeinschaft tatsächlich eine GbR ist, muss jedoch – wegen der gesamtschuldnerischen Haftung eines jeden BGB-Gesellschafters in vollem Umfang für alle eingegangenen Verpflichtungen und Verbindlichkeiten[399] – bei jedem einzelnen Unternehmen die volle Zuverlässigkeit gegeben sein.[400] Umgekehrt muss sich die Bietergemeinschaft das Verhalten aller beteiligten Unternehmen zurechnen lassen, so z. B. die Abgabe einer falschen Erklärung über die Fachkunde und Leistungsfähigkeit.[401]

Aus vergaberechtlicher Sicht treten im Zusammenhang mit Bietergemeinschaften besonders dann Probleme auf, wenn sich verschiedene Unternehmen erst nach Beginn des Vergabeverfahrens zu Bietergemeinschaften zusammenschließen oder aber bestehende Bietergemeinschaften auseinander brechen.[402] Insbesondere letzteres ist bei großen Bietergemeinschaften, wie sie für komplexe PPP-Modelle erforderlich sein werden, nicht unüblich. Weder die europäischen Vergaberichtlinien noch die Verdingungsordnungen enthalten hierüber Regelungen. Der EuGH hat kürzlich entschieden, dass mangels entsprechender Regelung auf europäischer Ebene das Gemeinschaftsrecht einem nationalen Verbot der nachträglichen Bildung von Bietergemeinschaften jedenfalls nicht entgegen steht.[403] Daraus kann jedoch nicht der Schluss gezogen werden, dass eine Bietergemeinschaft im Einklang mit dem Vergaberecht generell nur bis zur Abgabe des Angebots gegründet werden kann.[404]

---

[393] Vgl. Prieß, in: Motzke/Pietzcker/Prieß, VOB/A, § 21 Rn. 16; Lotz, ZfBR 1996, 233 (237); Korbion, in: Ingenstau/Korbion, VOB/A, Anhang 1, Rn. 115 a.

[394] Vgl. VK Südbayern, Beschluss vom 11. 7. 2001, 21–06/01; die kartellrechtliche Behandlung der Bietergemeinschaft kann an dieser Stelle nicht näher beleuchtet werden, vgl. hierzu u. a. OLG Celle, Beschluss vom 23. 3. 2000, 13 Verg 1/00; OLG Naumburg, WuW/E Verg 493 (495 f.).

[395] Gemäß dem mit dem ÖPP-Beschleunigungsgesetz eingeführten § 6 Abs. 2 Nr. 2 VgV kommt es im Rahmen von § 25 Nr. 6 VOB/A nicht mehr auf die Eigenleistung durch die Mitglieder der Bietergemeinschaft an.

[396] Erklärungen des bevollmächtigten Geschäftsführers gelten für alle Mitglieder der Bietergemeinschaft, wenn dies aus der Sicht eines verständigen Empfängers nur so verstanden werden konnte, OLG Düsseldorf, Beschluss vom 11. 4. 2003, Verg 9/03.

[397] Dafür: OLG Hamburg, ZfBR 2004, 296 (297): Zulässige Prozessstandschaft; Dagegen: OLG Saarbrücken, Beschluss vom 13. 11. 2002, 5 Verg 1/02: Nur die Bietergemeinschaft als solche nimmt am Vergabeverfahren teil.

[398] Vgl. Ax/Schneider/Nette, Handbuch Vergaberecht, Kap. 14 Rn. 15.

[399] Vgl. Korbion, in: Ingenstau/Korbion, VOB/A, Anhang 1 Rn. 49.

[400] VK Niedersachsen, Beschluss vom 12. 3. 2001, Vgk 1/2001.

[401] VK Arnsberg, Beschluss vom 22. 10. 2001, VK 1–13/2001.

[402] Nach OLG Hamburg, NZBau 2003, 223 (224), sind die verbliebenen Mitglieder einer zerfallenen Bietergemeinschaft in einem Nachprüfungsverfahren nicht antragsbefugt, weil deren Nichtberücksichtigung auf der nun mangelnden Eignung der „Restgemeinschaft" und nicht auf dem vermeintlichen Vergabeverstoß beruht.

[403] Vgl. EuGH, Urt. v. 23. 1. 2003, Rs. C-57/01, Slg. 2003, I-1091 (1133) Rdnr. 60–63 – Makedoniko Metro.

[404] So aber Krist, VergabeR 2003, 162.

Nach bisher überwiegender Ansicht in Deutschland sind nachträglich entstehende oder sich verändernde Bietergemeinschaften und deren Vereinbarkeit mit dem Vergaberecht im einzelnen Fall danach zu beurteilen, ob die Grundsätze der Gleichbehandlung, des Wettbewerbs sowie der Sparsamkeit und Wirtschaftlichkeit beachtet wurden.[405] Bei Vergabeverfahren mit vorgeschaltetem Teilnahmewettbewerb wurde entschieden, dass die Bildung von Bietergemeinschaften nach dem Teilnahmewettbewerb unzulässig ist.[406] Ansonsten müsste eine neuerliche Überprüfung der Fachkunde, Leistungsfähigkeit und Zuverlässigkeit stattfinden, was den Sinn des Teilnahmewettbewerbs aushöhlen würde.[407] Zudem könnte eine weitere Eignungsprüfung außerhalb des Teilnahmewettbewerbs eine Ungleichbehandlung gegenüber anderen Bietern darstellen. Man könnte jedoch argumentieren, dass zumindest in Fällen einer nachträglichen Änderung der Zusammensetzung der Bietergemeinschaft, in denen die Bietergemeinschaft auch in ihrer neuen Form die Eignungskriterien erfüllte, eine Überprüfung anhand der Eignungsnachweise auch nach Durchführung des Teilnahmewettbewerbs noch erfolgen könnte und ein Ausschluss der Bietergemeinschaft ohne Berücksichtigung ihrer Eignung nach Änderung ihrer Zusammensetzung formalistisch wäre.[408] In der Praxis wird ein solches Vorgehen bereits genutzt und die Aufnahme weiterer Bieter in ein bereits präqualifiziertes Konsortium dann zugelassen, wenn eine mindestens gleich gute Eignung der verändert zusammengesetzten Bewerbergemeinschaft nachgewiesen wird.[409] Von der Rechtsprechung ist diese Auffassung allerdings bisher soweit ersichtlich nicht expressis verbis vertreten worden.

Letztlich kommt es auf den Einzelfall an, ob ein nachträglicher Zusammenschluss zu einer Bietergemeinschaft mit den Grundsätzen des Vergaberechts nach Abgabe des Angebots vereinbar ist.[410] Eine Klarstellung dahingehend, dass auch nach einem Teilnahmewettbewerb noch Änderungen in der Zusammensetzung einer Bietergemeinschaft erfolgen können, sofern auch bezüglich der neu zusammengesetzten Bietergemeinschaft die Eignung zu bejahen ist (anhand der geforderten Eignungsnachweise) und Wettbewerbs- und Nichtdiskriminierungsgrundsatz nicht verletzt werden, wäre wünschenswert.[411]

Von Bedeutung kann im Zusammenhang mit Bietergemeinschaften auch die Frage sein, unter welchen Umständen deren Umwandlung in eine Projektgesellschaft nach Erhalt des Zuschlags vergaberechtlich zulässig ist. In der Regel bewerben sich bei komplexen Ausschreibungen mit großen Auftragsvolumina und Integration verschiedener Leistungsbestandteile (wie den vorliegend betrachteten PPP-Projekten) mehrere Bieter als Bietergemeinschaft in der Form einer GbR und gründen dann nach Erhalt des Zuschlags eine Projektgesellschaft zur Durchführung des Auftrags. Soll der mit Zuschlag auf ein Angebot mit der betreffenden Bietergemeinschaft geschlossene Vertrag nach Gründung der Projektgesellschaft auf diese übergehen, so sollte dies im Vertrag bereits vorgesehen wer-

---

405 Vgl. VÜA Rheinland-Pfalz, Beschluss vom 6. 12. 1995, VÜ 3/95; Brinker/Ohler, in: Motzke/Pietzcker/Prieß, VOB/A, § 25 Rn. 148ff.

406 Vgl. VK Köln, Beschluss vom 30. 9. 2003 – VK VOB 27/2003; VK Brandenburg, Beschluss vom 18. 7. 2001, 1 VK 55/01: jedenfalls sofern Unternehmen beteiligt sind, die nicht am Teilnahmewettbewerb teilgenommen haben und nicht von der Vergabestelle zur Abgabe eines Angebots aufgefordert worden sind.

407 Vgl. Malotki, BauR 1997, 564 (566).

408 Vgl. Arrowsmith, Public Private Partnerships and the European Procurement Rules: EU Policies in Conflict?, in: CMLR Vol 37 No. 3, 2000, 709–737.

409 Vgl. VK Bund, Beschluss vom 25. 7. 2001, VK 2–20/01, in dem die materielle Zulässigkeit dieser Vorgehensweise jedoch wegen Präklusion des entsprechenden Vorbringens der Ast. durch verspätete Rüge nicht geklärt wurde.

410 Vgl. VK Brandenburg, Beschluss vom 1. 2. 2002, 2 VK 119/01.

411 Im Rahmen der gegenwärtigen Entwicklung neuer deutscher Vergaberegelungen in GWB-E und VgV-E wird eine solche Klarstellung diskutiert.

den.[412] Mit einem Wechsel der Gesellschaftsform gehen erhebliche Veränderungen der Haftungsstruktur einher. Um abzusichern, dass die spätere Vertragspartnerin „Projektgesellschaft" in gleicher Weise wie die den Zuschlag erhaltende Bietergemeinschaft den vergaberechtlichen Anforderungen an die Eignung entspricht, sollten detaillierte Anforderungen an die Rechtsform, Mitglieder und Struktur der Projektgesellschaft gestellt werden.[413] U.U. kann es sinnvoll sein, auch eine Verpflichtung der Bieter(-gemeinschaft) zur Absicherung der finanziellen Leistungsfähigkeit der (in der Regel nur beschränkt haftenden) Projektgesellschaft aufzunehmen.[414] In den Verdingungsunterlagen kann (je nach den Umständen des Einzelfalls) festgelegt werden, in welchem Umfang „der Bieter" haften soll. Diese Voraussetzungen müssen sowohl die Bietergemeinschaft als auch die Projektgesellschaft erfüllen. Der mit dem ÖPP-Beschleunigungsgesetz eingeführte § 6 Abs. 2 Nr. 1 VgV stellt jedoch klar, dass der Auftraggeber nur für den Fall der Auftragserteilung verlangen kann, dass die Bietergemeinschaft eine bestimmte Rechtsform annehmen muss. Voraussetzung hierfür ist, dass die Annahme der Rechtsform für die ordnungsgemäße Durchführung des Auftrags notwendig ist.

Hiermit hat der Verordnungsgeber die Rechtsprechung des EuGH[415] umgesetzt und die Vergabepraxis bei PPP-Projekten korrigiert, wo z.T. bereits im Teilnahmewettbewerb die Bewerbung in der Rechtsform der zukünftigen Projektgesellschaft verlangt wurde.[416]

11. Bieterkonferenzen

Bieterkonferenzen sind von der Vergabestelle einberufene Zusammenkünfte von Bietern bzw. Bewerbern. In der Regel finden Bieterkonferenzen nach Versendung der Vergabeunterlagen statt (zusätzlich zur Möglichkeit, schriftliche Fragen an den Auftraggeber zu richten).[417] Im Rahmen einer Bieterkonferenz erhalten alle Unternehmen im Sinne des Transparenzprinzips die Möglichkeit, sachdienliche Fragen zu stellen (vgl. §§ 17 Nr. 7 VOB/A, 17 Nr. 6 VOL/A).[418]

Der Vorteil einer Bieterkonferenz besteht darin, dass der Auftraggeber seiner Pflicht zur Gleichbehandlung aller Bieter im Hinblick auf die zugänglich gemachten Informationen durch die einmalige öffentliche Beantwortung der Fragen der Bieter nachkommen kann. Genau diese Öffentlichkeit ist auf der anderen Seite aber nur schwer mit dem Grundsatz des Geheimwettbewerbs zu vereinbaren.[419] Die Bieter erfahren auf einer Bieterkonferenz nicht nur, wer ihre Konkurrenten sind,[420] sondern können möglicherweise aus deren Fragen auch Rück-

---

[412] Ohne eine solche Klausel könnte der „Wechsel des Auftragnehmers" wegen der damit typischerweise verbundenen Beschränkung der Haftung etc. u.U. als wesentliche Änderung des Vertragsinhalts angesehen werden, die eine Neuausschreibung erforderlich machte.

[413] Vgl. VK Lüneburg, Beschluss vom 14. 1. 2002, 203-VgK-22/2001 (dort wurde allerdings nur eine Darlegung der geplanten Struktur durch die Bieter gefordert, ohne konkrete Mindestkriterien aufzustellen).

[414] Vgl. OLG Düsseldorf, Beschluss vom 19. 12. 2001, Verg 42/01.

[415] EuGH, Urt. vom 23. 1. 2003, Rs. C-57/01, Slg. 2003, I-1091.

[416] Vgl. die Gesetzesbegründung zum PPP-Beschleunigungsgesetz, BT-Ds. 15/5668 S. 12.

[417] Problematisch sein können sog. „Bietergespräche" (besser: Unternehmergespräche mit potentiellen Bietern) vor Fertigstellung der Leistungsbeschreibung mit dem Ziel, die Beschaffung durch die Erkenntnisse aus den Gesprächen zur Ausschreibungsreife bringen zu können (vgl. Berger, NVwZ 2001, 730). Denn dadurch können potentielle Bieter u.U. Einfluss auf die Erstellung der Vergabeunterlagen nehmen, was einen Verstoß gegen den Grundsatz der Gleichbehandlung gegenüber nicht anwesenden späteren Bietern hervorrufen würde. Vgl. hierzu ausführlich unter 5.3, 8.1, 8.3.

[418] Vgl. VK Lüneburg, Beschluss vom 13. 10. 2000, 203-Vgk-11/2000.

[419] Vgl. VK Baden-Württemberg, Beschluss vom 8. 11. 2000, 1 VK 23/00.

[420] Zumindest in der VOL/A tun sie das ansonsten während des gesamten Vergabeverfahrens nicht: denn dort ist – anders als unter der VOB/A – keine Angebotsöffnung in Anwesenheit der Bieter und mit öffentlicher Verlesung der angebotenen Preise vorgesehen (§ 22 Nr. 2 Abs. 3 VOL/A, 22 Nr. 1,

schlüsse auf ihre Angebote ziehen. Somit müssen die Rechtspflichten zur Herstellung von Transparenz gegen die vergaberechtlichen Geheimhaltungspflichten abgewogen werden:[421]

Für den Vorrang des Geheimnisschutzes spricht nicht nur, dass die Identität der Bieter/Bewerber vor Angebotsabgabe Teil der geheimhaltungsbedürftigen Fakten (Geheimwettbewerb) ist, sondern darüber hinaus, dass die Kenntnis der Unternehmen über ihre Mitbieter der wettbewerbswidrigen Kartellbildung Vorschub leisten könnte. Nicht nur für PPP-Vergaben scheint dieses Mittel der Kommunikation zwischen Auftraggeber und Bietern somit wenig geeignet.

Zur Ausräumung von Zweifeln und Unklarheiten ist deshalb – gerade bei dem zu erwartenden engen Bieterkreis bei PPP-Projekten – zu Einzelgesprächen mit den Bietern zu raten, deren Protokolle – anonymisiert – jedem einzelnen Bieter zugesandt werden. Auf diese Weise wird gerade bei komplexeren Fragestellungen die Gefahr von Missverständnissen oder unvollständigen Antworten minimiert und zugleich die Transparenz des Verfahrens und die Gleichbehandlung der Bieter/Bewerber gewährleistet.

12. Änderung der Leistungsbeschreibung im Verhandlungsverfahren

Grundsätzlich kann im Verhandlungsverfahren – mit den jeweils ausgewählten Bietern – über sämtliche Bestandteile ihrer Angebote verhandelt werden. Anders als im Offenen oder Nichtoffenen Verfahren gilt kein grundsätzliches Nachverhandlungsverbot gemäß §§ 24 Nr. 3 VOB/A bzw. 24 Nr. 2 VOL/A nach Angebotsabgabe. Vielmehr beginnt mit der Angebotsabgabe ein dynamischer Prozess, in dem sich sowohl auf Nachfrage- als auch auf Angebotsseite Veränderungen ergeben können.[422] Begrenzt wird diese umfassende Freiheit allerdings durch den Wettbewerbsgrundsatz, den Transparenzgrundsatz und den Gleichbehandlungsgrundsatz.[423] Der Auftraggeber darf sich nicht letztlich andere Leistungen beschaffen als zuvor angekündigt.[424] Denn **grundlegende** Änderungen gegenüber den ursprünglich in der Leistungsbeschreibung geforderten Leistungsinhalten führten u. U. dazu, dass eine nicht ausgeschriebene Leistung vergeben würde. Die Nichtausschreibung ausschreibungspflichtiger Beschaffungen kann entsprechend § 13 VgV wegen de facto Vergabe ohne Vorabinformation u. U. die Nichtigkeit des „neuen" Vertrages zur Folge haben.[425] Auch ein Verhandlungsverfahren darf nur auf der Grundlage der ursprünglichen Leistungsbeschreibung betrieben werden; werden hieran **grundlegende** Änderungen im weiteren Verlauf vorgenommen, muss das Verhandlungsverfahren beendet werden.[426] Wird der Zuschlag nach einem Verhandlungsverfahren letztlich auf ein Angebot erteilt, das einen völlig anderen Inhalt hat als in der Leistungsbeschreibung vorgesehen, ist das jedenfalls ein Vergabefehler. Zudem ist nicht auszuschließen, dass dem Vertrag die Nichtigkeit droht, da die neue Leistung dann nicht ordnungsgemäß ausgeschrieben worden ist.[427]

Nr. 3 Abs. 1 VOB/A). Auch im VOB-Verhandlungsverfahren ist ein Eröffnungstermin nicht zwingend (vgl. Schäfer, in: Motzke, Pietzcker, Prieß, VOB/A, § 22 Rn. 10).

[421] Vgl. Dreher, in: Immenga/Mestmäcker, GWB, § 97 Rn. 43; VÜA Bayern, WuW/E VergAL 92 (100).

[422] OLG Dresden, VergabeR 2004, 225 (228); OLG Celle, VergabeR 2002, 299 (301); VK Sachsen, Beschluss vom 13. 5. 2002, 1/SVK/027–02.

[423] OLG Stuttgart, Beschluss vom 15. 9. 2003 – 2 Verg 8/03; OLG Celle, VergabeR 2002, 299 (301); BayOblG, VergabeR 2003, 186 (189) m. w. N.; VK Nordbayern, Beschluss vom 23. 6. 2003, Az.: 320.VK-3194–17/03.

[424] OLG Dresden, VergabeR 2004, 225 (229); OLG Celle, VergabeR 2002, 299 (301).

[425] Ausführlich dazu Abschnitt 16.

[426] VK Berlin, Beschluss vom 31. 5. 2000, VK-B2–15/00.

[427] Vgl. OLG Düsseldorf, NZBau 2003, 400, 404 ff.

Wann innovative Finanzierungsmodelle, neue zivilrechtliche Vertragskonstruktionen oder Risikoverteilungen eine grundlegende Änderung der Verdingungsunterlagen darstellen, hängt zum einen natürlich vom Konkretisierungsgrad der Leistungsbeschreibung ab – lässt diese mehrere Alternativen zu, so liegt schon keine Abweichung vor; zum anderen wird in jedem Einzelfall zu beurteilen sein, ob die Abweichung „grundlegend" ist.[428] Eine gewisse Leitlinie kann hierbei die neuere vergaberechtliche Rechtsprechung geben.[429] Danach ist beispielsweise die Veränderung einer Minderheitsbeteiligung um 0,99 Prozentpunkte von 49 auf 49,99% als ein durch das Verhandlungsverfahren gedecktes Verhandlungsergebnis anzusehen, das den Vertragsgegenstand unberührt lässt;[430] bei einer deutlichen Verschiebung der finanziellen Risikoverteilung zu Lasten des Auftraggebers im Rahmen einer ausgeschriebenen Baukonzession wurde hingegen eine grundlegende Änderung der Verdingungsunterlagen bejaht.[431] Wohl nicht zulässig sind nach der Rechtsprechung Abweichungen von Mindestanforderungen, die die Vergabestelle in der Ausschreibung als bindend festgelegt hat, zu Gunsten eines Bieters.[432] Insbesondere die Zuschlagskriterien dürfen nach Bekanntgabe nicht mehr geändert werden.[433]

Eine Diskriminierung der nicht als „preferred bidder"[434] ausgewählten Bieter durch die Tatsache, dass der „preferred bidder" nach Abschluss der Verhandlungen möglicherweise ein etwas anderes PPP-Modell anbieten kann, ihnen aber diese Möglichkeit nicht gegeben wird, ist zumeist zu verneinen. Die sukzessive Beschränkung auf immer weniger Verhandlungspartner mit dem Ergebnis, dass am Ende nur noch ein Bieter verbleibt, mit dem über den endgültigen Vertragsinhalt verhandelt wird, ist für sich genommen noch keine Diskriminierung, sondern entspricht dem Wesen und dem üblichen Ablauf eines Verhandlungsverfahrens.[435] Dennoch sollte darauf geachtet werden, möglichst lang mit mehreren Bietern zu verhandeln. Auch nach einer „preferred bidder"-Entscheidung sollten die übrigen Bieter nicht endgültig vom Verfahren ausgeschlossen werden, um den Wettbewerbsdruck auf den/die Bieter, mit denen vorrangig verhandelt wird, aufrecht zu erhalten. Außerdem darf keine ungleiche Wettbewerbssituation dadurch geschaffen werden, dass einzelnen Bietern unterschiedlich weitgehende Informationen erteilt werden oder einseitig Gelegenheiten zur Nachbesserung gegeben werden.[436]

---

[428] VK Berlin, Beschluss vom 31. 5. 2000, VK-B2–15/00.

[429] Auf EU-Ebene hat die Kommission am 30. 4. 2003 bezüglich des Vertrages über den Bau der Metro in Thessaloniki klargestellt, dass die Änderung der Tiefe des Tunnels (in der verhandelten Version des Vertrages) gegenüber der in den Verdingungsunterlagen angegebenen Tiefe keine inakzeptable Abänderung darstellt, Procurement News, 30. 4. 2003.

[430] VK Lüneburg, Beschluss vom 26. 4. 2002, 203-VgK – 06/2002.

[431] VK Berlin, Beschluss vom 31. 5. 2000, VK-B2–15/00.

[432] VK Bund, Beschluss vom 10. 12. 2002, VK 1–93/02 (wegen Transparenzgebot und Gleichbehandlungsgrundsatz hat die Selbstbindung der Vst. durch Aufstellung der Mindestkriterien zugleich bieterschützende Wirkung.

[433] Vgl. EuGH, Urt. v. 4. 12. 2003, Rs. C-448/01, NZBau 2004, 105 (111) Rdnr. 92–94 – Wienstrom; EuGH, Urt. v. 18. 10. 2001, Rs. C-19/00, Slg. 2001, I-7725 (7755) Rdnr. 43 – SIAC Construction; OLG Stuttgart, VergabeR 2003, 226 (230f.) m. w. N.; OLG Naumburg, NZBau 2003, 628 (632); vgl. jedoch VK Südbayern, Beschluss vom 18. 3. 2004 04–02/02, für die ausnahmsweise Zulässigkeit der Änderung der Gewichtung eines Zuschlagskriteriums.

[434] Das Gebot der Gleichbehandlung gilt natürlich in gleicher Weise auch für die Durchführung eines Verhandlungsverfahrens nach der „parallelen Strategie" (s. o. unter 7.5.2.2).

[435] OLG Frankfurt VergabeR 2001, 299 (302) m. w. N.

[436] Vgl. OLG Frankfurt a. M., Beschluss vom 10. 4. 2001, 11 Verg 1/01 betont, dass auch bei intensiven Verhandlungen mit einem Bieter eine vergaberechtswidrige Benachteiligung eines anderen Bieters allenfalls dann denkbar sei, wenn dieser darlege, dass und wodurch er gerade auf Grund der (nur) mit dem ersten Bieter geführten Verhandlungen daran gehindert wurde, ein noch besseres Angebot abzugeben; vgl. auch OLG Celle, Beschluss vom 16. 1. 2002, 13 Verg 1/02; BayObLG, Beschluss vom 5. 11. 2002, Verg 22/02.

Angebote mit Abweichungen von der Leistungsbeschreibung können möglicherweise als Nebenangebote gemäß §§ 25 Nr. 5 VOB/A bzw. 25 Nr. 4 VOL/A gewertet werden. Die Wertung eines Nebenangebots setzt jedoch voraus, dass zum einen in den Verdingungsunterlagen die Mindestanforderungen an Nebenangebote festgelegt sind[437] und zum anderen, dass das Nebenangebot mit den vom Auftraggeber geforderten Leistungen **gleichwertig** ist. Andernfalls kann es zu Wettbewerbsverzerrungen kommen, weil andere Bieter bei entsprechend veränderten Leistungsanforderungen möglicherweise günstigere Angebote abgegeben hätten.[438] Die Gleichwertigkeit kann nur bejaht werden, wenn das Nebenangebot geeignet ist, dem objektiven Bestellerwillen des Auftraggebers in allen wirtschaftlichen Einzelheiten gerecht zu werden.[439] Gibt die Vergabestelle im Verhandlungsverfahren zu erkennen, dass sie ein Nebenangebot trotz konstruktiv-gestalterischer Abweichungen von den Anforderungen des Leistungsverzeichnisses grundsätzlich als gleichwertig und damit zuschlagsfähig einstuft, so hindert das nicht, diese Abweichungen in der abschließenden Wertung unter dem Gesichtspunkt der Zuschlagskriterien Konstruktion und Gestaltung als nachteilig zu berücksichtigen.[440]

13. Vergaberechtliche Einflüsse auf die Leistungsphase

Angesichts der sehr langen Laufzeiten der vorgestellten PPP-Modelle erscheint es durchaus denkbar und sogar wahrscheinlich, dass während der Gesamtleistungsphase Änderungsbedarf bezüglich einzelner Vertragselemente entsteht: Möglicherweise wollen einzelne Vertragspartner aussteigen oder neu einsteigen, veränderte Umstände oder durch die Leistungserbringung erworbene Kenntnisse lassen eine Änderung der zu erbringenden Leistung erforderlich erscheinen oder der ursprünglich vereinbarte Preis erscheint nicht mehr angemessen. Aus Sicht des Vergaberechts stellt sich dann die Frage, ob eine solche Änderung ohne erneute Ausschreibung vorgenommen werden kann. Der nachträgliche Austausch des Auftragnehmers (z.B. auf der Grundlage von in PPP-Projekten üblichen „step-in-Rechten" der Banken) als Änderung der beteiligten Vertragsparteien oder auch sonstige spätere Änderungen des Inhalts oder der Laufzeit des Vertrages könnten grundsätzlich einen erneut ausschreibungspflichtigen Vergabevorgang darstellen.

Die Tendenz in Rechtsprechung[441] und Literatur[442] geht dahin, dass kleinere Änderungen bestehender Verträge regelmäßig keine vergaberechtlich beachtlichen Handlungen darstellen. Entscheidend für die Überschreitung der Schwelle zum ausschreibungspflichtigen Vorgang soll letztlich der Grad der Veränderung sein, d.h. ob die Änderungen **so wesentlich** sind, dass sie **einem Neuabschluss gleichkommen.** Ob dies der Fall ist, muss im

---

[437] Vgl. EuGH, Urt. v. 16. 10. 2003, Rs C-421/01, VergabeR 2004, 50 (53) Rdnr. 25–30 – Traunfellner: Die Erklärung, dass die Abgabe von Nebenangeboten zulässig ist, genüge ebenso wenig wie die bloße Verweisung auf eine nationale Vorschrift, nach der das Nebenangebot eine qualitativ gleichwertige Leistung enthalten muss.

[438] Vgl. VK Mecklenburg-Vorpommern, Beschluss vom 21. 9. 1999, 1 VK 11/99; Prieß, in: Motzke/Pietzcker/Prieß, VOB/A, § 21, Rn. 53.

[439] VK Baden-Württemberg, Beschluss vom 20. 9. 2001, 1 VK 26/01; OLG Naumburg, ZVgR 2000, S. 68ff.

[440] BayObLG, Beschluss vom 23. 3. 2004 – Verg 3/04.

[441] OLG Rostock, VergabeR 2003, 321 (325f.); VG Frankfurt/Oder, AbfallPrax 2000, 124 (126); OLG Düsseldorf, VergabeR 2001, 329 (332); VK Baden-Württemberg, Beschluss vom 26. 3. 2002 – 1 VK 7/02; VK Münster, Beschluss vom 9. 3. 2001 – VK 1/01 bis 8/01.

[442] Müller-Wrede, in: Ingenstau/Korbion, VOB Teile A und B, § 99 GWB Rn. 14; Prieß, Handbuch des europäischen Vergaberechts, S. 68; ders., in: Jestaedt/Kemper/Marx/Prieß, Das Recht der Auftragsvergabe, S. 49; Schröder, NJW 2002, 1831 (1832ff.); Gnittke/Siederer, ZVgR 2000, 236 (241).

Einzelfall nach Betrachtung sämtlicher Umstände beurteilt werden. Der bloße Austausch des Auftragnehmers ohne jegliche Veränderung des Vertragsinhalts bedarf wohl jedenfalls dann keiner erneuten Ausschreibung, wenn das (personelle und sachliche) Know-how – also die Eignung des Auftragnehmers – identisch bleibt. Denn die bloße Vertragsübernahme ist, da die bestehende Vertragsbeziehung weder formell noch materiell berührt wird,[443] keine Neubeschaffung.[444]

Anders ist eine nachträgliche Änderung des Leistungs**umfangs** in erheblicher Weise zu beurteilen.[445] Von einer solchen wird ausgegangen, wenn wesentliche Vertragselemente einer Neuregelung unterzogen werden[446] und die Änderungen in der Sache einer Neuvergabe von Leistungen gleichkommen.[447] Zu den wesentlichen Bestandteilen eines Vertrages, deren Änderung einen Neuabschluss bedeutet, zählt nach wohl herrschender Auffassung jedenfalls der Preis.[448] Preisänderungen können allenfalls dann als vergaberechtlich neutral angesehen werden, wenn sie auf Grund einer im Ursprungsvertrag angelegten Option erfolgen.[449] Eine Vergütungsanpassung nach Vertragsschluss ohne eine erneute Ausschreibung ist nur bei Vorliegen der Voraussetzungen des zwingend in den Vertrag einzubeziehenden § 2 VOB/B bzw. VOL/B zulässig. Vertragsverlängerungen können ebenfalls eine wesentliche Vertragsänderung darstellen, die neue Ausschreibungspflichten auslöst[450] – allerdings nach der Rechtsprechung dann nicht, wenn sie auf Grund einer im Vertrag bereits vorgesehenen, zulässigen Verlängerungsoption erfolgen.[451] Diesen Gesichtspunkt bestätigt indirekt auch Art. 9 Abs. 1 S. 2 der neuen Richtlinie 2004/18/EG. Danach ist die Verlängerung(soption) von vornherein in die Berechnung des Gesamtauftragswertes miteinzubeziehen. Die Ausübung der Option als bloßer Vollzug des Ursprungsvertrages ist nicht als eigenständiger öffentlicher Auftrag zu werten.

---

[443] Prieß, Handbuch des europäischen Vergaberechts, S. 71; Stickler, in: Reidt/Stickler/Glahs, Vergaberecht, § 99 GWB Rn. 4d.

[444] OLG Frankfurt, NZBau 2003, 633 (634); VK Bund, Beschluss vom 7. 4. 1999, VK A – 19/99: der Auftrag wurde bereits bei seiner ersten Ausschreibung in den Wettbewerb gegeben; Dreher, in: Immenga/Mestmäcker, GWB, § 99 Rn. 17; *a. A.* wohl Europäische Kommission, Grünbuch zu öffentlich-privaten Partnerschaften und den gemeinschaftlichen Rechtsvorschriften für öffentliche Aufträge und Konzessionen vom 30. 4. 2004, KOM(2004) 327 endg., Ziff. 49, Fn. 42.

[445] Vgl. insofern OLG Düsseldorf, VergabeR 2001, 329 (332) m. Anm. Hausmann/Krohn; (Reduzierung des Auftragsvolumens um einzelne Abfallentsorgungsbereiche, Reduzierung der zu zahlenden Entgelte und mehrjährige Prolongation = erhebliche Veränderung des Auftragsgegenstandes); Jasper, FAZ vom 14. 2. 2001, 30; Marx, NZBau 2002, 311 (313), unterscheidet zwischen ausschreibungsfrei zulässigen „Vertragmodifizierungen" und ausschreibungspflichtigen „Vertragsänderungen" anhand einer im Einzelfall zu überprüfenden „Relevanzschwelle".

[446] VK Münster, Beschluss vom 9. 3. 2001, VK 1/01–8/01 (VG Frankfurt/Oder, AbfallPrax 2000, 124, 126.

[447] Inwiefern ein „Refinancing" während der Vertragslaufzeit als wesentliche Änderung anzusehen ist, hängt von den Umständen des Einzelfalls ab: Von einer Ausschreibungspflichtigkeit dürfte nur dann auszugehen sein, wenn dadurch der Preis, die Risikoverteilung oder ein sonstiger wesentlicher Bestandteil der von AG und AN vertraglich vereinbarten Leistung erheblich verändert wird.

[448] Das OLG Rostock hat mit Beschluss vom 5. 2. 2003, VergabeR 2003, 321 ff., dem EuGH (allerdings im Hinblick auf einen Lieferauftrag) die Frage vorgelegt, wann eine Änderung der zu liefernden Waren eine Neuausschreibungspflicht begründet (bestimmter Wert der geänderten Waren?, Änderung des Lieferanten und zugleich Änderung der Eigenschaften der Ware?).

[449] Vgl. VK Münster, Beschluss vom 9. 3. 2001, VK 1/01–8/01; Müller-Wrede, in: Ingenstau/Korbion, VOB/A und B, § 99 Rn. 2.

[450] Thüringer OLG, VergabeR 2004, 113 (115 f.); OLG Düsseldorf, VergabeR 2001, 210 (212).

[451] OLG Celle, NZBau 2002, 53; VK Bund, Beschluss vom 26. 5. 2000, VK 2 8/00, wies dagegen auf die mögliche Unzulässigkeit einer Verlängerungsoption wegen der durch sie drohenden wiederholten Vertragsverlängerung unter Ausschluss des Wettbewerbs hin, ließ die Option letztlich jedoch wegen sachlicher Rechtfertigung im konkreten Fall zu; vgl. auch Gnittke/Siederer, ZVgR 2000, 236 (240 f.).

14. Aufhebung des Vergabeverfahrens

Die Aufhebung eines Vergabeverfahrens ist nach deutschem Recht grundsätzlich nur unter den abschließend aufgezählten Voraussetzungen der § 26 Nr. 1 VOB/A, § 26 Nr. 1 VOL/A rechtmäßig.[452] Nach der Rechtsprechung des BGH kommt eine Aufhebung als *ultima ratio* nur in Betracht, wenn Maßnahmen innerhalb des Verfahrens den anvisierten Erfolg nicht mehr erreichen können.[453] Als „schwerwiegende Gründe" im Sinne von § 26 Nr. 1 c) VOB/A und § 26 Nr. 1 d) VOL/A werden deshalb nur solche Umstände anerkannt, die die Durchführung des Verfahrens und die Vergabe des Auftrags selbst ausschließen. Teilweise wird vertreten, dass im Rahmen eines Verhandlungsverfahrens – welches bei PPP-Projekten häufig gewählt wird – § 26 VOB/A und 26 VOL/A nicht einschlägig seien.[454] Angesichts einiger gegenteiliger Entscheidungen in der Rechtsprechung[455] sollte jedoch auch hier vorsichtshalber nur bei Vorliegen der Aufhebungsgründe des § 26 VOB/A bzw. VOL/A aufgehoben werden. Dies gilt insbesondere deshalb, weil der BGH nunmehr – in einem *obiter dictum* – zu erkennen gegeben hat, dass auch Aufhebungsentscheidungen grundsätzlich der Überprüfung durch die Nachprüfungsinstanzen unterliegen.[456] Damit erteilte der Gerichtshof zugleich der früher insbesondere in der Rechtsprechung der Oberlandesgerichte herrschenden Auffassung, wonach es nach der Aufhebung keinen Rechtsschutz mehr geben sollte,[457] eine klare Absage.

---

452 Das gilt jedenfalls, soweit der öffentliche Auftraggeber nach den Bestimmungen der VgV zur Beachtung der Verdingungsordnungen verpflichtet ist; vgl. hierzu Scharen, NZBau 2003, 585 (586f.).

§ 26 Nr. 1 VOB/A: Die Ausschreibung kann aufgehoben werden:

a) wenn kein Angebot eingegangen ist, das den Ausschreibungsunterlagen entspricht,

b) wenn die Verdingungsunterlagen grundlegend geändert werden müssen,

c) wenn andere schwerwiegende Gründe bestehen.

§ 26 Nr. 1 VOL/A: Die Ausschreibung kann aufgehoben werden, wenn

a) kein Angebot eingegangen ist, das den Ausschreibungsbedingungen entspricht,

b) sich die Grundlagen der Ausschreibung wesentlich geändert haben,

c) sie kein wirtschaftliches Ergebnis gehabt hat,

d) andere schwerwiegende Gründe bestehen.

453 Vgl. BGH, Urt. vom 12. 6. 2001, NJW 2001, 3698; BGH, Beschluss vom 18. 2. 2003, X ZB 43/02 = NZBau 2003, 293 (294); der EuGH, Urt. vom 18. 6. 2002, Rs. C-92/00, Hospital Ingenieure, Slg. I-5553 = NZBau 2002, 458 (461), stellt hingegen klar, dass aus Sicht des Gemeinschaftsrechts die Befugnis des öffentlichen Auftraggebers zur Aufhebung nicht auf Ausnahmefälle begrenzt ist und auch nicht auf schwerwiegende Gründe gestützt werden muss; vgl. jedoch den (von der Kommission abgelehnten) Vorschlag des Parlaments i. R. des EU-Legislativpakets zur Einführung abschließender Aufhebungsgründe auf EU-Ebene (Änderungsvorschlag EP v. 17. 1. 2002, A5/2001/379, Abänderung 38). OLG Naumburg, Beschluss vom 16. 9. 2002 – 1 Verg 2/02 = NZBau 2003, 628 (630); KG Berlin, Beschluss vom 13. 8. 2002 – KartVerg 8/02, Umdruck S. 4 (grundsätzlich keine Aufhebung wegen zeitlicher Verzögerungen).

454 Vgl. VK Bund, Beschluss vom 28. 4. 2003 – VK 1–19/03, tendierte in einem *obiter dictum* zur Nichtanwendbarkeit des § 26 VOL/A; OLG Düsseldorf, BauR 1993, 597; Rusam, in: Heiermann/Riedel/Rusam, VOB/A, § 26 Rn. 1; Portz, in: Ingenstau/Korbion, VOB Teile A und B, § 26 Rn. 4.

455 VK Brandenburg, Beschluss vom 17. 9. 2002 – VK 50/02; VK Brandenburg, Beschluss vom 30. 7. 2002 – VK 38/02 (noch offen gelassen, aber „zumindest lässt sich vertreten, dass § 26 VOL/A [...] entsprechend anzuwenden ist"); VK Köln, Beschluss vom 11. 12. 2001 – VK 20/2001.

456 BGH, Beschluss vom 18. 2. 2003 – X ZB 43/02 = NZBau 2003, 293 (293f.); vgl. zu dieser Entscheidung Kus, NVwZ 2003, 1083ff.; EuGH, Urt. v. 18. 6. 2002, Rs. C-92/00, Slg. 2002, I-5553 – Hospital Ingenieure, hatte bereits zuvor die grundsätzliche Überprüfbarkeit von Aufhebungsentscheidungen festgestellt – allerdings ohne den Prüfungsmaßstab zu nennen.

457 Wie der BGH bereits zuvor OLG Hamburg, Beschluss vom 4. 11. 2002 – 1 Verg 3/02 = VergabeR 2003, 40 = NJOZ 2003, 316 (316f.); a. A.: OLG Dresden, Beschluss vom 3. 12. 2002 – WVerg 0015/02 = NZBau 2003, 169 (Vorlage wegen Divergenz); OLG Düsseldorf, Beschluss vom 15. 3.

Bei PPP-Projekten sind als Aufhebungsgründe insbesondere § 26 Nr. 1 b) und c) VOB/A von Bedeutung. Der Tatbestand des § 26 Nr. 1 b) VOB/A ist erfüllt, wenn sich nach der Einleitung des Vergabeverfahrens rechtliche, technische oder wirtschaftliche Schwierigkeiten ergeben, durch die eine Durchführung des Auftrags in der ursprünglich vorgesehenen Form nicht mehr möglich oder unzumutbar erscheint – und somit eine wesentliche Änderung der Ausschreibungsgrundlagen erforderlich wäre. Solcher Änderungsbedarf kann z. B. bestehen, wenn die ursprünglich etatmäßig eingesetzten Mittel nachträglich gekürzt oder gestrichen werden. Im Rahmen der Vergabe von PPP-Projekten im Verhandlungsverfahren kann eine Aufhebung u. U. auch deshalb geboten sein, weil sich auf Grund der Verhandlungen herausgestellt hat, dass der „preferred bidder" (inzwischen) eine Leistung anbietet, die in keiner Weise mehr den ursprünglich ausgeschriebenen Parametern genügt.[458] Für das Vorliegen des Aufhebungsgrundes ist der Auftraggeber darlegungs- und beweispflichtig. Eine Aufhebung des Vergabeverfahrens auf Grund dieser Vorschrift kommt dann nicht in Betracht, wenn die Tatsachen, die eine wesentliche Änderung der Ausschreibungsgrundlagen erforderten, dem Auftraggeber bereits bei Beginn des Vergabeverfahrens bekannt waren oder jedenfalls bekannt sein konnten.[459] Davon dürfte bei einer von Anfang an unsicheren Finanzierung und in der Regel auch bei organisationsrechtlichen Gründen, wie z. B. der günstigeren und beeinflussbareren Projektdurchführung durch eine Eigengesellschaft (inhouse-Vergabe),[460] auszugehen sein.[461] Erwägungen zu Eigen- oder Fremddurchführung sollen grundsätzlich auf der Basis eines sorgfältigen Beschaffungsvariantenvergleichs bereits vor Beginn des Vergabeverfahrens angestellt werden.[462]

§ 26 Nr. 1 c) VOB/A („schwerwiegende Gründe") ist als Generalklausel für die Aufhebung eines Vergabeverfahrens im Lichte der Rechtsprechung und der vergaberechtlichen Literatur äußerst restriktiv auszulegen.[463] So ist die Aufhebung einer Ausschreibung nicht schon dann gerechtfertigt, wenn die eingegangenen Angebote wirtschaftlich den Vorstellungen des Auftraggebers nicht entsprechen. Voraussetzung ist vielmehr, dass nach der Prüfung und Wertung der Angebote überhaupt kein angemessenes oder annehmbares Angebot vorliegt.[464] Unter dem Aspekt der völligen Unwirtschaftlichkeit sämtlicher von den Bietern vorgelegten PPP-Modell-Angebote könnte u. U. ein Verfahren aufgehoben werden, wenn, gemessen an einer vorab ordnungsgemäß vorgenommenen „vertretbaren Kostenschätzung"

2000 – Verg 4/00 = NZBau 2000, 306; vgl. insgesamt zum Meinungsstand vor Erlass des BGH-Urteils: Meier, NZBau 2003, 137; Kling, NZBau 2003, 23 (28 ff.); Scharen, NZBau 2003, 585 (588); Jasper/Pooth, NZBau 2003, 261 (261 f.), m. w. Nachw.

[458] Im Einzelnen vgl. hierzu die Ausführungen unter Abschnitt 12.

[459] BGH, BauR 1998, 1232 (1234), dass die Finanzierung des Bauvorhabens entgegen § 16 VOB/A vor Einleitung des Vergabeverfahrens nicht gesichert war, war bekannt – mit dem Fehlen der Mittel im Verfahren verfestigte sich lediglich ein von Anfang an bestehender Mangel; Jasper, in: Motzke/Pietzcker/Prieß, VOB/A, 2001, § 26 Rn. 76. a. A. OLG Hamburg, Beschluss vom 4. 11. 2002 – 1 Verg 3/02 = VergabeR 2003, 40 = NJOZ 2003, 316 (318 f.).

[460] VÜA Bund, Beschluss vom 14. 4. 1997 – 1 VÜ 24/96 führt ausdrücklich aus, dass die „Erkenntnis", dass der bisherige Energielieferant nun doch zu günstigeren Preisen als bisher liefern wolle/könne, kein **nachträglicher** Grund sei und deshalb die Aufhebung nicht rechtfertigen könne.

[461] VK Brandenburg, Beschluss vom 17. 9. 2002 – VK 50/02.

[462] Insbesondere liegt eine – berechtigte – Aufhebung dann nicht vor, wenn der Auftraggeber etwa nur aus Gründen bloßer Markterkundung „ausschreibt"; vgl. hierzu Kap. 8.1.

[463] Vgl. BGH NJW 1998, 3636 (3637); OLG Koblenz, Beschluss vom 23. 12. 2003 – 1 Verg 8/03 = NJOZ 2004, 851 (854); VÜA Bund, 1 VÜ 6/95, ZfBR 1996, 271; VÜA Bund 1 VÜ 19/96 – WuW/E Verg 55; Jasper, in Motzcke/Pietzcker/Prieß, VOB/A, § 26 Rn. 31; Portz, in: Ingenstau/Korbion, VOB/A und B, § 26 Rn. 12. Entsprechendes gilt für § 26 Nr. 1 d) VOL/A, vgl. OLG Naumburg, Beschluss vom 13. 5. 2003 – 1 Verg 2/03 = NZBau 2004, 62, 64.

[464] Vgl. OLG Koblenz, Beschluss vom 23. 12. 2003 – 1 Verg 8/03 = NJOZ 2004, 851 (854) wonach bereits mit dem Vorliegen eines einzigen zuschlagsfähigen Angebots die Aufhebung der Ausschreibung ausgeschlossen ist. Vgl. auch VÜA Bund, 1 VÜ 6/95, ZfBR 1996, 271 (272).

für die PPP-Beschaffungsvariante, die sich in der Praxis häufig an den Kosten der konventionellen Beschaffungsvariante orientieren wird, alle PPP-Modelle entgegen der begründeten Erwartung vor Einleitung des Vergabeverfahrens (Beschaffungsvariantenvergleich) als wesentlich unwirtschaftlicher erscheinen. Um einen sinnvollen Wirtschaftlichkeitsvergleich zu ermöglichen, müssen allerdings auch während des Verfahrens als falsch erkannte bzw. geänderte Leistungsbestandteile in den iterativen Vergleichsprozess mit einbezogen werden. Auch für die absolute Unwirtschaftlichkeit aller PPP-Angebote trägt der Auftraggeber die Darlegungs- und Beweislast. Ein „schwerwiegender Grund" kann u. U. auch dann anzunehmen sein, wenn es an der konzeptionellen Vergabereife fehlte.[465] Umstritten ist, ob auch dann ein schwerwiegender wirtschaftlicher Grund zur Aufhebung anzunehmen ist, wenn der Vergabestelle auf Grund eines nicht zugelassenen Nebenangebotes erst erkennbar wird, dass die ausgeschriebene Leistung in einer grundlegend anderen und insbesondere auch kostengünstigeren Form erbracht werden könnte.[466] Insofern verbleibende Unsicherheiten über die zulässige Vorgehensweise können weitgehend vermieden werden, wenn der Spielraum für alternative Lösungsmöglichkeiten durch eine konzeptoffene Leistungsbeschreibung und die Zulassung von Nebenangeboten von Anfang an relativ weit gefasst wird.

Ein öffentlicher Auftraggeber ist nach einer neuen Entscheidung des EuGH zur Aufhebung der Ausschreibung verpflichtet, wenn sich ein Zuschlagskriterium als rechtswidrig erwiesen hat und im Nachprüfungsverfahren für nichtig erklärt wurde.[467]

Erfolgt eine Aufhebung, ohne dass die Gründe des § 26 VOB/A bzw. VOL/A vorlagen, so kann zumindest derjenige Bieter, der bei Fortführung des Verfahrens eine reelle Chance auf den Zuschlag gehabt hätte, Schadensersatzansprüche in Höhe des negativen Interesses (Kosten der Angebotserstellung) geltend machen. Ein auf das Erfüllungsinteresse (entgangener Gewinn) gerichteter Schadensersatzanspruch kommt darüber hinaus dann in Betracht, wenn der Auftraggeber das Verfahren missbräuchlich aufhebt und den bei wirtschaftlicher Betrachtungsweise identischen Auftrag dann einem anderen Bieter überträgt.[468] Nach der Rechtsprechung des BGH besteht ein solcher Schadensersatzanspruch wegen rechtswidriger Aufhebung der Ausschreibung nur, wenn dem betroffenen Bieter der Zuschlag hätte erteilt werden müssen und der ausgeschriebene Auftrag auch tatsächlich erteilt worden ist.[469]

Soweit die Vergabestelle zur Beachtung des § 26 Nr. 1 VOB/A bzw. VOL/A verpflichtet ist, haben an dem Auftrag interessierte Bieter stets die Möglichkeit, die Aufhebung der Ausschreibung im Wege eines Nachprüfungsverfahrens überprüfen zu lassen.[470] Inwiefern aber nach der neuen Rechtsprechung des BGH die Vergabekammern auf Antrag eines Bieters auch eine Verpflichtung zur Wiederaufnahme des Verfahrens[471] oder gar zur Erteilung des Zuschlags aussprechen werden bzw. überhaupt können, ist noch nicht abschließend ge-

[465] OLG Naumburg, Beschluss vom 16. 9. 2002 – 1 Verg 2/02 = NZBau 2003, 628, 630.

[466] Dafür: Portz, in: Ingenstau/Korbion, VOB/A und B, § 26 Rn. 16; Rusam, in: Heiermann/Riedl/Rusam, VOB/A und B, § 26 Rn. 11; auch BGH, BauR 1993, 214 (216), scheint von der Möglichkeit einer Aufhebung in einem solchen Fall (wegen des Erfordernisses sparsamer Haushaltsführung) auszugehen; OLG Nürnberg, NJW 1986, 437; BGH NJW 1993, 520; dagegen: Jasper, in Motzcke/Pietzcker/Prieß, VOB/A, § 26 Rn. 31.

[467] EuGH, Urt. v. 4. 12. 2003, Rs. C-448/01, NZBau 2004, 105 (111) – Wienstrom.

[468] BGH NJW 1998, 3636 (3639) sowie 3640 (3643); BGH, Urt. vom 5. 11. 2002 – X ZR 232/00 = NZBau 2003, 168 (169) (kein Anspruch auf Ersatz des positiven Interesses, da nicht der identische Auftrag vergeben wurde); BGH, Urt. vom 16. 12. 2003 – X ZR 282/02 = NZBau 2004, 283 (284); Portz, in: Ingenstau/Korbion, VOB/A und B, § 26 Rn. 43.

[469] BGH, Urt. v. 16. 12. 2003 – X ZR 282/02 = NZBau 2004, 283 (283).

[470] Vgl. Scharen, NZBau 2003, 585 (589).

[471] VK Bund, Beschluss vom 28. 4. 2003 – VK 1–19/03, gab der Vergabestelle auf, das Verhandlungsverfahren fortzusetzen.

klärt.[472] Zweifel an der Möglichkeit solcher Maßnahmen ergeben sich aus dem in ständiger Rechtsprechung des EuGH und BGH anerkannten Grundsatz, dass es dem Auftraggeber freisteht, jederzeit von einem Vergabeverfahren Abstand zu nehmen (kein Kontrahierungszwang).[473] Die Rechtsprechung verpflichtet ihn daher auch nicht zur Fortführung eines Vergabeverfahrens, wenn er die Beschaffungsmaßnahme endgültig aufgegeben hat.[474] Verfolgt die Vergabestelle die von der Aufhebung betroffene Beschaffungsmaßnahme allerdings weiter (z.B. nunmehr als Verhandlungsverfahren), so können die Vergabekammern als Maßnahme nach § 114 Abs. 1 GWB die Weiterführung des aufgehobenen Vergabeverfahrens anordnen.[475] Ob die fortgeführte Beschaffungsmaßnahme dem aufgehobenen Vergabeverfahren entspricht, ist auf der Grundlage einer wirtschaftlichen Betrachtungsweise zu entscheiden. Maßgeblich ist dabei, ob die tatsächlich in Auftrag gegebene Leistung der ausgeschriebenen Leistung entspricht.[476]

Im wettbewerblichen Dialog hingegen ist der Abbruch des Vergabeverfahrens unabhängig vom Vorliegen der Voraussetzung des § 26 VOB/A bzw. § 26 VOL/A möglich, wenn während der Dialogphase erkennbar keine Lösung gefunden werden kann (§ 6a Abs. 5 Satz 1 Nr. 2 VgV).

15. Nachprüfungsverfahren/Bieterrechtsschutz

Das im 4. Teil des GWB (§§ 102ff.) geregelte Nachprüfungsverfahren gilt ausschließlich für Beschaffungen oberhalb der Schwellenwerte, die bei der Vergabe von PPP-Modellen regelmäßig erreicht werden.[477] Bei der Vergabe von Dienstleistungskonzessionen[478] und Beschaffungen unterhalb der Schwellenwerte besteht derzeit kein vergaberechtlicher Primärrechtsschutz nach dem GWB.[479]

Die Überprüfung der Vergabeverfahren für Aufträge oberhalb der Schwellenwerte erfolgt nach dem GWB in erster Instanz durch die Vergabekammern. Gegen Entscheidungen der

---

472 Vgl. etwa zu der Frage, ob ein Bieter, der eine Neuausschreibung der zuvor aufgehobenen Ausschreibung nicht rügt, damit auch für ein Nachprüfungsverfahren hinsichtlich der Aufhebung präkludiert ist, OLG Koblenz, Beschluss vom 10. 4. 2003 – 1 Verg 1/03 = NZBau 2003, 576 (576); vgl. auch KG Berlin, Beschluss vom 10. 12. 2002 – KartVerg 16/02 = NZBau 2002, 310.

473 EuGH, Urt. v. 16. 9. 1999, Rs. C-27/98, Slg. 1999, I-5697 – Metalmeccanica Fracasso; auch EuGH, Urt. v. 18. 6. 2002, Rs. C-92/00, Slg. 2002, I-5553 – Hospital Ingenieure, betonte nochmals, dass eine Verpflichtung des Auftraggebers, das Verfahren zu Ende zu führen, nicht bestehe; BGH NJW 1998, 3636 (3639); BGH NJW 1998, 3640 (3643); BGH, Urt. v. 5. 11. 2002 – X ZR 232/00 = NZBau 2003, 168 (169); OLG Dresden, Beschluss vom 10. 7. 2003 – WVerg 15/03 = NZBau 2003, 573 (573f.) zur „Verzichtserklärung" im Verlauf eines Nachprüfungsverfahrens. Zum Anspruch auf Zuschlag und Kontrahierungszwang im Vergabeverfahren: Kaelble, ZfBR 2003, 625ff.

474 Eine solche Verpflichtung nicht ausschließend allerdings OLG Koblenz, Beschluss vom 23. 12. 2003 – 1 Verg 8/03 = NJOZ 2004, 851 (853f.). Vgl. auch OLG Brandenburg, Beschluss vom 19. 12. 2002 – Verg W 9/02 = NZBau 2003, 229 (231) wonach eine Aufhebung der Aufhebung nicht in Betracht kommt, wenn die Aufhebung auf sachliche Gründe gestützt wurde, auch wenn diese dem Auftraggeber bei der Einleitung der Ausschreibung bereits bekannt waren; ein endgültiger Verzicht auf die Vergabe der ausgeschriebenen Leistung liegt nach dieser Entscheidung auch dann vor, wenn diese als In-House-Geschäft übertragen werden soll.

475 BGH, Beschluss vom 18. 2. 2003 – X ZB 43/02 = NZBau 2003, 293 (294); Kus, NVwZ 2003, 1083 (1083f.).

476 Dazu ausführlich BGH, Urt. v. 16. 12. 2003 – X ZR 282/02 = NZBau 2004, 283 (284).

477 Vgl. Abschnitt 3.1.3.

478 Vgl. Abschnitt 3.1.2; die EG-Richtlinien erfassen keine Dienstleistungskonzessionen, vgl. EuGH, Urt. v. 7. 12. 2000, Rs. C-324/98, Slg. 2000, I-10745 – Telaustria; EuGH, Beschl. v. 30. 5. 2002, Rs. C-358/00, Slg. 2002, I-4685 – Buchhändler-Vereinigung.

479 Vgl. den instruktiven Aufsatz von Dreher, NZBau 2002, 419ff.

Vergabekammern können die bei den örtlichen OLG eingerichteten Vergabesenate im Wege der sofortigen Beschwerde angerufen werden.

Bevor ein Unternehmen einen Nachprüfungsantrag stellt, kann es in einem ersten Schritt die zuständige Vergabeprüfstelle (vgl. § 103 GWB) anrufen, sofern das zuständige Bundesland oder die Vergabestelle des Bundes von der Möglichkeit, eine solche einzurichten, Gebrauch gemacht hat.[480] Die Vergabeprüfstelle kann nach § 103 Abs. 2 GWB auch von Amts wegen tätig werden. Die Anrufung einer Vergabeprüfstelle ist aber keine Voraussetzung für einen Nachprüfungsantrag bei der Vergabekammer und begründet – anders als der Nachprüfungsantrag – auch kein Zuschlagsverbot für den Auftraggeber. Wohl insbesondere aus letzterem Grund wird von der Möglichkeit nach § 103 GWB in der Praxis kaum Gebrauch gemacht.[481]

Das Nachprüfungsverfahren[482] vor der Vergabekammer wird gem. §§ 107 Abs. 1, 108 GWB durch Einreichung eines schriftlichen Nachprüfungsantrags bei der örtlich und sachlich zuständigen Vergabekammer eingeleitet. Nach Zustellung des Nachprüfungsantrags durch die Vergabekammer an den Auftraggeber darf dieser vor einer Entscheidung der Vergabekammer und Ablaufen der anschließenden 2-wöchigen Beschwerdefrist keinen Zuschlag erteilen (Suspensiveffekt nach § 115 Abs. 1 GWB). Das Vergabeverfahren darf gem. § 114 Abs. 2 GWB zum Zeitpunkt der Einreichung des Nachprüfungsantrages noch nicht durch Vertragsschluss abgeschlossen sein. Nach Beendigung des Vergabeverfahrens durch Zuschlagserteilung kommt daher kein Primärrechtsschutz in Betracht.[483] Vielmehr wird ein bereits eingeleitetes Verfahren gemäß §§ 114 Abs. 2, 123 GWB auf Antrag in ein Feststellungsverfahren übergeleitet.[484] Die Aufhebung einer Ausschreibung berührt die Zulässigkeit des Nachprüfungsantrages nach neuester obergerichtlicher Auffassung nicht.[485] Der Beginn eines Vergabeverfahrens als frühestmöglicher Zeitpunkt für die Einlegung eines Nachprüfungsantrags wird nach herrschender Auffassung materiell bestimmt.[486]

Antragsbefugt ist jedes Unternehmen, das ein Interesse an dem betreffenden Auftrag hat und gemäß § 107 Abs. 2 GWB darlegt, dass es in seinen Rechten aus § 97 Abs. 7 GWB verletzt ist und dass ihm durch die behauptete Rechtsverletzung ein Schaden entstanden ist oder zu entstehen droht. Bereits durch die Abgabe eines Hauptangebots oder mehrerer Nebenangebote hat der Antragsteller sein Interesse am Auftrag dokumentiert; das gilt auch dann, wenn ein potentieller Bieter die Ausschreibungsunterlagen angefordert hat, später aber kein Angebot abgibt.[487] Bieterschützende Regelungen im Sinne des § 97 Abs. 7 GWB sind z. B. Mindestbedingungen in den Verdingungsunterlagen[488] oder § 25 Nr. 3 Abs. 1 und 2 VOB/A (ungewöhnlich niedrige Angebote).[489]

---

[480] Vgl. die Übersicht der eingerichteten Vergabeprüfstellen in: NZBau 2000, 324 (325).

[481] Vgl. Stockmann, in: Immenga/Mestmäcker, GWB, § 103 Rn. 10.

[482] Vgl. zu diesem Verfahren ausführlich Prieß, Handbuch des europäischen Vergaberechts, S. 196 ff.; ebenso Byok, NZW 1998, 2774 ff., Witte, DStR 1998, 1684 ff.

[483] Es sei denn, der Zuschlag ist nichtig, vgl. OLG Thüringen, VergabeR 2002, 631; VK Bund, 20. 1. 2003, VK 1 – 99/02; OLG Dresden, NZBau 2002, 351.

[484] Vgl. Gröning, ZIP 1999, 52.

[485] Vgl. EuGH, Urt. v. 18. 6. 2002, Rs. C-92/00, Slg. 2002, I-5553 – Hospital Ingenieure, sowie dazu Prieß, NZBau 2002, 433 ff.; BGH, Beschluss vom 18. 2. 2003, X ZB 43/02; zur Spruchpraxis der Vergabekammern s. die Ausführungen v. Meier, NZBau 2003, 137 ff.; weiterhin OLG Hamburg, Beschluss vom 4. 11. 2002, 1 Verg 3/02; OLG Dresden, Beschluss vom 3. 12. 2002, WVerg 15/02; OLG Brandenburg, Beschluss vom 19. 12. 2002, Verg W 9/02; KG, Beschluss vom 10. 12. 2002, KartVerg 16/02.

[486] Vgl. zum Problemkreis „Beginn des Vergabeverfahrens" Abschnitt 8.3.; die Frage der Definition des Verfahrensbeginns ist Gegenstand eines dem EuGH vom OLG Naumburg, NZBau 2003, 224 vorgelegten Vorabentscheidungsersuchens.

[487] Vgl. OLG Düsseldorf, NJW 2000, 145.

[488] Vgl. OLG Saarbrücken, ZVgR 2000, 181.

[489] Vgl. OLG Düsseldorf, NZBau 2002, 626.

Besondere praktische Relevanz hat die Rügepflicht gemäß § 107 Abs. 3 GWB. Der Nachprüfungsantrag ist unzulässig, wenn der Antragsteller den gerügten Verstoß gegen Vergabevorschriften bereits im Vergabeverfahren erkannt und gegenüber dem Auftraggeber nicht **unverzüglich** (möglich auch in mündlicher Form)[490] gerügt hat. Verstöße gegen Vergabevorschriften, die bereits auf Grund der Vergabebekanntmachung erkennbar waren, sind spätestens bis zum Ablauf der in der Bekanntmachung genannten Frist zur Angebotsabgabe oder zur Bewertung zu rügen.

Das betroffene Unternehmen hat unverzüglich (ohne schuldhaftes Zögern), d.h. so bald zu rügen, wie es ihm nach den Umständen des Einzelfalls möglich und zumutbar ist.[491] Positive Kenntnis über den Vergabeverstoß umfasst die Tatsachen und entsprechende rechtliche Schlussfolgerungen, so dass ein Bieter, der auch auf Grund von Fahrlässigkeit einen Verstoß gegen Vergabevorschriften nicht erkannt hat, ohne Rüge einen Nachprüfungsantrag stellen kann.[492] Mangelt es bei positiver Kenntnis von dem Vergabemangel jedoch an einer Rüge, ist der Bieter für das Nachprüfungsverfahren präkludiert und ein trotzdem gestellter Antrag würde als unzulässig verworfen.

Ein entscheidendes Merkmal des Nachprüfungsverfahrens ist das Beschleunigungsgebot. Die Vergabekammer soll regelmäßig innerhalb von fünf Wochen ihre Entscheidung treffen und begründen (§ 113 Abs. 1 Satz 1 GWB). Dadurch sollen Investitionsblockaden verhindert werden. Gerade im Bereich finanzintensiver PPP-Vergaben ist das begrüßenswert. Selbst wenn es zu einem Nachprüfungsverfahren kommt, das ein Zuschlagsverbot auslöst (vgl. § 115 Abs. 1 VgV), wird im Vergleich zu Verfahren vor Zivil- oder Verwaltungsgerichten wesentlich schneller eine Entscheidung getroffen. Die Vergabekammer entscheidet in Form eines vollstreckbaren Verwaltungsakts, ob der Antragsteller in seinen Rechten verletzt ist und trifft geeignete Maßnahmen, um eine Rechtsverletzung zu beseitigen und eine Schädigung der betroffenen Interessen zu verhindern (§ 114 GWB). Auf Antrag des Auftraggebers kann die Erteilung des Zuschlags vorab gestattet werden, wenn das Interesse am Abschluss des Verfahrens so stark ist, dass nicht weiter zugewartet werden kann (§ 115 Abs. 2 S. 1 GWB).[493]

Der Beschwerderechtszug zum OLG umfasst neben der Sofortige Beschwerde (§ 116 GWB) den Antrag auf Verlängerung der aufschiebenden Wirkung (§ 118 Abs. 1 Satz 3 GWB) und den Antrag auf Vorabentscheidung über den Zuschlag (§ 121 GWB). Auch vor dem OLG ist die Einleitung eines Eilverfahrens möglich (§ 118 GWB; vgl. für das Vergabekammerverfahren § 115 Abs. 2, 3 GWB). Hält das OLG die sofortige Beschwerde für begründet, so hebt es die Entscheidung der Vergabekammer auf. In diesem Fall entscheidet das Gericht entweder selbst in der Sache oder es spricht die Verpflichtung der Vergabekammer aus, unter Berücksichtigung der Rechtsauffassung des Gerichtes über die Sache neu zu entscheiden (§ 122 GWB).

Insgesamt hat sich das seit 1. Januar 1999 bestehende Rechtsschutzsystem für Vergabeverfahren oberhalb der Schwellenwerte bewährt. Von der Möglichkeit der Einlegung von Nachprüfungsanträgen wird rege Gebrauch gemacht. Von insgesamt etwa 102 Anträgen im Jahre 1999 stieg die Anzahl von Verfahren auf ca. 1300 im Jahre 2002 an.[494] Im Rahmen von komplexen PPP-Projekten erscheint auch deswegen eine begleitende vergaberechtliche

---

490 Vgl. VK Lüneburg, Beschluss vom 10. 9. 2002, 203 VgK 15/2002.

491 Der Zeitraum, innerhalb dessen eine Rüge noch unverzüglich erhoben ist, kann einzelfallabhängig nur 3–4 Tage (vgl. Boesen, § 107 Rn. 163), aber auch bis zu zwei Wochen umfassen (vgl. OLG Düsseldorf, ZVgR 1999, 61).

492 Vgl. Bechtold, GWB, § 108 Rn. 2.

493 Vgl. Witte, DStR 1998, 1684.

494 Vgl. die bei der Tagung des forum vergabe e.V. „Entscheidungen der Vergabekammern und Oberlandesgerichte in vergaberechtlichen Nachprüfungsverfahren 2002" vom 10. 4. 2003 in Berlin vorgestellte Statistik.

Beratung erforderlich, um bereits vor und während des Vergabeverfahrens mögliche Fehler zu vermeiden.

16. Rechtsfragen der sog. de-facto-Vergaben

Wie bereits erwähnt wurde, ist es aus Gründen eines effektiven Primärrechtsschutzes nicht hinzunehmen, dass die Vergabestelle einen öffentlichen Auftrag ohne jedes förmliche Verfahren vergibt (sog. de-facto-Vergabe). Problematisch ist gerade der im kommunalen Bereich nicht seltene Fall, dass ein Konkurrent erst nach Vertragsschluss von der Vergabe eines Auftrags erfährt, ohne dass zuvor ein den EG-Vergaberichtlinien angepasstes Vergabeverfahren durchgeführt wurde.

Gemäß § 114 Abs. 2 GWB kann die Vergabekammer einen bereits erteilten Zuschlag nicht aufheben.[495] Im deutschen und österreichischen Vergaberecht fallen – anders als etwa in Frankreich – der Zuschlag und der Vertragsschluss zusammen (sog. Germanisches Modell).[496] Nach der Konzeption des GWB sind vergaberechtswidrige Verträge also grundsätzlich wirksam.[497] Der Gesetzgeber hat mit dieser Regelung das Vertrauen der Vertragsparteien in den Bestand abgeschlossener Verträge grundsätzlich höher bewertet als das Interesse unterlegener Bieter an der Rückabwicklung des unter Verletzung vergaberechtlicher Vorschriften zustande gekommenen Rechtsgeschäfts.[498] Ausnahmen von diesem Grundsatz hat der Gesetzgeber ausdrücklich zu gestatten.[499]

§ 13 S. 6 VgV (i. V. m. § 97 Abs. 6 GWB) bestimmt als hinreichende Rechtsgrundlage[500] die Nichtigkeit eines Vertrages, wenn der öffentliche Auftraggeber die unterlegenen Bieter nicht vorab in einer den Anforderungen des § 13 S. 1 u. 2 VgV genügenden Weise informiert hat.[501] Ob die Nichtigkeitsfolge des § 13 S. 6 VgV auch die im Zuge einer sog. de-facto-Vergabe geschlossenen Verträge trifft, ist äußerst umstritten. Zum Teil wird vertreten, die Anwendbarkeit von § 13 VgV setze zwingend die Beschaffung in einem förmlichen Vergabeverfahren voraus.[502] Nach dem klaren Wortlaut des § 13 S. 1 VgV seien nur „die Bieter" zu informieren. Diese gebe es aber nur in einem förmlichen Vergabeverfahren, weshalb der Vertragsschluss im Rahmen einer de-facto-Vergabe von der Vorschrift nicht berührt werde.[503] Nach der Gegenauffassung[504] besteht kein Anlass, von dem für die Anwendbarkeit des Kartellvergaberechts herrschenden materiellen Verständnis des Vergabeverfahrens abzuweichen. Vielmehr folge aus dieser Rechtsprechung die Übertragung dieses Verständnisses auf den gesamten 4. Teil des GWB, einschließlich des auf § 97 Abs. 6 GWB beruhen-

---

495 Entsprechend ist auch im Verfahren der sofortigen Beschwerde die Aufhebung eines erteilten Zuschlags durch das OLG gem. § 123 S. 4 i. V. m. § 114 Abs. 2 GWB ausgeschlossen.

496 Vgl. Wegmann, NZBau 2001, 475; Kleinhenz, ZfBR 2001, 75; Berrisch/Nehl, DB 2001, 184 (185).

497 Vgl. BGHZ 146, 202 (206 ff.) = NZBau 2001, 151 (152 f.).

498 Vgl. Wegman, NZBau 2001, 475 (476); Antweiler, DB 2001, 1975.

499 Vgl. Müller-Wrede/Kaelble, VergabeR 2002, 1 (5 f.).

500 BGH, NZBau 2004, 229 (230 f.) m. w. N. auch zur Gegenauffassung.

501 Siehe dazu 8.5.7.

502 Vgl. etwa VK Thüringen, Beschluss vom 28. 3. 2003 – 216–4003.20–003/03-ABG; VK Lüneburg, NZBau 2002, 295; Dietlein/Spießhofer, VergabeR 2003, 509 (512 ff.); Hailbronner, NZBau 2002, 474 (479 ff.); Putzier, DÖV 2002, 517 (519); Dieckmann, NZBau 2001, 481 (482 f.), Heuvels/Kaiser, NZBau 2001, 479 (480).

503 Vgl. statt vieler Dietlein/Spießhofer, VergabeR 2003, 509 (513 ff.) m. w. N.

504 Vgl. etwa VK Bund, Beschluss vom 20. 5. 2003, Az.: VK 1–35/03; VK Bund, Beschluss vom 12. 12. 2002, Az.: VK 1–83/02; VK Baden-Württemberg, Beschluss vom 27. 6. 2003, Az.: 1 VK 29/03; VK Baden-Württemberg, Beschluss vom 26. 3. 2002, Az.: 1 VK 7/02; Stockmann, NZBau 2003, 591 (592); Burgi, NZBau 2003, 16 (20). Otting, VergabeR 2002, 11 (18); Hertwig, NZBau 2001, 241 (242); Dreher, NZBau 2001, 244 (245); Byok, NJW 2001, 2295 (2301).

den § 13 VgV.[505] Die „Bieter" seien nicht in einem förmlichen, sondern in einem materiellen Sinn als am Auftrag interessierte Unternehmen zu verstehen.[506] Wenn schon die bloße Nichtinformation in einem durchgeführten Vergabeverfahren zur Nichtigkeit eines Vertrages führt, so müsse dies erst recht für den schwerwiegenderen Verstoß gelten, dass ein Vergabeverfahren überhaupt nicht durchgeführt wurde.[507]

In der Rechtsprechung der Vergabesenate scheint sich inzwischen eine differenzierte, zwischen beiden Auffassungen liegende Betrachtungsweise durchzusetzen.[508] Dem Wortlaut des § 13 VgV sei nicht zu entnehmen, dass ein förmliches Vergabeverfahren bereits eingeleitet sein muss. § 13 VgV setze nur – aber auch notwendig – voraus, dass der Auftraggeber ein (wettbewerbliches) Verfahren durchgeführt hat, in dem es mehrere Bieter und Angebote gegeben hat.[509] Wer als „Bieter" zu behandeln und deshalb vorab über den beabsichtigten Zuschlag zu informieren ist, hänge nicht vom subjektiven Willen des Auftraggebers ab, sondern richte sich – objektiv – nach dessen Pflicht, bestimmten Unternehmen den Bieterstatus einzuräumen. Dies könne ein Unternehmen jedenfalls dann beanspruchen, wenn es ein Interesse am zu vergebenden Auftrag bekundet hat und bei vergaberechtlich korrekter Vorgehensweise am Verfahren hätte beteiligt werden müssen.[510]

Von dem Fall einer ohne förmliches Verfahren durchgeführten, wettbewerblich geprägten Vergabe abzugrenzen ist aber der Fall, dass der Auftraggeber von jeglicher Durchführung irgendeines Verfahrens absieht und den Auftrag im Wege der **Direktvergabe** ohne den an sich gebotenen Bieterwettbewerb an ein Unternehmen seiner Wahl erteilt. Eine direkte Anwendung von § 13 VgV muss nach der genannten Rechtsprechung ausscheiden, weil es allenfalls einen Bieter, aber jedenfalls kein wettbewerbliches Verfahren gibt.[511] Nach Auffassung des OLG Düsseldorf kommt auch eine analoge Anwendung nicht in Betracht.[512] Es liege schon keine planwidrige Regelungslücke vor, weil sich der Normgeber der möglichen Verletzung von Bieterrechten durch eine de-facto-Vergabe bewusst war und dennoch trotz Kenntnis des § 114 Abs. 2 S. 1 GWB deren Nichtigkeit nicht vorsah. Zudem bestehe keine der fehlenden Zuschlagsinformation in einem wettbewerblichen Verfahren vergleichbare Sachlage, da zum einen kein begrenzter Adressatenkreis gegeben sei und zum anderen der öffentliche Auftraggeber häufig nicht in bewusster Missachtung des Vergaberechts handele.[513] Nach der gegenwärtigen Rechtsprechung dürfte der Vertragsschluss im Zuge einer de-facto-Vergabe folglich grundsätzlich nicht von der Nichtigkeitsfolge des § 13 S. 6 VgV erfasst sein. Etwas anders gilt, falls ein „übergangenes" Unternehmen vor Erteilung des Zuschlages gegenüber dem Auftraggeber ein Interesse am Auftrag bekundet hat.

---

[505] VK Baden-Württemberg, Beschluss vom 26. 3. 2002, Az.: 1 VK 7/02.

[506] VK Bund, Beschluss vom 12. 12. 2002, Az.: VK 1–83/02.

[507] Hertwig, NZBau 2001, 241 (242); Dreher, NZBau 2001, 244 (245); Byok, NJW 2001, 2295 (2301).

[508] Vgl. Bergmann/Grittmann, NVwZ 2004, 946; Rosenkötter, NZBau 2004, 136; Raabe, NJW 2004, 1284.

[509] Grundlegend OLG Düsseldorf, VergabeR 2003, 435 (443); ihm folgend: Thüringer OLG, Beschluss vom 28. 1. 2004 – 6 Verg 11/03, Thüringer OLG, VergabeR 2004, 113 (117); OLG Celle, Beschluss vom 20. 1. 2004 – 13 Verg 26/03; vgl. bereits OLG Dresden, VergabeR 2002, 142 (144f.); offen gelassen: OLG Düsseldorf, NZBau 2004, 113 (115).

[510] OLG Düsseldorf, VergabeR 2003, 435 (444); *wohl enger:* Thüringer OLG, Beschluss vom 28. 1. 2004 – 6 Verg 11/03: Interesse an einer Teilnahme ist anzuzeigen.

[511] A. A. VK Bund, Beschluss vom 20. 5. 2003 – VK 1–35/03: Die de-facto-Vergabe sei der Sache nach stets ein Verhandlungsverfahren ohne Vergabebekanntmachung mit nur einem Bieter, obwohl die Voraussetzungen für diese Verfahrensart nicht vorliegen. Daraus folge, dass stets jedes interessierte Unternehmen als Bieter zu behandeln ist; *dagegen zurecht* Prieß, VergabeR 2003, 445 (447); Wagner/Wiegand, NZBau 2003, 369 (372).

[512] So nun auch KG Berlin, Beschluss vom 11. 11. 2004, 2 Verg 16/04.

[513] OLG Düsseldorf, NZBau 2004, 113 (115f.) m. umfängl. Nachw. auch zur Gegenauffassung.

Da zum einen die Rechtsprechung des OLG Düsseldorf zur Nichtanwendbarkeit des § 13 VgV auf de-facto-Vergaben noch nicht gefestigt ist und zum anderen bei gänzlicher Missachtung des Vergaberechts im Einzelfall die Sittenwidrigkeit i. S. d. § 138 Abs. 1 BGB und damit die Vertragsnichtigkeit bejaht werden könnte, sollten öffentliche Auftraggeber Auftragsvergaben ohne Durchführung eines förmlichen Vergabeverfahrens unter allen Umständen vermeiden, denn die vertraglichen Risiken sind nach wie vor nicht abzuschätzen. Informationshalber sei darauf hingewiesen, dass sich eine Mehrheit der Arbeitsgruppe zur Verschlankung des Vergaberechts für eine explizite Ausweitung der Nichtigkeitsfolge für die Fälle der de-facto-Vergabe im Rahmen der geplanten Neuregelung des deutschen Vergaberechts ausgesprochen hat.[514]

---

[514] Vgl. Kratzenberg, NZBau 2004, 141 (143).

§ 7 Steuerrecht

Übersicht

1. Ausgangsituation und methodisches Vorgehen

1.1 Funktionaler PPP-Ansatz als Ausgangspunkt

Unter PPP verstehen wir die langfristige, vertraglich geregelte Zusammenarbeit zwischen öffentlicher Hand und Privatwirtschaft, bei der die erforderlichen Ressourcen (z.B. Know-how, Betriebsmittel, Kapital, Personal, etc.) von den Privaten zum gegenseitigen Nutzen in einen gemeinsamen Organisationszusammenhang eingestellt und vorhandene Projektrisiken sachgerecht entsprechend der Risikomanagementkompetenz der Projektpartner optimal verteilt werden. Das Merkmal des diesem Handbuch zugrundeliegenden funktionalen PPP-Beschaffungsansatzes für öffentliche Infrastrukturmaßnahmen (z.B. Errichtung oder Sanierung und Betrieb von Gebäuden oder sozialen Einrichtungen) ist die integrierte Erbringung der einzelnen Leistungsbestandteile Planung, Finanzieren, Errichten und Betreiben von einem privaten Partner für die öffentliche Hand und seine Verantwortlichkeit für die Bereitstellung einer entsprechend vereinbarten Funktionalität (Output-Spezifikation) über die gesamte Vertragsdauer (Lebenszyklus-Ansatz). Die weitere Verwertung eines Infrastrukturobjektes nach Ablauf der Vertragsdauer kann entweder durch den Privaten oder durch die öffentliche Hand erfolgen – insoweit hängt dies vom gewählten Vertragstyp ab. In der Regel wird der Eigentümer das Investitionsobjekt verwerten, so dass bei der vertraglichen Regelung der Frage, wem das zivilrechtliche und wirtschaftliche Eigentum an der Immobilie zuzuordnen ist, maßgebliche Bedeutung zukommt.

Die öffentliche Hand ist bei allen innerhalb der steuerrechtlichen Untersuchung behandelten PPP-Vertragstypen zur pro rata Zahlung eines Entgelts verpflichtet, welches bei Vertragsabschluss festgesetzt wird und die Komponenten Planung, Errichten (bzw. ggf. Sanierung), Finanzieren und Betreiben (Instandsetzung und Instandhaltung, weiteres Facility Management sowie sonstige Dienstleistungen) umfasst.

1.2 Aufbau der Untersuchung und methodisches Vorgehen

In der Folge wird der Einfluss von Steuern auf eine Vergabeentscheidung bei PPP-Projekten aus einer entscheidungsorientierten Perspektive der jeweils beteiligten Partner untersucht. Auf der Seite der öffentlichen Hand steht die ausschreibende Stelle für ein PPP-Vorhaben, z.B. eine Kommune oder eine andere Gebietskörperschaft und auf der anderen Seite der private Partner, der eine integrierte Leistung zu erbringen hat.

Für die ausschreibende Stelle stellt ein günstiges Preis-/Leistungsverhältnis das primäre Entscheidungskriterium für die Vergabe eines Auftrages dar, während der private Partner steuerliche Belastungen sowie Unsicherheiten bei der Einschätzung der steuerlichen Ausgangslage als Kosten in sein Angebot einpreist.

Zunächst werden die grundsätzlichen steuerlichen Rahmenbedingungen bei PPP-Maßnahmen beleuchtet und einige ausgewählte Aspekte betrachtet. Aufbauend hierauf werden die gängige konventionelle Beschaffungsvariante sowie definierte PPP-Vertragsmodelle auf ihre bilanzsteuerrechtliche, umsatz-, grunderwerbs- sowie grundsteuerliche Behandlung hin analysiert. Die Erkenntnisse aus den untersuchten Vertragsmodellen sollen dabei grundsätzlich nicht nur für einzelne Sektoren, sondern möglichst allgemein anwendbar sein. Die Vertragsmodelle des steuerrechtlichen Teils beschränken sich in ihrer Analyse jedoch im Wesentlichen auf Hochbaumaßnahmen (mit Ausnahme des PPP-Konzessionsmodells, bei dem insbesondere ein Bezug zu Straßenprojekten hergestellt wird, vgl. 3.9.), bei denen Grundstücke und Gebäude wesentliche Modellparameter darstellen. Die steuerlichen Auswirkungen eines Vertragsmodells sind in Abhängigkeit von einem konkretisierten Sachverhalt zu untersuchen. Dennoch lassen sich ein Großteil der aus unserer Untersuchung gewonnen Schlussfolgerungen auch auf andere Infrastrukturbereiche übertragen, wobei es im Einzelfall im Detail aber auch Unterschiede geben kann (so fallen beispielsweise Erwerbsvorgänge, die sich auf Betriebsvorrichtungen beziehen, im Gegensatz zu Erwerbsvorgängen, die sich auf Gebäude beziehen, nicht unter das Grunderwerbsteuergesetz), die in ihrer Vielfalt im Rahmen dieses Handbuches nicht alle angesprochen werden können. Ziel ist vielmehr, den Leser in gängige Vertragsstrukturen aus steuerlicher Sicht einzuführen.

2. Darstellung der grundsätzlichen steuerlichen Rahmenbedingungen und Probleme bei PPP-Maßnahmen im öffentlichen Hochbau

2.1 Grundsätzliche ertragsteuerliche Rahmenbedingungen eines PPP-Projektes

2.1.1 Vorbemerkungen

Die Untersuchung der ertragsteuerlichen Rahmenbedingungen für ein PPP-Projekt erfolgt vornehmlich aus der Sicht des Privaten, da er die von ihm während der Projektlaufzeit zu zahlenden Ertragsteuern in seinen Angebotspreis einkalkuliert, was sich auf die Kosten einer Infrastrukturmaßnahme direkt auswirkt.

Die öffentliche Hand ist als Besteller einer Leistung für den hoheitlichen Bereich (z.B. Errichtung und Betrieb von Schulen oder einer JVA) in aller Regel nicht körperschaftsteuerpflichtig, da sie mit einer solchen Tätigkeit grundsätzlich keinen Betrieb gewerblicher Art gemäß § 4 KStG begründet. Beteiligt sich die öffentliche Hand jedoch an einer Projektgesellschaft in der Form einer Kapitalgesellschaft, würden ggf. zu erzielende Dividenden der Ertragsteuer unterliegen. Die öffentliche Hand als Gesellschafterin ist dann gemäß § 2 Nr. 2 KStG mit der nach §§ 43 Abs. 1 Nr. 1, 43a Abs. 1 Nr. 5 und Nr. 6 EStG steuerabzugspflichtigen Dividende im Ergebnis in Höhe von 10% beschränkt steuerpflichtig. Eine Veranlagung der öffentlichen Hand findet jedoch nicht statt, da die Körperschaftsteuer durch den Kapitalertragsteuerabzug abgegolten ist (§ 32 Abs. 1 Nr. 2 KStG). Insgesamt ergibt sich für die öffentliche Hand auf Erträge aus einer Projektgesellschaft in der Form einer Kapitalgesellschaft eine Belastung mit 10% Kapitalertragsteuer zuzüglich 5,5% Solidaritätszuschlag darauf.

Beteiligt sich die öffentlichen Hand an einer Mitunternehmerschaft (z.B. an einer Personenhandelsgesellschaft wie der GmbH & Co. KG), begründet dies demgegenüber einen Betrieb gewerblicher Art (R 6 (2) S. 2 KStR). Im Rahmen der einheitlichen und gesonderten Gewinnfeststellung wird der entsprechende Gewinn den Gesellschaftern der Personengesellschaft anteilig zugerechnet. Der Gewinn eines Betriebes gewerblicher Art wird dann zunächst mit Körperschaftsteuer in Höhe von 25% belastet. Leistungen (offene und verdeckte Gewinnabführungen) der Betriebe gewerblicher Art an ihre Trägerkörperschaften stellen für diese schließlich Kapitaleinkünfte im Sinne von § 20 Abs. 1 Nr. 10a dar und unterliegen der Kapitalertragsteuer in Höhe von 10% zuzüglich 5,5% Solidaritätszuschlag.

In unseren weiteren Ausführungen gehen wir – mit Ausnahme des von uns nur kurz behandelten Gesellschaftsmodells (vgl. 3.10) – davon aus, dass ein rein privater Leistungserbringer ohne gesellschaftsrechtliche Beteiligung der öffentlichen Hand im Rahmen einer PPP Vertragspartner der öffentlichen Hand ist. Dies entspricht aus unserer Sicht auch dem Leitgedanken einer PPP, in der Verantwortlichkeiten der einzelnen Beteiligten klar definiert und auch voneinander abgegrenzt werden können.

Ein privater Leistungserbringer setzt sich häufig aus mehreren unterschiedlichen Unternehmen zusammen, die sich gesellschaftsrechtlich so organisieren, wie dies betriebswirtschaftlich und steuerlich am zweckmäßigsten erscheint. Grundsätzlich liegt es nahe, dass sich die beteiligten Partner für die Durchführung einer integrierten PPP-Maßnahme im Rahmen einer Projektgesellschaft in der Rechtsform einer Kapitalgesellschaft oder einer Personengesellschaft zusammenschließen. Eine häufig auftretende Gesellschaftsstruktur ist auch, dass zwei Projektgesellschaften – eine Besitz- und eine Betriebsgesellschaft – gegründet werden (wird in der Folge nicht weiter thematisiert).

Bei der Erstellung einer bestimmten Leistung durch eine private Projektgesellschaft für die öffentliche Hand entsteht grundsätzlich eine Einkommen- oder Körperschaftsteuer- sowie Gewerbeertragsteuerbelastung auf den Gewinn und damit auf den Faktor Kapital. Eine ertragsteuerliche Mehrbelastung wirkt sich dann auf den Preis der angebotenen Leistung aus.

Allerdings ist es auch denkbar, dass – insbesondere in der Anfangsphase eines Projektes – Anlaufverluste bei der privaten Projektgesellschaft anfallen. Die Anfangsverluste können sich insbesondere auf Grund einer degressiven AfA oder nicht aktivierbarer Kosten ergeben. In diesem Fall hängt deren steuerliche Nutzung von der Rechtsform der Projektgesellschaft sowie der Rechtsform der Anteilseigner ab. Umgekehrt besteht das Problem, dass bilanzsteuerrechtlich in der Anfangsphase einer PPP steuerpflichtige Erträge und damit steuerliche Belastungen entstehen können, während der Liquiditätszufluss erst pro rata temporis erfolgt (vgl. 2.1.2).

Bei einer Projektgesellschaft in der Rechtsform einer Kapitalgesellschaft ist eine Nutzung der steuerlichen Verluste auf der Ebene der Anteilseigner grundsätzlich nicht möglich. Laufende Verluste verbleiben auf der Ebene der Kapitalgesellschaft und werden im Gegensatz zur Rechtsform der Personengesellschaft nicht den einzelnen Anteilseignern zugerechnet. Im Hinblick auf die Abzugsfähigkeit von Verlustvorträgen verweisen wir auf die seit dem 1. Januar 2004 geltenden Einschränkungen.[1] Eine Verlustnutzung auf Ebene der Anteilseigner kommt aber im Rahmen von Teilwertabschreibungen bei Personengesellschaften in Betracht. Teilwertabschreibungen auf Anteile an Kapitalgesellschaften im Betriebsvermögen der Personengesellschaft dürfen zur Hälfte vom Einkommen abgezogen werden, jedoch nur, wenn die Anteilseigner der Personengesellschaft natürliche Personen sind. Ferner ist körperschaftsteuerlich eine Verlustzurechnung im Rahmen einer Organschaft möglich. Von einer körperschaftsteuerlichen Organschaft spricht man, wenn eine Aktiengesellschaft (§ 14 KStG) oder eine GmbH (§ 17 KStG) auf Grund eines Gewinnabführungsvertrages ihren ganzen Gewinn an ein anderes inländisches gewerbliches Unternehmen (Organträger) abführt und die AG oder GmbH in das andere Unternehmen finanziell eingegliedert (Mehrheit der Stimmrechte) ist. Dabei ist zu beachten, dass die körperschaftsteuerliche sowie

[1] Nach § 10d Abs. 2 EStG können in einem Jahr nicht ausgeglichene Verluste in den folgenden Veranlagungszeiträumen bis zu einem Gesamtbetrag der Einkünfte von 1 Million Euro unbeschränkt, über diesen Betrag hinaus jedoch nur in Höhe von 60% abgezogen werden. Diese Regelung gilt nach § 10a GewStG für die Gewerbesteuer entsprechend. Für den Fall, dass während oder am Schluss der Projektdurchführung vorübergehend Verluste auftreten, werden diese in beschränktem Umfang (Euro 511 500) nach Maßgabe von § 10d Abs. 1 Satz 1 EStG i. V. m. § 8 Abs. 1 Satz 1 KStG zurückgetragen, d. h. mit vorangegangenen Gewinnen verrechnet. Auf Antrag kann auf den Verlustrücktrag verzichtet werden.

die gewerbesteuerliche „Mehrmütter-Organschaft" inzwischen abgeschafft wurden (§ 14 Abs. 1 Nr. 2 KstG n. F.; Streichung des § 2 Abs. 2 S. 3 GewStG a. F.).[2]

Hat die Projektgesellschaft die Rechtsform einer Personengesellschaft, wird den einzelnen Gesellschaftern im Rahmen der einheitlichen und gesonderten Gewinnermittlung das von der Projektgesellschaft erzielte Ergebnis (hier: Verluste) einkommensteuerlich entsprechend ihren Beteiligungen zugerechnet. Steuerlich sind jedoch diese Verluste nur in bestimmtem Umfang nutzbar (z. B. ist § 15a EstG für Kommanditisten zu beachten, deren Verluste nur bis zur Höhe ihrer Kommanditeinlage berücksichtigt werden können). Die Möglichkeiten, Verluste aus Investitionen steuerlich geltend zu machen, sind zudem in den letzten Jahren grundsätzlich eingeschränkt worden (Wegfall von Sonderabschreibungen).

Die Rechtsform einer Personenhandelsgesellschaft ist aber eine Alternative zur Kapitalgesellschaft. Bei Personenhandelsgesellschaften werden die Ergebnisse der Personengesellschaft einkommensteuerlich bzw. körperschaftsteuerlich den Anteilseignern zugerechnet. Dabei kann die Haftung der Anteilseigner durch die Wahl einer GmbH & Co. KG bzw. AG & Co. KG zivilrechtlich beschränkt werden. Eine solche Haftungsbegrenzung ist bei einer Kapitalgesellschaft als Projektgesellschaft bei einem Organschaftsverhältnis mit Ergebnisabführungsvertrag zwischen Organträger und Organgesellschaft nicht möglich. Zu beachten ist allerdings, dass die Personenhandelsgesellschaft selbst Gewerbesteuersubjekt ist. Eine Ergebnisverrechnung mit den Gesellschaftern scheidet damit insoweit aus.

2.1.2 Zeitpunkt der Gewinnrealisierung und bilanzsteuerrechtliche Behandlung in Abhängigkeit der Vertragsausgestaltung

Ein grundsätzliches bilanzsteuerrechtliches Problem bei PPP-Projekten ist, ob die Erträge beim Auftragnehmer – wie die Liquiditätsflüsse – pro rata temporis anfallen, oder ob bzw. inwieweit es bereits mit der Fertigstellung und Inbetriebnahme einer bestimmten PPP-Maßnahme zur Ertragsrealisierung kommt. Soweit eine Ertragsrealisierung zum Anfang der Vertragslaufzeit anzunehmen ist, der Liquiditätszufluss jedoch erst später erfolgt, kann sich für den Auftragnehmer die Notwendigkeit ergeben, eine etwaige Ertragsteuerbelastung vorzufinanzieren. Entsprechendes gilt für etwaig anfallende Umsatzsteuer (siehe unten).

Aus unserer Sicht hängt die ertragsteuerliche Behandlung eines PPP-Modells zum einen insbesondere von der Frage ab, wem zu welchem Zeitpunkt das wirtschaftliche Eigentum an einem Wirtschaftsgut zuzuordnen ist. Bei Bauten und Maßnahmen auf fremden Grund und Boden ist insbesondere zu prüfen, ob dem Auftragnehmer nach Fertigstellung und Inbetriebnahme ein materielles oder immaterielles Wirtschaftsgut bzw. ein aktiver Rechnungsabgrenzungsposten zuzurechnen ist. Zum anderen kommt aber auch der vertraglichen Ausgestaltung eines PPP-Vertragswerks Bedeutung zu. Je nachdem, ob einzelne Verträge (Vertragsbündel) bzw. ein Vertrag mit verschiedenen Leistungen (Typenkombinationsvertrag) oder ob ein Vertrag mit einheitlichem Vertragsgegenstand (Vertrag sui generis) besteht, können damit ertragsteuerlich unterschiedliche Folgen verbunden sein. Zur Beurteilung der Rechtsfolgen ist der gesamte Vertragsinhalt einer Gesamtwürdigung zu unterziehen.

Im Rahmen der sich an diesen allgemeinen Teil anschließenden Untersuchung der einzelnen PPP-Vertragsmodelle greifen wir diese Aspekte bei der jeweiligen Erörterung der bilanzsteuerrechtlichen Behandlung eines Modells wieder auf.

2.1.3 Ertragsteuerliche Auswirkungen der Finanzierung eines Vorhabens

Ertragsteuerliche Auswirkungen können sich bei einem PPP-Projekt ferner aus der Art der Finanzierung einer Maßnahme ergeben. Während die öffentliche Hand beim konventionellen Beschaffungsansatz für diesen Zweck häufig einen Kommunalkredit in Anspruch nimmt, wird die Investitionsmaßnahme innerhalb einer PPP-Struktur grundsätzlich von pri-

---

[2] Mit Wirkung vom VZ 2003 durch Gesetz vom 16. 5. 2003, BGBl., Teil I, S. 660.

vater Seite vorfinanziert. Die Refinanzierung erfolgt über die periodischen Zahlungen der öffentlichen Hand. Die für das in der Regel aufgenommene Fremdkapital anfallenden Dauerschuldzinsen sind nach § 8 Nr. 1 GewStG bei der Ermittlung des Gewerbeertrags wieder zur Hälfte hinzuzurechnen.

Für den Fall, dass die private Projektgesellschaft eine bestehende oder zukünftige Entgeltforderung für ihre Leistungen gegenüber der öffentlichen Hand zu Beginn der Laufzeit an eine Bank veräußert, stellt sich die Frage, welche gewerbesteuerliche Auswirkungen dies haben würde. Die Beantwortung dieser Frage hängt davon ab, ob es sich bei dem zugrundeliegenden Forderungsverkauf um eine echte oder unechte Forfaitierung handelt.

Im Falle einer unechten Forfaitierung kauft die Bank zwar die Forderungen an, übernimmt jedoch nicht das Risiko für die Einbringlichkeit (Bonitätsrisiko) der eingekauften Forderungen. Die Zahlung des Kaufpreises stellt dann nur eine Vorfinanzierung dar, bei der sich lediglich auf der Aktivseite der Bestand an flüssigen Mitteln ändert, während die Darlehensverbindlichkeit auf der Passivseite bestehen bleibt. Somit sind mit einer unechten Forfaitierung keine positiven gewerbesteuerlichen Effekte verbunden.

Unter einer echten Forfaitierung versteht man demgegenüber, wenn die Bank das Ausfallsrisiko der Forderungen übernimmt, wobei der Veräußerer lediglich hinsichtlich der erbrachten bzw. zu erbringenden Leistungen in der Verantwortung verbleibt.[3] Wie im Fall der unechten Forfaitierung erhöht sich durch den Verkauf der Forderungen bei der Projektgesellschaft der Bestand an flüssigen Mitteln. Die ehemalige Darlehensverbindlichkeit auf der Passivseite besteht hingegen nicht mehr. Aufgrund des handelsrechtlichen Realisationsprinzips (§ 252 Abs. 1 Nr. 4 2. HS HGB) ist – sofern eine zukünftige Entgeltforderung veräußert wird – bei der Projektgesellschaft ein passiver Rechnungsabgrenzungsposten in Höhe des für die Forderungsabtretung erzielten Kaufpreises zu bilden, der entsprechend der Laufzeit des PPP-Vertrages linear aufgelöst wird. Die hälftige Hinzurechnung von Dauerschuldzinsen zum Gewerbeertrag entfällt somit, was sich für die Projektgesellschaft entlastend auswirkt. In der Praxis lässt sich eine Bank bisher allerdings häufig nur auf eine echte Forfaitierung ein, wenn sie einredefreie Forderungen gegenüber der öffentlichen Hand erwerben kann. Insofern würde hierdurch ein wesentlicher Vorteil einer PPP-Gestaltung, bei der die öffentliche Hand von Risiken befreit wird, zum Teil wieder verloren gehen. Dies ergibt sich daraus, dass bei einem Einredeverzicht im Fall einer Schlechterfüllung eine Kürzung des Leistungsentgelts nicht in Betracht kommt. Insofern hat die öffentliche Hand durch alternative Gestaltungen dafür Sorge zu tragen, als Auftraggeber gegenüber ihrem Auftragnehmer dennoch erfolgreich Regress nehmen zu können. Allerdings ändert sich die Einstellung der Banken diesbezüglich allmählich. Es ist zunehmend die Bereitschaft zu beobachten, Forderungskäufe ohne Einredeverzicht zu tätigen.

Ein weiteres steuerliches Problem im Hinblick auf die Finanzierung einer PPP-Maßnahme kann sich bei der Fremdfinanzierung einer Projektgesellschaft in der Rechtsform einer Kapitalgesellschaft mit Gesellschafterdarlehen ergeben. Durch die Einführung des § 8a Abs. 5 KStG n. F. werden nunmehr aber auch Personengesellschaften, an denen eine Kapitalgesellschaft mittelbar oder unmittelbar wesentlich beteiligt ist, in den Anwendungsbereich des § 8a KStG einbezogen.[4]

Der Begriff Gesellschafter-Fremdfinanzierung im Sinne von § 8a KStG umfasst nicht nur die Finanzierung durch einen Gesellschafter direkt, sondern auch die Finanzierung von Dritten (z. B. einer Bank), wenn der Dritte Rückgriff auf den Gesellschafter oder eine dem Gesellschafter nahe stehende Person nehmen kann.[5] Stellt z. B. ein Gesellschafter einer Bank

---

[3] Unter echter Forfaitierung versteht man einen Forderungsverkauf, bei dem der Veräußerer nur noch für den rechtlichen Bestand, nicht für die Bonität haftet, vgl. Schmidt, Einkommensteuergesetz, § 5 Rn. 270.

[4] Vgl. BMF-Schreiben vom 15. 7. 2004, Gesellschafterfremdfinanzierung (§ 8a KStG), Tz. 48–53.

[5] A. a. O., Tz. 18–25.

eine Bürgschaft oder eine andere Sicherheit oder gibt er zugunsten der Projektgesellschaft eine harte Patronatserklärung ab – wie dies innerhalb der Sicherheitenstruktur einer Projektfinanzierung durchaus üblich ist – stellt dies eine Gesellschafter-Fremdfinanzierung nach § 8a KStG dar (back-to-back-Finanzierung).[6]

Soweit nach § 8a Abs. 1 KStG n.F. das Fremdkapital-/Eigenkapitalverhältnis den Wert von 1,5 übersteigt (sofern ein Drittvergleich nicht gelingt) und die Vergütung auf das Fremdkapital jährlich insgesamt mehr als € 250000 (Freigrenze) beträgt, gelten Zinsen auf Fremdkapital, die eine Kapitalgesellschaft nicht nur kurzfristig von einem wesentlich beteiligten Anteilseigner erhalten hat, als verdeckte Gewinnausschüttung. Die auf das Gesellschafter-Fremdkapital anfallenden Zinsen sind dann bei der Projektgesellschaft nicht abzugsfähig.

Hinsichtlich der Rechtsfolgen des § 8a KStG n.F. beim Gesellschafter ist eine Differenzierung zwischen natürlichen Personen und Kapitalgesellschaften notwendig. Während für natürliche Personen das Halbeinkünfteverfahren gilt, das eine hälftige Steuerpflicht der verdeckten Gewinnausschüttung vorsieht und lediglich die Hälfte der damit zusammenhängenden Aufwendungen zum Abzug zulässt, gilt für Kapitalgesellschaften ab 2004 eine Pauschalregelung für abziehbaren Aufwand. Gemäß § 8b Abs. 5 KStG gilt, unabhängig vom tatsächlichen Aufwand, 5% der verdeckten Gewinnausschüttung als nicht abzugsfähige Betriebsausgabe.

Vor dem Hintergrund der zum 1. Januar 2004 eingeführten neuen Fassung des § 8a KStG empfiehlt es sich, die mit einer Gesellschafter-Fremdfinanzierung verbundenen Implikationen bei der steuerlichen Strukturierung eines PPP-Projektes zu beachten bzw. ggf. auch zu prüfen, inwieweit Alternativen hierzu bestehen.

2.2 Umsatzsteuerliche Rahmenbedingungen eines PPP-Projektes

2.2.1 Grundsätzliche umsatzsteuerliche Behandlung eines PPP-Projektes

Umsatzsteuerlich sind PPP-Projekte grundsätzlich wie folgt zu beurteilen:

Nach dem dieser Untersuchung zugrundeliegenden funktionalen PPP-Begriffsverständnis tritt die öffentliche Hand als Bestellerin von Leistungen auf, wobei es einem privaten Partner obliegt, innerhalb einer vorgegebenen Output-Spezifikation und einer vertraglich festgelegten Risikoverteilung die Bereiche Planung, Errichtung (bzw. ggf. Sanierung), Finanzierung und Betrieb als integrierte Leistung zu erbringen. Ggf. wird in diesem Zusammenhang der öffentlichen Hand zudem auch das zivilrechtliche bzw. wirtschaftliche Eigentum an einem Wirtschaftgut verschafft. Es kommt damit zwischen öffentlicher Hand und dem privaten Partner zu Leistungsbeziehungen, die grundsätzlich umsatzsteuerlich relevant sind.

§ 1 UStG bestimmt, dass Lieferungen und sonstige Leistungen, die ein Unternehmer im Inland gegen Entgelt im Rahmen seines Unternehmens durchführt, der Umsatzsteuer unterliegen. Der Regelsteuersatz bei der Umsatzsteuer beträgt derzeit gemäß § 12 Abs. 1 UStG 16%. Unternehmer im Sinne von § 2 Abs. 1 UStG ist, wer eine gewerbliche oder berufliche Tätigkeit selbstständig ausübt. Das Unternehmen umfasst die gesamte gewerbliche oder berufliche Tätigkeit des Unternehmers. Gewerblich oder beruflich ist jede nachhaltige Tätigkeit zur Erzielung von Einnahmen, auch wenn die Absicht, Gewinn zu erzielen, fehlt. Im Rahmen dieser Abhandlung wird davon ausgegangen, dass der private Partner als Unternehmer gegenüber der öffentlichen Hand grundsätzlich steuerbare Leistungen erbringt. Diese Leistungen sind auch steuerpflichtig, es sei denn, sie sind nach § 4 UStG steuerbefreit.

Der private Unternehmer kann Umsatzsteuer, die von einem anderen Unternehmen für gegenüber ihm erbrachte Leistungen in Rechnung gestellt worden sind, grundsätzlich als Vorsteuer geltend machen. Vom Vorsteuerabzug grundsätzlich ausgeschlossen sind jedoch

---

[6] BMF-Schreiben vom 15. 7. 2004, Gesellschafterfremdfinanzierung (§ 8a KStG), Tz. 20.

Lieferungen und sonstige Leistungen an ihn, die er zur Ausführung steuerfreier Umsätze verwendet (§ 15 Abs. 2 Nr. 1 UStG).

Die öffentliche Hand wiederum als Empfänger der Leistung ist eine juristische Person des öffentlichen Rechtes (z.B. eine Kommune). Als solche erfüllt sie nach § 2 Abs. 3 UStG grundsätzlich nur im Rahmen ihrer Betriebe gewerblicher Art gemäß § 4 KStG und ihrer land- und forstwirtschaftlichen Betriebe die Unternehmereigenschaft.[7]

Innerhalb dieser Abhandlung wird von PPP-Maßnahmen ausgegangen, die von der öffentlichen Hand als Besteller zur Erfüllung von Aufgaben, die ihr auf Grund ihrer hoheitlichen Gewalt[8] obliegen, initiiert werden (z.B. Schulen, Gefängnisse oder Verwaltungsgebäude). § 4 Abs. 5 KStG stellt fest, dass zu den Betrieben gewerblicher Art nicht Betriebe gehören, die überwiegend der Ausübung öffentlicher Gewalt dienen. Die öffentliche Hand wird damit in vorstehenden Sachverhalten regelmäßig nicht unternehmerisch im Sinne des UStG tätig. Insofern erfüllt die öffentliche Hand als Besteller von PPP-Leistungen grundsätzlich nicht die Unternehmereigenschaft. Sie führt in dieser Funktion zwar selbst keine steuerbaren Tätigkeiten aus, ist damit jedoch auch nicht zum Vorsteuerabzug nach § 15 UStG berechtigt.

Führt also ein privater Unternehmer im Rahmen eines PPP-Projektes eine Leistung an die öffentliche Hand durch und ist die Leistung steuerpflichtig, hat letztendlich die öffentliche Hand als Endverbraucher diese Steuer zu tragen, da sich die Leistung des Privaten dementsprechend verteuert. Handelt es sich andererseits nach § 4 UStG bei der Leistung um einen steuerfreien Umsatz, steht dem Privaten wiederum kein Vorsteuerabzug zu (§ 15 Abs. 2 UStG). Es ist ihm auch nicht möglich, die Option nach § 9 Abs. 1 UStG wahrzunehmen und auf eine Steuerbefreiung zu verzichten. Ein solcher Verzicht ist nur dann zulässig, wenn Leistungen an andere Unternehmer ausgeführt werden (§ 9 Abs. 1 UStG), die ihrerseits zum Vorsteuerabzug berechtigt sind. Diese Voraussetzung ist mit der öffentlichen Hand als Leistungsempfänger nicht gegeben. Insofern wird der Private in seiner Preiskalkulation berücksichtigen, dass er keinen Vorsteuerabzug vornehmen kann.

Die umsatzsteuerliche Behandlung der einzelnen Leistungen hängt von ihrer Art und von der jeweiligen Ausgestaltung der einzelnen PPP-Vertragstypen ab. Hierauf wird in einem späteren Abschnitt eingegangen.

2.2.2 Bedeutung eines Personalübergangs von der öffentlichen Hand auf eine private Projektgesellschaft für die Umsatzsteuerbelastung

In der Regel ist mit der Durchführung einer PPP-Maßnahme durch einen privaten Partner verbunden, dass während der Laufzeit des PPP-Vertrages einzelne Betreiberleistungen nicht mehr durch öffentliche Bedienstete, sondern durch Personal oder Nachunternehmer des privaten Partners erfüllt werden. Dies führt grundsätzlich zu einer Mehrbelastung durch Umsatzsteuer auf Leistungsbestandteile (Wertschöpfung durch Einsatz des Faktors Arbeit), die nicht mehr von der öffentlichen Hand selbst erbracht werden.

Es ist aber zu erwarten, dass die öffentliche Hand bei der Vergabe einer Leistung über einen PPP-Vertrag in vielen Fällen einem Privaten auferlegen wird, auch bisher von ihr beschäftigtes Personal einzusetzen. Wird das Personal arbeitsrechtlich auf den Privaten übertragen und von diesem entlohnt, erhöht sich das Entgelt für die Betriebsleistungen. Das Gleiche gilt in Fällen der Personalgestellung. Dies führt bei steuerpflichtigen Leistungen zu einer entsprechenden Mehrbelastung der öffentlichen Hand mit Umsatzsteuer. Aus umsatz-

---

[7] Ggf. führen die Wertungen der 6. EG-Richtlinie jedoch zu einem anderen Ergebnis, vgl. auch 3.3.2.2.

[8] Nach ständiger Rechtsprechung des BFH wird öffentliche (= hoheitliche) Gewalt im Sinne des § 4 Abs. 5 Satz 1 KStG durch Tätigkeiten ausgeübt, die den juristischen Personen des öffentlichen Rechts als Träger der öffentlichen Gewalt „eigentümlich und vorbehalten" sind (vgl. z.B. BFH, BStBl II 1988, 910; BStBl II 1990, 95).

steuerlicher Sicht könnte es daher vorteilhaft sein, wenn dieses Personal weiterhin bei der öffentlichen Hand verbleibt und von ihr auch entlohnt wird, jedoch dem Privaten bei der Erstellung seiner Leistung zur Seite steht (sog. Beistellung). Die Personalbeistellung wäre nicht Bestandteil des umsatzsteuerlichen Leistungsaustausches, so dass sie zu keiner Mehrbelastung für die öffentliche Hand führt. Ein solches Vorgehen erfordert auch eine genaue Prüfung der vergabe-,[9] dienst- und arbeitsrechtlichen Aspekte.

Zur umsatzsteuerlichen Behandlung der Personalbeistellung hat sich das BMF in einem Schreiben vom 30. 1. 2003 geäußert.[10] Danach setzt eine nicht steuerbare Beistellung von Personal des Auftraggebers voraus, dass das Personal nur im Rahmen der Leistung des Auftragnehmers für den Auftraggeber eingesetzt wird. Der Einsatz von Personal des Auftraggebers für Umsätze des Auftragnehmers an Drittkunden muss vertraglich und tatsächlich ausgeschlossen sein. Der Auftragnehmer hat dies sicherzustellen und trägt hierfür die objektive Beweislast. Die Entlohnung des überlassenen Personals muss weiterhin ausschließlich durch den Auftraggeber erfolgen. Ihm allein muss auch grundsätzlich das Weisungsrecht obliegen. Dies kann nur in dem Umfang eingeschränkt und auf den Auftragnehmer übertragen werden, soweit es zur Erbringung der Leistung erforderlich ist (vgl. auch UStR, Abschn. 1, Abs. 8).

Insofern ist im konkreten Einzelfall jeweils zu überprüfen, ob sich eine Beistellung von Personal des Auftraggebers öffentliche Hand so gestalten lässt, dass sie zu den gewünschten umsatzsteuerlichen Ergebnissen führt und gleichzeitig den Ansprüchen einer effizienten PPP-Projektstrukturierung genügt. Von besonderer Bedeutung ist, dass dabei nicht die originären Vorteile einer PPP (Effizienzgewinne) verloren gehen. In diesem Zusammenhang wird abzuwägen sein, inwieweit der Private in dem Maße, in dem sich der bestehende Personalbestand bei der öffentlichen Hand durch natürliche Fluktuation reduziert, eigenes Personal einstellt oder Dritte beauftragt, auch wenn sich hierdurch die Umsatzsteuerbelastung im Zeitablauf wieder erhöht. Letztendlich soll die Entscheidung für ein Organisationsmodell nicht hauptsächlich nach steuerlichen, sondern nach betriebswirtschaftlichen Gesichtspunkten getroffen werden. Zu den betriebswirtschaftlichen Aspekten zählt allerdings auch die Steuerbelastung.

2.2.3 Umsatzsteuerliche Auswirkungen in Abhängigkeit von der gesellschaftsrechtlichen Ausgestaltung auf Seiten des privaten Leistungserstellers

Aus organisatorischer Sicht bietet es sich bei PPP-Vorhaben an, dass der private Partner seine Leistungserstellung über eine Projektgesellschaft (Einzweckgesellschaft, auch Special Purpose Company „SPC" genannt) abwickelt. Dies ist insbesondere dann sinnvoll, wenn sich mehrere Private, die unterschiedliche Kernkompetenzen der gegenüber der öffentlichen Hand zu erbringenden Leistungsbestandteile abdecken, zusammenschließen. Durch einen solchen Zusammenschluss wird der eingangs dargestellte integrative PPP-Ansatz erst ermöglicht. In diesem Fall erbringen die Gesellschafter ihre einzelnen Leistungen gegenüber der Projektgesellschaft, während die Projektgesellschaft die (integrierte PPP-)Leistung an die öffentliche Hand erbringt.

Die Leistungsbeziehungen zwischen der Projektgesellschaft und den einzelnen Gesellschaftern sind jedoch grundsätzlich umsatzsteuerbar und umsatzsteuerpflichtig. Dies wirkt sich insbesondere dann aus, wenn die Projektgesellschaft gegenüber der öffentlichen Hand steuerbefreite Leistungen (z.B. Vermietung und Verpachtung eines Grundstücks) erbringt und sie deshalb nicht zum Vorsteuerabzug berechtigt ist. In einem solchen Fall kommt es zu einer definitiven Belastung des Projektes mit der auf Umsätze zwischen den Gesellschaftern und der Projektgesellschaft anfallenden Umsatzsteuer. Wirtschaftlich entsteht hierdurch eine Mehrbelastung auf die nicht mit Vorsteuer belasteten Kosten (insbesondere Personalkosten).

---

[9] Vgl. auch OLG Düsseldorf, Beschluss vom 30. 4. 2003 – Verg 67/02, IBR 2003, 561 (mit Anm. Fett).
[10] Veröffentlicht in UR 2003, S. 152.

2.2.3.1 Umsatzsteuerliche Organschaft

Es stellt sich die Frage, ob durch eine umsatzsteuerliche Organschaft das vorstehend dargestellte Problem gelöst werden kann. Bei einer umsatzsteuerlichen Organschaft käme es innerhalb des Organkreises nur zu Innenleistungen, die nicht umsatzsteuerbar sind (§ 2 Abs. 2 Nr. 2 S. 3 UStG).

Nach § 2 Abs. 2 Nr. 2 UStG liegt eine Organschaft vor, wenn eine juristische Person eine gewerbliche oder berufliche Tätigkeit, durch die eine umsatzsteuerliche Unternehmereigenschaft begründet wird, nicht selbstständig ausübt und nach dem Gesamtbild der tatsächlichen Verhältnisse finanziell, wirtschaftlich und organisatorisch in das Unternehmen eines Organträgers eingegliedert ist. Der Leistungsaustausch zwischen Organträger und Organgesellschaft unterliegt nicht der Umsatzsteuer. Der sich hieraus ergebende Vorteil ist, dass lediglich für bezogene Leistungen außerhalb der internen Wertschöpfungskette eine Umsatzsteuerbelastung stattfindet.

Finanzielle Eingliederung bedeutet, dass der Organträger über eine entscheidende kapitalmäßige Beteiligung an der Organgesellschaft verfügt, die es ihm ermöglicht, im Rahmen der Willensbildung der Organgesellschaft seinen eigenen Willen durchzusetzen.[11] Eine wirtschaftliche Eingliederung wiederum liegt vor, wenn die Organgesellschaft gemäß dem Willen des Unternehmers im Rahmen des Gesamtunternehmens, und zwar in engem wirtschaftlichen Zusammenhang mit diesem, es fördernd und ergänzend, wirtschaftlich tätig ist.[12] Das Erfordernis der organisatorischen Eingliederung soll sicherstellen, dass das Organ den Willen des Unternehmers auch tatsächlich durchführt.

Inwieweit die einzelnen Voraussetzungen für die Eingliederung im Einzelfall tatsächlich erfüllt sind, lässt sich nur individuell anhand des jeweiligen Einzelfalls beurteilen. Es ist aber nicht erforderlich, dass alle drei Eingliederungsmerkmale gleichermaßen ausgeprägt sind. Eine Organschaft kann auch gegeben sein, wenn die Eingliederung auf einem dieser drei Gebiete nicht vollkommen, dafür aber auf den anderen Gebieten umso eindeutiger ist, so dass sich die Eingliederung aus „dem Gesamtbild der tatsächlichen Verhältnisse" (§ 2 Abs. 2 UStG) ergibt (vgl. auch UStR, Abschnitt 21, Abs. 1).

Ist eine Projektgesellschaft Tochter nur eines Unternehmens, das steuerbare Leistungen erbringt, kann durch eine umsatzsteuerliche Organschaft erreicht werden, dass zwischen Mutter- und Tochtergesellschaft nur Innenumsätze vorliegen, die nicht mit Umsatzsteuer belastet sind.

Schließen sich jedoch mehrere Unternehmen zur Umsetzung eines PPP-Projektes gesellschaftsrechtlich zusammen, halten die einzelnen Unternehmen nur entsprechende quotale Anteile an der Projektgesellschaft, d. h. die einzelnen Unternehmen verfügen in der Regel nicht alleine über die Mehrheit der Stimmrechte an einer Kapitalgesellschaft. Wie oben dargestellt, käme es dann im Verhältnis zwischen Gesellschafter und Gesellschaft zu einer definitiven Belastung mit Umsatzsteuer. Ein betriebswirtschaftlich sinnvolles Organisationsmodell mit der Etablierung einer Kernkompetenzen verschiedener Gesellschafter bündelnden Projektgesellschaft (integrativer PPP-Ansatz) würde sich damit aus umsatzsteuerlicher Sicht als nicht vorteilhaft herausstellen.

Insofern stellt sich die Frage, ob für diesen Fall eine unmittelbare Mehrmütter-Organschaft zwischen der Organgesellschaft und ihren Gesellschaftern in Betracht kommt, bei der die Umsätze zwischen den Gesellschaftern und der Organgesellschaft als Innenumsätze nicht steuerbar wären. Zu klären wäre, ob sich eine solche umsatzsteuerliche Mehrmütter-Organschaft durch den Zusammenschluss mehrerer (Gesellschafter-)Unternehmen im Rahmen einer GbR zur gemeinsamen Beherrschung einer Organgesellschaft erreichen ließe.

---

[11] Vgl. BFH, BStBl II 1979, 288.

[12] Vgl. BFH, BStBl III 1967, 715.

In der Literatur wurde in der Vergangenheit diesbezüglich vereinzelt auf ein BFH-Urteil zur gewerbesteuerlichen Mehrmütter-Organschaft aus dem Jahre 2000 hingewiesen und die Ansicht vertreten, dass die hieraus gewonnen Erkenntnisse auf die Umsatzsteuer übertragbar seien[13] (die Tatsache, dass die gewerbesteuerliche Mehrmütter-Organschaft inzwischen abgeschafft wurde, steht dem u. E. nicht entgegen).

In dem genannten Urteil[14] hat sich der BFH auf den Standpunkt gestellt, dass die Beteiligungen von lediglich zur einheitlichen Willensbildung in einer GbR zusammengeschlossenen Gesellschaften an einer nachgeschalteten Organgesellschaft unmittelbar den Muttergesellschaften (auch wenn deren Einzelbeteiligungen unter 50% liegen) zuzurechnen seien (sog. Lehre von der mehrfachen Abhängigkeit). Die Organschaft bestehe sonach zu den Muttergesellschaften und nicht zu der GbR. Aus Sicht von Menner/Broer sprechen der Wortlaut, die Entstehungsgeschichte und der Zweck der Organschaftsregelungen dafür, dass die vom BFH entwickelten Grundsätze auch im Umsatzsteuerrecht gelten. Die Regelungen über die Organschaft seien, soweit sich aus den Normtexten nichts anderes ergebe, grundsätzlich gleich auszulegen.[15]

Eine Übertragung der BFH-Rechtsprechung auf die Umsatzsteuer würde grundsätzlich eine unmittelbare Mehrmütter-Organschaft zwischen Organgesellschaft und deren Gesellschaftern ermöglichen. Die Innenumsätze zwischen den einzelnen Gesellschaftern (Organträgern) und der Organgesellschaft wären dann nicht steuerbar. Die Organisationsform einer Projektgesellschaft wäre insofern gegenüber einem Einheitsunternehmen bzw. einem organschaftlich organisierten Konzern steuerlich nicht benachteiligt. Dies wäre im Hinblick auf eine effiziente Strukturierung eines PPP-Vorhabens begrüßenswert und mittelstandsfreundlich.

Allerdings muss festgestellt werden, dass die von Mener/Broer genannte Auffassung bisher in der Rechtsprechung nicht bestätigt worden ist. Auch die Finanzverwaltung hat zur Frage der umsatzsteuerlichen Mehrmütterorganschaft im Umsatzsteuerrecht nicht Stellung genommen. Insofern erscheint es uns zum gegenwärtigen Zeitpunkt zu unsicher, eine Projektstruktur auf der Grundlage einer umsatzsteuerlichen Mehrmütter-Organschaft zu etablieren. Ggf. könnte jedoch von Seiten der Projektbeteiligten versucht werden, diesbezüglich eine verbindliche Auskunft vom zuständigen Finanzamt zu erhalten.

2.2.3.2 Beiträge der Gesellschafter an die Projektgesellschaft

Aufgrund der beschriebenen Unsicherheiten bezüglich der Anerkennung einer umsatzsteuerlichen „Mehrmütter-Organschaft" stellt sich die Frage nach Alternativen, wie eine Umsatzsteuerbelastung der Transaktionen zwischen der Projektgesellschaft und ihren Gesellschaftern soweit als möglich vermieden werden kann. Hierbei kommt insbesondere in Betracht, dass die Gesellschafter Gegenstände im Wege der Sacheinlage in die Gesellschaft einlegen oder der Gesellschaft Arbeitsmittel, Personal oder sonstige Leistungen zur Verfügung stellen und hierfür entweder eine feste Beteiligung am Gewinn oder eine sich am Umfang der tatsächlich erbrachten Leistungen orientierende Vergütung erhalten.

Sacheinlagen eines Gesellschafters sind nach Verwaltungsauffassung dann umsatzsteuerbar, wenn es sich um Lieferungen und Leistungen im Rahmen seines Unternehmens handelt und keine Geschäftsveräußerung im Sinne des § 1 Abs. 1 a UStG vorliegt (UStR Abschnitt 6, Abs. 2). Nach dieser Ansicht würde der Gesellschafter Umsatzsteuer schulden, die Gesellschaft dürfte diese aber nicht als Vorsteuer abziehen, sofern sie steuerfreie Leistungen an die öffentliche Hand erbringt. Eine entgültige Entscheidung darüber, ob Sacheinlagen

[13] Menner/Broer, Umsatzsteuerberater 2000, 241 ff. Vgl. auch Schumann: Die Organschaft – Körperschaftsteuer, Umsatzsteuer, Gewerbesteuer, einzelne Steuern, S. 120, der ebenfalls davon spricht, dass sich durch das Urteil „sicher auch Auswirkungen auf die Umsatzsteuer ergeben".

[14] Vgl. BFH, Urteil vom 9. 6. 2000, BStBl II 2000, 695.

[15] Menner/Broer, Umsatzsteuerberater 2000, 241 (247).

tatsächlich als umsatzsteuerbare Leistungen anzusehen sind, steht allerdings nach wie vor aus. Insofern bleibt abzuwarten, in welche Richtung die weitere Entwicklung in diesem Bereich gehen wird.

Nach ständiger Rechtsprechung des BFH richtet sich die umsatzsteuerliche Behandlung von Leistungen der Gesellschafter an die Gesellschaft danach, ob es sich um Leistungen handelt, die gegen Entgelt ausgeführt werden und damit auf einen Leistungsaustausch gerichtet sind, oder um Leistungen, die als Gesellschafterbeitrag durch die Beteiligung am Gewinn und Verlust der Gesellschaft abgegolten werden.[16] Steuerbare entgeltliche Leistungen sind gegeben, wenn sie auf konkreten Leistungsbeziehungen der Gesellschafter zur Gesellschaft beruhen, die auf den Austausch der Gesellschafterleistungen gegen Entgelt gerichtet sind.[17] Zwischen der erbrachten Leistung und dem hierfür erhaltenen Gegenwert muss ein unmittelbarer Zusammenhang bestehen. So stellen z.B. nach einem BFH-Urteil vom 6. Juni 2002[18] auch Geschäftsführungs- und Vertretungsleistungen der Gesellschafter an die Gesellschaft umsatzsteuerbare Leistungen dar, wenn die Leistungen gegen (Sonder-)Entgelt ausgeführt werden.

Fehlt dieser Zusammenhang, handelt es sich um einen nicht steuerbaren Gesellschafterbeitrag. Insbesondere selbstständige Arbeitsgemeinschaften im Baugewerbe organisieren sich häufig so, dass gesellschaftsrechtlich festgelegt wird, welche Leistungen (z.B. Vermietung von Geräten und Maschinen, Gestellung von Arbeitnehmern) durch welche Partner zu erbringen sind, die dann lediglich durch anteilsmäßige Beteiligung am Gewinn und Verlust abgegolten werden. Da ein Bauunternehmer als Mitglied einer Arbeitsgemeinschaft dieser in der Regel aus unternehmerischen Gründen unentgeltlich Baumaschinen zur Verfügung stellt (vgl. UStR Abschnitt 6, Abs. 6, Nr. 2b, Beispiel 4), dürfte es sich bei der unentgeltlichen Nutzungsüberlassung auch nicht um eine unentgeltliche Wertabgabe nach § 3 Abs. 9a UStG handeln, d.h. die Leistung ist mangels Entgelt nicht steuerbar.

Kommt es jedoch gegenüber einer Projektgesellschaft nach § 3 Abs. 1b Nr. 3 UStG zu einer unentgeltlichen Zuwendung eines Gegenstandes, der in der Vergangenheit zum Vorsteuerabzug berechtigt hat, wird eine solche Zuwendung wie eine entgeltliche Leistung behandelt. Die Bemessungsgrundlage für die Umsatzsteuer ermittelt sich in diesem Fall nach § 10 Abs. 4 Nr. 1 UStG. Die vorstehenden Ausführungen dürften grundsätzlich auch auf die hier behandelten Projektgesellschaften Anwendung finden. Allerdings bedarf es hierzu einer sorgfältigen Gestaltung, die auch mit entsprechenden Transaktionskosten verbunden sein kann.

2.2.4 Zuwendungen an die Projektgesellschaft

Ein weiteres wichtiges Thema ist, wie Zuwendungen an den PPP-Auftragnehmer umsatzsteuerlich zu behandeln sind. Zuwendungen können an den Auftragnehmer vom Auftraggeber oder einem Dritten gewährt werden. Zahlungen unter den Bezeichnungen „Zuwendung, Zuschuss, Beihilfe, Prämie, Ausgleichsbetrag u.ä." (Zuschüsse) können umsatzsteuerrechtlich

1. Entgelt für eine Leistung an den Zuschussgeber (den Zahlenden),
2. (zusätzliches) Entgelt eines Dritten oder
3. ein echter, nicht steuerbarer Zuschuss sein.

Maßgeblich ist, ob die Zuwendung – unabhängig davon, ob diese vom Auftraggeber oder von Dritter Seite erfolgt – bei wertender Betrachtung die Gegenleistung für eine vom Auftragnehmer zu erbringende Leistung darstellt. In diesem Fall ist die Zuwendung als Entgelt zu werten und bei der Ermittlung der umsatzsteuerlichen Bemessungsgrundlage zu berück-

---

[16] Vgl. BFH, BStBl II 1996, 114, und UStR Abschnitt 6 Abs. 3.

[17] Vgl. BFH, BStBl II 1990, 757, bei dem eine Gewinnverteilung, die sich nach der Menge der jeweils gelieferten Kartoffeln bemisst, als Entgelt für die Lieferungen der Gesellschafter angesehen wurde.

[18] Vgl. BFH, BFH/NV 2002, 1268.

sichtigen. Wird dagegen die Zuwendung zwar zur Förderung eines bestimmten Zwecks geleistet, aber steht es dem Empfänger frei, wie er die Zahlung zur Förderung des Zweckes einsetzt, so ist ein Leistungs-Gegenleistungsverhältnis in der Regel zu verneinen. Es liegt in diesen Fällen ein echter Zuschuss und damit ein nicht steuerbarer Zuschuss vor. Die Finanzverwaltung geht in Abschnitt 150 UStR näher auf die Abgrenzung zwischen Entgelt, Entgelt von dritter Seite und Zuschuss ein. Eine abschließende umsatzsteuerliche Beurteilung der jeweiligen Zuwendung ist nur im konkreten Einzelfall möglich.

2.2.5 Umsatzsteuerliche Behandlung einer Forfaitierung

Der Fall, dass die private Projektgesellschaft eine bestehende oder zukünftige Entgeltforderung für ihre Leistungen gegenüber der öffentlichen Hand zu Beginn der Laufzeit an eine Bank veräußert, wurde bereits aus ertragsteuerlicher Sicht betrachtet (vgl. 2.1.3). In diesem Zusammenhang erwähnten wir beispielsweise Vorteile, die sich im Hinblick auf die Belastung mit der Gewerbesteuer ergeben können.

Was die Umsatzsteuer anbetrifft, hat der EuGH mit Urteil vom 26. Juni 2003[19] entschieden, dass ein Factoring-Institut Unternehmer im Sinne des § 2 UStG ist, auch wenn es sich um echtes Factoring handelt. Weiterhin ist der EuGH zu dem Ergebnis gekommen, dass die wirtschaftliche Tätigkeit, die darin besteht, dass ein Wirtschaftsteilnehmer Forderungen unter Übernahme des Ausfallrisikos aufkauft und seinen Kunden dafür Gebühren berechnet, eine Einziehung von Forderungen im Sinne von Art. 13 Teil B Buchstabe d Nr. 3 der 6. Richtlinie 77/388/EWG zur Harmonisierung der Rechtsvorschriften über die Umsatzsteuer[20] darstellt. Die Einziehung von Forderungen wird dort ausdrücklich von der Steuerbefreiung ausgeschlossen. Die Leistung des Factors unterliegt somit keiner Steuerbefreiung nach § 4 Nr. 8 UStG. Das Entgelt für die Leistungen des Factors besteht aus der Differenz zwischen dem Nennwert der Forderung und dem vom Factor an den Kunden ausgezahlten Betrag abzüglich der in dem Differenzbetrag enthaltenen Umsatzsteuer und unterliegt mit 16% der Umsatzsteuer (vgl. UStR, Abschn. 18, Abs. 11, S. 1).

Eine Projektgesellschaft kann nach § 15 Abs. 1 UStG grundsätzlich die Umsatzsteuer auf die an sie erbrachten Eingangsleistungen als Vorsteuer abziehen. Der Vorsteuerabzug ist allerdings grundsätzlich ausgeschlossen, soweit die entsprechenden Eingangsleistungen für umsatzsteuerfreie Ausgangsleistungen verwendet werden (§ 15 Abs. 2 Nr. 1 UStG). Dies wäre z.B. bei der Vermietung und Verpachtung eines Grundstücks der Fall, die nach § 4 Nr. 12a UStG grundsätzlich von der Umsatzsteuer befreit ist. Steht die Forfaitierung unmittelbar im Zusammenhang mit einer Kreditgewährung durch die Projektgesellschaft gegenüber der öffentlichen Hand, die gemäß § 4 Nr. 8a UStG von der Umsatzsteuer befreit ist, könnte u.E. die gesamte auf die Forfaitierungsleistung entfallene Umsatzsteuer ebenfalls nicht als Vorsteuer abgezogen werden.

Hieraus würde sich ergeben, dass dem Vorteil der wegfallenden gewerbesteuerlichen Hinzurechnung von Dauerschuldzinsen bei einer echten Forfaitierung der Nachteil einer in der Regel nicht als Vorsteuer abzugsfähigen Umsatzsteuer aus der Forfaitierung gegenüberstünde. Unseres Erachtens halten sich jedoch die wirtschaftlichen Folgen aus dieser Umsatzsteuerbelastung in engen Grenzen. Es stellt sich nämlich die Frage, inwieweit das EuGH-Urteil auch beim Verkauf von Forderungen gegenüber Körperschaften des öffentlichen Rechts, jedenfalls soweit diese nicht insolvenzfähig sind, reicht. Umsatzsteuerpflichtig ist das Entgelt des Forderungsverkäufers nur insoweit als es für den Einzug der Forderungen und die Übernahme des Ausfallrisikos gewährt wird. Davon zu unterscheiden ist das Entgelt für die Kreditgewährung. Soweit bei Public Private Partnership Projekten eine echte Forfaitierung erfolgt, wird das Geld unseres Erachtens in der Regel ganz überwiegend auf die Kre-

---

[19] EuGH, Urteil vom 26. 6. 2003, Rechtssache C-305/01, Slg. 2003 I-6739 (MGK-Kraftfahrzeuge Factoring), vom BFH bestätigt in einem Urteil vom 4. 9. 2003, DStR 2003, S. 1925).

[20] ABl. 1977, L 145, S. 1.

ditgewährung entfallen. Dafür sprechen zunächst die in der Regel langen Projektlaufzeiten. Darüber hinaus wird das Risiko in Fällen, in denen die öffentliche Hand eine Einredeverzichtserklärung abgegeben hat, weiter verringert. Die Aufteilung des Entgelts auf einen steuerpflichtigen und einen steuerfreien Teil hat im Einzelfall unter Anwendung sachgerechter Kriterien zu erfolgen.

Nach unserem Verständnis steht eine solche Behandlung auch im Einklang mit der Auffassung der Finanzverwaltung, die neben der Einzugsleistung auch eine Kreditleistung annimmt, wenn die Forderung in mehreren Raten oder insgesamt nicht vor Ablauf eines Jahres nach der Übertragung fällig ist oder die Voraussetzungen des Abschn. 29a, Abs. 2 UStR erfüllt sind (vgl. Abschn. 18, Abs. 10, S. 6 UStR).

2.3 Grundsätzliche Behandlung von Grundsteuer und Grunderwerbsteuer

2.3.1 Grundsätzliche Behandlung von Grundsteuer[21]

Gegenstand der Grundsteuer ist nach § 2 GrStG der Grundbesitz im Sinne des Bewertungsgesetzes, wobei hierunter bei PPP-Projekten insbesondere Grundstücke im Sinne der §§ 68, 70 BewG zu subsumieren sind (diesen stehen die in § 99 Abs. 1 Nr. 1 BewG bezeichneten Betriebsgrundstücke gleich). Der grundsteuerlichen Behandlung eines PPP-Projektes kommt im Hinblick auf dessen Wirtschaftlichkeit im Vergleich zum konventionellen Beschaffungsansatz Bedeutung zu.[22] Dies ergibt sich aus der unterschiedlichen grundsteuerlichen Beurteilung, ob der Grundbesitz einem Privaten oder der öffentlichen Hand zur Erfüllung ihrer Aufgaben zuzurechnen ist. Ist der Grundbesitz der öffentlichen Hand zuzurechnen, ist er grundsätzlich von der Grundsteuer befreit, während bei wirtschaftlichem Eigentum eines grundsätzlich Privaten Grundsteuer anfällt.

Die Bemessungsgrundlage für die Grundsteuer bildet nach § 13 Abs. 1 Satz 2 GrStG der vom Lagefinanzamt (§ 18 Abs. 1 Nr. 1 AO) gesondert festgestellte Einheitswert des Grundbesitzes. Der Einheitswert wird in den alten Bundesländern nach den Bewertungsgrundsätzen des Ertragswertverfahrens (§§ 78–82 BewG) festgelegt, wenn der gemeine Wert auf Grundlage einer Jahresrohmiete (Wertverhältnisse zum 1. 1. 1964) ermittelt werden kann. Der Wert eines Grundstücks ist gemäß § 76 Abs. 1 BewG für Mietwohn-, Geschäfts- und gemischt genutzte Grundstücke sowie bei Ein- und Zweifamilienhäuser grundsätzlich nach dem Ertragswertverfahren zu ermitteln.

Da die charakteristischen Wertmerkmale bebauter Grundstücke zwischen den einzelnen Grundstücksarten sehr unterschiedlich sind, kann das Ertragswertverfahren nicht auf alle Grundstücke angewandt werden. Für die sonstigen bebauten Grundstücke ist deshalb nach § 76 Abs. 2 BewG der Wert im Wege des Sachwertverfahrens (§§ 83–90 BewG) zu ermitteln. Beim Sachwertverfahren werden nach § 83 BewG der Bodenwert (§ 84 BewG), der Gebäudewert (§§ 85–88 BewG) und der Wert der Außenanlagen (§ 89 BewG) zusammengerechnet. Der sich so ergebende Ausgangswert ist durch Anwendung einer Wertzahl gemäß § 90 BewG dem gemeinen Wert anzugleichen. Bei der Ermittlung des Gebäudewerts und des Werts der Außenanlagen wird aber von den durchschnittlichen Herstellungskosten nach den Baupreisverhältnissen von 1958 ausgegangen, beim Bodenwert von den entsprechenden Richtwerten zum 1. 1. 1964.

Bei einigen PPP-Maßnahmen (z.B. Schulen, JVA) dürfte nach der gegebenen Rechtslage eher das Sachwertverfahren zur Anwendung kommen, während bei Verwaltungsgebäuden in der Regel mehr für die Anwendung des Ertragswertverfahrens spricht. Welches Verfahren Anwendung findet, ist deshalb von Bedeutung, da eine Bewertung nach dem Sachwertverfahren in der Regel zu höheren Werten führt als diejenige nach dem Ertragswertverfahren.

---

[21] Zum Thema vgl. auch Tipke/Lang: Steuerrecht, S. 544–552.

[22] Im Hinblick auf die Bedeutung der Grundsteuer, vgl. auch Christen/Utech, Steuerliche Effekte bei privater Hochbaufinanzierung, S. 39.

Für das Grundvermögen in den neuen Bundesländern sind gemäß § 129 BewG die Einheitswerte nach den Wertverhältnissen vom 1. 1. 1935 maßgebend. Weitere Detailvorschriften finden sich unter §§ 129–133 BewG. Die Einheitswerte werden sowohl in den alten als auch in den neuen Bundesländern in der Regel einmalig und nur im Falle eines Neubaus oder bei Veränderungen am Grundstück (wie bei PPP-Maßnahmen regelmäßig der Fall) neu festgestellt bzw. fortgeschrieben.

Als Basis für die grundsteuerliche Belastung haben die Lagefinanzämter nach § 13 Abs. 1 GrStG in Verbindung mit § 184 Abs. 1 Satz 1 AO einen Grundsteuermessbetrag festzusetzen. Die auf PPP-Projekte anzuwendende Steuermesszahl beträgt gemäß § 15 Abs. 1 GrStG 3,5 von Tausend. Den Grundsteuermessbescheid gibt das Lagefinanzamt sowohl dem Adressaten (Steuerschuldner) als auch der hebesatzberechtigten Gemeinde (siehe § 184 Abs. 3 AO) bekannt.

§ 25 GrStG räumt den Gemeinden das Recht ein, die Hebesätze für die Grundsteuer jährlich oder für mehrere Jahre zu bestimmen. Durch Anwendung des Hebesatzes auf den vom Lagefinanzamt festgesetzten Steuermessbetrag setzt die Gemeinde nach § 27 Abs. 1 Satz 1 GrStG die Grundsteuer fest.

Steuerschuldner der Grundsteuer ist nach § 10 Abs. 1 GrStG in Verbindung mit § 19 Abs. 3 Satz 2 BewG diejenige Person, der das Steuerobjekt bei der Feststellung des Einheitswerts zugerechnet wird. Dabei ist § 39 AO zu beachten.[23] Danach erfolgt die Zurechnung im Regelfall auf den bürgerlich-rechtlichen Eigentümer. Fallen das bürgerlichrechtliche Eigentum und das wirtschaftliche Eigentum jedoch auseinander, ist für die Zurechnung des Einheitswerts eines Grundstücks das wirtschaftliche Eigentum maßgeblich.[24] Wird ein Erbbaurecht an einem Grundstück eingeräumt, schuldet der Erbbauberechtigte die Grundsteuer nicht nur für das ggf. von ihm errichtete Gebäude, sondern für das gesamte Grundstück (§ 10 Abs. 2 GrStG). Anders als im Fall des Erbbaurechts bleibt der Grundstückseigentümer auch dann Schuldner der gesamten Grundsteuer, wenn das Grundstück mit einem Nießbrauch (§§ 1030 ff. BGB) belastet ist. Im Innenverhältnis zum Eigentümer hat der Nießbraucher die Grundsteuer allerdings zu tragen (§ 1047 BGB) und haftet dementsprechend gemäß § 11 Abs. 1 GrStG im Außenverhältnis persönlich für die Grundsteuer.

Nach § 3 Abs. 1 Nr. 1 Satz 1 GrStG ist der Grundbesitz, der von einer inländischen juristischen Person des öffentlichen Rechts für einen öffentlichen Dienst oder Gebrauch benutzt wird, steuerbefreit. Unter öffentlichem Dienst oder Gebrauch wird dabei die hoheitliche Tätigkeit oder der bestimmungsgemäße Gebrauch durch die Allgemeinheit verstanden (§ 3 Abs. 2 GrStG).[25] Der Grundbesitz muss dabei jedoch nach § 3 Abs. 1 Satz 2 GrStG der öffentlichen Hand als juristische Person des öffentlichen Rechts, die ihn für die begünstigten Zwecke benutzt, auch zuzurechnen sein. Insofern kommt bei PPP-Projekten grundsätzlich nur dann eine Grundsteuerbefreiung nach § 3 Abs. 1 Nr. 1 Satz 1 GrStG zum Tragen, wenn der öffentlichen Hand das wirtschaftliche Eigentum am Grundbesitz zugeordnet werden kann.

Diese Einschränkung des § 3 Abs. 1 Satz 2 gilt hingegen seit Inkrafttreten des sog. ÖPP-Beschleunigungsgesetzes dann nicht mehr,[26] wenn der Grundbesitz von einem nicht begünstigten Rechtsträger (also einem Privaten) im Rahmen einer Öffentlich Privaten Partnerschaft einer juristischen Person des öffentlichen Rechts für einen öffentlichen Dienst oder Gebrauch überlassen wird und die Übertragung auf den Nutzer am Ende des Vertragszeitraums vereinbart ist, § 3 Abs. 1 Satz 3 GrStG n. F. Es handelt sich bei dem Tatbestands-

---

[23] Rössler/Troll, Bewertungsgesetz – Kommentar, § 19, Rn. 49.

[24] Vgl. Troll, Grundsteuergesetz, § 3, Rn. 2, oder Tipke/Lang: Steuerrecht, S. 547.

[25] Öffentlicher Dienst oder Gebrauch wäre nach § 3 Abs. 3 GrStG nicht anzunehmen bei Betrieben gewerblicher Art von juristischen Personen des öffentlichen Rechts im Sinne des Körperschaftsteuergesetzes.

[26] Vgl. Artikel 6 ÖPP-Beschleunigungsgesetz v. 1. 9. 2005.

merkmal Öffentlich Private Partnerschaft um einen unbestimmten Rechtsbegriff, dessen nähere Definition der Rechtsprechung und Literatur vorbehalten ist.

Inwieweit also bei den unter Kap. 3. behandelten PPP-Vertragstypen Grundsteuer anfällt, hängt von der jeweiligen Vertragsstruktur ab.

2.3.2 Grundsätzliche Behandlung von Grunderwerbsteuer

Im Zusammenhang mit der Untersuchung der steuerrechtlichen Rahmenbedingungen von PPP-Projekten im Vergleich zur konventionellen Realisierung einer PPP-Maßnahme kommt einer Belastung mit Grunderwerbsteuer dann Bedeutung zu, wenn es im Hinblick auf ein zugrunde liegendes Grundstück zu einem Erwerbsvorgang zwischen der öffentlichen Hand und dem privaten Partner kommt.

Ein Erwerbsvorgang im Sinne von § 1 Abs. 1 Nr. 1 GrEStG ist der Abschluss eines Kaufvertrags oder eines anderen Rechtsgeschäfts, das den Anspruch auf Übereignung begründet. Geht der Auflassung hingegen kein Rechtsgeschäft voraus, das den Anspruch auf Übereignung begründet, stellt die Auflassung gemäß § 1 Abs. 1 Nr. 2 GrEStG selbst einen Erwerbsvorgang dar. Weiter unterliegen der Grunderwerbsteuer nach § 1 Abs. 2 GrEStG auch Rechtsvorgänge, die es ohne Begründung eines Anspruchs auf Übereignung einem anderen rechtlich oder wirtschaftlich ermöglichen, ein inländisches Grundstück auf eigene Rechnung zu verwerten.

Durch das ÖPP-Beschleunigungsgesetz[27] wurde jedoch der Erwerb eines Grundstücks von einer juristischen Person des öffentlichen Rechts durch einen Privaten sowie dessen Rückerwerb durch die juristische Person des öffentlichen Rechts von der Besteuerung ausgenommen, wenn das Grundstück im Rahmen einer Öffentlich Privaten Partnerschaft für einen öffentlichen Dienst oder Gebrauch benutzt wird und zwischen dem Erwerber und der juristischen Person des öffentlichen Rechts die Rückübertragung des Grundstücks am Ende des Vertragszeitraums vereinbart worden ist, § 4 Nr. 9 Satz 1 GrEStG n. F. Die Ausnahme von der Besteuerung entfällt mit Wirkung für die Vergangenheit, wenn die juristische Person des öffentlichen Rechts auf die Rückübertragung des Grundstücks verzichtet oder das Grundstück nicht mehr für einen öffentlichen Dienst oder Gebrauch genutzt wird § 4 Nr. 9 Satz 2 GrEStG n. F.

Unter Grundstücken versteht das Grunderwerbsteuergesetz Grundstücke im Sinne des BGB (§ 2 Abs. 1 GrEStG). Erbbaurechte oder Gebäude auf fremden Boden stehen Grundstücken gleich (§ 2 Abs. 2 Nr. 1 und 2 GrEStG).

Schließlich können auch gesellschaftsrechtliche Veränderungen einen grunderwerbsteuerlichen Tatbestand auslösen (bei Veränderung von 95% des Gesellschafterbestandes einer Personengesellschaft innerhalb von 5 Jahren nach § 1 Abs. 2a GrEStG oder bei einem Rechtsgeschäft zur Übertragung oder bei Vereinigung oder Übergang von Anteilen an einer Gesellschaft entsprechend den Bestimmungen von § 1 Abs. 3 GrEStG, wobei Voraussetzung für die Besteuerung die unmittelbare oder mittelbare Vereinigung von mindestens 95% der Anteile ist).

Die Steuer bemisst sich im Grundsatz nach dem Wert der Gegenleistung (§ 8 Abs. 1 GrEStG). Bei einem Kauf ist dies gemäß § 9 Abs. 1 Nr. 1 GrEStG der Kaufpreis einschließlich der vom Käufer übernommenen sonstigen Leistungen und der dem Verkäufer vorbehaltenen Nutzungen. Gegenleistung für die Verpflichtung zur Bestellung eines Erbbaurechts ist die dafür vereinbarte Leistung, also der Kapitalwert (§ 13 BewG) der vereinbarten Erbbauzinsen und bei Bestellung gegen Einmalzahlung deren Wert. Zur Gegenleistung kann aber auch die Verpflichtung des Erbbauberechtigten gehören, ein Gebäude zu errichten und instand zu halten oder ein bestehendes Gebäude zu restaurieren, wenn die Substanz der aufstehenden Gebäude letztendlich dem Erbbaurechtsbesteller zugute kommen soll.[28]

---

[27] Vgl. Artikel 5 ÖPP-Beschleunigungsgesetz v. 1. 9. 2005.

[28] Vgl. Hofmann/Hofmann: Grunderwerbsteuergesetz, § 9, Rn. 67.

Im Falle eines Erwerbsvorgangs im Sinne von § 1 Abs. 2a und Abs. 3 GrEStG bestimmt sich die Bemessungsgrundlage nach § 138 Abs. 3 BewG i. V. m. § 8 Abs. 2 Nr. 3 GrEStG. Für die Zwecke der Grunderwerbsteuer ist für bebaute Grundstücke eine gesonderte Bedarfswertermittlung nach § 146 BewG (Ertragswertverfahren)[29] oder bei nicht vermietungsfähigen Grundstücken (z. B. bei Spezialnutzungen) nach § 147 BewG (vereinfachtes Sachwertverfahren)[30] vorzunehmen. Die Grunderwerbsteuer beträgt nach § 11 Abs. 1 GrEStG 3,5%.

Inwieweit und in welcher Höhe eine grunderwerbsteuerliche Belastung bei einer PPP-Maßnahme zum Tragen kommt, hängt von den Umständen des Einzelfalls sowie der konkreten Ausgestaltung des Projektes ab. Im Rahmen dieser Untersuchung analysieren wir in diesem Zusammenhang unter Kap. 3 einzelne PPP-Vertragsmodelle. Wir behandeln dort die Grunderwerbsteuer zum einen in ihrer Wechselwirkung zur Umsatzsteuer und zum anderen noch einmal gesondert.

2.4 Klärung steuerrechtlicher Fragen im Prozessablauf unter Beachtung des Vergaberechts und des steuerlichen Verfahrensrechts

Steuerliche Fragestellungen haben auch Einfluss auf die Kalkulation und Vergabe von Angeboten für ein PPP-Projekt. Für einen Bieter ist es grundsätzlich nicht möglich, sein Angebot innerhalb eines Vergabeverfahrens im Hinblick auf die Anerkennung einer bestimmten steuerlichen Behandlung eines zugrundeliegenden Sachverhalts durch die Finanzbehörden unter Vorbehalt zu stellen. Ein Angebot hat vielmehr verbindlich zu erfolgen. Aus diesem Grunde kommt einer zuverlässigen steuerlichen Einschätzung des Sachverhaltes aus der Sicht des Bieters eine wesentliche Bedeutung zu. Da jedoch, wie insbesondere in der Folge unter Kap. 3. dargelegt wird, die steuerrechtliche Behandlung einzelner Vertragstypen nicht immer ohne die Unsicherheit einer abweichenden Einschätzung durch die Finanzbehörden möglich ist, stellt sich die Frage, ob und inwieweit ein Bieter durch die Einholung einer verbindlichen Auskunft bei der für ihn zuständigen Finanzbehörde eine berechenbare Entscheidungsgrundlage für sein Angebot erlangen kann.

Das BMF hat in einem Schreiben vom 29. Dezember 2003[31] geregelt, dass die Finanzämter nach Maßgabe der einschlägigen Rechtsprechung nicht nur im Anschluss an steuerliche Außenprüfungen (§§ 204 ff. AO) verbindliche Auskünfte über die steuerliche Beurteilung von genau bestimmten Sachverhalten erteilen können, wenn daran im Hinblick auf die erheblichen steuerlichen Auswirkungen ein besonderes Interesse besteht. Der Antrag auf Erteilung einer verbindlichen Auskunft ist schriftlich bei dem Finanzamt zu stellen, das bei Verwirklichung des Sachverhalts voraussichtlich zuständig sein würde.

Die Erteilung einer verbindlichen Auskunft ist nur möglich, wenn der Sachverhalt genau bestimmt ist sowie umfassend und in sich abgeschlossen dargestellt wurde. Dabei muss es sich um einen ernsthaft geplanten Sachverhalt handeln. Die Erteilung einer verbindlichen Auskunft ist demgegenüber ausgeschlossen, wenn der Sachverhalt bereits verwirklicht ist. Inwieweit vor bzw. während eines Vergabeprozesses von den einzelnen Bietern verbindliche Auskünfte eingeholt werden können, wird in den Schreiben des BMF nicht thematisiert. Es ist daher in der Praxis nicht sicher, ob die Finanzbehörden eine verbindliche Auskunft bereits auf Basis eines Angebots im Vergabeverfahren erteilen. Dies gilt insbesondere für Angebote im Verhandlungsverfahren, die nicht abschließend beschreibbare Leistungen

---

[29] **Grundbesitzwert** = Jahres-Nettokaltmiete (oder ggf. übliche Miete) × Vervielfältiger 12,5 ./. Alterswertminderung 0,5% p.a. seit Bezugsfertigkeit (max. 25%) + Zuschlag 20% für Ein-/Zweifamilienhäuser.

[30] Beim Sachwertverfahren sind der Wert des Grund und Bodens und der Wert des Gebäudes getrennt zu berechnen und anschließend zu addieren. **Wert Grund und Boden** = Bodenrichtwert (zum 1. Januar 1996) ./. Abschlag 30%; **Wert des Gebäudes** = Bei Betriebsvermögen Steuerbilanzwert und bei Privatvermögen Anschaffungs- und Herstellungskosten ./. AfA.

[31] Vgl. BMF-Schreiben vom 29. 12. 2003 (BStBl I, 742).

(z.B. bei einem „Ideenwettbewerb") betreffen. In diesen Fällen kann sich im Rahmen des Vergabeverfahrens der Leistungsumfang und damit der umzusetzende Sachverhalt ändern. Es ist daher fraglich, ob die Finanzbehörden einem Antrag auf Erteilung einer verbindlichen Auskunft stets entsprechen. Dennoch kann es im Einzelfall empfehlenswert sein, das Finanzamt um eine entsprechende Auskunft zu ersuchen.

3. Steuerrechtliche Untersuchung und Optimierung unter Berücksichtigung der zivilrechtlichen und betriebswirtschaftlichen Strukturierung der Leistungserbringung

Innerhalb dieses Handbuches erfolgt grundsätzlich eine einheitliche Abfolge der Behandlung der eingangs beschriebenen Modellvarianten (PPP-Vertragsmodelle). Die Festlegung von PPP-Vertragsmodellen dient einem einheitlichen Grundverständnis und einer klaren Abgrenzbarkeit der einzelnen Vertragsmodelle als Ausgangspunkt einer Darstellung der mit PPPs verbundenen unterschiedlichen rechtlichen Aspekte. Da die jeweils beschriebene vertragliche Grundstruktur jedoch weder starr noch hinsichtlich der Leistungselemente als abschließend zu bewerten ist, werden teilweise auch einzelne Strukturelemente variiert, um auf die individuellen Gesichtspunkte des Steuerrechts einzugehen. Der steuerrechtliche Teil bezieht sich in seiner Analyse insbesondere auf Hochbaumaßnehmen, bei denen Grundstücke und Gebäude die wesentlichen Modellparameter darstellen (vgl. 1.2).

Die vertragliche Ausgestaltung eines PPP-Projektes ist also Ausgangspunkt für die steuerliche Beurteilung, da mit unterschiedlichen Modellvarianten auch unterschiedliche steuerliche Konsequenzen verbunden sind.

Von der gesamten Projektstruktur (zivilrechtliche, finanzielle und betriebswirtschaftliche Ausgestaltung) hängt insbesondere ab, wem das wirtschaftliche Eigentum an den unbeweglichen Wirtschaftsgütern in Zusammenhang mit PPP-Maßnahmen zuzuordnen ist. Die Zuordnung des wirtschaftlichen Eigentums beeinflusst entscheidend die ertrags-, umsatz- und grundsteuerliche sowie in den Fällen des § 1 Abs. 2 GrEStG ggf. auch die grunderwerbsteuerliche Belastung der Projektbeteiligten eines jeweiligen Vorhabens und damit die Wirtschaftlichkeit des Projektes.

In § 39 Abs. 2 Nr. 1 AO wird ausgeführt: „Übt ein anderer als der Eigentümer die tatsächliche Herrschaft über ein Wirtschaftsgut in der Weise aus, dass er den Eigentümer im Regelfall für die gewöhnliche Nutzungsdauer von der Einwirkung auf das Wirtschaftsgut wirtschaftlich ausschließen kann, so ist ihm das Wirtschaftsgut zuzurechnen." Die Zuordnung des wirtschaftlichen Eigentums erfolgt also in Abhängigkeit des jeweiligen PPP-Vertragstyps. Maßgeblich ist in der Praxis die Beurteilung des konkreten Einzelfalls auf Grundlage einer jeweiligen normspezifischen Einzelfallprüfung. Dabei können bei der Zuordnung teilweise vorgegebene Leitlinien, insbesondere die Leasingerlasse, angewandt werden.

Die im Folgenden am Beispiel von Hochbaumaßnahmen durchgeführte Untersuchung der mit einzelnen Beschaffungsvarianten verbundenen steuerlichen Auswirkungen bezieht sich zunächst auf die konventionelle Beschaffungsmethode und anschließend auf die vordefinierten PPP-Vertragstypen.

3.1 Konventionelle Realisierung von Hochbauprojekten

Im Rahmen des konventionellen Beschaffungsansatzes werden bei Hochbauprojekten die einzelnen Leistungsbereiche Planen, Finanzieren, Errichten, Betreiben und Verwerten getrennt voneinander durchgeführt. Die Privaten werden dabei regelmäßig mit dem Bau der Immobilie beauftragt. Die Planung hierfür wird häufig zu einem großen Teil von der öffentlichen Hand übernommen. Die öffentliche Hand finanziert Hochbaumaßnahmen zumeist über die Aufnahme eines Darlehens und/oder durch einen Lieferantenkredit. Die mit einer Hochbaumaßnahme verbundenen grundlegenden Leistungen während der Betriebsphase wie das Facility-Management, aber auch weitergehende Serviceleistungen wie den Betrieb einer Kantine oder einer Wäscherei oder die Bereitstellung von Ausbildungsangeboten werden durch eigene Ressourcen der öffentlichen Hand erbracht, jedoch vielfach auch an private Dienstleister fremdvergeben. Eine ggf. notwendige Verwertung einer Immobilie nach Beendigung der vorgesehenen Nutzung fällt in der Regel in den Aufgabenbereich der öffentlichen Hand.

3.1.1 Bilanzsteuerrechtliche Behandlung

Bei langfristigen Werk- und Werklieferungsverträgen, wie sie in Verbindung mit der konventionellen Bauausführung öffentlicher Hochbaumaßnahmen auftreten, dürfen Gewinne nach dem Realisationsprinzip (§ 252 Abs. 1 Nr. 4 HGB) erst dann ausgewiesen werden, wenn sie verwirklicht worden sind (Completed-Contract-Methode). Der Gewinn des eine Immobilie erstellenden privaten Bauunternehmens ist erst als verwirklicht anzusehen, wenn das Werk in Anerkennung der vertragsgemäßen Herstellung von der öffentlichen Hand als Besteller abgenommen worden ist, denn mit der Abnahme wird der Anspruch des Herstellers auf die Vergütung fällig (§§ 640, 641 BGB). Bis dahin hat der private Bauunternehmer die im Bau befindlichen Anlagen zu den bis zum Bilanzstichtag angefallenen Herstellungskosten gemäß § 255 Abs. 2 HGB zu bilanzieren.

§ 255 Abs. 2 HGB definiert die Herstellungskosten als „die Aufwendungen, die durch den Verbrauch von Gütern und Inanspruchnahme von Diensten für die Herstellung eines Vermögensgegenstands, seiner Erweiterung oder für eine über seinen ursprünglichen Zustand hinausgehende wesentliche Verbesserung entstehen". Abs. 2 zählt darüber hinaus die Bestandteile der Herstellungskosten erschöpfend auf und unterscheidet dabei zwischen aktivierungspflichtigen Bestandteilen der Herstellungskosten und solchen, die zwar aktivierungsfähig, aber nicht aktivierungspflichtig sind. Nach § 255 Abs. 3 HGB dürfen auch die auf den Zeitraum der Herstellung entfallenen Zinsen für zweckgebundenes Fremdkapital aktiviert werden.

Die steuerliche Abgrenzung von aktivierungspflichtigen, aktivierungsfähigen und nicht aktivierungsfähigen Herstellungskosten behandelt Abschnitt 33 EStR. Unterschiede zum Handelsrecht bestehen dabei insbesondere bei den Material- und Fertigungsgemeinkosten sowie beim Wertverzehr des Anlagevermögens, wobei handelsrechtlich jeweils ein Aktivierungswahlrecht und steuerlich eine Aktivierungspflicht besteht. Sowohl steuer- als auch handelsrechtlich gilt das Prinzip der verlustfreien Bewertung.[32]

Nach Abnahme und der damit verbundenen Gewinnrealisierung[33] des privaten Partners ist in der Bilanz eine Forderung aus Lieferungen und Leistungen auszuweisen.[34] Wurde die Investition der öffentlichen Hand nicht mit einem Kommunalkredit finanziert, sondern stattdessen vom privaten Bauunternehmer ein langfristiger Lieferantenkredit gewährt, liegt auch ein verdecktes Darlehensgeschäft in Form eines Werklohndarlehens vor. Es ist damit bilanzsteu-

---

[32] Rückstellungen für drohende Verluste aus schwebenden Geschäften, die handelsrechtlich zu bilden sind, werden steuerrechtlich nach § 5 Abs. 4a EStG nicht anerkannt. Bei der Abgrenzung, ob bei halbfertigen Bauten eine Teilwertabschreibung vorzunehmen oder eine Drohverlustrückstellung zu bilden ist, ist die Teilwertabschreibung grundsätzlich vorrangig. Grenze ist in jedem Fall die Höhe des bisherigen Ansatzes der Herstellungskosten. Fraglich ist aber, ob Verluste in der erwarteten Gesamthöhe oder nur anteilig nach dem Fertigstellungsgrad antizipiert werden dürfen (Berger/Ring, in: Beck'scher Bilanzkommentar, § 249, Rn. 68). Gem. eines Beschlusses des BFH vom 28. 4. 2004 (VIII B 79/03) ist es jedenfalls ernstlich zweifelhaft, ob die von der Finanzverwaltung hierzu vertretene Ansicht, dass eine Teilwertabschreibung auf teilfertige Bauten auf fremden Grund und Boden nur hinsichtlich des dem jeweiligen Stand der Fertigstellung entsprechenden, auf die Bauten entfallenden Anteils der vereinbarten Vergütung zulässig sei, der Rechtslage entspricht.

[33] Eine Gewinnrealisierung kann statt im Zeitpunkt einer Abnahme des Werkes auch durch die Veräußerung eines Gebäudes, das sich zum Zeitpunkt der Fertigung noch im Eigentum des Privaten befindet, an die öffentliche Hand erfolgen.

[34] Ellrott/Ring, in: Beck'scher Bilanzkommentar, § 247, Rn. 95.

errechtlich grundsätzlich zwischen dem Gewinn, der bei der Abnahme des Werkes realisiert wurde und den verdeckten Zinserträgen zu unterscheiden. Die Anschaffungskosten eines langfristigen Werklohndarlehens sind dabei durch Abzinsung zu ermitteln.[35] Alternativ kommt in Betracht, in Höhe der Differenz zwischen Nennwert und Barwert der langfristigen (Werklohn)Forderung einen passiven Rechnungsabgrenzungsposten zu bilden und diesen über die Laufzeit der Forderung aufzulösen.[36] Die Verwaltung und Rechtsprechung wenden für eine entsprechende Abzinsung bzw. die Auflösung des Rechnungsabgrenzungspostens, entgegen einer weitläufigen Literaturmeinung, die grundsätzlich eher den Marktzins für angemessen hält, vielfach vereinfachend einen Zinssatz gemäß § 12 Abs. 3 BewG in Höhe von 5,5% an.[37]

Werden im Rahmen des konventionellen Beschaffungsansatzes einzelne Betreiberleistungen durch Private erbracht, entstehen bei diesen entsprechende laufende Erträge und Aufwendungen.

3.1.2 Umsatzsteuerliche Behandlung

3.1.2.1 Errichtung und Finanzierung einer Immobilie im Rahmen des konventionellen Beschaffungsansatzes

3.1.2.1.1 Bau des Gebäudes auf Grund eines Werkvertrages auf dem Grundstück der öffentlichen Hand

Bei der konventionellen Beschaffung eines Hochbaus kommt es regelmäßig zu einem Verpflichtungsgeschäft in Form eines Werkvertrages nach §§ 631 ff. BGB. Damit liegt in der Regel umsatzsteuerlich eine Werklieferung vor. Nach § 3 Abs. 4 UStG ist eine Werklieferung anzunehmen, wenn ein Werkunternehmer im Auftrag eines Bestellers einen Liefergegenstand herstellt, be- oder verarbeitet und das hierfür erforderliche Material (Hauptstoffe) ganz oder zum Teil selbst beschafft.

Von einem Unternehmer im Rahmen eines Werkvertrages erbrachte Leistungen sind grundsätzlich umsatzsteuerpflichtig. Die Steuer für die Werklieferung entsteht nach § 13 Abs. 1 Nr. 1 a Satz 1 UStG mit Ablauf des Voranmeldungszeitraums, in dem die Bauleistungen ausgeführt worden sind. Dies gilt auch für Teilleistungen. Eine Werklieferung ist umsatzsteuerrechtlich ausgeführt, sobald dem Auftraggeber die Verfügungsmacht am erstellten Werk verschafft worden ist. Verschaffung der Verfügungsmacht bedeutet, den Auftraggeber zu befähigen, im eigenen Namen über das auftragsgemäß fertig gestellte Werk zu verfügen. In der Regel setzt die Verschaffung der Verfügungsmacht die Übergabe und Abnahme des fertig gestellten Werks voraus. Auf die Form der Abnahme kommt es dabei nicht an.

Bei Vorauszahlungen bzw. Abschlagszahlungen entsteht die Umsatzsteuer jedoch bereits vor Ausführung der Leistung (Teilleistung) mit Ablauf des Voranmeldungszeitraums, in dem die Zahlung dem Unternehmer zugeflossen ist (§ 13 Abs. 1 Nr. 1 a Satz 4 UStG).

3.1.2.1.2 Errichtung eines Gebäudes auf dem Grundstück des privaten Auftragnehmers mit anschließendem Verkauf des Gebäudes an die öffentliche Hand

Der Private kann auch ein Gebäude auf einem in seinem Eigentum befindlichen Grundstück errichten und das gesamte Grundstück nach Fertigstellung an die öffentliche Hand veräußern. Dies kann umsatzsteuerlich dann von Vorteil sein, wenn der Leistungsempfänger – wie vorliegend der Fall die öffentliche Hand – nicht zum Vorsteuerabzug berechtigt ist und der Private einen großen eigenen Wertschöpfungsanteil hat (z.B. Personalkosten) und relativ wenig fremde Leistungen bezieht, die mit Umsatzsteuer belastet sind.

[35] Vgl. Glanegger, in: Schmidt, Einkommensteuergesetz – Kommentar, § 6, Rn. 373 sowie BFH Urteil vom 11. 12. 1986, IV R 222/84, BStBl II 1987, 553 (556).

[36] Eine Teilwertabschreibung einer langfristig unverzinslich gestundeten Forderung kommt jedenfalls wegen § 6 Abs. 1 Nr. 1 Satz 2 EStG nicht (mehr) in Betracht.

[37] Vgl. Glanegger, in: Schmidt, Einkommensteuergesetz – Kommentar, § 6, Rn. 371.

Da der Verkauf eines Grundstücks regelmäßig der Grunderwerbsteuer nach § 1 Abs. 1 GrEStG unterliegt, würde es auf Grund § 4 Nr. 9 lit. a UStG zu einer Befreiung der Grundstückslieferung von der Umsatzsteuer kommen. Da der Steuersatz für die Grunderwerbsteuer gemäß § 11 GrEStG nur 3,5% des Kaufpreises beträgt, ergäbe sich hierdurch gegenüber der Umsatzsteuer mit einem Regelsteuersatz in Höhe von 16% (§ 12 Abs. 1 UStG) ein entsprechender Vorteil.

Eine solche Gestaltungsalternative ist gegenüber einem konventionellen Werkvertrag vorteilhaft solange dieser Unterschied nicht durch die Höhe des möglichen Vorsteuerabzugs des Privaten als Erbringer der Bauleistungen kompensiert wird. Ein Vorsteuerabzug ist nach § 15 Abs. 2 Nr. 1 UStG nicht möglich, wenn die Grundstückslieferung gemäß § 4 Nr. 9 lit. a UStG von der Umsatzsteuer befreit ist. Insoweit hängt die Vorteilhaftigkeit dieser Gestaltungsvariante von der konkreten Wertschöpfungskette im Einzelfall ab.

3.1.2.1.3 Kreditaufnahme durch die öffentliche Hand

Die Gewährung und Vermittlung von Krediten ist nach § 4 Nr. 8 lit. a UStG eine steuerbefreite sonstige Leistung. Auf die der öffentlichen Hand als Kreditnehmer berechneten Zinsen fällt keine Umsatzsteuer an.

3.1.2.1.4 Exkurs: Bau des Gebäudes auf dem Grundstück der öffentlichen Hand und Lieferantenkredit an die öffentliche Hand

Die öffentliche Hand kann, anstatt einen Kommunalkredit in Anspruch zu nehmen, auch mit einem privaten Bauunternehmer einen Lieferantenkredit zur Vorfinanzierung der gegenüber der öffentlichen Hand zu erbringenden Leistung vereinbaren. Im Rahmen des konventionellen Beschaffungsansatzes erfolgen dabei die Planung teilweise und der Grundstückserwerb regelmäßig durch die öffentliche Hand. Die Erstellung und Finanzierung obliegen einem privaten Bauunternehmer.

Nach der Fertigstellung des Objektes kommt es zu einer Übergabe an die öffentliche Hand. Die Investitionskosten des privaten Bauunternehmens werden durch nutzungsabhängige Entgeltzahlungen über einen bestimmten Zeitraum von der öffentlichen Hand abgegolten. In der Praxis werden bei diesem Modellansatz erzielte Baufortschritte per Testat von der öffentlichen Hand als Auftraggeber bestätigt, wobei die Bauunternehmen auf Grund dieser Bautestate die zugrundeliegenden Forderungen gegenüber der öffentlichen Hand einredefrei an eine Bank verkaufen können. Hierdurch ist eine Zwischenfinanzierung zu kommunalkredit- oder zu kommunalkreditähnlichen Konditionen möglich.[38]

Steuerlich ist der Bau in Kombination mit einem Lieferantenkredit ein Ratenkauf (Kombination Werklieferung bei Abnahme und Kredit). Bezüglich der Werklieferung verweisen wir auf unsere Ausführungen unter Kap. 3.1.2.1.1. Soweit der Finanzierungsanteil des vereinbarten Kaufpreises nicht offen ausgewiesen wird, stellt grundsätzlich das gesamte Entgelt die Bemessungsgrundlage für die Umsatzsteuer dar. Wird dagegen zwischen Kauf und Kreditgeschäft unterschieden und das Entgelt für die Kreditgewährung im Rahmen des Lieferantenkredits gesondert ausgewiesen, kann in der Kreditgewährung eine selbstständige Leistung gesehen werden. Die für die Kreditgewährung aufzuwendenden Entgelte sollten entsprechend den Vorgaben der Umsatzsteuerrichtlinien bei Abschluss des Umsatzgeschäfts je für sich gesondert vereinbart werden. Die Entgelte für die beiden Leistungen müssen anschließend getrennt abgerechnet werden. Eine Kreditgewährung wäre dann nach § 4 Nr. 8 lit. a UStG umsatzsteuerbefreit. Andernfalls greift für den Zinsanteil eines (Gesamt-)Kaufpreises grundsätzlich nicht die Umsatzsteuerbefreiung nach § 4 Nr. 8 lit. a UStG.[39] Dies würde dazu führen, dass sich der umsatzsteuerpflichtige Teil der Lieferung erhöht.

---

[38] Vgl. hierzu auch die Ausführungen zum Mogendorfer Modell oben § 3 [Vertragsrecht], Abschnitt 5.1.8.

[39] Vgl. BFH, BStBl II 1981, 197, sowie Abschnitt 29a Abs. 1 und 2 UStR.

3.1.2.2 Betreiberleistungen

Während der Betriebsphase werden nach unserem PPP-Grundverständnis vom Privaten die Instandsetzung und Instandhaltung, das weitere Facility Management sowie sonstige Dienstleistungen erbracht. Im Rahmen des konventionellen Beschaffungsansatzes werden diese Leistungen häufig von der öffentlichen Hand jedenfalls weitgehend selbst erstellt. Insoweit werden keine Leistungen bezogen. Eine Umsatzsteuerbelastung scheidet aus.

Allerdings gewinnt auch das sog. Outsourcing von einzelnen Leistungsbereichen im Rahmen des konventionellen Beschaffungsansatzes, insbesondere bei den sonstigen Dienstleistungen (z. B. Betrieb einer Kantine, Handwerkertätigkeiten), an Bedeutung. Der Bezug von sonstigen Leistungen von privaten Dienstleistern ist nach § 1 Abs. 1 UStG grundsätzlich umsatzsteuerpflichtig. Sofern die Betreiberleistungen Dienstleistungen darstellen, wird im Regelfall vereinbart, dass das Entgelt periodisch (monatlich, vierteljährlich etc.) zu zahlen ist. In diesen Fällen entsteht die Umsatzsteuer mit Ablauf des Voranmeldezeitraums, in dem eine Teilleistung erbracht bzw. das Entgelt gezahlt wird.

3.1.3 Belastung durch Grundsteuer und Grunderwerbsteuer

3.1.3.1 Belastung durch Grundsteuer

Beim konventionellen Beschaffungsansatz verbleibt der Grundbesitz, der bei einer Hochbaumaßnahme zum Einsatz kommt, bei der öffentlichen Hand. Benutzt die öffentliche Hand den Grundbesitz für einen öffentlichen Dienst oder Gebrauch im Sinne von § 3 Abs. 2 GrStG, wird der Grundbesitz und damit die Hochbaumaßnahme von der Grundsteuer befreit.

3.1.3.2 Belastung durch Grunderwerbsteuer

Eine Belastung mit Grunderwerbsteuer tritt bei der konventionellen Beschaffung auf, wenn ein Gebäude auf dem Grundstück des privaten Auftraggebers errichtet und anschließend an die öffentliche Hand verkauft wird (vgl. Kap. 3.1.2.1.2). In diesem Fall ist die Bauleistung nach § 4 Nr. 9 lit. a UStG umsatzsteuerbefreit.

3.2 PPP-Erwerbermodell

Im Gegensatz zur konventionellen Beschaffung wird bei dem sog. PPP-Erwerbermodell ein Gebäude auf dem Grundstück des privaten Auftragnehmers durch selbigen geplant und errichtet sowie finanziert und anschließend der öffentlichen Hand zur Nutzung überlassen. Während einer festgelegten Vertragslaufzeit überlässt der private Partner der öffentlichen Hand die Immobilie und erbringt mit deren Betrieb verbundene Leistungen (z. B. Instandsetzung & Instandhaltung des Gebäudes, weiteres Facility Management und sonstige Dienstleistungen). Er erhält dafür ein nach monatlichen oder jährlichen Raten gestaffeltes regelmäßiges Entgelt. Nach Ablauf der Vertragslaufzeit ist der Auftragnehmer zur Übertragung des Grundstückseigentums an den Auftraggeber verpflichtet. Bei diesem Vertragsmodell wird der Kaufpreis für die Immobilie entweder mit den einzelnen Entgeltraten abgegolten oder zum Zeitpunkt der Übertragung entrichtet (in einer bereits zum Vertragsabschluss festgelegten Höhe). Aus steuerlichen Erwägungen wird auch in Abwandlung des PPP-Erwerbermodells alternativ die Übertragung der Immobilie gegen Zahlung eines Betrages geprüft, der am Ende der Vertragslaufzeit auf Basis des Verkehrswerts ermittelt wird. In diesem Fall verbleibt jedoch das Verwertungsrisiko faktisch weiterhin beim Privaten.

3.2.1 Bilanzsteuerrechtliche Behandlung

3.2.1.1 Bilanzsteuerrechtliche Behandlung bei vorzeitiger Gewinnrealisierung

Gehen, wie das PPP-Erwerbermodell zunächst voraussetzt, Besitz, Gefahr, Nutzungen und Lasten nach Übergabe eines Gebäudes auf die öffentliche Hand über, wird diese bereits zu diesem Zeitpunkt wirtschaftlicher Eigentümer[40] – auch wenn das zivilrechtliche Eigentum erst am Ende der Laufzeit des PPP-Vertrages übertragen wird. Es kommt dabei bei Abnahme des Bauwerks zu einem festen Entgelt zu einer sofortigen Gewinnrealisierung beim Privaten. Die jährlichen Zahlungen („Annuitäten") der öffentlichen Hand und ggf. eine vor Übergang des zivilrechtlichen Eigentums noch zusätzlich zu entrichtende (Rest-)Kaufpreiszahlung der öffentlichen Hand als Auftraggeber sind in diesen Fällen aufzuteilen auf eine ab Abnahme des Grundstücks sofort zu aktivierende Kaufpreisforderung und auf ein für die Dienstleistungen pro rata temporis als Ertrag zu vereinnahmendes Dauerschuldentgelt. Ferner ist zu prüfen, ob ein verdecktes Darlehensgeschäft vorliegt bzw. ob für den Zinsanteil der Forderung ein passiver Rechnungsabgrenzungsposten zu bilden ist, der über die Laufzeit der Forderung aufzulösen ist (siehe oben Kap. 3.1.1).

3.2.1.2 Bilanzsteuerrechtliche Behandlung bei Übertragung zum Verkehrswert

In den Fällen, in denen in Abwandlung zum PPP-Erwerbermodell alternativ die zivilrechtliche Übertragung des Gebäudes gegen Zahlung des zum Zeitpunkt der Vertragsbeendigung zu ermittelnden Verkehrswerts erfolgt und zuvor (lediglich) jährliche Zahlungen in Höhe eines marktüblichen Nutzungsüberlassungsentgeltes geleistet werden, trägt der Private bis zum Vertragsende insbesondere das Preisrisiko. Ihm ist daher das wirtschaftliche Eigentum am Gebäude bis zu diesem Zeitpunkt zuzurechnen. Er hat damit insbesondere als Aufwendungen die Absetzungen für Abnutzung des Gebäudes, die laufenden Kosten sowie die Finanzierungskosten zu berücksichtigen. Als Erträge realisiert er steuerlich Miet- bzw. Pachtzinsen sowie zum Vertragsende einen Veräußerungserlös. Die laufenden Zahlungen der öffentlichen Hand sind steuerlich als Miet- bzw. Pachtzinsen zu behandeln, da sie bis zur Übertragung des zivilrechtlichen Eigentums nur Entgelt für die Nutzungsüberlassung darstellen. Eine Behandlung der ratierlichen Zahlungen als Anzahlungen scheidet daher aus.

3.2.1.3 Bilanzsteuerrechtliche Behandlung bei einem Vertrag mit einheitlichem Vertragsgegenstand (Vertrag sui generis)

Es stellt sich auch bei einem PPP-Erwerbermodell, bei dem für die Übertragung des Grundstücks an die öffentliche Hand nach Ende der Vertragslaufzeit bereits ein festes Entgelt vereinbart wurde, die Frage, ob eine Gewinnrealisierung bereits mit Fertigstellung der Hochbaumaßnahme und vor Beginn der Betriebsphase bilanzsteuerrechtlich möglich ist. Wird eine einheitliche Gesamtleistung vereinbart, schuldet der Private der öffentlichen Hand, gegen ein periodisches Entgelt eine bestimmte Funktionalität (Output-Spezifikation) über die gesamte Vertragsdauer kontinuierlich bereitzustellen (Lebenszyklus-Ansatz, damit zeitraumbezogene Leistungserbringung) sowie das Eigentum am Grundstück zum Ende der Vertragslaufzeit zu übertragen. Dazu gehört auch, ein Gebäude sowie Grund und Boden in einem vertraglich definierten Zustand zu halten und es der öffentlichen Hand zur Nutzung zu überlassen.

Es ist auch möglich, dass der nach den allgemeinen zivilrechtlichen Regelungen mit der Übergabe bzw. Abnahme des Gebäudes an die öffentliche Hand vorgesehene Gefahr- und Lastenübergang von den Partnern vertraglich abbedungen[41] und erst nach Beendigung der Vertragslaufzeit vorgesehen wird.[42] Erfüllt der Private die vereinbarten Vertragsbedingungen nicht oder nur unvollständig, hat er ggf. mit Pönalen und weiteren Sanktionen zu rechnen, die unter Umständen auch zu einer deutlichen Verminderung des Gesamtentgeltes führen können. Maßgeblich für die Erzielung des vereinbarten Entgeltes ist die Einhaltung des ver-

[40] Vgl. BFH, BStBl II 1990, 733 (735); BStBl II 1984, 820 (822); BStBl II 1973, 209 (210).

[41] Putzo, in: Palandt, BGB, § 446, Rn. 3.

[42] Nach dem dieser Untersuchung zugrundeliegenden funktionalen PPP-Ansatz sollte derjenige Partner ein jeweiliges Risiko tragen, der hierfür die bessere Risikomanagementkompetenz besitzt. Dies spricht je nach konkretem Einzelfall häufig dafür, dass der Private bis zur zivilrechtlichen Übertragung der Immobilie die gesamten materiellen Eigentümerpflichten übernimmt.

einbarten Standards und der Zustand des Gebäudes bei Übertragung. Der Private trägt bei einer solchen Vertragsausgestaltung als zivilrechtlicher Eigentümer des Grundstücks bis zur entgültigen Erfüllung des Vertrages nach wie vor die Preisgefahr.

Nach BFH-Rechtsprechung ist ein „einheitlicher gegenseitiger Vertrag" vom Grundstücksveräußerer bilanzmäßig so lange als schwebender Vertrag zu behandeln, bis er als Leistungserbringer die ihm nach dem Vertrag obliegenden Verpflichtungen erfüllt hat.[43] Forderungen aus einem schwebenden Geschäft dürfen wiederum weder handels- noch steuerrechtlich bilanziert werden.[44] Die Realisation eines Gewinns scheidet insoweit aus. Eine Aktivierung ist in solchen Fällen erst dann zulässig, wenn der Gläubiger seine Verpflichtungen aus dem zunächst schwebenden Vertrag im Wesentlichen erfüllt hat.[45] Je nach vertraglicher Ausgestaltung bedeutet dies, dass aus einem PPP-Vertrag ein Dauerschuldverhältnis resultiert.

Nach Auffassung des BFH kommt es im Hinblick auf den genauen Zeitpunkt der Vertragserfüllung bei einem Grundstücksgeschäft entscheidend auf den Übergang des wirtschaftlichen Eigentums auf den Erwerber an.[46] Wie ausgeführt, ist dabei der Zeitpunkt, in dem Besitz, Gefahr, Nutzungen und Lasten übergehen, maßgebend. „Daneben wird aber auch der Zeitpunkt für entscheidend gehalten, zu dem die Gefahr des zufälligen Untergangs und einer zufälligen Verschlechterung (die sog. „Preisgefahr") auf den Erwerber übergeht (§ 446 BGB)".[47] Wenn bei einem PPP-Vertrag die Sach- und Preisgefahr und die Lasten des Grundstücks nicht vor der Übertragung des zivilrechtlichen Eigentums auf die öffentliche Hand übergehen, spricht dies aus unserer Sicht unabhängig vom Zeitpunkt des Übergangs von Besitz und Nutzungen dafür, das bis dahin auch das wirtschaftliche Eigentum beim Privaten verbleibt mit der Folge, dass er Grund und Boden und Gebäude weiterhin zu bilanzieren hat.

Eine vollständige Gewinnrealisierung für die Errichtung der Immobilie ist dann erst zum Ende der Vertragslaufzeit nach Beendigung des Dauerschuldverhältnisses gerechtfertigt.[48] Wir weisen aber ausdrücklich darauf hin, dass für die Anerkennung einer entsprechenden Vertragsgestaltung im Einzelfall auf die konkrete Ausgestaltung des Vertrages und seine Durchführung abzustellen ist. Bilanziell entstehen beim Privaten für die im Rahmen des Modells von ihm erbrachten Leistungen entsprechende laufende Erträge und Aufwendungen (inklusive Abschreibungen auf Gebäude). Soweit Teile von Entgeltzahlungen bis zur dinglichen Übertragung der Immobilie nach Beendigung der Vertragslaufzeit auf den insgesamt zu entrichtenden Kaufpreis der Immobilie angerechnet werden, sind diese als Anzahlungen (Vorleistung) gewinnneutral zu verbuchen.[49] Dabei ist für die Bemessung des Kaufpreisanteils der Entgeltzahlungen auf den voraussichtlichen Wert der Immobilie zum Zeitpunkt der Vertragsbeendigung abzustellen.

3.2.2 Umsatzsteuerliche Behandlung

Geht die wirtschaftliche Substanz (vgl. Abschnitt 24 Abs. 2 Satz 1 UStR) beim PPP-Erwerbermodell bereits mit der Errichtung des Gebäudes auf die öffentliche Hand über, führt der private Auftragnehmer im Zeitpunkt der Übergabe des fertiggestellten Gebäudes

---

[43] BFH, Urteil vom 2. 3. 1990, BStBl II 1990, 733.

[44] Vgl. Weber-Grellert, in: Schmidt, Einkommensteuergesetz – Kommentar, § 5, Rn. 76.

[45] Vgl. Ellrott/Ring, in: Beck'scher Bilanzkommentar, § 247, Rn. 80 und BFH, BStBl 1987, Teil II, S. 797 ff.

[46] BFH, Urteil vom 2. 3. 1990, BStBl II 1990, 733 (735).

[47] BFH, Urteil vom 2. 3. 1990, BStBl II 1990, 733 (735).

[48] Für den Fall, dass die Finanzverwaltung entgegen unserer Ansicht bei entsprechenden Vertragsgestaltungen davon ausgeht, dass das wirtschaftliche Eigentum auf die öffentliche Hand übergegangen ist, ließe sich möglicherweise anstelle der Forderung ein Rechnungsabgrenzungsposten in Höhe der Anschaffungs- und Herstellungskosten aktivieren.

[49] BFH, Urteil vom 22. 8. 1984, BStBl II 1984, 128.

eine Lieferung eines bebauten Grundstücks aus. Nachfolgend erbringt er ratierlich sonstige Leistungen, die in der Verpflichtung zur Instandhaltung der Gebäude, im weiteren Facility Management und der Erbringung sonstiger Dienstleistungen sowie ggf. in der Finanzierung für den Auftraggeber bestehen (siehe hierzu nachfolgend Kap. 3.2.2.1.1). Er erzielt entsprechend laufende Betriebseinnahmen.

Verbleibt das wirtschaftliche Eigentum demgegenüber bis zur Übertragung des zivilrechtlichen Eigentums an einer Immobilie nach Beendigung der Laufzeit eines PPP-Vertrages beim Privaten, ergibt sich eine andere umsatzsteuerliche Behandlung (siehe hierzu nachfolgend Kap. 3.2.2.1.2).

3.2.2.1 Regelfall eines PPP-Erwerbermodells

3.2.2.1.1 Wirtschaftliches Eigentum des Grundstücks bei der öffentlichen Hand

Wie bereits dargestellt, erfolgt in dem Fall, in dem die wirtschaftliche Substanz des Gebäudes unmittelbar nach seiner Errichtung auf die öffentliche Hand übergeht, zu diesem Zeitpunkt eine Lieferung des bebauten Grundstücks vom Auftragnehmer an die öffentliche Hand. Die Lieferung eines Gebäudes im Inland ist grundsätzlich umsatzsteuerbar. Die Lieferung ist jedoch nach § 4 Nr. 9 lit. a UStG von der Umsatzsteuer befreit, soweit sie unter das Grunderwerbsteuergesetz fällt.

Bei einem PPP-Erwerbermodell kann grundsätzlich angenommen werden, dass bereits bei Beginn der Bauphase ein Kaufvertrag oder ein anderes schuldrechtliches Verpflichtungsgeschäft im Sinne von § 1 Abs. 1 Nr. 1 GrEStG besteht, das den Anspruch der öffentlichen Hand auf spätere Übereignung des Grundstücks begründet. In diesem Fall ist die Lieferung des bebauten Grundstücks gemäß § 4 Nr. 9 lit. a UStG von der Umsatzsteuer befreit. Die Grunderwerbsteuer entsteht allerdings erst dann, wenn alle Bedingungen für die anschließende Wirksamkeit eines Erwerbsvorgangs erfüllt sind (§ 14 Abs. 1 GrEStG), d.h. im Regelfall bei Ablauf des Vertrages. Insoweit werden dadurch Liquiditätsvorteile erzielt.

Bei dem von uns eingangs erläuterten PPP-Vertragsansatz ist der private Partner gewöhnlich im Rahmen des Facility Managements auch für die Instandsetzung und Instandhaltung eines Gebäudes verantwortlich. Die an ihn zu leistenden regelmäßigen Zahlungen beinhalten auch das Entgelt für diesen Leistungsbestandteil, der während der Betriebsphase erbracht wird. Unter Umständen kann die Zusicherung eines jederzeit instandgehaltenen Gebäudes zu einem Teil als eine Garantieleistung im Sinne von § 4 Nr. 8 lit. g UStG betrachtet werden. Nach § 4 Nr. 8 lit. g UStG ist die Übernahme von Verbindlichkeiten, von Bürgschaften und anderen Sicherheiten sowie die Vermittlung dieser Umsätze umsatzsteuerfrei. Zur Übernahme anderer Sicherheiten gehört dabei insbesondere die Übernahme von Garantien.

So hat der BFH in einem Fall entgegen der Auffassung der Finanzverwaltung eine von einem Autoverkäufer im Rahmen einer Garantievereinbarung gewährte Eigengarantie als eine eigenständige – nach § 4 Nr. 8 lit. g UStG steuerfreie Hauptleistung – bewertet.[50] Die Garantieleistung des Verkäufers habe neben der Fahrzeuglieferung einen eigenen Zweck. Für einen Käufer mache es einen Unterschied, „ob er lediglich einen Neuwagen mit einjähriger Werksgarantie kauft, oder ob er gegen Zahlung eines Aufpreises noch nach Ablauf der Werksgarantie zwei Jahre lang Reparaturansprüche gegenüber dem Verkäufer ... erhält."

Unseres Erachtens sind die im vorgenannten Urteil aufgestellten Grundsätze auch auf den von uns betrachteten Sachverhalt „Garantie eines instandgehaltenen Gebäudes" zu übertragen, so dass sich Instandhaltungsgarantieleistungen als selbstständige Leistung im Sinne des Umsatzsteuergesetzes ebenfalls unter § 4 Nr. 8 lit. g UStG subsumieren lassen. Dies setzt voraus, dass die Garantie über die gesetzlichen Gewährleistungsansprüche hinausgeht und hierfür ein angemessenes, gesondertes Entgelt vereinbart worden ist. Die abschließende Be-

---

[50] BFH, BFH/NV 2003, 734.

urteilung entsprechender Sachverhalte ist jedoch von der Ausgestaltung der Verträge im Einzelfall abhängig.

Die übrigen Betreiberleistungen (insbesondere das weitere Facility Management und sonstige Dienstleistungen) sind umsatzsteuerbar und umsatzsteuerpflichtig. Die Umsatzsteuer entsteht in dem Voranmeldungszeitraum, in dem diese Leistungen ausgeführt werden bzw. das Entgelt gezahlt wird.

Im Hinblick auf die Leistung einer Kreditgewährung wird auf Kap. 3.1.2.1.4 verwiesen. Bei separatem Ausweis des Finanzierungsentgeltes ist diese Leistung steuerfrei.

3.2.2.1.2 Wirtschaftliches Eigentum bis zur Übertragung des Grundstücks beim Privaten

Verbleibt das wirtschaftliche Eigentum an einer Immobilie bis zur Übertragung des zivilrechtlichen Eigentums nach Beendigung der Laufzeit eines PPP-Vertrages beim Privaten, liegt bis dahin im Hinblick auf die Überlassung der Immobilie steuerlich entweder eine reine Vermietung und Verpachtung eines Grundstücks, die nach § 4 Nr. 12 lit. a UStG von der Umsatzsteuer befreit ist, ein gemischter Vertrag oder ein Vertrag besonderer Art vor. Im Hinblick auf weitere Ausführungen diesbezüglich verweisen wir auf Kap. 3.3.2.1.1.

Mit Übergang des wirtschaftlichen Eigentums auf die öffentliche Hand nach Beendigung des Vertrages liegt nach § 3 Abs. 1 UStG schließlich eine Grundstückslieferung vor. Da es sich hierbei um einen grunderwerbsteuerlichen Vorgang handelt, ist die Lieferung nach § 4 Nr. 9 lit. a UStG von der Umsatzsteuer befreit.

3.2.2.2 PPP-Erwerbermodell bei „Mietverträgen mit Kaufoption“[51]

Ein PPP-Erwerbermodell kann von seinem wirtschaftlichen – nicht zivilrechtlichen – Gehalt her auch dann vorliegen, wenn die öffentliche Hand als Mieterin einer Immobilie eine Kaufoption innehat, die kein Verpflichtungsgeschäft im Sinne von § 1 Abs. 1 GrEStG begründet. Ein solcher Sachverhalt liegt z.B. vor, wenn eine zu zahlende Miete deutlich den entsprechenden Nutzungswert überschreitet und man davon ausgehen kann, dass der Mieter bei wirtschaftlicher Betrachtung seine Kaufoption wahrnimmt, wenn ihm die bis dahin gezahlten Mieten auf den Kaufpreis angerechnet werden.[52] Nach Auffassung der Finanzverwaltung handelt es sich in diesem Fall um eine umsatzsteuerbare Lieferung.

Gemäß § 4 Abs. 9 lit. a UStG sind Lieferungen, die unter das Grunderwerbsteuergesetz fallen, umsatzsteuerbefreit. Nach § 1 Abs. 2 GrEStG unterliegen der Grunderwerbsteuer auch Rechtsvorgänge, die es ohne Begründung eines Anspruchs auf Übereignung einem anderen rechtlich oder wirtschaftlich ermöglichen, ein inländisches Grundstück auf eigene Rechnung zu verwerten.

Laut einem BFH-Urteil aus dem Jahre 1975 ist dabei für die Annahme eines Vorgangs im Sinne des § 1 Abs. 2 GrEStG ausreichend, wenn der Berechtigte Wertsteigerungen des Grundstücks gesichert realisieren kann. Nicht erforderlich ist, dass ihn Wertverluste belasten. Es müssen auch nicht alle einem Eigentümer zustehenden Rechte eingeräumt werden.[53] Die Einwirkungsmöglichkeiten, aus denen die Verwertungsbefugnis auf eigene Rechnung hervorgeht, müssen hingegen gleichzeitig und in einer jeden Zweifel ausschließenden Weise bestehen.[54] Der Berechtigte muss nicht nur besitz- und nutzungsberechtigt sein, sondern auch an der ganzen Substanz des Grundstücks dem Wert nach derartig beteiligt sein, dass er im Innenverhältnis bereits wie der Eigentümer behandelt wird.[55]

---

[51] Vgl. BFH, BStBl III 1955, 94.
[52] Vgl. BFH, BStBl III 1955, 94.
[53] Vgl. BFH, BStBl 1976, Teil II, S. 27.
[54] Vgl. BFH, BStBl III 1965, 265.
[55] Vgl. BFH, BStBl II 1972, 496.

In einem Urteil vom 17. 1. 1996[56] hat der BFH einen Übergang der Verwertungsbefugnis nach § 1 Abs. 2 GrEStG bejaht. Das Urteil betraf einen Mietkaufvertrag, bei dem der Leasing-Nehmer nach Zahlung aller Raten zum symbolischen Preis von 1 DM den Leasing-Gegenstand erwerben konnte. Durch das ihr vertraglich eingeräumte und dinglich abgesicherte Recht, jederzeit auch eine Übereignung des Grundstücks verlangen zu können, ist die Klägerin nach Auffassung des BFH in der Lage gewesen, letztlich über das Grundstück uneingeschränkt zu verfügen. Vor diesem Hintergrund ist es ggf. ratsam, im Zweifelsfall eine bestehende Kaufoption durch eine entsprechende Auflassungsvormerkung auch dinglich abzusichern. Allerdings lässt sich das Urteil von 1996 in seiner Aussage nicht vollständig auf den hier behandelten Sachverhalt übertragen, da dort die Klägerin (Käuferin) auch die Kosten der Instandhaltung zu tragen hatte, was bei einem PPP-Erwerbermodell regelmäßig nicht der Fall sein wird. Insofern lässt sich u. E., soweit ersichtlich, aus der bisherigen Rechtsprechung nicht abschließend der Schluss ziehen, dass der von uns betrachtete Sachverhalt tatsächlich unter den Tatbestand des § 1 Abs. 2 GrEStG subsumiert werden kann. Aus unserer Sicht spricht jedoch einiges für diese Annahme, v. a. wenn es für den Inhaber einer Kaufoption bei einer entsprechenden Gestaltung des Vertrages wirtschaftlich geradezu nahe liegt, die Kaufoption zu einem geeigneten Zeitpunkt auch auszuüben.

Liegen die Voraussetzungen für einen grunderwerbsteuerbaren Vorgang zu Beginn eines PPP-Vertrages jedoch noch nicht vor, ist nach Verwaltungsmeinung stattdessen die Lieferung des bebauten Grundstücks umsatzsteuerpflichtig. Dies bedeutet, dass die gesamte Umsatzsteuer, die sich auf diesen Vorgang bezieht, in den Voranmeldungszeiträumen während bzw. zum Abschluss der Bauzeit entsteht.

Bei einem Eigentumsübergang des Grundstücks zum Ende der Vertragslaufzeit würde die Grunderwerbsteuer erst mit Ende der Vertragslaufzeit anfallen. Aus diesem Grund stellt sich die Frage, ob die Belastung der Lieferung des Gebäudes (und Grundstücks) mit Umsatzsteuer nach § 165 Abs. 1 S. 1 AO bis zum Ende der Vertragslaufzeit offen gehalten werden kann. Die Lieferung unterliegt – sofern das Grundstück auf die öffentliche Hand übergeht – der Grunderwerbsteuer und wäre damit gem. § 4 Nr. 9 lit. a UStG steuerfrei. Wäre eine nachträgliche Entlastung nicht möglich, käme es im Ergebnis zu einer doppelten Belastung durch Umsatzsteuer und Grunderwerbsteuer für das Projekt.

Im Hinblick auf eine Verknüpfung der Umsatzsteuer mit dem Vorliegen eines grunderwerbsteuerlichen Vorgangs sei auf die Anmerkungen unter Kap. 3.1.2.1.2 verwiesen.

3.2.3 Belastung durch Grundsteuer und Grunderwerbsteuer

3.2.3.1 Belastung durch Grundsteuer

Soweit das wirtschaftliche Eigentum am Grundstück einer Hochbaumaßnahme beim PPP-Erwerbermodell der öffentlichen Hand zuzurechnen ist, ist der Grundbesitz bereits nach § 3 Abs. 1 Nr. 1 Satz 1 i. V. m. Satz 2 GrStG von der Grundsteuer befreit. Verbleibt der Private hingegen bis zur zivilrechtlichen Übertragung des Grundstücks auch wirtschaftlicher Eigentümer, unterliegt der Grundbesitz der Hochbaumaßnahme dennoch nicht der Grundsteuer, da die Übertragung auf den Nutzer „öffentliche Hand" am Ende der Vertragslaufzeit im Rahmen der „Öffentlichen Privaten Partnerschaft" (vgl. Gesetzestext) vereinbart ist, und in diesem Fall die Grundsteuerbelastung entfällt.[57]

3.2.3.2 Belastung durch Grunderwerbsteuer

Im Regelfall besteht bei einem PPP-Erwerbermodell bereits bei Beginn der Bauphase ein Kaufvertrag oder ein anderes schuldrechtliches Verpflichtungsgeschäft im Sinne von § 1 Abs. 1 Nr. 1 GrEStG. Da dieser Rechtsvorgang der Grunderwerbsteuer unterliegt, ist damit auch die Durchführung der Bauleistung gemäß § 4 Nr. 9 lit. a UStG von der Umsatzsteuer

[56] Vgl. BFH, BFH/NV 1996, 579 ff.

[57] Vgl. auch Abschnitt 2.3.1.

befreit. Bei dem beschriebenen Mietkauf liegt ggf. ein grunderwerbsteuerlicher Vorgang nach § 1 Abs. 2 GrEStG vor.

Erwirbt allerdings der Private das Grundstück zunächst von der öffentlichen Hand, ist sowohl dieser Erwerb als auch der Rückerwerb des Grundstücks grundsätzlich von der Grunderwerbsteuer befreit.[58]

3.3 PPP-Leasingmodell

Im PPP-Leasingmodell errichtet der Private in der Regel auf seinem Grundstück oder auf Basis eines eingeräumten Erbbaurechts eine Immobilie. Während einer festgelegten Vertragslaufzeit überlässt der private Auftragnehmer der öffentlichen Hand das Grundstück auf Basis eines Vertrages, der in Anlehnung an einen Leasingvertrag verfasst wurde und erbringt für die öffentliche Hand mit der Immobilie und deren Betrieb verbundene Leistungen (z.B. Instandsetzung und Instandhaltung des Gebäudes, weiteres Facility Management und sonstige Dienstleistungen). Das Entgelt für die mit der Immobilie verbundenen Dienstleistungen ist ratierlich zu vereinnahmen. Es besteht so lange keine Verpflichtung seitens des privaten Partners zur Übertragung des Gebäudeeigentums, solange der öffentlichen Hand keine Kaufoption eingeräumt wurde und eine solche nicht ausgeübt wird.

3.3.1 Bilanzsteuerrechtliche Behandlung in Abhängigkeit von der zivilrechtlichen Ausgestaltung und der Zuordnung des wirtschaftlichen Eigentums

3.3.1.1 Zuordnung des wirtschaftlichen Eigentums beim Leasing

3.3.1.1.1 Zuordnung des wirtschaftlichen Eigentums beim Finanzierungsleasing

Im Hinblick auf die bilanzsteuerliche Behandlung der Leistungskomponente „Nutzungsüberlassung" in Anlehnung an einen Leasingvertrag stellt sich zunächst die Frage nach der Zuordnung des wirtschaftlichen Eigentums an dem zugrundeliegenden Leasing-Gegenstand. Hiervon hängt sowohl die Bilanzierung und Abschreibung des Leasing-Gutes als auch die Behandlung der Leasingraten ab. Im Hinblick auf Zurechnungsregeln gibt es für unbewegliche Wirtschaftsgüter zwei Erlasse der Finanzverwaltung, auf die in der Regel Bezug genommen wird.[59] In der Folge werden die Leasingerlasse kurz skizziert. Ergänzend wird auf die Erlasse selbst verwiesen. Vorab ist bei der steuerlichen Beurteilung eines PPP-Vertragswerkes jedoch immer zu prüfen, ob die Leasing-Erlasse einschlägig sind oder ob ein Vertrag sui generis mit einem einheitlichen Leistungsgegenstand vorliegt, auf den die Leasing-Erlasse nicht Anwendung finden können.

Der Erlass von 1972 behandelt Finanzierungs-Leasingverträge, bei denen ein Vertrag über eine bestimmte Zeit (Grundmietzeit) abgeschlossen wird, in der dieser bei vertragsgemäßer Erfüllung von beiden Vertragsparteien nicht gekündigt werden kann. Der Leasing-Nehmer hat beim Finanzierungsleasing mit den in der Grundmietzeit zu entrichtenden Raten mindestens die Anschaffungs- und Herstellungskosten sowie alle Nebenkosten einschließlich der Finanzierungskosten des Leasing-Gebers abzudecken.[60] Die Zurechnung des unbeweglichen Leasing-Gegenstandes ist von der von den Parteien gewählten Vertragsgestaltung und deren tatsächlicher Durchführung abhängig. Unter Würdigung der gesamten Umstände ist im Einzelfall zu entscheiden, wem der Leasing-Gegenstand zuzurechnen ist, wobei die Zuordnung für Gebäude und Boden getrennt zu prüfen ist.

---

[58] Vgl. auch Abschnitt 2.3.2.

[59] BMF-Schreiben vom 21. 3. 1972, Ertragsteuerliche Behandlung von Finanzierungs-Leasing-Verträgen über unbewegliche Wirtschaftsgüter, BStBl 1972, Teil I, S. 188, sowie BMF-Schreiben vom 23. 12. 1991, Ertragsteuerliche Behandlung von Teilamortisations-Leasing-Verträgen über unbewegliche Wirtschaftsgüter, BStBl 1992, Teil I, S. 13.

[60] Vgl. Ziffer I.1.a) des BMF-Schreibens vom 21. 3. 1972 (BStBl. 1972, Teil I, S. 188ff.). Dort wird im Hinblick auf die Definition von Finanzierungs-Leasing-Verträgen auf das BMF-Schreiben vom 19. 4. 1971 (BStBl. 1971, Teil I, S. 264) zur ertragsteuerlichen Behandlung von Leasing-Verträgen über bewegliche Wirtschaftsgüter Bezug genommen.

Das BMF hat in den Leasingerlassen betreffend die ertragsteuerliche Behandlung von unbeweglichen Wirtschaftgütern Entscheidungskriterien für eine Zuordnung vorgegeben, die in der Praxis für die Ausgestaltung von Leasingverträgen zu beachten sind. Nach den Leasingerlassen gilt insbesondere das Folgende:

Bei Finanzierungs-Leasing-Verträgen ohne Kauf- oder Verlängerungsoption und Finanzierungs-Leasing-Verträgen mit Mietverlängerungsoption ist der Grund und Boden grundsätzlich dem Leasing-Geber zuzurechnen, bei Finanzierungs-Leasing-Verträgen mit Kaufoption dagegen regelmäßig dem Leasing-Nehmer in den Fällen, in denen auch das Gebäude dem Leasing-Nehmer zugerechnet wird. Für die Zurechnung des Grund und Bodens in Fällen des Spezial-Leasings ist entsprechend zu verfahren.[61]

Was die Zurechnung der Gebäude anbetrifft, werden diese dem Leasing-Nehmer zugerechnet, wenn die Grundmietzeit kürzer als 40% (Annahme eines Ratenkaufs) oder länger als 90% (wenn der Leasing-Geber bei normalem Verlauf auf Dauer von der Einwirkung auf den Leasinggegenstand ausgeschlossen ist) der betriebsgewöhnlichen Nutzungsdauer ist. Hat der Leasing-Nehmer dem Leasing-Geber an dem Grundstück, das Gegenstand eines Finanzierungs-Leasing-Vertrages ist, ein Erbbaurecht eingeräumt und ist der Erbbaurechtszeitraum kürzer als die betriebsgewöhnliche Nutzungsdauer des Gebäudes, so tritt an die Stelle der betriebsgewöhnlichen Nutzungsdauer des Gebäudes der kürzere Erbbaurechtszeitraum.

Bei Verträgen mit einer Laufzeit von mehr als 40%, aber weniger als 90% der betriebsgewöhnlichen Nutzungsdauer ist der Leasing-Geber auch wirtschaftlicher Eigentümer des Leasinggegenstandes, es sei denn, er hat dem Leasing-Nehmer eine Kauf- oder Mietverlängerungsoption zu Bedingungen eingeräumt, die lediglich als Anerkennungsgebühr und nicht als echte Gegenleistung anzusehen sind. Bei Finanzierungs-Leasing-Verträgen mit Kaufoption wird das Gebäude dem Leasing-Geber zugerechnet, wenn der für den Fall der Ausübung des Optionsrechts vorgesehene Gesamtkaufpreis nicht niedriger ist als der unter Anwendung der linearen AfA ermittelte Buchwert des Gebäudes zuzüglich des Buchwertes für den Grund und Boden oder der niedrigere gemeine Wert des Grundstücks im Zeitpunkt der Veräußerung.

Bei Finanzierungs-Leasing-Verträgen mit Mietverlängerungsoption wird das Gebäude dann dem Leasing-Geber zugerechnet, wenn die Anschlussmiete mehr als 75% des Mietentgeltes beträgt, das für ein nach Art, Lage und Ausstattung vergleichbares Grundstück üblicherweise gezahlt wird.

In Fällen des Spezial-Leasings ist das Gebäude stets dem Leasing-Nehmer zuzuordnen.

3.3.1.1.2 Exkurs zum Spezialleasing

Von Spezial-Leasing spricht man, wenn das Leasingobjekt in einem solchen Maße auf die speziellen Anforderungen und Verhältnisse des Leasing-Nehmers zugeschnitten ist, dass eine wirtschaftlich sinnvolle anderweitige Nutzung oder Verwertung nicht möglich ist.[62] Nach Meinung von Bordewin[63] sind an den speziellen Zuschnitt strenge Bedingungen zu stellen. Entscheidend sei, ob für das Gebäude in seiner konkreten Beschaffenheit und Lage ein Wechsel des Leasingnehmers und Benutzers denkbar ist und ob das Gebäude ohne größere Umbaumaßnahmen von einem anderen Leasingnehmer genutzt werden kann. Spezial-Leasing dürfte hiernach gegeben sein, wenn bei Fertigstellung des Objekts ein Markt für Gebäude dieser Art nicht vorhanden ist und daher ein Wechsel des Leasingnehmers ausgeschlossen erscheint.

Während vor diesem Hintergrund im gewerblichen Bereich äußerst selten Spezial-Leasing angenommen wird,[64] liegt im öffentlichen Bereich eine andere Situation vor. Nach einer Bekanntmachung des Bayerischen Innenministeriums[65] und einem Erlass des Sächsischen

[61] Vgl. Ziffer I.2. des BMF-Schreibens vom 21. 3. 1972 (BStBl. 1972, Teil I, S. 188ff.) zur steuerlichen Zurechnung unbeweglicher Leasing-Gegenstände.

[62] Vgl. BFH, BStBl II 1970, 264, das später durch weitere Urteile bestätigt wurde.

[63] Bordewin, NWB Fach 17, 1435, Abschnitt C VII 2 c.

[64] Vgl. Kroll, in: Kroll, Leasing-Handbuch für die öffentliche Hand, S. 17.

[65] Vgl. Bekanntmachung des Bayerischen Innenministeriums vom 28. 1. 1993, AllMBL. 1993, S. 291.

Staatsministeriums[66] sei ein Wechsel des Leasingnehmers insbesondere dann ausgeschlossen, wenn mit der kommunalen Einrichtung eine nach geltendem Recht hoheitliche, im Verhältnis zum Bürger nicht privatisierbare Aufgabe durch die Kommune erfüllt wird. Das BMF vertritt inzwischen aber,[67] dass die alleinige Tatsache, dass der Leasing-Nehmer die öffentliche Hand ist, nicht automatisch zur Annahme von Spezial-Leasing führt.

Nach 1995 wurden in diesem Zusammenhang Einzelprüfungen von einer Bund-Länder-Prüfkommission „Kommunal-Leasing" der Finanzministerien vorgenommen, die v.a. eine einheitliche Bewertung steuerlicher Zurechnungsfragen gewährleisten sollte. Nach Ansicht von Christen[68] zeigt die Praxis der Prüfkommission jedoch, „dass die Frage des Spezial-Leasing grundsätzlich nicht pauschal, sondern nur anhand der Umstände des konkreten Einzelfalls entschieden werden kann". Relevant werde die Frage insbesondere bei Leasingverträgen mit Kaufoption oder Andienungsrecht. Hier stelle sich die Frage, ob sich aus der Art des Leasingobjekts ein Indiz dafür ergibt, dass der Leasing-Nehmer (beim Leasingvertrag mit Kaufoption) bzw. der Leasing-Geber (beim Leasingvertrag mit Andienungsrecht) zur Optionsausübung gezwungen sein wird. Dieser Rechtsansicht ist zuzustimmen. Eine Beurteilung kann nur anhand der konkreten Ausgestaltung des Einzelfalls erfolgen. Eine pauschale Beurteilung kann dem Einzelfall nicht gerecht werden.

3.3.1.1.3 Zuordnung des wirtschaftlichen Eigentums beim Teilamortisations-Leasing

Im o.g. zweiten Immobilien-Erlass aus dem Jahre 1991 nahm das BMF zur ertragsteuerlichen Behandlung von Teilamortisations-Leasing-Verträgen Stellung. Bei Teilamortisations-Leasing werden die Anschaffungs- und Herstellungskosten sowie alle Nebenkosten einschließlich der Finanzierungskosten des Leasing-Gebers mit den in der Grundmietzeit vom Leasing-Nehmer zu entrichtenden Raten nur zum Teil abgedeckt.[69]

Bei Teilamortisations-Leasing-Verträgen über unbewegliche Wirtschaftsgüter erfolgt keine getrennte Zurechnung von Grund und Boden und Gebäude. Der Leasing-Gegenstand ist grundsätzlich dem Leasing-Geber zuzurechnen. Die Ausnahmefälle von dieser Regel sind im Erlass dargelegt. Darunter fällt zunächst wiederum das Spezial-Leasing, bei dem regelmäßig dem Leasing-Nehmer das wirtschaftliche Eigentum zugeordnet wird. Bei Verträgen mit Kaufoption bzw. Mietverlängerungsoption gilt der Leasing-Nehmer dann als wirtschaftlicher Eigentümer, wenn die Grundmietzeit länger als 90% (die 40%-Grenze entfällt hier, da die typisierende Annahme eines Ratenkaufes hier entfällt) beträgt oder der vorgesehene Kaufpreis geringer ist als der Restwert des Leasing-Gegenstandes nach Ablauf der Grundmietzeit bzw. die Anschlussmiete nicht mindestens 75% des Mietentgelts beträgt, das für ein nach Art, Lage und Ausstattung vergleichbares Grundstück üblicherweise gezahlt wird.[70]

Zu beachten ist, dass der Teilamortisations-Leasing-Erlass von 1991 auch die Verteilung von Eigentümerrisiken bei der Zuordnung des wirtschaftlichen Eigentums berücksichtigt. Dem Leasing-Nehmer ist demnach ein Leasing-Gegenstand stets zuzurechnen, wenn ihm eines der dort aufgezählten typischen Eigentümerrisiken aufgebürdet wird.[71] Vor dem Hintergrund, dass solche Risiken im Rahmen einer PPP häufig von dem privaten Partner getragen werden, stellt sich die Frage, ob in einer solchen Situation der Umkehrschluss gilt, dass der

[66] Vgl. Erlass des Sächsischen Staatsministeriums der Finanzen und Sächsisches Staatsministeriums des Innern vom 25. 2. 1993, Sächs.ABl. 1997, S. 73ff.

[67] Vgl. auch Kroll, in: Kroll, Leasing-Handbuch für die öffentliche Hand, S. 17.

[68] Christen, in: Kroll, Leasing-Handbuch für die öffentliche Hand, S. 32.

[69] Vgl. Ziffer I.1.b) des BMF-Schreiben vom 23. 12. 1991, Ertragsteuerliche Behandlung von Teilamortisations-Leasing-Verträgen über unbewegliche Wirtschaftsgüter, BStBl I, 1992, 13ff.

[70] Vgl. a.a.O., Ziffer II.

[71] A.a.O. unter Ziffer II. dd) sind dort u.a. als Risiken die Gefahr des zufälligen ganzen oder teilweisen Untergangs bzw. der ganzen oder teilweisen Zerstörung des Leasing-Gegenstandes, des Ausschlusses der Nutzungsmöglichkeit sowie des allgemeinen Vertragsrisikos genannt.

private Partner wirtschaftlicher Eigentümer bleibt, wenn er diese Risiken auch nach Übergabe einer Immobilie zur Gebrauchsüberlassung an die öffentliche Hand weiterhin trägt.[72] Im Teilamortisations-Leasing-Erlass zu unbeweglichen Wirtschaftsgütern jedenfalls wird ein solcher Umkehrschluss nicht gezogen. Wenn der Private bei einem PPP-Leasing-Vertrag innerhalb einer individuellen Vertragsgestaltung zahlreiche Risiken zugeordnet bekommt, hat dies unseres Erachtens auch Auswirkungen darauf, inwieweit es handels- und steuerrechtlichen Grundsätzen entspricht, ob eine Gewinnrealisierung bereits nach Übergabe eines Gebäudes stattfindet oder erst pro rata temporis über die Vertragslaufzeit (vgl. auch Kap. 3.3.1.2.1).

3.3.1.2 Bilanzsteuerrechtliche Behandlung des PPP-Leasingmodells in Abhängigkeit von der Zuordnung des wirtschaftlichen Eigentums[73]

Der Immobilien-Erlass von 1972 regelt sowohl für Finanzierungs-Leasing-Verträge als auch für Teilamortisations-Verträge die bilanzsteuerrechtliche Behandlung.

3.3.1.2.1 Das wirtschaftliche Eigentum am Leasing-Gegenstand befindet sich beim Leasing-Geber

Liegt das wirtschaftliche Eigentum an den im Rahmen einer Hochbaumaßnahme erstellten Gebäuden beim Privaten als Leasing-Geber, hat dieser den Leasing-Gegenstand mit seinen Anschaffungs- und Herstellungskosten nach § 255 HGB zu aktivieren. Die Finanzverwaltung hat zur Frage der Aktivierung ergänzend in Abschnitt 33 EstR Stellung genommen. In der GuV des Privaten sind die Leasing-Raten als laufende Erträge und die laufenden betrieblichen Aufwendungen sowie Abschreibungen auf die von ihm zu bilanzierenden Gebäude nach Maßgabe von § 7 Abs. 4 EStG auszuweisen.

3.3.1.2.2 Das wirtschaftliche Eigentum am Leasing-Gegenstand befindet sich beim Leasing-Nehmer

Liegt das wirtschaftliche Eigentum an den im Rahmen einer Hochbaumaßnahme erstellten Gebäuden bei der öffentlichen Hand als Leasing-Nehmer, hat der Private gemäß den für unbewegliche Wirtschaftsgüter geltenden Leasingerlassen eine Kaufpreisforderung an den Leasing-Nehmer in Höhe der den Leasing-Raten zugrunde gelegten Anschaffungs- und Herstellungskosten zu aktivieren. Die Leasing-Raten sind in einen ertragswirksamen Zins- und Kostenanteil sowie in einen Anteil Tilgung der Kaufpreisforderung aufzuteilen.

Obwohl in den Leasingerlassen ein Übergang des wirtschaftlichen Eigentums an den Leasing-Nehmer angenommen wird, zieht die Finanzverwaltung dort nicht den Schluss, dass damit auch eine Gewinnrealisierung zu erfolgen hat. Dies ist jedoch für den Privaten grundsätzlich positiv zu beurteilen, da insoweit die Erträge pro rata temporis mit der Vereinnahmung der Leasing-Raten erzielt werden.

3.3.2 Umsatzsteuerliche Behandlung

Umsatzsteuerlich geht es in der Folge insbesondere um die Beurteilung der Zur-Verfügung-Stellung von Gebäuden, von Instandhaltungsarbeiten sowie weiteren Facility Management- und sonstigen Dienstleistungen.

Werden Gegenstände im Leasingverfahren überlassen, ist nach Auffassung der Finanzverwaltung die Übergabe des Leasing-Gegenstandes durch den Leasing-Geber an den Leasing-Nehmer eine Lieferung, wenn der Leasing-Gegenstand einkommensteuerrechtlich dem Leasing-Nehmer zuzurechnen ist (UStR, Abschnitt 25 Abs. 4). Dabei wird auf ein BFH-Urteil vom 1. 10. 1970[74] verwiesen, das sich auf Leasingverträge über Anlagen (bewegliche Wirtschaftsgüter) bezog. Verbleibt das wirtschaftliche Eigentum des Leasing-Gegenstands

[72] Vgl. auch das im Zusammenhang mit Vertragsmodell I ausführlich erörterte BFH, Urteil vom 2. 3. 1990, BStBl II 1990, 733.

[73] Vgl. BMF-Schreiben vom 21. 3. 1972, Ertragsteuerliche Behandlung von Finanzierungs-Leasing-Verträgen über unbewegliche Wirtschaftsgüter, BStBl I 1972, 188.

[74] Vgl. BFH, BStBl II 1971, 34.

hingegen beim Leasinggeber, liegt in der Regel eine Nutzungsüberlassung vor. Umsatzsteuerrechtlich ist darin eine sonstige Leistung im Sinne von § 3 Abs. 9 UStG zu sehen.

Im Folgenden wird zunächst die umsatzsteuerliche Behandlung eines Leasinggeschäfts dargestellt, bei dem das wirtschaftliche Eigentum am Grundstück beim Leasing-Geber verbleibt. Anschließend betrachten wir den Fall, bei dem das wirtschaftliche Eigentum des Gebäudes bzw. ggf. auch von Grund und Boden auf den Leasing-Nehmer übergeht. In beiden Fällen wird angenommen, dass ein Gebäude auf Grundlage eines Erbaurechts oder auf dem eigenen Grundstück des privaten Auftragnehmers durch diesen errichtet werden soll.

3.3.2.1 Wirtschaftliches Eigentum des Grundstücks beim Leasing-Geber

Befindet sich das wirtschaftliche Eigentum am Grundstück beim Leasing-Geber, stellt der Leasingvertrag grundsätzlich eine nach § 4 Nr. 12 lit. a UStG (Vermietung und Verpachtung eines Grundstücks) von der Umsatzsteuer befreite Vermietungsleistung dar. Im Hinblick auf die umsatzsteuerliche Behandlung des PPP-Leasingmodells mit der öffentlichen Hand sind jedoch zusätzlich auch die einzelnen Leistungsbestandteile Planung und Bau sowie die unterschiedlichen Betreiberleistungen (insbesondere das Facility Management einschließlich Instandsetzung und Instandhaltung sowie sonstige Dienstleistungen) zu berücksichtigen. Je nach unterschiedlicher Ausgestaltung der Wertschöpfungskette eines PPP-Vorhabens ergeben sich für den Einzelfall unterschiedliche steuerliche Folgen.

Nach bürgerlichem Recht liegt eine Grundstücksvermietung vor, wenn dem Mieter zeitweise der Gebrauch eines Grundstücks gewährt wird (§ 535 BGB). Gebrauchsüberlassung heißt, dass der Mieter während der Mietzeit das ausschließliche Nutzungsrecht am gemieteten Grundstück hat und Dritte von Einwirkungen auf das Grundstück abhalten kann. Nach der Auffassung des BGH sind auch Finanzierungsleasingverträge hauptsächlich nach den mietvertraglichen Bestimmungen der §§ 535 ff. BGB zu behandeln.[75] Die Vermietung und Verpachtung von Grundstücken ist nach § 4 Nr. 12 lit. a UStG grundsätzlich steuerbefreit. Diese Befreiung steht auch im Einklang mit Art. 13 Teil B Buchstabe b der Sechsten EG-Richtlinie.[76]

Es stellt sich nun die Frage, wie die über reine Mietleistungen hinausgehende Leistungsbestandteile umsatzsteuerlich zu klassifizieren sind und welche Folgen sich hieraus ergeben. Von der Beantwortung dieser Fragen hängt im Einzelfall ab, welche Leistungsbestandteile steuerbare und auch steuerpflichtige Umsätze darstellen und welche Leistungsteile von der Umsatzsteuer, insbesondere als unselbstständige Nebenleistungen zur steuerbefreiten Vermietung und Verpachtung, befreit sind.

3.3.2.1.1 Umfang der steuerfreien Nebenleistungen

Zu den steuerfreien Vermietungsleistungen gehören aus umsatzsteuerlicher Sicht auch Nebenleistungen, die üblicherweise in unmittelbarem wirtschaftlichen Zusammenhang mit der Vermietung stehen (sog. unselbstständige Nebenleistungen). Dabei kommt der Grundsatz der Einheitlichkeit der Leistung zum Tragen, wonach ein einheitlicher Vorgang im wirtschaftlichen Sinne umsatzsteuerlich nicht in Einzelbestandteile aufgeteilt werden darf, d. h. die Nebenleistungen teilen das Schicksal der Hauptleistung. Als Nebenleistung anzusehen sind z. B. die Lieferung von Wärme, die Versorgung mit Wasser, auch mit Warmwasser, die Flur- und Treppenreinigung sowie die Treppenbeleuchtung (vgl. Abschnitt 76 Abs. 5 Satz 3 UStR).

In der Praxis ist die Abgrenzung, ob eine Leistung als unselbstständig anzusehen ist und eine Nebenleistung darstellt, abhängig von einer Vielzahl unterschiedlicher Faktoren sowie von den Umständen des Einzelfalls. So können z. B. Instandhaltungsleistungen eines Hausmeisters, wie die Ausführung kleiner Reparaturen oder der Schutz der Wasserleitung und

[75] Vgl. BGHZ 96, 103 ff.

[76] Richtlinie 77/388/EWG zur Harmonisierung der Rechtsvorschriften zur Harmonisierung der Rechtsvorschriften über die Umsatzsteuer, ABl. 1977, L 145, S. 1.

Heizung vor Frostschäden in der Regel als unselbstständige Nebenleistungen gewertet werden, wenn diese nicht gesondert berechnet werden, während andere im Rahmen eines PPP-Projektes wahrzunehmenden Aufgaben, wie z.B. die Überwachung eines Schulgebäudes oder die Ausführung kleinerer Reparaturen an Einrichtungen des Schuldienstes eher nicht mehr als Nebenleistungen zur Vermietung und Verpachtung zu betrachten sind. Diese Abgrenzungsfragen können jedoch im Hinblick auf die umsatzsteuerlichen Auswirkungen von maßgeblicher Bedeutung sein.

Bei Projekten, bei denen über einen gewissen Zeitraum neben einer Bauleistung tiefgreifende Sanierungsleistungen erbracht werden (z.B. neben dem Neubau auch Sanierungsleistungen für Schulen über einen bestimmten Zeitraum), lässt sich eine Klassifizierung der Sanierungsleistung als eine bestimmte Umsatzart nicht pauschal vornehmen. Der BFH hat es bislang als eine Nebenleistung zu einer Vermietungstätigkeit angesehen, wenn der Vermieter eine Bauleistung erbringt, um den Vermietungsgegenstand in einen zum vertragsgemäßen Gebrauch geeigneten Zustand zu bringen und hierfür ein vorausgezahltes Entgelt erhält. So hat der BFH sowohl die Entschädigung zum Abbruch eines Gebäudes[77] als auch verlorene Baukostenzuschüsse[78] als steuerfrei qualifiziert. Insofern könnte entsprechend argumentiert werden, dass Sanierungsleistungen als Umsätze im Sinne von § 4 Nr. 12 lit. a UStG zu qualifizieren sind, wobei eine abschließende Beurteilung nur für den konkreten Einzelfall vorgenommen werden kann.

Werden im Zusammenhang mit einer Vermietung von Grundstücken nur unselbstständige Nebenleistungen erbracht, spricht man noch von reinen Grundstücksmietverträgen. Die Leistungen des Vermieters sind gemäß § 4 Nr. 12 lit. a UStG von der Umsatzsteuer befreit. Davon sind solche Fälle zu unterscheiden, in denen neben der Vermietung von Grundstücken (einschließlich der dazu gehörigen Nebenleistungen) noch weitere Leistungen erbracht werden, die keine (bloßen) Nebenleistungen sind. Insbesondere Leistungen wie das Facility Management (soweit diese nicht im Rahmen der Instandhaltung und Instandsetzung den Vermieterpflichten zuzuordnen sind) oder sonstige Dienstleistungen, wie z.B. die Übernahme von Catering-Leistungen, lassen sich grundsätzlich nicht mehr unter die reine Grundstücksvermietung subsumieren. Als Folge von integrierten PPP-Leistungspaketen ergeben sich somit Verträge, die entweder als gemischte Verträge oder als Verträge besonderer Art zu bewerten sind.

Ein gemischter Vertrag im Sinne des Umsatzsteuerrechts liegt vor, wenn er sowohl die Merkmale einer Vermietung als auch Merkmale anderer Leistungen aufweist, ohne dass ein so starkes Zurücktreten der Merkmale der einen oder anderen Gruppe gegeben ist, dass sie umsatzsteuerlich nicht mehr zu beachten wären.[79] Bei einem gemischten Vertrag ist das Entgelt für die Gesamtleistung in einen auf die steuerfreie Grundstücksvermietung und einen auf die steuerpflichtige Leistung anderer Art entfallenen Teil – erforderlichenfalls durch Schätzung – aufzuteilen. Insofern wäre für ein gesamtes PPP-Leistungspaket eine solche Aufteilung nach plausiblen, am konkreten Einzelfall festzulegenden Kriterien vorzunehmen.

Ist eine solche Aufteilung jedoch nicht möglich und tritt die Gebrauchsüberlassung des Grundstücks gegenüber anderen wesentlichen Leistungen zurück, ist die gesamte Leistung steuerpflichtig. Es handelt sich dabei um einen sog. Vertrag besonderer Art, bei dem das Vertragsverhältnis ein einheitliches, unteilbares Ganzes darstellt.

Besondere Bedeutung kommt der umsatzsteuerlichen Behandlung von Betriebsvorrichtungen zu. Zu den Betriebsvorrichtungen gehören alle Anlagen, die, ohne Teil des Gebäudes zu sein, in besonderer und unmittelbarer Beziehung zu dem auf dem Grundstück ausgeübten Betrieb stehen. Werden bei der Vermietung und Verpachtung von Grundstücken auch Betriebsvorrichtungen mitvermietet, werden sie von der Steuerbefreiung des § 4

[77] Vgl. BFH, BStBl II 1987, 465.
[78] Vgl. BFH, BStBl II 1988, 848.
[79] Vgl. BFH, Urteil vom 7. 4. 1960, BStBl III 1960, 261.

Nr. 12 lit. a UStG nicht erfasst – es sei denn, sie treten so deutlich in den Hintergrund, dass sie im Sinne der Einheitlichkeit der Leistung eine unselbstständige Nebenleistung zur Vermietung und Verpachtung eines Grundstücks darstellen.

Geht man davon aus, dass Betriebsvorrichtungen im Rahmen eines gemischten Vertrages vermietet werden, ist eine Aufteilung hinsichtlich der Zuordnung einzelner Komponenten zu den Grundstücksteilen bzw. Betriebsvorrichtungen vorzunehmen.[80] Für Sportanlagen konnte eine solche Aufteilung in diesem Bereich zumindest bis zum 31. 12. 2004 vorgenommen werden (vgl. § 27 Abs. 6 UStG). U.E. ist insbesondere bei Schulbauten hinsichtlich der einzelnen Leistungskomponenten (z.B. Klassenräume, Laboratorien, Sporthallen) nach wie vor eine Aufteilung geboten.

Es ist jedoch auch denkbar, dass die Vermietung der Betriebsvorrichtungen so deutlich im Vordergrund steht, dass die Vermietung und Verpachtung eines Grundstücks in seiner Bedeutung entsprechend zurücktritt. So ist z.B. der Europäische Gerichtshof[81] von einer einheitlichen steuerpflichtigen Leistung ausgegangen, wenn die Zurverfügungstellung von Sportstätten (im zugrundeliegenden Fall ein Golfplatz) mit entsprechenden Verwaltungsleistungen als Gesamtheit eine Dienstleistung ergibt, die mit Sport- und Körperbetätigung zusammenhängt. Bei einem solchen Vertrag besonderer Art kommt die Steuerbefreiung nach § 4 Nr. 12 lit. a UStG weder für die gesamte Leistung noch für einen Teil der Leistung in Betracht.

Bei Leasingverträgen über „öffentliche Immobilien", wie zum Beispiel Schulen, Gefängnisse oder Verwaltungsgebäude ist also nach vorstehend Gesagtem stets zu prüfen, ob es sich um reine Grundstücksmietverträge, ggf. zuzüglich weiterer unselbstständiger Nebenleistungen oder um die Überlassung eines Gebäudes und von Betriebsvorrichtungen sowie ggf. zuzüglich weiterer Hauptleistungen (gemischter Vertrag) oder um eine einheitliche Dienstleistung handelt (Vertrag besonderer Art). Abhängig vom Ergebnis sind die Leistungen des Auftragsnehmers ganz oder nur teilweise steuerfrei oder im vollen Umfang umsatzsteuerpflichtig.

3.3.2.1.2 Kreditgewährung nach § 4 Nr. 8 lit. a UStG

Die Kreditgewährung ist grundsätzlich nach Auffassung der Finanzverwaltung nur dann als selbstständige Hauptleistung neben der Lieferung anzusehen, wenn für die Kreditgewährung ein gesondertes Entgelt vereinbart und berechnet worden ist (vgl. Abschnitt 29a Abs. 1 und 2 UStR).

3.3.2.2 Wirtschaftliches Eigentum beim Leasing-Nehmer

Wie oben bereits dargestellt, ist nach Verwaltungsmeinung die Übergabe eines Leasing-Gegenstandes durch den Leasing-Geber an den Leasing-Nehmer dann umsatzsteuerlich eine Lieferung, wenn der Leasing-Gegenstand einkommensteuerrechtlich dem Leasing-Nehmer zuzuordnen ist. Bei einer solchen Lieferung stellt die Summe der Leasingraten, bei einer Kaufoption zuzüglich des vereinbarten Kaufpreises und bei einer Mietverlängerungsoption zuzüglich der vereinbarten Leasingverlängerungsraten bis zum Ablauf der voraussichtlichen Nutzungsdauer die Bemessungsgrundlage für die Umsatzsteuer dar.[82] Das in den Umsatzsteuerrichtlinien erwähnte Gerichtsurteil aus dem Jahre 1970 bezieht sich allerdings nicht auf unbewegliche Wirtschaftsgüter. In den Richtlinien werden aber für unbewegliche Wirtschaftsgüter auch keine gesonderten Aussagen getroffen, die von der Behandlung bei beweglichen Wirtschaftsgütern abweichen. Aus unserer Sicht können sich hingegen mit der Anwendung der Verwaltungsmeinung in der Praxis erhebliche Probleme ergeben.

---

[80] Vgl. BFH, Urteil vom 16. 5. 1995, BStBl II 1995, 750.

[81] Vgl. EuGH, Urteil vom 18. 1. 2001, Rs. C-150/99, Slg. 2001, I-521 (Stockholm Lindöpark).

[82] Vgl. BFH, BStBl II 1971, 34; OFD Hamburg, Verfügung vom 15. 9. 1991, UR 1991, S. 327.

So ist es denkbar, dass bei unbeweglichen Wirtschaftsgütern das wirtschaftliche Eigentum an Grund und Boden beim Leasing-Geber verbleiben kann, während das wirtschaftliche Eigentum am Gebäude auf den Leasing-Nehmer übergeht (vgl. Leasing-Erlass von 1972). Ob umsatzsteuerlich für die Annahme einer Lieferung nicht eine einheitliche Leistung, die sowohl Grund und Boden als auch das Gebäude erfasst, erforderlich ist, ist zumindest umstritten.[83] Geht man davon aus, dass nur eine Lieferung des Gebäudes stattfindet, stellt sich die Frage, ob es nach Beendigung des Leasingvertrages zu einer automatischen Rücklieferung des Gebäudes kommt, die umsatzsteuerpflichtig wäre. Das bürgerlichrechtliche Eigentum am Gebäude lässt sich jedenfalls nicht ohne das Grundstück aufrechterhalten.

Unabhängig davon kann der Leasing-Nehmer auch in dem Fall, dass das wirtschaftliche Eigentum am Grund und Boden und dem Gebäude bei ihm zusammenfällt, das Grundstück nach Ablauf des Leasing-Vertrags an den Leasing-Geber zurückgeben und eine eventuell bestehende Kaufoption nicht wahrnehmen. In diesen Fällen käme entweder eine Rücklieferung des Gebäudegrundstücks vom Leasingnehmer an den Leasinggeber oder eine rückgängig gemachte Lieferung des Leasinggebers an den Leasingnehmer in Betracht. Im letztgenannten Fall läge für die vergangene Vertragslaufzeit eine Nutzungsüberlassung vor und das Leasing wäre im Nachhinein als sonstige Leistung, insbesondere als Vermietung und Verpachtung i.S.v. § 4 Nr. 12 lit. a UStG zu beurteilen, wobei die Frage jedoch offen bleibt, mit welchen verfahrensrechtlichen Mitteln die Aufhebung der früheren Steuer zu erreichen ist.

Nimmt man allerdings eine Rücklieferung der öffentlichen Hand an, stellt sich weiter die Frage, ob diese nicht dadurch unter bestimmten Konstellationen die Unternehmereigenschaft annehmen würde (Stichwort Grundstückshandel). Dies dürfte insbesondere dann der Fall sein, wenn damit zu rechnen ist, dass die öffentliche Hand mehr als eine der ihr von Privaten zur Verfügung gestellten Immobilien nicht übernehmen möchte (z.B. ein Pool von Schulen oder Verwaltungsgebäuden).

Schließlich besteht das Problem, dass mit der Einräumung einer Kaufoption an den Leasing-Nehmer für das Ende der Grundmietzeit noch kein Rechtsgeschäft abgeschlossen wurde, das einen Anspruch auf Übereignung des Leasing-Gegenstandes begründet. Es würde sich also hier nicht um einen grunderwerbsteuerbaren Tatbestand nach § 1 Abs. 1 GrEStG handeln. Dies hätte zur Folge, dass die Lieferung des privaten Leasinggebers an die öffentliche Hand nicht gem. § 4 Nr. 9 lit. a UStG von der Umsatzsteuer befreit wäre.

Nach Auffassung von Bordewin[84] soll jedoch ein Übergang der Verfügungsmacht an einem Grundstück im Sinne von § 1 Abs. 2 GrEStG vorliegen, wenn eine Kaufoption mit einem festen, vom Leasing-Geber nicht mehr erhöhbaren Preis vereinbart worden[85] und im Übrigen ertragsteuerlich das Grundstück dem Leasing-Nehmer zuzurechnen ist, sofern umsatzsteuerlich eine Lieferbeziehung vorliegt. Der Leasing-Nehmer könne zwar vor Eintritt des Zeitpunkts, in dem er sein Optionsrecht ausüben kann, noch nicht über das Grundstück durch Veräußerung oder Belastung verfügen. Die fehlende Verfügungsmöglichkeit während der Grundmietzeit sei aber nicht entscheidend, da der Immobilien-Leasing-Nehmer in dieser Phase das Grundstück und Gebäude selbst nutzen und nicht veräußern möchte.

Folgt man der Meinung von Bordewin, würde ein solcher Leasingvertrag der Grunderwerbsteuer unterliegen und die Lieferung nach § 4 Nr. 9 lit. a UStG umsatzsteuerfrei sein. Bordewin meint jedoch, dass seine Auffassung unter Umständen im Widerspruch

---

[83] Vgl. Kempke, BB 1986, 641 (641 f.), der davon spricht, dass eine Aufteilung in Grund und Boden einerseits und Gebäude andererseits für die umsatzsteuerliche Lieferung nach herrschender Ansicht nicht möglich ist.

[84] Bordewin, Leasing im Steuerrecht, S. 123.

[85] Der Leasing-Nehmer könnte etwaige Wertsteigerungen des Grundstücks nach Beendigung der Grundmietzeit realisieren.

zur Rechtsprechung des BFH zur Auslegung des § 1 Abs. 2 GrEStG stehen könnte.[86] Er zitiert dabei das bereits unter Kap. 3.2.2.2 erwähnte Urteil des BFH aus dem Jahre 1972.[87]

Grundsätzlich ist die ertragsteuerliche Bewertung eines Vorgangs durch die Finanzbehörde für die grunderwerbsteuerliche Behandlung des betroffenen Grundstücks unerheblich, weil eine Bindung insoweit nicht besteht.[88] Sie kann für die grunderwerbsteuerliche Beurteilung eines Vorgangs ggf. als Indiz gewertet werden, wobei die umsatz- und die grunderwerbsteuerlichen Ergebnisse durchaus voneinander abweichen können.

Verneint man demnach die Anwendung des § 1 Abs. 2 GrEStG, fällt bei Annahme einer Lieferung im Rahmen des Leasings mit Überlassung des Grundstücks Umsatzsteuer an, denn die Voraussetzungen für eine Umsatzsteuerbefreiung nach § 4 Nr. 9a UStG lägen nicht vor. Würde später das Grundstück in Ausübung einer vorhandenen Kaufoption bürgerlichrechtlich übertragen, käme es dann nach einer zusätzlichen Belastung durch Grunderwerbsteuer grundsätzlich zu einer Doppelbelastung. Diese könnte vermieden werden, wenn die Umsatzsteuerfestsetzung gemäß § 165 Abs. 1 Satz 1 AO bis zum Ende der Vertragslaufzeit nur vorläufig erfolgt.

Nach einem EuGH-Urteil vom 16. Januar 2003[89] stellt sich die Frage, ob die Bezugnahme der Verwaltung auf einkommensteuerrechtliche Zuordnungsregeln nicht ggf. im Widerspruch zur ständigen EU-Rechtsprechung steht. Der EuGH hat in seinem Urteil auch Ausführungen zum Begriff Vermietung von Grundstücken im Sinne von Art. 13 Teil B Buchstabe b der 6. EG-Richtlinie gemacht. Der EuGH äußerte, dass die in Art. 13 der 6. EG-Richtlinie vorgesehenen Umsatzsteuerbefreiungen nach ständiger Rechtsprechung eigenständige Begriffe des Gemeinschaftsrechts darstellen und daher eine gemeinschaftsrechtliche Definition erfordern würden. Mithin könne umsatzsteuerlich die Auslegung des Begriffs Vermietung von Grundstücken nicht von einer Auslegung abhängen, die zivilrechtlich in einem Mitgliedsstaat vorgenommen wird. Es gilt vielmehr der Grundsatz der normspezifischen Auslegung von Rechtsbegriffen.

Da dies für alle zivilrechtlichen Begriffe gilt, bedürften aus unserer Sicht auch alle Begriffe ertragsteuerlichen Ursprungs, die im Umsatzsteuerrecht verwendet werden, einer Überprüfung vor dem Hintergrund des Gemeinschaftsrechts.[90] Ob eine Lieferung oder eine sonstige Leistung in Form einer Dienstleistung vorliegt, entscheidet sich für Leasingfälle dort abschließend nach Art. 5 Abs. 4 Buchstabe b der 6. EG-Richtlinie.

3.3.3 Belastung durch Grundsteuer und Grunderwerbsteuer

3.3.3.1 Belastung durch Grundsteuer

3.3.3.1.1 Zurechnung des Grundbesitzes beim Leasing-Geber

Wenn beim PPP-Leasingmodell das wirtschaftliche Eigentum am Grundbesitz für eine Hochbaumaßnahme beim privaten Partner der öffentlichen Hand liegt, wird das Grundstück ihm zugerechnet und es fällt auf den Grundbesitz für die Hochbaumaßnahme Grundsteuer an.

3.3.3.1.2 Zurechnung des Grundbesitzes beim Leasing-Nehmer

Verbleibt beim PPP-Leasingmodell das wirtschaftliche Eigentum am Grundbesitz für eine Hochbaumaßnahme bei der öffentlichen Hand und wird ihr das Grundstück zugerechnet, ist der Grundbesitz für die Hochbaumaßnahme nach § 3 Abs. 1 Nr. 1 Satz 1 GrStG von der Grundsteuer befreit.

---

[86] A. a. O., S. 122.
[87] Vgl. BFH, BStBl II 1972, 496.
[88] BFH, BStBl II 1975, 863.
[89] Vgl. EuGH, Urteil vom 16. 1. 2003, Rs. C-315/00, Slg. 2003, I-579 (Maierhofer).
[90] Vgl. Grünwald/Pogodda, UR 2003, 189.

3.3.3.2 Belastung durch Grunderwerbsteuer

3.3.3.2.1 Wirtschaftliches Eigentum beim Leasing-Geber

Eine Belastung mit Grunderwerbsteuer tritt nur dann ein, wenn die öffentliche Hand als Leasing-Nehmer nach Beendigung der Grundmietzeit eine Kaufoption besitzt und diese tatsächlich auch ausübt. In diesem Fall käme es zu einem grunderwerbsteuerbaren Erwerbsvorgang nach § 1 Abs. 1 Nr. 1 oder 2 GrEStG.

3.3.3.2.2 Wirtschaftliches Eigentum beim Leasing-Nehmer

Aus unserer Sicht liegt auch bei einem Leasingvertrag, bei dem das wirtschaftliche Eigentum dem Leasing-Nehmer zuzuordnen ist, noch nicht unbedingt ein grunderwerbsteuerbarer Erwerbsvorgang nach § 1 Abs. 2 GrEStG vor. Ist § 1 Abs. 2 GrEStG nicht anwendbar, tritt eine Belastung mit Grunderwerbsteuer nur auf, wenn die öffentliche Hand als Leasing-Nehmer nach Beendigung der Grundmietzeit eine Kaufoption besitzt und diese tatsächlich auch ausübt. In diesem Fall käme es zu einem grunderwerbsteuerbaren Erwerbsvorgang nach § 1 Abs. 1 Nr. 1 oder 2 GrEStG.

3.4 PPP-Vermietungsmodell (Variante mit vorzeitiger Kündigungsmöglichkeit)

In der Folge werden wesentliche steuerliche Auswirkungen des PPP-Vermietungsmodells (Nutzungsüberlassung auf Basis eines an einen Mietvertrag angelehnten Vertrages) mit einer abweichend zum Grundtypus des PPP-Vermietungsmodells vorzeitigen Kündigungsmöglichkeit erörtert. Die Variante „vorzeitige Kündigungsmöglichkeit" wurde gewählt, um ertragsteuerlich eine Abgrenzung zum Leasing vornehmen zu können. Ein entsprechender Vertrag kommt wirtschaftlich insbesondere in den Fällen in Betracht, in denen eine Hochbaumaßnahme, d.h. ein Gebäude, nicht nur durch den öffentlichen Auftraggeber, sondern auch durch Private genutzt werden kann.

3.4.1 Bilanzsteuerrechtliche Behandlung

Im Rahmen des PPP-Vermietungsmodells verbleibt sowohl das zivilrechtliche als auch das wirtschaftliche Eigentum am Grundstück beim Privaten. Dieser hat den Grund und Boden und das Gebäude in seiner Bilanz mit den Anschaffungs- und Herstellungskosten nach § 255 HGB bzw. im Einklang mit Abschnitt 33 EStR zu bewerten und das Gebäude anschließend nach Maßgabe von § 7 Abs. 4 EStG abzuschreiben. Die Mietzahlungen der öffentlichen Hand, die auch das Entgelt für die Instandhaltung und Instandsetzung umfassen, gehen beim Privaten als Ertrag in die GuV ein.

Für das Facility Management und die sonstigen Dienstleistungen entstehen bei der Projektgesellschaft laufende Aufwendungen und Erträge.

3.4.2 Umsatzsteuerliche Behandlung

Grundsätzlich kann bei einem PPP-Vermietungsmodell auf die Ausführungen zum Leasingvertrag, bei dem das wirtschaftliche Eigentum am Grundstück beim Leasing-Geber verbleibt, verwiesen werden (siehe Kap. 3.3.2.1). Die Nutzungsüberlassung ist als sonstige Leistung nach § 4 Nr. 12 lit. a UStG von der Umsatzsteuer befreit.

3.4.3 Belastung durch Grundsteuer und Grunderwerbsteuer

3.4.3.1 Belastung durch Grundsteuer

Der private Partner ist beim PPP-Vermietungsmodell sowohl zivilrechtlicher als auch wirtschaftlicher Eigentümer des zu vermietenden Grundstücks. Aus diesem Grund unterliegt der Grundbesitz der Grundsteuer.

3.4.3.2 Belastung mit Grunderwerbsteuer

Da es beim PPP-Vermietungsmodell während und zum Ende der Vertragslaufzeit nicht zu einem Eigentumsübergang vom privaten Partner auf die öffentliche Hand kommt, fällt bei diesem Modell grundsätzlich keine Grunderwerbsteuer an.

3.5 PPP-Vermietungsmodell (Variante mit vorzeitiger Kündigungsmöglichkeit durch Ausübung einer Kaufoption)

Der im PPP-Vermietungsmodell in der Variation mit vorzeitiger Kündigungsmöglichkeit durch Ausübung einer Kaufoption behandelte Mietkauf unterscheidet sich vom unter Kap. 3.2.2.2 dargestellten Mietkauf, der steuerlich wie ein Ratenkauf zu behandeln ist. Von einem Mietkauf wird hier gesprochen, wenn die öffentliche Hand als Mieter eines Grundstücks die Option hat, einen im Rahmen eines PPP-Projektes mit einem Privaten abgeschlossenen Mietvertrag zu kündigen und das Grundstück zu einem im Zeitpunkt der Optionsausübung anhand des Verkehrswertes zu ermittelnden Preises zu erwerben.

3.5.1 Bilanzrechtliche Behandlung in Abhängigkeit von der zivilrechtlichen Ausgestaltung und der Zuordnung des wirtschaftlichen Eigentums

Unter Mietkaufverträgen versteht man Vereinbarungen, in denen Elemente eines Mietvertrages (§§ 535 ff. BGB) mit denen eines Kaufvertrages (§§ 433 ff. BGB) verbunden sind. Diese Verträge können so gestaltet sein, dass sie bei wirtschaftlicher Betrachtung von Anfang an als Kaufverträge anzusehen sind. Ein Anhaltspunkt für das Vorliegen eines Kaufvertrages kann – in Verbindung mit einem Kaufoptionsrecht – meist schon darin gesehen werden, dass die Mietzahlungen als solche unangemessen hoch sind. Ein weiteres Merkmal ist die Gestaltung des Kaufpreises im Falle der späteren Annahme des Kaufangebots. Von einem Kauf geht die Rechtsprechung auch dann aus, wenn dem Mieter eine Kaufoption zu einem bereits festgelegten Kaufpreis eingeräumt wird und die Mietzahlungen bis zur Annahme des Verkaufsangebots durch den Mieter in voller Höhe angerechnet werden.[91]

Da in dem hier behandelten PPP-Vermietungsmodell in der Variante mit vorzeitiger Kündigungsmöglichkeit von einer marktgerechten Miete ausgegangen wird und ein Kaufpreis erst zum Zeitpunkt der Ausübung der Kaufoption anhand des aktuellen Verkehrswerts ermittelt wird, liegt aus unserer Sicht bis zur Beendigung des Mietverhältnisses sowohl das zivilrechtliche als auch das wirtschaftliche Eigentum am Grundstück beim Privaten (siehe auch unsere Ausführungen unter Kap. 3.2.1.2). Dieser hat dann folgerichtig sowohl Grund und Boden als auch das Gebäude zu bilanzieren und erzielt Mieterträge, die grundsätzlich auch das Entgelt für Instandhaltung und Instandsetzung umfassen. Soweit nicht abweichend geregelt, werden die Kosten für Instandhaltung und Instandsetzung durch die Miete abgedeckt. Gleichzeitig hat der Private das von ihm bilanzierte Gebäude nach Maßgabe von § 7 Abs. 4 EStG abzuschreiben. Für das Facility Management und die sonstigen Dienstleistungen entstehen bei der Projektgesellschaft laufende Aufwendungen und Erträge.

Sowohl das zivilrechtliche als auch das wirtschaftliche Eigentum am Grundstück gehen erst nach Ausübung der Kaufoption auf die öffentliche Hand über. Der Private realisiert dann einen Veräußerungsgewinn(-verlust) in Höhe der Differenz zwischen dem Veräußerungserlös für das Grundstück (Verkehrswert) und dem Buchwert des Gebäudes sowie des Grund und Bodens. Nach Kaufabschluss kann der Private ggf. weiterhin die Instandhaltung und Instandsetzung (vorher in der Miete enthalten), das Facility Management sowie sonstige Dienstleistungen für die öffentliche Hand erbringen, wobei hiermit betriebliche Erträge und Aufwendungen verbunden wären.

3.5.2 Umsatzsteuerliche Behandlung

Bei der umsatzsteuerlichen Behandlung ist ebenfalls zu prüfen, ob es sich bei dem zugrundeliegenden Geschäft um einen Mietkauf handelt. Weichen bei einem Mietvertrag mit Recht zum Kauf die getroffenen Vereinbarungen wesentlich von denen ab, die bei einer bloßen Gebrauchsüberlassung üblich sind, liegt in der Regel wirtschaftlich ein Kauf gegen Ratenzahlung vor, der eine Lieferung darstellt (vgl. Anmerkungen zum PPP-Vermietungsmodell unter Kap. 3.2.2.2.).

---

[91] Vgl. BFH, BStBl II 1992, 182; BStBl II 1971, 133.

Was den dargestellten Mietkauf anbetrifft, kann, solange die öffentliche Hand ihre Kaufoption nicht wahrnimmt, auf die Ausführungen unter 3.4.2 verwiesen werden. Nimmt die öffentliche Hand hingegen ihre Kaufoption wahr, liegt von diesem Moment ab umsatzsteuerlich eine Lieferung im Sinne des § 3 Abs. 1 UStG vor. Da der Kaufvorgang jedoch nach § 1 Abs. 1 GrEStG der Grunderwerbsteuer unterliegt, ist die Lieferung auf Grund von § 4 Nr. 9 lit. a UStG steuerbefreit.

3.5.3 Belastung durch Grundsteuer und Grunderwerbsteuer

Der private Partner als Vermieter hält beim echten Mietkauf sowohl das zivilrechtliche als auch das wirtschaftliche Eigentum an dem zu vermietenden Grundstück, solange die öffentliche Hand ihre Kaufoption nicht wahrnimmt. Aus diesem Grund unterliegt der Grundbesitz einer Hochbaumaßnahme bis zu diesem Zeitpunkt der Grundsteuer. Nach Übergang des Eigentums der Immobilie an die öffentliche Hand ist der Grundbesitz nach § 3 Abs. 1 Nr. 1 Satz 1 GrStG grundsteuerbefreit. Die Übertragung des Eigentums unterliegt der Grunderwerbsteuer. Die mit dem Eigentumsübergang verbundene Lieferung ist dann gemäß § 4 Nr. 9 lit. a UStG steuerbefreit.

3.6 PPP-Inhabermodell (Grundfall)

Im PPP-Inhabermodell (Grundfall) geht es um die Errichtung neuer oder die Sanierung bestehender Gebäude auf dem Grund und Boden der öffentlichen Hand sowie um die Erbringung weiterer Leistungen durch den Privaten während einer bestimmten Vertragslaufzeit (Instandsetzung und Instandhaltung, weiteres Facility Management sowie sonstige Dienstleistungen) gegen ein periodisch zu leistendes Entgelt der öffentlichen Hand. Je nach dem, wie das Vertragsverhältnis ausgestaltet wird, ergeben sich unterschiedliche Folgen für die Besteuerung. Maßgeblich im Hinblick auf die Sanierungsleistungen bzw. die Errichtung von Gebäuden ist insbesondere, ob Werkleistungen vorliegen oder ob (jedenfalls teilweise) von Dauerschuldverhältnissen auszugehen ist. Dies lässt sich nur anhand des konkreten Einzelfalls beurteilen.

3.6.1 Bilanzsteuerrechtliche Behandlung

Als Gegenleistung für einen Teil des von der öffentlichen Hand zu zahlenden regelmäßigen Entgelts hat der Private im Laufe eines bestimmten Zeitraums Sanierungsleistungen an die öffentliche Hand zu erbringen oder ein Gebäude zu errichten. Je nachdem, ob die Umsetzung des PPP-Inhabermodells über im Verhältnis zu den übrigen Leistungsbestandteilen separat zu erfüllende Werkverträge oder über einen einheitlichen, alle Leistungsbestandteile integrierenden Vertrag sui generis erfolgt, sind damit aus unserer Sicht unterschiedliche ertragsteuerliche Folgen verbunden.

3.6.1.1 Bau- und Sanierungsleistungen innerhalb eines Werkvertrages

Bei einem Werkvertrag bilanziert der Private den in einer bestimmten Periode angefallenen Erhaltungs- oder Herstellungsaufwand zunächst unter „unfertige Leistungen". Der Teil des regelmäßig von der öffentlichen Hand zu zahlenden Entgelts, der sich konkret auf die Sanierungsleistungen bzw. die Errichtung des Gebäudes bezieht, ist bis zur Abnahme der Leistung erfolgsneutral als erhaltene Anzahlungen zu buchen. Nimmt die öffentliche Hand als Auftraggeber nach Durchführung einer Sanierung die erbrachte Leistung nach § 640 BGB ab, kommt es beim privaten Partner zu einer entsprechenden Gewinnrealisierung und zur Entstehung einer Forderung, die in der Bilanz zu berücksichtigen ist. Dabei liegt in der Regel ein verdecktes Darlehensgeschäft vor, bei dem die Anschaffungskosten für das Werklohndarlehen im Wege der Abzinsung zu ermitteln sind. Für die Differenz zwischen Nennwert und Barwert der Forderung kann alternativ ein passiver Rechnungsabgrenzungsposten gebildet werden, der über die Laufzeit der Forderung aufzulösen ist. (nähere Erläuterung hierzu, vgl. Kap. 3.1.1). Die jährlichen Zahlungen der öffentlichen Hand erfolgen in diesem

Fall einerseits für die Begleichung ihrer Verbindlichkeit gegenüber dem Privaten (Zins und Tilgung) sowie für die vom Privaten im Rahmen eines Dauerschuldverhältnisses erbrachten sonstigen Betreiberleistungen (routinemäßige Instandhaltung und Instandsetzung, weiteres Facility Management und die sonstigen Dienstleistungen). Hierfür entstehen bei diesem laufende Aufwendungen und Erträge.

3.6.1.2 Bau- und Sanierungsleistungen innerhalb eines Vertrages mit einheitlichem Vertragsgegenstand (Vertrag sui generis)

Vor dem Hintergrund des unter Kap. 1.1. dargestellten funktionalen PPP-Ansatzes können PPP-Verträge hingegen auch so ausgestaltet werden, dass der Private der öffentlichen Hand im Rahmen eines Vertrages mit einheitlichem Vertragsgegenstand (Vertrag sui generis) eine zeitraumbezogene (Lebenszyklus-Ansatz), einheitliche Leistung zur Verfügung stellt – nämlich die Bereitstellung eines definierten Standards mit einer entsprechenden Funktionalität des Gebäudes. In diesem Fall erhält der Private von der öffentlichen Hand nur dann das volle vereinbarte Entgelt, wenn die vertraglich festgelegte Leistung in jeder Periode auch tatsächlich (neu) erbracht wird. Erfüllt der Private die vereinbarten Vertragsbedingungen nicht oder nur unvollständig, hat er ggf. mit Pönalen und weiteren Sanktionen zu rechnen, die unter Umständen auch zu einer deutlichen Verminderung des Gesamtentgelts führen können. Andererseits sind auch Boni denkbar, wenn sich das Gebäude in einem besonders guten Zustand befindet. Im Rahmen eines solchen Vertragskonzeptes sind für die Bau- und Sanierungsleistungen also nur Teilgewinnrealisierungen für vergangene Zeiträume, in denen sich die Gebäudesubstanz tatsächlich bewährt hat, auszuweisen. Eine Gewinnrealisierung zu einem vorangegangenen Zeitpunkt direkt nach Durchführung einer Sanierungsmaßnahme bzw. nach Errichtung eines Gebäudes ist dann nicht möglich, da der Private den Vertrag wirtschaftlich noch nicht erfüllt hat. Insofern würde bis zum Ende der Vertragslaufzeit ein schwebendes Geschäft bzw. ein Dauerschuldverhältnis vorliegen.

Hieran anknüpfend stellt sich die Frage, wie unter diesen Voraussetzungen die Erbringung der Bau- und Sanierungsleistungen durch den Privaten bilanziell zu behandeln ist. Eine Bilanzierung der Bau- und Sanierungsleistungen als materielles Wirtschaftsgut scheidet aus, da im vorliegenden Fall die öffentliche Hand am Gebäude und seinen festen Bestandteilen nicht nur das zivilrechtliche (§ 94 BGB), sondern auch das wirtschaftliche Eigentum innehat. Weiter ist zu prüfen, ob vom Privaten der Aufwand für durchgeführte Sanierungsleistungen als Anschaffungskosten für das vertragliche Recht, gegenüber der öffentlichen Hand seine Leistungen gegen ein Entgelt erbringen zu können, zu behandeln ist. Um in der Steuerbilanz ein solches vertragliches Recht als immaterielles Wirtschaftsgut ausweisen zu können, muss dieses nach ständiger BFH-Rechtsprechung[92] einen wirtschaftlichen Wert verkörpern. Bei immateriellen Vorteilen wie Belieferungsrechten ist dies regelmäßig der Fall, wenn sie ein einer Konzession ähnliches Recht oder einen ähnlichen Wert im Sinne des § 266 Abs. 2 A.I.1. des Handelsgesetzbuches verkörpern.[93] Davon ist nach Ansicht des BFH auszugehen, wenn sie auf einer vereinbarten oder sonst rechtlich begründeten Absatzmöglichkeit beruhen.[94]

In zwei Entscheidungen hat der BFH im Zusammenhang mit vertraglichen Rechten in einem Zwei-Personen-Verhältnis die Auffassung vertreten, dass diese bilanzierungsfähig sind. Hierbei handelte es sich um Bierlieferungsrechte und bestimmte Vertreterrechte.[95] In der Entscheidung vom 26. Februar 1975 erwarb eine Brauerei von Gastwirten das Recht, die Abnahme einer bestimmten Menge Bier zu verlangen. Dabei anerkannte der BFH nicht nur die Vergabe von Zuschüssen an die Gastwirte als Anschaffungskosten für ein vertragliches

---

[92] Z.B. BFH, BStBl II 1998, 505; BStBl II 1992, 893.
[93] Vgl. dazu auch das BFH, BStBl II 1994, 444; BStBl II 1992, 977.
[94] BFH, BFH/NV 2003, 154.
[95] BFH, BStBl II 1976, 13; BStBl II 1989, 549.

Recht, sondern stellte auch ausdrücklich fest, dass von der Brauerei zugunsten der Gastwirte übernommene Reparaturaufwendungen in den von ihnen gepachteten Räumlichkeiten als Entgelt für die eingeräumten Bierlieferungsrechte angesehen werden könnten.[96]

Aus unserer Sicht lassen sich jedoch die Erkenntnisse aus diesem BFH-Urteil nicht auf den hier behandelten Grundfall des PPP-Inhabermodells übertragen. Leistet eine Brauerei Zuschüsse oder Reparaturarbeiten, gehört dies anerkanntermaßen nicht zum Herstellungsprozess für die Produktion von Bier. Die Brauerei unternimmt diese Aufwendungen vielmehr einzig und allein deshalb, um das von ihr produzierte Bier absetzen zu können. Diese Aufwendungen stellen daher Anschaffungskosten für Bierlieferungsrechte dar. Demgegenüber kann eine private Projektgesellschaft nur dann gegenüber der öffentlichen Hand ihr gesamtes Leistungspaket erfüllen (Bereitstellung einer Infrastruktur), wenn sie vorher entsprechende Sanierungsmaßnahmen vornimmt bzw. ein Gebäude errichtet. Diese Bau- und Sanierungsleistungen sind damit als Bestandteil der Wertschöpfungskette selbst ein Teil des einheitlichen Leistungsbündels und können somit nicht als gesondertes Entgelt angesehen werden, damit der Private dieses Leistungsbündel erbringen darf.

Auf der anderen Seite würde eine sofortige erfolgswirksame Verbuchung der mit den Bau- und Sanierungsleistungen verbundenen Kosten zu einer erheblichen Reduzierung des Gewinns bzw. zu einem Verlust oder ggf. sogar zu einer Überschuldung der Projektgesellschaft führen. Dies würde die wirtschaftliche Situation der Projektgesellschaft hingegen nicht angemessen widerspiegeln.

Die für Bau- und Sanierungsleistungen getätigte Aufwendungen sind somit periodengerecht abzugrenzen, wenn die von dem Privaten erbrachte Leistung und die hierfür erhaltene Gegenleistung zeitlich auseinanderfallen. In solchen Fällen hat aus unserer Sicht eine Abgrenzung mit Hilfe eines Rechnungsabgrenzungspostens zu erfolgen. Als Rechnungsabgrenzungsposten sind nach § 250 Abs. 1 HGB auf der Aktivseite Ausgaben vor dem Abschlussstichtag auszuweisen, soweit sie Aufwand für eine bestimmte Zeit nach diesem Tag darstellen. Nach Rechtsprechung des BFH sind Ausgaben im Allgemeinen als Aufwand für eine Zeit nach dem Abschussstichtag zu werten, wenn der „wirtschaftliche Grund" für die Ausgaben in der Zukunft liegt und soweit die Ausgaben durch erst künftig zu erwartende Gegenleistungen wirtschaftlich verursacht sind.[97] Im vorliegenden Fall werden die Ausgaben für die Anschaffungs- bzw. Herstellungskosten getätigt, um zukünftig laufende Erträge aus dem Betrieb der Hochbaumaßnahme und der Vereinnahmung der Leistungsentgelte der öffentlichen Hand erzielen zu können.

Weiter ist auch das Kriterium für die Bildung eines aktiven Rechnungsabgrenzungspostens der „bestimmten Zeit" erfüllt, da Anfang und Ende des Zeitraums, für den die Ausgaben getätigt wurden, mit der Fertigstellung der einzelnen Baumaßnahmen und dem Ende des Vertragszeitraums kalendermäßig genau bestimmbar sind.

Die Höhe des Rechnungsabgrenzungspostens bemisst sich grundsätzlich nach dem „rechtlichen, insbesondere schuldrechtlichen Verhältnis von Leistung und Gegenleistung"[98] bzw. nach dem Verhältnis der noch ausstehenden Gegenleistung zur gesamten Gegenleistung.[99] Gegebenenfalls ist die Höhe des Rechnungsabgrenzungsposten im Schätzwege zu ermitteln.[100]

Es stellt sich dabei die Frage, welche Aufwendungen der Private in Erwartung zukünftiger Einnahmen von der öffentlichen Hand als Vertragspartner in späteren Perioden getätigt hat. Entscheidend für die bilanzielle Behandlung ist, ob es sich um routinemäßige Instandhaltungsarbeiten, die kontinuierlich und proportional im Rahmen eines Dauerschuldverhält-

---

[96] BFH, BStBl II 1976, 13 (15).

[97] Vgl. BFH, BStBl II 1982, 696.

[98] BFH, BStBl II 1982, 696.

[99] Vgl. auch BFH, BStBl II 1974, 684.

[100] Vgl. BFH, BStBl II 1983, 572, und Berger/Bartels-Hetzler, in: Beck'scher Bilanzkommentar, § 250, Rn. 11.

nisses anfallen, oder um umfangreiche Modernisierungsaufwendungen handelt. Umfangreiche Modernisierungsaufwendungen sind aus unserer Sicht dann gegeben, wenn sie ein Gebäude in einen bestimmten geschuldeten Zustand versetzen, der dann nach Abschluss aller Sanierungsarbeiten bis zum Ende der Vertragslaufzeit bereitzustellen ist.

Im Rahmen dieser Untersuchung unterstellen wir, dass der Private den Gesamtaufwand für seine während der Vertragslaufzeit zu tätigenden Bau- und Sanierungsleistungen ungefähr abschätzen kann. Wir gehen weiter davon aus, dass die Ausgaben für grundlegende Bau- und Sanierungsleistungen (z. B. für ein Portfolio einer bestimmten Anzahl von Gebäuden) in den ersten Jahren höher als in späteren Jahren liegen dürften.

Unter Zugrundelegung dieser Annahmen hat der Private im Rahmen eines Dauerschuldverhältnisses bei einheitlicher Leistungserstellung (Bereitstellung einer Infrastruktur) unseres Erachtens für den in bestimmten Perioden im Verhältnis zur Gesamtvertragsdauer erbrachten überproportionalen Bau- und Sanierungsaufwand zunächst einen aktiven Rechnungsabgrenzungsposten zu aktivieren[101] (die periodengerechten Ausgaben gehen direkt als Aufwand in die GuV), der dann in Perioden mit unterproportionalem Sanierungsaufwand wieder aufgelöst wird. Im Hinblick auf ggf. zum Ende der Vertragslaufzeit noch einmal zu erbringende Sanierungsleistungen kann der Private ab einem gewissen Zeitpunkt unter Umständen sogar in einen Erfüllungsrückstand geraten, wenn in den von der öffentlichen Hand erhaltenen periodischen Entgelten bereits berücksichtigt ist, dass diese Leistungen noch zu erbringen sind. Für Einnahmen vor dem Abschlussstichtag wäre dann – soweit sie Ertrag für eine bestimmte Zeit nach diesem Tag darstellen – nach § 250 Abs. 2 HGB ein passiver Rechnungsabgrenzungsposten zu bilden.[102]

Exkurs: Insolvenzrechtliche Beurteilung des aktiven Rechnungsabgrenzungspostens:

Ergänzend sei Folgendes zur insolvenzrechtlichen Beurteilung des vorstehend dargestellten bilanziellen Ausweises eines aktiven Rechnungsabgrenzungspostens angemerkt: Unter der Annahme, dass der private Auftraggeber sich zum großen Teil fremdfinanziert, könnte sich das Problem ergeben, dass eine Überschuldung dadurch auftritt, dass er nach Abschluss der Sanierungsarbeiten bzw. der Errichtung von Gebäuden in seiner Bilanz bei den Passiva ganz überwiegend Verbindlichkeiten ausweist, denen als Aktiva im Wesentlichen nur der aktive Rechnungsabgrenzungsposten gegenübersteht. Nach § 19 Abs. 2 Satz 1 InsO liegt eine Überschuldung vor, wenn das Vermögen des Schuldners die bestehenden Verbindlichkeiten nicht mehr deckt. Bei einer Überschuldungsprüfung käme man unter Berücksichtigung der Vermögensgegenstände und Schulden bei einer Projektgesellschaft, die ein PPP-Inhabermodell als Auftragnehmer betreibt, grundsätzlich zu einer Überschuldung, da aktive Rechnungsabgrenzungsposten lediglich eine Bilanzierungshilfe und keine Vermögensgegenstände darstellen. Unseres Erachtens scheidet jedoch in den hier untersuchten PPP-Inhabermodellen eine Überschuldung in Sinne von § 19 InsO deswegen grundsätzlich aus, weil als Vermögen auch ein selbstgeschaffener Firmenwert als stille Reserve in Höhe des aktiven

---

[101] Aus unserer Sicht hätte der Vertragspartner öffentliche Hand – sofern er ausnahmsweise bilanzierungspflichtig wäre – als fiktive Anschaffungskosten die Herstellungskosten des Privaten zu aktivieren und einen Rechnungsabgrenzungsposten in der Höhe zu passivieren, der dem gebildeten aktiven Rechungsabgrenzungsposten des Privaten für diesen Herstellungsaufwand entspricht.

[102] Nach der Rechtsprechung des BFH (vgl. z. B. BFH, BStBl II 1998, 505; BStBl III 1966, 138) hat demgegenüber ein Pächter hinsichtlich einer übernommenen Substanzerhaltungsverpflichtung von Pachtgegenständen eine Rückstellung zu bilden, deren Höhe nach der Entscheidung von 1965 durch die Abnutzung der gepachteten Wirtschaftsgüter während der Pachtzeit und durch die Wiederbeschaffungskosten am jeweiligen Bilanzstichtag bestimmt wird. Die Bildung eines passiven Rechnungsabgrenzungspostens kommt in diesen Fällen nicht in Betracht, weil der Pächter für seine Verpflichtung keine Einnahmen erhält und es deshalb auch nicht um eine passive Leistungsabgrenzung geht. Insofern unterscheiden sich diese Fälle von dem hier behandelten PPP-Inhabermodell.

Rechnungspostens zu berücksichtigen wäre. Nach herrschender Meinung sind zwar Firmenwerte bei der Überschuldungsprüfung grundsätzlich nicht zu berücksichtigen.[103] Andere fordern für eine Berücksichtigung, dass eine Veräußerungsfähigkeit nachgewiesen werden kann.[104] Da in der hier vorliegenden Konstellation ein Vertragsverhältnis des privaten Auftragnehmers mit der öffentlichen Hand begründet wird, sollte unseres Erachtens jedoch ausnahmsweise ein selbstgeschaffener Firmenwert bei der Überschuldungsprüfung berücksichtigt werden. Dies ergibt sich daraus, dass bei PPP-Inhabermodellen der Auftragnehmer auf Grund der Verpflichtung der öffentlichen Hand zur Zahlung von festen Annuitäten mit sicheren Erträgen rechnen kann – jedenfalls solange er die vereinbarten Vertragsbedingungen einhält. Dieser Position würde ein fremder Dritter beim Erwerb des Unternehmens des Auftragnehmers als konkreten Vermögensvorteil und damit als firmenwertbegründend ansehen. Der Vermögensvorteil ist damit konkret nachweisbar und damit bei der Überschuldungsprüfung als Vermögen zu berücksichtigen. Eine Überschuldung einer Projektgesellschaft aus dem Grund, dass in der Handels- und Steuerbilanz „nur" ein aktiver Rechnungsabgrenzungsposten – und kein Vermögensgegenstand – zu aktivieren ist, scheidet unseres Erachtens demzufolge grundsätzlich aus.

Das Entgelt, das der private Partner innerhalb eines Vertrages mit einem einheitlichen Leistungsgegenstand am Ende einer jeweiligen Periode erhält, hat er – mit Ausnahme des Teils, für den wegen eines insbesondere zum Ende der Vertragslaufzeit hin ggf. noch bestehenden Erfüllungsrückstands ein passiver Rechnungsabgrenzungsposten zu bilden wäre – ertragswirksam zu verbuchen, da er hierfür der öffentlichen Hand die zugesagte periodische Leistung erbracht hat. Im Zuge der Vertragsdauer kommt es im Hinblick auf das erstellte Bauwerk bzw. die getätigten Sanierungsleistungen pro rata temporis zu entsprechenden Teilgewinnrealisierungen. Die weiteren innerhalb des Dauerschuldverhältnisses erwirtschafteten sonstigen Erträge (für routinemäßige Instandhaltung und Instandsetzung, weiteres Facility Management und sonstige Dienstleistungen) sowie die hiermit verbundenen Aufwendungen werden entsprechend periodengerecht in der GuV berücksichtigt.

3.6.2 Umsatzsteuerliche Behandlung

3.6.2.1 Bau- und Sanierungsleistungen

Werden die Sanierungsmaßnahmen bzw. die Errichtung von Gebäuden als eigenständige Leistungen innerhalb eines Werkvertrages erbracht, handelt es sich in der Regel um eine Werklieferung, die grundsätzlich umsatzsteuerbar und umsatzsteuerpflichtig ist. Hinsichtlich der konkreten umsatzsteuerlichen Behandlung verweisen wir diesbezüglich auf Kap. 3.1.2.1.1. Soweit sich das spätere Entgelt auf einen Finanzierungsanteil bezieht, handelt es sich um eine Darlehensgewährung. Diese ist aber grundsätzlich nur dann nach § 4 Nr. 8 lit. a UStG steuerbefreit, wenn sie bei Abschluss des Umsatzgeschäftes für sich gesondert vereinbart und anschließend getrennt abgerechnet wird (vgl. Kap. 3.1.2.1.4). Die Umsatzsteuer für die periodischen Betreiberleistungen entsteht mit Ablauf des Voranmeldungszeitraums, in dem die Teilleistungen erbracht bzw. die Zahlungen für das Entgelt von der öffentlichen Hand entrichtet werden. Bei entsprechender Vertragsgestaltung kann unseres Erachtens die Zusicherung eines auch bei diesem Modellansatz aufrecht zu erhaltenen Standards zum Teil als selbstständige Hauptleistung bewertet werden, die nach § 4 Nr. 8 lit. g UStG steuerbefreit ist (vgl. auch die Anmerkungen zum PPP-Erwerbermodell).

3.6.2.2 Bau- und Sanierungsleistungen bei einem Vertrag mit einheitlichem Vertragsgegenstand (Vertrag sui generis)

Werden Bau- und Sanierungsleistungen auf Grund eines Vertrages mit dem einheitlichen Vertragsgegenstand „Bereitstellung einer bestimmten Funktionalität für einen bestimmten

[103] Vgl. Pape, in: Kübler/Prütting: InsO, § 19 Rz. 11.
[104] So u. a. Kind, in: Braun: InsO, § 19 Rz. 27.

Zeitraum“ auf Basis eines Dauerschuldverhältnisses erbracht, ist auch die Frage zu beantworten, wie dieses umsatzsteuerlich zu behandeln ist. Die Bau- und Sanierungsleistungen können unseres Erachtens in diesem Fall unter Umständen unselbstständige Nebenleistungen der Hauptleistung „Bereitstellung einer bestimmten Funktionalität über eine bestimmte Zeit“ sein, die mit der Hauptleistung verbunden sind. Die Umsatzsteuer wird in diesen Fällen über die Vertragslaufzeit mit Erbringung der Leistung (Dauerschuld und Erbringung von Teilleistungen nach § 13 Abs. 1 Nr. 1 lit. a S. 2 UStG) bzw. mit (vorzeitiger) Zahlung der Entgelte (§ 13 Abs. 1 Nr. 1 lit. a S. 4 UStG) entstehen. Eine solche Behandlung stellt sicher, dass die ertragsteuerliche und umsatzsteuerliche Behandlung einheitlich vorgenommen wird und nicht auseinander verläuft.

Der Umstand, dass die Bau- und Sanierungsleistungen am Anfang der Vertragslaufzeit erbracht und zivilrechtliches Eigentum an den neuen Gebäuden verschafft, bzw. die Sanierungsleistungen erbracht werden, steht dem aus unserer Sicht nicht entgegen. Es ist vielmehr auf den Inhalt der (einheitlichen Leistung) abzustellen. Eine Leistung ist dann als eine Nebenleistung zu einer Hauptleistung anzusehen, wenn sie im Vergleich zur Hauptleistung nebensächlich ist, mit ihr zusammenhängt und üblicherweise in ihrem Gefolge auftritt.[105] Anerkannt ist im Grundsatz auch, dass auch die Lieferung von Gegenständen eine unselbstständige Leistung darstellen kann.[106] Allerdings kommt es auf die konkreten Umstände des Einzelfalls an.

Inwieweit die Finanzverwaltung eine solche Sichtweise teilt, ist für uns gegenwärtig – jedenfalls für Hochbaumaßnahmen – nicht eindeutig zu beurteilen. Ein neues BMF-Schreiben zur umsatzsteuerlichen Behandlung von A-Modellen[107] lässt allerdings eher vermuten, dass die Finanzverwaltung von einer sofortigen Werklieferung des Gebäudes nach dessen Fertigstellung ausgeht (vgl. 3.9.2). Da aber bei einem Vertrag mit einheitlichem Vertragsgegenstand ein Dauerschuldverhältnis vorliegt, erfolgt die Leistungserstellung unseres Erachtens pro rata temporis. Damit wäre es jedoch nur folgerichtig, wenn der Private der öffentlichen Hand die Umsatzsteuer pro rata temporis in Rechnung stellt (im Zuge der Erbringung der Hauptleistung).

3.6.3 Belastung durch Grundsteuer und Grunderwerbsteuer

Da sowohl das zivilrechtliche als auch das wirtschaftliche Eigentum am zugrundeliegenden Grundstück bei diesem PPP-Vertragsmodell bei der öffentlichen Hand verbleibt, ist der Grundbesitz bei diesem Modell nach § 3 Abs. 1 Nr. 1 Satz 1 GrStG von der Grundsteuer befreit. Grunderwerbsteuer fällt mangels eines Grundstückserwerbs nicht an.

3.7 PPP-Inhabermodell – Lease/Lease back

Als Lease/Lease-back bezeichnen wir im Zusammenhang mit dem PPP-Inhabermodell in Abwandlung zum Grundmodell eine Vertragsgestaltung, bei der von der öffentlichen Hand einem privaten Partner ein Grundstück verpachtet oder ein dingliches Recht an einem Grundstück in Form eines Nießbrauchs (§§ 1030 ff. BGB) durch Einigung und Eintragung gemäß § 873 BGB eingeräumt wird. Dem Privaten wird auferlegt, auf Basis dieses Nutzungsrechts die in seinem Verantwortungsbereich liegenden Aufgaben (Sanierungsleistungen bzw. die Erstellung eines Gebäudes, weiteres Facility Management, Instandhaltung sowie sonstige Dienstleistungen) gegenüber der öffentlichen Hand zu erfüllen. Er vermietet also die Immobilie an die öffentliche Hand zurück, wobei er zusätzliche Leistungen erbringt.

---

[105] Vgl. BFH, BStBl II 1993, 316; BStBl II 1992, 368.

[106] Vgl. Abschnitt 29 Abs. 3 Satz 4 UStR und Reiß/Kraeusel/Langer, UStG, § 3 Rn. 648.

[107] BMF-Schreiben vom 3.2. 2005, Umsatzsteuer: Public-Private Partnerships im Bundesfernstraßenbau Aktenzeichen IV A 5 – S 7100 – 15/05.

3.7.1 Bilanzsteuerrechtliche Behandlung

Miet- und Pachtverhältnisse begründen gewöhnlich kein wirtschaftliches Eigentum, denn der Eigentümer wird hierdurch in der Regel nicht dauerhaft von den einem Eigentümer typischerweise zustehenden Rechten ausgeschlossen. Dies gilt auch bei der Bestellung eines Nießbrauchs. Der Nießbraucher ist grundsätzlich nicht wirtschaftlicher Eigentümer des seiner Nutzung unterliegenden Wirtschaftsguts.[108]

Der Nießbraucher kann jedoch ausnahmsweise wirtschaftlicher Eigentümer des Wirtschaftsguts sein, wenn zusätzliche Umstände hinzutreten, die dazu führen, dass die dem Nießbraucher eingeräumten Rechte erheblich über die Rechte des gesetzlichen Nießbrauchs hinausgehen[109] bzw. wenn der Nießbrauchsberechtigte im Innenverhältnis zum Eigentümer für eigene Rechnung über die Substanz verfügen darf oder auch wenn die Dauer des Nießbrauchs so bemessen ist, dass das belastete Wirtschaftsgut vor dem Erlöschen des Nießbrauchs technisch oder wirtschaftlich abgenutzt ist und deshalb der Herausgabeanspruch des Eigentümers keinen wirtschaftlichen Wert mehr hat.[110] Eine marktgerechte Entschädigung des Nießbrauchers zum Ende der Vertragslaufzeit für von ihm geschaffene Wirtschaftsgüter kann im Einzelfall ebenfalls wirtschaftliches Eigentum des Nießbrauchers begründen.

In der Regel bleibt jedoch die öffentliche Hand bei der hier behandelten Lease/Leaseback-Gestaltung wirtschaftlicher Eigentümer des Grundstücks. Eine Bilanzierung des Grundstücks beim Privaten scheidet dann aus. Maßgeblich ist jeweils das Ergebnis der Prüfung des konkreten Einzelfalls.

Es stellt sich weiter die Frage, ob bei Gestaltungen mit einem Nießbrauch ein dingliches Nutzungsrecht zu aktivieren ist. Ferner kommt die Aktivierung eines aktiven Rechnungsabgrenzungspostens in Betracht.

Zur Beantwortung dieser Fragen gelten die allgemeinen Grundsätze. Entscheidend ist zum einen, ob das Nutzungsrecht einen Vermögensgegenstand (§§ 252, 253 HGB) bzw. ertragsteuerlich ein Wirtschaftsgut (§§ 5, 6 EStG, § 8 Abs. 1, Satz 1 KStG, § 7 Satz 1 GewStG) bildet, das zu aktivieren ist. Wirtschaftsgüter können sowohl Gegenstände als auch tatsächliche Zustände sein, die sich der Kaufmann etwas kosten lässt, die nach der Verkehrsauffassung einer selbstständigen Bewertung zugänglich sind und die in der Regel einen Nutzen für mehrere Wirtschaftsjahre bringen. Nach dieser Definition stellen dingliche oder obligatorische Nutzungsrechte grundsätzlich immaterielle Wirtschaftsgüter dar.[111]

Nutzungsrechte sind allerdings nicht zu bilanzieren, wenn ihnen ein schwebendes Geschäft zugrunde liegt, das nach den Grundsätzen ordnungsgemäßer Buchführung nicht in die Bilanz aufzunehmen ist. Hiervon sind insbesondere Dauerschuldverhältnisse betroffen, die wie z.B. ein Pacht- oder Mietverhältnis auf einen fortwährenden Leistungsaustausch gerichtet sind. Ein auf die Nutzung entfallenes Entgelt kann daher grundsätzlich nicht als Anschaffungskosten aktiviert werden.[112] Bei Entgeltvorauszahlungen ist aber ein aktiver Rechnungsabgrenzungsposten zu bilden.[113] Wir nehmen im zugrundeliegenden PPP-Inhabermodell jedoch an, dass der Nießbraucher der öffentlichen Hand als Nießbrauchbesteller in der Regel keine einmaligen oder laufenden Entgelte zu bezahlen hat, sondern dass der Nießbraucher mit der Nutzungsüberlassung seine im Rahmen des PPP-Sanierungsvertrages

---

108 Vgl. BFH, BStBl II 1991, 909.

109 Vgl. BFH, BStBl II 1999, 263.

110 Vgl. BFH, BStBl II 1978, 507, sowie das BMF-Schreiben vom 15. 11. 1984, BStBl 1984, Teil I, S. 561.

111 Vgl. BFH, BStBl II 1988, 348.

112 Vgl. BFH, BStBl II 1997, 808.

113 Vgl. Ellrott/Schmidt-Wendt, in: Beck'scher Bilanzkommentar, § 255 Rn. 325 oder auch Weber-Grellert, in: Schmidt, Einkommensteuergesetz – Kommentar, § 5 Rn. 176.

eingegangenen Verpflichtungen zu erfüllen hat. Das damit im Rahmen der Vertragsbeziehung eingegangene schwebende Geschäft ist nicht als Wirtschaftsgut zu bilanzieren.

Es stellt sich nun die Frage, wie die von der Projektgesellschaft aufgewandten Kosten für die Sanierungsmaßnahmen bzw. die Errichtung von Gebäuden bilanziell zu behandeln sind. Wäre die Projektgesellschaft Eigentümer der Gebäude, hätte man im Hinblick auf den Sanierungsaufwand eine Abgrenzung zwischen Herstellungskosten und sofort abziehbaren Erhaltungsaufwendungen vorzunehmen.

Als Herstellungsaufwand gelten v.a. Aufwendungen für Erweiterungen, Aufwendungen, die ein Gebäude in einen betriebsbereiten Zustand versetzen und Aufwendungen, die zu über den ursprünglichen Zustand hinausgehenden wesentlichen Verbesserungen des Gebäudes führen. Darüber hinaus entstehen Herstellungskosten, wenn die Sanierungsmaßnahmen zu neuen, eigenständigen Wirtschaftsgütern führen. Dies könnten insbesondere Betriebsvorrichtungen oder Mietereinbauten sein. Liegen Herstellungskosten vor, sind diese beim Eigentümer zu bilanzieren.

Trägt nun der private Partner als Nießbraucher den Sanierungsaufwand, ist zunächst ebenso zu unterscheiden, ob Herstellungskosten oder sofort abzugsfähiger Erhaltungsaufwand vorliegen. Die Sanierungsmaßnahmen bzw. die Errichtung von Gebäuden führen dann zu selbstständigen Wirtschaftsgütern beim privaten Partner, wenn durch sie Scheinbestandteile im Sinne von § 95 BGB bzw. Mietereinbauten[114] hergestellt werden.[115]

Allerdings müssen dabei diese Wirtschaftsgüter der Projektgesellschaft zuzurechnen sein, d.h. die Projektgesellschaft muss wirtschaftliches Eigentum an ihnen haben. Da wir im Rahmen dieses PPP-Inhabermodells – „Lease/Lease-back" annehmen, dass der private Partner im Hinblick auf die errichteten Gebäude bzw. eingebauten Sachen gegenüber der öffentlichen Hand keinen Herausgabeanspruch bzw. nach Beendigung des Nießbrauchsvertrags auch keinen Anspruch auf entsprechende Entschädigung hat und die Gebäude bzw. eingebauten Sachen bis dahin auch technisch und wirtschaftlich noch nicht verbraucht sind, fehlt es unserer Ansicht nach an den Voraussetzungen für die Begründung von wirtschaftlichem Eigentum zugunsten der Projektgesellschaft. Es entsteht insofern bei der Projektgesellschaft kein aktivierungsfähiges Wirtschaftsgut. Allerdings wurden in der Praxis in Einzelfällen auch Projekte so strukturiert, dass die Zuordnung des wirtschaftlichen Eigentums an einem Gebäude beim Privaten durch die Finanzverwaltung anerkannt wurde.[116] Häufig bleibt jedoch die öffentliche Hand bei der hier behandelten Lease/Lease-back-Gestaltung wirtschaftlicher Eigentümer des Gebäudes. Eine Bilanzierung des Gebäudes beim Privaten scheidet dann aus.

Unserer Meinung nach entspricht es dem hier dargestellten Sachverhalt wirtschaftlich am ehesten, wenn er bilanzsteuerrechtlich wie der unter Kap. 3.6 dargestellte Grundfall eines Sanierungsmodells behandelt wird (Bildung eines Rechnungsabgrenzungspostens bei einem Vertrag mit einheitlichem Vertragsgegenstand, Gewinnrealisierung bei gesonderten Abnahmen nach § 640 BGB von einzelnen Werkvertragsteilleistungen). Dies gilt auch für die Betreiberleistungen Instandhaltung und Instandsetzung, weiteres Facility Management sowie für die sonstigen Dienstleistungen.

3.7.2 Umsatzsteuerliche Behandlung

Zu einer umsatzsteuerlichen Beurteilung im Rahmen einer Lease-and-Lease-back-Gestaltung hat der BFH bislang nicht Stellung genommen. Eine höchstrichterliche Ent-

[114] Vgl. BMF, Schreiben vom 15. 1. 1976, sog. „Mietereinbautenerlass", BStBl 1976, Teil I, S. 66, Rn. 6.

[115] Vgl. BMF, Schreiben vom 15. 1. 1976, sog. „Mietereinbautenerlass", BStBl 1976, Teil I, S. 66, Rn. 6.

[116] Z.B. unter Einbeziehung eines sog. Mieterdarlehens, das dazu führt, dass dem Privaten das wirtschaftliche Eigentum an dem Investitionsobjekt zugerechnet werden kann. Hierzu verweisen wir auf Kroll, in: Kroll, Leasing-Handbuch für die öffentliche Hand, S. 40f.

scheidung liegt bisher auch nicht zur umsatzsteuerlichen Beurteilung des Sale-and-lease-back-Verfahrens vor.[117] In der jüngeren Rechtsprechung haben lediglich die Finanzgerichte Berlin[118] und München[119] Sale-and-lease-back-Gestaltungen umsatzsteuerrechtlich gewürdigt. Die Gerichte tendierten bei diesen Entscheidungen dazu, die Sale-and-lease-back-Gestaltung als einheitliche Lieferung bzw. sonstige Leistung zu würdigen und nicht den Verkauf und die anschließende Zurückvermietung als unterschiedliche umsatzsteuerliche Tätigkeiten zu beurteilen. Die Gerichte kommen in ihren Entscheidungen bei einer solchen einheitlichen Betrachtung mit unterschiedlichen Begründungen zu dem Ergebnis, dass eine „Sale-and-lease-back"-Struktur als eine Darlehensgewährung qualifiziert werden könnte.

Die Entscheidungen der Finanzgerichte werden in der Literatur diskutiert. So sind Grünwald und Pogodda[120] der Meinung, dass die im Rahmen eines Sale-and-lease-back-Vertrages bewirkten Lieferungen oder sonstigen Leistungen umsatzsteuerlich je einzeln nach ihrem wirtschaftlichen Gehalt zu beurteilen seien. Regelmäßig werde bei typischer Vertragsgestaltung vom Vorliegen einer Lieferung vom Verkäufer/Leasing-Nehmer und einer weiteren Lieferung vom Leasing-Geber an den Leasing-Nehmer auszugehen sein. Liebgott[121] unterstützt hingegen uneingeschränkt die Auffassung des Finanzgerichts Berlin, wonach die Verschaffung der Verfügungsmacht über einen Gegenstand voraussetze, dass der Unternehmer dem Abnehmer wirtschaftliche Substanz, Wert und Ertrag des Gegenstandes einverständlich zuwende. Die wirtschaftliche Substanz müsse unbedingt und endgültig auf den Abnehmer übergehen, so dass dieser mit dem Gegenstand nach Belieben verfahren könne. Der Mietkäufer habe jedoch in dem vorliegenden Fall sein wirtschaftliches Eigentum an den Anlagen nie verloren, weshalb überhaupt keine Lieferung erfolgt sei.

Folgt man den Finanzgerichten in ihren Entscheidungen, stellt sich die Frage, inwieweit die aus den Urteilen gewonnenen Ergebnisse auf eine „Lease/Lease back"-Gestaltung übertragbar sind. Nach Auffassung beider Gerichte tritt bei den dargestellten „Sale-and-lease-back"-Fällen als eigentlicher Inhalt des Leasinggeschäfts die Darlehensgewährung in den Vordergrund – letztendlich deswegen, weil aus wirtschaftlicher Sicht den Lieferungen keine Bedeutung zukam.

Aus unserer Sicht kann im Hinblick auf eine „Lease/Lease-back"-Gestaltung entsprechend argumentiert werden. Diese unterscheidet sich im Regelfall wirtschaftlich nicht von dem oben dargestellten Grundfall des PPP-Inhabermodells (vgl. unter 3.6). Für das Umsatzsteuerrecht sind grundsätzlich die zivilrechtlichen Leistungsbeziehungen maßgeblich. Für den Fall, dass das wirtschaftlich (tatsächlich) Gewollte jedoch bei einer Gesamtbetrachtung des Vertragsbündels von dem abweicht, was dem Wortlaut der einzelnen Vereinbarung entspricht, ist die Gesamtbetrachtung für die steuerliche Beurteilung – wie dies in den erörterten Finanzgerichtsurteilen zum Ausdruck kommt – maßgeblich. Die umsatzsteuerliche Behandlung müsste dann konsequenterweise grundsätzlich entsprechend zum bereits dargestellten Grundfall des PPP-Inhabermodells erfolgen. In der Praxis wurden „Lease/Lease-back"-Gestaltungen aber in einigen Einzelfällen nicht nur ertragsteuerlich (vgl. 3.7.1), sondern auch umsatzsteuerlich als „Vermietungsmodelle" anerkannt. In diesen Fällen wurde die Finanzverwaltung davon überzeugt, dass dem Nießbraucher das wirtschaftliche Eigentum am zugrundeliegenden Gebäude bzw. den Mietereinbauten zuzurechnen ist. Die Vermietung würde dann grundsätzlich eine umsatzsteuerbare, aber nach § 4 Nr. 12 lit. a UStG umsatzsteuerbefreite sonstige Leistung darstellen (soweit es sich nicht um einen gemischten oder um einen Vertrag besonderer Art handelt, vgl. 3.3.2.1.1). Der Private wäre

[117] Vgl. Büchter-Hole, EFG 2002 Nr. 12, 790 (791).
[118] Vgl. FG Berlin, EFG 2002, 789.
[119] Vgl. FG München, UVR 2000, 461.
[120] Grünwald/Pogodda, UR 2001, 140.
[121] Liebgott, UR 2003, 114.

zwar in diesem Fall nicht vorsteuerabzugsberechtigt, aber er müsste der öffentlichen Hand auch keine Umsatzsteuer in Rechnung stellen, was einen wesentlichen Vorteil darstellen kann.

Die umsatzsteuerliche Beurteilung kann also in den Fällen, in denen die öffentliche Hand einem privaten Partner im Rahmen eines Sanierungsmodells ein Nießbrauch einräumt und dieser das Grundstück anschließend an die öffentliche Hand zurück vermietet, nicht abschließend, sondern nur anhand des konkreten Einzelfalles erfolgen. Aus unserer Sicht tritt jedoch die Vermietung und Verpachtung eines Grundstücks bei der „Lease/Lease-back"-Gestaltung einer PPP wirtschaftlich betrachtet häufig in den Hintergrund. Die vertraglich geschuldeten Leistungen sind dann umsatzsteuerlich wie beim Grundfall des PPP-Inhabermodells zu behandeln.

3.7.3 Belastung durch Grundsteuer und Grunderwerbsteuer

3.7.3.1 Belastung durch Grundsteuer

Soweit neben dem zivilrechtlichen auch das wirtschaftliche Eigentum am zugrundeliegenden Grundstück beim PPP-Inhabermodell – Lease/Lease-back bei der öffentlichen Hand verbleibt, ist der Grundbesitz nach § 3 Abs. 1 Nr. 1 Satz 1 GrStG von der Grundsteuer befreit. Wird hingegen der Private wirtschaftlicher Eigentümer des Gebäudes und ist ihm dieses zuzurechnen, entfällt die Grundsteuerbefreiung.

3.7.3.2 Belastung durch Grunderwerbsteuer

Nach § 2 Abs. 2 Nr. 2 GrEStG werden Gebäude auf fremden Grund und Boden einem Grundstück gleichgestellt. Daher kann auch die Erlangung der wirtschaftlichen Verwertungsbefugnis an einem Gebäude nach § 1 Abs. 2 GrEStG der Grunderwerbsteuer unterliegen. Das wäre der Fall, wenn der Nutzungsberechtigte ein Gebäude auf eigene Kosten herstellt und bei Beendigung eine Entschädigung vom Grundstückseigentümer für das Gebäude erhält. Die Grunderwerbsteuer würde im Zeitpunkt der Beendigung des Nutzungsverhältnisses entstehen, da zu diesem Zeitpunkt die Entschädigungspflicht des Grundstückseigentümers ausgelöst wird.

Nicht ausreichend ist hierfür jedoch die Befugnis des privaten Nutzungsberechtigten, ein vorhandenes Gebäude auszubauen (in diesem Fall: Sanierungsleistungen), wenn der Nutzungsberechtigte nicht zugleich das Recht erhält, das Gebäude abzureißen oder zu veräußern.[122]

3.8 PPP-Contracting-Modell

Der Abschluss von Contracting-Verträgen über bestimmte, vom Privaten für die öffentliche Hand zu erbringende Leistungen entspricht zwar nicht dem dieser Untersuchung zugrunde gelegten funktionalen PPP-Begriff. Während unter dem funktionalen PPP-Begriff die integrierte Erbringung der Leistungen Planung, Errichtung, Betrieb und Verwertung einer gesamten Infrastrukturmaßnahme durch einen Privaten verstanden wird, hat ein Contracting-Vertrag nur die Erbringung eines eingeschränkten Leistungsspektrums (z.B. Energieversorgung) durch Private zum Gegenstand. Man kann jedoch die Vergabe von Contracting-Verträge als Vorstufe für eine umfangreichere Hochbaumaßnahme betrachten. Die steuerlichen Auswirkungen dieses Vertragsmodells entsprechen unter der Annahme, dass ggf. in ein Gebäude eingebaute Teile (z.B. bestimmte Werkstoffe zur Wärmedämmung) keine Scheinbestandteile nach § 95 BGB darstellen, im Wesentlichen denjenigen beim Grundfall des PPP-Inhabermodells bei Sanierungsleistungen (bei Scheinbestandteilen sind die entsprechenden Vermögensgegenstände beim privaten Partner zu bilanzieren).

---

[122] Vgl. Boruttau, Grunderwerbsteuergesetz, Rn. 786.

3.9 PPP-Konzessionsmodell

Das PPP-Konzessionsmodell betrifft Gestaltungen, in denen die öffentliche Hand eine Hochbaumaßnahme durch einen Privaten im Rahmen einer Baukonzession bzw. einer Dienstleistungskonzession durchführen lässt. Bau- und Dienstleistungskonzessionen zeichnen sich dadurch aus, dass eine Aufgabe, deren Erfüllung grundsätzlich einem öffentlichen Auftraggeber obliegt, auf einen Privaten übertragen wird.[123]

Bei Baukonzessionen handelt es sich um Verträge über die Erbringung von Bauleistungen, bei denen die Gegenleistung der öffentlichen Hand nicht nur in einer Vergütung in Geld (Anschubfinanzierung), sondern vornehmlich in dem Recht zur Nutzung des Bauwerks (Refinanzierung durch Erhebung von Nutzungsentgelten von Dritten) besteht. Mit der Vergabe einer Konzession erfüllt der Konzessionsgeber eine ihm obliegende Pflicht durch die Einschaltung privater Dritter, die nach seinen Vorgaben den Bau und im Anschluss auch den Betrieb übernehmen und sich dabei durch die Erhebung von Nutzerentgelten von dritter Seite refinanzieren. So werden in Deutschland zum Beispiel Sportstadien vermehrt im Rahmen von Baukonzessionen errichtet bzw. erneuert und betrieben. Ferner kommt das Konzessionsmodell insbesondere beim Fernstraßenbau in Betracht.

Dienstleistungskonzessionen lassen sich grundsätzlich durch die gleichen Elemente der drittnutzungsabhängigen Finanzierung und Risikoverteilung charakterisieren wie Baukonzessionen. Eine Dienstleistungskonzession liegt vor, wenn der Unternehmer das Recht hat, gegenüber Dritten bestimmte Dienstleistungen zu erbringen, die über ein Nutzungsentgelt finanziert werden, und hierbei die damit verbunden unternehmerischen Risiken zu tragen hat (insbesondere das Marktrisiko).

Neben reinen Bau- oder Dienstleistungskonzessionen kann es auch gemischte Verträge zwischen der öffentlichen Hand und dem Privaten geben, in denen beide Typen berücksichtigt sind. Dies dürfte vor dem Hintergrund unseres integrierten PPP-Ansatzes bei den von uns betrachteten Fallkonstellation in der Regel zutreffen.

In der Praxis wurde bisher insbesondere die ertrag- und umsatzsteuerliche Behandlung von Konzessionsmodellen für Tiefbaumaßnahmen (Fernstraßenbau) diskutiert. In der Folge wird auf die steuerlichen Fragestellungen bei Konzessionsmodellen für Hochbaumaßnahmen eingegangen, wobei Erkenntnisse hieraus sich teilweise auch auf andere Projekttypen übertragen lassen.

3.9.1 Bilanzsteuerrechtliche Behandlung

Von besonderer Bedeutung für den Konzessionsnehmer ist die bilanzsteuerrechtliche Behandlung des Konzessionsvertrages und der zu Beginn häufig hohen Ausgaben für die Errichtung einer Hochbaumaßnahme.

Wir nehmen für unsere folgenden Ausführungen an, dass das Eigentum an dem vertraglich zu errichtenden Bauwerk zivilrechtlich bereits nach §§ 946, 94 BGB bei der Errichtung in das Eigentum der öffentlichen Hand übergeht, da diese Eigentümer des Grundstücks ist. Zudem wird angenommen, dass dem Privaten kein Erbbaurecht eingeräumt wurde. Der Private sei auch nach den sonstigen Umständen nicht als wirtschaftlicher Eigentümer anzusehen. Unter diesen Annahmen ist es dem Privaten nicht möglich, das Gebäude gemäß § 266 Abs. 2, A. I.1. HGB als Bauten auf fremden Grundstücken zu bilanzieren, so dass andere Alternativen der bilanziellen Behandlung zu erörtern sind.

Dabei wäre zu überlegen, ob der Konzessionsnehmer zunächst die unfertigen Bauleistungen auf fremden Grund und Boden handels- und steuerrechtlich als Forderung eigener Art zu aktivieren hat. Diese Forderung wäre dann mit den Herstellungskosten der unfertigen Erzeugnisse zu bewerten.[124] Die Aktivierung einer Forderung und damit die Realisation

[123] Reidt/Stickler/Glahs, in: dies., Vergaberecht Kommentar, § 99, Rn. 27 a.

[124] BMF, Schreiben vom 14. 11. 2000, BStBl I 2000, 1514, und BFH, BStBl II 1975, 398; DB 2004, 1586.

eines Gewinns wäre handels- und steuerrechtlich jedoch erst dann zulässig, wenn der Gläubiger seine Verpflichtungen aus dem zunächst schwebenden Vertrag im Wesentlichen erfüllt hat. Der zur Lieferung und Leistung Verpflichtete muss den Vertrag soweit erfüllt haben, dass ihm die Forderung auf Gegenleistung „so gut wie sicher" ist.[125] Dies wäre regelmäßig nach Abnahme eines Werkes nach § 640 BGB der Fall.

Ist der Private aber Beliehener, kontrahiert er nach Fertigstellung eines Bauwerkes auf Basis des Konzessionsvertrages direkt mit den Nutzern einer Infrastruktur. Eine Forderung gegenüber der öffentlichen Hand kann somit – abgesehen von einer ggf. durch diese vertraglich zugesicherte Anschubfinanzierung – nicht entstehen. Ist der Private hingegen Verwaltungshelfer (wie im Beispiel des A-Modells, vgl. unten), besteht nur eine Vertragsbeziehung mit der öffentlichen Hand, die sich verpflichtet hat, für die Bereitstellung der Infrastruktur eingenommene Nutzungsentgelte an den Privaten weiterzuleiten. Es stellt sich in diesen Fällen die Frage, inwieweit die Höhe der Forderung hinreichend bestimmbar ist, wenn diese von den zukünftigen Einnahmen des Konzessionsgebers von Dritter Seite abhängt. Es entspricht zwar der herrschenden Auffassung im Bilanzrecht, dass „Forderungen, deren Höhe nicht feststeht, im Allgemeinen mit dem geschätzten Betrag anzusetzen" sind. „Eine solche Schätzung hat jedoch dann zu unterbleiben, wenn es an jeglichem Anhaltspunkt für die Bemessung fehlt".[126] Bei Unbestimmbarkeit der Gegenleistung und fehlenden Schätzungsmöglichkeiten muss also auf eine Gewinnrealisierung im Zeitpunkt der Leistungserbringung verzichtet werden.[127] Eine dem Vorsichtsprinzip genügende Gewinnermittlung setzt nicht nur eine im Ansatz (dem Grunde nach) sichere Forderung voraus. Die Forderung muss zudem bewertbar sein – im Sinne von „greifbar werthaltig".[128] Inwieweit diese Voraussetzungen im Einzelfall gegeben sind, ist vom Einzelfall abhängig.

Bei Infrastrukturinvestitionen wird die Gegenleistung maßgeblich durch die Höhe der Erlöse beeinflusst, die bei einem langfristigen Vertrag häufig von den wirtschaftlichen Gegebenheiten in der entfernten Zukunft (z. B. in 20–30 Jahren) abhängen und selten mit hinlänglicher Genauigkeit prognostiziert werden können. Nach Abnahme eines Bauwerkes trägt der Konzessionär zudem regelmäßig weiterhin umfassende Betriebs- und Unterhaltungspflichten einschließlich der damit verbundenen Risiken (z. B. Beschädigung, Zerstörung), die bei einem typischen Bauauftrag nicht bestehen.[129] Die Voraussetzungen für eine Aktivierung von Entgeltforderungen für den Betrieb sind daher bei Fertigstellung bzw. Abnahme der Baumaßnahme noch nicht gegeben. Es gilt das Realisationsprinzip. Wir unterstellen in diesem Zusammenhang, dass die Erbringung von PPP-Hochbaumaßnahmen einerseits für den Privaten insbesondere dann wirtschaftlich vorteilhaft ist, wenn er im Rahmen eines Lebenszyklus-Ansatzes tätig ist. Dies bedingt, dass wirtschaftlich gewollt ist, eine einheitliche Leistung zu erbringen. Für den öffentlichen Auftraggeber andererseits kommt es nach dem PPP-Ansatz ebenfalls auf eine Gesamtbetrachtung an. So strebt die öffentliche Hand an, dass die insgesamt wirtschaftlichste Lösung erzielt wird. Nicht gewollt ist, dass vermeintliche günstige Baukosten durch hohen Unterhaltungsaufwand aufgezehrt werden. Insofern kommt es für beide Vertragspartner auf den Gesamterfolg an. Da wir unterstellen, dass die öffentliche Hand im Ergebnis periodisch die Bereitstellung einer Funktionalität fordert, kommt es insoweit zu einer Ertragsrealisierung pro rata temporis und ein Gewinn kann nach Erstellung des Bauwerkes noch nicht als realisiert gelten.

Schließlich entspricht es – wie auch bereits im Zusammenhang mit dem PPP-Inhabermodell ausführlich dargestellt – einem funktionalen PPP-Ansatz mehr, wenn die Erfüllung des Konzessionsvertrages von Seiten des Privaten gegenüber der öffentlichen Hand nicht

---

[125] Vgl. BFH, BStBl II 1991, 213.
[126] BFH, BStBl II 1968, 411.
[127] Vgl. zustimmend Woerner, BB 1988, 769 (777).
[128] Moxter, BB 1987, 1846 (1850).
[129] Reidt/Stickler, in: Motzke/Pietzcker/Prieß, VOB Teil A, § 32, Rn. 28.

primär durch eine zeitpunktbezogene Abnahme eines Bauwerkes, sondern vielmehr durch die Zurverfügungstellung einer bestimmten Leistung oder Funktionalität über einen definierten Zeitraum an die Nutzer erfolgt. Schließlich hat bei Konzessionsverträgen der Private regelmäßig die Pflicht, das Bauwerk am Ende der Vertragslaufzeit der öffentlichen Hand wieder in einem entsprechend erneuerten bzw. vertragsgemäßen Zustand zu übergeben. Die Erstellung des Bauwerkes ist somit lediglich Teil einer insgesamt einheitlich geschuldeten Leistung für eine einheitliche Gegenleistung.

Liegt ein solches Verständnis einer einheitlichen Leistungserstellung einem Konzessionsvertrag zugrunde, scheidet die Aktivierung eines „immateriellen Betreiberrechtes" in Höhe der Herstellungskosten des Bauwerkes, wie von der Gutachtergruppe zur Erarbeitung der Muster eines Konzessionsvertrages und Regelungen für die Ausschreibung/Vergabe von Konzessionen für das Betreibermodell für den mehrstreifigen Autobahnausbau („A-Modell") vorgeschlagen,[130] aus – unabhängig davon, ob der Private als Verwaltungshelfer (beim A-Modell) oder Beliehener (beim F-Modell) agiert. Die Aktivierung eines Betreiberrechtes setzt den entgeltlichen Erwerb des Rechtes voraus. Als Entgelt für den Erwerb des Rechts käme die Sanierung bzw. Errichtung der Baumaßnahme in Betracht. Dies wiederum erfordert die Trennung von Leistungsteilen. Eine solche Betrachtung scheidet jedoch bei Annahme einer einheitlichen Leistung des Auftragnehmers aus.

Sollte dagegen auf Grund des Konzessionsvertrages nach dem Willen der Vertragsparteien die Baumaßnahme errichtet worden sein, um das Betreiberrecht zu erhalten, halten wir – und zwar sowohl beim Zwei-Personen-Verhältnis (wenn der Private nur Verwaltungshelfer ist und die Einnahmen eines Projektes von der öffentlichen Hand weitergeleitet bekommt) als auch bei einem direkten Leistungsrecht gegenüber Dritten – die Aktivierung eines immateriellen Wirtschaftsgutes für sachgerecht. Wir stimmen insoweit mit der im Gutachten zum A-Modell angeführten Argumentation weitgehend überein.

Im Hinblick auf die Behandlung eines die ganze Konzessionslaufzeit und damit die einzelnen Projektphasen als integriertes Leistungspaket umfassenden PPP-Vertrages gehen wir hingegen davon aus, dass in der Regel eine einheitliche Leistung vorliegt und deshalb die Aufwendungen als aktiver Rechnungsabgrenzungsposten periodengerecht abzugrenzen sind. Im Gegensatz zum PPP-Inhabermodell erzielt der Private Einnahmen gewöhnlich erst nach Fertigstellung des Bauwerkes, wenn eine Nutzung und damit eine Vermarktung des Bauwerkes möglich ist. Bei einem solchen typischen Verlauf hat der Private zunächst einen aktiven Rechnungsabgrenzungsposten in Höhe seiner Anschaffungs- und Herstellungskosten zu bilden und über die Laufzeit des Konzessionsvertrages abzuschreiben.[131] Zahlungen, die der Auftragnehmer als Anschubfinanzierung erhält, sind entweder vom aktiven Rechnungsabgrenzungsposten abzusetzen oder passiv als Sonderposten abzugrenzen und pro rata temporis erfolgswirksam aufzulösen. Die Aufwendungen während der Betriebsphase sind in der Regel als laufende Aufwendungen zu behandeln. Für seine Verpflichtung, das Bauwerk nach Beendigung des Konzessionsvertrages der öffentlichen Hand in einem erneuerten bzw. vertragsgemäßen Zustand zu übergeben, hat der Private eine Rückstellung für ungewisse

[130] Clifford Chance Pünder/Dresdner Bank Kleinwort Wasserstein/Bung/Aviso, Gutachten zur Erarbeitung der Muster eines Konzessionsvertrages und Regelungen für die Ausschreibung/Vergabe von Konzessionen für das Betreibermodell für den mehrstreifigen Autobahnausbau („A-Modell"), S. 38 ff., wobei die Gutachtergruppe ausdrücklich betont, dass der Ausbau der Konzessionsstrecke nur dann als selbstständiges Recht aktiviert werden kann, wenn der Ausbau der Konzessionsstrecke **nicht** Teil einer insgesamt einheitlich geschuldeten Leistung für eine einheitliche Gegenleistung wäre, siehe a. a. O. S. 39. Damit befinden wir uns mit unserer Argumentation in Übereinstimmung mit der Gutachtergruppe.

[131] Beim Sanierungsmodell mit kontinuierlichen und konstanten Einnahmen geht es demgegenüber darum, überproportionale Sanierungsleistungen zu Beginn des Projektes aktiv und Verpflichtungen gegenüber dem Leistungsempfänger zum Ende des Projektes passiv abzugrenzen.

Verbindlichkeiten nach § 249 Abs. 1 HGB[132] zu bilden, deren Höhe von der Abnutzung des Gebäudes und von den Wiederbeschaffungskosten abhängt.[133]

3.9.2 Umsatzsteuerliche Behandlung Konzessionsmodell

Das BMF hat sich mit Schreiben vom 3. Februar 2005 zur Umsatzsteuer bei PPP-Projekten im Bundesfernstraßenbau geäußert.[134] Dabei trifft das BMF eine Unterscheidung zwischen der umsatzsteuerlichen Behandlung von F-Modellen, bei denen der Private als Beliehener agiert und von A-Modellen, bei denen er Verwaltungshelfer ist. Die wichtigsten Punkte des Schreibens werden im Folgenden zusammenfassend dargestellt und einer ersten Würdigung unterzogen. Nach unserem Verständnis dürften die Grundsätze dieses Schreibens grundsätzlich auch auf Konzessionsmodelle in anderen Sektoren anwendbar sein.

3.9.2.1. Umsatzsteuerliche Behandlung beim Privaten als Beliehener (F-Modell)

Beim PPP-Konzessionsmodell mit einem Beliehenen sind grundsätzlich zwei Leistungsbeziehungen auf ihre umsatzsteuerliche Behandlung hin zu überprüfen – zum einen die Vertragsbeziehung zwischen der öffentlichen Hand (Konzessionsgeber) und dem Privaten (Konzessionsnehmer) innerhalb eines abzuschließenden Konzessionsvertrages und zum anderen die Vertragsbeziehung zwischen dem privaten Partner und den Nutzern, die eine Infrastruktur, ggf. einschließlich dazugehöriger Dienstleistungen, gegen Entgelt in Anspruch nehmen.

Die für die Durchführung des Konzessionsvertrages erforderlichen Grundstücke werden beim F-Modell dem Konzessionsnehmer für die Laufzeit des Konzessionsvertrages unentgeltlich zur Verfügung gestellt. Der Konzessionsnehmer errichtet darauf auf eigene Kosten das entsprechende Bauwerk zur Nutzung für sein Unternehmen, ohne für diese Nutzung eine Miete oder Pacht zu bezahlen. Insoweit liegt beim F-Modell nach Meinung der Finanzverwaltung kein Leistungsaustausch zwischen dem Privaten und der öffentlichen Hand vor.

Nach Fertigstellung des Bauwerks erlangt der Konzessionsgeber hieran das zivilrechtliche Eigentum. Allerdings behält der Konzessionsnehmer nach der im BMF-Schreiben vertretenen Auffassung dennoch für die Dauer der Überlassung die Verfügungsmacht über das Bauwerk. Die Verfügungsmacht geht erst mit Ablauf des Konzessionszeitraums und gleichzeitiger Übertragung des Bauwerks auf die öffentliche Hand über. Erst zu diesem Zeitpunkt erbringt der Konzessionsnehmer gegenüber der öffentlichen Hand eine Lieferung, die nach § 3 Abs. 7 S. 1 im Inland ausgeführt und damit auch steuerbar ist. Bei der Übergabe des Bauwerkes ist zu prüfen, ob ggf. eine Steuerbefreiung nach § 4 Nr. 9 lit. a UStG zur Anwendung kommt. Diese Frage ist nach Ansicht des BMF von den zuständigen Landesfinanzbehörden im Einzelfall zu entscheiden. Im Falle einer unentgeltlichen Übertragung ergibt sich die Steuerbarkeit aus § 3 Abs. 1 b S. 3 UStG.

Die Anschubfinanzierung wird vom Konzessionsgeber als Leistungsempfänger aufgewendet, um die Durchführung des Straßenbauvorhabens zu realisieren. Sie ist somit kein echter Zuschuss, sondern stellt abzüglich der in ihr enthaltenen Umsatzsteuer das Entgelt für die Leistungen des Privaten aus dem Konzessionsvertrag dar. Die Anschubfinanzierung wird geleistet für die Abgeltung der Bau-, Erhaltungs- und Betriebskosten des Vorhabens. Der dabei von den Vertragsparteien vereinbarten Aufteilung kann gefolgt werden, wenn sie anhand objektiver Merkmale nachvollziehbar berechnet ist. Die Zahlung der Anschubfinanzierung unterliegt der Ist-Besteuerung (§ 13 Abs. 1 Nr. 1 a S. 4 UStG), soweit sie vor

[132] Der Ausweis eines passiven Rechnungsabgrenzungspostens wie im Sanierungsmodell ist hier nicht möglich, da die Projektgesellschaft beim Konzessionsmodell ihre Einnahmen nicht von der öffentlichen Hand als Vertragspartner, sondern von den Nutzern der Infrastruktur bezieht.

[133] Vgl. BFH, BStBl III 1966, 148.

[134] BMF-Schreiben vom 3. 2. 2005, Umsatzsteuer: Public-Private Partnerships (PPP) im Bundesfernstraßenbau, Aktenzeichen IV A 5 – S 7100 – 15/05.

Erbringung der jeweiligen Leistung erfolgt. In diesem Fall entsteht die Umsatzsteuer auf den Betrag der Anschubfinanzierung im Zeitpunkt der Vereinnahmung durch den Konzessionsnehmer.

Neben der Leistungsbeziehung mit dem Konzessionsgeber erbringt der Konzessionsnehmer Leistungen gegenüber den Nutzern. Diese Umsätze unterliegen grundsätzlich dem Regelsteuersatz in Höhe von 16% (§ 12 Abs. 1 UStG). Leistet der Konzessionsnehmer als Beliehener direkt an einen Unternehmer als Nutzer einer Infrastruktur, kann dieser anschließend den Vorsteuerabzug nach § 15 UStG in Anspruch nehmen.

Da der Konzessionsnehmer steuerpflichtige Lieferungen und Leistungen erbringt, kann er selbst auch unter den in § 15 UStG genannten Voraussetzungen von seiner Umsatzsteuerschuld Vorsteuerbeträge aus seinen Eingangsrechnungen ziehen. Nach dem neuen BMF-Schreiben hätte hierauf auch eine nach § 4 Nr. 9 lit. a UStG ggf. in Betracht kommende Steuerbefreiung bei einer späteren Übertragung eines Bauwerks keinen Einfluss.

3.9.2.2. Umsatzsteuerliche Behandlung beim Privaten als Verwaltungshelfer (A-Modell)

Hat der Konzessionsnehmer lediglich die Stellung eines Verwaltungshelfers inne, erbringt er nach Auffassung des BMF seine Leistungen ausschließlich gegenüber dem Konzessionsgeber und stellt diese auch nur ihm in Rechnung. Aus umsatzsteuerrechtlicher Sicht ist dabei zwischen der Errichtung des Bauwerks und dem anschließenden Erhalt zu unterscheiden. Der Umstand, dass die Gegenleistung für den Privaten in diesem Fall ebenfalls aus dem erhobenen Maut- bzw. Gebührenaufkommen und in der Höhe von diesem abhängig geleistet wird, rechtfertigt es nach Ansicht des BMF nicht, den Privaten unabhängig seiner Bezeichnung als Konzessionsnehmer als Betreiber im steuerrechtlichen Sinne anzusehen. Vielmehr verbleibe dieses Recht in diesem Fall beim Bund. Die Summe aus ggf. gezahlter Anschubfinanzierung und anteilig weitergeleiteten Mautgebühren stelle das Entgelt sowohl für die Errichtung des Bauwerks als auch für dessen Erhalt dar.

Mit Abnahme des Bauwerks werde bei diesem Konzessionsmodell die Verfügungsmacht darüber auf die öffentliche Hand übertragen. Ausfluss dieser Verfügungsgewalt sei beim A-Modell die Erhebung der Maut nach Inbetriebnahme des Bauwerks, die durch die öffentliche Hand erfolgt. Die Bauleistung stelle also umsatzsteuerlich eine Werklieferung dar, die nach § 3 Abs. 7 S. 1 UStG im Inland ausgeführt und damit steuerbar und mangels Steuerbefreiung auch steuerpflichtig sei. Der Private könne dabei aus Vereinfachungsgründen die ihm entstandenen Herstellungs- bzw. Anschaffungskosten als Bemessungsgrundlage für diese Werklieferung zugrunde legen. Da der Private regelmäßig die Vorfinanzierung der Umsatzsteuer kalkulatorisch berücksichtige, bestünden insoweit unter den Voraussetzungen des Abschn. 29a Abs. 2 UStR keine Bedenken, eine eigenständige, grundsätzlich nach § 4 Nr. 8 lit. a steuerfreie Kreditgewährung des Privaten an die öffentliche Hand anzunehmen.

Die übrigen über den Vertragszeitraum verteilt zu erbringenden Leistungen (Erhalt des Bauwerks) können nach Ansicht des BMF als jährliche Teilleistungen erbracht werden. Sie seien nach § 3a Abs. 2 Nr. 1 UStG ebenfalls im Inland steuerbar und auch steuerpflichtig.

Die Errichtung und die Erhaltung des Bauwerks sind steuerbare und steuerpflichtige Leistungen. Daher kann der Private die Vorsteuer aus den Eingangsrechnungen, die mit diesen Tätigkeiten verbunden sind, unter den allgemeinen Voraussetzungen des § 15 UStG ziehen.

Was die Nutzungsgebühr des Bauwerks – hier die Maut – betrifft, fällt, soweit deren Erhebung der öffentlichen Hand als Aufgabe eigentümlich und vorbehalten ist, auf den weiterbelasteten Betrag keine Umsatzsteuer an. Die öffentliche Hand kann jedoch in diesen Fällen auch keine Vorsteuer geltend machen. Dies führt somit zu einer Weiterbelastung der an den Konzessionsnehmer zu zahlenden Umsatzsteuer auf den Nutzer. Nachteilig wirkt sich dies aus, wenn die Nutzer – wie beim A-Modell der Fall – Unternehmer sind und auf die Maut keine Vorsteuer mehr geltend machen können.

3.9.2.3. Kritische Würdigung des BMF-Schreibens

Bei der umsatzsteuerlichen Behandlung des F-Modells wird durch eine Umsatzsteuerbelastung in Raten dem Umstand Rechnung getragen, dass der Private gegenüber den Nutzern innerhalb eines konzessionsvertraglichen Rahmens eine bestimmte Leistung zur Verfügung stellt. Entsprechende Maut- bzw. Gebühreneinnahmen hängen davon ab, dass die Leistung kontinuierlich erbracht wird. Eine Anschubfinanzierung ist dann folgerichtig als zusätzliches Entgelt von dritter Seite zu werten und ggf. der Ist-Besteuerung zu unterwerfen.

Betriebswirtschaftlich betrachtet erbringt der Private beim A-Modell letztendlich dieselben Leistungen wie beim F-Modell. Juristisch besteht zwischen den beiden Modellen im Wesentlichen der Unterschied, dass der Private beim F-Modell auf Grundlage des Fernstraßenbauprivatfinanzierungsgesetzes (FstrPrivFinG) als Beliehener auftreten kann, während er mangels einer solchen Rechtsgrundlage beim A-Modell nur als Verwaltungshelfer agiert. Obwohl das Steuerrecht grundsätzlich der wirtschaftlichen Betrachtungsweise folgt, unterscheidet sich die umsatzsteuerliche Behandlung der beiden Modellvarianten nach dem neuen BMF-Schreiben gravierend. Beim A-Modell kommt es als Folge hiervon bereits nach Fertigstellung eines Streckenabschnitts vor Beginn der Betriebsphase zu einer Lieferung, wobei zu diesem Zeitpunkt die Höhe des tatsächlichen Entgelts in Form von Mautzahlungen noch gar nicht fest steht. Schließlich kommt es beim A-Modell zu einer Definitivbelastung der Speditionsunternehmen mit Umsatzsteuer.

Aus unserer Sicht kann ein Konzessionsvertrag bei entsprechender Ausgestaltung ungeachtet der konkreten Beurteilung der gegenwärtig zur Ausschreibung anstehenden A- und F-Modelle als ein Vertrag mit einheitlichem Vertragsgegenstand angesehen werden. Diese Betrachtungsweise führt unseres Erachtens umsatzsteuerrechtlich dazu, dass die Hauptleistung des Privaten die Bereitstellung einer Funktionalität während der Laufzeit des Konzessionsvertrages darstellen kann und dann pro rata temporis erbracht wird. Diese sonstige Leistung gem. § 3a Abs. 2 Nr. 1 UStG wird beim F-Modell gegenüber der öffentlichen Hand und den Nutzern direkt und beim A-Modell nur gegenüber der öffentlichen Hand erbracht. Dem steht unseres Erachtens nicht entgegen, dass das Eigentum zum Schluss der Vertragslaufzeit übertragen wird. In diesem Fall stellt die Eigentumsübertragung eine bloße Nebenleistung dar (vgl. hierzu auch unsere Anmerkungen unter 3.6.2.2.). Dieser Sichtweise ist das BMF jedoch in seinem neuen Schreiben zur Behandlung von F- und A-Modellen nur zum Teil bzw. nicht gefolgt.

3.9.3 Belastung durch Grundsteuer und Grunderwerbsteuer

Unter der von uns getroffenen Annahme, dass beim PPP-Konzessionsmodell nicht der Private, sondern die öffentliche Hand als wirtschaftlicher Eigentümer anzusehen ist, ist der Grundbesitz bei diesem Modell nach § 3 Abs. 1 Nr. 1 Satz 1 GrStG von der Grundsteuer befreit.

Im Hinblick auf die Belastung mit Grunderwerbsteuer verweisen wir auf unsere Aussagen zum PPP-Inhabermodell – Lease/Lease back unter Kap. 3.7.3.2.

3.10 PPP-Gesellschaftsmodell

Das PPP-Gesellschaftsmodell beschreibt kein eigenständiges Vertragsmodell. Vielmehr handelt es sich um eine Variante der bereits untersuchten Vertragsmodelle in Gestalt der gesellschaftsrechtlichen Beteiligung der öffentlichen Hand als Mitgesellschafter an einer mit der Planung, dem Bau bzw. der Sanierung, der Finanzierung sowie dem Betrieb beauftragten Projektgesellschaft (auch gemischt-wirtschaftliche Gesellschaft genannt). Aus steuerrechtlicher Sicht sind wir in unserer Untersuchung auf die Auswirkungen einer Beteiligung der öffentlichen Hand an einer privaten Projektgesellschaft bereits unter Kap. 2.1.3 eingegangen. Eine gesonderte steuerliche Betrachtung haben wir für das PPP-Gesellschaftsmodell nicht durchgeführt.

4. Fazit

In der gegenwärtigen politischen Diskussion werden häufig mögliche steuerliche Wettbewerbsnachteile von PPP-Projekten gegenüber konventionellen Beschaffungsvarianten erörtert. Diese können sich insbesondere bei der Umsatz- und der Grundsteuer ergeben. Wenn ein Unternehmer umsatzsteuerbare und auch umsatzsteuerpflichtige Lieferungen bzw. sonstige Leistungen erbringt, wird ggf. ein Teil der Wertschöpfungskette mit Umsatzsteuer belastet, der demgegenüber beim konventionellen Beschaffungsansatz von der öffentlichen Hand intern erbracht wird. Dies verteuert die Leistung des Privaten entsprechend. Erbringt ein privater Partner hingegen steuerbefreite Leistungen, erfolgt zwar keine Umsatzsteuerbelastung gegenüber der öffentlichen Hand, doch kann der Private für von ihm bei Dritten bezogene Leistungen keinen Vorsteuerabzug geltend machen (§ 15 Abs. 2 UStG). Dies wirkt sich wiederum indirekt auch auf die Höhe des gegenüber der öffentlichen Hand angebotenen Preises aus.

Eine grundsteuerliche Wettbewerbsverzerrung tritt bei denjenigen PPP-Vertragstypen auf, bei denen das wirtschaftliche Eigentum beim privaten Vertragspartner liegt (z. B. Leasingmodell mit wirtschaftlichem Eigentum beim Leasing-Geber, PPP-Vermietungsmodell). In diesem Fall unterliegt der Grundbesitz bei einer PPP-Maßnahme der Grundsteuer nach § 2 GrStG. Demgegenüber sind Projekte, bei dem die öffentliche Hand sowohl das zivilrechtliche als auch das wirtschaftliche Eigentum am Grundvermögen behält (§ 3 Abs. 1 Satz 2 GrStG), von der Grundsteuer befreit.

Da mögliche Lösungsansätze zur Vermeidung einer solchen Diskriminierung weder bei der Umsatzsteuer (z. B. durch Einführung eines Refund-Systems wie in Großbritannien oder den Niederlanden in Kombination mit einer Optionsmöglichkeit zur Umsatzsteuer) noch bei der Grundsteuer (z. B. indem für eine Grundsteuerbefreiung nur darauf abgestellt wird, dass der Grundbesitz für eine Hochbaumaßnahme von einer inländischen juristischen Person des öffentlichen Rechts für den öffentlichen Dienst oder Gebrauch benutzt wird) gegenwärtig hinreichend konkret absehbar sind, ist bei der Realisierung eines PPP-Vorhabens umso größeren Wert auf eine sorgfältige steuerliche Strukturierung zu legen. Ziel unserer Ausführungen war es daher, die in diesem Zusammenhang grundsätzlich wesentlichen steuerlichen Aspekte für die Durchführung einer PPP im Allgemeinen und in Abhängigkeit von der konkreten vertraglichen Ausgestaltung eines PPP-Vorhabens (PPP-Vertragsmodell) aufzuzeigen.

Um die einzelnen steuerlichen Rechtsfolgen für ein Vorhaben beurteilen und in ihren Auswirkungen vergleichen zu können, empfehlen wir am konkreten Einzelfall orientiert zusätzliche quantitative Modellrechnungen als Entscheidungshilfe durchzuführen.

Schließlich ist bei der steuerlichen Planung von PPP-Projekten zu berücksichtigen, dass diese typischerweise eine lange Laufzeit (20–30 Jahre) aufweisen. Insofern sollte bei Gestaltungen auch das Steueränderungsrisiko berücksichtigt werden. Aktuell wird einerseits über Senkungen der Ertragsteuersätze diskutiert, um sich dem internationalen Niveau anzupassen und die Wettbewerbsfähigkeit der deutschen Wirtschaft zu erhöhen. Andererseits wird eine mögliche Umsatzsteuererhöhung immer wieder diskutiert. Bei dieser Diskussion ist zu berücksichtigen, dass nach der Sechsten EG-Richtlinie zur Umsatzsteuer der Mindestregelsteuersatz 15% beträgt. Momentan liegen die Regelsteuersätze in der EU zwischen 15% (Luxemburg) und 25% (Dänemark).

§ 8 Recht der öffentlichen Förderung

Übersicht

Vorhaben im öffentlichen Hochbau werden häufig nicht allein aus dem allgemeinen Haushalt des Vorhabenträgers finanziert, sondern zusätzlich durch zweckgebundene Mittel anderer Träger öffentlicher Aufgaben gefördert. Die dabei in Betracht kommenden Arten der Förderung, die an der Förderung aktiv oder passiv Beteiligten, die Rechtsgrundlagen, die von einer öffentlichen Förderung erfassten Vorhaben, der Gegenstand der Förderung, die förderungsfähigen Kosten sowie die Finanzierungsarten sind vielfältig. Grundsätzlich kommen folgende Varianten in Betracht:

Hochbauvorhaben der öffentlichen Hand können im Wege von Zuwendungen, also unmittelbaren Zahlungen, auf die der Empfänger vor der Bewilligung keinen Anspruch hat, gefördert werden. Eine Förderung kann ferner in besonders günstigen Krediten staatlicher oder halbstaatlicher Banken bestehen. Die öffentliche Hand kann aber auch die Finanzierung des Vorhabens auf dem privaten Kreditmarkt durch die Herausgabe von Bürgschaften begünstigen.

Fördergeber können alle Ebenen der staatlichen Gliederung sein, vor allem – gemeinsam oder separat – Bund und Länder, die teilweise ihrerseits auf EU-Mittel zurückgreifen können. Darüber hinaus kann ein Vorhaben auch durch die jeweilige kommunale Körperschaft (Gemeinden und Kreise) gefördert werden. Empfänger der Förderung können sowohl die Verwaltungsträger sein, die eine Hochbaumaßnahme später nutzen wollen oder für ihre Errichtung verantwortlich sind, als auch der private Investor. In Betracht kommt ferner, dass zunächst der zuständige Verwaltungsträger Fördermittel erhält (Erstempfänger) und dabei berechtigt ist, diese als Fördermittel (regelmäßig als Zuwendung) an den privaten Investor (Letztempfänger) auf der Grundlage eines Bewilligungsbescheids oder eines Zuwendungsvertrags weiter zu reichen.

Gegenstand der Förderung ist bislang zumeist nur die Investition in ein Vorhaben. Die Kosten der Nutzung oder des Betriebs sind hingegen bislang nur selten förderfähig. Eine funktionale Betrachtung (langfristige Nutzungsmöglichkeit durch die öffentliche Hand) ist bisher kaum Gegenstand der öffentlichen Förderung.

Auch die Finanzierungsart unterscheidet sich von Fall zu Fall. Grundsätzlich wird unterschieden zwischen Vollfinanzierung, also Übernahme von 100% der Kosten, und Teilfinanzierung, letztere wiederum gliedert sich auf in Anteilsfinanzierung, also Förderung zu einer bestimmten Quote, Festbetragsfinanzierung, also Förderung mit einem festen und zahlenmäßig bestimmten Betrag, und Fehlbetragsfinanzierung, also Förderung in dem Umfang, in dem der Zuwendungsempfänger die Kosten nicht durch andere Mittel decken kann.[1]

Die Förderung beruht zum Teil auf (bundes- oder landes-)gesetzlichen Grundlagen, die mitunter – beispielsweise bei der Förderung des Hochschulbaus – verfassungsrechtliche Vor-

[1] Siehe Nr. 2.2 VV zu § 44 der Haushaltsordnungen.

gaben umsetzt. Überwiegend sind – vor allem im Bereich des Schul- und Krankenhausbaus – die landesgesetzliche Vorschriften nicht verfassungsrechtlich determiniert. Mehrheitlich beruhen Fördermöglichkeiten allerdings auf Richtlinien, also Verwaltungsvorschriften, deren Ermächtigungsgrundlagen die Regelungen in §§ 23, 44 der jeweiligen Haushaltsordnungen sowie der Haushaltsplan sind. Ein allgemeines Recht der öffentlichen Förderung, gar ein „Subventionsgesetzbuch", gibt es nicht.

Die Förderung öffentlicher Hochbauten ist Gegenstand der unterschiedlichsten rechtlichen Regelungen und Anwendungsbereiche, für die im Folgenden zunächst ein allgemeiner Überblick mit Beschränkung auf die Bereiche des öffentlichen Hochschulbaus und Schulbaus gegeben wird. Anschließend werden die besonderen förderrechtlichen Rahmenbedingungen für PPP-Vorhaben wiederum mit der Beschränkung auf den Hochschulbau und Schulbau behandelt, darunter auch landesrechtliche Einzelregelungen, in denen die besonderen Förderbedingungen von PPP-Vorhaben schon beispielhaft berücksichtigt sind. Eine besondere Darstellung für den Bereich des Schulbaus wird für die Rechtslage in Nordrhein-Westfalen gegeben, das durch sein Gemeindefinanzierungsgesetz 2003 – soweit ersichtlich als einziges Land – mit dem Instrument der Schulbaupauschalen einen besonderen Weg der Förderung des öffentlichen Schulbaus beschreitet.

1. Begriffsbestimmungen

Unter dem Begriff der öffentlichen Förderung werden verschiedene Förderinstrumente zusammen gefasst. Hervorzuheben ist zunächst die Zuwendung, die in §§ 23, 44 der jeweiligen Haushaltsordnungen definiert ist. Danach sind Zuwendungen Ausgaben und Verpflichtungsermächtigungen für Leistungen an Stellen außerhalb des jeweiligen Zuwendungsgebers (Bund oder Land), auf die der Zuwendungsnehmer vor der Bewilligung keinen Anspruch hat. In diesem Sinne stehen Gemeinden außerhalb des Zuwendungsgebers Land.[2] Nach dem Empfänger werden Zuwendungen unterschieden in Zuschüsse an Private und Zuweisungen an Empfänger des öffentlichen Bereichs.[3] Der Gesamtbegriff der Zuwendung erstreckt sich sowohl auf nicht rückzahlbare Leistungen („verlorene Zuschüsse") als auch auf unbedingt oder bedingt rückzahlbare Kredite.[4]

Öffentliche Sicherheiten wie Bürgschaften fallen nicht unter den Zuwendungsbegriff, sie unterliegen den Regelungen von § 39 der jeweiligen Haushaltsordnung.

2. Rechtsgrundlagen der öffentlichen Förderung

Die Rechtsgrundlagen für die öffentliche Förderung sind weit gestreut. Dies gilt insbesondere hinsichtlich der vielfältigen Förderprogramme, die als Verwaltungsvorschriften („Förderrichtlinien") erlassen werden. Darüber hinaus bestehen weitere spezialgesetzliche Grundlagen, die eine Förderung unmittelbar ermöglichen oder zum Erlass der Förderrichtlinien ermächtigen.

2.1 Allgemeine Regelungen in §§ 23, 44 der Haushaltsordnungen

Soweit keine besondere gesetzliche Rechtsgrundlage besteht, beruhen Förderrichtlinien auf §§ 23, 44 der jeweiligen Haushaltsordnungen.[5] Danach können Zuwendungen gewährt werden, wenn der Zuwendungsgeber an der Erfüllung der geförderten Aufgabe ein erhebli-

---

[2] Müskens, Der Gemeindehaushalt 1999, 73 (73).

[3] Zur Definition: Dommach, in: Heuer, Kommentar zum Haushaltsrecht, § 23 BHO Rn. 4; Müskens, Der Gemeindehaushalt 1999, 73 (73). Diese Terminologie wird jedoch bei den Förderrichtlinien sowie in der Literatur nicht immer stringent beachtet.

[4] Müskens, Der Gemeindehaushalt 1999, 73 (73).

[5] Abhängig vom Fördergeber entweder die Bundeshaushaltsordnung oder die Landeshaushaltsordnung. Die Vorschriften sind insoweit wortgleich.

ches Interesse hat, das ohne die Zuwendung nicht oder nicht in dem notwendigen Umfang befriedigt werden kann. Hierzu sind allgemeine Verwaltungsvorschriften, vor allem die Verwaltungsvorschriften zu § 44 der jeweiligen Haushaltsordnungen, erlassen worden. Diese Verwaltungsvorschriften sehen beispielsweise vor, in die Bewilligungsbescheide als Nebenbestimmung die sogenannten „Allgemeinen Nebenbestimmungen für die Projektförderung – ANBestP" aufzunehmen, welche wiederum Einzelheiten der Förderung, das Verfahren und weitere Bedingungen regeln. Sie gelten jedoch nicht unmittelbar, sondern sind von den Bewilligungsbehörden ausdrücklich in den Bewilligungsbescheid als Nebenbestimmung aufzunehmen.

Unbeschadet dessen steht den Zuwendungsgebern bei der Bestimmung von Art und Umfang der Förderung, der geförderten Maßnahmen, der möglichen Zuwendungsempfänger und weiteren Einzelheiten regelmäßig ein beachtlicher Gestaltungsspielraum zu. Dementsprechend variieren die Förderbedingungen von Förderprogramm zu Förderprogramm.

2.2 Hochschulbauförderung

Der Bereich der Hochschulbauförderung ist spezialgesetzlich in Art. 91 a Abs. 1 Nr. 1 GG geregelt. Die Einzelheiten finden sich im Hochschulbauförderungsgesetz – HBFG.[6]

Der Finanzierung des Hochschulbaus dient die sogenannte Mischfinanzierung, bei der Bund und Länder eine Aufgabe gemeinsam finanzieren.

Die staatsrechtliche Ordnung der Bundesrepublik geht von dem Grundsatz aus, dass mit der Verwaltungskompetenz auch die Finanzierungskompetenz und -last zugewiesen ist.[7] Soweit also das Grundgesetz dem Bund oder den Ländern bestimmte Verwaltungsaufgaben zuweist, haben sie die mit der Erfüllung der Aufgaben verbundenen Ausgaben zu tragen. Umgekehrt ist es der jeweils anderen staatlichen Ebene verwehrt, Aufgaben zu finanzieren, für die sie nicht die Verwaltungskompetenz hat und damit auch nicht die Finanzierungslast trägt.

Ausnahmen sind gemäß Art. 104 a Abs. 1 GG nur zulässig, wenn und soweit sie im Grundgesetz ausdrücklich geregelt sind.[8] So sieht das Grundgesetz an verschiedenen Stellen vor, dass Bund und Länder bestimmte einzelne Verwaltungs- und Finanzierungskompetenzen (und -lasten) gemeinsam wahrnehmen. Zu nennen sind insbesondere die Bestimmungen in Art. 104 a Abs. 4, 91 a und 91 b GG.[9] Im Rahmen dieser Vorschriften können der Bund und die Länder bestimmte Vorhaben gemeinsam finanzieren.

Die Bereiche, die Gegenstand einer Mischfinanzierung sein können, sind abschließend in den Art. 91 a, 91 b, 104 a GG aufgeführt. Diese Bestimmungen stellen auf unterschiedliche Regelungsbereiche ab. Gemäß Art. 104 a Abs. 4 GG kann der Bund auf der Grundlage eines Gesetzes oder einer Verwaltungsvereinbarung aus gesamtwirtschaftlichen Gründen bedeutsame Investitionen der Länder oder Kommunen (Gemeinden und Gemeindeverbände) fördern.[10] Hingegen kann der Bund gemäß Art. 91 a Abs. 1 Satz 1 Nr. 1 GG im Rahmen der so genannten Gemeinschaftsaufgaben gezielt den „Ausbau und Neubau von Hochschulen und einschließlich der Hochschulkliniken" fördern. Art. 91 b GG ermöglicht darüber hinaus die Zusammenarbeit und Kofinanzierung von Bund und Ländern im Hinblick auf – soweit für die Finanzierung von öffentlichen Hochbaumaßnahmen einschlägig – „Einrichtungen und Vorhaben der wissenschaftlichen Forschung von überregionaler Bedeutung". Die Be-

---

6 Vom 1. 9. 1969, BGBl. I, S. 1556, in der Fassung vom 10. 11. 2001, BGBl. I, S. 2992.

7 Ipsen, in: Isensee/Kirchhof, Handbuch des Staatsrechts Bd. IV, § 98 Rn. 50; Blümel, in: Isensee/Kirchhof, Handbuch des Staatsrechts Bd. IV, § 101 Rn. 7; von Arnim, in: Isensee/Kirchhof, Handbuch des Staatsrechts Bd. IV, § 103 Rn. 41 ff.

8 Siehe hierzu auch Brockmeyer, in: Schmidt-Bleibtreu/Klein, GG, Art. 104 a Rn. 8.

9 Einen Überblick bietet Goroncy, DVBl. 1970, 310 ff.

10 Die übrigen Fallformen in Art. 104 a GG sind für den hier in Rede stehenden Bereich des öffentlichen Hochbaus nicht relevant.

reiche Schulen und sonstige Krankenhäuser[11] sind in den zitierten grundgesetzlichen Bestimmungen nicht erwähnt. Nach dem allgemeinen Grundsatz, dass der jeweilige Verwaltungsträger (hier also die Länder) die mit der Erfüllung dieser Aufgaben erforderlichen Ausgaben zu tragen haben, ist eine Kofinanzierung durch den Bund in diesen Bereichen deswegen nicht zulässig.

Die Gemeinschaftsaufgabe nach Art. 91 a Abs. 1 Nr. 1 GG erstreckt sich auf den „Ausbau und Neubau von Hochschulen einschließlich der Hochschulkliniken". Die Gemeinschaftsaufgabe verfolgt in dieser Hinsicht einen der Regelung in Art. 104 a Abs. 4 GG vergleichbaren Ansatz. Nach dieser Bestimmung ist der Bund unter bestimmten Voraussetzungen ermächtigt, Investitionen der Länder und Kommunen finanziell zu fördern. Die Förderung des Betriebs einer Einrichtung oder der mit ihrer Nutzung verbundenen Ausgaben im Rahmen einer Kofinanzierung wird von diesen Bestimmungen hingegen nicht gedeckt.[12]

2.3 Schulbauförderung

Ebenso wie die Hochschulbauförderung beruht die Schulbauförderung der Länder regelmäßig auf einer gesetzlichen Grundlage. An einem bundeseinheitlichen Regelungsrahmen fehlt es, weil der Schulbau in die ausschließliche Kompetenz der Länder fällt und nicht Gegenstand einer Gemeinschaftsaufgabe ist. Der Bau und Ausbau von Schulen ist landesgesetzlich überwiegend in den Finanzausgleichsgesetzen geregelt, in denen die staatlichen Leistungen an die Kommunen bestimmt werden.

Die Schulbauförderung ist dabei regelmäßig als Zuweisung ausgestaltet. Sie ist also eine zweckgebundene Leistung des Landes an die Kommunen, auf die Kommunen keinen Anspruch besitzen. Im Übrigen weisen die Fördersysteme in den einzelnen Ländern starke Unterschiede auf.

Ergänzend zu den Anforderungen nach dem jeweiligen Finanzausgleichsgesetzen sind die haushaltsrechtlichen Maßgaben anzuwenden, also die Bestimmungen der §§ 23, 44 LHO sowie die jeweiligen allgemeinen Verwaltungsvorschriften zu diesen Bestimmungen.[13] Soweit es sich um eine Projektförderung handelt, sind auch die ANBestP zu beachten.

3. PPP und öffentliche Förderung

Bei den PPP-Vertragsmodellen[14] übernimmt der private Vorhabenträger die Finanzierung, die Planung und den Bau der öffentlichen Hochbauten. Im Gegenzug ist der öffentliche Auftraggeber verpflichtet, dem Auftragnehmer ein laufendes Entgelt zu zahlen. In dieser Gegenleistung des öffentlichen Auftraggebers ist nicht nur der Investitions-Anteil und der Finanzierungs-Anteil, sondern auch der Nutzungsanteil enthalten.[15] Bei manchen Vertragsgestaltungen kommen zu den laufenden Entgeltzahlungen auch noch Zahlungen zu Beginn und/oder am Ende der Vertragsdauer hinzu. Zudem ist bei einigen Vertragsmodellen der Eigentumsübergang am Ende der Vertragslaufzeit bereits rechtlich vereinbart oder als Option für den Auftraggeber ausgestaltet.

Die öffentliche Förderung von öffentlichen Hochbauten stellt im Gegensatz zu der einheitlichen Entgeltstruktur überwiegend darauf ab, dem öffentlichen Zuwendungsempfänger den

---

[11] Also solche Krankenhäuser, die nicht Hochschulkliniken im Sinne von Art. 91 a Abs. 1 Nr. 1 GG sind.

[12] Maunz, in: ders./Dürig, GG, Art. 104 a Rn. 43.

[13] Für die nordrhein-westfälische Rechtslage Müskens, Der Gemeindehaushalt 1999, 73 (74).

[14] Siehe Kap. § 3 Abschnitt 1 und passim.

[15] Anteile für Dienstleistungen können im Zusammenhang mit der öffentlichen Förderung zunächst unberücksichtigt bleiben, sie sind grundsätzlich nicht förderfähig.

Bau oder Ausbau, in manchen Fällen auch die Sanierung zu finanzieren. Gegenstand der Förderung ist jedenfalls eine einmalige Ausgabe des Zuwendungsempfängers. Den Aufwand für die Nutzung der Gebäude soll der öffentliche Zuwendungsempfänger hingegen aus seinem allgemeinen Haushalt bestreiten. Hinzu kommt, dass der Zuwendungsgeber häufig daneben noch beabsichtigt, dem Zuwendungsempfänger beim Aufbau eines eigenen Vermögens zu unterstützen. So heißt es in einer Verwaltungsvorschrift aus Nordrhein-Westfalen:[16]

„Landeszuweisungen an Kommunen sollen unter anderem der kommunalen Vermögensbildung dienen. Die Förderung kommunaler Investitionen mit staatlichen Zuwendungen setzt daher grundsätzlich voraus, dass die Kommune Eigentümer des zu fördernden Projekts wird. (...)"

An diesem Beispiel wird deutlich, in welchem Spannungsfeld sich die öffentliche Förderung von PPP-Vorhaben befindet. Einerseits stellt die öffentliche Förderung typischerweise auf den Eigentumserwerb oder lediglich die Übernahme von Baukosten ab, andererseits besteht der Kern von PPP-Vorhaben häufig in der einheitlichen Betrachtung von Investition und Nutzung eines Vorhabens über einen bestimmten Zeitraum, eine Betrachtung, die sich nicht zuletzt in der Entgeltstruktur widerspiegelt.

3.1 Hochschulbauförderung nach Art. 91 a GG

Besonders intensiv ist dieses Spannungsverhältnis für die Hochschulbauförderung diskutiert worden.[17] Nach dem Wortlaut von Art. 91 a Abs. 1 Nr. 1 GG ist Gegenstand der Gemeinschaftsaufgabe der „Ausbau und Neubau von Hochschulen einschließlich der Hochschulkliniken". Nach stark verbreiteter Auffassung in der Literatur sind von dieser Vorschrift nur die Investitionen in die Sachanlagen (Bauinvestitionen und Beschaffungsinvestitionen)[18] der Hochschule von der Gemeinschaftsaufgabe erfasst. Der Finanzierungsbeitrag des Bundes soll nicht dafür verwendet werden dürfen, den Betrieb und den Unterhalt der Hochschule zu bestreiten.[19]

Demgegenüber lässt Art. 91 b GG bei der gemeinsamen Finanzierung von bestimmten Forschungseinrichtungen[20] auch die Mitfinanzierung des Betriebs solcher Einrichtungen zu.[21] Gemäß Art. 91 b GG wirken der Bund und die Länder auch bei der Förderung von Einrichtungen und Vorhaben der wissenschaftlichen Forschung von überregionaler Bedeutung zusammen. Im Gegensatz zu der Förderung des Hochschulbaus im Rahmen der Gemeinschaftsaufgabe nach Art. 91 a GG legt das Grundgesetz insoweit jedoch nicht die Quoten der jeweiligen Kostentragung fest, sondern überlässt sie einer Vereinbarung zwischen den Beteiligten. Bei der Forschungsförderung können die Beteiligten auch die Förderung von Gesamtvorhaben einschließlich des Betriebs vereinbaren.[22]

Im Rahmen von Art. 91 a Abs. 1 GG ist neben der Frage, ob der Betrieb von Hochschuleinrichtungen gefördert werden kann, auch erörtert worden, ob Leasing-Modelle im Hochschulbau förderfähig sind. Die einschlägige Literatur hatte überwiegend angenommen,

---

[16] Runderlass des Innenministeriums Nordrhein-Westfalen vom 9. 2. 1998, MBl. NW Nr. 16 vom 15. 3. 1998, S. 229.

[17] Christen, Öffentliche Zuschüsse und Leasing, in: Kroll, Leasing-Handbuch für die öffentliche Hand, S. 285 (287 f.); Thieme, WissR 1998, 33 (33); Wlasak, Vor- und Nachteile des Leasing – Leasing und andere private Finanzierungsmodelle öffentlicher Infrastruktur aus der Sicht des Bundes, in: Kroll, Leasing-Handbuch für die öffentliche Hand, S. 170 (173).

[18] Heun, in: Dreier, GG, Art. 91 a Rn. 15.

[19] Pieroth, in: Jarass/ders., GG, Art. 91 a Rn. 3; Stern, Staatsrecht II, § 41 VIII 3 a).

[20] Beispielsweise der Max-Planck-Gesellschaft, der Frauenhofer-Gesellschaft etc., Nachweise bei Brockmeyer, in: Schmidt-Bleibtreu/Klein, GG, Art. 91 b Rn. 6.

[21] Maunz, in: ders./Dürig, GG, Art. 91 b Rn. 30, 42; Heun, in: Dreier, GG, Art. 91 b Rn. 13.

[22] Maunz, in: ders./Dürig, GG, Art. 91 b Rn. 30, 42; Schlegel, in: Umbach/Clemens, GG, Art. 91 b Rn. 21.

dass Leasing-Modelle im Hochschulbau nicht förderfähig seien.[23] Demgegenüber hatte bereits Heun darauf hingewiesen, dass die mehrheitliche Auffassung in der Literatur nicht überzeuge.[24] Ausgehend von der Trennung zwischen den Kosten für Ausbau und Neubau, die Gegenstand der Gemeinschaftsaufgabe und damit auch der Kofinanzierung durch Bund und Länder sind, und den Folgelasten für den Betrieb, die nach der Verfassung allein die Länder finanzieren sollen, hält er es durchaus für möglich, auch Projekte im Wege des Leasings unter die Gemeinschaftsaufgabe zu fassen. Hierzu führt er aus:

„Kosten für den Aus- und Neubau umfassen nämlich neben den unmittelbaren Investitions- und Anschaffungskosten auch die Finanzierungskosten, so dass im Falle eines zwingend vorgeschriebenen späteren Erwerbs der vorfinanzierten Bauten sich der Bund sowohl durch eine Vorauszahlung von 50% des Investitionsteils als auch durch Erstattung von 50% des Investitionsteils der Raten bei Mietkauf, Ratenkauf oder des Leasings mit Erwerbsabsicht an den Ausgaben des Landes beteiligen kann."[25]

Nicht die rechtliche Struktur einer Baumaßnahme, sondern allein der Zweck des Mittelflusses sei entscheidend für die Frage, ob die Zahlung im Rahmen der Gemeinschaftsaufgabe Förderung des Neu- und Ausbaus von Hochschulen erfolge. Ob eine Investition konventionell als Planungs-, Grunderwerbs- und Baukosten anfalle oder im Rahmen einer Verwirklichung des Projekts als PPP-Modell über die Laufzeit mit bestimmten Raten abgegolten werde, mache verfassungsrechtlich keinen Unterschied. Ebenso sei es nach verfassungsrechtlichen Maßstäben unerheblich, wie eine Zahlung der öffentlichen Hand im Haushalt zu verbuchen ist.[26]

Gemäß Art. 91 a Abs. 2 GG sind die Einzelheiten der Gemeinschaftsaufgaben in einem Bundesgesetz zu bestimmen. Für die Gemeinschaftsaufgabe Ausbau und Neubau von Hochschulen und Hochschulkliniken gemäß Art. 91 a Abs. 1 Nr. 1 GG hat der Bund diesen Regelungsauftrag im Hochschulbauförderungsgesetz (HBFG) umgesetzt. § 3 Abs. 1 Satz 1 HBFG[27] bestimmt die Maßnahmen, die grundsätzlich förderfähig sind.[28]

---

[23] Maunz, in: ders./Dürig, GG, Art. 91 a Rn. 33; Krüger, in: Sachs, GG, Art. 91 a Rn. 9; Schlegel, in: Umbach/Clemens, GG, Art. 91 a Rn. 50. Insgesamt drängt sich bei der Behandlung dieses Themas in der älteren verfassungsrechtlichen Literatur der Eindruck auf, dass die Bedeutung dieser Frage nicht gesehen wird und daher eine intensive Auseinandersetzung mit diesem Thema nicht stattfindet.

[24] Heun, in: Dreier, GG, Art. 91 a Rn. 15.

[25] Heun, in: Dreier, GG, Art. 91 a Rn. 15. a. E.

[26] Vgl. Thieme, WissR 1998, 33 (40). Der Bundesrechnungshof hat in seiner Beratenden Äußerung vom 24. 1. 1997 auf die haushaltsrechtliche Verbuchung abgestellt. Vor diesem Hintergrund erhob er verfassungsrechtliche Bedenken gegen die Zulässigkeit von Leasing-Modellen im Rahmen von Art. 91 a Abs. 1 Nr. 1 GG.

[27] § 3 Abs. 1 neugefasst und § 12 Abs. 4 eingefügt durch Gesetz vom 20. 8. 1996 – BGBl. I, S. 1328 (Zweites Gesetze zur Änderung des Hochschulbauförderungsgesetzes) lautet:

„Zum Ausbau und Neubau von Hochschulen gehören im Sinne dieses Gesetzes die Ausgaben für folgende Zwecke:

1. Gesamtplanung, einschließlich der gesondert im Rahmenplan ausgewiesenen Vorstudien sowie Einzelplanungen, Ausgaben für die Gesamtplanung und die Vorstudien können auch dann berücksichtigt werden, wenn sich die Gesamtplanung auf neue Hochschulen oder Hochschuleinrichtungen bezieht, die noch nicht in die Anlage gemäß § 4 aufgenommen sind;
2. Erwerb der für die einzelnen Bauvorhaben erforderlichen bebauten und unbebauten Grundstücke, einschließlich der Kosten für ihre Freimachung; die Grundstücksfläche ist nach dem zulässigen Maß der baulichen Nutzung zu bemessen; bei nicht erschlossenem Bauland werden zusätzlich höchstens 25 von Hundert der Grundstücksfläche als Erschließungsteil für öffentliche Straßen, Wege und Versorgungsleistungen berücksichtigt;
3. Bauten sowie Erschließung und Entschädigung an Dritte in dem für die Baumaßnahmen erforderlichen Umfang, Ersteinrichtung, Außenanlagen, Baunebenleistungen, besondere Betriebseinrichtungen und Zubehör, wenn die Investitionskosten für das jeweilige Vorhaben 1,5 Millionen EUR übersteigen;
4. Beschaffung der gesondert im Rahmenplan ausgewiesenen Großgeräte für Ausbildung und Forschung, wenn die Kosten für das einzelne Gerät einschließlich Zubehör an Universitäten 125 000 EUR, an anderen Hochschulen 75 000 EUR übersteigen;

Das Hochschulförderungsgesetz stellt an verschiedenen Stellen auf den Ausbau und Neubau von Hochschulen unter Beteiligung von Privaten ab. Neben der Beschreibung förderfähiger Maßnahmen vor allem in § 3 Abs. 1 Satz 1 Nr. 7 HBFG ist hier § 3 Abs. 2 HBFG zu nennen. Dieser lautet in der derzeit geltenden Fassung:[29]

„Bei Vorhaben im Sinne des Absatzes 1 Satz 1 Nr. 3 und 7, die unter Einschaltung Dritter finanziert werden und im Einzelfall wirtschaftlicher (§ 7 Bundeshaushaltsordnung) als eigenfinanzierte Vorhaben sind, gehören zu den mitfinanzierungsfähigen Ausgaben auch die Finanzierungskosten."

Die Einschaltung von Dritten in die Finanzierung erfolgt unter anderem durch Leasing, ohne jedoch auf diese Finanzierungsvariante beschränkt zu sein.[30] Eine Einschränkung enthält das Gesetz jedoch insoweit, als es die Beteiligung Dritter allein für die Finanzierung eines Vorhabens ermöglicht. PPP-Vermietungsmodelle oder andere Varianten von PPP-Projekten, die vor allem auf die Nutzung abstellen, sollen nicht förderfähig sein. Gleiches wird nach der Bezugnahme in § 3 Abs. 2 auf § 3 Abs. 1 Nr. 3 und 7 HBFG für die Förderfähigkeit von Finanzierungen für Unterhaltungsmaßnahmen anzunehmen sein.

Die PPP-Vorhaben, bei denen der Auftraggeber am Ende der Vertragsdauer das Eigentum am Objekt erwirbt, sind nach § 3 Abs. 1 Satz 1 Nr. 7 HBFG grundsätzlich förderfähig. Dies gilt gemäß § 3 Abs. 2 HBFG auch für die Finanzierungskosten. Nach § 12 Abs. 4 HBFG setzt das Recht, diese Mittel auch dauerhaft behalten zu dürfen, jedoch voraus, dass das Land die Option auf Eigentumserwerb innerhalb der vertraglich vorgesehenen Frist, spätestens jedoch innerhalb von grundsätzlich 25 Jahren, ausübt. Mit dieser Maßgabe sind bei dem PPP-FMLeasingmodell (und bei dem PPP-Vermietungsmodell, falls eine entsprechende Option vereinbart worden ist) die auf den Erwerb und die Finanzierung entfallenden Teile der Vergütung des Auftragnehmers förderfähig.[31]

Es stellt sich darüber hinaus die Frage, ob bei langlaufenden Leasing-Verträgen Fördermittel nach dem Hochschulbauförderungsgesetz – wenigstens anteilig – beim Empfänger verbleiben können, wenn der Leasingnehmer die Erwerbsoption nicht ausübt. Nach dem Wortlaut von § 12 Abs. 4 HBFG hat das jeweilige Land dem Bund die gewährten Zuschüsse zu erstatten, wenn das Land die Erwerbsoption nach der vertraglich bedungenen Zeit, spätestens jedoch nach 25 Jahren, nicht ausübt. Man könnte jedoch daran denken, den Gedanken von § 12 Abs. 3 Satz 1 HBFG, nach dem nur eine zehnjährige Zweckbindungsfrist bestehen soll, entsprechend heranzuziehen.[32] Aus verfassungsrechtlicher Sicht erscheint es immerhin möglich, die Rückzahlungspflicht nach § 12 Abs. 4 HBFG einschränkend dahingehend auszulegen, dass bei fehlendem Eigentumserwerb jedenfalls für die Zeit der zweckentsprechenden Verwendung des Objekts eine Rückzahlungspflicht nicht entsteht.[33]

---

5. Beschaffungen im Rahmen von Vorhabenprogrammen nach § 6 Nr. 2;
6. Erwerb von Grundstücken innerhalb des in dem Rahmenplan ausgewiesenen Hochschulgeländes, deren Verwendungszeitpunkt beim Erwerb noch nicht endgültig feststeht (vorsorglicher Grunderwerb);
7. Vorhaben im Sinne der Nr. 3 einschließlich der für sie erforderlichen Grundstücke, bei denen dem Land über das Nutzungsrecht hinaus eine Option auf den Erwerb des Eigentums eingeräumt ist."

[28] An dieser Stelle soll nicht im Einzelnen auf die Vorgaben und Verfahrensweisen der Einbringung eines Projekts in den Hochschulrahmenplan und der Entscheidung über die Förderfähigkeit eingegangen werden. Vielmehr konzentrieren sich die Ausführungen allein darauf, ob Maßnahmen des Hochschulbaus in PPP-Projekten nach dem Hochschulbauförderungsgesetz förderfähig sind.

[29] BGBl. I 1996, S. 1327.

[30] Thieme, WissR 1998, 33 ff.

[31] So grundsätzlich auch Wlasak, Vor- und Nachteile des Leasing – Leasing und andere private Finanzierungsmodelle öffentlicher Infrastruktur aus der Sicht des Bundes, in: Kroll, Leasing-Handbuch für die öffentliche Hand, S. 170 (173).

[32] Christen, Öffentliche Zuschüsse und Leasing, in: Kroll, Leasing-Handbuch für die öffentliche Hand, S. 285 (286).

[33] Vgl. dazu ausführlich Christen, Öffentliche Zuschüsse und Leasing, in: Kroll, Leasing-Handbuch für die öffentliche Hand, S. 285 (286), der unter dem Gesichtspunkt des verfassungsrechtlichen Gleich-

Beim PPP-Inhabermodell ist der auf Planung, Bau und Durchführung von Sanierungsarbeiten sowie deren Finanzierung entfallende Teil der Vergütung (Annuitäten), die der Auftraggeber an den Auftragnehmer zahlt, grundsätzlich förderfähig. Hingegen sind die auf das Facility Management, die für die laufende Instandhaltung und Instandsetzung sowie die auf sonstige Dienstleistungen entfallenden Teile der Vergütung nicht förderfähig. Bei diesem Modell ist besonders sorgfältig zu prüfen, ob es sich um Vorhaben des Aus- oder Neubaus von Hochschulen handelt oder ob nicht vielmehr deren Instandsetzung in Rede steht. Letztere ist allenfalls dann förderfähig, wenn es sich um einen qualitativen Ausbau handelt,[34] der strukturelle Verbesserungen bewirkt und nicht allein eine notwendige Anpassung bestehender Einrichtungen an den Stand der Technik darstellt.[35] Die Grenze zwischen den beiden Bereichen kann im Einzelfall schwer zu bestimmen sein.

Gegenstand der Leistungen unter dem PPP-Contractingmodellen können solche Investitionsmaßnahmen an Hochschulen und Hochschulkliniken sein, die sich auf den Betrieb beziehen. Maßgeblich ist jedoch, dass es sich dabei um Ausbaumaßnahmen handelt. Unter dieser Prämisse sind auch solche PPP-Vorhaben nach dem Hochschulbauförderungsgesetz förderfähig.

3.2 Schulbauförderung in Nordrhein-Westfalen

Im Rahmen der Schulbauförderung spielt Nordrhein-Westfalen eine Vorreiterrolle. § 18 des Gemeindefinanzierungsgesetzes in der Fassung vom 31. Dezember 2002[36] regelt die pauschalen Zuweisungen des Landes für den Schulbau an die kommunalen Schulträger. Dort heißt es:

„(1) Für pauschale Zuweisungen zur Unterstützung kommunaler Aufwendungen im Schulbereich werden 420 000 000 EUR zur Verfügung gestellt. Die Mittel können von den Gemeinden und Gemeindeverbänden im Rahmen des § 30 Schulverwaltungsgesetz (SchVG) für den Bau, die Modernisierung und Sanierung, den Erwerb, Miete und Leasing von Schulgebäuden sowie die Einrichtung und Ausstattung von Schulgebäuden eingesetzt werden.

(2) Die Verteilung der Mittel erfolgt gemäß § 43 Abs. 2 auf der Basis der Schülerzahl der Schulstatistik 2001 für die allgemeinbildenden und der berufsbildenden Schulen.

(3) Bei der Verteilung der Mittel nach Abs. 2 ist zu berücksichtigen, dass jeder Gemeinde, die Schulträger ist, ein Mindestbetrag von 175 000 EUR, jedem Kreis, der Schulträger ist, ein Mindestbetrag von 300 000 EUR und jedem Landschaftsverband als Schulträger ein Mindestbetrag von 1 500 000 EUR gewährt wird."

Gemäß § 30 SchVG ist der Schulträger verpflichtet, die für einen ordnungsgemäßen Unterricht erforderlichen Schulanlagen bereitzustellen und ordnungsgemäß zu unterhalten.

§ 18 Abs. 1 GFG 2003 ist – soweit ersichtlich – die erste gesetzliche Regelung bundesweit, die eine pauschale Schulbauförderung zulässt und dabei ausdrücklich auch auf die Möglichkeit verweist, Schulgebäude auf der Grundlage auch von Miete oder Leasing zu nutzen, ohne dass dies Einfluss auf die öffentliche Förderung hat. Diese neu eingeführte Förderung unterscheidet weder nach der Art der zu refinanzierenden Maßnahmen (altersbedingte Renovierung, Reparatur, Beseitigung von PCB- oder Asbestbelastungen usw.) noch

---

behandlungsgebots in Art. 3 Abs. 1 GG beanstandet, dass eine vollständige Rückzahlungspflicht nicht berücksichtigt, dass ein Leasingobjekt über einen sehr langen Zeitraum hinweg dem Förderzweck entsprechend verwendet wurde und dadurch eine sachlich nicht zu rechtfertigende Ungleichbehandlung gegenüber dem unmittelbar auf den Eigentumserwerb gerichteten Förderung entsteht. Dem verbleibenden Unterschied zwischen dem konventionellen Verfahren und dem Leasingverfahren, nämlich dem Erwerb von Eigentum im konventionellen Verfahren, kann in sachgerechter Weise Genüge getan werden, wenn die Rückzahlung in diesem Fall anteilig beschränkt wäre.

[34] Volkmann, in: von Mangoldt/Klein/Starck, GG, Art. 91 a Rn. 16.

[35] Schlegel, in: Umbach/Clemens, GG, Art. 91 a Rn. 51.

[36] Gemeindefinanzierungsgesetz – GFG 2003, GVBl. NRW 2002, 671 ff.

dem finanziellen Volumen der Maßnahme, noch nach der hierfür gefundenen Finanzierungsmöglichkeit. Selbst der Fördergegenstand ist denkbar weit gefasst. Denn auch Einrichtungsgegenstände wie Mobiliar, PC-Ausstattung, Kopier- und andere Vervielfältigungsgeräte können erworben werden, ohne sich hierbei auf die Erstausstattung zu beschränken. Allein die Anschaffung von beweglichen Gegenständen, die kein Anlagevermögen darstellen, wie beispielsweise Papier, Verbrauchsmaterialien und andere geringwertige Güter können nicht durch die Schulpauschale gefördert werden. Ebenso wenig sind Maßnahmen und Aufwendungen im laufenden Betrieb (Reinigung, Personalkosten, Kosten für Energie, Wasser, Abwasser etc.), die nicht auf die Unterhaltung der Schulanlagen oder der förderfähigen Einrichtungsgegenstände entfallen, mit Mitteln der Schulpauschale finanzierbar.

Mit der Einführung einer Schulpauschale ersetzt das Land Nordrhein-Westfalen die bisherige projektbezogene Förderung durch eine pauschalierte Zuweisung. Damit entfällt der Verwaltungsaufwand einer Vorwegprüfung von Anträgen und die Bestimmung der Höhe von Fördermitteln. Die Empfänger der Schulpauschale haben lediglich sicher zu stellen, dass sie die empfangenen Mittel für den im Gemeindefinanzierungsgesetz festgelegten Zweck, also den „Bau, die Modernisierung und Sanierung, den Erwerb, Miete und Leasing von Schulgebäuden sowie die Einrichtung und Ausstattung von Schulgebäuden“ verwenden. Zudem ist mit dieser Zweckbestimmung der Umfang der durch die Pauschale abgedeckten Maßnahmen gegenüber der früheren Regelung deutlich erweitert. Nicht mehr allein der Bau von Schulen, sondern auch deren Modernisierung, Instandhaltung, Sanierung und sogar der Erwerb der Ausstattung ist Gegenstand der neuen Schulförderung. Auf der anderen Seite ist es nicht mehr erforderlich – wie die ausdrückliche Erwähnung von Miete und Leasing im Gesetz deutlich macht – dass der Schulträger Eigentum an den Schulgebäuden oder Einrichtungsgegenständen erwirbt.[37] Im Gegenzug fallen die besonderen Mittel für den Bau von Schulen fort, derartige Maßnahmen sind künftig aus der Schulpauschale und mit Eigenmitteln zu finanzieren.[38] Damit setzt sich das Land auch von seiner früheren Verwaltungsvorschrift ab, nach der „Landeszuweisungen an Kommunen unter anderem der kommunalen Vermögensbildung dienen“ sollen.[39]

Die Frage, ob auch Finanzierungskosten mit Mitteln der Schulpauschale bestritten werden können, ist in § 18 GFG 2003 nicht ausdrücklich angesprochen. Im Ergebnis wird man jedoch davon ausgehen können, dass auch derartige Kosten Gegenstand von Finanzierungen aus der Pauschale sein können. Denn § 18 Abs. 1 Satz 2 GFG 2003 spricht ausdrücklich Leasing als Möglichkeit zur Beschaffung von Schulraum an. Leasingraten decken aber typischerweise auch die Finanzierung ab. Es wäre daher widersinnig, wenn der Gesetzgeber zwar einen bestimmten Vertragstyp ermöglichen wollte, gleichzeitig aber dem Schulträger die Erfüllung der sich aus dem Vertrag ergebenden Pflichten unmöglich macht. Zudem war es einer der Beweggründe für die Novellierung des Gemeindefinanzierungsgesetzes, die Renovierung und den Neubau von Schulen auch unter Beteiligung privater Dritter zu ermöglichen. Deswegen ergibt eine am Sinn und Zweck des Gesetzes orientierte Auslegung, dass auch Finanzierungskosten durch die Schulpauschale gedeckt werden können.

Leasing wird im Kommunalhaushaltsrecht als kreditähnliches Geschäft eingestuft.[40] Deshalb hat die Gemeinde unabhängig von der Förderung im Rahmen des Gemeindefinanzierungsgesetzes den kommunalhaushaltsrechtlichen Grundsatz zu beachten, dass sie Kredite nur dann aufnehmen darf, wenn eine andere Finanzierung nicht möglich oder wirtschaftlich unzweckmäßig wäre, § 76 Abs. 3 GO NRW. Zudem richtet sich die Beantwortung der

[37] Üblicherweise setzt die staatliche Förderung ansonsten den Eigentumserwerb durch den kommunalen Auftraggeber voraus, wie Binus, Handbuch des Leasings, S. 254 (268), zu Recht hervorhebt.

[38] Hebborn, Eildienst Städtetag, Heft 12/2001.

[39] Runderlass des nordrhein-westfälischen Innenministeriums vom 9. 2. 1998, MBl. NW Nr. 16 vom 5. 3. 1998, S. 229, zitiert nach Müskens, Der Gemeindehaushalt 1999, 73 (90).

[40] Siehe oben § 5 Abschnitt 2.2.2.2.

Frage, ob und ggf. in welchem Umfang für Leasingraten Verpflichtungsermächtigungen zu veranschlagen sind, nach den allgemeinen Regeln des kommunalen Haushaltsrechts, § 84 GO NRW.

Es ist hervorzuheben, dass mit dem umfassenderen Katalog von Maßnahmen, die zur Herstellung von Schulbauten führen, eine deutliche Vereinfachung des Verfahrens einhergeht. Dies erleichtert auch die Gestaltung von modernen privatrechtlichen Modellen bei der Errichtung und Unterhaltung sowie Ausstattung von Schulen, da nicht mehr zwischen Bau und Sanierung getrennt zu werden braucht und auch die Miete von Schulgebäuden ausdrücklich als förderfähig im Gesetz festgeschrieben ist. Somit können für die Schaffung von zeitgemäßen Schulgebäuden, sei es durch Umbau und Modernisierung, sei es durch Neuerrichtung oder sei es im Wege einer vertraglichen Konstruktion, bei der ein Dritter die Schule errichtet und seinen Aufwand durch ein über einen langen Zeitraum vom Schulträger zu entrichtendes „Nutzungsentgelt" finanziert, neue und innovative Wege beschritten werden. Selbst bei der Ausstattung mit modernen Lehr- und Lernmittel wie beispielsweise der Einrichtung einer EDV-Anlage können Mittel der Schulbauförderung eingesetzt werden.

Eine Grenze finden solche innovativen Wege jedoch in dem Fall, in dem das Entgelt für die Nutzung auch den Betrieb abdeckt. Das ist beispielsweise der Fall, wenn auch die Gebäudereinigung Gegenstand der vertraglichen Leistung des Auftragnehmers ist und damit vom Entgelt des Auftraggebers vergütet wird. Andererseits dürften Aufgaben des Facility-Managements wie Instandhaltung bereits von der weiten Zweckbestimmung erfasst sein. Vor diesem Hintergrund ist die Neuregelung offen für eine Vielzahl von Möglichkeiten der Beteiligung Privater an der Errichtung und Unterhaltung von Schulen.[41]

3.3 Einzelne förderrechtliche Anforderungen an PPP-Vorhaben

In verschiedenen untergesetzlichen Vorschriften werden besondere Anforderungen an die Förderung öffentlicher Vorhaben durch PPP-Modelle gestellt. Einige dieser Vorschriften sollen nachfolgend exemplarisch dargestellt werden.

3.3.1 Bayerischer Erlass zum Leasing

In einem gemeinsamen Erlass der Bayerischen Staatsministerien des Innern, der Finanzen und für Landesentwicklung und Umweltfragen vom 20. März 2001[42] geben die Ministerien „Hinweise zu besonderen Formen der Zusammenarbeit mit Privaten bei der Erfüllung kommunaler Aufgaben". Diese sprechen auch zuwendungsrechtliche Fragen an.

So heißt es in dem Erlass unter Nr. 3.2.4:

> „Kommunale Projekte unter Einsatz privaten Kapitals sind nach Maßgabe der jeweils geltenden Förderrichtlinien grundsätzlich dann förderfähig, wenn der Einsatz privaten Kapitals weder für den Bürger noch für den Staat zu höheren Belastungen als bei einer herkömmlichen Kreditfinanzierung führt und auch bei dieser Gestaltungsform ein zuverlässiger Aufgabenvollzug dauerhaft gewährleistet ist. **Aufwendungen, die nicht auf Eigentumserwerb gerichtet sind, können nicht gefördert werden. Die Förderung von Leasing wird hierdurch weitgehend ausgeschlossen.**" (Hervorhebung durch Verfasser)

Der Erlass bewertet unter Nr. 4.1 die Grundzüge des Leasings wie folgt:

> „(...) Grundsätzlich besteht beim Leasing kein unternehmerisches Engagement des Kapitalgebers, der lediglich auf eine regelmäßige und gute Verzinsung bedacht ist."

Diese Einschätzung berücksichtigt nicht die Übernahme von unternehmerischen Risiken des Auftragnehmers, die gerade PPP-Vorhaben zu eigen ist.

---

[41] Siehe hierzu näher unten Abschnitt 5.

[42] AMBl. 4/2001, S. 148.

Der Erlass geht nicht darauf ein, dass Leasing typischerweise die Möglichkeit des Eigentumserwerbs durch den Leasingnehmer nach Ablauf der Leasingzeit (als Option oder Andienungsrecht) vorsieht. Nach dem Erlass wären allenfalls die Aufwendungen förderfähig, die der Leasingnehmer am Ende der Vertragszeit für die Ausübung einer Erwerbsoption leistet, da sie auf Eigentumserwerb gerichtet sind. Die aus dem Hochschulbauförderungsgesetz seit 1996 bekannte Konstruktion, die Förderung auch für den auf die Investition entfallenden Anteil der Leasing-Raten zunächst zu gewähren und die Rückforderung der Förderung für den Fall vorzubehalten, dass der Zuwendungsnehmer das Eigentum nicht erwirbt, sieht der Erlass nicht vor.

3.3.2 Sächsischer Erlass zu kommunalen Investorenvorhaben

In einem gemeinsamen Erlass der Sächsischen Staatsministerien der Finanzen und des Innern „zur kommunal- und haushaltsrechtlichen Beurteilung von Investorenvorhaben im kommunalen Bereich“[43] geht der Freistaat Sachsen einige Schritte weiter als der bayerische Erlass zum Leasing. Gegenstand des Erlasses sind „Investorenvorhaben, (...) insbesondere Leasing-, Mietkauf-, Betreiber- und Kooperationsmodelle“. Investorenvorhaben bei zuwendungsfinanzierten Gebäuden und Anlagen werden unter Nr. 4 des Erlasses geregelt. Danach sind bestimmte Modelle völlig von der Förderung ausgeschlossen wie beispielsweise Sale-and-lease-back-Modelle oder Betreiber- und Kooperationsmodelle über weitgehend fertiggestellte Anlagen, wenn der Betreiber seinerseits wiederum die öffentliche Hand mit der Betriebsführung beauftragt.

Hingegen sind nach dem Erlass sogar bei bereits begonnenen Vorhaben noch PPP-Modelle („Investorenvorhaben“) möglich, wenn das Vorhaben bereits im konventionellen Weg gefördert ist und sich erst im Laufe der Realisierung herausstellt, dass ein Investorenvorhaben sinnvoll sein könnte. In diesem Fall soll der Zuwendungsbescheid an die Kommune dahingehend geändert werden, dass die Kommune berechtigt ist, den erhaltenen Betrag als Zuwendung an den Investor weiter zu reichen. Durch die zweckbestimmte Weiterreichung erfüllt die Kommune als Erstempfänger den Zuwendungszweck.[44]

In Sachsen sollen grundsätzlich staatliche Zuwendungen von der Bewilligungsbehörde an den kommunalen Auftraggeber ausgereicht und von diesem, soweit durch Zuwendungsbescheid der Bewilligungsbehörde gestattet, in Form eines verlorenen Zuschusses an den Investor ebenfalls durch Zuwendungsbescheid weitergereicht werden. Nach dem Erlass ist der Zuwendungsbescheid gegenüber dem Investor so zu fassen, dass sich dadurch beim Investor die steuerliche Bemessungsgrundlage für AfA oder Sonderabschreibung schon zu Beginn des Abschreibungszeitraums um die Zuwendung verringert (Nr. 4.6 des Erlasses). Diese Regelung soll eine Doppelförderung durch zusätzliche Steuereffekte einerseits und öffentliche Fördermittel andererseits vermeiden.

PPP-Modelle können auf Grundlage dieses Erlasses in Sachsen sehr weitgehend gefördert werden. Mit der Ermächtigung an den öffentlichen Zuwendungsnehmer, eine erhaltene Förderung als Zuwendung an den Investor weiter zu reichen, löst der Freistaat nicht nur steuerrechtliche Fragen, sondern kann auch bei Leasing-Modellen unmittelbar den Erwerb fördern. Offen bleibt jedoch dabei die Frage, wie diese Zuwendungen behandelt werden sollen, wenn der kommunale Leasingnehmer bei Ablauf des Vertragsdauer das Eigentum nicht erwirbt.

3.3.3 Förderprogramm KfW

Die Kreditanstalt für Wiederaufbau – KfW – fördert im Rahmen ihres Sonderfonds „Wachstumsimpulse“ mit ihren Programmen 135 und 235 (früher 114a und 114b) Investi-

[43] Sog. KommInvestVwV vom 18. 12. 1996, ABl. 1997, S. 73.

[44] Nr. 12.1 Vorl. VV zu § 44 SäHO.

tionen im Bereich der kommunalen Infrastruktur. Gegenstand der Förderung sind auch Vorhaben der „sozialen Infrastruktur“, unter anderem Schulen.[45]

Förderfähig sind Investitionen in Infrastrukturmaßnahmen, die der Aufgabenerfüllung von Gebietskörperschaften dienen. Die förderfähigen Ausgaben umfassen insbesondere die Kosten des Grunderwerbs, Baukosten und Planungskosten. Die Förderung von laufenden Entgelten im Rahmen von PPP-Modellen ist unter den derzeit aufgelegten Programmen der KfW nicht möglich. Die KfW hat jedoch angedeutet, dass diesbezügliche Überlegungen derzeit angestellt werden und der Bedarf einer Ausweitung von Programmen zugunsten der öffentlichen Hand auch im Hinblick auf etwa Leasing- oder andere Modelle geprüft werde.

Die KfW fördert durch die Vergabe von zinsgünstigen Krediten. Diese vergibt die KfW an Kommunen unmittelbar, während Kredite an Private über die Hausbanken ausgereicht werden.

3.3.4 Förderprogramm EIB

Neben der KfW, die zur Umsetzung nationaler Programme auf nationaler Ebene Kredite gewährt, fördert auch die Europäische Investitionsbank – EIB – Infrastrukturprojekte von der europäischen Ebene. Gegenstand der Finanzierung sind neben Krediten für gewerbliche Investitionen die Förderung von Infrastruktur- und Umweltschutzvorhaben von Gebietskörperschaften und Zweckverbänden. Dabei spielt die EIB auch bei der innovativen Finanzierung von Infrastrukturvorhaben im Rahmen von PPP-Modellen eine wichtige Rolle. Für die Gewährung von Krediten ist es unerheblich, ob ein Vorhaben konventionell oder im Wege eines PPP-Modells verwirklicht wird. Vielmehr kommt es darauf an, dass das jeweilige Vorhaben zu einer nachhaltigen städtischen oder regionalen Entwicklung beiträgt und somit die Regionalentwicklung unterstützt. Kreditnehmer können sowohl die öffentlichen Auftraggeber als auch die privaten Auftragnehmer sein.[46]

Die EIB fördert durch die Vergabe von zinsgünstigen und langfristigen Krediten (bei öffentlichen Infrastrukturvorhaben bis zu 25 Jahren). Größere Vorhaben von mehr als 25 Mio. EUR Investitionsvolumen fördert die Bank unmittelbar, für kleinere Vorhaben reicht sie Mittel im Wege von Globaldarlehen über Geschäftsbanken an die Kreditnehmer weiter. Globaldarlehen sind Kreditlinien, die die EIB anderen Finanzierungsinstituten oder Geschäftsbanken einräumt. Diese Partnerinstitute können im Rahmen dieser Kreditlinien sowie des Förderzwecks Vorhaben von lokalen oder regionalen Gebietskörperschaften finanzieren. Die EIB finanziert bis zu 50% des Gesamtvolumens von Vorhaben.

4. Gebot der Wirtschaftlichkeit

Ausgaben im öffentlichen Haushaltswesen müssen dem Grundsatz der Wirtschaftlichkeit entsprechen. Dieser Grundsatz gilt auch im Bereich der öffentlichen Förderung. Darüber hinaus hängt die öffentliche Förderung oft davon ab, dass die PPP-Variante wirtschaftlich günstiger ist als das konventionell errichtete Vorhaben.

PPP-Modelle im öffentlichen Hochbau beruhen im Regelfall auf einer Entgeltstruktur, die sowohl die anfängliche Werkleistung als auch die Betriebskosten, in einigen Fällen darüber hinaus auch noch (teilweise) den Eigentumserwerb, finanzieren soll. Der private Auftragnehmer wird deswegen bereits bei Beginn darauf achten, die Werkleistung so zu erbringen, dass die Betriebskosten optimiert gering ausfallen. Er mag insoweit Mehraufwand bei der Errichtung in Kauf nehmen, um die Energiekosten während des Betriebs zu minimieren. Auch kann durch die Bauweise der für die Instandhaltung und Instandsetzung er-

---

[45] Vgl. dazu die ausführlichen Hinweise unter: www.kfw-foerderbank.de/DE/Service/KfW-Formul26/M_Infrastruktur_Wachstum_135_235_2003_12.pdf.

[46] Nähere Angaben zu dem Standardverfahren und zu den förderfähigen Projekten der EIB finden sich unter www.eib.org/Attachments/strategies/cycle_de.pdf.

forderliche Aufwand maßgeblich mit beeinflusst werden (sogenannte „Lebenszyklus-Betrachtung").

Gegenstand der Förderung ist aber überwiegend nicht der Betrieb, sondern die Errichtung oder Sanierung von Hochbauten. Dies kann dazu führen, dass nach einer Wirtschaftlichkeitsuntersuchung, die allein die Errichtungs- oder Sanierungskosten betrachtet, das PPP-Vorhaben unwirtschaftlicher erscheint als die konventionell finanzierte Errichtung oder Sanierung, obwohl bei einer Betrachtung der Kosten über die gesamte Nutzungsdauer für Errichtung und Sanierung sowie den Betrieb die PPP-Variante wirtschaftlicher ist. So sieht etwa der Wirtschaftlichkeitsvergleich nach dem Hochschulbauförderungsgesetz nur die Einbeziehung von Bau- und Ersteinrichtungskosten vor, da allein diese Kosten zu den „HBFG-fähigen Kosten" zählen.[47] Unterschiedliche Betriebskosten sind nicht Gegenstand des Wirtschaftlichkeitsvergleichs.

Diese Betrachtung greift jedoch zu kurz. Da letztlich Vorteile für die öffentlichen Haushalte generiert werden können, wenn die Gesamtkosten in den Wirtschaftlichkeitsvergleich einbezogen werden, ist die hergebrachte Trennung von Bau und Ersteinrichtung im Hochschulbau oder von Bau und Sanierung bei anderen Förderbereichen nicht mehr zeitgemäß. Die Wirtschaftlichkeit eines Vorhabens sollte auch dann nach den Gesamtkosten über die ganze Nutzungsdauer ermittelt werden, wenn nur die Errichtung oder die Sanierung Gegenstand der Förderung ist, um auf dieser Grundlage die Wirtschaftlichkeit zu vergleichen. Damit wird nicht das Ziel verfolgt, gleichsam auf Umwegen die Förderung auch auf den Betrieb zu erstrecken. Die Gesamtkostenbetrachtung soll weiterhin allein dem Ziel dienen, die wirtschaftlichste Variante auszuwählen. Das kann jedoch dazu führen, dass die Errichtung aufwändiger wird und Kosten erst später im Betrieb eingespart werden mit der Folge, dass der Zuwendungsgeber Mehraufwand zu tragen hat. Dies ist jedoch wegen der insgesamt wirtschaftlicheren Erfüllung der Verwaltungsaufgabe hinzunehmen.

Diesen Ansatz verfolgt bereits derzeit der Sächsische Runderlass. Dort heißt es unter Nr. 4.5.1:

> „Der kommunale Aufgabenträger erbringt den Nachweis, dass die Bereitstellung öffentlicher Güter und Dienstleistungen mit einem Investorenvorhaben **insgesamt** günstiger ist als eine herkömmliche Finanzierung über Eigenmittel beziehungsweise Kommunalkredit und gegebenenfalls Betreibung in eigener Verantwortung. Hierzu ist als Nachweis ein Wirtschaftlichkeitsvergleich mit den Mitteln der dynamischen Investitionsrechnung vorzulegen (vergleiche Nr. 3 der Anlage ...)." (Hervorhebung durch Verfasser)

Unter Nr. 3 der Anlage werden bei den einem Investorenvorhaben gegenüber zu stellenden Kosten ausdrücklich auch

> „Nebenkosten einschließlich Unterhaltungskosten, laufende Betriebskosten"

aufgeführt.

Den gleichen Ansatz verfolgt der Bayerische Runderlass. Dort heißt es unter Nr. 3.2.1 – Wirtschaftlichkeitsvergleich:

> „Das Gebot der sparsamen und wirtschaftlichen Haushaltsführung verlangt, dass die Wahl einer besonderen Finanzierungs- oder Betriebsform ein mindestens ebenso wirtschaftliches Ergebnis erwarten lässt wie das herkömmliche Verfahren. Diese Voraussetzung ist erfüllt, wenn die Einrichtung bei gleichem Leistungsumfang und gleicher Leistungsqualität zumindest ebenso wirtschaftlich errichtet **und betrieben** werden kann." (Hervorhebung durch Verfasser)

Im kommunalen Bereich wird die Wirtschaftlichkeitsuntersuchung nicht nur unter Berücksichtigung der Investitionskosten, sondern auch der Betriebskosten über den voraussichtlichen Nutzungszeitraum durchgeführt. Es spricht deswegen viel dafür, dies als Grund-

---

[47] 32. Rahmenplan für den Hochschulbau nach dem Hochschulbauförderungsgesetz 2003–2006 vom 20. 9. 2002 – Allgemeiner Teil, S. 108.

satz zu betrachten und auch bei der Wirtschaftlichkeitsuntersuchung auf der Grundlage des Hochschulbauförderungsgesetzes anzuwenden.

5. Schulbauförderung nach den PPP-Vertragsmodellen

Am Beispiel der Schulbauförderung werden nachfolgend die typischen Konstellationen und die richtungsweisenden Bestimmungen in Nordrhein-Westfalen mit Blick auf die einzelnen PPP-Vertragsmodellen (außer dem PPP-Konzessionsmodell und dem PPP-Gesellschaftsmodell) kurz beleuchtet.

5.1 PPP-Erwerbermodell

Bei diesem Vertragsmodell errichtet und betreibt der Auftragnehmer das Objekt für eine bestimmte Zeit, um am Ende das Eigentum auf den Auftraggeber zu übertragen. Der Auftraggeber zahlt ein monatliches Entgelt. Außerdem übernimmt der Auftragnehmer die Unterhaltung und bestimmte gebäudebezogene Dienstleistungen.

Die Mittel der herkömmlichen Schulbauförderung sind auf den Bau, teilweise auch auf die Erstausstattung von Schulen zu verwenden. Eine Finanzierung allein der Nutzung und des Betriebs mit diesen Mitteln ist deswegen nicht möglich. Keine Bedenken bestehen hingegen im Hinblick auf die Finanzierung des auf den Erwerb entfallenden Kostenanteils.

Bei der Schulbauförderung in Nordrhein-Westfalen kann die Schulpauschale grundsätzlich für alle Entgelte verwendet werden, die der Schulträger für die Leistungen des privaten Kooperationspartners schuldet. Eine Einschränkung ist allein insoweit zu machen, als damit Leistungen entgolten werden, die nicht auf den Unterhalt oder die Instandsetzung des Gebäudes sowie der Außenanlagen gerichtet sind (Hausmeister, Betrieb einer Schulküche etc.). Da es sich aber insoweit um deutlich und klar abgrenzbare Leistungen handelt, sollte die Aufteilung eines Vertrags oder wenigstens die Aufteilung des vom Schulträger zu entrichtenden Entgelts keine Probleme bereiten.

5.2 PPP-FMLeasingmodell

Bei diesem Modell plant, baut und finanziert der Auftragnehmer das Objekt und übernimmt bestimmte Unterhaltungsarbeiten und objektbezogene Dienstleistungen. Er räumt dem Auftraggeber eine Option ein, das Objekt am Ende des Vertrages dann zu erwerben. Der Auftraggeber zahlt ein Nutzungsentgelt, das auch die Annuität abdeckt. Den Erwerb hat der Auftraggeber gesondert zu vergüten.

Eine pauschale Beurteilung des PPP-FMLeasingsmodells ist für die Schulbauförderung nicht möglich. So werden nach dem Bayerischen Finanzausgleichsgesetz 2003 „Zuweisungen zum Bau von Schulen" gewährt (Art. 10 Abs. 1 Nr. 1 bayFAG 2003). Hierzu heißt es in der vom Bayerischen Staatsministerium der Finanzen herausgegebenen Erläuterungsbroschüre:

> „Nach den derzeitigen gesetzlichen Vorgaben (Art. 10 FAG: ‚Zuwendungen zum **Bau** von ...') ist eine Förderung von Nutzungsentgelten (Leasingraten oder Miete) grundsätzlich ausgeschlossen."[48] (Hervorhebung im Original)

Förderfähig wären danach allenfalls die Zahlungen, die im Zusammenhang mit der Ausübung der Erwerbsoption nach Ablauf der Vertragsdauer anfallen.

In Nordrhein-Westfalen kann mit Mitteln der Schulpauschale auch das PPP-FMLeasingmodell, in dem der Auftraggeber nicht verpflichtet ist, das Gebäude zum Abschluss der Ver-

---

[48] Der kommunale Finanzausgleich in Bayern – Die Finanzierung der bayerischen Gemeinden, Landkreise und Bezirke, S. 44.

tragsdauer zu erwerben, finanziert werden. Leasingmodelle sind ausdrücklich im Gesetz genannt. Gleichwohl ist die Grenze – ebenso wie bei dem PPP-Erwerbermodell – bei denjenigen Dienstleistungen des Auftragnehmers erreicht, die sich nicht auf die Erhaltung oder Unterhaltung des Schulgebäudes oder der Außenanlagen beziehen. Wie sich aus dem Zusammenhang der Vorschrift ergibt, ist der im Gesetz verwendete Begriff des „Leasings" nur auf solche Konstellationen anwendbar, die dazu dienen, Schulgebäude oder deren Einrichtung und Ausstattung zur Verfügung zu stellen.

Da die Schulpauschale gesetzlich geregelt ist, geht diese Bestimmung dem Erlass des Innenministeriums vom 9. 2. 1998[49] vor. Dieser bestimmt ausdrücklich:

„Investitionen der Kommunen, die über Leasingverträge finanziert werden, können (...) in der Regel nicht mit Landesmitteln gefördert werden; dies gilt auch für zu zahlende Leasingraten."

5.3 PPP-Vermietungsmodell

Bei diesem Modell errichtet und betreibt der Auftragnehmer das Objekt und stellt es dem Auftraggeber langfristig (20 bis 30 Jahre) zur Nutzung zur Verfügung. Der Vertrag ist gelegentlich unter bestimmten Bedingungen kündbar. Der Übergang des Eigentums (fest oder als Option) ist regelmäßig nicht Gegenstand der vertraglichen Regelung.

Die Schulbauförderung der Länder zielt darauf ab, die Errichtung von Schulgebäuden zu finanzieren. Eine bloße Nutzung von Schulgebäuden soll nach den Regelungen der Finanzausgleichsgesetze nicht unterstützt werden. Das PPP-Vermietungsmodell ist deswegen nach den herkömmlichen Schulbauförderungen nicht förderfähig.

In Nordrhein-Westfalen bestehen hingegen unter den gleichen Randbedingungen wie bei dem PPP-FMLeasingmodell keine Bedenken, die Mittel der Schulpauschale zur Finanzierung eines PPP-Vermietungsmodells zu verwenden. Denn wegen der ausdrücklich im Gesetz genannten Möglichkeit, auch Nutzungsrechte an Schulgebäuden im Wege der Miete oder des Leasings zu beschaffen, kommt es nicht darauf an, ob der Schulträger aus rechtlichen oder wirtschaftlichen Gründen am Ende der Vertragsdauer Eigentum an dem vertragsgegenständlichen Schulgebäude erwirbt.

5.4 PPP-Inhabermodell

Bei diesem Modell plant, baut und finanziert der Auftragnehmer ein Vorhaben auf dem Grundstück des Auftraggebers, der deswegen unmittelbar Eigentümer wird. Außerdem übernimmt der Auftragnehmer Unterhalts- und Dienstleistungen. Der Auftraggeber vergütet dies durch eine fest vereinbarte regelmäßige Zahlung, die den gesamten Aufwand abdeckt.

Die herkömmliche Schulbauförderung beschränkt sich auf den Bau, also die Errichtung von Schulgebäuden. Anderseits beziehen einige Länder auch Bauunterhaltungsmaßnahmen in die Förderung ein. Ob diese dann auch das PPP-Inhabermodell erfassen, ist jeweils im Einzelfall zu prüfen.

Jedenfalls in Nordrhein-Westfalen kann der Schulträger die Schulpauschale für Sanierungsarbeiten auf der Grundlage eines über eine monatliche Zahlung des Schulträgers als Auftraggebers zu entgeltende (Teil-)Sanierung verwenden. Denn die Schulpauschale kann sowohl für Sanierungsmaßnahmen eingesetzt werden als auch für Vertragskonstellationen, die moderne Finanzierungsinstrumente umfassen.

5.5 PPP-Contractingmodell

Beim PPP-Contractingmodell ist der Auftragnehmer dafür verantwortlich, dass bestimmte Bereiche des Betriebs von Hochbauten, wie beispielsweise die Energie- oder Wärmeversor-

---

[49] MBl. NRW vom 5. 3. 1998, S. 229.

gung, die Telekommunikation, gewährleistet sind. Typischerweise hat der Auftragnehmer dazu Anlagen einzubauen oder zu modernisieren.

Die Frage, ob das PPP-Contractingmodell förderfähig ist, kann nicht allgemein beantwortet werden, weil sich die Rechtsgrundlagen in den Ländern stark unterscheiden. Die Länder mit einer sehr restriktiven Regelung fördern ohnehin nur die Errichtung von Gebäuden, nicht aber deren Ertüchtigung, allenfalls wird noch die Erstausstattung gefördert.

In Nordrhein-Westfalen dürfte mit den gleichen Erwägungen wie bei dem PPP-Inhabermodell das Entgelt in dem PPP-Contractingmodell grundsätzlich durch die Schulpauschale finanziert werden können. Ob daraus etwa der Betrieb einer Heizzentrale finanziert werden kann, könnte aber fraglich sein, weil es sich bei dieser Leistung umso genannte sonstige Unterhaltungsleistungen handeln könnte. In der Vertragsgestaltung ist demgemäß darauf zu achten, dass dem Entgelt verschiedene Maßnahmen sorgfältig zugeordnet werden, beispielsweise durch die Vereinbarung eines Arbeitspreises und eines Leistungspreises.

Das Bayerische Haushaltsgesetz 2003/2004 (HG 2003/04) sieht für das PPP-Contractingmodell eine Sonderregelung vor. Nach Art. 8 Abs. 2 HG 2003/04 wird das Staatsministerium der Finanzen ermächtigt,

> „für Pilotvorhaben zur Durchführung von Energiesparmaßnahmen in bestehenden staatlichen Gebäuden dem Abschluss von Performance-Contracting-Verträgen mit einem Gesamtvolumen von bis zu 5 Mio. Euro jährlich zuzustimmen, wenn sämtliche entstehenden Kosten (einschließlich Zins- und Tilgungsaufwand) innerhalb einer Vertragslaufzeit von maximal 7 Jahren aus den erwarteten Energieeinsparungen getragen werden können und die Wirtschaftlichkeit gegeben ist."

Diese Ermächtigung ist erstmals im Haushaltsgesetz 1999/2000 aufgenommen und seitdem fortgeführt worden.[50] Sie ist nicht durch konkretisierende Förderrichtlinien unterlegt.[51] Die Regelung vollzieht eine Bestimmung des Baden-Württembergischen Haushalts nach, die jedoch allein von einer „Vorfinanzierung" spricht,[52] die jedoch Contracting-Modelle einschließt. Baden-Württemberg reicht zudem eine Amortisationszeit durch Energieeinsparung von 10 Jahren aus.

6. Förderung des privaten Auftragnehmers

Nach den gesetzlichen Regelungen der Hochschulbauförderung sind die Länder Zuwendungsempfänger. Ähnlich sehen die gesetzlichen Regelungen der Schulförderung die Gemeinden oder Gemeindeverbände als Zuwendungsempfänger vor. Soweit jedoch kommunale Hochbauvorhaben auf der Grundlage von Förderrichtlinien unterstützt werden, besteht die Möglichkeit der Zuwendung an den privaten Auftragnehmer. Gemäß Nr. 12 VV zu § 44 der Haushaltsordnungen kann die Bewilligungsbehörde im Zuwendungsbescheid vorsehen, dass der Zuwendungsempfänger als Erstempfänger die Zuwendung ganz oder teilweise weiterleiten kann.[53] Durch die zweckbestimmte Weiterleitung erfüllt der Erstempfänger den Zuwendungszweck. Die Weiterleitung kann auch in öffentlich-rechtlicher Form, vor allem als Zuwendung, erfolgen, Nr. 12.4 VV § 44 der Haushaltsordnungen. Dabei hat der Erstempfänger sicher zu stellen, dass die Auflagen aus dem Zuwendungsbescheid auch

[50] Amtliche Erläuterung zum Bayerischen Staatshaushalt – Doppelhaushalt 2003/2004, Begründung S. 38.

[51] Mündliche Auskunft aus dem Bayerischen Staatsministerium der Finanzen.

[52] § 4 Abs. 14 Haushaltsgesetz 2002/03 Baden-Württemberg.

[53] Das schlägt auch der Bundesrechnungshof in seiner Beratenden Äußerung zum Hochschulbauförderungsgesetz vom 24. 1. 1997 unter Nr. 4.2 (S. 10) vor. Danach könnte das Land die HBFG-Mittel beim Investorenbau per Zuwendung an den Investor weiterreichen, wobei der Investor die Leasingraten dann auf der Grundlage der um die Zuwendung reduzierten Investitionsbedarfs errechnet.

für den Letztempfänger gelten. Ausdrücklich spricht beispielsweise der Bayerische Leasing-Erlass diese Möglichkeit für Betreiber-Modelle an.[54]

In den Fällen, in denen der Erwerb nach Ablauf der Vertragsdauer nicht sicher gestellt ist, kann der Bescheid an den Letztempfänger eine Regelung vorsehen, ob und gegebenenfalls in welcher Höhe die Zuwendung zurück zu gewähren ist, wenn der das geförderte Vorhaben dauerhaft behält.

7. Vergaberechtliche Anforderungen

Bewilligungsbescheide erlegen dem Zuwendungsempfänger gemäß Nr. 3 der jeweiligen ANBestP häufig auf, die Vertrags- und Vergabeordnungen für Bauleistungen und Leistungen (VOB und VOL) anzuwenden. Teilweise hängt dies von der Höhe der gewährten Zuwendungen ab, bei kleinen Beträgen kann darauf verzichtet werden.

Soweit diese Regelungen unanfechtbar werden, hat der Zuwendungsnehmer die Leistungen auch dann nach Teil A der Vertrags- und Vergabeordnungen zu vergeben, wenn die Aufträge die Schwellenwerte nach § 2 VgV nicht überschreiten und der Zuwendungsnehmer kein öffentlicher Auftraggeber im Sinne von § 98 GWB ist. Soweit die in Rede stehenden Beschaffungen weder öffentliche Aufträge[55] sind noch die Auftragsvolumina die Schwellenwerte überschreiten, unterliegt er nicht der Gefahr eines Nachprüfungsverfahrens gemäß §§ 102ff. GWB. Im Falle der Nichtbeachtung der Vergabepflicht droht dem Zuwendungsnehmer jedoch der partielle oder vollständige Widerruf der Bewilligung und die Rückforderung der gewährten Zuwendung einschließlich Zinsen.

Rechtsgrundlage für diese Anordnung ist das Gebot der wirtschaftlichen Verwendung von öffentlichen Mitteln in Verbindung mit § 55 der jeweiligen Haushaltsordnungen. Zudem sieht Nr. 3 der ANBestP vor, dem Zuwendungsempfänger die Beachtung der Vergabe- und Vertragsordnungen aufzugeben. Europarechtliche Bedenken bestehen dagegen nicht, denn das Budgetrecht sollte weiterhin in der Kompetenz der Mitgliedstaaten bleiben.[56] Die entsprechenden Richtlinien wollten demnach nicht eine nationale Regelung des Vergaberechts unterhalb des Schwellenwertes ausschließen.

Der Zuwendungsnehmer unterliegt daneben den allgemeinen vergaberechtlichen Anforderungen, auch wenn diese nicht gesondert im Bewilligungsbescheid genannt sind. Ist er – etwa gemäß § 98 Nr. 5 GWB – öffentlicher Auftragnehmer und überschreitet sein Vorhaben die Schwellenwerte nach § 2 VgV, so unterliegt er kraft Gesetzes dem Vergaberecht, eine zusätzliche Anordnung durch Bescheid ist dann nicht mehr erforderlich.

8. Beihilferechtliche Anforderungen

Die öffentliche Förderung von PPP-Modellen kann einen nach dem Europäischen Beihilferecht relevanten Tatbestand darstellen. Nach Art. 87ff. EG sind Beihilfen, die den Wettbewerb im Gemeinsamen Markt möglicherweise beeinträchtigen können, zu notifizieren. Die Kommission prüft dann die Beihilfen darauf, ob sie mit dem Gemeinsamen Markt vereinbar sind. Sie kann dem Mitgliedsstaat aufgeben, Beihilfen, die bereits geleistet und nicht mit dem Gemeinsamen Markt vereinbart sind, zurückzuverlangen.

Zur Vermeidung von Verzögerungen sind PPP-Modelle nach Möglichkeit so zu strukturieren, dass Zuwendungen, die im Rahmen dieser Vorhaben ausgereicht werden, nicht der

[54] Siehe Nr. 5.6 des Erlasses, weiter dazu Abschnitt 3.3.1.

[55] Zu den Anforderungen an öffentliche Aufträge siehe oben, § 6 Abschnitt 3.

[56] Marx/Prieß, in: Jestaedt/Kemper/Marx/Prieß, Das Recht der Auftragsvergabe, S. 16, mit ausdrücklichem Bezug auf die Anordnung der Vergabepflicht in Zuwendungsverträgen oder Bewilligungsbescheiden.

beihilferechtlichen Notifizierungspflicht nach Art. 88 Abs. 3 EG unterfallen. Beihilfen sind gemäß Art. 87 EG
- Maßnahmen, die bestimmten Unternehmen einen einseitigen Vorteil verschaffen,
- der Vorteil unmittelbar oder mittelbar aus staatlichen Mitteln generiert wird,
- die den Wettbewerb tatsächlich oder potentiell bedrohen und
- die geeignet sind, den Handel zwischen den Mitgliedsstaaten zu beeinträchtigen.[57]

Die Voraussetzung des Beihilfetatbestands müssen kumulativ erfüllt sein.[58] Eine Beihilfe im Sinne von Art. 87 EG liegt danach nur vor, wenn Unternehmen oder bestimmte Produktionszweige begünstigt werden. Staatliche Begünstigung im gemeinschaftsrechtlichen Sinne sind solche Maßnahmen, die eine Leistung zugunsten eines Unternehmens ohne angemessene, also marktübliche, Gegenleistung gewähren.[59] Eine Begünstigung liegt nach Auffassung der Kommission hingegen nicht vor, wenn sie auf einer Vereinbarung beruht, die auf der Grundlage eines transparenten Beauftragungsverfahrens im Wettbewerb zustande gekommen ist.[60] In diesem Fall ist infolge der Ausschreibung im Wettbewerb definitionsgemäß davon auszugehen, dass die Gegenleistung marktüblich ist und deswegen keine Bevorzugung des Zuwendungsempfängers vorliegt.[61] Bei Zuwendungen ist der Tatbestand der gemeinschaftsrechtlichen Beihilfe jedoch nur in dem Fall ausgeschlossen, in dem jeder andere Wettbewerber die Zuwendungen ebenfalls erhalten hätte.[62] In diesem Fall sind die Bedingungen für alle Marktteilnehmer gleich, eine Begünstigung nur eines Teilnehmers liegt nicht vor.

In einem jüngst erschienenen Papier schlägt die Kommission vor, auch die Höhe der erforderlichen öffentlichen Unterstützung von PPP-Projekten durch Ausschreibung zu ermitteln.[63] Soweit also der private Auftragnehmer im Wege eines transparenten Verfahrens im Wettbewerb den Auftrag erhalten hat und die öffentliche Förderung allen Bietern in gleichem Maße zur Verfügung gestanden hätte, handelt es sich nicht um einen beihilferechtlich zu beanstandenden Vorgang.

Ferner sind solche Zuwendungen unschädlich, die einen Betrag von 100 000 EUR nicht überschreiten. Von ihnen geht per se – also ohne weitere Prüfung – keine Gefahr für den gemeinsamen Markt aus. Für Zuwendungen im Zusammenhang mit PPP-Modellen dürfte dieser Schwellenwert jedoch allenfalls geringe Bedeutung erfahren.

---

57 Schlussantrag des Generalanwalts in Sachen Altmark Trans GmbH, RP Magdeburg gegen Nahverkehrsgesellschaft Altmark, Rs. C 280/00, Slg. 2003, I-7747.

58 Darsow, LKV 2002, 1 (2).

59 Koenig/Kühling, DVBl. 2003, 289 (290).

60 Im Rahmen des so genannten „Private-Investor-Test" von der Entscheidung der Kommission vom 25. 3. 1992 Hilaturas y Tejidos Anduluces, ABl. 1992 Nr. L 171, S. 54 unter Nr. IV hervorgehoben.

61 EuGH, Rs. C-390/98, Slg. 2001, I-6147, Textziffer 77 für den Fall einer Beihilfe im Rahmen einer Unternehmenstransaktion; Entscheidung der Kommission vom 25. 11. 1998 – ABl. 1999 Nr. L 260, S. 1, 9 ff.

62 Siehe hierzu auch Koenig/Kühling, DÖV 2001, 881 (888 f.).

63 Europäische Kommission – Generaldirektion Regionalpolitik, Guidelines für successful public-private partnerships, März 2003, S. 61.

§ 9 Arbeitsrecht

Übersicht

1. Problemstellung

Die bei der Errichtung von Public Private Partnerships auftretenden arbeitsrechtlichen Fragen und Probleme können außerordentlich vielschichtig sein. Nicht alle PPP-Projekte zwingen jedoch auch zu Veränderungen im Personalbereich: Übernimmt der Private Aufgaben, die in dieser Form vom öffentlichen Auftraggeber noch nicht wahrgenommen wurden, stellen sich regelmäßig keinerlei arbeits- und personalrechtliche Probleme. Übernimmt ein Auftragnehmer beispielsweise die Aufgabe, eine Justizvollzugsanstalt zu errichten, zu finanzieren und zu betreiben, so ist bei der öffentlichen Hand kein Personal vorhanden, um dessen zukünftige Einsetzbarkeit man sich sorgen müsste. Hier stellen sich für den Privaten bei der Rekrutierung von neuem Personal lediglich die üblichen Fragen nach der sachgerechten Gestaltung der Arbeitsbedingungen, der Herbeiführung einer Tarifbindung sowie nach der Gestaltung von Betriebsvereinbarungen. Diese Fragen sind jedoch nicht typisch für PPP-Modelle, sondern allgemeiner Natur und brauchen deshalb an dieser Stelle auch nicht weiter vertieft werden.

Ist hingegen beabsichtigt, Aufgaben auf einen Privaten bzw. eine von dem Privaten und der öffentlichen Hand gemeinsam betriebene Projektgesellschaft zu übertragen, für die bislang Personal der öffentlichen Hand eingesetzt wurde, so tauchen vielfältige und z. T. sehr spezifische Probleme aus dem Bereich des Arbeitsrechts auf, die hier einer näheren Betrachtung unterzogen werden sollen. Hierbei ist auf Grund der unterschiedlichen rechtlichen Rahmenbedingungen zwischen Beamten *einerseits* und Arbeitern und Angestellten des öffentlichen Dienstes *andererseits* zu differenzieren:

Da es einer privatrechtlich organisierten Projektgesellschaft regelmäßig an der notwendigen Dienstherreneigenschaft fehlt, bedarf es einer besonderen Rechtsgrundlage, um **Beamte** dort zum Einsatz bringen zu können. Liegen die Voraussetzungen einer **Zuweisung gemäß § 123 a Abs. 1 oder Abs. 2 BRRG** nicht vor **(vgl. hierzu Abschnitte 2.2.2 und 2.2.3)**, so müssen Alternativen erwogen werden. Der Dienstherr kann z. B. die **Beamten beurlauben (vgl. hierzu Abschnitt 2.3.1)** und von der Projektgesellschaft neu einstellen lassen. Soweit dieser Weg nicht gangbar ist, kommt die Vereinbarung einer **Dienstleistungsüberlassung** zwischen dem Dienstherren und der Projektgesellschaft in Betracht **(vgl. hierzu Abschnitt 2.3.2)**.

Bei **Arbeitnehmern** in privatrechtlichen Beschäftigungsverhältnissen besteht die erste richtungsweisende Entscheidung, die die beteiligten Partner zu treffen haben, darin, ob und ggf. auf welche Weise das bislang zuständige Personal auch weiterhin mit der Erledigung der Aufgabe betraut werden soll. In dieser Entscheidung sind die Partner jedoch in vielen Fällen nicht frei. Liegt ein Fall des **§ 613a Abs. 1 BGB** vor, d.h. liegen die Voraussetzungen eines Betriebs- oder zumindest eines Teilbetriebsübergangs vor, so wird das bislang mit der zu privatisierenden Aufgabe betraute **Personal kraft Gesetzes** und unabhängig von dem Willen der Partner **übergeleitet.** Lediglich die betroffenen Arbeitnehmer können sich der gesetzlich angeordneten Überleitung ihrer Arbeitsverhältnisse auf den AN bzw. eine Projektgesellschaft durch entsprechende Widersprüche widersetzen. Wie auch in Fällen der Umstrukturierung privatwirtschaftlicher Unternehmen ist demgemäß die Frage nach dem Vorliegen der Voraussetzungen des § 613a Abs. 1 BGB für die Handlungsoptionen von Public Private Partnerships gegenüber betroffenem Personal von ganz zentraler Bedeutung **(vgl. hierzu ausführlich Abschnitt 3.1).**

Liegen die Voraussetzungen eines Betriebs- oder Teilbetriebsübergangs nicht vor, so bestehen folgende Handlungsalternativen:[1]

- Es kann die **Überleitung der Arbeitsverhältnisse** von der öffentlichen Hand auf den Privaten bzw. eine Projektgesellschaft **vertraglich vereinbart werden.** Hierzu bedarf es einer dreiseitigen Vereinbarung zwischen dem Arbeitnehmer, dem bisherigen öffentlichen Arbeitgeber und dem neuen privaten Arbeitgeber **(vgl. Abschnitt 3.1.2).**
- Es besteht die Möglichkeit, das Personal des öffentlichen Auftraggebers auf der Basis von Arbeitnehmerüberlassung **(vgl. Abschnitte 3.2.1, 3.2.2)** oder auf der Basis eines entsprechenden **Dienst-, Geschäftsbesorgungs- der Werkvertrages** für den AN zum Einsatz zu bringen **(vgl. Abschnitt 3.2.3).**
- Schließlich kommt in Betracht, das Personal des öffentlichen Auftraggebers und des privatrechtlich organisierten Auftragnehmers in einem sog. **Mischbetrieb,** d.h. einem Gemeinschaftsbetrieb zweier Unternehmen, einzusetzen **(vgl. Abschnitt 3.2.4).**
- Der öffentliche Arbeitgeber kann bei anderweitigen internen Einsatzmöglichkeiten das für die bisherigen Aufgaben nicht mehr benötigte Personal **versetzen.** Kann das auf Grund der Privatisierung nicht mehr benötigte Personal auch nicht anderweitig eingesetzt werden, so müssen **betriebsbedingte Kündigungen** ausgesprochen werden **(vgl. Abschnitt 3.3).**

Die aufgezeigten Handlungsoptionen bestehen nicht nur in den Fällen, in denen die Voraussetzungen des § 613a Abs. 1 BGB nicht vorliegen, sondern auch dann, wenn es zu Massenwidersprüchen kommt und hierdurch eine Überleitung des Personals vereitelt wird. Schließlich kommen sie auch in Betracht, wenn die Parteien – aus welchen Gründen auch immer – die Rechtsfolgen des § 613a Abs. 1 BGB zu negieren suchen und quasi contra legem andere Gestaltungsformen suchen.

Muss bzw. soll das Personal zur Projektgesellschaft überführt werden, stellt sich vielfach die Frage nach den bestehenden **Möglichkeiten zur Anpassung der Arbeitsbedingungen** an privatwirtschaftliche Bedingungen. Mit Blick auf die künftigen Kosten ist es von großer Bedeutung, bereits in der Angebotsphase zu ermitteln, ob und wenn ja in welcher Weise bzw. in welchem Umfang die Arbeitsbedingungen modifiziert werden können **(vgl. Abschnitt 4).**

Eine besondere Bedeutung hat in diesem Kontext die Frage der **Zusatzversorgung,** die im Bereich des öffentlichen Dienstes regelmäßig auf der Grundlage des Zusatzversorgungstarifvertrages gewährt wird. Hier stellt sich die Problematik, dass diese Zusatzversorgungszusagen durch Zusatzversorgungskassen bzw. die Versorgungsanstalt des Bundes und der Länder finanziert werden. Es ist zu prüfen, ob die Projektgesellschaft als zukünftiger Arbeitgeber und Versorgungsschuldner Mitglied in der jeweiligen ZVK bzw. der VBL werden

[1] Eine Überführung der Belegschaft kraft Hoheitsakt, wie sie etwa bei einer Ausgliederung von Verwaltungsbereichen in Anstalten des öffentlichen Rechts möglich ist, kommt in allen Fällen einer materiellen Privatisierung unter Beteiligung Privater von vornherein nicht in Betracht und bedarf daher keiner Vertiefung.

kann oder ob die Änderung des Versorgungsweges finanziell attraktiver wäre **(vgl. Abschnitt 5).**

Nachdem entschieden ist, wie bezüglich des von der Privatisierung ggf. betroffenen Personals verfahren werden soll, muss vor Beginn der Umsetzungsphase eine eingehende Analyse der Beteiligungsrechte des Personalrats, des Schwerbehindertenvertreters und auch der Frauenbeauftragten durchgeführt werden. Wie die Beteiligungsrechte im Einzelnen ausgestaltet sind, ist nicht nur für die Frage der Durchsetzbarkeit der Planung an sich, sondern auch für die zeitliche Ablaufplanung von großer Bedeutung. Zudem muss sichergestellt werden, dass der Personalrat und die anderen zu beteiligenden Gremien so rechtzeitig in den schon aus vergaberechtlichen Gründen häufig sehr langwierigen Prozess eingebunden werden, dass sie nicht unter Berufung auf Verletzungen ihrer gesetzlich verbrieften Rechte die geplante Maßnahme zeitlich verzögern oder auch in ihrer politischen Durchsetzbarkeit behindern können **(vgl. Abschnitt 6).**

Im Zuge der etwaig erforderlichen Beteiligung des Personalrats wird man sich schließlich auch Gedanken über die Konsequenzen der geplanten Maßnahme für die personalvertretungsrechtlichen Strukturen machen müssen, wobei die Zwischenschaltung einer privatrechtlich organisierten Projektgesellschaft auch die Klärung der gesamten betriebsverfassungsrechtlichen Situation erforderlich macht **(vgl. Abschnitt 7).** Hier sind Themen wie Übergangsmandate, Überleitungsvereinbarungen etc. von großer Relevanz. Auch wird man ggf. zu prüfen haben, ob es erwünscht oder sinnvoll ist, zur Regelung der Folgen der geplanten Maßnahme für die Arbeitnehmer mit der zuständigen Gewerkschaft einen Überleitungstarifvertrag abzuschließen – eine Forderung, die in der Regel in allen Projekten mit nennenswerter Personalrelevanz an die öffentlichen Arbeitgeber herangetragen wird.

Da personalbezogene Fragen für die Realisierbarkeit eines PPP-Projekts von eminenter Bedeutung sein können, sollten die einschlägigen Fragestellungen bereits in der frühen Planungsphase herausgearbeitet und einer sachgerechten Lösung zugeführt werden.

2. Rechtsstellung der Beamten

2.1 Allgemeines

Eine Public Private Partnership hat nicht nur Auswirkungen auf die Angestellten und Arbeiter des öffentlichen Dienstes, sondern betrifft unter Umständen auch die Beamten. Beamte sind allerdings keine Arbeitnehmer; sie stehen vielmehr in einem besonders ausgestalteten Dienst- und Treueverhältnis zu ihrem Dienstherren. Nach § 121 BRRG verfügen grundsätzlich nur der Bund, die Länder und die Gemeinden bzw. die Gemeindeverbände über die hierzu erforderliche Dienstherrenfähigkeit und damit über die Möglichkeit, Beamte (als solche) zu beschäftigen.

Eine juristische Person des Privatrechts nimmt dagegen keine hoheitlichen Aufgaben wahr und kann nach allgemeiner Ansicht prinzipiell keine Beamten haben;[2] als Begründung werden Grundsätze des Demokratieprinzips und des Berufsbeamtentums angeführt. Eine Projektgesellschaft kann die Beamten folglich nicht auf der Grundlage ihres bisherigen Dienstverhältnisses weiterbeschäftigen. Eine Überleitung gem. § 613a BGB ist jedoch ebenfalls nicht möglich, da Beamte nicht in einem Arbeitsverhältnis gem. § 611 BGB stehen. Sofern eine Public Private Partnership aus fachlichen oder wirtschaftlichen Gründen darauf angewiesen ist, bestimmte Beamte in das Projekt einzubinden, muss daher nach anderen Wegen gesucht werden, um ihre Tätigkeit in der privatrechtlichen Gesellschaft zu ermöglichen.

---

[2] BVerfGE 9, 268 (281) = NJW 1959, 1171; Beck, in: Plog/Wiedow, Bundesbeamtengesetz, § 2 Rn. 27; Blanke, in: Blanke/Trümner, Handbuch Privatisierung, Rn. 935/936.

2.2 Gesetzliche Regelungen

Das geltende Recht bietet mehrere Ansatzpunkte für eine „Privatisierung" von Beamten. Ob die verschiedenen Optionen, die von der Literatur diskutiert und in der Praxis teilweise bereits umgesetzt werden, tatsächlich eine belastbare Grundlage für eine Public Private Partnership darstellen, bedarf indessen einer gründlichen Analyse. Dabei sind auch die Haftungsrisiken eines solchen Projekts zu berücksichtigen.

2.2.1 Abordnung oder Versetzung

Die Beamtengesetze des Bundes und der Länder sehen die Möglichkeit einer Abordnung oder Versetzung von Beamten vor (vgl. §§ 26, 27 BBG und §§ 28, 29 HessBG). Beide Institute setzen jedoch voraus, dass den Beamten – vorübergehend bzw. dauerhaft – ein bestimmtes Amt bei einer anderen Dienststelle desselben oder eines anderen Dienstherren zugewiesen wird. Dies ist bei der beabsichtigten Überleitung auf die Projektgesellschaft gerade nicht der Fall; eine privatrechtliche Gesellschaft kann weder Dienstherr noch Dienststelle im Sinne des Beamtenrechts sein.

Die Rechtsprechung spiegelt die klare Rechtslage nicht immer konsequent wieder. Das Bundesarbeitsgericht hat die zweijährige Tätigkeit eines Beamten in einem Privatunternehmen auf Grundlage einer „Abordnung" als Beschäftigungszeit im öffentlichen Dienst anerkannt.[3] Dabei handelt es sich jedoch um einen Einzelfall. Die Richter wollten eine unbillige Härte vermeiden und haben die Wirksamkeit dieser Abordnung nicht im Einzelnen überprüft. Das Urteil darf daher nicht als höchstrichterliches Gütesiegel einer fragwürdigen Praxis missverstanden werden.

Im Gegenteil: Abordnungen und Versetzungen stellen keine verlässliche Grundlage für den Einsatz von Beamten in einer Projektgesellschaft dar;[4] Experimente in diesem Bereich sind **mit hohen Risiken verbunden.**

2.2.2 Zuweisung nach § 123a Abs. 1 BRRG

Auf der Grundlage des § 123a Abs. 1 BRRG kann einem Beamten vorübergehend eine Tätigkeit bei einer öffentlichen Einrichtung außerhalb des Geltungsbereichs des Beamtenrechtsrahmengesetzes zugewiesen werden. Voraussetzung ist jedoch, dass ein entsprechendes dienstliches bzw. öffentliches Interesse besteht und dass der betroffene Beamte seiner neuen Verwendung zustimmt. Daneben kommt auch eine Zuweisung zu einer anderen, mithin nicht-öffentlichen Einrichtung in Betracht, wenn dringende öffentliche Interessen diese Maßnahme erfordern (§ 123a Abs. 1 Satz 2 BRRG).

Die Vorschrift wurde im Jahre 1990 eingeführt, um eine Verwendung von Beamten im Ausland zu ermöglichen; sie ist offensichtlich nicht auf die Fälle einer Public Private Partnership zugeschnitten. Uneinigkeit herrscht in der Frage, ob § 123a Abs. 1 Satz 2 BRRG nicht gleichwohl eine mögliche Rechtsgrundlage für den Einsatz von Beamten in einer privaten Projektgesellschaft darstellt.

Teile der Literatur plädieren insoweit für eine extensive Auslegung:[5] Das Tatbestandsmerkmal „außerhalb des Geltungsbereichs dieses Gesetzes" sei nicht notwendig räumlich, sondern auch sachlich im Sinne von „außerhalb des öffentlichen Dienstes" zu verstehen. Folglich bestehe auch die Möglichkeit der Zuweisung an eine inländische Einrichtung, die nicht Dienstherr im Sinne des Beamtenrechtsrahmengesetzes ist.

Diese Auffassung stößt jedoch zu Recht auf Widerspruch. Der Gesetzgeber – so die Argumentation – habe bei der Einführung des § 123a Abs. 1 BRRG lediglich die (wenigen) Fälle im Auge gehabt, in denen der Einsatz deutscher Beamten im Ausland zwingend erfor-

---

[3] BAGE 74, 85 = BB 1993, 2532.

[4] Vgl. auch Blanke, in: Blanke/Trümner, Handbuch Privatisierung, Rn. 960ff. m.w.N. in Fn. 250.

[5] Vgl. Battis, Bundesbeamtengesetz, § 27 Rn. 5 und Kotulla, ZBR 1995, 168 (169).

derlich ist.[6] Weder der Wortlaut noch Sinn und Zweck der Vorschrift gestatten folglich eine Ausweitung ihres Anwendungsbereichs auf andere Fallkonstellationen. Schließlich beruht auch die Vereinbarung des § 12 Abs. 2 BAT, die vor dem Hintergrund des § 123a Abs. 1 BRRG getroffen wurde, auf der Annahme, dass eine Zuweisung nur zu einer „außerhalb des *räumlichen* Geltungsbereichs dieses Tarifvertrages" liegenden nichtöffentlichen Einrichtung stattfindet.

Unabhängig von dieser Auseinandersetzung ermöglicht § 123a Abs. 1 BRRG – in beiden Alternativen – ohnehin nur eine vorübergehende Zuweisung zu anderen Einrichtungen; ein dauerhafter Einsatz des Beamten außerhalb der Dienststelle – wie ihn die Initiatoren einer Public Private Partnership regelmäßig anstreben – wird von der Vorschrift nicht gedeckt. **§ 123a Abs. 1 BRRG** ist daher **letztlich nicht geeignet,** Beamte dauerhaft in eine private Projektgesellschaft überzuleiten.

2.2.3 Zuweisung nach § 123a Abs. 2 BRRG

Der Gesetzgeber hat im Rahmen der Dienstrechtsreform 1997 mit der Einführung des § 123a Abs. 2 BRRG eine neue spezielle Grundlage für den Beamteneinsatz in privatisierten Einrichtungen geschaffen. Danach kann einem Beamten auch ohne seine Zustimmung eine seinem bisherigen Amt entsprechende Tätigkeit in dieser Einrichtung zugewiesen werden. Ausweislich ihrer systematischen Stellung im Zweiten Kapitel des Beamtenrechtsrahmengesetzes gehört § 123a Abs. 2 BRGG zu den Vorschriften, die „einheitlich und unmittelbar" auch für alle Dienstherren in den Bundesländern gelten. Die Möglichkeit, einen Beamten nach § 123a Abs. 2 BRRG einer privatrechtlichen Einrichtung zuzuweisen, ist jedoch an restriktive Voraussetzungen gebunden:

– Reorganisation einer Dienststelle

§ 123a Abs. 2 BRRG ist auf die (Teil-)Umwandlung einer öffentlich-rechtlich organisierten Dienststelle in eine privatrechtlich organisierte Gesellschaft ausgerichtet. Die Vorschrift ermöglicht somit lediglich eine Zuweisung der Beamten „aus der zu privatisierenden in die privatisierte Einheit";[7] sie bildet keine Grundlage für eine beliebige Zuweisung an andere Dienststellen oder Gesellschaften.

– Bildung einer privatrechtlichen Einrichtung der öffentlichen Hand

§ 123a Abs. 2 BRRG setzt weiter voraus, dass der Dienstherr einen beherrschenden Einfluss auf die Gesellschaft ausübt. Der Gesetzgeber will auf diese Weise eine Kollision zwischen den Weisungen der Gesellschafter und der Gehorsamspflicht des Beamten gegenüber seinem Dienstherrn verhindern. Dieses Ziel kann durch eine Mehrheitsbeteiligung des Dienstherrn an der Projektgesellschaft[8] oder durch eine entsprechende Ausgestaltung des Gesellschaftsvertrages[9] erreicht werden. Die Vorschrift erfasst daher vor allem formelle Privatisierungen (sog. Organisationsprivatisierung); funktionelle Privatisierungen lassen sich auf Grundlage des § 123a Abs. 2 BRRG hingegen nur bedingt und materielle Privatisierungen überhaupt nicht verwirklichen.

– Zuweisung einer dem bisherigen Amt entsprechenden Tätigkeit

Die Regelung soll sicherstellen, dass Beamte, die im Zuge eines Privatisierungsprojektes einer privatrechtlichen Einrichtung zugewiesen werden, nicht dauerhaft mit geringwertigeren Tätigkeiten betraut werden.

---

[6] Blanke/Sterzel, Privatisierungsrecht für Beamte, Rn. 111; vgl. auch Lorenzen/Schuster, in: Hoppe/Uechtritz, Handbuch Kommunale Unternehmen, § 12 Rn. 251.

[7] Vgl. Lorenzen/Schuster, in: Hoppe/Uechtritz, Handbuch Kommunale Unternehmen, § 12 Rn. 203.

[8] Vgl. Beschlussempfehlung und Bericht des Innenausschusses vom 25. Juni 1996, BT-Drucks. 13/5057 (S. 64) und Schweier, in: Fabry/Augsten, Handbuch Unternehmen der öffentlichen Hand, Rn. 101.

[9] Vgl. Lorenzen/Schuster, in: Hoppe/Uechtritz, Handbuch Kommunale Unternehmen, § 12 Rn. 205.

– Vorliegen eines dringenden öffentlichen Interesses

Schließlich verlangt § 123a Abs. 2 BRRG ein „dringendes öffentliches Interesse" an der Zuweisung des Beamten. Es gibt bislang noch keine Rechtsprechung zur Auslegung dieses unbestimmten Rechtsbegriffes; die Literatur neigt einer großzügigen Betrachtungsweise zu: Ein solches öffentliches Interesse sei bereits anzunehmen, wenn sichergestellt werden müsse, dass die Projektgesellschaft ihre neuen Aufgaben durch qualifiziertes Personal zuverlässig und flexibel erfüllen kann.[10] Die Weiterbeschäftigung eingearbeiteter Beamter liege regelmäßig im dringenden öffentlichen Interesse.

Eine Public Private Partnership zielt regelmäßig auf die funktionelle Privatisierung öffentlicher Aufgaben ab. Der öffentliche Träger überträgt die Erfüllung bestimmter Angelegenheiten auf eine (private) Projektgesellschaft, behält aber die rechtliche Leistungsverantwortung gegenüber der Allgemeinheit. Die gemeinsame Projektgesellschaft steht jedoch regelmäßig unter dem beherrschenden Einfluss des privaten Investors. Dies ist einerseits beabsichtigt, da es bei einer Public Private Partnership gerade darum geht, öffentliche Aufgaben durch privates Management besser und effizienter als bisher zu erledigen; andererseits aber auch kaum vermeidbar, da der private Partner sich angesichts seiner Investitionen nicht mit der Rolle eines stillen Teilhabers zufrieden geben wird. Eine zentrale Forderung des § 123a Abs. 2 BRRG – die Projektgesellschaft stellt eine Einrichtung der öffentlichen Hand dar – ist vor diesem Hintergrund jedoch in aller Regel nicht erfüllt.

Eine **Zuweisung von Beamten nach § 123a Abs. 2 BRRG** an eine privatrechtliche Gesellschaft kommt daher im Rahmen einer Public Private Partnership **regelmäßig nicht** in Betracht.

2.3 Alternativlösungen

Das geltende Recht eröffnet verschiedene weitere Wege, um Beamte auch außerhalb ihrer Stammdienststelle einzusetzen; keine dieser Optionen ermöglicht jedoch eine dauerhafte Verwendung in einer privaten Projektgesellschaft. Eine Public Private Partnership, die nicht auf die Arbeitsleistung und die Berufserfahrung von Beamten verzichten kann, ist daher gezwungen, auf unkonventionelle Gestaltungsformen auszuweichen. Mögliche Alternativlösungen unterliegen jedoch ebenfalls den inhaltlichen Vorgaben und engen Grenzen des Beamtenrechts.

2.3.1 Sonderurlaub

Die Verwendung von Beamten in einer privaten Projektgesellschaft kann beispielsweise im Rahmen eines Sonderurlaubs erfolgen: Der Beamte wird von seinem Dienstherren beurlaubt und schließt mit der Projektgesellschaft einen normalen Arbeitsvertrag. Diese Konzeption ist unter mehreren Aspekten sehr interessant. Zum einen können die Konditionen des Anstellungsverhältnisses individuell ausgehandelt und flexibel gestaltet werden; zum anderen ist es möglich, den Beamten voll in die Projektgesellschaft zu integrieren und dem Weisungsrecht der dortigen Geschäftsführung zu unterstellen.

Die Literatur hält eine Beurlaubung von Beamten mit dem Ziel, sie in einer privaten Projektgesellschaft einzusetzen, grundsätzlich für zulässig.[11] Die rechtlichen Voraussetzungen dieser Variante richten sich nach der jeweils einschlägigen (Sonder-)Urlaubsverordnung.

Bedingung ist zum einen regelmäßig das Vorliegen eines „wichtigen Grundes" für die **Beurlaubung** und zum anderen das Fehlen entgegenstehender dienstlicher Gründe (vgl. u.a. § 13 SUrlVO Bund, § 18 BayUrlV). Da die Überleitung des Beamten zur Projektge-

---

[10] Vgl. Battis, Bundesbeamtengesetz, § 27 Rn. 6 und Kathke, ZBR 1999, 325 (342).

[11] Schipp/Schipp, Arbeitsrecht und Privatisierung, Rn. 427ff; Blanke, in: Blanke/Trümner, Handbuch Privatisierung, Rn. 951ff. m.w.N.

sellschaft regelmäßig im öffentlichen Interesse erfolgt, stellen diese Kriterien praktisch keine Hürden für die Public Private Partnership dar.

Der Dienstherr ist bei der Umsetzung dieses Modells jedoch auf die Mitwirkung seiner Bediensteten angewiesen. Er kann einen Beamten weder gegen seinen Willen beurlauben noch dazu veranlassen, entsprechende Arbeitsverträge mit der Projektgesellschaft zu schließen. Diese Lösung funktioniert daher nur, sofern und solange die Bediensteten mit ihrer Verwendung im Rahmen der Public Private Partnership einverstanden sind.

Problematisch ist aber insbesondere die zulässige Höchstdauer einer solchen Beurlaubung. Literatur und Rechtsprechung haben in der Frage, ob ein Sonderurlaub nur für einen begrenzten Zeitraum möglich ist oder ob auch eine dauerhafte Beurlaubung von den einschlägigen Vorschriften gedeckt wird, noch keinen Konsens erzielt. Der Begriff „Urlaub" impliziert grundsätzlich eine Rückkehr zum eigentlichen Dienstherren. Teilweise wird – mit Blick auf entsprechende Sonderregelungen im Zusammenhang der Bahn- und Postprivatisierungen – jedoch auch eine Beurlaubung über einen Zeitraum von zehn bis zwölf Jahren noch für statthaft gehalten.[12] Teilweise wird die zulässige Länge einer Beurlaubung auch in Abhängigkeit zu dem „wichtigen Grund" gesetzt; je gewichtiger das öffentliche Interesse ist, desto länger soll eine Beurlaubung möglich sein.[13]

Vor diesem Hintergrund bietet sich eine **Beurlaubung** an, wenn der Beamte nur **vorübergehend** für den privaten Partner arbeiten soll, z.B., weil es sich um ein temporäres Projekt handelt oder wenn dort Starthilfe geleistet werden muss. Ist dagegen eine dauerhafte Überleitung der Beamten auf eine Projektgesellschaft beabsichtigt, so muss nach anderen Lösungen gesucht werden.

2.3.2 Dienstleistungsüberlassung

Schließlich besteht die Möglichkeit, einen Beamten im Wege einer Dienstleistungsüberlassung in der Projektgesellschaft einzusetzen. Grundlage ist ein entsprechender Vertrag zwischen dem Dienstherrn und dem privaten Partner. Danach verpflichtet sich der Dienstherr, bestimmte Arbeiten in der Projektgesellschaft mittels seiner Beamten zu erledigen.[14] Die Projektgesellschaft erwirbt umgekehrt zwar keinen Anspruch i. S. v. § 611 BGB auf die Arbeitsleistung bestimmter Beamter, wohl aber einen Anspruch auf das Ergebnis dieser Arbeitsleistung. Die Beamten bleiben ihrerseits Bedienstete der öffentlichen Hand; sie erfüllen lediglich ihre Dienstpflichten gegenüber dem Dienstherrn durch ihre Tätigkeit in der Projektgesellschaft. Rechtsgrundlage ist insofern das allgemeine Weisungsrecht des Dienstherren (vgl. u. a. § 55 BBG und § 70 HessBG).

Das Bundesverwaltungsgericht hat dieses Konzept für verfassungs- und beamtenrechtlich zulässig erklärt; es stelle keine Umgehung der gesetzlichen Vorschriften über die Versetzung bzw. Abordnung oder die Zuweisung von Beamten dar. Voraussetzung sei allerdings, dass der Beamte dienstrechtlich weiterhin seinem bisherigen Dienstherren zugeordnet bleibe und dass auch die Vorgesetztenfunktion, insbesondere das Weisungsrecht, unverändert von der öffentlichen Hand ausgeübt werde.[15] *Blanke* hat prinzipielle Bedenken gegen diese Rechtsprechung vorgetragen.[16] Eine Aufspaltung zwischen der Dienstausübung, also der Erfüllung bestimmter Aufgaben, und der Dienstpflicht sei mit den Grundsätzen des Berufsbeamtentums (Art. 33 Abs. 4 und 5 GG) nicht zu vereinbaren; Dienst- und Treuepflichten könnten nur als Ganzes und nur gegenüber staatlichen Stellen bestehen. Diese Kritik hat in der Rechtsprechung jedoch (bislang) keinen Niederschlag gefunden.

---

[12] Bayer, in: Plog/Wiedow, Bundesbeamtengesetz, § 32 Rn. 32; Bolck, ZTR 1994, S. 14/15.
[13] v. Roetteken/Rothländer, Hessisches Bedienstetenrecht, § 106 HBG Rn. 95 m. w. N.
[14] Vgl. BVerwGE 69, 303 (308) = NVwZ 1985, 197.
[15] BVerwGE 69, 303 (308) = NVwZ 1985, 197.
[16] Blanke/Sterzel, Privatisierungsrecht für Beamte, Rn. 65 ff.

Eine Dienstleistungsüberlassung setzt weder einen beherrschenden Einfluss der öffentlichen Hand auf die private Gesellschaft noch ein dringendes öffentliches Interesse an dem fraglichen Projekt voraus; sie ist auch nicht auf die Fälle einer organisatorischen (Teil-)Privatisierung einer Dienststelle beschränkt. Der mögliche Anwendungsbereich dieser Gestaltungsform ist somit erheblich weiter als der einer Zuweisung nach § 123a BRRG.

Problematisch ist indessen die tatsächliche Umsetzung der Dienstleistungsüberlassung, insbesondere die Verteilung des Weisungsrechts zwischen dem Dienstherrn und der Projektgesellschaft. Hier liegt das größte Manko der Dienstüberlassung.[17] Da weder eine Überleitung des Dienstverhältnisses stattfindet noch ein Leiharbeitsverhältnis begründet wird, verbleibt das Weisungsrecht grundsätzlich beim bisherigen Dienstherrn. Aus praktischen Gründen wäre es jedoch zweckmäßig, die Geschäftsführung der Projektgesellschaft mit einem möglichst umfassenden Direktionsrecht (auch) gegenüber den jeweiligen Beamten auszustatten. Eine entsprechende Übertragung des Weisungsrechts scheitert allerdings an rechtlichen Hindernissen. Die Dienstleistungsüberlassung darf nach der Rechtsprechung des Bundesverwaltungsgerichts nicht in das öffentlich-rechtliche Dienst- und Treuverhältnis zwischen dem Dienstherrn und seinem Beamten eingreifen, namentlich das für ein Beamtenverhältnis typische Gepräge des dienstlichen Weisungsrechts müsse unberührt bleiben; anderenfalls liege eine unzulässige „Ausleihe" des Beamten an eine juristische Person des Privatrechts vor.[18]

Eine Projektgesellschaft hat als Gläubigerin auf Grund ihres Vertrages mit der öffentlichen Hand zweifelsohne ein Recht zur Kontrolle der geschuldeten Dienstleistung. Diese Position ähnelt allerdings der eines Werkauftraggebers gegenüber den Erfüllungsgehilfen eines Werkunternehmers; sie vermittelt lediglich ein sachbezogenes Kontrollrecht. Die personenbezogene Kontrolle, die sich in fachlichen Weisungen und dienstrechtlichen Maßnahmen niederschlägt und möglicherweise erheblich in den persönlichen Rechtsbereich des Beamten einwirkt, bleibt dagegen ausschließlich dem Dienstherren vorbehalten.

Vor diesem Hintergrund gestaltet sich die **praktische Handhabung einer Dienstleistungsüberlassung schwierig:** Die Geschäftsführung einer Projektgesellschaft muss ihre Wünsche nach Maßnahmen und Weisungen gegenüber dem Beamten zunächst an den Dienstherren herantragen, wo sie dann geprüft und (gegebenenfalls) gegenüber dem Beamten ausgesprochen werden. Der Dienstherr bleibt letztlich für die Ausgestaltung von Inhalt, Zeit und Ort der Tätigkeit des Beamten in der Projektgesellschaft zuständig; selbst Dienstpläne müssen vorab genehmigt werden.[19] Die Geschäftsführung der Projektgesellschaft ist allenfalls berechtigt, einzelne Weisungen auszusprechen, um auf besondere Situationen reagieren und den Geschäftsbetrieb aufrechterhalten zu können. Dabei handelt es sich aber nur um vorläufige Befugnisse, da solche Weisungen unverzüglich dem Dienstherren zu melden sind und von da an zu dessen Disposition stehen.[20] Der Dienstherr kann sich folglich nicht aus dem Tagesgeschäft der Projektgesellschaft zurückziehen; der private Partner und der Dienstherr müssen vielmehr auf täglicher Basis eng zusammenarbeiten, um die Dienstleistungsüberlassung gesetzeskonform (und haftungssicher) zu verwirklichen.

In der Literatur wird eine Differenzierung zwischen Weisungsbefugnissen hinsichtlich des Bedienstetenverhältnisses (die beim Dienstherrn verbleiben sollen) und Weisungsbefugnissen hinsichtlich der Tätigkeit (die von der Projektgesellschaft ausgeübt werden sollen) diskutiert, um den Handlungsspielraum der Projektgesellschaft zu vergrößern. Ob diese Aufteilung am Ende einer gerichtlichen Kontrolle standhält, ist angesichts des restriktiven Standpunkts des Bundesverwaltungsgerichts indessen fraglich.

---

[17] Vgl. auch Lorenzen/Schuster, in: Hoppe/Uechtritz, Handbuch Kommunale Unternehmen, § 12 Rn. 221; Hofmann, ZTR 1996, S. 493.

[18] BVerwGE 69, 303 (309) = NVwZ 1995, 1997.

[19] Lorenzen/Schuster, in: Hoppe/Uechtritz, Handbuch Kommunale Unternehmen, § 12 Rn. 222; Blanke, in: Blanke/Trümner, Handbuch Privatisierung, Rn. 966.

[20] BVerwGE 69, 303 (310) = NVwZ 1985, 197.

3. Rechtsstellung der Arbeitnehmer

Es grundsätzlich fünf Möglichkeiten, wie mit Personal, das von einer Überführung einer bislang von der öffentlichen Hand erfüllten Aufgabe auf ein privates Unternehmen betroffen ist, verfahren werden kann:

- Das Personal kann übergeleitet werden (Arbeitgeberwechsel),
- Das Personal kann der Projektgesellschaft zur Verfügung gestellt werden (Personalüberlassung oder -beistellung),
- Das Personal kann im Rahmen eines Mischbetriebs gemeinsam mit dem Personal des AN eingesetzt werden (Mischbetriebslösung),
- Das Personal kann versetzt werden (Interne Versetzung) oder
- Das Personal kann entlassen werden (Kündigungslösung).

Welche der Optionen in einem konkreten Fall tatsächlich bestehen, kann erst nach einer eingehenden Analyse der rechtlichen und tatsächlichen Gegebenheiten beantwortet werden. Die insoweit zunächst weichenstellende Frage ist hierbei, ob das Personal gemäß § 613a Abs. 1 BGB kraft Gesetzes übergeleitet wird, weil die Voraussetzungen für einen Betriebs- bzw. Teilbetriebsübergang vorliegen.

3.1 Überleitung der Arbeitnehmer auf die Projektgesellschaft

Folgt aus der Vorschrift des § 613a Abs. 1 BGB, dass in dem konkreten Fall eine Überleitung des Personals gesetzlich vorgeschrieben ist, so ist zunächst jede der anderen alternativ in Betracht kommenden Lösungen ausgeschlossen. Etwas anderes gilt nur dann, wenn man höchst risikobehaftete Lösungen unter Missachtung des § 613a BGB in Betracht ziehen will. Liegen die Voraussetzungen von § 613a Abs. 1 BGB hingegen nicht vor, so ist umgekehrt keineswegs die Option der Personalüberleitung ausgeschlossen. Vielmehr kann in diesem Fall eine Überleitung auf einzelvertraglicher Basis ebenso in Erwägung gezogen werden. Schließlich kann auch versucht werden, das Personal zwar in einem Anstellungsverhältnis mit dem bisherigen Arbeitgeber zu belassen, es jedoch der Projektgesellschaft auf der Basis entsprechender vertraglicher Abreden zur Verfügung zu stellen.

3.1.1 Überleitung kraft Gesetzes gemäß § 613a Abs. 1 BGB

§ 613a Abs. 1 BGB, der auf eine EG-Richtlinie zurückgeht,[21] schreibt vor, dass im Falle des Übergangs eines Betriebs oder Betriebsteils durch Rechtsgeschäft auf einen anderen Inhaber der neue Inhaber kraft Gesetzes in alle Rechte und Pflichten aus den im Zeitpunkt des Übergangs bestehenden Arbeitsverhältnissen eintritt. Bei dieser Vorschrift handelt es sich um eine nicht nur für das deutsche Arbeitsrecht, sondern auch für das gesamte Recht der Übertragung und Umstrukturierung von Unternehmen zentrale Vorschrift. Soweit es bei PPP-Projekten darum geht, Aufgaben, die bislang von der öffentlichen Verwaltung in eigener Regie bewältigt wurden, zu privatisieren und an Projektgesellschaften zu übertragen, ist die Norm auch hier von entscheidender Relevanz, da sie das Schicksal der mit den privatisierten Aufgaben bislang betrauten Arbeitnehmern des öffentlichen Trägers regelt.

Der Tatbestand des § 613a Abs. BGB, namentlich die Frage, in welchen Fällen ein Betriebs- bzw. Teilbetriebsübergang überhaupt vorliegt, ist hierbei zunächst der maßgebliche Prüfungseinstieg. Bedauerlicherweise hat dieser Tatbestand eine sehr wechselvolle Entwicklung genommen:

---

[21] Richtlinie 77/187/EWG des Rates vom 14. Februar 1977. Nach zwischenzeitlicher Änderung wurde die Richtlinie neu verkündet als Richtlinie 2001/23/EG des Rates vom 12. März 2001 zur Angleichung der Rechtsvorschriften der Mitgliedstaaten über die Wahrung von Ansprüchen der Arbeitnehmer beim Übergang von Unternehmen, Betrieben oder Unternehmens- oder Betriebsteilen, Amtsblatt L 82 vom 22. 3. 2003, S. 16ff.

So hat es das BAG zunächst über lange Jahre für das Vorliegen eines Betriebsübergangs ausreichen lassen, wenn der Erwerber „wesentliche Betriebsmittel" übernommen hat, sofern nur der Erwerber dieser Betriebsmittel damit den bisherigen Betrieb oder Betriebsteil „im Wesentlichen unverändert fortführen" konnte.[22] Bei Handels- und Dienstleistungsunternehmen wurde auf den Übergang materieller Betriebsmittel weitgehend verzichtet und primär auf die Übernahme immaterieller Betriebsmittel, wie z. B. Kundenbeziehungen etc. abgestellt.[23] Mit der fortschreitenden Entmaterialisierung des Betriebsbegriffs einher ging eine zunehmend extensive Anwendung des § 613a Abs. 1 BGB auch in anderen Bereichen.[24] Dies führte insbesondere im gesamten Bereich des Outsourcing zu einer völligen Verunsicherung der Beteiligten, weil das BAG zwar fortwährend betonte, eine bloße Funktionsnachfolge erfülle noch nicht den Tatbestand eines Betriebsübergangs, gleichwohl eine klare Trennlinie nicht erkennen ließ. Die Verunsicherung erreichte schließlich ihren (vorläufigen) Höhepunkt mit der sog. Christel Schmidt-Entscheidung des EuGH aus dem Jahre 1994,[25] in der der EuGH im Ergebnis die Auffassung vertrat, auch der Arbeitsbereich einer Putzfrau könne ein hinreichend abgrenzbarer und übertragbarer Betriebsteil sein. Auf die bisherige Abgrenzung einer Betriebs- zu einer (bloßen) Funktionsnachfolge schien es auf einmal nicht mehr anzukommen.

Erst mit der Entscheidung des EuGH in Sachen Ayse Süzen[26] kam es zu einem Wendepunkt in der Rechtsprechung hin zu mehr Rechtsklarheit. Gleichzeitig markiert diese Entscheidung auch eine Abwendung von der zunehmend extensiven Auslegung des Tatbestands des Betriebsübergangs. In dieser Entscheidung wurde festgestellt, dass eine bloße Tätigkeit nicht ausreiche, um den Begriff der „wirtschaftlichen Einheit" auszufüllen. Der bloße Verlust eines Auftrags an einen Mitbewerber stelle daher „für sich genommen" keinen Übergang im Sinne der Richtlinie dar. Der EuGH zwang das BAG durch seine Feststellungen, zukünftig nicht nur auf das Kriterium der Betriebsmittel, sondern gerade bei betriebsmittelarmen Tätigkeiten auch auf das Schicksal des Personals selbst abzustellen. Maßgeblich sollte zukünftig sein, ob eine wirtschaftliche Einheit, an die die Arbeitsverhältnisse bisher gebunden waren, auch nach dem Übergang ihre Identität bewahrt, was insbesondere dann der Fall sein sollte, wenn der Betrieb tatsächlich weitergeführt oder wieder aufgenommen wird. Die bloße Fortführungsmöglichkeit sollte demgegenüber nicht genügen.

Aufbauend auf diesem Paradigmenwechsel hat das BAG zwischenzeitlich seine Rechtsprechung angepasst und führt zur Analyse des Vorliegens eines Betriebsübergangs in Anlehnung an die EuGH-Rechtsprechung eine „Sieben-Punkte-Prüfung" mit anschließender Gesamtbewertung durch:

Die Sieben-Punkte-Prüfung zur Ermittlung des Vorliegens eines Betriebsübergangs:[27]
1. Art des (bisherigen) Betriebs/Unternehmens 2. Etwaiger Übergang der materiellen Betriebsmittel (Gebäude, bewegliche Güter) 3. Wert der immateriellen Aktiva im Zeitpunkt des Übergangs 4. Etwaige Übernahme der Hauptbelegschaft 5. Etwaiger Übergang der Kundschaft 6. Grad der Ähnlichkeit zwischen den vor und nach dem Übergang verrichteten Tätigkeiten 7. Dauer einer eventuellen Unterbrechung der Tätigkeit
GESAMTBEWERTUNG

[22] Vgl. hierzu die Abgrenzungsformel des BAG seit der Entscheidung des 5. Senats vom 22. 5. 1985, AP Nr. 42 zu § 613a BGB = DB 1985, 2409.

[23] Vgl. BAG, AP Nr. 23 zu § 7 BetrAVG = DB 1985, 2459; BAG, AP Nr. 41 zu § 613a BGB = NZA 1985, 736.

[24] Vgl. Willemsen, ZIP 1986, 477, 482, Willemsen, in: Willemsen/Hohenstatt/Schweibert/Seibt, Umstrukturierung und Übertragung von Unternehmen, G 6f.

[25] EuGH, Rs. C 392/92, AP Nr. 106 zu § 613a BGB = Betrieb 1994, 1370 (Christel Schmidt).

[26] EuGH, Rs. C 13/95, AP Nr. 14 zu EWG-Richtlinie Nr. 77/187 = DB 1997, 628 (Süzen).

[27] EuGH, Rs. 24/85, Slg. 1986, 1119, Rn. 13 (Spijkers); EuGH, (Süzen), a. a. O.

Wie der Sieben-Punkte-Katalog zeigt, kommt es nach der neueren Rechtsprechung nicht mehr primär auf die Frage der Überleitung von Betriebsmitteln an, sondern es ist eine Gesamtbetrachtung unter Berücksichtigung einer ganzen Reihe von Faktoren anzustellen. Im Zentrum der Betrachtungen steht die Frage, ob der neue Betriebsinhaber von dem bisherigen Betriebsinhaber eine auf Dauer angelegte und auf einen bestimmten Betriebszweck ausgerichtete Arbeitsorganisation zum Zwecke der Fortführung übernimmt und demgemäß die „Identität der wirtschaftlichen Einheit" gewahrt wird. Geht es dem Übernehmer darum, eine funktionsfähige Organisationseinheit zu übernehmen und folglich von der vorhandenen Betriebsorganisation zu profitieren, wird man regelmäßig von einem Betriebsübergang ausgehen können. Umgekehrt ist ein Betriebsübergang abzulehnen, wenn lediglich nur eine Funktion übertragen wird, ohne dass der Übernehmer zugleich auch die bestehende Arbeitsorganisation und – bei betriebsmittelarmen Tätigkeiten – wesentliche Teile der Belegschaft übernimmt.

Um diese Grundsätze für die insbesondere auch im Zusammenhang mit PPP-Projekten entstehenden Fragen verständlicher zu machen, sollen einige Beispiele aus der Rechtsprechung verdeutlichen, wann typischerweise von einem Betriebs- bzw. Teilbetriebsübergang ausgegangen werden kann bzw. wann die Arbeitnehmer nicht kraft Gesetzes auf den Übernehmer überführt werden:

– *Übernahme sämtlicher Betriebsmittel*
  Werden die für den Betrieb ganz zentralen und wesentlichen Betriebsmittel, die auch die wirtschaftliche Tätigkeit maßgeblich prägen, übernommen, handelt es sich auch nach der neueren Rechtsprechung regelmäßig um einen Betriebsübergang. So spielen beispielsweise im Falle eines Krankenhauses die Einrichtungen einschließlich der Gerätschaften, die Patientenbeziehungen etc. eine derart gewichtige Rolle, dass außer Zweifel steht, dass im Falle einer Privatisierung eines Krankenhausbetriebes durch eine Veräußerung an einen privaten Krankenhausbetreiber das Personal übernommen werden muss.
– *Übernahme der wesentlichen Betriebsmittel*
  Nicht immer ist die Beurteilung jedoch so einfach. In der sog. Abler-Entscheidung vom 20. 11. 2003[28] hatte der EuGH beispielsweise darüber zu befinden, ob in einem Fall, in dem ein Caterer sich zur Speiseproduktion in den Betriebsräumen eines Krankenhauses verpflichtet hat, ohne von seinem Vorgänger Waren, Kalkulationen, Menüpläne oder Arbeitnehmer übernehmen zu wollen, die Voraussetzungen für einen Betriebsübergang vorliegen. Während das BAG in einer Entscheidung vom 11. 12. 1997[29] in einem ähnlich gelagerten Fall die Anwendung des § 613 a BGB abgelehnt hatte, kam der EuGH zu dem Ergebnis, hier sei eine Übernahme der Belegschaft auf Grund der Betriebsübergangsrichtlinie geboten. Nach Ansicht des EuGH kann Verpflegung nicht als eine Tätigkeit angesehen werden, bei der es im Wesentlichen auf die menschliche Arbeitskraft ankommt. Vielmehr sei für die Zubereitung der Speisen und deren Verteilung in erheblichem Maße Inventar erforderlich, dessen Übernahme auch dann zu einem Betriebsübergang führe, wenn der Übernehmer die Weiterbeschäftigung wesentlicher Teile der bisherigen Belegschaft gar nicht beabsichtige. Ob vor diesem Hintergrund die Argumentation des BAG in der Entscheidung aus dem Jahre 1997 noch tragfähig bleibt, erscheint fraglich. Das BAG hatte die Auffassung vertreten, dass ein Caterer, dem nicht die Möglichkeit eingeräumt wird, die Großküche zur eigenwirtschaftlichen Nutzung einzusetzen, sondern der lediglich „*an* fremden Geräten und Maschinen innerhalb fremder Räume" Dienstleistungen erbringt, gar keine Betriebsmittel übernimmt.[30]

---

[28] Rs. C-340/01 (Abler), DB 2003, S. 2654 (Abler).

[29] AP Nr. 171 zu § 613 a BGB = DB 1998, S. 885 f.

[30] BAG a. a. O.; In einer Entscheidung vom 25. 5. 2000 – 8 AZR 337/99, n. v. – hat das BAG klargestellt, dass auch nach seiner Auffassung in den Fällen, in denen ein Kantinenpächter durch einen anderen abgelöst wird und die Kantine eigenwirtschaftlich betreiben kann, die Kantine wohl als wesentli-

- *Reine Funktionsnachfolge ohne Übernahme von Personal*
  Übernimmt ein Auftragnehmer im Falle von Outsourcing eine bestimmte Aufgabe und bedient sich zur Erledigung der Aufgabe ausschließlich seines eigenen Personals, ohne von dem Auftraggeber Personal, Betriebsmittel oder sonstige organisatorische Strukturen zu übernehmen, so fehlt es nach der Rechtsprechung letztlich an dem erforderlichen Ansatzpunkt für einen Betriebsübergang. Dies gilt auch dann, wenn eine bestimmte Dienstleistung bereits fremdvergeben ist, und lediglich der Auftragnehmer wechselt. Eine Auftragsnachfolge im betriebsmittelarmen Dienstleistungsbereich kann nur dann einen Betriebsübergang auslösen, wenn die wirtschaftliche Identität gewahrt bleibt. Als Beispiele können hier die Fälle der Neuvergabe von Reinigungsaufträgen oder Bewachungsaufträgen herangezogen werden, wenn der neue Auftragnehmer die Dienstleistungen mit Hilfe seines bereits eingearbeiteten Personals und im Rahmen seiner bestehenden Arbeitsorganisation erbringt. Aber auch bei komplexeren Tätigkeiten kommt eine reine Funktionsnachfolge in Betracht. So hat das BAG einen Betriebsübergang im Falle des Outsourcing des technischen Kundendienstes einer Kaufhauskette an ein Fremdunternehmen unter Hinweis darauf abgelehnt, dass der neue Vertragspartner des Kaufhauses den Kundendienst eigenständig und ohne das bisher eingesetzte Personal des Kaufhauses bzw. die Arbeitsorganisation betreibt.[31]
- *Reine Funktionsnachfolge ohne Übernahme der Hauptbelegschaft*
  Das BAG hatte darüber zu befinden, ob im Falle einer Auftragsnachfolge bei einem Hol- und Bringdienst eines städtischen Krankenhauses ein Betriebsübergang vorliegt.[32] Hier hat das Krankenhaus den Auftrag mit ihrem bisherigen Auftragnehmer gekündigt und an ein anderes Unternehmen vergeben. Diese Unternehmen hat zwar sechs der acht Beschäftigten des ursprünglichen Auftragnehmers auf der Basis neuer Anstellungsverträge weiterbeschäftigt, den bisherigen Organisations- und Ablaufplan jedoch nicht übernommen, sondern einen völlig neuen eingeführt. Auch wurden keine Betriebsmittel o. Ä. übernommen. Unter Hinweis darauf, dass es sich in Anbetracht des geringen Qualifikationsgrades der Belegschaft bei 75% nicht um die Hauptbelegschaft handelt, und auch sonst auf Grund der neuen Organisation und Arbeitsabläufe die wirtschaftliche Einheit nicht fortgeführt wird, hat das BAG das Vorliegen eines Betriebsübergangs abgelehnt.
  Im Hinblick darauf wäre es beispielsweise ohne weiteres möglich, die Pflege der städtischen Grünanlage an eine private Großgärtnerei, die diese Aufgabe mit Hilfe ihres bereits eingearbeiteten Personals und ihren Fahrzeugen etc. übernimmt, zu vergeben, ohne dass eine Überführung der städtischen Bediensteten mit ihren arbeitsvertraglichen Besitzständen erforderlich wäre. Auch wenn einem nennenswerten Teil der städtischen Belegschaft eine Beschäftigung bei dem Auftragnehmer – i. d. R. zu anderen Bedingungen – angeboten würde, wäre dies unschädlich. Dies gilt insbesondere dann, wenn sichergestellt ist, dass das städtische Personal in eine bestehende oder zumindest neue und gegenüber den bisherigen Strukturen abweichende Arbeits- und Ablauforganisation integriert wird. Diese Prinzipien lassen sich auf sämtliche von der öffentlichen Hand zu erbringenden (betriebsmittelarme) Dienstleistungen übertragen.
- *Reine Funktionsnachfolge bei Eingliederung von Personal in eine gänzlich neue Arbeitsorganisation*
  Instruktiv für PPP-Modelle ist in diesem Kontext die Entscheidung des BAG zu einer Verwaltungszusammenführung: Hier hatte eine Landgemeinde ihre eigene Verwaltung aufgelöst und die Aufgaben auf ein von 11 Gemeinden gebildetes Verwaltungsamt übertragen. Die dortigen Planstellen wurden nach Durchführung eines Auswahlverfahrens besetzt, die übrigen Mitarbeiter gekündigt. Hier hat das BAG festgestellt, dass die „Wahrung

ches Betriebsmittel zu betrachten ist, dessen Übernahme einen Betriebsübergang herbeiführen kann, vgl. hierzu Willemsen/Annuß, DB 2004, 134.

[31] BAG, DB 1998, S. 930 = NZA 1998, S. 536.

[32] BAG, AP Nr. 187 zu § 613 a BGB = NZA 1999, 420 („Hol- und Bringdienst").

der Identität" der Verwaltung bei Fortführung der Aufgaben innerhalb einer gänzlich andersartigen Arbeitsorganisation der übernehmenden Verwaltung nicht möglich ist. Die Übertragung der Verwaltungsaufgaben bei gleichzeitiger völliger Auflösung der bestehenden Strukturen führt demnach nicht zu einem Betriebsübergang. Da dieser Grundsatz gleichermaßen bei der Übertragung von Aufgaben der öffentlichen Hand auf einen Privaten gilt, besteht hier gerade im Bereich der Privatisierung von Verwaltungsfunktionen erheblicher und interessanter Gestaltungsspielraum zur Vermeidung eines Betriebsübergangs.

Umgekehrt können allerdings durch eine entsprechende Gestaltung auch ohne weiteres die Voraussetzungen für einen Betriebsübergang bei betriebsmittelarmen Tätigkeiten gezielt herbeigeführt werden. Hierbei muss gewährleistet sein, dass nach Möglichkeit die Hauptbelegschaft übernommen und bezüglich der Arbeitsabläufe und der Arbeitsorganisation im Wesentlichen unverändert zum Einsatz kommt. Wann von der Übernahme der Hauptbelegschaft gesprochen werden kann, ist letztlich einer Einzelfallbetrachtung überlassen, da hierbei nicht nur eine rein quantitative Betrachtung, sondern auch eine qualitative Betrachtung anzustellen ist. Während nach Auffassung des BAG bei einfachen Tätigkeiten die Übernahme von bis zu 75% der Belegschaft nicht ausreichend sein soll, können bei der Überführung von Know-How-Trägern und Führungskräften schon deutlich niedrigere Werte ausreichend sein.[33] Ob es einem (möglicherweise sogar wünschenswerten) Betriebsübergang entgegensteht, wenn zwar die Hauptbelegschaft übernommen wird, jedoch nicht in der bisherigen Form, sondern im Rahmen einer völlig neuen Arbeitsorganisation eingesetzt wird, ist nach der bisherigen Rechtsprechung noch ungeklärt. Da maßgeblich auf die Identität der wirtschaftlichen Einheit abgestellt wird, wird man jedenfalls in den Fällen, in denen der Arbeitsorganisation eine große Bedeutung zukommt, hieran Zweifel haben können.

– *Auswirkungen eines Teilbetriebsübergangs auf mittelbar Betroffene*

  Im Hinblick auf Outsourcing-Konstellationen, die letztlich auch Privatisierungs- bzw. PPP-Modellen häufig zugrunde liegen, ist schließlich noch ein weiterer Aspekt von großer praktischer Relevanz: Nach einer BAG-Entscheidung vom 13. 11. 1997 werden von einem Betriebsübergang nur diejenigen Arbeitnehmer erfasst, die auch tatsächlich in dem übertragenen Betriebsteil tätig sind, und nicht lediglich mittelbar betroffene Arbeitnehmer insbesondere in sog. Stabsabteilungen.[34] Dieser Grundsatz kann dazu führen, dass bei einem Teilbetriebsübergang für sich nicht lebensfähige Betriebsteile übrig bleiben, die infolge dessen stillgelegt werde müssen. Auch diese Konsequenz wird vom BAG getragen.[35]

  Überträgt eine Kommune beispielsweise die Bewirtschaftung, Instandsetzung und Instandhaltung von öffentlichen Gebäuden (wie z.B. Schulen) an eine Projektgesellschaft und überführt alle dort tätigen Hausmeister gemäß § 613a Abs. 1 BGB in die Projektgesellschaft, so ist sie bzw. die Projektgesellschaft deshalb nicht gezwungen, gleichzeitig auch das bislang mit dem sog. Facility Management und der Bauplanung und Baubetreuung befasste Personal überzuleiten. Hat die beauftragte Projektgesellschaft etwa einen eigenen Stab von Mitarbeitern, der den planerischen und administrativen Teil der anfallenden Aufgaben übernimmt, so verbleiben die bisher in diesem Bereich tätigen Mitarbeiter bei der öffentlichen Hand. Dies gilt erst recht für die nur mittelbar betroffenen Arbeitnehmer, wie z.B. die Mitarbeiter in der Personalstelle, die auf Grund des insgesamt reduzierten Personals der Verwaltung nicht mehr zu Aufgaben im Bereich der Personal-

[33] Vgl. BAG, AP Nr. 174 zu § 613a BGB = NZA 1998, 638; NZA 1999, 483 („Neuvergabe eines Bewachungsauftrags I und II"), AP Nr. 187 zu § 613a BGB = NZA 1999, 420 („Hol- und Bringdienst"); BAG, AP Nr. 5 zu § 325 ZPO = NZA 1999, 648 („Privatschule").

[34] BAG, AP Nr. 170 zu § 613a BGB = NZA 1998, 249 („Stabsfunktion bei Betriebsteilübergang").

[35] Vgl. hierzu auch ErfK-Preis, § 613a BGB Rn. 9.

verwaltung und Abrechnung etc. benötigt werden. Ist es das Interesse der Verwaltung, auch den sog. Backoffice-Bereich gemäß § 613a Abs. 1 BGB zu überführen, kann erwogen werden, im Vorfeld eine eigene Organisationseinheit zu schaffen, die als Betriebsteil qualifiziert werden kann, und diese dann in ihrer Gesamtheit einschließlich der Mitarbeiter mit Service-Funktionen zu überführen. Eine solche Vorgehensweise erfordert freilich eine frühzeitige Planung und darf nicht zu einer rechtsmissbräuchlichen Umgehung von Arbeitnehmerschutzvorschriften führen.

Ausgehend von den aufgezeigten Gestaltungsmöglichkeiten ist es sinnvoll, bereits längerfristig vor einer geplanten Privatisierung bzw. einem Outsourcing die zu überführenden Bereiche so zuzuschneiden, dass sie den Bedürfnissen der beteiligten Partner entsprechen. Berücksichtigt man zudem, dass jedenfalls bezüglich betriebsmittelarmer Tätigkeiten und Aufgaben nach der Rechtsprechung die Möglichkeit besteht, gezielt die Voraussetzungen eines Betriebsübergangs herbeizuführen oder zu vermeiden, kann festgehalten werden, dass gerade in den Fällen, in denen es um die Überführung von Aufgaben der öffentlichen Hand auf Private geht, sehr häufig im Vorfeld *de facto* und *de iure* die Möglichkeit besteht zu bestimmen, was mit dem bislang zur Erfüllung der zu privatisierenden Aufgaben eingesetzten Personal geschehen soll. Hierauf sollten die Parteien bereits bei der Vertragsgestaltung intensiv zu achten, wollen sie sicherstellen, dass das von ihnen gewählte Modell am Ende auch tragfähig ist.

3.1.2 Überleitung kraft individualvertraglicher Vereinbarung

Liegen die Voraussetzungen eines Betriebsübergangs nicht vor oder besteht insoweit Unsicherheit, so kann es trotzdem dem Interesse der Parteien entsprechen, die Arbeitsverhältnisse zumindest von Teilen des in den betroffenen Bereichen beschäftigten Personals auf den AN bzw. die Projektgesellschaft zu überführen. Dies kann durch einzelvertragliche Vereinbarungen geschehen. Hierbei sollen nur folgende Aspekte beachtet werden:

– *Einhaltung des Schriftformgebots für Arbeitsverträge gemäß § 2 des NachwG*
  Um Unklarheiten bezüglich des Inhalts des neuen Anstellungsverhältnisses mit dem AN bzw. der Projektgesellschaft vorzubeugen, sollten die Arbeitsbedingungen in einem Arbeitsvertrag schriftlich niedergelegt werden. Soll das Arbeitsverhältnis unter Anerkennung der Dienst- und Beschäftigungszeiten bei dem öffentlichen Arbeitgeber fortgeführt werden, muss dies ausdrücklich geregelt werden. Auch sollte klargestellt werden, worauf sich dies im Einzelnen auswirken soll (z.B. Dauer der Kündigungsfristen, Geltung des Kündigungsschutzes mit sofortiger Wirkung, Gewährung von Sozialleistungen).

– *Einhaltung des Schriftformerfordernisses für Kündigungen oder Aufhebungsvereinbarungen gemäß § 623 BGB*
  Will man spätere Probleme vermeiden, ist es besonders wichtig, mit dem von dem AN übernommenen Personal auch ausdrückliche und schriftliche Aufhebungsverträge abzuschließen. Aus psychologischen Gründen kann es sich anbieten, dreiseitige Vereinbarungen zu treffen. Hierbei ist darauf zu achten, dass auch Fragen der Auswirkungen der unterjährigen Beendigung des Arbeitsverhältnisses auf Jahressonderzahlungen, den Urlaubsanspruch, die Versorgungszusage (siehe hierzu auch unten) etc. geregelt werden.
  In den Fällen, in denen Ungewissheit besteht, ob die Voraussetzungen des § 613a Abs. 1 BGB vorliegen, ist es empfehlenswert, im Einvernehmen mit dem Mitarbeiter zumindest vorsorglich das Arbeitsverhältnis aufzuheben. Solange die Grenze der Verwirkung nicht erreicht ist, besteht sonst die Gefahr, dass sich vermeintlich auf den AN übergeleitete Arbeitnehmer auf den Fortbestand des Arbeitsverhältnisses mit dem bisherigen öffentlichen Arbeitgeber berufen.

– *Auswirkungen des Arbeitgeberwechsels auf die Zusatzversorgung*
  Mit der Beendigung des Arbeitsverhältnisses endet – vorbehaltlich einer abweichenden Vereinbarung – auch die Versorgungszusage. Es muss festgestellt werden, ob der aus dem

öffentlichen Dienst ausscheidende Arbeitnehmer eine unverfallbare Anwartschaft erdient hat, die ihm auch nach seinem Ausscheiden verbleibt. Der ausgeschiedene Arbeitnehmer hat gemäß § 2 Abs. 6 BetrAVG gegen seinen bisherigen Arbeitgeber einen Auskunftsanspruch über das Bestehen und die Höhe der Anwartschaft.
Soll erreicht werden, dass der Arbeitnehmer zukünftig weitere Anwartschaften erdient, so kann der neue Arbeitgeber gemäß § 4 Abs. 1 BetrAVG in die Versorgungszusage eintreten. Da die bis zum Austritt des Arbeitnehmers angefallenen unverfallbaren Anwartschaften regelmäßig von der zuständigen ZVK bzw. der VBL zu erfüllen sind, bedarf es für die Übernahme bereits bestehender unverfallbarer Anwartschaften durch den privaten Arbeitgeber grundsätzlich keines finanziellen Ausgleichs.[36] Dieser haftet zwar im Verhältnis zum Arbeitnehmer für die Erfüllung der gesamten Versorgungszusage, der Arbeitnehmer muss sich jedoch bei Eintritt des Versorgungsfalls selbstverständlich dasjenige anrechnen lassen, was er direkt von dem Versorgungsträger erhält.
Schwierig ist die Situation, wenn der Arbeitnehmer zum Zeitpunkt seines Ausscheidens noch keine unverfallbare Anwartschaft erdient hat und der neue private Arbeitgeber nicht Mitglied der Zusatzversorgungskasse wird bzw. werden kann. Hier ergibt sich eine Deckungslücke, die durch entsprechende interne Ausgleichszahlungen zwischen den Arbeitgebern ausgeglichen werden müsste. Da der öffentliche Arbeitgeber jedoch weder Rückstellungen gebildet noch Erstattungsansprüche gegen die ZVK bzw. VBL bei Ausscheiden eines Arbeitnehmers vor Eintritt der Unverfallbarkeit hat, führt dies regelmäßig zu einer wirtschaftlichen Zusatzbelastung, die wohl erwogen sein muss. Im Hinblick darauf sowie im Hinblick auf die generelle Kostspieligkeit der Zusatzversorgung im öffentlichen Dienst wird daher in der Regel eine Fortführung der Versorgungszusage durch den privaten Arbeitgeber nur in Betracht kommen, wenn er Mitglied der ZVK bzw. VBL werden kann und will. Zu den damit im Zusammenhang stehenden Problemen vgl. ausführlich **Abschnitt 5.**

– *Beteiligungsrechte des Personal- bzw. Betriebsrats in personellen Einzelmaßnahmen*
Werden Arbeitnehmer gemäß § 613a Abs. 1 BGB kraft Gesetzes überführt, haben weder der Personalrat der (abgebenden) Dienststelle noch der Betriebsrat des (aufnehmenden) Betriebes Beteiligungsrechte bezüglich personeller Einzelmaßnahmen. Es handelt sich hierbei weder um Kündigungen der Dienststelle noch um Einstellungen in dem Betrieb des neuen Arbeitgebers. Dies verhält sich bei einer freiwilligen Überführung einzelner Arbeitnehmer auf der Basis vertraglicher Vereinbarungen anders: Werden keine arbeitgeberseitigen Kündigungen ausgesprochen (was in seltenen Fällen vorkommen kann, wenn der vertraglichen Überführung ein Widerspruch gegen den Betriebsübergang vorausgegangen ist oder der Arbeitnehmer aus sonstigen Gründen – etwa im Hinblick auf Arbeitslosengeldansprüche in der Zukunft – den Ausspruch einer betriebsbedingten Kündigung erbittet), so hat zwar der Personalrat keine Beteiligungsrechte in personellen Angelegenheiten, da der Abschluss von Aufhebungsvereinbarungen beteiligungsfrei ist. Besteht in dem aufnehmenden Betrieb jedoch bereits ein Betriebsrat oder hat der Personalrat dort ein Übergangsmandat, so besteht gemäß § 99 BetrVG ein Beteiligungsrecht auf Grund der Neueinstellung. Hiermit kann ein erheblicher Verwaltungsaufwand verbunden sein. Ist der Betriebsrat zudem der Auffassung, durch die Übernahme großer Teile der Belegschaft des öffentlichen Auftraggebers würden die Interessen der Stammbelegschaft gefährdet, kann es u.U. auch zu Widersprüchen und dem Erfordernis führen, Zustimmungsersetzungsverfahren beim Arbeitsgericht zu führen. Auch wenn es sich hier um seltene Ausnahmefälle handeln mag, ist dies gleichwohl nicht grundsätzlich ausgeschlossen.
Zu den etwaig weitergehenden Beteiligungsrechten vgl. **Abschnitt 6.**

---

[36] Vgl. hierzu auch **Abschnitt 5.3.**

3.2 Überlassung der Arbeitnehmer an die Projektgesellschaft

In folgenden Fallkonstellationen kann erwogen werden, die mit der zu privatisierenden Aufgabe bislang bei der öffentlichen Hand betrauten Arbeitnehmer wahlweise auf der Basis einer Arbeitnehmerüberlassung oder im Rahmen eines Dienst-, Geschäftsbesorgungs- oder gar Werkvertrags dem privaten Auftragnehmer zur Verfügung zu stellen:
- die Voraussetzungen des § 613a Abs. 1 BGB liegen nicht vor, der AN benötigt aber dennoch Teile des Personal des AG dauerhaft oder vorübergehend;
- die Voraussetzungen des § 613a Abs. 1 BGB liegen vor, die betroffenen Arbeitnehmer haben jedoch alle oder teilweise einem Betriebsübergang widersprochen.

Eine Überlassung zur Arbeitsleistung i. S. d. § 1 Abs. 2 AÜG liegt vor, wenn der Arbeitnehmer seine Arbeitsleistung im Betrieb eines Dritten erbringt und dieser den Arbeitnehmer nach seinen Vorstellungen und Zielen in seinem Betrieb wie einen eigenen Arbeitnehmer einsetzt.[37]

3.2.1 Überlassung im Wege der konzerninternen Arbeitnehmerüberlassung

Handelt es sich um eine Public Private Partnership in der Form, dass die öffentliche Hand und der Private gemeinsam eine Gesellschaft betreiben, die die zu privatisierende Aufgabe zukünftig übernehmen soll, so ist es vorstellbar, das Personal des öffentlichen Arbeitgebers dort auf der Basis erlaubnisfreier konzerninterner Arbeitnehmerüberlassung zum Einsatz zu bringen.[38] Eine solche Vorgehensweise ist sicherlich im Vergleich zu den anderen in Betracht kommenden Alternativen am unkompliziertesten, da weder eine Erlaubnispflicht besteht noch sonst aufwändige vertragliche Absprachen und Abgrenzungsmaßnahmen zur Vermeidung unerlaubter Arbeitnehmerüberlassung getroffen werden müssen. Allerdings kommt diese Lösung nur in besonders gelagerten Fällen in Betracht:

So muss gemäß § 1 Abs. 3 Nr. 2 AÜG zunächst sichergestellt sein, dass es sich bei der Projektgesellschaft, die die Arbeitnehmer entleiht, auch um eine **Konzerngesellschaft** des öffentlichen Arbeitgebers **i. S. d. § 18 AktG** handelt. Nur dann bestehen aus Sicht des Gesetzgebers die sonst mit Arbeitnehmerüberlassung verbundenen Gefahren nicht, so dass die Schutzvorschrift der AÜG keine Anwendung findet. Eine Konzerngesellschaft kann sowohl im Rahmen eines Unterordnungs- als auch eines Gleichordnungskonzerns bestehen. Ein Unterordnungskonzern ist anzunehmen, wenn ein herrschendes und ein oder mehrere abhängige Unternehmen unter der einheitlichen Leitung eines herrschenden Unternehmens zusammengefasst sind (§ 18 Abs. 1 AktG). Demgegenüber liegt ein Gleichordnungskonzern vor, wenn trotz einheitlicher Leitungsmacht keine rechtliche Abhängigkeit der zusammengefassten Unternehmen begründet wird (§ 18 Abs. 2 AktG). Würde der öffentliche Arbeitgeber demnach die Mehrheit der Anteile an der Projektgesellschaft halten, so wäre die Projektgesellschaft gemäß §§ 18 Abs. 1, 19 Abs. 2 AktG eine Konzerngesellschaft. Bestünde zwar keine Mehrheitsbeteiligung, hätte der öffentlich-rechtliche Gesellschafter aber gleichwohl auf Grund faktischer Gegebenheiten einen beherrschenden Einfluss, lägen die Voraussetzungen eines öffentlich-privatrechtlichen Mischkonzerns gleichermaßen vor.[39] Ist demnach von vornherein eine konzerninterne Arbeitnehmerüberlassung geplant, muss strikt darauf geachtet werden, dass die Projektgesellschaft jedenfalls so lange, wie die Arbeitnehmer der öffentlichen Hand dort benötigt werden, von dem öffentlich-rechtlichen Gesellschafter beherrscht werden. Dass Konzernunternehmen i. S. d. § 18 AktG grundsätzlich

---

[37] Vgl. BAG, AP Nr. 5 zu § 14 AÜG; AP Nr. 8 zu § 10 AÜG; AP Nr. 11 zu § 10 AÜG.

[38] Vgl. hierzu auch Lorenzen/Schuster, in: Hoppe/Uechtritz, Handbuch Kommunale Unternehmen, § 12 Rn. 186f.

[39] Vgl. zu dem Konzernbegriff im Einzelnen Hüffer, AktG § 18 Rz. 2; MünchArbR/Berkowsky, § 128 Rn. 6; MünchArbR/Richardi, § 31 Rn. 4ff.; Schüren, Arbeitnehmerüberlassungsgesetz, § 1 Rn. 556ff.; Ulber, Arbeitnehmerüberlassungsgesetz, § 1 AÜG Rn. 251f.

auch Träger öffentlicher Gewalt wie z.B. Kommunen sein können, ist allgemein anerkannt.[40]

Die zweite Voraussetzung für eine zulässige konzerninterne Arbeitnehmerüberlassung erweist sich in der Praxis häufig als nicht minder große Hürde. Gemäß § 1 Abs. 3 Nr. 2 AÜG ist konzerninterne Arbeitnehmerüberlassung nur dem Anwendungsbereich des AÜG entzogen, „wenn der Arbeitnehmer seine Arbeit **vorübergehend** nicht bei seinem Arbeitgeber leistet". Damit kommt dieser Lösungsweg nicht in Betracht, wenn an sich ein dauerhafter Einsatz ohne Rückkehrmöglichkeit vorgesehen ist. Ebenfalls ist es nicht zulässig, Arbeitnehmer nur zum Zwecke der Überlassung an Konzerngesellschaften einzustellen bzw. zu beschäftigen.[41] Es bleiben daher die Fälle von Interesse, in denen für einen endlichen Zeitraum ein Einsatz bei dem Konzernunternehmen geplant ist. Wie lang der Zeitraum ist, ist hierbei letztlich von untergeordneter Bedeutung. Der Begriff wird sowohl von den Gerichten als auch in der Literatur weit ausgelegt.[42] Es ist anerkannt, dass auch ein Zeitraum von mehreren Jahren noch vorübergehend sein kann, sofern nur die Rückkehr des Arbeitnehmers geplant ist und nach der Planung für ihn auch ein Arbeitsplatz zur Verfügung steht.[43] Gerade der zweite Aspekt kann z.T. nicht unerhebliche Schwierigkeiten verursachen. Insbesondere in den Fällen, in denen die öffentliche Hand den entliehenen Arbeitnehmer objektiv nicht mehr benötigt, da seine bisherigen Aufgaben an die Projektgesellschaft übertragen wurden und andere geeignete Arbeitsgebiete nicht in Sicht sind, kann hieran ein Einsatz scheitern. Interessant ist hingegen der Weg der konzerninternen Arbeitnehmerüberlassung, wenn es primär darum geht, die Projektgesellschaft während einer Übergangsphase personell zu unterstützen. Hier kann es sogar lohnenswert sein, das Vertragswerk so auszugestalten, dass erst nach Abschluss der Beistandsleistungen durch das Personal der öffentlichen Hand der private Partner die Mehrheit der Anteile an der Projektgesellschaft übernimmt, um ein Konzernverhältnis während der Phase der Arbeitnehmerüberlassung zu begründen.

Schließlich ist zu berücksichtigen, dass eine konzerninterne Arbeitnehmerüberlassung grundsätzlich nur durchführbar ist, wenn die **Zustimmung des betroffenen Arbeitnehmers** vorliegt. Das Weisungsrecht des Arbeitgebers legitimiert grundsätzlich nicht zu der Weisung, für einen anderen Arbeitgeber – auch wenn es ein Konzernunternehmen ist – tätig zu werden. Etwas anderes gilt nur dann, wenn der Arbeitnehmer auf Grund einer Konzernversetzungsklausel ausdrücklich zur Tätigkeit für ein Konzernunternehmen verpflichtet wurde, was im öffentlichen Dienst regelmäßig nicht der Fall sein dürfte.[44] Im Übrigen sind derartige Klauseln unter kündigungsschutzrechtlichen Gesichtspunkten auch in der Regel nicht ratsam.

Wird eine Arbeitnehmerüberlassung als erlaubnisfrei und konzernintern bezeichnet, liegen bei genauer Betrachtung jedoch die Voraussetzungen nicht vor, so stellt sich die Frage nach den damit einhergehenden rechtlichen Risiken:

Verfügt der öffentliche Arbeitgeber (vorsorglich oder aus anderen Gründen) über eine Arbeitnehmerüberlassungserlaubnis, so führt dies nicht zu einer zwingend unerlaubten Arbeitnehmerüberlassung. Es wäre dann zu prüfen, ob die gewählte Vorgehensweise mit den Bestimmungen des AÜG in Einklang zu bringen ist.

---

[40] Vgl. BGHZ 69, 334 (335 ff); BGHZ 105, 168 (174) = NJW 1988, 3143; vgl. auch Plander, NZA 2002, 69, 71.

[41] Reine Personalführungsgesellschaften sind demgemäß unzulässig. Vgl. Schüren, Arbeitnehmerüberlassungsgesetz, § 1 AÜG Rn. 587; Urban-Crell/Schulz, Arbeitnehmerüberlassung und Arbeitsvermittlung, Rn. 567.

[42] Vgl. BAG, AP Nr. 8 zu § 1 AÜG; BAG, NZA 1991, 269, 273; Schüren, § 1 AÜG Rz. 577; Ulber, § 1 AÜG Rz. 253.

[43] Vgl. hierzu Schüren, § 1 AÜG Rz. 578 f.; Urban-Crell/Schulz, Arbeitnehmerüberlassung und Arbeitsvermittlung, Rz. 569.

[44] Vgl. so auch Schüren, § 1 AÜG Rz. 590; Ulber, § 1 AÜG Rz. 34 ff.

Verfügt der öffentliche Arbeitgeber über keine Arbeitnehmerüberlassungserlaubnis, liegen aber die Voraussetzungen für eine erlaubnisfreie konzerninterne Arbeitnehmerüberlassung nicht vor, so kann es Probleme geben. Ist die Arbeitnehmerüberlassung gewerbsmäßig, so ist gemäß § 9 Nr. 1 AÜG sowohl der Vertrag zwischen Verleiher und Entleiher als auch der Arbeitsvertrag zwischen Verleiher und Zeitarbeitnehmer (betreffend die Überlassung) unwirksam. Zudem wird gemäß § 10 Abs. 1 Satz 1 AÜG ein Arbeitsverhältnis zwischen dem Arbeitnehmer und dem Entleiher fingiert.[45]

3.2.2 Überlassung im Wege der gewerbsmäßigen bzw. nicht gewerbsmäßigen Arbeitnehmerüberlassung

Liegen die Voraussetzungen einer (erlaubnisfreien) konzerninternen Arbeitnehmerüberlassung nicht vor, weil es etwa an einem Konzernverhältnis mangelt oder weil die Überlassung nicht nur vorübergehend geplant ist, so ist es nicht ausgeschlossen, dass Arbeitgeber und Arbeitnehmer gleichwohl in rechtmäßiger Weise eine Überlassung der Arbeitnehmer der öffentlichen Hand an den Auftragnehmer vereinbaren können.

Soweit es sich hierbei um **gewerbsmäßige Arbeitnehmerüberlassung** gemäß § 1 Abs. 1 Satz 1 AÜG handelt, sind in diesem Fall allerdings die gesetzlichen Beschränkungen des AÜG zu beachten. Gewerbsmäßig ist nach ganz herrschender Meinung hierbei eine Tätigkeit, wenn sie nicht nur gelegentlich, sondern auf eine gewisse Dauer angelegt ist, auf die Erreichung unmittelbarer oder mittelbarer wirtschaftlicher Vorteile ausgerichtet ist und selbstständig erfolgt.[46] Das entscheidende Kriterium für die Gewerbsmäßigkeit ist in der Praxis die Gewinnerzielungsabsicht. Hierbei kommt es darauf an, ob der Gewerbetreibende mit der Absicht handelt, einen wirtschaftlichen Vorteil zu erlangen, wobei auch ein mittelbarer Vorteil ausreichend sein soll.[47] Als wirtschaftlicher Vorteil wird hierbei nicht nur ein mit der Arbeitnehmerüberlassung realisierter Gewinn gesehen (etwa weil das Überlassungsentgelt die Personalkosten übersteigt), sondern als Gewinn soll bereits eine Minimierung eines andernfalls entstehenden Verlustes genügen. Dies wird damit begründet, dass ein Verleiher, der für einen entliehenen Arbeitnehmer lediglich die tatsächlichen Personalkosten oder auch weniger erhält, den Arbeitnehmer andernfalls aber nicht sinnvoll beschäftigen kann, seine Vermögenslage durch den Vorteil insgesamt verbessert.[48] Auch wenn diese Sicht der Dinge in der Literatur nahezu einhellig geteilt wird, hat das BAG dieser Argumentation in einer Entscheidung vom 22. 3. 2000[49] eine Absage erteilt. Da das Gericht hierfür keine detaillierte Begründung gegeben hat, erscheint es zumindest unklar, in welchen Fallkonstellationen man sich zukünftig auf diese Entscheidung wird berufen können. Auch die vom BAG in Bezug genommene Entscheidung vom 21. 3. 1990[50] bringt insoweit nicht mehr Rechtsklarheit.

Überträgt man die aufgezeigten, im Einzelnen allerdings durchaus nicht unumstrittenen Fälle auf die Überlassung von Arbeitnehmern an Private durch öffentliche Arbeitgeber, so stellt sich dieses Handeln jedenfalls dann als gewerbsmäßig dar, wenn die Überlassung wahlweise

– erfolgt, um einen andernfalls erforderlichen komplizierten und ggf. auch kostenträchtigen Personalabbau zu vermeiden, so dass der öffentliche Haushalt insgesamt entlastet wird, oder

---

[45] Vgl. Lorenzen/Schuster, in: Hoppe/Uechtritz, Handbuch Kommunale Unternehmen, § 12 Rn. 189.

[46] Ständige Rechtsprechung seit BAG, AP AÜG § 1 Nr. 2; vgl. auch ErfK-Wank, § 1 AÜG Rn. 48, 50; Schüren, Arbeitnehmerüberlassungsgesetz, § 1 Rn. 276ff., 313.

[47] Vgl. BVerwGE 14, 125.

[48] Vgl. Schüren, Arbeitnehmerüberlassungsgesetz, § 1 Rn. 317; Urban-Crell/Schulz, Arbeitnehmerüberlassung und Arbeitsvermittlung Rn. 86; ErfK-Wank, § 1 AÜG Rn. 50.

[49] AP Nr. 8 zu § 14 AÜG unter II 2b) aa) der Gründe.

[50] AP Nr. 15 zu § 1 AÜG.

- gewährleisten soll, dass der Private, dem die Erfüllung öffentlicher Aufgaben übertragen wurde, über das notwendige Know-how verfügt, so dass durch das PPP-Projekt die gewünschten Einsparungseffekte erzielt werden können.

Gegen die Qualifizierung staatlichen Handelns als gewerbsmäßig wird nun aber angeführt, dass das Handeln des Staates niemals auf Gewinnerzielung gerichtet ist, sondern lediglich die effiziente und kostenträchtig günstigste Erledigung der Aufgaben im Fokus steht. Weder das Bestreben, Kosten zu minimieren noch das Bestreben, Arbeitsplätze zu erhalten, soll mit einer Gewinnerzielungsabsicht gleichgestellt sein.[51] Auch wird argumentiert, das bloße Bestreben, kostendeckend zu arbeiten, sei nicht mit Gewinnerzielungsabsicht gleichzusetzen.[52] Zum Teil wird allerdings auch zwischen den Fällen, in denen der Arbeitnehmerüberlassung ein Widerspruch gegen einen Betriebsübergang vorausgegangen ist, und den Fällen, in denen ohne Betriebsübergang überlassen wird, differenziert. Während bei vorangegangenem Widerspruch in Ermangelung eines Schutzbedürfnisses der Arbeitnehmer eine Anwendung der AÜG-Vorschriften abgelehnt wird, soll dies in anderen Konstellationen doch der Fall sein.[53] Da diese Argumentation letztlich am Ergebnis ansetzt und sich nicht mit der Frage der Tatbestandsvoraussetzungen auseinandersetzt, ist sie unter dogmatischen Gesichtspunkten fraglich. Dies gilt schließlich auch für den Ansatz von *Lorenzen/Schuster,*[54] die zwar die Überlassung zuvor widersprechender Arbeitnehmer für nicht gewerbsmäßig halten, wohl aber die Überlassung des Personals ganzer Dienststellen unter die Bestimmungen des AÜG subsumieren wollen. Auch hier fußt die differenzierte Betrachtung eher auf den damit erzielten unterschiedlichen Ergebnissen als auf dogmatisch überzeugenden Argumenten.

Zusammenfassend bleibt festzuhalten, dass die Diskussion über eine Gewerbsmäßigkeit des Handelns der öffentlichen Hand bei einer Arbeitnehmerüberlassung noch sehr im Fluss ist. Lässt man wirtschaftliche Vorteile, die durch die Arbeitnehmerüberlassung erzielt werden, auch bei der öffentlichen Hand genügen, sind auch insoweit die Bestimmungen des AÜG zu beachten. Stellt man hingegen grundsätzlich eine Gewinnerzielungsabsicht in Abrede, so bewegen sich entsprechende Aktivitäten der öffentlichen Arbeitgeber außerhalb des AÜG.

Hält man die **Bestimmungen des AÜG** für **anwendbar,** hat dies insbesondere folgende Auswirkungen:

- Der öffentliche Arbeitgeber benötigt eine Arbeitnehmerüberlassungserlaubnis.
- Dem überlassenen Arbeitnehmer sind die im Betrieb des Entleihers für vergleichbare Arbeitnehmer geltenden wesentlichen Arbeitsbedingungen einschließlich des Arbeitsentgelts zu gewähren (vorbehaltlich der Ausnahmen in § 3 Abs. 1 Nr. 3 AÜG bzw. § 9 Nr. 2 AÜG bezüglich abweichender tariflicher Bestimmungen).
- Die Bestimmungen des § 10 AÜG (Rechtsfolgen bei Unwirksamkeit) sowie des § 14 AÜG (Beteiligungsrechte des Betriebs- und Personalrates) sind zu beachten.
- Zwar ist nach derzeitiger Gesetzeslage keine zeitliche Höchstgrenze für die Überlassung mehr vorgesehen. Sollte eine solche jedoch wieder eingeführt werden, wäre auch dies zu beachten. Dieser Aspekt stand in der Vergangenheit einer erlaubnispflichtigen Arbeitnehmerüberlassung vielfach entgegen.

Erachtet man die Überlassung von Personal durch die öffentliche Hand als **nicht gewerbsmäßiges Handeln,** so bedarf es weder einer Erlaubnis noch sind die sonstigen Grenzen des AÜG einzuhalten. Nach § 1 Abs. 2 AÜG wird in diesen Fällen jedoch Arbeitsvermittlung vermutet, sollte der Überlassende nicht die üblichen Arbeitgeberpflichten oder das Arbeitgeberrisiko gemäß § 3 Abs. 1 Nr. 1 bis 3 AÜG übernehmen. Nachdem das BAG in

[51] Vgl. Plander, NZA 2002, 69, 71; Schipp/Schipp, Arbeitsrecht und Privatisierung, Rn. 441.
[52] Vgl. Schüren, Arbeitnehmerüberlassungsgesetz, § 1 AÜG Rn. 327.
[53] Vgl. Blanke/Gebhardt/Heuermann, Leitfaden Privatisierungsrecht, Rn. 351.
[54] In: Hoppe/Uechtritz, Handbuch Kommunale Unternehmen, § 12 Rn. 190.

einer Entscheidung vom 28. 6. 2000[55] entschieden hat, dass bei einer vermuteten Arbeitsvermittlung nach §§ 1 Abs. 2 i. V. m. 3 Abs. 1 Nr. 6 AÜG (der zwischenzeitlich gestrichen wurde) kein gesetzliches Arbeitsverhältnis zwischen Entleiher und dem überlassenen Arbeitnehmer fingiert wird, bleibt vermutete Arbeitsvermittlung arbeitsrechtlich ohne Folgen. Schließlich wurde auch § 291 SGB III, der die Erlaubnispflichtigkeit von Arbeitsvermittlung normierte, ersatzlos gestrichen. Nach Streichung der Höchstüberlassungsdauer besteht auch kein Ansatzpunkt, in einer dauerhaft nicht gewerbsmäßigen Arbeitnehmerüberlassung eine Ordnungswidrigkeit zu sehen.[56]

3.2.3 Beistellung der Arbeitnehmer

Will man die aufgezeigten Rechtsunsicherheiten bezüglich der Arbeitnehmerüberlassung vermeiden bzw. will man sich nicht dem Erfordernis aussetzen, die Zustimmung der Arbeitnehmer zur Überlassung ihrer Dienste an einen Dritten einzuholen, so kommt das Instrument einer Personalbeistellung oder Personalgestellung in Betracht. Die Begrifflichkeiten in der Literatur gehen hierzu auseinander. Zum Teil ist auch von Dienstleistungsüberlassung die Rede.

Im Unterschied zu einer Arbeitnehmerüberlassung verbleibt das Weisungsrecht des Arbeitgebers bei dieser Gestaltungsform bei dem öffentlichen Arbeitgeber, d. h. er schuldet dem privaten Vertragspartner nicht lediglich die Zurverfügungstellung von Arbeitskräften, die dieser dann wie eigene Arbeitskräfte einsetzen kann, sondern je nach Ausgestaltung der Vertragsbeziehung wird

- die Erledigung bestimmter Dienste
- die Besorgung bestimmter Geschäfte oder
- gar die Herstellung eines bestimmten Gewerkes

geschuldet.[57] In der Konsequenz hat der öffentliche Arbeitgeber im Grundsatz in Fällen von Urlaub und Krankheit für Ersatz zu sorgen, der Vertragspartner kann das Personal bestenfalls in Ausnahmefällen anweisen, und die Weisungsrechte des Vertragspartners beschränken sich hierbei auf die reine fachliche Ebene.[58] Zur Abgrenzung zwischen Werkvertrag, Dienstvertrag und Geschäftsbesorgungsvertrag wurden von der Rechtsprechung eine Reihe von Kriterien entwickelt, die es zu beachten gilt. Bezüglich der am häufigsten gewählten Gestaltungsform des Dienstvertrages ist zur Abgrenzung von der Arbeitnehmerüberlassung eine wertende Gesamtbetrachtung vorzunehmen, die sich mit der Frage der persönlichen Abhängigkeit auseinander zu setzen hat. Primär maßgeblich sind hierbei die Aspekte der

- Eingliederung in die Betriebsorganisation des Drittbetriebes sowie
- das Weisungsrecht des Dritten.

Will man ein echtes Dienstverhältnis (in Abgrenzung zu einem Scheindienstverhältnis) begründen, so ist demnach strikt darauf zu achten, dass die öffentliche Hand als Dienstleister die Dienste unter eigener Verantwortung, im Rahmen einer eigenen Organisation sowie unter Einschluss der Disposition über und Auswahl der einzusetzenden Arbeitnehmer durchzuführen hat. Dies erfordert im Bereich des öffentlichen Arbeitgebers das Vorhalten eigener Organisations- und Führungsstrukturen und verbietet gleichzeitig eine volle „Abgabe" der Beschäftigten an den privaten Dienstnehmer.[59] Aufgrund dieser besonderen Anforderungen

---

[55] NZA 2000, 1160.

[56] Vgl. hierzu Lorenzen/Schuster, in: Hoppe/Uechtritz, Handbuch Kommunale Unternehmen, § 12 Rn. 191.

[57] Vgl. zu den Gestaltungsmöglichkeiten drittbezogenen Personaleinsatzes Urban-Crell/Schulz, Arbeitnehmerüberlassung und Arbeitsvermittlung, Rn. 38 ff.

[58] Vgl. hierzu Blanke, in: Blanke/Trümner, Handbuch Privatisierung, Rn. 891 ff.

[59] Vgl. hierzu ausführlich und m. w. N. zur Rechtsprechung Urban-Crelle/Schulz, Arbeitnehmerüberlassung und Arbeitsvermittlung, Rn. 35 ff., 55 ff., 58 ff.; Schüren, Arbeitnehmerüberlassungsgesetz, § 1 Rn. 248 ff. m. w. N.

an einen echten Dienstvertrag – oder alternativ hierzu auch an einen Werk- bzw. Geschäftsbesorgungsvertrag – ist es in der Praxis nur in besonders gelagerten Fällen sinnvoll, Personal eines öffentlichen Arbeitgebers im Rahmen eines derartigen Vertragsverhältnisses einzusetzen. Eine solche Vorgehensweise wird in der Regel nur dann in Betracht kommen, wenn dem Auftragnehmer auf dieser Basis funktionsfähige Organisationseinheiten als Ganzes und nicht nur einzelne Arbeitnehmer zur Verfügung gestellt werden können. Können insoweit bereits bestehende Führungsstrukturen bei der öffentlichen Hand aufrechterhalten werden und müssen nicht erst neue und möglicherweise sogar artifizielle Führungsstrukturen aufgebaut werden, so kann sich die Variante der Personalgestellung als kostengünstig und effizient erweisen. Umgekehrt ist allerdings zu berücksichtigen, dass bei einer solchen Vorgehensweise de facto die Vermischung und Verzahnung der Arbeitsabläufe der von der öffentlichen Hand gestellten Arbeitnehmer einerseits und der Arbeitnehmer des Auftragnehmers andererseits nur sehr eingeschränkt möglich ist. Hierdurch gehen u. U. Effizienzgewinne, die der Private bei eigenverantwortlicher Gestaltung der Arbeitsabläufe erzielen könnte, verloren. Dies ist ein Umstand, der bei der wirtschaftlichen Bewertung der zur Verfügung stehenden Gestaltungsvarianten durchaus ins Gewicht fallen kann.

3.2.4 Einsatz der Arbeitnehmer im Rahmen eines Mischbetriebes

Eine weitere Gestaltungsvariante besteht darin, zwischen einem Privaten und der öffentlichen Hand einen sog. Mischbetrieb zu etablieren, in dessen Rahmen dann die Belegschaft des Privaten gemeinsam mit der Belegschaft des öffentlichen Arbeitgebers tätig wird. Auch wenn diese Gestaltungsform in der Praxis bislang nur äußerst selten anzutreffen ist und insbesondere im Zusammenhang mit PPP-Projekten als Option typischerweise gar nicht näher in Betracht gezogen wird, ist es durchaus lohnenswert, diese Alternative kurz zu beleuchten.

Mit Beschluss vom 24. 1. 1996[60] hat das BAG bestätigt, dass eine juristische Person des Privatrechts und eine Körperschaft des öffentlichen Rechts einen gemeinsamen Betrieb führen können. Voraussetzung für einen solchen Gemeinschaftsbetrieb ist nach den allgemeinen Grundsätzen, dass die vorhandenen materiellen und immateriellen Betriebsmittel in der gemeinsamen Betriebsstätte für einen einheitlichen arbeitstechnischen Zweck zusammengefasst, geordnet und gezielt eingesetzt werden. Der Einsatz der menschlichen Arbeitskraft muss von einem einheitlichen Leitungsapparat gesteuert werden; diese einheitliche Leitung muss sich auf die wesentlichen Funktionen eines Arbeitgebers in sozialen und personellen Angelegenheiten erstrecken. Dass die formale Ausübung der Arbeitgeberbefugnisse durch den jeweiligen Vertragsarbeitgeber erfolgt, steht der Annahme eines einheitlichen Leitungsapparats nicht entgegen.[61]

Die Führungsvereinbarung zur Konstituierung der notwendigen „rechtlichen Verbindung“ zum Zwecke der gemeinsamen Leitungsmacht wird idealerweise auf die Grundlage einer GbR gestützt. Der Gesellschaftszweck der GbR ist dann auf die gemeinsame Verfolgung arbeitstechnischer Zwecke durch einen einheitlichen Leitungsapparat gerichtet. Dies ist ausreichend; nicht erforderlich ist hingegen, dass die GbR über ein gemeinsames Vermögen verfügt oder ein solches schafft.

Der Vorteil der Etablierung eines Mischbetriebes in der aufgezeigten Form besteht darin, dass

– mit dem Einsatz der Arbeitnehmer im Rahmen eines Gemeinschaftsbetriebes kein Arbeitgeberwechsel einhergeht. Die Angestellten und Arbeiter müssen nicht auf einen pri-

---

[60] NZA 1996, 1110ff.

[61] Vgl. stellvertretend für eine Vielzahl von BAG-Entscheidungen BAG, AP Nr. 8 zu § 1 BetrVG 1972 „Gemeinsamer Betrieb“; BAG, AP Nr. 49 zu § 15 KSchG; ausführlich Fitting/Engels/Schmidt/Trebinger/Linsenmaier, Betriebsverfassungsgesetz, § 1 Rz. 78ff.

vatrechtlich organisierten Arbeitgeber übergeleitet werden; die Beamten können ohne Zuweisung/Beistellung im Gemeinschaftsbetrieb eingesetzt werden;
- die Besitzstände und Besonderheiten des öffentlichen Dienstes, insbesondere auch die Mitgliedschaft in der Zusatzversorgungskasse, den Bediensteten erhalten bleiben;
- neues Personal bei der an dem Gemeinschaftsbetrieb beteiligten juristischen Person des Privatrechts – ggf. zu anderen Konditionen als im öffentlichen Dienst – angestellt werden kann. Der arbeitsrechtliche Gleichbehandlungsgrundsatz findet über die Unternehmensgrenzen hinaus keine Anwendung und gilt folglich auch nicht in gemeinsamen Betrieben zweier Unternehmen;[62]
- das Personal der öffentlichen Hand und des Privaten koordiniert und gemeinsam eingesetzt werden kann, ohne dass es im Hinblick auf eine (erlaubnispflichtige) Arbeitnehmerüberlassung hierbei der Zustimmung der Betroffenen bedarf bzw. ohne dass die Beschränkungen des AÜG zu beachten wären.

Zusätzlich zu den aufgelisteten Vorteilen ist zu berücksichtigen, dass das besondere Merkmal eines Gemeinschaftsbetriebes darin besteht, dass die Belegschaft eine eigene Arbeitnehmervertretung wählen muss bzw. kann und nicht von dem Personalrat bzw. einem etwaig bestehenden Betriebsrat des beteiligten Privaten vertreten wird. Dies folgt daraus, dass zunächst nach § 130 BetrVG die öffentliche Verwaltung vom Anwendungsbereich des BetrVG ausgeschlossen ist und die Anwendbarkeit ausschließlich von der formellen Rechtsform des Betriebes abhängt. Haben eine Körperschaft des öffentlichen Rechts und ein Privater einen Gemeinschaftsbetrieb etabliert und bilden im Zuge dessen eine GbR, so handelt es sich folglich um einen privatrechtlich organisierten Betrieb, in dem ein Betriebsrat zu wählen ist.[63]

Probleme können nun im Einzelfall in Bezug auf die in dem Gemeinschaftsbetrieb konkret zu erfüllenden Aufgaben auftreten. Hier muss jeweils im Detail geprüft werden, ob unter öffentlich-rechtlichen Gesichtspunkten die Organisationsform einer GbR zulässig sein kann bzw. ob alternativ hierzu nicht auch ein öffentlich-rechtlicher Vertrag in Betracht kommt. Dieses Thema wird insbesondere bei einer etwaig intendierten Überleitung hoheitlicher Aufgaben auf den Gemeinschaftsbetrieb von Relevanz sein. Hinzu kommt, dass auch das Erfordernis der demokratischen Legitimation bei hoheitlichem Handeln den Beteiligungsrechten eines Betriebsrats, die bekanntlich diejenigen eines Personalrats z. T. gravierend überschreiten, entgegensteht. Insoweit handelt es sich bei der Mischbetriebslösung um eine im Einzelfall kritisch zu hinterfragende Lösung, die in Ermangelung umfassender praktischer Erfahrungen in der Zukunft ggf. erst noch ausgetestet werden muss.

3.3 Beendigung der Arbeitsverhältnisse

Liegen die Voraussetzungen eines Betriebsübergangs nicht vor und soll das Personal auch nicht auf freiwilliger Basis überführt werden, so stellt sich die Frage, ob das im Zuge der Privatisierung von dem öffentlichen Arbeitgeber nicht mehr benötigte Personal betriebsbedingt gekündigt werden kann. Die Problematik kann im Übrigen gleichermaßen dann auftreten, wenn das Personal einer auf § 613a Abs. 1 BGB oder einer auf einem freiwilligen Angebot des Privaten basierenden Überführung des Arbeitsverhältnisses widerspricht. Auch wenn sich die Frage, ob bzw. unter welchen Voraussetzungen betriebsbedingte Kündigungen ausgesprochen werden können, nach den allgemeinen Grundsätzen richtet, so gibt es im Zusammenhang mit dem öffentlichen Dienst einige Besonderheiten, die Berücksichtigung finden sollten:
- So entstehen regelmäßig dann Schwierigkeiten, wenn eine Sozialauswahl anzustellen ist. Dies ist immer dann der Fall, wenn nicht die Dienststelle in ihrer Gesamtheit, sondern

[62] BAG, DB 1993, 843.
[63] BAG, AP Nr. 8 zu § 1 BetrVG 1972 „Gemeinsamer Betrieb".

nur einzelne Bereiche in eine privatrechtliche Organisationsform überführt bzw. eingegliedert werden, so dass auch nach der Privatisierung noch Arbeitnehmer und Arbeitsplätze bei dem öffentlichen Arbeitgeber verbleiben. Die dann erforderliche Selektionsentscheidung ist gerade im öffentlichen Dienst häufig so schwierig, weil in der Regel eine sehr große Gruppe von Beschäftigten in die Sozialauswahl einzubeziehen ist, da es üblich ist, die Arbeitsverträge möglichst weit zu fassen, um eine maximale Einsatzflexibilität zu gewährleisten. Sind nun aber beispielsweise in einer Dienststelle über 100 Mitarbeiter „Verwaltungsangestellte" in einer bestimmten Tarifgruppe, so wird es regelmäßig schwierig sein, eine sachgerechte Sozialauswahl vorzunehmen. Der Umstand, dass diese Mitarbeiter jeweils in unterschiedlichen Bereichen tätig sind, vermag an der Notwendigkeit, alle in die Sozialauswahl einzubeziehen, grundsätzlich nichts zu ändern.

- Haben die betroffenen Mitarbeiter einem Betriebsübergang widersprochen bzw. ein zumutbares Arbeitsplatzangebot abgelehnt, ohne insoweit einen nachvollziehbaren sachlichen Grund zu haben, ist fraglich, ob sie sich zu ihren Gunsten noch auf die Grundsätze einer ordnungsgemäßen Sozialauswahl berufen können. Nach der Rechtsprechung des BAG soll jedenfalls in den Fällen, in denen ein gesamter Betriebsbereich ausgegliedert wird und dem Arbeitnehmer keine anerkennenswerten Gründe für einen Widerspruch zur Verfügung stehen, das Unterbleiben einer Sozialauswahl nicht die Unwirksamkeit der Kündigung indizieren.[64] In welchen Fällen gleichwohl eine Einbeziehung in die Sozialauswahl konkret geboten ist, ist im Einzelnen sehr umstritten.[65] Zudem ist zu berücksichtigen, dass zumindest unklar ist, ob diese Rechtsprechung des BAG im Hinblick auf die Festschreibung der Sozialauswahlkriterien in § 1 Abs. 3 S. 1 KSchG im Zuge der Reform des Kündigungsschutzgesetzes weiter Bestand haben wird.
- Des Weiteren ergeben sich in der Praxis häufig besondere Probleme aus dem Umstand, dass gemäß § 53 Abs. 3 BAT Angestellte nach Beschäftigungszeiten von 15 Jahren und der Vollendung des 40. Lebensjahres unkündbar sind. Zudem ist in § 55 Abs. 2 BAT geregelt, dass dringende betriebliche Erfordernisse auch eine außerordentliche Kündigung unkündbarer Arbeitnehmer nicht rechtfertigen können. Zwar hat das BAG entschieden, dass diese Regelung keinen Bestand haben kann, da das Recht zur außerordentlichen Kündigung bei Vorliegen eines wichtigen Grundes unabdingbar ist.[66] Gleichwohl ist die Begründung einer außerordentlichen betriebsbedingten Kündigung im öffentlichen Dienst regelmäßig mit erheblichen Schwierigkeiten verbunden und kann in der Praxis fast nur in Betracht kommen, wenn eine Dienststelle in ihrer Gesamtheit keine Beschäftigungsmöglichkeiten mehr hat. Zumindest bedarf es einer sehr kritischen Vorprüfung, will man derartige Kündigungen aussprechen.[67]
- Schließlich ist fraglich, ob eine betriebsbedingte Kündigung in Betracht kommt, wenn alternativ hierzu eine Personalüberlassung oder -beistellung möglich und von dem betroffenen Arbeitnehmer im Grundsatz auch akzeptiert wird. Hierfür könnte das *ultima ratio*-Prinzip sprechen, das dem Arbeitgeber abverlangt, ein Arbeitsverhältnis erst dann zu kündigen, wenn keine Möglichkeit der Weiterbeschäftigung besteht. Unter Hinweis hierauf hat das BAG zumindest eine vorübergehende Entleihe als geboten angesehen.[68] Dem wird zu Recht entgegengehalten, dass der Arbeitgeber hierdurch faktisch gezwungen wird, einen Arbeitsplatz gegen seinen Willen weiterhin vorzuhalten oder gar einen neuen Arbeitsplatz unter Modifizierung des Unternehmenszwecks zu schaffen. Dies stellt einen er-

---

[64] BAG, AP Nr. 47 zu § 1 KSchG Soziale Auswahl.

[65] Vgl. hierzu ErfK-Preis, § 613a BGB Rz. 104, m.w.N.; Staudinger/Richardi/Annuß, § 613a BGB Rn. 135.

[66] Vgl. BAG, AP Nr. 4 zu § 55 BAT.

[67] Vgl. hierzu auch ErfK-Müller-Glöge, § 626 Rn. 235, m.w.N. zur Rechtsprechung.

[68] Vgl. BAG, NZA 1999, 258, vgl. auch ArbG Bremen 29. 9. 1999, EzA BAG Nr. 9 zu § 54 BAT unkündbare Angestellte.

heblichen Eingriff in die unternehmerische Entscheidungsfreiheit dar, der so von dem *ultima ratio*-Prinzip nicht gedeckt ist.[69]

4. Möglichkeiten der Anpassung der Arbeitsbedingungen der Arbeitnehmer an privatwirtschaftliche Bedingungen

Liegt im Zusammenhang mit der Überführung von Arbeitnehmern der öffentlichen Hand auf eine privatwirtschaftliche Organisationseinheit ein **Betriebsübergang i. S. d. § 613 a Abs. 1 BGB** vor, so besteht bei kollektivrechtlich geprägten Arbeitsverhältnissen grundsätzlich die Möglichkeit einer Ablösung der bisherigen kollektivrechtlichen Bestimmungen durch die beim (privaten) neuen Arbeitgeber geltenden Bestimmungen. Wird eine solche Ablösung bezweckt, kann es also sinnvoll sein, die Gestaltungsform des Betriebsübergangs zu wählen.[70] Dabei ist allerdings auch zu bedenken, dass § 613 a Abs. 1 BGB der Freiheit der Parteien, Arbeitsverträge zu gestalten, auch Grenzen setzt, welche bei Gestaltungsvarianten nicht zu beachten wären, die nicht unter § 613 a Abs. 1 BGB fallen. Insoweit besteht aus Sicht des Gesetzesgebers ein besonderes Schutzbedürfnis der kraft Gesetzes zu einem neuen Arbeitgeber überführten Arbeitnehmer. Hinzu kommt schließlich, dass die Arbeitnehmer, sind sie mit den Auswirkungen eines Betriebsübergangs etwa auf die Geltung von Tarifverträgen oder Dienstvereinbarungen nicht einverstanden, gemäß § 613 a Abs. 6 BGB dem Übergang ihres Arbeitsverhältnisses widersprechen können. Da sie vorab gemäß § 613 a Abs. 5 BGB nicht nur über den Betriebsübergang selbst, sondern auch über die rechtlichen, wirtschaftlichen und sozialen Folgen sowie über die hinsichtlich der Arbeitnehmer in Aussicht genommenen Maßnahmen zu unterrichten sind, haben die betroffenen Arbeitnehmer auch die notwendige Informationsbasis, um ihre Entscheidung zu treffen.

Liegen die Voraussetzungen eines **Betriebsübergangs nicht vor** und wird das Arbeitsverhältnis eines Arbeitnehmers zur öffentlichen Hand auf der Basis einer individualvertraglichen Vereinbarung überführt,[71] so benötigt der neue (private) Arbeitgeber die Zustimmung des Arbeitnehmers nicht nur zur Überführung des Arbeitsverhältnisses selbst, sondern auch zur Gestaltung der Arbeitsbedingungen. Soweit es darum geht, bei einer Gesamtbetrachtung ungünstigere kollektive Bestimmungen zur Anwendung zu bringen, wird man folglich annehmen dürfen, dass die Zustimmung nicht bzw. nur schwer zu erlangen sein wird. Da öffentliche Arbeitgeber betriebsbedingte Kündigungen nur ganz ausnahmsweise in Betracht ziehen, dürften sich betroffenen Arbeitnehmer mit Blick auf die Sicherheit ihrer Arbeitsplätze regelmäßig nicht veranlasst sehen, diesbezügliche Verschlechterungen ihrer Arbeitsbedingungen zu akzeptieren. Für die Gestaltung der Arbeitsbedingungen sind folgende Aspekte und Gestaltungsperspektiven maßgeblich:

4.1 Gestaltungsmöglichkeiten durch Tarifablösung

Die bisherigen tariflichen Bestimmungen gelten jedenfalls dann fort, wenn der neue Arbeitgeber der gleichen Tarifbindung unterliegt wie der bisherige Arbeitgeber **(sog. kollektivrechtliche Fortgeltung des Tarifvertrages).**[72] Übertragen auf die typischen Konstellationen im Bereich des öffentlichen Dienstes bedeutet dies, dass der BAT nebst den ergänzenden Tarifverträgen weiterhin zur Anwendung gelangt, wenn der neue ggf. pri-

[69] Vgl. Plander, NZA 2002, 69, 72; Vgl. Lorenzen/Schuster, in: Hoppe/Uechtritz, Handbuch Kommunale Unternehmen, § 12 Rn. 194f.

[70] Zu den Gestaltungsmöglichkeiten s. o. 3.1.1.

[71] Vgl. hierzu 3.1.2.

[72] ErfK-Preis, § 613 a BGB Rz. 109; MünchKomm/Schaub, § 613 a BGB Rz. 128; Staudinger/Richardi/Annuß, § 613 a BGB Rz. 175.

vatwirtschaftlich organisierte Arbeitgeber Mitglied eines tarifschließenden Verbands wird oder mit ver.di einen Anerkennungs- bzw. einen entsprechenden Haustarifvertrag abschließt.

Eine Mitgliedschaft in einem den BAT abschließenden Arbeitgeberverband ist in der Praxis durchaus denkbar. So sehen die Satzungen der Arbeitgeberverbände für Gemeinden und Kommunalverbände beispielsweise regelmäßig vor, dass dort nicht nur die Gemeinden und Kommunalverbände der jeweiligen Region, sondern u. a. auch selbstständige Unternehmen, Organisationen und Einrichtungen Mitglied werden können,

- an denen Gemeinden oder Kommunalverbände mittelbar oder unmittelbar beteiligt sind,
- die tatsächlich unter kommunalem Einfluss stehen,
- an deren Mitgliedschaft ein kommunales Interesse besteht oder
- die eine enge Zusammenarbeit mit den Kommunen pflegen.[73]

Ist der neue Arbeitgeber hingegen Mitglied eines anderen Arbeitgeberverbandes oder hat er einen (vom BAT abweichenden) Haustarifvertrag abgeschlossen, so tritt der neue Tarifvertrag gemäß § 613a Abs. 1 Satz 3 BGB an die Stelle der bisherigen tariflichen Bestimmungen,

- wenn und soweit sich dort jeweils die gleichen Regelungsgegenstände finden **(sog. Identität der Regelungsgegenstände)**[74] und
- wenn auch bezüglich des neuen Tarifvertrags beiderseitige Tarifgebundenheit besteht **(sog. Fortbestand der beiderseitigen Tarifgebundenheit).**[75]

Die zweite Voraussetzung war lange Zeit umstritten,[76] wird vom BAG mittlerweile aber klar eingefordert. Sie führt im Ergebnis dazu, dass ein bei dem Erwerber kraft Tarifbindung geltender Verbands- oder Haustarifvertrag nur dann ablösende Wirkung entfalten kann, wenn er mit der gleichen Gewerkschaft abgeschlossen wurde wie der beim Veräußerer geltende Tarifvertrag. Bei einem Wechsel vom öffentlichem Dienst in die Privatwirtschaft kommt eine Tarifablösung demnach de facto nur in Betracht, wenn der neue Arbeitgeber an einen mit ver.di abgeschlossenen Tarifvertrag gebunden ist.

Wurde der bei dem neuen Arbeitgeber geltende Tarifvertrag nicht mit der gleichen tarifschließenden Gewerkschaft abgeschlossen, so findet nach der Rechtsprechung des BAG eine Tarifablösung gemäß § 613a Abs. 1 Satz 3 BGB nicht statt. Vielmehr werden die bisherigen tariflichen Bestimmungen Bestandteil der Einzelarbeitsverträge und können gemäß § 613a Abs. 1 Satz 2 BGB vor Ablauf eines Jahres nicht zum Nachteil der Arbeitnehmer geändert werden **(sog. Transformation in den Einzelarbeitsvertrag).**

Die oben aufgeführten Grundsätze gelten nur für solche Arbeitnehmer, die ihrerseits auf Grund einer Mitgliedschaft bei der jeweiligen tarifschließenden Gewerkschaft tarifgebunden sind. Ist dies nicht der Fall, so entstehen besondere Probleme:

- Besteht weder eine Tarifbindung noch eine Verweisung des Einzelarbeitsvertrages auf einen bestimmten Tarifvertrag bzw. die im jeweiligen Betrieb geltenden tariflichen Bestimmungen, so ist die Situation zwar im Interesse einer Vereinheitlichung der Arbeitsbedingungen, die vielfach angestrebt wird, nicht ideal, jedoch rechtlich unkompliziert. Hier gelten gemäß § 613a Abs. 1 Satz 1 BGB schlicht die bisherigen arbeitsvertraglichen Bestimmungen fort, ohne dass der Tarifvertrag hierauf Einfluss hätte. Will der Arbeitnehmer an tariflichen Bestimmungen partizipieren und behandelt der Arbeitgeber – wovon in der

---

[73] So stellvertretend die Satzung des Hessischen Arbeitgeberverbandes der Gemeinden und Kommunalverbände.

[74] Vgl. ausführlich Hohenstatt, in: Willemsen/Hohenstatt/Schweibert/Seibt, Umstrukturierung und Übertragung von Unternehmen, E Rn. 132, m. w. N.

[75] BAG, NZA 2001, 510; BAG, AP Nr. 20 zu § 4 TVG = NZA 2001, 1318.

[76] Vgl. zu der Diskussion Hohenstatt, in: Willemsen/Hohenstatt/Schweibert/Seibt, Umstrukturierung und Übertragung von Unternehmen, E Rn. 136 ff., m. w. N.

Regel ausgegangen werden kann – nicht ohnedies tarifgebundene und nicht tarifgebundene Arbeitnehmer gleich, so hat der Arbeitnehmer durch Eintritt in die tarifschließende Gewerkschaft die Möglichkeit, tarifliche Ansprüche jederzeit (allerdings nicht mit Wirkung für die Vergangenheit) zu erwerben.

- Verweist der Arbeitsvertrag auf die Anwendbarkeit eines Tarifvertrages, so hängt die Folge einer solchen Verweisungsklausel im Falle eines Arbeitgeber- und Tarifwechsels von der konkreten Ausgestaltung der Verweisungsnorm oder der Auslegung der Norm ab.
- Wird ein spezifischer Tarifvertrag in einer bestimmten Fassung in Bezug genommen und kann nach entsprechender Auslegung davon ausgegangen werden, dass die Verweisung tatsächlich spezifisch auf diesen Tarifvertrag beschränkt war, so gilt dieser Tarifvertrag gemäß der einzelvertraglichen Vereinbarung auch bei einem Arbeitgeberwechsel im Rahmen des § 613a Abs. 1 Satz 1 BGB fort. Insoweit spricht man von einer **konstitutiven Wirkung** der Verweisung, die an der Dynamik des in Bezug genommenen Tarifvertrags jedoch nicht teilnimmt.
- Wird hingegen der im Betrieb kraft Tarifbindung des Arbeitgebers geltende Tarifvertrag in der jeweils geltenden Fassung in Bezug genommen **(sog. große dynamische Verweisung),** so kommt darin in der Regel zum Ausdruck, dass die tarifgebundenen und nicht tarifgebundenen Arbeitnehmer hierdurch lediglich gleichgestellt werden sollen. Der Verweisung kommt demgemäß nur deklaratorische Wirkung zu. Folge einer derartigen Gleichstellungsabrede ist sodann, dass im Falle einer durch einen Betriebsübergang verursachten Tarifablösung auf kollektiver Ebene auch die nicht tarifgebundenen Arbeitnehmer an der Tarifablösung – allerdings in diesem Fall kraft einzelvertraglicher Vereinbarung – gemäß § 613a Abs. 1 Satz 1 BGB teilnehmen.[77]

Die konkrete **Auslegung individualvertraglicher Verweisungsklauseln** kann in der Praxis erhebliche Probleme aufwerfen und ist daher unter Aufbietung erhöhter Sorgfalt durchzuführen. Besondere Probleme können dadurch entstehen, dass die Wirkung der individualvertraglichen Inbezugnahme und der kollektivrechtlichen Bindungen bei tarifgebundenen Arbeitnehmern unterschiedlich ausfallen kann. Hier muss geprüft werden, ob die individualvertragliche Inbezugnahme, die (in Anbetracht der fehlenden Kenntnis des Arbeitgebers von der Gewerkschaftsmitgliedschaft) bei tarif- und nicht tarifgebundenen Arbeitnehmern gleichermaßen üblich ist, tatsächlich konstitutiven, d. h. eigenständigen Charakter hat. Handelt es sich lediglich um eine Gleichstellungsabrede mit nur deklaratorischem Charakter, so können tarifgebundene Arbeitnehmer hieraus keine eigenständigen (über die kollektivrechtlichen Ansprüche hinausgehenden) Rechte ableiten. Die Einzelheiten sind jedoch außerordentlich umstritten, so dass sich generelle Aussagen nicht treffen lassen.[78] Als Merkposten kann festgehalten werden, dass tarifgebundene Arbeitgeber, die eine Gleichbehandlung von tarif- und nicht tarifgebundenen Arbeitnehmern wünschen, grundsätzlich gut beraten sind, individualvertragliche Verweisungsklauseln dynamisch und offen für Veränderungen auszugestalten. Dies bedeutet, dass man individualvertraglich nur die für den jeweiligen Betrieb insgesamt geltenden Tarifverträge in Bezug nehmen sollte, um sicherzustellen, dass bei einem Betriebsübergang oder einem sonst verursachten Tarifwechsel auch die nicht tarifgebundenen Arbeitnehmer an dem Tarifwechsel teilnehmen. Gerade im öffentlichen Dienst, wo immer eine Tarifbindung besteht, sollte die Verweisung für den Fall zukünftiger Privatisierungen entsprechend offen formuliert werden.

---

[77] Vgl. zu den komplexen Fragestellungen in diesem Kontext Hohenstatt, in: Willemsen/Hohenstatt/Schweibert/Seibt, Umstrukturierung und Übertragung von Unternehmen, E Rn. 180ff., m. w. N.; ErfK-Preis, § 613a BGB Rn. 123; MünchKomm/Schaub, § 613a BGB Rn. 195; aus der Rechtsprechung vgl. BAG, AP Nr. 12 zu § 1 TVG Bezugnahme auf Tarifvertrag; BAG, AP Nr. 13 zu § 1 TVG Bezugnahme auf Tarifvertrag; BAG, NZA 2003, 390.

[78] Vgl. Hohenstatt, in: Willemsen/Hohenstatt/Schweibert/Seibt, Umstrukturierung und Übertragung von Unternehmen, E Rn. 161ff., m. w. N.

Es kommt in der Praxis auch vor, dass im Zuge einer Privatisierung ein **Überleitungstarifvertrag** abgeschlossen wird, in dem Gewerkschaft, öffentliche Arbeitgeber und neuer privater Arbeitgeber die Bedingungen der Überleitung gesondert festschreiben. Ungeachtet der rechtlichen Gestaltungsmöglichkeiten werden hier vielfach Regelungen getroffen, die de facto auch von den nicht Tarifgebundenen akzeptiert und auf diese angewandt werden.

4.2 Gestaltungsmöglichkeiten durch ablösende Dienst- oder Betriebsvereinbarungen

Auch wenn gerade im Bereich des öffentlichen Dienstes alle wesentlichen Arbeitsbedingungen tariflich geregelt sein dürften, so sind in der Regel doch eine Reihe von besonderen Sozialleistungen wie Fahrtkostenerstattung, Essensgeldzuschüsse etc., Sonderregelungen zu Eingruppierungsfragen sowie Fragen der Arbeitszeitgestaltung in Dienstvereinbarungen auf der Ebene der einzelnen Dienststellen geregelt. Werden Arbeitnehmer des öffentlichen Dienstes in eine privatrechtliche Organisationseinheit überführt, so fragt sich, welche Auswirkungen dies auf solche Dienstvereinbarungen hat:

- Erfolgt die Überführung nicht im Rahmen eines Betriebsübergangs, sondern auf der Basis einer einzelvertraglichen Vereinbarung, so verlieren die Regelungen in den Dienstvereinbarungen vorbehaltlich einer abweichenden einzelvertraglichen Abrede ihre Wirkung. Wird ein Arbeitnehmer in einen Betrieb integriert, in dem ein Betriebsrat gewählt ist oder wird dort zu einem späteren Zeitpunkt ein Betriebsrat gewählt, der Betriebsvereinbarungen abschließt, so entfalten diese in der Zukunft Geltung. Etwas anderes ist ggf. nur in den seltenen Fallkonstellationen denkbar, in denen eine Dienststelle im Zuge der formellen Privatisierung nicht ihre Identität verliert, sondern als Einheit in eine privatwirtschaftliche Organisationsform überführt wird. Hier wird z. T. die Auffassung vertreten, dass die bisherigen Dienstvereinbarungen in Betriebsvereinbarungen transformiert werden und demgemäß kollektivrechtlich fortgelten. Aufgrund der Unterschiede zwischen Betriebsverfassungs- und Personalvertretungsrecht erscheint dieser Ansatz jedoch zumindest problematisch.[79]
- Liegt ein Betriebsübergang vor, so sieht § 613a Abs. 1 Satz 2 BGB zunächst eine Transformation der Betriebsvereinbarungen in den Einzelarbeitsvertrag vor. Ob diese Regelung gleichermaßen auf Dienstvereinbarungen anwendbar ist, ist nach wie vor umstritten. Für die Praxis wird man aber aus Billigkeitsgesichtspunkten davon ausgehen müssen, dass Leistungsansprüche auf der Grundlage von Dienstvereinbarungen im Zuge eines Betriebsübergangs nicht ersatzlos entfallen. Zur Gewährleistung eines hinreichenden Grades an Rechtssicherheit sollten die Konsequenzen des Betriebsübergangs mit dem jeweiligen Personalrat im Einzelnen geregelt und festgeschrieben werden.[80]
- Umstritten ist auch, ob Dienstvereinbarungen gemäß § 613a Abs. 1 S. 3 BGB durch Betriebsvereinbarungen abgelöst werden können, die in dem aufnehmenden Betrieb gelten. Um ein größtmögliches Maß an Rechtssicherheit zu erzielen, kann versucht werden, mit dem Personalrat im Rahmen einer **Überleitungsdienstvereinbarung** eine solche Möglichkeit festzuschreiben. Ein solches Gestaltungsinstrument ist im Hinblick auf die regelmäßig erwünschte Vereinheitlichung der Arbeitsbedingungen grundsätzlich erstrebenswert.

4.3 Gestaltungsmöglichkeiten durch einzelvertragliche Vereinbarungen

Grundsätzlich gestattet die Vertragsfreiheit den Arbeitsvertragsparteien die freie Gestaltung, Anpassung und Änderung ihrer Arbeitsbedingungen, wobei Verschlechterungen grundsätzlich genauso möglich sind wie Verbesserungen.

---

[79] Vgl. hierzu **Abschnitt 7.3,** m. w. N.
[80] Vgl. **Abschnitt 7.3.**

Zum Schutze der Arbeitnehmer ist die Gestaltungsfreiheit jedoch vielfach eingeschränkt. Im Kontext von PPP-Projekten können insoweit vor allem folgende Aspekte relevant werden:

- Soweit bei Vorliegen eines Betriebsübergangs kollektivrechtliche Regelungen in den Einzelvertrag transformiert werden, dürfen diese gemäß § 613a Abs. 1 Satz 2 BGB nicht vor Ablauf eines Jahres zum Nachteil der Arbeitnehmer geändert werden. Eine Änderung ist jedoch im Rahmen einer Ablösung der kollektiven Regelungen durch andere kollektive Regelungen, die bei dem Erwerber gelten, möglich (§ 613a Abs. 1 Satz 3 BGB). Ob dies auch Dienstvereinbarungen erfasst, ist zwar umstritten, sollte aber vorsorglich unterstellt werden.[81]
- Umstritten ist ebenfalls, ob die Arbeitsvertragsparteien hinsichtlich der Bedingungen des übergegangenen Arbeitsverhältnisses, soweit sie einzelvertraglich vereinbart waren, Dispositionsfreiheit genießen. Während § 613a Abs. 1 BGB keinen Anhaltspunkt dafür gibt, dass insoweit Grenzen zu beachten sind, macht das BAG den Verzicht des Arbeitnehmers auf Ansprüche aus dem Arbeitsverhältnis oder die einvernehmliche, für ihn nachteilige Änderung der Arbeitsbedingungen vom Vorliegen eines sachlichen Grundes abhängig.[82] Diese Rechtsprechung, die auf eine Inhaltskontrolle von Vertragsänderungen im Umfeld des § 613a BGB hinausläuft, ist nach wie vor umstritten und auch unscharf,[83] so dass unter Berücksichtigung der konkreten Umstände des Einzelfalls eine Risikoabwägung vorgenommen werden muss.
- Ist § 613a BGB nicht einschlägig, gelten dessen Grenzen nicht. Dann müssen die Parteien im Wesentlichen auf die Grenzen der Sittenwidrigkeit und darauf achten, dass bei der Gestaltung der Arbeitsbedingungen nicht gegen den Gleichbehandlungsgrundsatz verstoßen werden darf.

5. Besondere Probleme der Personalüberleitung in Bezug auf die Zusatzversorgung im öffentlichen Dienst

Zusätzlich zu der gesetzlichen Rentenversicherung sind Beschäftigte im öffentlichen Dienst in der Regel noch in Zusatzversorgungseinrichtungen versichert. Rechtsgrundlage hierfür ist der **Tarifvertrag über die betriebliche Altersversorgung der Beschäftigten des öffentlichen Dienstes (sog. ATV)** vom 1. 3. 2002, mit dem rückwirkend zum 1. 1. 2001 der bislang geltende Tarifvertrag über die Versorgung der Arbeitnehmer des Bundes und der Länder sowie von Arbeitnehmern kommunaler Verwaltungen und Betriebe vom 4. 11. 1966 (VersTV) ersetzt wurde.[84] Maßgebend für Leistungen nach dem ATV sind – anders als noch nach dem VersTV – die während der Versicherungszeit erdienten sog. Versorgungspunkte.[85] Auf die gesamtversorgungsfähige Zeit sowie das gesamtversorgungsfähige Entgelt hingegen kommt es nicht mehr an.

Liegen nun die Voraussetzungen eines Betriebsübergangs nicht vor oder vereinbaren die Parteien nicht gemäß § 4 Abs. 1 BetrAVG die Fortführung der Zusatzversorgung durch den neuen Arbeitgeber, so tritt der neue Arbeitgeber auch nicht in die dem Arbeitnehmer gegenüber bestehenden Verpflichtungen ein. Der bisherige Arbeitgeber, d.h. die öffentliche Hand, bleibt vielmehr allein verpflichtet, für die Erfüllung der Versorgungszusage Sorge zu

[81] Vgl. hierzu die Ausführungen in **Abschnitt 7.3.**

[82] BAG, AP Nr. 4 zu § 613a BGB; BAG, AP Nr. 5 zu § 613a BGB; BAG, AP Nr. 4 zu § 1 BetrAVG Betriebsveräußerung.

[83] Vgl. hierzu Willemsen, in: Willemsen/Hohenstatt/Schweibert/Seibt, Umstrukturierung und Übertragung von Unternehmen, G Rn. 210f., m. w. N.; ErfK-Preis, § 613a BGB Rn. 83.

[84] Vgl. Lorenzen/Schuster, in: Hoppe/Uechtritz, Handbuch Kommunale Unternehmen, § 12 Rn. 69.

[85] Vgl. § 7 Abs. 1 ATV.

tragen. Da diese regelmäßig auf Grund einer entsprechenden Mitgliedschaft entweder von der Versorgungsanstalt des Bundes und der Länder (VBL) oder aber einer der ca. 30 regionalen Zusatzversorgungskassen (ZVK) zu erfüllen sind, ist diese Fallkonstellation unproblematisch. Der Arbeitnehmer, der aus dem öffentlich Dienst austritt und von einem privaten Arbeitgeber zu neuen Konditionen beschäftigt wird, behält eine zum Zeitpunkt seines Ausscheidens aus dem Arbeitsverhältnis unverfallbare Versorgungsanwartschaft, die sodann von dem jeweiligen Träger, der VBL oder der zuständigen ZVK erfüllt wird.

Wird nun aber das Arbeitsverhältnis nicht beendet, sondern gemäß § 613a Abs. 1 BGB auf den Erwerber kraft Gesetzes übergeleitet, so gelten die Arbeitsbedingungen unverändert fort. Demgemäß besteht auch die Versorgungszusage fort und zwar unabhängig davon, ob sie auf einer beiderseitigen Tarifbindung der Arbeitsvertragsparteien oder aber einer einzelvertraglichen Inbezugnahme beruht.[86] Hierbei ist zu berücksichtigen, dass der Erwerber nicht nur die ab der Übernahme der Belegschaft neu entstehenden Anwartschaften zu erfüllen hat, sondern für sämtliche Ansprüche aus der Versorgungszusage einzustehen hat. Der Erwerber haftet demnach bezüglich der auf ihn übergeleiteten Arbeitnehmer voll für die Ansprüche auf eine Zusatzversorgung.

Wie erwähnt, werden die Zusatzversorgungsansprüche von Arbeitnehmern im öffentlichen Dienst wahlweise von der VBL oder aber einer der ZVKs erfüllt. Für einen privatwirtschaftlichen neuen Arbeitgeber von ehemaligen öffentlichen Bediensteten stellt sich bei deren Übernahme sowie bei der hiermit verknüpften Übernahme der Versorgungsverbindlichkeiten die Frage der Finanzierung. Hierbei ist Folgendes zu berücksichtigen:

Da die öffentlichen Arbeitgeber regelmäßig Mitglied der VBL oder einer ZVK sind und zur Finanzierung der Versorgungszusage lediglich Beiträge entrichten, haben sie kein Kapital zur Finanzierung der Zusage, das an den Erwerber übertragen werden könnte, gebildet. Das Finanzierungssystem der VBL bzw. der ZVKs beruht im Übrigen nicht auf einem Kapitaldeckungsverfahren, sondern auf einem Umlageverfahren. Die von den Mitgliedern zu entrichtenden Beiträge richten sich demnach nach dem Versorgungsaufwand für die aktuell Versorgungsberechtigten.[87] Zwar wird nun im Zuge der Reform des Zusatzversorgungsrechts in 2001/2002 den Versorgungskassen auch die Möglichkeit der schrittweisen Umstellung des Umlage- auf ein Kapitaldeckungsverfahren ermöglicht; aufgrund der sich fortwährend auftuenden Finanzierungslücken ist jedoch an eine baldige erfolgreiche Umstellung nicht zu denken, so dass auch hier kurz- bis mittelfristig kein nennenswerter Kapitalstock vorhanden sein wird. Dies vorausgeschickt, hat ein Übernehmer öffentlicher Bediensteter derzeit drei Handlungsalternativen, die es zu erwägen gilt:

- Die erste Möglichkeit besteht darin, Mitglied der VBL bzw. ZVK zu werden und auch zukünftig die Versorgungszusage über diese Verbände zu finanzieren **(sog. Verbleibemodell);** diese Lösung bedingt, dass nicht nur die aus dem öffentlichen Dienst übernommene Belegschaft, sondern die gesamte Belegschaft in der VBL bzw. ZVK versichert wird.
- Die zweite Möglichkeit besteht darin, eine partielle Mitgliedschaft zu erwerben, die eine Fortführung der Finanzierung der Zusatzversorgung für die aus dem öffentlichen Dienst übernommene Belegschaft ermöglicht, nicht jedoch zur Erteilung einer entsprechenden Versorgungszusage an die Restbelegschaft zwingt **(sog. Zäsur- oder Teilmitgliedschaftsmodell).**
- Der dritte Weg besteht darin, die Zusatzversorgungszusage gemäß den einschlägigen tariflichen Bestimmungen ab dem Stichtag der Übernahme der Bediensteten aus dem öffentlichen Dienst nicht mehr über die VBL oder ZVK zu finanzieren, sondern einen anderen Durchführungsweg zu wählen **(sog. Vollausstiegs- oder Übernahmemodell).**

---

[86] Vgl. hierzu **Abschnitt 4.**

[87] Vgl. Lorenzen/Schuster, in: Hoppe/Uechtritz, Handbuch Kommunale Unternehmen, § 12 Rn. 70.

Jeder der aufgezeigten Handlungsalternativen hat Vor- und Nachteile und birgt rechtliche und tatsächliche Schwierigkeiten, die es bei der Entscheidung über die sachgerechte Vorgehensweise zu beachten gilt:

5.1 Verbleibemodell

Im Zusammenhang mit dem Verbleibemodell stellt sich die Frage, ob und ggf. unter welchen Voraussetzungen ein privatwirtschaftliches Unternehmen Mitglied der VBL bzw. einer ZVK werden kann.

In den Satzungen der Zusatzversorgungskassen findet sich vielfach die Regelung, wonach privatwirtschaftlich organisierte Arbeitgeber Mitglied werden können, wenn sie überwiegend öffentliche Aufgaben erfüllen oder als gemeinnützig anerkannt sind, sofern sie zudem das öffentliche Tarifrecht zur Anwendung bringen.[88] Gemäß § 19 Abs. 2 der VBL-Satzung dürfen juristische Personen des Privatrechts und sonstige Arbeitgeber nur dann Mitglied der VBL werden, wenn sie das für die Länder, Gemeinden und Gemeindeverbände geltende Tarifrecht oder ein Tarifrecht wesentlich gleichen Inhalts anwenden. Hierbei ist unklar, ob es genügt, wenn der private Arbeitgeber die Anwendbarkeit des BAT, ATV etc. einzelvertraglich vereinbart, oder aber ob eine Mitgliedschaft in einem entsprechenden Arbeitgeberverband bzw. der Abschluss eines Haustarifs verlangt werden kann. Da die VBL nicht verpflichtet ist, ein Unternehmen durch Abschluss einer Beteiligungsvereinbarung aufzunehmen, obliegt es letztlich ihr, hierüber zu befinden. Vor diesem Hintergrund haben die Verbände die Möglichkeit, die Aufnahme privatrechtlicher Mitglieder von bestimmten Bedingungen zur Absicherung ihrer erhöhten Risiken abhängig zu machen.

Unabhängig davon, ob es um die Aufnahme in die VBL oder eine ZVK geht, besteht die Möglichkeit, im Hinblick auf das bei öffentlichen Trägern nicht bestehende Insolvenzrisiko von den privatwirtschaftlich organisierten Unternehmen einen Sicherungsbeitrag zu verlangen und dessen Erbringung von der Erteilung oder Aufrechterhaltung der Mitgliedschaft abhängig zu machen. Folgende Gestaltungsformen spielen in der Praxis der VBL bzw. der ZVKs eine Rolle:

- Der Private legt eine **Garantieerklärung** einer juristischen Person des öffentlichen Rechts vor, aus der folgt, dass der Hoheitsträger die Gewähr für die finanziellen Verpflichtungen gegenüber der VBL bzw. ZVK einschließlich der Zahlung etwaiger Abgeltungsbeträge übernimmt.
- An die Stelle einer derartigen Garantieerklärung kann auch eine Bürgschaft einer deutschen Großbank bzw. eine Deckungszusage eines Versicherungsunternehmens treten.
- Schließlich kann der Versorgungsträger alternativ auch eine um 15% erhöhte Umlage verlangen. Auch wenn diese Variante im Hinblick auf die angestrebte Absicherung des Insolvenzrisikos sicherlich die am wenigsten sichere und effektive ist, wird doch von dieser Lösungsmöglichkeit in der Praxis am häufigsten Gebrauch gemacht. Dies hängt damit zusammen, dass eine Garantieerklärung eines Hoheitsträgers auf Grund des Risikos grundsätzlich schwer zu erlangen ist und eine Bankbürgschaft oder eine Deckungszusage einer Versicherung erhebliche Kosten auslöst.[89]

Neben den erhöhten Kosten, die ein privater Arbeitgeber bei einer Fortführung der Finanzierung der Zusatzversorgungszusage über die VBL bzw. ZVK auf sich nimmt, spricht gegen das sog. Verbleibemodell der Umstand, das das Versorgungstarifrecht in diesem Fall auf alle Beschäftigten des Mitgliedes anzuwenden ist. Demgemäß müssen bereits angestellte Mitarbeiter sowie neu einzustellende Mitarbeiter ebenfalls in der VBL oder ZVK versichert werden, was bedeutet, dass die erhöhte Kostenbelastung sich in der Zukunft fortschreibt

[88] Vgl. Schipp, NZA 1994, 865, 866; Schipp, RdA 2001, 150.

[89] Vgl. Lorenzen/Schuster, in: Hoppe/Uechtritz, Handbuch Kommunale Unternehmen, § 12 Rn. 79.

und nicht abnimmt. Hinzu kommt, dass die VBL bzw. ZVKs auf Grund der Umlagefinanzierung für die Zukunft keine stabilen Beiträge garantieren können, sondern dass vielmehr Beitragserhöhungen unausweichlich sind. Auch wenn die Problematik, dass neu angestellte Mitarbeiter in der ZVK bzw. VBL zu versichern sind, ggf. dadurch abgemildert werden kann, dass man diese in einer anderen Gesellschaft, die nicht tarifgebunden ist, anstellt, so sind die finanziellen Nachteile noch immer so groß, dass es sich lohnt, über Handlungsalternativen nachzudenken.

5.2 Zäsur- oder Teilmitgliedschaftsmodell

Alternativ kann mit der VBL bzw. der ZVK die Vereinbarung getroffen werden, dass nur die aus dem öffentlichen Dienst in das privatwirtschaftliche Unternehmen überführten Arbeitnehmer versichert werden. Dies läuft de facto auf eine Teilmitgliedschaft hinaus. Die Satzungen lassen diese Möglichkeit in aller Regel zu. Allerdings verlangen die Versorgungsträger in diesen Fällen regelmäßig die Zahlung von Ausgleichsbeträgen zur Kompensation einer möglichen Verwässerung des Umlagesystems durch neu eintretende Arbeitnehmer. Der Ausgleichsbetrag entspricht dem Barwert der nicht ausfinanzierten Rentenverpflichtungen, die sich zum Zeitpunkt der Aufnahme ergeben.[90] Zusätzlich zu den regelmäßig sehr substanziellen Ausgleichsbeträgen ist eine Sicherheitsleistung zu erbringen bzw. sind erhöhte Umlagen zur Minimierung des Insolvenzrisikos zu zahlen.

5.3 Vollausstiegs- oder Übernahmemodell

Will man Abgeltungsbeträge sowie eine Mitgliedschaft vermeiden, kann schließlich erwogen werden, zwar in die Versorgungsverpflichtung einzutreten bzw. diese fortzuführen, den Durchführungsweg jedoch zu ändern. Soweit die Arbeitnehmer zum Zeitpunkt ihres Ausscheidens aus dem öffentlichen Dienst bereits eine unverfallbare Versorgungsanwartschaft erdient haben, haben sie weiterhin entsprechende Ansprüche gegen die VBL bzw. ZVK. Nach der Reform der Zusatzversorgungskassen ist dies eine denkbare alternative Gestaltungsform, da den ausscheidenden Arbeitnehmern Versorgungspunkte zugeschrieben werden, die die Versorgungsverpflichtung zum Stichtag widerspiegeln. Der private Arbeitgeber muss bei Eintritt des Versorgungsfalls die Rente dann allerdings bis zur vollen Höhe aufstocken.[91] Zudem muss er sich entscheiden, wie er die nach der Übernahme des Beschäftigten noch anwachsenden Versorgungsansprüche finanziert. Probleme können sich im Zusammenhang mit der Verpflichtung, Rückstellungen in Höhe der Versorgungsverpflichtung insgesamt zu bilden, ergeben.

Ein solcher Wechsel des Durchführungsweges kann indes zu einer Gefährdung der Mitgliedschaft des öffentlichen Arbeitgebers führen. Nach § 22 Abs. 3 S. 3 der VBL-Satzung – und entsprechenden Vorschriften in den Satzungen der ZVKs – kann eine Mitgliedschaft nämlich fristlos gekündigt werden, wenn ein Mitglied einen wesentlichen Teil der Pflichtversicherten Arbeitnehmer auf einen Arbeitgeber übertragen hat, der weder an der VBL noch einer anderen Zusatzversicherungseinrichtung beteiligt ist. Wird ein wesentlicher Teil der Pflichtversicherten auf einen privaten Arbeitgeber übertragen, so kann die VBL zwar von einer Kündigung absehen, wenn entsprechende Ausgleichsbeträge gezahlt werden. Diese sind aber regelmäßig außerordentlich substantiell, so dass diese Lösung kaum in Betracht kommen wird. Lässt der öffentliche Arbeitgeber es hingegen auf die Kündigung seiner Mitgliedschaft ankommen, so muss für alle ausscheidenden Arbeitnehmer gemäß § 23 Abs. 2 der VBL-Satzung ein Ausgleichsbetrag gezahlt werden, der allerdings noch viel höher sein wird.

---

[90] Vgl. Schipp, RdA 2001, 150, 156; vgl. Lorenzen/Schuster, in: Hoppe/Uechtritz, Handbuch Kommunale Unternehmen, § 12 Rn. 85.

[91] Vgl. Lorenzen/Schuster, in: Hoppe/Uechtritz, Handbuch Kommunale Unternehmen, § 12 Rn. 80.

Eine solche Lösung kann damit nur in Betracht kommen, wenn der VBL bzw. ZVK aus der Maßnahme kein Kündigungsrecht erwächst. [92]

6. Beteiligungsrechte des Personalrats

Die möglichen Beteiligungsrechte des Personalrates, die eine Dienststellenleitung berücksichtigen muss, wenn sie eine Public Private Partnership eingehen will, sind in den Personalvertretungsgesetzen weder einheitlich noch zusammenhängend geregelt. Es gibt keinen zentralen Beteiligungstatbestand, sondern verschiedene Gesichtspunkte, unter denen eine Mitsprache der Personalvertretung in Betracht kommt. Problematisch ist vor allem die Frage, inwieweit die Personalräte an der Privatisierung, also der Überleitung bestimmter Aufgaben auf eine private Projektgesellschaft, die regelmäßig den Kern der Zusammenarbeit von öffentlicher Hand und privatem Investor bildet, zu beteiligen sind. Da häufig nicht nur eine Aufgabe, sondern auch Personal „privatisiert“ wird, handelt es sich hier um einen Vorgang, der für die Bediensteten von größtem Interesse ist. Gerade in dieser Frage zeigen sich indessen auch die föderalen Strukturen der deutschen Rechtsordnung von ihrer eindrucksvollsten Seite: Genau die Hälfte aller Landespersonalvertretungsgesetze räumt der Personalvertretung insoweit ein – inhaltlich wiederum sehr unterschiedlich ausgestaltetes – spezifisches Beteiligungsrecht ein. In den anderen Bundesländern (und auf Bundesebene) ist eine Mitsprache der Bediensteten bei Privatisierungen nicht ausdrücklich vorgesehen. Die Personalräte können bzw. müssen dort auf ihre allgemeinen Rechte ausweichen, wenn sie die Belange der Bediensteten zur Geltung bringen wollen.

6.1 Allgemeines Informationsrecht

Die Personalvertretungsgesetze weisen dem Personalrat eine Vielzahl von Aufgaben zu; das Spektrum reicht von einem generellen Initiativrecht bis zur Integration ausländischer Beschäftigter (vgl. § 68 Abs. 1 BPersVG, § 62 Abs. 1 LPersVG Hessen). Die Wahrnehmung dieser Aufgaben setzt einen entsprechend umfassenden Kenntnisstand voraus. Die Personalvertretungsgesetze räumen dem Personalrat demgemäß zunächst **ein allgemeines Informationsrecht** ein (vgl. § 68 Abs. 2 BPersVG, § 62 Abs. 2 LPersVG Hessen): Der Dienststellenleiter ist verpflichtet, den Personalrat von sich aus rechtzeitig und umfassend zu unterrichten und ihm die notwendigen Unterlagen vorzulegen.[93] Dieser Anspruch beschränkt sich keineswegs auf Situationen, in denen bereits ein offener Konflikt mit der Dienststellenleitung ausgebrochen ist oder ein formelles Beteiligungsrecht besteht; er umfasst vielmehr alle gesetzlichen Aufgaben des Personalrates.[94] Die Dienststellenleitung muss den Personalrat daher bereits vor (und ggf. auch neben) einem Mitwirkungs- bzw. Mitbestimmungsverfahren unterrichten. Dies gilt regelmäßig auch für die Fälle, in denen die Dienststelle die Errichtung einer Public Private Partnership erwägt; dem allgemeinen Informationsrecht kommt insoweit sogar eine eigenständige rechtserhaltende Bedeutung zu.

Eine Public Private Partnership ist regelmäßig mit einer funktionellen Privatisierung verbunden; die öffentliche Hand überträgt eine Aufgabe auf eine (private) Projektgesellschaft, behält aber die rechtliche Leistungsverantwortung gegenüber der Allgemeinheit. Sofern eine solche Privatisierung nach dem jeweils einschlägigen Personalvertretungsgesetz als eigener Beteiligungstatbestand ausgestaltet ist **(vgl. hierzu Abschnitt 6.2)**, muss der Personalrat jedoch erst relativ spät eingeschaltet werden. Die Beteiligung der Personalvertretung an einer Maßnahme setzt voraus, dass der interne Willensbildungsprozess der Verwaltung bereits ab-

[92] Vgl. hierzu auch Vgl. Lorenzen/Schuster, in: Hoppe/Uechtritz, Handbuch Kommunale Unternehmen (2004), § 12 Rn. 80ff.

[93] BVerwG, PersR 1985, 124.

[94] BVerwG, PersR 1990, 301.

geschlossen ist und die Maßnahme unmittelbar nach Abschluss des Verfahrens umgesetzt werden kann.[95] Der allgemeine Informationsanspruch aktualisiert sich demgegenüber schon zu einem früheren Zeitpunkt. Der Personalrat muss zwar auch insoweit nicht an allen verwaltungsinternen Überlegungen und Planspielen beteiligt werden. Er ist jedoch so frühzeitig zu unterrichten, dass er die Planung noch beeinflussen und mitgestalten kann.[96] Bei einem komplexen Vorhaben wie einer Public Private Partnership wäre der Personalrat überfordert, wenn er erst mit Beginn der gesetzlichen Einlassungsfrist über das Projekt und seine Einzelheiten informiert würde. Die verbleibende Zeit ist regelmäßig zu kurz, um sich erstmals in die Materie einzuarbeiten und qualifiziert Stellung zu beziehen; das Beteiligungsrecht würde in diesen Fällen häufig leer laufen. Der Dienststellenleiter wird den Personalrat daher über die beabsichtigte Zusammenarbeit mit einem privaten Investor zu informieren haben, sobald diese Überlegungen konkrete Gestalt annehmen und erste Aktivitäten auslösen (Machbarkeitsstudien, Datensammlung etc.).[97] Diese Pflicht folgt letztlich auch aus dem Grundsatz der gleichberechtigten und vertrauensvollen Zusammenarbeit mit der Personalvertretung.

6.2 Privatisierung als Beteiligungstatbestand

Eine Reihe von Landespersonalvertretungsgesetzen[98] sowie das Personalvertretungsgesetz des Bundes sehen **keine speziellen Beteiligungsrechte des Personalrates bei einer Privatisierung** vor. Die Personalvertretungen in den betroffenen Dienststellen sind daher zunächst auf ihr allgemeines Informationsrecht angewiesen (vgl. Abschnitt 6.1). Mittelbaren Einfluss auf die Privatisierungsmaßnahme können sie aber unter Umständen dann nehmen, wenn die Übertragung bestimmter Aufgaben auf eine Projektgesellschaft auch zu einer Neu- bzw. Umorganisation der (Rest-)Dienststelle führt. Sofern es dabei zu einer Auflösung, Einschränkung oder Zusammenlegung von Dienststellen(teilen) kommt, greift regelmäßig ein eigener Beteiligungstatbestand ein (vgl. § 78 Abs. 1 Nr. 2 BPersVG; Art. 76 Abs. 2 Nr. 4 LPersVG Bayern). Die Voraussetzungen dieses Mitspracherechts sind jedoch im Einzelnen sehr umstritten **(vgl. hierzu Abschnitt 6.3).**

Eine Reihe von Bundesländern[99] räumt dem Personalrat dagegen ein **eigenes Beteiligungsrecht bei Privatisierungen** ein. Anknüpfungspunkt ist die „Vergabe oder Privatisierung von Arbeiten oder Aufgaben, die bisher durch die Beschäftigten der Dienststelle wahrgenommen werden“[100] oder die „Übertragung von Arbeiten der Dienststelle, die üblicherweise von ihren Beschäftigten wahrgenommen werden, auf Dauer an Privatpersonen oder wirtschaftliche Unternehmen (Privatisierung)“.[101] Die Beteiligungstatbestände sind allerdings nicht speziell auf die funktionellen Privatisierungen, die häufig mit einer Public Private Partnership einhergehen, zugeschnitten, sondern erfassen auch formelle und materielle Privatisierungsvorhaben.

Überwiegend ist das Beteiligungsrecht als **Mitwirkungsrecht** ausgestaltet. Der Personalrat hat danach einen Anspruch auf Unterrichtung, Anhörung und/oder Erörterung gegenüber der Dienststellenleitung. Umfang und Verfahren der Mitwirkung sind in den einzelnen

---

[95] Vgl. Spieß, Personalvertretungsrecht Hessen, § 69 Anm. 2 (S. 205) und v. Roetteken/Rothländer, Hessisches Bedienstetenrecht, § 69 HPVG Rn. 12.

[96] Vgl. auch Schipp/Schipp, Arbeitsrecht und Privatisierung (1996), Rn. 261.

[97] Altvater/Hamer/Ohnesorg/Peiseler, Bundespersonalvertretungsgesetz, § 68 Rn. 14.

[98] Vgl. die LpersVG der Länder Bayern, Berlin, Bremen, Hamburg, Mecklenburg-Vorpommern, Sachsen-Anhalt, Schleswig-Holstein und Thüringen.

[99] Baden-Württemberg (§ 80 Abs. 3 Nr. 6 LPersVG), Brandenburg (§ 68 Abs. 2 LPersVG), Hessen (§§ 72, 81 Abs. 1 LPersVG), Niedersachsen (§ 75 Abs. 1 Nr. 12 LPersVG), Nordrhein-Westfalen (§§ 66 Abs. 1, 72 Abs. 3 Nr. 7 LPersVG), Rheinland-Pfalz (§ 80 Abs. 2 Nr. 12 LPersVG), Saarland (§§ 73, Abs. 1, 84 Nr. 7 LPersVG) und Sachsen (§§ 76, 77 Nr. 3 LPersVG).

[100] Vgl. § 81 Abs. 1 LPersVG Hessen.

[101] Vgl. § 72 Abs. 3 Nr. 7 LPersVG Nordrhein-Westfalen.

Personalvertretungsgesetzen recht unterschiedlich gefasst. Die Entscheidungskompetenz über eine Privatisierungsmaßnahme liegt in diesen Fällen letztlich aber immer bei der Dienststellenleitung.[102]

Allerdings statten einige Landesgesetze den Personalrat auch mit einem veritablen **Mitbestimmungsrecht** aus.[103] Bei einem Mitbestimmungsrecht ist die Dienststelle grundsätzlich auf die Zustimmung der Personalvertretung angewiesen, um die beabsichtigte Maßnahme umsetzen zu können. Verständigen sich Dienststelle und Personalrat nicht, entscheidet u. U. eine Einigungsstelle verbindlich über die Angelegenheit. Bei Privatisierungen begegnet dieses Verfahren jedoch verfassungsrechtlichen Hindernissen. Entscheidungen, die wesentlicher Bestandteil der Regierungsgewalt sind, dürfen nach der Rechtsprechung des Bundesverfassungsgerichts nicht der Exekutive entzogen und (teilweise) auf Dritte übertragen werden.[104] Das Demokratieprinzip verlangt, dass in diesen Fällen die Letztentscheidung eines dem Parlament verantwortlichen Verwaltungsträgers gesichert ist (sog. Verantwortungsgrenze).[105] Bei Privatisierungen handelt es sich um Organisationsentscheidungen; organisatorische Angelegenheiten zählen nach der h. M. zu dem problematischen Bereich, in dem ein unmittelbarer Legitimationszusammenhang zwischen Parlament und Entscheidungsträger gewahrt werden muss.[106] Somit kommt bei einer Privatisierungsentscheidung kein volles, sondern allenfalls ein eingeschränktes Mitbestimmungsrecht der Bediensteten in Betracht. Auch die Personalvertretungsgesetze, die dem Personalrat (scheinbar) ein Mitbestimmungsrecht einräumen, tragen diesem Umstand letztlich Rechnung: Die Einigungsstelle spricht immer nur eine Empfehlung an den eigentlichen Entscheidungsträger aus.[107]

Die ordnungsgemäße Durchführung des Beteiligungsverfahrens ist von großer Bedeutung für den reibungslosen Start einer Public Private Partnership. Werden Mitspracherechte des Personalrates missachtet oder verletzt, so kann dies zur Unwirksamkeit der Privatisierungsentscheidung führen. Die dann erforderliche Wiederholung des Verfahrens verzögert den Projektbeginn und gefährdet u. U. den Erfolg des ganzen Vorhabens. Der Ablauf eines Beteiligungsverfahrens soll daher kurz am Beispiel des hessischen Landespersonalvertretungsgesetzes skizziert werden; es handelt sich dabei um ein Mitwirkungsverfahren (§§ 72, 81 Abs. 1 LPersVG Hessen):

- Die Dienststellenleitung muss die Personalvertretung zunächst umfassend über die beabsichtigte Maßnahme unterrichten und das Privatisierungsvorhaben eingehend mit den Personalräten erörtern (§ 72 Abs. 1 LPersVG Hessen). Die Unterrichtung der Personalvertretung hat insbesondere rechtzeitig zu erfolgen; die beabsichtigte Maßnahme muss noch „gestaltungsfähig“ sein. Die Dienststelle muss den Personalrat beteiligen, bevor sie durch vorbereitende Entscheidungen vollendete Tatsachen schafft oder die geplante Privatisierung selbst bereits teilweise in die Wege leitet. Umgekehrt greift das Beteiligungsrecht nicht ein, solange die Dienststelle noch keine abschließende Entscheidung über ihr weiteres Vorgehen getroffen hat. Eine Beteiligung der Personalräte an der verwaltungsinternen Willensbildung ist im Gesetz nicht vorgesehen; dies würde zu einer unzulässigen Verlagerung bzw. Verschleierung der Verantwortung für das Privatisierungsvorhaben führen.[108]
- Die Personalvertretung kann sodann innerhalb von zwei Wochen zu der beabsichtigten Maßnahme Stellung beziehen (§ 72 Abs. 2 LPersVG Hessen).

---

[102] Lorenzen/Schuster in: Hoppe/Uechtritz, Handbuch Kommunale Unternehmen (2004), § 12 Rn. 147.

[103] Vgl. §§ 73, Abs. 1, 84 Nr. 7 LPersVG Saarland und §§ 66 Abs. 1, 72 Abs. 3 Nr. 7 LPersVG Nordrhein-Westfalen.

[104] BVerfGE 9, 268 ff. = NJW 1959, 1171; BVerfGE 93, 37 (66 ff) = NJW 1996, 2149.

[105] Vgl. zur Reichweite des Demokratieprinzips, oben § 2 Abschnitt 1.2.

[106] Trümner, in: Blanke/Trümner, Handbuch Privatisierung (1998), Rn. 558/559 ff. m. w. N.

[107] Vgl. § 73, Abs. 6 LPersVG Saarland und § 68 LPersVG Nordrhein-Westfalen.

[108] Spieß, Personalvertretungsrecht Hessen, § 69 Anm. 2 (S. 206).

Maßgeblich für den Beginn dieser Einlassungsfrist ist der Zeitpunkt der vollständigen Unterrichtung des Personalvertretung über die beabsichtigte Maßnahme.[109] Wird die Privatisierung dagegen zwischen den Parteien erst zu einem späteren Zeitpunkt erörtert, so wird dadurch weder der Beginn der Frist verschoben noch der Ablauf der Frist gehemmt.[110] Versäumt der Personalrat diese Frist, so gilt die beabsichtigte Maßnahme als gebilligt; das Beteiligungsverfahren ist damit beendet. Erhebt der Personalrat dagegen Einwendungen oder hält er die geäußerten Bedenken aufrecht, so muss er der Dienststellenleitung fristgerecht seine Gründe mitteilen. Nach hessischem Recht kann diese Mitteilung formlos erfolgen; aus Gründen der Rechtsklarheit und der Beweissicherung ist es gleichwohl sinnvoll, insoweit die Schriftform zu wahren.

- Die Dienststellenleitung muss die Personalvertretung ihrerseits binnen eines Monats schriftlich und unter Angabe der Gründe informieren, wenn sie den zuvor geäußerten Einwendungen gegen das Privatisierungsvorhaben nicht entsprechen will (§ 72 Abs. 3 LPersVG Hessen). Die Monatsfrist ist – ebenso wie alle anderen Fristen in diesem Verfahren – nicht dispositiv; sie kann daher von den Parteien nicht verlängert werden, um mehr Zeit für weitere Verhandlungen zu gewinnen. Umgekehrt ist die Dienststelle nicht gehalten, die Frist auszuschöpfen. Eine rasche Reaktion auf die Einwendungen der Personalvertretung ermöglichen es der Dienststellenleitung, das Beteiligungsverfahren in dieser Phase u. U. erheblich zu beschleunigen.
- Der weitere Verfahrenslauf hängt maßgeblich davon ab, ob die betroffenen Dienststelle in einen mehrstufigen Verwaltungsaufbau integriert ist oder über einen einstufigem Verwaltungsaufbau verfügt. Einigen sich der Leiter einer nachgeordneten Dienststelle und der Personalrat nicht über die geplante Privatisierung, so können beide Seiten innerhalb von zwei Wochen die übergeordnete Dienststelle anrufen (§ 72 Abs. 5 LPersVG Hessen). Die Dienststellenleitung *muss* dieses „Stufenverfahren" betreiben, wenn sie die beabsichtigten Maßnahmen verwirklichen will. Versäumt sie die vorgesehenen Fristen, so endet das Beteiligungsverfahren ohne einen das Privatisierungsvorhaben legitimierenden Abschluss. Gelangen auch die übergeordnete Dienststelle und die dortige Stufenvertretung (Bezirks- bzw. Hauptpersonalrat) zu keiner Einigung, so trifft der Leiter der obersten Dienstbehörde eine endgültige Entscheidung. Für Gemeinden, Landkreise und andere Körperschaften mit einstufigem Verwaltungsaufbau gilt dagegen eine Sondervorschrift (§ 72 Abs. 6 LPersVG Hessen). Der Personalrat kann innerhalb von zwei Wochen, nachdem die Dienststellenleitung seine Einwendungen zurückgewiesen hat, die oberste Dienstbehörde (z. B. Magistrat oder Kreisausschuss) mit der Angelegenheit befassen. Ein wirkliches Stufenverfahren findet insofern jedoch nicht (mehr) statt;[111] die oberste Dienstbehörde entscheidet – ggf. ohne weitere Verhandlungen mit der Personalvertretung – abschließend über den Fall.

Die formellen Mitspracherechte der Personalvertretung bei einem Privatisierungsvorhaben bedeuten letztlich kein wirkliches Hindernis für eine Public Private Partnership. Die Dienststelle darf Maßnahmen, die der Mitbestimmung bzw. der Mitwirkung unterliegen, zwar grundsätzlich nicht verwirklichen, ohne vorher das Beteiligungsverfahren durchgeführt zu haben. Allerdings kann der **Personalrat** – ungeachtet, ob ihm nach dem Wortlaut des Gesetzes ein Mitbestimmungs- oder ein Mitwirkungsrecht zusteht – die angestrebte Privatisierung **nur verzögern, nicht aber verhindern.** Das Beteiligungsverfahren bietet der Personalvertretung ein Forum, um die Belange der Bediensteten zu thematisieren; für die Dienststellenleitung birgt es lediglich das (kalkulierbare) Risiko einer zeitlichen Verzöge-

---

[109] BVerwG, NVwZ-RR 1995, 405.

[110] Vgl. Spieß, Personalvertretungsrecht Hessen, § 72 (S. 237) und v. Roetteken/Rothländer, Hessisches Bedienstetenrecht, § 72 HPVG Rn. 8.

[111] Vgl. das Zweite Gesetz zur Beschleunigung von Entscheidungsprozessen innerhalb der öffentlichen Verwaltung vom 18. Dezember 2003 (GVBl I, 494) und die Begründung des Änderungsantrags der Fraktion der CDU vom 17. November 2003 (LT-Drucks. 16/994).

rung.[112] Das eigentlichen Druckmittel der Personalvertretung ist ihr tatsächlicher Einfluss auf die Bediensteten. Weigern sich die Bediensteten angesichts entsprechender „Beratung" durch den Personalrat einer Überleitung ihrer Arbeitsverhältnisse auf die private Projektgesellschaft zuzustimmen, so steht die Public Private Partnership möglicherweise vor dem Aus.

6.3 Neu- bzw. Umorganisation der Dienststelle als Beteiligungstatbestand

Ein Beteiligungsrecht kann schließlich auch im Nachgang – oder besser: als Reflex – zu der eigentlichen Privatisierungsmaßnahme im Rahmen einer Public Private Partnership entstehen.

Die Personalvertretungen sind grundsätzlich berechtigt, an bestimmten organisatorischen Veränderungen, namentlich bei der „Auflösung, Einschränkung, [...] oder Zusammenlegung von Dienststellen oder wesentlichen Teilen von ihnen", mitzuwirken (vgl. § 78 Abs. 1 Nr. 2 BPersVG, § 81 Abs. 2 LPersVG Hessen). „Auflösung" einer Dienststelle bzw. eines Dienststellenteiles bedeutet, dass die Aufgaben dieser Dienststelle wegfallen oder von anderen Dienststellen übernommen werden; die bisherige dienstliche Tätigkeit wird auf unbestimmte Zeit eingestellt.[113] Bei einer „Einschränkung" der Dienststelle führt der tatsächliche Rückgang von Anträgen oder die rechtliche Eingrenzung der Zuständigkeit zu einer Verringerung der Aufgaben und zu organisatorischen Veränderungen.[114] „Zusammenlegung" bedeutet die Verschmelzung von zwei oder mehr Dienststellen(teilen) in einer neuen organisatorischen Einheit.[115]

Die öffentliche Hand gibt in einer Public Private Partnership bestimmte Aufgaben und Mitarbeiter an eine Projektgesellschaft ab; diese Privatisierungsmaßnahmen ziehen beinahe zwangsläufig auch eine Neuorganisation der betroffenen Dienststelle nach sich. Dabei geht es zumeist nicht um die Existenz der Behörde, sondern um ihre künftige Gliederung und um die Auflösung bzw. Zusammenlegung der einzelnen Abteilungen. Ausschlaggebend für ein entsprechendes Beteiligungsrecht der Personalvertretung ist daher regelmäßig die Frage, ob es sich bei den jeweiligen Bereichen um „wesentliche" Teile der Dienststelle handelt. Die **rechtlichen Anforderungen an die „Wesentlichkeit"** eines Dienststellenteils sind indessen umstritten:

In der Literatur wird überwiegend die Auffassung vertreten, der Begriff „wesentlicher Dienststellenteil" entspreche inhaltlich dem Begriff „wesentlicher Betriebsteil" i. S. v. § 111 Satz 3 BetrVG.[116]

- Ein Dienststellenteil sei daher zum einen „wesentlich", wenn dort ein erheblicher Teil der Beschäftigten der Gesamtdienststelle tätig ist (quantitativer Ansatz). Bei dieser Beurteilung könnten – wie im Rahmen des § 111 BetrVG auch – die Zahlen und Prozentangaben in § 17 KSchG über die Anzeigepflicht bei Massenentlassungen als Maßstab herangezogen werden. In Dienststellen mit mehr als sechshundert Beschäftigten wären nach der Rechtsprechung des Bundesarbeitsgerichts somit Bereiche mit mehr als 5% der Mitarbeiter als „wesentlich" anzusehen.

---

[112] Ein gut organisiertes Beteiligungsverfahren nach den Regeln des LPersVG Hessen kann – sofern nachträgliche Änderungen der Planung nicht eine erneute Unterrichtung des Personalrates erforderlich machen – innerhalb eines Zeitraums von zwei bis drei Monaten abgeschlossen werden. Ein fehlerhaftes Beteiligungsverfahren (Informationsdefizit, Fristversäumnis etc.) führt dagegen zur Unwirksamkeit der getroffenen Entscheidung und zwingt zu einer Wiederholung des gesamten Verfahrens.

[113] Altvater/Hamer/Ohnesorg/Peiseler, Bundespersonalvertretungsgesetz, § 78 Rn. 14a.

[114] Altvater/Hamer/Ohnesorg/Peiseler, Bundespersonalvertretungsgesetz, § 78 Rn. 15; v. Roetteken/Rothländer, Hessisches Bedienstetenrecht, § 81 HPVG Rn. 108.

[115] Altvater/Hamer/Ohnesorg/Peiseler, Bundespersonalvertretungsgesetz, § 78 Rn. 17.

[116] Vgl. v. Roetteken/Rothländer, Hessisches Bedienstetenrecht, § 81 HPVG Rn. 95ff. und Altvater/Hamer/Ohnesorg/Peiseler, Bundespersonalvertretungsgesetz, § 78 Rn. 18 m. w. N.

- Zum anderen könne ein Dienststellenteil jedoch auch dann „wesentlich" sein, wenn der betroffene Bereich für die Funktionsfähigkeit der Dienststelle unverzichtbar sei und eine „zentrale Einrichtung" darstelle; auf die Zahl der Beschäftigten soll es in diesem Zusammenhang nicht ankommen (qualitativer Ansatz). Die Beispiele, die insoweit angeführt werden – Fahrbereitschaft, Bücherei, Reinigungsdienst –, betreffen jedoch untergeordnete Hilfsfunktionen und können in der Sache nicht überzeugen. Als „zentrale Einrichtungen" einer Behörde kommen u. E. nur Stabsstellen oder Bereiche, die wirkliche Kernaufgaben wahrnehmen (z. B. das Bauamt einer Stadtverwaltung oder die Personalabteilung einer Kreisverwaltung), in Betracht.

Allerdings nehmen Teile der Literatur insoweit auch einen deutlich restriktiveren Standpunkt ein:[117] Ein Dienststellenteil sei nur dann „wesentlich" i. S. d. Mitwirkungstatbestandes, wenn er im Vergleich zu den übrigen Teilen der Dienststelle eine solche Bedeutung hat, dass seine Zusammenlegung mit einem anderen Teil die gesamte Dienststelle derart verändere, dass sie zu einer wesensmäßig „anderen" Dienststelle werde. Das „Wesen" der Dienststelle erfahre noch keine Veränderung, wenn bei gleich bleibender Aufgabenstellung nur die innere Organisation der Behörde verändert wird.[118]

Die **Rechtsprechung** verfolgt bei der Auslegung dieses (potenziellen) Mitwirkungstatbestandes ebenfalls eine restriktive Linie. Das Bundesverwaltungsgericht hat bei der Frage, ob ein Dienststellenteil „wesentlich" und seine Einschränkung, Zusammenlegung oder Auflösung mitwirkungspflichtig ist, einen relativ strengen Maßstab entwickelt.

- Das Bundesverwaltungsgericht führt in seinem Beschluss vom 23. Januar 1985[119] aus, ein Teil der Dienststelle könne nur dann wesentlich sein, wenn er für das „Wesen" der Dienststelle mitbestimmend sei. Mitbestimmungspflichtig seien daher Anordnungen, die für die Dienststelle eine so erhebliche Veränderung ihres Aufgabenbereichs mit sich bringen, dass durch sie die Bediensteten in ihrer Gesamtheit betreffende personelle Maßnahmen ausgelöst werden. Die Anordnung müsse sich auf solche Bereiche einer Dienststelle beziehen, die für diese eine prägende Bedeutung haben und somit in einer herausgehobenen sachlichen Beziehung zu den Aufgaben der Dienststelle stehen. Nicht erforderlich sei allerdings, dass jeder einzelne Bedienstete von der Maßnahme betroffen ist; es genüge, wenn die Maßnahme für eine erhebliche Zahl des Personals von Bedeutung ist. Geringfügige organisatorische Änderungen bei Aufrechterhaltung des Aufgabenbereichs der Dienststelle führen nach Ansicht des Gerichts dagegen nicht zu einem Beteiligungsrecht der Personalvertretung.
- In seinem Beschluss vom 30. September 1987[120] stellt das Bundesverwaltungsgericht bei der Auslegung des Begriffs „wesentlicher Teil" einer Dienststelle auf den Regelungszweck der Vorschrift ab. Die Mitwirkung in Fällen der Umorganisation soll sicherstellen, dass die Personalvertretung die schutzwürdigen Belange der betroffenen Beschäftigten in besonders nachdrücklicher Weise zur Geltung bringen kann. Das Mitwirkungsrecht soll aber nur dann an die Stelle der Befugnis treten, bei einzelnen Folgemaßnahmen einer Umorganisation mitzuwirken, wenn die organisatorische Maßnahme ihrerseits Ausdruck der Organisationshoheit des Trägers der Dienststelle ist und über „innerbetriebliche" Umstellungen hinausgeht, welche die Aufgabenstellung und/oder Struktur der Dienststelle nicht wesentlich verändern.

Nach der Rechtsprechung des Bundesverwaltungsgerichts ist ein Dienststellenteil somit nur dann „wesentlich", wenn er sich innerhalb der Dienststelle räumlich, organisatorisch sowie nach seiner Aufgabenstellung abgrenzen lässt und im Vergleich zu den übrigen Teilen

---

117 Spieß, Personalvertretungsrecht Hessen, § 81 Anm. 3 a.

118 Beispiel: Zusammenlegung von Teileinheiten innerhalb einer Dienststelle.

119 BVerwG, PersR 1986, 93.

120 BVerwG, PersV 1988, 491.

der Dienststelle eine derart große Bedeutung hat, dass seine Auflösung, Einschränkung, Verlegung oder Zusammenlegung mit anderen Dienststellenteilen die gesamte Dienststelle dermaßen verändert, dass sie sich als Folge der Maßnahme zu einer in ihrem „Wesen" anderen Dienststelle wandelt.[121] Nur soweit die Public Private Partnership zu einer Reorganisation der jeweiligen Behörde führt, die eine derart einschneidende Wirkung zeigt, kommt auch ein entsprechendes Mitwirkungsrecht des Personalrats in Betracht. Vor diesem Hintergrund stellt beispielsweise die schlichte Zusammenfassung zweier Abteilungen einer Behörde nicht eine Zusammenlegung wesentlicher Dienststellenteile i. S. v. § 78 Abs. 1 Nr. 2 BPersVG, § 81 Abs. 2 LPersVG Hessen dar; es handelt sich dabei vielmehr um eine interne organisatorische Umgestaltung minderer Bedeutung, die kein Beteiligungsrecht begründet. Die Rechte der Personalvertretung beschränken sich in dieser Situation auf den allgemeinen Informationsanspruch (vgl. § 68 Abs. 2 BPersVG, § 62 Abs. 2 LPersVG Hessen) und auf eine eventuelle Beteiligung bei den notwendigen personellen Maßnahmen (vgl. § 76 BPersVG, § 77 LPersVG Hessen).

7. Wechsel vom Personalvertretungs- ins Betriebsverfassungsrecht

7.1 Anwendung des Betriebsverfassungsrechts

Für die Frage, ob im Rahmen einer Public Private Partnership noch Personalvertretungsrecht oder schon Betriebsverfassungsrecht anwendbar ist, kommt es maßgebend auf die Rechtsform der betroffenen Organisation an: Alle Dienststellen der öffentlichen Verwaltung sowie alle von der öffentlichen Hand geführten Eigenbetriebe unterliegen den Personalvertretungsgesetzen des Bundes oder der Länder; alle Betriebe mit privater Rechtsform fallen dagegen – unabhängig von einer eventuellen Beteiligung der öffentlichen Hand – unter das Betriebsverfassungsgesetz (vgl. § 130 BetrVG und § 1 BPersVG).[122]

Eine Public Private Partnership ist regelmäßig mit einer (funktionellen) Erfüllungsprivatisierung verbunden. Der Hoheitsträger bleibt zwar rechtlich in vollem Umfang für die Wahrnehmung einer bestimmten Aufgabe verantwortlich, greift aber bei ihrer tatsächlichen Erledigung auf die Unterstützung eines privaten Dritten zurück. Dies geschieht meist im Rahmen einer gemeinsamen Projektgesellschaft, die in einer privatrechtlichen Rechtsform (oft als GmbH) betrieben wird und hat weitreichende Folgen für die Interessenvertretung der Bediensteten. Das Mandat des Personalrates endet grundsätzlich mit dem Wechsel von der öffentlich-rechtlichen zu der privatrechtlichen Organisationsform; gem. § 130 BetrVG ist nunmehr ein Betriebsrat für die von der Privatisierung erfassten Bediensteten zuständig. Die Zusammenarbeit zwischen der öffentlichen Hand und dem privaten Partner führt somit zu einer Schutzlücke im Vertretungsrecht: Der existierende Personalrat verliert mit Wirksamwerden der Privatisierung (insoweit) sein Amt;[123] ein Übergangsmandat ist *de lege lata* nicht vorgesehen. Der zuständige Betriebsrat ist regelmäßig noch nicht gewählt und nimmt wegen der erforderlichen Wahlvorlaufzeiten erst nach sechs bis acht Wochen seine Arbeit auf.

7.2 Übergangsmandat des Personalrates

Die Literatur sieht überwiegend keine sachliche Rechtfertigung für diese Schutzlücke und fordert die Anerkennung eines generellen Übergangsmandats für alle Privatisierungsvorgän-

---

[121] Das OVG Lüneburg hat sich in seiner Entscheidung vom 20. 12. 1989 (PersR 1990, 344) der Argumentation des Bundesverwaltungsgerichts angeschlossen; vgl. auch HessVGH, PersV 1989, 43.

[122] Fitting/Engels/Schmidt/Trebinger/Linsenmaier, Betriebsverfassungsgesetz, § 130 Rn. 4.

[123] Der Personalrat verliert seine Zuständigkeit natürlich nur für die von der Privatisierung betroffenen Bediensteten; er behält sein Mandat innerhalb der (Rest-)Dienststelle und muss sich lediglich unter den Voraussetzungen des § 27 Abs. 2 BPersVG (massive Veränderung der Beschäftigtenzahl) einer vorzeitigen Neuwahl stellen.

ge.[124] Teilweise wird dabei auf entsprechende Spezialregelungen bei der Privatisierung von Post und Bahn verwiesen, teilweise wird mit einer Analogie zu § 21a BetrVG argumentiert. Diese Überlegungen sind jedoch angreifbar: Die Problematik ist seit Jahren bekannt und wird in der Wissenschaft intensiv diskutiert. Der Gesetzgeber hat mit der Einführung des § 21a BetrVG im Jahre 2001 gleichwohl nur den Betriebsräten ein generelles Übergangsmandat zugebilligt und sich im Übrigen auf Einzelfallregelungen beschränkt; eine Parallelvorschrift im Personalvertretungsrecht hat er nicht geschaffen. Insoweit fehlt es an einer planwidrigen Regelungslücke, die durch eine analoge Anwendung des § 21a BetrVG geschlossen werden müsste. Nach geltendem Recht kann der Personalrat im Zuge einer Privatisierung somit kein Übergangsmandat beanspruchen.[125]

Mit Blick auf die Richtlinie 2001/23 EG vom 12. März 2001[126] werden jedoch auch Zweifel an der Kompatibilität des geltenden deutschen Rechts mit europäischen Vorgaben geäußert. Art. 6 Abs. 1 Satz 1 der Richtlinie verpflichtet die Mitgliedsstaaten dafür Sorge zu tragen, dass die Arbeitnehmer eines Betriebes, die auf Grund eines Betriebsübergangs ihre Selbstständigkeit verloren haben, bis zur Bildung einer neuen Interessenvertretung angemessen repräsentiert werden. Der Geltungsbereich dieser Richtlinienvorschrift erstreckt sich ausweislich Art. 1 Abs. 1c auf öffentlich-rechtliche Unternehmen, die eine wirtschaftliche Tätigkeit ausüben, und zwar unabhängig davon, ob diese Unternehmen einen Erwerbszweck verfolgen oder nicht; ausgenommen sind lediglich behördeninterne Umstrukturierungen. Die Richtlinie zwinge – so eine verbreitete Auffassung – daher auch in den Fällen, in denen eine Privatisierung zum Verlust der bisherigen Interessenvertretung führe, zur Anerkennung eines Übergangsmandats.[127] Notfalls müsse Art. 6 der Richtlinie unmittelbar angewendet werden, um die Vertretungskontinuität des Personalrates zu wahren.[128]

Allerdings herrscht keineswegs Einigkeit über diese Auslegung der Richtlinie. Das Landesarbeitsgericht Köln hat in zwei Entscheidungen unterschiedlicher Kammern betont, dass sich aus Art. 5 (jetzt Art. 6) der Betriebsübergangsrichtlinie zumindest in den Fällen, in denen das Unternehmen, der Betrieb oder der Unternehmens- bzw. Betriebsteil seine Selbstständigkeit behält, kein Übergangsmandat des Personalrates ableiten lasse.[129] Art. 5 Abs. 1 Unterabs. 2 (jetzt Art. 6 Abs. 1 Unterabs. 2) der Richtlinie schließe Art. 5 Abs. 1 Unterabs. 1 (jetzt Art. 6 Abs. 1 Unterabs. 1) der Richtlinie und damit ein Übergangsmandat aus, „wenn gemäß den Rechtsvorschriften [...] der Mitgliedstaaten [...] die Bedingungen für die Neubestellung der Vertreter der Arbeitnehmer oder Neubildung der Vertreter der Arbeitnehmer erfüllt sind". Die gesetzlichen Voraussetzungen für eine Neuwahl von Betriebsräten sind in der Projektgesellschaft jedoch unstreitig gegeben.

Selbst wenn man annimmt, dass Art. 6 der Richtlinie nicht vollständig in das deutsche Recht umgesetzt wurde und dass insoweit ein gemeinschaftsrechtswidriger Zustand herrscht, kann der Personalrat gegenüber der Projektgesellschaft kein Übergangsmandat reklamie-

[124] Altvater/Hamer/Ohnesorg/Peiseler; Bundespersonalvertretungsgesetz, § 1 Rn. 9d; Trümner, in: Däubler/Kittner/Klebe, Betriebsverfassungsgesetz, § 130 Rn. 1ff.; Fitting/Engels/Schmidt/Trebinger/Linsenmaier, Betriebsverfassungsgesetz, § 130 Rn. 15 m.w.N.

[125] Vgl. auch v. Roetteken/Rothländer, Hessisches Bedienstetenrecht, § 81 HPVG Rn. 65ff.

[126] Richtlinie 2001/23/EG des Rates vom 12. März 2001 zur Angleichung der Rechtsvorschriften der Mitgliedstaaten über die Wahrung von Ansprüchen der Arbeitnehmer beim Übergang von Unternehmen, Betrieben oder Unternehmens- oder Betriebsteilen, Abl. L-82 S. 16ff.

[127] Altvater/Hamer/Ohnesorg/Peiseler; Bundespersonalvertretungsgesetz, § 1 Rn. 9d; Fitting/Engels/Schmidt/Trebinger/Linsenmaier, Betriebsverfassungsgesetz, § 130 Rn. 16; Löwisch/Schmidt-Kessel, BB 2001, 2162; v. Roetteken, NZA 2001, 414 (421).

[128] Trümner, in: Däubler/Kittner/Klebe, Betriebsverfassungsgesetz, § 130 Rn. 1a m.w.N.

[129] LAG Köln, NZA-RR 2001, 87 und LAG Köln, NZA-RR 2001, 423; vgl. dazu die Kritik von Trümner, in: Däubler/Kittner/Klebe, Betriebsverfassungsgesetz, 9. Auflage (2004), § 130 Rn. 1a.

ren.[130] In den Personalvertretungsgesetzen des Bundes und der Länder fehlt schlechterdings eine entsprechende Rechtsgrundlage; eine „horizontale Drittwirkung" von Richtlinien unter Dritten lehnt der Europäische Gerichtshof in ständiger Rechtsprechung ab.[131]

Aus strategischen Gründen kann es gleichwohl sinnvoll sein, mit dem Personalrat im Rahmen eines Tarifvertrages oder einer dreiseitigen „Überleitungsvereinbarung" ein Übergangsmandat zu vereinbaren. Eine Kontinuität der Arbeitnehmervertretung ist mitunter von maßgeblicher Bedeutung für die Bereitschaft der Mitarbeiter, überhaupt aus dem öffentlichen Dienst zu einem privaten Arbeitgeber zu wechseln. Die Projektgesellschaft sieht sich dann jedoch von Anfang an einem oftmals sehr hartleibigen Verhandlungspartner gegenüber.

7.3 Schicksal der Dienstvereinbarungen

Dienstvereinbarungen sind das kollektivrechtliche Pendant der Betriebsvereinbarungen im Bereich des Personalvertretungsrechts.[132] Eine gesetzliche Bestimmung, die ähnlich § 613a Abs. 1 BGB das Schicksal der Dienstvereinbarungen bei einem Wechsel des Rechtsträgers regelt, fehlt jedoch im öffentlichen Recht. Es ist daher umstritten, ob und inwiefern die bisherigen Dienstvereinbarungen in einer Projektgesellschaft fortgelten.

Ausgangspunkt ist die Feststellung, dass es sich bei Dienstvereinbarungen um öffentlich-rechtliche Verträge zwischen der Dienststelle und dem Personalrat handelt. Sie behalten bei einer Privatisierung nach h. M. ihre kollektivrechtliche Gültigkeit, solange die betriebliche Einheit der Dienststelle gewahrt bleibt.[133] Unklar ist jedoch, ob diese Voraussetzung auch bei einer funktionellen Privatisierung im Rahmen einer Public Private Partnership erfüllt wird.

Eine Literaturmeinung plädiert für eine kollektivrechtliche Fortgeltung aller Dienstvereinbarungen.[134] Der arbeitsorganisatorische Zuschnitt der bisherigen „betrieblichen" Einheit bleibe häufig auch bei einer funktionellen Privatisierung im Rahmen einer Public Private Partnership erhalten. Die Situation entspreche daher der Interessenlage bei einer Umstrukturierung ohne Wechsel von der Personalvertretung zu der Betriebsverfassung. Zumindest in diesen Fällen sollen sich die Dienstvereinbarungen in Betriebsvereinbarungen verwandeln und in der Projektgesellschaft weiterhin Anwendung finden. Geht die Identität der Dienststelle bzw. des Dienststellenteils dagegen durch Eingliederung in eine Projektgesellschaft verloren, so würde dies grundsätzlich auch das Ende aller Dienstvereinbarungen bedeuten, die für diese Behörde abgeschlossen wurden. In Betracht komme dann allenfalls eine Nachwirkung – soweit die Materie in der Projektgesellschaft nicht geregelt ist – oder eine Transformation ins Individualrecht.[135]

Eine andere Auffassung stellt hingegen zu Recht darauf ab, ob die Identität der Vertragsparteien gewahrt bleibt.[136] Mit der Gründung einer Projektgesellschaft und dem damit verbundenen Wechsel der Rechtsform verliert der Personalrat jedoch sein Amt, da gem.

[130] Annuß, in: Richardi, Betriebsverfassungsgesetz, 9. Auflage (2004), § 130 Rn. 13; Lorenzen/Schuster, in: Hoppe/Uechtritz, Handbuch Kommunale Unternehmen (2004), § 12 Rn. 174.

[131] Vgl. EuGH, Rs. C-91/92 (Faccini Dori/Recreb Srl), Slg. 1994, I-3325, 3355ff.; a. A. Generalanwalt Lenz in seinem Schlussantrag, a. a. O., I-3328, 3338ff.

[132] Altvater/Hamer/Ohnesorg/Peiseler, Bundespersonalvertretungsgesetz, § 73 Rn. 1.

[133] Altvater/Hamer/Ohnesorg/Peiseler, Bundespersonalvertretungsgesetz, § 73 Rn. 12; Lorenzen/Schuster, in: Hoppe/Uechtritz, Handbuch Kommunale Unternehmen, § 12 Rn. 91 m. w. N. in Fn. 122.

[134] Altvater/Hamer/Ohnesorg/Peiseler, Bundespersonalvertretungsgesetz, § 73 Rn. 12; Trümner, in: Blanke/Trümner, Handbuch Privatisierung, Rn. 723; Frohner, PersR 1995, S. 99, 108ff.

[135] Altvater/Hamer/Ohnesorg/Peiseler, Bundespersonalvertretungsgesetz, § 73 Rn. 13; a. A. Trümner, in: Blanke/Trümner, Handbuch Privatisierung (1998), Rn. 723 unter Berufung auf die Verpflichtung des Erwerbers, kollektivrechtlich vereinbarte Arbeitsbedingungen in gleichem Maße aufrechtzuerhalten (jetzt Art. 4 Abs. 3 der Richtlinie 2001/23 EG).

[136] Lorenzen/Schuster, in: Hoppe/Uechtritz, Handbuch Kommunale Unternehmen, § 12 Rn. 91; Schipp/Schipp, Arbeitsrecht und Privatisierung, Rn. 212ff. mit Hinweis auf BAG, DB 1982, 1414.

§ 130 BetrVG Betriebsverfassungsrecht gilt; eine Parteiidentität ist folglich nicht mehr möglich. Da Personalvertretung und Betriebsverfassung auf völlig unterschiedlichen gesetzgeberischen Konzepten beruhen, kann der Übergang der betrieblichen Organisation allein für die kollektivrechtliche Fortgeltung von Dienstvereinbarungen nicht ausreichen. Die Dienstvereinbarungen können in einer Projektgesellschaft somit jedenfalls nicht als Kollektivnormen weitergelten. Es kommt vielmehr zu einer Transformation entsprechend § 613a Abs. 1 Satz 2 BGB; die Bestimmungen der Dienstvereinbarungen verlieren ihren kollektivrechtlichen Charakter und gelten als Inhalt der Arbeitsverträge auf individualrechtlicher Ebene weiter.

Umstritten ist, ob die vorhandenen Dienstvereinbarungen durch Betriebsvereinbarungen, welche die Geschäftsleitung der Projektgesellschaft und ein neu gewählter Betriebsrat verhandeln, abgelöst werden können (§ 613a Abs. 1 Satz 3 BGB). Eine Ablösung würde die Transformation der Dienstvereinbarungen in das Individualrecht verhindern. Bei konsequenter Trennung zwischen Personalvertretungsrecht und Betriebsverfassungsrecht scheint eine solche Ablösung nicht möglich; Betriebsvereinbarungen können als *aliud* nicht an die Stelle von Dienstvereinbarungen treten. Inhaltlich regeln allerdings sowohl Dienstvereinbarungen als auch Betriebsvereinbarungen grundsätzlich den gleichen Gegenstand – die materiellen Arbeitsbedingungen der Belegschaft. Das unabweisliche Harmonisierungsbedürfnis der Projektgesellschaft und das mangelnde Schutzbedürfnis der betroffenen Mitarbeiter gegenüber Arbeitnehmern, die nicht aus dem öffentlichen Dienst in die Projektgesellschaft kommen, sprechen dafür, in diesen Fällen doch eine Ablösung zuzulassen.

Aus Gründen der Rechtssicherheit empfiehlt sich letztlich eine doppelgleisige Strategie: Zum einen kann erwogen werden, die fraglichen Dienstvereinbarungen rechtzeitig gegenüber dem bislang zuständigen Personalrat zu kündigen. Dies kommt indessen nur in Betracht, wenn die Belegschaft der gesamten Dienststelle auf eine Projektgesellschaft überführt werden soll und die Dienstvereinbarungen folglich nicht für einen verbleibenden Teil weiter benötigt werden. Ist dem Dienstherrn an dem Fortbestand der Dienstvereinbarungen für die ihm verbleibende Belegschaft gelegen, so bietet sich zur Lösung der Problematik der Abschluss einer Übergangsdienstvereinbarung an, die gegebenenfalls auch von dem neuen Arbeitgeber anerkannt werden kann. Zum anderen kann die Geschäftsführung der Projektgesellschaft mit dem neu gewählten Betriebsrat aber auch neue Betriebsvereinbarungen aushandeln, die – im Rahmen der Billigkeit[137] – die bestehenden Dienstvereinbarungen ablösen.

7.4 Interessenvertretung der Beamten

Fragen wirft auch die Interessenvertretung der Beamten im Rahmen einer Public Private Partnership auf. Bei der Projektgesellschaft handelt es sich regelmäßig um eine privatrechtlich organisierte Einheit; die Beteiligungsrechte der Arbeitnehmer richten sich nach dem Betriebsverfassungsgesetz und werden von einem Betriebsrat wahrgenommen (§ 130 BetrVG). Wahlberechtigt sind die eigenen Arbeitnehmer des Betriebes und fremde Arbeitnehmer, die länger als drei Monate zur Arbeitleistung überlassen wurden (§ 7 BetrVG).

Sofern die Beamten für die Dauer ihrer Beschäftigung bei der Projektgesellschaft beurlaubt werden oder ihre Aufgaben als Nebentätigkeit erfüllen, ergeben sich daher keine Besonderheiten. Die Beamten werden in diesen Fällen auf Grund eines Arbeitvertrages mit der Projektgesellschaft tätig und sind damit normale Arbeitnehmer i. S. v. §§ 5, 7 BetrVG; gegenüber ihrem Arbeitgeber werden sie von dem bereits bestehenden oder neu zu wählenden Betriebsrat vertreten.

Problematisch gestaltet sich dagegen die Lage, wenn der Dienstherr seine Beamten im Rahmen ihres öffentlich-rechtlichen Dienstverhältnisses einer Projektgesellschaft zuweist oder überlässt.

[137] BAG, AP BGB § 613a Nr. 227 = NZA 2002, 520.

Die Literatur will die betroffenen Beamten auch in diesen Fällen als Arbeitnehmer i. S. v. §§ 5, 7 BetrVG behandeln und folglich an den Betriebsratswahlen beteiligen.[138] Maßgebliche Kriterien seien insofern die Eingliederung in die Projektgesellschaft bzw. das Bestehen eines Weisungsverhältnisses zum Betriebsinhaber. Eine andere Einschätzung führe zu einem sachwidrigen Ergebnis: Obwohl die Beamten weitgehend in die Projektgesellschaft integriert werden und oft nicht mehr in ihre Stammdienststelle zurückkehren, würde ihnen jeglicher betriebsverfassungsrechtlicher Schutz vorenthalten.[139]

Das Bundesarbeitsgericht hat diesem Standpunkt jedoch – unter Aufgabe seiner bisherigen Rechtsprechung – in zwei jüngeren Entscheidungen[140] eine klare Absage erteilt: Zum einen seien Beamte keine Arbeitnehmer i. S. v. §§ 7 ff. BetrVG; das Beamtenverhältnis sei weder seinem Inhalt noch seinem Zustandekommen nach ein Arbeitsverhältnis. Zum anderen stünden auch die hergebrachten Grundsätze des Berufsbeamtentums und das Demokratieprinzip grundsätzlich einer Anwendung des Betriebsverfassungsgesetzes auf Beamte entgegen. Eine analoge Anwendung des § 24 Abs. 2 Satz 1 PostPersRG oder des § 19 Abs. 1 Satz 1 DBGrG, in denen die betroffenen Beamten kurzerhand zu Arbeitnehmern erklärt werden, komme nicht in Betracht. Soweit die Verwendung der Beamten in solchen Betrieben mit beamtenrechtlichen Grundsätzen zu vereinbaren sei, müsse deren kollektive Interessenvertretung durch die Anwendung personalvertretungsrechtlicher Bestimmungen gewährleistet werden. Daher ist der Betriebsrat einer Projektgesellschaft für die Beamten nur insoweit zuständig, als er – unabhängig vom Beschäftigtenstatus – die Interessen aller dort tätigen Personen wahrnimmt.[141]

Diese Rechtsprechung hat weitreichende Konsequenzen. Das Bundespersonalvertretungsgesetz und die meisten Landesgesetze sehen vor, dass die Beamten das Wahlrecht in den Personalvertretungen ihrer Stammdienststelle verlieren, sobald sie länger als drei Monate zu einer anderen Dienststelle abgeordnet sind; Gleiches gilt in den Fällen einer Zuweisung gem. § 123 a BRRG.[142] Die Rechtsprechung geht ferner auch bei einer Dienstleistungsüberlassung davon aus, dass Beamte, die ihre Aufgaben in einer Projektgesellschaft erfüllen, nach drei Monaten ihr Wahlrecht verlieren.[143] Die Dienstleistungsüberlassung sei zwischen der Zuweisung und der Abordnung angesiedelt und müsse folglich ebenso behandelt werden. Es entsteht somit eine „Repräsentationslücke": Weder der Betriebsrat der Projektgesellschaft noch der Personalrat der Stammdienststelle verfügen über ein Mandat, um die Belange der Beamten gegenüber dem Arbeitgeber bzw. dem Dienstherren vertreten zu können.

Die Abkehr des Bundesarbeitsgerichts von seiner bisherigen Rechtsprechung ist in der Literatur auf heftige Kritik gestoßen.[144] Die restriktive Linie des Gerichts könne schon angesichts der Neuregelung des § 7 Satz 2 BetrVG keinen Bestand haben. Danach sind Leiharbeitnehmer bereits nach einer Eingliederung von mindestens drei Monaten in ihrem

---

[138] Richardi, in: Richardi, Betriebsverfassungsgesetz, § 5 Rn. 113; Trümner, in: Däubler/Kittner/Klebe, Betriebsverfassungsgesetz, § 5 Rn. 111; Blanke/Sterzel, Privatisierungsrecht für Beamte (1999), Rn. 157/159; Fitting/Engels/Schmidt/Trebinger/Linsenmaier, Betriebsverfassungsgesetz, § 5 Rn. 279 m. w. N.

[139] Fitting/Engels/Schmidt/Trebinger/Linsenmaier, Betriebsverfassungsgesetz § 5 Rn. 280.

[140] BAG, AP BetrVG 1972 § 7 Nr. 5 = NZA 2002, 1294; vgl. auch BAG, AP BetrVG 1972 § 8 Nr. 8 = NZA 1998, 838; anders die ständige Rechtsprechung des BAG seit dem Beschluss vom 11. 4. 1958, AP BetrVG 1952 § 6 Nr. 1.

[141] Vgl. v. Roetteken/Rothländer, Hessisches Bedienstetenrecht (Stand: September 2002), § 81 HPVG Rn. 65 c mit Hinweis auf §§ 75, 80 Abs. 1 Nr. 4 BetrVG.

[142] Vgl. § 13 Abs. 2 BPersVG, § 11 Abs. 4 PVG Niedersachsen und § 9 Abs. 2 PVG Hessen.

[143] OVG Münster, PersV 2000, 416 und BayVGH, PersR 1999, 503.

[144] Trümner, in: Däubler/Kittner/Klebe, Betriebsverfassungsgesetz, § 5 Rn. 111: „Beamte [sind] zu einer willenlosen Manövriermasse von Rechts wegen erklärt worden", „Ignoranz"; Richardi, in: Richardi, Betriebsverfassungsgesetz, § 5 Rn. 113; vgl. auch die Kritik von Blanke, PersR 1999, 197, 203/211.

Einsatzbetrieb wahlberechtigt; der fehlende Arbeitsvertrag mit dem Betriebsinhaber stellt insofern kein Hindernis dar. Für Beamte, die häufig für einen viel längeren Zeitraum in der Projektgesellschaft arbeiten, könne im Ergebnis nichts anderes gelten. Ob das Bundesarbeitsgericht seine Auffassung unter dem Eindruck dieser Kritik erneut ändern wird, bleibt abzuwarten.

Unklar ist indessen auch, wie eine sachgerechte Interessenvertretung der Beamten aussehen könnte. Teilweise wird eine gesetzliche Regelung gefordert,[145] die den Beamten ein Wahlrecht zum Betriebsrat einräumt und sie in dessen Schutzauftrag einbezieht. Vorbild sind die §§ 28, 29 PostPersG sowie die §§ 17, 19 DBGrG, die einerseits den betroffenen Beamten ein Wahlrecht in den privatisierten Post- und Bahnbetrieben einräumen und andererseits die Beteiligungsrechte des Betriebsrates mit Blick auf die Zwitterstellung der Beamten modifizieren. Teilweise wird aber auch mit den Besonderheiten der Dienstleistungsüberlassung, die gerade in einer Public Private Partnership von großer praktischer Bedeutung ist, argumentiert.[146] Die Beamten bleiben in diesen Fällen – zumindest rechtlich – voll in ihre bisherige Dienststelle eingebunden und empfangen von dort ihre Weisungen. Es sei daher sinnvoll, diese Beamten auch weiterhin an der Personalvertretung ihrer Stammdienststelle zu beteiligen.

De lege lata wird man jedoch bis zu einer gesetzlichen Neuregelung davon ausgehen müssen, dass Beamte, die länger als drei Monate in der Projektgesellschaft eingesetzt werden, weder von dem Personalrat ihrer Stammdienststelle noch vom Betriebsrat der Projektgesellschaft repräsentiert werden.

---

[145] v. Roetteken/Rothländer, Hessisches Bedienstetenrecht, § 81 HPVG Rn. 65c.

[146] Lorenzen/Schuster, in: Hoppe/Uechtritz, Handbuch Kommunale Unternehmen, § 12 Rn. 243.

§ 10 Vertragliche Grundlagen – Finanzierungsverträge

Übersicht

1. Interessenlage und Beteiligte

1.1 Effiziente Aufgabenerledigung – Finanzierungskosten – Leistungsentgelt

Das vorrangige Ziel sowohl des öffentlich-rechtlichen als auch des privaten Partners eines PPP-Projekts besteht in der effizienten Aufgabenerledigung. Effizienz bezieht sich dabei zum einen auf die Betriebsorganisation des Auftragsnehmers und zum anderen auf die Finanzierung des Projektes; beides schlägt sich unmittelbar im Leistungsentgelt nieder, das der Auftraggeber zu bezahlen hat. Verfahrensmäßig wird die effiziente Aufgabenerledigung nicht zuletzt durch das Ausschreibungsverfahren gewährleistet; der dort bestehende Wettbewerb zwingt den privaten Partner, ein Angebot vorzulegen, das auf Basis einer effizienten Aufgabenerledigung kalkuliert wurde.

Die Frage nach der Finanzierung stellt sich bei PPP-Projekten primär für den Auftragnehmer, denn er muss zu einem erheblichen Teil vorleisten. Auftragnehmer (im Folgenden: AN) ist eine Projektgesellschaft, die vom Sponsor des Projekts (dem Sieger des Ausschreibungsverfahrens) eigens und ausschließlich zum Zweck der Projektdurchführung gegründet wird. Für den Auftraggeber (im Folgenden AG) wirkt sich das Finanzierungsthema reflexartig aus, und zwar in zweifacher Hinsicht: Zum einen wird der AG seine Finanzierungskosten und jede finanzierungsrelevante Forderung (z.B. hoher Eigenkapitalanteil) in den Vertrag mit dem AN „einpreisen“ – sei es durch Modifikation des Leistungsprogramms, sofern dieses nach der Ausschreibung nicht fix ist, oder sei es beim Leistungsentgelt bzw. der zu erhebenden Nutzungsgebühr. Zum anderen muss dem AG auch deshalb an einer soliden Finanzierung (auf Seiten des AN) gelegen sein, weil er ansonsten im Extremfall Gefahr läuft, seinen Vertragspartner vor erfolgreicher Durchführung des langfristigen projektbezogenen Vertrages wegen Insolvenz zu verlieren; zumindest drohen Nachverhandlungen oder Restrukturierungen, wenn beim AN ein Finanzierungsproblem auftritt. In allen Fällen entstünden Transaktionskosten, die faktisch zumindest teilweise (der Umfang richtet sich nach der konkreten Vertragsstruktur) der Auftraggeber tragen müsste; dies gilt insbesondere für den Fall, dass der AN ausgetauscht werden muss und kein (oder nur ein begrenzter) Rückgriff auf den Sponsor (Gesellschafter) des Projekts besteht.

1.2 Interdependenz der Projekt- und Finanzierungsverträge

PPP-Projekte werden typischerweise für den Lebenszyklus des betreffenden Objekts (z.B. Schulgebäude) vereinbart. Für diesen Zeitraum gehen AG und AN eine symbiotische Beziehung ein, die durch eine Reihe langfristiger Verträge strukturiert wird.[1] Diese Verträge,

[1] Vgl. zu den effizienzsteigernden Effekten langfristiger Verträge Sester, Projektfinanzierungsvereinbarungen als Gestaltungs- und Regulierungsaufgabe – Eine symbiotische Finanzierungsform für privatwirtschaftliche Projekte und Public Private Partnership Projekte, Köln, 2004, S. 200ff.

namentlich die Projektverträge (z. B. Generalunternehmervertrag für ein Bauwerk) und gegebenenfalls der Konzessionsvertrag (z. B. Straßenprojekte mit Mauterhebung) einerseits sowie die Finanzierungsverträge andererseits, sind interdependent. Die präzise Abstimmung der Verträge untereinander ist nicht zuletzt im Hinblick auf die Sicherung eines jederzeit positiven Cashflow eine vordringliche Gestaltungsaufgabe bei PPP-Projekten.

Diese Interdependenzen sollten bereits in der ursprünglichen Ausschreibung sowie im Verhandlungsprozess berücksichtigt werden. Konkret bedeutet dies, dass die Financiers frühzeitig beteiligt und nicht erst dann hinzugezogen werden, wenn ausverhandelte, aber möglicherweise nicht finanzierbare („non-bankable") Projektverträge vorliegen. In diesem Fall droht das Scheitern des Projekts. Zumindest aber wären zeitraubende Nachverhandlungen vor dem endgültigen Vertragsabschluss erforderlich; sofern es dabei zu substanziellen Abweichungen von der ursprünglichen Projektkonzeption kommt, entstünden möglicherweise vergaberechtliche Probleme, die zu weiteren Verzögerungen (bis hin zur Durchführung eines neuen Ausschreibungsverfahrens) führen können.

2. Gegenstand der Finanzierung

2.1 Kommunalwirtschaftliche Vorgaben

Der Gegenstand der Finanzierung ergibt sich aus dem Leistungspaket, mit dem der private Vertragspartner in Vorleistung gehen muss, und ist abhängig von der Zielsetzung des AG. Sofern er den AN über einen Konzessionsvertrag ermächtigt hat, mit dem Projekt Einnahmen zu erzielen (z. B. bei Straßenprojekten), wird er als Ziel anstreben, dass sich das Projekt aus den Einnahmen (ggf. abzüglich einer öffentlichen Anschubfinanzierung) selbst finanziert und trägt. In diesem Fall muss der AG insgesamt in Vorleistung gehen. Falls der AN hingegen das Leistungsentgelt gänzlich aus seinem Haushalt bestreiten muss (z. B. bei Schulprojekten), verfolgt er bei PPP-Projekten als finanzielles Ziel typischerweise die Vereinbarung eines Zahlungsstroms, der über den gesamten Lebenszyklus des Projekts gleich bleibend ist.

Die Zielsetzung eines langfristig stabilen, periodisch zu leistenden Entgelts, das von wirtschaftlichen Entwicklungen und dem Nutzungsverhalten der Adressaten des Objekts unabhängig ist, kann bei Projekten mit hohen Anfangsausgaben (z. B. umfassende Sanierung oder Neubau von Gebäuden) nur erreicht werden, indem der AN dem AG einen Teil des Leistungsentgelts kreditiert. Dabei ist zu beachten, dass der öffentliche AG haushaltsrechtlich lediglich die Investitionskosten eines Projekts (Bau und Sanierung), die aus dem Vermögenshaushalt zu bestreiten sind, und nicht die Bewirtschaftungskosten (Facility Management), die dem Verwaltungshaushalt zuzurechnen sind, im Wege eines Kredits finanzieren darf (vgl. z. B. § 103 Abs. 1 Hessische GemO). Diese Unterscheidung erscheint auf den ersten Blick einfach zu treffen; im Detail kann sie jedoch schwierig sein, da Instandhaltungskosten sowohl einen Investitions- als auch einen Bewirtschaftungsanteil enthalten können. Hierauf ist bei der Strukturierung der Projekt- und Finanzierungsverträge zu achten.

2.2 Vorleistung des privaten Partners

Was Gegenstand der Finanzierung ist, richtet sich danach, mit welchen Leistungen der AN in Vorleistung gehen muss. Typischerweise bezieht sich die Vorleistungspflicht auf gegenstandsbezogene Leistung wie den Bau bzw. die Sanierung von Objekten sowie die entsprechende Planungsaufgabe. Diese Leistungen werden dem AG – vom AN oder den Benutzern des Objekts – nur sukzessive über die Laufzeit des jeweiligen Vertragsmodells hinweg vergütet:

- im Vertragsmodell I durch eine Art Ratenkauf;
- im Vertragsmodell II z. B. durch die Leasingraten mit vorab festgelegter Abschlusszahlung bei Ausübung der Kaufoption;

– im Vertragsmodell III durch Mietraten und Optionspreiszahlung, wobei der Preis im Zeitpunkt der Optionsausübung festgelegt wird;
– im Vertragsmodell IV und V durch Zahlung der ratenweise gestaffelten Werklohnforderung;
– im Vertragsmodell VI durch die Einnahmen aus der Konzession;
– das Vertragsmodell VII tritt immer in Kombination mit I bis VI auf.

Dagegen werden die Leistungen des AN mit überwiegendem Dienstleistungscharakter (teilweise handelt es sich auch um Leistungen mit werkvertraglichen Elementen) im Rahmen des Facility Management Vertrages zumindest annähernd Zug-um-Zug und periodisch abgegrenzt vergütet. Insoweit besteht also kein besonderer Finanzierungsbedarf auf Seiten des AN.

In Bezug auf die Bau- und Sanierungsleistungen muss die Höhe und zeitliche Struktur des konkreten Finanzierungsbedarfs, der beim AN voraussichtlich entstehen wird, durch eine Cashflow-Projektion ermittelt werden.[2]

3. Definition des Begriffs „Projektfinanzierung“

3.1 Klassischer Projektfinanzierungsbegriff

Der Begriff „Projektfinanzierung“ wird in der Fachsprache (der Banken und Juristen) verwendet, um eine spezifische projektbezogene Finanzierungsstruktur zu bezeichnen, die sich etwa wie folgt definieren lässt:

Projektfinanzierung ist eine Methode, mit der Sponsoren (z. B. ein Bauunternehmen im Rahmen eines PPP-Projektes) das notwendige Kapital für ein wirtschaftlich abtrennbares Investitionsprojekt sammeln. Die Kapitalgeber gehen bei der Finanzierungsentscheidung davon aus, dass der Cashflow, den das Projekt voraussichtlich generieren wird, die einzige oder nahezu die einzige Quelle ist, aus der ihre Ansprüche auf Verzinsung und Rückzahlung des zur Verfügung gestellten Kapitals bezahlt werden können („limited recourse“). Als Sicherheit für den Projektkredit stehen fast ausschließlich die Vermögensgegenstände der Projektgesellschaft zur Verfügung. Dabei handelt es sich um eine Gesellschaft (z. B. um eine GmbH), die zu dem einzigen Zweck gegründet wird, das betreffende Projekt zu realisieren; die betreffende Gesellschaft wird von den Sponsoren mit Eigenkapital (Einlagen plus Gesellschafterdarlehen) ausgestattet, wobei die Eigenkapitalquote zumeist eher relativ niedrig ist. Die Bedingungen der Finanzierung (insbesondere Zins- und Tilgungsleistungen) werden präzise auf den Verlauf des prognostizierten Cashflow zugeschnitten.[3]

Aus der Definition wird deutlich, dass eine solche Finanzierungsstruktur, die ursprünglich für den rein privatwirtschaftlichen Bereich entwickelt wurde (z. B. für Raffinerie- oder Minenfinanzierungen), nur bei solchen PPP-Projekten in Betracht kommt, bei denen mit dem betreffenden Objekt umfangreiche und stabile Einnahmen erzielt werden. Bezogen auf die sieben Vertragsmodelle für PPP-Projekte ist diese Voraussetzung nur beim PPP-Konzessionsmodell (Vertragsmodell VI) gegeben. Im Hinblick auf dieses Modell, das auch in Kombination mit dem PPP-Gesellschaftsmodell (Vertragsmodell VII) auftreten kann, werden die Einzelheiten eines Projektfinanzierungsdarlehens (sowie andere Finanzierungsmodule) erörtert.[4] Bei einer Kombination von Konzessions- und Gesellschaftsmodell wird die Projektgesellschaft als Joint Venture Gesellschaft strukturiert, deren Gesellschafter der private AN

[2] Mills, Journal of International Banking Law, 1996/1, S. 24 ff.; Grosse, in: Projektfinanzierung, S. 41, 45 ff.; Sester, Projektfinanzierungsvereinbarungen als Gestaltungs- und Regulierungsaufgabe, S. 21.

[3] Vgl. Finnerty, Project Finance, S. 2; Hoffmann, International Project Finance, S. 4 f.; Nevitt/Fabozzi, Project Fiancing, S. 3; Röver, in: Handbuch der Projekte und Projektfinanzierungen, S. 157 ff.; Sester, Projektfinanzierungsvereinbarungen als Gestaltungs- und Regulierungsaufgabe, S. 10 f.

[4] Vgl. hierzu unten 5.4.3.1.

einerseits und der öffentliche AG andererseits sind, wobei AN und AG nicht notwendigerweise gleich hohe Gesellschaftsanteile übernehmen müssen.

3.2 Projektfinanzierung im weiteren Sinne

Bei den Vertragsmodellen I bis V werden aus dem Betrieb des Objektes, das Gegenstand eines PPP-Projekts ist, keine Einnahmen erzielt (z.B. öffentliche Schulgebäude); es fehlt hier jedes Marktrisiko und damit jede Chance, aus dem Projektbetrieb einen Gewinn zu erzielen. Das Objekt trägt sich also nicht – wie es für die Projektfinanzierung i. e. S. charakteristisch ist – selbst, sondern wird aus dem Haushalt der betreffenden Gebietskörperschaft und damit letztlich aus allgemeinen Steuereinnahmen finanziert. In diesen Fällen kommt also eine Projektfinanzierung im eben skizzierten, engeren Sinne nicht in Betracht. Wenn hier gleichwohl von Projektfinanzierung i. w. S. die Rede ist, dann werden darunter Finanzierungsstrukturen für eine Gesellschaft verstanden, die allein zu dem Zweck gegründet wurde, im Rahmen der Vertragsmodelle I bis V objektbezogene Vorleistungen (insbesondere Bau und/ oder Sanierung) zu erbringen. Dabei kommen – je nach der Projektstruktur – im Wesentlichen zwei Finanzierungsmodelle in Betracht: klassische Darlehensfinanzierung oder Forfaitierung der künftigen Leasingraten, Mietzahlungen oder Kaufpreisraten.

4. Überblick über die Finanzierungsinstrumente

4.1 Gründung einer Projektgesellschaft und Ausstattung mit Eigenkapital

4.1.1 Geeignete Gesellschaftsformen: GmbH, GmbH & Co. KG, Publikums-KG

Bei allen Vertragsmodellen wird der Sieger des Ausschreibungsverfahrens zur Durchführung des Projekts eine spezielle Projektgesellschaft gründen (in dieser Funktion bezeichnet man den AN häufig auch als „Sponsor"); typischerweise wird dabei die Rechtsform der GmbH gewählt. Falls die Projektgesellschaft über aktivierungsfähige Vermögensgegenstände verfügt und einen Aufwand für Abschreibungen oder einen sonstigen Aufwand steuerlich nicht nutzen kann, weil sie (zunächst) keine Gewinne erwirtschaftet, kommt auch eine GmbH & Co. KG als steuerlich durchlässige Gesellschaftsform in Betracht. Diese KG wird typischerweise dergestalt strukturiert, dass der Sponsor oder ein drittes Unternehmen die aufwandbedingten Verluste der Projektgesellschaft nutzen kann. Für die Zukunft interessant könnten aber auch Publikums-KG bzw. Fondsgesellschaft sein.[5] In diesem Fall würden die Kommanditanteile an der GmbH & Co. KG unter einem größeren Kapitalanlegerkreis gestreut.

4.1.2 Einlage des Stammkapitals – Aufbau von Kapitalrücklagen

Die Projektgesellschaft muss im Umfang des Finanzierungsbedarfs, der für das Projekt ermittelt wurde, mit Kapital ausgestattet werden. Dieses Kapital wird teilweise durch Eigenkapital und teilweise durch Fremdkapital sowie je nach Projekt auch durch Mischformen, sogenannte hybride Formen von Eigen- und Fremdkapital zur Verfügung gestellt.

Aussagen über das richtige Verhältnis von Eigen- und Fremdkapital, lassen sich nicht generell treffen, sondern sind von den Umständen des konkreten Projekts abhängig. In der Praxis hat sich wohl noch kein Marktstandard dergestalt herausgebildet, dass man einen festen Prozentsatz nennen könnte; der Praxis lässt sich aber eine Untergrenze von 5% und eine Obergrenze von 20% Eigenkapital entnehmen. Bezugspunkt ist dabei das Volumen des Projekts insgesamt oder bei subtiler kostenoptimierender Gestaltung das jährliche Investitionsvolumen, also eine dynamische Größe. Bei einem PPP-Projekt, das etwa die Sanierung und das anschließende Facility-Management von Schulen zum Gegenstand hat, wird – bei

[5] Vgl. Noack, PPP in NRW – Schwerpunkte, Erfahrungen und Probleme in der Praxis, S. 25.

einer dynamischen Eigenkapitalformel – das erforderliche Eigenkapital anfänglich eher höher sein, dann deutlich abnehmen (bis zu einer vertraglichen Mindestgrenze oberhalb des Stammkapitals) und in einem späteren Jahr, in dem planmäßig umfangreiche Instandhaltungsarbeiten anfallen, wieder zunehmen. Eine dynamische Eigenkapitalformel liegt im Interesse von AN und AG, denn sie trägt zur Optimierung der Finanzierungskosten beim AN bei, die er nahezu eins-zu-eins in das vom AG zu zahlende Leistungsentgelt einpreist.

Auf jeden Fall empfiehlt es sich, in den Projektverträgen zwischen AN und AG eine Mindestquote für das Eigenkapital festzulegen. Der AN signalisiert damit ein substanzielles Engagement; der AG profitiert von der Stabilisierungsfunktion, die das Eigenkapital für die Projektgesellschaft hat. Die Stabilisierungsfunktion greift insbesondere bei unvorhergesehenen Kostensteigerungen, vorzeitigen Instandhaltungsmaßnahmen und Fehlkalkulationen ein. In diesen Situationen kann die Verzinsung des Eigenkapitals – ohne Vertragsverletzung wie beim Darlehen – ausgesetzt und wegen der relativ gesehen niedrigen Verschuldensquote zusätzliches Fremdkapital aufgenommen werden, um den Mehrbedarf an Finanzmitteln zu decken.

Das Eigenkapital wird der Projektgesellschaft vom Sponsor üblicherweise zum Teil als Kapitaleinlage und zum Teil als nachrangiges Gesellschafterdarlehen zur Verfügung gestellt; hinzukommen kann die Bildung von freien Kapitalrücklagen aus Gewinnen, die sukzessive das Eigenkapital in Form von Gesellschafterdarlehen ablösen können. Die Kapitaleinlage (bei mehreren Gesellschaftern die Summe der Kapitaleinlagen) bildet bei der GmbH das Stammkapital; dieses hat vor allem zwei Funktionen: Ausschüttungssperrfunktion und Rechengrößen für die Verteilung der Stimm- und Vermögensrechte unter den Gesellschaftern.[6] Die Ausschüttungssperrfunktion besagt, dass keine (Gewinn-)Ausschüttungen und sonstigen Auszahlungen an die Gesellschafter vorgenommen werden dürfen, sofern dadurch das Stammkapital unter den im Gesellschaftsvertrag festgelegten Nennbetrag sinken würde (vgl. §§ 30, 31 GmbHG und die hierzu ergangene Rechtsprechung). Im Gegensatz zu einem weit verbreiteten Irrtum hat das Stammkapital ebenso wie das übrige Eigenkapital (insbesondere Kapitalrücklagen) keine Sicherungsfunktion im Sinne eines Bar-Depots, sondern kann und wird von der Gesellschaft in vollem Umfang in den Aufbau und Aufrechterhaltung des Geschäftsbetriebs investiert.

4.1.3 Gesellschafterdarlehen

Als zweite Komponente der Eigenkapitalausstattung kann ein Gesellschafterdarlehen dienen. Vielfach wird ein solches Darlehen der Gesellschaft unbefristet zur Verfügung gestellt und mit einer (zumindest teilweise) gewinnabhängigen Verzinsung ausgestattet; die Tilgung erfolgt erst bei Beendigung des Darlehensvertrages. Gesellschafterdarlehen haben den Vorteil, dass Zinszahlungen auf solche Darlehen in steuerrechtlicher Hinsicht abzugsfähige Betriebsausgaben darstellen – allerdings nur unter den engen Voraussetzungen des § 8a KStG und in dem dort geregelten Umfang. Der größte Vorteil von Gesellschafterdarlehen liegt in ihrer Flexibilität. Da sie nicht zum nominellen Stammkapital gehören, unterliegen sie nicht den eben skizzierten Bestimmungen zur Ausschüttungssperre.

Aus Sicht der Gläubiger der Gesellschaft erfüllen Gesellschafterdarlehen gleichwohl eine ähnliche Funktion wie das Stammkapital; dies trifft insbesondere dann zu, wenn sich etwa der öffentliche AN vom privaten AG in den Projektverträgen einen Rangrücktritt (Subordination) in Bezug auf das Gesellschafterdarlehen zusagen lässt. In diesem Falle darf der AN das Gesellschafterdarlehen aus der Projektgesellschaft nicht abziehen, bevor er alle Verbindlichkeiten aus den Projektverträgen erfüllt hat. Dieser Rangrücktritt kann und wird in der Praxis häufig so weit gehen, dass auf das Gesellschafterdarlehen keine Zahlungen geleistet werden dürfen, bis alle übrigen jeweils fälligen Verbindlichkeiten der Projektgesellschaft erfüllt wurden; weniger restriktive Rangrücktrittsklauseln lassen Zahlungen an die

[6] Mertens, ZGR 1998, 386 ff.

Gesellschafter zu, falls bestimmte Bilanzkennziffern oder finanzielle (meist auf den Cashflow bezogene) Verhältniszahlen erfüllt sind. Sofern die Projektgesellschaft in die Krise gerät, und zwar dergestalt, dass ein Insolvenzverfahren droht, werden Gesellschafterdarlehen nach Gesetz und Rechtsprechung – im Verhältnis zu den Gläubigern – regelmäßig ebenso behandelt wie haftendes Eigenkapital (§ 32a GmbHG),[7] soweit sich dies nicht ohnehin schon auf Grund eines umfassenden vertraglichen Rangrücktritts ergibt. Als Folge der Gleichstellung mit dem Eigenkapital belasten Gesellschafterdarlehen nicht die den gesellschafterfremden Gläubigern verbleibende Insolvenzquote. Eine umfassende Rangrücktrittserklärung kann in der Krise dazu führen, dass der betreffende Darlehensrückzahlungsanspruch nicht in die Passivseite einer Überschuldungsbilanz einzustellen ist und dadurch eine andernfalls bestehende Insolvenzantragspflicht nach § 64 GmbHG abgewendet wird.[8]

4.1.4 Beteiligungen nach dem Investmentgesetz

Art. 7 des ÖPP-Beschleunigungsgesetz[9] eröffnet durch Änderungen im Investmentgesetz für inländische Investmentvermögen im Sinne von § 66 InvestmentG und für Investmentaktiengesellschaften mit fixem Kapital im Sinne des § 96 Abs. 2 InvestmentG die Möglichkeit, sich an Projektgesellschaften Öffentlich Privater Partnerschaften mit Eigenkapital zu beteiligen. Der Begriff „Projektgesellschaft Öffentlich Privater Partnerschaften" wird in dem neu eingefügten § 2 Abs. 14 InvestmentG wie folgt definiert: „Projektgesellschaften Öffentlich Privater Partnerschaften sind im Rahmen Öffentlicher Privater Partnerschaften tätige Gesellschaften, die zu dem satzungsgemäßen Zweck gegründet wurden, Anlagen zu errichten und zu betreiben, die der Erfüllung öffentlicher Aufgaben dienen."

Eine Beteiligung ist nur in der Betreiberphase möglich, also nach Abschuss der Erstellung oder Sanierung der Infrastruktur-Projekte; außerdem muss der Verkehrswert der Beteiligung ermittelbar sein. Ferner sind die Beteiligungen der Höhe nach begrenzt. Im Falle des Erwerbs der Beteiligung durch eine Kapitalanlagegesellschaft für ein Immobiliensondervermögen (§§ 66, 67 Abs. 1 InvestmentG) darf zur Zeit des Erwerbs der Beteiligungswert zusammen mit dem Wert der bereits in dem Sondervermögen befindlichen Beteiligungen an anderen Projektgesellschaften Öffentlich Privater Partnerschaften 10 Prozent des Wertes des Sondervermögens nicht übersteigen (§ 67 Abs. 1 Nr. 5 InvestmentG n. F.). In bezug auf Beteiligungen durch Investmentaktiengesellschaften mit fixem Kapital bestimmt § 96 Abs. 2 S. 4 InvestmentG n. F., dass diese Gesellschaften in Vermögensgegenstände nach § 2 Abs. 4 Nr. 10 InvestmentG n. F. desselben Unternehmens, also in eine bestimmte Projektgesellschaft Öffentlich Privater Partnerschaften, nur bis zu 10 Prozent ihrer Bilanzsumme anlegen dürfen, die sich aus der letzten geprüften Bilanz ergibt, abzüglich der(aufgenommenen Kredite und sonstigen Verbindlichkeiten.

4.2 Ausstattung der Projektgesellschaft mit Fremdkapital

4.2.1 Darlehen

4.2.1.1 Darlehen und dingliche Sicherung

Als klassische Form der Fremdkapitalfinanzierung kommt ein Darlehen (i. S. v. § 488 BGB) in Betracht, das die Projektgesellschaft bei einer Bank bzw. regelmäßig einem Bankenkonsortium aufnimmt. Bei Anwendung der Vertragsmodelle I bis III kann dieses Darlehen durch Grundpfandrechte besichert werden. Bei den Vertragsmodellen IV und V scheidet eine solche Besicherung regelmäßig aus, da die betreffenden Grundstücke im Eigentum des öffentlichen AG bleiben. Zwar ist es theoretisch möglich, dass der öffentlich-rechtliche Partner eines PPP-Projekts für die Darlehensschuld des Privaten eine fremdnützige Grund-

---

[7] Vgl. Roth/Altmeppen, GmbHG, § 32a Rn. 25.
[8] Vgl. Roth/Altmeppen, GmbHG, Vorb. § 64 Rn. 36.
[9] BGBl. 2005, S. 2676.

schuld zugunsten der Banken bestellt, praktisch ist ein solches Ansinnen jedoch kaum durchsetzbar, oder es müssen Zustimmungen übergeordneter Behörden eingeholt werden (vgl. etwa § 158 Abs. 3 S. 1 HessSchulG: Verfügungen des Schulträgers über Grundstücke und Grundstücksgleiche Rechte, die Schulzwecken unmittelbar dienen, sowie über Lehrerdienstwohnungen (Abs. 5) bedürfen der Zustimmung des Staatlichen Schulamtes.). Eine solche Zustimmung zur Besicherung dürfte regelmäßig nicht erteilt werden, da eine private Drittverwertung von Grundstücken, die öffentlichen Zwecken dienen, ja mit dem Zustimmungserfordernis ausgeschlossen werden soll bzw. jeweils nur zu determinierenden Kautelen erfolgen soll. Derartige Kautelen wären wiederum ein Grund, der die Bestellung solcher Sicherheiten aus der Perspektive des Darlehensgebers uninteressant macht.

Außerdem wäre ein solches Grundpfandrecht letztlich wirtschaftlich wertlos. Durch privatrechtliche Verfügungen und auch durch Verfügungen im Wege der Zwangsvollstreckung wird nämlich die öffentlich-rechtliche Widmung einer Sache (z.B. Grundstück plus Bauwerk) nicht berührt. Der Vorrang auf Grund der öffentlichen Sachherrschaft (kraft Widmung) ergibt sich aus § 903 BGB und Art. 14 Abs. 1 GG. Außerdem bestimmt § 882a Abs. 2 ZPO, dass die Zwangsvollstreckung in solche Sachen unzulässig ist, die für die Erfüllung öffentlicher Aufgaben des Schuldners unentbehrlich sind oder deren Veräußerung ein öffentliches Interesse entgegensteht. Die öffentliche Zweckbestimmung lastet als nicht in das Grundbuch eintragungsfähige Eigentumsbeschränkung auf dem Grundstück. Bei einer Veräußerung kann sich der Erwerber nicht auf gutgläubigen lastenfreien Erwerb berufen.[10]

Selbst wenn im Einzelfall eine dingliche Sicherheit bestellt wird und die Voraussetzungen des § 882a Abs. 2 ZPO im konkreten Fall nicht vorlägen, sind die Aussichten auf einen wirtschaftlich attraktiven Verwertungserlös bei öffentlichen Gebäuden (insbesondere bei Schulen) vielfach nicht gut. Deshalb ist nach anderen Wegen der Sicherung zu suchen; dabei konzentriert sich alles auf die Festigkeit der Rechtsposition des privaten Partners in den Projektverträgen, insbesondere dem Facility Management Vertrag bzw. dem Konzessionsvertrag.

4.2.1.2 Darlehensgeber und Vertragsdokumentation

4.2.1.2.1 Potenzielle Darlehensgeber: Geschäfts- und Förderbanken

Vielfach setzen sich die Darlehensgeber bei Projektfinanzierungen aus (mindestens) zwei Gruppen zusammen: Geschäftsbanken und Förderbanken (z.B. KfW-Förderbank, Europäische Investitionsbank, Förderbanken der Landesbanken). Während die Geschäftsbanken hinsichtlich der zu finanzierenden PPP-Projekte weitgehend flexibel sind, muss das Projekt bei den Förderbanken regelmäßig in ein bestimmtes Förderprogramm passen (vgl. derzeit z.B. das KfW-Infrastrukturprogramm – Sonderfonds „Wachstumsimpulse"). Außerdem müssen die Allgemeinen Bestimmungen für das betreffende Förderprogramm beachtet werden.[11] Die Förderbanken finanzieren Projekte in aller Regel nur anteilig und typischerweise zu einem festen Zinssatz.

Die Kredite der Förderbanken werden in zwei Varianten ausgereicht: als Direktkredit oder als sog. bankdurchgeleiteter Kredit. Beim oben genannten KfW-Förderprogramm bildet der bankdurchgeleitete Kredit – wie bei vielen Förderbankprogrammen – den Normalfall. Der Kreditnehmer stellt zusammen mit der Geschäftsbank (häufig seiner Hausbank) den Antrag auf ein Förderdarlehen bei der Förderbank; dieses zahlt die Förderbank ggf. an die Geschäfts- bzw. Hausbank aus (im zuletzt genannten Fall spricht man auch vom sog. „Hausbank-Prinzip"). Sofern die Geschäftsbank – wie es typischerweise geschieht – gegenüber der Förderbank die volle Haftung für den Förderkredit übernimmt, ist dieser Kredit als Refinanzierungsinstrument zu qualifizieren. Selbst wenn die Konditionen der Förderbank

---

[10] Kodal/Krämer, Straßenrecht, S. 160 Rn. 22.

[11] Vgl. z.B. die KfW-Formulare Nr. 141839 Version 04/03 und Nr. 141836 Version 04/03.

– bezogen auf eine konkrete Finanzierungssituation – nicht wesentlich günstiger sind als diejenigen am kommerziellen Kreditmarkt, empfiehlt es sich, eine Förderbank in die Finanzierung von PPP-Projekten einzubeziehen, da ihr Engagement in der Öffentlichkeit und Politik ein positives Signal für das betreffende Projekt setzt.

4.2.1.2.2 Einheitliche bzw. getrennte Vertragsdokumentationen

Da sich die Konditionen bei den Geschäftsbanken und den Förderbanken in der Regel deutlich unterscheiden und die beiden Gruppen nicht Gesamtschuldner für die jeweils übernommene Kreditlinie sind,[12] liegen im Prinzip zwei separate Darlehen vor. Sofern das Förderdarlehen als bankdurchgeleiteter Kredit (mit Refinanzierungsfunktion) gewährt wird, werden für das ausgereichte Darlehen und das Refinanzierungsdarlehen zwei getrennte Dokumente erstellt, wobei sich die Konditionen für das Refinanzierungsdarlehen im Wesentlichen aus dem Förderbescheid und den allgemeinen Förderbedingungen ergeben.

Falls das Förderdarlehen als Direktkredit ausgereicht wird, kann es mit dem privatwirtschaftlichen Darlehen in einer einzigen Vertragsdokumentation zusammengefasst werden, in der zwischen den Tranchen A und B unterschieden wird. Dadurch lassen sich eine optimale Abstimmung der Zahlungsströme erreichen und Transaktionskosten einsparen. Typischerweise wird für beide Tranchen dieselbe Abwicklungsbank (Facility Agent) und derselbe Sicherheitenverwalter (Security Agent) eingesetzt. Sofern für unterschiedliche Darlehensgeber verschiedene Finanzierungsverträge erstellt werden, erfolgt die Abstimmung der Verträge aufeinander über einen Konsortialvertrag (in der internationalen Terminologie auch Intercreditor Agreement genannt).[13] Dasselbe gilt, wenn zwar ein einheitliches Vertragsdokument besteht, dieses aber in unterschiedliche Tranchen mit verschiedenen Konditionen aufgeteilt ist.

4.2.2 Forfaitierung

4.2.2.1 Struktur der Forfaitierung

Eine Alternative zur Darlehensfinanzierung, die bei PPP-Projekten wiederholt praktiziert wurde, ist die sog. Forfaitierung.[14] Darunter versteht man den regresslosen Verkauf aller Forderungen, die dem AN bzw. der Projektgesellschaft (PG) künftig gegen den AG zustehen werden, an eine Bank (als sog. „Forfaiteur"). Dazu schließen die Parteien zunächst einen Rahmenvertrag, in dem die Ankaufbedingungen und Preise bis in alle Einzelheiten festgelegt werden; der Ankauf erfolgt dann sukzessive mit dem Fälligwerden der betreffenden Forderungen (bei PPP-Projekten im Baubereich wäre dies bei Fertigstellung bzw. (Teil-)Abnahme durch den AG der Fall). Daher kann eine solche Forfaitierung eine Darlehensaufnahme nicht völlig ersetzen; denn sie verschafft der PG erst nach dem Fälligwerden der Forderungen, also mit einer gewissen Zeitverzögerung (im genannten Beispiel: Bauphase), liquide Mittel in Gestalt der Kaufpreiszahlungen.[15] Deshalb muss die Forfaitierung um eine Brückenfinanzierung in Darlehensform ergänzt werden, die dann mit den Erlösen aus der Forfaitierung abgelöst wird.

Der Regressverzicht wird bei der Forfaitierung umfassend ausgestaltet, d. h. das Bonitätsrisiko wird vollständig auf den Forfaiteur verlagert. Der Forfaitist (die Projektgesellschaft) haftet nur für den Bestand der Forderungen. Als Gegenleistung für die Zession der Forderungen zahlt der Forfaiteur den Gesamtwert aller künftigen Forderungen, die in das Forfaitierungsgeschäft einbezogen werden, sofort an den Forfaitisten aus, der damit das Projekt finanziert bzw. den Brückenkredit refinanziert. Selbstverständlich werden die Forderungen

---

[12] Auch innerhalb des Konsortiums liegt keine Gesamtschuld vor, vgl. hierzu unten 5.4.3.1.4.

[13] Vgl. Sester, Projektfinanzierungsvereinbarungen als Gestaltungs- und Regulierungsaufgabe, S. 94 f.

[14] Gabler Bank Lexikon, 13. Auflage, 2002, S. 533 ff.

[15] Im Prinzip können auch erst künftig entstehende Forderungen unmittelbar forfaitiert werden; dann entfällt allerdings der entscheidende Vorteil des Mogendorfer-Modells: die Behandlung als Kommunalkredit nach Grundsatz I § 13 Abs. 1 Nr. 1 a, vgl. hierzu unten 1.4.2.2.3.

entsprechend ihrer zeitlichen Entstehung abgezinst (diskontiert); der Forfaitist erhält den Barwert der abgezinsten Forderungen.[16] Die Höhe des Zinssatzes, mit dem die Forderungen diskontiert werden, richtet sich insbesondere nach der Bonität des Schuldners. Bei PPP-Projekten ist Schuldner der öffentliche AG; dieser verfügt im Verhältnis zu den meisten privatrechtlichen Schuldnern über eine hohe Bonität, sodass der Abzinsungsfaktor relativ niedrig ist. Darüber hinaus wird die Forfaitierung dergestalt strukturiert, dass die forfaitierende Bank eine Finanzierung zu den Bedingungen eines Kommunalkredits anbieten kann.[17]

Ausgangspunkt für die betreffende Strukturierung ist das sog. „Mogendorfer"-Modell, bei dem es im Ursprungsfall um einen „Mietkauf von Landstraßen" ging.[18] Bei diesem Modell schließen eine öffentlich-rechtliche Gebietskörperschaft und ein Bauunternehmer neben dem Werkvertrag über die Bauleistung auch einen „Kreditvertrag" ab. In diesem Kreditvertrag stundet der Unternehmer der Gebietskörperschaft die Werklohnforderungen dergestalt, dass sie diese nebst Zinsen über einen Zeitraum von 20 Jahren in gleich bleibenden Raten zu zahlen hat. Es wird also ein weitreichender Zahlungsaufschub gewährt. Die Gebietskörperschaft willigt darin ein, dass der Unternehmer alle Zahlungsansprüche an eine von ihm zu bestimmende Bank abtritt, und verzichtet *im Verhältnis zu dieser Bank* (nicht gegenüber der Projektgesellschaft) auf alle etwaigen Gegenrechte (Einwendungen, Einreden). Solche Gegenrechte könnten insbesondere aus dem Werkvertrag abgeleitet werden (z.B. wegen Baumängeln). Gemäß dem Baufortschritt erteilt die Gebietskörperschaft dem Bauunternehmer sog. Bautestate, durch die sie bestätigt, dass bestimmte Leistungen erbracht und abgenommen wurden und die betreffenden Preise dem Werkvertrag entsprechen. In einem Forfaitierungsvertrag (Forderungskauf- und Abtretungsvertrag) tritt der Bauunternehmer der finanzierenden Bank seine Ansprüche gegen die Gebietskörperschaft auf Zahlung des PPP-Leistungsentgelts ab, soweit sich dieses auf die Baumaßnahmen bezieht. Die Bank verpflichtet sich, an ihn Zahlungen im Wert der testierten Bauleistungen zu erbringen und stellt ihn von Zins- und Tilgungszahlungen frei. Aus den abgetretenen Forderungen nimmt die Bank anschließend die Gebietskörperschaft auf ratenweise Zahlung des vorgenannten PPP-Entgelts in Anspruch.

Bei dieser Konstruktion bleibt für die Bank allerdings ein Risiko bestehen: Verzögert sich die Abnahme (der Teilleistungen) oder bleibt sie (infolge von Leistungsstörungen) aus, sodass die Forderungen für die Sanierungsleistung mangels Fälligkeit nicht planmäßig forfaitiert werden können, so kann der Bank (je nach Entwicklung des Zinsniveaus) ein Schaden wegen verzögerter Inanspruchnahme der für den Forderungserwerb bereitliegenden Beträge entstehen (sog. Breakage Costs); denn die Bank hat sich entsprechend dem Abtretungsplan mit Finanzmitteln eingedeckt und kann diese u. U. nur zu einem niedrigeren Zinssatz anlegen als zu demjenigen, den sie im Rahmen der Forfaitierung erzielt hätte. Dieses Risiko wird nun dergestalt abgesichert, dass die Kommune mit der Bank einen Gewährvertrag abschließt, in dem sie sich verpflichtet, diesen Zinsschaden der Bank auszugleichen. Die Projektgesellschaft, die der Kommune deren Haftungsschaden (aus dem Gewährvertrag) ohnehin auf Grund einer Verletzung des Sanierungsvertrages ersetzen muss, verstärkt diese Ersatzpflicht zugunsten der Kommune, in dem sie ihr eine Bankbürgschaft (oder eine Bürgschaft des Sponsors) zur Verfügung stellt, in der sich die betreffende Bank für den Fall, dass die Kommune aus dem Gewährvertrag in Anspruch genommen wird, verpflichtet, eine entsprechende Ausgleichszahlung zu leisten. Die Höhe der Ausgleichszahlung wird begrenzt auf den Zinsschaden, der bei einer Verzögerung der Abnahme (beispielsweise) bis zu maximal einem Jahr entsteht. Diese Regelung ist interessengerecht, da die Kommune innerhalb dieses Zeitraums genügend Zeit haben sollte, um das Projekt notfalls durch Austausch der Projektgesellschaft oder durch Vergabe von Einzelverträgen in Gang zu setzen.

---

[16] Gabler Bank Lexikon, 13. Auflage, 2002, S. 157.

[17] Vgl. hierzu unten 4.2.2.3.

[18] Vgl. den instruktiven Tatbestand des Urteils RhPflVerfGH, NVwZ-RR 1998, 145 f.; vgl. auch Zeiss, NVwZ 1998, 467 ff.; Jahndorf, NVwZ 2001, 620 ff.

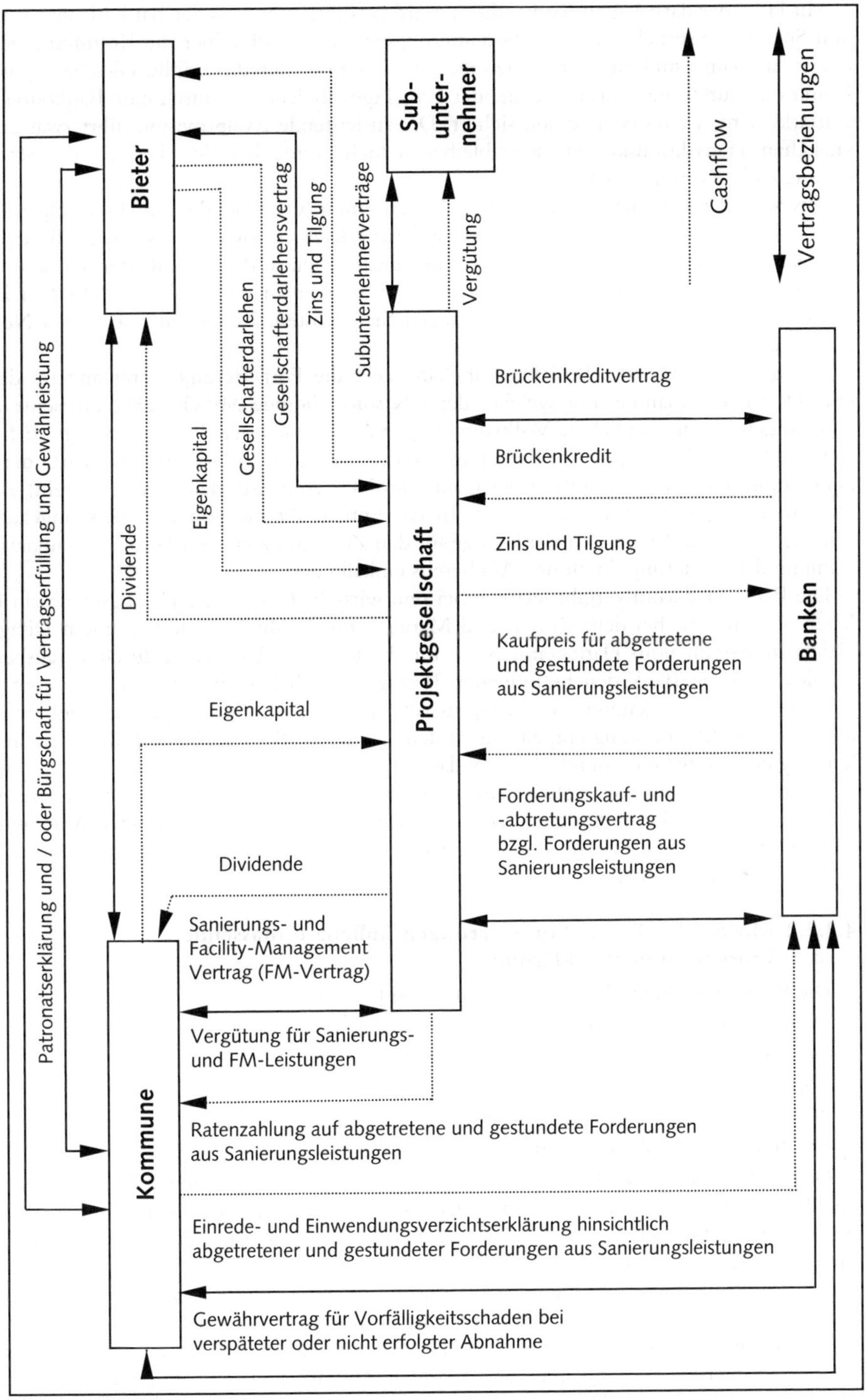

Abbildung 1: Forfaitierung

Mit Hilfe der dargelegten Konstruktion wird gewährleistet, dass der Bank für ihre Primär- und Sekundäransprüche aus dem Forfaitierungsvertrag als Schuldner die Kommune gegenübersteht. Damit sind die Voraussetzungen des Kommunalkredits erfüllt. Gleichzeitig ist die Kommune durch die Haftungszusage der Projektgesellschaft, die durch eine Bankbürgschaft verstärkt wird, weitestgehend abgesichert. Die zu leistende Avalprovision führt zwar zu zusätzlichen Transaktionskosten, diese bleiben jedoch hinter den Vorteilen aus der Strukturierung eines Kommunalkredits zurück.

Aus Sicht der Beteiligten bewirkt diese Forfaitierung (vgl. Abbildung S. 444) Folgendes:

Für die Kommune (= AG) ist die Forfaitierung letztlich folgenlos. Sie zahlt die mit der Projektgesellschaft (= AN) vereinbarten Entgeltzahlungen in der vereinbarten Höhe und zu dem vereinbarten Zeitpunkt statt an den AN nunmehr an die Bank. Es entstehen keine weiteren Belastungen, also auch keine zusätzlichen Kosten, Zinsen oder sonstigen Nebenleistungen.

Aus Sicht des AN, der Projektgesellschaft, stellt die Forfaitierung nichts anderes dar als eine Darlehensaufnahme, mit welcher der AN sofort liquide Mittel erhält, um seine Aufwendungen für die baulichen Maßnahmen (Neubau, Sanierung, Instandsetzung) zu finanzieren. Dieser Mittelzufluss ist notwendig, weil er nach dem PPP-Vertrag vom AG die Gegenleistung nur über die Laufzeit des Gesamtprojekts (zumeist: gleichmäßig verteilt) erhält, also erhebliche Vorleistungen erbringt. In das Entgelt für die von der Bank angekauften Forderungen sind Zinsen und Bankmarge für den Zeitraum zwischen Forderungsankauf und Zahlung der Forderung durch den AG bereits einkalkuliert.

Die Bank wiederum vergibt letztlich bei rein wirtschaftlicher Betrachtungsweise ein Darlehen an den AN, bei dem Zinsen und Marge bereits – ähnlich wie bei einem Disagio – gleich zu Beginn vom Darlehensnehmer für die jeweilige Laufzeit dadurch vorausbezahlt werden, dass die Bank den betreffenden Betrag sogleich bei Forderungsankauf vom Nominalbetrag der angekauften Forderung in Abzug bringt. Die Zahlungen des (ggf. anteilig) abgetretenen PPP-Leistungsentgelts durch den AG an die Bank stellen sich dann letztlich als Tilgung des „Darlehens" durch den AN dar.

Da diese Erklärung von großer Bedeutung für die – im Anschluss an das Muster zu erörternden – Refinanzierungsmöglichkeiten der Bank ist, wird im nachfolgenden Abschnitt ein Muster für die angesprochene umfassende Einredeverzichtserklärung gegenüber der forfaitierenden Bank vorgestellt.

4.2.2.2 Muster für die bei Forfaitierungen übliche umfassende Einredeverzichtserklärung

Die Kommune (Stadt, Kreis), vertreten durch [......]
(nachfolgend auch Kommune genannt)
und die
Y GmbH mit Sitz in [......]
(nachfolgend auch Projektgesellschaft genannt)
erklären und vereinbaren hiermit Folgendes:

Gemäß Rechnung Nr. [......] vom [......] hat die Projektgesellschaft Bauleistungen gegenüber der Kommune abgerechnet. Nach Prüfung der vorgenannten Rechnung bestätigt die Kommune hiermit, dass der Projektgesellschaft eine Forderung gegen die Kommune in Höhe von € [......] zusteht. Der Kommune ist bekannt, dass die Projektgesellschaft den Verkauf und die Abtretung dieser Forderung beabsichtigt. Die Kommune erklärt, mit der – auch mehrfachen – Abtretung der Forderung einverstanden zu sein.

Die Kommune bestätigt hiermit, dass diese Forderung ab dem [......] (Zeitpunkt gem. § [......] Sanierungsvertrag)] mit [......] % p. a. (Zinssatz gem. § [......] Sanierungsvertrag) zu verzinsen und einschließlich Zinsen ab dem [......] in monatlich gleich bleibenden Raten, fällig am Ende des jeweiligen Kalendermonats bis zum [......], zum Ausgleich zu bringen ist.

Die Kommune verzichtet hiermit gegenüber Dritten, die im Wege der Abtretung oder in sonstiger Weise Inhaber dieser Forderung werden, unwiderruflich und vollständig auf sämtliche derzeit bestehenden sowie zukünftigen vertraglichen und gesetzlichen Einreden und Einwendungen gegen die vorgenannte Forderung und zwar auch hinsichtlich ihres rechtlichen Bestandes. Der Verzicht auf Einreden und Einwendungen gilt auch für den Fall, dass sich die Leistungspflicht der Kommune gegenüber der Projektgesellschaft aus dem zu Grunde liegenden Rechtsverhältnis auf Grund einer – auch zufälligen – Leistungsstörung mindert oder gänzlich entfällt. Dieser Einrede- und Einwendungsverzicht lässt mögliche Ansprüche der Kommune gegen die Projektgesellschaft aus dem zu Grunde liegenden Vertragsverhältnis, insbesondere Gewährleistungsansprüche, im Verhältnis zur Projektgesellschaft unberührt.

Die Kommune bestätigt und sichert zu, dass der Einrede- und Einwendungsverzicht nicht gegen gesetzliche oder satzungsmäßige Vorschriften verstößt und alle Genehmigungen, soweit erforderlich, insbesondere aufsichtsbehördliche, vorliegen.

[Projektgesellschaft] [Kommune]

Statt eines jeweils einzeln erklärten Einrede- und Einwendungsverzichts bietet es sich an (und ist bei manchen PPP-Strukturen sogar unerlässlich), eine solche Verzichtserklärung vorab bereits für alle noch ausstehenden Werklohnforderungen abzugeben.

4.2.2.3 KWG i. V. m. Grundsatz I – Basel II – Hypothekenbankgesetz – Pfandbriefgesetz

Die Kreditkonditionen, die eine Bank fordert, werden maßgeblich bestimmt durch die Höhe des Eigenkapitals, das für den betreffenden Kredit bei der Bank vorzuhalten ist. Diese sog. Eigenkapitalunterlegung bestimmt sich nach § 10 KWG i. V. m. § 13 Grundsatz I. Bei Krediten an eine öffentlich-rechtliche Gebietskörperschaft (sog. Kommunalkredite) beträgt das Bonitätsgewicht gemäß § 13 Abs. 1 Nr. 1 a Grundsatz I null Prozent, d. h. es muss überhaupt kein Eigenkapital vorgehalten werden. Folglich sind die Konditionen für Kommunalkredite besonders günstig.

Die dargelegte Forfaitierung fuhrt – ebenso wie das echte Factoring – zu einer vollständigen Übertragung des Delkredererisikos. Damit gilt die Kommune bankaufsichtsrechtlich als Kreditnehmer der forfaitierenden Bank (§ 19 Abs. 5 Hs. 2 KWG).[19] Der Vorgang ist somit nach KWG und Grundsatz I als Kommunalkredit zu beurteilen, so dass die Bank hinsichtlich der Forfaitierung kein Eigenkapital vorhalten muss und die Finanzierung somit zu besonders günstigen Konditionen anbieten kann. Letztlich erfolgt damit die Finanzierung des PPP-Projekts nicht auf der Basis der Bonität des privaten, sondern des öffentlich-rechtlichen Partners.[20] An dieser Beurteilung wird sich wohl auch durch Basel II nichts ändern. Allerdings sind darin spezielle Regelungen zur Risikogewichtung bei angekauften Forderungen enthalten, die es zu beachten gilt.[21] Aus Gründen der internen Risikosteuerung verlangen in der Praxis einige Banken jedoch unabhängig von den aufsichtsrechtlichen Erfordernissen stets eine Einredeverzichtserklärung im Rahmen einer Forfaitierungstransaktion.

Dank der Einredeverzichtserklärung, die im Rahmen der Forfaitierung erfolgt, sind darüber hinaus die Voraussetzungen des § 20 Abs. 1 PfandBG erfüllt. Die forfaitierten Forderungen, die sich gegen eine Kommune richten, dürfen folglich zur Deckung öffentlicher Pfandbriefe verwendet werden.[22] In der Gesetzesbegründung zum PfandBG heißt es ausdrücklich, dass mit der betreffenden Regelung klar gestellt werden sollte, dass Forderungen

---

[19] Vgl. Bock in: Boos/Fischer/Schulte-Mattler, KWG, 2004, 2. Auflage, § 19 Rn. 144 ff.

[20] Hierzu ausführlich Bunsen/Sester, Finanzierungsvertrage für PPP-Projekte im öffentlichen Hochbau und Refinanzierung durch Pfandbriefe, ZfIR 2005, 81 ff.

[21] Siehe Basel II Ziff. 27 ff. (Forderungen an Staaten) und Ziff. 331 ff. (Regeln für angekaufte Forderungen).

[22] Bunsen/Sester, a. a. O. S. 85.

aus der Finanzierung öffentlicher Vorhaben im Wege des „Public-Private-Partnership" (z.B. forfaitierte Werklohnforderungen mit Einredeverzichtserklärung), die an Pfandbriefbanken abgetreten werden, deckungsfähig sind.[23]

4.2.3 Leasing

Leasing ist für den AN bei PPP-Projekten kein alternatives Finanzierungskonzept zur Darlehensfinanzierung oder Forfaitierung, sondern kann diese Konzepte in bestimmten Fällen lediglich ergänzen. In der Regel wird die Leasing-Finanzierung mit einer Darlehensfinanzierung kombiniert, um Darlehenszinszahlungen gegen Leasingzahlungen zu substituieren. Diese Vorgehensweise kann insbesondere sinnvoll sein, um die Finanzierung in gewerbesteuerlicher Hinsicht zu optimieren. Der in den Leasingraten enthaltene Zinsanteil mindert, anders als Zinszahlungen auf langfristige Darlehen, unter den Einschränkungen des § 8 Nr. 7 GewStG den gewerbesteuerlichen Ertrag der Betriebsgesellschaft in voller Höhe der gezahlten Leasing-Zinsen. Darüber hinaus ermöglicht es § 9 Nr. 4 GewStG dem Zahlungsempfänger (der Besitzgesellschaft), den Teil der Leasingraten, die der Leasingnehmer nach § 8 Nr. 7 GewStG nicht von seinem Gewerbeertrag abziehen darf, seinerseits als Abzugsposten bei der Ermittlung seines Gewerbeertrags zu benutzen.[24] Außerdem können Abschreibungspotenziale besser ausgeschöpft werden.[25]

Die betreffende Finanzierungsstruktur stellt sich – stark vereinfacht – wie folgt dar: Es werden von Beginn an zwei Projektgesellschaften gegründet: eine Besitz- und eine Betriebsgesellschaft. Die Besitzgesellschaft (in der Regel eine GmbH & Co. KG) ist zivilrechtliche Eigentümerin des Objekts, sie wird von den Sponsoren (oder einer Leasinggesellschaft) mit Eigenkapital und von den Banken mit einem Projektdarlehen ausgestattet. Die niedrig kapitalisierte Betriebsgesellschaft (in der Regel eine GmbH, deren Gesellschaftsanteile von einer Leasinggesellschaft gehalten werden) schließt mit der Besitzgesellschaft einen Leasingvertrag ab, der mit Betriebsbereitschaft des Objekts, also der Abnahme des Bauwerks durch den öffentlichen AG, in seine Vollzugsphase tritt. Der Facility Management Vertrag kommt zwischen dem öffentlichen AG und der Betriebsgesellschaft zustande, die mit den Einnahmen aus diesem Vertrag die Leasingraten an die Besitzgesellschaft bezahlt. Die Besitzgesellschaft forfaitiert die Leasingraten. Mit dem Kaufpreis für die Forderungen, der nach Maßgabe des regresslosen Forfaitierungsvertrages bezahlt wird, kann die Besitzgesellschaft ihre Darlehensfinanzierung zumindest teilweise substituieren. Dieses Leasing-Konstrukt kommt allerdings nur bei solchen PPP-Projekten in Betracht, bei denen die Projektgesellschaft bzw. die Projekt-Besitzgesellschaft ihrerseits Eigentum oder eigentumsverwandte Nutzungsrechte an dem betreffenden Bauwerk bzw. Grundstücken hat. Entscheidend für die Leasingkonstruktion ist nämlich die Möglichkeit, wirtschaftliches Eigentum auf Seiten des Leasingnehmers zu schaffen; dies setzt aber auf Seiten des Leasinggebers eine Rechtsposition voraus, die dem zivilrechtlichen Eigentum zumindest nahe steht.

4.3 Spezielle Finanzierungsformen für Konzessionsprojekte

4.3.1 Mezzanine-Kapital

4.3.1.1 Anwendungsbereich

Mezzanine-Kapital zeichnet sich dadurch aus, dass den Kapitalgebern das Recht eingeräumt wird, statt der vollständigen Rückzahlung des überlassenen Kapitals die Übertragung von Anteilen an die Projektgesellschaft zu verlangen. Wirtschaftlich ist eine solche Option für den Kapitalgeber nur dann von Interesse, wenn zu Beginn der Transaktion wenigstens die Chance besteht, dass die Projektgesellschaft nachhaltige Residualgewinne erzielen wird,

[23] Vgl. zum PfandBG Schuster/Sester, Zum Entwurf des Pfandbriefgesetzes, ZBBB 2004, 445 ff.
[24] Vgl. Reuter, BB 2003, 18 ff.
[25] Vgl. hierzu unten 5.4.3.2.

die ihren Unternehmenswert steigern. Typischerweise sind Mezzanine-Kapitalgeber nicht darauf aus, die übertragenen Gesellschaftsanteile langfristig zu halten, sondern wollen den Residualgewinn durch Veräußerung der Anteile realisieren.[26]

Eine Chance auf das Entstehen eines Residualgewinns ist aber nur bei PPP-Projekten mit Marktrisiko vorhanden. Ein solches Risiko besteht typischerweise nur im Rahmen des Konzessionsmodells (z.B. bei einem Straßenprojekt). Dagegen sind die übrigen Vertragsmodelle in der Regel so konzipiert, dass nach Ablauf eines Lebenszyklus die Kosten für die erbrachte Leistung des AN und ein angemessener, vorab zahlenmäßig bestimmter (Mindest-)Gewinn gerade bezahlt werden können. Ein Residualgewinn kann (und soll) hier mangels Marktrisiko und -chance nicht erzielt werden; aber selbst beim Konzessionsmodell ist es im Geltungsbereich des öffentlich-rechtlichen Kostendeckungsprinzips fraglich, ob ein entstandener Residualgewinn ohne weiteres von der privaten Seite (AG oder Mezzanine-Kapitalgeber) vereinnahmt werden kann.

4.3.1.2 Gestaltungsformen

4.3.1.2.1 Grundsätzliches

Mezzanine-Kapital unterliegt in Deutschland keiner speziellen gesetzlichen Regulierung. Je nachdem wie die Finanzierung im konkreten Fall strukturiert ist, kann sie bestimmten normierten oder von der Rechtsprechung entwickelten Vertragstypen zugewiesen werden. Dabei gibt es zwei Gruppen: auf bestimmte einzelne Kapitalgeber bezogene und auf den öffentlichen Kapitalmarkt bezogene Finanzierungsinstrumente. Zur ersten Gruppe gehören: nachrangiges (partiarisches) Darlehen und stille Gesellschaft. Die zweite Gruppe umfasst: Options- und Wandelschuldverschreibungen sowie Genussrechte.

4.3.1.2.2 Nachrangiges Darlehen

Eine in Deutschland besonders häufige Form der Überlassung von Mezzanine-Kapital ist diejenige des Darlehens i.S.v. § 488 BGB.[27] Die Verzinsung kann dabei fix oder variabel sein. In Betracht kommt auch die Kombination aus einer gewinnabhängigen und einer nicht-gewinnabhängigen Zinsberechnung; in diesem Fall liegt ein sog. partiarisches Darlehen vor. Zins- und Rückzahlungsströme werden mit Rücksicht auf die Cashflow-Projektion des Projektes strukturiert, wobei die Rückzahlung typischerweise nicht sofort beginnt, sondern erst nach Rückzahlung der vorrangigen Verbindlichkeiten (der sog. Senior-Verbindlichkeiten, die im Mezzanine-Darlehensvertrag als vorrangig definiert werden) bzw. im Anschluss an eine Startphase einsetzt, in der das finanzierte Vorhaben noch keinen Cash generiert – bei Bauprojekten also typischerweise erst nach der Bauphase.

Die Rückzahlung der Darlehensvaluta kann mit einem Recht auf Eigenkapitalerwerb (sog. Equity-Kicker) verknüpft werden; in Betracht kommt etwa ein Optionsrecht auf den Erwerb von Gesellschaftsanteilen. In diesem Fall partizipiert der Mezzanine-Darlehensgeber nicht nur am operativen Gewinn (dies wird bereits durch die gewinnabhängige Verzinsung erreicht), sondern auch an einer Steigerung des Unternehmenswertes.[28]

Der Geber des Mezzanine-Darlehens ist in der Regel durch dieselben Sicherheiten und Garantien gesichert wie der Geber des vorrangigen Darlehens; allerdings kann sich der Mezzanine-Darlehensgeber aus diesen Sicherheiten nur nachrangig befriedigen. Der Nachrang hinsichtlich der Rückzahlung bzw. der Befriedigung aus Sicherheiten wird durch ein Intercreditor-Agreement zwischen den Senior-Kreditgebern und dem Mezzanine-Darlehens-

---

[26] Vgl. Müller, Mezzanine Finance, S. 23ff.; Laudenklos/Sester, WM 2004, 2417ff.

[27] Fahrholz, Neue Formen der Unternehmensgründung und Finanzierung, S. 90f.; Schrell/Kirchner, BKR 2003, 13, 16f.

[28] Allerdings stellt sich bei einer solchen Option die Frage nach der folgenschweren Abgrenzung zur atypischen stillen Gesellschaft (steuerrechtlich wird das überlassene Kapital als Eigenkapital qualifiziert, sodass die Zinszahlungen nicht abzugsfähig sind) und zum sog. Eigenkapitalersatzrecht; vgl. hierzu unten 5.4.3.1.1 (24).

geber sichergestellt oder durch den unterschiedlichen Rang dinglicher Sicherheiten gewährleistet (Prioritätsprinzip, Reihenfolge der Eintragungen im Grundbuch – vorbehaltlich etwaiger Rangvorbehalte).

Mezzanine-Darlehen werden vor allem gegen einen starken und stabilen Cashflow gegeben und nicht gegen Sicherheiten. Im Gegenzug fordern die Kapitalgeber relativ strenge Covenants (Verpflichtungserklärungen des Kreditnehmers), um die Prämissen der Cashflow-Projektion zu sichern. Die Covenants betreffen insbesondere die Einhaltung bestimmter Ertrags- und Bilanzkennziffern und das Festhalten am vereinbarten Projektentwicklungsplan. Allerdings sind die Ansprüche und Rechtsbehelfe (Remedies) bei einem Breach of Covenant (Verletzung der übernommenen Verpflichtung) dergestalt strukturiert, dass sie nicht die Rückführung der vorrangigen Kredite gefährden. Die stärkere Risikoorientierung des Mezzanine-Kapitals zeigt sich unter anderem darin, dass nicht schon die Verschlechterung der Vermögensverhältnisse beim Darlehensnehmer zur Kündigung berechtigt (wie dies bei den vorrangigen Darlehen regelmäßig der Fall sein dürfte), sondern erst grobe Verstöße gegen Verpflichtungserklärungen (in der engl. Vertragsterminologie „Covenants“).

4.3.1.2.3 Stille Gesellschaft

Ein weiteres Finanzierungsinstrument, das zwischen Eigen- und Fremdkapital anzusiedeln ist, besteht in der Vereinbarung eines Vertrages über die Errichtung einer stillen Gesellschaft zwischen der Projektgesellschaft und dem Mezzanine-Kapitalgeber.[29] Da dieser Financier typischerweise im Hintergrund bleiben will und nicht in den mitgliedschaftlichen Verband der Projektgesellschaft eintritt, bilden beide eine Personengesellschaft als Innengesellschaft (z.B. eine GmbH & Still; vgl. § 230 HGB). Steuerrechtlich wird die (typische) stille Beteiligung wie die Gewährung eines Darlehens behandelt, d.h. die Zahlungen an den stillen Gesellschafter sind für die finanzierende Projektgesellschaft abzugsfähige Betriebsausgaben.

In dem Gesellschaftsvertrag verpflichtet sich der stille Gesellschafter gegenüber der Projektgesellschaft zur Erbringung einer Einlage, die Teil des Vermögens der Projektgesellschaft wird (§ 230 HGB). Im Gegenzug wird der stille Gesellschafter an den künftigen Gewinnen der Gesellschaft beteiligt (vgl. § 231 HGB), außerdem erhält er in einem vertraglich bestimmbaren Umfang gesellschaftsrechtliche Kontroll-, Veto-, Zustimmungs- und Informationsrechte (vgl. § 233 HGB). Zwar besteht hierbei ein weiter Gestaltungsspielraum, je mehr aber davon in Richtung „Gleichstellung mit einem Kommanditisten“ Gebrauch gemacht wird, desto größer wird – für den Fall einer entsprechenden Unterkapitalisierung der GmbH – die Gefahr, dass die Mezzanine-Finanzierung in Gestalt einer stillen Beteiligung als eigenkapitalersetzendes Darlehen im Sinne des § 32a GmbHG qualifiziert wird. Damit wäre das nachrangige Darlehen bei einer Insolvenz der Projektgesellschaft nicht nur gegenüber dem vorrangigen Darlehen, sondern auch gegenüber allen anderen Forderungen Dritter nachrangig, welche gegen die Projektgesellschaft bestehen.

4.3.1.2.4 Atypische stille Gesellschaft

Die atypische stille Gesellschaft unterscheidet sich von der typischen stillen Gesellschaft darin, dass der stille Gesellschafter an den stillen Reserven beteiligt wird, also einen Anspruch auf einen etwaigen Liquiditätsüberschuss der Projektgesellschaft erhält; außerdem wird er regelmäßig an den Verlusten beteiligt. Auf diese Weise steht er wirtschaftlich einem Gesellschafter der Projektgesellschaft gleich. Wenn er darüber hinaus gesellschaftergleiche Kontroll- und Abstimmungsrechte erhält, ändert sich allerdings die steuerrechtliche Qualifikation der betreffenden Finanzierungsstruktur: sie wird nunmehr wegen der Übernahme von Mitunternehmerrisiko und -initiative steuerrechtlich als Mitunternehmerschaft betrachtet. Dies

---

[29] Vgl. Fahrholz, Neue Formen der Unternehmensfinanzierung, 1998, S. 90f.; Schrell/Kirchner, BKR 2003, 14, 17.

hat zur Folge, dass die Zinszahlungen an den stillen Gesellschafter beim Darlehensnehmer keine abzugsfähigen Betriebsausgaben mehr darstellen. Damit ist die atypische stille Gesellschaft als Mezzanine-Instrument regelmäßig unattraktiv.[30]

Bei der Gestaltung eines stillen Gesellschaftervertrages und dem eng verwandten nachrangigen Darlehen mit gewinnabhängiger Verzinsung ist strikt darauf zu achten, dass die Grenzlinie zur atypischen stillen Gesellschaft nicht überschritten wird. Diese Grenzlinie verläuft nach der Rechtsprechung des Bundesfinanzhofs dort, wo Mitwirkungsrechte des stillen Gesellschafters (oder des Darlehensgebers mittels Covenants), denjenigen eines Kommanditisten vergleichbar sind (Mitunternehmerinitiative) und er an Verlusten, stillen Reserven sowie dem Geschäftswert („good will") beteiligt wird (Mitunternehmerrisiko).[31] Allerdings führt die mögliche eigenkapitalersetzende Funktion einer stillen Beteiligung isoliert betrachtet nicht zur Mitunternehmerschaft.[32]

4.3.1.2.5 Options- und Wandelanleihen

Options- und Wandelanleihen sind Mezzanine-Instrumente, die regelmäßig am Kapitalmarkt platziert werden; es handelt sich letztlich um Wertpapiere, die mit einem sog. Options- bzw. Wandlungsrecht auf Eigenkapital der Projektgesellschaft ausgestattet sind. Sie eignen sich – wie bereits oben dargelegt wurde[33] – nur beim Konzessionsmodell und bei einem sehr großen Finanzierungsvolumen; außerdem muss die Projektgesellschaft als Aktiengesellschaft strukturiert werden.

Wandelanleihen sind Schuldverschreibungen, welche dem Gläubiger das Recht gewähren, seinen Anspruch auf Rückzahlung des Nennbetrages gegen eine bestimmte Anzahl von Aktien einzutauschen. Vor der Ausübung des Wandelungsrechts hat der Inhaber die Stellung eines Gläubigers; Zeitpunkt und Bedingungen für die Ausübung dieses Rechts werden in den Anleihebedingungen festgelegt.

Optionsanleihen sind gleichfalls Schuldverschreibungen, die von Aktiengesellschaften emittiert werden; sie verbriefen das Recht, die Rückzahlung des Nennbetrags zu fordern, den Anspruch auf die Zinsen sowie das Recht, innerhalb eines bestimmten Zeitraums eine festgelegte Menge Aktien zu einem vereinbarten Preis zu kaufen. Es erfolgt also keine Wandelung der Darlehensvaluta in Aktienkapital; der Erwerb von Aktien tritt vielmehr neben die Rückzahlung der Darlehensvaluta.

Sowohl Wandelanleihen als auch Optionsanleihen eröffnen den Weg zum Kapitalmarkt und können daher eine ähnliche Kapitalsammelfunktion wie Aktien übernehmen. Schwierig und für den wirtschaftlichen Erfolg entscheidend ist die Bemessung des Optionspreises bzw. des Umtauschverhältnisses.[34]

4.3.1.2.6 Genussrechte

Als Gestaltungsvariante für Mezzanine-Kapital kommt auch die Ausgabe von sog. Finanzierungsgenussscheinen in Betracht. Der Begriff des Genussscheins wird im Gesetz nicht definiert, sondern nur an einzelnen Stellen erwähnt und mit punktuellen Regelungen verknüpft (z.B. § 221 Abs. 3 AktG). Genussscheine können sowohl von einer GmbH als auch von einer AG ausgegeben werden,[35] und zwar sowohl an Gesellschafter als auch an Dritte,[36] z.B. an Mezzanine-Kapitalgeber. Genussscheine gewähren auf rein schuldrechtlicher Basis

---

[30] Laudenklos/Sester, WM 2004, 2417ff.

[31] BFH BStBl. 1994 II, 282ff.; BStBl. 1994 II, 702, 704; BFHE 181, 423, 429ff.

[32] BFHE 168, 551ff.

[33] Vgl. hierzu oben 4.3.1.1.

[34] Vgl. zu den Berechnungsmethoden Müller, Mezzanine Finance, S. 258ff.

[35] Vgl. Hueck/Fastrich, GmbHG, 17. Auflage, 2000, § 29 Rn. 88ff.; Hüffer, AktG, 5. Auflage, 2002, § 221 Rn. 22ff.

[36] Hueck/Fastrich, GmbHG, 17. Auflage, 2000, § 29 Rn. 88c.

einzelne Vermögensrechte gegenüber der Projektgesellschaft, die denen von Gesellschaftern nachgebildet sind; sie haben jedoch keinen mitgliedschaftlichen Charakter.[37]

Durch eine attraktive finanzielle Ausstattung (z. B. ein Gewinnbezugsrecht kombiniert mit einer Festzinsvereinbarung sowie einem Abfindungsanspruch bei Liquidation der Gesellschaft, welcher gegenüber anderen Gläubigern nachrangig, aber vor Verteilung des Liquidationserlöses zu erfüllen ist) in Kombination mit schuldrechtlichen Informationsrechten können relativ risikofreudige Kapitalanleger erreicht werden. Besonders vielversprechend ist die Ausgabe von Genussscheinen, wenn sie als Inhaberpapiere verbrieft werden. Dies ist bei der Aktiengesellschaft der Regelfall, aber – ggf. mit Börsenzulassung – auch bei der GmbH möglich.[38]

4.3.2 Projekt-Anleihen und Verbriefung

Eine weitere Finanzierungsmöglichkeit stellen sog. Projekt-Anleihen (Schuldverschreibungen) dar. Die Transaktionskosten für die Platzierung von solchen Anleihen am Kapitalmarkt sind sehr hoch; es muss u. a. ein Platzierungsprospekt erstellt werden, und man benötigt ein kostspieliges externes Projekt-Rating von renommierten Rating-Agenturen. Wegen der erheblichen Transaktionskosten sind Projekt-Anleihen nur bei einem sehr hohen Finanzierungsvolumen sinnvoll. Bislang wurden in Deutschland keine PPP-Projekte geplant oder durchgeführt, die ein ausreichendes Volumen für eine Projekt-Anleihe am Kapitalmarkt aufwiesen.

Anwendung fanden solche Projekt-Anleihen bislang nur bei großen internationalen Projektfinanzierungen (im engeren Sinne), die sich im Milliardenbereich bewegen. Bei ihnen wird der enorme Kapitalbedarf teilweise dadurch gedeckt, dass neben dem Eigenkapital der Sponsoren und dem Projektfinanzierungsdarlehen der Banken auch direkt am Kapitalmarkt Geld aufgenommen wird. Allerdings können Projekt-Anleihen in der Regel erst nach der Fertigstellungsphase am Kapitalmarkt erfolgreich platziert werden, da die potentiellen Erwerber solcher Anleihen typischerweise nicht bereit sind, auch das Fertigstellungsrisiko zu übernehmen.[39] Will man Anleger einer höheren Risikoklasse gewinnen, so gelingt dies regelmäßig nur über Anleihen, die mit einem Eigenkapital-Kicker (einer Option zum späteren Erwerb von Anteilen an der Projektgesellschaft) ausgestattet sind; damit bewegt man sich wiederum im Bereich des Mezzanine-Kapitals.

Für die Zukunft ist auch nicht auszuschließen, dass Banken, die sich in größerem Umfang an Finanzierungen von PPP-Projekten beteiligen, ihre Ansprüche aus diesen Finanzierungen bündeln und in eine Verbriefungstransaktion (Asset Backed Securities) einbringen werden.[40] Die Struktur solcher Transaktionen stellt sich – stark vereinfacht – wie folgt dar: Die betreffende Bank verkauft ihre Ansprüche aus diversen PPP-Projekten regresslos (d. h. vollständiger Übergang des Bonitätsrisikos) an eine speziell für diese Transaktion geschaffene Einzweckgesellschaft. Diese Gesellschaft begibt am Kapitalmarkt eine Schuldverschreibung (Anleihe). Darin verpflichtet sie sich, aus erhaltenen Zins- und Rückzahlungen (für ausgereichte Projektkredite) bestimmte Zahlungen an die Erwerber der Anleihe zu leisten. Die Verbriefungstransaktion verlagert also das Risiko auf die Erwerber der Schuldverschreibungen, wodurch die Bank ihre Bilanz von diesem Risiko entlasten kann und insoweit kein Eigenkapital mehr vorhalten muss. Auf dieses Weise erhält sie Spielraum für neue Finanzierungen von PPP-Projekten.

---

[37] BGHZ 119, 305, 309f.; BGHZ 120, 141, 146f.; Hueck/Fastrich, GmbHG, 17. Auflage, 2000, § 29 Rn. 88; Hüffer, AktG, 5. Auflage, 2002, § 221 Rn. 26.

[38] Hueck/Fastrich, GmbHG, 17. Auflage, 2000, § 29 Rn. 88b.

[39] Vgl. Sester, Projektfinanzierungsvereinbarungen als Gestaltungs- und Regulierungsaufgabe, S. 96f.

[40] Im Bereich der Internationalen Projekt Finanzierung hat die CSFB 1997/98 eine der ersten Verbriefungstransaktion für Projektfinanzierungsdarlehen durchgeführt, vgl. Mulhern, PFI Issue 139 (1998), 25.

4.4 Kombination der Finanzierungsinstrumente

Im Zuge der Vorstellung der verschiedenen Finanzierungsinstrumente wurde bereits mehrfach angedeutet, dass sich die einzelnen Instrumente bei Projektfinanzierungen miteinander kombinieren lassen. Auf diese Weise können Kapitalgeber unterschiedlicher Risikoklassen in die Finanzierung eingebunden werden. Dadurch lässt sich nicht nur eine größere Kapitalmenge aufbringen, vielmehr wird es auch möglich, die Kosten des Kapitals zu optimieren. Für eine Optimierung ist es insbesondere sinnvoll, nach Wegfall des Fertigstellungsrisikos, also regelmäßig mit Abnahme der Bauleistung, eine Substitution von risikofreudigem durch weniger risikofreudiges und damit günstigeres Kapital vorzunehmen. Andere Gründe für eine Kombination der Finanzierungsinstrumente sind die Steueroptimierung und die effiziente Gestaltung der Refinanzierungsbedingungen für die Kapitalgeber (z.B. Minimierung der erforderlichen Eigenkapitalunterlegung bei den beteiligten Banken).

5. Zuordnung der Finanzierungsinstrumente zu den Vertragsmodellen

5.1 Gruppierung der Vertragsmodelle

Im Hinblick auf die Frage, mit welchen Finanzierungsinstrumenten der private AN sein Engagement in einem PPP-Projekt finanziert, können die sieben zum Projektvertrag entwickelten Vertragsmodelle in drei Gruppen zusammengefasst werden. Für die Zuordnung sind aus Sicht der Finanzierung zwei Kriterien maßgeblich: (1) Generiert das Projekt selbst Einnahmen oder nicht? (2) Wer ist Eigentümer des Objekts? Das erste Kriterium ist entscheidend für die Frage, ob eine Projektfinanzierung im engeren Sinne[41] möglich ist; das zweite gibt den Ausschlag dafür, ob eine klassische Darlehensfinanzierung (grundpfandrechtlich gesichertes langfristiges Darlehen) in Betracht kommt. Wendet man diese Kriterien auf die sieben Vertragsmodelle an, so gelangt man zu den folgenden drei Gruppen:

a) PPP-Erwerbermodell, PPP-Leasingmodell, PPP-Vermietungsmodell (Vertragsmodelle I bis III)
b) PPP-Inhabermodell, PPP-Contractingmodell (Vertragsmodell IV und V)
c) PPP-Konzessionsmodell (Vertragsmodell VI)

Die beiden Gruppen (a) und (b) unterscheiden sich im Hinblick auf die Rechtsnatur des Vertrages über die Bauleistung. Bei der Gruppe (a), insbesondere dem Vertragsmodell (I), liegt nach der Typologie des BGB ein Kaufvertrag (§ 433 BGB) vor, da das Grundstück, auf dem die Bauleistung erbracht wird, am Ende der Vertragslaufzeit an den öffentlichen AG übereignet werden muss. Obwohl nach der Vertragstypologie ein Kaufvertrag gegeben ist, wendet der Bundesgerichtshof seit langem auf Verträge, die auf Übertragung eines Grundstücks nach Errichtung eines Bauwerks gerichtet sind, das werkvertragsrechtliche Gewährleistungsrecht an.[42] Was die Entgeltzahlung für die Bauleistung anbelangt, so gilt aber im Grundsatz Kaufrecht; d.h. die gesamte Geldleistung (Zahlung des Grundstückspreises plus Zahlung des Werklohns) ist „auf einen Schlag" zu bezahlen, und zwar Zug-um-Zug gegen die Übereignung des Grundstücks mit dem fertigen Bauwerk.

Bei der Gruppe (b) handelt es sich um einen Werkvertrag i.S.v. § 631 BGB, denn die Bauleistung wird auf einem Grundstück erbracht, dessen Eigentümer der öffentliche AG ist. Folglich ist ein Übereignungsvorgang hinsichtlich des Bauwerkes nicht Gegenstand des Vertrages; damit liegt ein Werk- und kein Kaufvertrag vor. Die Vergütung für die Werkleistung wird mit der Abnahme fällig (§ 640 BGB); ist die Werkleistung – wie es üblich ist – nach dem Vertrag in einzelne Gewerke oder Bauabschnitte unterteilt, so wird die Vergütung sukzessive fällig.

---

[41] Vgl. hierzu oben 3.1.
[42] Vgl. BGH NJW 1973, 1235; BGH NJW 1981, 2344; Palandt/Sprau, BGB, Vorbem § 633 Rn. 3.

Trotz dieser unterschiedlichen gesetzlichen Regelung ist die Interessenlage bezüglich der Entgeltzahlung und der Finanzierung (der Vorleistung) jedoch in beiden Vertragsmodellen ganz ähnlich. Jeweils wird das Bauwerk ab seiner Erstellung oder Instandsetzung (für einen gesamten Lebenszyklus) ausschließlich vom AG genutzt, der allein eventuellen Baumängeln ausgesetzt ist. Was den AN anbelangt, so muss er jeweils für die Investitionskosten in Vorleistung treten. Wirtschaftliche Unterschiede bestehen nur im Hinblick auf die Fragen, ob das Eigentum übertragen wird und wie ggf. die zeitliche Struktur der Entgeltzahlung für die Übertragung des Grundstücks gestaltet wird.

Angesichts der weitgehend vergleichbaren Interessenlage ist es nahe liegend, die „Kaufpreisraten" (im Vertragsmodell I) vertraglich analog zur bauabschnittsweisen Werklohnzahlung (im Vertragsmodell IV) zu strukturieren; d. h. bauabschnittsweise zu zahlende Kaufpreisraten nach Erteilung einer Abnahmebescheinigung. Da die Übereignung des Grundstücks erst am Ende der Vertragslaufzeit erfolgt, liegt es nahe, die Entgeltzahlung für das Grundstückseigentum zeitlich nach hinten zu verlagern; diese Ausführungen zum Vertragsmodell I gelten entsprechend für die Vertragsmodelle II und III (Leasingmodell und Vermietungsmodell mit Kaufoption). Dort hängt allerdings die Frage nach der Entgeltzahlung für das Grundstückseigentum davon ab, ob die Erwerbsoption ausgeübt wird.

Das Vertragsmodell VII, das sog. PPP-Gesellschaftermodell, kann keiner der drei gebildeten Gruppen ausschließlich zugeordnet werden, da es immer in Kombination mit einem der Vertragsmodelle I bis VI auftritt. Aus der Perspektive der Projektfinanzierung weist es lediglich im Hinblick auf die Eigenkapitalseite spezifische Eigenschaften auf, die im Anschluss an die drei gebildeten Gruppen erörtert werden.[43]

5.2 Vertragsmodelle I bis III

5.2.1 Eigenkapitalseite

5.2.1.1 Kapitaleinlage und Gesellschafterdarlehen durch den Sponsor

Der AN gründet eigens und nur für die Projektdurchführung eine neue Einzweck-Gesellschaft (regelmäßig in der Rechtsform der GmbH), die er mit Eigenkapital ausstatten muss. Dies geschieht zum einen dadurch, dass der AN als sog. Sponsor bei der Gründung der GmbH die Kapitalanteile der Gesellschaft übernimmt und sich dabei zur Einzahlung des Stammkapitals verpflichtet. Darüber hinaus stellt der AG der Projektgesellschaft weiteres Kapital in Form eines nachrangigen Gesellschafterdarlehens zur Verfügung.[44] Die Höhe des Stammkapitals richtet sich naturgemäß nach dem Finanzierungsvolumen für das Projekt. Die zweite Richtgröße ist das betragsmäßige Verhältnis des Eigenkapitals zum Fremdkapital. Zur richtigen Relation von Stammkapital und Gesellschafterdarlehen gibt es keine feststehende Faustformel; vielmehr kommt es auf die Umstände des Einzelfalles an.

Die Höhe des Stammkapitals und die konkrete Ausgestaltung des Rangrücktritts bei Gesellschafterdarlehen beeinflussen die Stabilität des Projekts, wenn sich die „Cashflow"-Projektion im Nachhinein (über einen gewissen Zeitraum) als zu optimistisch erweist. Deshalb sind diese Punkte gerade auch für den öffentlichen Partner von großem Interesse und er sollte auf einem substanziellen Eigenkapitalinvestment bestehen. Allerdings ist er davor zu warnen, übertriebene Forderungen an den privaten AN (im Folgenden: Sponsor) zu stellen. Eigenkapital ist für den Sponsor teuer und wird daher in das Leistungsentgelt eingepreist oder führt zur einer Kürzung des Leistungsprogramms.

[43] Vgl. hierzu unten 5.5.

[44] Vgl. zu den Gründen für diese Zweiteilung bereits oben 4.1.3.

5.2.1.2 Beteiligung des öffentlichen AG an der Projektgesellschaft

In Betracht kommt auch eine Beteiligung des öffentlichen AG an der Projektgesellschaft; in diesem Fall ist Folgendes zu beachten:

Aus Sicht des öffentlichen AG würde eine solche Beteiligung in erster Linie dazu dienen, ihm auch gesellschaftsrechtlich „abgesicherte" Einfluss-, Einsichts-, Informations- und Kontrollrechte einzuräumen. Dies kann auch den weiteren Zweck haben, bei einer besonders groben Vertragsverletzung durch den privaten Sponsor den Ausschluss des privaten Sponsors aus der Projektgesellschaft zu bewirken bzw. seine Geschäftsanteile einzuziehen (§ 34 GmbHG). Dieses Vorgehen erscheint sinnvoll, wenn eine – zumindest zeitweilige – Fortführung des Projekts für den AG auch dann Sinn macht, wenn sich sein Anteil an der Projektgesellschaft zumindest vorübergehend auf 100% erhöht. Über die gesellschaftsvertraglichen Regelungen zum Einziehungsentgelt bzw. zum Abfindungsanspruch können die zusätzlichen Aufwendungen des AG für den „Rauswurf" des vertragsbrüchigen AN kontrolliert werden; es ist insbesondere an eine zeitliche Streckung der Zahlungen zu denken, um beim AG eine einmalige hohe Mehrbelastung seines Haushalts (gegenüber einem planmäßigem Verlauf des Projekts) zu verhindern.

Aus Sicht des Sponsors sind die gesellschaftsrechtlichen Mitwirkungsrechte bei einer Beteiligung des AG an der Projektgesellschaft auf Kontroll- und einige wenige Vetorechte zu beschränken; andernfalls verliert er zu viel Spielraum bei der Projektumsetzung, und der AG trennt sich – entgegen dem PPP-Grundkonzept – letztlich doch nicht von der operativen Aufgabenerfüllung. Im Rahmen der Mitwirkungsrechte müsste der private Sponsor und Mehrheitsgesellschafter der Projektgesellschaft aber jedenfalls akzeptieren, dass er den Geschäftszweck bzw. -umfang der Projektgesellschaft nicht ohne Zustimmung des AG über das vereinbarte Projekt hinaus ausdehnen kann.

Idealerweise würde sich die Beteiligung des AG ggf. auf die Zeichnung eines nominal geringen Anteils am Stammkapital der GmbH (bzw. an der Komplementär-GmbH, falls die Projektgesellschaft eine GmbH & Co. KG ist) beschränken. Im Gesellschaftsvertrag wäre sicherzustellen, dass der AG keine anteiligen Nachschüsse zu zahlen oder sonstige anteiligen Ausstattungen der Gesellschaft vorzunehmen hätte, falls in Bezug auf den privaten Sponsor eine solche Pflicht eintritt (z. B. nach Maßgabe der Sponsor-Verpflichtungserklärung (des Sponsor Support Letters)[45] oder einer gesellschaftsvertraglichen Regelung). Vielmehr wäre die Beteiligung des AG auf die Übernahme des ursprünglich nominalen Anteils am Stammkapital sowie auf den entsprechenden Stimmrechtsanteil zu beschränken. Durch Schaffung einer besonderen Gattung von Geschäftsanteilen könnte zudem geregelt werden, dass der AG z. B. nur einen festen, auf seinen nominalen Stammkapitalanteil bezogenen Prozentsatz als Dividende erhält.

Vorsicht ist bei diesen Gestaltungen allerdings dann geboten, wenn die Projektgesellschaft unter anderem Grundstücke oder grundstücksähnliche Rechte (z. B. Erbbaurechte) übernimmt, da hier steuerlich eine Aberkennung der in diesen Fällen üblichen 5,1%igen Beteiligung für grunderwerbsteuerliche Zwecke droht, falls die Regelungen insgesamt dazu führen, dass dem privaten Sponsor in Wirklichkeit 100% der Geschäftsanteile zuzurechnen wären (Stichwort: Zuordnung des wirtschaftlichen Eigentums).[46]

5.2.1.3 Sponsor-Verpflichtungserklärung (Sponsor Support Letter)

5.2.1.3.1 Einführung

Neben die Eigenkapitalausstattung der Projektgesellschaft durch den Sponsor treten weitere Formen der Unterstützung hinzu. Diese Unterstützungsmaßnahmen werden typischerweise in einer sogenannten Verpflichtungserklärung des Sponsors (in der englischen Vertragsterminologie einem sog. „sponsor support letter") geregelt. Dabei handelt es sich um

[45] Vgl. hierzu unten 5.2.1.3.

[46] Vgl. hierzu § 7 Abschnitt 13.3.1.

eine rechtsverbindliche Erklärung in Vertrags- oder Briefform, die der Sponsor – je nach Lage des Einzelfalls – gegenüber dem AG, der Projektgesellschaft (als selbstständige juristische Person) und den Banken abgibt, die Darlehen an die Projektgesellschaft gewähren. Falls die Erklärung in Briefform („Sponsor Support Letter") abgefasst ist, wird sie von den Begünstigten gegengezeichnet. Die Briefform ändert aber nichts am Vertragscharakter des entsprechenden Dokumentes. Bei PPP-Projekten werden solche Verpflichtungserklärungen typischerweise in einer Rahmenvereinbarung (in der englischen Vertragsterminologie als „Project Participation Agreement" oder ähnlich bezeichnet) oder – falls sich der AG an der Projektgesellschaft selbst beteiligt – auch in einer gesonderten, neben der Satzung der Projektgesellschaft vereinbarten Gesellschaftervereinbarung („Shareholders' Agreement") geregelt.

Im Folgenden wird eine solche Verpflichtungserklärung in stark vereinfachter Form vorgestellt und kommentiert; der Inhalt hat allerdings nur exemplarischen Charakter, da es insoweit kaum Standards gibt und es von den Umständen des Einzelfalles abhängt, welche Form und welcher Umfang der Unterstützung für ein konkretes Projekt sinnvoll und erforderlich sind. Die Gestaltungen reichen von weichen Versprechen, die Projektgesellschaft personell zu unterstützen, bis hin zu harten Patronatserklärungen mit Haftungszusagen. Eine harte Patronatserklärung ist nicht selten Kernstück eines PPP-Vertrages.

5.2.1.3.2 Kommentiertes Beispiel einer Sponsor-Verpflichtungserklärung

Präambel zur Sponsor-Verpflichtungserklärung

Wir (Sponsor und Anteilseigner der Projektgesellschaft, öffentlicher AG, finanzierende Bank, Facility Agent, Projektgesellschaft) nehmen Bezug auf den Projektvertrag vom 1. Januar 2005 und den Darlehensvertrag vom 1. Februar 2005. Die beiden Verträge sehen vor, dass der Anteilseigner der Projektgesellschaft das Projekt mit einigen Maßnahmen unterstützen wird, die in einer Sponsor-Verpflichtungserklärung festgelegt werden. Dies vorausgeschickt, gibt der Sponsor zu Gunsten des öffentlichen AG, der finanzierenden Banken und der Projektgesellschaft folgende Verpflichtungserklärungen ab, die von den Versprechensempfängern angenommen werden:

(1) Wir werden uns nach besten Kräften darum bemühen, dass die Projektgesellschaft zu jedem Zeitpunkt über ein qualifiziertes Management verfügt, mit dessen Hilfe sie in der Lage sein wird, die im Projektvertrag übernommenen Bau- und sonstigen Leistungen mit der Sorgfalt eines ordentlichen Bauunternehmers und Kaufmannes auszuführen; dies bedeutet insbesondere, dass die bei solchen Projekten übliche Sorgfalt eingehalten wird, und zwar im Lichte der Regelungen des Projektvertrages und des Finanzierungsvertrages (z.B. Darlehen).
Des Weiteren werden wir nach besten Kräften unser Wissen und unsere Erfahrung dem Management der Projektgesellschaft zur Verfügung stellen und es bei den Verhandlungen mit den Projektbeteiligten unterstützen. Wir sind uns darüber einig, dass diese Klausel keinesfalls eine Verpflichtung unsererseits enthält, eine Garantie für die Verpflichtungen der Projektgesellschaft unter dem Projekt- oder dem Finanzierungsvertrag zu übernehmen oder ihr mittelbar oder unmittelbar zusätzliches Kapital, Sicherheiten oder sonstige finanzielle Hilfen zur Verfügung zu stellen; es sei denn, dies wird im Folgenden ausdrücklich geregelt.
Ferner werden wir unsere Gesellschaftsanteile an der Projektgesellschaft nicht verkaufen und auch nicht in sonstiger Weise darüber Verfügungen treffen; auch werden wir es der Projektgesellschaft nicht gestatten, vor Ablauf von fünf Jahren nach der endgültigen Fertigstellung des Projekts eine Wandelschuldverschreibung zu begeben.

Anmerkung:

Diese Art von Klausel wird in der Fachsprache auch als Comfort Letter bezeichnet. Da der Zuschlag an den privaten AG nicht zuletzt im Hinblick auf seine Expertise und Erfahrung erfolgt, die Projektgesellschaft aber erst nach dem Zuschlag als neues Einzweckunternehmen aus der Taufe gehoben wird, müssen sich der Auftraggeber und die Banken absichern, dass kein Know-how-Gefälle zwischen Projektgesellschaft und Sponsor besteht. Dieser Zusammenhang erklärt den ersten Teil der Klausel. Der übrige Teil der Klausel sichert die konkrete Zusammensetzung der Gesellschafter in der Projektgesellschaft und die Beteiligungsstruktur.

Weitere Regelungen, die typischerweise im Rahmen des Comfort Letters vereinbart werden, betreffen das Verhalten des Sponsors für den Fall, dass im Rahmen des Projektvertrages oder des Finanzierungsvertrages eine Leistungsstörung seitens der Projektgesellschaft eintreten sollte.

Charakteristisch für den Comfort Letter ist die Klarstellung, dass keine Haftung, Garantie oder zusätzliche Kapitalisierungspflicht übernommen wird.

(2) Wir werden der Projektgesellschaft auf Verlangen des öffentlichen Auftraggebers oder der finanzierenden Banken nach Maßgabe der folgenden Bestimmungen zusätzliches Eigenkapital zur Verfügung zu stellen, und zwar als nachrangiges Gesellschafterdarlehen:

(a) Das zusätzliche Eigenkapital beträgt maximal EURO (...) und wird an die Abwicklungsbank ausbezahlt, die alleiniger rechtlicher Inhaber des Anspruchs ist.

(b) Die Abwicklungsbank kann nur dann die Zahlung zusätzlichen Eigenkapitals verlangen, wenn die ersten drei Tranchen des Finanzierungsvertrages vollständig an die Projektgesellschaft ausbezahlt wurden und im Rahmen des Projektvertrages oder des Finanzierungsvertrages eine Vertragsverletzung durch die Projektgesellschaft erfolgt ist. Die Abwicklungsbank kann nach ihrem Ermessen das bei ihr eingegangene zusätzliche Eigenkapital entweder dazu benutzen, die ausstehenden Zahlungen der Projektgesellschaft unter dem Finanzierungsvertrag zu erfüllen, oder dazu verwenden, die Bauarbeiten an dem Projekt fertig zu stellen. Unsere Verpflichtungen, zusätzliches Eigenkapital zur Verfügung zu stellen, besteht auch dann weiter, wenn über die Projektgesellschaft ein Insolvenz- oder Vergleichsverfahren eröffnet wird oder die Projektgesellschaft ihre Rechtsposition aus den Projektverträgen an einen Dritten überträgt.

(c) Die Abwicklungsbank kann den Anspruch auf Zahlung des zusätzlichen Eigenkapitals nach ihrer Wahl an einen Dritten abtreten.

(d) Sie (die Empfänger der Verpflichtungserklärung) werden uns die Pflicht, zusätzliches Eigenkapital zur Verfügung zu stellen, erlassen, sobald drei Monate seit der Fertigstellung des Projekts (Datum des Abnahmescheins) vergangen sind. Wir sind uns darüber einig, dass wir in den betreffenden drei Monaten zusätzliches Eigenkapital nur dann zur Verfügung stellen werden, wenn Mängel hinsichtlich der Bauleistung geltend gemacht werden.

Anmerkung:

Bei dieser Klausel handelt es sich um eine spezielle Form der Fertigstellungsgarantie (Completion Garantee) kombiniert mit einer Nachschusspflicht (Cash Injection Undertaking). Das sog. Fertigstellungsrisiko ist bei Projekten typischerweise – gerade im Verhältnis zu anderen Risiken – von besonders großer Bedeutung und wird daher besonders sorgfältig zwischen den Beteiligten verteilt. Mit der Fertigstellungsgarantie wird es teilweise auf den Sponsor verlagert. Fertigstellungsgarantien können sehr unterschiedlich gestaltet werden. Die hier vorgestellte Klausel garantiert nicht die Fertigstellung oder die Bezahlung etwaiger Verzögerungsschäden selbst; sie dient lediglich zum Ausgleich einer außerplanmäßigen Kostenentwicklung, die den prognostizierten Cashflow negativ beeinflusst.

(3) Wir werden der Projektgesellschaft unbedingt und unwiderruflich das übernommene Eigenkapital (zugesagtes Gesellschafterdarlehen und übernommene Stammeinlage) in voller Höhe zur Verfügung stellen, sobald eine Leistungsstörung durch die Projektgesellschaft im Rahmen des Projektvertrages oder des Finanzierungsvertrages aufgetreten ist und die Abwicklungsbank uns dazu auffordert. Dies gilt auch für den Fall, dass über die Projektgesellschaft zwischenzeitlich ein Insolvenzverfahren eröffnet wurde.

Anmerkung:

Diese Klausel erklärt sich daraus, dass die Auszahlung der betreffenden Gesellschafterdarlehen bedarfsorientiert und zeitlich gestaffelt zugesagt wurde. Auch die übernommene Stammeinlage muss nicht sofort vollständig einbezahlt werden; gesellschaftsrechtlich (§ 7 GmbHG) genügt es, wenn auf jede Stammeinlage ein Viertel einbezahlt wird, sofern insgesamt mindestens 12 500 EURO einbezahlt werden. Dieser Betrag entspricht der Hälfte des gesetzlichen Mindestkapitals, das jedoch bei PPP-Projekten weit überschritten wird.

(4) Wir gewährleisten, dass jede Partei, an die wir ganz oder teilweise unsere Rechte und Verpflichtungen als Gesellschafter der Projektgesellschaft übertragen, sich verpflichten wird, die Regelungen dieser Sponsor-Verpflichtungserklärung einzuhalten und zu erfüllen. Wir sind uns darüber einig, dass Sie (d.i. der Empfänger der Verpflichtungserklärung) nach Ihrem Ermessen eine Bankgarantie für die Verpflichtung des betreffenden Erwerbers verlangen können, Eigenkapital und zusätzliches Eigenkapital laut (2) zur Verfügung zu stellen.

Anmerkung:

Mit dieser Klausel soll für den Fall, dass der Sponsor im Laufe des Projekts ausgetauscht wird, sichergestellt werden, dass die Regelungen der Sponsor-Verpflichtungserklärung auch für den Sponsor der neuen Projektgesellschaft gelten.

(5) Wir erklären, dass alle Forderungen, die wir jetzt oder in Zukunft aus welchem Grund auch immer gegen die Projektgesellschaft haben oder haben werden, nachrangig gegenüber den Ansprüchen der Banken und des öffentlichen AG gegen die Projektgesellschaft sind. Wir werden diese Ansprüche erst geltend machen, nachdem das Bauwerk vollständig fertig gestellt und abgenommen wurde sowie sämtliche Verpflichtungen aus dem Finanzierungsvertrag erfüllt wurden.

Anmerkung:

Mit dieser Rangrücktrittserklärung wird sichergestellt, dass der Sponsor der Projektgesellschaft keine Finanzmittel entziehen kann, bevor die Projektgesellschaft ihre Verbindlichkeiten gegenüber den finanzierenden Banken und dem öffentlichen AG vollständig erfüllt hat.

Je nach Lage des Einzelfalles kommen weitere Erklärungen oder Garantien in Betracht. Relativ verbreitet ist die sog. shortfall guarantee. Bei einer solchen Garantie erklärt der Sponsor, er werde für das Risiko haften, dass selbst nach Verwertung aller Sicherheiten noch nicht alle Verbindlichkeiten abgedeckt sind. Diese Garantie ist allerdings für den Sponsor – insbesondere wenn sie summenmäßig nicht begrenzt wird – sehr riskant und setzt bei der Bank möglicherweise Anreize, die Verwertung nicht so effizient wie möglich zu betreiben; denn schließlich hat sie noch einen weiteren Schuldner in der Hinterhand. Diese unbegrenzte Rückgriffsmöglichkeit auf den Sponsor widerspricht im Prinzip – wie bereits dargelegt wurde[47] – dem Konzept der Projektfinanzierung.

5.2.2 Fremdkapitalseite

5.2.2.1 Forfaitierung

5.2.2.1.1 Funktionsweise und Notwendigkeit einer Brückenfinanzierung

Bei den Vertragsmodellen I bis III besteht ein Finanzierungsbedarf des privaten AN im Hinblick auf die zu erbringende Bauleistung, denn insoweit muss er erheblich vorleisten. Bezüglich des Facility Management Vertrages erfolgt die Vergütung dagegen wie bei einem typischen Austauschverhältnis mit Dauerschuldcharakter zeitnahe, so dass kein besonderes Finanzierungsbedürfnis besteht.

Soweit ein Finanzierungsbedarf vorhanden ist, bietet sich bei den Vertragsmodellen I bis III auf der Fremdkapitalseite vor allem eine Finanzierung via Forfaitierung an.[48] In der Typologie des BGB handelt es sich dabei um einen Forderungskaufvertrag, der durch Abtretung der betreffenden Forderungen und Zahlung des vereinbarten Kaufpreises erfüllt

[47] Vgl. hierzu oben 3.
[48] Vgl. hierzu oben 4.2.2.

wird. Das schuldrechtliche Verpflichtungsgeschäft (der Kaufvertrag) und das dingliche Verfügungsgeschäft werden dabei weitgehend in einem Vertrag zusammengefasst bzw. in einem Rahmenvertrag detailliert vorstrukturiert; je nach der Gestaltung im Einzelfall kann der Kaufvertrag auch mit einer aufschiebend bedingten Abtretung der künftigen Forderungen kombiniert werden (Bedingungseintritt: Vorlage einer Abnahmebescheinigung mit Einredeverzicht).

Über den Forfaitierungsvertrag fließt der Projektgesellschaft Liquidität in Gestalt des Kaufpreises für die Forderungen zu; allerdings geschieht dies nur sukzessive und mit erheblicher zeitlicher Verzögerung gegenüber den Investitionsausgaben. Der Gegenstand der Forfaitierung, die Forderungen gegen den öffentlichen AG, entsteht ja immer nur bauabschnittsweise und nach Erteilung einer Abnahmebescheinigung mit Einredeverzichtserklärung. Erst wenn dieses Dokument der forfaitierenden Bank gemäß dem Abtretungsplan vorliegt, wird die Abtretung voll wirksam und ist der Kaufpreis zu bezahlen. Daraus folgt, dass die PG für die Zwischenzeit eine Brückenfinanzierung benötigt.

Als Brückenfinanzierung wird regelmäßig ein Bankdarlehen dienen, das aus den vereinnahmten Kaufpreiszahlungen für die forfaitierten Forderungen zurückgeführt wird. Als Sicherheit für diese Brückenfinanzierung, die typischerweise von derselben Bank gewährt wird, die auch Partner des Forfaitierungsvertrages ist, kommen entweder eine Sponsor-Garantie oder dingliche Sicherheiten in Betracht. Eine Sponsor-Garantie widerspricht im Prinzip dem Konzept der Projektfinanzierung, das Sponsor-Unternehmen haftungs- und bilanzrechtlich nicht zu belasten. Die Forderung nach einer solchen Garantie wird bei den Vertragsmodellen I–III – anders als bei den Vertragsmodellen IV und V, wo dingliche Sicherheiten mangels Eigentums des AN (= PG) per se ausscheiden – nicht einfach durchsetzbar sein,[49] da folgende dingliche Sicherheiten zur Verfügung stehen: Verpfändung des Geschäftskontos der PG bei der Bank; Grundschuld an dem Grundstück, auf dem das Bauwerk errichtet wird; Sicherungsübereignung des beweglichen Vermögens, das sich auf dem Grundstück und in dem Bauwerk befindet; antizipierte Abtretung der Versicherungsansprüche, die auf Grund von Versicherungsverträgen für das Bauwerk und das Inventar entstehen könnten. Die aufgezählten dinglichen Sicherheiten sind dieselben, die auch im Rahmen des Forfaitierungsvertrages vereinbart werden.[50] Dies ist unproblematisch, solange Brückenfinanzierungs- und Forfaitierungsvertrag mit derselben Bank abgeschlossen werden; andernfalls müssen die Sicherheiten einem Sicherheitenverwahrer (Security Agent) anvertraut werden und Verteilungsregeln getroffen werden.

5.2.2.1.2 Kommentierter Forderungskauf- und -abtretungsvertrag

Im Folgenden wird ein Forfaitierungsvertrag für ein PPP-Projekt – in vereinfachter Form – vorgestellt und kommentiert. Dieser Vertrag bezieht sich auf Zahlungspflichten aus einem Projektvertrag, der – aus den bereits dargelegten Gründen[51] – hinsichtlich der Vergütung analog zu einem Werkvertrag strukturiert ist, d.h. bauabschnittsweise zu zahlende Kaufpreisraten (für die verkauften Forderungen) nach Erteilung einer Abnahmebescheinigung mit Einredeverzicht vorsieht.

(1) Beschreibung des Projekts

Bau und Betrieb eines Klinikzentrums in der Stadt S im Rahmen eines zwanzigjährigen Bau- und Facility Management Vertrages (die Projektverträge), die von S als Auftraggeber (AG) vergeben werden.

---

[49] Durchsetzbar wird die Forderung nach einer Sponsor-Forderung sein, sofern das Objekt, auf welches sich das Projekt bezieht, wegen seiner spezifischen Eigenschaften letztlich keinen adäquaten Verkehrswert hat.

[50] Vgl. hierzu unten 5.2.2.1.2 (15).

[51] Vgl. hierzu oben 5.1.

Anmerkung:

PPP-Projekte der Vertragsmodelle I bis III eignen sich im Prinzip für öffentliche Bauprojekte aller Art; wegen der gegenüber einer schlichten Darlehensfinanzierung höheren Strukturierungskosten muss aber ein gewisses finanzielles Volumen erreicht werden. Sofern von den künftigen Nutzern des Objekts ein Entgelt verlangt wird, bietet sich allerdings eher das Vertragsmodell VI, das Konzessionsmodell, und damit eine Projektfinanzierung im engen Sinne an.[52]

(2) Projektgesellschaft und Gesellschafter

Ausschließlich für den Zweck, das Projekt durchzuführen, wird eine Projektgesellschaft (PG) in der Rechtsform einer GmbH gegründet, die den Bau- und Facility Management Vertrag mit dem AG abschließen wird. Die betreffenden Verträge liegen den Parteien dieses Vertrages in der Fassung vom (...) vor. Einziger Gesellschafter der PG ist das Bauunternehmen U (im Folgenden: der Sponsor), welches das Ausschreibungsverfahren gewonnen hat.

Anmerkung:

An der PG können je nach Lage des Einzelfalles auch noch andere private Gesellschafter beteiligt sein (z.B. ein zweites Bauunternehmen) oder auch die Kommune selbst oder eine im Besitz der Kommune stehende privatrechtlich organisierte Gesellschaft (z.B. Versorgungs- und Beteiligungsgesellschaften in Form einer GmbH). Falls sich die Kommune beteiligt, liegt eine Kombination mit dem Vertragsmodell VII vor.[53]

(3) Forderungskäufer und -verkäufer

Forderungskäufer ist die Bank B (als Forfaiteur); Forderungsverkäufer ist die PG (als Forfaitist).

(4) Forderungsabtretung

Die zu erbringende Bauleistung ist in mehrere Fertigstellungsabschnitte unterteilt. Für die Bauleistungen der einzelne Abschnitte wird der Auftraggeber AG der PG Abnahmebescheinigungen erteilen, die einen Einredeverzicht enthalten. Daraus resultieren einredefreie Forderungen der PG gegen AG. Diese Forderungen tritt die PG in festgelegten Monatsperioden (z.B. 3-Monats-Perioden) an B ab; B zahlt im Gegenzug einen Kaufpreis in Höhe des diskontierten Gegenwertes der Forderungen.

Die betreffenden Forderungen, die mit der Abnahmebescheinigung fällig werden, stunden die PG und Bank B dem AG dergestalt, dass dieser über die gesamte Laufzeit der Projektverträge hinweg gleich bleibende Raten in Höhe von (...) zu bezahlen hat. Die erste Rate ist am (...) zu bezahlen. Bis zur Zahlung dieser Rate werden Zinsen auf den Betrag der angekauften Forderung berechnet; der Betrag, der sich dabei ergibt, wird auf den Kaufpreis für diese Forderung angerechnet. Entsprechend wird mit jeder weiteren abschnittsweise entstehenden Forderung verfahren.

Anmerkung:

Aus dieser Klausel wird die Zielsetzung des Forfaitierungsvertrages deutlich. Es geht darum, einen Zahlungsstrom für Bauleistungen, der zu Beginn des zwanzigjährigen Projektvertrages durch sehr hohe Zahlungen charakterisiert ist (Vergütung für die anfängliche Bauleistung ist sehr viel höher als das Entgelt für die laufende Instandhaltung und das Facility Management), in einen für den AG gleich bleibenden Zahlungsstrom mit oder ohne Abschlusszahlung zu verwandeln.[54] Gleichzeitig soll die PG nach jedem Bauabschnitt, der unter Einredeverzicht abgenommen wurde, die Vergütung für diesen Bauabschnitt in voller Höhe erhalten. Damit kann sie ihre Investitionskosten für den betreffenden Bauabschnitt refinanzieren (z.B. durch teilweise Rückführung eines Investitionskredits). Auf eine Faustformel gebracht geschieht Folgendes: Ein Vertrag über eine Bauleistung wird – mit Hilfe des Instruments der Abnahmebescheinigung – im Hinblick auf die Entgeltleistung als gleichförmiges Dauerschuldverhältnis strukturiert; für die Zwecke der Gewährleistung gilt vor Erteilung der Abnahmebescheinigung mit Einredeverzicht das Werkvertragsrecht analog.

---

[52] Vgl. hierzu unten 5.4.

[53] Vgl. hierzu unten 5.5.

[54] Vgl. hierzu oben 4.2.2.1.

Aus der Konstruktion, über die künftig zu erteilenden Abnahmebescheinigungen, folgt, dass der vorliegende Vertrag strukturell als eine Art Rahmenvertrag einzuordnen ist, dem sukzessiv einzelne Forderungskaufverträge folgen. Diese sequenziellen Kaufverträge werden allerdings in dem Rahmenvertrag bis in alle Einzelheiten vorstrukturiert und der Forfaiteur wird verpflichtet, die angebotene Forderung zu dem im Rahmenvertrag und seinen Anlagen festgelegten Preis anzukaufen, sofern die Abnahmebescheinigung vorliegt. Durch diese Konstruktion wird der weitere mit dem Forfaitierungsvertrag verbundene Dokumentationsaufwand auf das erforderliche Minimum begrenzt.

Da das wirtschaftliche Konzept des Vertrages vielfach in der Weise angelegt ist, dass es sich nur rechnet, wenn dem Forfaiteur tatsächlich alle Forderungen aus dem Projekt zum Kauf angeboten werden, wird der „Rahmenvertrag" wie folgt konzipiert: Er enthält sowohl ein Andienungsrecht als auch eine Andienungspflicht des Forfaitisten. Dies bedeutet, dass der „Rahmenvertrag" nicht nur den Rahmen festlegt, sondern zugleich aufschiebend bedingte Kaufverträge und entsprechende Abtretungserklärungen in Bezug auf alle Forderungen konstituiert, die künftig im Rahmen des Projekts fällig werden. Bedingungseintritt ist die Vorlage von Abnahmebescheinigungen mit Einredeverzichtserklärungen, vorausgesetzt, es liegt keine Leistungsstörung im Rahmen des Forfaitierungsvertrages vor.

(5) Gewährleistung

Die PG gewährleistet der Bank B und haftet ihr dafür, dass die verkauften Forderungen und die gemäß Ziff. 15 bestellten Sicherheiten wirksam bestehen bzw. im jeweiligen Abtretungszeitpunkt wirksam bestehen werden; sie gewährleistet weiter, dass die vorgelegten Abnahmebescheinigungen mit Einredeverzichtserklärungen wirksam erteilt wurden. Der Verkäufer gewährleistet darüber hinaus, dass er über die verkauften Forderungen frei verfügen kann und dass er sich nach der Abtretung an die B aller weiteren Verfügungen über die Forderung enthalten wird. Die PG steht schließlich dafür ein, dass die verkauften Forderungen zum Zeitpunkt des Übergangs auf die Banken frei von Rechten Dritter jeglicher Art sind. Die vorstehend geregelte Gewährleistung und Haftung der PG besteht unabhängig davon, ob die Bank etwaige Rechtsmängel kannte oder kennen musste.

Die Einbringlichkeit der verkauften Forderungen wird von der PG in keinem Falle gewährleistet.

Anmerkung:

Der unbedingte und uneingeschränkte Ausschluss der sog. Bonitätshaftung ist entscheidende Voraussetzung dafür, dass die Forfaitierung ihre günstigen gewerbesteuerlichen Regelungen entfalten kann.[55] Die PG darf nur die sog. Verität der Forderung (d.h. Bestand und Einredefreiheit) gewährleisten, im Übrigen muss der Ankauf regresslos gestaltet werden.

Da bei PPP-Modellen typischerweise der AG eine Gebietskörperschaft ist (Bund, Land, eine Gemeinde oder ein kommunaler Zweckverband o.Ä.), besteht insoweit auch kein Bonitätsrisiko; vielmehr ermöglicht das Forfaitierungsmodell ab dem Zeitpunkt der Abnahme, Forderungsabtretung und Wirksamkeit des Einredeverzichts eine Finanzierung des Forfaitierungsbetrages durch die Bank zu sog. „Kommunalkreditkonditionen".[56]

Allerdings besteht durchaus das Risiko, dass tatsächlich Mängel vorliegen und der AG Gewährleistungsansprüche geltend machen muss. In diesem Fall resultiert aus dem Einredeverzicht folgendes Risiko: Der AG muss wegen der Einredeverzichtserklärung ohne Möglichkeit der Leistungsverweigerung oder -kürzung an die Bank zahlen, erleidet aber hinsichtlich seines Gewährleistungsanspruches gegen die Projektgesellschaft einen Ausfall, weil diese und der Sponsor in die Insolvenz geraten. Gerade dieses Szenario verdeutlicht indes die Notwendigkeit bzw. Zweckmäßigkeit einer gewissen Eigenkapitalausstattung der Projektgesellschaft. Dadurch kann nämlich das Risiko eines solchen „Gewährleistungsausfalls wegen Insolvenz der PG" verringert werden. Eine optimale Absicherung bietet dem AG eine (betragsmäßig z.B. auf 50% des jeweiligen Auftragsvolumens begrenzte) Vertragserfüllungs- bzw. Gewährleistungsbürgschaft einer Bank; diese würde indes das Projekt für den AG wiederum verteuern, da der Avalkredit in das Leistungsentgelt eingepreist würde.

(6) Summe der gekauften Forderungen

Die Summe der gekauften Forderungen beträgt EURO (...).

---

[55] BFH, BStBl. II 1999, 735.

[56] Vgl hierzu oben 4.2.2.1 und 4.2.2.2.

Anmerkung:

Obwohl sich die Forfaitierung betragsmäßig im Prinzip am Projektvertrag orientiert, wird an dieser Stelle eine autonome Grenze in die Finanzierung eingeführt, d. h. nicht auszuschließende Kostensteigerungen im Rahmen der Bauleistung werden nicht erfasst. Diese Grenze ist in projektbezogenen Finanzierungsverträgen regelmäßig unvermeidbar; sie ist für den Financier wichtig, um langfristig günstige und vor allem gleich bleibende Finanzierungsbedingungen anbieten zu können.

(7) Verwendung

Die PG verwendet den vereinnahmten Kaufpreis abzüglich der (Zinsen), um die Investitionskosten unter dem Bauvertrag zu refinanzieren.

Anmerkung:

In dieser Verwendungsklausel zeigt sich ein wichtiges Charakteristikum der Vertragswerke bei PPP-Projekten: Die verschiedenen Verträge, insbesondere Projekt- und Finanzierungsvertrag, sind eng miteinander verbunden und bilden ein Gesamtkonzept; dies spiegelt sich nicht nur in der Ausschreibung (vielfach Paketausschreibung: Projekt- und Finanzierungskonzept) wider, sondern auch in einer Verzahnung der einzelnen Verträge.[57]

(8) Laufzeit

Die Laufzeit des Vertrages beträgt (z. B. 20) Jahre.

Anmerkung:

Entsprechend dem Grundkonzept von PPP-Projekten wird die Laufzeit in der Regel so bemessen, dass sie einem Lebenszyklus des Objekts entspricht oder jedenfalls nahe kommt. Angemessen erscheinen Laufzeiten von 20 bis 25 Jahren. Bei Gebäuden (z. B. Schulen, Gefängnissen, Schwimmbädern, Rathäusern, etc.) mag der Lebenszyklus zwar darüber liegen (vgl. auch die Regelungen zur Abschreibung von Gebäuden, die sich in privater Hand befinden), jedoch sind bei PPP-Projekten für die Vereinbarung der Laufzeit auch andere Faktoren als der rein technische Lebenszyklus des betreffenden Gebäudes bedeutsam. Zu diesen Faktoren zählen nicht zuletzt politische Erwägungen wie z. B.: Durchsetzbarkeit der Bindungsdauer des AG an einen einzigen privaten Vertragspartner und des dadurch bedingten Ausschlusses anderer Wettbewerber von (kleineren, abgegrenzten) Aufträgen, die sich auf das Objekt beziehen (Stichwort: örtliche Handwerker). Weitere Faktoren können die Praxis einzelner Genehmigungsbehörden bzw. kommunalaufsichtsrechtliche Restriktionen sein.

Wird eine (deutlich) kürzere Laufzeit als der technische „Lebenszyklus" für ein Projekt gewählt, das mit Neubau oder Kernsanierung seinen Anfang nimmt, so bietet es sich an, in dem Projektvertrag – zusätzlich zu dem abschnittsweise zu zahlenden Leistungsentgelt – eine Schlusszahlung vorzusehen, um den Restwert des Objekts abzugelten. Diese Schlusszahlung wäre vom AG dann über den entsprechenden Haushalt für die Restdauer des „Lebenszyklus" zu finanzieren. Als Alternative dazu kommt eine Umlage der (abgezinsten) Schlusszahlung auf die während der Projektlaufzeit zu zahlenden Raten in Betracht, um für den AG stets gleich bleibende Zahlungen zu gewährleisten.

(9) Erfüllung der anzukaufenden Forderungen

Die anzukaufenden Forderungen werden in monatlich fälligen Annuitäten gemäß einem Tilgungsplan bis zum Ende der Laufzeit des PPP-Projektes (z. B. nach 15 Jahren) erfüllt. Die erste Rate ist am (...) fällig.

Anmerkung:

Diese Zahlungsklausel führt zu einem stets gleich bleibenden Zahlungsstrom, in dem beim Vertragsmodell I neben dem Teil, der auf die Werkleistung entfällt, auch der Teil enthalten ist, der sich auf den Kauf des Grundstücks bezieht, sofern dieser Gegenstand des PPP-Projekts ist – im Falle von Schulprojekten ist dies typischerweise nicht der Fall. Wie bei einem klassischen Annuitäten-Darlehen teilen sich die Zahlungen in einen Zins- und einen wachsenden Tilgungsanteil auf.

---

[57] Neben einer präzisen Definition der Verwendung von Finanzierungsmitteln zeigt sich diese Verknüpfung vor allem in sog. Cross Default Klauseln (die Leistungsstörung in einem Projektvertrag wird als Leistungsstörung im Rahmen des Finanzierungsvertrages definiert); vgl. hierzu unten 5.2.2.1.2 (21) (d).

Für die Vertragsmodelle II und III, bei denen nicht von Beginn an feststeht, dass es zu einem Kauf am Ende der Vertragszeit kommen wird (abhängig von der Optionsausübung), ist die Tilgungskurve anders zu strukturieren: Am Ende der Vertragslaufzeit wird eine höhere Abschlusszahlung als Entgelt für die Übertragung der Eigentumsposition an dem Grundstück einschließlich Gebäude fällig. Beim Leasingmodell wird die Abschlusszahlung typischerweise niedriger sein als beim Mietkauf, da beim Finanzierungsleasing ein Teil des Entgelts für die Eigentumsübertragung bereits in die laufenden Leasingraten eingepreist wird.

(10) Swap und Festzinssatz

Die forfaitierende Bank B wird mit Inkrafttreten dieses Forfaitierungsvertrages einen Swap-Vertrag abschließen, mit dem sie ihr Zinsänderungsrisiko absichert. Dieser Swap-Vertrag wird sich am Abtretungs- und Tilgungsplan ausrichten, der diesem Forfaitierungsvertrag als Anlage (...) beigefügt ist. Auf der Basis der Swap-Bedingungen, die im Zeitpunkt des Swap-Vertragsabschlusses für die B gelten, wird sie der PG einen Festzinssatz offerieren, der sich aus einem Zinssatz und einer Marge zusammensetzt. Die Zinsfestsetzung erfolgt durch die Bank B an einem Werktag um (...) auf Basis der Reuters Seite (...) und auf der Berechnungsmethode (...); die zu addierende Marge beträgt (...).

Anmerkung:

Die Vereinbarung eines Festzinssatzes zwischen der Bank B und der PG ist Voraussetzung dafür, dass dem öffentlichen AG (im Rahmen des Projektvertrages) ein stets gleich bleibender Zahlungsstrom angeboten werden kann. Dergestalt ist sichergestellt, dass innerhalb eines Lebenszyklus tatsächlich die gesamte Vergütung für die Bauleistung bezahlt werden kann, ohne dass außerplanmäßige Finanzmittel aufzubringen wären. Der genaue Berechnungsmodus kann sehr kompliziert sein und wird im Forfaitierungsvertrag und seinen Anlagen genau festgelegt.

Bei der Vereinbarung eines Festzinssatzes ist zu beachten, dass ein solcher Zinssatz gemäß § 498 Abs. 1 Nr. 3 BGB nur für maximal 10 Jahre bindend vereinbart werden kann.

(11) Vorfälligkeitsentschädigung und Kosten

Weicht die PG vom Abtretungs- und Tilgungsplan ab, so muss sie der Bank B die im Zusammenhang mit dem Festzins entstehenden Ausgleichskosten und Vorfälligkeitsentschädigungen – Berechnung gemäß Anlage (...) – innerhalb von (...) Tagen nach Rechnungsstellung ersetzen.

Anmerkung:

Das Angebot eines Festzinssatzes über einen sehr langen Zeitraum ist für die Bank B riskant und nur auf der Basis eines Zinssatz-Swap-Vertrages tragbar. Bei der Grundform eines solchen Vertrages verpflichten sich die Parteien, in einem festgelegten Zeitraum zu bestimmten Terminen Zahlungen von Beträgen in derselben Währung zu leisten, die zu bestimmten, unterschiedlich definierten Zinssätzen (z. B. fest und variabel) auf einen nominellen (zahlenmäßigen) Kapitalbetrag berechnet werden.[58]

Der Swap sichert die Bank B aber nur unter der Voraussetzung, dass die Kalkulationsgrundlagen für den Swap-Vertrag, insbesondere der Abtretungs- und Tilgungsplan, genau eingehalten werden. Kommt es insoweit zu Abweichungen, dann muss es der Bank B möglich sein, die PG mit den Änderungskosten zu belasten, denn schließlich ist sie es, die die Abweichung zu vertreten hat.

(12) Verzugszinsen

Kommt die PG mit Zahlungen für Ausgleichskosten oder Vorfälligkeitsentschädigungen in Verzug, dann wird ab dem Fälligkeitstag der Zinssatz gemäß Ziff. 10 dieses Vertrages zuzüglich eines Aufschlags in Höhe von (...%) auf den fälligen Betrag berechnet.

Anmerkung:

Es versteht sich von selbst, dass für die Verzugszinsen, die in Bezug auf die Ausgleichskosten und Vorfälligkeitsentschädigung berechnet werden, nicht der Festzinssatz gelten kann, sondern der dann aktuelle Marktzinssatz zuzüglich einer gewissen Sanktion.

---

[58] Vgl. Jahn, in: Bankrechts-Handbuch, Band III, § 114 Rn. 3, S. 3674 mit einem instruktiven Bsp. auf S. 3675.

(13) Arranger-Gebühr

Die Gebühr für das Arrangement dieses Vertrages beträgt (...) % vom Kaufpreis für die Forderungen.

Anmerkung:

Mit dieser Gebühr wird die Bankdienstleistung vergütet, welche die Bank im Zuge der Strukturierung und anschließenden Syndizierung des Finanzierungsvertrages erbringt.

(14) Bereitstellungsgebühr

Die Bereitstellungsgebühr beträgt (...) % auf den zugesagten, aber noch nicht ausgezahlten Forderungskaufbetrag. Die Zahlung erfolgt vierteljährlich.

Anmerkung:

Mit der Zusage, eine bestimmte Kreditlinie bereitzustellen, verliert die Bank einen Teil ihrer wirtschaftlichen Bewegungsfreiheit. Dieser Verlust wird mit der Bereitstellungsgebühr ausgeglichen.

(15) Dingliche Sicherheiten

(a) Die PG verpfändet der Bank B ihr Geschäftskonto bei der Bank D zur Besicherung der verkauften Ansprüche.

(b) Weiter wird die PG der Bank B eine Grundschuld an dem Grundstück bestellen, auf dem das Bauwerk errichtet wird.

(c) Darüber hinaus wird die PG der Bank ihr bewegliches Vermögen, das sich auf dem Grundstück und in dem Bauwerk befindet, zur Sicherung übereignen.

(d) Schließlich wird die PG der Bank B etwaige Versicherungsansprüche abtreten, die auf Grund von Versicherungsverträgen für das Bauwerk und das Inventar bestehen.

Anmerkung:

Diese dinglichen Sicherheiten sind bei projektbezogenen Finanzierungen allgemein üblich, sofern die PG Eigentümerin der betreffenden Grundstücke ist. Daran fehlt es bei PPP-Projekten häufig, also muss die Absicherung auf andere Weise erfolgen (in der Regel durch eine mehr oder weniger harte Sponsor-Garantie).[59]

Zu den aufgezählten Sicherheiten kann noch die Verpfändung der Gesellschaftsanteile an der PG durch den Sponsor hinzukommen. Der Verpfändungsvertrag muss sorgfältig strukturiert werden, um gesellschaftsrechtliche Probleme (insbesondere § 32a Abs. 3 GmbHG) zu vermeiden.[60]

(16) Auszahlungsbedingungen

Folgende Bedingungen müssen (wenn sie nicht ohnehin schon bei Vertragsunterzeichnung vorliegen) vor der ersten und vor jeder weiteren Auszahlung des Kaufpreises für eine der abgetretenen Forderungen erfüllt sein:

(a) wirksame Gründung der PG, Vorlage des notariell beurkundeten Gesellschaftsvertrags, des Handelsregisterauszugs und der Eröffnungsbilanz

(b) Unterlagen über die Eröffnung des Geschäftskontos und Vorlage der Kontobevollmächtigung

(c) Vorlage der unterzeichneten Projektverträge in vorbehaltloser und unbedingter Weise

(d) Vorlage der kommunalaufsichtsrechtlichen Genehmigung sowie ggf. anderer erforderliche Genehmigungen von Behörden

(e) Vorlage der Abnahmebescheinigungen mit Einredeverzicht des AG; Unterzeichnung durch das vertretungsberechtigte Organ mit Zustimmung der zuständigen Gremien und Aufsichtsbehörden

(f) Rechtswirksame Bestellung der vereinbarten Sicherheiten

(g) Vorliegen der rechtsverbindlichen Finanzierungsverträge (Darlehensvertrag, Forfaitierungsvertrag, Swap-Vertrag)

(h) Legal Opinion zum Finanzierungsvertrag

---

[59] Vgl. hierzu oben 5.2.1.3.

[60] Vgl. hierzu unten 5.4.3.1.1 (24).

Anmerkung:

Diese Klauseln sind in projektbezogenen Finanzierungsverträgen allgemein üblich; die genannten Voraussetzungen müssen in allen Auszahlungszeitpunkten erfüllt sein. Eine Legal Opinion wird nicht bei allen Verträgen verlangt; sie kann sich insbesondere darauf beziehen, dass die konkrete Forfaitierungslösung tatsächlich eine Refinanzierung zu den Bedingungen eines Kommunalkredits ermöglicht.

(17) Zusicherungen

Die PG sichert der Bank B folgende Rechtstatsachen und sonstige Tatsachen zu:

(a) Die PG ist eine ordnungsgemäß gegründete GmbH.

(b) Der Forfaitierungsvertrag und der Projektvertrag sind rechtsgültige und bindende Verträge.

(c) Die PG ist Alleineigentümerin des Grundstücks, auf dem das Bauwerk errichtet wird.

(d) Die Sicherheiten sind rechtswirksam bestellt worden.

(e) Gegen die PG ist kein Insolvenzverfahren, Vergleichs- oder Zwangsvollstreckungsverfahren eingeleitet, und nach sorgfältiger Kenntnis der PG steht die Einleitung solcher Verfahren auch nicht bevor.

(f) Der Projektvertrag und die sonstigen eingereichten Dokumente und Unterlagen sind nach sorgfältiger Kenntnis der PG wahrheitsgemäß und vollständig; rechtliche Dokumente und Unterlagen sind rechtsgültig.

(g) Der PG sind keine Tatsachen bekannt, die das Projekt in erheblicher Weise negativ beeinflussen oder zu Abweichungen vom Abtretungsplan führen könnten.

(h) Der Forderungsverkäufer verletzt durch den Abschluss und die Durchführung des Forfaitierungsvertrages keine sonstigen vertraglichen oder gesetzlichen Verpflichtungen.

Anmerkung:

In Gestalt dieser Klausel lässt sich die Bank B, die Geschäfts- und Kalkulationsgrundlage des Forfaitierungsvertrages zusichern. Durch die Verknüpfung mit den Leistungsstörungsregeln[61] werden fehlerhafte Zusicherungen mit einer Sanktion belegt.

(18) Informationspflichten

Die PG verpflichtet sich gegenüber der Bank, folgende Informationspflichten zu erfüllen:

(a) Spätestens einen Monat vor Beginn eines jeden Geschäftsjahres wird die PG der Bank B ihren aktuellen Geschäftsplan sowie eine aktualisierte Cashflow-Projektion zur Verfügung stellen.

(b) Spätestens drei Monate nach Abschluss eines jeden Geschäftsjahres wird die PG einen testierten Jahresabschluss vorlegen.

(c) Die PG wird die Bank unverzüglich benachrichtigen, wenn eine neue Abnahmebescheinigung mit Einredeverzichtserklärung seitens des öffentlichen AG erteilt wurde.

(d) Die PG wird Anfragen der Bank B über die voraussichtliche Höhe der Forderungen, die im nächsten planmäßigen Abtretungszeitpunkt abgetreten werden, unverzüglich beantworten.

(e) Die PG wird die Bank B über Vertragsverletzungen im Rahmen des Projektvertrages unverzüglich unterrichten.

(f) Weiter wird die PG die Bank B unverzüglich benachrichtigen, wenn im Rahmen des Forfaitierungsvertrages ein Kündigungsgrund aufgetreten ist oder Tatsachen vorliegen, die einen solchen Kündigungsgrund in der nahen Zukunft auslösen könnten.

(g) Schließlich wird die PG der Bank B unverzüglich Nachricht geben, wenn Umstände eingetreten sind, die das Projekt in erheblicher Weise negativ beeinflussen können.

---

[61] Vgl. hierzu unten 5.2.2.1.2 (21) und (22).

Anmerkung:

Die Informationspflichten sollen das Informationsgefälle zwischen der PG und der Bank B verringern; sie ermöglichen der B ein effektives Monitoring und ein frühzeitiges Eingreifen bei Störungen in der Projektdurchführung. Da AG, PG und Bank bei einem PPP-Projekt an das gemeinsame Vorhaben wirtschaftlich „gekettet" sind, weil der Austausch eines Beteiligten meist prohibitive Kosten auslösen würde, kommt regelmäßig nur eine (rechtzeitige) Restrukturierung als Ausweg in Betracht.

(19) Weitere Pflichten der Projektgesellschaft

Die PG verpflichtet sich unwiderruflich und unbedingt, folgende Verpflichtungen einzuhalten:

(a) Die PG wird sich im Hinblick auf den Forfaitierungs-, den Projekt- und die sonstigen Verträge vertragsgemäß verhalten und alle relevanten Rechtsvorschriften (insbesondere Gesetze, Verordnungen, Verwaltungsakte etc.) beachten.

(b) Die PG wird bis zur Erfüllung aller Verbindlichkeiten aus diesem Forfaitierungsvertrag das Eigentum an dem betreffenden Grundstück weder ganz noch teilweise an Dritte übertragen.

(c) Vor der wirksamen Abtretung aller Forderungen gemäß dem Abtretungsplan wird die PG ohne ausdrückliche schriftliche Zustimmung der Bank B folgende Maßnahmen nicht durchführen:

(aa) Abbruch des Projekts oder freiwillige Liquidation der Gesellschaft auf der Basis eines Gesellschafterbeschlusses;

(bb) vorzeitige Beendigung des Projektvertrages;

(cc) Abschluss langfristiger Verträge mit erheblichen wirtschaftlichen Verpflichtungen, die nach dem Plan für die Projektdurchführung nicht vorgesehen sind;

(dd) Abtretung von Rechten oder Pflichten aus dem Projektvertrag bzw. Übertragung des Vertrages im Ganzen;

(ee) Änderung in der rechtlichen oder wirtschaftlichen Struktur der Projektgesellschaft (insbesondere Änderung des Gesellschaftszwecks, der Kapitalisierung, der Gesellschafterzusammensetzung oder der Stimmrechte; Verschmelzungen, Abspaltungen, Unternehmensübernahmen, Gründung von Tochtergesellschaften, Geschäftsführervergütung).

(d) Die PG wird für das Projekt den branchenüblichen Versicherungsschutz bei einer erstklassigen Versicherung unterhalten.

Anmerkung:

Auch diese Klausel sichert die Geschäfts- und Kalkulationsgrundlage. Indem Abweichungen vom ursprünglichen Konzept für die Projektdurchführung nicht zugelassen werden, erhält die Bank B eine gewisse Gewähr dafür, dass sich die Cashflow-Projektion realisieren wird. Im Übrigen werden diese Verpflichtungserklärungen mit den Leistungsstörungsregeln verknüpft und auf diese Weise mit einer Sanktion versehen.[62]

(20) Pflichten des Sponsors

Der Sponsor verpflichtet sich, die in der Sponsor-Verpflichtungserklärung – Anlage (...) zu diesem Forfaitierungsvertrag – eingegangenen Verpflichtungen zu erfüllen.

Anmerkung:

Durch diese Klausel wird die Sponsor-Verpflichtungserklärung zum Gegenstand des Forfaitierungsvertrages und kann dadurch ohne Friktionen in die Leistungsstörungsregeln dieses Vertrag einbezogen werden.[63]

---

[62] Vgl. hierzu unten 5.2.2.1.2 (21) (e).

[63] Vgl. hierzu unten 5.2.2.1.2 (21) (e).

(21) Leistungsstörungen hervorrufende Ereignisse

In den folgenden Fällen tritt im Rahmen des Finanzierungsvertrages eine Leistungsstörung ein:

(a) Innerhalb der ersten Dreimonatsperiode und jeder weiteren Dreimonatsperiode erreicht der Umfang der abgetretenen Forderungen nicht 75% des Betrages, der im Abtretungsplan für diese Periode vorgesehen ist.
(b) Der Forderungsverkäufer gerät mit einer der folgenden Zahlungsverpflichtungen in Verzug: Arranger Fee, Bereitstellungsgebühr, Ausgleichszahlungen oder Vorfälligkeitsentschädigungen.
(c) Die PG verletzt in schwer wiegender Weise eine der Verpflichtungen, die sie in diesem Vertrag übernommen hat, oder eine der von ihr abgegebenen Zusicherungen erweist sich als falsch.
(d) Die PG verletzt in schwer wiegender Weise eine der Verpflichtungen, die sie im Rahmen des Projektvertrages übernommen hat.
(e) Der Sponsor verletzt in schwer wiegender Weise eine der Verpflichtungen, die er in diesem Vertrag i. V. m. der Sponsor-Verpflichtungserklärung übernommen hat.
(f) Die PG weicht einseitig oder in Abstimmung mit dem öffentlichen Auftraggeber in schwer wiegender Weise von der geplanten Projektdurchführung ab.
(g) Über die PG wird eine Insolvenz- oder Vergleichsverfahren eröffnet.

(22) Erklärung und Rechtsfolgen einer Leistungsstörung

Sobald eine Leistungsstörung im Sinne von Ziff. 22 vorliegt, hat die Bank B das Recht, der PG dies mit der Maßgabe schriftlich mitzuteilen, dass sie vier Wochen nach Zugang dieses Schreibens den Forfaitierungsvertrag (in einem separaten Schreiben) mit sofortiger Wirkung kündigen und aus den Sicherheiten vorgehen werde. Die PG muss der Bank B den Schaden (insbesondere Ausgleichszahlungen und Vorfälligkeitsentschädigungen) ersetzen, der durch die vorzeitige Vertragsbeendigung entsteht.

Anmerkung:

Die Klauseln (21) und (22) komplettieren das vertragliche Leistungsstörungsrecht, das in den Verpflichtungs- und Zusicherungsklauseln seinen Ursprung hat. Die Konstruktion, zunächst erst die Mitteilung des Eintritts einer Leistungsstörung vorzusehen und erst vier Wochen später die Kündigung, dient dazu, eine sog. Gnadenperiode einzurichten. In dieser Zeit können die Parteien über eine Restrukturierung verhandeln und den für alle Beteiligten sehr problematischen vorzeitigen Vertragsabbruch abwenden.

(23) Inkrafttreten und Bereitstellung des Kaufpreises

Dieser Forfaitierungsvertrag tritt mit seiner Unterzeichnung in Kraft. Die Verpflichtung der Banken, die Forderungen für die einzelnen Bauabschnitte anzukaufen, ist aufschiebend bedingt durch das Einreichen der Abnahmebescheinigungen mit Einredeverzicht; die Verpflichtung ist weiterhin dadurch bedingt, dass im betreffenden Zeitpunkt keine Leistungsstörung nach Maßgabe des Darlehensvertrages vorliegt. Sobald alle Auszahlungsvoraussetzungen gemäß Ziff. 17 erfüllt sind, wird die Bank B den Kaufpreis zur Verfügung stellen.

(24) Geheimhaltung

Der Inhalt dieses Forfaitierungsvertrages ist streng vertraulich und darf sowohl von der PG als auch von der Bank B einem Dritten nur mit ausdrücklicher Zustimmung der jeweils anderen Partei dieses Forfaitierungsvertrages zugänglich gemacht werden.

(25) Anwendbares Recht und Gerichtsstand

Dieser Forfaitierungsvertrag unterliegt dem Recht der Bundesrepublik Deutschland; Gerichtsstand für Streitigkeiten im Zusammenhang mit diesem Vertrag ist (...).

(26) Teilnichtigkeitsklausel

Für den Fall, dass eine der in diesem Vertrag geregelten Klauseln nichtig sein sollte, ist der Vertrag im Übrigen uneingeschränkt wirksam.

Anmerkung:

Die Klauseln (23) bis (26) sind selbsterklärend und gehören zum Standardrepertoire solcher Finanzierungsverträge.

(27) Vollständigkeitsklausel

Die Regelungen diese Forfaitierungsvertrages sind vollständig und abschließend.

Anmerkung:

Mit der Vollständigkeitsklausel sollen Vertragsinterpretationen verhindert werden, die sich allzu weit vom Vertragstext entfernen und die vereinbarte Risikoverteilung verschieben; in komplexen und hoch professionell strukturierten Finanzierungsverträgen sind vermeintliche „Vertragslücken" in aller Regel nichts anderes als eine bewusste Risikozuweisung an jene Partei, die das betreffende Risiko bei wortwörtlicher Durchführung des Vertrages tragen muss.[64]

5.2.2.2 Darlehensfinanzierung

Als Alternative zur Forfaitierung kommt bei den Vertragsmodellen I bis III für die PG eine Darlehensfinanzierung (klassisches Investitionsdarlehen) in Betracht. Dafür gelten im Prinzip die Ausführungen zur Brückenfinanzierung via Darlehen entsprechend.[65] Hier wie dort kommen als Sicherheit eine Sponsor-Garantie oder dingliche Sicherheiten in Betracht. Allerdings widerspricht eine Sponsor-Garantie dem Konzept einer projektbezogenen Finanzierung, d.h. das Sponsor-Unternehmen möglichst haftungs- und bilanzrechtlich nicht zu belasten. Die Forderung nach einer solchen Garantie wird bei den Vertragsmodellen I–III kaum durchsetzbar sein,[66] da folgende dingliche Sicherheiten zur Verfügung stehen:

- Sicherungszession aller gegenwärtigen und künftigen Ansprüche der PG gegen den öffentlichen AG;
- Grundschuld an dem Grundstück, auf dem das Bauwerk errichtet wird;
- Verpfändung des Geschäftskontos der PG bei der Bank B;
- Sicherungsübereignung des beweglichen Vermögens, das sich auf dem Grundstück und in dem Bauwerk befindet;
- antizipierte Abtretung der Versicherungsansprüche, die auf Grund von Versicherungsverträgen für das Bauwerk und das Inventar entstehen könnten;
- unter Umständen auch die Garantie einer nicht-kommerziellen Finanzinstitution (z.B. EIB).

Die Finanzierung über ein Darlehen wäre – trotz der niedrigeren Strukturierungskosten – letztlich erheblich teurer, da diese sich anders als das Forfaitierungsmodell auf die Bonität des privaten AN bzw. der PG gründet und nicht auf diejenige des öffentlichen Auftraggebers; infolgedessen würden für die Eigenkapitalunterlegung nicht die Grundsätze des Kommunalkredits gelten.[67] Insgesamt erscheint daher das Forfaitierungsmodell als vorteilhafter.

5.3 Vertragsmodelle IV und V

5.3.1 Grundsätzliche Unterschiede zu den Vertragsmodellen I bis III

Die Vertragsmodelle IV (PPP-Inhabermodell) und V (PPP-Contractingmodell) sind, was die Finanzierungsseite anbelangt, eng mit den Vertragsmodellen I bis III verwandt, jeweils

---

64 Sester, Projekte und Projektfinanzierung als Gestaltungs- und Regulierungsaufgabe, S. 179ff.

65 Vgl. hierzu oben 5.2.2.1.1.

66 Vgl. hierzu oben 5.1.

67 Vgl. KWG Grundsatz I § 13 Abs. 1 Nr. 1b.

fließen aus der Nutzung des Projekts keine Einnahmen.[68] Der entscheidende Unterschied besteht darin, dass das Grundstück, auf dem das Projekt errichtet wird, nicht im Eigentum des privaten AG steht. Daraus ergeben sich zwei Konsequenzen: der Vertrag über die Errichtung des Bauwerks ist ein typischer Werkvertrag im Sinne des BGB und eine Grundschuld fällt als Sicherungsinstrument für eine Finanzierung weg. Damit rückt der Sponsor Support bei den Vertragsmodellen IV und V noch mehr in den Blickpunkt, als dies bei den Vertragsmodellen I bis III der Fall ist.[69] In Konsequenz dessen entfernt sich die Finanzierung stärker vom klassischen Projektfinanzierungskonzept.[70] Wie sich die aufgezeigten Unterschiede im Einzelnen auswirken, wird in den folgenden Abschnitten im Wege eines Abgleichs mit den Ausführungen zu den Vertragsmodellen I bis III dargelegt.

5.3.2 Eigenkapitalseite

Die Ausstattung der PG mit Eigenkapital (Kapitaleinlage und Gesellschafterdarlehen) weicht bei den Vertragsmodellen IV und V nicht von derjenigen ab, die im Hinblick auf die Vertragsmodelle I bis III dargelegt wurde.[71] Modifikationen können sich jedoch bei der Sponsor-Verpflichtungserklärung ergeben.[72] Hier kann als zusätzliche Unterstützungsmaßnahme eine betragsmäßige begrenzte Zahlungsgarantie auf erstes Anfordern in Betracht kommen. Da die Projektgesellschaft selbst, als neu gegründete Einzweckgesellschaft und wegen der fehlenden Eigentumsposition, keine eigene substanzielle Bonität aufbauen kann, muss sich die Finanzierung auf die Bonität des Projekts (so bei der Projektfinanzierung im klassischen Sinne)[73] oder aber auf diejenige einer anderen Partei stützen; als solche kommt im Prinzip nur der Sponsor in Betracht. Eine Garantieerklärung in der Sponsor-Verpflichtungserklärung kann etwa folgende Gestalt haben:

„Wir (der Sponsor) werden gegenüber den Gläubigern der PG aus dem (Projekt- und) Finanzierungsvertrag eine Zahlungsgarantie für alle Zahlungsverpflichtungen der PG aus diesem Vertrag abgeben. Als Alternative hierzu können wir die Zahlungsgarantie einer Bank bereitstellen, die über ein Rating verfügt, das nicht schlechter ist als (...)"

5.3.3 Fremdkapitalseite

5.3.3.1 Forfaitierung

Der Forfaitierungsvertrag wird die soeben vorgestellte Klausel aus der Sponsor-Verpflichtungserklärung aufgreifen und unter der Rubrik Sicherheiten abbilden.[74] Weitere Modifikationen im Forfaitierungsvertrag werden sich überall dort ergeben, wo sich Klauseln auf das Eigentum am Projekt bzw. Projektgrundstück beziehen. Im Einzelnen bedeutet dies:

- Wegfall der Reglung zur Bestellung einer Grundschuld
- Wegfall der Zusicherung über das Alleineigentum der PG an dem Grundstück, auf dem das Projekt errichtet wird.

Ein weiterer Unterschied besteht zwischen den beiden Vertragsgruppen hinsichtlich der Höhe und des zeitlichen Verlaufs der Zahlungsströme. Da im Projektvertrag für die Vertragsmodelle IV und V ein Erwerbsvorgang hinsichtlich des Grundstücks (mit Projekt) nicht vorgesehen ist, bewegt sich der Finanzierungsvertrag automatisch auf einem niedrigeren Niveau und wird regelmäßig keine Abschlusszahlung vorsehen, es sei denn, der technische Lebenszyklus wird unterschritten, sodass das Objekt am Ende der Projektlaufzeit mit einem

[68] Vgl. hierzu oben 5.1.
[69] Vgl. hierzu oben 5.2.1.3.
[70] Vgl. hierzu oben 3.1.
[71] Vgl. hierzu oben 5.2.1.1.
[72] Vgl. hierzu oben 5.2.1.3.
[73] Vgl. hierzu oben 3.1.
[74] Vgl. hierzu oben 5.2.2.1.2 (15) und (16).

Restwert übergeben wird, den der AN geschaffen hat.[75] Im Übrigen werden sich Forfaitierungsverträge für die Vertragsmodelle I bis III einerseits und für die Vertragsmodelle IV und V andererseits weitgehend gleichen; dies gilt nicht zuletzt im Hinblick auf das Erfordernis einer Brückenfinanzierung.[76]

5.3.3.2 Darlehensfinanzierung

Die Ausführungen, die hinsichtlich einer Darlehensfinanzierung für die Vertragsmodelle I bis III gemacht wurden, geltend entsprechend für die Vertragsmodelle IV und V.[77] Unterschiede bestehen wiederum hinsichtlich der Sicherheiten: An die Stelle einer dinglichen Absicherung via Grundschuld wird regelmäßig eine Zahlungsgarantie des Sponsors für die Verpflichtungen der PG unter dem Projektvertrag treten.[78]

5.4 Vertragsmodell VI

5.4.1 Interdependenz zwischen Konzessions- und Finanzierungsvertrag

5.4.1.1 Entgeltregelungen

Beim Konzessionsmodell (Vertragsmodell VI) bestehen zwischen Konzessions- und Finanzierungsvertrag große Interdependenzen.[79] Evidentermaßen sind die Möglichkeiten, mit dem Projekt Einnahmen zu erzielen und unter Umständen von diesen Einnahmen eine Konzessionsgebühr abführen zu müssen, der wesentliche Faktor für den Einzahlungsstrom der Projektgesellschaft. Da der Konzessionsvertrag als synallagmatischer Vertrag zugleich den Pflichtenkatalog, insbesondere Bau- und Instandhaltungspflichten, für den Konzessionär festlegt, hat er auch für die Auszahlungsseite bestimmenden Charakter.

Die Höhe und zeitliche Struktur des (prognostizierten) Cashflow wirkt sich unmittelbar auf die Strukturierung der Projektfinanzierung aus. Aufgrund dessen werden im Folgenden typische Entgeltregelungen aus Konzessionsverträgen vorgestellt. Dabei sind zwei Fallgestaltungen zu unterscheiden: Bei der ersten Variante ist eine detaillierte gesetzliche Grundlage für eine Mauterhebung vorhanden, an die der Konzessionsvertrag anknüpfen kann und muss; bezüglich der zweiten Variante fehlt es an einer solchen gesetzlichen Grundlage mit der Folge, dass die vertraglichen Regelungen erheblich ausführlicher sein müssen.

5.4.1.2 Anknüpfung an gesetzliche Mautregelungen

Ein Beispiel für eine gesetzliche Mautregelung ist das Gesetz über den Bau und die Finanzierung von Bundesfernstraßen durch Private (FStrPrivFinG).[80] Nach dem Konzept dieses Gesetzes ist eine Beteiligung des öffentlichen Partners an den Einnahmen aus einem Straßenprojekt nicht vorgesehen. Der private AN ist also nicht verpflichtet, (aus den Mauteinnahmen) eine Konzessionsgebühr zu bezahlen; seine Gegenleistung für die Konzession besteht darin, die Straße zu bauen und in betriebsbereitem Zustand zu erhalten. Wörtlich heißt es hierzu im FStrPrivFinG (§ 2 Abs. 1 S. 4 und 5):[81] Die Mautgebühr dient der Refinanzierung der dem Privaten im Zusammenhang mit der Erfüllung der nach § 1 Abs. 2 übernommenen Aufgaben entstehenden Aufwendungen zuzüglich eines projektangemessenen Unternehmergewinns. Das Mautgebührenaufkommen steht dem Privaten zu."

[75] Vgl. hierzu oben 5.2.2.1.2 (8).
[76] Vgl. hierzu oben 5.2.2.1.1.
[77] Vgl. hierzu oben 5.2.2.2.
[78] Vgl. hierzu oben 5.3.2.
[79] Sester, Projektfinanzierungsvereinbarungen als Gestaltungs- und Regulierungsaufgabe, S. 28ff.
[80] Vgl. Neumann/Müller, NZBau 2003, 299ff.
[81] Diese Bestimmungen werden durch Art. 3 des PPP-Beschleunigungsgesetzes nicht berührt.

5.4.1.3 Vertragliche Entgeltregelung

Soweit der Konzessionsvertrag nicht an eine gesetzliche Regelung anknüpfen kann oder muss, sind die Parteien bei der Vertragsstrukturierung freier als im Anwendungsbereich des FStrPrivFinG. Allerdings müssen die vertraglichen Entgeltregelungen in diesem Falle auch detaillierter sein. Im Folgenden werden aus einem typischen Konzessionsvertrag jene Klauseln (in stark vereinfachter Form) vorgestellt, die einen signifikanten Einfluss auf den Cashflow und damit auf die Projektfinanzierung haben.

(1) Der Konzessionär ist berechtigt, von den Nutzern des Projekts eine Benutzungsgebühr zu verlangen. Die Höhe der Gebühr wird gemäß Anlage (...) zu diesem Vertrag kalkuliert und nach dem dort geregelten Verfahren jährlich angepasst.

Anmerkung:

Der Berechnungsmodus und die Kalkulationsgrundlage werden im Konzessionsvertrag bzw. seinen Anlagen detailliert festgelegt. Der Konzessionsgeber behält sich gewisse Kontrollrechte über die Preisgestaltung durch den Konzessionär vor. Dabei geht es vor allem um die Frage, ob und in welchem Umfang Steigerungen der Produktionskosten und finanzielle Risiken (z.B. das Risiko, dass sich durch Inflation oder durch eine Änderung der Rechtslage das Projekt verteuert) an den Benutzer des Projekts weitergegeben werden können oder nicht. Diese Problematik wird vielfach durch eine sog. financial balance clause näher geregelt. Diese Klausel sorgt dafür, dass beim Eintritt eines negativen Ereignisses, für das der Konzessionsgeber das Risiko übernommen hat, der Konzessionär wirtschaftlich so gestellt wird, wie er vor Eintritt des Ereignisses stand. Wichtig für die Finanzierung ist dabei, wie der Schaden des Konzessionärs berechnet und wie die Kompensation geleistet wird (z.B. einmalige oder periodische Zahlung bzw. Verlängerung der Konzession).

(2) Die Projektgesellschaft ist verpflichtet, aus den Einnahmen nach Ziff. 1 eine Konzessionsgebühr zu bezahlen, die sich nach Anlage (...) zu diesem Vertrag berechnet.

Anmerkung:

Die Konzessionsgebühr wird häufig in einen fixen, periodisch zu zahlenden Gebührenteil und eine variable, regelmäßig vom Produktionsniveau (bzw. von der Auslastung) abhängige Quote aufgeteilt. Die Vereinbarung einer Konzessionsgebühr setzt voraus, dass das Projekt mehr Einnahmen generiert als für seine Finanzierung und einen angemessenen Residualgewinn des Sponsors erforderlich sind.

Handelt es sich um ein Projekt der Daseinsvorsorge, so scheidet eine solche Teilungsregelung (Residualgewinn – Konzessionsgebühr) aus, sofern – wie häufig – per Gesetz das sog. Kostendeckungsprinzip angeordnet ist. Die Entgeltzahlung für die Benutzung des Projekts muss dann so kalkuliert werden, dass die Finanzierungskosten und der angemessene Residualgewinn des Sponsors gerade gedeckt sind. Ist das Kostendeckungsprinzip nicht angeordnet, dann ist der öffentlich-rechtliche Partner in den verfassungsrechtlich zulässigen Grenzen frei, sich einen angemessenen Gebührenanteil zu reservieren; dies gilt insbesondere dann, wenn er Eigenkapital (etwa im Rahmen einer Joint Venture Gesellschaft) investiert hat und dieses verzinst wird.

(3) Die Regelungen dieses Konzessionsvertrages haben Vorrang gegenüber allen anderen projektbezogenen Verträgen. Der Konzessionär verpflichtet sich, nur solche projektbezogenen Verträge abzuschließen, in denen der betreffende Vertragspartner den Vorrang des Konzessionsvertrages ausdrücklich anerkennt.

Anmerkung:

Aus dieser Klausel folgt unmittelbar, dass bei der Strukturierung des Projektfinanzierungsvertrages die Vorgaben des Konzessionsvertrages zu beachten sind; dies kann insbesondere folgende Punkte betreffen: Der Konzessionsvertrag verbietet es dem Konzessionär, am planmäßigen oder vorzeitigen Ende des Vertrages die Vermögensgegenstände des Projekts an Dritte zu übertragen, oder er schränkt die Möglichkeit der Sponsoren ein, Anteile der Projektgesellschaft zu transferieren bzw. zu belasten, oder er untersagt der Projektgesellschaft, Sicherungsrechte an ihren Rechtspositionen zu bestellen.

(4) Der Konzessionsgeber ist unter bestimmten Voraussetzungen (diese werden im Konzessionsvertrag einzeln aufgezählt)[82] berechtigt, den Konzessionsvertrag vorzeitig zu beenden und das Projekt anstelle des Konzessionärs selbst auszuführen.

Anmerkung:

Diese Klausel wird typischerweise um Regelungen ergänzt, denen zufolge die PG bei einer vorzeitigen Beendigung die Vermögensgegenstände des Projekts (vorzeitig) dem Konzessionsgeber übertragen muss. Da sich das Projekt in diesen Fällen für den privaten AG in der Regel noch nicht amortisiert hat, enthält der Konzessionsvertrag typischerweise Regelungen zur Entschädigung des Konzessionärs. Die betreffenden Regelungen sind wichtig für die Bestimmung des Finanzierungsrisikos der forfaitierenden Bank, die sich den potenziellen Entschädigungsanspruch regelmäßig im Voraus abtreten lässt.

Schließlich kann der Konzessionsvertrag Regelungen über Subventionen oder Steuern enthalten. Die Auswirkungen dieser und der anderen dargelegten Regelungen auf die Höhe und zeitliche Struktur des „Cashflow" sowie auf die Bestellung von Sicherheiten müssen bei der Gestaltung des Projektfinanzierungsvertrages berücksichtigt werden. Selbstverständlich können vertraglich vereinbarte (nicht auf öffentlich-rechtlichen Bindungen beruhende) Restriktionen, die dem Konzessionär vom öffentlich-rechtlichen Partner auferlegt werden, stets einvernehmlich außer Kraft gesetzt werden (durch sog. Waiver), um eine Restrukturierung zu ermöglichen.

5.4.2 Eigenkapitalseite

5.4.2.1 Kapitaleinlage und Gesellschafterdarlehen

Für das Eigenkapital gelten die Ausführungen zu den Vertragsmodellen I bis III entsprechend.[83] Der oder die Sponsoren gründen eine Projektgesellschaft mit dem ausschließlichen Zweck, das Projekt zu errichten und zu betreiben. Die Eigenkapitalquote beträgt in der Regel ca. 20% und wird durch Kapitaleinlagen und Gesellschafterdarlehen aufgebracht. Als Rechtsform wählt man üblicherweise eine GmbH oder eine GmbH & Co. KG. Aus Gründen der steuerlichen Durchlässigkeit ist die GmbH & Co. KG für den Sponsor vielfach günstiger, da die Projektgesellschaft speziell in der Anfangsphase des Projektes typischerweise hohe Verluste generieren wird und Abschreibungspotenziale nicht nutzen kann. Außerdem bietet die GmbH & Co. KG Vorteile, wenn das Projekt zu einem späteren Zeitpunkt in eine Fondstruktur eingebracht werden soll.[84]

5.4.2.2 Sponsor-Verpflichtungserklärung

Bezüglich der Sponsor-Verpflichtungserklärung kann ebenfalls auf die Ausführungen zu den Vertragsmodellen I bis III verwiesen werden.[85] Allerdings kommen beim PPP-Konzessionsmodell häufig noch Abreden hinzu, die als Sicherheit für den Fall dienen sollen, dass der realisierte Cashflow phasenweise negativ vom prognostizierten Cashflow abweicht. Dieses Problem ist bei Projekten mit hohem Marktrisiko besonders kritisch; d. h. Projekte, deren Einnahmen nicht aus einem oder wenigen Abnahmeverträgen fließen, die zu festen Konditionen (häufig mit dem Sponsor oder sponsornahen Gesellschaften) abgeschlossen werden und auf den Konzessions- und Finanzierungsvertrag zugeschnitten sind, sondern deren Einnahmen aus einer Vielzahl von Abnahmeverträgen resultieren, die zeitlich auseinanderfallen und zu wechselnden Marktbedingungen vereinbart werden.

Zwei Gestaltungen bieten sich zur Absicherung des skizzierten Risikos an: Zum einen kann ein sog. Schuldendienstreservekonto[86] bei der Projektgesellschaft eingerichtet wer-

---

[82] Bsp.: Der Konzessionsgeber kann das Projekt nicht oder nicht mit einem bestimmten Qualitätsniveau ausführen.

[83] Vgl. hierzu oben 5.2.1.

[84] Noack Harald, Public Private Partnership in NRW – Ein Leitfaden für PPP/PFI-Organisations Modelle der PPP-Task-Force des Landes Nordrhein-Westfalen.

[85] Vgl. hierzu oben 5.2.1.3.

[86] Vgl. hierzu unten 5.2.1.3; Sester, Projektfinanzierungsvereinbarungen als Gestaltungs- und Regulierungsaufgabe, S. 58f.

den, auf das der Sponsor zu Beginn oder bei Eintritt definierter Ereignisse einen bestimmten Betrag (typischerweise als weiteres Gesellschafterdarlehen) einbezahlen muss; zum anderen bietet sich die Garantie eines Mindestpreises an. Dabei verpflichtet sich der Sponsor, die Differenz zwischen einem (späteren) Marktpreis, der unter einem vertraglich festgelegten Referenzpreis liegt, auszugleichen. Im Gegenzug erhält er dann vielfach – bei positiver Marktentwicklung – auch einen etwaigen Marktpreisüberschuss.

Beide Varianten enthalten in der Sache nichts anderes als eine Nachschusspflicht für den Sponsor. Solche Nachschusspflichten können auch zur Absicherung anderer Risiken als dem Risiko auf dem Abnahmemarkt eingesetzt werden. In Betracht kommt etwa eine Nachschusspflicht für eine unerwartete Steigerung der Baukosten. Meist ist die Nachschusspflicht in Gestalt eines nachrangigen Gesellschafterdarlehens zu erfüllen.[87]

Falls die Projektgesellschaft einen Generalunternehmervertrag mit dem Sponsor oder einer dem Sponsor nahe stehenden Gesellschaft abschließt, dann werden die Banken vielfach verlangen, dass die Sponsor-Verpflichtungserklärung folgenden Inhalt enthält: Der Sponsor wird dafür sorgen, dass der Generalunternehmer im Falle einer Leistungsstörung im Generalunternehmervertrag keine Ansprüche gegen die Projektgesellschaft geltend macht, solange nicht die Ansprüche der Banken aus dem Darlehensvertrag erfüllt sind; d. h. die betreffenden Ansprüche werden nachrangig gestellt.

5.4.3 Fremdkapitalseite

5.4.3.1 Klassische Projektfinanzierung

5.4.3.1.1 Darlehensvertrag

Im Folgenden wird ein Darlehensvertrag für die Finanzierung einer Brücke (für den Straßenverkehr), wiederum in stark vereinfachter Form, dargestellt. Die Besonderheit, namentlich im Unterschied zu rein privatwirtschaftlichen Projektfinanzierungen, besteht darin, dass das Eigentum an der Brücke und den betreffenden Grundstücken im Eigentum des öffentlich-rechtlichen Projektpartners steht.[88] Diese Situation ist bei PPP-Projekten relativ häufig und wird im Zusammenhang mit den Sicherheiten näher erörtert.[89]

(1) Darlehensnehmer

Darlehensnehmer ist die Projektgesellschaft mbH mit einem Stammkapital in Höhe von EURO (...).

Anmerkung:

Als Rechtsform wählt man für die Projektgesellschaft üblicherweise die GmbH; in den dargelegten Fällen kommt aber auch eine GmbH & Co. KG in Betracht.[90]

(2) Gesellschafter des Darlehensnehmers

Die Gesellschaftsanteile an der Projektgesellschaft werden zu 100% gehalten von der Sponsorgesellschaft.

Anmerkung:

Die Projektgesellschaft kann auch mehrere Gesellschafter haben, von denen nicht jeder notwendigerweise Sponsor der Gesellschaft sein muss; in Betracht kommt zum Beispiel eine Verwaltungsgesellschaft aus dem Kreis der Projektarrangeure. Als Sponsor werden hier der- oder diejenigen Projektteilnehmer verstanden, die über das technische und wirtschaftliche Know-how für die Projektrealisierung verfügen und sich mit Eigenkapital an der Projektgesellschaft beteiligen.[91] Bei Bauprojekten ist der

---

[87] Vgl. zum Gesellschafterdarlehen oben 4.1.3.
[88] Vgl. hierzu oben 4.2.1
[89] Vgl. hierzu unten 5.4.3.1.2.
[90] Vgl. hierzu oben 5.4.2.1.
[91] Vgl. Röver, in: Siebel, Projekte und Projektfinanzierung, S. 157 Rn. 1.

Sponsor häufig identisch mit dem Generalunternehmer, der von der Projektgesellschaft mit Konstruktion und Errichtung des Bauprojekts beauftragt wird.[92]

(3) Projekt

Das Projekt besteht in der Planung, Errichtung und Betrieb einer Brücke sowie in der Erfüllung zusätzlicher Aufgaben, die in Anlage (...) im Einzelnen geregelt sind.

Anmerkung:

In den Anlagen, auf die hier Bezug genommen wird, erfolgte eine sehr genaue Beschreibung des Projekts, das typischerweise in unterschiedliche Entwicklungsstufen, sog. Meilensteile, aufgeteilt wird. Diese Meilensteine bilden dann wiederum den Anknüpfungspunkt für verschiedene vertragliche Regelungen (z.B. Auszahlungsbedingung für weitere Ziehungen aus dem Projektkredit).

(4) Bindung der Mauteinnahmen

Die Projektgesellschaft hat gemäß dem Konzessionsvertrag vom (...) das Recht, von den künftigen Nutzern der Brücke eine Maut nach Maßgabe des Konzessionsvertrages und der einschlägigen gesetzlichen Bestimmungen, insbesondere dem FStrPrivFinG und den zugehörigen Rechtsverordnungen, zu verlangen. Die Projektgesellschaft wird diese Einnahmen ausschließlich dazu benutzen, die Kosten für die im Konzessionsvertrag übernommenen Pflichten zu decken und die Verpflichtungen, die sich aus diesem Darlehensvertrag ergeben, zu erfüllen.

Anmerkung:

Diese Klausel verknüpft den Darlehensvertrag mit dem Konzessionsvertrag und stellt die Zweckbindung der Mauteinnahmen sicher. Projektfinanzierungen sind typischerweise dergestalt strukturiert, dass in der Projektgesellschaft keine Gewinne entstehen. Der Sponsor erhält seine Leistungsvergütung bzw. seinen Gewinn über die Projektverträge, insbesondere über die Vergütungsregelungen im Generalunternehmervertrag, der entweder mit ihm selbst oder einer seiner Tochtergesellschaften abgeschlossen wird.[93]

(5) Fertigstellungsdatum

Das Datum, an dem das Projekt im Sinne des Artikels (...) des Generalunternehmervertrages fertiggestellt ist, wird als Fertigstellungstag definiert.

Anmerkung:

Diese Klausel definiert das Fertigstellungsdatum, das eine wichtige Referenzgröße im Rahmen des Vertrages ist. Ergänzend zum endgültigen Fertigstellungsdatum werden sog. Meilensteine definiert.[94]

(6) Generalunternehmer

Der Generalunternehmer wird gemäß dem Generalunternehmervertrag, der zwischen dem Darlehensnehmer und dem Generalunternehmer geschlossen wird, das Projekt planen und schlüsselfertig errichten. Der Generalunternehmer wird diese Leistungen zu einem Festpreis erbringen; er übernimmt alle Risiken, die mit der Errichtung des Projekts zusammenhängen. Der Generalunternehmervertrag wird für den Fall, dass die Errichtungsphase unterbrochen wird, vorsehen, dass der Generalunternehmer den Vertrag nur nach einer Wartezeit von (...) beenden kann. Während der Wartezeit müssen sich die Parteien des Generalunternehmervertrages nach besten Kräften darum bemühen, die Projekterrichtung fortzusetzen.

Anmerkung:

Diese Klausel macht deutlich, wie sehr die verschiedenen projektbezogenen Verträge ineinander greifen und aufeinander bezogen sind. Die Klausel enthält eine klare Zuweisung des Konstruktionsrisi-

---

[92] Vgl. hierzu unten 5.4.3.1.1 (6).
[93] Vgl. hierzu unten 5.4.3.1.1 (6).
[94] Vgl. hierzu oben 5.4.3.1.1 (3).

kos an den Generalunternehmer. Sofern dieser mit dem Sponsor identisch ist oder aus seinem Kreis stammt, enthält sie zugleich eine Art Fertigstellungsgarantie des Sponsors.

(7) Leit-Arrangeure

Die Leit-Arrangeure werden diesen Darlehensvertrag in voller Höhe unterzeichnen.

(8) Darlehensgeber

Die Leit-Arrangeure können ihren Anteil an der Darlehenssumme unter einer begrenzten Anzahl von Banken syndizieren, die vom Leit-Arrangeur nach Rücksprache mit dem Darlehensnehmer, also der Projektgesellschaft, ausgewählt werden. Diese zusätzlichen Banken werden im Folgenden als die „Banken" bezeichnet.

Anmerkung zu (7) und (8):

Typischerweise agieren ein oder zwei Banken bei Projektfinanzierungen (meist über ihre Investmentbankabteilungen) als Leit-Arrangeure, d.h. sie verhandeln und strukturieren zusammen mit anwaltlichen Beratern den Darlehensvertrag. Die vorliegende Klausel besagt, dass die Leit-Arrangeure den fertigen Darlehensvertrag dergestalt unterzeichnen, dass sie den gesamten Kreditbetrag schulden. Regelmäßig wird diese Verpflichtung dann unter weitere Banken aufgeteilt (Syndizierung); die Leit-Arrangeure übernehmen aber das Syndizierungsrisiko. Vielfach bedingt sich die Projektgesellschaft ein Mitspracherecht bei der Auswahl dieser Banken aus, um zu verhindern, dass Banken beteiligt werden, zu denen sie keine guten Beziehungen unterhalten oder die in erheblichem Umfang bei Konkurrenzunternehmen engagiert sind.

(9) Abwicklungsbank und Sicherheiten-Treuhänder

Als Abwicklungsbank wird (...) tätig; die Rolle des Sicherheiten-Treuhänder übernimmt (...).

Anmerkung:

Die Abwicklungsbank, vielfach ein Tochterunternehmen der Leit-Arrangeure, übernimmt die Durchführung des Finanzierungsvertrages, insbesondere die Abwicklung der Zahlungsvorgänge und das Kreditmonitoring. Der Sicherheiten-Treuhänder, typischerweise ebenfalls eine Bank, verwaltet die Kreditsicherheiten zugunsten der Banken.

(10) Art des Darlehens

Das Darlehen ist ein vorrangiges Tilgungsdarlehen, das nach Maßgabe dieses Vertrages zur Verfügung gestellt wird. Wegen der Ansprüche aus diesem Darlehensvertrag ist nur der Zugriff auf den Darlehensnehmer möglich, es sei denn, nach zwingenden deutschen Gesetzen kann eine andere Partei in Anspruch genommen werden; als Sicherheiten für dieses Darlehen dienen nur die Vermögensgegenstände des Darlehensnehmers und jene Zusagen, die der Sponsor in der Sponsor-Verpflichtungserklärung ausdrücklich gemacht hat.

Anmerkung:

Diese Klausel stellt klar, dass es sich um ein Tilgungs- und nicht etwa um ein Annuitätendarlehen handelt. Das Darlehen wird dem Darlehensnehmer dergestalt zur Verfügung gestellt, dass die Projektgesellschaft es vorrangig gegenüber allen anderen Verbindlichkeiten bedienen muss. Außerdem ergibt sich aus dieser Klausel, dass es sich um ein Darlehen mit begrenztem Rückgriff auf die Sponsoren handelt. Die Grenzen bilden die Regelungen der Sponsor-Verpflichtungserklärung.[95]

(11) Darlehensvaluta

Die Höhe der Darlehensvaluta beträgt bis zu (...).

Anmerkung:

Diese Klausel legt den Kreditrahmen fest.

---

[95] Vgl. hierzu oben 5.2.1.3 und 5.4.2.2.

(12) Finanzierungsvolumen

Mittelverwendung	Mittelherkunft
Errichtungskosten	Kapitaleinlage
Sonstige Investitionskosten	Nachrangige Gesellschafterdarlehen
Summe aller Finanzierungsgebühren	Vorrangige Bankdarlehen Tranche A Tranche B
Summe aller Zinszahlungen	
Schuldendienstreservekonto	
Nettoumlaufvermögen	
Summe: X	Summe: X

Anmerkung:

In der Klausel zum Finanzierungsvolumen werden Kapitalquellen- und -ausgaben in Kontoform einander gegenübergestellt. Aus dieser Klausel ergibt sich insbesondere die Fremdkapitalquote der Projektgesellschaft.

(13) Einzelne Tranchen

Die Darlehensvaluta wird in zwei Tranchen zur Verfügung gestellt.

(a) Tranche A hat einen Betrag in Höhe von maximal EURO (...) und wird von einem Konsortium aus privaten Banken, den unterzeichnenden Leit-Banken und gesichert durch den Garanten (z.B. European Investment Bank) zur Verfügung gestellt.

(b) Tranche B hat einen Betrag in Höhe von EURO (...) und wird von einem Konsortium aus privaten Banken und den unterzeichnenden Leit-Banken zur Verfügung gestellt.

Anmerkung:

Die Darlehensvaluta wird regelmäßig in verschiedenen Tranchen mit unterschiedlichen Konditionen zur Verfügung gestellt (fester Zins, variabler Zins, unterschiedliche Auszahlungs- bzw. Rückzahlungsmodalitäten). Im vorliegenden Fall ist die erste Tranche gesichert durch die Garantie der European Investment Bank. Durch die Beteiligung solcher nicht-kommerzieller Finanzinstitutionen kann das Projekt stabilisiert werden.

(14) Zweck der Finanzierung

Das Darlehen dient der Finanzierung der Entwicklung, Planung, Errichtung und dem Betrieb des Projekts sowie damit in unmittelbarem Zusammenhang stehenden Verwaltungs-, Finanzierungs- und sonstigen Kosten.

Anmerkung:

Der Verwendungszweck des Darlehens wird typischerweise sehr eng an das Projekt gebunden. Die Projektgesellschaft ist eine Ein-Zweck-Gesellschaft, und auch nur dieser eine Zweck soll finanziert werden. Auf diese Weise kann das Risiko der Finanzierung besser abgeschätzt, begrenzt und präziser verteilt werden.[96]

(15) Verfügbarkeit

Die Darlehensvaluta kann vom Tag der Unterzeichnung dieses Darlehensvertrages bis (...) Monate nach dem Fertigstellungsdatum abgerufen werden, bis die jeweilige Tranche voll ausgeschöpft ist.

---

[96] Sester, Projektfinanzierungsvereinbarungen als Gestaltungs- und Regulierungsaufgabe, S. 1ff.

(16) Auszahlungsbestimmungen

Die Projektgesellschaft kann nach Maßgabe der folgenden Bestimmungen die Auszahlung der Darlehensvaluta verlangen:

(a) der Mindestbetrag für jede Auszahlung ist (...); der Maximalbetrag für jede Auszahlung ist (...)

(b) ungeachtet des unter (a) genannten Maximalbetrages können Auszahlungen innerhalb der einzelnen Bauabschnitte – in Anlage (...) definiert – immer nur bis zu dem in Anlage (...) für den jeweiligen Bauabschnitt vorgesehenen Höchstbetrag vorgenommen werden

(c) (...)

Jede Auszahlung verteilt sich pro rata auf die beiden Tranchen.

Anmerkung zu (15) und (16):

Die Projektgesellschaft kann die Darlehensvaluta innerhalb eines Verfügbarkeitszeitraums nach bestimmten Vorgaben abrufen. Die Auszahlungsmodalitäten schwanken sehr stark von Projekt zu Projekt; vielfach sind sie an bestimmte Meilensteine bei der Projekterrichtung geknüpft.[97] Je großzügiger die Auszahlungsmodalitäten geregelt sind, desto höher ist tendenziell die Bereitstellungsprovision.

(17) Rückzahlung der Darlehensvaluta

Die Rückzahlung der Darlehensvaluta wird wie folgt geregelt:

(a) Tranche A ist in (...) gleichen halbjährlich fälligen Raten zurückzubezahlen; die erste Rate ist am Ersten des Monats fällig, der auf den Monat folgt, in dem der Fertigstellungstag liegt.

(b) Tranche B ist gemäß dem Rückzahlungsplan in Anlage (...) zu diesem Vertrag zurückzubezahlen.

Anmerkung:

Für die Rückzahlung gilt ebenso wie für die Auszahlung, dass sie sehr stark von Projekt zu Projekt schwankt. Allerdings beginnt sie in aller Regel erst nach dem Fertigstellungstag, denn schließlich muss das Projekt ja selbst den erforderlich Cash generieren. Vielfach enthalten die Verträge einen detaillierten Rückzahlungsplan.

(18) Vorzeitige Rückzahlungen

(a) Falls die jährliche Schuldendienstdeckungsquote in irgendeinem Rückzahlungszeitpunkt höher ist als 2:1, dann kann die Projektgesellschaft bis zu 50 Prozent des Cashflow, der nach Zins- und Rückzahlung in dem betreffenden Zeitpunkt noch frei verfügbar ist, dazu benutzen, das Darlehen vorzeitig zurückzubezahlen.

(b) Für sonstige freiwillige vorzeitige Rückzahlungen gilt: Solche Zahlungen sind möglich, sofern die Projektgesellschaft zur Zufriedenheit der Abwicklungsbank beweisen kann, dass eine vorzeitige Rückzahlung in keiner Weise negative Effekte auf ihre Fähigkeit haben wird, künftig Zins- und Kapitalrückzahlungen in Einklang mit diesem Vertrag und seinen Anlagen zu leisten. Die Absicht einer solchen freiwilligen vorzeitigen Rückzahlung ist der Abwicklungsbank (...) Tage im Voraus schriftlich anzuzeigen. Wird eine solche Rückzahlung durchgeführt, muss die Projektgesellschaft den Banken und den Leit-Arrangeuren den Vorfälligkeitsschaden gemäß Anlage (...) ersetzen.

(c) Jede vorzeitige Rückzahlung wird in vollem Umfang auf die Tranche B verrechnet.

Anmerkung:

Freiwillige vorzeitige Rückzahlungen sind für die Projektgesellschaft günstig, weil sie die Finanzierungskosten senken; für die Banken bringen sie hingegen ein Refinanzierungsrisiko mit sich. Dieses Risiko besteht darin, dass die Bank den vorzeitig zurückbezahlten Betrag am Kapitalmarkt nicht zu vergleichbaren Bedingungen (bezogen auf die Verzinsung unter dem Darlehensvertrag) anlegen kann. Den

[97] Vgl. hierzu oben 5.4.3.1.1 (3).

daraus resultierenden Vorfälligkeitsschaden muss die Projektgesellschaft regelmäßig ersetzen. Die jährliche Schuldendienstdeckungsquote ist gleich dem Quotienten aus dem Cashflow, der im Jahr X für den Schuldendienst zur Verfügung steht, und der Summe aus Zins- und Rückzahlungen im Jahr X. Die 100%-Verrechnung auf Tranche B hat den Grund, dass Tranche B im Unterschied zu Tranche A mangels Garantie mit einem höheren Satz zu verzinsen ist.

(19) Zins und Marge

(a) Der Zinssatz besteht aus einem variablen Zinssatz, der sich für Tranche A nach Maßgabe von Anlage (...) und für Tranche B gemäß Anlage (...) berechnet, und einer Marge.
(b) Die Marge beträgt (...) % p.a. für die Zeit vor dem Fertigstellungstag und (...) % p.a. für die Zeit nach dem Fertigstellungstag.

Anmerkung:

Die Zinsberechnungsmethode kann sehr komplex sein und wird bis in alle Einzelheiten vertraglich festgelegt. Regelmäßig wird ein variabler Zinssatz vereinbart; bei Vereinbarung eines Festzinssatzes ist zu beachten, dass die maximale Zinsbindungsfrist 10 Jahre beträgt (§ 489 I Nr. 3 BGB).

(20) Zinszahlungsperiode

Zinsen sind am Ende jeder Zinszahlungsperiode zu leisten.

(21) Gebühren

Die Projektgesellschaft wird die folgenden Gebühren bezahlen:
(a) eine Gebühr für das Arrangement der Finanzierung in Höhe von (...);
(b) eine Gebühr für die Unterzeichnung des Darlehensvertrages durch die Leit-Arrangeure in Höhe von (...);
(c) eine Gebühr für die Bereitstellung der Darlehensvaluta durch das Konsortium in Höhe von (...);
(d) eine Gebühr für die Tätigkeit der Abwicklungsbank in Höhe von (...).

Anmerkung:

Die Gebühren decken die einzelnen Beratungs- und Finanzdienstleistungen ab, die von den Banken im Zuge einer Projektfinanzierung erbracht werden. Mit der Arranger-Gebühr wird der Aufwand vergütet, der im Zusammenhang mit den Vertragsverhandlungen und der Strukturierung der Finanzierung entsteht. Die Gebühr für das Unterzeichnen des Darlehensvertrages stellt das Leistungsentgelt dafür dar, dass diese Banken das Syndizierungsrisiko übernehmen. Mit der Bereitstellungsgebühr werden die Kosten der Banken für das Eindecken mit ausreichenden Finanzmitteln abgegolten.

(22) Bedingungen für die erste Darlehensauszahlung

Die erste Darlehensauszahlung ist davon abhängig, dass die folgenden Bedingungen nach Form und Inhalt zur Zufriedenheit der Abwicklungsbank erfüllt sind. Die Parteien sind sich darüber einig, dass die Banken nach ihrem Ermessen auf eine oder mehrere dieser Bedingungen verzichten können.
(a) Gesellschaftsvertrag und Geschäftsführerverträge des Darlehensnehmers sowie Gesellschaftervereinbarungen (insbesondere Gesellschafterdarlehensverträge) liegen vor.
(b) Nachweis über die vollständige Einzahlung des in der Sponsor-Verpflichtungserklärung zugesagten Eigenkapitals und die vollständige Auszahlung des in der Sponsor-Verpflichtungserklärung zugesagten Gesellschafterdarlehens.
(c) Vorlage einer vom Konzessionär ausgestellten Bestätigung, dass in Bezug auf den Konzessionsvertrag keine Leistungsstörung vorliegt.
(d) Alle Genehmigungen (insbesondere der erforderliche Planfeststellungsbeschluss), Zustimmungen und Vereinbarungen, die zur Projektdurchführung erforderlich sind, liegen vor und wurden der Abwicklungsbank zur Verfügung gestellt.
(e) Die Sponsoren haben der Abwicklungsbank die Sponsor-Verpflichtungserklärung zugesandt.

(f) Die Garantieerklärung des European Investment Fund wurde der Abwicklungsbank zur Verfügung gestellt.
(g) Alle projektbezogenen Vereinbarungen sind wirksam abgeschlossen worden und wurden der Abwicklungsbank vorgelegt. Bezüglich jener projektbezogenen Vereinbarungen, die erst nach der ersten Darlehensauszahlung abgeschlossen werden, hat die Projektgesellschaft der Abwicklungsbank eine vollständige Liste vorgelegt.
(h) Die in diesem Darlehensvertrag vereinbarten Sicherheiten sind bestellt worden.
(i) Auf der Basis eines bestandskräftigen endgültigen Planfeststellungsbeschlusses und sonstiger bestandskräftiger Genehmigungen für das konzessionierte Projekt sind folgende Bedingungen erfüllt:
  (aa) Der technische Gutachter und der wirtschaftliche Gutachter haben ihre Berichte vorgelegt.
  (bb) Der Gutachter zu den Versicherungen für das Projekt hat seinen Bericht vorgelegt und alle Versicherungen, die abzuschließen sich die Projektgesellschaft und der Facility Agent geeinigt haben, wurden abgeschlossen und sind wirksam.
  (cc) Die Rechtsgutachten zum Konzessions-, Darlehensvertrag und Garantievertrag, zum Shareholder Support Letter und zur Bestellung der vereinbarten Sicherheiten liegen vor und bestätigen die Rechtswirksamkeit dieser Rechtsgeschäfte.
  (dd) Der Banking Case (Cashflow-Projektion der Banken auf Basis der vorgenannten Auszahlungsbedingungen) beweist, dass das Projekt fertiggestellt und in einer Weise betrieben werden kann, die den vereinbarten Finanzkennzahlen entspricht.
  (ee) Die Banken haben vor diesem Hintergrund die Schlussfolgerung gezogen, dass das Projekt technisch in Ordnung und wirtschaftlich lebensfähig ist.

Anmerkung:

Die Bedingungen für die erste Darlehensauszahlung weisen sehr deutlich auf den besonderen Charakter einer Projektfinanzierung hin. Da das Projekt bei Vereinbarung des Darlehensvertrages nur „virtuell" in Gestalt eines Netzwerkes von Vereinbarungen und Genehmigungen besteht, kommt diesen Dokumenten und ihrer Rechtswirksamkeit eine herausragende Bedeutung zu – mit ihrer Existenz, Wirksamkeit und wechselseitigen Kompatibilität steht und fällt das Projekt.[98] Außerdem befindet sich das Projekt zwischen Verhandlung und Abschluss des Darlehensvertrages und den Darlehensauszahlungen in einem ständigen Entwicklungsprozess. Deshalb müssen die Banken die Möglichkeit haben, vor der ersten Auszahlung eine Bestandsaufnahme zu machen und das Projekt noch einmal – nach dem vereinbarten Verfahren – durchzurechnen. Nur auf dieser Basis können sie das Risiko eingehen, Geld ausschließlich gegen die Bonität eines Projekts zu geben, das im Zeitpunkt der Darlehenszusage nur in Gestalt von Dokumenten und Verträgen besteht.

(23) Bedingungen für jede Auszahlung

Folgende Bedingungen müssen vor jeder Darlehensauszahlung nach Form und Inhalt zur Zufriedenheit der Abwicklungsbank erfüllt sein. Die Parteien sind sich darüber einig, dass die Banken nach ihrem Ermessen auf eine oder mehrere dieser Bedingungen verzichten können.
(a) Wiederholung derjenigen Zusicherungen (siehe unten Ziff. 27), die von fortlaufender Bedeutung sind.
(b) Bestätigung des Konzessionsgebers, dass im Rahmen des Konzessionsvertrages keine Leistungsstörung aufgetreten ist.
(c) Keine Leistungsstörung im Rahmen des Darlehens- und Generalunternehmervertrages.
(d) Gegen die Projektgesellschaft oder den Sponsor ist kein Rechtsstreit anhängig und droht kein Rechtsstreit, der bei vernünftiger Betrachtung zu Konsequenzen führen kann, welche das Projekt, den Konzessions- oder Darlehensvertrag nachhaltig negativ beeinflussen könnten.

---

[98] Sester, Projektfinanzierungsvereinbarungen als Gestaltungs- und Regulierungsaufgabe, S. 3 ff.

(e) Vorlage eines Auflistung, wie die zuletzt ausgezahlten Darlehensbeträge eingesetzt wurden.
(f) Bescheinigung des technischen Beraters darüber, dass die projektbezogenen Meilensteine, die im Generalunternehmervertrag vereinbart wurden, entsprechend dem Projektzeitplan erreicht wurden. Falls die Meilensteine nicht erreicht wurden, bedarf es einer Bestätigung durch den technischen Berater, dass der vereinbarte Fertigstellungszeitpunkt nach aller Voraussicht gleichwohl noch eingehalten werden kann.
(g) Erfüllung aller Voraussetzungen, die für die Gültigkeit der Garantieerklärung des European Investment Fund erforderlich sind.

Anmerkung:

Diese Klauseln haben einen ganz ähnlichen Hintergrund wie die Regelungen, welche die erste Darlehensauszahlung betrafen. Die Banken benötigen die betreffenden Information, um fortlaufend prüfen zu können, ob sich das Projekt noch in jenen Bahnen bewegt, die bei der Cashflow-Projektion (Banking Case) zugrunde gelegt wurden. Hierbei wird deutlich, dass Projektfinanzierungen erhebliche Anforderungen an das Monitoring des Darlehensnehmers stellen.

(24) Sicherheiten

Für die Ansprüche der Banken, die sich aus diesem Darlehensvertrag ergeben, werden folgende Sicherheiten bestellt:

(a) Der Sponsor und Alleingesellschafter der Projektgesellschaft wird den Banken seine Gesellschaftsanteile an der Projektgesellschaft verpfänden.
(b) Der Sponsor wird den Banken eine Sponsor-Verpflichtungserklärung zusenden, der dem in Anlage (...) zu diesem Darlehensvertrag enthaltenen Entwurf genau entspricht.[99]
(c) Die Projektgesellschaft wird dem Treuhänder der Sicherheiten bzw. den Banken jene Erklärungen zur Verfügung stellen, die nach der Vereinbarung zur Übertragung des Konzessionsvertrages erforderlich sind.
(d) Die Projektgesellschaft wird zugunsten der Banken dem Treuhänder der Sicherheiten alle Ansprüche abtreten oder verpfänden, die sich aus dem Konzessionsvertrag oder den sonstigen projektbezogenen Dokumenten ergeben.
(e) Die Projektgesellschaft wird dem Treuhänder der Sicherheiten alle gegenwärtigen und künftigen Ansprüche auf Einziehung von Mautgebühren abtreten.
(f) Der Darlehensgeber wird sicherstellen, dass alle Ansprüche, die sich aus projektbezogenen Verträgen (mit Ausnahme des Konzessionsvertrages) gegen ihn wegen einer Leistungsstörung innerhalb dieser Verträge ergeben, nachrangig gegenüber den Ansprüchen der Banken aus diesem Darlehensvertrag sind.
(g) Alle Projektkonten werden den Banken verpfändet.
(h) Der Darlehensnehmer wird sicherstellen, dass die Parteien der Projektverträge (ausgenommen der Konzessionsvertrag) mit den Banken Direktverträge abschließen, in denen die Banken das Recht erhalten, die Projektgesellschaft durch eine neue Projektgesellschaft zu ersetzen, ohne dass sich am Inhalt des Projektvertrages etwas ändert. Als Vertragspartei dieser Direktverträge tritt für die Bankenseite der Treuhänder der Sicherheiten auf. Statt eines Direktvertrages können der Darlehensnehmer und die Beteiligten der Projektverträge auch einen echten Vertrag zugunsten Dritter abschließen, in dem die Banken einen Anspruch erhalten, aus dem sich eine Ersetzungsbefugnis im Sinne von Satz 1 dieser Klausel ergibt.
(i) Alle gegenwärtigen und künftigen Ansprüche der Projektgesellschaft aus den projektbezogenen Versicherungsverträgen werden den Banken zur Sicherheit abgetreten.

---

[99] Vgl. zum typischen Inhalt eines solchen Sponsor Support Letter oben 5.2.1.3 und 5.4.2.2.

Anmerkung:

Die vorliegende Sicherheitenstruktur stützt sich überwiegend auf schuldrechtliche Vereinbarungen und Sicherungszessionen. Da die Projektgesellschaft nicht Eigentümerin des zu errichtenden Projekts (hier einer Brücke) wird, scheiden dingliche Sicherheiten aus. Bei PPP-Projekten, die dergestalt konzipiert sind, dass der Konzessionär während der Laufzeit des Konzessionsvertrages Eigentümer des Projekts ist (klassisches Built-Own-Transfer-Modell), sehen die Darlehensverträge regelmäßig noch folgende dingliche Sicherheiten vor: Grundschulden an allen Betriebsgrundstücken der Projektgesellschaft und (antizipierte) Sicherungsübereignung aller beweglichen Vermögensgegenstände.

Bei der Sicherheitenstruktur zeigt sich ein weiteres Charakteristikum der Projektfinanzierung. Die Sicherheiten sind nicht auf Verwertung ausgerichtet, sondern darauf, das Projekt als physische Einheit und als vertragliches Netzwerk zu erhalten (Going-Project-Prinzip) und notfalls im Wege eines Asset-Deals auf ein neues Unternehmen zu übertragen.[100] Zu diesem Zweck müssen sich die Banken alle Vermögensgegenstände reservieren lassen, um eine Zerschlagung durch andere Gläubiger abzuwehren (defensive Dimension der Sicherheiten). Darüber hinaus müssen sie sich – idealerweise durch Direktverträge[101] – eine insolvenzfeste Rechtsposition einräumen lassen, die es ihnen ermöglicht, die Projektverträge auf ein neues Rechtssubjekt, eine neue Projektgesellschaft mit anderem Sponsor, zu übertragen (positive Dimension der Sicherheiten). Wegen des hohen finanziellen Engagements der Banken und des nur langsam an Wert gewinnenden Projekts sowie des extrem niedrigen Zerschlagungswertes liegt darin keine Übersicherung und auch keine unzulässige Knebelung nach § 138 BGB.[102] Die bei Bauprojekten üblicherweise bestehende Konfliktlage zwischen den Banken einerseits und den Bauhandwerkern andererseits ist hier nicht gegeben, denn der Generalunternehmer ist typischerweise identisch mit dem Sponsor des Projekts oder steht diesem zumindest wirtschaftlich und gesellschaftsrechtlich nahe.

Rechtlich nicht unproblematisch ist die Kombination aus Verpfändung der Gesellschaftsanteile der Projektgesellschaft und den noch darzulegenden Verpflichtungserklärungen (Covenants). Hier ist im Lichte der BGH-Rechtsprechung zu § 32a Abs. 3 GmbHG eine Umqualifizierung des Darlehens in ein eigenkapitalersetzendes Darlehen nicht völlig auszuschließen.[103] Bei einer internationalen Syndizierung des Projektdarlehens ist es gleichwohl schwierig, auf eine Verpfändung der Gesellschaftsanteile zu verzichten, da dieses Sicherungsinstrument zum internationalen Marktstandard bei Projektfinanzierungen zählt.

(25) Projektkonten

Die Projektgesellschaft wird vor der ersten Darlehensauszahlung in Abstimmung mit der Abwicklungsbank folgende Projektkonten eröffnen:

(a) Schuldendienstreservekonto

- (aa) Der Darlehensnehmer wird während der gesamten Laufzeit des Darlehensvertrages ein Schuldendienstreservekonto unterhalten, auf dem sich zu jedem Zeitpunkt eine Summe befindet, die ausreicht, um alle Zins- und Rückzahlungen zu leisten, die in den folgenden (...) Monaten fällig werden.
- (bb) Die erste Einzahlung auf das Schuldendienstreservekonto leistet der Sponsor gemäß der Sponsor-Verpflichtungserklärung.
- (cc) Kommt es gemessen an der Regelung unter (aa) zu einer Unterdeckung auf dem Schuldendienstreservekonto, dann wird die Projektgesellschaft diese Unterdeckung aus ihrem Cashflow ausgleichen, und zwar in Einklang mit den nachfolgenden Regelungen zum Geschäftskonto.

---

[100] Vgl. Sester, Projektfinanzierungsvereinbarungen als Gestaltungs- und Regulierungsaufgabe, S. 89 ff.; ders., ZBB 2004, 283.

[101] Vgl. hierzu unten 5.4.3.1.3.

[102] Eingehend hierzu Sester, Projektfinanzierungsvereinbarungen als Gestaltungs- und Regulierungsaufgabe, S. 298 ff. und 306 ff.; vgl. auch H. P. Westermann, FS Brandner, S. 579 ff.

[103] BGHZ 119, 191 ff. Eingehend zu den Auswirkungen dieser Entscheidungen auf Projektfinanzierungsverträge Sester, Projektfinanzierungsvereinbarungen als Gestaltungs- und Regulierungsaufgabe, S. 258 ff.; vgl. von Hagenmeister/Bültmann, WM 1997, 549 ff.; Maier-Reime, Festschrift Rowedder, S. 245 ff.; Röver, Projekte und Projektfinanzierung, S. 215 f.; H. P. Westermann, Festschrift Odersky, S. 897 ff.; vgl. auch (nicht spezifisch zu Projektfinanzierung) Fleischer, ZIP 1998, 313 ff.; Kästle, Rechtsfragen der Verwendung von Covenants in Kreditverträgen, S. 151 ff.

(dd) Zahlungen, die unter Nutzung des Schuldendienstreservekontos gemacht werden, lösen keine Leistungsstörung im Rahmen des Darlehensvertrages aus.

Anmerkung:

Das Schuldendienstreservekonto dient als Stabilisator für das Projekt. In guten Zeiten (Cashflow ist außerplanmäßig größer als zur Deckung aller fälligen Verbindlichkeiten erforderlich) werden Reserven für den Fall gebildet, dass es später zu punktuellen negativen Abweichungen von der Cashflow-Projektion kommt. Das Schuldendienstreservekonto kann als Anknüpfungspunkt für eine Unterstützung durch den Sponsor dienen.

(b) Geschäftskonto

(aa) Alle Zahlungen an die Projektgesellschaft erfolgen auf das Geschäftskonto, es sei denn, dieser Darlehensvertrag regelt ausdrücklich etwas anderes. Auf das Geschäftskonto erfolgen insbesondere folgende Zahlungen: Darlehensauszahlungen (soweit dieser Vertrag nichts anderes regelt), Einzahlungen auf Kapitaleinlagen, Auszahlung von Gesellschafterdarlehen, Einzahlungen aus dem Betrieb des Projekts, Auszahlungen von Versicherungsleistungen etc.

(bb) Zahlungen darf die Projektgesellschaft von dem Geschäftskonto nur an den festgelegten Zins- und Rückzahlungstagen vornehmen; ausgenommen sind operative Zahlungen. Weiter können Zahlungen von dem Geschäftskonto nur gemäß der folgenden Rangordnung geleistet werden. Die Parteien sind sich darüber einig, dass Zahlungen für Ansprüche eines niedrigeren Ranges erst geleistet werden dürfen, nachdem alle höherrangigen Ansprüche vollständig erfüllt wurden. Die Rangfolge lautet wie folgt:

I. Zahlungen für operative Ausgaben des Darlehensgebers, es sei denn, die betreffenden Ansprüche sind nach diesem Darlehensvertrag mit einem Rangrücktritt belegt (so insbesondere Zahlungen an den Generalunternehmer).

II. Zahlungen an die Banken, mit denen der Darlehensvertrag erfüllt wird, mit Ausnahme von Rück- und Zinszahlungen sowie Bezahlung der Bereitstellungsgebühr.

III. Zinszahlungen sowie Bezahlung der Bereitstellungsgebühr in Erfüllung des Darlehensvertrages.

IV. Rückzahlungen an die Banken gemäß dem Darlehensvertrag.

V. Einzahlungen auf das Schuldendienstreservekonto.

VI. Einzahlungen auf das Instandhaltungskonto.

VII. Zahlungen an die Gesellschafter der Projektgesellschaft in Erfüllung des Darlehensvertrages, sofern diese Zahlungen auf marktüblichen Bedingungen beruhen.

(cc) Sobald eine Leistungsstörung auftritt, dürfen Zahlungen vom Geschäftskonto nur nach ausdrücklicher Zustimmung des Facility Agent geleistet werden.

(c) Instandhaltungskonto

Die Kosten für die nach Maßgabe von Anlage (...) vereinbarten Instandhaltungsarbeiten an dem Projekt gehen zu Lasten des Instandhaltungskontos, das aus dem verfügbaren Cashflow über das Geschäftskonto des Projekt gefüllt wird. Die Notwendigkeit dieses Kontos und die Höhe der einzuzahlenden Beträge bestimmt die Abwicklungsbank auf der Basis eines Berichts des technischen Beraters und im Lichte der vereinbarten Instandhaltungsarbeiten.

Anmerkung:

Auch die detailreichen Kontenregelungen sind ein Charakteristikum der Projektfinanzierung. In diesen Regelungen spiegelt sich wider, dass es sich um eine streng am Cashflow ausgerichtete Finanzierung handelt. Deshalb ist es von zentraler Bedeutung, die Zahlungsvorgänge präzise vertraglich vorzustrukturieren und zu kontrollieren. Nur auf diese Weise kann gewährleistet werden, dass die Cashflow-Vorgaben erreicht werden.

(26) Verpflichtungserklärungen (Covenants)

Die Projektgesellschaft gibt folgenden Verpflichtungserklärungen ab:

(a) Verpflichtungserklärungen bezüglich der Gesellschaft

(aa) Das einbezahlte Eigenkapital, bestehend aus der Kapitaleinlage und dem nachrangigen Gesellschafterdarlehen, wird bis zur vollständigen Rückzahlung aller Tranchen den Anforderungen genügen, die sich aus dem Konzessionsvertrag, der Sponsor-Verpflichtungserklärung und diesem Darlehensvertrag ergeben.

(bb) Während der Konstruktionsphase soll das eingezahlte Eigenkapital in keinem Zeitpunkt weniger als (...) Prozent der Summe aus allen bereits erfolgten Darlehensauszahlungen betragen.

Anmerkung:

Diese beiden Klauseln stehen im Zusammenhang mit den Auszahlungsbedingungen. Die Regelung unter (bb) gewährleistet ein konstantes Verhältnis zwischen Eigen- und Fremdkapital während der besonders risikoreichen Errichtungsphase; sie knüpft daran an, dass in den Auszahlungsbedingung für die (weiteren) Darlehensziehungen[104] nicht auf die vollständige Erbringung der Eigenkapitalausstattung abgestellt wird, sondern auf die Einhaltung der hier geregelten Verhältniszahl.

(cc) Die Projektgesellschaft wird ihre gesellschaftsrechtliche Struktur als GmbH nicht verändern und keine Unternehmensverträge eingehen, es sei denn, ihr sind solche Maßnahmen in diesem Darlehensvertrag ausdrücklich gestattet oder die Abwicklungsbank stimmt vorab zu. Die Abwicklungsbank wird ihre Zustimmung nicht verweigern, wenn die Projektgesellschaft zur Zufriedenheit der Abwicklungsbank nachweist, dass die geplante Änderung keine negativen Effekte auf die Fähigkeit des Darlehensnehmers haben wird, seine Verpflichtungen aus diesem Darlehensvertrag zu erfüllen.

(dd) Die Projektgesellschaft wird mit ihren Gesellschaftern nur solche Transaktionen vereinbaren, die dem gewöhnlichen Geschäftsgang entsprechen, und in denen Leistung und Gegenleistung dem Marktpreis entsprechen.

Anmerkung:

Die Verpflichtungserklärungen, die sich auf die Gesellschaft beziehen, gewährleisten (bis zu einem gewissen Grad) den Banken, dass die Eckdaten der Cashflow-Projektion eingehalten werden und die Gesellschafter der Projektgesellschaft nicht die Möglichkeit haben, ihr Finanzmittel zu entziehen. Außerdem werden diejenigen Vereinbarungen abgesichert, die jene Ansprüche nachrangig stellen, die den Gesellschaftern gegen die Projektgesellschaft zustehen. Wie alle Covenants dienen auch die unter (cc) und (dd) geregelten letztlich dazu, den Banken bei einer Krise der Projektgesellschaft frühzeitig Eingriffsrechte zuzuweisen.

(b) Verpflichtungserklärungen bezüglich der Konzessionsvereinbarung

(aa) Die Projektgesellschaft wird alle Verpflichtungen, die sie im Konzessionsvertrag bezüglich der Errichtung, Instandhaltung und dem Betrieb des Projekts übernommen hat, pünktlich und ordnungsgemäß erfüllen. Die Projektgesellschaft wird insbesondere:

- sicherstellen, dass das Projekt gemäß Artikel (...) des Konzessionsvertrages fertiggestellt wird.
- das Projekt in einem Zustand erhalten, wie er in Artikel (...) vorgesehen ist.
- das Projekt in einer Weise betreiben, die in Einklang steht mit dem Konzessionsvertrag und allen relevanten Rechtsvorschriften.

(bb) Die Projektgesellschaft wird sicherstellen, dass die Abwicklungsbank, der technische Berater oder eine von diesen benannte Person das Projekt besichtigen und die Geschäftsunterlagen einsehen kann, sofern eine solche Inspektion rechtzeitig angekün-

[104] Vgl. hierzu oben 5.4.3.1.1 (22) (b) und (23).

digt wird. Die Parteien sind sich darüber einig, dass die Inspektion in einer Weise ablaufen muss, die die Arbeiten an dem Projekt nicht stört; außerdem müssen die üblichen Geschäftszeiten eingehalten werden.

(cc) Die Projektgesellschaft wird die Abwicklungsbank vorab über alle Handlungen, Maßnahmen und Rechtsgeschäfte informieren, die das Projekt in erheblicher Weise negativ beeinflussen könnten. Die Projektgesellschaft wird solche Handlungen, Maßnahmen und Rechtsgeschäfte nur mit ausdrücklicher Zustimmung der Abwicklungsbank vornehmen.

Anmerkung:

Diese Klausel verknüpft Konzessions- und Finanzierungsvertrag; die reibungsfreie Abwicklung des Konzessionsvertrages und die Einhaltung des Projektentwicklungsplans sind wichtige Voraussetzungen dafür, dass die Projektgesellschaft den prognostizierten Cashflow erzielen wird und damit den Schuldendienst erfüllen kann. Deshalb muss die Projektgesellschaft auf diese Vorgaben festgelegt werden.

(c) Verpflichtungserklärungen bezüglich der Versicherungen

Die Projektgesellschaft und die Abwicklungsbank werden sich auf der Basis eines Gutachtens des Versicherungsberaters auf ein Versicherungsprogramm einigen. Sofern der Sponsor eine projektbezogene Versicherung abgeschlossen hat, genügt eine solche Versicherung zur (teilweisen) Erfüllung des Versicherungsprogramms, wenn der Versicherungsberater sie als ausreichend qualifiziert.

Anmerkung:

Das Versicherungsprogramm ist Teil der feinjustierten Risikoallokation. Jene Risiken, die durch Versicherungen gedeckt werden, verringern den Risikograd des Darlehens und sind daher nicht in den Darlehenszins „eingepreist". Deshalb ist es für die Banken wesentlich, dass das Versicherungsprogramm tatsächlich eingehalten wird.

(d) Negative Verpflichtungserklärungen

Die Projektgesellschaft wird ohne die ausdrückliche schriftliche Zustimmung der Abwicklungsbank folgende Rechtsgeschäfte, Handlungen und Maßnahmen nicht vornehmen:

(aa) Aktivitäten entfalten, die über die Errichtung und den Betrieb des Projekts hinausgehen.

(bb) finanzielle Verbindlichkeiten eingehen oder die Haftung für Verbindlichkeiten Dritter übernehmen, sofern dies den gewöhnlichen Geschäftsgang überschreitet.

(cc) Sicherheiten für ihre Vermögensgegenstände bestellen, die nicht in diesem Darlehensvertrag ausdrücklich vorgesehen sind.

(dd) über ihre Vermögensgegenstände verfügen, es sei denn, solche Verfügungen entsprechen dem gewöhnlichen Geschäftsverkehr.

(ee) einen Projektvertrag beenden oder in wesentlichen Bestimmungen verändern bzw. auf einen wesentlichen Anspruch aus den Projektverträgen verzichten oder die Erfüllung stunden.

Anmerkung:

Die negativen Verpflichtungserklärungen dienen insbesondere dazu, den Verschuldungsgrad zu kontrollieren und die Zusammensetzung der Vermögensgegenstände zu überwachen. Das übergeordnete Ziel lautet: Die Projektgesellschaft soll nicht ohne Zustimmung der Banken jenen Kurs verlassen, der im Darlehensvertrag, Konzessionsvertrag und den Projektverträgen vorgesehen ist, denn hierauf beruht die Einschätzung zur Bonität des Projekts; und diese ist wiederum das Fundament der Finanzierungsentscheidung und -struktur.

(e) Verpflichtungserklärung zur Weitergabe von Informationen

(aa) Ab dem Zeitpunkt, in dem dieser Darlehensvertrag unterzeichnet wird, bis zum Tag der Fertigstellung des Projekts wird die Projektgesellschaft

– monatlich der Abwicklungsbank einen Budgetplan in einer Form vorlegen, die dem Muster in Anlage (...) entspricht. Darin wird angegeben, welche Beträge zuletzt für die Errichtung des Projekts ausgegeben wurden. Ferner ist die Ausgabenplanung für die noch ausstehenden Errichtungsarbeiten fortzuschreiben und ebenfalls der Abwicklungsbank vorzulegen.
– vierteljährlich der Abwicklungsbank einen Bericht über den Fortgang der Konstruktionsarbeiten vorlegen, in dem jede Abweichung gegenüber den Plänen enthalten sein muss, die im Generalunternehmervertrag vereinbart wurden.
– Die genannten Berichte werden vom technischen Berater geprüft. Für den Fall, dass der technische Berater zu dem Ergebnis gelangt, dass eine Leistungsstörung eingetreten ist oder eine Finanzierungslücke besteht, werden sich die Parteien nach besten Kräften bemühen, die Leistungsstörung oder die Finanzierungslücke freundschaftlich zu beseitigen. Die Parteien sind sich darüber einig, dass bei einem Scheitern dieser freundschaftlichen Vertragsanpassung ein unabhängiger Schiedsgutachter verbindlich entscheiden wird. Können sich die Parteien nicht auf einen Schiedsgutachter einigen, so wird dieser vom Präsidenten der Industrie- und Handelskammer (...) bestimmt.

(bb) Ab dem Zeitpunkt des Tages der Fertigstellung des Projekts und bis zum Tag, an dem das Darlehen vollständig zurückbezahlt ist, wird die Projektgesellschaft der Abwicklungsbank
– monatlich einen Bericht über die Auslastung des Projekts vorlegen.
– vierteljährlich einen Zustandsbericht über das Projekt vorlegen, in dem insbesondere auf Instandhaltungsarbeiten sowie technische, personelle und sonstige Probleme (z.B. Unfälle) eingegangen wird.
– jährlich einen detaillierten Budgetplan für die nächsten 12 und einen eher generellen Budgetplan für die nächsten 36 Monate vorlegen.

Anmerkung:

Die Informationspflichten dienen dazu, das Informationsgefälle zwischen Projektgesellschaft und Banken abzubauen; sie sollen es den Banken ermöglichen, bei negativen Anzeichen für die planmäßige Entwicklung des Projekts rechtzeitig einzugreifen. Die referierten Klauseln zeigen auch, dass die Parteien primär auf eine kooperative und vertrauensvolle Problemlösung setzen. Hintergrund ist – wie bereits mehrfach betont –, dass ein Projektabbruch oder ein (freiwilliger oder erzwungener) Ausstieg eines Projektpartners zu erheblichen finanziellen Verlusten für alle Seiten führen würde.

(f) Finanzielle Verpflichtungserklärungen

(aa) Die Projektgesellschaft wird zeitgleich mit der Unterzeichnung dieses Darlehensvertrages bis zur vollständigen Rückzahlung des Darlehens halbjährlich eine untestierte und jährlich eine testierte Bilanz vorlegen.

(bb) Die Projektgesellschaft wird bis zum Tag, an dem das Darlehen vollständig zurückbezahlt ist, die nachfolgenden Finanzrelationen einhalten, welche auf der folgenden Basis kalkuliert werden:
– Die Abwicklungsbank wird ab der ersten Darlehensauszahlung bis zur vollständigen Rückzahlung des Darlehens alle 6 Monate (erstmals 6 Monate nach der ersten Auszahlung) den sog. Banking Case gemäß Anlage (...) berechnen. Der Banking Case ist eine Cashflow-Projektion, die alle Auszahlungen und Einzahlungen (der Projektgesellschaft) vom jeweiligen Berechnungszeitpunkt bis zum planmäßig letzten Rückzahlungstag erfasst und dabei die jeweils neusten Informationen verarbeitet.
– Der Banking Case wird den verfügbaren Cashflow angeben. Diese Größe ist gleich der Differenz aus allen operativen Einzahlungen (inklusive erhaltener Versicherungsleistungen, bezahlter Vertragsstrafen sowie vereinnahmter Verzugsschadensersatz wegen Verzögerungen bei den Errichtungsarbeiten) und allen opera-

tiven Auszahlungen (dazu zählen mit Ausnahme der Umsatzsteuer auch alle Steuer- und Gebührenzahlungen, welche die Projektgesellschaft zu leisten hat).

– Der Banking Case wird weiter den abgezinsten verfügbaren Cashflow angeben. Dieser wird berechnet, in dem der verfügbare Cashflow auf den jeweiligen Berechnungszeitpunkt abgezinst wird, und zwar mit dem gewichteten Durchschnittszinssatz unter diesem Darlehensvertrag.

(cc) Der jährliche Schuldendienstdeckungsgrad wird von der Abwicklungsbank in jedem Zeitpunkt berechnet, in dem der Banking Case berechnet wird; er soll zu keinem Zeitpunkt niedriger sein als (...). Der jährliche Schuldendienstdeckungsgrad soll zu jedem Rückzahlungstag gleich dem Quotient aus dem verfügbaren Cashflow der vergangenen 12 Monate und der Summe aus den Zins- und Tilgungszahlungen der letzten 12 Monate sein. In den ersten 12 Monaten seit Beginn der Zins- und Tilgungszahlungen erfolgt die Berechnung auf Basis der im Banking Case prognostizierten Zahlen, danach auf der Basis realer Zahlen.

(dd) Der Deckungsgrad für die gesamte Darlehenslaufzeit wird von der Abwicklungsbank in jedem Zeitpunkt berechnet, in dem der Banking Case berechnet wird; er soll zu keinem Zeitpunkt niedriger sein als (...). Der Deckungsgrad für die gesamte Darlehenslaufzeit ist gleich dem Quotienten aus dem abgezinsten verfügbaren Cashflow und der Summe der noch zu leistenden Darlehensrückzahlungen.

(ee) Falls in irgendeinem Berechnungszeitpunkt der jährliche Schuldendienstdeckungsgrad niedriger als der unter (cc) angegebene Schwellenwert sein sollte oder eine Leistungsstörung im Rahmen des Darlehensvertrages eingetreten ist, dürfen keinerlei Zahlungen an die Gesellschafter der Projektgesellschaft geleistet werden.

Anmerkung:

Anhand des jährlichen Schuldendienstdeckungsgrades kann geprüft werden, ob in einem Jahr voraussichtlich genügend Cashflow vorhanden sein wird, um den Schuldendienst zu leisten. Die LLCR (Loan Life Cover Ratio) ermöglicht es, mit Hilfe einer einzigen Zahl zu beurteilen, inwieweit, von einem bestimmten Zeitpunkt aus betrachtet, der „Cashflow" während der Restlaufzeit des Kredits oder des Projekts wahrscheinlich genügen wird, um den gesamten noch offenen Schuldendienst zu erfüllen. Jenseits dieser beiden Kennzahlen gibt es noch weitere Kennzahlen, die häufig in Projektfinanzierungen vereinbart werden. Die Berechnungsweise, die dafür vereinbart wird, schwankt um eine gewisse Standardmethode.[105]

(g) Verpflichtungserklärungen bezüglich der projektbezogenen Verträge.

Die Projektgesellschaft wird alle projektbezogenen Verträge korrekt erfüllen; sie wird Ansprüche, die sie im Rahmen dieser Verträge wegen einer Leistungsstörung gegen den jeweiligen Vertragspartner hat, bis zu dem Grad durchsetzen, ab dem die Rechtsdurchsetzung einen schwer wiegenden nachteiligen Effekt auf das Projekt oder die Leistungsfähigkeit der Projektgesellschaft unter dem Darlehensvertrag haben könnte.

Anmerkung:

Die Verpflichtungserklärungen gehören, wie bereits ihr Umfang andeutet, zum Herzstück des Darlehensvertrages für eine Projektfinanzierung. Diese Regelungen dienen dazu, die Geschäftspolitik der Projektgesellschaft genau auf dem Kurs zu halten, der Grundlage für die Finanzierungsentscheidung war (und der insbesondere beim Erstellen der Cashflow-Projektion zugrunde gelegt wurde). Diese Kursbestimmung ist bei Projektfinanzierungen deshalb von herausragender Bedeutung, weil das Darlehen nur gegen die Bonität des Projekts gegeben wird, wobei die Bonität vor allem anhand des Konzessions- und der sonstigen projektbezogenen Verträge bestimmt wird.[106] Außerdem bieten die klassischen dinglichen

---

[105] Vgl. zum Ganzen Mills, Journal of International Banking Law 1996, 24ff.; Röver, in: Projekte und Projektfinanzierung, S. 191f.; Sester, Projektfinanzierungsvereinbarungen als Gestaltungs- und Regulierungsaufgabe, S. 22ff.

[106] Sester, Projektfinanzierungsvereinbarungen als Gestaltungs- und Regulierungsaufgabe, S. 26ff. und 28.

Sicherheiten den Banken bei Projektfinanzierungen nur einen vergleichsweise schwachen Risikoschutz, da eine Verwertung des Projekts im Wege der Zerschlagung entweder rechtlich ausscheidet (§ 882 a Abs. 2 ZPO)[107] oder wegen der mangelnden Marktfähigkeit einzelner Projektbestandteile wirtschaftlich keinen Sinn macht. Ist die Finanzierungsentscheidung einmal gefallen und das Projekt begonnen, dann sind allem voran die Banken an das Projekt gefesselt. Deshalb haben sie ein vitales und legitimes Interesse, an der Projektsteuerung mitzuwirken.

Da die betreffenden Regelungen jedoch den unternehmerischen Handlungsspielraum für die Projektgesellschaft stark beschränken, muss die Grenze zur sittenwidrigen Knebelung (§ 138 Abs. 1 BGB) gewahrt werden.[108] Diese Grenze dürfte dort erreicht sein, wo Verpflichtungserklärungen dazu führen, dass die Banken über einzelne gewöhnliche Geschäftsführungsmaßnahmen etwa mit Hilfe eines Vetos entscheiden können (z. B. Geschäftsabschlüsse ab einer bestimmten, für den betreffenden Geschäftsbetrieb nicht ungewöhnlichen Summe werden an die Zustimmung der Banken gekoppelt; Personalentscheidungen unterhalb der Geschäftsführungsebene werden von einer Zustimmung der Banken abhängig gemacht).[109] Diese Grenzen sind auch deshalb zu respektieren, weil andernfalls im Zusammenspiel mit der Verpfändung der Anteile an der Projektgesellschaft eine Anwendung des § 32 a Abs. 3 GmbHG droht.[110]

Im vorgestellten Katalog wurden jene Verpflichtungserklärungen nicht berücksichtigt, die zum Standardprogramm bei klassischen Unternehmenskrediten (oder auch Anleihen) gehören wie z. B. Pari Passu, Negative Pledge.[111]

(27) Zusicherungen und Garantieerklärungen

Die Projektgesellschaft erklärt mit der Unterzeichnung dieses Darlehensvertrages folgende Zusicherungen und Garantieerklärungen:

(a) Die Projektgesellschaft und der Sponsor sind rechtmäßig gegründete und bestehende Gesellschaften.

(b) Die Projektgesellschaft und der Sponsor haben die Rechtsmacht sowie die technische und wirtschaftliche Fähigkeit, sowohl diesen Darlehensvertrag als auch alle projektbezogenen Verträge ordnungsgemäß zu erfüllen.

(c) Gegen die Projektgesellschaft schwebt kein Gerichts- oder Schiedsgerichtsverfahren, das (...) EURO übersteigt, es sei denn, ein solches Verfahren ist offensichtlich ohne Chance auf Erfolg oder die geltend gemachten Ansprüche gegen die Projektgesellschaft sind durch wirksame Rückgriffsansprüche gegen einen solventen Dritten gedeckt.

(d) Es liegt keine Leistungsstörung bezüglich des Darlehensvertrages oder der projektbezogenen Verträge vor.

(e) Alle projektbezogenen Verträge sind rechtswirksam und bindend.

(f) Die Projektgesellschaft oder der Sponsor haben den Banken keine Informationen bewusst vorenthalten, die nach dem Urteil eines sorgfältigen Geschäftsführers erhebliche negative Auswirkungen auf das Projekt haben könnten.

(g) Die Bilanzen der Projektgesellschaft und des Sponsors, die zuletzt von einem Wirtschaftsprüfer geprüft wurden, sind in Einklang mit den anwendbaren Gesetzen und den allgemein anerkannten Bilanzierungsregeln sowie unter Beachtung des True-and-Fair-View-Prinzips erstellt worden.

---

[107] Vgl. hierzu oben 4.2.1.1.

[108] Eingehend hierzu Sester, Projektfinanzierungsvereinbarungen als Gestaltungs- und Regulierungsaufgabe, S. 306 ff. und 332 ff.; Köndgen, Insolvenzrecht, S. 127, 141 ff.; Röver, in: Projekte und Projektfinanzierung, S. 214 ff.; H.-P. Westermann, in: FS Brandner S. 579, 590 ff.; vgl. auch Kästle, Rechtsfragen der Verwendung von Covenants in Kreditverträgen, S. 124 ff.

[109] Sester, Projektfinanzierungsvereinbarungen als Gestaltungs- und Regulierungsaufgabe, S. 332 ff., 352; ähnlich Köndgen, Insolvenzrecht, S. 127, 146.

[110] Vgl. hierzu oben 5.4.3.1.1 (24).

[111] Vgl. hierzu Köndgen, Insolvenzrecht, S. 127 ff. und Kästle, Rechtsfragen von Covenants in Kreditverträgen, S. 239.

(h) Alle notwendigen Genehmigungen und Zustimmungen liegen rechtswirksam vor; ausgenommen sind solche Genehmigungen, die entweder unwesentlich sind, oder die von Rechts wegen erst nach dem Tag der Unterzeichnung dieses Darlehensvertrages erlangt werden können.

Anmerkung:

Zwar gibt es im deutschen Recht einige Rechtsinstitute (z.B. Gutglaubensschutz nach Grundbuch, positive und negative Publizität des Handelsregisters, abstrakt gültige und typisierte Vertretungsmacht der Gesellschaftsorgane und Prokuristen, Geschäftsgrundlagenlehre, Irrtum über wesentliche Eigenschaften), die einige dieser Zusicherungen und Garantieerklärungen nicht als zwingend erforderlich erscheinen lassen.[112] Dennoch sollten sie in Projektfinanzierungsdarlehen aufgenommen werden, denn zum einen beugen sie Unklarheiten bei der Vertragsauslegung bzw. der Ermittlung der stets unsicheren Geschäftsgrundlage i.S.d. § 242 BGB (oder der Anwendung des Begriffs wesentliche Eigenschaften) vor, und zum anderen entsprechen sie dem Standard der internationalen Vertragspraxis. Letzteres ist vor allem für die Syndizierung bedeutsam.

(28) Ereignisse einer Leistungsstörung

In den folgenden Fällen liegt eine Leistungsstörung vor:

(a) Die Projektgesellschaft versäumt es, einen Zins- oder Rückzahlungsbetrag unter dem Darlehensvertrag binnen (...) Tagen nach seiner Fälligkeit zu bezahlen. Die Projektgesellschaft versäumt es, binnen (...) Tagen nach schriftlicher Mahnung irgendeinen anderen Betrag zu bezahlen, der nach dem Darlehensvertrag zu leisten ist.

(b) Es liegt eine Täuschung vor über den Gegenstand einer Verpflichtungserklärung oder die Verletzung (insbesondere Verzug, Nicht- und Schlechterfüllung) einer Verpflichtungserklärung, und dies kann nach dem sorgfältigem Urteil der Banken erhebliche nachteilige Auswirkungen auf die Fähigkeit der Projektgesellschaft haben, ihren Schuldendienst unter dem Darlehensvertrag zu leisten. Die Täuschung oder Vertragsverletzung führt erst dann zu einer Leistungsstörung, wenn die Projektgesellschaft nicht binnen (...) Geschäftstagen nach Erhalt einer schriftlichen Mahnung Abhilfe geschaffen hat.

(c) Die Beendigung eines projektbezogenen Vertrages, sofern diese nach sorgfältiger Einschätzung der Banken erhebliche nachteilige Auswirkungen auf die Fähigkeit der Projektgesellschaft haben kann, ihre Verpflichtungen aus diesem Darlehensvertrag zu erfüllen.

(d) Die Insolvenzeröffnung, Liquidation oder Löschung der Projektgesellschaft oder des Sponsors. Jede Zwangsvollstreckungsmaßnahme gegen das Vermögen oder Vermögensteile der Projektgesellschaft oder des Sponsors, sofern diese nicht binnen (...) Tagen zurückgezogen oder durch Erfüllung abgewendet wird, vorausgesetzt die Zwangsvollstreckungsmaßnahme kann erhebliche nachteilige Auswirkungen auf die Fähigkeit der Projektgesellschaft haben, ihre Verpflichtungen aus diesem Darlehensvertrag zu erfüllen.

(e) Irgendeiner der vierteljährlich zu erstellenden Berichte über den Fortgang der Projekterrichtung zeigt an, dass die Kosten für die Errichtung des Projekts den Festpreis überschreiten werden, der im Generalunternehmervertrag vereinbart wurde.

(f) Versäumnis, die Errichtungsarbeiten am Fertigstellungstag abzuschließen; Versäumnis, einen Meilenstein bei der Errichtung des Projekts zum festgesetzten Zeitpunkt zu erreichen.

(g) Beendigung oder schwer wiegende Verletzung des Konzessionsvertrages.

(h) Verletzung des Sponsors, seine Verpflichtungen aus der Sponsor-Verpflichtungserklärung ordnungsgemäß zu erfüllen.

(i) Unwirksamkeit oder schwer wiegende wirtschaftliche Entwertung einer Sicherheit, sofern nicht binnen (...) Tagen nach schriftlicher Mahnung eine Ersatzsicherheit gestellt wird, die dem ursprünglich veranschlagten Wert der Sicherheit entspricht.

---

[112] Vgl. Röver, in: Projekt und Projektfinanzierung, S. 205.

(j) Jedes andere Ereignis, das nach sorgfältiger Einschätzung der Banken dazu führen kann, dass die Fähigkeit des Darlehensnehmers, das Projekt zu errichten und zu betreiben, in erheblicher Weise beeinträchtigt wird, oder dass die Fähigkeit des Darlehensnehmers, seine Verpflichtungen unter dem Darlehensvertrag zu erfüllen, in erheblicher Weise negativ beeinträchtigt wird.

Anmerkung:

Die Klausel zu den Ereignissen einer Leistungsstörung bilden zusammen mit den bereits dargelegten Klauseln zu Verpflichtungserklärungen und Zusicherungen/Garantieerklärungen sowie den sogleich zu erörternden Klauseln über die Folgen einer Leistungsstörung das vertragliche Leistungsstörungsrecht des Darlehensvertrages. Dieses konsensuale Leistungsstörungsrecht ist derart detailliert, dass ein Rückgriff auf gesetzliche Leistungsstörungsrecht kaum mehr erforderlich ist.[113]

Hervorzuheben sind insbesondere die „gekreuzten Leistungsstörungen“; das sind jene Klauseln, die eine Leistungsstörung innerhalb eines projektbezogenen Vertrages als Leistungsstörung im Rahmen des Darlehensvertrages definieren. In dieser Vertragstechnik kommt deutlich zum Ausdruck, wie eng die Verträge bei einer Projektfinanzierung miteinander verzahnt werden und wie sehr es auf das reibungslose Zusammenspiel aller Beteiligten ankommt.

(29) Rechtsfolgen einer Leistungsstörung

Die Banken haben, nachdem sie der Projektgesellschaft eine schriftliche Nachricht über den Eintritt einer Leistungsstörung zugesandt haben, das Recht, aber nicht die Pflicht zu folgenden Maßnahmen:

(a) Durch schriftliche Nachricht an die Projektgesellschaft können die Banken zugesagte Darlehensbeträge und andere Verpflichtungen unter dem Darlehensvertrag zurücknehmen.

(b) Durch schriftliche Nachricht an die Projektgesellschaft können ausstehende Zahlungen fällig gestellt werden.

(c) Sicherheiten können verwertet werden.

(d) Die Banken können vom Darlehensnehmer die Erfüllung jener Verpflichtungen verlangen, die er in Bezug auf die Direktverträge übernommen hat, insbesondere jene Erklärungen abzugeben, die erforderlich sind, um den Konzessionsvertrag und die anderen projektbezogenen Verträge auf die Abwicklungsbank oder ein von ihr benanntes Rechtssubjekt überzuleiten.

Anmerkung:

Die Folgen einer Leistungsstörung sind drastisch und führen im Extremfall, Klausel (d), zu einem Austausch der Projektgesellschaft. Hier zeigt sich erneut das sog. Going-Project-Prinzip. Wie der Eingangssatz zu der Klausel bereits andeutet, gibt es jedoch keinen Automatismus zwischen Eintritt einer Leistungsstörung und Ausübung der Rechte bei einer Leistungsstörung. Im Gegenteil, in der Praxis eröffnen die Regeln zu den Rechten bei Eintritt einer Leistungsstörung nur die Restrukturierungsverhandlungen und legen die Startpositionen für diese Verhandlungen fest. Diese Klauseln sind Teil des komplexen Systems zur Projektsteuerung.[114]

(30) Berater

Die Banken haben in Abstimmung mit der Projektgesellschaft folgende Berater engagiert:

(a) einen technischen Berater, der folgende Aufgaben hat bzw. haben wird,
  - Überprüfung und Kommentierung des Generalunternehmervertrages.
  - Bestimmung des technischen Risikos, das dem Projekt innewohnt.
  - Überprüfung des Fortgangs der Errichtungsarbeiten.
  - Teilnahme am Abnahmeverfahren für die einzelnen Bauabschnitte sowie an der endgültigen Abnahme.

---

[113] Vgl. Sester, Projektfinanzierungsvereinbarungen als Gestaltungs- und Regulierungsaufgabe, S. 179f., 235.

[114] Sester, Projektfinanzierungsvereinbarungen als Gestaltungs- und Regulierungsaufgabe, S. 62ff.

– Überprüfung des Konzepts, das die Projektgesellschaft bezüglich des Projektbetriebs und der Instandhaltung verfolgt; Beratung der Abwicklungsbank hinsichtlich dieses Konzepts.
– Überprüfung der Berichte, die zum Fortgang des Bauprojekts abgegeben werden müssen.

(b) einen Versicherungsberater, der die Banken hinsichtlich des Versicherungsprogramms berät, über das sich die Banken und die Abwicklungsbank einigen müssen.

(c) einen Rechtsberater, der die Banken im Zusammenhang mit der Vorbereitung, dem Abschluss und der Durchführung der Finanzierungs- und Sicherheitenverträge berät.

Anmerkung:

Wegen der Komplexität, die Projektfinanzierungen kennzeichnet, und der Notwendigkeit einer umfassenden Projektsteuerung müssen Berater mit unterschiedlichem Sachverstand eingeschaltet werden, da die Banken das erforderliche vielschichtige Know-how aus Effizienzgründen nicht umfassend vorhalten können. Die Regelung über die Berater ist notwendig, weil die Kosten für diese (und nur diese) Berater zu den Kreditkosten zählen, die der Projektgesellschaft auferlegt werden.[115]

(31) Steuern

Alle Zins- und Tilgungszahlungen der Projektgesellschaft sollen frei von allen Steuern, Gebühren und sonstigen Abzugsposten geleistet werden. Falls die Projektgesellschaft rechtlich verpflichtet ist, Quellensteuern oder sonstige Abzugsposten einzubehalten, dann wird die Projektgesellschaft zusätzliche Zahlungen leisten, die dazu führen, dass die Bank insgesamt den Nominalbetrag der fälligen Zahlungen erhält, den sie ohne den Einbehalt von Quellensteuern oder sonstigen zwingenden Abzugsposten erhalten hätte.

Anmerkung:

Diese Regelung ist erforderlich, um die Nominalwerte der Finanzierung zu garantieren und von allen Schwankungen, die sich durch das Steuerrecht und dessen Änderungen ergeben können, auszuschließen.

(32) Übertragung

Nach der Unterzeichnung dieses Vertrages können die Leit-Arrangeure diesen Vertrag ganz oder teilweise auf andere Banken übertragen (mit allen Rechten und Pflichten). Die Banken und die Projektgesellschaft sind sich darüber einig, dass eine solche Übertragung keine zusätzlichen Kosten für die Projektgesellschaft auslöst.

Anmerkung:

Diese Klausel ermöglicht die spätere Syndizierung des Darlehens.[116]

(33) Kosten

Kosten für Registereintragungen und Steuern gehen zu Lasten der Projektgesellschaft. Dies gilt auch für alle Gebühren der Banken sowie für die Honorare der externen Berater und Gutachter, sofern die betreffenden Leistungen im Kontext stehen mit der Vorbereitung, den Verhandlungen oder der Ausführung dieses Darlehensvertrages oder damit zusammenhängender Verträge (insbesondere Verträge über Sicherheiten, Direktverträge etc.).

Anmerkung:

Die Transaktionskosten werden regelmäßig der Projektgesellschaft auferlegt, wobei jedoch der Kreis der Berater, die auf ihre Kosten eingeschaltet werden dürfen, vertraglich fixiert wird.[117] Gelegentlich findet man in den Verträgen auch Obergrenzen für die zu übernehmenden Kosten.

---

[115] Vgl. hierzu unten 5.4.3.1.1 (33).
[116] Vgl. hierzu unten 5.4.3.14.
[117] Vgl. hierzu oben 5.4.3.1.1 (30).

(34) Anwendbares Recht

Der Darlehensvertrag und auf ihn bezogene Verträge, insbesondere die Verträge über Sicherheiten und die Direktverträge unterliegen deutschem Recht.

Anmerkung:

Bei PPP-Projekten wird typischerweise das Recht des Staates vereinbart, in dem das Projekt angesiedelt ist.

(35) Sonstige Klauseln

In der Praxis enthalten Projektfinanzierungsverträge auch noch eine Reihe anderer Klauseln, die – ähnlich wie die Rechtswahlklausel – nichts mit dem spezifischen Charakter von Projektfinanzierungen zu tun haben, sondern zum Standardrepertoire bei allen Unternehmenskrediten gehören; dazu gehören etwa die folgenden Regelungen:

- Marktstörungen
- Force Majeure
- Gerichtstand
- Erhöhte Kosten
- Vertraulichkeitsklauseln
- Aufrechnungsregelungen
- Syndizierungsklauseln.[118]

5.4.3.1.2 Sicherungsverträge

Die Sicherungsverträge enthalten die Erfüllungsgeschäfte (z.B. Verpfändungsvertrag, Sicherungsübereignung, Sicherungszession, Grundschuldbestellung, Garantieerklärungen der Sponsoren) zu den Verpflichtungsgeschäften, die im Darlehensvertrag unter dem Abschnitt „Sicherheiten" geregelt sind. Diese Verträge weisen gegenüber Sicherungsverträgen, die nicht im Kontext mit einer Projektfinanzierung stehen, nur wenig Besonderheiten auf und werden daher nicht näher betrachtet.[119] Etwas anderes gilt für die sog. Direktverträge, die im folgenden Abschnitt gesondert erörtert werden. Bei ihnen handelt es sich ebenso wie bei der Sponsor-Verpflichtungserklärung nicht um (dingliche) Sicherheiten im klassischen Sinne, d.h. im Sinne des Trennungs- und Abstraktionsprinzips, sondern um schuldrechtliche Zusagen.

5.4.3.1.3 Direktverträge

Im Rahmen der Vorstellung und Erörterung des Darlehensvertrages wurde bereits darauf hingewiesen,[120] dass Projektfinanzierungen durch das sog. Going-Projekt-Prinzip geprägt sind, d.h. eine Aufgabe oder Zerschlagung des Projekts verbietet sich entweder schon auf Grund öffentlich-rechtlicher Vorschriften oder wegen prohibitiver Kosten für alle Beteiligten. Aus diesem Grund können der Konzessionsgeber und die finanzierenden Banken vielfach nicht auf die Möglichkeit verzichten, die Projektgesellschaft notfalls durch ein anderes Rechtssubjekt, eine neue Projektgesellschaft (mit einem neuen Sponsor) auszutauschen. Dafür muss ein vertraglicher Mechanismus geschaffen werden, mit dessen Hilfe das vertragliche Netzwerk, das in der Projektgesellschaft angeheftet ist, zu unveränderten Bedingungen insgesamt übertragen werden kann. Denn das Projekt ist im Ausgangspunkt wirtschaftlich und rechtlich betrachtet primär ein vertragliches Konstrukt;[121] dies gilt insbesondere für jene PPP-Projekte, bei denen sich das Projektgrundstück im Eigentum der

---

[118] Vgl. zum Ganzen Gooch/Klein, Loan Documentation, S. 94ff.

[119] Vgl. Sester, Projektfinanzierungsvereinbarungen als Gestaltungs- und Regulierungsaufgabe, S. 84ff.; Stockmayer, Projektfinanzierung und Kreditsicherung.

[120] Vgl. hierzu Sester, ZBB 2004, 283ff. sowie oben 5.4.3.1.1 (24).

[121] Sester, Projektfinanzierungsvereinbarungen als Gestaltungs- und Regulierungsaufgabe, S. 3ff.

öffentlichen Hand befindet und deshalb keine dinglichen Sicherheiten bestellt wurden, oder bei denen solche Sicherheiten im Hinblick auf § 882a Abs. 2 ZPO wirtschaftlich weitgehend wertlos sind.

Der Hebel zum Austausch der Projektgesellschaft (quasi im Wege eines Asset Deals) sind sog. Direktverträge zwischen den Banken und den Partnern der projektbezogenen Verträge und darauf bezogene Überleitungsregelungen im Konzessionsvertrag. Im Folgenden werden (jeweils in stark vereinfachter Form) die betreffenden Regelungen in einem Konzessions- und einem Direktvertrag vorgestellt.

(1) Konzessionsvertrag

(a) Voraussetzung einer Konzessionsübertragung

Die Banken sind berechtigt, den Konzessionsgeber aufzufordern, dem Eintritt einer neuen Projektgesellschaft anstelle der alten in diesen Konzessionsvertrag zuzustimmen, sofern mindestens eine der folgende Voraussetzungen vorliegt:

- Der Konzessionsgeber kündigt diesen Konzessionsvertrag.
- Der Konzessionär leistet fällige Zahlungen an die Banken auch nach Ablauf einer gesetzten Nachfrist von (...) Wochen nicht oder nicht vollständig.
- Die Banken stellen das Darlehen, das sie der Konzessionärin gewährt haben, rechtmäßig sofort fällig.

(b) Verfahren der Konzessionsübertragung

(aa) Falls die Banken die Möglichkeit der Konzessionsübertragung in Anspruch nehmen wollen, haben sie den Konzessionsgeber schriftlich aufzufordern, der Übertragung zuzustimmen. Weiter müssen die Banken den Konzessionär über diese Aufforderung unterrichten.

(bb) Mit der Aufforderung zur Zustimmung sind die erforderlichen Unterlagen für die Zustimmungsentscheidung vorzulegen. Hierzu gehören insbesondere der Gesellschaftsvertrag der eintretenden Projektgesellschaft sowie ein Geschäftsplan. Ferner ist das Vorliegen einer der in Ziff. (1) (a) genannten Voraussetzungen nachzuweisen.

(cc) Die Übertragung der Konzession wird nur wirksam, wenn ihr der Konzessionsgeber schriftlich zustimmt. Die Zustimmung darf nur verweigert werden, falls (...).

(dd) 10 Tage nach Erteilung der Zustimmung zur Übertragung tritt die neue Projektgesellschaft anstelle der Konzessionärin in diesen Konzessionsvertrag ein. Bis dahin hat die Konzessionärin alle Rechte und Pflichten aus diesem Vertrag.

(2) Direktvertrag

(a) Vertragsparteien

Partei dieses Vertrages sind die Banken, die Partner der Projektverträge, der Konzessionsgeber, die Projektgesellschaft und der Sponsor.

(b) Vertragsübernahme

(aa) Die Projektgesellschaft und die Partner der Projektverträge verpflichten sich gegenüber den Banken, die Rechtsposition des Darlehensnehmers aus jedem einzelnen der Projektverträge mit allen Rechten und Pflichten auf die Abwicklungsbank zu übertragen, sofern die Abwicklungsbank dazu auffordert und die Voraussetzungen für eine Kündigung gemäß Ziffer (...) des Darlehensvertrages vorliegen. Die Abwicklungsbank kann in diesem Fall auch die Übertragung der Verträge auf ein von ihr bestimmtes Unternehmen, die neue Projektgesellschaft, verlangen.

(bb) Die Verpflichtung und die Übertragung dienen der Sicherung aller bestehenden, künftigen und bedingten Ansprüche, die den Banken aus dem Darlehensvertrag gegen die Projektgesellschaft zustehen bzw. zustehen werden. Die Rechte der Banken aus diesem Vertrag enden mit vollständiger Erfüllung aller gesicherten Ansprüche, ohne dass es einer weiteren Rechtshandlung bedarf.

(cc) Unbeschadet der Verpflichtung gemäß Ziff. (aa) erteilt die Projektgesellschaft der Abwicklungsbank unwiderruflich Vollmacht, in ihrem Namen alle nach Auffassung der Abwicklungsbank zur Erfüllung der Verpflichtung aus Ziff. (aa) dieses Vertrages erforderlichen und zweckmäßigen Rechtshandlungen vorzunehmen.

(dd) Die Abwicklungsbank ist berechtigt, Untervollmacht zu erteilen und ist von den Beschränkungen des § 181 BGB befreit.

(ee) Die Abwicklungsbank verpflichtet sich, von der Vollmacht nur Gebrauch zu machen, wenn die Voraussetzungen für eine Kündigung gemäß Ziff. (...) des Darlehensvertrages vorliegen. Die Wirksamkeit der Vollmacht wird hiervon nicht berührt.

(ff) Die Partner der projektbezogenen Verträge erklären unwiderruflich ihre Zustimmung zu der Vertragsübernahme gemäß (aa) dieser Direktvereinbarung. Wird die Rechtsposition der Projektgesellschaft aus den Projektverträgen auf die Abwicklungsbank übertragen, so gilt die Zustimmung auch für die anschließende Übertragung auf einen Dritten, die neu eintretende Projektgesellschaft.

(c) Novation

(aa) Die Projektgesellschaft räumt den Vertragspartnern hinsichtlich aller Projektverträge ein Sonderkündigungsrecht für den Fall ein, dass die Voraussetzungen für eine Vertragsübernahme gemäß Ziff. (...) des Konzessionsvertrages vorliegen.

(bb) Das Sonderkündigungsrechtgemäß gemäß Ziff. (aa) steht unter der aufschiebenden Bedingung, dass zwischen dem jeweiligen Partner eines projektbezogenen Vertrages und der Abwicklungsbank oder einer von dieser benannten neuen Projektgesellschaft ein inhaltsgleicher Vertrag abgeschlossen wird, in dem die noch zu erbringenden Leistungen festgelegt werden und der folgende Regelung enthält: Einwendungen und Einreden aus dem beendeten Projektvertrag können dem eintretenden Unternehmer nicht entgegengehalten werden.

(d) Verpflichtung zur Mitwirkung

(aa) Die Vertragspartner verpflichten sich gegenüber den Banken, nach Maßgabe von Ziff. (c) (aa) dieses Direktvertrages unverzüglich inhaltsgleiche neue Verträge mit der Abwicklungsbank oder dem eintretenden Unternehmen abzuschließen und sodann das Sonderkündigungsrecht gemäß Ziff. (c) (aa) dieses Vertrages auszuüben.

(bb) Die Verpflichtung und die Novation dienen der Sicherung aller bestehenden, künftigen und bedingten Ansprüche, die den Banken aus dem Darlehensvertrag gegen die Projektgesellschaft zustehen.

(cc) Unbeschadet der Verpflichtung gemäß Ziff. (d) (aa) erteilen die Partner der Projektverträge der Abwicklungsbank unwiderruflich Vollmacht zur Ausübung des Sonderkündigungsrechtes und zum Abschluss der neuen inhaltsgleichen Projektverträge, die mit der eintretenden Projektgesellschaft abzuschließenden sind. Von dieser Vollmacht kann nur Gebrauch gemacht werden, sofern die eintretende Projektgesellschaft den in Ziff. (...) des Konzessionsvertrages vorgesehenen Anforderungen genügt.

(dd) Die Verwaltungsstelle ist berechtigt, Untervollmacht zu erteilen, und ist von den Beschränkungen des § 181 BGB befreit.

(e) Erstreckung auf künftige projektbezogene Verträge

Der Darlehensnehmer verpflichtet sich, Verträge mit Dritten nur unter der Bedingung abzuschließen, dass die jeweiligen Vertragspartner dieser Direktvereinbarung beitreten.

Anmerkung:

Die Klauseln aus dem Konzessionsvertrag und der Direktvertrag zeigen erneut, wie eng die Finanzierungsverträge, der Konzessionsvertrag und die projektbezogenen Verträge miteinander verzahnt sind.

Der Direktvertrag begründet einen unmittelbaren Anspruch der Banken gegen den Konzessionsgeber auf Überleitung der Konzession und weitere Direktansprüche der Banken gegen die Partner der projektbezogenen Verträge auf Abschluss neuer inhaltsgleicher Verträge mit der Abwicklungsbank (oder einer von dieser benannten neuen Projektgesellschaft).[122] Die Bevollmächtigung der Abwicklungsbank dient dazu, das gesamte Verfahren effektiver und eleganter zu gestalten. Hinsichtlich der Vollmacht, die die Projektgesellschaft der Abwicklungsbank gemäß Ziff. (b) (cc) des Direktvertrages erteilt, ist zu bemerken, dass sie wegen § 117 InsO nur im Vorfeld einer Krise der Projektgesellschaft wirksam ist. Allerdings ist die von der Projektgesellschaft erteilte Vollmacht auch nicht zwingend erforderlich, um die Überleitung der Projektverträge zu bewirken; sie dient nur der Vereinfachung des Verfahrens.

5.4.3.1.4 Konsortialvertrag

In Bezug auf die Syndizierung des Projektfinanzierungsdarlehens kommen – wie auch sonst bei Darlehen – zwei Varianten in Betracht: ein Innenkonsortium und ein Außenkonsortium.

Beim Innenkonsortium verhandelt und schließt der spätere Konsortialführer (in der Regel identisch mit dem Leit-Arrangeur) den Darlehensvertrag alleine und im eigenen Namen mit dem Darlehensnehmer ab. Anschließend sucht sich der Konsortialführer ohne Wissen (jedenfalls ohne Beteiligung) des Darlehensnehmers Banken, die bereit sind, mit ihm einen Konsortialvertrag abzuschließen, und sich zur Bereitstellung eines Teils der Darlehensvaluta zu verpflichten. Dieser Vertrag führt regelmäßig zur Gründung einer BGB-Innengesellschaft, wobei jedoch die gesamtschuldnerische Haftung zugunsten einer teilschuldnerischen Verpflichtung (§ 420 BGB) ausgeschlossen wird.[123] Zwischen dem Darlehensnehmer und den Mitgliedern des Konsortiums bestehen keine vertraglichen Beziehungen. Bei Projektfinanzierungen sind Innenkonsortien eher selten, da die Sponsoren bzw. die Projektgesellschaften regelmäßig einen gewissen Einfluss auf die Zusammensetzung des Konsortiums haben wollen, zumindest wollen sie die Konsorten kennen.

Der Regelfall ist das sog. Außenkonsortium. Bei dieser Gestaltung lässt sich der Darlehensnehmer im Darlehensvertrag das Recht einräumen, Konsorten anzuwerben und diesen anteilsmäßig Rechte und Pflichten aus dem Darlehensvertrag zu übertragen.[124] Die Konsorten werden also nachträglich Parteien des Darlehensvertrages. Rechtstechnisch erfolgt die Beteiligung der Konsorten am Darlehensvertrag über eine Stellvertretungslösung (Konsortialführer als Stellvertreter der Konsorten).[125] Wiederum wird im Konsortialvertrag üblicherweise eine gesamtschuldnerische Haftung ausgeschlossen und stattdessen eine Teilschuld (§ 420 BGB) vereinbart.[126]

Bei Projektfinanzierungen wird der Konsortialvertrag vielfach im Darlehensvertrag vorstrukturiert. Auf diese Weise kann die Projektgesellschaft Einfluss auf die Zusammensetzung und insbesondere auf das Abstimmungsverfahren im Konsortium nehmen. Letzteres kann insbesondere bei Stundungen, Verzichtserklärungen und Restrukturierungsverhandlungen von großer Bedeutung sein. Die Vorstrukturierung erfolgt dergestalt, dass die Berechtigung des Konsortialführers zur Übertragung von Rechten und Pflichten aus dem Darlehensvertrag eingeschränkt, d.h. an bestimmte Bedingungen geknüpft wird.

Schließlich kann der Konsortialvertrag in den Darlehensvertrag integriert sein. In diesem Fall muss allerdings die Zusammensetzung des Konsortiums bei der Unterzeichnung des Darlehensvertrages bereits feststehen; dies wird nur bei sog. Club-Deals der Fall sein (Geschäftsabschluss zwischen einer begrenzten Zahl von Banken, die regelmäßig als Konsorten zusammenarbeiten). Im Folgenden werden die Regelungen eines solchen in den Darlehensvertrag integrierten Konsortialvertrages vorgestellt:

---

[122] Sester, ZBB 2004, 283.
[123] Hadding, in: Bankrechtshandbuch, § 87 Rn. 20ff.
[124] Vgl. hierzu oben 5.4.3.1.1 (32).
[125] Vgl. Hadding, a.a.O., § 87 Rn. 20ff.
[126] Vgl. Hadding, a.a.O., § 87 Rn. 46f.

Regelungen zum Konsortium

(a) Verpflichtungen der Konsortialbanken

(aa) Jede Bank verpflichtet sich einzeln, unter Ausschluss einer gesamtschuldnerischen Haftung und unter Ausschluss der Bildung eines Gesamthandsvermögens, dem Darlehensnehmer denjenigen Teil der Kreditlinie über den Konsortialführer auszureichen, der auf der Unterschriftsseite des Darlehensvertrages für die betreffende Bank aufgeführt ist (im Folgenden „Kreditzusage"). Das jeweilige Verhältnis der Kreditzusage einer Bank zur Summe der Kreditzusagen aller Banken in einem bestimmten Auszahlungszeitpunkt wird im Folgenden als „Konsortialquote" bezeichnet. Jede Bank wird an jeder Ziehung mit ihrer Konsortialquote teilnehmen.

(bb) Sollte eine Bank ihrer Verpflichtung zur Teilnahme an einer Darlehensauszahlung nicht nachkommen, so bleibt die Kreditlinie als solche bestehen. Dasselbe gilt für die Verpflichtung der anderen Banken zur Ausreichung der auf sie entfallenden Teile jeder Darlehensauszahlung und für die Verpflichtungen des Darlehensnehmers.

(b) Rechte der Konsortialbanken

(aa) Soweit in diesem Vertrag nicht anderweitig vereinbart, stehen die Zahlungsansprüche der Banken aus dem Darlehensvertrag jeder einzelnen Bank gleichrangig im Umfang ihrer Konsortialquote zu. Eine Gesamtgläubigerschaft (§ 428 BGB) wird ausgeschlossen.

(bb) Jede Bank kann ihre Rechte und Pflichten aus den Finanzierungsdokumenten mit Zustimmung des Konsortialführers, die nur aus wichtigem Grund verweigert werden kann, ganz oder teilweise auf andere mit ihr im Sinne der §§ 15,16 AktG verbundene Unternehmen übertragen. Von der vorstehenden Regelung nicht erfasste Abtretungen bedürfen der Genehmigung des Konsortialführers und des Darlehensnehmers, die nur aus wichtigem Grund verweigert werden kann.

(cc) Entscheidungen, die im Rahmen des Konsortiums in Bezug auf den Darlehensvertrag zu treffen sind, werden grundsätzlich mit einfacher Mehrheit getroffen. Für die Ermittlung der Mehrheit ist die Konsortialquote zum Zeitpunkt der Entscheidung maßgebend. Folgende Entscheidungen (...) müssen mit einer 2/3-Mehrheit getroffen werden. Für die Ermittlung der Mehrheit ist wiederum die Konsortialquote zum Zeitpunkt der Entscheidung maßgebend. Folgende Entscheidungen sind einstimmig zu treffen (...).

(c) Der Konsortialführer

(aa) Die Banken beauftragen hiermit den Konsortialführer, die ihm in diesem Darlehensvertrag ausdrücklich übertragenen Aufgaben wahrzunehmen. Soweit es in diesem Vertrag ausdrücklich vorgesehen ist, handelt der Konsortialführer als Stellvertreter der Banken. Der Konsortialführer ist von den Beschränkungen des § 181 BGB befreit.

(bb) Soweit in diesem Vertrag nichts anderes geregelt ist, handelt der Konsortialführer nicht als Treuhänder der Banken. Er haftet weder dem Darlehensnehmer (und den Sponsoren) noch den Banken für Vertragsverstöße der jeweils anderen Partei.

(cc) Der Konsortialführer ist nicht verpflichtet, die Beachtung der Pflichten des Darlehensnehmers aus diesem Darlehensvertrag zu überwachen. Die Kenntnis vom Vorliegen eines Kündigungsgrundes wird dem Konsortialführer nur zugerechnet, wenn ihm eine entsprechende schriftliche Mitteilung zugeht oder wenn der Konsortialführer eine Zahlung am Fälligkeitstag nicht erhält.

(dd) Der Konsortialführer wird den Banken unverzüglich alle schriftlichen Informationen und Dokumente zur Verfügung stellen, die er vom Darlehensnehmer nach Maßgabe dieses Vertrages erhält. Er wird die Banken weiter unverzüglich unterrichten, wenn der Darlehensnehmer einer Zahlungsverpflichtung nicht nachkommt.

(ee) Soweit in diesem Vertrag nichts anderes vorgesehen ist, wird der Konsortialführer entsprechend den Weisungen aller Banken tätig werden. Für die Ermittlung der

Mehrheit ist die Konsortialquote zum Zeitpunkt der Weisung maßgebend. Fehlen Weisungen, so kann der Konsortialführer nach eigenem Ermessen mit Wirkung für und gegen alle Banken handeln. Der Konsortialführer ist berechtigt, in allen Angelegenheiten jederzeit eine Weisung der Banken herbeizuführen.

(ff) Soweit im Folgenden eine Haftung nicht ausgeschlossen ist, haftet der Konsortialführer bei der Erfüllung seiner Aufgaben nur für Vorsatz und grobe Fahrlässigkeit.
- Der Konsortialführer haftet nicht für Handlungen oder Unterlassungen, die durch Weisungen der Banken oder durch Stellungnahmen von Beratern, auf deren Urteil sich der Konsortialführer unter Beachtung der im vorstehenden Absatz beschriebenen Sorgfalt verlassen durfte, gedeckt sind.
- Der Konsortialführer haftet weiter nicht für die Rechtsgültigkeit, Wirksamkeit und Durchsetzbarkeit der Finanzierungsdokumente sowie für die Richtigkeit irgendwelcher Angaben oder Informationen im Zusammenhang mit dem Projekt.

(gg) Jede Bank sichert dem Konsortialführer zu, dass sie das Projekt selbst geprüft hat und dass sie sich an der Kreditlinie auf Grund dieser eigenen Prüfung des Projektes beteiligt. Jede Bank wird alle zukünftigen Entscheidungen im Rahmen des Projektes in eigener Verantwortung und auf der Grundlage von Nachforschungen treffen, die ihr als ausreichend erscheinen.

(hh) Jede Bank wird den Konsortialführer im Verhältnis ihrer Konsortialquote schadlos halten von Kosten (mit Ausnahme der üblichen administrativen Kosten) und Schäden, die dem Konsortialführer in Ausübung seiner Rechte und der Erfüllung seiner Pflichten unter diesem Darlehensvertrag entstehen. Der Konsortialführer wird die Banken, wenn möglich, über die Höhe der zu erwartenden Kosten und Schäden vorab informieren.

(ii) Der Konsortialführer ist berechtigt, unter Einhaltung einer Frist von 30 Tagen, den ihm gemäß Ziffer (...) erteilten Auftrag durch schriftliche Mitteilung an die Banken und die Verpflichteten zu beenden. Die Mehrheit der Banken kann sodann einen Nachfolger benennen. Erfolgt dies nicht, so ist der Konsortialführer mit Ablauf der vorgenannten 30 Tagefrist berechtigt, einen Nachfolger zu bestimmen, für den dann die vorstehende Regelung entsprechend gilt. Soweit der Konsortialführer für die Banken Sicherheiten hält, wird er diese auf den Nachfolger unverzüglich übertragen.

5.4.3.2 Projektfinanzierung kombiniert mit Leasingstrukturen

Die Kombination eines Projektfinanzierungsdarlehens mit einer Leasingstruktur bietet sich insbesondere dann an, wenn das Grundstück, auf dem das Projekt errichtet wird, im Eigentum der Projektgesellschaft steht (und künftig mithin auch das Projekt) oder die Projektgesellschaft sonstige aktivierungsfähige Wirtschaftsgüter von erheblichem Wert hat. In diesen Fällen kann das Abschreibungspotential, das bei der Projektgesellschaft mangels Gewinnerzielung (jedenfalls zu Beginn der Projektlaufzeit) „brach" liegt, über eine Leasingkonstruktion besser genutzt werden. Außerdem lässt sich die Transaktion so strukturieren, dass sie sich für den Sponsor bilanzschonend auswirkt.

Zu diesem Zweck wird die Projektgesellschaft als steuerlich durchlässige GmbH & Co. KG gegründet, die als Objektgesellschaft und Leasinggeberin auftritt. Als Leasingnehmerin und Betriebsgesellschaft fungiert eine GmbH. Die Anteile an beiden Gesellschaften werden nicht vom Sponsor gehalten, sondern von zwei Leasinggesellschaften, die das Abschreibungspotenzial der GmbH & Co. KG nutzen können. Die GmbH & Co. KG wird als Einheitsgesellschaft strukturiert; d.h. die GmbH ist nicht nur Komplementärin der KG, sondern auch deren einziger Kommanditist. Der Sponsor wirkt an der Transaktion als Generalunternehmer für das Projekt mit.

Zur Finanzierung des Projekts nimmt die Projektgesellschaft (GmbH & Co. KG) ein Projektdarlehen auf. Die Projektgesellschaft ist Konzessionärin, wobei der Konzessionsvertrag die Errichtung, den Betrieb, die Instandhaltung und das Recht umfasst, Nutzungsentgelte zu verlangen. Der Konzessionsvertrag gestattet der Projektgesellschaft nach Fertigstellung des Projekts, die Konzession der Betriebs-GmbH zur Ausübung zu überlassen. Aus den Einnahmen von den Benutzern des Projekts bezahlt die Betriebs-GmbH die Leasingraten. Die betreffenden Leasingraten werden dergestalt strukturiert, dass sie am Ende der Laufzeit des Konzessionsvertrages ca. 90% der Errichtungs- und Finanzierungskosten für das Projekt abdecken. Der Konzessionsgeber erhält ein Optionsrecht, das Projekt am Ende der Laufzeit des Konzessionsvertrages für einen Kaufpreis zu erwerben, der ca. 10% der Errichtungs- und Finanzierungskosten beträgt. Wird die Option nicht ausgeübt, so müssen sich die Banken wegen des Fehlbetrags aus den Sicherheiten befriedigen.

Schließlich kann die Projektgesellschaft in Bezug auf die Leasingraten einen Forfaitierungsvertrag abschließen und das Projektdarlehen refinanzieren. Auf diese Weise wird die Transaktion auch gewerbesteuerlich optimiert.[127]

5.5 Vertragsmodell VII

Das PPP-Gesellschaftermodell ist – wie bereits angedeutet[128] – im Unterschied zu den Vertragsmodellen I bis VI kein eigenständiges Modell, sondern tritt stets in Kombination mit den zuerst genannten auf. Beteiligt sich der öffentlich-rechtliche Partner an der Projektgesellschaft, so ergeben sich auf der Finanzierungsseite keine grundlegenden Änderungen, sondern lediglich einige Modifikationen. Beispielsweise wird die Sponsor-Verpflichtungserklärung sich nur noch an die Banken richten und nicht auch an den öffentlichen Partner. Allerdings werden entsprechende Regelungen, wie sie in der Sponsor-Verpflichtungserklärung enthalten sind,[129] in den Gesellschaftervertrag oder eine Gesellschaftervereinbarung aufgenommen.

Die Beteiligung des öffentlich-rechtlichen Partners an der Projektgesellschaft ist allerdings für ihn ein zweischneidiges Schwert: Er erhält zwar einerseits gesellschaftsrechtliche Einflussrechte, unterliegt aber andererseits auch der sog. gesellschaftsrechtlichen Treuepflicht, und zwar sowohl gegenüber der Projektgesellschaft als auch gegenüber seinen Mitgesellschaftern.[130] Infolgedessen können ihn gewisse Rücksichtnahme- und Stillhaltepflichten treffen, die ihn bei eventuellen Leistungsstörungen daran hindern, mit der Projektgesellschaft bzw. dem Sponsor ebenso „robust" umzugehen wie mit einem Vertragspartner, zu dem kein gesellschaftsrechtliches Band besteht.

---

[127] Vgl. hierzu oben 4.2.3.
[128] Vgl. hierzu oben 5.1.
[129] Vgl. hierzu oben 5.2.1.3 und 5.4.2.2.
[130] Vgl. Ulmer, in: MünchKomm, BGB, Band 5, 4. Auflage, 2004, § 705 Rn. 226ff.

3. Teil. Wirtschaftlichkeitsuntersuchungen

§ 11 Wirtschaftlichkeitsuntersuchungen als Erkenntnis- und Entscheidungsprozess

Übersicht

1. Einleitung

Mit der Umsetzung von PPP-Projekten verfolgt die öffentliche Hand das Ziel, eine nachhaltige Bereitstellung und Bewirtschaftung öffentlicher Infrastruktur – bei gleichzeitiger Transparenz der Gesamtkosten – zu gewährleisten und Effizienzvorteile über den gesamten Projektlebenszyklus zu realisieren. Die Anwendbarkeit von PPP ist im konkreten Einzelfall unter Berücksichtigung der rechtlichen Rahmenbedingungen sowie der spezifischen Projektparameter zu überprüfen. Darüber hinaus ist die wirtschaftliche Vorteilhaftigkeit einer PPP-Lösung im Vergleich zu anderen Beschaffungsansätzen – insbesondere der konventionellen Eigenrealisierung – zu analysieren und nachzuweisen.

Vor diesem Hintergrund kommt einer strukturierten und zielgerichteten Projektentwicklung eine zentrale Bedeutung für den Projekterfolg zu. Der PPP-Beschaffungsprozess sieht ein gestuftes Verfahren vor, in dessen Verlauf die öffentliche Hand unterschiedliche Entscheidungen hinsichtlich der Projektstrukturierung und -entwicklung treffen muss. Auf die konkrete Entscheidungssituation zugeschnittene Wirtschaftlichkeitsuntersuchungen liefern der öffentlichen Hand die für eine fundierte Entscheidungsfindung erforderlichen Informationen. Zielsetzung der Projektstrukturierung und -entwicklung ist es, unter Berücksichtigung der projektspezifischen Rahmenbedingungen sowie sonstiger Vorgaben/Anforderungen der öffentlichen Hand ein Realisierungskonzept (sog. bevorzugte Beschaffungsvariante) zu erarbeiten, das eine möglichst effektive und effiziente Projektrealisierung erwarten lässt. Die Entwicklung des Organisationsmodells sollte von der öffentlichen Hand als Möglichkeit verstanden werden, das geplante Projekt entsprechend ihren individuellen Bedürfnissen und Zielen zu strukturieren und vorhandene Ressourcen optimal einzusetzen („Definitionskompetenz" der öffentlichen Hand).

Die Ermittlung der bevorzugten Beschaffungsvariante erfolgt im Rahmen eines strukturierten Erkenntnis- und Entscheidungsprozess in dessen Verlauf – ausgehend von der konkreten Bedarfssituation sowie den projektspezifischen Zielsetzungen der öffentlichen Hand – sowohl konventionelle als auch PPP-Realisierungskonzepte erarbeitet und im Rahmen von Wirtschaftlichkeitsuntersuchungen hinsichtlich ihrer wirtschaftlichen Vorteilhaftigkeit[1]

[1] Der Begriff „wirtschaftliche Vorteilhaftigkeit" beschreibt das nachhaltig günstigere Nutzen-Kosten-Verhältnis eines Realisierungskonzeptes im Vergleich mit anderen Lösungsansätzen.

miteinander verglichen werden. Auf der Grundlage einer derartigen Vorgehensweise kann sichergestellt werden, dass die bevorzugte Beschaffungsvariante aus Sicht der öffentlichen Hand das – unter Berücksichtigung aller entscheidungsrelevanten Wertungskriterien – bestmögliche Preis-Leistungsverhältnis bietet.

Die parallele Entwicklung von konventionellen und PPP-Realisierungsansätzen in Verbindung mit der Analyse der wirtschaftlichen Vorteilhaftigkeit der entwickelten Ansätze ist als Wirtschaftlichkeitsuntersuchung i. w. S. zu verstehen und setzt die Vorgaben aus (BHO), den (LHO'en)[2] sowie dem Kommunalrecht[3] (Gebot zur Prüfung privatwirtschaftlicher Alternativen) um. Grundsätzlich handelt es sich bei Wirtschaftlichkeitsuntersuchungen um Verfahren zur Umsetzung der Grundsätze der Wirtschaftlichkeit und Sparsamkeit.[4] Die Ausrichtung des Verwaltungshandelns an diesen Grundsätzen soll die bestmögliche Nutzung von Ressourcen bewirken, indem die günstigste Relation zwischen dem verfolgten Zweck und den einzusetzenden Mitteln angestrebt wird.[5] Wirtschaftlichkeitsuntersuchungen sind bei der Planung neuer und der Änderung laufender Maßnahmen (Planungsphase) sowie während der Durchführung (laufende Beobachtung und begleitende Erfolgskontrolle) und nach Abschluss von Maßnahmen (abschließende Erfolgskontrolle) vorzunehmen.[6] Detaillierte Anforderungen an Form, Inhalt und Begründungstiefe von Wirtschaftlichkeitsuntersuchungen sind nicht allgemeinverbindlich definiert. Gesetzliche Vorgaben verzichten auf konkretisierende Hinweise, wie Wirtschaftlichkeitsuntersuchungen im Einzelfall zu gestalten sind und fordern stattdessen, dass diese „angemessen" sein müssen. Insbesondere bleibt offen, auf welcher methodischen Grundlage Wirtschaftlichkeitsuntersuchungen vorzunehmen sind. Für die Praxis werden seitens der Verwaltung entsprechende methodische Hinweise in Form von Arbeitsanleitungen gegeben.[7] Diese sind als Angebote für die Umsetzung des Grundsatzes der Wirtschaftlichkeit in der Verwaltung konzipiert und nicht Teil gesetzlicher Vorgaben bzw. Verwaltungsvorschriften.

Im Rahmen des Gutachtens „PPP im öffentlichen Hochbau" hat ein Gutachterkonsortium Verfahren und Instrumente zur Durchführung von Wirtschaftlichkeitsuntersuchungen im öffentlichen Hochbau erarbeitet. Die vorgelegten Ergebnisse stellen einen ersten Ansatz zur Standardisierung von Wirtschaftlichkeitsuntersuchungen dar. Mit der Änderung von § 7 BHO (Wirtschaftlichkeit und Sparsamkeit, Kosten- und Leistungsrechnung) greift das ÖPP-Beschleunigungsgesetz die in dem o. g. Gutachten erarbeiteten Ansätze zur Relevanz und zur Handhabung von Risiken bei PPP-Projekten auf. In der neuen Fassung sieht § 7 BHO nunmehr vor, die mit der jeweiligen Maßnahme verbundene Risikoverteilung bei der Durchführung von Wirtschaftlichkeitsuntersuchungen angemessen zu berücksichtigen, wenn der private Partner die Übernahme von Risiken der öffentlichen Hand über ein Entgelt in Rechnung stellt. Gleiches gilt entsprechend bei der Risikoübernahme durch die öffentliche Hand.[8]

Trotz der beschriebenen Änderung der BHO besteht hinsichtlich der Durchführung von Wirtschaftlichkeitsuntersuchungen derzeit ein gewisses Maß an Gestaltungsfreiheit.

Vor diesem Hintergrund ist zu fragen, zu welchen Zeitpunkten im Rahmen der Projektentwicklung welche Aussagen über die wirtschaftliche Vorteilhaftigkeit des Vorhabens zu

---

[2] Vgl. § 4 (Bundes- und Landeshaushaltsrecht) Abschnitt 1.2.

[3] Vgl. § 5 (Kommunalrecht) Abschnitt 2.1.

[4] Vgl. Bundesministerium der Finanzen (2001): VV-BHO § 7, Nr. 2 und § 4 (Bundes- und Landeshaushaltsrecht) Abschnitt 1.2 sowie § 5 (Kommunalrecht) Abschnitt 2.1.

[5] Vgl. Bundesministerium der Finanzen (2001): VV-BHO § 7, Nr. 1.

[6] Vgl. Bundesministerium der Finanzen (2001): VV-BHO § 7, Nr. 2. Die nachfolgenden Ausführungen konzentrieren sich auf Wirtschaftlichkeitsuntersuchungen in der Planungsphase einer Maßnahme (Zeitraum von der Bedarfsfeststellung bis zur Zuschlagserteilung und dem Vertragsabschluss).

[7] Vgl. z. B. Bundesministerium der Finanzen (2001): VV-BHO – Anhang § 7 und Finanzministerium des Landes Nordrhein-Westfalen.

[8] gl.Deutscher Bundestag, S. 12, 13 sowie 30.

treffen sind. In Anbetracht der hohen Komplexität des PPP-Beschaffungsprozesses ist es zielführend, eine abgeschichtete, auf die jeweilige Entscheidungssituation zugeschnittene Betrachtung der Handlungsalternativen vorzunehmen. Ein derartiges Vorgehen gewährleistet die größtmögliche Effizienz und Effektivität in der Planungsphase. Für die Durchführung von Wirtschaftlichkeitsuntersuchungen bieten sich nachfolgende, aufeinander aufbauende Stufen an:

- PPP-Eignungstest: erster Test der PPP-Eignung einer Maßnahme zu Beginn der Projektentwicklung,
- Beschaffungsvariantenvergleich: Analyse der wirtschaftlichen Vorteilhaftigkeit eines PPP-Realisierungskonzeptes vor Eröffnung des Vergabeverfahrens und
- PPP-Wirtschaftlichkeitsnachweis: Nachweis der Wirtschaftlichkeit einer PPP-Lösung am Ende des Vergabeverfahrens.

Allen Stufen ist gemein, dass die durchgeführten Untersuchungen der Entscheidungsunterstützung dienen und insofern die Entscheidungsträger der öffentlichen Hand zielgerichtet mit den für die jeweilige Entscheidungssituation notwendigen Informationen versorgen müssen. Der erforderliche Informationsumfang sowie die Qualität der Informationen variieren mit den konkreten Entscheidungstatbeständen in den unterschiedlichen Phasen der Projektentwicklung.

Abbildung 1 *(siehe nachstehende Seite)* zeigt den Beschaffungsprozess und verdeutlicht, in welchen Phasen Wirtschaftlichkeitsuntersuchungen vorzunehmen sind und wie sie sich in den Beschaffungsprozess eingliedern.

Am Beispiel des öffentlichen Hochbaus werden im Rahmen der nachfolgenden Ausführungen Verfahren und Instrumente zur Durchführung von Wirtschaftlichkeitsuntersuchungen beschrieben und die in diesem Zusammenhang relevanten Entscheidungssituationen und -grundlagen aufgezeigt und erläutert. Zudem werden die wesentlichen Arbeitsschritte zur Entwicklung der bevorzugten Beschaffungsvariante dargestellt. Ausgehend von einer Betrachtung der Wirtschaftlichkeitsuntersuchungen als Erkenntnis- und Entscheidungsprozess, orientieren sich die nachfolgenden Ausführungen an der Struktur des PPP-Beschaffungsprozesses. Die grundsätzliche Entscheidung über die Durchführung eines Projektes ist nicht Gegenstand dieser Ausführungen. Faktoren, die für die Entscheidung, ob das Projekt konventionell oder als PPP realisiert werden soll, nicht relevant sind, werden aus den Betrachtungen ausgeklammert.

Abbildung 1: Wirtschaftlichkeitsuntersuchungen im Rahmen des PPP-Beschaffungsprozesses

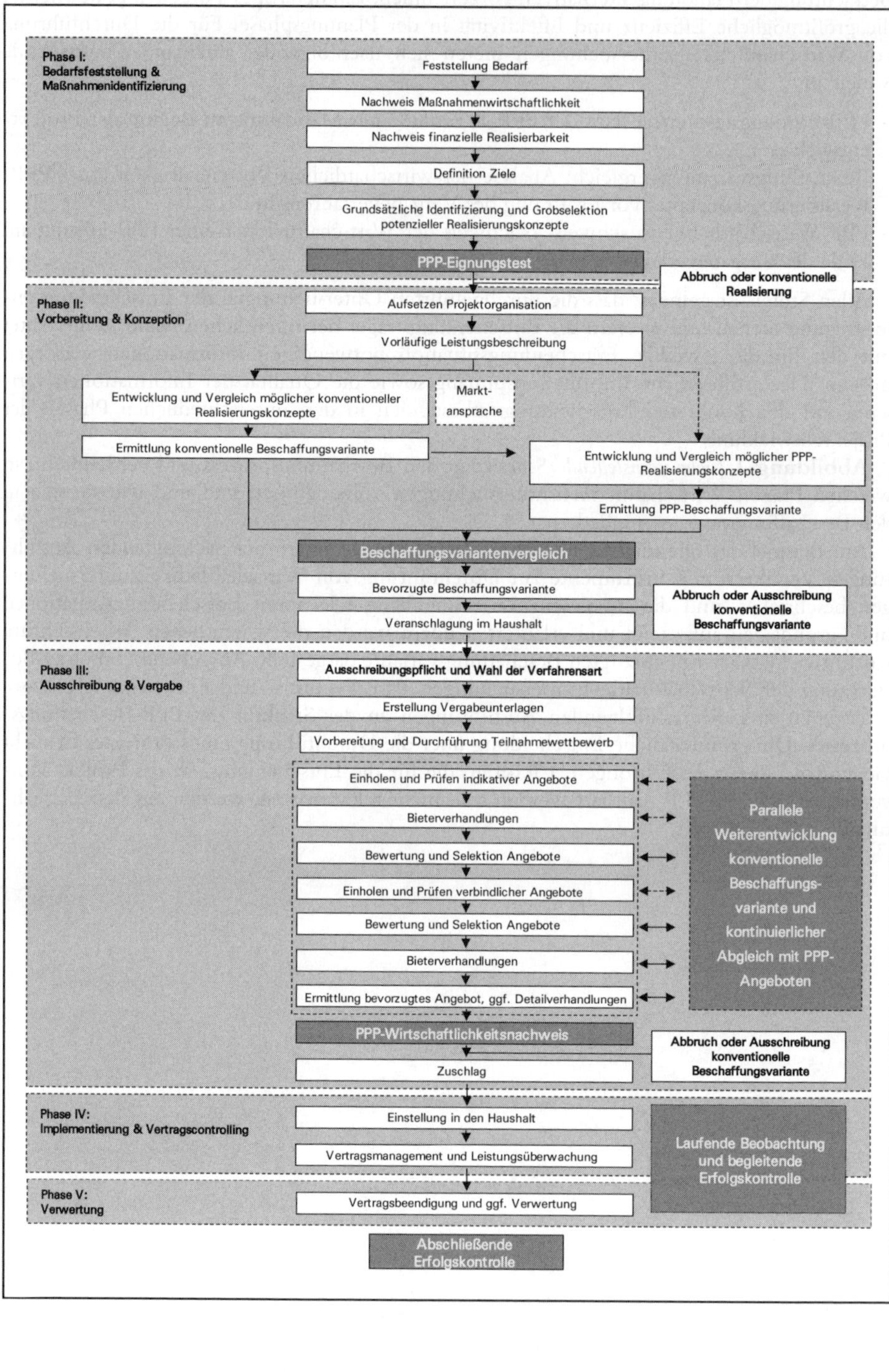

2. Phase 1: Bedarfsfeststellung und Maßnahmenidentifizierung

2.1 Zielsetzung und Zweckbestimmung dieser Phase

Die Zielsetzung dieser Phase des PPP-Beschaffungsprozesses besteht darin, den vorhandenen Handlungs- bzw. Investitionsbedarf auf Seiten der öffentlichen Hand zu ermitteln, spezifische Zielsetzungen für die Projektrealisierung zu definieren sowie darauf aufbauend mögliche Realisierungskonzepte zu skizzieren und die grundsätzliche Eignung des Projektes für eine Realisierung als PPP zu untersuchen. Die im Rahmen dieser Phase im Einzelnen erforderlichen Arbeitsschritte sind in der nachfolgenden Abbildung überblickartig dargestellt.

Abbildung 2: Arbeitsschritte im Rahmen der Bedarfsfeststellung und Maßnahmenidentifizierung

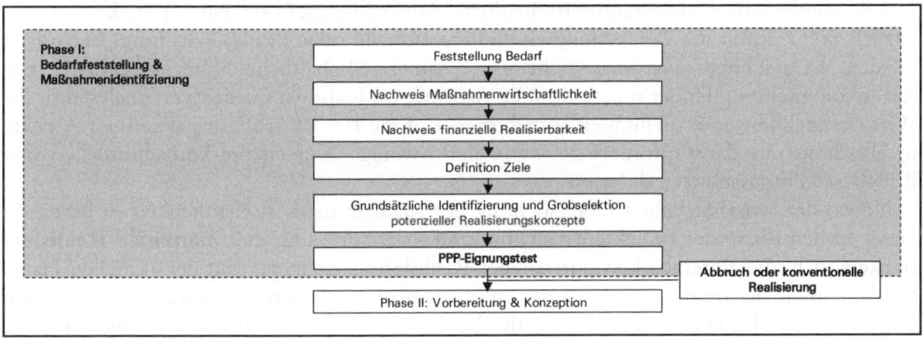

2.2 Bedarfsfeststellung

Die Feststellung des konkreten Handlungs- bzw. Investitionsbedarfs zählt zu den originären Aufgaben der öffentlichen Hand und stellt die Grundlage für die Initiierung der nachfolgenden Arbeitsschritte dar (Definitionskompetenz des öffentlichen Auftraggebers). Um eine zielgerichtete Projektstrukturierung zu gewährleisten, sollten seitens der öffentlichen Hand ausreichend Ressourcen in die Bedarfsfeststellung investiert werden. Für die Feststellung des spezifischen Handlungs- bzw. Investitionsbedarfs stehen der öffentlichen Hand grundsätzlich unterschiedliche Verfahren und Instrumentarien zur Verfügung. Vor dem Hintergrund der langen Vertragslaufzeiten von PPP-Projekten ist jedoch insbesondere sicherzustellen, dass bei der Bedarfsfeststellung nicht nur die aktuelle Angebots- und Nachfragesituation sowie bestehende Leistungsanforderungen, Qualitätsstandards und Projektrahmenbedingungen bzw. -restriktionen, sondern vielmehr auch die zukünftige Entwicklung dieser Parameter angemessen berücksichtig werden.

2.3 Maßnahmenwirtschaftlichkeit und finanzielle Realisierbarkeit

Als zentrales Planungsinstrument im Rahmen der Projektentwicklung und -strukturierung sind Wirtschaftlichkeitsuntersuchungen bereits in der Phase der Bedarfsfeststellung und Maßnahmenidentifizierung durchzuführen. Hierbei ist grundsätzlich zwischen Maßnahmen- und Vollzugswirtschaftlichkeit zu unterscheiden.

Aufbauend auf der Feststellung des konkreten Handlungs- bzw. Investitionsbedarfs sind im Rahmen der Untersuchung der Maßnahmenwirtschaftlichkeit die potenziellen Vor- und Nachteile des geplanten Projektes aus einer gesamtwirtschaftlichen Perspektive zu analysieren und zu bewerten. Hierbei ist primär auf eventuelle gesamtwirtschaftliche Ausstrahlungseffekte, d.h. den Gesamtnettonutzen des Projektes für die Gesellschaft, abzustellen. Eine entsprechende Beurteilung des Projektes kann bspw. im Rahmen entsprechender Kosten-/Nutzen-Analysen[9] erfolgen. Noch vor der Durchführung projektspezifischer Kosten-Nutzen-Analysen kann die Ausarbeitung von „Rahmen-/Masterplänen" wichtig sein. Hier wird aus Sicht einer Gebietskörperschaft die Gesamtbedarfsdeckung ganzer Sektoren über längere Zeiträume geplant. In solche Langzeitplanungen fügen sich individuelle Projekte nach Prioritäten und unter Nachweis eines positiven Nutzen-Kosten-Verhältnisses ein. Für Einzelprojekte indizieren derartige Gesamtplanungen u. U. bereits die Maßnahmenwirtschaftlichkeit des jeweiligen Projektes. Ist die Maßnahmenwirtschaftlichkeit des Projektes gegeben und hat der öffentliche Auftraggeber positiv über die grundsätzliche Projektrealisierung entschieden, muss im Rahmen der Untersuchung der Vollzugswirtschaftlichkeit unterschiedlicher Realisierungskonzepte die Beschaffungsvariante mit dem besten Preis-/Leistungsverhältnis ermittelt werden. Für die Untersuchung der Vollzugswirtschaftlichkeit kann auf einzelwirtschaftliche Beurteilungsverfahren (z.B. Kapitalwertmethode und/oder Nutzwertanalyse) abgestellt werden, da evtl. gesamtwirtschaftliche Ausstrahlungseffekte eines Projektes grundsätzlich nicht durch die Beschaffungsart (konventionelle oder PPP-Beschaffung) beeinflusst werden. Dies schließt allerdings nicht aus, gesamtgesellschaftliche Nutzenkategorien, wie z.B. ökologische und/oder soziokulturelle Aspekte, im Rahmen qualitativer Analysen in die Wirtschaftlichkeitsuntersuchungen einzubeziehen. Eine Berücksichtigung derartiger Aspekte ist allerdings nur dann erforderlich, wenn der jeweilige Nutzen bei konventionellen und PPP-Beschaffungsansätzen differiert.

Neben der grundsätzlichen Untersuchung der Maßnahmenwirtschaftlichkeit ist bereits in dieser frühen Phase der Projektentwicklung und -strukturierung die **finanzielle Realisierbarkeit,** d.h. die Vereinbarkeit potenzieller Realisierungskonzepte mit der aktuellen Haushaltslage sowie der mittel- und langfristigen Finanzplanung des Projektträgers, zu überprüfen. Hierbei ist auf die Lebenszykluskosten des Projektes abzustellen, so dass diejenigen Kosten und Erlöse zu identifizieren und auszuwerten sind, die einen direkten Einfluss auf die künftigen Haushalte der öffentlichen Hand während der gesamten Projektlaufzeit haben. Die Überprüfung der finanziellen Realisierbarkeit stellt neben der Wirtschaftlichkeitsuntersuchung einen zentralen Vorgang im Rahmen der Projektentwicklung und -strukturierung dar. Erscheint ein Realisierungskonzept wirtschaftlich vorteilhaft, bedeutet das nicht automatisch, dass es aus Sicht der öffentlichen Hand auch finanziell realisierbar ist. Im Ergebnis stellt die finanzielle Realisierbarkeit der betrachteten Realisierungskonzepte eine notwendige Voraussetzung für die nachfolgenden Arbeitsschritte sowie das Engagement privater Bieter dar und ist kontinuierlich zu überprüfen.

2.4 Definition Projektziele

Ist die Maßnahmenwirtschaftlichkeit sowie die grundsätzliche finanzielle Realisierbarkeit des Vorhabens gegeben, sind durch die öffentliche Hand spezifische Zielsetzungen zu definieren, die mit dem jeweiligen Projekt erreicht werden sollen. Den definierten Zielen kommt im Rahmen der Projektentwicklung eine zentrale Bedeutung zu. So stellen die Projektziele den Ausgangspunkt für eine zielgerichtete und effiziente Projektstrukturierung dar und fungieren als zentrale Grundlage für die Beschreibung der durch den Privaten im Rahmen des Projektes zu erbringenden Leistungen (Leistungsbeschreibung).[10] Ob und inwieweit die definierten Projektziele tatsächlich erreicht werden bzw. wurden, wird sowohl während der Durchführung als auch nach Beendigung des Projektes im Rahmen sog. Zielerreichungs- und Wirkungskontrollen (Wirtschaftlichkeitsuntersuchungen zur Leistungs-

[9] Vgl. Bundesministerium der Finanzen (2001), S. 15f.

[10] Vgl. Abschnitt 3.3.

und Erfolgskontrolle) analysiert.[11] Bei der Definition der Projektziele ist darauf zu achten, dass diese mit den übergeordneten Zielsetzungen des Projektträgers vereinbar sind und den ermittelten Handlungs- bzw. Investitionsbedarf des Projektträgers angemessen aufgreifen. Die Projektziele müssen klar verständlich und widerspruchsfrei formuliert werden, spezifisch, messbar und realistisch sein sowie eine zeitliche Komponente (Terminierung) aufweisen.

2.5 Identifizierung und Vorselektion potenzieller Projektrealisierungskonzepte

Im Anschluss an die Bedarfsfeststellung und die Zieldefinition durch die öffentliche Hand sind potenzielle Realisierungskonzepte zu identifizieren. Dieser Schritt erfordert die Ermittlung des mit dem jeweiligen Projekt verbundenen Aufgaben- und Funktionsbestands sowie eine erste Analyse hinsichtlich der grundsätzlichen Übertragbarkeit dieser Aufgaben und Funktionen an Private. Die Identifizierung potenzieller Realisierungskonzepte sollte von der öffentlichen Hand als Möglichkeit verstanden werden, traditionelle Beschaffungsansätze zu hinterfragen und neue, innovative Ansätze der öffentlichen Aufgabenwahrnehmung und Leistungserstellung zu entwickeln. Vor diesem Hintergrund sollte die Entwicklung potenzieller Realisierungskonzepte nicht unnötig begrenzt und auf bekannte Lösungsansätze reduziert werden. Vielmehr ist grundsätzlich eine möglichst große Bandbreite unterschiedlicher Realisierungskonzepte zu erarbeiten. Innovative und kreative Lösungsansätze sind zunächst „wertungsfrei" aufzunehmen und hinsichtlich ihrer wirtschaftlichen Vorteilhaftigkeit gegeneinander abzuwägen.[12] Zur Ermittlung potenzieller Realisierungskonzepte in der Projektstartphase haben sich in der Praxis insbesondere „Brain-Storming-Ansätze" bewährt. Um ein möglichst breites Spektrum an Erfahrungswissen, Innovationspotenzial sowie technischem, wirtschaftlichem und juristischem Know-how in den Entwicklungsprozess einzubringen, ist es grundsätzlich empfehlenswert, zusätzlich zu den unmittelbar in das Projekt involvierten Mitarbeitern der öffentlichen Hand gezielt – ggf. auch nur für bestimmte Projektphasen und/oder -fragestellungen – weitere Mitarbeiter mit dem erforderlichen Fach-/Erfahrungswissen sowie externe Berater und Experten zu integrieren.[13]

Da nicht alle in dieser Phase entwickelten Realisierungskonzepte einer detaillierten Analyse unterzogen werden können, ist frühzeitig eine erste Vorselektion der Realisierungskonzepte vorzunehmen. Hierbei sind aus technischer, rechtlicher und/oder wirtschaftlicher Sicht nicht realisierbare und/oder im direkten Vergleich offensichtlich unterlegene Realisierungskonzepte zu identifizieren und aus der weiteren Betrachtung auszuschließen. Zielsetzung sollte es sein, eine angemessene Anzahl (z.B. 3–5) erfolgsversprechende Realisierungskonzepte zu identifizieren, die im Rahmen der weiteren Projektentwicklung konkretisiert und einer detaillierteren Analyse unterzogen werden. Internationale Publikationen zum Thema PPP empfehlen, im Rahmen der Entwicklung und Analyse potenzieller Realisierungskonzepte sog. „Do Nothing" oder „Do Minimum" Optionen zu berücksichtigen.

Während der „Do Nothing Option" eine vollständige Beibehaltung des Status Quo zu Grunde liegt, basiert der „Do Minimum Ansatz" auf der Umsetzung der mindestens zur weiteren Aufgabenwahrnehmung bzw. Leistungserstellung durch die öffentliche Hand erforderlichen Maßnahmen und Investitionen. Beide Realisierungskonzepte dienen in erster Linie als Maßstab, an dem die grundsätzliche Vorteilhaftigkeit weiterführender Realisierungskonzepte gemessen werden kann.[14] Inwieweit die Entwicklung von „Do Nothing" oder „Do Minimum Optionen" im Rahmen der Entwicklung von PPP-Projekten erforder-

---

[11] Vgl. Abschnitt 6.2.
[12] Vgl. Higher Education Funding Council, S. 6 f.
[13] Vgl. Abschnitt 3.2.
[14] Vgl. HM Treasury (2003), S. 17 und 4 Ps, S. 7.

lich oder hilfreich sein kann, ist im Einzelfall anhand der konkreten Projektsituation zu entscheiden.

2.6 PPP-Eignungstest

2.6.1 Einführung und Zielsetzung

Bei dem PPP-Eignungstest handelt es sich um die erste Stufe der im Rahmen des PPP-Beschaffungsprozesses durchzuführenden Wirtschaftlichkeitsuntersuchungen. Primäre Zielsetzung des PPP-Eignungstests ist, das geplante Vorhaben frühzeitig hinsichtlich seiner grundsätzlichen Eignung für eine Realisierung als PPP zu untersuchen und die notwendigen Daten und Informationen bereitzustellen, damit die Entscheidungsträger auf Seiten der öffentlichen Hand fundiert über die Weiterverfolgung eines PPP-Beschaffungsansatzes entscheiden können. In dieser frühen Phase des PPP-Beschaffungsprozesses ist es grundsätzlich ausreichend, zentrale Projektrahmenparameter qualitativ dahingehend zu untersuchen, ob sie bestimmte Voraussetzungen für eine erfolgreiche Umsetzung von PPP-Projekten erfüllen. Eine umfassende quantitative Analyse unterschiedlicher Beschaffungsansätze (konventionelle Realisierung vs. PPP) ist zu diesem Zeitpunkt regelmäßig nicht erforderlich und in Ermangelung der erforderlichen Daten- und Informationsbasis (Kosten- und Erlösstruktur unterschiedlicher Realisierungsansätze) in den meisten Fällen auch gar nicht möglich. Methodisch empfiehlt sich die Durchführung des PPP-Eignungstests auf der Grundlage einer Checkliste. Als mögliche Prüfkriterien einer entsprechenden Checkliste kommen in Betracht:

Tabelle 1: Prüfkriterien PPP-Eignungstest[15]

Prüfkriterien	Fragestellung
Leistungsumfang	Ist eine Integration von Planungs-, Bau- und Betreiberleistungen im Rahmen eines Lebenszyklusansatzes möglich?
Risikoverteilung	Besteht ein signifikantes Risikoprofil? Ist ein (optimaler) Risikotransfer möglich?
Leistungsbeschreibung	Ist eine funktionale Leistungsbeschreibung möglich?
Projektvolumen	Lässt das Projektvolumen eine Kompensation der Transaktionskosten erwarten?
Interesse Bieterseite und Marktstruktur	Kann das Projekt marktnah entwickelt werden? Ist Wettbewerb auf Bieterseite zu erwarten?
Vergütungsmechanismus	Ist die Vereinbarung und Durchsetzung anreizorientierter Vergütungsmechanismen möglich?

2.6.2 Diskussion der Prüfkriterien

2.6.2.1 Leistungsumfang

Kennzeichnend für PPP-Projekte ist die Lebenszyklusbetrachtung, d. h. die Integration der erforderlichen Planungs-, Bau-, Betreiber-, Finanzierungs- und ggf. Verwertungsleistungen in der Hand eines privaten Auftragnehmers über die gesamte Projektlaufzeit. Die Integrationstiefe des Privaten in die Leistungserstellung während der Betriebsphase ist ein

[15] Die Auswahl der aufgeführten Prüfkriterien basiert auf unterschiedlichen Analysen und Auswertungen nationaler (vgl. PricewaterhouseCoopers et al., Band IV) und internationaler PPP-Projekte (vgl. Arthur Andersen/Enterprise LSE, HM Treasury, PricewaterhouseCoopers (2001)).

entscheidender Faktor für die Erschließung von Effizienzvorteilen und Kosteneinsparungen. Eine verstärkte Einbindung des Privaten, bspw. durch die Erbringung zusätzlicher, über die reine Gebäudebewirtschaftung hinausgehender Logistik- und Servicedienstleistungen, erhöht dessen Leistungsumfang und führt regelmäßig zu einem verstärkten Transfer von Risiken und Verantwortung. Ein derartiger Ansatz steigert den Anreiz des Privaten, die Lebenszykluskosten zu optimieren und nicht in einzelnen Gewerken zu denken. Tendenziell gilt, dass das Potenzial zur Erzielung von Effizienzvorteilen im Rahmen einer PPP-Lösung mit dem Ausmaß der an den Privaten übertragbaren Betriebsleistungen und der kostenoptimalen Verteilung der entsprechenden Risiken steigt.

2.6.2.2 Risikotransfer und -optimierung

Mit der Realisierung von PPP-Projekten sind unterschiedliche Risiken verbunden, deren Management Kosten verursacht. PPP eröffnen die Möglichkeit, vorhandene Projektrisiken zwischen den jeweiligen Projektpartnern kostenoptimal zu verteilen. Hierbei sollte jeweils derjenige Projektpartner ein bestimmtes Projektrisiko übernehmen, der dieses am effizientesten tragen und managen kann (Ansatz des „Cheapest Cost Avoider"). Die optimale Verteilung der Projektrisiken stellt eine zentrale Voraussetzung für die Minimierung der Projektkosten sowie die Erschließung von Effizienzvorteilen im Rahmen von PPP-Lösungen dar. Grundsätzlich gilt, dass mit dem Umfang der zu betrachtenden Projektrisiken und der Möglichkeit, diese optimal zwischen den Projektbeteiligten zu verteilen, die Wahrscheinlichkeit steigt, dass im Rahmen einer PPP Kosten- und Effizienzvorteile gegenüber einer konventionellen Projektrealisierung erzielt werden können.

2.6.2.3 Funktionale und ergebnisorientierte Leistungsbeschreibung

Anders als bei konventionellen Beschaffungsansätzen gibt die öffentliche Hand im Rahmen von PPP-Projekten nicht mehr umfassend vor *wie* eine Beschaffungsanforderung zu realisieren ist, sondern konzentriert sich auf eine möglichst klare und nachvollziehbare Formulierung, *was* die Beschaffungserwartung ist. Anstelle einer detaillierten Spezifikation erforderlicher „Inputs" definiert die öffentliche Hand erwartete „Outputs" bzw. (Mindest-)Anforderungen, die nunmehr von Privaten über den gesamten Projektlebenszyklus zu erbringen und zu gewährleisten sind. Grundsätzlich gilt, dass Effizienzvorteile durch die Einbindung Privater umso umfassender erschlossen werden können, je stärker deren Kreativität und Innovationspotenzial durch eine funktionale und ergebnisorientierte Leistungsbeschreibung aktiviert werden können. Insofern muss die Zielsetzung bei der Formulierung der Leistungsbeschreibung darin bestehen, privaten Bietern größtmöglichen Spielraum für unternehmerische Entscheidungen und die Entwicklung innovativer, wirtschaftlich optimierter Lösungsansätze zu gewähren. Dabei gilt es jedoch auch, die Anforderungen und den Beschaffungsbedarf der öffentlichen Hand mit der erforderlichen Bestimmtheit zum Ausdruck zu bringen.[16]

2.6.2.4 Projektvolumen

Im Rahmen dieser Ausführungen wird unter dem Projektvolumen die Gesamtheit der Projektkosten (Planungs-, Bau-, Betriebs-, Finanzierungs-, Risiko- und andere Kosten) über den gesamten Projektlebenszyklus verstanden. Dem Projektvolumen kommt für die PPP-Eignung des Vorhabens insofern eine erfolgskritische Bedeutung zu, als dass mit der Umsetzung von PPP-Projekten – sowohl auf Seiten der öffentlichen Hand als auch auf Seiten der Privatwirtschaft – Transaktionskosten verbunden sind, die weitestgehend unabhängig vom Projektvolumen sind und somit einen starken Fixkostencharakter aufweisen. Die Wahrscheinlichkeit, diese Mehrbelastungen im Rahmen einer PPP-Lösung kompensieren zu können, steigt mit dem Projektvolumen.

---

[16] Siehe hierzu Abschnitt 3.3.

2.6.2.5 Marktstruktur und Bieterinteresse

Eine hohe Wettbewerbsintensität stellt einen wesentlichen Treiber für effiziente Angebote privater Bieter dar. Die Wettbewerbsintensität ist u. a. abhängig von den allgemeinen Marktstrukturen bzw. Wettbewerbsbedingungen und von den Spezifika des jeweiligen Projektes. PPP-Modelle können insbesondere dann ein optimales Preis-Leistungsverhältnis bieten, wenn die Wettbewerbskräfte optimal aktiviert werden und bei der Findung eines wirtschaftlich vorteilhaften Realisierungsansatzes wirken können. Insofern kommt einer marktnahen Projektstrukturierung unter Berücksichtigung der individuellen Anforderungen und Zielsetzungen der unterschiedlichen Projektbeteiligten eine zentrale Bedeutung zu.[17] Vor diesem Hintergrund sollte der Spielraum für innovative Lösungsansätze privater Bieter nicht unnötig durch unveränderliche Vorgaben des Maßnahmenträgers limitiert werden. Seitens des Vorhabensträgers ist sorgfältig abzuwägen, welche Vorgaben aus seiner Sicht unverzichtbar sind und als unveränderliche Eckdaten des Projektes vorgegeben werden sollen.

2.6.2.6 Vergütungsmechanismus

Kennzeichnend für PPP-Projekte ist, dass die Leistungsbeziehungen zwischen der öffentlichen Hand und dem Privaten über einen langen Zeitraum (i. d. R. 20–25 Jahre) aufgebaut werden. Auf Grund der Verantwortungs- und Risikoteilung zwischen den öffentlichen und privaten Beteiligten ist die Vereinbarung und Umsetzung leistungs- und anreizorientierter Vergütungsmechanismen von zentraler Bedeutung für den Projekterfolg. Voraussetzung für eine leistungs- und anreizorientierte Vergütung ist, dass die seitens des Privaten zu erbringenden Leistungen unmissverständlich beschrieben sind und die Erfüllung der Leistungsverpflichtung nachvollziehbar in einem von beiden Seiten akzeptierten Verfahren gemessen werden kann. Grundlage sind i. d. R. sog. „Service Level Agreements", in denen Standards für die Leistungserbringung sowie Sanktionsmechanismen für den Fall der Schlecht-/Minderleistung definiert werden. Service Level Agreements enthalten zudem regelmäßig Ausführungen hinsichtlich der zur Messung der Leistungserfüllung anzuwendenden Messmethode. Im Gegensatz zu den bisher vorgestellten Aspekten liegt die Bedeutung leistungs- und anreizorientierter Vergütungsmechanismen in erster Linie darin, eine vertragskonforme Leistungserstellung durch den Privaten sowie die Erschließung von Effizienzvorteilen nachhaltig über die gesamte Projektlaufzeit abzusichern. Auf Grund der langen Vertragslaufzeit von PPP-Projekten sollte der vereinbarte Vergütungsmechanismus regelmäßig (bspw. alle fünf Jahre) überprüft und ggf. an die veränderten Projektrahmenbedingungen angepasst werden. Die genauen Prüf- und Anpassungsmodalitäten sind zwischen der öffentlichen Hand und dem privaten Vertragspartner zu verhandeln und vertraglich zu fixieren.

2.6.3 Ergebnis des PPP-Eignungstests

Der PPP-Eignungstest liefert den Entscheidungsträgern auf Seiten der öffentlichen Hand die erforderlichen Daten und Informationen, um über die weitere Projektentwicklung zu entscheiden. Im Falle der PPP-Eignung des Vorhabens legitimiert er den Einsatz der für den weiteren Projektentwicklungsprozess (Ermittlung der bevorzugten Beschaffungsvariante, Vorbereitung des Ausschreibungs- und Vergabeverfahrens etc.) erforderlichen Ressourcen. Führt der PPP-Eignungstest nicht zu einem eindeutigen Ergebnis, sind die betroffenen Sachverhalte im Rahmen weiterführender Untersuchungen vertieft zu analysieren, wobei ggf. weitere Experten in den Analyseprozess einzubinden sind. Führen die Untersuchungen des PPP-Eignungstests zu dem Ergebnis, dass im Rahmen eines PPP-Ansatzes wahrscheinlich keine wirtschaftlichen Vorteile zu erzielen sind, ist das Projekt im Rahmen anderer Realisierungsansätze fortzuführen und umzusetzen. Neben der konventionellen Eigenrealisierung kommen hierbei auch alternative Ansätze zur Einbindung Privater, bspw. Outsour-

[17] Siehe hierzu Abschnitt 3.5.

cing-Ansätze, in Betracht. Zur Sicherung der Transparenz und Nachvollziehbarkeit des Entscheidungsprozesses ist der PPP-Eignungstest unabhängig von dem Ergebnis in Form eines Berichts aufzubereiten. Hierbei sind die Einschätzungen und Ergebnisse der durchgeführten Untersuchungen sowie die dem Entscheidungsprozess zu Grunde liegenden Annahmen nachvollziehbar darzustellen und zu dokumentieren.

3. Phase 2: Vorbereitung und Konzeption

3.1 Zielsetzung und Zweckbestimmung dieser Phase

Aufbauend auf den Vorarbeiten der Phase 1 sind im Rahmen der Vorbereitungs- und Konzeptionsphase potenzielle Projektrealisierungskonzepte (konventionell und PPP) zu konkretisieren, hinsichtlich ihrer wirtschaftlichen Vorteilhaftigkeit zu analysieren und miteinander zu vergleichen. Darauf aufbauend ist im Rahmen des Beschaffungsvariantenvergleichs die bevorzugte Beschaffungsvariante zu ermitteln. Die im Einzelnen in dieser Phase erforderlichen Arbeitsschritte sind in der nachfolgenden Abbildung *(siehe nachstehende Seite)* verdeutlicht:

3.2 Projektplanung und -organisation

Die Durchführung größerer Investitionen im Bereich der öffentlichen Daseinsvorsorge (bspw. der Neubau oder die Sanierung von Schulen oder Verwaltungsgebäuden) zeichnet sich aus Sicht des jeweiligen Projektträgers regelmäßig durch folgende Eigenschaften aus:
- eine gewisse Einmaligkeit oder zumindest Seltenheit des Vorhabens,
- die Verfolgung einer spezifischen Zielsetzung,
- die zeitliche Begrenzung sowie
- den Bedarf an einer Vielzahl unterschiedlicher Ressourcen.

Abbildung 3: Ermittlung der bevorzugten Beschaffungsvariante

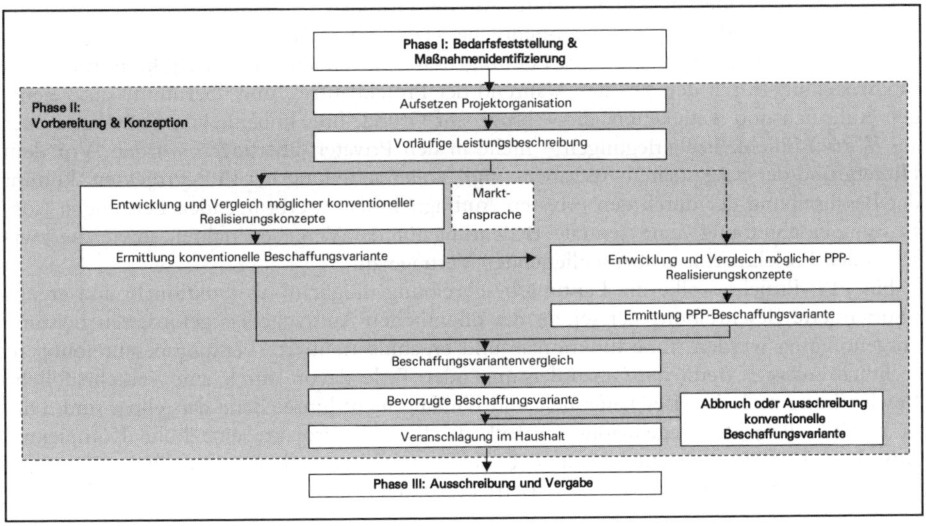

Vor diesem Hintergrund werden entsprechende Vorhaben i.d.R. außerhalb der traditionellen Organisationsstrukturen durchgeführt und als Projekt organisiert. Projekte erfordern den Aufbau einer eigenen, vorhabensspezifischen Organisationsstruktur und stellen besondere Anforderungen an die Planung, Organisation und Steuerung (Projektmanagement) des Vorhabens durch den Projektträger.[18] Dies gilt insbesondere für PPP-Projekte, bei denen öffentliche Hand und Privatwirtschaft langfristige Partnerschaften eingehen und ein Privater mit der Planung, Errichtung, Finanzierung sowie dem Betrieb eines Objektes beauftragt wird.

Auf Grund der interdisziplinären Natur von PPP-Projekten muss der Projektträger über umfangreiche Kenntnisse in den Bereichen Organisation, Planung, Verwaltung, Recht, Finanzierung, Wirtschaft und Technik verfügen, um die Projektstrukturierung zielgerichtet voranzutreiben und als kompetenter Partner einer PPP aufzutreten. Insofern kommt der Zusammenstellung eines geeigneten Projektteams eine erhebliche Bedeutung für den Projekterfolg zu. Bei der Teambildung ist darauf zu achten, dass die auf Seiten des Projektträgers intern vorhandene Expertise und Erfahrung möglichst umfassend erschlossen wird. Je nach Bedarf sind darüber hinaus ggf. externe technische,[19] wirtschaftliche[20] und rechtliche[21] Experten in das Projektteam einzubinden. Auf Grund der Vielzahl der Projektbeteiligten ist es erforderlich, die unterschiedlichen Rollen bzw. Aufgaben und Verantwortlichkeiten der Beteiligten unmissverständlich zu formulieren und klare Kommunikations- und Berichtslinien sowie eindeutige Entscheidungskompetenzen zu definieren. Für eine hohe Akzeptanz des PPP-Projektes ist es darüber hinaus grundsätzlich empfehlenswert, sonstige durch das Projekt betroffene öffentliche Institutionen, Gremien und Aufsichtsbehörden frühzeitig in die Projektentwicklung einzubinden und diese gemeinsam mit relevanten Interessensgruppen, wie bspw. Elternvertretungen, Gewerkschaften etc., zielgerichtet über das Projekt sowie die laufende Projektentwicklung zu informieren.[22]

3.3 Funktionale und ergebnisorientierte Leistungsbeschreibung

Kennzeichnend für PPP-Projekte ist, dass nicht die öffentliche Hand, sondern ein privater Auftragnehmer die im Rahmen des Vorhabens erforderlichen Planungs-, Bau-, Finanzierungs- und Betreiberleistungen übernimmt und seine Bereitstellungsverantwortung über den gesamten Projektlebenszyklus hinweg erfüllt (sog. Lebenszyklusansatz). Je nach Projekt erbringt der Private darüber hinaus ggf. auch weitergehende Serviceleistungen, wie bspw. Sekretariats- und/oder Sicherheitsdienste. Auf der Grundlage eines modifizierten Aufgaben- und Rollenverständnisses tritt die öffentliche Hand im Rahmen von PPP-Projekten als Nachfrager einer „Gesamtheit" von Leistungen auf, überwacht die vertragskonforme Leistungserstellung durch den Privaten während der Projektlaufzeit und übernimmt all diejenigen Aufgaben und Tätigkeiten, die – bspw. auf Grund ihres hoheitlichen Charakters oder aus Wirtschaftlichkeitsüberlegungen – nicht an den Privaten übertragen wurden. Vor dem Hintergrund der dargestellten Aufgaben- und Rollenverteilung bei PPP-Projekten, kommt der Beschreibung der durch den privaten Auftragnehmer zu erbringenden Leistungen (sog. Leistungsbeschreibung) eine zentrale Bedeutung für das Vergabeverfahren sowie die zwischen den Projektpartnern abzuschließenden Verträge zu.

Für PPP-Projekte sollte die Leistungsbeschreibung möglichst als funktionale und ergebnisorientierte Beschreibung der seitens des öffentlichen Auftraggebers geforderten Leistung vorgenommen werden. Eine funktionale und ergebnisorientierte Leistungsbeschreibung ist rechtlich zulässig, wenn die Gesamtleistung oder Teile davon durch eine verkehrsübliche Beschreibung nach Art, Beschaffenheit und Umfang nicht hinreichend darstellbar sind. Dies ist bei PPP-Projekten regelmäßig der Fall, da derartige Projekte eine hohe Komplexität aufweisen, konzeptoffene und kreative Leistungen gefragt und unterschiedliche Lösungen im Bereich der Erbringung der Bau, Betriebs- und Finanzierungsleistungen denkbar sind.

[18] Vgl. PricewaterhouseCoopers (1999), S. 23 ff.
[19] Architekten, Ingenieure, Bau- und Facility Management-Spezialisten etc.
[20] Banken, Versicherungen, Projektentwickler/-manager, Finanzberater etc.
[21] Haushalts-, Vertrags-, Vergabe- und Steuerrechtsexperten etc.
[22] Vgl. PricewaterhouseCoopers (1999), S. 79 ff. sowie Lock, S. 24 ff.

Bei einer funktionalen und ergebnisorientierten Leistungsbeschreibung gibt der öffentliche Auftraggeber nicht mehr umfassend vor, wie eine Beschaffungsanforderung zu realisieren ist, sondern konzentriert sich auf eine möglichst klare und nachvollziehbare Formulierung seiner Beschaffungserwartung. Die Art und Weise der Erfüllung der beschriebenen Leistungsanforderungen wird nicht unveränderlich vorgegeben, sondern bleibt weitestgehend dem privaten Leistungsersteller überlassen. Insofern bietet eine funktionale und ergebnisorientierte Leistungsbeschreibung den privaten Bietern die Möglichkeit, auf der Grundlage ihrer Fachexpertise und ihres Erfahrungswissens innovative und – bezogen auf den gesamten Projektlebenszyklus – wirtschaftlich optimierte Lösungsansätze anzubieten. Seitens des öffentlichen Auftraggebers ist jedoch zu beachten, dass trotz aller Konzeptoffenheit auch eine funktionale und ergebnisorientierte Leistungsbeschreibung der Anforderung unterliegt, den Beschaffungsbedarf des Auftraggebers mit größtmöglicher Bestimmtheit zum Ausdruck zu bringen. Im Sinne des Gebots der Gleichbehandlung und Transparenz müssen sich alle Bieter im Vorhinein gleichermaßen ein klares Bild von der auszuschreibenden Maßnahme machen können. Der konkrete Inhalt der Leistungsbeschreibung variiert allerdings mit dem Projektgegenstand. Grundsätzlich gilt jedoch: Bezüglich der Eckdaten des Projektes so detailliert und konkret wie möglich, im Hinblick auf die Nutzung von Innovationspotenzialen der Bieter so offen wie nötig.[23]

3.4 Weiterentwicklung und Konkretisierung der Projektrealisierungskonzepte

Ist die PPP-Eignung des geplanten Projektes gegeben, erfolgt in dieser Phase eine Konkretisierung der im Rahmen der Bedarfsfeststellung und Maßnahmenidentifizierung entwickelten und vorselektierten Projektrealisierungskonzepte.[24] Im Zuge der Konkretisierung der Realisierungskonzepte ist zu analysieren, inwieweit durch die Integration privatwirtschaftlicher Elemente und die konzeptionelle Verzahnung von Planungs-, Errichtungs-, Finanzierungs-, Betriebs- und ggf. Verwertungsleistungen Kosteneinsparungen und Effizienzvorteile im Vergleich zu einer konventionellen Eigenerstellung erzielt werden können. In diesem Zusammenhang ist ein den aktuellen Beschaffungsmethoden des öffentlichen Projektträgers entsprechendes konventionelles Realisierungskonzept (sog. konventionelle Beschaffungsvariante) sowie ein aus Sicht der öffentlichen Hand optimales PPP-Realisierungskonzept (sog. PPP-Beschaffungsvariante) zu erarbeiten. Beide Beschaffungsvarianten sind im Rahmen von Wirtschaftlichkeitsuntersuchungen (Beschaffungsvariantenvergleich)[25] miteinander zu vergleichen, um die wirtschaftliche Vorteilhaftigkeit der Realisierungskonzepte zu überprüfen und die bevorzugte Beschaffungsvariante zu ermitteln. Als zentrale Grundlage für Konkretisierung der Realisierungskonzepte dient die vorläufige funktionale und ergebnisorientierte Leistungsbeschreibung der öffentlichen Hand, die im weiteren Projektverlauf schrittweise weiterzuentwickeln ist.

3.4.1 Informelle Markt- bzw. Bieteransprache

Unzureichende Marktkenntnisse und daraus resultierende unrealistische Anforderungen an die Leistungserstellung durch den Privaten können zu unbefriedigenden Ausschreibungsergebnissen führen. Zur Minderung dieses Risikos ist es aus Sicht des öffentlichen Auftraggebers grundsätzlich empfehlenswert, den für das jeweilige Vorhaben relevanten Markt frühzeitig zu konsultieren und die Leistungsfähigkeit sowie die Anforderungen der entsprechenden Marktteilnehmer im Rahmen der Projektstrukturierung sowie der Vorbe-

---

[23] Vgl. § 6 (Vergaberecht) Abschnitt 8.5.2.

[24] Vgl. Abschnitt 2.5.

[25] Vgl. Abschnitt 3.6.9.

reitung des Ausschreibungsverfahrens angemessen zu berücksichtigen. Angesichts der Erfahrungen mit dem für die Praxis recht schwerfälligen Instrument des förmlichen Interessenbekundungsverfahrens (IBV) sollte in diesem Zusammenhang – zumindest für größere Projekte oder Projekte mit Pilotcharakter – die Möglichkeit einer informellen Markt- bzw. Bieteransprache im Vorfeld eines Vergabeverfahrens in Betracht gezogen werden. Der Adressatenkreis einer informellen Markt- bzw. Bieteransprache kann von dem Adressatenkreis eines IBV durchaus verschieden sein und bspw. mit Kapitalgebern oder Versicherungen auch solche Ansprechpartner umfassen, die im Rahmen eines IBV regelmäßig nicht als Bereitsteller einer Hauptleistung angesprochen werden würden. Die primäre Zielsetzung einer informellen Markt- bzw. Bieteransprache besteht regelmäßig darin, bereits in der Projektfrühphase marktseitige Informationen über die Markt- und Finanzierungsfähigkeit potenzieller Realisierungskonzepte (z.B. im Hinblick auf die angestrebte Aufgaben- und Risikoverteilung) sowie die spezifischen Anforderungen der relevanten Marktteilnehmer (Bau- und Facility Managementunternehmen, Kapitalgeber, Versicherungen etc.) an die Projektstrukturierung und die Gestaltung des Vergabeverfahrens zu erhalten. Verfahrensmäßig sind informelle Markt- bzw. Bieteransprachen derart auszugestalten, dass ihre Durchführung nicht das Risiko von Verfahrensrügen im späteren Ausschreibungsverfahren begründet. Dementsprechend ist im Rahmen der Markt- bzw. Bieterkommunikation ein ausreichendes Maß an Transparenz und Offenheit einzuhalten, um wettbewerbsverzerrende Informationsvorsprünge einzelner Bieter zu vermeiden. Dieses kann etwa dadurch erreicht werden, dass die an einzelne Bieter gerichteten Fragen bzw. die diesen zur Verfügung gestellten Informationen vorab dokumentiert und veröffentlicht werden. Auch evtl. Ergebnisse der informellen Markt- bzw. Bieteransprache, die Einfluss auf die Konzeption des Projekts haben können, sind interessierten Parteien in hinreichend transparenter Weise zugänglich zu machen.

3.4.2 Die konventionelle Beschaffungsvariante

3.4.2.1 Definition und Bedeutung

Die konventionelle Beschaffungsvariante stellt eine Schätzung der potenziellen risikoadjustierten Kosten und Erlöse dar, die der öffentlichen Hand bei einer Eigenrealisierung des geplanten Projekts über den gesamten Projektlebenszyklus entstehen würden. Grundlage der Kalkulation ist die aktuelle konventionelle Beschaffungsmethode der ausschreibenden Stellen (Stichwort Beschaffungswirklichkeit) sowie die von dieser definierte funktionale Beschreibung der geforderten Leistungen. Die Entwicklung der konventionellen Beschaffungsvariante ist integraler Bestandteil des PPP-Beschaffungsprozesses und bereits in der Phase der Bedarfsfeststellung und Maßnahmenidentifizierung aufzusetzen. Im Rahmen der Projektentwicklung ist sie sukzessive weiter auszugestalten und zu präzisieren. Die erforderliche Ausgestaltung und Detaillierung ist von einer Reihe unterschiedlicher Faktoren, wie z.B. der Projektkomplexität, dem Projektvolumen, dem Risikotransfer sowie den spezifischen Entscheidungssituationen (PPP-Eignungstest, Beschaffungsvariantenvergleich und PPP-Wirtschaftlichkeitsnachweis) in den unterschiedlichen Projektphasen abhängig. Nach der Publikation der Ausschreibungsunterlagen ist die konventionelle Beschaffungsvariante grundsätzlich nur noch dann anzupassen, wenn sich wesentliche Projektparameter, z.B. die Risikoallokation, verändern oder relevante Aspekte zusätzlich oder in modifizierter Form abzubilden sind.

Die konventionelle Beschaffungsvariante stellt den quantitativen Vergleichsmaßstab zum Nachweis der wirtschaftlichen Vorteilhaftigkeit konkreter PPP-Realisierungskonzepte im Rahmen des Beschaffungsvariantenvergleichs sowie des PPP-Wirtschaftlichkeitsnachweises dar. Die Analyse der quantitativen Aspekte im Zuge der Wirtschaftlichkeitsuntersuchungen basiert auf einer Kapitalwertbetrachtung.[26] Daher sind sämtliche Kosten-, Erlös- und Risi-

[26] Vgl. Bundesministerium der Finanzen (2001): VV-BHO § 7, Nr. 2.2.

kopositionen der zu untersuchenden Realisierungskonzepte über den gesamten Projektlebenszyklus zu erheben, in einem Cashflow-Modell systematisch abzubilden und zwecks Vergleichbarkeit auf einen einheitlichen Betrachtungszeitpunkt zu diskontieren.

Darüber hinaus kann die konventionelle Beschaffungsvariante im Rahmen des PPP-Beschaffungsprozesses folgenden weiteren Zwecken und Funktionen dienen:
- Unterstützung bei der Steuerung und Gestaltung des Beschaffungsprozesses (Managementinstrument),
- Unterstützung bei den Verhandlungen mit privaten Bietern sowie Aktivierung des Wettbewerbs (Informations- und Verhandlungsinstrument).

3.4.2.2 Komponenten und Datenbasis

Bei der Kalkulation der konventionellen Beschaffungsvariante ist den projektspezifischen Rahmenbedingungen und Ausprägungen Rechnung zu tragen. Ein abschließendes, allgemeingültiges Schema hinsichtlich der zur Kalkulation erforderlichen Inputdaten (Kosten-, Erlös-, Risikopositionen) kann insofern nicht vorgegeben werden. Als umfassende Abbildung sämtlicher relevanter Kosten-, Erlös- und Risikopositionen der konventionellen Realisierung des geplanten Vorhabens sollte die konventionelle Beschaffungsvariante grundsätzlich jedoch die in **Abbildung 4** *(siehe nachstehende Seite)* aufgeführten Komponenten umfassen:

Um im Rahmen der Beurteilung der wirtschaftlichen Vorteilhaftigkeit potenzieller PPP-Realisierungsansätze einen aussagekräftigen und belastbaren Vergleich mit der konventionellen Beschaffungsvariante sicherzustellen, sind die zur Kalkulation der konventionellen Beschaffungsvariante erforderlichen Daten und Informationen grundsätzlich projektspezifisch zu ermitteln. Hierbei ist allerdings zu berücksichtigen, dass der hohen Validität projektspezifisch erhobener „Inputdaten" regelmäßig ein entsprechend hoher Arbeits-/Zeit- und Kostenaufwand gegenübersteht. Vor diesem Hintergrund ist darauf zu achten, dass Zeit und Kosten der Datenerhebung in einem angemessenen Verhältnis zum erwarteten Erkenntnisgewinn bzw. der erforderlichen Betrachtungstiefe stehen. In geeigneten Fällen sollte auf standardisierte Kosten- und Leistungsgrößen, sog. Kennzahlen oder Benchmarks, zurückgegriffen werden.[27]

Abbildung 4: Komponenten der konventionellen Beschaffungsvariante

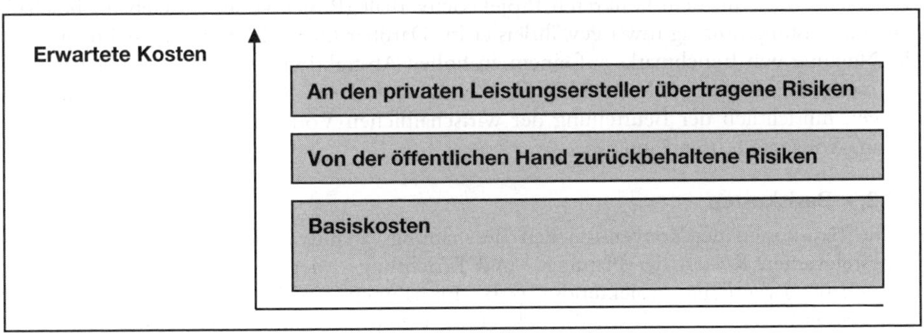

Im Zusammenhang mit der Durchführung von Wirtschaftlichkeitsuntersuchungen ist unter „Benchmarking" die Ermittlung geeigneter Kennzahlen, anhand derer die erforderlichen Inputdaten für die Kalkulation der konventionellen Beschaffungsvariante ermittelt werden können, zu verstehen. Beim Benchmarking werden die jeweiligen Daten in einen

[27] Vgl. BMF (1995), Nr. 1.

sog. Daten-/Benchmarking-Pool eingebracht und anhand geeigneter Bezugsgrößen (z.B. Flächen, Volumina, Nutzerzahlen) in Benchmarks differenziert. Zur Gewährleistung der Vergleichbarkeit ist eine Aufbereitung bzw. „Normalisierung" der eingebrachten Daten erforderlich. In Deutschland gibt es gegenwärtig nur wenige belastbare Benchmarking-Aktivitäten, die zudem lediglich Benchmarks zur Kalkulation bestimmter Komponenten der konventionellen Beschaffungsvariante zur Verfügung stellen. In der nachfolgenden Tabelle sind ausgewählte Benchmarking-Pools aufgeführt.

Tabelle 2: Ausgewählte Benchmarking-Pools im deutschsprachigen Raum

Unternehmen	Titel und Inhalt
ATGA Wien	Benchmarking-Pool, globale Kennzahlen
ATIS Real Müller	Key Report 2004 und früher
BA+UM GmbH	Mittag – Baukosten für alle Gebäudekategorien
CREIS GmbH	Benchmarking-Pool, globale Kennzahlen
Deutsche Architektenkammer	BKI Baukostenbücher (nur Gebäudeerrichtungskosten)
Fachhochschule Wolfenbüttel	Global- und Detail-Benchmarking im Arbeitskreis „Technische Unternehmensführung"
IFMA Deutschland e. V.	Arbeitkreis Benchmarking, Kennzahlenbaum, Global- und Detail-Benchmarking, weltweiter Kennzahlenvergleich
Jones Lang LaSalle	Bürokostenreport 2004 und früher
Unternehmen	**Titel und Inhalt**
KGSt	IKO-Netz – Vergleichsringe zu unterschiedlichen Themenstellungen
Siemens Gebäudemanagement	Detail-Kennzahlen zum technischen Gebäudemanagement

Quelle: in Anlehnung an IFMA Deutschland e. V.

Bei der Verwendung von Benchmarks bzw. Kennzahlen ist darauf zu achten, dass die Vergleichbarkeit mit dem konkreten Projektsachverhalt (Projektvolumen, Gebäudebeschaffenheit, Leistungsumfang usw.) gewährleistet ist. Darüber hinaus ist zu berücksichtigen, dass die Nutzung von Benchmarks auf einem zu hohen Abstraktionsniveau die Aussagefähigkeit der ermittelten Kosten, Erlöse und Risiken einschränkt bzw. verzerrt und zu Fehlentscheidungen hinsichtlich der Beurteilung der wirtschaftlichen Vorteilhaftigkeit einzelner Realisierungskonzepte führen kann.

3.4.2.3 Basiskosten

Die Basiskosten der konventionellen Beschaffungsvariante umfassen sämtliche entscheidungsrelevanten Kosten der Planungs- und Errichtungs-, der Betriebs- und der Verwertungsphase. Eventuelle Projekterlöse (z.B. Einnahmen aus Drittnutzung und Verwertungserlösen) sind ebenfalls zu berücksichtigen und kostenmindernd anzusetzen. Eine sachgerechte Kalkulation der Basiskosten erfordert auch, eventuelle inner- und zwischenbehördliche Leistungsbeziehungen vollständig zu erfassen und kostenmäßig abzubilden.[28] Sind die Wertansätze der Basiskosten nach Höhe und zeitlichem Anfall bei der konventionellen

[28] Inner- und zwischenbehördliche Leistungsbeziehungen entstehen bspw. dann, wenn bestimmte Bereiche, Behörden oder Verwaltungseinrichtungen Leistungen für andere Bereiche, Behörden oder Verwaltungseinrichtungen erbringen bzw. von diesen beziehen.

und der PPP-Beschaffungsvariante identisch (z.B. evtl. Restwerte des Objekts am Ende der Vertragslaufzeit), sind diese für die Entscheidungsfindung im Rahmen von Wirtschaftlichkeitsuntersuchung nicht relevant. Aus Gründen der Transparenz (Funktion der konventionellen Beschaffungsvariante als Management-, Informations- oder Verhandlungsinstrument) sollten jedoch auch diese Wertansätze ausgewiesen und dokumentiert werden.

Um die Vergleichbarkeit der konventionellen und der PPP-Beschaffungsvariante zu gewährleisten, müssen beide Ansätze auf der Basis einer identischen Leistungsbeschreibung kalkuliert werden, d.h. den gleichen Projektsachverhalt abbilden. Dies erfordert eine projektspezifische Kalkulation der relevanten Kosten- und Erlöse der konventionellen Beschaffungsvariante. Dies gilt insbesondere für die sonstigen Sach- und Personalkosten, die die Kosten für die Erbringung „zusätzlicher", über die bloße Bereitstellung und Bewirtschaftung einer Immobilie hinausgehender, Leistungen des Privaten (z.B. Botendienste, Pförtnertätigkeiten) abbilden. Bei der Kalkulation der Basiskosten ist der gesamte Projektlebenszyklus zu berücksichtigen. Vor diesem Hintergrund sind potenzielle Effizienzsteigerungen bei der Erbringung der geforderten Leistungen während der vereinbarten Projektlaufzeit angemessen in der Kostenkalkulation zu berücksichtigen. Effizienzsteigerungen können bspw. aus Lernkurveneffekten oder technischen Entwicklungsprozessen resultieren. Die Berücksichtigung derartiger Effizienzsteigerungen ist direkt in den betroffenen Kostenpositionen (z.B. Personalkosten, Sachkosten) vorzunehmen und abzubilden. Projektrisiken werden bei der Kalkulation der Basiskosten nicht berücksichtigt, sondern im Rahmen einer Risikoanalyse gesondert ermittelt, bewertet und als Risikokosten, unterteilt nach von der öffentlichen Hand zurückbehaltenen und an Private übertragene Risiken, abgebildet.[29] Nachfolgend werden die Basiskosten – unterteilt nach Projektphasen – aufgeschlüsselt und erläutert.

3.4.2.3.1 Planungs- und Errichtungsphase

In der Planungs- und Errichtungsphase sind die Kosten der baulichen Infrastruktur sowie die sonstigen Kosten zu unterscheiden.

3.4.2.3.1.1 Kosten der baulichen Infrastruktur

Die Kosten der baulichen Infrastruktur umfassen alle Kosten, die mit der Planung, dem Neubau, Umbau, Anbau, der Erweiterung, Sanierung, Modernisierung oder dem Abriss eines Objekts verbunden sind. Dies beinhaltet auch Baunebenkosten, wie z.B. Kosten für die Projektleitung, -planung und -steuerung. Aufgrund der hohen Akzeptanz der DIN 276 im Bauwesen empfiehlt sich eine Untergliederung der Planungs- und Errichtungskosten anhand der in dieser Norm definierten Kostengruppen, wobei projektspezifische Besonderheiten zu berücksichtigen sind.

Die nachfolgende Tabelle zeigt einen Ausschnitt der Kostengliederung der DIN 276.

Tabelle 3: Ausschnitt aus der Kostengliederung der DIN 276

Kostengruppen	
100	Grundstück
200	Herrichten und Erschließen
300	Bauwerk – Baukonstruktionen
400	Bauwerk – Technische Anlagen
500	Außenanlagen
600	Ausstattung und Kunstwerke
700	Baunebenkosten

[29] Vgl. Abschnitt 4.

Bei der Kalkulation der Kosten der baulichen Infrastruktur ist zu beachten, dass lediglich diejenigen Kosten abgebildet werden, die durch die Strukturierung des Verfahrens als PPP bedingt sind und bei konventioneller und PPP-Realisierung differieren. Kosten, die der öffentlichen Hand bei der Durchführung der in Phase 1 und 2 des PPP-Beschaffungsprozesses erforderlichen Arbeitschritte (z.B. Bedarfsfeststellung, Zieldefinition, Entwicklung und wirtschaftliche Beurteilung potenzieller Realisierungskonzepte) entstehen, stellen keine spezifischen Mehrkosten eines PPP-Verfahrens dar. Es handelt sich vielmehr um sog. „Sowieso-Kosten", die im Rahmen der Kalkulation der konventionellen Beschaffungsvariante nicht zu berücksichtigen sind.

Beschaffungsansatzspezifische Transaktionskosten, die entsprechend auch bei der Kalkulation der konventionellen und der PPP-Beschaffungsvariante abzubilden sind, entstehen grundsätzlich erst mit der Eröffnung des Ausschreibungsverfahrens. Hierbei ist sicherzustellen, dass ein entsprechender Ansatz sowohl bei der konventionellen Beschaffungsvariante als auch bei dem zu vergleichenden PPP-Beschaffungsansatz erfolgt.

Die im Rahmen der Objektplanung erforderlichen Leistungen werden bei konventioneller Realisierung i.d.R. durch Fremdvergabe an Architekten und Ingenieure oder durch eigenes Personal der öffentlichen Hand erbracht. Bei der Kalkulation der konventionellen Beschaffungsvariante sind dementsprechend Fremd- und Eigenkosten der Planung zu berücksichtigen.

Werden im Rahmen des Projektes Vermögensgegenstände verwendet, die sich bereits im Eigentum der öffentlichen Hand befinden, anderweitig genutzt werden könnten und/oder einen Marktwert haben, sind für die Nutzung dieser Vermögensgegenstände grundsätzlich „Opportunitätskosten" in Ansatz zu bringen. Opportunitätskosten sind hingegen nicht anzusetzen, wenn der Private in seinem Angebot keine Kosten für die Nutzung des im Eigentum der öffentlichen Hand befindlichen Grundstücks ansetzt, bspw. weil der Projektträger ihm eine kostenlose Nutzung des Grundstücks gestattet.

Im Fall einer Projektrealisierung als PPP entstehen der öffentlichen Hand Personal- und Sachkosten für die Wahrnehmung von Überwachungs- und Controllingaufgaben während der Planungs-, Bau- und Betriebsphase. Im Rahmen der vergleichenden Gegenüberstellung von konventionellen und PPP-Realisierungsansätzen sind diese Kosten dem Kostenblock des PPP-Realisierungskonzeptes hinzuzurechnen. Um einen fairen Vergleich zu gewährleisten, müssen jedoch evtl. Kosten für Überwachungs- und Controllingaufgaben im Rahmen der konventionellen Eigenrealisierung (z.B. im Zusammenhang mit der Beauftragung eines Generalunternehmers) entsprechend ermittelt und bei der Kalkulation der konventionellen Beschaffungsvariante abgebildet werden.

Wie bereits ausgeführt, sind bei der Kalkulation der Basiskosten grundsätzlich keine Risikokosten zu erfassen. Werden bestimmte Risiken jedoch durch Versicherungen abgedeckt, z.B. im Rahmen einer Bauwesenversicherung, sind die entsprechenden Versicherungsprämien in die Kalkulation der Basiskosten aufzunehmen. Eine Erfassung im Rahmen der Risikokosten ist dementsprechend nicht mehr vorzunehmen.

3.4.2.3.1.2 Sonstige Kosten

In Abhängigkeit von der spezifischen Leistungsbeschreibung für das geplante Projekt können während der Planungs- und Errichtungsphase Kosten anfallen, die nicht durch die Kategorien der DIN 276 abgedeckt sind und insofern gesondert erfasst werden müssen. Hierbei handelt es sich bspw. um die Anschaffungs- und Herstellungskosten für Vermögensgegenstände, z.B. IT-Infrastruktur bei Schulen oder Fahrzeuge bei Justizvollzugsanstalten, die nicht in der Kostengruppe 600 der DIN 276 erfasst werden. Die Kosten dieser Gruppe beziehen sich ausschließlich auf bewegliche oder ohne besondere Maßnahmen zu befestigende Sachen, die im Zusammenhang mit der Errichtung des Bauwerks erstmalig zu beschaffen sind. Ebenfalls als sonstige Kosten zu erfassen sind diejenigen Kosten, die der öffentlichen Hand durch die Anmietung von Gebäuden während der Bauphase und den damit verbundenen temporären Umzug entstehen. Ein entsprechender Ansatz kann ggf. unter der Kostengruppe 790 „sonstige Baunebenkosten" erfolgen.

Eine abschließende Auflistung der unter diesem Punkt zu erfassenden Kosten ist auf Grund des projektspezifischen Charakters der Kosten an dieser Stelle nicht möglich.

3.4.2.3.2 Betriebsphase

3.4.2.3.2.1 Baunutzungskosten

Unter Baunutzungskosten werden alle regelmäßig oder unregelmäßig wiederkehrenden Kosten der Nutzungsphase eines Gebäudes sowie der dazugehörigen Anlagen und Grundstücke verstanden. Nicht den Baunutzungskosten zuzurechnen sind sonstige betriebsspezifische und produktionsbedingte Personal- und Sachkosten, soweit sie sich von den Baunutzungskosten trennen lassen. Die Erfassung dieser Kosten erfolgt im Rahmen der „sonstigen Personal- und Sachkosten". Wie auch bei den Planungs- und Errichtungskosten kann bei der Erfassung der Baunutzungskosten auf bestehende Richtlinien zurückgegriffen werden. Während die DIN 18960, „Nutzungskosten im Hochbau" sich an Kostenarten orientiert, weist die GEFMA 200 „Kostenrechnung im Facility Management – Nutzungskosten von Gebäuden und Diensten" eine Prozessorientierung auf. Hinsichtlich der Kostengliederung basiert die GEFMA 200 auf der DIN 276. Für die Zwecke der konventionellen Beschaffungsvariante ist eine Kostengliederung in Anlehnung an die GEFMA 200 einer Gliederung nach DIN 18960 auf Grund der Prozessorientierung grundsätzlich vorzuziehen.

Die nachfolgende Tabelle zeigt einen Ausschnitt aus der Kostengliederung der GEFMA 200.

Tabelle 4: Ausschnitt aus der Kostengliederung der GEFMA 200

Kostengruppen	
000	Übergeordnete Leistungen
200	Technisches Gebäudemanagement
400	Infrastrukturelles Gebäudemanagement
600	Kaufmännisches Gebäudemanagement

Zu beachten ist, dass auch die GEFMA 200 nicht in allen Punkten der Kostenerfassung den Anforderungen an die Abbildung der konventionellen Beschaffungsvariante gerecht wird. Dies gilt insbesondere im Zusammenhang mit der Abbildung von Abschreibungen. In der GEFMA 200 werden Abschreibungen explizit erfasst. Die Kalkulation der konventionellen Beschaffungsvariante erfolgt allerdings im Rahmen einer cashflow-orientierten Betrachtungsweise, d. h. auf Basis von Ein- und Auszahlungen während der Projektlaufzeit. Da es sich bei Abschreibungen um nichtzahlungswirksame Aufwendungen handelt, deren Zweck darin besteht, den periodischen Werteverzehr von Produktionsfaktoren während der betriebsgewöhnlichen Nutzungsdauer zu erfassen, sind Abschreibungen im Rahmen der Kalkulation der konventionellen Beschaffungsvariante nicht zu berücksichtigen. Im Sinne einer cashflow-orientierten Betrachtungsweise werden Kosten für laufende Wartung und Instandhaltung sowie Kosten für in bestimmten zeitlichen Abständen anfallende Maßnahmen zur Wiederherstellung des Sollzustandes des Gebäudes (große Instandsetzung oder Ersatz- bzw. Reinvestitionen) zu dem Zeitpunkt und in der Höhe erfasst und abgebildet, zu dem bzw. in der sie tatsächlich entstehen und zahlungswirksam werden.

3.4.2.3.2.2 Sonstige Personal- und Sachkosten

Bei den sonstigen Personal- und Sachkosten handelt es sich um nicht-gebäudebezogene Betriebskosten. Neben Kosten für die Wahrnehmung allgemeiner Verwaltungsaufgaben umfassen sie insbesondere Kosten zur Erbringung „zusätzlicher“ Dienstleistungen, die über die bloße Bereitstellung und Bewirtschaftung einer Immobilie hinausgehen (z.B. Sekretariatsleistungen). Welche Kosten in diesem Zusammenhang zu berücksichtigen sind, wird durch die funktionale Leistungsbeschreibung der öffentlichen Hand bzw. die vorgesehene Integrationstiefe des Privaten in die öffentliche Leistungserstellung bestimmt. Demnach sind die unter der Position „sonstige Personal- und Sachkosten“ abgebildeten Kosten weitestgehend projektspezifisch. Grundsätzlich sind die nachfolgend aufgeführten Positionen von Bedeutung:

Tabelle 5: Beispiele für sonstige Personal- und Sachkosten

Kostengruppen	
	Allgemeine Verwaltung
	Personal
	Sach- und Verbrauchsmittel
	Geräte, Werkzeuge, Betrieb, Ausstattung usw.
	Versicherungsprämien
	Drittverträge (z. B. Reinigungsdienste, Gärtnerdienste)

Die Personalkosten stellen erfahrungsgemäß einen relativ hohen Anteil der Gesamtkosten dar. Zur vollständigen Abbildung sind neben dem Grundgehalt bzw. der Grundvergütung auch evtl. Zuschläge, Sonderzuwendungen, Urlaubsgeld, Versorgungszuschläge, Beihilfen, Fürsorgeleistungen sowie Entschädigungen und sonstige Entgeltbestandteile zu berücksichtigen. Um den Erhebungs- und Berechnungsaufwand möglichst gering zu halten, kann grundsätzlich auf Durchschnittskosten zurückgegriffen werden. Entsprechende Personalkostensätze stellen das Bundesministerium für Finanzen, die jeweiligen Finanzministerien der Länder sowie der Städte- und Gemeindebund zur Verfügung. Zudem sind – soweit verfügbar – projektspezifische Angaben der zuständigen Ministerien/Ressorts zu berücksichtigen. Da die Personalkostensätze auch bestimmte Verwaltungsgemeinkosten enthalten, ist bei der Verwendung der Personalkostensätze sicherzustellen, dass keine Doppelerfassung im Zusammenhang mit der Kalkulation der allgemeinen Verwaltungskosten erfolgt.

3.4.2.3.3 Verwertungsphase

Um die Vergleichbarkeit des konventionellen und PPP-Realisierungskonzeptes sicherzustellen, sind für das jeweilige Projekt Annahmen bezüglich der „Endschaftsregelungen“ zu treffen. Grundsätzlich können im Rahmen eines PPP-Realisierungskonzepts die folgenden Endschaftsregelungen vereinbart werden:[30]

- die Immobilie geht am Ende der Projektlaufzeit ohne Zahlung eines Kaufpreises automatisch an die öffentliche Hand über bzw. das Eigentum liegt bereits bei der öffentlichen Hand,
- die öffentliche Hand kann die Immobilie am Ende der Projektlaufzeit zum Marktpreis oder einem vorher vereinbarten Kaufpreis erwerben und nutzt diese Option,

[30] Die aufgeführten Endschaftsregelungen sind jedoch nicht nur vor dem Hintergrund der korrekten Abbildung im Rahmen der Wirtschaftlichkeitsuntersuchungen zu betrachten, sondern insbesondere auch im Hinblick auf ihre gestalterischen Implikationen für das Projekt. Je nach Endschaftsregelung variiert z.B. die Verteilung des Restwertrisikos zwischen den Projektbeteiligten. Die Verteilung des Risikos kann wiederum erheblichen Einfluss auf die Finanzierungsgestaltung und die bilanzielle Behandlung des Projekts haben.

- die öffentliche Hand kann die Immobilie am Ende der Projektlaufzeit zum Marktpreis oder einem vorher vereinbarten Kaufpreis erwerben, nutzt diese Option jedoch nicht,
- die Immobilie verbleibt im Eigentum des Privaten.

Geht die Immobilie am Ende der Projektlaufzeit ohne Zahlung eines Kaufpreises automatisch an die öffentliche Hand über, berechnet der Private die Höhe des Leistungsentgelts auf der Basis einer Vollamortisation während der Vertragslaufzeit. Der öffentlichen Hand steht am Ende der Vertragslaufzeit eine Immobilie mit einem entsprechenden Marktwert zur Verfügung, sofern eine Weiternutzung möglich ist. Grundsätzlich ist bei dieser Regelung der Restwert der Immobilie sowohl auf Seiten des PPP-Realisierungskonzepts als auch auf Seiten der konventionellen Beschaffungsvariante zu berücksichtigen, sofern eine weitere Nutzenziehung aus der Immobilie möglich ist. Da beiden Realisierungskonzepten jedoch die gleichen Anforderungen an die Bauunterhaltung zu Grund liegen (Leistungsbeschreibung), sind die Restwerte nahezu identisch und können im Rahmen der Wirtschaftlichkeitsuntersuchungen vernachlässigt werden. Eine explizite Abbildung des Restwerts muss jedoch zwingend erfolgen, wenn sich die Restwerte der Immobilie wesentlich unterscheiden. Eine Differenz der Restwerte kann bspw. dadurch begründet sein, dass ein Privater zur Minimierung der Betriebskosten ein qualitativ höherwertiges Gebäude erstellt und dieses entsprechend der Leistungsanforderung der öffentlichen Hand während der Projektlaufzeit auf einem entsprechend hohen Niveau erhält.

Hat die öffentliche Hand die Option, die Immobilie am Ende der Projektlaufzeit zum Marktpreis oder einem vorher vereinbarten Kaufpreis zu erwerben, berücksichtigt der Private den jeweiligen Wertansatz als entsprechende Erlösposition bei der Kalkulation des Leistungsentgelts. Die Berücksichtigung des Kaufpreises erfolgt unabhängig davon, ob die öffentliche Hand ihre Kaufoption ausübt oder nicht, da der Private die Immobilie im Falle der Nichtausübung anderweitig verwertet. Um die Vergleichbarkeit mit dem PPP-Realisierungskonzept zu gewährleisten, ist der potenzielle bzw. vereinbarte Kaufpreis der Immobilie sowohl bei Ausübung als auch bei Nichtausübung der Kaufoption durch die öffentliche Hand bei der konventionellen Beschaffungsvariante zu berücksichtigen.

Für den Fall, dass nach Ende der Projektlaufzeit die Immobilie bei dem Privaten respektive der öffentlichen Hand verbleibt, ist zu berücksichtigen, ob die Immobilie über einen Restwert verfügt. Wird diese Überlegung bejaht, kalkuliert der Private sein Angebot grundsätzlich unter Berücksichtigung der bestehenden Möglichkeit einer Anschlussverwertung. Entsprechend ist bei der Kalkulation der öffentlichen Hand zu verfahren.

3.4.2.3.4 Finanzierungskosten

Der Vergleich von konventioneller und PPP-Beschaffungsvariante basiert auf einer umfassenden Ermittlung der Zahlungsströme der öffentlichen Hand im Rahmen einer detaillierten projektspezifischen Finanzplanung (Planungs- und Errichtungskosten, Betriebskosten und -erlöse, Finanzierungskosten usw.).[31] Gegenstand des Vergleichs im Rahmen der Wirtschaftlichkeitsuntersuchungen sind die periodischen Cashflowströme der konkurrierenden Beschaffungsansätze. Quasi unabhängig von dem in einem zweiten Schritt anzusetzenden Vergleichsmaßstab bei der Analyse der Cashflowströme sind in einem ersten Schritt die einzelnen Kosten- und Erlöspositionen der konventionellen Beschaffungsvariante vollständig und realitätsnah abzubilden. Diese Forderung schließt insbesondere den expliziten Ausweis der Finanzierungsstruktur (Zins- und Tilgungszahlungen) für die erforderlichen Investition maßnahmenträgerspezifisch ein. Dies bedeutet, dass durch die Projektverantwortlichen entsprechende Annahmen bezüglich der Finanzierungsstruktur zu treffen sind.

---

[31] Eine vergleichbare Planung ist durch den Privaten bei der Kalkulation seines Angebots zu leisten. Aus der Sicht der öffentlichen Hand ist das als Ergebnis dieses Planungsprozesses ermittelte Leistungsentgelt für die Bereitstellung der hochbaulichen Infrastruktur zunächst entscheidungsrelevant.

3.4.2.3.5 Erlöse

Im Bereich der Erlöse kann zwischen einmaligen und laufenden Erlösen unterschieden werden. Einmalige Erlöse resultieren i.d.R. aus der Veräußerung von sich im Eigentum der öffentlichen Hand befindlichen Vermögensgegenständen. Laufende Erlöse entstehen zumeist durch die Erbringung von Leistungen für Dritte. Im Rahmen der Kalkulation der Basiskosten der konventionellen Beschaffungsvariante dürfen Erlöse nur dann berücksichtigt werden, wenn Privaten im Rahmen einer PPP-Realisierungsvariante die gleichen Möglichkeiten zur Generierung von Erlösen eingeräumt werden. Darüber hinaus müssen diejenigen Kosten, die im Zusammenhang mit der Generierung dieser Erlöse entstehen, berücksichtigt werden. Um den Unsicherheiten bei der Kalkulation der Erlöse Rechnung zu tragen, sind im Rahmen der Risikoanalyse entsprechende Risikopositionen einzustellen. Der Arbeits- und Zeitaufwand, der in die Ermittlung der potentiellen Erlöse investiert wird, sollte in einem angemessenen Verhältnis zur Relevanz dieser Positionen in der Gesamtbetrachtung stehen.

3.4.2.3.5.1 Erlöse aus der Veräußerung von sich im Eigentum der öffentlichen Hand befindlichen Vermögensgegenständen

Im Zusammenhang mit der Erzielung von Erlösen aus der Veräußerung von sich im Eigentum der öffentlichen Hand befindlichen Vermögensgegenständen ist insbesondere die Veräußerung von Immobilien von Bedeutung. Für eine Berücksichtigung im Rahmen der Kalkulation der konventionellen Beschaffungsvariante müssen die jeweiligen Immobilien in einem unmittelbaren Zusammenhang mit dem geplanten Vorhaben stehen. Das ist bspw. dann der Fall, wenn es sich bei dem geplanten Projekt um eine „Ersatzinvestition“ handelt und im Rahmen der Projektrealisierung bestehende Altstandorte aufgegeben und veräußert werden. Als Wertansatz für eine entsprechende Erlösposition bei der Kalkulation der konventionellen Beschaffungsvariante kann auf den Verkehrswert der Immobilie zum Zeitpunkt der Veräußerung abgestellt werden. Insbesondere, wenn es sich um eine Spezialimmobilie, bspw. eine Justizvollzugsanstalt handelt, ist kritisch zu hinterfragen, ob für eine derartige Immobilie ein Markt besteht und welcher Preis am Markt für die Immobile erzielbar ist. Neben der Höhe eines entsprechenden Vermarktungserlöses ist auch der zeitliche Anfall zu bestimmen.

An die Veräußerung von beweglichen und unbeweglichen Vermögensgegenständen werden seitens der Bundes- und Landeshaushaltsordnung(en) regelmäßig besondere formelle und materielle Voraussetzungen geknüpft. Vermögensgegenstände durften bislang grundsätzlich nur veräußert werden, wenn sie in absehbarer Zeit zur Erfüllung öffentlicher Aufgaben nicht benötigt werden. Im Rahmen des ÖPP-Beschleunigungsgesetzes wurde § 63 BHO (Erwerb und Veräußerung von Vermögensgegenständen) dahingehend ergänzt, dass unbewegliche Vermögensgegenstände unter bestimmten Voraussetzungen auch dann veräußert werden dürfen, wenn sie zur Aufgabenerfüllung des Bundes langfristig benötigt werden. Entsprechend der Neufassung von § 63 BHO ist die Veräußerung dann zulässig, wenn Bundeseigentum nicht zwingend erforderlich ist und die Maßnahme nachweislich wirtschaftlicher erfüllt werden kann. Mit der Berücksichtigung der wirtschaftlichen Effizienz der Erfüllung öffentlicher Aufgaben als ein Entscheidungskriterium für die Veräußerbarkeit unbeweglicher Vermögensgegenstände wird eine Zielharmonie mit § 7 BHO hergestellt.[32] Vor der Berücksichtigung einer entsprechenden Erlösposition im Rahmen der Kalkulation der konventionellen Beschaffungsvariante sollte überprüft werden, ob und unter welchen Bedingungen eine Veräußerung von sich im Eigentum der öffentlichen Hand befindlichen Vermögensgegenständen möglich ist.[33]

---

[32] Vgl. Deutscher Bundestag, S. 12, 13 sowie 30.
[33] Vgl. § 4 (Bundes- und Landeshaushaltsrecht) Kap. 1.3.1.

3.4.2.3.5.2 Erlöse aus der Erstellung von Leistungen für Dritte

Erlöse aus der Erstellung von Leistungen für Dritte können bspw. dadurch erzielt werden, dass eine Gemeinde die Räumlichkeiten einer Schule außerhalb der Unterrichtszeiten an Dritte vermietet. Im Zusammenhang mit der Erstellung von Leistungen für Dritte ist im konkreten Einzelfall zu prüfen, ob entsprechende Kapazitäten zur Verfügung stehen, ob am Markt eine Nachfrage nach diesen Kapazitäten besteht und ob einer Drittnutzung rechtliche oder sonstige Aspekte entgegenstehen.

3.4.2.3.6 Steuern

Im Zusammenhang mit der Durchführung von Wirtschaftlichkeitsuntersuchungen bei PPP-Projekten sind insbesondere die Umsatzsteuer und – je nach Ausgestaltung der Verträge – die Grundsteuer von Bedeutung, da hier steuerlich bedingte Wettbewerbsverzerrungen auftreten können.[34]

3.4.2.3.6.1 Umsatzsteuer

Umsatzsteuerlich bedingte Wettbewerbsverzerrungen bei PPP-Projekten ergeben sich insbesondere für den Teil der Wertschöpfungskette, der beim konventionellen Beschaffungsansatz von der öffentlichen Hand mit eigenen Ressourcen erstellt wird. Werden diese Leistungen im Rahmen eines PPP-Ansatzes demgegenüber von einem privaten Auftragnehmer erstellt, fällt hierauf entweder Umsatzsteuer auf steuerbare Lieferungen und sonstige Leistungen an oder die Leistungen sind gemäß § 4 UStG steuerbefreit. Handelt es sich um steuerpflichtige Leistungen, stellt die in Rechnung gestellte Umsatzsteuer in der Regel eine zusätzliche Definitivbelastung in Höhe von zurzeit 16% dar, die die öffentliche Hand nicht zu tragen hätte, wenn sie die Leistung intern erstellt. Dadurch verteuert sich ein PPP-Modell entsprechend.

Erbringt ein privater Partner im Rahmen einer PPP hingegen steuerbefreite Leistungen, findet zwar keine Umsatzsteuerbelastung gegenüber der öffentlichen Hand statt, doch kann der Private für von ihm bei Dritten bezogene Leistungen keinen Vorsteuerabzug geltend machen (§ 15 Abs. 2 UStG). Dies verteuert wiederum die Leistungserstellung des Privaten und wirkt sich indirekt auf die Höhe des gegenüber der öffentlichen Hand in Rechnung gestellten Preises aus. Bezieht die öffentliche Hand beim konventionellen Beschaffungsansatz steuerbare und steuerpflichtige Leistungen von Dritten (z.B. bezogene Bauleistungen oder ausgelagerte Dienstleistungen), gibt es hinsichtlich der umsatzsteuerlichen Behandlung dieser Leistungen grundsätzlich keinen Unterschied zu einem PPP-Projekt.

Bei einem PPP-Vermietungsmodell[35] ist die Nutzungsüberlassung eines Gebäudes umsatzsteuerbefreit. Die Erstellung eines Gebäudes beim konventionellen Beschaffungsansatz ist dagegen umsatzsteuerpflichtig (Beauftragung eines privaten Bauunternehmens). Für einen Belastungsvergleich zwischen dem PPP-Vermietungsmodell und dem konventionellen Beschaffungsansatz hinsichtlich der Errichtung des Gebäudes ist die Vorsteuer, für die ein privater Leistungserbringer bei einem PPP-Projekt gegenüber dem Finanzamt nicht abzugsberechtigt ist, der Umsatzsteuer gegenüberzustellen, die beim konventionellen Beschaffungsansatz in Rechnung gestellt wird. In der Regel ist dann ein PPP-Projekt bezüglich der Errichtung eines Gebäudes sogar steuerbegünstigt, wobei die Höhe der Begünstigung davon abhängt, ob der Private seine Vorleistungen extern (wobei er dann entsprechend Umsatzsteuer zu zahlen hätte) oder intern (z.B. Personalkosten) bezieht.

3.4.2.3.6.2 Grundsteuer

Die Besteuerung von Grundbesitz wurde im Rahmen des OPP-Beschleunigungsgesetzes neu geregelt, um die bestehende Diskriminierung privater Rechtsträger bei PPP-Projekten zu beseitigen.

---

[34] Für weitere Informationen zur steuerlichen Problematik siehe § 7 (Steuerrecht).

[35] Vgl. zum Vermietermodell § 3 (Vertragsrecht) Abschnitt 4.

Bisher waren hoheitlich genutzte Grundstücke, die sich nicht im Eigentum der öffentlichen Hand oder anderer begünstigter Rechtsträger befanden, von der Grundsteuerbefreiung nach § 3 Abs. 1 GrStG ausgenommen. Hieraus resultierte eine grundsteuerliche Benachteiligung derjenigen PPP-Vertragstypen, bei denen das wirtschaftliche Eigentum am Grundstück bei dem privaten Vertragspartner lag. Im Rahmen des ÖPP-Beschleunigungsgesetzes wurde § 3 Abs. 1 dahingehend angepasst, dass die Grundsteuerbefreiung auch dann greift, wenn der Grundbesitz von einem nicht begünstigten Rechtsträger im Rahmen eines PPP-Projektes einer juristischen Person des öffentlichen Rechts für einen öffentlichen Gebrauch/Dienst überlassen wird und am Ende der Projektlaufzeit eine Übertragung auf den Nutzer, d.h. die öffentliche Hand, vereinbart ist. Hierbei ist es ohne Bedeutung, ob der nicht begünstigten Rechtsträger, d.h. der private Vertragspartner, das Grundstück von der öffentlichen Hand erhalten oder selbst erworben hat.[36]

3.4.2.3.6.3 Behandlung von Wettbewerbsverzerrungen

Bei der aktuellen Gesetzeslage besteht grundsätzlich die Möglichkeit, vorhandene Wettbewerbsverzerrungen im Rahmen einer Vergleichsrechnung zu bereinigen. Dies erscheint jedoch nur dann sinnvoll, wenn im Rahmen dieser Nebenrechnung ermittelt werden kann, ob die steuerlichen Mehrbelastungen bei einem PPP-Projekt unbeachtlich sind, weil diese im Gegenzug zu steuerlichen Mehreinnahmen führen. Stellt man auf eine volkswirtschaftliche Gesamtrechnung ab, wäre eine Bereinigung demnach grundsätzlich sinnvoll. Dies ergibt sich daraus, dass die Steuern, die von den öffentlichen Auftraggebern wirtschaftlich zu tragen sind, wiederum der öffentlichen Hand als Gesamtheit zur Verfügung stehen.

Andererseits kann bei der Nebenrechnung jedoch auf die kassenwirksamen Effekte bei der Gebietskörperschaft, die Auftraggeberin des Projektes ist, abgestellt werden. Für eine solche Vorgehensweise spricht zum einen, dass die öffentliche Hand staatsorganisationsrechtlich aus mehreren Gliederungen besteht, nämlich Bund, Ländern und Gemeinden. Zum anderen sprechen auch betriebswirtschaftliche Gründe dafür, auf die steuerlichen Auswirkungen beim jeweiligen Auftraggeber einzugehen. Eine Nebenrechnung, die auf die kassenwirksamen Effekte bei der Gebietskörperschaft abstellt, ist aus verschiedenen Gründen jedoch nicht oder nur schwer möglich. In der Regel werden die durch ein PPP-Projekt gegenüber der konventionellen Beschaffung anfallenden Mehrsteuern allenfalls zum Teil der Gebietskörperschaft zu Gute kommen, die die Mehrsteuern über den höheren Projektpreis zu erbringen hat. So steht zurzeit die Umsatzsteuer zu 2,1% den Gemeinden, zu 45,9% den Ländern und zu 52% dem Bund zu. Hieraus ergibt sich, dass der Gebietskörperschaft die umsatzsteuerlichen Mehrbelastungen, die sie über den Projektpreis zu tragen hat, nur zum Teil als Steuermehreinnahmen wieder zufließen. Die Grundsteuer kommt – falls sie überhaupt anfällt – grundsätzlich den Gemeinden zugute. Insoweit Auftraggeberin eine Gemeinde ist, stehen ihr die entsprechenden Grundsteuereinnahmen zu. Allerdings werden die Steuermehreinnahmen – sowohl bei der Umsatzsteuer als auch bei Grundsteuer – auch im Rahmen des Finanzausgleichs berücksichtigt, wobei die komplizierten Mechanismen der bundesstaatlichen Finanzausgleiche eine exakte Wirkungsanalyse erschweren. Insgesamt dürften diese Mechanismen dazu führen, dass die Körperschaft, die Mehreinnahmen erzielt, entweder weniger Mittel aus dem Finanzausgleich erhält oder in diesen mehr einzahlen muss. Insofern ist davon auszugehen, dass die Gebietskörperschaft, die Mehrsteuern über den Projektpreis zu tragen hat, jedenfalls nach dem Finanzausgleich nicht über entsprechende Steuermehreinnahmen verfügen kann. Vor diesem Hintergrund sollte auf eine Nebenrechnung beim Wirtschaftlichkeitsvergleich verzichtet werden, da durch diese die Vor- und Nachteile eines PPP-Projekts für die auftraggebende Kommune nicht oder nur zum Teil ermittelt werden können. In der Konsequenz ist zum heutigen Zeitpunkt keine Bereinigung

[36] Vgl. Deutscher Bundestag, S. 13, 14 sowie 31, 32.

der steuerlich bedingten Wettbewerbsverzerrungen im Rahmen von Wirtschaftlichkeitsuntersuchungen vorzunehmen.[37]

3.4.2.3.7 Risiko[38]

Die Allokation der Projektrisiken ist erfolgskritisch bei der Betrachtung der Vorteilhaftigkeit von PPP-Realisierungskonzepten im Vergleich zur konventionellen Eigenrealisierung. Unter Berücksichtigung der jeweiligen Risikomanagementkompetenz sollte derjenige ein Projektrisiko tragen, der dieses am effizientesten handhaben kann. In diesem Sinne ist nicht ein maximaler Transfer von Projektrisiken an Private, sondern eine optimale Allokation der Projektrisiken unter den Projektbeteiligten anzustreben. Um die wirtschaftliche Vorteilhaftigkeit privatwirtschaftlicher Realisierungskonzepte im Vergleich zur konventionellen Eigenerstellung analysieren zu können, muss die konventionelle Beschaffungsvariante eine systematische Kostenkalkulation sämtlicher relevanter und quantifizierbarer Projektrisiken enthalten. Für den Zweck von Wirtschaftlichkeitsuntersuchungen sind die aus Sicht der öffentlichen Hand im Zuge der Eigenrealisierung erwarteten Risikokosten bei der Kalkulation der konventionellen Beschaffungsvariante dann abzubilden, wenn diese im Rahmen der PPP-Lösung an den Privaten übertragen werden. Von der öffentlichen Hand zurückbehaltene Risiken beeinflussen die Wirtschaftlichkeitsuntersuchung hingegen nicht und können bei der Abbildung der konventionellen Beschaffungsvariante grundsätzlich vernachlässigt werden.

3.4.2.3.8 Berücksichtigung der Preisentwicklung

Bei der Abbildung der konventionellen Beschaffungsvariante und der alternativen PPP-Modelle ist ein einheitlicher Ansatz zur Berücksichtigung der Preisentwicklung von Kosten und Erlösen im Projektverlauf und zur Bestimmung des Diskontierungszinses erforderlich.[39] Für Zwecke der Durchführung von Wirtschaftlichkeitsuntersuchungen und für die Kalkulation der konventionellen Beschaffungsvariante ist es zielführend, die Preisentwicklung explizit auszuweisen und alle Größen in nominalen Werten anzugeben. Bei der Preisanpassung der einzelnen Kosten- und Erlöspositionen kann grundsätzlich eine durchschnittliche allgemeine Inflationsrate (z.B. auf Basis des Verbraucherpreisindexes für Deutschland) zu Grunde gelegt werden. Ausgehend von der allgemeinen Inflationsrate sind die einzelnen Kosten- und Erlöspositionen detailliert dahingehend zu untersuchen, inwiefern deren Preisentwicklung tatsächlich durch diese allgemeine Annahme hinreichend korrekt abgebildet wird. Gegebenenfalls empfiehlt es sich, spezifischere Indizes für ausgewählte Positionen anzuwenden. Zudem ist projektspezifisch zu analysieren, inwieweit die tatsächliche Projektkonzeption der konventionellen Realisierungsvariante Auswirkungen auf ausgewählte Preisanpassungserfordernisse hat. So führen beispielsweise Festpreisverträge im Baubereich dazu, dass die entsprechenden Kosten für den Auftraggeber im Verlauf der Bauphase keinen aus der allgemeinen Preisentwicklung resultierenden Veränderungen unterliegen. Zudem beinhalten auch Facility-Management-Verträge häufig Klauseln, wonach eine Anpassung an ein verändertes Preisniveau erst nach drei bis fünf Jahren erfolgt. Nachdem die Kosten und Erlöse auf der Basis einer nominalen Betrachtung abgebildet werden, ist eine konsistente Vorgehensweise bei der Wahl des Diskontierungszinses erforderlich. Der Diskontierungszins ist dementsprechend ein Nominalzins.[40]

---

[37] Die Behandlung steuerlich bedingter Wettbewerbsverzerrungen ist Teil der Grundsatzarbeiten der PPP Task Force des Bundes.

[38] Für weiterführende Informationen zum Thema Risiko vgl. Abschnitt 4.

[39] Zu weiteren Ausführungen zum Thema Preisentwicklung siehe oben z.B. Weber/Parzych S. 376ff.

[40] Für weiterführende Ausführungen zum Diskontierungszins siehe Abschnitt 5.2.2.1.

3.4.2.3.9 Kalkulation der konventionellen Beschaffungsvariante[41]

Die ermittelten Kosten, Erlöse und Risikopositionen der konventionellen Beschaffungsvariante sind in einem Cashflow-Modell (Financial Model) zu erfassen und stellen die Grundlage für den quantitativen Vergleich mit den PPP-Ansätzen dar. Im Rahmen des Vergleichs der konventionellen und der PPP-Lösungsansätze sind die Zahlungsströme auf einen einheitlichen Betrachtungszeitpunkt zu diskontieren und als Kapitalwert abzubilden. Besondere Bedeutung kommt in diesem Zusammenhang den Zahlungszeitpunkten der Kosten (inkl. Risikokosten) und Erlöse sowie dem verwendeten Diskontierungszinssatz zu.

Die quantitative Analyse stellt einen zentralen Bestandteil des Suchprozesses nach der wirtschaftlichsten Realisierung einer geplanten Maßnahme dar, ist jedoch nicht das alleinige Entscheidungskriterium. Die Erkenntnisse der quantitativen Analyse sind zwingend zusammen mit den Ergebnissen einer systematischen Analyse der qualitativen Aspekte einzelner Realisierungskonzepte im Rahmen der Entscheidungsfindung zu berücksichtigen.

3.4.2.3.10 Darstellungsweise der konventionellen Beschaffungsvariante

Maßstab für die Darstellung der konventionellen Beschaffungsvariante ist das erforderliche Informationsniveau der verantwortlichen Entscheidungsträger der öffentlichen Hand. Ein allgemeingültiges Darstellungsprofil für die konventionelle Beschaffungsvariante kann nicht formuliert werden. Eine Darstellung der konventionellen Beschaffungsvariante in Form des errechneten Kapitalwerts greift jedoch zu kurz. Vor diesem Hintergrund sind bei der Dokumentation der konventionellen Beschaffungsvariante folgende Aspekte zu berücksichtigen:

- überblickartige Darstellung des Vorhabens, der Ausgangslage, des Handlungsbedarfs, der Zielsetzungen sowie eine Beschreibung der geforderten Leistungen,
- detaillierte Kalkulation der konventionellen Beschaffungsvariante – Darstellungsform: Cashflow-Modell,
- Ausweis und Erörterung der der Kalkulation zugrunde liegenden Informationen und Annahmen,
- Darstellung und Erörterung der Risikoanalyse, d. h. Darstellung der berücksichtigten Risiken (Risikomatrix), deren Behandlung und Bewertung sowie Begründung der Vorgehensweise,
- Abbildung der Zahlungsströme, welche die Grundlage für die Bestimmung des Kapitalwertes bilden,
- Durchführung von Sensitivitätsanalysen zum Nachweis der Auswirkungen von Änderungen zentraler Annahmen und Modellparameter,
- Auflistung sonstiger entscheidungsrelevanter qualitativer Parameter.

3.4.2.3.11 Publikation der konventionellen Beschaffungsvariante

Die konventionelle Beschaffungsvariante stellt keinen unmittelbaren Bestandteil der Vergabeunterlagen dar, so dass eine Publikation im Rahmen des Vergabeverfahrens nicht zwingend erforderlich ist. International hat es sich jedoch als ökonomisch sinnvoll erwiesen, die Publikation bestimmter Komponenten der konventionellen Beschaffungsvariante zu nutzen, um Bieter gezielt mit Informationen zu versorgen und den Wettbewerb sowie die Verhandlungsposition der öffentlichen Hand zu verbessern. Die Komponenten der konventionellen Beschaffungsvariante, die dem Markt im Rahmen des Vergabeverfahrens zugänglich gemacht werden sollten, variieren von Projekt zu Projekt.

---

[41] Vgl. auch hypothetisches Rechenbeispiel im Anhang I.

3.4.3 PPP-Beschaffungsvariante

3.4.3.1 Definition und Bedeutung

Bei der PPP-Beschaffungsvariante handelt es sich um die quantitative Abbildung des bevorzugten PPP-Realisierungskonzeptes, das die öffentliche Hand auf der Grundlage der vorläufigen funktionalen Leistungsbeschreibung sowie der konventionellen Beschaffungsvariante erarbeitet hat.[42] Aufbauend auf einem positiven PPP-Eignungstest[43] stellt die PPP-Beschaffungsvariante die Grundlage für die Beurteilung der wirtschaftlichen Vorteilhaftigkeit eines PPP-Beschaffungsansatzes bereits vor der Eröffnung des Vergabeverfahrens dar. Methodisch erfolgt die Beurteilung der wirtschaftlichen Vorteilhaftigkeit im Rahmen des Beschaffungsvariantenvergleichs[44] durch eine Gegenüberstellung mit der konventionellen Beschaffungsvariante.

3.4.3.2 Kalkulation PPP-Beschaffungsvariante

Bei der Kalkulation der PPP-Beschaffungsvariante versucht die öffentliche Hand abzuschätzen, welche potenziellen Kosten, Erlöse und Risiken mit einer Realisierung des geplanten Projektes als PPP verbunden sind. Grundlage für die Schätzung der zur Kalkulation erforderlichen Inputdaten (z.B. Investitionskosten, Finanzierungsstruktur, Finanzierungskonditionen, Risikoallokation, Erlössituation, Renditeerwartungen des Privaten) sind die Daten und Informationen der konventionellen Beschaffungsvariante, das Know-how und Erfahrungswissen der Projektbeteiligten, geeignete Benchmarks/Kennzahlen und/oder die Ergebnisse einer entsprechenden Marktansprache. Um verwertbare Aussagen aus dem Beschaffungsvariantenvergleich zu erhalten, sind sämtliche Kosten und Erlöse, die der öffentlichen Hand im Rahmen einer PPP-Realisierung entstehen würden, möglichst umfassend abzubilden. In diesem Zusammenhang sind der PPP-Beschaffungsvariante auch diejenigen Kosten zuzurechnen, die der öffentlichen Hand im Rahmen des Managements und Controllings eines PPP-Vertrags während der gesamten Projektlaufzeit entstehen. Ebenfalls der PPP-Beschaffungsvariante zuzurechnen sind die Kosten für Risiken, die auch im Rahmen einer PPP von der öffentlichen Hand getragen werden und bei der Kalkulation der konventionellen Beschaffungsvariante berücksichtigt wurden. Die Betrachtungstiefe bei der Kalkulation der PPP-Beschaffungsvariante wird durch die spezifischen Anforderungen des Beschaffungsvariantenvergleichs und somit primär durch das Projektvolumen, die Projektkomplexität und/oder die verfügbare Datenbasis bestimmt. Grundsätzlich umfasst die Kalkulation die nachfolgenden Arbeitschritte:

- Kalkulation der konventionellen Beschaffungsvariante,
- Ermittlung und Darstellung der quantitativen Unterschiede zwischen der konventionellen und der PPP-Beschaffungsvariante,
- Bestimmung geeigneter prozentualer Zu-/Abschlagssätze,
- Ermittlung der Kosten und Erlöse der PPP-Beschaffungsvariante auf der Basis der ermittelten Unterschiede zwischen konventioneller und PPP-Beschaffungsvariante sowie der prozentualen Zu-/Abschlagssätze,
- Abbildung der Kosten und Erlöse der PPP-Beschaffungsvariante in einem Cashflow-Modell.

Der Zeit- und Arbeitsaufwand, der in die Kalkulation der PPP-Beschaffungsvariante investiert wird, muss in einem angemessenen Verhältnis zum erzielbaren Erkenntnisgewinn stehen („Wirtschaftlichkeit der Wirtschaftlichkeitsuntersuchungen“). Sämtliche bei der Kalkulation getroffenen Annahmen sowie verwendeten Daten- und Informationsquellen sind zu dokumentieren.

---

[42] Vgl. Abschnitt 3.3.

[43] Vgl. Abschnitt 2.6.3.

[44] Vgl. Abschnitt 3.4.4.

3.4.4 Beschaffungsvariantenvergleich

3.4.4.1 Einführung und Zielsetzung

Der Beschaffungsvariantenvergleich ist ein strukturiertes Verfahren bei dem konventionelle und PPP-Beschaffungsvariante einander gegenübergestellt werden und die wirtschaftliche Vorteilhaftigkeit der PPP-Realisierung im Vergleich zur konventionellen Eigenrealisierung bereits vor der Eröffnung des Vergabeverfahrens abgeschätzt wird. Im Rahmen des Beschaffungsvariantenvergleichs wird diejenige Beschaffungsvariante ermittelt (PPP oder konventionell), die unter Berücksichtigung aller zu diesem Zeitpunkt verfügbaren entscheidungsrelevanten Daten und Informationen die effektivste und effizienteste Realisierung der geplanten Maßnahme verspricht (bevorzugte Beschaffungsvariante). Die bevorzugte Beschaffungsvariante und die im Rahmen des Beschaffungsvariantenvergleichs gewonnenen Erkenntnisse sind Grundlage für die Entscheidung, ob die Maßnahme konventionell oder als PPP ausgeschrieben werden soll. Die Ausschreibung erfolgt als PPP, wenn die PPP-Beschaffungsvariante insgesamt ein besseres Preis-Leistungs-Verhältnis als die konventionelle Beschaffungsvariante erwarten lässt.

3.4.4.2 Methodik

Hinsichtlich der Umsetzung von Wirtschaftlichkeitsuntersuchungen gewährt das Haushaltsrecht des Bundes und der Länder[45] sowie das Kommunalrecht[46] ein gewisses Maß an Gestaltungsfreiheit und lässt letztlich unbestimmt, auf welche methodische Basis eine Wirtschaftlichkeitsuntersuchung zu stellen ist sowie welche „Qualität" (Datenvalidität, intersubjektive Überprüfbarkeit usw.) die im Rahmen von Wirtschaftlichkeitsuntersuchungen erarbeiteten Informationen in den unterschiedlichen Projektphasen haben sollen. Gemessen am Handlungsgebot der Wirtschaftlichkeit ist die nach den Erfordernissen des Einzelfalls einfachste und wirtschaftlichste Methode zur Durchführung von Wirtschaftlichkeitsuntersuchungen anzuwenden.[47]

Beim Beschaffungsvariantenvergleich handelt es sich um eine flexible und anwendungsorientierte Methode zur Durchführung von Wirtschaftlichkeitsuntersuchungen vor dem Vergabeverfahren, bei der neben quantitativen auch qualitative Aspekte einer Maßnahme analysiert und im Rahmen der Entscheidungsfindung berücksichtigt werden. Die Begründungstiefe der Analyse variiert mit dem Volumen und der Komplexität der konkreten Maßnahme sowie dem Charakter (quantitativ, qualitativ) der verfügbaren Datenbasis. Die Methodik zur Durchführung des Beschaffungsvariantenvergleichs trägt der Tatsache Rechnung, dass zuverlässige quantitative Daten und Informationen hinsichtlich der PPP-Beschaffungsvariante vor dem Vergabeverfahren – in Ermangelung konkreter PPP-Angebote – regelmäßig nur begrenzt verfügbar bzw. mit gewissen Kalkulationsunsicherheiten behaftet sind und eine umfassende quantitative Kalkulation regelmäßig nicht möglich ist. Das bedeutet jedoch nicht, dass auf eine quantitative Abbildung der PPP-Beschaffungsvariante vollständig verzichtet werden kann. Im Sinne einer möglichst verlässlichen Aussage hinsichtlich der wirtschaftlichen Vorteilhaftigkeit der PPP-Beschaffungsvariante sind die vorhandenen quantitativen Daten und Informationen umfassend zu erheben sowie der jeweiligen Entscheidungssituation angemessene Ressourcen in die Generierung zusätzlicher Daten und Informationen zu investieren, so dass ein gewisser quantitativer „Basisvergleich" der konventionellen und PPP-Beschaffungsvariante ermöglicht wird.

Methodisch entspricht der Beschaffungsvariantenvergleich grundsätzlich den Ansätzen des PPP-Wirtschaftlichkeitsnachweises.[48] D. h., die Analyse der quantitativen Aspekte erfolgt im

[45] Vgl. § 4 (Bundes- und Landeshaushaltsrecht) Abschnitte 1.2 und 2.
[46] Vgl. § 5 (kommunalrecht) Abschnitt 2.1.
[47] Vgl. Bundesministerium der Finanzen (2001): VV-BHO § 7, Nr. 2.3.1.
[48] Vgl. Abschnitt 5.2.

Rahmen der Kapitalwertmethode. Qualitative Aspekte wurden im Rahmen einer Nutzwertanalyse untersucht und ausgewertet. Für die Ausgestaltung sind jedoch die individuellen Projektgegebenheiten, insbesondere das Volumen, die Komplexität und die Datenverfügbarkeit, zu berücksichtigen.

3.4.4.3 Ergebnis des Beschaffungsvariantenvergleichs

Auf Basis der im Rahmen des Beschaffungsvariantenvergleichs erarbeiteten Erkenntnisse und Informationen beschließen die Entscheidungsträger der öffentlichen Hand über die weitere Projektentwicklung, insbesondere über die Einleitung des Vergabeverfahrens. Führen die Untersuchungen im Rahmen des Beschaffungsvariantenvergleichs zu dem Ergebnis, dass die PPP-Beschaffungsvariante eine wirtschaftlich vorteilhaftere Realisierung als die konventionelle Beschaffungsvariante verspricht, ist eine Ausschreibung des Projektes als PPP vorzunehmen.[49] Die im Rahmen der Projektstrukturierung und -entwicklung sowie der Durchführung der Wirtschaftlichkeitsuntersuchungen geleisteten Vorarbeiten, wie z. B. die Feststellung des Bedarfs, die Definition der Projektziele, die Formulierung einer vorläufigen funktionalen Leistungsbeschreibung sowie die marktnahe Entwicklung der konventionellen und der PPP-Beschaffungsvariante, ermöglichen eine zielgerichtete und effiziente Vorbereitung des Vergabeverfahrens. Insbesondere die funktionale Leistungsbeschreibung und die Erkenntnisse der Wirtschaftlichkeitsuntersuchungen stellen wesentliche Bestandteile zur Sicherung der sog. „Vergabereife" des Projekts dar.

Der Beschaffungsvariantenvergleich umfasst eine systematische Schätzung aller relevanten Ein- und Auszahlungen der konventionellen sowie der PPP-Beschaffungsvariante über den gesamten Projektlebenszyklus. Vor diesem Hintergrund können die Ergebnisse des Beschaffungsvariantenvergleichs als Grundlage der haushaltsrechtlichen Veranschlagung der Ausgaben für die geplante Maßnahme vor Einleitung eines Vergabeverfahrens dienen. Ergibt sich aus dem Beschaffungsvariantenvergleich die wirtschaftliche Vorteilhaftigkeit der konventionellen Beschaffungsvariante, ist zu überlegen, ob und inwieweit das zu Grunde liegende Realisierungskonzept, insbesondere die geplante Aufgaben- und Risikoteilung, modifiziert werden kann bzw. soll. Soll das entwickelte Realisierungskonzept unverändert beibehalten werden, besteht die Möglichkeit, das Projekt nicht als PPP, sondern konventionell zu realisieren. Mit der konventionellen Beschaffungsvariante steht der öffentlichen Hand für diesen Fall ein Konzept zur Verfügung, auf dessen Grundlage zeitnah ein entsprechendes Vergabeverfahren kurzfristig vorbereitet und durchgeführt werden kann.

4. Exkurs: Risikomanagement

Risikomanagement ist einer der zentralen Erfolgsfaktoren für PPP-Projekte.[50] Im Folgenden werden nach einer Einführung in die Thematik die aus Sicht eines PPP-Vorhabens relevanten Aspekte näher erörtert. Zielsetzung ist es, einen Überblick über die besonders erfolgskritischen Aspekte des Risikomanagementprozesses im Rahmen von PPP-Projekten zu vermitteln. Ein besonderer Schwerpunkt der Ausführungen liegt in der Darstellung von Methoden zur Quantifizierung von Risiken und deren endgültiger Verteilung (Risikoallokation).

4.1 Einführung in die Thematik Risiko

Der Risikobegriff kann je nach Betrachtungsweise entweder ausgehend von den Ursachen oder den Wirkungen der Risiken verstanden werden.[51] Aufgrund von Informations-

---

[49] Vgl. § 6 (Vergaberecht) Abschnitt 5.2.
[50] Vgl. Arthur Andersen/Enterprise LSE, S. 17 ff.
[51] Vgl. Uekermann, S. 23 f.

defiziten besteht im Fall der ursachenorientierten Betrachtungsweise Unsicherheit bezüglich der zu treffenden Handlungsentscheidungen. Bei der wirkungsorientierten Betrachtungsweise bezeichnet Risiko die Abweichung tatsächlich eingetroffener Ereignisse von den Erwartungen und beruht auf dem Verständnis, dass es unmöglich ist, zukünftiges Geschehen mit absoluter Sicherheit vorherzusehen. In der Konsequenz kann Risiko zu positiven (häufig auch als Chance bezeichnet) und negativen Abweichungen von erwarteten Ergebnissen führen. Eine Reduktion des Risikobegriffs auf Risiko als Verlust oder Schaden stellt insofern eine einseitige Betrachtung dar und kann zu einer Verzerrung der Entscheidungsfindung unter Berücksichtigung von Risikoaspekten führen. Wichtig für den praktischen Umgang mit Risiken ist zudem ein differenziertes Verständnis von Unsicherheit und Ungewissheit. Die Unterscheidung resultiert daraus, dass ein Ereignis im oben verstandenen Sinn durch die Dimensionen (1) Ausprägung (Schadenhöhe) und Eintrittszeitpunkt sowie (2) Wahrscheinlichkeit des Ereignisses gekennzeichnet ist. Beide Dimensionen können entweder bekannt oder unbekannt, d.h. ungewiss sein. Als ungewiss wird ein Ereignis dann bezeichnet, wenn die Wahrscheinlichkeit für den Eintritt des Ereignisses nicht bestimmbar ist. Ungewisse Ereignisse sind nicht quantifizierbar.

Für PPP-Projekte bedeutet dies, dass die Entscheidung für ein Projekt, die Art und Weise der Realisation (ursachenbezogenes Risikoverständnis) sowie die ex ante Prognose des Verlaufs eines Vorhabens über den zu betrachtenden Lebenszyklus (wirkungsbezogenes Risikoverständnis) mit Risiken behaftet ist. Einflussfaktoren, aus denen Risiken für PPP-Projekte resultieren, können beispielsweise technischer, ökonomischer und/oder rechtlicher Natur sein, wobei Risiken auch ursächlich aus der Komplexität von PPP-Projekten resultieren können.[52] Zudem stellt ein Mangel an Informationen eine grundsätzliche Quelle für Risiken von PPP-Projekten dar. Ausgehend von diesem Verständnis wird deutlich, dass die Behandlung und das Management von Risiken zielgerichtet im Rahmen einer in das Organisationsgefüge eingebetteten Risikopolitik zu erfolgen hat und nicht eine punktuelle einmalige Aktivität darstellt. Wesentliches Ziel der Risikopolitik und des Risikomanagements ist es, zur Minimierung der Gesamtkosten eines Projekts beizutragen. Ein zentraler Aspekt im Rahmen des Risikomanagements ist folglich die Risikoallokation. Entsprechend der Prämisse „es soll derjenige ein Risiko tragen, der dieses am effizientesten managen kann", sind Risiken zwischen den Projektbeteiligten kostenoptimal zu verteilen.

Zusammenfassend kommt der Risikopolitik und dem -management im Rahmen von PPP-Projekten unter anderem aus den folgenden Gründen eine zentrale Bedeutung zu:

- organisatorische Verankerung des Themas Risiko im Projektkontext und Definition von Verantwortlichkeiten sowie Berichtspflichten,
- systematische ex ante Auseinandersetzung mit den Projektrisiken als Voraussetzung für ein umfassendes Projektverständnis und die optimale Gestaltung der Projektkonzeption,
- optimale Allokation von Projektrisiken als ein entscheidender Erfolgsfaktor für PPP-Projekte.

4.2 Risikomanagementprozess

Zum effizienten Umgang mit Risiken ist ein zielgerichteter und systematischer Risikomanagementprozess erforderlich, der in der nachfolgenden Abbildung dargestellt wird.

Notwendige Voraussetzung für ein erfolgreiches Risikomanagement ist die Integration der Risikopolitik in den Projektkontext (organisatorisch und inhaltlich). Unter dieser Bedingung können spezifische risikopolitische Ziele und Grundsätze abgeleitet und operationalisiert werden, die mit der übergeordneten Projektkonzeption harmonieren. Der operative Risikomanagementprozess beginnt mit der Identifizierung der Projektrisiken (Erkennung, Ana-

[52] Vgl. Grimsey/Lewis, S. 109ff.

lyse) und deren Bewertung.[53] Die anschließende Risikosteuerung umfasst die optimale Allokation der Risiken (u. a. vertragliche Vereinbarungen) sowie Maßnahmen zur Minimierung der Risikokosten (Vermeidung, Versicherung). Im Rahmen der Risikoüberwachung ist ein leistungsfähiges Controlling- bzw. Monitoringinstrumentarium zu entwickeln und einzusetzen. Der Risikomanagementprozess ist ein iteratives Verfahren, das im Verlauf des PPP-Beschaffungsprozesses entsprechend den Erfordernissen der Projektentwicklung und -durchführung ggf. zu wiederholen ist, wobei der Projektsachstand und die Entscheidungssituation das Detaillierungsniveau beeinflussen und neu gewonnene Erkenntnisse ggf. Anpassungen erfordern.

Abbildung 5: Risikomanagementprozess

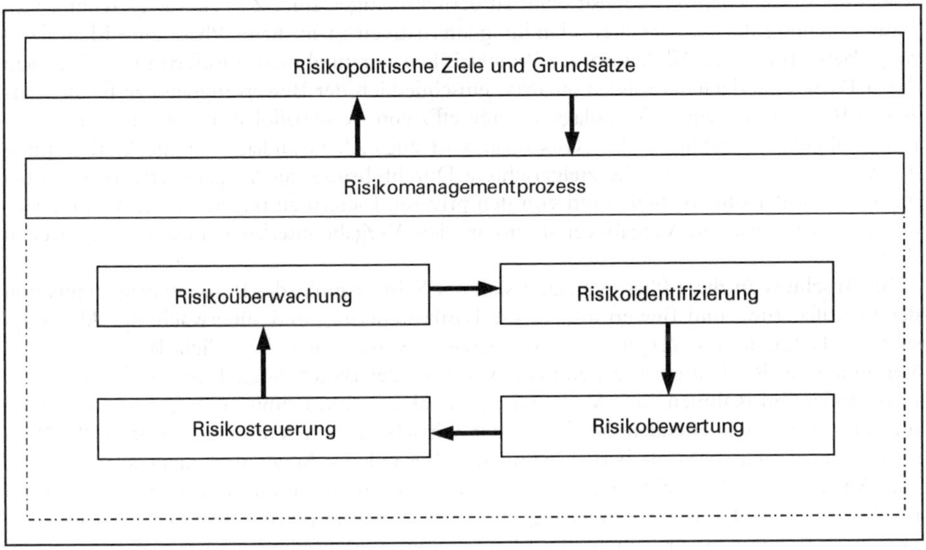

4.3 Risikomanagement in den verschiedenen Projektphasen

Wie eingangs dargestellt, durchlaufen PPP-Projekte verschiedene Phasen.[54] In jeder Phase sind Entscheidungen zu treffen, um insbesondere aus Sicht der öffentlichen Hand das weitere Vorgehen zu legitimieren und effektiv und effizient gestalten zu können. Die Anforderungen an die Informationsgrundlage für die Entscheidungsfindung variieren mit den Phasen und erhöhen sich sukzessive im Projektverlauf. Dementsprechend ist das Risikomanagement an den Anforderungen der jeweiligen Entscheidungssituation in den unterschiedlichen Phasen auszurichten. Zielsetzung des Risikomanagements ist es, die ergebnisrelevanten Risikoaspekte in der jeweiligen Entscheidungssituation in angemessener Art und Weise im Rahmen der Wirtschaftlichkeitsuntersuchungen berücksichtigen zu können.

Im Rahmen der Bedarfsfeststellung und Maßnahmenidentifizierung (Phase I des PPP-Beschaffungsprozesses)[55] ist das Risikomanagement des Projektträgers aufzusetzen, in die Projektorganisation zu integrieren und die Grundlagen der Risikopolitik zu definieren (Fragestellungen: Wer wird durch das Vorhaben betroffen sein? Welche Entscheidungsträger sind

[53] Auf Grund der Differenzierung zwischen Unsicherheit und Ungewissheit ist eine quantitative Bewertung für einige Risiken nicht möglich. Der Einfluss dieser Risiken auf den Projekterfolg hat somit im Rahmen einer qualitativen Beurteilung/Beschreibung zu erfolgen.

[54] Vgl. Abschnitt 1.

[55] Vgl. Abschnitt 2.

relevant? Wer ist wann und wie in das Projektteam einzubinden?). Zudem gilt es, sich einen ersten allgemeinen Überblick über die projektspezifischen Risiken zu verschaffen (Risikoidentifizierung). Hierfür bilden die Strukturen einer Risikomatrix eine geeignete Grundlage.[56] Eine detaillierte Risikoanalyse des Projektes ist in dieser Phase nicht erforderlich. Die in dieser Phase geleisteten Überlegungen/Vorarbeiten sind Grundlage für die Projekteinschätzungen im Rahmen des PPP-Eignungstests.[57]

Die Vorbereitungs- und Konzeptionsphase (Phase II des PPP-Beschaffungsprozesses)[58] beinhaltet die Entwicklung der konventionellen und der PPP-Beschaffungsvariante und endet mit der Bestimmung der bevorzugten Beschaffungsvariante sowie des anzuwendenden Vergabeverfahrens. Zu diesem Zweck sind die alternativen Projektkonzepte auf Basis der verfügbaren Informationen miteinander zu vergleichen (Beschaffungsvariantenvergleich), wobei die spezifischen Risikopositionen zu berücksichtigen sind. Zwecks sachgerechter Gegenüberstellung der entwickelten Handlungsalternativen ist in dieser Phase eine Identifizierung, Bewertung und Allokation der Projektrisiken vorzunehmen. Insofern ist im Rahmen dieser Phase eine detaillierte Risikomatrix, einschließlich der Bewertungsansätze für die einzelnen Risiken und eines Vorschlags für eine effiziente Risikoallokation zwischen den Projektbeteiligten zu erstellen. Die Risikomatrix ist zugleich Grundlage für die Vorbereitung der Vergabeunterlagen und die zielgerichtete Durchführung des Vergabeverfahrens, wobei die aus Sicht der öffentlichen Hand von den privaten Bietern zu tragenden Risiken im Sinne eines strukturierten Vergabeverfahrens in den Vergabeunterlagen bekannt zu machen sind.[59]

Im Anschluss an diese Phase verlagert sich der Schwerpunkt des Risikomanagements von der Identifizierung und Bewertung auf die Risikosteuerung und -überwachung. Allerdings sind im Rahmen des Vergabeprozesses gewisse Anpassungen bezüglich Bewertung und Verteilung der Risiken entsprechend der Angebote der Bieter möglich und wahrscheinlich. Insbesondere im Rahmen eines Verhandlungsverfahrens sind Feinjustierungen vorzunehmen und bei dem abschließenden Nachweis der wirtschaftlichen Vorteilhaftigkeit (PPP-Wirtschaftlichkeitsnachweise) zu berücksichtigen.[60] Besonderes Augenmerk liegt allerdings auf den Aspekten der Erarbeitung der erforderlichen Risikosteuerungsstrategien und -instrumentarien sowie der Implementierung effektiver Controllingstrukturen und -instrumente. Hierzu zählt beispielsweise auch, dass die erzielten Verhandlungsergebnisse bezüglich der Risikoverteilung zwischen der öffentlichen Hand und dem Privaten vertraglich fixiert und durch zweckmäßige Zahlungsmechanismen abgesichert werden. Auf Grund der in der Regel langen Vertragslaufzeit bei PPP-Projekten kommt dem Aspekt der Vertragsgestaltung eine besondere Bedeutung zu.

4.4 Risikoidentifizierung

Die Risikoidentifizierung ist als Maßnahme einer ursachenbezogenen Risikopolitik zu verstehen. Durch die Beschaffung und Verarbeitung von Informationen bezüglich der spezifischen Eigenschaften, Besonderheiten und Risiken kann das allgemeine Projektverständnis erhöht und können vorhandene Unsicherheiten verringert werden. Im Rahmen der Risikoidentifizierung sind insbesondere die entscheidungsrelevanten Risiken vollständig und systematisch aufzunehmen und zu beschreiben. Hierzu empfiehlt sich die Anwendung von Checklisten und Standardtools, wodurch eine einheitliche, strukturierte und nachvollziehbare Vorgehensweise gewährleistet wird. Zudem können diese Instrumente mit zunehmender Projekterfahrung weiterentwickelt werden, so dass ein kontinuierlicher Wissensaufbau

---

[56] Vgl. Abschnitt 4.5.4.
[57] Vgl. Abschnitt 2.6.
[58] Vgl. Abschnitt 3.
[59] Vgl. § 6 Abschnitt 8.5.
[60] Vgl. Abschnitt 5.2.2.

erfolgen kann. Bei Vorliegen neuer Erkenntnisse im Laufe der Projektentwicklung und -umsetzung sind die vorhandenen Informationen zu überprüfen und die Risikomatrix ggf. anzupassen.

In den Prozess der Risikoidentifizierung sind neben den Projektverantwortlichen auch sachkundige Dritte einzubeziehen. Diese sollten aus ihrem täglichen Arbeitsumfeld mit den Abläufen in der Planungs-, Bau- und/oder Betriebsphase vergleichbarer Projekte vertraut sein (z.B. Mitarbeiter des Projektträgers aus den Planungs-/Bauabteilungen, Liegenschaftsbetrieben und/oder dem Betriebsbereich). Zudem sind je nach Bedarf weitere externe technische (z.B. Architekten, Ingenieure), betriebswirtschaftliche (z.B. Bau- und Facility Management-Fachleute, Vertreter von Banken und Versicherungen, Financial Adviser, Projektentwickler und -manager) und rechtliche (z.B. Vertrags-, Vergabe- und Steuerrechtsexperten) Sachverständige einzubinden. Insbesondere für neuartige und/oder komplexe Projekte empfiehlt sich die Durchführung von Workshops zur Identifizierung der Risiken. Um diesen Prozessschritt aus Sicht der öffentlichen Hand im Zeitablauf zu optimieren und die gewonnenen Erkenntnisse auf andere Projekte übertragen zu können, empfiehlt es sich zudem, an geeigneter Stelle, z.B. in PPP-Kompetenzzentren auf Landes- und/oder Bundesebene, Erfahrungs- und Wissensdatenbanken aufzubauen.[61] Neben der Einrichtung von Datenbanken und dem sukzessiven Aufbau der Datensätze entsprechend der Realisierung zukünftiger Projekte, ist ggf. auch eine zusätzliche Erhebung vergleichbarer Vergangenheitswerte zweckmäßig. Die systematisch erhobenen Informationen, Daten und Erfahrungen aus bereits realisierten Projekten sind bezüglich ihrer Übertragbarkeit auf neue Projekte jeweils genau zu prüfen. Notwendige Modifikationen oder Anpassungen sind vorzunehmen.

4.5 Risikobewertung

Im Rahmen der Risikobewertung werden die materiellen Konsequenzen, die sich aus den identifizierten Risiken in Bezug auf die Ziel- und Ergebniserreichung des zu untersuchenden Projektes ergeben, bestimmt.[62] Die Bewertung der Risiken ist von Bedeutung,

- um einen allgemeinen Eindruck von dem Risikogehalt des Vorhabens zu gewinnen,
- für einen fairen Vergleich von konventioneller und PPP-Beschaffungsvariante[63] und
- für die Entscheidungen im Rahmen der Risikoallokation und -steuerung.

Aus Erkenntnisgründen und für eine optimale Projektstrukturierung ist grundsätzlich ein Analyseansatz, der eine separate Bewertung der Einzelrisiken erlaubt, einem „integrierten Ansatz" vorzuziehen.[64] Als „integrierter Ansatz" wird hier das u.a. im Rahmen der Unter-

---

[61] Neben einer Liste relevanter Ansprechpartner sind beispielsweise wesentliche projektrelevante Daten zu den Projektkosten (Planungs-, Bau-, Betriebs- und Risikokosten), der Finanzierungsstruktur sowie der -parameter, den Planungs- und Durchführungszeiten sowie den Planabweichungen systematisch aufzubereiten und zu erfassen.

[62] Grundsätzlich sind alle identifizierten Risiken in diese Betrachtungen einzubeziehen. Aus Effizienzgründen ist allerdings darauf zu achten, dass Risiken mit einem hohen Einfluss auf die Zielerreichung des Gesamtvorhabens besonders gewürdigt werden.

[63] Da der Vergleich beider Handlungsalternativen im Rahmen einer Kapitalwertbetrachtung erfolgt, sind die relevanten Risikokosten bei der Ermittlung des Kapitalwerts zu berücksichtigen. Wird das Risikoprofil der zu vergleichenden Handlungsalternativen unterschiedlich durch Risiken unter Unsicherheit beeinflusst, sind zusätzliche Adjustierungen durch eine qualitative Beurteilung vorzunehmen, um eine fairen Vergleich zu ermöglichen.

[64] Dieser Aussage liegt der Gedanke zugrunde, dass hierdurch eine zielgerichtete und kostenoptimale Projektstrukturierung erfolgen kann. Das Projekt wird gedanklich in seine einzelnen Bestandteile und Risiken aufgesplittet und anschließend im Rahmen eines Optimierungsprozesses strukturiert. Auch wenn ein derartiges „Engineering" in der Praxis nur in beschränktem Umfang möglich ist, liefert dieser Ansatz häufig wertvolle Erkenntnisse für die Projektgestaltung.

nehmensbewertung Anwendung findende Verfahren der Zins- oder Risikozuschlagsmethode verstanden.[65] Bei diesem Verfahren erfolgt die Bestimmung eines risikoadjustierten Diskontierungszinses, ausgehend von dem spezifischen Risikogehalt eines Vorhabens (bzw. in der Unternehmensbewertung dem spezifischen Risikoprofil eines Unternehmens), durch einen Zu- oder Abschlag[66] auf einen quasi risikofreien Basiszins.[67] Dieser vorhabensbzw. unternehmensspezifische Diskontierungszins ermöglicht den Vergleich der verschiedenen risikobehafteten periodischen Zahlungsströme auf Basis der ermittelbaren risikoadjustierten Kapitalwerte. Obgleich auch mit diesem Ansatz die Bewertung von Einzelrisiken theoretisch möglich ist, begrenzen zurzeit insbesondere die Verfügbarkeit der erforderlichen Marktdaten aber auch die fehlende praktische Anwendung den Einsatz dieses Bewertungsansatzes für die verfolgten Zwecke im Rahmen von PPP-Projekten. Durch das diesem Ansatz zugrunde liegende theoretische Konstrukt werden allerdings auch die Risiken erfasst und der Bewertung zugeführt, deren Eintrittswahrscheinlichkeiten nicht bekannt sind (Unsicherheit).

Als Ansatz zur Aufsplittung der Risikokosten – und insofern als Methode zur Einzelbewertung der Risiken – kann die Bestimmung sogenannter Sicherheits- oder Zahlungsäquivalente dienen.[68] Zahlungsäquivalente können explizit in Form von Zahlungsströmen über die Projektlaufzeit abgebildet werden. Durch die periodengerechte Hinzurechnung der Zahlungsäquivalente zu den Basiskosten können risikoadjustierte Zahlungsströme für die konventionelle und die PPP-Beschaffungsvariante dargestellt werden. Die Bestimmung der Kapitalwerte kann dementsprechend ohne Anwendung eines risikoadjustierten Diskontierungszinses erfolgen. Die Bestimmung von Zahlungsäquivalenten weist im Vergleich zur Zins- oder Risikozuschlagsmethode für den Zweck von Wirtschaftlichkeitsuntersuchungen folgende Vorteile auf:

- Risiken werden grundsätzlich einzeln betrachtet und können vor dem Hintergrund ihrer Bedeutung für das spezifische Projekt angemessen analysiert werden,
- die differenzierte Betrachtung der Risiken unterstützt die optimale Allokation der Projektrisiken sowie die Vertragsverhandlungen mit den Privaten,
- die Risikokosten können in ihrem zeitlichen Verlauf abgebildet werden und
- der separate Ausweis der Risikokosten erhöht die Transparenz.

Anzumerken ist allerdings, dass nicht quantifizierbare Risiken bei diesem Ansatz unberücksichtigt bleiben und im Rahmen von ergänzenden qualitativen Analysen in die Bewertung einfließen müssen.

Die Bestimmung der Zahlungsäquivalente der Risiken kann auf analytischen und/oder marktorientierten Ansätzen basieren, wobei projektspezifisch und unter Würdigung der Bedeutung des einzelnen Risikos zu entscheiden ist, welche methodische Vorgehensweise und welcher Ressourceneinsatz als angemessen erachtet werden.[69] Um den Einsatz des sachgerechten Bewertungsinstrumentariums beurteilen zu können, empfiehlt es sich, die Risiken entsprechend ihrer Bedeutung (aufbauend auf den Erkenntnissen der Risikoidentifizierung) zu klassifizieren.

Ein Beispiel für ein derartiges Raster zur Klassifizierung von Risiken ist in der nachfolgenden Abbildung dargestellt:

---

[65] Vgl. IDW, S. 833f.

[66] Vgl. Kruschwitz, DB 2001, 2410ff.

[67] Vgl. IDW, S. 834 u. 838 sowie Kruschwitz, Investitionsrechnung, S. 348ff.

[68] Als Zahlungsäquivalente wird der Wert bei Sicherheit verstanden, der dem Wert einer Verteilung unsicherer Ereignisse entspricht.

[69] Dies bezieht sich insbesondere auf den Einsatz komplexer modelgestützter Berechnungen wie der Monte-Carlo-Simulation. Vgl. hierzu Abschnitt 5.2.2.2.2.

Abbildung 6: Risikoklassifizierung

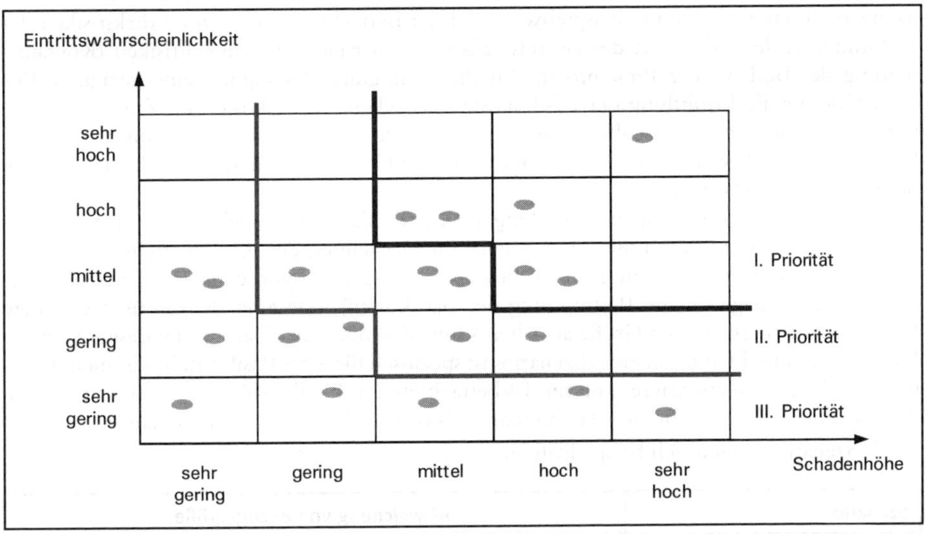

Quelle: in Anlehnung an OGC, Draft Guidlines on Managing Risks.

Die Zugehörigkeit eines Risikos zu einer Risikoklasse stellt eine Indikation hinsichtlich eines angemessenen Verfahrens bzw. des vertretbaren Aufwandes zur Bewertung dieses Risikos dar.

4.5.1 Bewertung von Risiken mit Hilfe analytischer Ansätze

Bei analytischen Ansätzen werden die Risikokosten durch die Verknüpfung der aus einem bestimmten Ereignis resultierenden Konsequenzen mit den zugehörigen Eintrittswahrscheinlichkeiten ermittelt.

Die Ableitung der Zahlungsäquivalente erfolgt in einem mehrstufigen Prozess:[70]

- Ermittlung der aus dem Eintritt der Risiken resultierenden Kosten- und Erlösverteilungen,
- Bestimmung der Wahrscheinlichkeiten für den Eintritt der angenommenen Ereignisse,
- Kalkulation der Zahlungsäquivalente durch Multiplikation der Kosten/Erlöse mit den dazugehörigen Eintrittswahrscheinlichkeiten und anschließende
- Bestimmung des zeitlichen Auftretens bzw. des zeitlichen Verlaufs der zu berücksichtigenden Zahlungsäquivalente über den gesamten Projektlebenszyklus.[71]

---

[70] Für die Validität und Akzeptanz der so ermittelten Risikokosten ist die Güte der verarbeiteten Informationen und die Nachvollziehbarkeit des gesamten Bewertungsprozesses erfolgskritisch. In diesem Zusammenhang ist auf die oben angeführten Empfehlungen zum Aufbau von Datenbanken zu verweisen. Stehen keine belastbaren internen oder externen Datenreihen zur Verfügung, ist auf Expertenwissen zurückzugreifen. Als praktikable Vorgehensweise sind beispielsweise Expertenbefragungen sowie die Durchführung von Workshops anzusehen. Hierbei ist darauf zu achten, das Maß an Subjektivität bei der Bewertung der Risiken so gering wie möglich zu halten. Die Experten können aus dem bereits oben dargestellten Personenkreis ausgewählt werden. Für besonders bedeutsame Risiken empfiehlt sich die Benennung von Verantwortlichen, die für die vertiefte Analyse und die anschließende Bewertung dieser Risiken zuständig sind. Alle so getroffenen/gewonnenen Annahmen und verarbeiteten Informationen sind auf ihre Konsistenz zu prüfen, zu begründen und für Dritte nachvollziehbar darzustellen.

[71] Vgl. hierzu Abschnitt 4.5.3.

Zur Bestimmung der Höhe der Risikokosten ist zu überlegen, welche Projektparameter bestimmte Risiken beeinflussen, wie die Risiken sich realisieren und welche Risikokosten daraus resultieren. So könnte beispielsweise bei der Betrachtung von Grundstücksrisiken der zu Grunde zu legende Wert des Grundstücks oder im Falle von Umweltrisiken (Kontaminierung des Bodens) der Preis pro m^3 für die Reinigung/Beseitigung eine geeignete Bezugsgröße für die Ermittlung der Risikokosten darstellen. Risikokosten im Zusammenhang mit der Errichtung/Instandhaltung einer Infrastrukturmaßnahme können grundsätzlich dahingehend geprüft werden, ob sie mit Bezug auf die Errichtungs- und Instandhaltungskosten bestimmt werden können.

Die einzelnen Ausprägungen/Verteilungen eines Risikos sind ausgehend von den definierten Bezugsgrößen zu bestimmen. Ein Ansatz zur Darstellung der Risikoverteilungen ist die Definition von Szenarien. Ein Szenario beschreibt, ausgehend von den getroffenen Basisannahmen (Grundlage für die Bestimmung der Basiskosten), wie eine als realistisch erachtete Verteilung der betrachteten Größe aussehen kann (Zu- oder Abschlag auf die Basisannahme). Die Struktur und Definition eines Szenarios ist spezifisch für jedes Risiko zu bestimmen. Hierbei ist z. B. auch zu analysieren, ob für das betrachtete Risiko die Möglichkeit einer positiven Abweichung (Chance) von der Basisannahme als realistisch erachtet werden kann.

Als Szenarien bieten sich beispielhaft an:[72]

Szenario	Abweichung von Bezugsgröße
Geringe Unterschreitung	– 5%
Keine Abweichung	0%
Geringe Überschreitung	10%
Moderate Überschreitung	20%
Starke Überschreitung	40%

Daneben finden in der Praxis z. B. auch sogenannte „Dreieckverteilungen“ Anwendung, bei denen ausgehend von einem angenommenen Basiswert („wahrscheinlicher Wert“) der obere („optimistische Variante“) und der untere („pessimistische Variante“) Grenzwert bestimmt werden. Welche Verteilung unterstellt wird, ist von dem jeweiligen Projekt, dem erreichbaren Informationsstand, dem Erfahrungswissen und den subjektiven Risikoeinschätzungen der Beteiligten abhängig.

In einem nächsten Schritt ist zu bestimmen, wie hoch die Wahrscheinlichkeit für den Eintritt der definierten Szenarien ist. Die oben dargestellte Tabelle ist dementsprechend um die Spalte „Wahrscheinlichkeit für einzelne Szenarien“ zu erweitern und für den Fall der Expertenbefragung sodann durch die Experten unabhängig und ggf. in mehreren Runden („Delphi-Methode“) zu füllen. Die Ergebnisse der Bestimmung der Eintrittswahrscheinlichkeiten sind zusammenzufassen und als Grundlage zur Bestimmung der Schadenshöhe (Zahlungsäquivalente) zu verwenden. Vorhandene Datenreihen sind zu berücksichtigen und insbesondere auch als Kontrollgrößen für die erzielten Ergebnisse heranzuziehen.

Das Zahlungsäquivalent für ein bestimmtes Risiko ergibt sich aus der Summe der mit den Wahrscheinlichkeiten gewichteten möglichen Ausprägungen der Szenarien:

$$Z_i = \sum S_{i,j} \times P_{i,j} \quad \text{mit} \quad \sum_{j=1}^{J} P_{i,j} = 1$$

Z_i Zahlungsäquivalent für Risiko i
$S_{i,j}$ Schadenhöhe bei Szenario j
$p_{i,j}$ Wahrscheinlichkeit für Szenario j

[72] Werden nicht Kosten, sondern Erlöspositionen untersucht, sind die Szenarien entsprechend angepasst zu definieren.

Szenario	**Abweichung von Bezugsgröße**	**Wahrscheinlichkeit für einzelne Szenarien**	**Schadenshöhe in % der Bezugsgröße**
Geringe Unterschreitung	–5%	5%	–0,25%
Keine Abweichung	0%	10%	0,00%
Geringe Überschreitung	10%	30%	3,00%
Moderate Überschreitung	20%	40%	8,00%
Starke Überschreitung	40%	15%	6,00%
Summe		100%	16,75%

Für das Beispiel beträgt die erwartete Schadenhöhe bei Kosten von 100 Geldeinheiten (GE) als Bezugsgröße für das Risiko 16,75 GE (100 GE × 16,75%). Auf Basis dieser Methodik können die Zahlungsäquivalente für alle relevanten Risiken bestimmt werden.

Aufbauend auf diesem grundlegenden Ansatz ist zu klären, ob sich die tatsächlichen Wirkungsbeziehungen der betrachteten Risiken durch diese einfache Darstellungsweise sachgerecht abbilden lassen. Im Allgemeinen wirken sich Risiken direkt auf Zeit- und Kostenabweichungen eines Projekts aus. Risiken können aber auch indirekte Effekte auf andere Bereiche entfalten. Zielsetzung ist es, auch diese indirekten Effekte – sofern im Einzelfall für die Entscheidungsfindung bedeutsam – möglichst verursachungsgerecht und realistisch abzubilden. Anknüpfend an die bereits dargestellte Bestimmung des Zahlungsäquivalents (Z_i) bedeutet dies, dass je nach untersuchtem Risiko die eindimensionale Betrachtung zu kurz greift und ein differenzierteres Vorgehen erforderlich ist.

$$Z_i = \sum_{n=1}^{N} \sum S_{i,j} \times P_{i,j} \qquad \text{mit} \qquad \sum_{j=1}^{J} P_{i,j} = 1$$

Z_i Zahlungsäquivalent für Risiko i
$S_{i,j}$ Schadenhöhe bei Szenario j
$p_{i,j}$ Wahrscheinlichkeit für Szenario j
n Relevante Risikowirkungen

Hauptgrund für ein differenziertes Vorgehen ist, dass die von einem Risikofaktor ausgehenden Wirkungen in Abhängigkeit von dem betrachteten Einzelaspekt dem Grund und der Höhe nach verschieden sein können. Dieser Sachverhalt soll vereinfacht am Beispiel der Errichtung und Inbetriebnahme eines Gebäudes (als Ersatz eines bestehenden Gebäudes) verdeutlicht werden. Grundsätzlich ist die Errichtung eines Gebäudes kosten- und zeitsensitiv. Entsprechend sind diese beiden direkten Kostenwirkungen bei der Risikobetrachtung zu bewerten. Darüber hinaus kann eine Verzögerung bei der Fertigstellung des Gebäudes ggf. auch indirekte Auswirkungen haben. Werden beispielsweise für die Dauer der Bauphase anderweitig Raumkapazitäten angemietet, sind die durch die Fertigstellungsverzögerung zusätzlich anfallenden Mietkosten ebenfalls den Risikokosten zuzuordnen. Erfolgt keine Anmietung, sondern wird bis zur Fertigstellung ein bestehendes Gebäude mit ggf. höheren Unterhaltungskosten weitergenutzt, sind die Mehrkosten bei der Risikobewertung zu berücksichtigen. Entsprechend ist zu verfahren, wenn sich aus der verspäteten Inbetriebnahme eine Verzögerung der Leistungserstellung ergibt und hieraus z. B. Einnahmeausfälle resultieren. Das nachfolgende Beispiel der Bestimmung der Risikokosten aus der Erstellung des Gebäudes soll dies verdeutlichen:

Risiko der Baukostenerhöhung (Basis: Baukosten in Höhe von 30000 T€)

Szenario	Abweichung in T€	Wahrscheinlichkeit für einzelne Szenarien	Schadenhöhe in T€
Geringe Unterschreitung (5%)	– 1500	3%	– 45
Keine Abweichung	0	15%	0
Geringe Überschreitung (5%)	1500	30%	450
Moderate Überschreitung (15%)	4500	50%	2250
Starke Überschreitung (40%)	12000	2%	240
Risikokosten			2895

Risiko der Bauzeitüberschreitung (Annahme: Kosten in Höhe von 150 T€ pro Monat)

Szenario	Abweichung in T€	Wahrscheinlichkeit für einzelne Szenarien	Schadenhöhe in T€
Fertigstellung 3 Monate früher	– 450	5%	– 23
Fristgerechte Fertigstellung	0	10%	0
Fristüberschreitung 3 Monate	450	60%	270
Fristüberschreitung 6 Monate	900	20%	180
Fristüberschreitung 12 Monate	1800	5%	90
Risikokosten			517

Risiko der durch Bauzeitüberschreitung bedingten andauernden Nutzung angemieteter Räumlichkeiten (Annahme: Mietkosten pro Monat 50 T€)[73]

Szenario	Abweichung in T€	Wahrscheinlichkeit für einzelne Szenarien	Schadenhöhe in T€
Fertigstellung 3 Monate früher[74]	– 150	5%	– 8
Fristgerechte Fertigstellung	0	10%	0
Fristüberschreitung 3 Monate	150	60%	90
Fristüberschreitung 6 Monate	300	20%	60
Fristüberschreitung 12 Monate	600	5%	30
Risikokosten			172

Aus den dargestellten Einzelaspekten ergibt sich, dass das entsprechende Risiko aus der Gebäudeerstellung mit 3584 T€ zu bewerten ist.

Risikokomponenten	Risikokosten in T€
Baukostenerhöhung	2895
Bauzeitüberschreitung	517
Anmietkosten	172
Summe	3584

[73] Die Wahrscheinlichkeiten der Szenarien müssen mit denen der Bauzeitüberschreitung übereinstimmen.

[74] Sofern der Mietvertrag die erforderliche Flexibilität aufweist.

Ausgehend von differierenden Projektspezifika und insbesondere der unterschiedlichen Komplexität von Projekten bilden die dargestellten praxisorientierten analytischen Ansätze zur Bestimmung der Risikokosten die tatsächlichen Projektsachverhalte ggf. nur vereinfacht ab. Beispielsweise wird im Rahmen dieser Ansätze eine diskrete Verteilung der Merkmalsausprägungen angenommen, obwohl diese in der Realität stetig verteilt sind. Vor diesem Hintergrund ist – unter Abwägung des Verhältnisses von zu erwartendem Erkenntnisgewinn und zusätzlichen Kosten – der Einsatz komplexerer Modellberechnungen zu prüfen. In diesem Zusammenhang ist insbesondere auf die Technik der Monte Carlo Simulation und die Methodik der Sensitivitätsanalyse zu verweisen.[75]

4.5.2 Marktorientierte Ansätze zur Bewertung von Risiken

Bei der Bewertung von Risiken sind neben der Bestimmung entsprechender Bewertungsansätze mit Hilfe analytischer Verfahren auch am Markt verfügbare Preisinformationen im Hinblick auf ihre Verwertbarkeit zu prüfen. So bieten beispielsweise Versicherungen gegen Zahlung eines Entgelts (Versicherungsprämie) die Übernahme bestimmter Risiken an. Zudem werden an Kapitalmärkten Instrumente gehandelt, die eine Risikobewertung und -absicherung für ausgewählte Produkte ermöglichen. Während sich Versicherungsunternehmen bei der Kalkulation der Risikoprämien insbesondere an Erfahrungs- bzw. Vergangenheitswerten orientieren, stellen Kapitalmärkte stärker auf zukünftige Erwartungen ab.

4.5.2.1 Versicherungen

Versicherungsunternehmen können im Rahmen des Risikomanagements verschiedene Funktionen übernehmen. Sie können grundsätzlich als Marktpartner verstanden werden, die als potenzielle „Träger" bestimmter Projektrisiken im Rahmen der optimalen Risikoallokation zu berücksichtigen sind. Zudem können die Prämien für die von ihnen angebotenen Versicherungsprodukte unter bestimmten Voraussetzungen als Indikator für das anzusetzende Zahlungsäquivalent eines Risikos dienen. Letzterer Ansatz ist Gegenstand dieser Betrachtungen.[76]

Der Versicherungsmarkt spielt bei Projektfinanzierungen traditionell eine bedeutende Rolle (Risiken in der Planungs-, Bau- und Betriebsphase sind grundsätzlich versicherbar).[77] Im Rahmen der Risikobewertung von PPP-Projekten ist dementsprechend zu analysieren, für welche Risiken und zu welchem Preis entsprechender Versicherungsschutz erhältlich ist.[78]

Hierzu sind ggf. Vergleichsangebote unterschiedlicher Versicherer für spezifische Risiken einzuholen, wenn die Prämien nicht als Standardprämien am Markt verfügbar sind.[79] Die so

---

[75] Vgl. hierzu Abschnitte 5.2.2.2.1 und 5.2.2.2.2. Zu beachten ist allerdings, dass durch die Komplexität entscheidungsunterstützender Analyseinstrumente und -ansätze nicht der Eindruck von Scheingenauigkeit vermitteln wird.

[76] Für die Kalkulation der konventionellen Beschaffungsvariante ist allerdings von Bedeutung, wie die tatsächliche Risikobehandlung erfolgt (Risikobehalt, Risikoübertragung), um die entsprechenden Kosten sachgerecht abzubilden. Vgl. hierzu Abschnitt 4.6.

[77] Siehe zum Thema Projektfinanzierung § 10 (Finanzierung von PPP) Abschnitt 3 und passim.

[78] Neben den allgemeinen Marktbedingungen ist eine grundsätzliche Voraussetzung für die Versicherbarkeit von Risiken, dass das Eintreten von den zu betrachtenden Ereignissen nicht durch den Versicherungsnehmer beeinflusst werden kann.

[79] Einschränkend muss erwähnt werden, dass sich in den letzten Jahren (insbesondere nach den Ereignissen des 11. Septembers 2001) das Verhalten von Versicherungsunternehmen – restriktivere Formulierung der Versicherungsbedingungen, teilweise erhebliche Erhöhung der Versicherungsprämien, Verkürzung der Vertragslaufzeiten etc. – zum Teil deutlich veränderte hat und Prämien einzelner Versicherer signifikante Unterschiede aufweisen können. Vor diesem Hintergrund ist die Validität der ermittelten Risikoprämien mit Blick auf den hier verfolgten Zweck stets kritisch zu hinterfragen.

ermittelten Zahlungsäquivalente/Versicherungsprämien sind dann ggf. mit den Wertansätzen aus den oben dargestellten Methoden zu vergleichen und auf Plausibilität zu überprüfen. Unterschiede können darin begründet sein, dass den Wertansätzen kein gleiches Risikoverständnis zu Grunde liegt oder dass die eigenen Wertansätze, beispielsweise auf Grund von Informations- oder Erfahrungsdefiziten, nicht realistisch sind. Bestehende Wertansätze sind – bei entsprechender Begründung – ggf. anzupassen.

An dieser Stelle ist zudem auf das Selbstversicherungsprinzip der öffentlichen Hand hinzuweisen. Die öffentliche Hand überträgt hierbei Risiken nicht im Rahmen von Versicherungsverträgen an Dritte, sondern trägt diese Risiken selbst oder sichert sie wie beim „Kommunalen Schadenausgleich" durch ein Umlageverfahren ab. Das Zurückbehalten von Risiken („Risikotragung") ist grundsätzlich immer dann sinnvoll, wenn die Risikokosten der öffentlichen Hand im Vergleich zu einer „Fremdversicherung" niedriger sind als die Versicherungsprämien. Diese Möglichkeit besteht in der Regel dann, wenn die öffentliche Hand in der Lage ist, die Risiken besser zu diversifizieren und zu steuern als ein Dritter. Die öffentliche Hand verfährt häufig nach dieser Methode, wobei die risikobezogenen Kosten regelmäßig nicht im Rahmen einer periodischen Betrachtungsweise berücksichtigt, sondern erst bei Eintritt eines Schadensfalls aufgedeckt und realisiert werden. Die im Rahmen des Selbstversicherungsprinzips ausgewiesenen Versicherungskosten sind insofern nicht geeignet, um als Bewertungsmaßstab im hier verstandenen Sinn herangezogen zu werden.

4.5.2.2 Kapitalmarktorientierte Ansätze

Die Erkenntnisse der Kapitalmarkttheorie und die hieraus entwickelten Instrumentarien können grundsätzlich bei Entscheidungssituationen unter Unsicherheit herangezogen werden. Zur Absicherung von Termin- und Preisrisiken bieten sich beispielsweise Optionen, Swaps oder Futures an. Sie sind u.a. zur Bewertung und Handhabung von Zinsänderungs- und Wechselkursrisiken sowie von Risiken aus der Entwicklung von Rohstoffpreisen geeignet. Bei internationalen Projektfinanzierungen finden diese Instrumente regelmäßig Anwendung. Die Eignung dieser Instrumente zur hier betrachteten Risikobewertung von PPP-Projekten ist demgegenüber gering, da PPP-Projekte häufig nicht diese Risiken aufweisen.

4.5.3 Zeitliche Aspekte der Risikobewertung

Nachdem die projektspezifischen Risiken bewertet wurden, ist zu analysieren, wie sich die Risiken im Zeitverlauf darstellen bzw. wann diese eintreten. Für den Vergleich von konventioneller und PPP-Beschaffungsvariante ergibt sich die Bedeutung der zeitlichen Komponente insbesondere aus dem methodischen Ansatz der dynamischen Investitionsrechnung.[80] Hierbei ist zu analysieren, wann die identifizierten Risikokosten auftreten und ob diese im Zeitverlauf konstant sind oder Veränderungen unterliegen. Entsprechend sind die kalkulierten Zahlungsäquivalente gemäß ihrem voraussichtlichen zeitlichen Anfall – z.B. auch unter Berücksichtigung der Preisentwicklung – abzubilden. Daneben gewährt die zeitliche Analyse auch weitere Erkenntnisse in Bezug auf mit dem Projekt verbundene Risiken, die für die Entscheidungen im Rahmen der Risikoallokation und -steuerung wertvoll sein können.[81]

4.5.4 Risikomatrix

Wie bereits ausgeführt, ist die Risikomatrix ein zentrales Instrument des Risikomanagements. Ihre Entwicklung und Konkretisierung erfolgt sukzessive im Rahmen des Projekt-

[80] Vgl. Abschnitt 5.2.2.1.
[81] Vgl. für weitere Ausführungen zu zeitlichen Aspekten z.B. de Lemos et al, S. 70ff.

verlaufs und orientiert sich an den unterschiedlichen Phasen des PPP-Beschaffungs- und des Risikomanagementprozesses. Entsprechend bildet eine Risikomatrix im Allgemeinen folgende Aspekte ab bzw. fasst diese zusammen:[82]

- Auflistung der identifizierten Projektrisiken,
- Beschreibung der einzelnen Risiken und der erwarteten bzw. mit den Risiken verbundenen Folgen[83] sowie
- Bewertung der einzelnen Risiken und Abbildung im Zeitverlauf.

Für weiterführende Arbeiten im Rahmen der Risikoanalyse bildet die Risikomatrix die Grundlage. Hierzu zählen:

- Untersuchung der Risiken zum Zweck der Risikoallokation,
- Durchführung von Sensitivitätsanalysen zur vertieften Analyse der veranschlagten Risikokosten und
- Entwicklung von Strategien und Handlungsempfehlungen für den Umgang mit vom öffentlichen Projektträger zurückbehaltenen Risiken während der Projektlaufzeit.

Ausgehend von diesem Verständnis ist die Risikomatrix für den Risikomanagementprozess im Allgemeinen und die im Rahmen der Projektentwicklung eines PPP-Vorhabens zu treffenden Entscheidungen im Speziellen von zentraler Bedeutung, da sie systematisch alle wesentlichen Aspekte und erforderlichen Informationen in Bezug auf die Projektrisiken darstellt.

4.6 Risikoallokation und Risikosteuerung

Nachdem die projektspezifischen Risiken identifiziert und bewertet wurden, ist in einem nächsten Schritt zu überlegen, wie mit diesen Risiken umgegangen werden soll, d.h. welche „Risikostrategie" zu wählen ist. Im Sinne der Steuerung und des Umgangs mit Risiken sind Risikovermeidungs-, Risikobegrenzungs-, Risikotragungs- und Risikoabsicherungsansätze in das Entscheidungskalkül einzubeziehen. Bei der Analyse der Handlungsmöglichkeiten im Rahmen von PPP-Projekten ist aus Sicht der öffentlichen Hand u.a. zu entscheiden, ob die Risiken auch bei der Umsetzung der PPP-Alternative bei ihr verbleiben oder ob diese an den Privaten übertragen werden sollen. Maßstab und Entscheidungskriterium für die Verteilung der Risiken ist die Effizienz (wirtschaftliche Vorteilhaftigkeit), die durch den gewählten Ansatz für das Gesamtprojekt erreicht werden kann. Insofern ist entscheidend, dass die Allokation der Risiken entsprechend ihrer Beeinflussbarkeit und der Risikomanagementkompetenz der Partner und den damit verbundenen langfristigen Kosten vorgenommen wird. Dementsprechend ist bei der Risikoallokation nicht ein maximaler Risikotransfer auf den Privaten, sondern eine möglichst effiziente und kostenminimale Risikoverteilung zwischen öffentlicher Hand und Privaten, unter Beachtung des Zielsystems der öffentlichen Hand, anzustreben. Dieser Ansatz zielt darauf ab, die Wahrscheinlichkeit für den Eintritt eines Risikos und die Konsequenzen aus dem Ereignis zu minimieren und – durch die Minimierung der Risikokosten – den größtmöglichen Nutzen für die öffentliche Hand zu erzielen.

Eine Veranschaulichung des Austauschverhältnisses von Risikotransfer und Nutzenoptimierung bietet die nachfolgende Abbildung.

---

[82] Die Risikomatrix kann trotz des zusammenfassenden Charakters aus verschiedenen Teilen bestehen (tabellarische Zusammenstellung der Risiken und inhaltliche Verknüpfung dieser Übersicht mit Berechnungsmodellen zur Bewertung und zeitlichen Verteilung von Risiken).

[83] Siehe hierzu Risikomatrix im Anhang II.

Abbildung 7: Risikoallokation und Effizienzvorteile

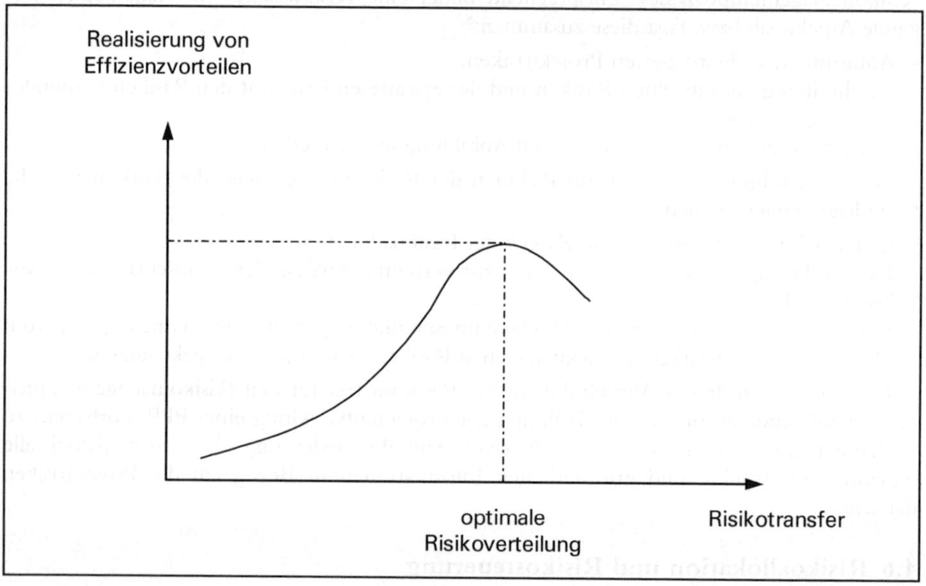

Werden auf den Privaten dennoch Risiken übertragen, die er nicht effizienter als die öffentliche Hand handhaben kann, hat das negative Konsequenzen für die wirtschaftliche Vorteilhaftigkeit des Vorhabens bzw. des jeweiligen Realisierungskonzeptes. Vor diesem Hintergrund und in Verbindung mit der Tatsache, dass auch die Kontrolle der Risikoverteilung Kosten verursacht, wird deutlich, dass Risikoallokation seitens des öffentlichen Projektträgers immer ein Abwägen der spezifischen Vor- und Nachteile erfordert. Ausgehend von diesen Vorüberlegungen können die identifizierten Risiken drei Kategorien zugeordnet werden:

- Risiken, die bei der öffentlichen Hand verbleiben (zurückbehaltene Risiken),
- Risiken, die an den privaten Partner übertragen werden (transferierte Risiken) und
- Risiken, die im Rahmen einer PPP-Lösung gemeinsam von den Projektpartnern getragen werden (geteilte Risiken).[84]

Hierbei ist es geübte Praxis, dass über die endgültige Verteilung ausgewählter Risiken noch im Rahmen des Vergabeverfahrens – vorausgesetzt es ist als Verhandlungsverfahren gestaltet – verhandelt und entschieden wird. Im Rahmen der durchzuführenden Wirtschaftlichkeitsuntersuchungen ist darauf zu achten, dass diesen der jeweils aktuelle Projektsachstand zu Grunde liegt.

4.6.1 Bewertung und Steuerung transferierter Risiken

Auch Risiken, die im Rahmen des PPP-Ansatzes als an den Privaten übertragbar identifiziert werden, sind durch die öffentliche Hand zu bewerten, um bei dem Vergleich von konventioneller Beschaffungsvariante und PPP-Beschaffungsansätzen identische Risikoprofile zu Grunde legen zu können. Hierfür sind die Risikokosten gesondert auszuweisen und im Zeitverlauf abzubilden, so dass die Auswirkungen einzelner Risiken und verschiedener Risikoverteilungen auf das Projekt genauer analysiert werden können. Darüber hinaus ermöglicht

[84] Bei der Bestimmung einer ersten Risikoallokation vor Einleitung eines Vergabeverfahrens kann ggf. auch der Markt im Rahmen geeigneter Anspracheformen auf seine Bereitschaft zur Übernahme von Risiken befragt werden. Vgl. hierzu Abschnitt 3.5.

diese Vorgehensweise den Vergleich unterschiedlicher Risikoprofile der privaten Bieter. Für im Rahmen einer PPP-Lösung übertragene Risiken sind auf Seiten der öffentlichen Hand Steuerungsinstrumente zu konzipieren, um ein kontinuierliches Projektmonitoring und ein aktives und zielgerichtetes Management dieser aus der direkten Einflusssphäre der öffentlichen Hand verlagerten Risiken zu ermöglichen.

4.6.2 Bewertung zurückbehaltener Risiken

Die von der öffentlichen Hand zurückbehaltenen Risiken sind in ihrer tatsächlichen Relevanz für das Projekt und bei der Beurteilung im Rahmen von Wirtschaftlichkeitsuntersuchungen differenziert zu betrachten. Bei dem Vergleich von konventioneller und PPP-Beschaffungsvariante sind die an den Privaten übertragbaren Risiken entscheidungsrelevant. Die bei der öffentlichen Hand verbleibenden Risiken beeinflussen die Entscheidungsfindung hingegen grundsätzlich nicht und können im Rahmen der Wirtschaftlichkeitsuntersuchungen insofern grundsätzlich vernachlässigt werden. Bei zurückbehaltenen Risiken, die seitens des öffentlichen Projektträgers versichert werden, sind die Versicherungsprämien in den Basiskosten der konventionellen Beschaffungsvariante abzubilden. Ein Ausweis dieser Risiken unter den zurückbehaltenen Risiken unterbleibt dementsprechend. Da diesen Risikokosten kein adäquater Kostenansatz bei den alternativen PPP-Beschaffungsansätzen gegenübersteht, sind diese Versicherungsprämien zur Herstellung der Vergleichbarkeit den PPP-Beschaffungsvarianten in gleicher Höhe und zeitlicher Abfolge zuzurechnen.

Unabhängig von der Bedeutung für die Wirtschaftlichkeitsuntersuchungen sind die zurückbehaltenen Risiken von der öffentlichen Hand aktiv zu steuern. Dabei kommen verschiedene Maßnahmen der Risikopolitik in Betracht, die auf ihre Eignung zu überprüfen sind. Das bedeutet, dass Maßnahmen der ursachen- und wirkungsbezogenen Risikopolitik auf deren Beitrag zur Zielerreichung zu untersuchen sind. Hierbei kann auf den im Rahmen der Risikobewertung durchgeführten Überlegungen aufgebaut werden. Ziel ist es, die aus den zurückbehaltenen Risiken resultierenden Kosten zu minimieren.

4.7 Risikoüberwachung

Die Überwachung von Risiken – das gesamte Projekt betreffend – bedingt eine organisatorische Einbindung des Risikomanagements in die Projektentwicklung und -umsetzung sowie die Implementierung eines Berichts- und Dokumentationswesens.[85] Ausgehend von den definierten Projektzielen und den in Bezug auf die Risikoverteilung und -steuerung getroffenen Entscheidungen ist eine kontinuierliche Projektüberwachung im Zuge der Projektentwicklung und der späteren Realisierung (Planungs-, Bau- und Betriebsphase) notwendig. Frühwarnindikatoren sind zu bestimmen, um rechtzeitig bedrohliche Entwicklungen erkennen zu können. Die Konzeption von Gegensteuerungsinstrumenten sollte Teil dieses Systems sein. Die Risikosteuerungsinstrumente sind kontinuierlich auf ihre Wirksamkeit zu überprüfen und an die aktuelle Projektsituation anzupassen. Im Rahmen einer PPP-Lösung sind die Schnittstellen zum privaten Partner zu beachten und die angewandten Instrumente (Zahlungsmechanismus etc.) – z.B. auf Grundlage der gesellschafts- und vertragsrechtlichen Vereinbarungen – auf ihre Wirksamkeit zu analysieren und zu überprüfen. Insofern kommt den vereinbarten Mechanismen zur Vergütung des Privaten und den damit verbundenen Indikatoren zur Messung der vertraglich vereinbarten Leistungserstellung eine besondere Bedeutung zu.

4.8 Bedeutung der Dokumentation

Einzelne Aspekte des Risikomanagementprozesses und insbesondere die Risikobewertung sind durch die systembedingte Unsicherheit/Ungewissheit gekennzeichnet. Die erzielten

[85] Die Verfügbarkeit der erforderlichen Informationen für den öffentlichen Projektträger hat sich dieser ggf. im Rahmen der vertraglichen Ausgestaltung des Projektes abzusichern zu lassen.

Ergebnisse hängen insbesondere von den ex ante getroffenen Annahmen hinsichtlich der zukünftigen Entwicklung ab und können durch den Einsatz von Szenario- und Sensitivitätsanalysen zumindest auf ihre Robustheit geprüft werden. Unter diesen Bedingungen ist es aus Sicht der öffentlichen Hand mit Blick auf eine zielgerichtete und nachvollziehbare Prozessgestaltung entscheidend, dass die relevanten Parameter und Umfeldbedingungen des Risikomanagements transparent gemacht werden. Der vollständigen Dokumentation der einzelnen Arbeitsschritte und der getroffenen Annahmen kommt aus diesem Grund eine zentrale Bedeutung zu, da so das Nachvollziehen getroffener Entscheidungen (auch im Hinblick auf eine spätere Überprüfbarkeit) ermöglicht und zugleich die Basis für einen kontinuierlichen Überwachungs- und Kontrollprozess im Rahmen der Projektentwicklung und -realisierung geschaffen wird.

5. Phase 3: Ausschreibung und Vergabe

5.1 Zielsetzung und Zweckbestimmung dieser Phase

Aufbauend auf den Erkenntnissen der Phase 2 des PPP-Beschaffungsprozesses erfolgt in dieser Phase die Vorbereitung und Durchführung des Vergabeverfahrens. Primäre Zielsetzung dieser Phase ist es, das aus Sicht der öffentlichen Hand wirtschaftlichste Angebot (bevorzugtes PPP-Angebot) zu ermitteln, die konkreten Inhalte des Vertragswerks festzulegen und das Projekt anschließend an den besten Bieter zu vergeben (Zuschlagserteilung). Unmittelbar vor der Zuschlagserteilung ist im Rahmen geeigneter Wirtschaftlichkeitsuntersuchungen (PPP-Wirtschaftlichkeitsnachweis) der Nachweis zu erbringen, dass das bevorzugte PPP-Angebot wirtschaftlich vorteilhafter als die konventionelle Beschaffungsvariante ist. Die in dieser Phase im Einzelnen erforderlichen Arbeitsschritte sind in der nachfolgenden Abbildung dargestellt.

Abbildung 8: Arbeitsschritte im Rahmen der Ausschreibung & Vergabe

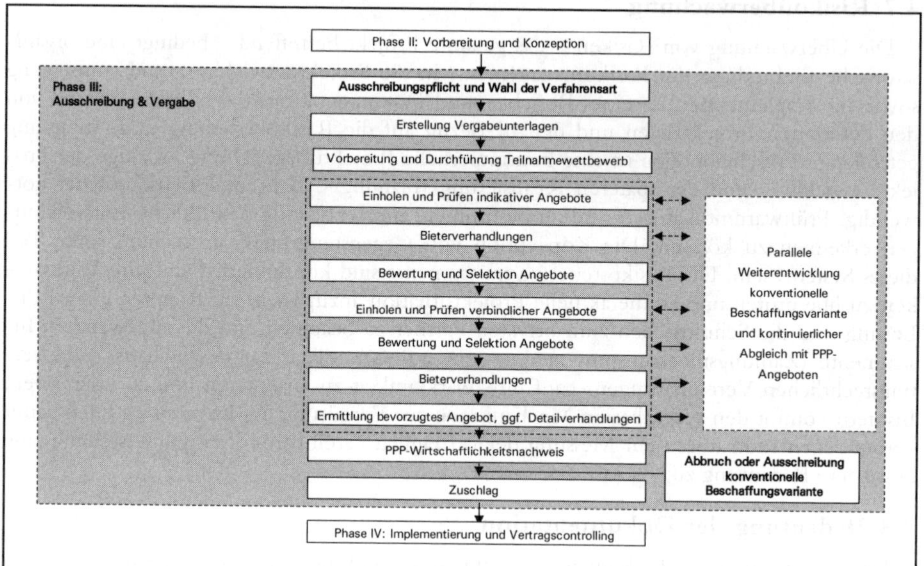

5.2 Der PPP-Wirtschaftlichkeitsnachweis

5.2.1 Einführung und Zielsetzung

Die Ermittlung des bevorzugten PPP-Angebots erfolgt im Rahmen des Vergabeverfahrens. Auf Grund der Komplexität von PPP-Projekten sowie der konzeptionellen Offenheit der Leistungserstellung ist das Verhandlungsverfahren regelmäßig die zweckmäßigste Art des Vergabeverfahrens.[86] Aus Sicht der öffentlichen Hand empfiehlt sich grundsätzlich ein gestuftes, paralleles Verfahren. Durch ein derartiges Verfahren wird das Innovationspotenzial privater Bieter umfassend erschlossen und die Wettbewerbsposition des öffentlichen Auftraggebers gestärkt.[87] Die Anwendung des Verhandlungsverfahrens trägt zudem der Tatsache Rechnung, dass die in der Vorbereitungs- und Konzeptionsphase entwickelte bevorzugte Beschaffungsvariante im Rahmen des Vergabeverfahrens konkretisiert wird. Eine a priori Festlegung auf ein unveränderliches PPP-Vertragsmodell ist nicht im Sinne des Verhandlungsverfahrens und widerspräche auch der primär an ökonomischen Kriterien orientierten Entwicklung der effizientesten PPP-Struktur.

Der abschließende Nachweis der wirtschaftlichen Vorteilhaftigkeit des in diesem Wettbewerbsumfeld ermittelten bevorzugten PPP-Angebots erfolgt unmittelbar vor der Zuschlagserteilung im Rahmen des PPP-Wirtschaftlichkeitsnachweises. Die konventionelle Beschaffungsvariante dient hierbei als Benchmark, an der die Vorteilhaftigkeit des bevorzugten PPP-Angebotes zu messen ist.[88]

5.2.2 Methodik

Im Unterschied zu den Wirtschaftlichkeitsuntersuchungen im Rahmen des Beschaffungsvariantenvergleichs liegen beim PPP-Wirtschaftlichkeitsnachweis konkrete PPP-Angebote privater Bieter vor, die zu bewerten und hinsichtlich ihrer wirtschaftlichen Vorteilhaftigkeit miteinander zu vergleichen sind. Diese PPP-Angebote (i.d.R. zunächst indikative, später verbindliche Angebote) sind im Rahmen des Vergabeverfahrens zudem mit der konventionellen Beschaffungsvariante zu vergleichen, um sicherzustellen, dass diese wirtschaftlich vorteilhafter als eine konventionelle Eigenrealisierung des Vorhabens sind. Sollten PPP-Angebote in einem offensichtlichen Missverhältnis (z.B. auf Grund eines auffallend hohen/niedrigen Angebotspreises) zur konventionellen Beschaffungsvariante stehen, ist die ausschreibende Stelle in der Lage, zeitnah zu reagieren, bspw. indem sie das Gespräch mit den jeweiligen Bietern sucht, um die Gründe für die deutlichen Unterschiede aufzuklären.[89]

Mit Abgabe der PPP-Angebote beginnt im Rahmen des Verhandlungsverfahrens ein dynamischer Prozess, in dessen Verlauf grundsätzlich sämtliche Angebotsbestandteile verhandelt werden können. Entsprechend sind während des Vergabeverfahrens sowohl nachfrage- als auch angebotsseitig gewisse Modifikationen und/oder Spezifikationen in Bezug auf die ursprüngliche Leistungsbeschreibung sowie die seitens der öffentlichen Hand geplante Risiko-

---

86 Mit dem ÖPP-Beschleunigungsgesetz wird der wettbewerbliche Dialog als neues, eigenständiges Vergabeverfahren eingeführt. Der wettbewerbliche Dialog steht öffentlichen Auftraggebern für besonders komplexe Aufträge zur Verfügung, bei denen sie objektiv nicht in der Lage sind, die für den Auftrag und dessen Durchführung geeigneten Mittel zu bestimmen oder das Projekt rechtlich und/oder im Hinblick auf die Finanzierung zu konzipieren. (Vgl. hierzu Deutscher Bundestag, S. 4–7, 18, 19 sowie 22, 23). Für weiterführende Informationen zum wettbewerblichen Dialog siehe § 6 (Vergaberecht) Abschnitt 5.3.

87 Vgl. hierzu ausführlich § 6 (Vergaberecht) Abschnitt 5.2.

88 Ein entsprechender Hinweis ist in den Vergabeunterlagen zu formulieren.

89 Aufgrund der marktnahen Entwicklung der Realisierungskonzepte (z.B. Durchführung informeller Markt- bzw. Bieteransprachen in der Vorbereitungs- und Konzeptionsphase) sowie der detaillierten Kalkulation der konventionellen Beschaffungsvariante verfügt die ausschreibende Stelle über solide Kenntnisse der eigenen Kostensituation, der Fähigkeiten und Anforderungen des Marktes bzw. der relevanten Akteure und ist entsprechend für die Verhältnismäßigkeit der eingehenden Angebote sensibilisiert.

allokation und/oder Vertragsgestaltung möglich.[90] Durch Formulierung einer funktionalen, ergebnisorientierten Leistungsbeschreibung, die den Bietern zwar ein „Ziel" vorgibt, den „Weg" dorthin jedoch weitestgehend offen lässt, ergibt sich zusätzlicher Spielraum für die konkrete Ausgestaltung des Realisierungskonzeptes.[91] Ist zudem die Abgabe von Nebenangeboten zulässig, ergeben sich für die Bieter weitere Freiheitsgrade bei der Ausgestaltung derartiger Angebote.[92]

Um die Vergleichbarkeit mit den PPP-Angeboten zu gewährleisten, ist die konventionelle Beschaffungsvariante in den unterschiedlichen Phasen des Vergabeverfahrens kontinuierlich zu aktualisieren und an den Stand der Verhandlungen anzupassen. Die in diesem Zusammenhang vorzunehmenden Anpassungen beziehen sich bspw. auf die Verteilung der Aufgaben und Funktionen sowie die Allokation der Projektrisiken. Technische Innovationen, bauliche Optimierungsvorschläge, Ansätze zur Verbesserung betrieblicher Prozesse oder ähnliche Ideen zur Steigerung der Effizienz bzw. Senkung der Kosten, die private Bieter im Rahmen ihrer Angebote präsentieren, dürfen seitens der ausschreibenden Stelle im Sinne eines fairen Vergleichs der unterschiedlichen Realisierungsansätze nicht aufgegriffen und der konventionellen Beschaffungsvariante zugerechnet werden. Um eine hohe Transparenz und Nachvollziehbarkeit des Verfahrens zu gewährleisten, sind sämtliche Entwicklungsstufen sowie die vorgenommenen Anpassungen und Modifikationen der konventionellen Beschaffungsvariante während des Vergabeverfahrens zu dokumentieren.

Zur Beurteilung der wirtschaftlichen Vorteilhaftigkeit im Rahmen des PPP-Wirtschaftlichkeitsnachweises sind neben den entscheidungsrelevanten quantitativen auch die projektspezifischen qualitativen Aspekte zu berücksichtigen. Die Analyse der quantitativen Aspekte erfolgt auf der Basis der Kapitalwertmethode. Qualitative Sachverhalte sind im Rahmen der Nutzwertanalyse zu erfassen und zu bewerten. Die Sensitivität bzw. Stabilität der jeweiligen Ergebnisse hinsichtlich der verwendeten Eingangsdaten und der getroffenen Annahmen ist durch geeignete Analysetechniken (z.B. Simulation, Sensitivitätsanalyse) zu untersuchen. Für die abschließende Entscheidungsfindung sind die Ergebnisse der Kapitalwertmethode und der Nutzwertanalyse zusammenzuführen und auszuwerten.

5.2.2.1 Quantitative Analyse

Im Rahmen der quantitativen Analyse sind die aus den verschiedenen Realisierungsansätzen (konventionelle Beschaffungsvariante und PPP-Angebote) resultierenden Zahlungsströme zu analysieren, vergleichbar zu machen und hinsichtlich ihrer wirtschaftlichen Vorteilhaftigkeit zu untersuchen. Zahlungsströme sind grundsätzlich unter Verwendung von Austauschraten (Zinssätzen) zwischen unterschiedlichen Perioden transferierbar. Unter Berücksichtigung der Austauschraten kann ein Entscheidungsproblem auf die Wahl des Projektes bzw. des Realisierungsansatzes mit dem vorteilhaftesten Kapitalwert (Kapitalwertdominanz) bzw. Endwert reduziert werden.[93] Entsprechend sollte bei der quantitativen Analyse im Rahmen der Wirtschaftlichkeitsuntersuchungen bei PPP-Projekten die Kapitalwertmethode Anwendung finden.[94] Der Kapitalwert eines Projektes bzw. eines Realisierungsansatzes ergibt sich aus der Summe aller relevanten, auf einen gemeinsamen Betrachtungszeitpunkt ab- bzw. aufgezinsten Ein- und Auszahlungen.[95] Parameter für die Ab- und Aufzinsung ist der Diskontierungszins.

---

[90] Begrenzt wird diese Freiheit durch die Wahrung des Wettbewerbs und der Gleichbehandlung sowie die Vermeidung grundsätzlicher Änderungen der ursprünglichen Leistungsbeschreibung. Vgl. § 6 (Vergaberecht) Abschnitt 12.

[91] Vgl. Abschnitt 3.3.

[92] Vgl. § 6 (Vergaberecht) Abschnitt 8.5.5.

[93] Vgl. Eisenführ/Weber, S. 308f.

[94] Vgl. Bundesministerium der Finanzen (2001): VV-BHO § 7, Nr. 2.2.

[95] Als Entscheidungskriterium bei dem Vergleich von Beschaffungsansätzen kann alternativ der Endwert der Cashflowströme herangezogen werden (vgl. hierzu Grob). Ausgehend von gleichen Annah-

Abbildung 9 verdeutlicht die zwei unterschiedlichen Betrachtungsebenen der quantitativen Analyse.

Abbildung 9: Betrachtungsebenen bei der Analyse quantitativer Faktoren

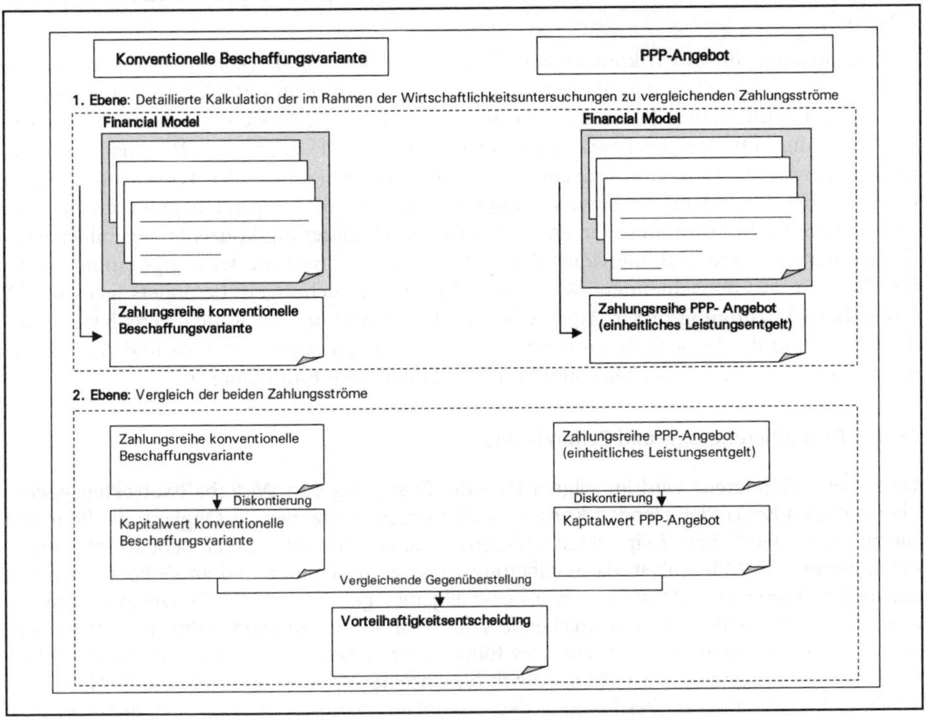

Im Zusammenhang mit der Analyse der quantitativen Faktoren, d.h. der spezifischen Zahlungsströme der unterschiedlichen Realisierungsansätze, sind zwei Betrachtungsebenen zu unterscheiden:

- Die erste Ebene bezieht sich auf die Kalkulation der im Rahmen der Wirtschaftlichkeitsuntersuchungen zu vergleichenden Zahlungsströme der konventionellen Beschaffungsvariante und der PPP-Angebote privater Bieter. Die Ermittlung dieser Zahlungsströme erfolgt im Rahmen von – den eigentlichen Wirtschaftlichkeitsuntersuchungen vorgelagerten – detaillierten Kalkulationen der öffentlichen Hand (konventionelle Beschaffungsvariante) und der privaten Bieter (PPP-Angebote). In der Angebotskalkulation der Privaten wird der Zahlungsstrom regelmäßig in Form eines (einheitlichen) von der öffentlichen Hand an den Privaten zu leistenden periodischen Entgelts (Leistungsentgelt) abgebildet. Der komplementäre Zahlungsstrom der konventionellen Beschaffungsvariante wird durch entsprechende Kalkulationen der öffentlichen Hand für den Fall der Eigenrealisierung ermittelt. Methodisch erfolgen diese Kalkulationen der Zahlungsströme (sowohl auf Seiten der öffentlichen Hand als auch der privaten Bieter) auf Basis detaillierter Finanzplanungen mit Hilfe sogenannter „Financial Models".
- Die zweite Betrachtungsebene bezieht sich auf den Vergleich der kalkulierten Zahlungsströme im Rahmen der eigentlichen Wirtschaftlichkeitsuntersuchungen. Hierbei sind durch Diskontierung der periodischen Zahlungsströme – der konventionellen Be-

men bei der Bestimmung des Vergleichsmaßstabes führen Kapital- und Endwertbetrachtung zu identischen Entscheidungen.

schaffungsvariante und der PPP-Angebote – auf einen einheitlichen Betrachtungszeitpunkt die entsprechenden Kapitalwerte zu ermitteln.[96] Unter der Annahme, dass die betrachteten Projekte nachhaltig zu keinen Zahlungsüberschüssen führen, ist das Realisierungskonzept wirtschaftlich vorteilhaft, das den geringsten negativen Kapitalwert aufweist.[97]

Voraussetzung für einen konsistenten Wirtschaftlichkeitsvergleich ist, dass die Zahlungsströme der zu betrachtenden Realisierungsansätze ein adäquates Risikoprofil aufweisen.[98] Für die Abbildung und Adjustierung von Risiken stehen verschiedene methodische Ansätze zur Verfügung. Die Vergleichbarkeit von Projekten kann (1) durch eine Risikoadjustierung in dem gewählten Diskontierungszins hergestellt werden (Zins- oder Risikozuschlagsmethode)[99] oder (2) indem die entscheidungsrelevanten Risiken separat bepreist und in den spezifischen Zahlungsströmen der unterschiedlichen Realisierungskonzepte abgebildet werden (Sicherheits- oder Zahlungsäquivalent). Wie bereits erörtert, ist der letztgenannte Ansatz für die hier zu betrachtenden Wirtschaftlichkeitsuntersuchungen besonders geeignet.[100] Unter Berücksichtigung dieser Aspekte ist bei der Ermittlung des Kapitalwerts letztendlich die Einstellung des Entscheidungsträgers für den zeitlichen Anfall der Ein- und Auszahlungen zu berücksichtigen. Der Diskontierungszins bildet diese Einstellung ab.

Exkurs: Diskontierungszins und Zeitpräferenz

Unter der Zeitpräferenz wird im Allgemeinen die Einstellung von Wirtschaftssubjekten gegenüber zeitlich auseinanderfallenden Konsummöglichkeiten verstanden.[101] Obgleich die Präferenz für zu unterschiedlichen Zeitpunkten anfallende Zahlungen nicht direkt beobachtet werden kann, besteht die Möglichkeit, diese näherungsweise zu bestimmen und im Diskontierungszins abzubilden. Dieser Zinssatz wird dann als eine allgemeingültige sowie im Zeitverlauf relativ robuste Größe betrachtet. Der entsprechende Wert kann (1) im Rahmen statistischer Zeitreihenanalysen ermittelt werden.[102] Im Ergebnis führt dieser Ansatz zu einem vergleichsweise statischen Diskontierungszins, der nicht spezifisch für einzelne Projekte bestimmt wird.[103] Neben der vergangenheitsorientierten Bestimmung des Diskontierungszinses kann (2) angenommen werden, dass sich die kollektive Präferenz für zeitlich differierende Zahlungsströme in dem aktuellen Zinsniveau einer Volkswirtschaft näherungsweise widerspiegelt. Dementsprechend kann der Diskontierungszins anhand der tatsächlichen Kosten für langfristig verfügbares quasi risikoloses Kapital approximiert werden. Regelmäßig wird hierfür das Zinsniveau für Staatsanleihen mit Restlaufzeiten von 10 Jahren und mehr herangezogen. Dieses Zinsniveau bildet allerdings neben der zeitlichen Präferenz insbesondere auch die Erwartungen des Marktes bezüglich der Infla-

---

[96] Im Rahmen der Angebotsbewertung sind auch die erstellten Financial Models der privaten Bieter auf Konsistenz/Logik und Ausschreibungskonformität zu prüfen.

[97] Bei der Verwendung des Endwertes als Entscheidungskriterium ist unter der gleichen Prämisse das Realisierungskonzept vorteilhafter, das zu einem niedrigeren Verschuldungsstand führt.

[98] Die zu vergleichenden Realisierungsvarianten müssen den gleichen Sachverhalt widerspiegeln. Durch die Definition der Leistungsbeschreibung als notwendig anzusetzenden Maßstab sowohl für das konventionelle als auch die PPP-Realisierungskonzept(e) ist diese Forderung erfüllt. Zum Zweck der Vergleichbarkeit sind hierbei insbesondere kongruente Annahmen bezüglich der Endschaftsregelung zu Grunde zu legen. Vgl. hierzu auch Abschnitt 3.4.2.3.3.

[99] Vgl. hierzu IDW, S. 833 f. sowie Kruschwitz, Investitionsrechnung, S. 348 ff. und zur weiteren Diskussion Kruschwitz, DB 2001, 2409 ff.

[100] Vgl. Abschnitt 4.5.

[101] Vgl. Süchting, S. 300.

[102] Vgl. z. B. Evans/Sezer, S. 1925 ff. und die darin angegebene Literatur sowie Oxera.

[103] In Großbritannien wurde im Rahmen der Überarbeitung des Green Book dieser Ansatz verfolgt. Seit April 2003 ist der Diskontierungszins auf 3,5% p. a. fixiert. Hierbei handelt es sich um einen realen Wert. Vgl. HM Treasury, 2003, S. 26 f. und S. 97 ff.

tionsentwicklung ab (sog. Fisher-Theorem).[104] Wird entsprechend der Diskontierungszins aus den aktuellen Marktbedingungen abgeleitet, handelt es sich grundsätzlich um einen nominalen Diskontierungszins. Die Beziehung von nominalem und realem Diskontierungszins kann wie folgt dargestellt werden:

$$i\frac{1+I}{1+r}-1$$

i realer Diskontierungszins
I nominaler Diskontierungszins
r Inflationsrate

Bei PPP-Projekten verteilen sich die zu betrachtenden Zahlungsströme regelmäßig über einen längeren Zeitraum (i. d. R. 20–25 Jahre). Die Bestimmung eines exakten Diskontierungszinses ist aus diesem Grund nicht praktikabel. Sollen die Zahlungsreihen mathematisch exakt verglichen werden, ist nicht ein Diskontierungszins zu wählen, sondern sind entsprechend der zu betrachtenden Projektlaufzeit die periodenspezifischen Zero-Zinssätze heranzuziehen. Diese sind aus der Zinsstrukturkurve für quasi risikofreie kupontragende Anlageformen abzuleiten. Diese Vorgehensweise ist notwendig, da regelmäßig die entsprechenden Zinssätze für Zerobonds über die gesamte Projektlaufzeit am (Kapital-) Markt nicht verfügbar sind.[105] Zur Bestimmung der erforderlichen Zero-Zinssätze ist insofern ggf. ein zweistufiges Vorgehen zu empfehlen, wobei der erste Schritt unterbleiben kann, wenn die Daten der quasi risikofreien kupontragenden Anlagen vollständig vorliegen.

1. Schritt: Sind nicht für alle Perioden die spezifischen Zinssätze für kupontragende quasi risikofreie Anlagen verfügbar, können diese durch Interpolation (Näherungsverfahren) bestimmt werden. Der gesuchte Zinssatz ergibt sich aus der Formel:

$$i_T = \frac{i_{t-x} \times (p - s_k) + i_{t+y} \times s_k}{p}$$

i_T gesuchter Zinssatz
i_{t-x} Zinssatz der nächstliegenden Periode mit kleinerem Periodenindex
i_{t+y} Zinssatz der nächstliegenden Periode mit höherem Periodenindex
p Anzahl der Perioden ohne Zinsangabe zwischen i_{t-x} und i_{t+y} plus 1
s_k Anzahl der zurückliegenden Perioden, für die kein Zinssatz bekannt ist plus 1

2. Schritt: Aufbauend auf der „vollständigen" Zinsstrukturkurve für kupontragende quasi risikofreie Anlageformen können die Zero-Zinssätze wie folgt bestimmt werden:

---

[104] Vgl. Mankiw, S. 180 ff.

[105] Grundsätzlich steht mit der täglich von der Deutschen Bundesbank veröffentlichten Zinsstrukturkurve am Rentenmarkt der anzuwendende Maßstab bereits zur Verfügung. Unter Verwendung der ebenfalls veröffentlichten Schätzparameter kann die veröffentlichte Zinsstrukturkurve (Restlaufzeit bis 10 Jahre) projektspezifisch angepasst, d. h. auch für längere Laufzeiten aufgebaut oder für unterjährige Zahlungen spezifiziert werden. Grundlage für die Ermittlung der Zinsstrukturkurve sind die börsennotierten Bundesanleihen, -obligationen und -anweisungen. Wegen der Unterschiedlichkeit der möglichen Vorhabensträger (Bund, Länder und Kommunen) wird allerdings eine auf dieser Basis ermittelte Zinsstrukturkurve ggf. nicht als allgemein verbindlicher Maßstab anerkannt. Hierbei ist zu beachten, dass in der Praxis die Vorhabens- und Entscheidungsträger des jeweiligen PPP-Projektes (Bund, Länder, Kommunen) die für sie spezifischen Finanzierungskosten der Entscheidungsfindung zu Grunde legen. Vgl. zur Zinsstrukturkurve z. B. Deutsche Bundesbank, Monatsbericht Oktober 1997, S. 61 ff.

$$iz_T = \sqrt[T]{\frac{1+i_T}{1-i_T \times \sum_{t=1}^{T-1} \frac{1}{(1+iz_t)}}} - 1$$

iz_T gesuchter Zero-Zinssatz
i_T Zinssatz kupontragenden Anlageform der Periode T

Aus der Zinsstrukturkurve der Zero-Zinssätze sind anschließend die periodenspezifischen Diskontierungsfaktoren abzuleiten:

$$d_t = \frac{1}{(1 + iz_t)^t}$$

d_t Diskontierungsfaktor der Periode t

Durch Multiplikation der periodenspezifischen Zahlungsströme mit den jeweiligen Diskontierungsfaktoren erhält man den Barwert der einzelnen Periode. Die Summierung der Barwerte ergibt den gesuchten Kapitalwert der Zahlungsreihe.

$$KW_n = \sum_{t=0}^{T} CF_t * d_t$$

CF_t Cashflow des Projektes n in der Periode t
KW_n Kapitalwert des Projektes n

Die Anwendung periodenspezifischer Zinssätze ist das exakteste Verfahren für den Vergleich der alternativen Realisierungskonzepte mit Hilfe dynamischer Investitionsrechnungsverfahren. Sie ist allerdings durch eine gewisse Komplexität gekennzeichnet. Zudem variieren die Zinsstrukturkurven quasi im Sekundentakt.[106] Da zudem zu beachten ist, dass der Diskontierungszins nur einen Baustein im Rahmen der Wirtschaftlichkeitsuntersuchungen darstellt, kann unter Praktikabilitätsaspekten auch die alternative Verwendung eines durchschnittlichen Diskontierungszinssatzes in Erwägung gezogen werden. Dies ist bspw. bei internationalen Ansätzen zur Durchführung von Wirtschaftlichkeitsuntersuchungen zu beobachten. Als durchschnittlicher Diskontierungszins kann z.B. der Zins für eine zehnjährige quasi risikofreie Anlageform gewählt werden. Diese methodische Vorgehensweise lehnt sich an die Empfehlungen des IDW an.[107] Allerdings kann bei öffentlichen Hochbaumaßnahmen nicht ein unendliches Fortführen der Leistungserbringung („going concern") unterstellt werden. Dementsprechend ist nicht auf den durchschnittlichen Zins für eine quasi risikofreie Anlage in der Vergangenheit abzustellen, sondern kann der tatsächliche Zins für eine zehnjährige quasi risikofreie Anlageform als gute Näherung für das aktuelle Zinsniveau Anwendung finden.[108]

Abschließend ist darauf hinzuweisen, dass für Wirtschaftlichkeitsuntersuchungen insbesondere die bei der Aufstellung der Finanzplanungen zu Grunde gelegten Parameter entscheidend sind.[109] Ungenauigkeiten an dieser Stelle werden die Entscheidungsfindung regelmäßig stärker beeinflussen als die exakte Bestimmung des Diskontierungszinses. Die

[106] Die von der Deutschen Bundesbank veröffentlichte Zinsstrukturkurve stellt insofern auch eine Momentaufnahme dar. Auf Grund dieser Tatsache ist für die zugrunde zu legende Zinsstrukturkurve immer eine Annahme dergestalt zu treffen, dass diese für einen definierten Zeitpunkt auf der Basis einer Informationsquelle (z.B. Reuters oder Bloomberg) bestimmt wird und für alle zu vergleichenden Realisierungsvarianten gleichermaßen Anwendung findet.

[107] Vgl. hierzu IDW S. 836.

[108] Mit Blick auf die Justiziabilität des angewandten Diskontierungszinses sind die vorgestellten Ansätze allerdings zu prüfen.

[109] Vgl. Abb. 9, 1. Ebene.

Erhebung der erforderlichen Inputdaten (Kosten und Erlöse) bzw. die Kalkulation der spezifischen Zahlungsströme der unterschiedlichen Realisierungskonzepte sollte dementsprechend gewissenhaft erfolgen. Darüber hinaus können die Ergebnisse der quantitativen Analyse auch auf ihre Sensitivität bezüglich des Diskontierungszinses untersucht werden. Wird die Entscheidung (Reihung der Projekte bezüglich deren Vorteilhaftigkeit) durch geringfügige Veränderung des Diskontierungszinses signifikant beeinflusst, sind die Annahmen und Berechnungen der betrachteten Realisierungskonzepte genau zu prüfen.

5.2.2.2 Sensitivitätsanalysen und Monte Carlo Simulation

Sensitivitätsanalysen und Monte Carlo Simulationen basieren auf mathematisch-statistischen Analyseansätzen und eignen sich zur vertiefenden Analyse, insbesondere der quantitativen Elemente im Rahmen von Wirtschaftlichkeitsuntersuchungen. Die Aussagekraft der Ergebnisse von Sensitivitätsanalysen und Monte Carlo Simulation wird durch die Verfügbarkeit und Qualität der zugrunde liegenden Annahmen und Daten bestimmt. Experten und sachverständiges Know-how sind deshalb auch zur Bestimmung der den Berechnungen zugrunde zu legenden Parameter und Annahmen hinzuzuziehen.

5.2.2.2.1 Sensitivitätsanalysen

Sensitivitätsanalysen eignen sich zur Untersuchung der Stabilität und Sensitivität von Zielgrößen in Bezug auf die Variation der Eingangsdaten und der getroffenen Annahmen. Durch systematische Veränderung ausgewählter Eingangsdaten ist zu untersuchen, wie sich die zu betrachtende Zielgröße (z. B. der Kapitalwert einer Maßnahme) bei unterschiedlichen Ausprägungen der jeweils veränderten Eingangsdaten verhält und welche Ausprägungen kritisch sind. Als kritisch werden die Ausprägungen der Eingangsdaten bezeichnet, bei welchen die Zielgröße Werte erreicht, die eine Entscheidung strukturell beeinflussen (z. B. Veränderung der Reihung der zu untersuchenden Realisierungskonzepte). Bei der Gegenüberstellung von konventioneller Beschaffungsvariante und PPP-Realisierungskonzepten ist der kritische Bereich regelmäßig dann erreicht, wenn die wirtschaftliche Vorteilhaftigkeit zwischen den Handlungsalternativen „kippt". In diesem Fall ist zu prüfen, inwieweit die Veränderung des betrachteten Parameters realistisch erscheint und insofern das Entscheidungskalkül beeinflusst.

Sensitivitätsanalysen sind nicht geeignet, Entscheidungsprobleme unter Unsicherheit zu lösen, ermöglichen aber wertvolle Einblicke in die Struktur und Wirkungszusammenhänge der betrachteten Modelle und geben Aufschluss über die Bedeutung einzelner Parameter für die Entscheidungsfindung. Sensitivitätsanalysen können durch Veränderung einer oder mehrerer Eingabedaten durchgeführt werden. Die Bestimmung der relevanten Inputvariablen und Annahmen sowie die Art der Variation (einzeln und/oder simultan) wird von den Projektspezifika determiniert. Im Rahmen von PPP-Projekten könnten bspw. die nachfolgenden Parameter Gegenstand von Sensitivitätsanalysen sein:

- Kosten der Errichtungs- und Betriebsphase (inklusive Finanzierungskosten),
- Erlöspositionen, ggf. Restwerte,
- Preisentwicklungen,
- Zahlungszeitpunkte der Ein- und Auszahlungen,
- Schadenshöhe und Eintrittswahrscheinlichkeit von Risiken,
- Diskontierungszins.

Grundsätzlich gilt, je sensitiver der Kapitalwert (als wesentliche Zielgröße der quantitativen Analyse im Rahmen von Wirtschaftlichkeitsuntersuchungen) auf Veränderungen der Eingangsdaten reagiert und die Entscheidungsfindung verändert, umso kritischer sind die aus der quantitativen Analyse gewonnenen Erkenntnisse zu beurteilen.[110] Reagieren die Kapi-

---

[110] Der Bezug auf den Kapitalwert ist der Tatsache geschuldet, dass wir hier die Perspektive der Öffentlichen Hand einnehmen. Demgegenüber analysieren dritte Projektbeteiligte, wie z. B. Banken oder

talwerte der zu vergleichenden Realisierungskonzepte zwar sensitiv allerdings vergleichsweise synchron auf die Veränderungen einzelner Parameter, ist dies ein Zeichen dafür, dass die betrachteten Parameter eine hohe Relevanz für das spezifische Projekt haben ohne dass die eigentliche Entscheidung hiervon jedoch strukturell beeinflusst wird.

5.2.2.2.2 Monte Carlo Simulation[111]

Mit Hilfe der Monte Carlo Simulation wird die Wahrscheinlichkeitsverteilung einer Zielgröße (z.B. Kapitalwert des Projekts bzw. einzelner Realisierungskonzepte, Risikokosten usw.) durch Variation der Eingangsdaten abgebildet. Die Durchführung der Monte Carlo Simulation erfolgt auf Grund des Rechenaufwandes durch Computersimulation. Die Arbeitsschritte für die Durchführung der Monte Carlo Simulation können im Allgemeinen wie folgt beschrieben werden:
- Ermittlung der unsicheren Eingangsdaten,
- Schätzung der Verteilung der Eingangsdaten und ggf. vorhandener Abhängigkeiten,
- Generierung von Eingangsdaten auf der Basis der vorgegebenen Verteilungsfunktionen,
- Berechnung der Zielgröße und
- Wiederholung der Schritte 3 und 4 bis sich die Ergebnissausprägung der Zielgröße stabilisiert. Aus der so ermittelten Häufigkeitsverteilung ist der Wertebereich der Zielgröße und die dazugehörige Verteilung ableitbar.

Charakteristisch für die Monte Carlo Simulation ist die Variabilität bei der Bestimmung der Verteilung der Eingangsdaten – hier können z.B. auch stetige Verteilungsfunktionen abgebildet werden – und die Möglichkeit, Abhängigkeiten zwischen Parametern zu modellieren. Die Festlegung dieser Annahmen ist erfolgskritisch und sollte unter Hinzuziehung von Experten erfolgen. Entscheidend ist allerdings, wie die dargestellten Ergebnisse interpretiert und weiterverarbeitet werden. Letztendlich bildet die Verteilung der Zielgröße nur eine Grundlage zur Entscheidungsfindung. Insofern gilt auch hier, dass der Einsatz komplexer Analyseinstrumente immer nur Mittel zum Zweck sein kann und die endgültige Verantwortung bei den Entscheidungsträgern verbleibt. Aufgrund der erhöhten Anforderungen an die Durchführung von Monte Carlo Simulationen ist der zu erwartende Ergebnisbeitrag dieses Instruments projektspezifisch abzuwägen und der Einsatz an dem für das jeweilige Projekt materiell Gebotenen zu orientieren.

5.2.2.3 Qualitative Analyse

Bei der Beurteilung der wirtschaftlichen Vorteilhaftigkeit des bevorzugten PPP-Angebots sind neben quantitativen Gesichtspunkten eine Reihe von Aspekten zu berücksichtigen, die sich grundsätzlich einer quantitativen Abbildung entziehen, für eine ganzheitliche Beurteilung jedoch von Bedeutung sind (z.B. ökologische, städtebauliche oder soziokulturelle Aspekte).[112] Vor diesem Hintergrund kommt der systematischen Identifizierung und Bewertung qualitativer Aspekte im Rahmen von Wirtschaftlichkeitsuntersuchungen eine zentrale Bedeutung zu. Die systematische und nachvollziehbare Einbeziehung aller entscheidungsrelevanten Faktoren in den Entscheidungsfindungsprozess erhöht zudem die notwendige Transparenz des Verfahrens und ist auch im politischen Prozess (z.B. die Aufbereitung für die politischen Gremien und/oder Kontrollinstanzen) unerlässlich.

Um qualitative Aspekte als zusätzliche Parameter der Entscheidungsfindung im Rahmen von Wirtschaftlichkeitsuntersuchungen zu berücksichtigen, sind Modelle für Mehrzielentscheidungen heranzuziehen. In der Praxis findet regelmäßig die Nutzwertanalyse An-

---

Sponsoren, die für sie jeweils relevanten Kennziffern hinsichtlich ihrer Sensitivität (z.B. Banken: DSCR oder Sponsoren: Eigenkapitalrentabilität).

[111] Vgl. für weitere Ausführungen z.B. Vose.

[112] Vgl. Bundesministerium der Finanzen (2001): VV-BHO – Anhang § 7, S. 14.

wendung.[113] Bei der Nutzwertanalyse handelt es sich um ein Verfahren zur Alternativenbewertung, bei dem mehrere, entsprechend ihrer Relevanz für den Entscheidungsträger gewichtete Zielgrößen berücksichtigt werden. Je nach Erfüllung der definierten Ziele durch die Alternativen werden Teilnutzwerte ermittelt und unter Einbeziehung von Kriteriengewichten zum Nutzwert der Alternative zusammengefasst.[114] Die Nutzwertanalyse umfasst i. d. R. die folgenden Verfahrensschritte:

- Bestimmung und Gewichtung von Zielkriterien,
- Bestimmung des Teilnutzens,
- Ermittlung des Nutzwertes und
- Beurteilung der Vorteilhaftigkeit der Alternativen.

Als Ausgangspunkt für die Bestimmung der Zielkriterien können grundsätzlich die durch den öffentlichen Projektträger in der Phase der Bedarfsfeststellung und Maßnahmenidentifizierung definierten Projektziele herangezogen werden. Allerdings sind für die Beurteilung der wirtschaftlichen Vorteilhaftigkeit unterschiedlicher Realisierungskonzepte im Rahmen von Wirtschaftlichkeitsuntersuchungen regelmäßig weitere Kriterien von Bedeutung. Insofern ist bei der Bestimmung der Zielkriterien sicherzustellen, dass entscheidungsrelevante qualitative Aspekte umfänglich identifiziert und systematisch in einem hierarchischen Zielsystem abgebildet werden.

Eine mögliche Struktur für ein entsprechendes Zielsystem ist in der nachfolgenden Abbildung dargestellt:

Abbildung 10: Hierarchisches Zielsystem mit Kriteriengewichtung

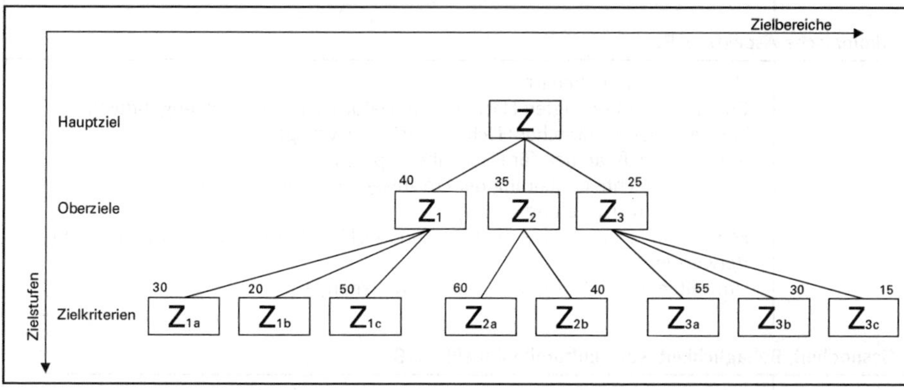

Bei der Festlegung der Zielkriterien für die Durchführung der Nutzwertanalyse ist darauf zu achten, dass eine strikte Trennung zwischen den sog. Eignungskriterien (Anwendung im Rahmen des Teilnahmewettbewerbs) und den sog. Zuschlagskriterien (Anwendung im Rahmen der abschließenden Angebotswertung) erfolgt. Eine Doppelverwendung der Eignungskriterien im Rahmen der Bewertung der Angebote im Verhandlungsverfahren ist unzulässig. Oberstes Zuschlagskriterium ist nach § 97 Abs. 5 GWB i. V. m. § 25 Nr. 3 VOB/A die Wirtschaftlichkeit des Angebots, die anhand von Unterkriterien zu ermitteln ist. Dies schließt auch die Berücksichtigung qualitativer Aspekte, wie bspw. gestalterische und/oder funktionale Gesichtspunkte ein. Der Auftraggeber ist bei der Definition von Wirtschaftlichkeitskriterien frei, solange diese die folgenden, generellen Voraussetzungen erfüllen:

- konkreter Bezug zum jeweiligen Auftrag,[115]

---

[113] Vgl. Bundesministerium der Finanzen (2001): VV-BHO – Anhang § 7, S. 7.
[114] Vgl. Götze/Bloech, S. 180.
[115] Vgl. § 6 (Vergaberecht) Abschnitt 8.5.4.

- keine diskriminierende Wirkung,
- ex-ante-Transparenz durch vorherige Bekanntmachung,
- ex-post-Nachvollziehbarkeit.

Qualitative Aspekte, die sowohl bei konventioneller als auch bei PPP-Realisierung identisch sind (bspw. zusätzliche Verkehrsbelastung durch den Neubau eines Krankenhauses oder einer Schule), haben im Rahmen von Wirtschaftlichkeitsuntersuchungen grundsätzlich keinen Einfluss auf die Entscheidungsfindung und können entsprechend vernachlässigt werden.

Die nachfolgende exemplarische Auflistung möglicher Zielkriterien für Nutzwertanalysen im Rahmen der abschließenden Angebotsbewertung verdeutlicht die Bandbreite denkbarer Bewertungskriterien im Bereich öffentlicher Hochbauprojekte und kann als Ausgangspunkt für eine vorhabensspezifische Bestimmung der relevanten Zielkriterien dienen.[116]

Tabelle 6: Mögliche Zielkriterien im öffentlichen Hochbau

Bauliche Aspekte, z. B.:	
	Nutzbarkeit des Gebäudes (z. B. Flexibilität, Umnutzungsmöglichkeiten) Bauweise (z. B. Einsatz umwelt- und gesundheitsgefährdender sowie Wiederverwendbarkeit der Baustoffe, Rückbaumöglichkeiten) Bau-/Ausführungsstandards Innovationspotenzial Realisierungsdauer …
Ökologische Aspekte, z. B.:	
	Flächenaufwand/-bedarf Charakter der benötigten Flächen (z. B. Naturflächen, Umnutzung Industriebrachen oder militärischer Flächen, Flächenrecycling) Ausgleichsmaßnahmen für Flächenbeanspruchung Standortgerechte Gestaltung der Freianlagen (z. B. Bepflanzung, Biotope) Oberflächenversiegelung Emissionen (z. B. Schadstoffe, Lärm) und Abfälle (Vermeidung, umweltgerechte Verwertung) Umweltenergienutzung (z. B. Solar-, Windenergie) …
Gesundheit, Behaglichkeit, soziokulturelle Aspekte, z. B.:	
	Arbeitsplatzqualität (z. B. Raumluft, -temperatur, -feuchtigkeit, -beleuchtung, -akustik) …
Städtebauliche/architektonische Aspekte, z. B.:	
	Eingliederung in das städtische/räumliche Umfeld (z. B. Architektur, Baumaterialien) Bauästhetik und Kunst am Bau …
Sonstige Aspekte, z. B.:	
	Einbeziehung regionaler (mittelständischer) Bau-, Betreibergesellschaften Rechts-/Vertragssicherheit …

[116] Vgl. u. a. BMVBW, Anlage 6.

Um die Praktikabilität der Nutzwertanalyse zu gewährleisten, sollten grundsätzlich nicht zu viele Zielkriterien (max. 10–15 Kriterien) in die Auswertung einbezogen werden. Ist eine sinnvolle Eingrenzung der Kriterien nicht möglich, sollte zumindest eine Verdichtung/ Clusterung der Kriterien angestrebt werden. Auf die Einbeziehung monetärer Kriterien in die Nutzwertanalyse ist grundsätzlich zu verzichten, da Ein- und Auszahlungen durch zahlreiche Aspekte des Vorhabens beeinflusst werden, die ggf. bereits in anderen Zielkriterien erfasst sind (Vermeidung von Mehrfacherfassung).[117]

Im Anschluss an die Bestimmung sind die Zielkriterien entsprechend ihrer individuellen Bedeutung für das geplante Vorhaben zu gewichten.[118] Die Zielkriteriengewichtung stellt ein subjektives Element der Nutzwertanalyse dar und ist letztendlich von den zuständigen Entscheidungsträgern auf Seiten des öffentlichen Projektträgers vorzunehmen. Zwecks „Objektivierung" ist die Gewichtung möglichst von mehreren Personen(-gruppen) unabhängig voneinander durchzuführen. Zur besseren Interpretation des Nutzwertes empfiehlt sich eine Normierung der Gewichte in der Art und Weise, dass die Summe aller Gewichte der zusammengehörigen Unterziele bzw. Zielkriterien bspw. den Wert 100 annimmt.[119] Hierbei ist allerdings darauf zu achten, dass die Kriteriengewichtung nicht zu einer ungewollten Verzerrung des Rankings der Angebote führt. Dies kann bspw. dann der Fall sein, wenn ein Zielkriterium derart hoch gewichtet ist, dass die Bedeutung der anderen Kriterien marginalisiert und die Entscheidung nahezu ausschließlich durch den Grad der Erfüllung dieses einen Kriteriums dominiert wird.

In einem nächsten Schritt ist zu beurteilen, inwieweit die definierten und gewichteten Zielkriterien von den betrachteten Realisierungskonzepten, d. h. der konventionellen Beschaffungsvariante und dem bevorzugten PPP-Angebot, erreicht bzw. erfüllt werden. Auf Basis dieser Beurteilung ist für jedes Zielkriterium der dazugehörige Teilnutzen zu ermitteln. Hierzu werden – in Abhängigkeit von der Erfüllung des jeweiligen Zielkriteriums durch die Realisierungskonzepte – Bewertungspunkte (BP) vergeben und mit der spezifischen Gewichtung der einzelnen Zielkriterien multipliziert. Auch bei diesem Arbeitsschritt ist das zu Grunde legen einer einheitlichen Bewertungsskala – bspw. einer Skala von 0 bis 10 Punkten – erforderlich. Die vollständige Erfüllung eines Zielkriteriums durch ein Realisierungskonzept wird in diesem Beispiel mit 10 Punkten bewertet. Wird ein Zielkriterium hingegen nicht oder nur teilweise erfüllt, werden – je nach Erfüllungsgrad – zwischen 0 und 9 Punkte vergeben.[120] In der Praxis ist es durchaus üblich, die Bepunktung in einem gestuften Verfahren vorzunehmen (z. B.: nicht erfüllt = 0 Punkte, teilweise erfüllt = 5 Punkte, vollständig erfüllt = 10 Punkte). Im Rahmen einer mehrstufigen Zielhierarchie ergibt sich der Nutzwert des konventionellen und des PPP-Realisierungskonzeptes aus der Multiplikation der Teilnutzen der Zielkriterien mit den Kriteriengewichten der übergeordneten Oberziele sowie der anschließenden Addition der Ergebnisse. Die Handlungsalternative mit dem grö-

---

[117] Vgl. Götze/Bloech, S. 182. Die Zusammenführung der Ergebnisse der Analyse qualitativer Aspekte mit den Ergebnissen der quantitativen Analyse erfolgt in einem gesonderten Verfahrensschritt. Vgl. Abschnitt 5.2.2.4.

[118] Ob die Gewichtung der Zielkriterien bereits vor dem Vergabeverfahren bekannt gemacht werden muss ist streitig. Bislang geht die überwiegende Ansicht davon aus, dass eine Gewichtung nur dann vorab bekannt zu machen ist, wenn sie für den Auftraggeber bereits feststeht. Ansonsten wird dem Auftraggeber die Möglichkeit belassen, die Gewichtung im Laufe des Vergabeverfahrens zu ändern. Um nicht dem Vorwurf der Manipulation ausgesetzt zu sein, kommt einer sorgfältigen Dokumentation der Entwicklung der Gewichtung eine zentrale Bedeutung zu.

[119] Vgl. Bundesministerium der Finanzen (2001): VV-BHO – Anhang § 7, S. 14. Neben der Normierung auf den Wert 100 kann in der Praxis alternativ auch eine Normierung auf den Wert 1 oder 10 vorgenommen werden. Im Falle einer mehrstufigen Zielhierarchie muss eine entsprechende Gewichtung der Zielkriterien auf allen Hierarchieebenen erfolgen.

[120] Zu beachten ist, dass das Nichterfüllen eines Zielkriteriums ggf. zum Ausschluss aus dem Verfahren führen kann/muss.

ßeren Nutzwert ist – unter Berücksichtigung der verwendeten Zielkriterien sowie der im Rahmen der Bewertung getroffenen Annahmen – am vorteilhaftesten. Die nachfolgende Abbildung verdeutlicht die Ermittlung des Nutzwertes anhand eines einfachen hypothetischen Zahlenbeispiels.

Abbildung 11: Nutzwertanalyse

Zielebene		Zielgewichtung	Teilnutzenbestimmung				Nutzwertbestimmung	
			PPP-Variante		konventionelle Variante		PPP-Variante	konventionelle Variante
			Punkte	Teilnutzen	Punkte	Teilnutzen		
Z		100,00						
Z_1		40,00						
	Z_{1a}	30,00	5,00	150,00	3,00	90,00	6 000,00	3 600,00
	Z_{1b}	20,00	4,00	80,00	6,00	120,00	3 200,00	4 800,00
	Z_{1c}	50,00	6,00	300,00	4,00	200,00	12 000,00	8 000,00
Z_2		35,00						
	Z_{2a}	60,00	7,00	420,00	7,00	420,00	14 700,00	14 700,00
	Z_{2b}	40,00	5,00	200,00	3,00	120,00	7 000,00	4 200,00
Z_3		25,00						
	Z_{3a}	55,00	8,00	440,00	7,00	385,00	11 000,00	9 625,00
	Z_{3b}	30,00	6,00	180,00	7,00	210,00	4 500,00	5 250,00
	Z_{3c}	15,00	9,00	135,00	7,00	105,00	3 375,00	2 625,00
						Nutzwert:	**61 775,00**	**52 800,00**

5.2.2.4 Zusammenführung der Ergebnisse der quantitativen und qualitativen Analyse

Für die Entscheidung, ob die konventionelle Beschaffungsvariante oder das bevorzugte PPP-Angebot wirtschaftlich vorteilhafter ist, sind die Ergebnisse der quantitativen und qualitativen Analyse zusammenzuführen und insgesamt zu beurteilen.[121] Soweit möglich, ist bei der Entscheidungsfindung zu vermeiden, die Ergebnisse der Kapitalwertmethode (bewertet in Geldeinheiten) und die Ergebnisse der Nutzwertanalyse (bewertet anhand von Bewertungspunkten) auf einer einheitlichen Bewertungsskala zusammenzuführen. Eine entsprechende Zusammenführung kann insbesondere dann vermieden werden, wenn die Ergebnisse der Kapitalwertmethode zu der gleichen Vorteilhaftigkeit/Reihung wie die Ergebnisse der Nutzwertanalyse führen und die Beurteilung der wirtschaftlichen Vorteilhaftigkeit der Handlungsalternativen eindeutig ist.

Die nachfolgende Tabelle verdeutlicht eine entsprechende Entscheidungssituation anhand eines einfachen hypothetischen Zahlenbeispiels.

Tabelle 7: Entscheidung bei gleichgerichteten Ergebnissen der Kapitalwertmethode und der Nutzwertanalyse

	Konventionelle Beschaffungsvariante	Bevorzugtes PPP-Angebot
Kapitalwert [GE]	– 50 000	**– 40 000**
Nutzwert [BP]	35 000	**45 000**

[121] Bundesministerium der Finanzen (2001): VV-BHO – Anhang § 7, S. 14.

Die Gegenüberstellung der Ergebnisse zeigt, dass das bevorzugte PPP-Angebot neben einem vorteilhaften Kapitalwert auch einen höheren Nutzwert aufweist und somit wirtschaftlicher als die konventionelle Beschaffungsvariante ist.

Führen Kapitalwertmethode und Nutzwertanalyse zu unterschiedlichen Reihungen (bspw. ist das bevorzugte PPP-Angebot nach der Kapitalwertmethode vorteilhafter, weist jedoch einen geringeren Nutzwert auf), sind weiterführende Betrachtungen erforderlich, die regelmäßig eine Zusammenführung der Ergebnisse auf einer einheitlichen Bewertungsskala bedingen. Bei derartigen Sachverhalten bedarf es eines systematischen und transparenten Bewertungs- und Auswahlverfahrens und einer nachvollziehbaren Begründung der Entscheidung für eine Realisierungsvariante.[122] Verfahrenstechnisch besteht in diesem Zusammenhang grundsätzlich die Möglichkeit, auf die Nutzwertanalyse zurückzugreifen und den Kapitalwert – entgegen dem Grundsatz, auf monetäre Zielkriterien zu verzichten[123] – als zusätzliches Zielkriterium zu definieren. Der Kapitalwert ist entsprechend seiner Relevanz für die Entscheidungsfindung zu gewichten und mit Bewertungspunkten zu versehen. Anhand der Gewichtung des Kapitalwerts kann dessen Bedeutung für die abschließende Beurteilung der wirtschaftlichen Vorteilhaftigkeit der konventionellen Beschaffungsvariante bzw. des bevorzugten PPP-Angebotes bewusst betont oder geringer bewertet werden. Daher ist darauf zu achten, dass die Gewichtung des Kapitalwerts in einem angemessenen Verhältnis zu den qualitativen Zielkriterien steht.[124]

Alternativ zur Berücksichtigung des Kapitalwerts im Rahmen der Nutzwertanalyse besteht die Möglichkeit, die Analyse quantitativer und qualitativer Projektsachverhalte weiterhin getrennt durchzuführen und die Ergebnisse in einem nachgelagerten Verfahrenschritt für die Gesamtbeurteilung der wirtschaftlichen Vorteilhaftigkeit zusammenzuführen. Vorteile eines derartigen Ansatzes sind eine inhaltlich strikt getrennte Analyse quantitativer und qualitativer Sachverhalte sowie eine hohe Transparenz und Nachvollziehbarkeit der Entscheidungsfindung. Auch bei diesem Verfahren kommt der Gewichtung der Ergebnisse, d. h. der Kapital- und Nutzwerte der konventionellen Beschaffungsvariante und dem bevorzugten PPP-Angebot, eine zentrale Bedeutung zu. Ein mögliches Verfahren zur Zusammenführung der Ergebnisse der Kapitalwertmethode und der Nutzwertanalyse wird – unter Verwendung des in der nachfolgenden Tabelle dargestellten Zahlenbeispiels – exemplarisch aufgezeigt.

Tabelle 8: Annahmen Rechenbeispiel

	Konventionelle Beschaffungsvariante	**Bevorzugtes PPP-Angebot**
Kapitalwert [GE]	– 50 000	**– 40 000**
Nutzwert [BP]	**45 000**	35 000

In dem vorliegenden Zahlenbeispiel weist das bevorzugte PPP-Angebot zwar einen wirtschaftlich vorteilhafteren Kapitalwert als die konventionellen Beschaffungsvariante auf, verfügt jedoch über den niedrigeren Nutzwert. Insofern ist eine differenzierte Analyse der wirtschaftlichen Vorteilhaftigkeit erforderlich. Bei dieser Analyse werden die Ergebnisse des bevorzugten PPP-Angebots an den Ergebnissen der konventionellen Beschaffungsvariante

[122] Vgl. Bundesministerium der Finanzen (2001): VV-BHO § 7, Nr. 2.3.

[123] Vgl. Abschnitt 5.2.2.3.

[124] Ausdrückliche gesetzliche Regelungen für die Gewichtung einzelner Wirtschaftlichkeitskriterien bestehen nicht. Allerdings gelten auch hier die allgemeinen Anforderungen der Transparenz und der Chancengleichheit. Die Bedeutung des Preises bei der Angebotswertung entzieht sich einer im Vorhinein festgelegten und für alle Vergabefälle gleichermaßen geltenden Bewertung. Allerdings darf der Angebotspreis von seiner Gewichtung her nicht am Rande einer Bewertung stehen und erst recht darf der Zuschlag nicht losgelöst von preislichen Überlegungen erteilt werden.

gemessen, d.h. zu diesen ins Verhältnis gesetzt. Die konventionelle Beschaffungsvariante stellt somit die „Nulllinie" für die vergleichende Betrachtung dar. Das Verhältnis des Kapitalwertes der PPP-Beschaffungsvariante zum Kapitalwert der konventionellen Beschaffungsvariante wird als Vorteilhaftigkeitsmaß ausgedrückt (gilt auch für die Nutzwerte der beiden Beschaffungsvarianten).

Berechnung:

Kapitalwert:

$$VM_{KW} = \left[\frac{KW_{PBV}}{KW_{KBV}}\right] - 1 \qquad - 20\,\% = \left[\frac{-40\,000}{-50\,000}\right] - 1$$

VM_{KW}: Vorteilhaftigkeitsmaß Kapitalwert
KW_{KBV}: Kapitalwert konventionelle Beschaffungsvariante
KW_{PBV}: Kapitalwert PPP-Beschaffungsvariante

Nutzwert:

$$VM_{NW} = \left[\frac{NW_{PBV}}{NW_{KBV}}\right] - 1 \qquad - 22\,\% = \left[\frac{-35\,000}{-45\,000}\right] - 1$$

VM_{NW}: Vorteilhaftigkeitsmaß Nutzwert
NW_{KBV}: Nutzwert konventionelle Beschaffungsvariante
NW_{PBV}: Nutzwert PPP-Beschaffungsvariante

Da die Kapitalwerte mit negativen Vorzeichen vorliegen, ist für den Fall, dass der Kapitalwert der PPP-Variante den Kapitalwert der konventionellen Beschaffungsvariante unterschreitet, ein Vorzeichenwechsel beim Vorteilhaftigkeitsmaß erforderlich.

Für die Gesamtbetrachtung sind die ermittelten Vorteilhaftigkeitsmaße in einem nächsten Arbeitsschritt entsprechend ihrer Bedeutung für die Entscheidungsfindung zu gewichten. Über die jeweilige Bedeutung – und damit auch die Gewichtung – der quantitativen und qualitativen Faktoren kann die öffentliche Hand grundsätzlich frei entscheiden.[125] In dem hier dargestellten Beispiel sollen die quantitativen Faktoren exemplarisch mit 60% und die qualitativen Faktoren mit 40% gewichtet werden. Im Anschluss an die Gewichtung sind die Ergebnisse zu summieren.

Die nachfolgende Tabelle fasst die Ergebnisse des Rechenbeispiels zusammen.

Tabelle 9: Ergebnisse des Rechenbeispiels

	Relative Vorteilhaftigkeit Bevorzugtes PPP-Angebot	Gewichtung	Ergebnis
Kapitalwert	20 %	60 %	12 %
Nutzwert	– 22 %	40 %	– 8,8 %
Gesamtergebnis			**3,2 %**

Im Ergebnis führt dieser Ansatz zu einer Beurteilung der relativen Vorteilhaftigkeit des bevorzugten PPP-Angebots bezüglich der beiden zu betrachtenden Bewertungskriterien (Kapital- und Nutzwert).

Weist das bevorzugte PPP-Angebot ein positives Gesamtergebnis auf, ist es insgesamt betrachtet wirtschaftlich vorteilhafter als die konventionelle Beschaffungsvariante oder umgekehrt.

[125] Vgl. § 6 (Vergaberecht) Abschnitt 8.5.6.

5.2.3 Ergebnis des PPP-Wirtschaftlichkeitsnachweises

Der Zuschlag soll auf das Angebot erteilt werden, das – unter Berücksichtigung aller unmittelbar auftragsbezogenen Gesichtspunkte – als das wirtschaftlichste erscheint. Hierbei können neben technischen und wirtschaftlichen Kriterien auch qualitative Aspekte maßgeblich sein und entsprechend in die Bewertung des Preis-/Leistungsverhältnisses der Angebote Einfluss finden.[126]

Im Rahmen des PPP-Wirtschaftlichkeitsnachweises werden sämtliche entscheidungsrelevanten quantitativen und unmittelbar auftragsbezogenen qualitativen Aspekte berücksichtigt, so dass eine umfassende Bewertung der wirtschaftlichen Vorteilhaftigkeit des bevorzugten PPP-Angebots möglich ist. Vor diesem Hintergrund stellen die Ergebnisse des PPP-Wirtschaftlichkeitsnachweises grundsätzlich eine geeignete Basis für die Zuschlagserteilung bzw. den Vertragsabschluss dar. Der Zuschlag für das bevorzugte PPP-Angebot erfolgt, wenn dieses unter Berücksichtigung aller Wertungskriterien (quantitativ und qualitativ) ein besseres Preis-Leistungsverhältnis als die konventionelle Beschaffungsvariante bietet.

Führt der PPP-Wirtschaftlichkeitsnachweis zu dem Ergebnis, dass das bevorzugte PPP-Angebot im Vergleich zur konventionellen Beschaffungsvariante ein schlechteres Preis-Leistungsverhältnis aufweist, kann der öffentliche Auftraggeber versuchen, die Wirtschaftlichkeit des Angebots im Rahmen von Nachverhandlungen mit dem bevorzugten Bieter zu verbessern. Führen diese Nachverhandlungen nicht zum Zuschlag/Vertragsabschluss können in einem nächsten Schritt ggf. auch Verhandlungen mit den „nächstplatzierten" Bieter geführt werden. Führen die Nachverhandlungen nicht zu dem gewünschten Erfolg, kann das Vergabeverfahren ggf. aufgehoben und eine konventionelle Ausschreibung vorgenommen werden. Die Aufhebung eines Vergabeverfahrens ist nach deutschem Recht nur unter den abschließend aufgezählten Voraussetzungen des § 26 Nr. 1 VOB/A bzw. VOL/A rechtmäßig. Allerdings ist die Rechtsprechung sehr restriktiv, so dass die Aufhebung lediglich „ultima ratio" sein kann. Voraussetzung für die Aufhebung eines PPP-Vergabeverfahrens ist insofern, dass nach Prüfung und Wertung der Angebote kein angemessenes oder annehmbares Angebot vorliegt und sämtliche Angebote privater Bieter – entgegen der begründeten Vorteilhaftigkeitserwartung[127] vor Einleitung des Vergabeverfahrens – unwirtschaftlich sind.[128]

Nach § 26 Nr. 1 VOB/A und VOL/A kann das Vergabeverfahren wegen Unwirtschaftlichkeit der Angebote aufgehoben und das Projekt konventionell ausgeschrieben werden. Bei der Vorbereitung und Durchführung der konventionellen Ausschreibung muss die öffentliche Hand nicht von null starten, sondern kann auf den im Rahmen der PPP-Ausschreibung geleisteten Arbeiten aufsetzen.

5.2.4 Dokumentation

Im Rahmen von Wirtschaftlichkeitsuntersuchungen während der Planungsphase werden diejenigen Daten und Informationen generiert und dokumentiert, die die verantwortlichen Entscheidungsträger auf Seiten der öffentlichen Hand benötigen, um unter Wirtschaftlichkeitsgesichtspunkten über die Realisierung eines Vorhabens bzw. einer Investition zu entscheiden. Derartige Entscheidungen sind Gegenstand von Gutachten, Genehmigungen und Prüfungsroutinen. Einer lückenlosen und nachvollziehbaren Aufbereitung bzw. Dokumentation der Wirtschaftlichkeitsuntersuchungen kommt eine zentrale Bedeutung zu. Hierbei sind nicht nur die jeweiligen Ergebnisse in den unterschiedlichen Phasen der Wirtschaftlichkeitsuntersuchung zu berücksichtigen, sondern es sind alle entscheidungsrelevanten Parameter aufzuzeigen, wie z. B. getroffene Annahmen, verwendete Daten-/Informationsquellen, relevante Projektbeteiligte.

---

[126] Vgl. § 6 (Vergaberecht) Abschnitt 8.5.7.

[127] Basis der Vorteilhaftigkeitserwartung sind die Ergebnisse eines ordnungsgemäß durchgeführten Beschaffungsvariantenvergleichs.

[128] Vgl. § 6 (Vergaberecht) Abschnitt 7.14.

6. Phase 4: Implementierung und Vertragscontrolling und Phase 5: Verwertung

6.1 Zielsetzung und Zweckbestimmung dieser Phasen

In der vierten Phase des PPP-Beschaffungsprozesses erfolgt die eigentliche Projektrealisierung. Aus Sicht der öffentlichen Hand besteht die Aufgabe in dieser Phase primär darin, die vertragskonforme Leistungserbringung durch den Privaten kontinuierlich zu überwachen und sicherzustellen. In der fünften Phase, am Ende der Vertragslaufzeit, erfolgt die ordnungsgemäße Beendigung des Projektes und ggf. die vertragsgemäße Verwertung des Objektes. In Abhängigkeit von der Vertragsgestaltung während der Projektlaufzeit geht es bei der Verwertung u. a. darum, wer das Vertragsobjekt zukünftig betreibt, in wessen Eigentum es steht und wie ggf. ein Eigentumsübergang zu gestalten ist. Als laufende Beobachtung sowie begleitende und abschließende Erfolgskontrolle kommt der Durchführung geeigneter Wirtschaftlichkeitsuntersuchungen in den Phasen 4 und 5 eine zentrale Bedeutung zu. Die im Einzelnen in den beiden Phasen erforderlichen Arbeitsschritte sind in der nachfolgenden Abbildung aufgeführt.

Abbildung 12: Arbeitsschritte im Rahmen der Implementierung und des Vertragscontrollings sowie der Verwertung

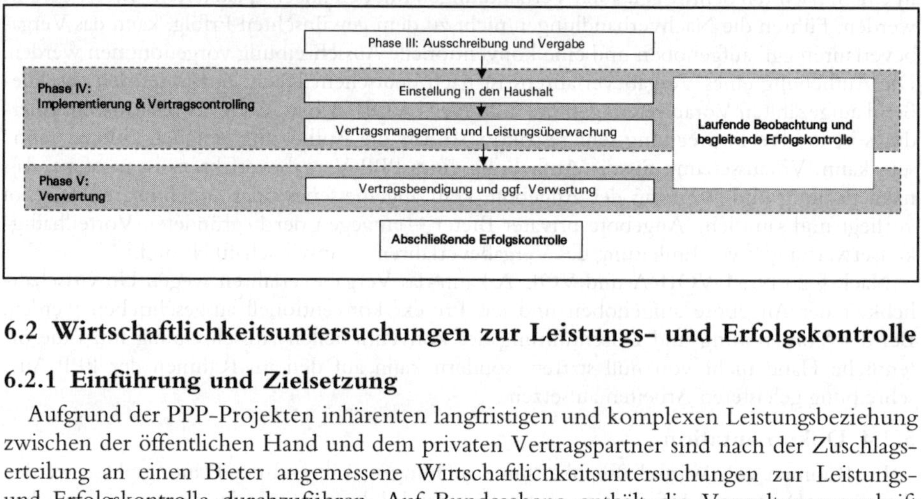

6.2 Wirtschaftlichkeitsuntersuchungen zur Leistungs- und Erfolgskontrolle

6.2.1 Einführung und Zielsetzung

Aufgrund der PPP-Projekten inhärenten langfristigen und komplexen Leistungsbeziehung zwischen der öffentlichen Hand und dem privaten Vertragspartner sind nach der Zuschlagserteilung an einen Bieter angemessene Wirtschaftlichkeitsuntersuchungen zur Leistungs- und Erfolgskontrolle durchzuführen. Auf Bundesebene enthält die Verwaltungsvorschrift zu § 7 BHO diesbezüglich entsprechende Vorgaben,[129] die je nach Zeitpunkt der Untersuchungen unterscheiden in:

- Wirtschaftlichkeitsuntersuchungen während der Durchführung der Maßnahme („laufende Beobachtung" und „begleitende Erfolgskontrolle") und
- Wirtschaftlichkeitsuntersuchungen nach Beendigung der Maßnahme („abschließende Erfolgskontrolle").

Aufbauend auf den definierten Zielen sowie den Erkenntnissen der Wirtschaftlichkeitsuntersuchungen (insbesondere Kapital- und Nutzwert) während der Planungsphase sind im Rahmen der Leistungs- und Erfolgskontrolle die Effektivität (Zielerreichungs- und Wirkungskontrolle) und die Effizienz (Wirtschaftlichkeitskontrolle) der Maßnahme systematisch zu analysieren und zu überprüfen. Hierbei kommt einer lückenlosen und nachvollziehbaren

---

[129] Vgl. Bundesministerium der Finanzen (2001): VV-BHO § 7, Nr. 2. und 2.2.

Dokumentation während der Planungsphase besondere Bedeutung zu.[130] Während auf Landesebene prinzipiell vergleichbare Anforderungen bestehen,[131] existieren auf kommunaler Ebene entsprechende oder ähnliche Vorschriften nicht. Im Sinne eines umfassenden Vertragsmanagements und -controllings ist es jedoch empfehlenswert, auch auf kommunaler Ebene Untersuchungen zur Leistungs- und Erfolgskontrolle vorzunehmen. Dies gilt insbesondere für die Durchführung „laufender Beobachtungen".

6.2.2 Laufende Beobachtung, begleitende und abschließende Erfolgskontrolle

PPP-Konzepten liegt eine langfristige, vertraglich geregelte Leistungsbeziehung zwischen der öffentlichen Hand und einem privaten Vertragspartner zu Grunde. Die öffentliche Hand tritt als Nachfrager bestimmter (Dienst-)Leistungen auf, wobei sie dem Privaten wesentliche Rahmenbedingungen und Gestaltungsparameter für die Leistungserstellung vorgibt und die von ihm einzuhaltenden Leistungsstandards (sog. „Service Level") definiert. Die von den Privaten erbrachten Leistungen werden i. d. R. auf der Basis eines vertraglich vereinbarten Leistungsentgelts vergütet. Zwecks Etablierung effektiver Anreizstrukturen sind im Rahmen von PPP leistungs- und erfolgsabhängige Vergütungsmechanismen zu vereinbaren, so dass die Höhe des seitens der öffentlichen Hand zu zahlenden Leistungsentgelts durch den Erfüllungsgrad der vereinbarten Leistungsstandards bestimmt wird. Zentrale Grundlagen eines derartigen Vergütungsmechanismus sind:

- die Beschreibung von Art und Umfang der zu erbringenden Leistung (Leistungsbeschreibung),
- die Definition von Leistungsstandards („Service Level Agreement") sowie objektiver Größen und Verfahren zu deren Messung,
- die Entwicklung eines Bonus-/Malus-Systems.

Je nach Erfüllung der Leistungsstandards finden vertraglich vereinbarte Bonifikations- oder Sanktionsmechanismen (Bonus-/Malus-System) Anwendung und bestimmen die Höhe des tatsächlich zu zahlenden Leistungsentgelts. Vor dem Hintergrund der „Fremderbringung" von Leistungen durch Private sowie der damit verbundenen komplexen Vertragsbeziehungen kommt der laufenden Beobachtung im Sinne eines kontinuierlichen und umfassenden Vertragscontrollings/-monitorings durch die öffentliche Hand eine zentrale Bedeutung zu. Die laufende Beobachtung ermöglicht die fortlaufende Überwachung der vertragsgemäßen Leistungserbringung, insbesondere der Erfüllung der definierten Leistungsstandards. Auf dieser Grundlage hat die öffentliche Hand grundsätzlich die Möglichkeit, zeitnah auf mögliche Nichterfüllung oder Schlechtleistungen des Privaten oder sonstige Unregelmäßigkeiten oder Abweichungen von den vertraglichen Vereinbarungen zu reagieren sowie die Zahlungen des monatlichen Leistungsentgelts entsprechend der tatsächlichen Leistungserbringung („Performance") des Privaten aktiv zu steuern. Auf Grund der kontinuierlichen und systematischen Aufnahme und Analyse von Projektinformationen stellt die laufende Beobachtung darüber hinaus ein geeignetes Verfahren dar, empirisches Datenmaterial zur Planung und Umsetzung (Errichtung, Finanzierung, Betrieb und ggf. Verwertung) von PPP Projekten zu sammeln, aufzubereiten und anschließend, bspw. in Form von Kennzahlen-/Benchmarking-Pools, für die Strukturierung zukünftiger PPP-Projekte sowie die Durchführung von Wirtschaftlichkeitsuntersuchungen bereitzustellen.[132]

Neben der laufenden Beobachtung sieht die VV zu § 7 BHO zeitpunktbezogene begleitende Erfolgskontrollen vor. Hierbei sind insbesondere die Effektivität und die Effizienz der

---

[130] Sind die erforderlichen Informationen auf Grund einer mangelhaften Dokumentation nicht verfügbar, sind diese nachträglich zu beschaffen. Vgl. Bundesministerium der Finanzen (2001): VV-BHO § 7, Nr. 2.2.

[131] Im Einzelfall können die spezifischen Regelungen auf Landesebene von den Vorgaben der VV zu § 7 BHO abweichen.

[132] Vgl. Abschnitt 3.4.2.2.

Maßnahme zum jeweiligen Betrachtungszeitpunkt zu beurteilen. Die Beurteilung der Zielerreichung (Effektivität) im Rahmen begleitender Erfolgskontrollen erfordert eine möglichst präzise Definition der Projektziele während der Planungsphase.[133] Eine Anpassung der Zielsetzungen während der Projektlaufzeit durch die öffentliche Hand, bspw. auf Grund von Veränderungen der Projektrahmenbedingungen (gesellschaftlich, technisch, wirtschaftlich, rechtlich, etc.), bedarf grundsätzlich entsprechender „Öffnungsklauseln" im Vertragswerk. Nachträgliche Veränderungen der Zielsetzungen sowie die daraus ggf. resultierende Modifikation der Leistungsanforderungen bedingen regelmäßig eine entsprechende Anpassung des vereinbarten Leistungsumfangs und -entgelts. Im Vertragswerk ist diesem Umstand durch die Vereinbarung zweckmäßiger und messbarer „Vergütungsanpassungstatbestände" Rechnung zu tragen.

Die Wirtschaftlichkeitskontrolle fußt auf dem Ergebnis des PPP-Wirtschaftlichkeitsnachweises. Zur Beurteilung der Effizienz der Maßnahme sind die Kapitalwertberechung[134] und/oder die Nutzwertanalyse[135] mit den tatsächlichen Daten zum Zeitpunkt der Kontrolle erneut durchzuführen und den geplanten Werten, d.h. den Ergebnissen des PPP-Wirtschaftlichkeitsnachweises, vergleichend gegenüberzustellen (Soll-Ist-Vergleich).[136] Während zur Beurteilung qualitativer Aspekte auf einen direkten Vergleich von geplantem und tatsächlichem Nutzwert abgestellt werden kann, lässt ein einfacher Vergleich der Kapitalwerte keinen ausreichenden Rückschluss auf die tatsächliche Effizienz der Maßnahme zu. Zwecks Generierung belastbarer Aussagen ist dem geplanten und tatsächlichen Kapitalwert das jeweils geplante bzw. tatsächlich erreichte Leistungsniveau gegenüberzustellen. Abweichungen zwischen geplantem und tatsächlichem Kapitalwert können vor dem Hintergrund der tatsächlichen Erfüllung der definierten Leistungsstandards analysiert und bewertet werden. Sofern vergleichbare (konventionelle) Projekte vorliegen, ist es zur Gewinnung umfangreicher und belastbarer Erkenntnisse hinsichtlich der wirtschaftlichen Vorteilhaftigkeit von PPP-Realisierungsansätzen darüber hinaus empfehlenswert, die Effektivität und Effizienz von PPP-Maßnahmen während der Projektlaufzeit mit einer ähnlichen (konventionell realisierten) Maßnahme zu vergleichen.[137]

Getroffene Annahmen sowie die Methodik und die Ergebnisse begleitender Erfolgskontrollen sind umfassend zu dokumentieren und systematisch auszuwerten. Dabei sind wesentliche Abweichungen zwischen den Plan- und Ist-Ergebnissen zu erläutern. Auf der Grundlage der Ergebnisse begleitender Erfolgskontrollen sind von der öffentlichen Hand ggf. angemessene Maßnahmen zu ergreifen, um eine nachhaltige Zielerreichung sicherzustellen. Es ist daher wichtig, dass das PPP-Vertragswerk der öffentlichen Hand bei Eintritt bestimmter Projekttatbestände vertraglich definierte Rechte, bspw. Eintrittsrechte oder das Recht zur vorzeitigen Vertragsbeendigung, eröffnet, wobei zu berücksichtigen ist, dass nicht alle Eventualitäten über einem Zeitraum von bis zu 25 Jahren durch einen Vertrag abgedeckt werden können. Effektivität und Effizienz einer Maßnahme sind nach deren Beendigung endgültig im Rahmen einer abschließenden Erfolgskontrolle festzustellen. Methodisch besteht zwischen begleitender und abschließender Erfolgskontrolle grundsätzlich kein Unterschied.[138]

[133] Vgl. Abschnitt 2.4.

[134] Vgl. Abschnitt 5.2.2.1.

[135] Vgl. Abschnitt 5.2.2.3.

[136] Vgl. Bundesministerium der Finanzen (2001): VV-BHO § 7, Nr. 3.

[137] Vgl. z.B. National Audit Office (2003).

[138] Vgl. Bundesministerium der Finanzen (2001): VV-BHO § 7, Nr. 2.2.

Anhang I. Rechenbeispiel zur Durchführung von Wirtschaftlichkeitsuntersuchungen

Einleitung

Wie in den obigen Ausführungen dargestellt, sind im Rahmen von Wirtschaftlichkeitsuntersuchungen alle entscheidungsrelevanten quantitativen und qualitativen Faktoren der konventionellen Beschaffungsvariante sowie alternativer PPP-Beschaffungsansätze angemessen zu berücksichtigen.[139]

Grundlage für die Analyse quantitativer Faktoren sind die periodischen Zahlungsströme der jeweils zu vergleichenden Beschaffungsansätze, die das Ergebnis detaillierter vorgelagerter Kalkulationen sowohl der öffentlichen Hand als auch privater Bieter darstellen. Bei der Kalkulation des PPP-Beschaffungsansatzes entspricht der Zahlungsstrom dem (einheitlichen) Leistungsentgelt, das die öffentliche Hand dem Privaten für die Erbringung der vereinbarten Leistungen zu zahlen hat. Der komplementäre Zahlungsstrom der konventionellen Beschaffungsvariante wird durch entsprechende Betrachtungen der öffentlichen Hand für den Fall der Eigenrealisierung bestimmt.

Anhand der nachfolgend dargestellten hypothetischen Beispielsrechnung wird der strukturelle Aufbau eines Financial Models der öffentlichen Hand zur Ermittlung des periodischen Zahlungsstroms der konventionellen Beschaffungsvariante skizziert (Blätter im Rechenmodell: Annahmen, Errichtung Modernisierung KBV, Finanzierung KBV, Betriebskosten KBV, Risikokosten KBV, Zusammenfassung KBV). Dieser Zahlungsstrom wird dem einheitlichen Leistungsentgelt eines hypothetischen PPP-Angebots auf Basis einer Kapitalwertbetrachtung gegenübergestellt, diskontiert und hinsichtlich der wirtschaftlichen Vorteilhaftigkeit analysiert (Blatt im Rechenmodell: Wirtschaftlichkeitsuntersuchung).

Sachverhalt

Der diesen Ausführungen zu Grunde liegende Sachverhalt kann wie folgt beschrieben werden:

- Aufbauend auf einer entsprechenden Bedarfsfeststellung und Maßnahmenidentifizierung soll ein neues Verwaltungsgebäude errichtet und für einen Zeitraum von 25 Jahren betrieben werden.
- Das erforderliche Grundstück wird aus dem Portfolio des Vorhabenträgers bereitgestellt. Im Rahmen einer PPP-Lösung sind für die Nutzung des Grundstücks keine Entgelte zu berücksichtigen.
- Nach Projektbeendigung soll das Gebäude in der Dispositionshoheit der öffentlichen Hand verbleiben.
- Der Betrieb des Verwaltungsgebäudes schließt neben gebäudetypischen Leistungen zusätzliche Dienstleistungen ein, die im Hinblick auf die originär durch die öffentliche Hand zu erbringenden Verwaltungsaufgaben unterstützenden Charakter besitzen (Catering, Archiv, Vervielfältigung usw.). Diese Leistungen werden bei der konventionellen Beschaffungsvariante in den Personalkosten abgebildet.
- Im Rahmen einer PPP-Lösung hat ein Privater die Leistungserstellung zu einem einheitlichen Leistungsentgelt anzubieten.

Kalkulation der konventionellen Beschaffungsvariante auf der Basis eines Financial Models

Planung und Durchführung von PPP-Vorhaben erfordern umfangreiche Kalkulationen, die regelmäßig im Rahmen von Financial Models durchgeführt werden. Sie bieten die Möglichkeit, komplexe Sachverhalte zahlenmäßig strukturiert abzubilden und aufzubereiten. Dies gilt sowohl für die seitens der öffentlichen Hand als auch für die von den Privaten durchzuführenden Berechnungen.

---

[139] Vgl. Abschnitt 5.2.2.

Als Vergleichsmaßstab (Benchmark) zur Beurteilung der wirtschaftlichen Vorteilhaftigkeit alternativer PPP-Realisierungsansätze hat der Vorhabensträger die konventionelle Beschaffungsvariante zahlenmäßig möglichst exakt abzubilden. Um bei der vergleichenden Gegenüberstellung von konventioneller Beschaffungsvariante und PPP-Ansätzen den Angeboten privater Bieter die erforderlichen Informationen entnehmen zu können, muss der Vorhabensträger den Privaten im Rahmen der Ausschreibungsunterlagen geeignete Vorgaben zur Darstellungen der Kalkulation der PPP-Lösung vorgeben. Das durch die Privaten kalkulierte Leistungsentgelt stellt für die öffentliche Hand ein „Datum" dar, das in die Wirtschaftlichkeitsuntersuchungen einfließt und dem Zahlungsstrom der konventionellen Beschaffungsvariante vergleichend gegenübergestellt wird.

Grundlage der quantitativen Analyse[140] der Wirtschaftlichkeitsuntersuchungen ist die quantitative Abbildung der konventionellen Beschaffungsvariante. Die Struktur des Financial Models zur Kalkulation der konventionellen Beschaffungsvariante stellt sich wie folgt dar:

Abbildung 13: Struktur Financial Model

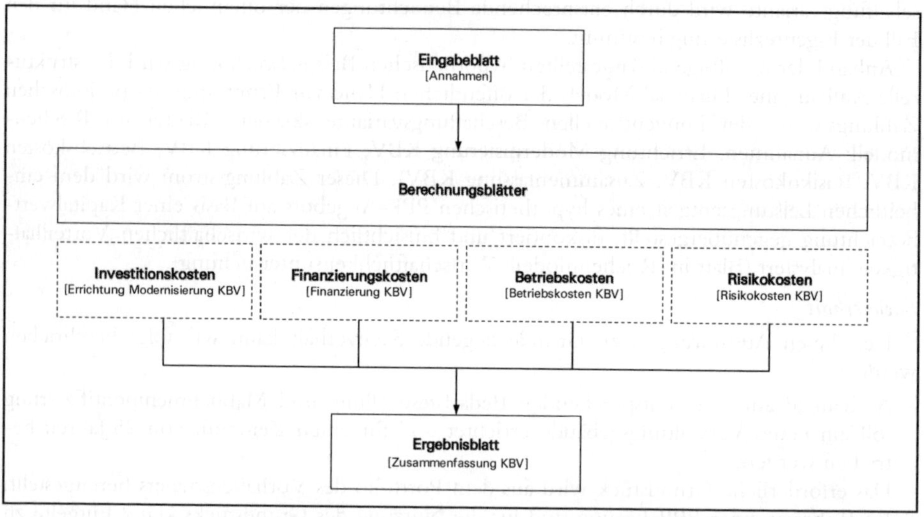

Im Eingabeblatt *(Blatt im Rechenmodell: Annahmen)* sind alle Daten und Parameter erfasst, die für die Kalkulation der konventionellen Beschaffungsvariante erforderlich sind. Hierzu zählen Angaben zu folgenden Aspekten:

- Zeitplanung (Baubeginn, Betriebsbeginn, usw.),
- Inflationierung (z. B. Eskalatoren für Bau-, Personalkosten),[141]
- Grundstücks- und Gebäudeflächen (z. B. Brutto/Netto Geschossflächen),[142]
- Planungs- und Errichtungskosten (Kostengliederung in Anlehnung an die DIN 276),[143]
- Sonstige Investitionskosten und Modernisierungsmaßnahmen (z. B. Fahrzeuge, Zeitpunkte der Modernisierungsmaßnahmen),[144]
- Betrieb (Kostengliederung in Anlehnung an die GEFMA 200),[145]
- Finanzierung (z. B. Fremd-/Eigenfinanzierung, Kreditlaufzeiten, Tilgungsstruktur),[146]

---

[140] Zur quantitativen Analyse vgl. Abschnitt 5.2.2.1.
[141] Vgl. Abschnitt 5.2.2.1.
[142] Vgl. Abschnitt 3.6.3.1.
[143] Vgl. Abschnitt 3.6.3.1.1.
[144] Vgl. Abschnitt 3.6.3.1.2.
[145] Vgl. Abschnitt 3.6.3.2.
[146] Vgl. Abschnitt 3.6.3.4.

– Risikokosten (Risikokategorien, Schadenshöhen, Eintrittswahrscheinlichkeiten, Bezugsgrößen).[147]

Die Ermittlung dieser Inputparameter erfordert ein hohes Maß an Sorgfalt. Die Qualität bzw. Validität der Eingabegrößen bestimmt wesentlich die Belastbarkeit und Aussagekraft der Wirtschaftlichkeitsuntersuchungen.

Aufbauend auf dem Eingabeblatt sind alle weiteren Berechnungen transparent und nachvollziehbar aufzubauen und durchzuführen (*Blätter im Rechenmodell: Errichtung Modernisierung KBV, Finanzierung KBV, Betriebskosten KBV, Risikokosten KBV).* Zu diesem Zweck sind komplexe Berechnungsschritte in Teilschritte zu untergliedern und Zwischenergebnisse separat auszuweisen. In dem vorliegenden Modell werden die Investitions-, Finanzierungs-, Betriebs- und Risikokosten in separaten Arbeitsblättern für die gesamte Projektlaufzeit abgebildet. Grundlage für die Kalkulation sind die in dem Eingabeblatt hinterlegten Parameter.

Im Ergebnisblatt *(Blatt im Rechenmodell: Zusammenfassung KBV)* werden die einzelnen Berechnungen zusammengefasst und weiterführende Analysen vorgenommen. Im Rahmen der Wirtschaftlichkeitsuntersuchungen ist auf der Basis der periodischen Zahlungsströme der Kapitalwert der konventionellen Beschaffungsvariante zu bestimmen. Darauf aufbauend sind bspw. Sensitivitätsanalysen durchzuführen, um die Bedeutung einzelner Eingabeparameter für die Ergebnisse sowie Wirkungszusammenhänge ausgewählten Einflussfaktoren genauer untersuchen und abschätzen zu können. In dem vorliegenden Beispiel werden Sensitivitätsanalysen beispielhaft bezüglich des Kapitalwerts für die Faktoren Bau- und Personalkosten sowie Inflation durchgeführt. Die Ergebnisse sind mit Hilfe von grafischen Darstellungen zu visualisieren. Diese Vorgehensweise erleichtert die Interpretation der Berechnungen.[148]

Mit dem Ergebnis der Kalkulation der konventionellen Beschaffungsvariante verfügt der Vorhabensträger über eine detaillierte Abbildung der zu beschaffenden Maßnahme im Rahmen der Eigenrealisierung.

Vergleich der konventionellen Beschaffungsvariante und des PPP-Beschaffungsansatzes

Darauf aufbauend wird in dem Blatt „Wirtschaftlichkeitsuntersuchung" der Zahlungsstrom der konventionellen Beschaffungsvariante einem hypothetischen privaten Leistungsentgelt vergleichend gegenübergestellt. Ausgehend von den getroffenen Annahmen sind zum Zweck der Vergleichbarkeit gewisse Anpassungen bei dem privaten Leistungsentgelt vorzunehmen. So wird bspw. unterstellt, dass dem Maßnahmenträger für das Vertragsmanagement (Controlling) zusätzliche Kosten entstehen, die entsprechend dem Leistungsentgelt des Privaten zuzurechnen sind.[149] Darüber hinaus müssen die aus den bei der öffentlichen Hand verbleibenden Gesetzgebungs- und Regulierungsrisiken entstehenden Kosten dem Zahlungsstrom der PPP-Lösung des Privaten zugerechnet werden, um einen fairen Vergleich der beiden Zahlungsströme zu ermöglichen.[150] Die konventionelle Beschaffungsvariante und der PPP-Beschaffungsansatz werden abschließend durch eine Gegenüberstellung der Kapitalwerte verglichen. Zur Bestimmung der Kapitalwerte wird die Zinsstrukturkurve und alternativ der durchschnittliche Zinssatz herangezogen.[151]

Das dargestellte Modell verdeutlicht die grundsätzliche Vorgehensweise im Umgang mit derartigen Sachverhalten. Im konkreten Einzelfall ist detailliert zu analysieren, wie sich entsprechende Tatbestände tatsächlich darstellen und welche Anpassungsmaßnahmen zur Gewährleistung der Vergleichbarkeit erforderlich sind.

Abschließend werden die Ergebnisse der Gegenüberstellung von konventioneller Beschaffungsvariante und hypothetischem privaten Leistungsentgelt grafisch aufbereitet.

---

[147] Vgl. Abschnitt 3.6.3.7.
[148] Zu Sensitivitätsanalysen vgl. 5.2.2.2.1.
[149] Vgl. Abschnitt 3.6.8.2.
[150] Vgl. Abschnitt 3.6.3.7.
[151] Vgl. Abschnitt 5.2.2.1.

Annahmen konventionelle Beschaffungsvariante (KBV)

Allgemeine Angaben

Modell erstellt durch	Name einfügen
Bearbeitungsstatus	Status einfügen
Projektbezeichnung	Beispiel für öffentliches Verwaltungsgebäude
Benutzungshinweise	Alle Eingabefelder sind durch blaue Schrift gekennzeichnet
	Alle Kosten- und Erlösangaben erfolgen in: T€

Zeitplan

Basisjahr (f. Eskalation):	Jahr	2003
Baubeginn	Jahr	01/2004
Dauer der Bauphase	Monate	24
	Jahre	2
Ende der Bauphase	Jahre	12/2005
Betriebsbeginn	Jahr	01/2006
Dauer der Betriebsphase	Jahre	25
Ende der Betriebsphase	Jahr	12/2030

Grundstücks- und Gebäudeflächen

Grundstücksfläche	m²	5.400
Preis pro m²	T€	0,00
Bruttogrundfläche (BGF) Gebäude	m²	13.000
Nettogrundfläche (NGF) Gebäude	m²	10.500

Planung und Errichtung der öffentlichen Hochbauinfratsruktur inkl. der erforderlichen Ausstattung

Verteilung der Baukosten über die Bauphase (ohne Grundstück)

Baujahr	Jahr	1	2004	2005			
Kostenanteil in Prozent	Prozent	2	40%	60%			OK

Baukosten - in Anlehnung an DIN 276

Preis pro m² BGF - Kostengruppe 300 DIN 276	T€	1.000,00
Preis pro m² BGF - Kostengruppe 400 DIN 276	T€	500,00

Sensitivität (Abweichung vom Basisszenario)

Grundstückskosten	Prozent	0,00%
andere Baukosten	Prozent	0,00%

		Basis	Sensitivität	Verwandte Werte
100 Grundstück	T€	0,0	0,00%	0,0
200 Herrichten und Erschließen	T€	570,0	0,00%	570,0
300 Bauwerk - Baukonstruktion	T€	13.000,0	0,00%	13.000,0
400 Bauwerk - Technische Anlage	T€	6.500,5	0,00%	6.500,5
500 Außenanlagen	T€	760,0	0,00%	760,0
600 Ausstattung und Kunstwerke	T€	1.200,0	0,00%	1.200,0
700 Baunebenkosten	T€	3.040,1	0,00%	3.040,1
Kosten für Unvorhergesehenes	T€	400,0	0,00%	400,0

Sonstige Investitionskosten und Modernisierungsmaßnahmen

	Anzahl	Kosten pro Einheit	Gesamtkosten	Nutzungsdauer
		T€	T€	Jahre
Fahrzeuge	2	30,0	60,0	6

Modernisierungsmaßnahmen	Jahr	Anteil Baukosten
Zeitpunkt 1	6	5%
Zeitpunkt 2	15	8%

Betrieb

Betriebskosten - in Anlehnung an GEFMA 200	Bezugsgröße	Anzahl der Einheiten	Kosten pro Einheit	Sensitivität	Gesamtkosten	Umsatzsteuerpflichtig
		m²	€		T€	
000 Übergeordnete Leistungen				0,00%	270,0	
010 Leitung Facility Management (FM)			200.000,0	0,00%	200,0	nein
020 Consulting für FM			0,0	0,00%	0,0	nein
030 Zentrale Datenhaltung			20.000,0	0,00%	20,0	nein
090 Sonst. Übergeornete Leistungen			50.000,0	0,00%	50,0	nein
200 Technisches Gebäudemanagement					325,9	
210 Technisches Objektmgt.				0,00%	0,0	nein
220 Betriebsführung Technik	m² NGF	10.500	8,9	0,00%	93,9	nein
230 Unterhalt (große Instandsetzung)					0,0	
240 Energiemanagement					0,0	nein
250 Versorgen				0,00%	116,6	ja
251 Abwasser	m² NGF	10.500	0,7	0,00%	7,4	ja
252 Wasser	m² NGF	10.500	0,8	0,00%	8,4	ja
253 Energieträger für Heizzwecke	m² NGF	10.500	4,7	0,00%	49,4	ja
254 Energieträger für Kühlzwecke				0,00%	0,0	ja
255 Strom	m² NGF	10.500	4,9	0,00%	51,5	ja
260 Transportdienste					105,0	
261 Fuhrpark				0,00%	0,0	nein
263 Boten und Kurierdienste	Lohnkosten	3	35.000,0	0,00%	105,0	nein
290 Sonst. Technische Leistungen	m² NGF	10.500	1,0	0,00%	10,5	ja
400 Infrastrukturelles Gebäudemanagement					936,0	
410 Flächenmanagement				0,00%	0,0	nein
420 Reinigungsdienste	m² NGF	10.500	20,0	0,00%	210,0	ja
430 Sicherheitsdienste					122,5	
431 Pforte und Zugangskontrolle	Lohnkosten	2	35.000,0	0,00%	70,0	nein
432 Objekt und Personenschutz	m² NGF	10.500	5,0	0,00%	52,5	ja
440 Hausmeisterdienste	Lohnkosten	3	35.000,0	0,00%	105,0	nein
450 Dienste in Außenanlagen	m²		5,6	0,00%	12,1	nein
460 Speisenverpflegung		2.160			300,0	
464 Personal	Lohnkosten	10	30.000,0	0,00%	300,0	nein
470 Umzugsmanagement					0,0	nein
480 Büro-Service	Lohnkosten	5	35.000,0	0,00%	175,0	nein
490 Entsorgen		1	11.400,0	0,00%	11,4	nein
600 Kaufmännisches Gebäudemanagement					56,7	
600 Kaufmännisches Gebäudemanagement	m² NGF	10.500	5,4	0,00%	56,7	nein

Finanzierung

Fremdfinanzierung	Prozent	100%
Finanzierung		
Kreditlaufzeit	Jahre	25
Marge	Basispunkte	0
Tigungsstruktur		annuitätisch

Zinsstrukturkurve

Jahr	Zinssatz
1	2,02%
2	2,20%
3	2,47%
4	2,76%
5	3,03%
6	3,25%
7	3,44%
8	3,60%
9	3,76%
10	3,88%
12	4,04%
15	4,28%
20	4,52%
25	4,63%
30	4,69%

Inflationierung (Eskalatoren) p. a.

Bauphase		nein		
Sensitivität	Prozent	0,00%		
			Sensitivität	
Baukosten	Prozent	1,5%	0,00%	1,5%
Baunutzungskosten	Prozent	1,5%	0,00%	1,5%
Umsatzerlöse	Prozent	1,5%	0,00%	1,5%
Personalkosten	Prozent	2,0%	0,00%	2,0%
übrige Kosten	Prozent	1,5%	0,00%	1,5%

Risikokosten

	Schadenshöhe		Eintrittswahrscheinlichkeit			
	Unterschreitung	Überschreitung	Unterschreitung	keine Abweichung	Überschreitung	Bezugsgrößen
	%	%	%	%	%	
Planungs- und Baurisiken						
Bauzeit	-5%	30%	5%	30%	65%	Investitionskosten
Baukosten	-5%	35%	0%	50%	50%	Investitionskosten
Planänderungen	0%	20%	0%	70%	30%	Investitionskosten
Betriebsrisiken						
Überschreitung Betriebskosten	-5%	20%	5%	50%	45%	Betriebskosten
Kapazitäten nicht voll verfügbar	0%	15%	0%	70%	30%	Büromiete 15 €/qm
Vandalismus (bauliche Wiederinstandsetzung)	0%	2%	0%	70%	30%	Bauwerkskosten
Instandhaltungs-/Wartungsrisiken						
Instandhaltungs-/Wartungskosten	-5%	20%	5%	50%	45%	Wartungskosten
Finanzierungsrisiken						
Erhöhung Refinanzierungskosten	0%	0%	0%	100%	0%	Finanzierungskosten
Gesetzgebungs-/Regulierungsrisiken /Regulierungsänderungen	0%	5%	10%	80%	10%	250.000 €
Sensitivität der Risikokosten	0%					

Allgemeine Angaben	2004	2005	2006	2007	2008	2009	2010	2011	2012
Baujahr	1	2	0	0	0	0	0	0	0
Betriebsjahr	-2	-1	1	2	3	4	5	6	7
Exponent für den Eskalator	1	2	3	4	5	6	7	8	9
Inflationierung der Baukosten während der Bauphase	1,02	1,02	1,02	1,02	1,02	1,02	1,02	1,02	1,02

Baukosten	2004	2005	2006	2007	2008	2009	2010	2011	2012
	T€	T€	T€	T€	T€	T€	T€	T€	T€
100 Grundstück	0	0	0	0	0	0	0	0	0
200 Herrichten und Erschließen	268	403	0	0	0	0	0	0	0
300 Bauwerk - Baukonstruktion	6.122	9.184	0	0	0	0	0	0	0
400 Bauwerk - Technische Anlage	3.061	4.592	0	0	0	0	0	0	0
500 Außenanlagen	358	537	0	0	0	0	0	0	0
600 Ausstattung und Kunstwerke	565	848	0	0	0	0	0	0	0
700 Baunebenkosten	1.432	2.148	0	0	0	0	0	0	0
Kosten für Unvorhergesehenes	188	283	0	0	0	0	0	0	0
	11.996	17.993	0	0	0	0	0	0	0

Sonstige Investitionskosten	2004	2005	2006	2007	2008	2009	2010	2011	2012
	T€	T€	T€	T€	T€	T€	T€	T€	T€
Fahrzeuge	0	72	0	0	0	0	0	0	0
	0	72	0	0	0	0	0	0	0

Kosten für Modernisierungsmaßnahmen	2004	2005	2006	2007	2008	2009	2010	2011	2012
	T€	T€	T€	T€	T€	T€	T€	T€	T€
Bauwerk	0	0	0	0	0	0	0	1.241	0
Allgemeine Ausstattung	0	0	0	0	0	0	0	0	0
Besondere Ausstattung	0	0	0	0	0	0	0	0	0
Nutzungsspezifische Anlagen	0	0	0	0	0	0	0	0	0
Fahrzeuge	0	0	0	0	0	0	0	78	0
	0	0	0	0	0	0	0	1.320	0

Allgemeine Angaben	2013	2014	2015	2016	2017	2018	2019	2020	2021
Baujahr	0	0	0	0	0	0	0	0	0
Betriebsjahr	8	9	10	11	12	13	14	15	16
Exponent für den Eskalator	10	11	12	13	14	15	16	17	18
Inflationierung der Baukosten während der Bauphase	1,02	1,02	1,02	1,02	1,02	1,02	1,02	1,02	1,02

Baukosten	2013	2014	2015	2016	2017	2018	2019	2020	2021
	T€	T€	T€	T€	T€	T€	T€	T€	T€
100 Grundstück	0	0	0	0	0	0	0	0	0
200 Herrichten und Erschließen	0	0	0	0	0	0	0	0	0
300 Bauwerk - Baukonstruktion	0	0	0	0	0	0	0	0	0
400 Bauwerk - Technische Anlage	0	0	0	0	0	0	0	0	0
500 Außenanlagen	0	0	0	0	0	0	0	0	0
600 Ausstattung und Kunstwerke	0	0	0	0	0	0	0	0	0
700 Baunebenkosten	0	0	0	0	0	0	0	0	0
Kosten für Unvorhergesehenes	0	0	0	0	0	0	0	0	0
	0	0	0	0	0	0	0	0	0

Sonstige Investitionskosten	2013	2014	2015	2016	2017	2018	2019	2020	2021
	T€	T€	T€	T€	T€	T€	T€	T€	T€
Fahrzeuge	0	0	0	0	0	0	0	0	0
	0	0	0	0	0	0	0	0	0

Kosten für Modernisierungsmaßnahmen	2013	2014	2015	2016	2017	2018	2019	2020	2021
	T€	T€	T€	T€	T€	T€	T€	T€	T€
Bauwerk	0	0	0	0	0	0	0	2.271	0
Allgemeine Ausstattung	0	820	0	0	0	0	0	0	0
Besondere Ausstattung	0	820	0	0	0	0	0	0	0
Nutzungsspezifische Anlagen	0	0	0	0	0	0	0	747	0
Fahrzeuge	0	0	0	0	86	0	0	0	0
	0	1.640	0	0	86	0	0	3.018	0

Allgemeine Angaben	2022	2023	2024	2025	2026	2027	2028	2029	2030
Baujahr	0	0	0	0	0	0	0	0	0
Betriebsjahr	17	18	19	20	21	22	23	24	25
Exponent für den Eskalator	19	20	21	22	23	24	25	26	27
Inflationierung der Baukosten während der Bauphase	1,02	1,02	1,02	1,02	1,02	1,02	1,02	1,02	1,02

Baukosten	2022	2023	2024	2025	2026	2027	2028	2029	2030
	T€	T€	T€	T€	T€	T€	T€	T€	T€
100 Grundstück	0	0	0	0	0	0	0	0	0
200 Herrichten und Erschließen	0	0	0	0	0	0	0	0	0
300 Bauwerk - Baukonstruktion	0	0	0	0	0	0	0	0	0
400 Bauwerk - Technische Anlage	0	0	0	0	0	0	0	0	0
500 Außenanlagen	0	0	0	0	0	0	0	0	0
600 Ausstattung und Kunstwerke	0	0	0	0	0	0	0	0	0
700 Baunebenkosten	0	0	0	0	0	0	0	0	0
Kosten für Unvorhergesehenes	0	0	0	0	0	0	0	0	0
	0	0	0	0	0	0	0	0	0

Sonstige Investitionskosten	2022	2023	2024	2025	2026	2027	2028	2029	2030
	T€	T€	T€	T€	T€	T€	T€	T€	T€
Fahrzeuge	0	0	0	0	0	0	0	0	0
	0	0	0	0	0	0	0	0	0

Kosten für Modernisierungsmaßnahmen	2022	2023	2024	2025	2026	2027	2028	2029	2030
	T€	T€	T€	T€	T€	T€	T€	T€	T€
Bauwerk	0	0	0	0	0	0	0	0	0
Allgemeine Ausstattung	0	937	0	0	0	0	0	0	0
Besondere Ausstattung	0	937	0	0	0	0	0	0	0
Nutzungsspezifische Anlagen	0	0	0	0	0	0	0	0	0
Fahrzeuge	0	94	0	0	0	0	0	103	0
	0	1.969	0	0	0	0	0	103	0

Allgemeine Angaben	2004	2005	2006	2007	2008	2009	2010	2011	2012	2013	2014	2015	2016	2017
Baujahre	1	2	0	0	0	0	0	0	0	0	0	0	0	0
Betriebsjahr	-2	-1	1	2	3	4	5	6	7	8	9	10	11	12
Exponent für den Eskalator	1	2	3	4	5	6	7	8	9	10	11	12	13	14

Finanzierung	2004	2005	2006	2007	2008	2009	2010	2011	2012	2013	2014	2015	2016	2017
	T€	T€	T€	T€	T€	T€	T€	T€	T€	T€	T€	T€	T€	T€
Mittelverwendung														
Investitionskosten	11.995,6	17.993,5	0,0	0,0	0,0	0,0	0,0	0,0	0,0	0,0	0,0	0,0	0,0	0,0
Bauzeitzinsen	0,0	286,0	0,0	0,0	0,0	0,0	0,0	0,0	0,0	0,0	0,0	0,0	0,0	0,0
	11.995,6	18.279,5	0,0	0,0	0,0	0,0	0,0	0,0	0,0	0,0	0,0	0,0	0,0	0,0
Mittelherkunft														
Fremdkapital 100%	11.995,6	18.279,5	0,0	0,0	0,0	0,0	0,0	0,0	0,0	0,0	0,0	0,0	0,0	0,0
	11.995,6	18.279,5	0,0	0,0	0,0	0,0	0,0	0,0	0,0	0,0	0,0	0,0	0,0	0,0

Finanzierung	2004	2005	2006	2007	2008	2009	2010	2011	2012	2013	2014	2015	2016	2017
	T€	T€	T€	T€	T€	T€	T€	T€	T€	T€	T€	T€	T€	T€
Kreditbestand Jahresanfang	0,0	11.995,6	30.275,1	29.631,2	28.955,7	28.247,2	27.504,1	26.724,6	25.907,0	25.049,4	24.149,9	23.206,4	22.216,7	21.178,7
Einzahlung aus der Aufnahme von Krediten	11.995,6	18.279,5	0,0	0,0	0,0	0,0	0,0	0,0	0,0	0,0	0,0	0,0	0,0	0,0
Auszahlung für die Tilgung von Krediten	0,0	0,0	644,0	675,4	708,5	743,1	779,5	817,6	857,6	899,5	943,5	989,7	1.038,1	1.088,8
Auszahlung für Sondertilgung von Krediten														
Kreditbestand Jahresende	11.995,6	30.275,1	29.631,2	28.955,7	28.247,2	27.504,1	26.724,6	25.907,0	25.049,4	24.149,9	23.206,4	22.216,7	21.178,7	20.089,8
Tilgungsstruktur: annuitätisch														
Tilgungsraten	0,0	0,0	644,0	675,4	708,5	743,1	779,5	817,6	857,6	899,5	943,5	989,7	1.038,1	1.088,8
Zinsen	0,0	286,0	1.480,7	1.449,2	1.416,2	1.381,5	1.345,2	1.307,0	1.267,0	1.225,1	1.181,1	1.135,0	1.086,6	1.035,8
Schuldendienst	0,0	0,0	2.124,6	2.124,6	2.124,6	2.124,6	2.124,6	2.124,6	2.124,6	2.124,6	2.124,6	2.124,6	2.124,6	2.124,6

Allgemeine Angaben	2018	2019	2020	2021	2022	2023	2024	2025	2026	2027	2028	2029	2030
Baujahre	0	0	0	0	0	0	0	0	0	0	0	0	0
Betriebsjahr	13	14	15	16	17	18	19	20	21	22	23	24	25
Exponent für den Eskalator	15	16	17	18	19	20	21	22	23	24	25	26	27

Finanzierung	2018	2019	2020	2021	2022	2023	2024	2025	2026	2027	2028	2029	2030
	T€	T€	T€	T€	T€	T€	T€	T€	T€	T€	T€	T€	T€
Mittelverwendung													
Investitionskosten	0,0	0,0	0,0	0,0	0,0	0,0	0,0	0,0	0,0	0,0	0,0	0,0	0,0
Bauzeitzinsen	0,0	0,0	0,0	0,0	0,0	0,0	0,0	0,0	0,0	0,0	0,0	0,0	0,0
	0,0	0,0	0,0	0,0	0,0	0,0	0,0	0,0	0,0	0,0	0,0	0,0	0,0
Mittelherkunft													
Fremdkapital 100%	0,0	0,0	0,0	0,0	0,0	0,0	0,0	0,0	0,0	0,0	0,0	0,0	0,0
	0,0	0,0	0,0	0,0	0,0	0,0	0,0	0,0	0,0	0,0	0,0	0,0	0,0

Finanzierung	2018	2019	2020	2021	2022	2023	2024	2025	2026	2027	2028	2029	2030
	T€	T€	T€	T€	T€	T€	T€	T€	T€	T€	T€	T€	T€
Kreditbestand Jahresanfang	20.089,8	18.947,7	17.749,8	16.493,2	15.175,3	13.792,8	12.342,7	10.821,8	9.226,4	7.553,0	5.797,8	3.956,7	2.025,6
Einzahlung aus der Aufnahme von Krediten	0,0	0,0	0,0	0,0	0,0	0,0	0,0	0,0	0,0	0,0	0,0	0,0	0,0
Auszahlung für die Tilgung von Krediten	1.142,1	1.197,9	1.256,5	1.318,0	1.382,4	1.450,1	1.521,0	1.595,4	1.673,4	1.755,2	1.841,1	1.931,1	2.025,6
Auszahlung für Sondertilgung von Krediten													
Kreditbestand Jahresende	18.947,7	17.749,8	16.493,2	15.175,3	13.792,8	12.342,7	10.821,8	9.226,4	7.553,0	5.797,8	3.956,7	2.025,6	0,0
Tilgungsstruktur: annuitätisch													
Tilgungsraten	1.142,1	1.197,9	1.256,5	1.318,0	1.382,4	1.450,1	1.521,0	1.595,4	1.673,4	1.755,2	1.841,1	1.931,1	2.025,6
Zinsen	982,5	926,7	868,1	806,6	742,2	674,6	603,7	529,3	451,2	369,4	283,6	193,5	99,1
Schuldendienst	2.124,6	2.124,6	2.124,6	2.124,6	2.124,6	2.124,6	2.124,6	2.124,6	2.124,6	2.124,6	2.124,6	2.124,6	2.124,6

Allgemeine Angaben	2004	2005	2006	2007	2008	2009	2010	2011	2012
Betriebsjahr	0	0	1	2	3	4	5	6	7
Exponent für den Eskalator	1	2	3	4	5	6	7	8	9

Betriebskosten	2004	2005	2006	2007	2008	2009	2010	2011	2012
	T€	T€	T€	T€	T€	T€	T€	T€	T€
Personalkosten	0,0	0,0	801,2	817,2	833,6	850,3	867,3	884,6	902,3
Übergeordnete Leistungen	0,0	0,0	282,3	286,6	290,9	295,2	299,7	304,2	308,7
Technische Betriebsführung (Wartungskosten)	0,0	0,0	98,2	99,6	101,1	102,6	104,2	105,7	107,3
Versorgungskosten (Wasser- Heizungskosten)	0,0	0,0	141,4	143,5	145,6	147,8	150,0	152,3	154,6
Kosten für Reinigungsdienste	0,0	0,0	254,7	258,5	262,4	266,4	270,4	274,4	278,5
Kosten für Sicherheitsdienste	0,0	0,0	63,7	64,6	65,6	66,6	67,6	68,6	69,6
Kosten für IT-Service	0,0	0,0	12,7	12,9	13,1	13,3	13,5	13,7	13,9
Kosten für kaufmänisches Gebäudemanagement	0,0	0,0	59,3	60,2	61,1	62,0	62,9	63,9	64,8
	0,0	0,0	1.713,5	1.743,2	1.773,5	1.804,2	1.835,5	1.867,4	1.899,8

Allgemeine Angaben	2013	2014	2015	2016	2017	2018	2019	2020	2021
Betriebsjahr	8	9	10	11	12	13	14	15	16
Exponent für den Eskalator	10	11	12	13	14	15	16	17	18

Betriebskosten	2013	2014	2015	2016	2017	2018	2019	2020	2021
	T€	T€	T€	T€	T€	T€	T€	T€	T€
Personalkosten	920,3	938,7	957,5	976,7	996,2	1.016,1	1.036,5	1.057,2	1.078,3
Übergeordnete Leistungen	313,3	318,0	322,8	327,7	332,6	337,6	342,6	347,8	353,0
Technische Betriebsführung (Wartungskosten)	108,9	110,6	112,2	113,9	115,6	117,4	119,1	120,9	122,7
Versorgungskosten (Wasser- Heizungskosten)	156,9	159,3	161,6	164,1	166,5	169,0	171,6	174,1	176,7
Kosten für Reinigungsdienste	282,7	286,9	291,3	295,6	300,1	304,6	309,1	313,8	318,5
Kosten für Sicherheitsdienste	70,7	71,7	72,8	73,9	75,0	76,1	77,3	78,4	79,6
Kosten für IT-Service	14,1	14,3	14,6	14,8	15,0	15,2	15,5	15,7	15,9
Kosten für kaufmänisches Gebäudemanagement	65,8	66,8	67,8	68,8	69,8	70,9	72,0	73,0	74,1
	1.932,9	1.966,4	2.000,6	2.035,4	2.070,8	2.106,9	2.143,6	2.180,9	2.218,9

Allgemeine Angaben	2022	2023	2024	2025	2026	2027	2028	2029	2030
Betriebsjahr	17	18	19	20	21	22	23	24	25
Exponent für den Eskalator	19	20	21	22	23	24	25	26	27

Betriebskosten	2022	2023	2024	2025	2026	2027	2028	2029	2030
	T€	T€	T€	T€	T€	T€	T€	T€	T€
Personalkosten	1.099,9	1.121,9	1.144,3	1.167,2	1.190,6	1.214,4	1.238,7	1.263,4	1.288,7
Übergeordnete Leistungen	358,3	363,7	369,1	374,6	380,3	386,0	391,8	397,6	403,6
Technische Betriebsführung (Wartungskosten)	124,6	126,4	128,3	130,3	132,2	134,2	136,2	138,2	140,3
Versorgungskosten (Wasser- Heizungskosten)	179,4	182,1	184,8	187,6	190,4	193,3	196,2	199,1	202,1
Kosten für Reinigungsdienste	323,2	328,1	333,0	338,0	343,1	348,2	353,5	358,8	364,1
Kosten für Sicherheitsdienste	80,8	82,0	83,3	84,5	85,8	87,1	88,4	89,7	91,0
Kosten für IT-Service	16,2	16,4	16,7	16,9	17,2	17,4	17,7	17,9	18,2
Kosten für kaufmänisches Gebäudemanagement	75,2	76,4	77,5	78,7	79,9	81,1	82,3	83,5	84,8
	2.257,6	2.297,0	2.337,0	2.377,8	2.419,3	2.461,5	2.504,5	2.548,3	2.592,8

Allgemeine Angaben	2004	2005	2006	2007	2008	2009	2010	2011	2012
Baujahre	1	2	0	0	0	0	0	0	0
Betriebsjahr	-2	-1	1	2	3	4	5	6	7
Exponent für den Eskalator	1	2	3	4	5	6	7	8	9

Risikokosten	Risikofaktor	Bezugsgrößen	2004	2005	2006	2007	2008	2009	2010	2011	2012
			T€	T€	T€	T€	T€	T€	T€	T€	T€
Planungs- und Baurisiken											
Überschreitung Bauzeit	0,193	Investitionskosten	2.309,2	3.463,7	0,0	0,0	0,0	0,0	0,0	0,0	0,0
Überschreitung Baukosten	0,175	Investitionskosten	2.099,2	3.148,9	0,0	0,0	0,0	0,0	0,0	0,0	0,0
Planänderungen	0,060	Investitionskosten	719,7	1.079,6	0,0	0,0	0,0	0,0	0,0	0,0	0,0
Betriebsrisiken											
Modernisierungskostenrisiko	0,175	Modernisierungskosten	0,0	0,0	0,0	0,0	0,0	0,0	0,0	217,2	0,0
Überschreitung Betriebskosten	0,088	Betriebskosten	0,0	0,0	112,4	114,4	116,5	118,6	120,7	122,9	125,2
Kapazitäten nicht voll verfügbar	0,045	Büromiete 15 €/qm	0,0	0,0	103,2	104,7	106,3	107,9	109,5	111,1	112,8
Vandalismus (bauliche Wiederinstandsetzung)	0,006	Bauwerkskosten	0,0	0,0	134,2	134,2	134,2	134,2	134,2	134,2	134,2
Instandhaltungsrisiko	0,088	Wartungskosten	0,0	0,0	8,6	8,7	8,8	9,0	9,1	9,3	9,4
Finanzierungskostenrisiko	0,000	Finanzierungskosten	0,0	0,0	0,0	0,0	0,0	0,0	0,0	0,0	0,0
Gesetzgebungs-/Regulierungsrisiken	0,005	250	1,3	1,3	1,3	1,3	1,3	1,4	1,4	1,4	1,4
			5.129,4	7.693,5	359,7	363,4	367,2	371,0	375,0	596,2	383,0

Allgemeine Angaben	2013	2014	2015	2016	2017	2018	2019	2020	2021
Baujahre	0	0	0	0	0	0	0	0	0
Betriebsjahr	8	9	10	11	12	13	14	15	16
Exponent für den Eskalator	10	11	12	13	14	15	16	17	18

Risikokosten	Risikofakto	Bezugsgrößen	2013	2014	2015	2016	2017	2018	2019	2020	2021
			T€	T€	T€	T€	T€	T€	T€	T€	T€
Planungs- und Baurisiken											
Überschreitung Bauzeit	0,193	Investitionskosten	0,0	0,0	0,0	0,0	0,0	0,0	0,0	0,0	0,0
Überschreitung Baukosten	0,175	Investitionskosten	0,0	0,0	0,0	0,0	0,0	0,0	0,0	0,0	0,0
Planänderungen	0,060	Investitionskosten	0,0	0,0	0,0	0,0	0,0	0,0	0,0	0,0	0,0
Betriebsrisiken											
Modernisierungskostenrisiko	0,175	Modernisierungskosten	0,0	286,9	0,0	0,0	0,0	0,0	0,0	528,2	0,0
Überschreitung Betriebskosten	0,088	Betriebskosten	127,4	129,7	132,1	134,5	137,0	139,4	142,0	144,6	147,2
Kapazitäten nicht voll verfügbar	0,045	Büromiete 15 €/qm	114,5	116,2	118,0	119,7	121,5	123,3	125,2	127,1	129,0
Vandalismus (bauliche Wiederinstandsetzung)	0,006	Bauwerkskosten	134,2	134,2	134,2	134,2	134,2	134,2	134,2	134,2	134,2
Instandhaltungsrisiko	0,088	Wartungskosten	9,5	9,7	9,8	10,0	10,1	10,3	10,4	10,6	10,7
Finanzierungskostenrisiko	0,000	Finanzierungskosten	0,0	0,0	0,0	0,0	0,0		0,0	0,0	0,0
Gesetzgebungs-/Regulierungsrisiken	0,005	250	1,5	1,5	1,5	1,5	1,5	1,6	1,6	1,6	1,6
			387,1	678,3	395,6	399,9	404,4	408,8	413,4	946,2	422,8

Allgemeine Angaben	2022	2023	2024	2025	2026	2027	2028	2029	2030
Baujahre	0	0	0	0	0	0	0	0	0
Betriebsjahr	17	18	19	20	21	22	23	24	25
Exponent für den Eskalator	19	20	21	22	23	24	25	26	27

Risikokosten	Risikofaktor	Bezugsgrößen	2022	2023	2024	2025	2026	2027	2028	2029	2030
			T€	T€	T€	T€	T€	T€	T€	T€	T€
Planungs- und Baurisiken											
Überschreitung Bauzeit	0,193	Investitionskosten	0,0	0,0	0,0	0,0	0,0	0,0	0,0	0,0	0,0
Überschreitung Baukosten	0,175	Investitionskosten	0,0	0,0	0,0	0,0	0,0	0,0	0,0	0,0	0,0
Planänderungen	0,060	Investitionskosten	0,0	0,0	0,0	0,0	0,0	0,0	0,0	0,0	0,0
Betriebsrisiken											
Modernisierungskostenrisiko	0,175	Modernisierungskosten	0,0	328,1	0,0	0,0	0,0	0,0	0,0	0,0	0,0
Überschreitung Betriebskosten	0,088	Betriebskosten	149,9	152,6	155,4	158,2	161,1	164,0	167,0	170,1	173,2
Kapazitäten nicht voll verfügbar	0,045	Büromiete 15 €/qm	130,9	132,9	134,9	136,9	138,9	141,0	143,1	145,3	147,5
Vandalismus (bauliche Wiederinstandsetzung)	0,006	Bauwerkskosten	134,2	134,2	134,2	134,2	134,2	134,2	134,2	134,2	134,2
Instandhaltungsrisiko	0,088	Wartungskosten	10,9	11,1	11,2	11,4	11,6	11,7	11,9	12,1	12,3
Finanzierungskostenrisiko	0,000	Finanzierungskosten	0,0	0,0	0,0	0,0	0,0	0,0	0,0	0,0	0,0
Gesetzgebungs-/Regulierungsrisiken	0,005	250	1,7	1,7	1,7	1,7	1,8	1,8	1,8	1,8	1,9
			427,6	760,5	437,4	442,5	447,6	452,8	458,1	463,5	469,0

Allgemeine Angaben	2004	2005	2006	2007	2008	2009	2010	2011	2012
Baujahre	1	2	0	0	0	0	0	0	0
Betriebsjahr	-2	-1	1	2	3	4	5	6	7
Exponent für den Eskalator	1	2	3	4	5	6	7	8	9

Zusammenfassung KBV	2004	2005	2006	2007	2008	2009	2010	2011	2012
	T€	T€	T€	T€	T€	T€	T€	T€	T€
Investitionskosten	-11.995,6	########	0,0	0,0	0,0	0,0	0,0	0,0	0,0
Sonstige Erstausstattungskosten	0,0	-71,7	0,0	0,0	0,0	0,0	0,0	-1.319,8	0,0
Zinsen Bau- und Errichtungsphase	0,0	-286,0	0,0	0,0	0,0	0,0	0,0	0,0	0,0
Zufluss Fremdkapital	11.995,6	18.279,5	0,0	0,0	0,0	0,0	0,0	0,0	0,0
Zufluss Investitionszuschüsse	0,0	0,0	0,0	0,0	0,0	0,0	0,0	0,0	0,0
Betriebskosten	0,0	0,0	-1.713,5	-1.743,2	-1.773,5	-1.804,2	-1.835,5	-1.867,4	-1.899,8
Tilgung	0,0	0,0	-644,0	-675,4	-708,5	-743,1	-779,5	-817,6	-857,6
Zinsen	0,0	0,0	-1.480,7	-1.449,2	-1.416,2	-1.381,5	-1.345,2	-1.307,0	-1.267,0
Risikokosten	-5.129,4	-7.693,5	-359,7	-363,4	-367,2	-371,0	-375,0	-596,2	-383,0
Zahlungsreihe	-5.129,4	-7.765,2	-4.197,8	-4.231,2	-4.265,3	-4.299,9	-4.335,1	-5.908,1	-4.407,5

Kapitalwert KBV	2004	2005	2006	2007	2008	2009	2010	2011	2012
Diskontierungsfaktoren (Zinsstrukturkurve)	0,9802	0,9574	0,9292	0,8961	0,8599	0,8229	0,7855	0,7484	0,7103
Betriebskosten	0,0	-68,6	-1.592,2	-1.562,2	-1.525,0	-1.484,8	-1.441,8	-2.385,4	-1.349,5
Investitions-/Finanzierungskosten	0,0	0,0	-1.974,2	-1.904,0	-1.827,0	-1.748,4	-1.668,9	-1.590,1	-1.509,2
Risikokosten	-5.027,8	-7.365,5	-334,2	-325,6	-315,7	-305,3	-294,5	-446,2	-272,1

Kapitalwert Betriebskosten	-31.952,1	40,20%
Kapitalwert Investitions-/Finanzierungskosten	-28.984,6	36,47%
Kapitalwert Risikokosten	-18.546,3	23,33%
Kapitalwert KBV	-79.483,0	100,00%

Allgemeine Angaben	2013	2014	2015	2016	2017	2018	2019	2020	2021
Baujahre	0	0	0	0	0	0	0	0	0
Betriebsjahr	8	9	10	11	12	13	14	15	16
Exponent für den Eskalator	10	11	12	13	14	15	16	17	18

Zusammenfassung KBV	2013	2014	2015	2016	2017	2018	2019	2020	2021
	T€	T€	T€	T€	T€	T€	T€	T€	T€
Investitionskosten	0,0	0,0	0,0	0,0	0,0	0,0	0,0	0,0	0,0
Sonstige Erstausstattungskosten	0,0	-1.639,7	0,0	0,0	-85,7	0,0	0,0	-3.018,1	0,0
Zinsen Bau- und Errichtungsphase	0,0	0,0	0,0	0,0	0,0	0,0	0,0	0,0	0,0
Zufluss Fremdkapital	0,0	0,0	0,0	0,0	0,0	0,0	0,0	0,0	0,0
Zufluss Investitionszuschüsse	0,0	0,0	0,0	0,0	0,0	0,0	0,0	0,0	0,0
Betriebskosten	-1.932,9	-1.966,4	-2.000,6	-2.035,4	-2.070,8	-2.106,9	-2.143,6	-2.180,9	-2.218,9
Tilgung	-899,5	-943,5	-989,7	-1.038,1	-1.088,8	-1.142,1	-1.197,9	-1.256,5	-1.318,0
Zinsen	-1.225,1	-1.181,1	-1.135,0	-1.086,6	-1.035,8	-982,5	-926,7	-868,1	-806,6
Risikokosten	-387,1	-678,3	-395,6	-399,9	-404,4	-408,8	-413,4	-946,2	-422,8
Zahlungsreihe	-4.444,6	-6.409,1	-4.520,9	-4.560,0	-4.685,6	-4.640,4	-4.681,6	-8.269,9	-4.766,3

Kapitalwert KBV	2013	2014	2015	2016	2017	2018	2019	2020	2021
Diskontierungsfaktoren (Zinsstrukturkurve)	0,6746	0,6422	0,6099	0,5779	0,5462	0,5148	0,4874	0,4607	0,4346
Betriebskosten	-1.304,0	-2.315,7	-1.220,2	-1.176,2	-1.177,8	-1.084,6	-1.044,9	-2.395,3	-964,3
Investitions-/Finanzierungskosten	-1.433,4	-1.364,4	-1.295,8	-1.227,7	-1.160,4	-1.093,7	-1.035,6	-978,9	-923,4
Risikokosten	-261,2	-435,6	-241,3	-231,1	-220,8	-210,5	-201,5	-435,9	-183,7

Kapitalwert Betriebskosten
Kapitalwert Investitions-/Finanzierungskosten
Kapitalwert Risikokosten
Kapitalwert KBV

Allgemeine Angaben	2022	2023	2024	2025	2026	2027	2028	2029	2030
Baujahre	0	0	0	0	0	0	0	0	0
Betriebsjahr	17	18	19	20	21	22	23	24	25
Exponent für den Eskalator	19	20	21	22	23	24	25	26	27

Zusammenfassung KBV	2022	2023	2024	2025	2026	2027	2028	2029	2030
	T€	T€	T€	T€	T€	T€	T€	T€	T€
Investitionskosten	0,0	0,0	0,0	0,0	0,0	0,0	0,0	0,0	0,0
Sonstige Erstausstattungskosten	0,0	-1.968,6	0,0	0,0	0,0	0,0	0,0	-102,5	0,0
Zinsen Bau- und Errichtungsphase	0,0	0,0	0,0	0,0	0,0	0,0	0,0	0,0	0,0
Zufluss Fremdkapital	0,0	0,0	0,0	0,0	0,0	0,0	0,0	0,0	0,0
Zufluss Investitionszuschüsse	0,0	0,0	0,0	0,0	0,0	0,0	0,0	0,0	0,0
Betriebskosten	-2.257,6	-2.297,0	-2.337,0	-2.377,8	-2.419,3	-2.461,5	-2.504,5	-2.548,3	-2.592,8
Tilgung	-1.382,4	-1.450,1	-1.521,0	-1.595,4	-1.673,4	-1.755,2	-1.841,1	-1.931,1	-2.025,6
Zinsen	-742,2	-674,6	-603,7	-529,3	-451,2	-369,4	-283,6	-193,5	-99,1
Risikokosten	-427,6	-760,5	-437,4	-442,5	-447,6	-452,8	-458,1	-463,5	-469,0
Zahlungsreihe	-4.809,8	-7.150,7	-4.899,1	-4.944,9	-4.991,5	-5.039,0	-5.087,3	-5.239,0	-5.186,5

Kapitalwert KBV	2022	2023	2024	2025	2026	2027	2028	2029	2030
Diskontierungsfaktoren (Zinsstrukturkurve)	0,4091	0,3842	0,3634	0,3432	0,3238	0,3050	0,2868	0,2707	0,2553
Betriebskosten	-923,6	-1.638,7	-849,2	-816,2	-783,4	-750,7	-718,3	-717,7	-661,9
Investitions-/Finanzierungskosten	-869,2	-816,3	-772,0	-729,3	-687,9	-648,0	-609,4	-575,2	-542,3
Risikokosten	-174,9	-292,2	-158,9	-151,9	-144,9	-138,1	-131,4	-125,5	-119,7

Kapitalwert Betriebskosten
Kapitalwert Investitions-/Finanzierungskosten
Kapitalwert Risikokosten
Kapitalwert KBV

Abbildung 14: Kosten konventionelle Beschaffungsvariante

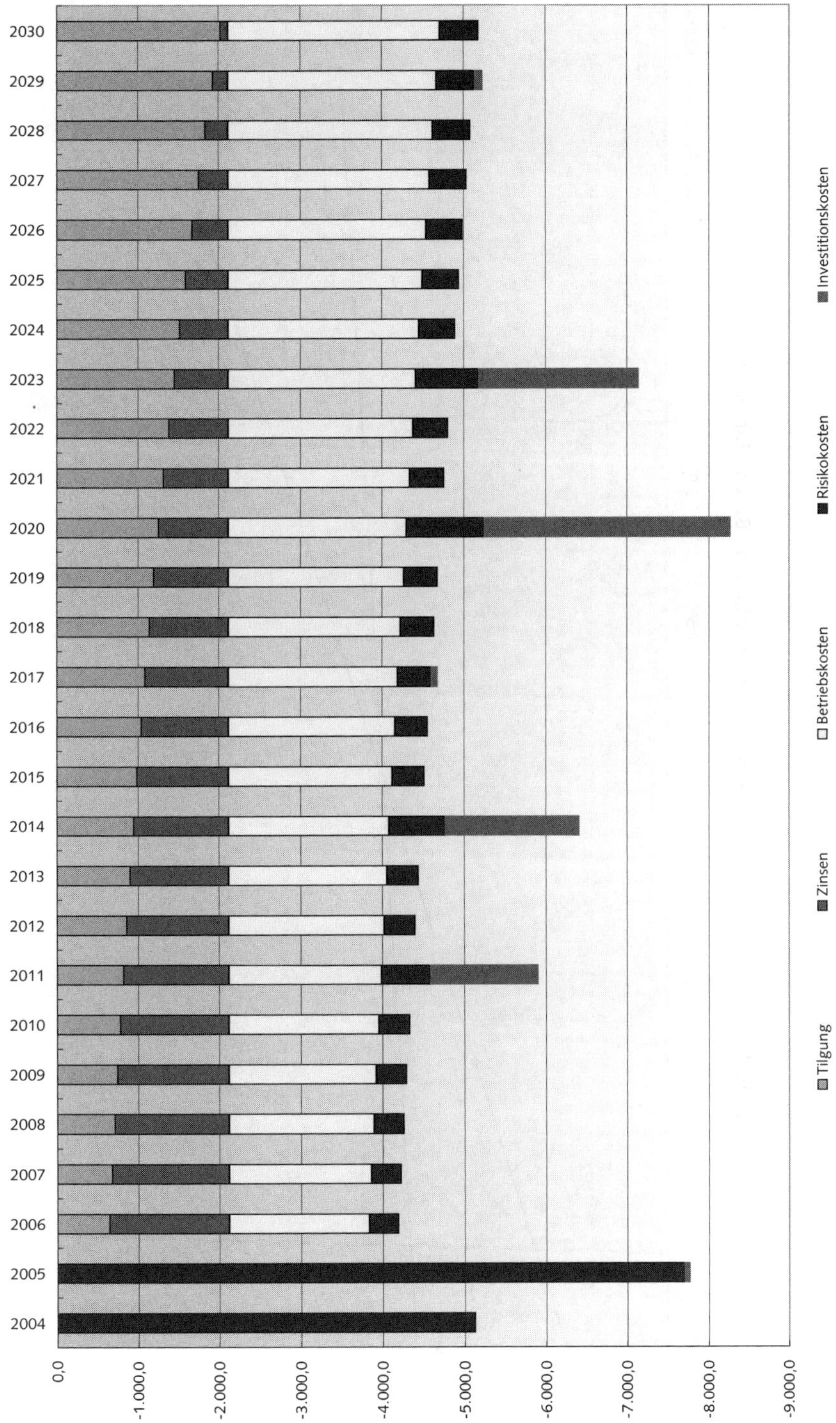

Abbildung 15: Sensitivitätsanalyse Kapitalwert konventionelle Beschaffungsvariante

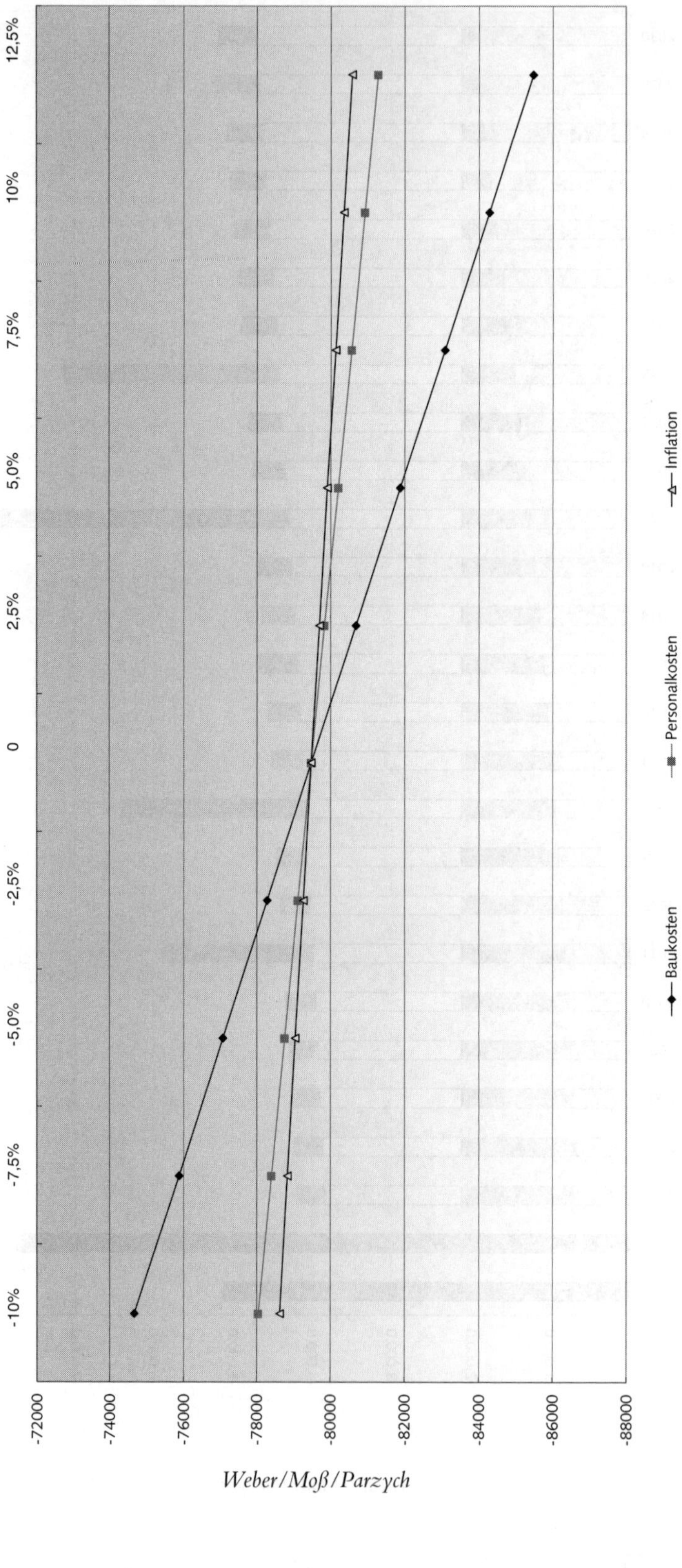

Allgemeine Angaben		2004	2005	2006	2007	2008	2009	2010	2011	2012
Betriebsjahr		0	0	1	2	3	4	5	6	7
Exponent für den Eskalator		1	2	3	4	5	6	7	8	9

Ergebnisse des Wirtschaftlichkeitsvergleichs		2004	2005	2006	2007	2008	2009	2010	2011	2012
		T€	T€	T€	T€	T€	T€	T€	T€	T€
Kosten öffentliche Beschaffungsvariante		-5.129,4	-7.765,2	-4.197,8	-4.231,2	-4.265,3	-4.299,9	-4.335,1	-5.908,1	-4.407,5
Leistungsentgelt PPP		-31,7	-32,2	-4.907,9	-4.981,5	-5.056,3	-5.132,1	-5.209,1	-5.287,2	-5.366,5
Leistungsentgelt der öffentlichen Hand netto		0,0	0,0	-4.202,8	-4.265,8	-4.329,8	-4.394,8	-4.460,7	-4.527,6	-4.595,5
zzgl. Umsatzsteuer		0,0	0,0	-672,4	-682,5	-692,8	-703,2	-713,7	-724,4	-735,3
Controllingkosten	30,0	-30,5	-30,9	-31,4	-31,8	-32,3	-32,8	-33,3	-33,8	-34,3
Risikokosten Gesetzgebungs-/Regulierungsrisiken		-1,3	-1,3	-1,3	-1,3	-1,3	-1,4	-1,4	-1,4	-1,4
Zinsstrukturkurve Zerobond		*1,0202*	*1,0220*	*1,0248*	*1,0278*	*1,0306*	*1,0330*	*1,0351*	*1,0369*	*1,0387*
Diskontierungsfaktoren auf Basis Zinstruktur		0,9802	0,9574	0,9292	0,8961	0,8599	0,8229	0,7855	0,7484	0,7103
Diskontierungsfaktoren auf Basis Durchschnittszinssatz	3,88%	0,9626	0,9267	0,8921	0,8588	0,8267	0,7958	0,7661	0,7375	0,7099

Zinstrukturkurve			2004	2005	2006	2007	2008	2009	2010	2011	2012
Kapitalwert KBV		-79.483,0	-5.027,8	-7.434,2	-3.900,6	-3.791,8	-3.667,7	-3.538,5	-3.405,2	-4.421,8	-3.130,8
Kapitalwert PPP	**vorteilhaft**	-77.336,4	-31,1	-4.409,1	-4.560,4	-4.464,1	-4.347,9	-4.223,4	-4.091,6	-3.957,1	-3.812,1

Durchschnittszinssatz			2004	2005	2006	2007	2008	2009	2010	2011	2012
Kapitalwert KBV		-84.697,9	-4.937,8	-7.196,0	-3.744,8	-3.633,6	-3.526,0	-3.421,9	-3.321,1	-4.357,0	-3.129,0
Kapitalwert PPP	**vorteilhaft**	-84.103,0	-30,5	-29,8	-4.378,3	-4.277,9	-4.179,9	-4.084,2	-3.990,6	-3.899,2	-3.809,8

Kritischer Diskontierungszins	3,50%	*Solver*

Allgemeine Angaben		2013	2014	2015	2016	2017	2018	2019	2020	2021
Betriebsjahr		8	9	10	11	12	13	14	15	16
Exponent für den Eskalator		10	11	12	13	14	15	16	17	18

Ergebnisse des Wirtschaftlichkeitsvergleichs		2013	2014	2015	2016	2017	2018	2019	2020	2021
		T€	T€	T€	T€	T€	T€	T€	T€	T€
Kosten öffentliche Beschaffungsvariante		-4.444,6	-6.409,1	-4.520,9	-4.560,0	-4.685,6	-4.640,4	-4.681,6	-8.269,9	-4.766,3
Leistungsentgelt PPP		-5.447,0	-5.528,7	-5.611,7	-5.695,8	-5.781,3	-5.868,0	-5.956,0	-6.045,4	-6.136,0
Leistungsentgelt der öffentlichen Hand netto		-4.664,4	-4.734,4	-4.805,4	-4.877,5	-4.950,7	-5.024,9	-5.100,3	-5.176,8	-5.254,5
zzgl. Umsatzsteuer		-746,3	-757,5	-768,9	-780,4	-792,1	-804,0	-816,0	-828,3	-840,7
Controllingkosten	30,0	-34,8	-35,3	-35,9	-36,4	-37,0	-37,5	-38,1	-38,6	-39,2
Risikokosten Gesetzgebungs-/Regulierungsrisiken		-1,5	-1,5	-1,5	-1,5	-1,5	-1,6	-1,6	-1,6	-1,6
Zinsstrukturkurve Zerobond		*1,0401*	*1,0411*	*1,0421*	*1,0431*	*1,0442*	*1,0453*	*1,0459*	*1,0466*	*1,0474*
Diskontierungsfaktoren auf Basis Zinstruktur		0,6746	0,6422	0,6099	0,5779	0,5462	0,5148	0,4874	0,4607	0,4346
Diskontierungsfaktoren auf Basis Durchschnittszinssatz	3,88%	0,6834	0,6579	0,6333	0,6097	0,5869	0,5650	0,5439	0,5235	0,5040

Zinstrukturkurve			2013	2014	2015	2016	2017	2018	2019	2020	2021
Kapitalwert KBV		-79.483,0	-2.998,6	-4.115,7	-2.757,2	-2.635,1	-2.559,0	-2.388,8	-2.282,0	-3.810,1	-2.071,4
Kapitalwert PPP	**vorteilhaft**	-77.336,4	-3.674,8	-3.550,4	-3.422,5	-3.291,4	-3.157,4	-3.020,8	-2.903,2	-2.785,2	-2.666,7

Durchschnittszinssatz			2013	2014	2015	2016	2017	2018	2019	2020	2021
Kapitalwert KBV		-84.697,9	-3.037,5	-4.216,4	-2.863,1	-2.780,0	-2.749,9	-2.621,6	-2.546,2	-4.329,7	-2.402,2
Kapitalwert PPP	**vorteilhaft**	-84.103,0	-3.722,5	-3.637,3	-3.553,9	-3.472,5	-3.392,9	-3.315,2	-3.239,3	-3.165,0	-3.092,5

Kritischer Diskontierungszins	3,50%

Allgemeine Angaben		2022	2023	2024	2025	2026	2027	2028	2029	2030
Betriebsjahr		17	18	19	20	21	22	23	24	25
Exponent für den Eskalator		19	20	21	22	23	24	25	26	27

Ergebnisse des Wirtschaftlichkeitsvergleichs		2022	2023	2024	2025	2026	2027	2028	2029	2030
		T€	T€	T€	T€	T€	T€	T€	T€	T€
Kosten öffentliche Beschaffungsvariante		-4.809,8	-7.150,7	-4.899,1	-4.944,9	-4.991,5	-5.039,0	-5.087,3	-5.239,0	-5.186,5
Leistungsentgelt PPP		-6.228,1	-6.321,5	-6.416,3	-6.512,6	-6.610,3	-6.709,4	-6.810,0	-6.912,2	-7.015,9
Leistungsentgelt der öffentlichen Hand netto		-5.333,3	-5.413,3	-5.494,5	-5.576,9	-5.660,6	-5.745,5	-5.831,6	-5.919,1	-6.007,9
zzgl. Umsatzsteuer		-853,3	-866,1	-879,1	-892,3	-905,7	-919,3	-933,1	-947,1	-961,3
Controllingkosten	30,0	-39,8	-40,4	-41,0	-41,6	-42,3	-42,9	-43,5	-44,2	-44,8
Risikokosten Gesetzgebungs-/Regulierungsrisiken		-1,7	-1,7	-1,7	-1,7	-1,8	-1,8	-1,8	-1,8	-1,9
Zinsstrukturkurve Zerobond		*1,0482*	*1,0490*	*1,0494*	*1,0498*	*1,0502*	*1,0507*	*1,0512*	*1,0515*	*1,0519*
Diskontierungsfaktoren auf Basis Zinstruktur		0,4091	0,3842	0,3634	0,3432	0,3238	0,3050	0,2868	0,2707	0,2553
Diskontierungsfaktoren auf Basis Durchschnittszinssatz	3,88%	0,4852	0,4670	0,4496	0,4328	0,4166	0,4011	0,3861	0,3717	0,3578

Zinstrukturkurve			2022	2023	2024	2025	2026	2027	2028	2029	2030
Kapitalwert KBV		-79.483,0	-1.967,6	-2.747,2	-1.780,2	-1.697,3	-1.616,2	-1.536,8	-1.459,1	-1.418,4	-1.323,9
Kapitalwert PPP	**vorteilhaft**	-77.336,4	-2.547,8	-2.428,6	-2.331,5	-2.235,4	-2.140,4	-2.046,3	-1.953,2	-1.871,4	-1.790,9

Durchschnittszinssatz			2022	2023	2024	2025	2026	2027	2028	2029	2030
Kapitalwert KBV		-84.697,9	-2.333,6	-3.339,7	-2.202,6	-2.140,2	-2.079,7	-2.021,0	-1.964,2	-1.947,2	-1.855,7
Kapitalwert PPP	**vorteilhaft**	-84.103,0	-3.021,7	-2.952,4	-2.884,8	-2.818,7	-2.754,1	-2.691,0	-2.629,4	-2.569,1	-2.510,3

Kritischer Diskontierungszins	3,50%

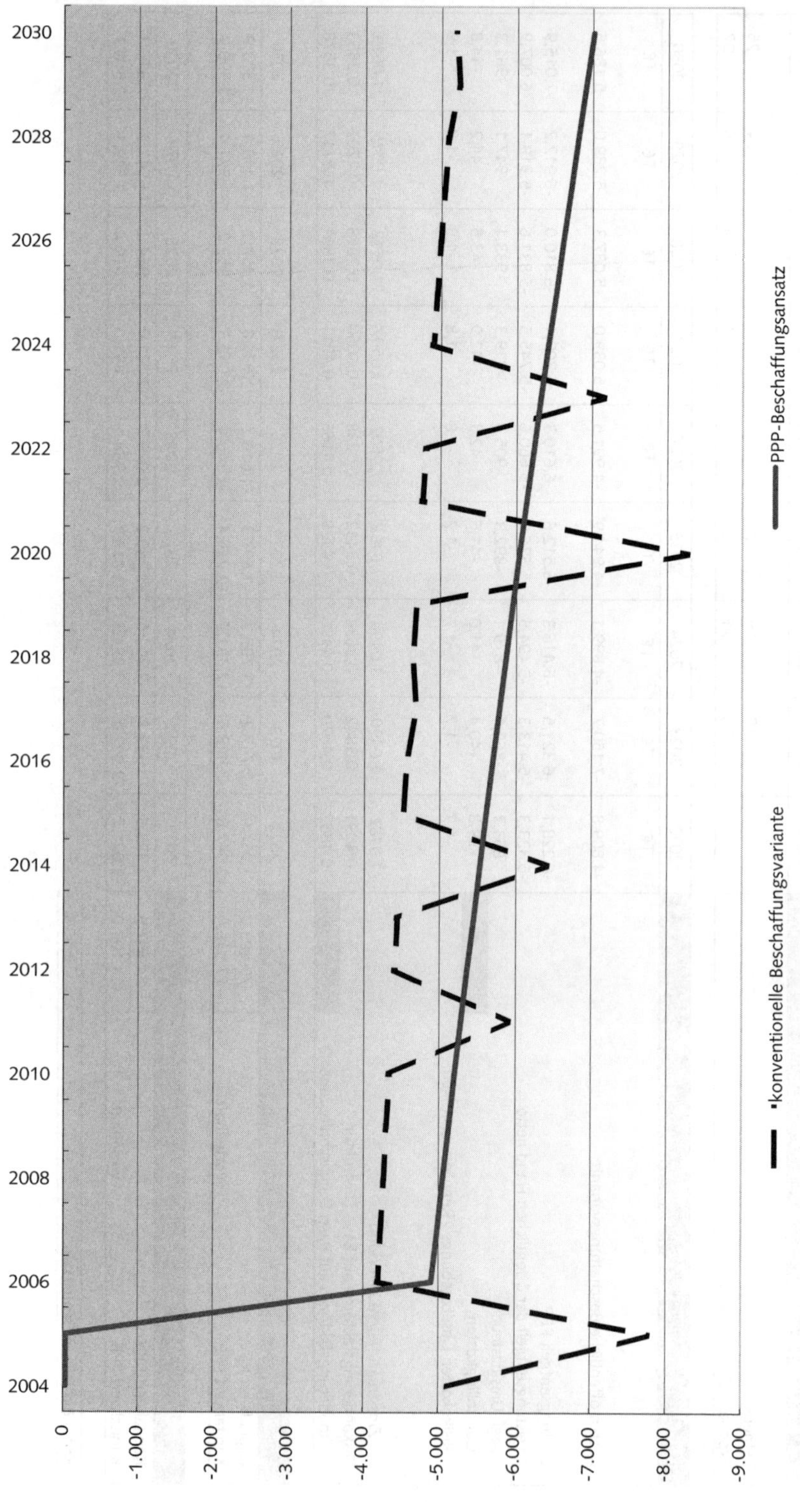

Abbildung 16: Vergleich der Kostenverläufe von konventioneller Beschaffungsvariante und PPP-Beschaffungsansatz

Abbildung 17: Kapitalwertanalyse in Abhängigkeit von dem gewählten Diskontierungszins

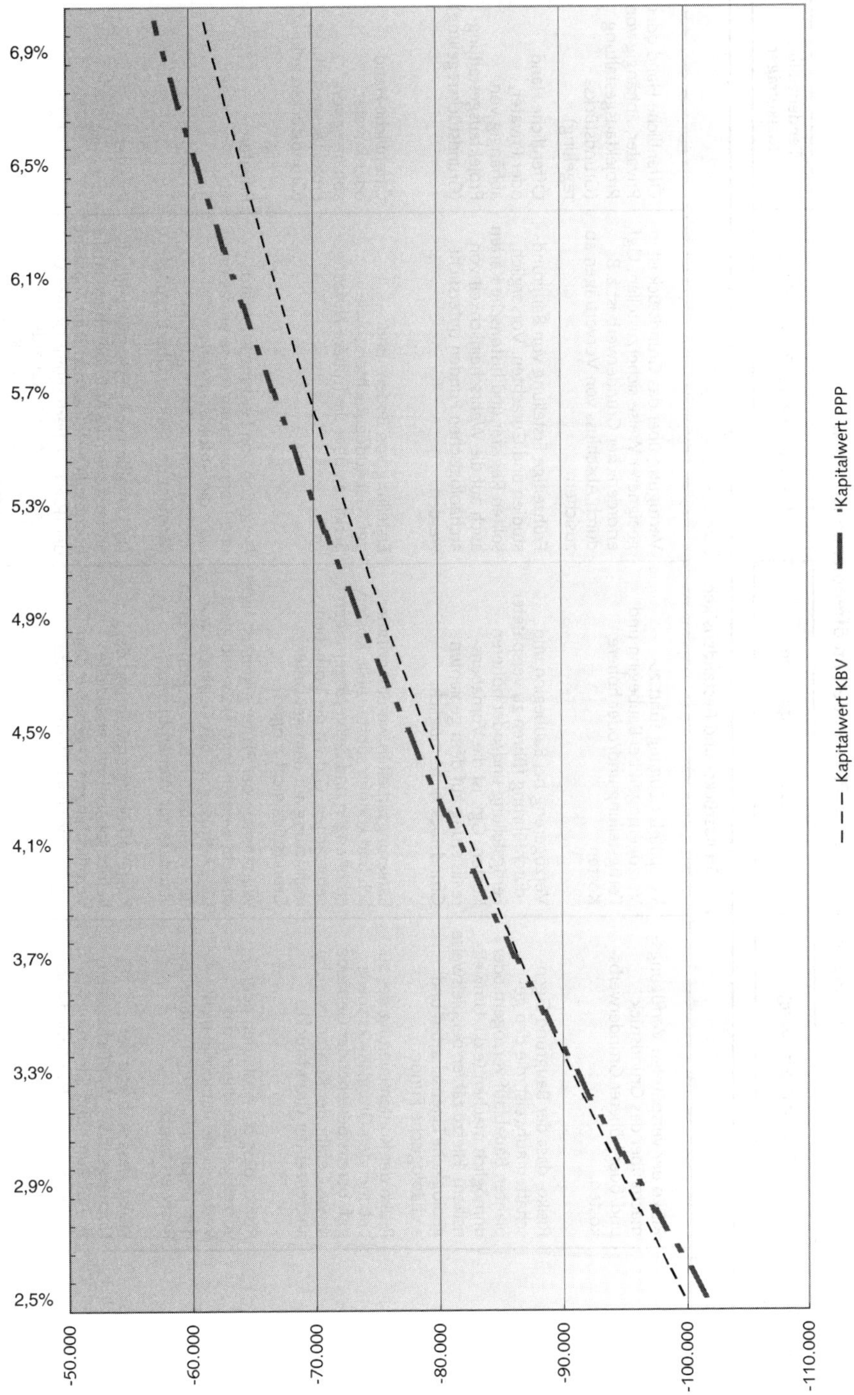

Anhang II: Risikomatrix: PPP-Modell im öffentlichen Hochbau

Risikokategorie	Risikobeschreibung	Risikokonsequenzen	Maßnahmen der Risikopolitik	Tendenzieller Risikoträger
Grundstücks- und Bestandsrisiken				
Verfügungsrisiko	Risiko der verspäteten Verfügungsmacht über das Grundstück und/oder höherer Grunderwerbskosten.	Verspäteter Zugang führt zu Verzögerungen bei Baubeginn und Fertigstellung und/oder höhere Kosten.	Verfügung über das Grundstück ist in geeigneter Weise sicherzustellen. Ggf. erforderlicher Grunderwerb ist z. B. durch Abschluss von Vorverträgen abzusichern.	Öffentliche Hand oder Privater, abhängig von Projektausgestaltung (Grundstücksregelung).
Baugrundrisiko	Risiko, dass der Baugrund Eigenschaften aufweist, die den geplanten Bauablauf verzögern oder unmöglich machen (exkl. Umweltrisiken). Hierzu zählen beispielsweise geologische Eigenschaften und archäologische Funde.	Verzögerung bei Baubeginn und -durchführung führen zu verspäteter Fertigstellung und/oder höheren Kosten. Ggf. ist die Vorhabensrealisierung auf dem geplanten Grundstück nicht möglich.	Frühzeitige Erstellung von Baugrundstudien und Gutachten. Vorsorglich sollten Register und historische Karten auch auf die Wahrscheinlichkeit von archäologischen Funden untersucht werden.	Öffentliche Hand oder Privater, abhängig von Projektausgestaltung (Grundstücksregelung)
Umweltrisiko	Risiko der Kontaminierung des zu bebauenden Grundstücks sowie ggf. bereits bestehender Gebäude sowie Gefahr der Kontaminierung angrenzender Grundstücke.	Sanierungsarbeiten werden erforderlich und können substanzielle Kostenerhöhungen und Zeitverzögerungen verursachen. Ggf. ist die Vorhabensrealisierung auf dem geplanten Grundstück nicht möglich.	Erstellung von Boden- und ggf. Gebäudegutachten sowie Berichten über die frühere Nutzung.	Öffentliche Hand oder Privater, abhängig von Projektausgestaltung (Grundstücksregelung)
Verwertungsrisiko	Risiko, dass bei Auslaufen oder vorzeitiger Beendigung des Vertrages die Immobilie nicht den ursprünglich angenommenen Restwert besitzt.	Wertansätze der Planung können nicht erreicht werden, ggf. Notwendigkeit für „Aufrüstung" des Gebäudes auf den vereinbarten bzw. angemessenen Standard zur Weiternutzung.	Definition von Leistungsstandards und Überwachung (diese umfassen auch die Anforderungen an die hochbauliche Infrastruktur im Moment der (Rück-) Übertragung).	Privater
Wiederherstellungsrisiko	Risiko, dass während der Nutzungsphase Verpflichtungen zu Aufräum- und Sanierungsmaßnahmen an dem Grundstück und/oder Entsorgungskosten für die technischen Anlagen entstehen.	Kostenerhöhungen während der Betriebsphase bzw. finanzielle Verpflichtungen gegenüber dem Eigentümer nach Vertragsende.	Die Definition von Leistungsstandards umfasst auch die Anforderungen an die hochbauliche Infrastruktur im Moment der (Rück-) Übertragung (sofern Vertragsgegenstand). Außerdem kann die Vorhaltung von Reservekonten gefordert werden oder Leistungsschuldverschreibungen (Performance Bonds) genutzt werden.	Privater

Risikokategorie	Risikobeschreibung	Risikokonsequenzen	Maßnahmen der Risikopolitik	Tendenzieller Risikoträger
Planungs-, Bau- und Inbetriebnahmerisiken				
Planungsrisiko	Risiko, dass die anforderungsgerechte Nutzung eines Gebäudes auf Grund von inhaltlichen, ablauf- und/oder verfahrenstechnischen Planungsfehlern verzögert oder nicht erreicht wird.	Zeitliche Verzögerung der anforderungsgerechten Nutzung sowie Kostenerhöhungen aus evtl. Nachbesserungen. Ggf. können die definierten Leistungsanforderungen nachhaltig nicht erfüllt werden.	Analyse der Fähigkeiten und Erfahrungen des Privaten. Einholung (technischer) Gutachten zur Gesamtkonzeption der Maßnahmenrealisierung. Ggf. Einholen von Leistungs-, Verfügbarkeits- und Erfüllungsgarantien.	Privater
Planänderungsrisiken	Risiko, dass sich Leistungsanforderungen in der Planungsphase verändern. Ursachen hierfür können in veränderten Anforderungen auf Seiten des Auftraggebers liegen oder durch den Auftragnehmer begründet sein.	Modifikation der Planung erforderlich und ggf. hieraus resultierend grundsätzliche Verzögerung der Vorhabensrealisierung und Kostenerhöhung.	Detaillierte Analyse des Handlungs-/Investitionsbedarfs, der (rechtlichen) Rahmenbedingungen und Restriktionen sowie der Projektziele.	Öffentliche Hand oder Privater, abhängig vom Ursprung der Änderungen.
Technisches Bauausführungsrisiko	Risiko der fehlerhaften Umsetzung der Bauplanung.	Verspätete Fertigstellung und/oder höhere Bau-/Betriebskosten, bspw. auf Grund von Nachbesserungen. Ggf. nachhaltiges Fehlen vereinbarter Leistungsstandards.	Analyse der Fähigkeiten und Erfahrungen des Privaten. Einholung (technischer) Gutachten zur geplanten Baudurchführung im Rahmen der Angebotsbewertung. Ggf. Einforderung einer Fertigstellungsgarantie. Kontinuierliche Überwachung und Kontrolle der Bautätigkeiten.	Privater
Organisatorisches Bauausführungsrisiko	Risiko mangelhafter Terminplanung und ungenügender Koordination. Risiken, bspw. resultierend aus der Nichteinhaltung der Unfallverhütungsvorschriften auf Baustellen sowie aus der Absicherung der Baustelle gegen Diebstahl und Vandalismus.	Verspätete Fertigstellung und/oder höhere Kosten.	Analyse der Fähigkeiten und Erfahrungen des Privaten. Einholung (technischer) Gutachten zur geplanten Baudurchführung im Rahmen der Angebotsbewertung. Einforderung einer Fertigstellungsgarantie. Kontinuierliche Überwachung und Kontrolle der Bautätigkeiten.	Privater
Risiko der Inbetriebnahme	Risiko, dass die Inbetriebnahme nicht im geplanten Zeitrahmen und/oder Zustand erfolgen kann und die Kosten der Inbetriebnahme falsch eingeschätzt wurden.	Verspätete Leistungsbereitschaft verbunden mit erhöhten Kosten, bspw. Betriebskosten für die alte Immobilie oder Mietkosten für angemietete Gebäude.	Bezahlung durch die öffentliche Hand erfolgt nach Abnahme der Bauleistung. Die Höhe der Zahlungen orientiert sich an dem Erfüllungsgrad der definierten Leistungsstandards.	Privater

Risikokategorie	Risikobeschreibung	Risikokonsequenzen	Maßnahmen der Risikopolitik	Tendenzieller Risikoträger
		Betriebsrisiken		
Betriebsrisiko (Privater)	Risiko, dass betrieblicher Stillstand, Betriebsstörungen und/oder Qualitätsprobleme (verschuldet vom Privaten) zu Leistungsstörungen führen und definierte Leistungsstandards nicht erreicht werden.	Kostenerhöhungen, bspw. auf Grund von Leistungsunterbrechungen und/oder extern zu beschaffenden Leistungen. Ggf. kommt es zu Kürzungen des Leistungsentgelts oder vorzeitigen Beendigung des Vertragsverhältnisses.	Analyse der Fähigkeiten und Erfahrungen des Privaten sowie Prüfung der Haupt- und Subunternehmer in Hinsicht auf Leistungsfähigkeit. Abschluss von Betriebsunterbrechungsversicherungen. Kontinuierliche Überwachung und Kontrolle der Betriebstätigkeiten.	Privater
Betriebsrisiko (öffentliche Hand)	Risiko, dass betrieblicher Stillstand, Betriebsstörungen und/oder Qualitätsprobleme (verschuldet von öffentlicher Hand) zu Leistungsstörungen führen und definierte Leistungsstandards nicht erreicht werden.	Kostenerhöhungen, bspw. auf Grund von Leistungsunterbrechungen und/oder extern zu beschaffenden Leistungen.	Abschluss von Betriebsunterbrechungsversicherungen.	Öffentliche Hand
Wartungs- und Instandhaltungsrisiko	Risiko, dass die Wartungs- und Instandhaltungskosten höher ausfallen als prognostiziert.	Kostensteigerungen für den Privaten.	Abschluss langfristiger Verträge mit ausgewählten Subunternehmen reduzieren. Ggf. Bildung einer Instandhaltungsreserve.	Privater
Betriebsrisiken auf Grund veränderter Leistungsanforderungen	Risiko, dass Veränderungen der Leistungsanforderungen durch die öffentliche Hand Anpassungen bei der Leistungserstellung erfordern.	Veränderter Leistungsumfang führt zu Änderungen der Kostenstruktur. Ggf. sind Umrüstungs-/Umbaumaßnahmen erforderlich.	Möglichkeit der Modifikation des Leistungsumfangs vertraglich festschreiben, dabei Regelungen über Gestaltung Entgeltstruktur treffen.	Öffentliche Hand
Überalterungsrisiko	Risiko der Veralterung der technischen Anlagen und Ausstattungsgegenstände.	Frühzeitiger als geplant werden Ersatzinvestition oder Renovierungsmaßnahmen erforderlich oder es entstehen erhöhte Betriebskosten. Ggf. kann das Leistungsentgelt durch die öffentliche Hand wegen der Nichterreichung der definierten Leistungsstandards gekürzt werden.	Bildung eines entsprechenden Reservekontos.	Privater

Risikokategorie	Risikobeschreibung	Risikokonsequenzen	Maßnahmen der Risikopolitik	Tendenzieller Risikoträger
Finanzielle Risiken				
Insolvenzrisiko	Risiko der Insolvenz des Privaten.	Verspätete Fertigstellung und/oder höhere bzw. zusätzliche Kosten durch den Ausfall des Vertragspartners, bspw. durch die Suche nach einem neuen Vertragspartner.	Analyse der wirtschaftlichen Leistungsfähigkeit des Privaten und Absicherung durch entsprechende Bürgschaften, etc. Vereinbarung von Eintrittsrechten.	Letztendlich öffentliche Hand
Finanzierungsrisiko	Risiko, dass das benötigte Kapital nicht oder nicht zu den geplanten Konditionen zur Verfügung steht (vor und nach Financial Close).	Für die Fertigstellung der Baumaßnahme sind keine ausreichenden finanziellen Mittel vorhanden und/oder die Finanzierungskosten erhöhen sich. Eventuell anfallende Mehrkosten, die in Leistungsstörungen oder sonstigen Ereignissen während der Bauphase begründet sind, können ggf. nicht oder nur zu erhöhten Konditionen finanziert werden.	Einforderung des Nachweises verbindlicher Finanzierungszusagen (Umfang und Konditionen) der Eigen- und Fremdkapitalgeber. Bei Angebotsabgabe: Verpflichtung der Bieter zur Abgabe einer Finanzierungsabsichtserklärung einer Bank. Bei Last and Final Offer: Verpflichtung der Bieter zur Abgabe einer Finanzierungsbereitschaftserklärung einer Bank. Verpflichtung der Privaten, Financial Close in bestimmtem Zeitraum nach Zuschlag zu erreichen.	Grundsätzlich Privater Zinsänderungsrisiken bis Financial Close öffentliche Hand
Nachtragsrisiko	Risiko, dass auf Grund selbst- oder drittverschuldeter Sachverhalte zusätzliche finanzielle Mittel benötigt werden.	Ein Mangel an zusätzlichen Finanzierungsressourcen kann die Herstellung der erforderlichen Leistungsstandards machen.	Nachweis des Privaten, nachträgliche Finanzierungen darstellen zu können. Belastbare Ermittlung der Lebenszykluskosten sowie systematische Prüfung der finanziellen Realisierbarkeit der Maßnahme.	Letztendlich öffentlich Hand
Refinanzierungsrisiko	Risiko (die Chance), dass durch eine Restrukturierung der Finanzierung im Projektverlauf die Finanzierungskosten des Projektes signifikant reduziert werden können.	Änderung der Finanzierungskosten in Abhängigkeit der Zinsentwicklung und Finanzierungsstruktur.	Vereinbarung der Teilung von Refinanzierungsgewinnen bzw. Verpflichtung des Privaten ggf. antizipativ diese Effekte bei der Kalkulation bereits zu berücksichtigen.	Privater
Risiko eines Eigentümerwechsels	Risiko eines Eigentümerwechsel (z. B. durch Insolvenz eines privaten Partners) oder einer neuen Kontrolle des privaten Partners (z. B. Veränderung der Gesellschaftsstruktur des privaten Partners).	Schwächung des finanziellen Standings des Privaten und Verwässerung der Qualität ggf. erteilter Sicherheiten	Zustimmungserfordernis der öffentlichen Hand vor jeder Änderung in der Kontrollstruktur bei der Projektgesellschaft.	Grundsätzlich öffentlich Hand

Risikokategorie	Risikobeschreibung	Risikokonsequenzen	Maßnahmen der Risikopolitik	Tendenzieller Risikoträger
		Marktrisiken		
Inputrisiko	Risiko, dass die benötigten Einsatzfaktoren teurer als erwartet, von minderer Qualität oder in den benötigten Mengen nicht vorhanden sind.	Erhöhte Kosten, in manchen Fällen eine Minderung der Qualität der Leistungserstellung	Abschluss langfristiger Lieferverträge, in denen Quantität und Qualität gesichert werden.	Grundsätzlich Privater
Inflationsrisiko	Risiko, dass sich der Wert, der während der Vertragslaufzeit erhaltenen Zahlungen durch Inflation, verändert.	Veränderung der Rendite des Privaten.	Suche des Privaten nach einem passenden Mechanismus, der es ihm erlaubt, eine Koppelung an den Preisindex zu erhalten. Geeignete Inflationsindizes sind dem Vertrag zu Grunde zu legen.	Risikoteilung
Inflationsrisiko	Risiko, dass sich der Wert, der während der Vertragslaufzeit erhaltenen Zahlungen durch Inflation, verändert.	Veränderung der Rendite des Privaten.	Suche des Privaten nach einem passenden Mechanismus, der es ihm erlaubt, eine Koppelung an den Preisindex zu erhalten. Geeignete Inflationsindizes sind dem Vertrag zu Grunde zu legen. Von Bedeutung für die öffentliche Hand ist es sicherzustellen, dass die Entgelte nicht die Inflationsentwicklung überkompensieren.	Risikoteilung
Risiko demographischer Änderungen	Risiko eines demographischen/sozioökonomischen Wandels, welcher die Nachfrage nach der Leistung beeinflusst.	Errichtete Immobilie ist nicht ausgelastet bzw. wird nicht benötigt.	Durchführung von Marktanalyse, auch unter demografischen Gesichtspunkten.	Öffentliche Hand oder Privater, abhängig von Projektausgestaltung

Risikokategorie	Risikobeschreibung	Risikokonsequenzen	Maßnahmen der Risikopolitik	Tendenzieller Risikoträger
Rechtliche Risiken				
Genehmigungs-Konzessions- und Planfeststellungrisiken	Risiko, dass notwendige Genehmigungen, Konzessionen und Planfeststellungsbeschlüsse nicht, nicht ausreichend bzw. nur in Verbindung mit erhöhten Auflagen oder nur verspätet (z. B. durch Einwendungen oder Rechtsmittel) erteilt werden.	Verspätungen des Baubeginns und der Fertigstellung der Arbeiten und damit verbundene Kostenüberschreitungen. Ggf. wird die Realisierung unmöglich und Anpassung bei der Leistungserstellung erforderlich.	Die öffentliche Hand bereitet das Projekt genehmigungs- und planungsrechtlich soweit vor, wie es in ihrer Kompetenz liegt und rechtlich sowie wirtschaftlich vertretbar ist.	Risikoteilung
Gesetzesänderungen in der Sphäre des Maßnahmenträgers	Risiko, von Änderungen gesetzlicher Bestimmungen und Rahmenbedingungen im Bereich des Maßnahmenträgers, die zu Veränderungen der Leistungsanforderungen führen und/oder Auswirkungen auf die Leistungserstellung haben.	Verspätete Fertigstellung ggf. verbunden mit erhöhten Kosten für die Erstellung der Infrastruktur, höhere Betriebskosten. Ggf. zzgl. der Investitionskosten bei Nachrüstungsbedarf.	Evaluierung der rechtlichen Rahmenbedingungen und kontinuierliche Überwachung, ggf. steuernde Eingriffe möglich. Bei Nutzerfinanzierung Weiterreichen der Effekte ermöglichen.	Grundsätzlich öffentliche Hand. Ggf. bis zu einem Höchstbetrag oder Vereinbarung einer prozentualen Beteiligung des Privaten.
Gesetzesänderungen außerhalb der Sphäre des Maßnahmenträgers	Risiko, von Änderungen allgemeiner gesetzlicher Bestimmungen und Rahmenbedingungen außerhalb des Bereichs des Maßnahmenträgers die zu Veränderungen der Leistungsanforderungen führen und/oder Auswirkungen auf die Leistungserstellung haben.	Verspätete Fertigstellung ggf. verbunden mit erhöhten Kosten für die Erstellung der Infrastruktur, höhere Betriebskosten. Ggf. zzgl. Investitionskosten bei Nachrüstungsbedarf.	Evaluierung der rechtlichen Rahmenbedingungen und kontinuierliche Überwachung, ggf. steuernde Eingriffe möglich. Grundsätzlich als unternehmerisches Risiko zu vereinbaren.	Privater, ggf. Risikoteilung
Allgemeine Steueränderungsrisiken	Risiko grundsätzlicher Änderungen in der Steuergesetzgebung.	Veränderung der Steuerbelastung des Privaten, der Vermögensgegenstände oder des gesamten Projektes. Höhere Kosten, ggf. werden Renditeanforderungen nicht mehr erreicht.	Allgemeine Steueränderungen sind bei der unternehmerischen Risikokalkulation zu berücksichtigen	Privater
Risiko der Veränderung der Mehrwertsteuer	Risiko der Veränderung des Umsatzsteuersatzes.	Veränderung der Bau- und Betriebskosten bzw. der definitiven Umsatzsteuerbelastung des Privaten. Höhere Kosten und Liquiditätsverschlechterung		Grundsätzlich öffentliche Hand. Ggf. Beteiligung des Privaten.

Risikokategorie	Risikobeschreibung	Risikokonsequenzen	Maßnahmen der Risikopolitik	Tendenzieller Risikoträger
		Verfahrensrisiken		
Risiko unrichtiger und/oder unvollständiger Ausschreibungsunterlagen	Risiko, dass die Anforderungen an die hochbauliche Infrastruktur und die zu erbringenden Dienstleistungen in der Leistungsbeschreibung unvollständig und/oder unrichtig dargestellt werden.	Angebote der Privaten können nicht oder nur unzureichend die Anforderungen der öffentlichen Hand erfüllen. Ggf. muss der Vergabeprozess neu aufgesetzt werden und es besteht Schadensersatzpflicht für Kosten der privaten Bieter.	Einbindung von Experten.	Öffentliche Hand
Risiko von Verfahrensfehlern im Vergabeverfahren	Risiko, dass Verfahrensfehler zum Abbruch des Vergabeverfahrens führen oder das Verfahren noch einmal an einem früheren Verfahrensschritt aufgenommen werden muss.	Verzögerung der Zuschlagserteilung und des möglichen Beginns der Leistungserstellung. Ggf. Schadensersatzpflicht der öffentlichen Hand für entstandene Angebots- und Bietungskosten der Privaten.	Einbindung von Experten.	Öffentliche Hand
		Force Majeure Risiken		
Höhere Gewalt	Risikoschäden an dem Projekt auf Grund von Einwirkungen höherer Gewalt (Unwetter, Krieg, atomarer Unfall).	Verzögerungen und/oder höhere Kosten bei der Erstellung der hochbaulichen Infrastruktur. Ggf. wird die geplante Realisierung des Projektes behindert oder unmöglich.	Vertragliche Fixierung geeigneter Regelungen (z. B. Fristverlängerungen) und Zahlungsmechanismen für Fälle höherer Gewalt. Verpflichtung des Privaten, entsprechende Reservekonten vorzuhalten. Für versicherbare Risiken ist ggf. Nachweis der tatsächlichen Absicherung zu leisten. Öffentliche Hand stellt für entsprechende Risiken Stand by-Fazilitäten bereit.	Risikoteilung

Risikokategorie	Risikobeschreibung	Risikokonsequenzen	Maßnahmen der Risikopolitik	Tendenzieller Risikoträger
Sonstige Risiken				
Beschwerde- und Protestrisiko	Risiko, dass Dritte Maßnahmen ergreifen, um gegen die geplante Maßnahme bzw. die Art und Weise der Durchführung zu protestieren oder diese zu verhindern.	Verspätete Fertigstellung und/oder höhere Kosten während der Bau- und/oder Betriebsphase, ggf. Leistungsstörungen	Frühzeitige Einbeziehung der betroffenen Interessensgruppen in die Projektentwicklung	Privater
Schnittstellenrisiko	Risiko, dass durch das gemeinsame Nebeneinander von öffentlich zu erbringenden Kernleistungen (durch öffentlich Bedienstete) und Leistungen des privaten Partners der Leistungserstellungsprozess des anderen negativ beeinflusst werden kann.	Negative Auswirkungen auf die Leistungserstellung des Partners. Ggf. müssen Anpassungen bei den Schnittstellen erfolgen.	Schnittstellenrisiken sind vor Projektbeginn genau zu analysieren und die Handhabung ist vertraglich abzusichern.	Risikotragung entsprechend der definierten Verantwortlichkeiten.
Risiko durch Rückzug eines öffentlichen Partners	Risiko, dass bei Projekten, die von einem Netzwerk mehrerer öffentlicher Körperschaften abhängig sind, sich Partner aus dem Projekt zurückziehen.	Reduktion des Leistungsumfangs und ggf. der erforderlichen Unterstützung.	Privater wird vertraglich entsprechende Risiken in den Verantwortungsbereich der öffentlichen Hand verlagern und bei negativen Folgen Kompensationszahlungen verlangen.	Öffentliche Hand

4. Teil. Finanzierung

§ 12 Anforderungen und Besonderheiten bei der Finanzierung von PPP-Projekten

Übersicht

„Der Reichtum liegt im Gebrauch, nicht im Besitz."
Aristoteles

1. Einleitung

Die Entscheidung, ein Investitionsvorhaben mittels PPP zu realisieren, wirft die Frage auf, ob und wie privates Kapital zur Finanzierung des Vorhabens eingesetzt werden soll und kann. Im Folgenden wird unterstellt, dass die Entscheidung, die Finanzierungsfunktion an den privaten Auftragnehmer zu übertragen, gefallen ist.

Eines der wesentlichen Ziele bei PPP-Projekten ist es, Effizienzvorteile bei Beschaffung und Betrieb zu erreichen. Ein wichtiger Treiber für die Generierung solcher Effizienzvorteile ist die Integration der Funktionen Planen, Bauen, Betreiben, Finanzieren inklusive der dafür notwendigen Steuerung des Gesamtprojektes. Bei den Funktionen Planen, Bauen, Betreiben ist durch die Integration eines privaten Partners in den öffentlichen Beschaffungsprozess eine direkte Kostensenkung zu erwarten. Der Finanzierung kommt eine Sonderstellung zu, denn grundsätzlich sind die Finanzierungskosten bei Bereitstellung privater Finanzierungsmittel nominal höher als eine Finanzierung der öffentlichen Hand zu Kommunalkreditkonditionen. Dies bedeutet zunächst eine Reduktion der in den anderen Funktionen erwirtschafteten Kostenvorteile. Dennoch kommt den privaten Kapitalgebern, neben der reinen Bereitstellung von Liquidität für das Projekt, eine wesentliche Aufgabe zu. Durch die konsequente Begleitung des Projektes durch die Kapitalgeber, von der frühen Ausschreibungsphase bis zum Ende der 20–30 jährigen Vertragslaufzeit, unterliegt das Projekt einer strengen, und wertvollen Financial Due Diligence.

Insofern bedeutet die Erschließung neuer, privater Finanzierungsquellen und -mittel zunächst eine Kompensation der Kostenvorteile aus den anderen Funktionen (Planen, Bauen, Betreiben) und ist daher als sekundär und nicht vorrangig zu betrachten. Gleichwohl hat die Integration der Finanzierung in den Beschaffungsprozess disziplinierende Wirkung und wirkt sich regelmäßig positiv auf die Gesamtstruktur des Projektes aus. Daher sollten auf den ersten Blick nachteilig erscheinende Finanzierungskonditionen des privaten Auftragnehmers die Beteiligten nicht davon abhalten, den ordnungsgemäßen Entwicklungs- und Entscheidungsprozess einer Wirtschaftlichkeitsuntersuchung von Beginn an zu durchlaufen.

Insbesondere bei begrenzten Budgetmitteln bietet die Finanzierung einer PPP-Investition durch den privaten Partner die Möglichkeit, Projekte schneller beginnen und umsetzen zu können. Dies kann das derzeit bestehende Ungleichgewicht zwischen verfügbaren Haushaltsmitteln und (Nachhol-)Bedarf bei öffentlichen Investitionen, vor allem bei Verkehrswegen, Schulen, Universitäten und Krankenhäusern mindern.

Im Rahmen der nachfolgenden Ausführungen wird unter privater Finanzierung die Finanzierung in Form einer Projektfinanzierung oder einer vergleichbaren Struktur verstanden. Zielsetzung ist es, zunächst einen Einstieg in das Thema Finanzierung durch die Vermittlung der Grundstrukturen – Finanzierungsarten, Kapitalquellen, Vor- und Nachteile etc. – zu geben. Darauf aufbauend, beschäftigt sich das nachfolgende Kapitel mit den Anforderungen an die Finanzierungsfähigkeit von PPP-Projekten aus Sicht der privaten Projektbeteiligten. Dabei wird durch die Darstellung der Voraussetzungen und der optimalen Kapitalstrukturermittlung in das Thema eingeleitet, um anschließend die einzelnen Kriterien für die Finanzierungsfähigkeit von PPP-Projekten aus dem Blickwinkel der privaten Seite (Eigenkapital- sowie Fremdkapitalgeber) ausführlicher zu beleuchten. Auch die häufig gestellte Frage nach dem Einfluss von Restwert- bzw. sonstigen Erlösen am Ende der Vertragslaufzeit wird unter dem Finanzierungsgesichtspunkt betrachtet. Damit werden die Beweggründe und Interessen der privaten Kapitalgeber in diesem Kapitel beleuchtet.

Gleichsam spiegelbildlich werden die Rückwirkungen der Anforderungen, die die privaten Projektbeteiligten an bestimmte Stufen des Beschaffungsprozesses, den die öffentliche Hand zu durchlaufen hat, anschließend dargestellt.

Abgerundet wird das Thema Finanzierung durch einen Blick auf die europäischen PPP/PFI Märkte, aus denen sich mögliche Entwicklungen für den deutschen PPP-Markt ableiten lassen. Aufgrund der besonderen Rolle und (möglichen) Bedeutung öffentlicher Fördermittel im Rahmen der Gesamtfinanzierung eines PPP-Vorhabens wird dieses Thema als abschließendes Thema ergänzt.

Die nachfolgenden Ausführungen beinhalten die Neuregelungen des ÖPP-Beschleunigungsgesetzes hinsichtlich der privaten Finanzierung von PPP-Projekten.

2. Arten privater Finanzierungsmittel

Zur Systematisierung privater Finanzierungsmittel wird nachfolgend eine Unterscheidung nach Finanzierungsarten (Eigenkapital, Mezzanine, Fremdkapital) und nach der Herkunft dieser Finanzierungsmittel (Kapitalgeber) vorgenommen; siehe **Abbildung 1.**

2.1 Eigenkapital

Eine allgemein gültige, gesetzliche Definition von Eigenkapital gibt es in Deutschland nicht. Dennoch lassen sich wesentliche Charakteristika von Eigenkapital, die auch bei PPP-Projekten relevant sind, aufzeigen.

Eigenkapital, sei es für ein Unternehmen oder für eine speziell gegründete Projektgesellschaft zur Umsetzung einer Public Private Partnership, wird unbefristet zur Verfügung gestellt. Das Eigenkapital haftet für die Verluste der Gesellschaft, an der es beteiligt ist. Es wird daher auch als „haftendes" Eigenkapital oder **„Risikokapital"** eines Unternehmens oder einer Projektgesellschaft bezeichnet. Da die Eigenkapitalgeber mit ihrer Einlage oder ihrer Einzahlungsverpflichtung für die Verbindlichkeiten einer Gesellschaft haften, erhalten sie als Gegenleistung für ihre Investition eine Beteiligung am Gewinn/Dividende sowie, bei Auflösung der Gesellschaft, auch eine Beteiligung am Liquidationserlös des Unternehmens oder der Gesellschaft. Eigenkapitalgeber tragen in aller Regel die größten unternehmerischen und finanziellen Risiken eines Projekts.[1] Im Gegenzug erhalten Eigenkapitalgeber auch den

[1] Vgl. Drukarczyk, Finanzierung, S. 252 ff.

größten Anteil am Projektgewinn. Daher ist die Eigenkapitalverzinsung regelmäßig höher als die Fremdkapitalverzinsung.

Abbildung 1: Arten und Herkunft von Finanzierungsmitteln

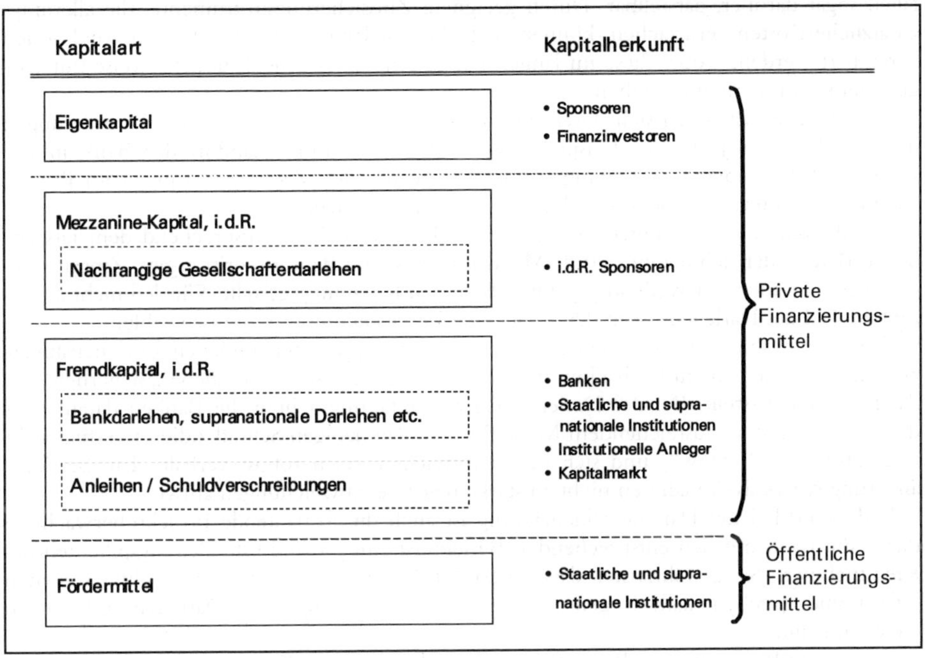

2.2 Fremdkapital

Beim Fremdkapital handelt es sich, in Abgrenzung zum Eigenkapital, um eine befristete Kapitalüberlassung. Der Fremdkapitalgeber erhält für die Kapitalüberlassung an die Projektgesellschaft den vereinbarten Zins unabhängig davon, ob die Gesellschaft Gewinn oder Verlust erwirtschaftet. Darüber hinaus haftet Fremdkapital üblicherweise nicht für die unternehmerischen Risiken des Investitionsvorhabens. Vielmehr wird Fremdkapital regelmäßig besichert. Sicherheiten werden durch Eigenkapitalgeber zur Verfügung gestellt bzw. bei einer Projektfinanzierung durch spezifische Ausgestaltungen und Mechanismen in der Projekt- und Finanzierungsstruktur selbst gewährleistet. Fremdkapital trägt daher im Rahmen der Gesamtfinanzierung das geringste Risiko im Projekt, wird üblicherweise als erster Kapitalbestandteil wieder zurückgezahlt, erzielt aber andererseits auch die geringste Verzinsung. Fremdkapital kann z.B. als „Darlehen" oder als „Anleihe" bereitgestellt werden.

Bei einem Darlehen vergibt ein Kreditinstitut direkt Finanzmittel an die Projektgesellschaft.[2] Die Konditionen der Darlehensgewährung werden unmittelbar zwischen der Projektgesellschaft und den beteiligten Banken verhandelt. Der Fremdkapitalzins orientiert sich an den Refinanzierungskosten der Bank, die sich – je nach Fristigkeit – aus dem Geld- oder Kapitalmarktzins ableiten. Hinzu kommt eine projektspezifische Risikomarge sowie ein Gewinnaufschlag. Der vereinbarte Zinssatz kann für die Gesamtlaufzeit des Darlehens variabel gestaltet oder fest bzw. in einen begrenzten Schwankungsbereich (Intervall) vereinbart werden. Bei variablem Zinssatz können Vorkehrungen zur Absicherung des Zinsänderungsrisikos getroffen werden, z.B. durch Hereinnahme von Derivaten wie Swaps, Caps, Collars.

[2] Vgl. Drukarczyk, Finanzierung, S. 396ff.

Bei einer Vertragslaufzeit eines PPP-Projekts von 25 Jahren ist es üblich, dass Bankdarlehen – in Abhängigkeit von der spezifischen Projektstruktur – Laufzeiten von bis zu 23 Jahren haben. International sind bei entsprechend langer Projektlaufzeit, guter Ertragskraft und begrenztem Risiko des Projekts auch Laufzeiten bis zu 30 Jahren, in Ausnahmefällen sogar darüber, darstellbar. Durch geeignete Zinssicherungsinstrumente, die allerdings zusätzliche Kosten verursachen, können auch für sehr lange Laufzeiten Festzinskonditionen vereinbart werden, wobei diese im langen Laufzeitenbereich jedoch üblicherweise nur eingeschränkt zur Verfügung stehen.

Bankdarlehen zeichnen sich durch eine hohe Flexibilität hinsichtlich der Anforderungen des jeweiligen Projekts aus. Beispielsweise können mit Einverständnis der Bank in bestimmten Fällen vorzeitige Tilgungen oder bei eventuellen Zahlungsstörungen im Projekt Tilgungserleichterungen oder Stundungen vereinbart werden.

Die Auszahlung des Kapitals erfolgt in einzelnen Tranchen, entsprechend dem tatsächlichen Bedarf, der sich bei einer PPP-Maßnahme aus dem Baufortschritt ergibt. Zinsen werden dann nur auf den jeweils ausgezahlten Betrag in Rechnung gestellt. Für den nicht ausgezahlten Teil des Darlehens ist in der Regel eine Bereitstellungsprovision zu zahlen.

Die Tilgungsmodalitäten orientieren sich bei einer projektgebundenen Darlehensfinanzierung grundsätzlich am Cash Flow des Projekts, der auch die wesentliche „Sicherheit" für das Darlehen darstellt. Bei der Darlehensvertragsgestaltung achten die Banken darauf, dass dieser Cash Flow in ausreichendem Maße für den planmäßigen Schuldendienst verfügbar ist (sog. „freier Cash Flow") und sich bei Sensitivitätsanalysen robust verhält, d.h. bei Veränderung der Basis-Annahmen nicht zu starke negative Abweichungen aufweist.

Bedeutend bei der Darlehensfinanzierung ist auch die fortlaufende Projektüberwachung durch die Bank mit den entsprechenden Berichterstattungs- und Offenlegungspflichten des Kreditnehmers. Sie gewährleistet, dass die Bank frühzeitig von auftretenden Schwierigkeiten erfährt und gegebenenfalls Gegenmaßnahmen zur Sicherung ihrer Darlehensforderungen einleiten kann.

Beträge im Rahmen einer Projektfinanzierung bis zu ca. € 25 Mio. werden häufig durch ein einziges Kreditinstitut zur Verfügung gestellt. Größere Finanzierungsvolumina werden – im Wesentlichen zwecks Risikostreuung – auf verschiedene Banken aufgeteilt („syndizierter Kredit"), wobei eine Bank (oder mehrere) intern als „lead arranger" die Koordinierung, und eine Bank (oder mehrere) die Außenvertretung als „lead agent" übernimmt. Beide Funktionen können auch vereint werden.[3]

Bei einem durch Fremdkapital zu finanzierenden Volumen von mehr als € 100 Mio. ist, alternativ zur Kreditvergabe durch eine Bank, auch eine Finanzierung durch Platzierung einer Anleihe am Kapitalmarkt möglich.

Eine Anleihe (auch als Schuldverschreibung, Obligation oder Bond bezeichnet), ist mit einem festen oder variablen Zins ausgestattet und hat eine vereinbarte Laufzeit und Tilgungsform. Aus rechtlicher Sicht handelt es sich um ein Forderungspapier. Die Ausstattung einer Anleihe ist in den Anleihe- oder Emissionsbedingungen festlegt. Hierzu zählen vor allem die Laufzeit, die Zinshöhe und -gestaltung, Modalitäten der Zins- und Kapitalrückzahlung sowie die Währung, in der der Schuldendienst zu leisten ist.

Bei einer Anleihe wird das der Projektgesellschaft zur Verfügung zu stellende Fremdkapital von Anleihe-Investoren (Anleihezeichnern) aufgebracht. Die Platzierung einer Anleihe kann sowohl im Rahmen einer Privatplatzierung bei einem bestimmten Investorenkreis (Private Placement)[4] als auch im Rahmen eines öffentlichen Verkaufs über die Anleihemärkte (Börse)[5] erfolgen. Als Anleihezeichner (Käufer) kommen sowohl Privatanleger als auch institutionelle Anleger (u.a. Versicherungsgesellschaften, Pensionsfonds) in Betracht.

---

[3] Vgl. Nevitt/Fabozzi, Project Financing, S. 72.

[4] Vgl. Abschnitt 7.3.

[5] Vgl. Achleitner, Handbuch Investment Banking, S. 387ff.

Die Begebung einer Anleihe kann durch eine oder mehrere Banken erfolgen. Da die Anleihe durch Zeichnung bei den Investoren platziert wird, steht erst zum Ende der Platzierungsphase fest, ob das gesamte Anleihevolumen am Markt untergebracht und der Projektgesellschaft zur Verfügung gestellt werden kann. Es besteht daher eine gewisse Unsicherheit hinsichtlich des Kapitalzuflusses. Die Sicherheit kann erhöht werden, wenn sich eine der emittierenden Banken verpflichtet, nicht platzierte Teile der Anleihe selbst anzukaufen und auf diese Weise die restlichen finanziellen Mittel zur Verfügung zu stellen (Platzierungsgarantie).

Die Laufzeit einer Anleihe wird u.a. von der zum Zeitpunkt der Anleiheemission herrschenden Lage am Kapitalmarkt sowie dem jeweiligen Projekterfordernis beeinflusst.[6] Sie kann Laufzeiten von bis zu 30 Jahren haben.

Nachteilig auf die Finanzierung eines PPP-Projekts kann sich die geringe Flexibilität der Anleihefinanzierung auswirken. Auf Grund der Distanz und Anonymität zwischen der Projektgesellschaft und den Anleihezeichnern, vor allem bei einem öffentlichen Verkauf über die Börse, ist die Ausstattung der Anleihe – und damit die Finanzierungsstruktur – rechtlich sehr stark festgeschrieben. Daher ist es schwer, sich auf gegebenenfalls notwendige Änderungen mit den Kapitalgebern zu verständigen. So ist es beispielsweise nahezu unmöglich, eine frühzeitige Rückzahlung der Anleihe, wenn dies nicht zuvor in den Emissionsbedingungen bereits berücksichtigt wurde, oder eine Änderung der Zins- und Tilgungsstruktur zu erreichen.[7]

Auch wird das Anleihekapital der Projektgesellschaft i.d.R. nur in einer Summe zu Beginn der Bauphase zur Verfügung gestellt, auch wenn der Finanzierungsbedarf sich erst gemäß Baufortschritt aufbaut. Damit ist sofort der gesamte Finanzierungsbedarf zu verzinsen und nicht nur die jeweilig ausgezahlten Kreditbeträge wie bei der Darlehensgewährung. Durch die temporäre Wiederanlage der in der Bauphase zunächst nicht benötigten Geldmittel, allerdings zum geringeren Haben-Zinssatz, versucht die Projektgesellschaft ihre Finanzierungskosten zu senken.

Da die Emission einer Anleihe mit Aufwand und größeren Kosten verbunden ist, besitzen Anleihen in der Regel eine Mindestgröße von ca. € 100 Mio. Außerdem fallen anleihespezifische Transaktionskosten an, wie z.B. Kosten für die Erstellung und Prüfung des Anlageprospekts, die Kosten der Platzierung der Anleihe am Markt, die Kosten der Kapitalmarktpflege, Kosten des Rating einer Anleihe sowie gegebenenfalls Kosten für eine PPP-Anleiheversicherung. Was unter einer PPP-Anleiheversicherung, deren Vor- und Nachteile zu verstehen ist, wird im Kapitel 7 „Veränderungsprozesse im PFI/PPP-Finanzierungsmarkt" näher erläutert.

Die Vorteile einer Anleihefinanzierung sind im Vergleich zu einer Darlehensfinanzierung in aller Regel die längeren Laufzeiten einer Anleihe (bis 30 Jahre, im PFI Markt in Großbritannien teilweise sogar länger) sowie die häufig besseren Zinskonditionen in Abhängigkeit vom Rating des zu finanzierenden Projekts.

Seit etwa 1997 erweisen sich Anleihefinanzierungen im Rahmen einer PPP-Maßnahme als geeignetes Finanzierungsinstrument, das insbesondere im angelsächsischen Raum bei mittleren bis größeren Transaktionen erfolgreich eingesetzt wird.

2.3 Mezzanine

In Abgrenzung zum Eigen- und Fremdkapital nimmt das Mezzanine[8]-Kapital eine Zwischenstellung zwischen unbesichertem Eigenkapital und besichertem Fremdkapital ein. Bei Mezzanine-Kapital handelt es sich üblicherweise um nachrangig haftendes, größtenteils un-

---

[6] Vgl. Drukarczyk, Finanzierung, S. 406ff.

[7] Vgl. Achleitner, Handbuch Investment Banking, S. 358.

[8] Der Begriff Mezzanine stammt aus dem Italienischen „Mezzanino" und bezeichnet ein für die Baukunst der Renaissance und des Barock typisches Zwischengeschoss inmitten zweier Hauptetagen eines Gebäudes. Vgl. Fahrholz, Neue Formen der Unternehmensfinanzierung, S. 88.

besichertes Kapital. Bei PPP-Vorhaben wird Mezzanine-Kapital häufig durch die sog. Sponsoren in Form nachrangiger Darlehen („Subordinated Debt") an die Projektgesellschaft vergeben.[9] Im Vergleich zum Eigenkapital wird es mit weniger unternehmerischem Risiko belastet, erhält hierfür aber im Gegenzug nur eine geringere Verzinsung. Im Kontext der Gesamtfinanzierungsstruktur einer PPP-Projektfinanzierung wird es dem Bereich des Eigenkapitals zugeordnet. Handelt es sich um größere Transaktionsvolumina, wird dieses nachrangige (Eigen-)Kapital häufig nochmals in Senior- und Junior-Nachrangkapital unterschieden, welches sich in der Reihenfolge (Rang) der Rückzahlung des Kapitals sowie in der Verzinsungshöhe unterscheidet.[10]

Nachrangige Gesellschafterdarlehen werden häufig bei PPP-Projekten substituierend für „echtes" Eigenkapital eingesetzt. Wichtige Gründe dafür sind die geringere Verzinsung als bei „echtem" Eigenkapital, die unter bestimmten Bedingungen vorliegende, steuerliche Vorteilhaftigkeit der Behandlung des Zinsaufwandes und die regelmäßig schnellere Rückführung des eingesetzten Kapitals an die Gesellschafter.[11]

Zudem eignet sich der Einsatz von Mezzanine-Kapital, wenn auf diese Weise die Sicherheitenposition für die kreditgebende Bank gestärkt wird und dadurch die Konditionen für das Fremdkapital verbessert werden können.

3. Kapitalherkunft („Quellen")

Zu den möglichen „Quellen" von privatem Finanzierungsmitteln für eine PPP-Maßnahme gehören auf Eigenkapitalgeberseite vor allem die Sponsoren, während auf Fremdkapitalseite insbesondere die Kreditinstitute, seien es Universalbanken aber auch Sonderfinanzierungsinstitute wie beispielsweise die KfW-Bankengruppe oder die Europäische Investitionsbank (EIB), in Betracht kommen. Die Einzelnen „Quellen" von Kapital werden im Folgenden näher dargestellt.

3.1 Sponsoren

Eigenkapital wird i. d. R. durch sog. „Sponsoren" bereit gestellt. Sponsoren haben ein unmittelbares betriebswirtschaftliches, operatives und finanzielles Interesse am Erfolg des Projekts und werden deshalb die Projektrealisation mit ihren Leistungsbeiträgen erheblich unterstützen.[12] Zu den möglichen Sponsoren innerhalb eines PPP-Projekts gehören vor allem die Bauunternehmen und die „Facility-Manager" (Betreiber) sowie gegebenenfalls deren Projektmanagementgesellschaften.

Grund für die Bereitstellung von Eigenkapital durch die Projektsponsoren ist, dass eine ausschließliche Finanzierung einer Investitionsmaßnahme nur durch Fremdkapital von Banken und Sonderfinanzierungsinstituten nicht akzeptiert wird, weil das Eigenkapital die Funktion des wesentlichen Risikoträgers zu übernehmen hat. Somit ist die Bereitstellung einer „angemessenen" Eigenkapitalhöhe Voraussetzung für den Erhalt von Fremdfinanzierungsmitteln.

Aus Sicht des öffentlichen Auftraggebers hat Sponsoren-Eigenkapital den Vorteil, dass die Sponsoren durch die Einbindung von eigenem haftenden Eigenkapital ein höheres Interesse an einer erfolgreichen Projektdurchführung über eine längere Laufzeit des Vorhabens haben. Während die in das Projekt eingebundenen Bauunternehmen teilweise nur während der Bauphase mit Eigenkapital am PPP-Projekt beteiligt sein wollen, hat insbesondere ein Betreiber oder eine Projektmanagementgesellschaft ein langfristiges Interesse am Erfolg des Projekts und damit i. d. R. an einer langfristigen Eigenkapitalbereitstellung.

---

[9] Vgl. Drukarczyk, Finanzierung, S. 414 ff.

[10] Vgl. Redaktion der Zeitschrift für das gesamte Kreditwesen u. a. (Hrsg.), Artikel Mezzanine-Kapital.

[11] Vgl. Nevitt/Fabozzi, Project Financing, S. 58 f.

[12] Vgl. Tytko, Grundlagen der Projektfinanzierung, S. 22.

3.2 Institutionelle Investoren

Institutionelle Investoren, auch als Finanzinvestoren oder im angelsächsischen Raum als „Third Party Equity" bezeichnet, haben ein finanzielles, renditeorientiertes Interesse an der Vergabe von haftendem Eigenkapital in eine Projektgesellschaft. Zu den institutionellen Investoren gehören international u.a. große Investmentfonds, kapitalstarke Versicherungsunternehmen, Pensionsfonds und „Private Equity Gesellschaften".[13] Aufgrund ihrer starken Renditeorientierung prüfen Finanzinvestoren eine Beteiligung in einem Projekt sehr genau, so dass eine sub-optimale Projektstruktur bei einem PPP-Vorhaben (z.B. hinsichtlich Risikoallokation) kaum durch einen Finanzinvestoren mitgetragen wird. Im europäischen Ausland haben sich teilweise bereits etablierte Strukturen für die Finanzierung von PPP-Projekten mit Hilfe institutioneller Investoren gebildet.

In Deutschland wird die Möglichkeit zur Einbindung institutioneller Investoren in die Finanzierung von PPP-Projekten durch die Neuregelungen des ÖPP-Beschleunigungsgesetzes erweitert. So eröffnet die im Rahmen des ÖPP-Beschleunigungsgesetzes vorgenommene Änderung des Investmentgesetzes (InvG) offenen Immobilien-Sondervermögen nunmehr die Möglichkeit, Nießbrauchrechte an Grundstücken, die der Erfüllung öffentlicher Aufgaben dienen, zu erwerben. Bislang konnten Immobilien-Sondervermögen nur in Immobilien investieren, bei denen sie Eigentum oder Erbbaurechte an den Grundstücken erwerben konnten. Da die Veräußerung bzw. Belastung von Grundstücken und Gebäuden, die für die Erfüllung öffentlicher Aufgaben benötigt werden, jedoch vielerorts durch die Gemeindeordnung verboten wird, waren den Investitionsmöglichkeiten offener Immobilien-Sondervermögen im Rahmen von PPP bislang enge Grenzen gesetzt.

Zum Schutz der Anleger beschranken sich die neuen Investitionsmöglichkeiten der Immobilien-Sondervermögen auf die die vergleichsweise risikoarme Betreiberphase. Ferner ist die Anlage in derartige Beteiligungen auf 10% des Gesamtvermögens des Fonds beschrankt, so dass die Investition in PPP-Projekte quasi eine „Beimischung" zum Gesamtportfolio darstellt.[14]

Da gerade bei großvolumigen PPP-Maßnahmen den institutionellen Investoren eine große Bedeutung für die Finanzierung zukommen kann, ist es wichtig, dass die Finanzierungsstruktur und die Rahmenbedingungen eines PPP-Projekts internationalem Standard entsprechen. Hierzu gehören u.a. eine kapitalmarktfähige Struktur des PPP-Projekts, eine optimale Risikoallokation, angemessene „Dealflows" (ausreichend Folgeprojekte im PPP-Bereich) sowie Vertrauen, dass das PPP-Projekt in einem geordneten, transparenten und zügigen Vergabeverfahren auf den Weg gebracht werden kann.

3.3 Kommerzielle Banken

Eine Projektfinanzierung wird i.d.R. in einem Bereich von 60%–90% aus Fremdkapital und zu 40%–10% aus Eigenkapital dargestellt. An diesem hohen Fremdkapitalanteil haben die Universalbanken einen wesentlichen Anteil. In Deutschland kommen als Marktteilnehmer – neben den gesondert darzustellenden Hypothekenbanken – zunächst private Geschäftsbanken, öffentlich-rechtliche Landesbanken sowie größere Sparkassen und Volksbanken (die „Universalbanken") in Betracht.

Diese Universalbanken verfügen in ihren spezialisierten Abteilungen über fundiertes Wissen und langjährige Erfahrungen in unterschiedlichen Investitionsmärkten und in der Handhabung komplexer Finanzierungen. In Abhängigkeit von Art und Umfang des PPP-Projekts bieten sie, bspw. bei angenommener Vertragslaufzeit des Projektes von 25 Jahren,

---

[13] Vgl. Nevitt/Fabozzi, Project Financing, S. 72.

[14] Vgl. Deutscher Bundestag, S. 14–16 sowie 32–34 in Verbindung mit Fraktionen SPD und Bündnis 90/Die Grünen.

Fremdkapital als Darlehen mit einer Laufzeit von bis zu 23 Jahren an.[15] Die Banken können für große öffentliche PPP-Beschaffungsmaßnahmen auch Anleihen platzieren, die von der Projektgesellschaft zur Finanzierung einer PPP-Investition begeben wird und privaten oder institutionellen Anlegern zur Zeichnung angeboten werden.

Neben den Universalbanken gehören auch die Hypothekenbanken als Spezialbanken zu den möglichen Finanzierungspartnern von PPP-Investitionsvorhaben. Im Unterschied zu den Universalbanken dürfen sie, mit Ausnahme weniger Nebengeschäfte, aber nur zwei Arten von Kreditgeschäften tätigen, den grundpfandrechtlich gesicherten Hypothekarkredit sowie Darlehen an öffentliche Haushalte (Kommunaldarlehen).

Der gewerbliche Hypothekarkredit als Kredit an eine privatrechtliche Projektgesellschaft kommt auf Grund der bei PPP-Investitionen oftmals vorzufindenden deutlich eingeschränkten Drittverwendungsfähigkeit des Objekts („Spezialimmobilie") allerdings nur selten zum Einsatz.

Die in Abschnitt 8 vorgestellten Möglichkeiten der öffentlichen Förderung von PPP-Projekten beinhalten auch zinsbegünstigte Darlehen der KfW Förderbank sowie der Europäischen Investitionsbank (EIB). In vielen Fällen erfolgt die Bereitstellung dieser Finanzierungsmittel über die Geschäftsbanken, die gegenüber den „Förderinstituten" regelmäßig für das wirtschaftliche Risiko aus dem PPP-Projekt haften. Insofern erfolgt hier eine Verknüpfung zwischen „privaten Finanzierungsmitteln" und „öffentlichen Fördermitteln". Aufgrund ihrer Bedeutung als „Förderungsinstrument" wird an dieser Stelle die Funktion „Kapitalquelle" vernachlässigt und lediglich auf die häufige Kooperation von Geschäftsbanken und Förderinstituten hingewiesen. Genauere Informationen zu Art und Umfang der Förderung finden sich in Abschnitt 8.

3.4 Kapitalmarkt

Soll auf Grund der Transaktionsgröße einer geplanten PPP-Investitionsmaßnahme eine Finanzierung mittels Anleihe erfolgen, wird diese am Anleihemarkt, entweder in Form eines öffentlichen Verkaufs oder im Rahmen einer Privatplatzierung, angeboten. Am Anleihemarkt werden dabei, in Abhängigkeit von der Struktur des Projekts und den Zielsetzungen des Investors bzw. der Projektgesellschaft, sowohl variable als auch festverzinsliche oder indexorientierte Anleihen begeben. Für institutionelle Investoren stellen diese Anleihen – je nach Risikostruktur – u. U. interessante Anlagemöglichkeiten dar, da sie für ihre langfristigen (Pensions-)Verpflichtungen langfristige Anlagemöglichkeiten suchen.

Zur Erschließung dieses Anlegerkreises, als eine weitere Quelle privater Finanzierungsmittel, ist es notwendig, dass PPP-Finanzierungen kapitalmarktfähig ausgestaltet werden. Zu den wesentlichen Anforderungen für die Kapitalmarktfähigkeit einer Anleihe gehören regelmäßig ein ausreichendes Transaktionsvolumen (ab ca. € 100 Mio.), ein stabiler rechtlicher Rahmen für das Gesamtprojekt (beispielsweise hinsichtlich etwaiger Konzessionen), eine angemessene und nachvollziehbare sowie vom Kapitalmarkt akzeptierte Risikoverteilung zwischen den Projektbeteiligten, ein aus Investorensicht kalkulierbares Mitspracherecht des öffentlichen Auftraggebers, die Anwendung anerkannter Techniken bei Bau und Betrieb des PPP-Projekts sowie am Markt anerkannte Sponsoren und Betreiber in der Projektgesellschaft. Diese Faktoren haben gleichermaßen Einfluss auf das im Regelfall erforderliche Rating einer zu emittierenden Projektanleihe.

Voraussetzung für eine Anleihefinanzierung ist, dass ein PPP-Vorhaben ein ausreichendes Projektvolumen besitzt. Dies erfordert gegebenenfalls die Bündelung[16] mehrerer kleiner

---

[15] Die Differenz zwischen Vertragslaufzeit und Kreditlaufzeit in Jahren wird als „tail" bezeichnet. Er gibt den Fremdkapitalgebern einen Sicherheitspuffer, falls das Projekt in Schwierigkeiten gerät und sich dadurch eventuell der Tilgungszeitraum verlängern würde. Die Festlegung des „tail" ist eine der wichtigen Punkte bei der Verhandlung des Finanzierungsvertrages.

[16] Vgl. Abschnitt 7.1.

Projekte, damit ein Mindestvolumen von ca. € 100 Mio. in der Marktaufbauphase für PPP-Modelle in Deutschland dargestellt werden kann. In einer reiferen Marktphase ist ein Transaktionsvolumen für eine Anleihe von ca. € 200 – € 300 Mio. wünschenswert.

4. Vor- und Nachteile bei Einbindung privater Finanzierungsquellen

Nachdem zuvor die spezifischen Charakteristika der verschiedenen Kapitalarten und die Kapitalherkunft privater Finanzierungsmittel dargestellt wurden, werden im Folgenden die Vor- und Nachteile einer Einbindung privater Finanzierungsmittel in ein PPP-Investitionsvorhaben erläutert.

Folgende wesentliche Vorteile können bei der Einbindung privater Finanzierungsquellen in ein PPP-Projekt erwartet werden:

- Durch die Einbindung privater Finanzierungsquellen, vor allem Fremdkapitalgeber, erhält der öffentliche Auftraggeber eine Art Marktpreis für die Bewertung der projektspezifischen Risiken. Die Quotierung einer Marge (Risikoaufschlag) durch die Kreditinstitute für das jeweilige PPP-Projekt, d.h. die Berücksichtigung der dahinter liegenden Projektstruktur inklusive Zahlungsmechanismus etc., ermöglicht, dass die öffentliche Hand für die an den privaten Auftragnehmer transferierten Risiken eine zusammengefasste Preisinformation (Marge) erhält. Dies erhöht die Handlungssicherheit (Transparenz der Risikokosten) für den öffentlichen Auftraggeber.
- Durch die Vereinbarung eines angemessenen Zahlungsmechanismus werden Anreize erzeugt, Projekt- und Marktinnovationen in konkrete Projekte einfließen zu lassen. Dies erhöht regelmäßig Qualität und Standard der PPP-Maßnahme und kommt der öffentlichen Hand zu Gute. Gleichermaßen wirkt es sich positiv auf die Eigenkapitalrendite aus.
- Privates Kapital strebt nach der bestmöglichen und effizientesten Nutzung von Ressourcen und Vermögenswerten. Im Rahmen von geeigneten PPP-Projekten kommt dies der öffentlichen Hand zu Gute und spiegelt sich in einem positiven Preis-Leistungs-Verhältnis (sog. „Value for Money") wider, d.h. die PPP-Beschaffungsvariante erweist sich gegenüber der konventionellen Eigenrealisierung der öffentlichen Hand als vorteilhafter.
- Es kann zu einer schnelleren Realisierung eines einzelnen Investitionsvorhabens kommen, sofern das Vergabeverfahren gut und transparent strukturiert ist und die privaten Kapitalgeber durch entsprechende Anreize in der Projektstruktur von einer schnellen Umsetzung der PPP-Investitionsmaßnahme profitieren.
- Eine von Eigenkapitalgebern und insbesondere Fremdkapitalgebern durchgeführte Projektprüfung mit einem positiven Votum hinsichtlich technischer und finanzwirtschaftlicher Belastbarkeit des Gesamtvorhabens ist ein Zeichen für die finanzwirtschaftliche Stabilität der Investitionsmaßnahme und erhöht auf diese Weise die Handlungssicherheit für den öffentlichen Auftraggeber.
- Die Beteiligung des privaten Sektors bringt regelmäßig eine Disziplinierungsfunktion hinsichtlich der Kosten und des Risikomanagements für den gesamten Prozess mit sich und erhöht die Transparenz.

Es können aber auch Nachteile mit der Einbindung privater Finanzierungsquellen in ein PPP-Investitionsvorhaben verbunden sein:

- Der Einsatz privater Finanzierungsmittel ist grundsätzlich teurer als der Einsatz öffentlicher Mittel, da der private Sektor regelmäßig höhere Zinssätze als der Staat bei Kreditaufnahmen zu zahlen hat. Zu den Kosten des Fremdkapitals kommt die Verzinsung (Renditeerwartung) des Eigenkapitals, des „Risikokapitals", hinzu. Die Renditeerwartung orientiert sich an dem zu übernehmenden Risiko und ist als Risikoprämie zu verstehen. Zu berücksichtigen ist jedoch, dass die Finanzierungskosten nur ein Kostenelement bei der Wirtschaftlichkeitsuntersuchung eines PPP-Projektes sind. Die Einbindung von privatem Kapital kann aber langfristig zu einem besseren Preis-Leistungs-Verhältnis bei PPP führen, da eine optimale (effiziente) Risikoallokation angestrebt wird, die Lebenszykluskosten eines Projekts berücksichtigt werden und der private Sektor darüber hinaus eine Disziplinierungswirkung hinsichtlich der Kosten und des Risikomanagements im gesamten Prozess entfaltet.

- Fremdkapitalgeber bevorzugen üblicherweise den Einsatz bewährter Bauweisen und -verfahren, um die Risikoanfälligkeit eines Gesamtprojekts zu reduzieren und damit die Sicherheit bzw. Stabilität des Cash Flow zu gewährleisten. Dies kann wegen des „Vorsichtsprinzips" der Banken dazu führen, dass die Fremdkapitalgeber nur jene Projekte finanzieren, die auf traditionelle Technologien zurückgreifen. Dies wiederum kann zu einer Schwächung der Innovationskraft im Rahmen von PPP-Projekten, mit entsprechend negativen Konsequenzen hinsichtlich der Erzielung von Effizienzvorteilen, führen. Sofern die Fremdkapitalgeber zur Finanzierung solcher Projekte bereit sind, ist zu erwarten, dass sie bei innovativen Projekten möglicherweise höhere Risikozuschläge verlangen, die eine Erhöhung der Gesamtfinanzierungskosten des Projektes bewirken.
- Auf Grund des aufwändigeren rechtlichen und finanzwirtschaftlichen Prüfungsprozesses durch die Fremdkapitalgeber kann es zu längeren Bearbeitungszeiten in der Ausschreibungsphase eines PPP-Projektes kommen. Dies ist bei der Vorbereitung des Vergabeverfahrens entsprechend durch die öffentliche Hand zu berücksichtigen.

5. Finanzierungsfähigkeit von PPP-Projekten

Grundsätzlich ist die Einbindung privaten Kapitals nur dann wirtschaftlich sinnvoll, wenn für ein PPP-Projekt eine optimale Risikoallokation (Risikotransfer) erreicht werden kann und eine langfristige, strategische Ausrichtung bei privatem und öffentlichem Sektor zu erwarten ist. Für die Finanzierungsfähigkeit von PPP-Projekten spielen Leistungsmerkmale der Projektfinanzierung eine wesentliche Rolle, die eine konventionelle Unternehmensfinanzierung nicht bieten kann. Dies belegen auch die Erfahrungen in den Nachbarländern. In der Regel wird eine Finanzierung auf der Basis einer klassischen Unternehmensfinanzierung den auf verschiedenen Verträgen beruhenden Anforderungen eines PPP Projekts, z.B. hinsichtlich Risikoteilung, Haftungsbegrenzung und Flexibilität, nicht gerecht. Insbesondere, wenn es um die Finanzierung von großvolumigen Projekten geht, werden die privaten Partner eine Finanzierung auf der Basis einer Projektfinanzierung einfordern und als Voraussetzung (Rahmenbedingung) ansehen.[17]

5.1 Projektfinanzierung

In der Literatur sind zahlreiche Definitionen für Projektfinanzierung zu finden. Eine häufig zitierte Definition ist die von Nevitt/Fabozzi, die sinngemäß übersetzt besagt, dass es sich um die Finanzierung einer sich selbst tragenden Wirtschaftseinheit handelt, bei der sich die Kreditgeber vornehmlich auf den Cash Flow für die Rückzahlung des Fremdkapitals verlassen und die Aktiva des Projektes als Sicherheit dienen.[18]

Die Basisstruktur einer Projektfinanzierung – hier bezogen auf ein PPP-Vorhaben – lässt sich grafisch wie folgt darstellen:

---

[17] Vgl. Fahrholz, Neue Formen der Unternehmensfinanzierung, S. 254f.
[18] Vgl. Nevitt/Fabozzi, Project Financing, S. 1.

Abbildung 2: Struktur einer Projektfinanzierung

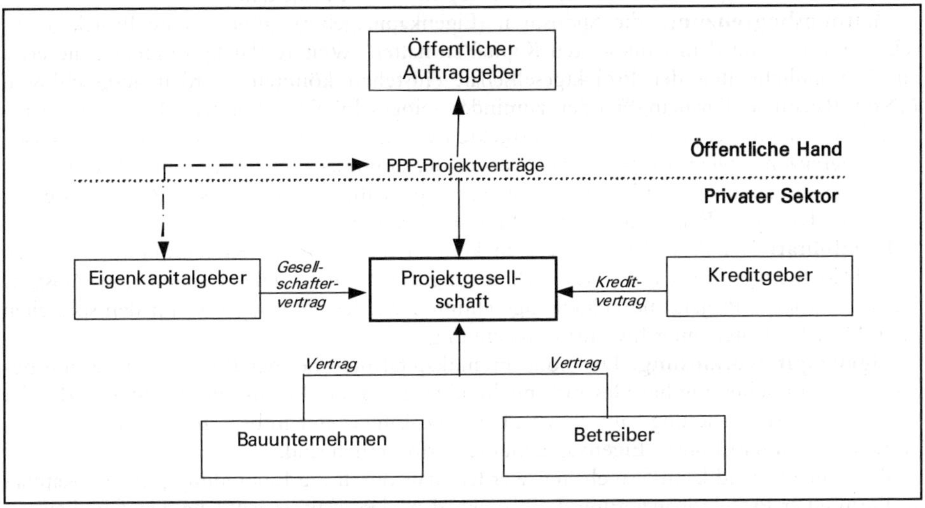

Die Beziehungen zwischen den einzelnen Beteiligten und v.a. die Risikoallokation werden durch umfangreiche Verträge geregelt. Dieses Vertragswerk ist ein wesentlicher Punkt der Diskussion und Verhandlungen zwischen öffentlicher Hand und privaten Projektbeteiligten (Projektgesellschaft, Kreditgeber) während des Ausschreibungsprozesses.[19] Es muss u.a. gewährleisten, dass die Risiken so unter den Projektbeteiligten austariert werden, dass sich daraus für die Kreditgeber eine akzeptable Risikostruktur ergibt.[20]

Zur Abgrenzung gegenüber einer klassischen Unternehmensfinanzierung können folgende wesentliche Aspekte einer Projektfinanzierung genannt werden:[21]

Risikoallokation: Eine konsequente, optimale Risikoverteilung ist ein wesentliches Merkmal der Projektfinanzierung. Eine wichtige Maxime ist, dass jeder Projektbeteiligte jeweils die Risiken tragen soll, die er am besten steuern und kontrollieren kann. Mittels Projektfinanzierung können so Projekte realisiert werden, die auf herkömmlichen Weg nicht durchführbar wären, z.B. wegen des zu hohen Gesamtrisikos für ein einzelnes Unternehmen.[22]

Erweiterung der Finanzierungsmöglichkeiten: Die Bonitätsprüfung der Banken basiert auf den Cash Flow Prognosen für das Projekt über die gesamte Laufzeit („Cash Flow Related Lending"). Das maximale Kreditvolumen wird von den zukünftigen Cash Flows und nicht von den Bilanzstrukturen der Sponsoren bestimmt. Dies führt zu erweiterten Finanzierungsmöglichkeiten für das Projekt, vor allem in den Fällen, in denen das Projektvolumen verhältnismäßig groß im Vergleich zum Unternehmen selbst ist. Dies ist insbesondere für mittelständische Firmen positiv zu bewerten und bietet Chancen, sofern Know How und Managementkapazitäten entsprechend vorhanden sind.

Bilanzneutrale Finanzierung („Off Balance Sheet Financing"): Im Rahmen der Projektfinanzierung weisen die Sponsoren in ihrer Bilanz nur die Kapitalbeteiligung an der rechtlich selbstständigen Projektgesellschaft aus, nicht aber die Kredite der Projektgesellschaft, sofern sie nicht zur Konsolidierung verpflichtet sind. Im Gegensatz zur Unternehmensfinanzierung belasten die Sponsoren somit nicht ihre Bilanz mit Verbindlichkeiten und

---

[19] Als Verfahrensart des Ausschreibungsprozesses wird das Verhandlungsverfahren unterstellt.
[20] Vgl. Fahrholz, Neue Formen der Unternehmensfinanzierung, S. 262f.
[21] Vgl. Siebel, Projekte und Projektfinanzierung, S. 157ff.
[22] Vgl. Achleitner, Handbuch Investment Banking, S. 363.

bewahren ihren Finanzierungsspielraum. Besondere Bedeutung erlangt dieser Tatbestand bei finanziell aufwändigen und/oder einer großen Anzahl von Projekten.[23]

Haftungsbegrenzung: die Sponsoren (Eigenkapitalgeber) gründen eine Projektgesellschaft, um nur mit dem eingesetzten Kapital zu haften. Weitere Rückgriffsrechte, die etwa aus Verbindlichkeiten der Projektgesellschaft entstehen könnten, werden ausgeschlossen („Non Recourse Financing") oder zumindest eingeschränkt („Limited Recourse Financing"). Vor allem bei großvolumigen Projekten werden die Sponsoren ihr Risiko der Höhe nach begrenzen wollen. Im Sinne des Prinzips der „optimalen Risikoverteilung" werden in der internationalen Projektfinanzierungspraxis regelmäßig eingeschränkte Rückgriffsrechte („Limited Recourse Financing") auf die Sponsoren vereinbart.

Flexibilität: Bei Projektfinanzierungen können nicht nur das Kreditvolumen, sondern auch Darlehensbestimmungen, wie z.B. tilgungsfreie Zeiten, Tilgungsraten und Zinszahlungen, auf jedes Projekt individuell zugeschnitten werden und tragen somit den speziellen Cash Flow Verläufen einer Investition Rechnung.

Eigenkapitalverzinsung: Der hohe Fremdkapitalanteil bei der Projektfinanzierung bewirkt bei ausreichend hoher Gesamtkapitalrendite sehr hohe Eigenkapitalrenditen.[24] Bei der Unternehmensfinanzierung kann dieser „Leverage-Effekt" nur in begrenztem Maße genutzt werden, da zumeist höhere Eigenkapitalquoten erforderlich sind.

Zusammenfassend kann festgehalten werden, dass durch die Einbindung privaten Kapitals in Form einer Projektfinanzierung das Projekt, d.h. dessen wirtschaftliche Tragfähigkeit sowie die Risikoverteilung in den Fokus der Analysen und Bewertungen gestellt wird. Insgesamt fließt eine höhere Disziplin in das Verfahren, die Strukturierung und die Investitionsbeurteilung einer PPP-Beschaffungsmaßnahme ein.

5.2 Ermittlung der optimalen Kapitalstruktur

Ziel der Ermittlung der optimalen Kapitalstruktur (Eigenkapital- zu Fremdkapitalanteil) ist der Ausgleich des bestehenden Interessenkonflikts zwischen Eigen- und Fremdkapitalgebern.[25] Eigenkapitalgeber tendieren zu einer Maximierung des Fremdkapitalanteils, umso ihre Eigenkapitalrendite zu maximieren. Fremdkapitalgeber befürworten hingegen einen möglichst hohen Eigenkapitalanteil, der zum einen die Verantwortung für und das nachhaltige Interesse an dem Projekt auf Seiten der Eigenkapitalgeber widerspiegelt, zum anderen eine finanzielle Sicherheit (Puffer) bietet, wenn die operativen Projekt Cash Flows, aus denen der Schuldendienst (Zins und Tilgung) geleistet werden muss, nicht in der prognostizierten Höhe anfallen.

In der internationalen Praxis sind – je nach Projekt – unterschiedliche Kapitalstrukturen vorhanden. Es sind Relationen von bis zu 90% Fremdkapital und 10% Eigenkapital zu finden, aber auch Verhältnisse von 60% Fremdkapital und 40% Eigenkapital sind möglich.[26] Die Fremdkapitalgeber haben somit eine entscheidende Bedeutung bei der Sicherstellung der Gesamtfinanzierung des Projektes. Die von den Eigenkapital- und Fremdkapitalgebern geforderten Konditionen hängen maßgeblich davon ab, welches Risiko jeweils von ihnen auf Grund der vertraglichen Vereinbarungen zu tragen ist und welche Erträge aus dem Projekt zu erwarten sind.

Auf Grund des bestehenden Interessenkonfliktes erfolgt die Ermittlung der optimalen Kapitalstruktur für das jeweilige PPP-Vorhaben im Rahmen eines komplexen, iterativen Prozesses. Der Prozess wird begleitet von einer gründlichen Due Diligence und Risikoanalyse der

---

[23] Vgl. Achleitner, Handbuch Investment Banking, S. 345.

[24] Vgl. Perridon/Steiner, Finanzwirtschaft der Unternehmung, S. 423ff; Drukarczyk, J., Finanzierung, S. 156ff.

[25] Vgl. Nevitt/Fabozzi, Project Financing, S. 57.

[26] Vgl. Siebel, Projekte und Projektfinanzierung, S. 71.

Fremdkapitalgeber, um den Schuldendienst gefährdende Schwankungen beim operativen Cash Flow vor der Kreditentscheidung zu erkennen. Das Ergebnis kann zu einer Anpassung des für die Finanzierung notwendigen Sicherheitenkonzeptes sowie der zu fordernden Deckungsgrade („Cover Ratios") führen. Der Prozess lässt sich grafisch wie folgt darstellen:

Abbildung 3: Ermittlung der optimalen Kapitalstruktur

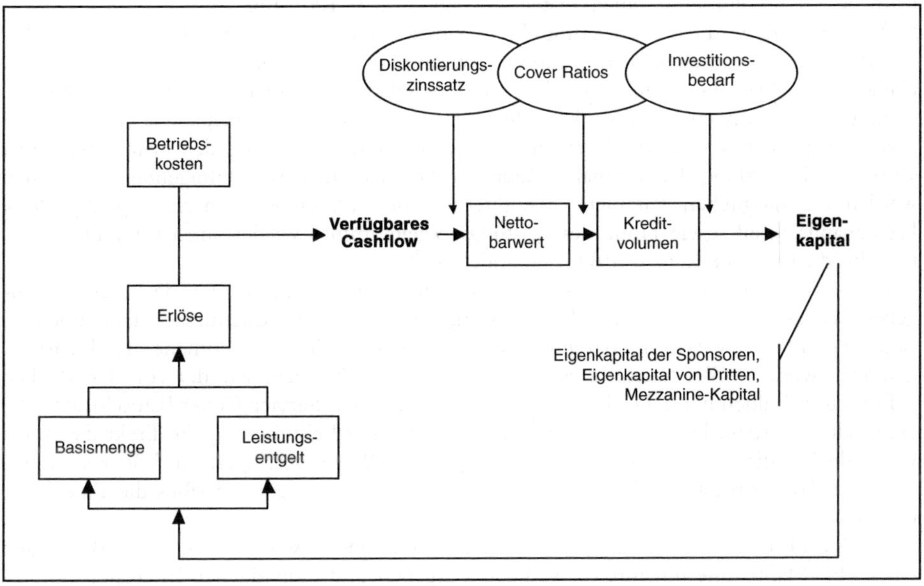

Den Ausgangspunkt des Prozesses stellt die Ermittlung des verfügbaren Cash Flows (vor Schuldendienst) dar. Dieser ist abhängig von den Erlösen und Betriebskosten des Projektes. Um Aussagen über den verfügbaren Cash Flow treffen zu können, müssen Erlöse und Betriebskosten über die gesamte Lebensdauer des PPP-Projekts projiziert werden (mittels eines Cash Flow Modells).

Der verfügbare Cash Flow ist über die gesamte Projektlaufzeit zu diskontieren, um den Nettobarwert[27] des Cash Flow zu bestimmen. Der Diskontierungszins ist der Zinssatz, mit dem die zukünftigen Zahlungsströme abgezinst werden um den Nettobarwert zu erhalten.[28] Für die nachfolgende Ermittlung der relevanten Kennziffern wird in der Regel der Fremdkapitalzins als Diskontierungszinssatz ausgewählt.

Anhand des Nettobarwerts der Investition kann das maximal vom Projekt zu tragende Kreditvolumen bestimmt werden. Dies geschieht, indem der Nettobarwert zu bestimmten Deckungsgrad-Kennziffern (sog. „Cover Ratios")[29] ins Verhältnis gesetzt wird, die für ähnliche Projekte von Kreditinstituten verlangt werden.

Typischerweise sind dies:

Kreditlaufzeit-Deckungsgrad („Loan Life Cover Ratio"): ist definiert als Quotient aus Nettobarwert aller zukünftig erwarteten Cash Flows (vor Zinsen, nach Steuern) über die verbleibende Kreditlaufzeit und dem am Anfang der Betrachtungsperiode ausstehenden Kreditvolumen.

---

[27] Der Nettobarwert einer Investition ist die Summe der Differenzen von abgezinsten Ein- und Auszahlungen über die gesamte Projektlaufzeit.

[28] Vgl. Wöhe, Einführung in die Allgemeine Betriebswirtschaftslehre, 778 ff.

[29] Vgl. Fahrholz, Neue Formen der Unternehmensfinanzierung, S. 292 f.

Projektlaufzeit-Deckungsgrad („Project Life Cover Ratio"): ist definiert als Quotient aus Nettobarwert der zukünftig erwarteten Cash Flows (vor Zinsen, nach Steuern) über die verbleibende Projektlaufzeit und dem am Anfang der Betrachtungsperiode ausstehenden Kreditvolumen.

Beträgt der Nettobarwert der verfügbaren Cash Flows über die Kreditlaufzeit z.B. € 150 Mio. und die geforderte Loan Life Cover Ratio ist 1,5, dann wäre das maximal erhältliche Kreditvolumen in einem ersten Rechenschritt € 100 Mio.

Anschließend wird das zuvor ermittelte maximale Kreditvolumen mit dem benötigten Investitionsbedarf verglichen. Das ermittelte Kreditvolumen wird in der Regel nicht ausreichend sein, so dass die Finanzierungslücke grundsätzlich durch Eigenkapital zu schließen ist. Häufig ist der notwendige Eigenkapitalbetrag größer als die Eigenkapitalgeber ihn leisten können bzw. bereit sind, zur Verfügung zu stellen. Dies stellt dann den ersten Iterationsschritt zur Ermittlung der optimalen Kapitalstruktur dar. In den nachfolgenden Iterationen werden die möglichen Parameter Renditeerwartung (differenziert nach Kapitalquellen), Fremdkapitalanteil sowie Höhe des Leistungsentgelts immer wieder angepasst und feinjustiert, bis die optimale Kapitalstruktur gefunden ist.[30]

Es muss ein Gleichgewicht zwischen dem Fremdkapitalanteil, der von den Eigenkapitalgebern verlangten Rendite und dem Leistungsentgelt, das die öffentliche Hand noch zu zahlen bereit ist bzw. welches das günstigste Bieterangebot für die öffentliche Hand darstellt, gefunden werden. Gleichzeitig müssen bestimmte Restriktionen, wie der von den Banken geforderte Schuldendienst-Deckungsgrad („Minimum Debt Service Cover Ratio" (DSCR)), eingehalten werden. Damit beeinflusst z.B. die Höhe des Leistungsentgelts direkt die zu erwartende Rendite der Eigenkapitalgeber. In gleicher Weise verringert ein höheres Kreditvolumen das erforderliche Eigenkapital und verbessert somit ceteris paribus die Eigenkapitalrendite.

Die Ausführungen zu dem dargestellten Schaubild zeigen, dass alle wesentlichen Beteiligten einer PPP-Maßnahme mit ihren jeweiligen Vorgaben und individuellen Interessen Einfluss auf die optimale Kapitalstruktur und damit letztlich auf die Finanzierungsstruktur nehmen:

- Öffentliche Auftraggeber: Maximale Höhe des Leistungsentgelts
- Sponsoren (Betreiber): Betriebskosten
- Fremdkapitalgeber: Finanzierungskosten sowie geforderte Schuldendienst- und Kreditlaufzeit-Deckungsgrade
- Öffentliche Auftraggeber: Investitionsbedarf (Projektumfang)
- Sponsoren (Bauunternehmen): Investitionsbedarf (Preise)
- Sponsoren: Eigenkapital(-rendite)

5.3 Kriterien für die Finanzierungsfähigkeit von Projekten

Als Ausgangspunkt für Überlegungen zur Finanzierungsfähigkeit von PPP-Projekten wurden die Vorteile der Projektfinanzierung und die bei einer Projektfinanzierung wichtigen Mechanismen zur Ermittlung der optimalen Kapitalstruktur dargestellt. Dabei wurde deutlich, dass die Kapitalgeber privater Finanzierungsmittel (Eigen- und Fremdkapital) unterschiedliche Interessen verfolgen, die im Rahmen eines iterativen Prozesses zum Ausgleich gebracht werden können.

Der nächste Schritt geht eine Ebene tiefer und es wird dargestellt, welche konkreten Kriterien aus Eigen- und Fremdkapitalgebersicht bei einem zu finanzierenden PPP-Vorhaben erfüllt sein müssen, damit für dieses Projekt tatsächlich ausreichendes, privates Kapital bereitgestellt und abgerufen werden kann.

---

[30] In der Endphase der Ermittlung fließen zusätzlich wettbewerbliche Elemente aus dem Bietungsprozess mit ein. Die Konditionen für das Kapital werden dadurch beeinflusst, dass sich mehrere Bieterkonsortien und Banken im Wettbewerb um die Abgabe des besten Angebotes befinden.

5.3.1 Kriterien aus Eigenkapitalgebersicht

Obwohl unterschiedliche Eigenkapitalgeber (z.B. Sponsoren, Finanzinvestoren) im Einzelfall mit einer Projektinvestition unterschiedliche Ziele und Interessen verfolgen, stellen sie einige allgemeine Anforderungen an die Struktur eines PPP-Projekts, die während des gesamten Entwicklungsprozesses der PPP-Beschaffungsmaßnahme seitens der öffentlichen Hand zu berücksichtigen sind. Die in der Grafik aufgeführten Kriterien werden nachfolgend erläutert.

Abbildung 4: Finanzierungsfähigkeit aus Sicht Eigenkapitalgeber

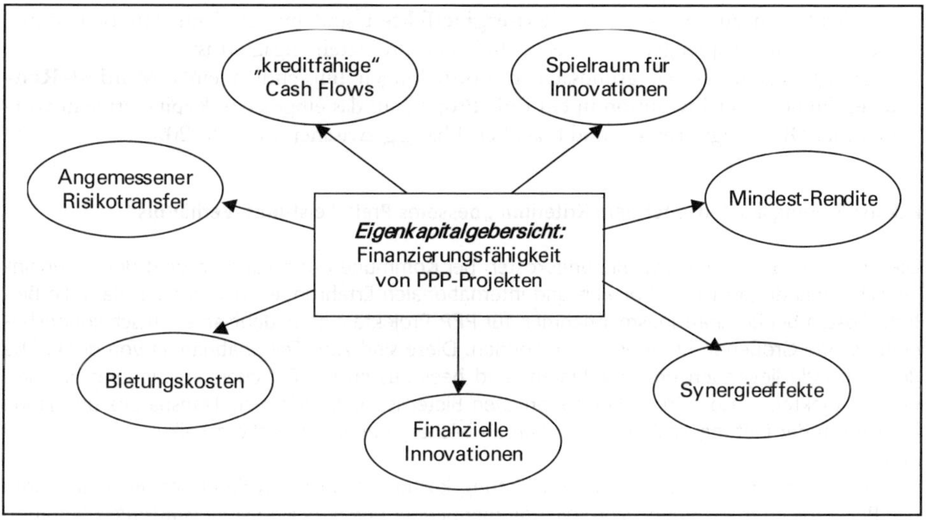

- Ein **angemessener Risikotransfer** zwischen öffentlichem und private Sektor führt zur optimalen Projektbewertung. Ein überhöhter Risikotransfer in Richtung privater Sektor bewirkt, dass eine höhere Risikoprämie in die Berechnung der geforderten Eigenkapitalrendite eingeht und damit das erzielbare positive Preis-Leistungs-Verhältnis für den öffentlichen Auftraggeber geringer ausfiele. Ein zu geringer Risikotransfer an den privaten Auftragnehmer bedeutet, dass die öffentliche Hand Risiken behält, die kosteneffizienter durch den privaten Auftragnehmer gesteuert und getragen werden könnten. Dies würde bei entsprechend sachgerechter Bewertung ebenfalls zu einem geringeren Preis-Leistungs-Verhältnis führen.
- Die dem Projekt zugrundeliegenden **Cash Flows müssen „kreditfähig"**, d.h. aus Bankensicht „robust" sein, so dass von einer gesicherten Gesamtfinanzierung über die gesamte Projektlaufzeit ausgegangen werden kann. Robuste Cash Flows wirken sich positiv auf die Risikomargen des Fremdkapitals aus und reduzieren damit die Gesamtkosten der Finanzierung, welches sich ceteris paribus in einer Verbesserung der Eigenkapitalrendite niederschlägt.
- Das Projekt muss **Spielraum für Innovationen** bieten. Nur wenn dem privaten Bieter die Möglichkeit gegeben wird, sein fachliches Know How, seine Erfahrung und Kompetenz im Rahmen von technischen und gestalterischen Innovationen einbringen zu können, wird er Effizienzvorteile realisieren können. Dazu gehört u.a. eine Senkung der Betriebs- (Lebenszyklus-) Kosten eines PPP-Projekts.
- Die **Bietungskosten** (z.B. Personalkosten für Vorbereitung des Angebots beim Bieter, Kosten für technische, rechtliche und finanzielle Berater, Due Diligence) sollten möglichst gering sein, um die Eigenkapitalrendite nicht zu belasten oder um zu vermeiden,

dass diese von den Eigenkapitalgebern in Form eines erhöhten Leistungsentgeltes an die öffentliche Hand weitergegeben werden. Ein Teil dieser Transaktionskosten ist vergleichsweise fix, d.h. sie fallen nahezu unabhängig vom zugrunde liegenden Projektvolumen an. Es ist davon auszugehen, dass es bei kleineren Projekten weniger wahrscheinlich ist, dass die Renditeerwartungen der Eigenkapitalgeber noch zufrieden gestellt werden können. Eine Beteiligung an solchen PPP-Projekten ist aus Eigenkapitalgebersicht folglich eher unattraktiv.

- Potenzial zur Umsetzung von **finanziellen Innovationen,** z.B. der PPP-Finanzierungsoptimierung (sog. „Refinancing"),[31] sollte vorhanden sein, um Möglichkeiten zur Steigerung der Eigenkapitalrendite realisieren zu können.
- Möglichkeiten zur Nutzung von **Synergieeffekten** sind immer dann von Bedeutung, wenn der Eigenkapitalgeber bereits in ähnlichen Projekten engagiert ist.
- Eigenkapitalgeber haben grundsätzlich Vorstellungen hinsichtlich einer **Mindest-Rendite,** die bei einer Investition in ein PPP-Projekt auf das eingesetzte Kapital erreicht werden soll. Diese liegt projekt- und branchenabhängig zwischen ca. 10%–20%.

Exkurs: Bietungskosten unter dem Kriterium „besseres Preis-Leistungs-Verhältnis"

Die Praxis zur Erstattung von Bietungskosten bei Kommunen und Ländern wird derzeit uneinheitlich gehandhabt. Die nationalen und internationalen Erfahrungen zeigen aber, dass die Bietungskosten bei Beschaffungsmaßnahmen für PPP-Projekte eine bedeutsame, entscheidungsbeeinflussende Größenordnung erreichen können. Diese sind zum Teil unabhängig von der Größe des zugrunde liegenden Projektvolumens und beeinflussen die Entscheidungsfindung bei kleineren Projekten umso stärker. Für die privaten Bieter ist daher Klarheit, Transparenz und Höhe hinsichtlich der Bietungskosten von Beginn an wichtig, damit eine sichere Kalkulationsbasis vorhanden ist.

Kommt eine (teilweise) Erstattung von Bietungskosten der nicht erfolgreichen Bieterangebote bei PPP-Projekten in Frage, sind die Rahmenbedingungen der Kostenerstattung (Zeitraum, Höchstbetrag, Voraussetzungen etc.) allen Bietern klar und deutlich mitzuteilen. In der Regel erfolgt dies im Anschreiben (Aufforderung zur Angebotsabgabe) der Vergabeunterlagen.

Nachfolgend werden verschiedene Szenarien für den Fall „keine Kostenerstattung im Nichterfolgsfall" beleuchtet. Da die Entscheidungskriterien des Bieters bei einer lediglich „geringen Kostenerstattung im Nichterfolgsfall"[32] ähnlich sind, sind die nachfolgend aufgezeigten Konsequenzen auch für die Situation „geringe Kostenerstattung" zutreffend.

Sieht der Bieter sich einer Situation gegenüber, in der im Rahmen des PPP-Vergabeverfahrens keine Kostenerstattung vorgesehen ist, so wird er seine Bereitschaft an der Ausschreibung teilzunehmen u.a. von den folgenden Kriterien abhängig machen:

- erwartete Erfolgswahrscheinlichkeit in diesem Vergabeverfahren
- erwartete Erfolgswahrscheinlichkeit über „alle" zukünftig ausgeschriebenen, geeigneten PPP-Projekte (angefallene Kosten vorheriger, nicht erfolgreicher Verfahren decken zu können).

Schätzt der Bieter die Wahrscheinlichkeit des Erfolges (= Zuschlagserteilung) bereits für dieses Projekt hoch ein, wird er eine mögliche Nicht-Kostenerstattung in Kauf nehmen und sich am Bietungsprozess beteiligen.

Fällt die Prüfung der Erfolgswahrscheinlichkeit für dieses Projekt negativ aus, so wird der Bieter eine weitere Entscheidungskomponente berücksichtigen. Die Bewertung der Erfolgswahrscheinlichkeit, über „alle" zukünftig ausgeschriebenen, geeigneten PPP-Projekte erfolgreich zu sein, so

[31] Vgl. Abschnitt 7.4.

[32] Unter „geringer Kostenerstattung" können z.B. Erstattungsbeträge von EUR 10000 bis EUR 15000 im Nichterfolgsfall für einen gesamten Ausschreibungsprozess für eine Bietergemeinschaft gesehen werden.

dass daraus die bis dahin aufgelaufenen Bietungskosten gedeckt werden können, muss positiv ausfallen.
Damit hängt die Vertretbarkeit der Höhe der Bietungskosten zum einen von der Größe des zugrundeliegenden Projekts ab. Zum anderen aber auch von der Größe und „Frequenz" zu erwartender, vergleichbarer Folgeprojekte (sog. „Dealflow").[33] Sind nicht ausreichend ähnliche Folgeprojekte mit angemessener Größenordnung und Erfolgswahrscheinlichkeit zu erwarten, wird der private Bieter sich eventuell gegen eine Teilnahme an der Ausschreibung entscheiden. Er schätzt die Wahrscheinlichkeit, in absehbarer Zeit in einem vergleichbaren Ausschreibungsverfahren den Zuschlag zu erhalten und damit seine Bietungskosten in den Gesamtprojektkosten berücksichtigen zu können, als zu gering ein.
Je mehr Bieter dieser Denkweise folgen, desto geringer wird der Wettbewerb im Vergabeverfahren sein. Der Wettbewerb von mehreren privaten Bietern ist jedoch ein wesentlicher Treiber für ein besseres Preis-Leistungs-Verhältnis bei PPP. Auch aus der Sicht der Fremdkapitalgeber spielen Überlegungen hinsichtlich Transaktionskosten und zu erwartender „Dealflow" im PPP-Markt eine wichtige Rolle. Somit wird auch die Bereitschaft der Kapitalgeber, Finanzierungsmittel bereitzustellen u. a. durch das Verfahren hinsichtlich des Umgangs mit den Bietungskosten, der Höhe der vermutlich anfallenden Kosten (in Abhängigkeit von Art und Dauer des Vergabeprozesses) sowie dem zu erwartenden „Dealflow" beeinflusst.
Die Diskussion um hohe Bietungskosten und zu lange Vergabeprozesse bei PFI-Projekten in Großbritannien hält seit Jahren an. Eine wichtige Maßnahme des „Office of Government Commerce" (OGC) zur Begegnung dieser Kritik war das überarbeitete Werk zu „Standardisation of PFI contracts – General" im Juli 2002.[34] Als ein wesentliches Ziel dieser Standardisierungsempfehlungen wird die Verkürzung der Verhandlungsdauer während der Vergabe sowie die Reduzierung der Beratungskosten (Bietungskosten) genannt.

5.3.2 Kriterien aus Fremdkapitalgebersicht („Bankability")

PPP-Projekte zeichnen sich u. a. durch lange Vertragslaufzeiten von 15 bis zu 30 Jahren aus. Die nationalen und internationalen Banken- und Kapitalmärkte – als „Quelle" für Fremdkapital – besitzen grundsätzlich die entsprechenden Kapazitäten, um derart lange Laufzeiten finanzieren zu können. Einer Kreditvergabe auf Projektfinanzierungsbasis wird regelmäßig eine umfassende und gründliche Due Diligence des zu finanzierenden Projekts durch die Fremdkapitalgeber vorangestellt. Dazu gehören u. a. eine ausführliche Risikoanalyse und eine eingehende Prüfung und Bewertung der Cash Flow Prognosen (Cash Flow Modell) durch die das PPP-Projekt über die gesamte Bau- und Betriebsphase quantitativ abgebildet wird.[35] Einer intensiven Überprüfung werden vor allem die dem Cash Flow Modell zugrunde liegenden Basis-Annahmen unterzogen (z. B. Entwicklung von Inflationsraten, Höhe der Baukosten, Instandsetzungsaufwendungen etc.).

Wichtige Kriterien, die aus Sicht von Fremdkapitalgebern bei einer Due Diligence untersucht werden und die Finanzierungsfähigkeit eines PPP-Vorhabens wesentlich mitbestimmen, sind die folgenden Kriterien:

---

[33] Unter „Dealflow" ist in diesem Zusammenhang eine konstante, regelmäßige Folge von Ausschreibungen vergleichbarer Projekte, die mittelfristig an den Markt kommen werden, zu verstehen.

[34] Vgl. Office for Government Commerce, OGC Guidance – Issue 3, Standardisation of PFI Contracts – General.

[35] Im Regelfall enthält ein Cash Flow Modell nicht nur Berechnungen basierend auf den Basis-Annahmen, sondern auch mit pessimistischen sowie optimistischen Annahmen für den Projektverlauf (sog. „Sensitivitätsanalysen bzw. Szenarioanalysen").

Abbildung 5: Finanzierungsfähigkeit aus Sicht Fremdkapitalgeber

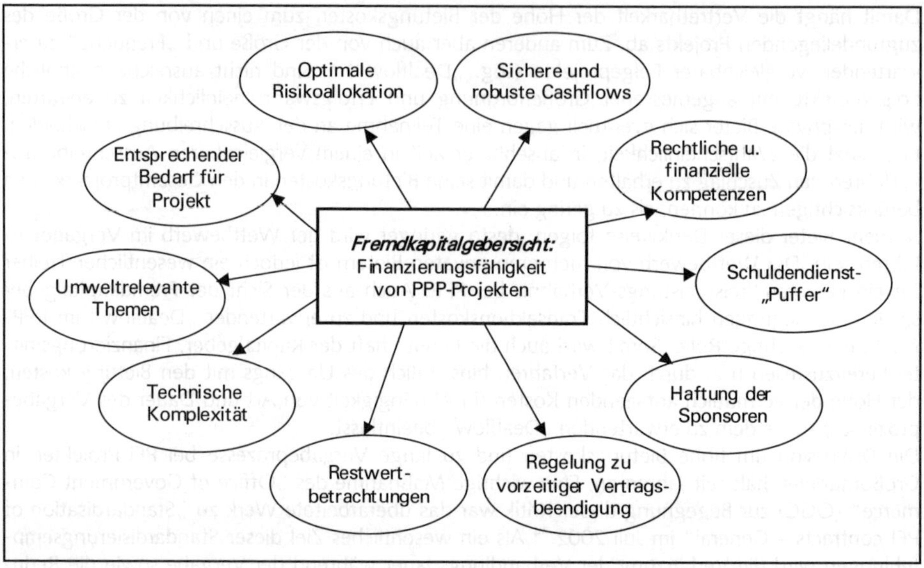

- Es muss ein **entsprechender Bedarf für das PPP-Projekt** über die gesamte Laufzeit des Projekts aus Sicht aller Beteiligten bestehen. Auf Seiten der ausschreibenden öffentlichen Stelle ist der Bedarf angemessen zu formulieren und sind die Ziele für das PPP-Projekt deutlich und transparent darzustellen. Ein echter Vergabewille muss erkennbar sein. Die vertraglichen Beziehungen sind so auszugestalten, dass für alle Projektbeteiligten ein hoher wirtschaftlicher und finanzieller Anreiz besteht, das Projekt über die gesamte Vertragslaufzeit vertragsgemäß durchführen zu wollen.
- Ein ebenfalls für die Fremdkapitalgeber wichtiges Kriterium ist eine **optimale Risikoallokation.** Im Rahmen der Due Diligence wird durch die Banken die Minderung der Projektrisiken genau geprüft, d.h. welche Risiken aus der Projektgesellschaft ausgelagert wurden und welche bei der Projektgesellschaft verbleiben. Ein wichtiges Element zur Allokation der Risiken ist z.B. der vereinbarte Zahlungsmechanismus[36] zwischen privatem Sektor und öffentlicher Hand.
- Es werden **sichere und robuste Cash Flows** für das Projekt vorausgesetzt. Fremdkapitalgeber bevorzugen in der Regel Leistungsentgelte, die auf der Basis von Verfügbarkeitskriterien oder ähnlichen Kriterien berechnet und gezahlt werden. Diese Art der Entgeltberechnung kann u.a. im öffentlichen Hochbau (Verwaltungsgebäude, Schulen etc.) Anwendung finden. In den Fällen, in denen nutzungs-(markt-)abhängige Kriterien als Grundlage für das Leistungsentgelt zum Tragen kommen, werden die Banken in der Regel ausführliche Marktstudien hinsichtlich der nachfrageabhängigen Umsätze benötigen und einfordern.
- Es muss für die Fremdkapitalgeber deutlich sein, dass klare rechtliche Rahmenbedingungen vorhanden sind. Diese müssen gewährleisten, dass die ausschreibende öffentliche Stelle die notwendigen **rechtlichen und finanziellen Kompetenzen** hat, PPP-Verträge rechtswirksam eingehen, regelmäßige Leistungsentgelte zahlen und bei vorzeitiger

[36] Der Zahlungsmechanismus bestimmt zum einen die Basis für die Zahlung des Leistungsentgeltes, z.B. Höhe der Nachfrage oder Grad der Bereitstellung von Leistungen etc., aber auch die Mechanismen und Höhe der Entgeltabzüge bei Schlechtleistung durch den Betreiber.

Vertragsbeendigung gegebenenfalls entsprechende Kompensationszahlungen leisten zu können. Die Überprüfung der finanziellen Leistungsfähigkeit des öffentlichen Auftraggebers gewinnt dabei in letzter Zeit stärker an Bedeutung.

- Die sich aus der jeweiligen Projektstruktur ergebenden Zahlungsströme müssen gewährleisten, dass der **Schuldendienst** (Zins und Tilgung) nachhaltig bedient werden kann. Zur Beurteilung des verfügbaren Cash Flow wird bei jährlicher Betrachtungsweise vor allem der Schuldendienstdeckungsgrad („Debt Service Cover Ratio" (DSCR))[37] als Kennziffer herangezogen. Dabei ist der niedrigste Schuldendienstdeckungsgrad während der Projektlaufzeit die kritische Größe („Minimum DSCR"). In der internationalen Finanzierungspraxis für PPP-Projekte werden, je nach Sektor und Risikoallokation, Mindest-Schuldendienstdeckungsgrade von etwa 1,2 bis 1,5 gefordert, wobei risikoreiche Projekte auch über 1,5 liegen können.
- Die **Haftung der Sponsoren** (z.B. Generalunternehmer, Facility Manager) und deren Unterstützung für das Projekt muss gegeben und ersichtlich sein, so dass eine hohe Identifikation der Sponsoren mit der jeweiligen PPP-Maßnahme erkennbar ist. Insgesamt muss die Finanzkraft der Sponsoren mindestens ausreichen, um die aktuellen Eigenkapitaleinzahlungen leisten zu können, wobei durch die Fremdkapitalgeber auch das Potenzial der Sponsoren zur Einbringung zukünftigen Kapitals beurteilt wird. Darüber hinaus gehören auch Maßnahmen dazu, die die Finanzkraft und Kreditwürdigkeit des Sponsors in seiner Funktion als Vertragspartner (Generalunternehmer, Facility Manager) stärken, wie z.B. die Weitergabe von Projektrisiken des Generalunternehmers an Sub-Unternehmer in der Bauphase. Geprüft werden in diesem Zusammenhang beispielsweise Fertigstellungs- und Gewährleistungsgarantien, die von den Vertragspartnern (Sponsoren) zur Minderung der Risiken bei der Projektgesellschaft bereitzustellen sind. Für Fertigstellungsgarantien (sog. „Performance Bonds") kann bei PPP-Projekten z.B. ein Betrag von ca. 5–10% des Bauvolumens gefordert werden.
- Die vertraglichen Regelungen bei vorzeitiger Beendigung des PPP-Vertrages müssen so ausgestaltet sein, dass für keinen der Beteiligten ein Anreiz besteht, eine **vorzeitige Vertragsbeendigung** anzustreben. Darüber hinaus müssen sinnvolle Regelungen bestehen, die eine faire Vertragsbeendigung ermöglichen. Fremdkapitalgeber sollten in die Position versetzt werden, die beim Projekt aufgetretenen Probleme mit Hilfe von Eintrittsrechten in die Verträge (sog. „Step-in-Rights") lösen zu können bzw. eine entsprechende Kompensation bei Beendigung erhalten. Die öffentliche Hand muss somit zu einem potenziellen Beendigungszeitpunkt in der Lage sein, die entstehenden Kosten tragen und zahlen zu können. Bei Festlegung der Höhe der Kompensation sollte möglichst der Markt einbezogen werden, d.h. es sollte geprüft werden, wie viel ein sachkundiger Dritter bereit wäre, für den Eintritt in das PPP-Projekt zu zahlen.
- Obwohl PPP-Projekte in Form von Projektfinanzierungen strukturiert werden und damit der Projekt-Cash Flow im Vordergrund steht – und weniger die Projekt-Vermögensgegenstände – werden **Restwertbetrachtungen** für PPP-Vermögensgegenstände seitens der Fremdkapitalgeber durchgeführt. Projekte bei denen alternative Verwendungen für den Vermögensgegenstand denkbar sind und somit eine Drittverwendung vorstellbar ist, werden von Bankenseite grundsätzlich begrüßt. Bei vielen Projekten im öffentlichen Hochbau (z.B. Schulen, Krankenhäuser) handelt es sich jedoch um Spezialimmobilien, so dass die Drittverwendungsmöglichkeiten eher gering einzuschätzen sind.[38]

---

[37] Der Schuldendienstdeckungsgrad ist der Quotient aus „Verfügbarem Cash Flow (vor Schuldendienst) im Jahr X" zu „Schuldendienst im Jahr X". Er gibt an, zu welchem Anteil der verfügbare Cash Flow (vor Schuldendienst) in dem Jahr ausreicht, um den Schuldendienst des Jahres zu decken. Vgl. Fahrholz, B., Neue Formen der Unternehmensfinanzierung, S. 292f.

[38] Vgl. Fahrholz, Neue Formen der Unternehmensfinanzierung, S. 257f.

– Die **technische Komplexität** der Projekte sollte überschaubar sein. Das schließt vor allem den Einsatz bewährter technischer Lösungen (z.B. bewährte Bauweisen und -verfahren), die Möglichkeit des einfachen Austauschens des Betreibers im Falle einer nachhaltigen Leistungsstörung sowie die Reduzierung sonstiger komplizierter Tatbestände bei Planung, Genehmigungsverfahren und Umweltfragen ein. Dies steht in gewissem Maße zur Forderung der Eigenkapitalgeber nach „Spielraum für Innovationen" im Widerspruch. Hier muss ein Gleichgewicht zwischen dem eher risikoaversen Herangehen der Fremdkapitalgeber und der Notwendigkeit, den Sponsoren Innovationsspielräume zu geben, um die Schaffung von Effizienzpotenzialen zu ermöglichen, gefunden werden. Werden diese realisiert, führt dies zu einem stabileren Cash Flow, der letztendlich die Sicherheitenposition der Banken stärkt.
– Bei manchen PPP-Projekten wird auch die Prüfung **umweltrelevanter Themen** eine besondere Rolle spielen. Die Fremdkapitalgeber werden genau untersuchen, unter welchen Umständen die Projektbeteiligten für mögliche Umweltschäden haftbar gemacht werden können und bis zu welcher Höhe.

Die in den beiden vorherigen Abschnitten genannten Kriterien zur Überprüfung der Finanzierungsfähigkeit sind nicht abschließend und in Abhängigkeit von den jeweiligen Projektmerkmalen im Einzelfall zu ergänzen. Wichtig ist jedoch, dass die Betrachtungen zur Finanzierungsfähigkeit von PPP-Projekten möglichst früh in den PPP-Beschaffungsprozess der öffentlichen Hand einfließen sollten, d.h. schon bei der Projektstrukturierung (Phase I und II des PPP-Beschaffungsprozesses). Eine rechtzeitige Betrachtung und Berücksichtigung dieser Kriterien kann sich durch effizientere Abläufe und kürzere Verhandlungsphasen im Vergabeverfahren auszahlen, da grundsätzliche Unklarheiten oder Anforderungen zwischen öffentlicher Hand und privater Seite schon thematisiert bzw. gelöst werden konnten.

Gleichwohl ist darauf hinzuweisen, dass die Überlegungen zur Finanzierung nicht die übergeordneten Kriterien in der Anfangsphase der Projektstrukturierung sein sollten. Zu Beginn eines Projekts sollten die Strukturierungs- und Organisationsfragen im Vordergrund stehen, die sich aus den Projektzielen der öffentlichen Hand herleiten. Erst in einem zweiten Schritt ist der „Realitäts-Check" anhand der Kriterien zur Finanzierungsfähigkeit durchzuführen – gemäß der Erkenntnis „Finanzierung folgt Organisation" („Finance follows Organisation").

5.4 Endschaftsregelung unter dem Aspekt Finanzierung

Es können im Wesentlichen vier schematische Endschaftsregelungen im Rahmen eines PPP-Realisierungskonzeptes unterschieden werden:
– die Immobilie/der Vermögensgegenstand geht am Ende der Projektlaufzeit ohne die Zahlung eines Kaufpreises automatisch an die öffentliche Hand über bzw. das Eigentum liegt bereits bei der öffentlichen Hand,
– die öffentliche Hand hat die Option, die Immobilie/den Vermögensgegenstand am Ende der Projektlaufzeit zum Marktpreis oder einem vorher vereinbarten Kaufpreis zu erwerben und nutzt diese Option,
– die öffentliche Hand hat die Option, die Immobilie/den Vermögensgegenstand am Ende der Projektlaufzeit zum Marktpreis oder einem vorher vereinbarten Kaufpreis zu erwerben und nutzt diese Option jedoch nicht,
– die Immobilie/der Vermögensgegenstand verbleibt im Eigentum des Privaten.

Aus Fremdkapitalgebersicht stellen sich die Varianten 1 und 4 gleich dar. In beiden Fällen ist am Ende der Projektlaufzeit kein zusätzlicher Cash Flow aus Restwerterlösen zu erwarten, der grundsätzlich für eine Tilgung am Ende der Kreditlaufzeit zur Verfügung stünde.[39]

[39] Es wird auch für die nachfolgenden Ausführungen unterstellt, dass das PPP-Vorhaben auf Basis einer Projektfinanzierung dargestellt wird.

Auch die Varianten 2 und 3 sind aus Perspektive der Fremdkapitalgeber vergleichbar. In beiden Fällen handelt es sich nur um eine Option, d. h. keine Verpflichtung zum Erwerb des Objektes durch die öffentliche Hand am Ende der Projektlaufzeit. Da die Fremdkapitalgeber grundsätzlich ein risikoaverses Verhalten haben, werden sie dieser Option, über deren Ausübung erst in 20 oder 30 Jahren Gewissheit besteht, keinen oder nur einen geringen Wert beimessen.

Selbst bei einem zu Vertragsabschluss fest vereinbarten, späteren Kaufpreis, der beispielsweise mit 15–20% des heutigen Wertes am Ende der Projektlaufzeit angesetzt würde, ergäbe sich als Zeitwert, durch den Diskontierungseffekt über einen langen Zeitraum von 20 oder 30 Jahren, ein vernachlässigbarer, geringer Wert.

Vor dem Hintergrund des eher risikoaversen Verhaltens der Fremdkapitalgeber sind diese regelmäßig nicht bereit, größere Tilgungsbeträge über lange Zeiträume bis zum Ende der Kreditlaufzeit ausstehend zu haben. Im deutschen Bankenmarkt wird beispielsweise eine konstante oder annuitätische Tilgung über die gesamte Kreditlaufzeit bevorzugt. Im angelsächsischen Raum sieht man verstärkt Cash Flow-abhängige Tilgungsverläufe, bei denen auch Restwerterlöse – unter bestimmten Restriktionen – in der Tilgungsstruktur mit berücksichtigt werden können.

Die Fremdkapitalgeber verlangen regelmäßig, dass der Kredit deutlich vor Ende der Projektlaufzeit, ca. zwei bis drei Jahre vorher (sog. „Tail"), zurückgezahlt sein muss, um den Fremdkapitalgebern genügend Sicherheit für möglicherweise notwendige Restrukturierungen zu geben. Bei dieser Vorgehensweise liegen mögliche Restwerterlöse oder Schlussraten außerhalb des relevanten Betrachtungszeitraums. Für die Rückführung des Kredites stellen sie lediglich eine Art Sicherheitspuffer dar und werden bei der Strukturierung der Finanzierung nicht berücksichtigt.

Zusammenfassend ist festzuhalten, dass, unabhängig von der gewählten Endschaftsregelung, ein potenzieller Restwerterlös auf Basis der bisherigen Finanzierungsstrukturen im nationalen PPP-Markt kaum Berücksichtigung findet.

6. Auswirkungen auf den Beschaffungsprozess

Der vorangegangene Abschnitt hat verdeutlicht, dass bestimmte Kriterien (z. B. Sicherheit des Cash Flow, Größe des Projekts, optimale Risikoallokation etc.) bei einem PPP-Projekt vorliegen müssen, damit es sich für die Einbindung privaten Kapitals eignet. Unter der Annahme, dass sich ein PPP-Projekt entsprechend für die Einbindung privaten Kapitals „qualifizieren" würde, soll im Folgenden skizziert werden, inwiefern sich die Bereitstellung privaten Kapitals auf die wesentlichen Schritte des Beschaffungsprozesses der öffentlichen Hand auswirkt. Die nachfolgende Beschreibung unterstellt, dass als Vergabeverfahren das Verhandlungsverfahren gewählt wurde.

6.1 Vor der Ausschreibungsphase – Beschaffungsvariantenvergleich

Im Rahmen des Beschaffungsvariantenvergleichs (BVV) während der Vorbereitungs- und Konzeptionsphase, und somit relativ früh im Beschaffungsprozess (siehe Grafik), hat u. a. eine erste Beurteilung der Finanzierungsfähigkeit des Projekts zu erfolgen.

Eigen- und Fremdkapitalgeber werden nur bereit sein privates Kapital zur Verfügung zu stellen, wenn Projektstruktur und -umfeld bestimmten Anforderungen genügen. Für eine erste Überprüfung der finanzierungsrelevanten Aspekte eines PPP-Vorhabens kann die öffentliche Hand bereits in der Vorbereitungs- und Konzeptionsphase die im vorherigen Abschnitt dargestellten Kriterien zur Finanzierungsfähigkeit heranziehen.

Dabei ist zu berücksichtigen, dass es sich um einen iterativen Prozess handelt. Änderungen der Leistungsbeschreibung sowie der Projektstruktur während des Beschaffungsprozesses können die Finanzierungsfähigkeit eines Projekts positiv oder negativ beeinflussen. Diese Veränderungen sollten von der öffentlichen Hand konsequent vor dem Hintergrund der Fähigkeit privates Kapital anziehen zu können, betrachtet und evaluiert werden.

Abbildung 6: Auszug aus dem PPP-Beschaffungsprozess

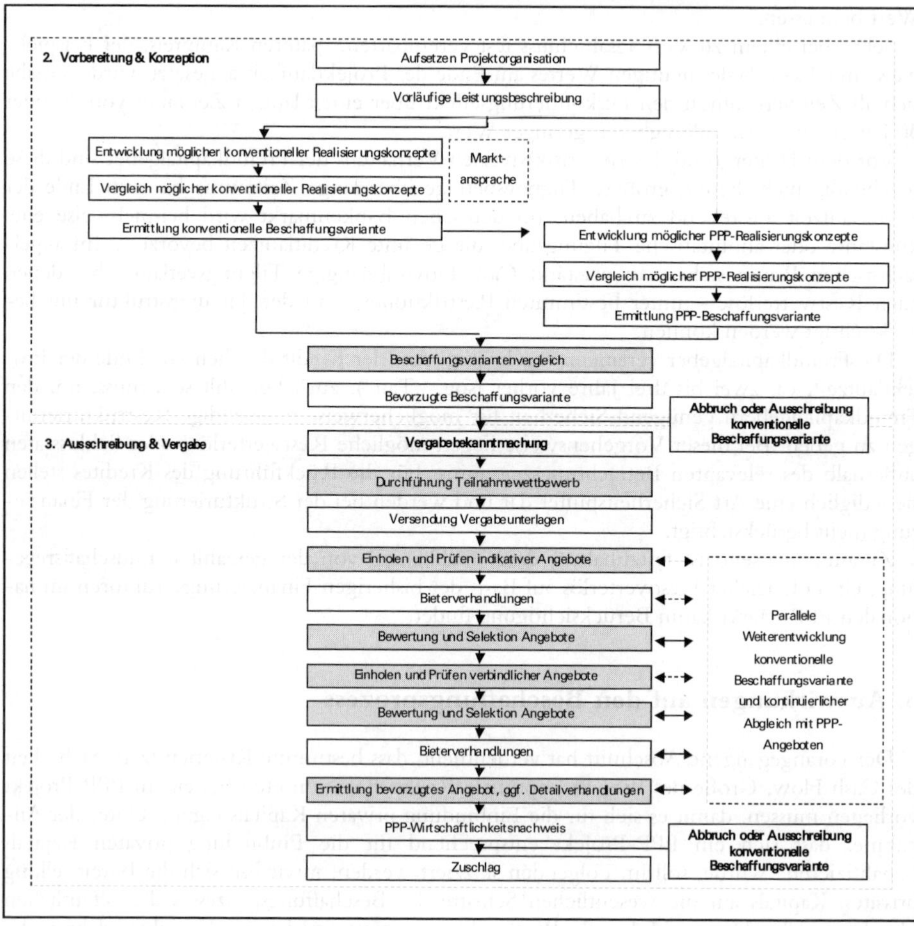

Bereits in dieser Phase ist anzustreben, dass ein Gleichgewicht zwischen Risikotransfer an den privaten Sektor einerseits und Finanzierungsfähigkeit („Bankability") aus Fremdkapitalgebersicht andererseits erreicht wird. Eine zu starke bzw. nicht optimale Verlagerung von Projektrisiken in Richtung privaten Sektor kann dazu führen, dass die Fremdkapitalgeber die wirtschaftliche Tragfähigkeit des Projekts kritisch beurteilen. Dies könnte bewirken, dass die Banken unter der vorgesehenen Projektstruktur (Risikoallokation) nicht zur Bereitstellung von Kapital bereit sind oder wenn doch, dann nur mit einem entsprechend hohen Risikoaufschlag (Marge), der zu einem höheren Fremdkapitalzins führt.

Des Weiteren könnten die Fremdkapitalgeber bei einem derartigen Projekt einen höheren Eigenkapitalanteil fordern. Da die Eigenkapitalverzinsung über der Verzinsung des Fremdkapitals liegt, bedeutet dies gleichzeitig eine weitere Verteuerung der Finanzierungsund Angebotskosten und damit eine Erhöhung des Leistungsentgeltes für die öffentliche Hand.

Ein sich daraus ergebender gestiegener Schuldendienst (wegen höherem Zinsaufwand für das Fremdkapital) kann, unter sonst gleichen Bedingungen, bewirken, dass der von den

Banken geforderte Schuldendienst-Deckungsgrad („Debt Service Cover Ratio" (DSCR)) nicht eingehalten wird und es – im Extremfall – folglich nicht zu einer Kreditgewährung kommt. Aber auch in den Fällen, in denen es zu einer Kreditgewährung bei angenommenem gestiegenen Zinsaufwand kommt, sind negative Auswirkungen einer sub-optimalen Risikoallokation zu erwarten. Wenn die Eigenkapitalgeber den höheren Zinsaufwand nicht durch Renditeverzicht auffangen, werden die Kosten in Form eines höheren Leistungsentgeltes an die öffentliche Hand weitergegeben. Dies belastet das Preis-Leistungsverhältnis und kann möglicherweise zu einer wirtschaftlich nicht sinnvollen Beurteilung bzw. Entscheidung hinsichtlich der Art der Beschaffung eines Vorhabens (konventionell oder als PPP) führen.

Besonders bei den ersten PPP-Projekten sowie bei komplexen Vorhaben sollte daher die Projektstruktur mit den Ergebnissen einer Marktansprache („Market Testing") abgestimmt und gegebenenfalls angepasst werden. Es empfiehlt sich, potenzielle Fremdkapital- und Eigenkapitalgeber frühzeitig in den Entwicklungsprozess einzubinden. Dabei werden u. a. Fragen der Risikoallokation im Vordergrund stehen. Dies muss für jedes Projekt individuell erfolgen. Es ist daher für die öffentliche Hand wichtig, bereits sehr früh eine klare Vorstellung hinsichtlich der von ihr angestrebten, marktnahen Risikostruktur für das Projekt zu besitzen.

6.2 Während der Ausschreibungsphase – Teilnahmewettbewerb (Prä-Qualifikation)

Soll privates Kapital in ein PPP-Projekt eingebunden werden, hat der private Bieter bereits in dieser Stufe des Vergabeverfahrens seine finanzielle Stärke zur Aufbringung des Eigenkapitalanteils sowie die Fähigkeit zur Bereitstellung möglicher Garantien (z. B. Fertigstellungsgarantie) nachzuweisen (Bilanzanalyse, Kreditwürdigkeit usw.). Die Bieter haben ihre Fachkunde, Leistungsfähigkeit und Zuverlässigkeit darzulegen. Die öffentliche Hand hat außerdem eine Bewertung der Bonität der Sponsoren, z. B. durch Auswertung des Jahresabschlusses durchzuführen. Ein weiterer Schwerpunkt der Auswertung in dieser Phase ist der Nachweis durch den privaten Bieter, dass er in der Vergangenheit bereits erfolgreich Finanzierungsmittel für ähnliche Projekte bzw. Projekte in ähnlicher Größenordnung erhalten hat.

Die Anforderungen an und die Art der von den privaten Bietern einzureichenden Unterlagen zur Beurteilung der Finanzkraft des Privaten müssen von der öffentlichen Vergabestelle in den Prä-Qualifikationsunterlagen klar und deutlich formuliert werden. Es ist darauf zu achten, dass die im Rahmen des Teilnahmewettbewerbs abzufragenden, relevanten Daten zur finanziellen und bilanziellen Stärke des privaten Bieters in möglichst standardisierter (dennoch projektbezogener) und vor allem strukturierter Form (z. B. eine Art Fragebogen oder Checkliste) abgefragt werden. Dies gewährleistet, dass alle relevanten Informationen berücksichtigt werden und ermöglicht eine strukturierte und transparente Auswertung der eingehenden Teilnahmeanträge interessierter Bieter.

6.3 Während der Ausschreibungsphase – Erstellung Vergabeunterlagen und Auswertung Angebote

Ziel des öffentlichen Auftraggebers bei der Beschreibung der Finanzierungsleistungen im Rahmen der Vergabeunterlagen ist es, die Tragfähigkeit der von den privaten Bietern vorgeschlagenen Finanzierung abzusichern. Die Finanzierungsstruktur und -kosten bestimmen den angebotenen Preis mit und beeinflussen damit die Vorteilhaftigkeit des jeweiligen Angebots. Es ist zu beurteilen, wie robust, realistisch und darstellbar die von den einzelnen Bietern jeweils vorgeschlagene Finanzierungskonzeption ist.

Daher sind die Vergabeunterlagen (Bewerbungsbedingungen, Verdingungsunterlagen) so zu gestalten, dass die für die Finanzierung einzuhaltenden Rahmenparameter aufgezeigt sowie offenzulegende Annahmen und Finanzierungskennziffern, die für eine Vergleichbarkeit der Angebote erforderlich sind, benannt werden. Gleichzeitig sind diese Informationen für den privaten Bieter wichtig, so dass er diese bei der Gestaltung seiner Finanzierungsstruktur berücksichtigen kann. Nur dann kann er sicher sein, dass sein Angebot hinsichtlich der Konzeption der Finanzierung ausschreibungskonform ist.

Es ist abzuwägen zwischen Vorgaben (Einschränkungen), die für eine spätere Vergleichbarkeit der Angebote notwendig sind und einem angemessenen Gestaltungsspielraum für den privaten Bieter, um finanzielle Innovationen zu ermöglichen.

In den Bewerbungsbedingungen ist hinsichtlich Zulässigkeit von Nebenangeboten auch auf die Möglichkeit der Einbindung alternativer Finanzierungsinstrumente einzugehen, z. B. ob Nebenangebote, die statt einer Kreditfinanzierung eine Anleihefinanzierung berücksichtigen, zulässig sind oder ob der öffentliche Auftraggeber einem Forderungsverkauf mit Einredeverzichtserklärung zustimmen würde.

Grundsätzlich sind vom Bieter alle Informationen einzureichen und darzustellen, die notwendig sind, um sämtliche Kalkulationen klar und transparent nachvollziehen zu können. Dies kann bspw. durch die Einreichung eines Cash Flow Modells (in gedruckter und elektronischer Version) sowie einer dazugehörigen ausführlichen schriftlichen Erläuterung zur Finanzierungsstruktur und Funktionsweise des Cash Flow Modells erfolgen. Erst eine gründliche Analyse des Projekt Cash Flow durch die öffentliche Hand (bzw. deren Berater) ermöglicht ein umfassendes und tiefgehendes Verständnis der von den Bietern abgegebenen Angebote. Die Bieter haben bis zur Angebotsabgabe die Möglichkeit bzw. die Pflicht, bestehende Probleme, die seitens Eigen- und Fremdkapitalgebern hinsichtlich der ausgeschriebenen Projektstruktur bestehen, der Vergabestelle darzulegen.

In dem vom Bieter einzureichenden Cash Flow-Modell sind sämtliche quantitativen Informationen und Prognosen über die gesamte Laufzeit des Projekts (i. d. R. von Baubeginn bis Vertragsende) darzustellen. Dabei sind die in den Vergabeunterlagen vorzugebenden Referenzdaten, wie z. B. Projektbeginn, Betriebsbeginn, Referenzzins, Periodenbeginn des Cash Flow Modell, Index für Inflationsrate(n) etc., vollständig und genau von den Bietern zu berücksichtigen.

Eine intensive Analyse und Bewertung des Cash Flow-Modells durch den öffentlichen Auftraggeber ist notwendig, um die Zuverlässigkeit und Richtigkeit der geforderten Informationen zur Finanzierungsstruktur, die sich aus den Detailinformationen des Cash Flow Modells ergeben, zu überprüfen und zu beurteilen.[40] Dafür ist zwingend erforderlich, dass das Cash Flow Modell beim öffentlichen Auftraggeber nicht nur als ausgedruckte Version, sondern auch als elektronische Version vorliegt.

In der internationalen Praxis werden in den Angeboten regelmäßig nachfolgende wesentliche Informationen zur Beurteilung der Finanzierungsstruktur gefordert:
- Projektrenditen (real, nominal, vor-/nach Steuern)
- Eigenkapitalrendite
- Schuldendienstdeckungsgrad („Debt Service Cover Ratio") (Minimum, Durchschnitt)
- Kreditlaufzeit-Deckungsgrad („Loan Life Cover Ratio")
- Projektlaufzeit-Deckungsgrad („Project Life Cover Ratio")
- Prognostiziertes Leistungsentgelt
- Prognostizierte Gewinn- und Verlustrechnung
- Prognostizierte Bilanz
- Prognostizierte Cash Flow Rechnung
- Erläuterung der zugrunde liegenden Annahmen
- Sensitivitätsanalysen.

Bei der Aufbereitung der finanzierungsrelevanten Informationen, wie z. B. Schuldendienstdeckungsgrad oder Verschuldungsgrad, ist durch den öffentlichen Auftraggeber darauf

[40] Siebel, Projekte und Projektfinanzierung, S. 47.

zu achten, dass alle vom Eigenkapital- und Fremdkapitalgeber gestellten Mindestbedingungen eingehalten wurden, d.h. es sollte u.a. ein Abgleich mit vorläufigen Entwürfen der Kreditverträge (sog. „term sheets") erfolgen.[41]

Ein weiterer Bereich, zu dem detaillierte Informationen in den Vergabeunterlagen abzufragen sind, ist die Ausgestaltung der verschiedenen Finanzierungsarten (Eigenkapital, Mezzanine, langfristige Kredite, Working Capital, Stand-By-Kreditlinien etc.). Von den Bietern sollten beispielsweise nachfolgende Informationen je Kapitaltyp zur Verfügung gestellt werden:

- Von wem das Kapital zur Verfügung gestellt wird und die Höhe des Betrags
- Die jeweiligen Konditionen (Laufzeit, Tilgung etc.), zu denen es bereitgestellt wird
- Die Renditeerwartungen je Kapitaltyp
- Die dazugehörigen Rechte und Pflichten.

Die ebenfalls in den Vergabeunterlagen zu fordernden Sensitivitätsanalysen (z.B. Wirkung von 10%iger Baukostensteigerung, 10%iger Betriebskostensteigerung, 10%ige Erhöhung der Finanzierungskosten) sind durch die Bieter vollständig zu liefern und sollten zu einem positiven Ergebnis führen, d.h. das Projekt muss weiterhin grundsätzlich als wirtschaftlich tragfähig beurteilt werden.[42]

Zusätzlich hat durch die Bieter ein Nachweis zu erfolgen, dass die vorgeschlagene Finanzierungsstruktur vor Unterzeichnung des PPP-Vertrages durch die Fremdkapitalgeber verbindlich zugesagt wird. Dazu gehört u.a. eine Bestätigung, dass die beteiligten Kapitalgeber die im eingereichten Angebot dargestellten Bedingungen kennen und akzeptieren.[43]

Der Grad der Verbindlichkeit der Finanzierungsbereitschaft durch die Bank ist an die erreichte Phase im Beschaffungsprozess, d.h. an dem Ausmaß der zu Projekt- und Finanzierungsstruktur vorliegenden, endgültigen Informationen, zu orientieren. Nach bzw. während der Phasen „Teilnahmewettbewerb" und „indikatives Angebot" können sich beim Verhandlungsverfahren noch einige strukturelle Änderungen der Projektrahmendaten ergeben (z.B. hinsichtlich Risikotransfer, Zahlungsmechanismus, finanzierungsrelevanten Eckdaten). Daher kann von den Fremdkapitalgebern in dieser Stufe noch keine „verbindliche Finanzierungszusage", sondern lediglich eine „Erklärung der Finanzierungsbereitschaft" erwartet werden. Die Bieter sind von der ausschreibenden Stelle darüber zu informieren, welche Bedeutung der Grad der Verbindlichkeit der Finanzierungszusage im Auswertungsprozess der Angebote haben wird.

Nachweise hinsichtlich der Verbindlichkeit der Finanzierungsbereitschaft/-zusage aller relevanten Beteiligten können die nachfolgenden Unterlagen sein:

- Auszüge aus dem Protokoll der jeweiligen Gesellschafterversammlung der Sponsoren, in denen über die Eigenkapitalbeteiligung und deren Höhe beschlossen wurde
- Bestätigungsschreiben der Fremdkapitalgeber (sog. „Letter of Support"), in denen die Fremdkapitalgeber die Finanzierungsbereitschaft/-zusage auf Basis der definierten Projekteckdaten bestätigen (Verbindlichkeitsgrad in Abhängigkeit von der erreichten Stufe im Beschaffungsprozess)
- Bestätigungsschreiben des Finanzberaters („Financial Adviser") des privaten Bieters, dass die angebotene Finanzierungsstruktur am Banken- und Kapitalmarkt darstellbar und ausreichend ist.

Wichtig ist, dass der öffentliche Auftraggeber (bzw. dessen Berater) bei der Auswertung der Bieterangebote eine vergleichende Analyse durchführt, damit transparent wird, in welchen Kostenblöcken sich die einzelnen Bieterangebote unterscheiden und dies kritisch gewürdigt wird. Das umfasst auch eine genaue Analyse der Finanzierungskosten, um zu er-

---

41 Vgl. Siebel, Projekte und Projektfinanzierung, S. 191 ff.

42 Vgl. Brealey/Myers, Principles of Corporate Finance, S. 260 ff.

43 Vgl. Siebel, Projekte und Projektfinanzierung, S. 185 ff.

kennen, aus welchen Maßnahmen bzw. Elementen einzelne Bieter Kostenvorteile generieren konnten. Dies ist dann vor dem Hintergrund eines möglicherweise veränderten Risikotransfers zu beurteilen.

6.4 Forderungsverkauf unter dem Kriterium„besseres Preis-Leistungs-Verhältnis"

Die bisherigen PPP-Projekte in Deutschland haben gezeigt, dass bei der Finanzierung häufig auf bekannte Finanzierungsalternativen, wie z. B. Forderungsverkauf mit Einredeverzicht zurückgegriffen wird.

Bei diesem Forderungsverkauf wird die Forderung der Projektgesellschaft (das sog. Leistungsentgelt)[44] an eine Bank regresslos verkauft. In der Regel erfolgt der Verkauf in mehreren Tranchen nach Baufortschritt. Basis für die Zahlung des Kaufpreises durch die Bank sind gemäß Baufortschritt ausgestellte Testate, in denen die öffentliche Hand den Wert der erbrachten Teilleistung bestätigt (keine Abnahme der Bauleistung im rechtlichen Sinne) und die Bank zur Zahlung des testierten Betrages auffordert.

Durch gleichzeitige Abgabe einer Einrede- und Einwendungsverzichtserklärung der öffentlichen Hand gegenüber der Bank entsteht ein abstraktes Zahlungsversprechen. Die öffentliche Hand wird Zahlungsverpflichteter gegenüber der Bank. Die Einrede- und Einwendungsverzichtserklärung der öffentlichen Hand bewirkt, dass der Verkauf der Forderung (Leistungsentgelt) zu kommunalkreditähnlichen Konditionen für die Projektgesellschaft erfolgt. Hierin liegt der Charme eines Forderungsverkaufes mit Einredeverzicht. Denn bei gleichen Kreditlaufzeiten liegen die Finanzierungskosten (Zinsbelastung) des Privaten ohne Forderungsverkauf mit Einredeverzichterklärung regelmäßig über den entsprechenden Finanzierungskosten der öffentlichen Hand (sog. Finanzierungskostennachteil des privaten Sektors). Dies beruht u. a. darauf, dass die Fremdkapitalgeber bei Darlehensgewährung an die öffentliche Hand gemäß aktuell geltender KWG Vorschriften keine Eigenkapitalunterlegung zu berücksichtigen haben sowie die Finanzierungskosten der öffentlichen Hand – im Gegensatz zum Privaten – keine projektspezifischen Risikoaufschläge enthalten.

Die Konditionen eines Forderungsverkaufs mit Einredeverzichterklärung liegen leicht über denen eines Kommunalkredits, da im Rahmen eines Forderungsverkaufes bestimmte (Abwicklungs-) Kosten anfallen, die dem Zins der öffentlichen Hand rechnerisch zugeschlagen werden müssen.

Zur Erreichung einer höheren Wettbewerbsfähigkeit besteht auf Seiten des privaten Sektors das Bestreben, die Finanzierung zu möglichst günstigen Konditionen anzubieten. Je näher die Finanzierungskosten an den (niedrigen) Konditionen der öffentlichen Hand liegen, desto positiver wirkt sich dies auf die Gesamtangebotskosten des privaten Auftragnehmers aus und spiegelt sich in einem niedrigeren Leistungsentgelt für die öffentliche Hand wider.

Gleichzeitig ist zu hinterfragen, inwiefern durch die Abgabe eines Einredeverzichts möglicherweise Risiken in den öffentlichen Sektor zurück transferiert werden. So hat beispielsweise bei einer Minderleistung durch die Projektgesellschaft, die erst nach Verkauf der Forderung entdeckt wird, die öffentliche Hand gegenüber der Bank grundsätzlich keine Möglichkeit, eine Reduzierung der Zahlungen gegenüber der Bank zu erwirken. Die Ansprüche der öffentlichen Hand auf Schadensersatz, Wandelung bzw. Minderung gegenüber der Projektgesellschaft bleiben jedoch unberührt. Wirtschaftlich betrachtet, erfolgt durch die Abgabe einer Einredeverzichterklärung also eine teilweise Rückübertragung des Kontrahentenrisikos an die öffentliche Hand. Solche Effekte sind bei der Gesamtbewertung der Bieterangebote und Ermittlung der Vorteilhaftigkeit zu berücksichtigen, um eine faire Beurteilung zu gewährleisten.

---

[44] Regelmäßig wird nur der Teil der Forderung (Leistungsentgelt) verkauft, der dem Anteil des Schuldendienstes (Zins und Tilgung) im Leistungsentgelt entspricht.

Auf Grund der dargestellten Auswirkungen eines Forderungsverkaufs mit Einredeverzichterklärung für die öffentliche Hand, ist ihr Einsatz im Rahmen von PPP-Maßnahmen nur dann sinnvoll, wenn er im Sinne eines „Financial Engineering" (hier als Optimierung des Finanzierungsangebotes zu verstehen) durch den privaten Bieter genutzt wird und der ursprünglich beabsichtigte Risikotransfer auf den Privaten weiterhin gewährleistet wird. Werden durch einen partiellen Verzicht auf Einwendungen seitens der öffentlichen Hand weiterhin Risiken einbehalten, so hat der öffentliche Auftraggeber unter betriebswirtschaftlicher Betrachtungsweise abzuwägen, inwiefern höhere Risikobehalte auf Grund eines Forderungsverkaufes durch bessere Finanzierungskonditionen kompensiert werden.

7. Veränderungsprozesse im PFI/PPP Finanzierungsmarkt

Beim englischen PFI[45]/PPP (Finanzierungs-)Markt handelt es sich um einen nationalen Markt mit internationalen Teilnehmern sowohl auf Eigen- als auch Fremdkapitalgeberseite. In Deutschland ist ebenso ein Interesse internationaler Kreditinstitute an der Finanzierung deutscher PPP-Vorhaben zu verzeichnen. Vor diesem Hintergrund und den weiteren Entwicklungsprozessen im deutschen PPP-Markt ist zu erwarten, dass die Trends auf den internationalen PPP-(Finanzierungs-)Märkten auch den deutschen PPP-Entwicklungsprozess beeinflussen werden, sofern sie es nicht bereits tun.

Im Folgenden werden daher einzelne Entwicklungen im internationalen PPP-Markt näher betrachtet. Eine wichtige Bedeutung aus Sicht der Finanzierung kommt beispielsweise dem Thema Bündelung zu, da hierdurch häufig erst die Eignung (vor allem hinsichtlich Minimum-Projektvolumen) bestimmter öffentlicher Beschaffungsmaßnahmen für PPP ermöglicht werden kann.[46] Bei der „PPP-Anleiheversicherung" und der „Privatplatzierung" geht es um das Potenzial zur Erschließung ergänzender Finanzierungsquellen. Die „PPP-Finanzierungsoptimierung" kommt in der Regel frühestens kurz nach Beginn der Betriebsphase eines PPP-Vorhabens zum Tragen und ist vor allem für Eigenkapitalgeber unter Renditegesichtspunkten von Bedeutung. Abschließend wird unter dem Gesichtspunkt finanzierungsrelevanter Kennziffern ein Blick auf vergangene Entwicklungen (Reifeprozess) im PFI/PPP-Markt in Großbritannien geworfen.

7.1 Bündelung von PPP-Projekten („Bundling")

Unter „Bündelung" im Rahmen von PPP-Beschaffungsmaßnahmen wird die Zusammenfassung von strukturell ähnlichen Einzelprojekten zu einem Gesamtprojekt verstanden. Idee ist dabei, die Transaktions- und Verwaltungskosten bezogen auf das Projektvolumen durch Realisierung von Größenvorteilen („Economies of Scale") zu minimieren und die Risiken zu streuen. Dadurch können kleinere Projekte überhaupt erst für eine Beschaffung auf Basis einer PPP in Frage kommen. Kleinere PPP-Projekte können die im Rahmen einer Finanzierung auf Basis „Projektfinanzierung" und auf Grund des mehrstufigen Verhandlungsverfahrens entstehenden Transaktionskosten regelmäßig nicht tragen. Dies führt dazu, dass für derartige Projekte langfristig kaum Kapitalgeber zu finden sein werden.

Der private Partner erhält durch die Bündelung Zugang zu anderen Finanzierungsquellen und kann die der Finanzierung zugrunde liegenden einzelprojektbezogenen Cash Flows zu einem wesentlich stärkeren und stabileren Zahlungsstrom des Gesamtprojekts zusammenfassen. Sollten im Laufe des Gesamtprojekts Probleme bei einzelnen Projekten auftreten, kann

[45] Die „Private Finance Initiative" (PFI) wurde im Rahmen von PPP Anfang der 90er Jahre in Großbritannien ins Leben gerufen.

[46] In Deutschland gibt es bereits PPP-Projekte, in denen eine Bündelung vorgenommen wurde, z. B. Schulen Offenbach (2 Lose mit je 50 Schulen) oder Schulen Monheim (12 Schulen).

er durch „Quersubventionierung" Verluste von Problemprojekten mit Gewinnen anderer Projekte dieser Gruppe ausgleichen und somit die Risiken streuen.

Beim Facility Management in der Betriebsphase können „Economies of Scale" realisiert und Ressourcen effektiver eingesetzt werden. Zusätzlich ergeben sich Vorteile im Rahmen der Managementorganisation. Auch die öffentliche Hand ist in der Lage, ihren Aufwand in den Bereichen Ausschreibung und Verwaltung in Folge von Größenvorteilen signifikant zu senken.

Größenvorteile können aber nur bei einer gleichartigen Projektstruktur und -entwicklung über den gesamten Projektzyklus voll zur Geltung kommen. Deshalb ist auf einige problematische Aspekte hinzuweisen, die privater Sektor und öffentliche Hand in die Überlegungen einbeziehen sollten:

- Strukturelle, geografische oder operative Unterschiede zwischen den Teilprojekten können eine Inkompatibilität der Serviceleistungen begründen und Größeneffekte verhindern.
- Aufgrund von verzögerten Genehmigungen kann es zu unterschiedlichen Startzeitpunkten der Teilprojekte mit Auswirkungen auf die Auszahlung der Finanzmittel kommen.
- Verzögerungen des Baufortschritts und der Inbetriebnahme einzelner Projekte können zu ungeplanten finanziellen Mehrbelastungen führen, weil in der Gesamtplanung einheitliche Dispositionen für die Betriebsphase getroffen wurden (z. B. gemeinsamer Einkauf von Material und Dienstleistungen).
- In Zusammenarbeit mit dem Auftraggeber (öffentliche Hand) sollten Regelungen für den Fall festgelegt werden, dass Einzelprojekte wider Erwarten dauerhaft nicht die erwartete Rentabilität erreichen, z. B. inwiefern die Einstellung dieser Einzelprojekte und deren Herausnahme aus dem Gesamtprojekt möglich sein soll.

7.2 PPP-Anleiheversicherung („Wrapping")

Seit Mitte der 90-er Jahre hat sich in Großbritannien eine neue Kategorie von Versicherungen, die sog. Monoline Insurance, im PFI/PPP Markt etabliert.[47] Die dahinterstehenden Versicherungsunternehmen „umhüllen" („Wrappen") herkömmliche Anleihen, wie sie z. B. im Rahmen von Projektfinanzierungen ausgegeben werden, mit zusätzlicher Bonität. „Wrapped Bonds"[48] stellen versicherte Anleihen dar, d. h. der externe Monoline Insurer haftet für die Erfüllung der Zahlungsverpflichtungen aus der Emission der Anleihe.

Die Rating-Agenturen würdigen diese Garantie in ihrer Risikoeinschätzung der Anleihe, indem sie das Rating des Versicherers auf die Anleihe übertragen. Generell werden die renommierten Monoline Insurer, wie z. B. Ambac Financial Group Inc., MBIA Insurance Corporation, Financial Services Authority (FSA) und Financial Guaranty Insurance Company (FGIC), von den großen Rating-Agenturen (Moody's Investors Service oder Standard & Poor's Corporation) mit Aaa bzw. AAA (sog. „Triple-A") bewertet.

Die Monoline Insurer versichern nur Anleihen, deren Risiken überschaubar sind. Im Normalfall sollte die Anleihe, und damit die dahinter liegende PPP-Projektstruktur, mit „Investment Grade" (d. h. mindestens BBB-) beurteilt sein, „Speculative Grade" wird nicht akzeptiert.

Die Vorteile dieser Versicherungen spiegeln sich vor allem bei den Kapitalkosten wider. So werden für „Wrapped" Anleihen der Kategorie Triple-A wesentlich geringere Risikoaufschläge erhoben, so dass der Anleihe-Zinssatz geringer ist. Außerdem steht eine größere Bandbreite möglicher Investoren zur Verfügung.

---

[47] Die Ursprünge des „Wrapping" und der größte Marktanteil liegen im amerikanischen Geschäft, außerhalb des PPP Marktes.

[48] Auch das „Wrapping" von Bankkrediten ist grundsätzlich möglich. Derzeit ist in Großbritannien die „Wrapped" Anleihe jedoch der deutlich häufigere Anwendungsfall.

Für jedes Projekt ist zu ermitteln, inwieweit ein „Wrapping“ auf die Kategorie Triple-A vorteilhafter ist als eine direkte Anleihe-Emission der Projektgesellschaft, der das reine Projekt-Rating zugrunde liegt. Dabei ist abzuwägen, was in der Gesamtbetrachtung günstiger ist: Die zu zahlende Versicherungsprämie plus Anleihekosten auf Basis „Triple-A Rating“ oder höhere Anleihekosten auf der Basis „Projekt-Rating“, wobei das Rating deutlich unter „Triple-A“ liegen kann.

Wie die nachfolgende Tabelle der britischen PFI/PPP Anleihen mit Rating zeigt, wurde in den vergangenen Jahren in Großbritannien häufig ein „Wrapping“ der Anleihen gewählt, um dadurch die Gesamtfinanzierungskosten zu senken.

Abbildung 7: PFI Projektanleihen – Rating von Standard & Poor's

Sektor	Emittent	Höhe der Verbindlichkeit (Mio.)	Letztes Rating	Projekt Rating	Anleihe-Rating („versichert“, mit Monoline Insurer)
Gesundheitswesen, Krankenhäuser	Healthcare Management (Carlisle) PLC	£ 75,80 7,181% fällig 2027	02/2002		AAA
	Baglan Moor Healthcare PLC (Baglan Moor)	£ 65,95 3,92% index linked fällig 2029	05/2000		AAA
	Catalyst Healthcare PLC (Worcester)	£ 97,20 fällig 2029	03/1999		AAA
	Criterion Healthcare PLC (Bishop Auckland)	£ 64,64 3,37% fällig 2031	06/1999		AAA
	Endeavour SCH PLC (South Tees)	£ 137,5 3,607% index-linked fällig 2031	07/2001		AAA
	Hospital Partnership Consortium PLC (Kings Healthcare NHS Trust)	£ 93,00 index linked fällig 2036	05/2000		AAA
	Dudley Summit PLC	£ 86,00 fällig 2038	06/2001		AAA
	Summit Finance (Law) PLC	£ 136,56 6,484% fällig 2028	26/1998		AAA
Verwaltungsgebäude	Integrated Accomodation Services PLC (GCHQ)	£ 406,85 fällig 2029	09/2001	A	AAA
	Ellenbrook Developments PLC (Uni.of Hertfordshire)	£ 59,97 fällig 2032	01/2002	BBB	AAA
	Exchequer Partnerships PLC (GOGGS)	£ 127,79 fällig 2035	05/2000		AAA
	Annes Gate Property PLC (Home office)	£ 100,00 fällig 2031 £ 174,00 fällig 2030	03/2002		AAA

Sektor	Emittent	Höhe der Verbindlichkeit (Mio.)	Letztes Rating	Projekt Rating	Anleihe-Rating („versichert“, mit Monoline Insurer)
Verteidigung	Defence Management (Watchfield) Ltd	£ 110,50 variabler Zins fällig 2024	09/2002	A	
Straßen	Autolink Concessionaires (M6) PLC (U. K.)	£ 125,00 fällig 2022	10/2002	BBB+	AAA
	Road Management Consolidated PLC (U. K.)	£ 165,00 9,18% fällig 2021	10/2002	BBB	AAA
	Road Management Services A 13 Ltd.	£ 111,10 variabler Zins fällig 2028 £ 85,00 Bankkredit fällig 2028	09/2000		AAA
Wasser	Stirling Water Seafield Finance PLC	£ 139,20 5,822% fällig 2026	07/1999		AAA
Abfall	Tyseley Finance Ltd.	£ 88,00 6,675% fällig 2018	06/2001		AAA

Quelle: Cartmell, B., Jamieson, C., „How is U. K. Private Finance Initiative risk changing?“. Es handelt sich bei „Verbindlichkeit“ um begebene Anleihen, es sei denn es ist anders vermerkt.

7.3 Privatplatzierung von PPP-Anleihen („Private Placement“)

Bei einer Privatplatzierung („Private Placement“) wird eine Anleihe zur Finanzierung eines PPP-Projekts bestimmten Anlegern (u. a. Versicherungsunternehmen, Pensions-, Immobilienfonds) unmittelbar zur Zeichnung angeboten. Auf diese Weise sollen große Teile bzw. regelmäßig auch das Gesamtvolumen der Anleihe außerhalb der Börse verkauft werden.

Der Vorteil einer Privatplatzierung liegt in der Vermeidung von Kosten für die Erstellung eines umfangreichen Prospektes und die Börseneinführung, der Erschließung weiterer, auch internationaler Finanzierungsquellen, der schnelleren Mittelaufnahme durch den Wegfall des zeitaufwändigen Börsenzulassungsverfahrens sowie der unmittelbaren Kontaktaufnahme und Kaufabwicklung zwischen dem Emittenten (Projektgesellschaft) und dem Anleihezeichner.[49]

Nachteilig kann aus der Sicht des Investors sein, dass die Anleihe durch die fehlende Börseneinführung weniger fungibel ist. Als Ersatz hierfür erwarten institutionelle Anleger bei der Privatplatzierung teilweise eine, wenn auch nur geringfügige, Verbesserung der Konditionen. Für eine Privatplatzierung ist stets ein größeres Finanzierungsvolumen notwendig.[50]

Die zuvor vorgestellte PPP-Anleiheversicherung kann bei Privatplatzierungen in gleicher Weise wie bei Börsenplatzierungen von Anleihen zum Einsatz kommen, um das Rating der Anleihe für Investoren attraktiver zu gestalten.

Die Privatplatzierung stellt vor allem in Großbritannien und Australien eine wichtige Alternative zur Finanzierung über „traditionelles“ Fremdkapital (Kredit) dar und belebt den Wettbewerb um PPP-Projektfinanzierungen. Insbesondere in Großbritannien hat sich ein stabiler Markt für die Finanzierung von PPP-Projekten mittels Anleihen im Wege der Bör-

[49] Vgl. Nevitt/Fabozzi, Project Financing, S. 88.
[50] Vgl. Achleitner, Handbuch Investment Banking, S. 390.

senplatzierung sowie als Privatplatzierung bei Versicherungsunternehmen und Pensionsfonds entwickelt.

Die Nachfrage zum Kauf von PPP-Anleihen im Rahmen von Privatplatzierungen ist in Großbritannien groß, da Versicherungsunternehmen und Pensionsfonds daran interessiert sind, ihre langfristigen Verbindlichkeiten deckungsgleich durch langfristige Anleihen abzubilden. Für Deutschland kann grundsätzlich von einer ähnlichen Motivation der Versicherungsunternehmen, Pension- und Immobilienfonds, denen umfangreiche finanzielle Mittel zur Verfügung stehen, ausgegangen werden. Voraussetzung für die erfolgreiche Privatplatzierung von PPP-Anleihen in Deutschland ist, dass das zu erwartende Interesse von potenziellen institutionellen Zeichnern auch durch attraktive Anleihe-Angebote bedient wird. Dies macht es erforderlich, die Finanzierung eines PPP-Projekts von Anfang an kapitalmarktfähig auszulegen, d.h. es ist auf ausreichendes Transaktionsvolumen, einen stabilen rechtlichen Rahmen, robuste Cash Flows sowie eine adäquate Risikoallokation zu achten.

7.4 PPP-Finanzierungsoptimierung („Refinancing“)

Unter PPP-Finanzierungsoptimierung („Refinancing“) wird die Veränderung der Finanzierungsstruktur und/oder der grundlegenden Finanzierungskonditionen, die vom privaten Partner ursprünglich bei Abschluss der Finanzverträge („Financial Close“) vereinbart wurden, verstanden.

Hauptmotiv für finanzielle Umstrukturierungen im Rahmen von PFI/PPP-Verträgen sind Refinanzierungsgewinne, die auf attraktiveren Finanzierungskonditionen oder einem verbesserten Zugang zu Finanzierungsquellen beruhen. Insbesondere die Beschaffung von Fremdkapital mit verlängerten Laufzeiten und gegebenenfalls eine Substitution von Eigenkapital spielen eine vorrangige Rolle.[51]

Der beste Zeitpunkt für Refinanzierungen liegt regelmäßig nach Vollendung der Bauphase, in den ersten Monaten der Betriebsphase, wenn eine positive operative Vertragserfüllung („Operating Track Record“) zu verzeichnen ist. Zu diesem Zeitpunkt sind die Fremdkapitalgeber regelmäßig bereit, das nach erfolgreichem Abschluss der Bauphase nunmehr niedrigere Risiko im Hinblick auf die zu erwartenden Cash Flows durch Verbesserung der Kreditkonditionen zu würdigen.

Voraussetzung für eine erfolgreiche PPP-Finanzierungsoptimierung ist wiederum ein ausreichendes Finanzierungsvolumen, da dieser komplexe Vorgang mit erheblichen Transaktionskosten verbunden ist, die das Projekt zu tragen hat.

Finanzierungsoptimierungen haben regelmäßig Auswirkungen auf die Situation der öffentlichen Hand, z.B. bei Neugewichtung von Risiken durch die Substitution von Eigen- durch Fremdkapital und der damit verbundenen Veränderung des Schuldendienstdeckungsgrades („Debt Service Cover Ratio“). Daher sollten derartige Änderungen seitens der öffentlichen Hand genehmigungsbedürftig sein und entsprechenden Informations- und Prüfungsrechten unterliegen.[52]

Im Laufe der Projektdurchführung können sich auf Grund niedrigerer Risiken Möglichkeiten zur Verbesserung der Finanzierungskonditionen und des Schuldendienstdeckungsgrades bieten. Folgende Anpassungen der Finanzierungskonditionen sind denkbar:[53]

- Bereitstellung zusätzlicher Kreditlinien
- Verlängerung der Laufzeiten bestehender Kredite

---

[51] Die Umstrukturierung einer Finanzierungsstruktur kann aber nicht nur zu Optimierungszwecken sinnvoll sein, sondern auch in den Fällen, in denen sich die Projektgesellschaft in finanziellen Schwierigkeiten befindet und durch die Umstrukturierung eine Entlastung des Cash Flow erreicht werden kann.

[52] Vgl. Office for Government Commerce, OGC Guidance – Issue 3, Standardisation of PFI Contracts – General, S. 285.

[53] Vgl. Office for Government Commerce, OGC Guidance – Issue 3, Standardisation of PFI Contracts – General, S. 284.

- Geringere Zinssätze und -margen
- Erlaubnis zur Reduzierung des auf den Reservekonten für Schuldendienst gebundenen Cash Flow
- Anpassung der Berichterstattungspflichten auf das durch ein geringeres Risiko vertretbare Maß
- Erlaubnis zur Reduzierung von Mezzanine-Kapital.

Der Erfolg des bisherigen Projektverlaufs ist grundsätzlich dem Privaten als Managementverantwortlichen, wobei dies eine gute Kooperation mit der öffentlichen Hand bedingt, zuzuschreiben. Daher sollte eine Gewinnteilung vorgenommen werden, die bereits bei Abschluss der Finanzverträge („Financial Close") festzuschreiben ist. In Großbritannien wird seit Juni 2001 eine 50:50 Teilung der Gewinne in den PPP-Vertragswerken als Empfehlung gegeben.[54] Diese Regelung spiegelt das Ergebnis einer langwierigen und kontroversen Debatte wider.

Eventuelle steuerabzugsfähige Beträge der Sponsoren im Rahmen der Auszahlung von Finanzierungsoptimierungsgewinnen an die öffentliche Hand sollten bei der Berechnung der Gewinne berücksichtigt werden. Darüber hinaus empfiehlt das OGC verschiedene Komponenten von der paritätischen Teilung auszunehmen, sofern diese schon bei Abschluss der Finanzierungsverträge („Financial Close") gewürdigt wurden.

Die Höhe des Gewinns wird durch einen Vergleich der finanziellen Situation direkt vor und nach der Umstrukturierung unter Einbeziehung der Transaktionskosten bestimmt. Diskontiert auf den Zeitpunkt der Finanzierungsoptimierung, ergibt sich der Refinanzierungsgewinn (Barwert).[55]

In diesem Zusammenhang kommt Rendite-Kennzahlen und deren Prognose eine wichtige Rolle zu. Speziell in Großbritannien ist die Aufteilung der Refinanzierungsgewinne eng an das Erreichen der bei Vertragsabschluss prognostizierten Rendite-Erwartungen des Privaten geknüpft.[56]

Im Rahmen der Auszahlung von Refinanzierungsgewinnen sind verschiedene Modelle vorstellbar:

- Pauschalbetrag zum Zeitpunkt der Refinanzierung
- ermäßigtes Leistungsentgelt über die Restlaufzeit des Projekts
- umfangreicherer Service über die Restlaufzeit des Projekts
- Kombination der oben genannten Varianten.

Die realisierte Auszahlungsvariante sollte sich daran orientieren, zu welchem Zeitpunkt und in welcher Form der private Investor seinen Refinanzierungsgewinn realisieren kann. Realisierung („Einzahlung") und Verwendung („Auszahlung") der Gewinne sollten synchron verlaufen, um negative Rückwirkungen auf die Ausgangsdaten der Refinanzierung zu vermeiden.

Die Finanzierungsoptimierung stellt einen komplexen und sehr zeitaufwändigen Prozess dar, jedoch können erhebliche Gewinne für Private, aber auch für die öffentliche Hand in Aussicht stehen. Es erscheint aus Sicht der öffentlichen Hand daher sinnvoll, sich die Option, an den Gewinnen partizipieren zu können, offen zu halten, indem entsprechende rechtliche Regelungen (vgl. Großbritannien) bei Abschluss der PPP-Verträge festgeschrieben werden.

---

54 Vgl. National Audit Office (NAO), Ministry of Defence, Redevelopment of MOD Main Building, S. 15; PFI Refinancing Update, S. 4.

55 Vgl. Office for Government Commerce, OGC Guidance – Issue 3, Standardisation of PFI Contracts – General, S. 290.

56 Vgl. Office for Government Commerce, OGC Guidance – Issue 3, Standardisation of PFI Contracts – General, S. 290 f.

7.5 Öffentliche Kreditvergabe mit Garantiegeber („Credit Guarantee Finance")

In ihrem Bestreben die „Private Finance Initiative" kontinuierlich zu verbessern und zu verfeinern, hat das britische Finanzministerium („HM Treasury") in einem Entwurf für einen neuen Leitfaden ein innovatives Schema für Finanzierungen von PFI-Vorhaben vorgestellt. Der neue Leitfaden „Credit Guarantee Finance (CGF) – Technical Note 1"[57] inklusive Vertragsmustern wurde im Februar 2004 als Entwurf veröffentlicht. Gleichzeitig wurden erste Pilotprojekte initiiert. Im Oktober 2004 erreichte das erste Pilotprojekt Financial Close.

Ziel des britischen Finanzministeriums mit der Einführung von „Credit Guarantee Finance" ist es, eine neue, vorteilhafte Finanzierungsalternative („Value for Money funding") für PFI-Projekte zur Verfügung zu stellen. Diese soll die bisherigen, etablierten Finanzierungsformen, den langfristigen Kredit bzw. die Kapitalmarktanleihe ergänzen und so den Wettbewerb um die Finanzierung fördern.[58]

Bei „Credit Guarantee Finance" wird die britische Regierung (Kreditgeber) dem privaten PFI-Vertragspartner (Kreditnehmer) für ein spezifisches Projekt einen Kredit gewähren. Die Zahlungsverpflichtung des privaten PFI-Partners zur Leistung des Schuldendienstes (Zins und Tilgung) muss entweder von einer Bank oder einem Monoline Insurer gegenüber der öffentlichen Hand garantiert werden. Damit treten die Banken nicht mehr in ihrer üblichen Rolle als Bereitsteller von Finanzierungsmitteln, sondern „lediglich" als Übernehmer von Projektrisiken auf. Bank und Monoline Insurer müssen bestimmte – bisher noch nicht endgültig festgeschriebene – Kriterien der Kreditwürdigkeit erfüllen, um sich als Garantiegeber zu „qualifzieren". Außerdem werden volumenmäßige Limits je Bank bzw. Monoline Insurer vorgegeben, bis zu dem sie sich als Garantiegeber gegenüber dem Finanzministerium verpflichten dürfen.

Die Kreditvergabe kann entweder durch das Finanzministerium direkt oder eine entsprechende Abteilung/Behörde erfolgen. Die Ziehungen aus dem von der öffentlichen Hand gewährten Kredit können in einer Summe bei Abschluss der Finanzierungsverträge (entsprechend einer Anleihefinanzierung) oder gemäß Zahlungsplan während der Bauphase erfolgen. Unter Berücksichtigung eines definierten Tilgungsplanes wird der Kredit konventionell zurückgeführt.[59]

Der Kredit kann entweder mit Festzinsvereinbarung oder index-abhängiger Zinsvereinbarung abgeschlossen werden. Wie im Einzelnen die Zinsfixierung festgeschrieben werden soll, steht noch nicht genau fest. Um jedoch möglichen Diskussionen hinsichtlich Beihilfetatbestand zu entgehen, ist bereits heute klar, dass der private PFI-Partner (und damit das Projekt) nicht von den günstigen Finanzierungszinssätzen der öffentlichen Hand profitieren wird. Der Finanzierungsvorteil gegenüber den bisherigen Finanzierungsformen, privat finanzierter „Kredit" bzw. „Anleihe", verbleibt direkt beim britischen Finanzministerium.[60]

Grundsätzlich erscheinen Projekte in allen PFI Sektoren geeignet für „Credit Guarantee Finance", Einschränkungen sind bspw. bei Projekten mit hohem Anteil an Dritterlösen („Third Party Revenues") denkbar. Darüber hinaus strebt die öffentliche Hand nicht an, besonders komplexe PFI-Projekte mittels „Credit Guarantee Finance" zu finanzieren.[61] Projekte sollen zukünftig grundsätzlich vor Beginn des öffentlichen Beschaffungsprozesses für „Credit Guarantee Finance" ausgewählt werden.

Es ist hervorzuheben, dass „Credit Guarantee Finance" in keiner Weise dazu beitragen soll, die mittlerweile im britischen PFI-Markt zwischen öffentlicher Hand und privatem

---

[57] HM Treasury, Credit Guarantee Finance Technical Note 1, S. 4.
[58] HM Treasury, Credit Guarantee Finance Technical Note 1, S. 5.
[59] HM Treasury, Credit Guarantee Finance Technical Note 1, S. 5.
[60] HM Treasury, Credit Guarantee Finance Technical Note 1, S. 7.
[61] HM Treasury, Credit Guarantee Finance Technical Note 1, S. 4.

Sektor weitgehend etablierte Risikoallokation, unter Berücksichtigung des jeweiligen Projektvertrages, zu verändern. Vielmehr betont das Finanzministerium, dass durch die Hereinnahme einer Garantie die öffentliche Hand keine zusätzlichen Risiken übernimmt, die die PFI-Prinzipien des Risikotransfers beeinträchtigen würden. In ihrer neuen Funktion als Kreditgeber übernimmt die britische Regierung somit lediglich das Kontrahentenrisiko bezüglich des Garantiegebers („qualifizierte" Bank bzw. Monoline Insurer) neu. Dem gegenüber steht die Vermeidung des Finanzierungskostennachteils des privaten PFI-Partners. Die öffentliche Hand kann sich über Staatsanleihen („gilts") zu günstigeren Zinssätzen finanzieren und vermeidet dadurch die höheren Finanzierungszinssätze, die im Rahmen einer der etablierten Finanzierungsformen bei PFI-Projekten üblicherweise anfallen.

Die Musterverträge befinden sich noch im Entwurfsstadium und es sind im Rahmen des Abstimmungsprozesses noch einige Unklarheiten und offenen Punkte zu klären. Dazu gehört z.B. das Umgehen mit der neuen „Doppelfunktion" der öffentliche Hand: einerseits als Vergabe- und Auftraggeberstelle für ein PFI-Vorhaben und andererseits gleichzeitig als „Kreditgeber" des Projektes. Unsicherheiten im Markt hinsichtlich des nun schwerer prognostizierbaren Entscheidungsverhaltens des öffentlichen Auftraggebers könnten möglicherweise auch zu einem Zinsaufschlag in den Konditionen führen. Zur Minderung solcher Marktunsicherheiten wurde dem Leitfaden bereits ein Entwurf für einen sog. „Letter of Awareness" beigefügt. Inwiefern dieser ausreichen wird, kann erst die Zukunft zeigen.

7.6 Veränderungen der Finanzierungsstrukturen bei PFI-Projekten

Die folgende Tabelle zeigt, wie sich bestimmte finanzierungsrelevante Größen bei gut strukturierten PFI-Projekten im Sektor Schulen im Zeitablauf in Großbritannien verändert haben. Dabei handelt es sich um Durchschnittswerte, die bei einzelnen Projekten davon abweichen können.

Abbildung 8: Finanzierungsrelevante Größen bei PFI-Projekten

PFI-Projekte – Schulen	Frühe Phase	Heute
Durchschnittliche Konzessionsdauer	20–25 Jahre	25–35 Jahre
Kreditlaufzeit	16–20 Jahre	23–32 Jahre
Eigenkapital (in %)	8–12%	8–12%
Fremdkapital (in %)	88–92%	88–92%
Arrangierungsgebühr	1,0–1,2%	0,85–1,0%
Marge (bp) – Bau	1,3–1,5%	0,9–1,0%
Marge (bp) – Betrieb	1,1–1,3%	0,8–1,0%
Schuldendienst Reserve Konto	6 Monate	6 Monate
Annual Debt Service Cover Ratio	1,25–1,30	1,15–1,25
Loan Life Cover Ratio	1,40–1,50	1,20–1,30

Daraus wird ersichtlich, dass die meisten Größen sich vorteilhaft für die Finanzierung eines PFI-Projekts verändert haben. So hat sich – parallel zu längeren Konzessionsdauern – die Kreditlaufzeit verlängert und ist inzwischen bis zu 32 Jahren darstellbar. Hervorzuheben ist, dass gleichzeitig der Zeitpunkt, zu dem die Fremdkapitalgeber den Kredit zurückgezahlt haben möchten, inzwischen deutlich näher am Ende der Konzessionsdauer liegt. In der frühen Phase von PFI mussten die Kredite im Durchschnitt fünf Jahre vor Ende der Projektlaufzeit zurückgezahlt sein, um den Fremdkapitalgebern genügend Sicherheit für möglicherweise notwendige Restrukturierungen zu geben. Heute liegt dieser „Puffer" „nur noch bei zwei bis drei Jahren.

Auch bei den Margen hat eine positive Entwicklung für PFI-Projekte stattgefunden. So ist die Kreditarrangierungsgebühr („Arrangement Fee") um rund 15% gesunken sowie ein deutlicher Rückgang der Margen in Bau- und Betriebszeit zu verzeichnen. Die Marge in der Bauzeit liegt auf Grund des höher eingeschätzten Risikos jedoch weiterhin meist über der Marge während der Betriebszeit. Des Weiteren ist in Großbritannien festzustellen, dass die Fremdkapitalgeber inzwischen einen geringeren Schuldendienstdeckungsgrad („Debt Service Cover Ratio“) und Kreditlaufzeitdeckungsgrad („Loan Life Cover Ratio“) verlangen.

Lediglich der Verschuldungsgrad (sog. „Gearing“) für PFI-Projekte ist unverändert (bei bis zu 88–92%) geblieben, ebenso wird weiterhin ein Schuldendienstreservekonto von sechs Monaten verlangt.

Im April 2003 veröffentlichte Standard & Poor's eine Studie über PFI und PPP Projekte in Großbritannien unter dem Gesichtspunkt des Rating. Dabei wurden ähnliche Entwicklungen hinsichtlich der Finanzierungsstruktur von PFI-Projekten festgestellt. Da Standard & Poor's als Rating-Agentur die Sichtweise der Fremdkapitalgeber vertritt, werden die dargestellten, für ein PPP-Projekt vorteilhafteren Finanzierungskonditionen der jüngsten Zeit jedoch kritischer betrachtet. Denn längere Kreditlaufzeiten, geringere Schuldendienstdeckungsgrade, niedrigere Margen usw. bedeuten, dass die Fremdkapitalgeber (Banken oder Investoren einer Projektanleihe) mehr Risiken übernehmen bzw. einen geringeren Risikoausgleich erhalten.[62] Des Weiteren war laut Standard & Poor's in den letzten zwei Jahren insgesamt ein verstärkter Risikotransfer vom öffentlichen zum privaten Sektor zu verzeichnen.

Zusammenfassend lässt sich aus diesen Entwicklungen erkennen, dass in einem jungen PFI/PPP-Markt über Jahre hinweg Lernprozesse bei allen Beteiligten stattfanden und diese auf Projektstruktur und Finanzierungskonditionen rückwirkten. Auch für Deutschland sind mit zunehmender PPP-Projekterfahrung und wachsendem Know How bei den Marktteilnehmern derartige Entwicklungsprozesse und Rückkoppelungen zu erwarten.

8. Öffentliche Fördermittel als weitere Finanzierungsquelle von PPP-Projekten

Öffentliche Förderung kann auch bei PPP-Vorhaben im Rahmen der Errichtung, Modernisierung oder Sanierung von öffentlichen und sozialen Einrichtungen eine bedeutende Rolle spielen und auf verschiedene Art und Weise Teil der Finanzierung von Projekten sein.

Die Einwerbung öffentlicher Fördermittel erhöht die Bereitschaft eines Fremdkapitalgebers, Kredite auszureichen und verringert den Anteil der Fremdfinanzierung. Aus der Sicht der Kreditinstitute kommt dieser Konstellation eine wesentliche Bedeutung zu. So sinkt ihr Anteil an der Gesamtfinanzierung, was zu einer Verminderung des Kreditrisikos und letztendlich auch zu einer Verbesserung der Refinanzierungskonditionen führen kann.

Öffentliche Fördermittel können je nach Art der Förderung in spezifischen Fällen auch zur Abdeckung besonders sensibler Risiken eingesetzt werden und tragen damit zur Verbesserung der Liquiditätssituation eines Maßnahmeträgers oder eines begünstigten Antragstellers bei.

8.1 Grundzüge der öffentlichen Förderung

Die öffentlichen Finanzhilfen haben seit jeher einen hohen Stellenwert und eine große politische Bedeutung im Rahmen der Aufgabenwahrnehmung aller Gebietskörperschaften, insbesondere bei Bund und Ländern, da die Parlamente über den Haushalt Ziele und Prioritäten setzen. Die Verwaltung hat bei der Gewährung von öffentlichen Finanzhilfen die allgemeinen Verfassungsgrundsätze (Art. 20 Abs. 3 GG – Gesetzmäßigkeit der Verwaltung –,

[62] Standard & Poor's, Credit Survey of the UK Private Finance Initiative and Public-Private Partnerships, S. 13.

Art. 3 Abs. 1 GG – Gleichheitsgrundsatz), das Haushaltsrecht (HGrSG, Haushaltsordnung, jährliche Haushaltsgesetze) und die besonderen Gesetze für Zuwendungen zu beachten. Rechtsgrundlagen für das Handeln der Verwaltung bilden die einzelnen Subventionsgesetze des Bundes und der Länder (z.B. Gesetze über die Gemeinschaftsaufgaben) mit häufig nur allgemeinen Bestimmungen über Zweck und Art der Leistung in Verbindung mit dem Haushaltsrecht (Gesetze, Verordnungen, Verwaltungsvorschriften) sowie dem jährlichen Haushaltsgesetz und der parlamentarischen Haushaltsbewilligung. Konkrete Gestaltungs- und Verfahrensregelungen enthalten die für die weitaus meisten Förderprogramme erlassenen Förderrichtlinien.[63]

Zu den öffentlichen Finanzhilfen rechnet man in erster Linie nicht rückzahlbare Zuschüsse, zinsgünstige Darlehen und Bürgschaften. Daneben sind noch öffentliches Beteiligungskapital und steuerliche Entlastungsmöglichkeiten zu erwähnen, die im Zusammenhang mit der Förderung von PPP-Projekten allerdings nicht von Belang sind und daher nicht näher betrachtet werden. **Abbildung 9** gibt einen Überblick über die öffentlichen Finanzhilfen:

Die Bundesländer bedienen sich des Instruments der staatlichen Zuwendung, indem sie einzelne konkrete Vorhaben (Projekte) oder einzelne geeignete Einrichtungen (Institutionen) fördern (Projekt- oder institutionelle Förderung als Zuwendungsart). Je nach Interessenlage und eigener Leistungsfähigkeit können die Anteilsfinanzierung, die Fehlbedarfsfinanzierung, die Festbetragsfinanzierung und die Vollfinanzierung als Finanzierungsarten in Betracht kommen.

Die obersten Bundes- oder Landesbehörden (Ministerien) legen regelmäßig sog. Fördergrundsätze sowie Zweck, Art, Umfang und Verfahren der Förderung in Richtlinien fest. Diese sind für die Länder und die auf Landesebene ausführenden Stellen, wie z.B. öffentliche Investitions- oder Förderbanken und Landesämter, verbindlich und schließen bei einheitlicher Anwendung der Verfahren eine Bevorzugung einzelner Empfänger aus. Für die Vergabe von öffentlichen Mitteln ist die Einhaltung des Förderverfahrens von großer Bedeutung, da Verstöße gegen den Gleichheitsgrundsatz Wettbewerbsverzerrungen unter den Antragstellern verursachen können.

Abbildung 9: Öffentliche Finanzhilfen

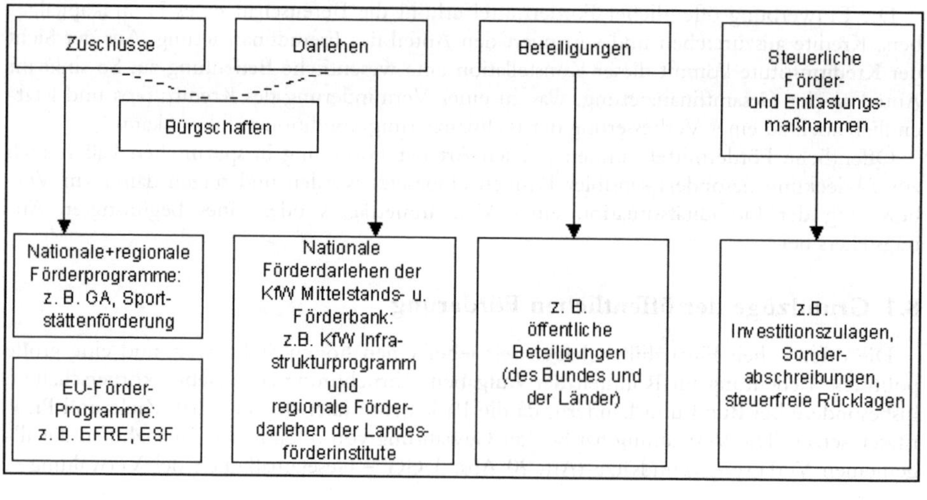

[63] Vgl. Krämer/Schmidt, Zuwendungsrecht, Abschnitt BI S. 2 und 6 sowie DI S. 1–5.

Neben den zuvor erwähnten gesetzlichen Grundlagen setzt die Gewährung von Zuwendungen die Erfüllung einer Vielzahl von allgemeinen Kriterien und Haushaltsgrundsätzen voraus. So muss die Förderung außer einer erforderlichen Veranschlagung im Haushaltsplan insbesondere den Grundsätzen der Subsidiarität (Nachrangigkeit der staatlichen Förderung oder Bedürftigkeit), Notwendigkeit (abgestufter Einsatz des Arsenals an staatlichen Hilfen) und Wirtschaftlichkeit (möglichst rationelle Aufgabenerledigung) entsprechen.

Zwischen Bedürftigkeit und Wirtschaftlichkeit besteht ein Spannungsverhältnis, da die finanzielle Leistungsfähigkeit des Zuwendungsempfängers für die Art und Höhe der Förderung entscheidend ist. Zum einen soll derjenige eine Unterstützung erhalten, der ohne diese Hilfe nicht in der Lage wäre, das Vorhaben zu realisieren, andererseits der finanziell leistungsfähige Private dagegen gerade nicht, weil er das Projekt aus eigener Kraft realisieren könnte. Damit sollen „Mitnahmeeffekte" vermieden werden. Aber genau dieser finanzstarke Investor ist ein unverzichtbarer Partner, der finanziell gesicherte und wirtschaftlich wettbewerbsfähige Projekte realisiert. Von daher ist es in der Praxis nicht möglich, die Förderung insbesondere am Kriterium der Bedürftigkeit eines Antragstellers zu orientieren. Bei Investitionen der öffentlichen Hand für infrastrukturelle Maßnahmen sollte der Träger daher – unabhängig von den Kriterien Bedürftigkeit und Wirtschaftlichkeit – vor der Beantragung von Fördermitteln zunächst prüfen, ob und inwieweit die Einschaltung privater Unternehmen Kosten- und/oder Zeitersparnisse bei der Erbringung der öffentlichen Leistung ermöglicht.[64]

Ergänzend zu den gesetzlichen und verfahrensrechtlichen Regelungen des Haushaltsrechts (BHO, LHO, VV) und einigen Spezialgesetzen als Rechtsgrundlagen für die Bewilligung von Zuwendungen sind abschließend auch die allgemeinen Verfahrensregeln des Verwaltungsrechts (VwVfG, VwGO) bei der Gewährung öffentlicher Finanzierungshilfen zu beachten.

8.2 Öffentliche Förderung auf regionaler, nationaler- und EU-Ebene

Im Zeitraum 2000 bis 2006 stehen durch die EU € 195 Mrd. für Förderzwecke zur Verfügung, von denen ca. € 30 Mrd. allein auf Deutschland entfallen. Bundesweit existieren über 1200 Förderichtlinien mit ca. 2800 Förderprogrammen. Das Spektrum der Förderung umfasst nahezu alle Branchen.

Eine detaillierte Betrachtung sämtlicher Fördermöglichkeiten und insbesondere aller Landesprogramme kann vor dem Hintergrund des Umfangs an Förderprogrammen und deren Komplexität in der Zusammenfassung nicht dargestellt werden.

Im nachfolgenden sollen daher zumindest ausführlicher die Fördermöglichkeiten im Rahmen zinsverbilligter Darlehen vor allem für infrastrukturelle Investitionsvorhaben auf nationaler Ebene durch die KfW-Bankengruppe und durch die Europäische Investitionsbank (EIB) als Förderinstitution der EU dargestellt werden.

8.3 KfW-Bankengruppe

Durch die Fusion zwischen der Kreditanstalt für Wiederaufbau (KfW) mit der Deutschen Ausgleichsbank (DtA) im Sommer 2003 zur KfW-Bankengruppe kam es zu einer Neuordnung des Förderangebots. Hierdurch sollen bisher bestehende Überschneidungen in den Förderprogrammen von KfW und DtA abgebaut und ein transparentes und effizientes Angebot gestaltet werden, um eine klar strukturierte Förderung zu erreichen.[65]

Die KfW-Bankengruppe, als das Kreditinstitut des Bundes zur Förderung der deutschen Wirtschaft, kann nach ihrer Neustrukturierung in vier Geschäftsbereiche gegliedert werden.

---

[64] Vgl. Tetsch u. a., Leitfaden zur regionalen Wirtschaftsförderung in Deutschland.

[65] Vgl. Abschnitt 6.2.3.

Die Sparten der KfW-Bankengruppe sind die KfW Förderbank, die KfW Mittelstandsbank, die KfW Entwicklungsbank und die DEG – Deutsche Entwicklungs- und Investitionsgesellschaft.

Die **KfW Förderbank** finanziert neben umweltgerechten Wohnungsbaumaßnahmen von Privatpersonen vor allem kommunale Infrastrukturmaßnahmen sowie Investitionen von Unternehmen in den Umwelt- und Klimaschutz sowie Investitionen in Bildung und Soziales.

Die **KfW Mittelstandsbank** bündelt das Förderangebot für Existenzgründer, Start-ups sowie kleine und mittlere Unternehmen. Neben der herkömmlichen Fremdkapitalfinanzierung werden auch neue Produkte zur Verbesserung der Eigenkapitalausstattung von Unternehmen angeboten.

Die **KfW Entwicklungsbank** finanziert im Auftrag des Bundesministeriums für wirtschaftliche Zusammenarbeit und Entwicklung (BMZ) die finanzielle Zusammenarbeit mit Entwicklungs- und Transformationsländern und die **DEG – Deutsche Entwicklungs- und Investitionsgesellschaft** strukturiert und finanziert Investitionen von privaten Unternehmen in Entwicklungs- und Transformationsländern. Die Export- und Projektfinanzierung der KfW-Bankengruppe wird ab 2008 in ein eigenes Tochter-Unternehmen ausgegliedert.[66]

In ihrer Funktion als Förderbank legt die KfW-Bankengruppe damit besonderen Wert auf die Stärkung des unternehmerischen Mittelstandes, die Steigerung der Innovationsfähigkeit der deutschen Wirtschaft, den Ausbau des Umwelt- und Ressourcenschutzes sowie die Verbesserung der Infrastruktur im In- und Ausland.

Im Zusammenhang mit der Vergabe von Förderkrediten arbeitet sie eng mit den Geschäftsbanken zusammen. So werden die Darlehen beispielsweise nicht der Projektgesellschaft oder dem privatwirtschaftlichen Unternehmen direkt gewährt, sondern über andere Kreditinstitute (Hausbanken) geleitet, die der KfW-Bankengruppe gegenüber zumindest teilweise für die Einbringlichkeit der Darlehen haften.

Im Rahmen des KfW-Infrastrukturprogramms unterstützt die KfW-Förderbank im Auftrag des Bundes investitionswillige Kommunen, kommunale Zweckverbände und gemeinnützige Organisationen bei der Realisierung von Infrastrukturprojekten (Neubau und Sanierung) durch langfristige, zinsgünstige Kredite. Zur Refinanzierung dienen ihr öffentliche, zinsbegünstigte Bundesmittel sowie Eigen- oder Kapitalmarktmittel. Auch privatrechtlich organisierte Unternehmen können nach den Programmbestimmungen in den Genuss dieser Programme kommen, wodurch Anreize zur stärkeren Einbeziehung privater Auftragnehmer bei kommunalen Infrastrukturmaßnahmen gesetzt werden.

Die Programme umfassen u.a. die Förderung von Investitionen sozialer Infrastruktureinrichtungen, wie z.B. Krankenhäuser, Schulen, Kindergärten, aber auch öffentliche Verwaltungseinrichtungen. Solche öffentliche Beschaffungsmaßnahmen sind im Rahmen des KfW-Infrastrukturprogramms auch auf Basis PPP förderfähig. Beispielsweise können im Rahmen von PPP-Projekten private Gesellschaften, deren Vorhaben der kommunalen Aufgabenerfüllung dienen, mit bis zu 75% der Gesamtinvestitionskosten finanziert werden (Kredithöchstbetrag i.d.R. € 5 Mio.). Bei diesen über die „Hausbanken" des Kreditnehmers durchgeleiteten Krediten beträgt die maximale Laufzeit 20 Jahre, bei 3 tilgungsfreien Anlaufjahren. Auch die Einräumung eines endfälligen Darlehens ist möglich. Leasing-Modelle werden im Rahmen der Programme nicht finanziert.

Die Förderbedingungen des KfW-Infrastrukturprogramms für Investoren, die unmittelbar der Kommunalaufsicht unterliegen oder deren Kredite durch eine 100%ige modifizierte kommunale Ausfallbürgschaft besichert sind, sehen vor, dass kommunale Kreditnehmer bis zu 50% ihres Kreditbedarfs als zinsgünstiges KfW-Darlehen erhalten können. Dies erfolgt unabhängig vom Projektvolumen, wobei die absolute Darlehenshöchstgrenze i.d.R. bei

---

[66] Chancen – Das Magazin der KfW-Bankengruppe, Ausgabe 3/2003.

€ 25 Mio. liegt. Dem gegenüber besteht für privatwirtschaftliche Unternehmen regelmäßig eine Höchstbetragsregelung von € 5 Mio., sofern keine besondere Förderungswürdigkeit von der Hausbank dargestellt werden kann. Bei größeren PPP-Projekten, bei einem Investitionsvolumen von ca. € 12 Mio. mit unterstelltem Fremdkapitalanteil von 90%, kann es somit zu einer unterschiedlichen Höhe des zinsbegünstigten KfW-Darlehens kommen – abhängig davon, ob der Kreditnehmer „öffentlich“ oder „privat“ ist. Insofern ist zu prüfen, inwiefern im Rahmen einer Einzelfallentscheidung die Höchstbetragsregelungen im Ausnahmefall überschritten werden können.

Diesem Ansatz der Förderung von Infrastrukturprojekten folgend, engagiert sich die KfW-Förderbank bei PPP-Projekten und übernimmt eine aktive Rolle bei der Prüfung der Projektkonzeption und stellt einen wesentlichen Teil der Projektfinanzierung dar. Eine Einbindung dieses Instituts kann auf Grund ihrer Reputation und Erfahrung in diesem Sektor positive Signale an andere Finanzierungsinstitute senden, so dass diese sich ebenfalls an der Finanzierung beteiligen.

Zur Förderung des Mittelstands und gerade vor dem Hintergrund von PPP-Infrastruktur-Projekten bietet die KfW-Bankengruppe im Rahmen ihrer „Mittelstandsprogramme“ seit kurzem verstärkt auch Mezzanine-Finanzierungen (Nachrangdarlehen, stille Beteiligungen oder Genussscheine) an.

8.4 Europäische Investitionsbank (EIB)

Die Europäische Investitionsbank (EIB) fördert Infrastrukturprojekte in den Mitgliedsstaaten aus eingezahltem Eigenkapital der Mitgliedsländer oder aus am Kapitalmarkt aufgenommenen Mitteln. Finanzierungsfähig sind gewerbliche Kreditaufnahmen ebenso wie Investitionen in Infrastruktur-, Energie- und Umweltschutzvorhaben. Auch die Förderung im Ausbildungs-, Forschungs- und Gesundheitssektor sind Prioritätsfelder der EIB. Bei der innovativen Finanzierung von Infrastrukturvorhaben im Rahmen von PPP-Modellen spielt die EIB eine wichtige Rolle und hat von Beginn an die Entwicklung von PPP in Europa unterstützt. Inzwischen hat sie rund 60 PPP-Projekte in Europa mit einem Gesamtvolumen von € 16 Mrd. mitfinanziert.[67]

Bei der Projektanalyse wird die EIB typischerweise frühzeitig eingeschaltet, so dass sie ihre langjährigen Erfahrungen als größter Finanzier von PPP in Europa einbringen kann. Größere Vorhaben von mehr als € 25 Mio. Investitionsvolumen fördert die Bank unmittelbar, für kleinere Vorhaben reicht sie Mittel als Globaldarlehen über Geschäftsbanken an die Kreditnehmer weiter. Globaldarlehen sind Kreditlinien, die die EIB anderen Finanzierungsinstituten oder Geschäftsbanken einräumt. Diese Partnerinstitute können im Rahmen dieser Kreditlinien Vorhaben in allen Förderbereichen finanzieren.

Die EIB finanziert bis zu 50% des Gesamtvolumens von Vorhaben durch die Vergabe von zinsgünstigen, langfristigen Krediten. Je nach Nutzungsdauer der Investition sind Laufzeiten von 25 Jahren oder darüber akzeptabel und auch als Festzinssatzkredit darstellbar. Zusätzliche Vorteile entstehen dann, wenn die EIB sich auf Tilgungen am „langen Ende“ konzentriert, während die Kredite mit marktüblichen Konditionen bereits früher abgelöst werden.

Die EIB prüft bei Projekten ab einem Investitionsbetrag von € 25 Mio. die geplante Investition detailliert auf ihre technische, wirtschaftliche, finanzielle und ökologische Tragfähigkeit. Zudem erfolgt in diesem Rahmen eine Überprüfung der Vermögens-, Finanz- und Ertragslage des Projektträgers und der zu erwartenden projektbezogenen Cash Flows und gegebenenfalls von zusätzlichen Sicherheiten.

Die Einschaltung der EIB in eine PPP-Transaktion erfolgt in der Regel über interessierte Investoren oder über die Banken. Grundsätzlich begleitet die EIB alle Bieter zu jeweils glei-

---

[67] Vgl. Roth, W., PPP's für öffentliche Infrastrukturvorhaben? Ziele und Erfahrungen in Deutschland, Vortrag 10. April 2003, S. 1.

chen Konditionen während der Ausschreibungsphase eines PPP-Projekts. Nach Auswahl des bevorzugten Bieters steht die EIB nur noch dem bevorzugten Bieter für Verhandlungen zu Konditionen und Gesamtfinanzierung zur Seite. Eine endgültige Finanzierungszusage wird die EIB dem bevorzugten Bieter zur Verfügung stellen, wenn ihr genaue Projektangaben und die abschließende Projektkonzeption bekannt sind und ihre Due Diligence zu einem positiven Ergebnis geführt hat. Sofern EIB-Darlehen zum Einsatz kommen, erwartet die EIB üblicherweise die Besicherung ihrer Kreditmittel durch eine Garantieerklärung einer der an dem Projekt beteiligten Geschäftsbanken.

Die EIB hat keine kommerzielle Preisfindung. Ihre Konditionengestaltung richtet sie an den Erfordernissen des Projekts und des Marktes aus. Da der EIB keine eigenen Mittel aus Einlagegeldern zur Refinanzierung zur Verfügung stehen, beschafft sie sich den größten Teil der Darlehensmittel durch Anleihen an den internationalen Kapitalmärkten. Aufgrund ihres guten Rating („AAA" – „Triple A") ist sie in der Lage, Fremdmittel zu den jeweils günstigsten Marktkonditionen zu beschaffen. So wirkt sich der Einsatz von EIB-Mitteln senkend auf die Gesamtfinanzierungskonditionen eines PPP-Investitionsvorhabens aus.[68] Vor allem bei der Sicherung und Bereitstellung langfristiger Finanzierungsmittel zu attraktiven Konditionen (im Bereich von 20–25 Jahren, in Ausnahmefällen bis zu 30 Jahren) kann der EIB bei PPP-Vorhaben eine wichtige Rolle zukommen.

8.5 Identifizierung von Förderprogrammen zur Unterstützung von PPP-Maßnahmen

Die öffentliche Förderung eines beabsichtigten Investitionsprojektes ist von verschiedenen Faktoren abhängig. Letztendlich orientiert sich eine mögliche Förderung insbesondere am Standort, der Art einer Investition und dem Investor- bzw. Projektträger einer Maßnahme und nicht zuletzt auch an der wirtschaftlichen Tragfähigkeit und strukturpolitischen Bedeutung eines Vorhabens.

Gerade vor dem Hintergrund der Vielfalt an öffentlichen Finanzierungshilfen und deren unterschiedlichen Bedingungen scheint eine erschöpfende Darstellung geeigneter Förderinstrumentarien für die verschiedensten Investitionsvorhaben schlichtweg nicht möglich. Trotz alledem soll mit der nachfolgenden Übersicht ein allgemeines Prüfschema an die Hand gegeben werden, anhand dessen ganz spezifische Förderprogramme oder öffentliche Finanzierungshilfen sowohl auf regionaler als auch auf nationaler und EU-Ebene auch für PPP-Maßnahmen identifiziert werden können.

---

[68] Vgl. Zeitschrift für das gesamte Kreditwesen u. a. (Hrsg.): Europäische Investitionsbank, S. 541 ff.

Abbildung 10: Übersicht für die Auswahl von Förderprogrammen bei PPP-Maßnahmen

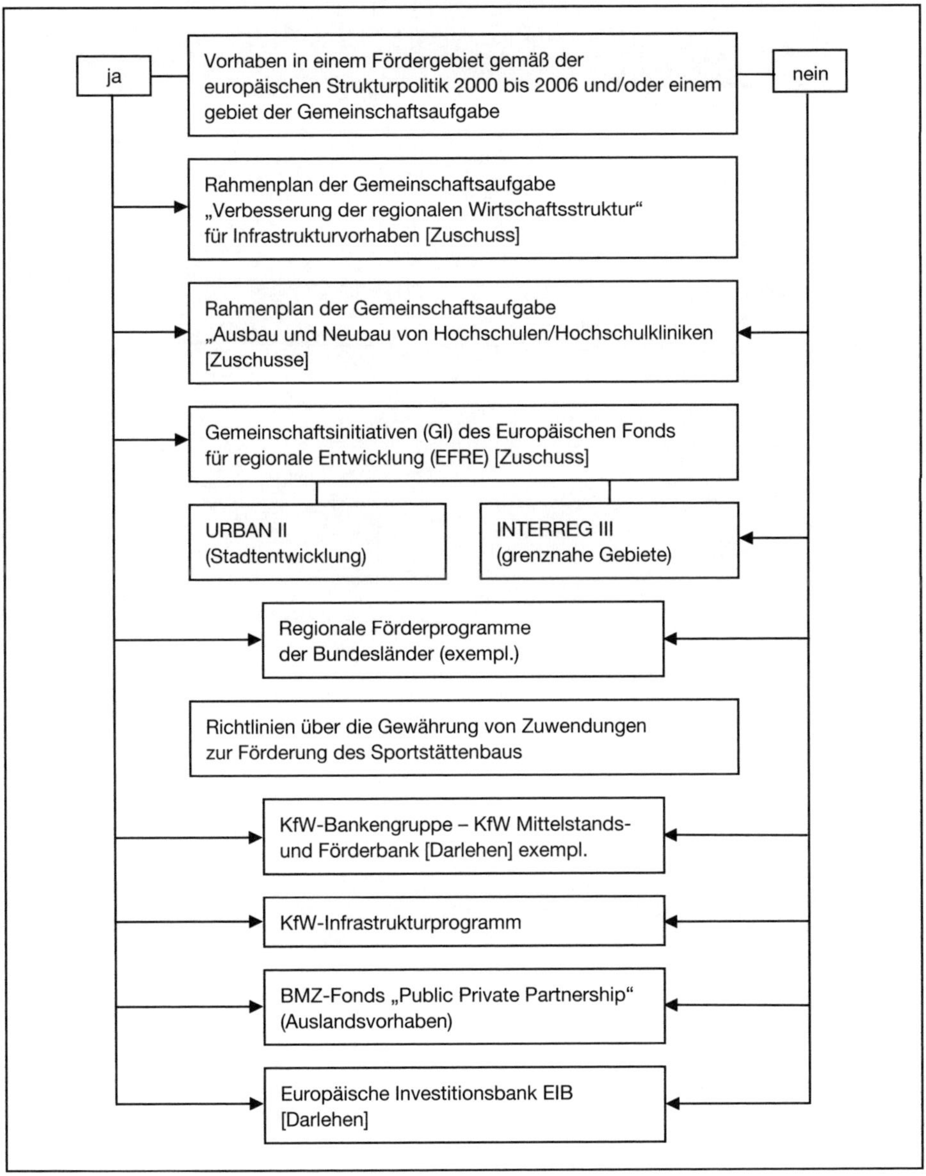

5. Teil. PPP in einzelnen Bereichen

§ 13 Bestandsbeurteilung Analyse in der Life Cycle Betrachtung

Übersicht

1. Einleitung

1.1 Struktur einer umfassenden Bestandsaufnahme im PPP-Modell

Eine strukturierte Bestandsaufnahme hilft dem öffentlichen Auftraggeber und dem privaten Partner bei Vergabe eines PPP-Projektes. Sie unterstützt die öffentliche Hand bei der Durchführung der Wirtschaftlichkeitsvergleiche und Bewertung der Angebote. Mit Umsetzung dieser Struktur werden PPP-Projekte der Gebäudesanierung zügiger, kostengünstiger und reibungsloser ablaufen.

Um den Sanierungsbedarf bzw. die Leistung, die von einem privaten Partner erwartet wird, darzustellen, ist es notwendig, den Ist-Zustand eines Objektes zu kennen. Wenn die öffentliche Hand dem privaten Partner umfassende Informationen über den Zustand ihrer Gebäude liefert, kann der private Partner seinen Leistungsumfang bei der Angebotsbearbeitung eindeutig definieren. Das erleichtert die Beurteilung der Angebote und sorgt für eine transparente Übergabe der Objektverantwortung (Finanzierung, Sanierung, Funktionserhalt des Gebäudes, Unterhaltung und Betrieb) in private Hand bzw. während der gesamten Life Cycle Phase. Ein weiterer Grund für eine umfassende Bestandsaufnahme ist die Transparenz, die durch sie geschaffen wird. Die öffentliche Hand kann durch die Bestandsaufnahme **klare Aussagen** in seiner internen Kostenschätzung machen und durch sie zu einer **realistischen Einstufung** seines eigenen Bestandes gelangen. Ein Überblick über die eigenen Liegenschaften bzw. eine umfassende Bestandsaufnahme wurde aber von der öffentlichen Hand in der Vergangenheit vielfach vernachlässigt. Aufgrund der Eigenständigkeit der öffentlichen Körperschaften und deren jeweilige Bindung an festgelegte Haushaltsmittel gibt es meist kein übergreifendes Gebäudemanagement. Maßnahmen erfolgen jeweils nach Haushaltslage und nicht im Rahmen einer optimierten langfristigen Planung. Ein weiterer Grund für eine umfassende Bestandsaufnahme ist die Transparenz, die durch sie geschaffen wird. Die öffentliche Hand kann durch die Bestandsaufnahme **klare Aussagen** in seiner internen Kostenschätzung machen und durch sie zu einer **realistischen Einstufung** seines eigenen Bestandes gelangen.

Deshalb ist eine betriebswirtschaftliche Sichtweise gefragt, die dem CREM und FM als strategischer Prozess zugrunde liegt. Diese Vorgehensweise betrachtet die Immobilie in ganzheitlicher Sicht und über den ganzen Lebenszyklus hinweg in der Betreiberphase. Das heißt, die Bestandsaufnahme zu einem Gutachten kann nicht mehr allein unter den baulichen Aspekten gesehen werden. Gerade die technischen und operativen Aspekte eines Gebäudes sind die größten Kostentreiben. Diese gilt es mit zu bewerten, um der Unternehmensimmobilie den richtigen „Marktpreis" für die Bilanz zu ermitteln und um die Betreiberkosten/Investitionskosten im Controlling in den Griff zu bekommen.

1.2 Bestandsaufnahme als Entscheidungsgrundlage

Die Bestandsaufnahme ist Basis für die Festlegung eines PPP-Sanierungsprojektes. Ihr Sinn liegt zuerst in der Bewertung des Objektes und seiner Sanierungswürdigkeit. Die Frage nach dem Inhalt, Umfang und Rahmen einer folgenden baulichen Veränderung wird meist auf dieser Grundlage getroffen. Die Bestandsaufnahme sollte deshalb das Fundament für alle folgenden Aussagen, Planungen und Entscheidungen über das Objekt sein. Vor diesem Hintergrund wird die Wichtigkeit einer vollständigen, umfassenden und Risiken minimierenden Bestandsaufnahme deutlich.

Abbildung 1: Interpretation der Ergebnisse

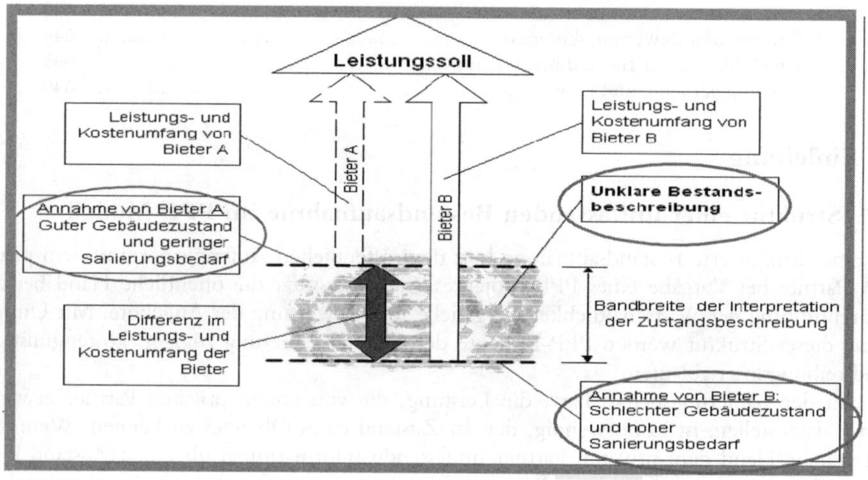

Creative **Conception**

Abbildung 2: Einfluss einer mangelhaften Aufnahme

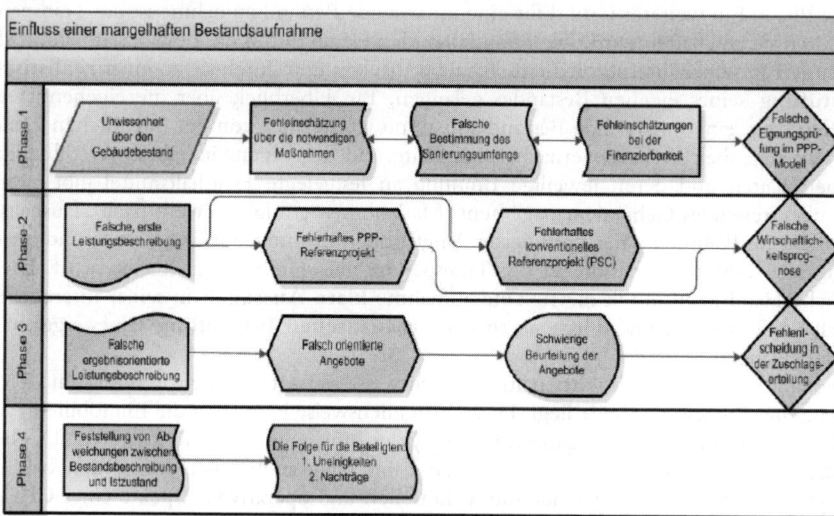

Creative **Conceptior**

Da sich der zu erwartende Sanierungsumfang im Laufe der Bestandsaufnahme verändern wird, sollte sich die Bestandsaufnahme den Anforderungen der jeweiligen Planungsstufe anpassen. Sie sollte permanent in der Lage sein, die jeweils auftretenden Fragen zu beantworten. Für gewöhnlich bilden Bestandsaufnahmen schrittweise Entscheidungsgrundlagen, die Fragen in der genannten Reihenfolge beantworten:

- Soll das bestehende Objekt saniert, umgenutzt oder lohnt sich ein Neubau?
- Was muss oder soll saniert werden?
- Welchen Umfang sollte die Sanierung erreichen? (Investiv)
- Welches sind die kostentreibenden Maßnahmen?
- Wie sieht die Planung aus?
- Welche Kosten werden voraussichtlich verursacht?
- Welche Maßnahmen sind nachhaltigen positiv beeinflussbar (Lebenszyklusbetrachtung)?

Nicht zuletzt kann der im Rahmen der Bestandsbeurteilung erstellte Maßnahmenkatalog für Sanierungen den öffentlichen Partner bei seinem späteren Controlling der Leistungserbringung unterstützen.

1.3 Ziele

Die Aktualität und Transparenz der vorhandenen Gebäudedaten von hohem betriebswirtschaftlichem Stellenwert und Vorraussetzung für ein professionelles Controlling in der Kommunalen Verwaltung. Die Umsetzung hierzu kann nur unter einem ganzheitlichen Ansatz gesehen werden.

Der Nutzen eines prozessorientierten Gebäudemanagements (FM) in der Life Cycle Betrachtung führt zu einer dauerhaften Betriebskosten-Senkung, Kosten- und Leistungsoptimierung sowie eine Erhöhung der Wertschöpfung.

- **Nutzung und Bewirtschaftung** vom Einsatz eines strategischen FM
- **Hohe Datentransparenz zu jeder Zeit**
- **Hohe Flexibilität in der Entscheidungsphase**
- **Bessere Produktivität**
- **Mehrwert der Liegenschaft durch CAFM**

Es ist daher Ziel und unabdingbar die in ein Projekt einzubringenden Gebäudebestände strukturiert hinsichtlich seiner baulichen und technischen Gegebenheiten zu erfassen, seinen aktuellen Zustand nach einheitlichen Bewertungsmaßstäben zu beurteilen und daraus die für die Erreichung der Projektziele erforderlichen Sanierungsmaßnahmen und Kosten zu ermitteln.

Die bisherige Erfahrung zeigt, dass eine möglichst genaue Kenntnis des Sanierungsbedarfs das Vergabeverfahren im PPP-Prozess wesentlich erleichtert. Die notwendigen Sanierungsleistungen müssen konkret und von hoher Qualität beschrieben werden und den Bietern als Bestandteil der Vergabeunterlage zu Kalkulationszwecken zur Kenntnis gegeben. Wenn die Bieter den Sanierungsbedarf zur Erarbeitung ihrer Angebote selbst ermitteln würden, entstünden zum einen den Bietern hohe Bietungskosten (für Gutachten etc.) und hohe Risikoaufschläge. Zum anderen wäre eine Vergleichbarkeit der Angebote kaum herzustellen, da die Bieter voraussichtlich zu sehr unterschiedlichen Sanierungserfordernissen kämen.

Aus vorgenannten Gründen ist die Qualifikation der mit Bestandsbeurteilungen beauftragten Personen von entscheidender Bedeutung für die Verwertbarkeit der Ergebnisse Nur Personen mit langjähriger, bautechnischer Erfahrung im Umgang mit Gebäudebestand sind in der Lage, den Zustand eines Bauwerkes nach Augenschein hinreichend korrekt zu beurteilen und notwendige Sanierungs- und Modernisierungsmaßnahmen im Rahmen vorgegebener Qualitätsstandards zu beschreiben.

1.4 Allgemeiner Nutzen

Die Ergebnisse der Bestandsbeurteilung sind auch dann von großem Nutzen, wenn auf Grund des Vergleiches der Beschaffungsvarianten in der Konzeptphase eine Entscheidung gegen eine Realisierung als PPP-Modell getroffen wird.

Durch das Konzept der Bewertung von Abnutzungsgraden und daraus resultierenden Fristigkeiten von Sanierungsmaßnahmen können die Ergebnisse selbst bei einer Entscheidung für eine konventionelle Sanierung und Bewirtschaftung wertvolle Daten für die Definition von Maßnahmen, ihr Kostenvolumen und deren technische und zeitliche Priorität liefern.

2. Struktur und Bewertungskriterien

2.1 Vorbereitung und Konzeption

Wird in diesem Konzeptvergleich ein Lebenszyklusmodell aus Sanierung und Betrieb von Gebäuden betrachtet, so kann die Bestandsbeurteilung für beide Aspekte belastbare Grunddaten liefern.

Der Vergleich der Beschreibung des baulichen und technischen Status-quo- mit dem Ergebnis der definierten Sanierungs- und Modernisierungsmaßnahmen zeigt darüber hinaus wichtige Indikatoren für die Einschätzung der zukünftigen Entwicklung der Nutzungskosten im sanierten Zustand. Hier bestehen direkte Wechselwirkungen zwischen der Qualität der Sanierung und Einsparpotentialen bei den Betriebskosten.

Fällt der Wirtschaftlichkeitsvergleich zugunsten der konventionellen Beschaffungsvariante aus, so ergibt sich aus der Bestandserhebung ein konkreter Prioritäten- und Maßnahmenkatalog mit Darstellung der anfallenden Sanierungskosten.

2.2 Bedarfsfeststellung und Maßnahmeidentifizierung

Der für ein PPP- Projekt zu definierende Bedarf ergibt sich aus dem qualitativen, quantitativen und zeitlichen Abgleich der Zielprojektion (politische und gesetzliche Versorgungsziele, Qualitätsstandards, Service Levels, etc.) mit der vorhandenen Ist- Situation. Die Bestandsbeurteilung liefert in dieser Phase eine detaillierte Beschreibung der baulichen Ist-Situation und dient mit der Definition der sich aus dieser Situation ergebenden Sanierungserfordernisse der Einschätzung des konkreten Handlungsbedarfes.

Es ist also dringend anzuraten, Bestandsbeurteilungen unbedingt an den Projektbeginn zu stellen und spätestens parallel zur Definition der allgemeinen Projektziele durchzuführen.

2.3 Zustandsbeschreibung und Beurteilung

Durch das Konzept der Bewertung von Abnutzungsgraden und daraus resultierenden Fristigkeiten von Sanierungsmaßnahmen können die Ergebnisse selbst bei einer Entscheidung für eine konventionelle Sanierung und Bewirtschaftung wertvolle Daten für die Definition von Maßnahmen, ihr Kostenvolumen und deren technische und zeitliche Priorität liefern.

Jedes dokumentierte Bauteil und jedes gebäudetechnische Gewerk wird in seinem Zustand beschrieben und durch die Klassifizierung in Abnutzungsgrade hinsichtlich des Sanierungserfordernisses beurteilt.

Dieser Beurteilung liegt folgendes Bewertungsraster zugrunde, das generell einheitlich zu benutzen ist:

Abbildung 3: Zustandsbeschreibung

Abnutzungsgrad	Definition/Zustand	Frist für Maßnahmen
0%	Neuwertig	keine Maßnahmen
25%	altersbedingte Abnutzung ohne Qualitätseinbuße	Langfristig (> 5–15 Jahre)

Abnutzungsgrad	Definition/Zustand	Frist für Maßnahmen
50%	altersbedingte Abnutzung mit Sanierungsempfehlung	Mittelfristig (bis 5 Jahre)
75%	Sanierung unwirtschaftlich, Tendenz zu Erneuerung	Mittelfristig (bis 5 Jahre)
100%	erneuerungsbedürftig	Kurzfristig (< 2 Jahre)

Erläuterungen

Altersbedingte Nutzung ohne Qualitätseinbußen (25%) bedeutet, dass lediglich Schönheitsreparaturen notwendig sind bzw. Maßnahmen wie z. B. Anstricharbeiten im Rahmen der laufenden Unterhaltung erfolgen.

Altersbedingte Nutzung mit Sanierungsempfehlung (50%) impliziert; dass Konstruktionen, Oberflächen und Anlagen durch Sanierung innerhalb der nächsten 5 Jahre langfristig betriebsbereit wiederherzustellen sind.

Sanierung unwirtschaftlich, Tendenz zur Erneuerung (75%) meint, dass Bauteile oder Anlagen nur durch Ersatz oder komplette Erneuerung innerhalb von 5 Jahren einen langfristigen Betrieb sicherstellen.

Als **100%-ige Abnutzung** sind solche Bauteile, Ausbauten oder Anlagen einzustufen, die umgehend auszutauschen bzw. zu ersetzen sind. Dies gilt insbesondere für die Feststellung sicherheitsrelevanter Mängel. Aus diesem Grund werden Mängel des baulichen Brandschutzes grundsätzlich mit 100% Abnutzungsgrad gewertet.

2.4 Fotodokumentation

Während der örtlichen Erfassung sollten zu allen Bauteilen und Anlagen, insbesondere zu festgestellten Mängeln oder Schäden, Fotos gemacht werden. Diese Fotos werden nummeriert abgelegt und den jeweiligen Zustandsbeschreibungen zugeordnet. So kann die eher kurz gefasste textliche Beschreibung wesentlich unterstützt und im Informationsgehalt erweitert werden.

2.5 Sanierungsmaßnahmen

In Abhängigkeit von den erfassten Abnutzungsgraden sind die resultierenden Sanierungsmaßnahmen für die Beseitigung festgestellter Mängel und notwendige Modernisierungen zu definieren. Die Erfassung sollte wiederum in möglichst standardisierten Kurzbeschreibungen geschehen. Diese Kurzbeschreibungen sollten eine gezielte Auswahl von Kostenrichtwerten aus einschlägigen Datenbanken unterstützen (siehe **Tabelle 1** im Anhang).

3. Durchführung der Bestandsbeurteilung

3.1 Vorgehensweise

Bereits in der Phase der Bedarfsermittlung und Analyse gibt das Ergebnis der Bestandsbeurteilung Aufschluss darüber, welches Potential die untersuchten Gebäude im Hinblick auf zukünftige Funktionalitäten haben und es kann bereits in dieser frühen Phase eine generelle Abschätzung stattfinden, ob der Einbezug des Gebäudebestandes in ein Projekt wirtschaftlich und funktional sinnvoll und machbar ist.

Der Kern der Bestandsbeurteilung ist die Begutachtung der Gebäude vor Ort. Wie bereits erwähnt, muss diese örtliche Inaugenscheinnahme von erfahrenen Fachleuten durchgeführt werden, die in der Lage sind den Zustand von Konstruktionen, Ausbauten und technischen Anlagen korrekt zu beurteilen und die ein geschultes Auge auch für verdeckte Mängel und Hinweise auf nicht offensichtliche Schädigungen haben.

3.2 Bestandsaufnahme vor Ort

Die Beschreibung der vorgefundenen Konstruktionen, Anlagen und Außenanlagen mit ihren Erhaltungszuständen sollten durch vorbereitete digitale Aufzeichnungsgeräte strukturiert nach der Bauteil- und Anlagengliederung unterstützt werden. Hierbei sind für jedes Bauteil den Kriterien

- Konstruktion
- Zustand
- Abnutzungsgrad
- örtliche Lokalisation

Beachtung zu schenken. Die Ergebnisse der Bestandsbeurteilung stellen dabei für alle Phasen einer PPP-Realisierung wichtige Information zur Verfügung.

3.3 Schritte

Der Ablauf wird in folgende vier Schritte gegliedert:

Schritt 1: Bedarfsermittlung und Analyse

Bedarfsermittlung und Analyse des Ist-Zustandes von Dokumentationen über Gebäude, Fläche, Technik, Raum, nach Art, Menge, Qualität, Leistung und Kosten:

- Sichten
- Erfassen
- Bewerten
- Anforderungskatalog

Bestandsaufnahme der Außenflächen und Grundstücksflächen

Die in der Regel vorliegende vermessungstechnische Bestandsaufnahme (Datenbank) einschließlich der „Möblierung" ergibt einen ersten Überblick über

- Fläche
- Liegenschaften

Die aus den Datenbeständen zu überprüfenden bzw. neu aufzunehmenden Flächen und Einrichtungen werden nach folgendem Detaillierungsgrad und Darstellungstiefe betrachtet:

- **Beschaffenheit der befestigten (z. B. Straßen und Wege) wie unbefestigten (z. B. Grünflächen) Außenflächen**
- **Baukonstruktionen in Außenanlagen nach Art und Funktion**

Die Flächen sowie Baukonstruktionen in Außenanlagen sollen **topografisch** in digitaler Form aufgenommen und vermessen werden, damit sie in einen digitalen (CAD) Lageplan zur dauerhaften und konsistenten Aktualität eingepflegt werden können. Die CAD-Bearbeitung ist Vorraussetzung um diese digitalen Daten in ein CAFM System zu übernehmen.

Flächen- sowie Bauwerksattribute werden **alphanumerisch** aufgenommen und für die Implementierung in ein CAFM-System tabellarisch aufgearbeitet.

Bestandsaufnahme der Gebäude/Bauwerke

Die aus den vorliegenden Datenbeständen zu überprüfenden bzw. neu aufzunehmenden Gebäude und Bauwerke werden nach folgendem Detaillierungsgrad und Darstellungstiefe betrachtet.

- **Bestandsaufnahme der graphischen Daten und Kontrollaufmass der Bauelemente/Bauteile**

Als Grundlage für Bearbeitung der graphischen Daten bzw. Erstellung der digitalen Gebäudepläne werden aufgenommen:

- Außenabmessungen des Gebäudes
- Masse der Bauelemente/Gebäudekonstruktion wie Wände, Pfeiler u. ä.

- Raumabmessungen und lichte Raumhöhe etc.
- Bestandsaufnahme der alphanumerische Daten
- Aufnahme der Raumbezogene Bauelemente, Ausstattungselemente und Flächenattribute.

Bestandsaufnahme Flächen und Einrichtungen

Die aus den uns vorliegenden Datenbeständen zu überprüfenden bzw. neu aufzunehmenden Flächen und Einrichtungen werden nach folgendem Detaillierungsgrad und Darstellungstiefe betrachtet:

– Wände	Bauart (tragend/nicht tragend, Brandschutz, Schallschutz), Material, Aufbau, Bekleidung und Oberflächenbehandlung
– Boden	Bauart, Belag (Rutschklasse) und Art der Sockelleisten
– Decken	Bauart (Massiv/Abgehängt), Material und Aufbau etc.

Bestandsaufnahme Technische Gebäudeausrüstung (TGA)

Die aus den uns vorliegenden Datenbeständen zu überprüfenden bzw. neu aufzunehmenden Flächen und Einrichtungen werden nach folgendem Detaillierungsgrad und Darstellungstiefe betrachtet:

– Wärmeerzeugungsanlagen	Brennstoff-Behälter bzw. Übergangsstationen, Wärmeübergangsstationen, zentrale Wärmeerzeugungsanlagen
– Lüftungsanlagen	Zu- und Abluftanlagen ohne oder mit einer thermodynamischen Luftbehandlungsfunktion, mechanische Entrauchungsanlagen etc.

Bestandsaufnahme Technische Gebäudeausrüstung (TGA) – raumbezogene Ausstattung

– Lufttechnische Einrichtungen	Lüftungsdecken/Kühldecken, Lüftungs- Einblas/Ausblas-Elemente, Abluftfenster, Installationsdoppelböden
– Beleuchtung aller Art	etc.

Bestandsaufnahme der Mängel und Schäden

Wie eine qualitative und quantitative Beschreibung der aufgenommenen Schäden erfasst und bewertet, d. h. einen zukünftigen Investitionsbedarf hieraus ermitteln wird, zeigt exemplarisch die beigefügte **Anlage 1.**

Schritt 2: Bewertung und Konzeption

- Erfassen
- Kritisch würdigen
- Pflichtenheft erstellen
  - Welche Daten sollen in welcher Tiefe (Struktur, Detaillierungsgrad) erfasst werden?
  - Was ist unbedingt wichtig (Priorisierung der Daten, Ist-, Plan-Daten, Historisierung von Daten)?
  - Übernahme bestehender Daten prüfen
  - Modularer Aufbau (Standards definieren)
  - Investitionsaufwand für die Sanierungs- bzw. Modernisierungsarbeiten ermitteln

Außenflächen und Anlagen und Gebäude/Bauwerke

Die Ergebnisse des Aufmasses werden nach folgenden festegelegten Strukturen und Regeln Systemgerecht aufbereitet um sie in die Lagepläne der Standorte in digitale Form (CAD- Pläne) zu erstellen

- Strukturierung der grafischen Daten/Layerstruktur
- Erstellung der CAD-Lagepläne

Aufbereitung der alphanumerischen Daten

Strukturierung der Daten entsprechen dem ausgewähltem CAFM- System
- Aufbauen der Nummerierung der Objekte und Anlagenkennzeichnung
- Aufbereitung der alphanumerischen Daten – tabellarisch

Aufbereitung der kaufmännischen Daten

Festlegung der Kostenstellenstruktur – anlehnend auf evtl. vorhandene Co-Struktur
- Aufbauen der Nummerierung der Objekte und Anlagenkennzeichnung
- Aufbereitung der Kostenstellenstruktur – tabellarisch

Schritt 3: Systemauswahl

Dimensionen, Kriterien und deren Gewichtung für eine Nutzwertanalyse festlegen
- CAFM- Systeme damit bewerten
- Integration bestehender Systeme prüfen
- CAFM- System auswählen

Aufbau eines EDV-gestützten Systems (CAFM)

Für ein zeitgemäßes Bewirtschaftungsmanagement sowie ein stets aktuelles Controlling Tool ist es sinnvoll ein CAFM-System aufzubauen. Ihren Anforderungen entsprechend soll ein modulares, sukzessiv erweiterbares Softwarepaket zur Einsatz kommen. Die kompletten *Dienst Leistungen* sollten zentral geführt werden und dem Facility Manager (Liegenschaftsbetreuer bzw. Hausverwalter) vor Ort zu unterstützen. Deshalb bietet sich ein Web-, bzw. Internet geführtes CAFM- System an.

Ein Beispiel sei hier angeführt:

Abbildung 4: Weborientiertes CAFM-Schema

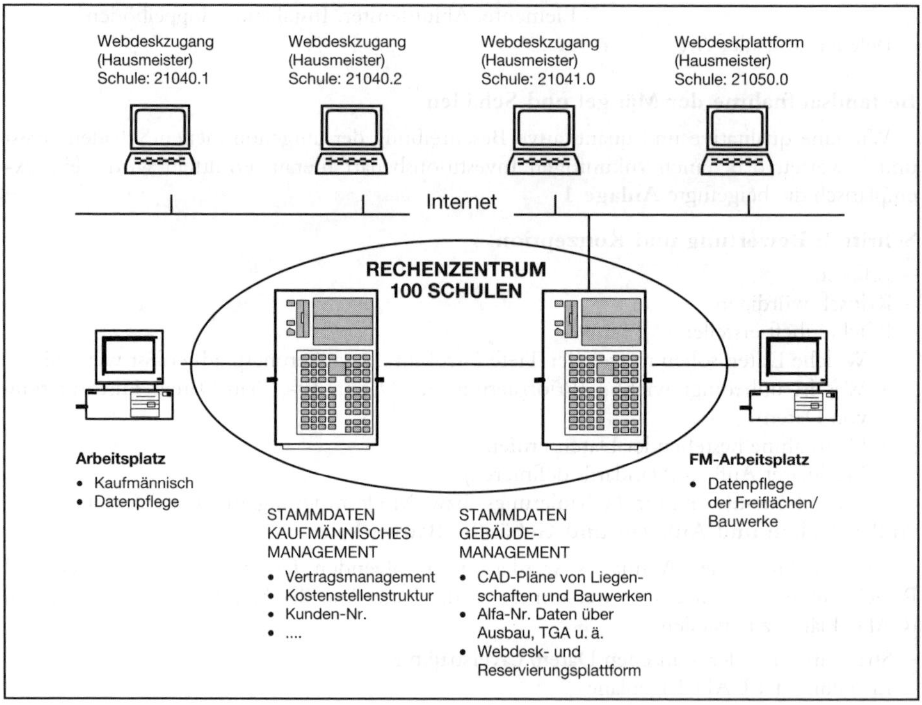

Schritt 4: Implementierung im Life Cycle Controlling

eines CAFM–Systems als Controlling Tool für das komplette Liegenschaftsmanagement von Gebäude, Technik, Fläche, Raum (ganzheitliche Sicht), Leistung und Kosten

- **Dokumentieren**
- **Schulung**
- **Einsatz**

Implementierung der Daten in das CAFM-System

- Grafische Daten
  - Import der Grundrisspläne
  - Hierarchische Zuordnung der Objekte in die CAFM-Struktur von Liegenschaft, Gebäude, Geschoss, Raum,
- **alphanumerischen Daten**
  - Import der aufbereiteten Daten und Verknüpfung mit der Grafik:
  - Kostenstrukturzuordnung

3.4 Nutzungskosten

In der Lebenszyklusbetrachtung eines PPP-Modells, das die Sanierung und den Betrieb von Gebäuden beinhaltet, sind Nutzungskosten eine wesentliche Größenordnung im Wirtschaftlichkeitsvergleich.

Daher sollen sie an dieser Stelle zumindest Erwähnung finden, denn bei der vorbeschriebenen Definition von Qualitätsstandards für durchzuführende Sanierungen und Modernisierungen muss selbstverständlich auch über die reinen Baukosten hinaus eine positive Beeinflussung der Nutzungskosten berücksichtigt werden. So hat z. B. eine Fassadensanierung mit entsprechender Verbesserung des Wärmeschutzes direkte Auswirkungen auf eine neue (kleinere) Dimensionierung der Heizungsanlage und damit auf die Verbrauchskosten.

4. Zusammenfassung und Fazit

Die vorliegende Arbeit zeigt die Notwendigkeit einer klaren Grundlagenermittlung durch eine umfassende Bestandsaufnahme **vor der Ausschreibung** eines PPP Projektes für die Sanierung öffentlicher Hochbauten. Sie gibt dem öffentlichen Auftraggeber Hinweise für den Umfang und die Struktur einer umfassenden Bestandsaufnahme, und zeigt die **Vorgehensweise zur Ermittlung** aller dafür notwendigen Daten auf.

Die Sanierungsprojekte werden vom privaten Partner finanziert, instandgesetzt, erneuert, betrieben und unterhalten. Die Ausschreibung eines PPP-Sanierungsprojektes setzt die Ermittlung der Grundlagen und die Bedarfsfeststellung mit Hilfe der Bestandsaufnahme voraus. Diese bildet die **Basis für den weiteren Ablauf der PPP-Vergabe.** Nur mit ihren Informationen kann eine wirtschaftliche Untersuchung der Vorteilhaftigkeit der PPP-Variante durchgeführt werden. Sie definiert die Kalkulationsbasis des privaten Partners, auf der eine Vergleichbarkeit der Angebote gewährleistet wird. Bei umfassender Bestandsaufnahme werden Schwachstellen und Gefahrenquellen der Gebäude offensichtlich. Dadurch reduziert sich das Risiko und der Angebotspreis. Nur ein definiertes Risikopotenzial ermöglicht eine gesicherte Risikoverlagerung und sorgt für Kostensicherheit für beide Partner. Streitpotenzial und Nachträge werden auf Grund einer umfassenden Bestandsaufnahme erheblich reduziert, was eine reibungslose Zusammenarbeit fördert.

Zum Abschluss der Bestandsaufname sollte die Bewertung und Analyse der baulichen Bestandsaufnahme und der Bestandsaufnahme vor dem Hintergrund des späteren Betriebs unter betriebswirtschaftlichen und Lebenszyklusaspekten durchgeführt werden. Nur so können die Werte für die anschließenden Wirtschaftlichkeitsvergleiche ermittelt und die Bestandsaufnahme in die PPP-Vergabe erfolgreich integriert werden.

Die Umsetzung der **Handlungsempfehlungen** aus dem vorangegangenen Kapitel soll dazu beitragen, Public Private Partnerships in der Gebäudesanierung schneller und besser durchzuführen. Durch die **Risikominimierung** einer umfassenden Bestandsaufnahme und einen anschließenden transparenten Risikotransfer können die Kosten für den öffentlichen Auftraggeber und den Konzessionsnehmer nachhaltig gesenkt werden. Die Durchführung der Bestandsaufnahme beschleunigt und erleichtert den PPP-Vergabeprozess. Sie reduziert die Annahmen über den Bestand auf der Seite des Auftraggebers und Fragen des Bieters. Störungen und Nachträge innerhalb der Unterhaltungs- und Betriebsphase werden durch eine umfassende Bestandsaufnahme schon im Vorfeld verringert.

Eine umfassende Bestandsaufnahme und verbindliche Informationen in den Verdingungsunterlagenerleichtern den PPP-Vergabeprozess und eine erfolgreiche Umsetzung des PPP-Projektes.

Nur wenn der öffentliche Aufraggeber bei Bestandsaufnahmen zukünftiger Objekte und den darauf aufbauenden Verdingungsunterlagen umfassende und verbindliche Angaben macht, wird sich der angestrebte Wettbewerb auf der Bieterseite einstellen. Darüber hin aus werden sich die Risikobeaufschlagungen, der Angebotspreis und das Nachtragspotenzial erheblich verringern.

Eine umfassende Bestandsaufnahme führt zu einer nachhaltig positiven Beeinflussung aller PPP-Phasen bei Projekten der Gebäudesanierung. Wenn die Bestandsaufnahme gesicherte Informationen für die Verdingungsunterlagen liefert, können diese an die Bieter weitergegeben werden. Aufgrund dieser Angaben erhält der öffentliche Auftraggeber schnellere, sichere und niedrigere Angebote der Bieter. Von den Angeboten profitiert der öffentliche Auftraggeber bzw. die kommunale Gebietskörperschaft und die Nutzer der öffentlichen Einrichtung.

§ 14 Hilfestellungen durch Kompetenzzentren in Projektvorbereitung und Projektrealisierung

Übersicht

1. Einführung

Auch nach rund 10 Jahren internationaler Erfahrungen mit der Realisierung von PPP-Projekten gehören sog. Kompetenzzentren zur Förderung und Anwendung von PPP in vielen Ländern noch heute zum Erscheinungsbild der täglichen PPP-Praxis. Dabei hat sich ein Aufgabenspektrum bewährt, das in Anlehnung an die seinerzeitige Wortgebung im Vereinigten Königreich noch heute mit den Schlagworten „Policy Arm" und „Project Arm" bezeichnet wird. Demnach bieten Kompetenzzentren für PPP[1] typischerweise Dienstleistungen in folgenden Bereichen an:

- Grundsatzbereich („Policy-Arm")
  - Grundsatzaufgaben, z. B. Erarbeitung von Empfehlungen für Politik und Verwaltung zur Lösung von Detailfragen
  - Dokumentation und Auswertung der Erfahrungen aus konkreten Projekten
  - Erarbeitung und laufende Überarbeitung von Handlungsempfehlungen („Best Practices") für die Gestaltung des PPP-Verfahrens sowie einzelner Verfahrensschritte (z. B. zur Durchführung von Wirtschaftlichkeitsuntersuchungen)
  - Veröffentlichung entsprechender „Guidelines", „Technical Notes", etc.
  - Durchführung von Schulungsmaßnahmen
- Projektbereich („Project-Arm")
  - Stellungnahmen zur Machbarkeit und PPP-Eignung konkreter Vorhaben (z. B. NL)
  - Abgabe von Empfehlungen zur Projektstrukturierung sowie zu geplanten Projektabläufen (NL)
  - Begleitung des Vorhabensträgers über die gesamte Projektentwicklung hinweg bis zur Inbetriebnahme
  - Hilfestellung beim Aufbau eines Controlling in der Betriebsphase

Für den Anwender in der PPP-Praxis ist vor allem der Projektbereich von Bedeutung. Die Dienstleistungsangebote der entsprechenden Hilfseinrichtungen im Vereinigten Königreich, in den Niederlanden, Australien oder Irland beruhen hier auf dem Gedanken, dass die Projekte von den zuständigen Projektträgern selbst entwickelt und durchgeführt werden. Demzufolge bieten die überwiegend als staatliche Stellen verfassten Hilfseinrichtungen mehrheitlich komplementäre Dienste an, d. h. Leistungen, welche ergänzend zu den Beratungsleistungen hinzutreten, die der verantwortliche Projektträger „inhouse" darstellt oder von Dritten einkauft. In diesem Sinne erfüllen die im Ausland tätigen Hilfseinrichtungen typischerweise folgende Aufgaben:

- Strategische Beratung des Projektträgers in der Frühphase eines Projektes („Early Stage Scoping": Mithilfe bei der Entwicklung des sog. Geschäftsmodells bzw. „Business Case", insbesondere im Hinblick auf Machbarkeit, Durchsetzbarkeit und Genehmigungsfähigkeit eines Projektes)

---

[1] In der Praxis spricht man von sog. Task Forces, Competence Centers, Centers of Competence etc.

- Gezielte Bereitstellung von Expertenwissen (z.B. Unterstützung bei der Analyse von Projektrisiken)

Konkret bedeutet Unterstützung des Projektträgers in der Projektrealisierung dabei vor allem, dass die entsprechenden Hilfseinrichtungen den verantwortlichen Mitarbeiten „in der Fläche" gerade in der Anfangsphase von Projekten mit Rat und Tat zur Seite stehen. Dabei steht der Dienstleistungs- und Beratungscharakter von Unterstützungsleistungen im Vordergrund, während finanzielle Zuwendungen mit der Arbeit der Hilfseinrichtungen regelmäßig nicht verbunden sind. Ausnahmsweise kann aber auch das der Fall sein, um Vorhabensträgern in Städten und Gemeinden Anreize für die Aufnahme von Projektentwicklungsarbeiten auf PPP-Basis zu vermitteln (vgl. dazu unter 2, NRW).

2. Tätigkeitsspektrum von Kompetenzzentren in der Bundesrepublik Deutschland

Die verfügbaren Hilfsangebote in Deutschland haben sich im Wesentlichen an den internationalen Vorbildern orientiert, wenngleich vor allem Fragen der politischen Etikettierung Besonderheiten sowohl in der Bezeichnung der Hilfseinrichtungen als auch von deren Hilfsangeboten bedingt haben. Von der Anzahl her dominierend sind die im Bund sowie in einigen Ländern ansässigen Kompetenzzentren für PPP im Öffentlichen Hochbau. Diese Einrichtungen sind Ansprechpartner, wenn es um die Entwicklung von PPP etwa für Schulen, Krankenhäuser, Verwaltungsgebäude oder Justizvollzugsanstalten geht, jenen Anwendungsfeldern für PPP also, die gemeinhin unter dem Begriff der „sozialen Infrastruktur" zusammengefasst werden (dazu jeweils unter a). Hinzu treten ein Hilfsangebot des Bundes für den Bereich der verkehrlichen Infrastruktur sowie ein Modernisierungszentrum im Bereich der Bundeswehr (dazu jeweils unter b).

2.1 Öffentlicher Hochbau

2.1.1 Kompetenzzentrum öffentlicher Hochbau des Bundes

Die zum 1. Juli 2004 gegründete und derzeit im Aufbau befindliche Task Force beim Bundesministerium für Verkehr, Bau- und Wohnungswesen mit Sitz in Berlin geht auf Empfehlungen zurück, die vom Verfasser im Rahmen der Begutachtung „PPP im Öffentlichen Hochbau" entwickelt worden sind.[2] Danach empfiehlt es sich auch in Deutschland, dass eine spezialisierte PPP-Einheit bestimmte Grundsatzaufgaben wahrnimmt, die der Anwendung und Fortentwicklung von PPP dienlich sind und die ein gewisses Maß an Koordination zwischen Bund, Ländern und Gemeinden bedingen. Insonderheit geht es hier um die Erarbeitung von Empfehlungen sowohl zur Gestaltung der Rahmenbedingungen für PPP-Modelle (z.B. Stellungnahmen zu vergaberechtlichen, haushaltsrechtlichen, steuerrechtlichen oder zuwendungsrechtlichen Fragenstellungen) als auch zur Ausgestaltung der in Einzelprojekten anzuwendenden Verfahren und Instrumente (z.B. Empfehlungen zu Projektentwicklung und Wirtschaftlichkeitsuntersuchung, etc.). Weiterhin sollte eine beim Bund angesiedelte Einheit nach den Empfehlungen des Gutachtens in gewissem Umfang Projektunterstützungsleistungen erbringen, wobei hier in erster Linie an Bundesprojekte gedacht ist, während Beratungsleistungen für Projekte von Ländern und Kommunen nur in dem Umfang empfohlen worden sind, wie namentlich die Länder (noch) keine eigenen Beratungsangebote realisiert haben (Grundsatz der Subsidiarität). Sowohl für Projektträger auf Bundesebene als auch für Projektträger auf Länder- und Kommunalebene erfolgt die Bereitstellung der Projektunterstützungsleistungen dabei unentgeltlich. Die nachfragenden Projektträger setzen das Kompetenzzent-

[2] Beratergruppe „PPP im Öffentlichen Hochbau", Band V, Strategie/Taskforces – Strukturskizze für das föderale Kompetenzzentrum.

rum freiwillig ein. Eingriffs- und Entscheidungsrechte des Kompetenzzentrums bestehen nach der Konzeption nicht.

Tatsächlich hat sich der zur Thematik PPP im Öffentlichen Hochbau installierte Lenkungsausschuss aus Vertretern von Bund, Ländern, Gemeinden sowie der Wirtschaft und der Verbände in der Zwischenzeit auf ein Arbeitsprogramm im Sinne der vorstehenden Empfehlungen verständigt. Danach wird die eingerichtete Task Force auf der einen Seite dafür Sorge zu tragen haben, dass nach wie vor bestehende PPP-Hemmnisse in Deutschland erkannt und abgebaut werden. Insofern wird die Task Force an konkrete Empfehlungen des hier bereits mehrfach angesprochenen Gutachtens anknüpfen. Zum anderen wird die Task Force für PPP im öffentlichen Hochbau Pilotprojekte betreuen, Grundsatz- und Koordinierungsaufgaben wahrnehmen sowie einen Wissenstransfer zwischen den verschiedenen Beteiligten und sonstigen Interessierten organisieren.

Entsprechend der Konzeption der Einheit sind Weisungsrechte oder sonstige Befugnisse gegenüber den Projektträgern auch mit der Gründung der Task Force im Juli 2004 nicht verbunden worden.[3] Kontaktdetails zum Kompetenzzentrum Hochbau sind in einer Übersicht am Ende dieses Abschnitts festgehalten.

2.1.2 Länderkompetenzzentren

2.1.2.1 PPP Kompetenzzentrum am Finanzministerium NRW

Das Kompetenzzentrum PPP am Finanzministerium NRW ist das Erste seiner Art in Deutschland und seit Ende 2001 tätig. Es geht zurück auf die Public-Private-Partnership-Initiative des Landes NRW, mit der der Finanzminister angesichts enger werdender Spielräume für das Ausgabenverhalten der öffentlichen Haushalte das Ziel verfolgte, neue Wege zur Versorgung des Landes mit öffentlicher Infrastruktur und daseinsvorsorglichen Leistungen zu suchen. In der vom Verfasser seinerzeit vorgeschlagenen Konzeption war für ein Kompetenzzentrum in den Grundzügen folgendes Aufgabenspektrum vorgesehen worden:

- Grundsatzbereich:
  - Entwicklung von fachlichen Lösungen und Standards in den einschlägigen Themengebieten Steuerrecht, Haushaltsrecht und Wirtschaftlichkeitsuntersuchung, Vergaberecht, Kommunalaufsichtsrecht, Zuwendungsrecht (Fördermittel), etc.
  - Standardisierung von Abläufen
  - Verbreitung der entwickelten Lösungen durch Bereitstellung von Handlungsleitfäden („Guidelines“)
  - Aufbau von Wissensdatenbanken und Controlling-Ansätzen (Knowledge-Management)
- Projektbereich:
  - Projektinitiierung und Projektbegleitung in der Frühphase von Projekten (Geschäftsmodell, Durchführungs- und Meilensteinplanung)
  - Koordination zwischen verschiedenen beteiligten öffentlichen Stellen im Rahmen der Frühphasenberatung mit dem Ziel, imageschädigende Fehlentwicklungen zu vermeiden

Hierarchische Weisungsrechte gegenüber Landesressorts und Kommunen als „Nachfragern“ von Beratungsleistungen sind dem Kompetenzzentrum nicht zugedacht worden. Das Beratungsangebot des Kompetenzzentrums verstand sich entsprechend der Zielsetzung der Public-Private-Partnership-Initiative als „Hilfe zur Selbsthilfe“, um die Handlungsfähigkeit von Landesressorts und Kommunen zur Vornahme der notwendigen Investitionen in die soziale Infrastruktur trotz geringer werdender Haushaltsmittel nach Möglichkeit zu erhalten. Die Inanspruchnahme des Kompetenzzentrums erfolgt demnach auf freiwilliger Basis

[3] Vgl. die „Presseinformation zu Public Private Partnership“ des BMVBW vom 9. September 2004.

und unentgeltlich. Parallel zu den „Dienstleistungen am Projekt" unterrichtet das Kompetenzzentrum nach der ihm zugrunde liegenden Konzeption Öffentlichkeit und interessierte Fachkreise über die Einsatzfähigkeit von PPP im Allgemeinen und die Bedeutung von PPP als Handlungsoption der öffentlichen Hände, um hierdurch den mit PPP häufig verbundenen Vorurteilen einer „Privatisierung der Daseinvorsorge" zu begegnen und einen Beitrag zur Versachlichung der öffentlichen Diskussion zu leisten.

Tatsächlich hat das Kompetenzzentrum in seiner bald dreijährigen Tätigkeit bereits zahlreiche Leitfäden veröffentlicht, die über wesentliche Grundfragen von PPP unterrichten und die als Download erhältlich sind (www.ppp.nrw.de). Im Einzelnen handelt es sich hierbei um folgende Veröffentlichungen:

- PPP-Eignungstest
- Wirtschaftlichkeitsvergleich
- Outputspezifikationen
- Strategiepapier, Organisationsleitfaden
- Vergaberechtsleitfaden
- Erstellung eines Gerüsts für einen Public Sector Comparator bei Schulprojekten
- Bestandsbewertung
- Finanzierungsleitfaden

Im Projektbereich hat das Kompetenzzentrum gemeinsam mit dem Bau- und Liegenschaftsbetrieb des Landes (BLB) und dem Justizministerium ein PPP-Modell zum Bau und Betrieb einer Justizvollzugsanstalt entwickelt, das ursprünglich im Jahr 2005 zur Ausschreibung gelangen sollte. Ferner hat das Kompetenzzentrum zahlreiche kommunale Projekte begleitet, deren prominenteste die Schulprojekte der sog. Pilotkommunen (Frechen, Leverkusen, Meschede, Monheim, Witten) sind. Weiterhin haben sich die Stadt Gladbeck und der Kreis Unna (Verwaltungsgebäude) mit konkreten Projekten an das Kompetenzzentrum gewandt.

Diesen und anderen Projekten bietet das Kompetenzzentrum im Projektbereich vorrangig eine „Anschubberatung", die dem Ziel dient, den Projekten über die ersten, häufig kommunalpolitischen Akzeptanzklippen zu verhelfen. Eine Mindestgrenze für das Projektvolumen definiert das Kompetenzzentrum NRW nicht, wenngleich die Pilotprojekte im Schulbereich durchgängig über Projektvolumina von mindestens 10 bis 15 Mio. € (investive Ausgaben) verfügen. Das Projekt der Stadt Monheim verfügt konkret über ein Projektvolumen in Höhe von mehr als 15 Mio. €, das Projekt des Erft-Kreises über 24 Mio. € Investitionsvolumen.

Für die finanzielle Förderung von Machbarkeitsstudien stehen unter bestimmten Voraussetzungen nicht rückzahlbare Zuschüsse zur Verfügung. Die Pilotkommunen im Schulbereich sind jeweils durch finanzielle Beiträge zum Einkauf von Beratungsleistungen unterstützt worden. Des Weiteren hat sich insbesondere im Hinblick auf kommunalaufsichtsrechtliche Fragestellungen die koordinierende Tätigkeit des Kompetenzzentrums bis heute bewährt. Angesichts der im Gefolge der Oderwitz-Entscheidung des Bundesgerichtshofes[4] entstandenen Sorge über die haftungsrechtlichen Folgen von Genehmigungen über Projektstrukturen mit zum Teil hoher Komplexität und Langfristigkeit wird sich die Einholung sachverständiger Stellungnahmen des Kompetenzzentrums zu Einzelfragen etwa der Projektstrukturierung und des Beschaffungsvariantenvergleichs im Rahmen der Wirtschaftlichkeitsuntersuchung für interessierte Projektträger auch in Zukunft empfehlen.

2.1.2.2 Schleswig-Holstein

Das Land Schleswig-Holstein hat im Wege eines Aufgabenübertragungsvertrages die Investitionsbank des Landes mit der Einrichtung eines Kompetenzzentrums für PPP beauftragt. Struktur und Aufgabenangebot des Kompetenzzentrums befinden sich derzeit im Auf-

[4] BGH, NJW 2003, 1318 ff.

bau und sollen in enger Rückkopplung mit den Informationsbedürfnissen der Praxis ausgestaltet werden. Angesichts der Verfügbarkeit von Leitfäden und sonstigem Informationsmaterial beim Bund (Gutachten PPP im Öffentlichen Hochbau) sowie im Land NRW (siehe dazu den vorangehenden Abschnitt) ist eine relativ starke Ausrichtung des Beratungsangebotes auf die Projektbegleitung geplant.

Auch das Kompetenzzentrum für PPP in Schleswig-Holstein sieht sich als erste Anlaufstelle für interessierte Projektträger. In der Beratungspraxis soll vor allem die Evaluierung geeigneter Projekte in der Frühphase der Projektplanung hervorgehoben werden (Machbarkeit und PPP-Eignung von Projekten, Aufsetzen von Pilotprojekten). Auch zum Kompetenzzentrum Schleswig-Holstein befinden sich Kontaktdetails am Ende dieses Abschnitts.

2.1.2.3 Weitere Bundesländer

Auch in weiteren Bundesländern führen Überlegungen zur Einrichtung von Kompetenzzentren zu konkreten Schritten. Hessen hat die Einrichtung eines Landeskompetenzzentrums unlängst angekündigt, in Sachsen-Anhalt beschäftigt sich ein Arbeitskreis mit der Entwicklung von konkreten PPP-Projekten.

Aktuelle Informationen über den Stand der Beratungsleistungen in Bund und Ländern sollten daher am besten periodisch über das Internet abgefragt werden. Mit den Kompetenzzentren des Bundes und der Länder für PPP im öffentlichen Hochbau hat sich ein Organisationstypus entwickelt, dessen Entwicklung aus heutiger Sicht noch nicht als abgeschlossen gelten kann. Dies gilt zum einen für die von Kompetenzzentren wahrgenommenen Aufgaben, deren Zweckmäßigkeit sich in der Praxis erweisen und deren Umfang und Inhalt sich mit zunehmender Verbreitung von PPP in Beschaffungsalltag von Bund, Ländern und Gemeinden den Erfordernissen der Praxis werden anpassen müssen. Zum anderen werden sich die Arbeitsprogramme von Kompetenzzentren in Zukunft vermehrt auch an der Frage rechtlicher Unbedenklichkeit des praktischen „Funktionsmixes“ dieser Stellen messen lassen müssen. Insoweit werden unter anderem kartell- bzw. vergaberechtliche Maßgaben umzusetzen sein (vgl. §§ 97 II GWB, 16 VgV).

2.2 Spezielle Fachnetzwerke

Neben die Kompetenzzentren für PPP im Öffentlichen Hochbau treten des Weiteren Kompetenzzentren bzw. Fachnetzwerke mit sektorenspezifischer Ausrichtung. Hier sind zurzeit namentlich der Bereich Verkehrswegeinfrastruktur sowie der Verteidigungsbereich zu nennen.

2.2.1 Verkehrswegeinfrastruktur

Im Bereich Verkehrswegeinfrastruktur haben sich die heute vorhandenen „Kopfstellen“ für Entwicklung und Implementierung von Betreibermodellen vor allem durch die eher anlaßbezogenen Arbeiten an der Vorbereitung und Einführung des sog. F-Modells (ab 1994) sowie des sog. A-Modells (ab 2001) entwickelt. Unter dem „A-Modell“ versteht man langfristige Verträge des Bundes bzw. der im Rahmen der Bundesauftragsverwaltung handelnden Länder mit Betreibern, welche auf Basis von Konzessionen Ausbau- und Unterhaltungsleistungen im bestehenden Streckennetz der Bundesautobahnen erbringen und für diese Leistungen aus dem Mautaufkommen nach dem Autobahnmautgesetz (ABMG) vergütet werden. „F-Modelle“ beruhen ihrerseits auf den spezialgesetzlichen Regelungen des Gesetzes über den Bau und die Finanzierung von Bundesfernstraßen durch Private (FStrPrivFinG) in der Fassung der Bekanntmachung vom 20. 1. 2003. Sie bezwecken vorrangig den Neubau von Tunneln, Brücken oder Gebirgspässen sowie deren anschließenden Betrieb und Erhaltung. Auf Basis des FStrPrivFinG können diese Aufgaben einem Privaten unter Einräumung einer i. d. R. dreißigjährigen Konzession zur Ausführung übertragen werden. Der Konzessionsnehmer erhält dabei das Recht, die ihm entstehenden Kosten über die direkte Vereinnahmung von Mautgebühren zu refinanzieren.[5] Im Umfeld dieser Modelle haben sich in den vergangenen Jahren insbesondere die zuständigen Fachreferate innerhalb des Bundesministeriums für Verkehr, Bau- und Wohnungswesen als kompetente Ansprechpartner in Fragen der Modellentwicklung wie auch – im Bereich der F-Modelle – der Modellrealisierung hervorgetan. Zur gängigen Beratungspraxis des bei F-Modellen für die Festsetzung der Mauthöhe zuständigen BMVBW gehört dabei heute insonderheit die Beratung eines Betreibers im Vorfeld seines Antrages auf Festsetzung einer bestimmten Mauthöhe. In dieser Phase besteht Gelegenheit, Einzelheiten der Gebührenbemessung (umlagefähige Kosten, Risikozuschlag, etc.), der Gebührenbemessung und des Verfahrens mit dem BMVBW zu erörtern.

Im Bereich anderer Verkehrsträger besteht eine derartige Praxis, soweit ersichtlich, noch nicht.

Eine institutionalisierte Form wird dem Phänomen „Kompetenzzentrum" für den Bereich Verkehr mit der Verkehrsinfrastrukturgesellschaft des Bundes mbH (VIFG) mit Sitz in Berlin gegeben. Die VIFG ist verkehrsträgerübergreifend, d. h. für Schiene, Straße und Schifffahrtsweg gleichermaßen, zur Verteilung von Mitteln aus dem LKW-Mautaufkommen gemäß ABMG zuständig. Sie soll in ihrem Zuständigkeitsbereich überdies systematisch die Bedingungen zur Anwendung von PPP-Strukturen verbessern. In dieser Funktion repräsentiert die VIFG den Verkehrsbereich bereits im Kompetenznetzwerk des Bundes für PPP, um hierdurch die sektorenübergreifende Zusammenarbeit zu erleichtern. Mit den Fachreferaten des BMVBW arbeitet die VIFG auf der Basis eines abgestimmten Arbeitsprogramms im Sinne eines „Kompetenznetzwerks Straße" zusammen. Anlässlich der bevorstehenden Umsetzung der A-Modelle im Bundesfernstraßenbereich wird die VIFG ihre Aufgabe als Kompetenzzentrum Verkehr möglicherweise in einer weiteren Aufgabe wahrnehmen können und sowohl Projektträgern in Bund und Ländern als auch privaten Betreibern als Ansprechpartner zur Vorbereitung und Durchführung zur Verfügung stehen. Im Falle einer Einbindung in die Konzessionsvergabe wäre die VIFG hierbei freilich gebunden an die vergaberechtlichen Vorgaben der Diskriminierungsfreiheit, Transparenz und Gleichbehandlung.

2.2.2 Verteidigungssektor

Im Zuständigkeitsbereich des BMVg. wurde das Kompetenzzentrum Modernisierung gegründet. Es versteht sich als „Projektgenerator" und „Projektentwickler" und setzt damit Forderungen von Beratungswirtschaft und Industrie um, aufbauend auf einer vor geraumer Zeit durchgeführten Geschäftsfeldanalyse kommerziell tragfähige Projekte zu entwickeln, die dann – im Falle ihrer Eignung für PPP-Modelle – zur Ausschreibung und Vergabe gelangen sollen. Mit dem Modernisierungsboard und seinen Abläufen zur Identifizierung und Entwicklung geeigneter, tragfähiger Projekte zieht das BMVg. die Konsequenz aus Ansätzen für privatwirtschaftliche Modelle im Verteidigungsbereich, welche in der Vergangenheit auf Bundes-, aber auch auf Betreiberseite zu einem Ausmaß an Transaktionskosten führten, die sich für die Entwicklung von Markt und Wettbewerb angesichts eher spärlicher Ausschreibungs- und Projektergebnisse bisher als hinderlich erwiesen.

[5] Vgl. dazu Drömann/Tegtbauer, Rechtsfragen der Mautgebühr nach dem Gesetz über den Bau und die Finanzierung von Bundesstraßen durch Private, NVwZ 2004, 296 ff.

Tabelle: Ansprechpartner und Namen für Öffentlichen Hochbau in Bund und Ländern

	Ansprechpartner	Kontakt-Details	Adresse	email-Adresse:	website
PPP Task Force beim BMVBW	Herr MR Dr. Jörg Christen	Tel.: 0 30-20 08 71 90	Krausenstr. 17–20 10117 Berlin	Joerg.Christen@bmvbw.bund.de	www.ppp-bund.de
PPP Task Force Nordrhein-Westfalen (Finanzministerium (Nordrhein-Westfalen)	Herr MR Dr. Frank Littwin	Tel.: 02 11-49 72-24 09	Jägerhofstr. 6 40479 Düsseldorf	Frank.Littwin@fm.nrw.de	www.ppp.nrw.de
Kompetenzzentrum PPP Schleswig-Holstein (Investitionsbank S-H)	Frau Hella Prien	Tel.: 04 31-99 05-30 17	Fleethörn 29–31 24103 Kiel	Hella.Prien@ib.-sh.de	www.ppp-sh.de
Hessisches Ministerium der Finanzen	Frau MRätin Marion Hammer-Frommann	Tel.: 06 11-32-19	Friedrich-Ebert-Allee 8 65185 Wiesbaden	Hammer-FrommannM@hmdf.hessen.de	www.ppp.hessen.de
Ministerium der Finanzen des Landes Sachsen-Anhalt	Herr MDir Axel Gühl	Tel.: 03 91-5 67-12 90	Editharing 40 39108 Magdeburg	Guehl@mf.lsa-net.de	www.sachsen-anhalt.de
Thüringer Ministerium für Bau und Verkehr	Herr MR Klaus Behrens	Tel.: 03 61-3 79 13 10	Steigerstr. 24 99096 Erfurt	KBehrens@tmbw.thueringen.de	www.tmbv-thueringen.de
Verkehrsinfrastruktur-finanzierungsgesellschaft VIFG mbH (Verkehrsinfrastruktur)	Herr Torsten R. Böger Herr Frank Ulber	Tel.: 0 30-52 002-62 10	Georgenstraße 25 10117 Berlin	Torsten.Boeger@vifgmbh.de	www.vifgmbh.de
BMVBW, Referat S-26 (A-Modelle)	Herr RDir Stefan Strick	Tel.: 02 28-300-52 60	Robert-Schumann-Platz 1 53175 Bonn	Stefan.Strick@bmwbw.bund.de	www.bmvbw.bund.de
BMVBW, Referat S-15 (F-Modell)	Herr MR Siegfried Rinke	Tel.: 02 28-300-51 50	Robert-Schumann-Platz 1 53175 Bonn	Siegfried.Rinke@bmvbw.bund.de	www.bmvbw.bund.de
BMVg. WV III	Herr MDir Matthias Leckl	Tel.: 02 28-12-92 70	Fontainengraben 150 53003 Bonn	Matthias.Leckel@bmvg.bund400.de	www.bmvg.de
BMVg. WV III 4	Herr RDir. Frank Lorkowski	Tel.: 02 28-12-31 20	Fontainengraben 150 53003 Bonn	FrankLorkowski@bmvg.bund400.de	www.bmvg.de
Wirtschaftsministerium Baden-Württemberg	Herr Sts. Dr. Horst Mehrländer	Tel.: 07 11-123-23 90	Theodor-Heuss-Str. 4 70174 Stuttgart	Horst.Mehrlaender@wm.bwl.de	www.wm.baden-wuerttemberg.de

§ 15 Schule und Sporthalle

Übersicht

1. Ausgangssituation

Der Rhein-Erft-Kreis liegt westlich der Stadt Köln in Nordrhein-Westfalen. Er hat 465 000 Einwohner und ist der wirtschaftsstärkste Landkreis in Deutschland nördlich der Mainlinie. Wirtschaft und Menschen sind geprägt von Industrie aber auch von der Landwirtschaft. Als wesentliche Industriezweige sind zu nennen: Braunkohletagebau, Energieerzeugung und Chemie. Dazu gesellt sich seit einigen Jahren ein großes Angebot in der Medienindustrie vor allem Aufnahmestudios mit entsprechenden Dienstleistungen. Der Rhein-Erft-Kreis ist Träger von 7 Sonderschulen und 5 Berufskollegs, die allgemeinbildenden Schulen stehen hingegen in der Trägerschaft der Städte.

Der Kreis hat in der Vergangenheit erhebliche Mittel in den Neubau, die Erweiterung und die Unterhaltung seiner Schulen gesteckt. Allein in den letzten 4 Jahren waren es über 11 Mio €. Die in vielen Städten beklagte und auch tatsächlich vorhandene Notsituation beim Zustand der Schulen ist hier nicht gegeben. Gleichwohl besteht auch hier ein Sanierungsstau, der aber einerseits in der Vergangenheit reduziert und andererseits auch überschaubar ist. Alle Prognosen für die Zukunft gingen und gehen noch von sinkenden Schülerzahlen aus. Die Wirklichkeit sieht aber anders aus. Die Zahl der behinderten Kinder stagniert oder steigt sogar leicht an, dabei nimmt die Anzahl der Mehrfachbehinderten überproportional zu. Durch das erheblich verringerte Lehrstellenangebot müssen an den Berufskollegs mehr Klassen für sogenannte Vollzeitschüler eingerichtet werden. Aus diesen Gründen ergab sich die Notwendigkeit, für die Sonderschule ein neues Gebäude und für ein Berufskolleg eine neue Dreifachsporthalle zu errichten. Allerdings hatte der Kreistag der Finanzpolitik strenge Vorgaben gemacht, indem sie diese auf die Vermeidung von Neuverschuldung und den Abbau der Altverschuldung verpflichtet hatte. Bei diesen Vorgaben verbot sich von vorneherein, die beiden Vorhaben auf klassische Weise – nämlich in Eigenerstellung und Finanzierung über einen Kommunalkredit – durchzuführen. Als möglicher Ausweg bot sich hier ein Public Private Partnership Modell an.

2. Warum Public Private Partnership?

Bei einer ersten Befassung mit Public Private Partnership Modellen erschienen als mögliche Vorteile folgende Punkte:

– Übertragung nicht nur der Bauleistungen sondern auch des Unterhalts und des Betriebes der Schule an einen Privaten

- Übertragung der Risiken
- Zügige Realisierung
- **Ein** Ansprechpartner
- Effizienzvorteil durch das Know-How Privater
- Günstigere Finanzierung

3. Beschreibung des Vorhabens

Das geplante Vorhaben sollte folgende Punkte umfassen:

3.1 Neubau einer Sonderschule für geistig Behinderte in der Stadt Frechen

An dieser Schule sollen 120–130 behinderte Schülerinnen und Schüler unterrichtet werden. Die Schüler sind geistig behindert, wobei fast 30% mehrfach behindert sind, davon viele auch schwerst mehrfach behindert. Sie sind zwischen 6 und 24 Jahre alt und werden von 60 Mitarbeitern – Lehrern, Zivildienstleistenden, Krankengymnasten und Verwaltungsmitarbeitern – betreut. Das vorgesehene Grundstück war etwa 8900 qm groß, die Nutzfläche ca. 4750 qm. Das Gebäude sollte zweigeschossig sein, um sich in die Nachbarbebauung einzupassen. Ein Bebauungsplan bestand nicht, sodass die Aufstellung notwendig war.

3.2 Abriss und Neubau einer Dreifachsporthalle an einem Berufskolleg in einer Entfernung von ca. 500 Metern

Die bestehende Sporthalle war nicht mehr zu sanieren und entspricht auch nicht den Anforderungen. Nutzer dieser Sporthalle sind nicht nur die Schüler des Berufskollegs, sondern auch die Mitglieder diverser Vereine aus diesem Ortsteil der Stadt Frechen. Der Kreis stellt alle von ihm getragenen Sporthallen auch dem örtlichen Vereinssport zur Verfügung. Aus diesem Grunde sollte auch eine Tribüne für 199 Zuschauer vorgesehen werden. Die Grundstücksgröße ist ca. 5500 qm, die Nutzfläche ca. 2200 qm.

3.3 Weitere Services

Neben dem Neubau waren zu leisten: Finanzierung, Bauunterhaltung, Bewirtschaftung mit Reinigung, Sekretariat, Hausmeisterdienste und bei der Schule auch die Verpflegung der Kinder. Die Laufzeit sollte 25 Jahre betragen.

4. Vorbereitung I

4.1 Zusammenarbeit mit dem Land NRW

Am 16. Mai 2002 beauftragte der Kreistag die Verwaltung, die Möglichkeit und den Nutzen einer privatfinanzierten Errichtung einschließlich des Betriebes (Facility Management) der Sonderschule und der Turnhalle im Wege eines PPP/PFI-Projektes prüfen zu lassen und zusammen mit einem Konzept zur Ausschreibung und Durchführung dem Kreistag zur Entscheidung vorzulegen. Der Rhein-Erft-Kreis stellte sodann beim Finanzminister NW den Antrag, im Rahmen der PPP-Initiative der Landesregierung als Pilotkommune anerkannt zu werden und eine entsprechende Förderung zu erhalten.

In einem zwischen dem Finanzministerium und dem Kreis geschlossenen Vertrag wurden Art und Umfang der jeweils zu erbringenden Leistungen festgelegt. Die Vertragspartner waren der Auffassung, dass der Vorschlag des Rhein-Erft-Kreises sich als Pilotprojekt besonders eignet. Insbesondere die erforderliche ganztägige Betreuung bietet eine im Bereich von Schulen besondere Betreiberkomponente und kann zukunftweisend sein, wenn es zu einer Verbreitung von Ganztagsschulen in NW kommen sollte. Der Finanzminister ging davon aus, dass für solche Pilotprojekte vergleichsweise hohe Transaktionskosten entstehen, z. B. für die Erarbeitung von Modellvarianten und Wirtschaftlichkeitsvergleichen, für die Vorbereitung und Abstimmung der Ausschreibungsunterlagen einschließlich Begleitung der Ausschreibung sowie für die Erstellung von geeigneten Modell-Vertragsentwürfen. Ministerium und Kreis gingen davon aus, dass die beschriebenen Leistungen nur durch erfahrene Berater erbracht werden konnten. Daher sind die Beraterleistungen/Transaktionskosten finanziell durch das Land gefördert worden.

Der Vertrag regelt zugleich eine enge Zusammenarbeit des Kreises mit der beim Finanzminister eingerichteten Task-Force. So sollten Vertreter der Task-Force an allen Gremiensitzungen des Kreises teilnehmen. Tatsächlich hat sich im Laufe des Verfahrens eine enge und vertrauensvolle Zusammenarbeit entwickelt, die beiden Seiten Nutzen brachte. Für den Kreis ergab sich insbesondere der Vorteil, dass die Kenntnis über andere Pilotprojekte wie auch die Verbindung zu anderen Abteilungen des Ministeriums (z. B. Steuerabteilung) und weiteren Ministerien (z. B. Innenministerium/Kommunalaufsicht) in das Verfahren einfloss.

4.2 Wirtschaftlichkeitsstudie

Nach allgemeiner Auffassung ist ein PPP-Modell nach der GO NW als kreditähnliches Rechtsgeschäft anzusehen, welches gem. § 85 GO der Aufsichtsbehörde anzuzeigen ist. Mit der Anzeige muss der Aufsichtsbehörde nachgewiesen werden, dass das Modell wirtschaftlicher ist als die konventionelle Planung, Errichtung und der Betrieb durch den Schulträger selbst. Vereinfacht gesagt werden dabei die Kosten, die bei Errichtung und Betrieb in Eigenregie (unter Inanspruchnahme von Kommunalkrediten) entstehen, den Kosten gegenübergestellt, die bei der Realisierung des Projekts durch einen Privaten zu erwarten sind. Schon bei der Ermittlung der eigenen Kosten ergaben sich die ersten Schwierigkeiten. Zwar sind die Kosten für den Betrieb einer Schule im Haushaltsplan einer Kommune enthalten, jedoch sind sie keineswegs dieser Schule im Einzelnen zugeordnet, sondern unterliegen vielmehr dem kameralen Gliederungsschema. So sind etwa die Aufwendungen für Hausmeister und Verwaltungspersonal in dem Sammelnachweis Personal „versteckt". Die Ausgabenpositionen für die Bauunterhaltung – ein ganz entscheidender Kostenpunkt bei einem Lebenszyklus von 25 Jahren – werden im Haushaltsplan in aller Regel nicht nach der Notwendigkeit eines jederzeit funktionsgerechten Zustands des Gebäudes eingestellt, sondern in erster Linie nach der augenblicklichen Haushaltsituation. Gerade diese Haushaltstellen werden zum Ausgleich des Gesamthaushaltes herangezogen.

Bei der Wirtschaftlichkeitsanalyse sind alle Risiken, die während des Lebenszyklus auftreten können, zu erfassen und zu bewerten. Diese Bewertung hat bei der herkömmlichen Errichtung wohl kaum eine Rolle gespielt. Wesentliches Kriterium war, dass die beauftragten Unternehmer ein fehlerfreies Bauwerk ohne Kostensteigerung abgeben sollten. Wie die Erfahrung zeigt, gingen Überschreitungen – also Risiken – in der Regel zu Lasten der öffentlichen Hand. Bei PPP sind die Risiken zu erfassen, ihre Eintrittswahrscheinlichkeit zu bewerten, ihr Einfluss auf die Preisbildung darzustellen und eine Verteilung auf die Partner vorzunehmen. Es ergab sich insoweit ein weiter Bogen von möglichen Risiken:

- Risiken bei der Grundstücksaquisition
- Planungsrisiken
- Baurisiken
- Kostenrisiken des Schulbetriebs
- Finanzierungsrisiken
- Risiken bei Betrieb und Unterhaltung
- Veränderungen der Schulpolitik verbunden mit einem Auslastungsrisiko
- Verwertungsrisiko

Es wurden z. B. die Risiken bei der Grundstücksaquisition, die rechtzeitige Aufstellung des Bebauungsplanes und die Veränderungen der Schulpolitik beim Kreis belassen, während etwa die Planungsrisiken, die Bau- und Finanzierungsrisiken auf den Privaten übertragen wurden.

Nach Abklären dieser Punkte und der Darstellung von Finanzierungsvarianten wurde eine Marktanalyse durchgeführt. Diese ergab, dass das vom Rhein-Erft-Kreis veranschlagte Bauvolumen (ca. 15 Mio €) zwar unter der insoweit am Markt erwarteten Mindestsumme von 25 Mio € lag, aber als Pilotobjekt trotzdem geeignet schien. Alle Interessenten äußerten die Erwartung, dass die öffentliche Hand dem Investor und Betreiber einen hinreichend großen Gestaltungsspielraum bei der Realisierung des Projektes einräumen würde.

Für den Vergleich zwischen Eigenerstellung und Betreibermodell wurde ein Berechnungsschema angewandt, welches an die Methodik des Public-Sector-Comparator (PSC) angelehnt ist. PSC ist der Barwert eines risikoadjustierten Cashflow Modells der Variante „Eigenerstellung mit Kommunalkredit und Betrieb durch die Kommune" (näher zum PSC § 1 Abschnitt 3.5.1). Die Basis der Kalkulation sind die Zahlungsströme über den gesamten Lebenszyklus hinaus aus Investitionen, Finanzierung, Betriebskosten, Unterhaltungskosten, Risiken und ihre Eintrittswahrscheinlichkeit und die damit verbundenen Kosten.

Zentrale Annahmen des Modells für den PSC waren:

- Eigenerstellung und vollständiger Betrieb der Einrichtungen durch den Rhein-Erft-Kreis
- Investitionskosten gemäß der vorliegenden Kostenschätzung, Bauzeit 24 Monate
- Finanzierung durch Kommunalkredit
- Gebäude- und schulbezogene Betriebs- und Unterhaltungskosten gemäß vorliegender Kostenschätzung
- Betrachtung der Zahlungsströme über 2 Baujahre und 25 Betriebsjahre

Demgegenüber wurden als wesentliche Annahmen zu den Kostenschätzungen des privaten Betreibers dargestellt:

- Erstellung und vollständiger Betrieb der Einrichtungen durch einen Privaten
- Durch privatwirtschaftliche Optimierung reduzieren sich die Baukosten um 10%
- Bauzeitenreduzierung auf 18 Monate
- Finanzierung durch Annuitätendarlehen, Zinssatz 0,75 Punkte über Kommunalkredit
- Die Betriebs- und Unterhaltskosten werden um 10% unterschritten.
- Unterhaltskosten werden um 10% unterschritten
- Betrachtung der Zahlungsströme über 18 Monate und 25 Jahre

Die vergleichende Betrachtung ergab Effizienzvorteile für das PPP-Modell von 2,5 bis 12,5%.

Darüber hinaus traf die Studie Aussagen zur Beteiligung des Kreises an der Objektgesellschaft und der Beteiligung mittelständischer Unternehmer. Die Studie empfahl folgende Vorgehensweise:

Das Grundstück für den Schulbau wird vom Kreis angekauft, um im Krisenfalle, etwa bei Insolvenz des Betreibers, den Zugriff auf das Gebäude nicht zu gefährden. Für die Ausschreibung ist ein Raumbuch und Leistungsbeschreibung erforderlich. Die Ausschreibung ist nach VOB durchzuführen, wobei als Vergabeverfahren das Verhandlungsverfahren zu wählen ist. Die Studie wurde von der bei der Task-Force NW eingerichteten Clearingstelle überprüft und das Ergebnis als plausibel bewertet. Daraufhin beschloss der Kreistag die Ausschreibung im PPP-Modell mit folgenden Eckpunkten:

- der Kreis beteiligt sich nicht an der vom Betreiber zu gründenden Objektgesellschaft
- der Kreis verzichtet nicht auf die Einrede hinsichtlich der Forfaitierung der Mietzahlung
- Mit der Objektgesellschaft wird ein Pachtvertrag abgeschlossen
- Es wird ein Gremium bestehend aus Verwaltung und Politik eingesetzt, das das Pilotprojekt begleitet.

Gleichzeitig wurden die bisherigen Berater mit der Erstellung des Raumbuches, der Vorbereitung und Durchführung der Ausschreibung, der Bewertung der eingehenden Angebote und einem Vergabevorschlag beauftragt.

5. Vorbereitung II

5.1 Begleitung in der Verwaltung

Schon bei den ersten Überlegungen wurde deutlich, dass dieses Pilotprojekt besonderer Vorbereitung und Begleitung innerhalb der Verwaltung bedurfte. Zunächst einmal waren (verständliche) Widerstände zu überwinden. So dürfte jeder Hochbauamtsleiter davon überzeugt sein, dass er mit seinen Mitarbeitern auf Grund seiner Kenntnisse und Erfahrungen in der Lage ist, einen Schulneubau durchzuführen, jeder Kämmereileiter dürfte von der Überlegenheit des Kommunalkredits im Bereich der Finanzierung überzeugt sein und schließlich wird jeder Schulamtsleiter davon ausgehen, dass er eine Schule steuern kann.

Beim Rhein-Erft-Kreis fielen die Widerstände weit weniger stark aus als befürchtet. Dazu hat sicherlich die Tatsache beigetragen, dass der Kreis in den letzten 5 Jahren über 12% Personal abgebaut hat und damit nur ganz begrenzte Ressourcen für ein solches Vorhaben zur Verfügung standen. Darüber hinaus gab und gibt es beim Kreis seit nahezu 10 Jahren eine umfangreiche Diskussion über die Einführung des sogenannten „Neuen Steuerungsmodells", wonach den einzelnen Mitarbeiterinnen mehr Eigenverantwortung übertragen werden soll. Die Bereitschaft, sich vom althergebrachten Verwaltungsdenken zu lösen und Neues auszuprobieren, war vorhanden. Ebenso waren MitarbeiterInnen zu umfangreicher Zu- und Mitarbeit bereit, die den üblichen zeitlichen Rahmen der Arbeitszeit sprengte. Es stellte sich nämlich heraus, dass eine erhebliche Menge Arbeit auch schon bei der Erstellung der Wirtschaftlichkeitsstudie durch die Verwaltung geleistet werden musste. Die Erfassung der Grunddaten und der bisherigen Kosten kann nur durch die Verwaltung erfolgen, auch noch so qualifizierte Berater bedürfen der Hilfestellung und Zuarbeit.

Beim Rhein-Erft-Kreis wurde eine Arbeitsgruppe eingerichtet, die im Wesentlichen aus den Leitern des Schulamtes, des Gebäudemanagements und einer Mitarbeiterin des Schulamtes bestand. Hinzugezogen wurden der Leiter der Sonderschule, der Fachleiter Sport des Berufskollegs und bei Bedarf weitere Mitarbeiterinnen. Die Projektleitung übernahm der Kreisdirektor, der sowohl Kämmerer als auch Schuldezernet war.

5.2 Zusammenarbeit Politik und Verwaltung

Der Kreistag wurde frühzeitig in die Überlegungen der Verwaltung einbezogen. Zunächst wurde zur Vorbereitung des Verfahrens eine Arbeitsgruppe gebildet, die sich aus den Fraktionsvorsitzenden oder Stellvertretern zusammensetzte. In dieser Gruppe wurden gemeinsam mit den Beratern, aber auch den Mitarbeitern der Task-Force, die Chancen und Risiken abgewogen, Schwierigkeiten angesprochen und offen und vorurteilsfrei diskutiert. Insbesondere die Auswirkungen des PPP-Modells auf die regionale Wirtschaft wurden breit erörtert. Durch die Diskussion mit den Mitgliedern des Kreistages wurden einige Eckpunkte des Verfahrens eindeutig festgelegt. Hierbei sind vor allem Aspekte der Sicherheit zu nennen. Es war bei den PolitikerInnen von vorneherein klar, dass alle Überlegungen unter dem Gesichtspunkt des möglichst ungestörten Betriebes über 25 Jahre stehen mussten. Es handelte sich eben nicht um ein beliebiges Verwaltungsgebäude, sondern um eine Sonderschule für behinderte Kinder. Daraus erwuchs eine besondere Verpflichtung. Das hat z.B. dazu geführt, dass der Kreis das für die Schule benötigte Grundstück selber ankaufte und nicht den Ankauf der Objektgesellschaft überließ. Damit sollte sichergestellt sein, dass auch im Falle einer Insolvenz des Investors und Betreibers der Zugriff des Kreises auf das Gebäude und der damit verbundene ungestörte Schulbetrieb gesichert ist.

Die Berater hatten vorgeschlagen, dass der Kreis zur Unterstützung der vom Betreiber bereitzustellenden Finanzierung einer Abtretung der gegen ihn gerichteten Mietzahlungsforderungen an eine Bank zustimmen und diese Mietzahlung insoweit einredefrei stellen sollte, als daraus die Amortisation der Baukredite mit Zins und Tilgung abgedeckt wird. Die üblichen mietvertraglichen Ansprüche (Erfüllung, Gewährleistung usw.) bleiben dabei bestehen, lediglich das besondere Sicherungsmittel, diese Ansprüche durch einfache Kürzung oder Einstellung der Mietzahlung durchzusetzen, entfiele dadurch. Dem hat sich die Politik nicht angeschlossen, weil der Gedanke der größtmöglichen Sicherheit im Vordergrund stand.

Mit Beschluss über die Ausschreibung wurde eine Lenkungsgruppe aus 6 Vertretern des Kreistages eingerichtet, deren Vorsitz dem Kreisdirektor übertragen wurde.

Im Laufe der Vorbereitung und des Verfahrens entwickelte sich eine enge und vertrauensvolle Zusammenarbeit zwischen Kreistag, Verwaltung und Beraterteam, die im Ergebnis bis heute zu einstimmigen Beschlüssen geführt hat.

5.3 Einbeziehung der späteren Nutzer

Da es sich hier um Schulbauprojekte handelt, war eine Einbeziehung der Nutzer absolut notwendig. Für Schüler im Allgemeinen und behinderte Schüler im Besonderen ist der Bezug einer neuen Schule etwas besonderes. Für Behinderte ist das Verlassen einer vertrauten Umgebung und das Eingewöhnen in neue Räumlichkeiten oftmals mit Schwierigkeiten verbunden. Die Eltern nehmen in der Regel wesentlich mehr und intensiver Anteil als bei Vorhaben an einer Regelschule.

Der Kreis hat die Schulkonferenz als die Vertretung auch der Eltern an den Überlegungen und der Planung beteiligt. Die Leistungsbeschreibung und das Raumbuch wurden im Wesentlichen von der Schule vorgegeben und dies auch bei der Dreifachsporthalle an dem Berufskolleg. Insbesondere ist hier der Rektor der Sonderschule zu benennen, der mit großem persönlichen Einsatz die besonderen räumlichen und pädagogischen Gesichtspunkte in die Überlegungen mit einbrachte. Wenn auch viele Anforderungen an eine Schule für Geistigbehinderte gleich sind, ergeben sich doch immer zu berücksichtigende Besonderheiten. An der Sonderschule des Rhein-Erft-Kreises gibt es eine überdurchschnittliche Zahl von Mehrfachbehinderten. Fast 30% der Kinder sind auf Rollstühle oder andere Gehhilfen angewiesen. Auch ältere Kinder bedürfen einer besonderen Körperpflege. Dies musste bei der Planung und Zuordnung der Pflegeräume, der Sanitär- und Ruheräume berücksichtigt werden.

Der Kreis stellt seine Sporthallen in den Abendstunden den örtlichen Vereinen zur Verfügung. Bei der Dreifachsporthalle wurden auch deren Interessen und die der Stadt Frechen einbezogen. So entsteht in der Halle auch eine Zuschauertribüne für 199 Besucher. Das Einbeziehen der Nutzer führte zu einer hohen Akzeptanz und dem Gefühl: Das ist unsere Schule und unsere Sporthalle. Damit wurde es leicht, auch gegenüber der Anwohner eine Akzeptanz der Vorhaben zu erreichen. Dies war notwendig, weil für den Schulbau erst noch ein Bebauungsplan aufgestellt werden musste.

5.4 Hilfe externer Berater

Die Machbarkeitsstudie hatte schon erwiesen, dass ein solches Projekt ohne die Hilfe externer Berater nicht umzusetzen ist. Die Verwaltung kann zwar die eigenen Kosten erfassen, schwierig wird aber bereits die Benennung und vor allem die Bewertung der Risiken und die Überprüfung der Finanzierungsvorschläge. Es mag sein, dass in einer Großstadtverwaltung genügend qualifizierte Mitarbeiterinnen im Gebäudemanagement, in der Kämmerei und in der Rechtsabteilung vorhanden sind; in einer mittleren oder gar kleineren Kommunalverwaltung ist dies aber sicher nicht der Fall. Das notwendige Spezialwissen muss eingekauft werden. Für den Kreis hat es sich als vorteilhaft erwiesen, dass das Beraterteam aus Projektsteuerern und Rechtsanwälten bestand, wobei bei Bedarf Finanzierungsfachleute zu Hilfe gezogen wurden. Bei der Vorbereitung und der Begleitung der Ausschreibung und dem Vergabeverfahren ist externe Hilfe und Rat unerlässlich. Die Verdingungsunterlagen sind mit großer Sorgfalt zu erstellen, damit eine Vergleichbarkeit der Bieter gegeben ist. Das

Verhandlungsverfahren ist gewissenhaft durchzuführen, damit eine Verzögerung durch Vergaberügen vermieden wird.

Nun entstehen durch externe Berater nicht unerhebliche Kosten, die zunächst einmal als unangemessen angesehen werden. Demgegenüber muss aber bedacht werden, dass auch bei einer Eigenerstellung zusätzliche Kosten anfallen, die zunächst außer Blick geraten. Der Kreis hat vor 12 Jahren ein neues Kreishaus errichtet und dafür einen Generalübernehmer beauftragt. Gleichwohl ist zur Begleitung des Vorhabens ein Hochbauingenieur eingestellt worden. Bei Eigenerstellung bleiben oftmals die Kosten der eigenen Behörde außer Acht, da es sich um „ohnehin"-Kosten handelt. Auch bei Eigenbau und Betrieb ist zumindest bei Verträgen mit einer Laufzeit von 20 oder 25 Jahren umfassender juristischer Rat erforderlich. Werden diese eigenen Unkosten realistisch erfasst, erscheinen die Beraterhonorare in einem anderen Licht, dies jedenfalls dann, wenn die Berater gute Arbeit abliefern. Dies war beim Rhein-Erft-Kreis der Fall.

6. Ausschreibung und Verfahren

6.1 Vorbereitung der Ausschreibung/Verdingungsunterlagen

Nach dem Beschluss des Kreistages, das Projekt im Rahmen einer PPP durchzuführen, musste die Ausschreibung vorbereitet werden. Als Art des Vergabeverfahrens kam ausschließlich das europaweite Vergabeverfahren – Verhandlungsverfahren mit vorgeschaltetem Teilnahmewettbewerb – in Betracht. Vor der Veröffentlichung der Ausschreibung im Amtsblatt der EU sollten nun die geforderten Leistungen abschließend geklärt sein. Der Kreis hat sich zu dieser Vorgehensweise entschlossen, weil er für mögliche Bieter eine klare Definition der geforderten Services und Ergebnisse vorgeben und im Wettbewerb vergleichbare Ergebnisse haben wollte.

Hierbei wird der Unterschied zur Eigenerstellung besonders deutlich. Bei einem Raumbuch und einer Leistungsbeschreibung herkömmlicher Art wird möglichst viel möglichst genau vorgegeben. So wird z.B. Anzahl und Lage der Steckdosen vorgeschrieben.

Bei einer Einbeziehung Privater will man sich aber gerade dessen Know-How und die damit verbundenen Möglichkeiten einer Optimierung zu Nutze machen. Es kann sich daher nur um eine **funktionale, outputspezifizierte** Ausschreibung handeln. Diese beschreibt im Gegensatz zur klassischen Ausschreibung, *was* erreicht werden soll, nicht aber zusätzlich *wie*.

Für den Kreis bestand die Schwierigkeit, einerseits die Optimierungsmöglichkeiten des Privaten zu erhalten, andererseits aber auch die eigenen Vorstellungen, insbesondere die des Nutzers, abzusichern. Bei dem Vorhaben des Kreises war auch die funktionale Beschreibung etwas genauer als bei einem normalen Bürogebäude. Für den Ablauf des Schulbetriebes notwendige Angaben wurden verdeutlicht. Neben der Größe der Klassenräume wurde insbesondere die Zuordnung von Sekundärräumen – wie Gruppenräumen, Ruheräumen, Sanitärräumen und Pflegeräumen – festgelegt. Daneben wurden sowohl für die Schule als auch für die Sporthalle Referenzobjekte benannt.

Der Kreis hat sich entschlossen, schon bei den Verdingungsunterlagen weitgehend **formulierte Vertragsentwürfe** vorzugeben. Auch im Nachhinein hat sich dies als richtig erwiesen. Die Bieter hatten eine weitgehend klare Grundlage zur Berechnung und Erstellung ihres Angebotes, der Kreis hatte eine klare Grundlage für die Entscheidung des Zuschlages.

Folgende Vertragsentwürfe wurden vorgegeben:

- Miet- und Pachtvertrag mit Mängelbehebungsvertrag
- Reinigungsvertrag
- Verpflegungsvertrag
- Sekretariats-Servicevertrag
- Hausmeister-Servicevertrag

Zu den Vertragsentwürfen kamen jeweils Anlagen mit Leistungsverzeichnissen, Bewertungsabreden und Schiedsgutachtenabreden.

Zu den Allgemeinen Verdingungsunterlagen zählte des Weiteren eine **Bewertungsmatrix** für das Auswahlverfahren. Dort sind die einzelnen Bewertungskriterien mit ihrer Gewichtung aufgeführt. Mit 50% ist **der Barwert** als wichtigstes Kriterium genannt, und zwar der Barwert aller Mietzahlungen einschließlich des kalkulatorischen Restwertes. Mit 45% sind **Qualitäten** als weiteres Kriterium aufgeführt. Dies unterteilt sich in die Gebäudekonzeption/Funktion, Qualität der optischen Gestaltung, Oberflächenqualitäten, Qualitäten der Ausstattungsgegenstände und der technischen Gebäudeausstattung. Mit 5% schlug sich die **Mittelstandsfreundlichkeit** – der Anteil des Volumens der an mittelständische Unternehmen vergebenen Subunternehmeraufträge – in der Bewertung nieder.

In den Verdingungsunterlagen wurde festgelegt, dass es eine erste und eine zweite Verhandlungsrunde geben sollte. In der **ersten Runde** sollte der Bieter ein Angebot einreichen, welches die Struktur, Qualität und Kalkulation des Angebotes erkennen lässt, ohne dass dem Angebot in dieser Phase detaillierte Pläne oder Berechnungen beizufügen sind. Die Kalkulation sollte Angaben über die Finanzierung sowohl während der Bauphase als auch während der Betriebsphase enthalten. Der Bieter hat mit dem ersten Angebot den von ihm garantierten Beginn der Mietzeit sowie den Mietzins des ersten Jahres verbindlich mitzuteilen. Der Bieter hat weiterhin schriftlich zu erklären, dass er bereit ist, die den Verdingungsunterlagen beigefügten Vertragsmuster nach Anpassung zu unterschreiben.

In der **zweiten Verhandlungsrunde** würde der Auftraggeber Aufklärungsgespräche über die Angebote führen und auf der Grundlage der Ergebnisse dieser Gespräche zwei Bieter zur Überarbeitung und Ergänzung ihrer Angebote auffordern. Die Bieter der zweiten Rund sollten eine Entwurfsplanung vorlegen.

Nachdem die Unterlagen erstellt und von der Lenkungsgruppe „abgesegnet" waren, erfolgte am 16. 4. 2003 die Bekanntmachung der Ausschreibung im Amtsblatt der EU.

6.2 Teilnahmewettbewerb

Die Bewerbungsfrist für den Teilnahmewettbewerb lief vom 18. 4. 2003 bis zum 26. 5. 2003. Bis zu diesem Termin gingen 21 Anträge ein. Diese wurden anhand einer Bewertungsmatrix geprüft. Notwendige Kriterien, deren Nichtvorlage den Ausschluss aus dem weiteren Verfahren zur Folge hatte, waren:

- Vorlage eines aktuellen Auszugs der Eintragung in das Berufsregister
- verbindliche Mitteilung eines in der EU niedergelassenen Kreditinstituts, dass dieses Institut für den Fall einer entsprechenden Anfrage eine Vertragserfüllungsbürgschaft in Höhe von 3 Mio € zum Zeitpunkt des Vertragsabschlusses stellen wird.

Als Kriterien für den Nachweis der geforderten wirtschaftlichen, finanziellen und technischen Leistungsfähigkeit waren verlangt:

- Referenzen
- Bankauskunft
- Umsatz
- Bilanzen/Auszüge
- Zahl der Arbeitskräfte
- Angabe des Subunternehmeranteils
- Nennung der Subunternehmer mit einem Anteil von mehr als 20% der Gesamtleistung
- Angabe der technischen Ausrüstung
- Nennung des leitenden Personals

50% entfielen dabei auf die Referenzen, die sich wie folgt unterteilten: Errichtung von Schulen für Behinderte, Errichtung von Schulen, Errichtung von Behindertenwohnheimen, Errichtung von Sporthallen, Facility-Management von Schulen und Sporthallen, Catering-

Leistungen, Sekretariats-, Reinigungs- und Hausmeisterleistungen, PPP-Projekte im Hochbau.

30% entfielen auf Bankauskunft, Umsätze der Letzten drei Jahre und die Vorlage der Bilanzen.

11 Interessenten sind nach Prüfung wegen der Ausschlusskriterien ausgeschieden.

Auf Grund der gründlichen weiteren Prüfung an Hand der Bewertungsmatrix wurden fünf Bieter bzw. Bietergemeinschaften ausgewählt, die im weiteren Verfahren ein Angebot für die Planung, Errichtung, Betrieb und Unterhaltung einer Sonderschule für Geistigbehinderte sowie einer Dreifachsporthalle unterbreiten sollten.

6.3 Die erste Runde

Am 18. 6. 2003 wurden die fünf ausgesuchten Bietergemeinschaften aufgefordert, ein verbindliches Angebot abzugeben. Termin zur Abgabe sollte zunächst der 29. 8. 2003 sein. Alle Bieter haben aber im Laufe ihrer Angebotserstellung darauf hingewiesen, dass diese Frist nicht ausreichend sei. Vor allem die verlangte Verbindlichkeit des Angebotes erfordere umfangreiche Verhandlungen und Prüfungen durch die finanzierenden Kreditinstitute. Daraufhin hat der Kreis die Frist bis zum 26. 9. 2003 verlängert. Folge dieser Verlängerung war eine entsprechende Verkürzung der Frist zur Überprüfung der Angebote beim Auslober, da am gesamten Terminplan nichts geändert werden sollte.

In dieser Zeit fanden die Besichtigungstermine der Referenzobjekte – der Königin-Juliana-Schule in Bonn und der Dreifachsporthalle in Bergheim – statt. Bei diesen Terminen waren neben den Beratern Vertreter der jeweiligen Schule und MitarbeiterInnen des Kreises zugegen. Es bestand dort die Möglichkeit, Fragen zu stellen und Erläuterungen zu geben. Darüber hinaus wurden Aufklärungsgespräche durchgeführt, wo auch die Vertragsentwürfe erläutert wurden. Die Bieter konnten Fragen an den Auslober richten, die zeitnah für alle beantwortet wurden. Dabei war an der Art der Fragen deutlich abzulesen, welche Abteilung sich gerade mit dem Angebot auseinandersetzte. Erst waren die Architekten und Bauingenieure am Zuge. Die Fragen bezogen sich auf das Bauwerk, die Zuordnung der Räume, die Größe bestimmter Einrichtungen oder auch auf die Oberflächenmaterialien.

Anschließend nahmen die Juristen ihre Arbeit auf. Fragen zur Gestaltung der Verträge, zur Mängelbehebung oder zu Haftungsregelungen folgten.

Zum Schluss arbeiteten die Finanzfachleute am Angebot. Zum Teil komplizierte Fragen zur Finanzierung, zur Berechnung des Referenzzinssatzes bildeten den Abschluss.

Es wurden aber nicht nur Fragen gestellt, sondern auch Anregungen gegeben. Einige führten zu Veränderungen bei den Forderungen des Kreises.

Wegen des auch nach der Fristverlängerung immer noch engen Zeitrahmens, der großen Anzahl und der inhaltlichen Vielfalt der Fragen, bestand die Schwierigkeit darin, die Beantwortung und die Aufnahme von Veränderungen zwischen den Schulen, der Kreisverwaltung und den Beratern abzustimmen.

Dies erforderte einen hohen zeitlichen Einsatz.

Es hat sich gezeigt, dass Finanzierungszusagen durch ein Kreditinstitut nur nach einer umfangreichen, zeitaufwändigen Prüfung abgegeben werden. Diese Prüfung und Zusage lassen sich die Banken entsprechend honorieren. Dadurch werden die Kosten für das Angebot erheblich erhöht. Nach den Erfahrungen des Rhein-Erft-Kreises sollte die Frage diskutiert werden, ob bereits in dieser ersten Runde des Verfahrens die Verbindlichkeit der Finanzierung gefordert werden sollte.

Die Bieter präsentierten in jeweils mehrstündigen Erörterungen ihre Angebote. Alle aufgeforderten Bieter gaben zum überwiegenden Teil hochwertige Angebote ab. Es war deutlich zu merken, welche Mühe und Arbeit aufgewendet worden war. Zwei Bieter stellten aufwändige Modelle vor, Planzeichnungen mit zum Teil hohem Detaillierungsgrad und Muster für Oberflächengestaltungen wurden vorgezeigt.

Die Berater hatten nunmehr einen Monat Zeit, die Angebote auszuwerten, dieses Ergebnis mit der Verwaltung des Rhein-Erft-Kreises abzustimmen und der Lenkungsgruppe einen Auswahlvorschlag für 2 Bieter zu machen.

Zunächst erfolgte der Abgleich der Angebote mit den geforderten Leistungen. Dieser Abgleich bezog sich auf insbesondere auf folgende Punkte:

- Architektonisches Konzept: Äußere und innere Gebäudestruktur, Architektur, äußere und innere Erschließung, Integration in Freiflächen und Umfeld
- Flächen: Vergleich der geforderten mit angebotenen Flächen, Abgleich der Lage der einzelnen Räume,
- Oberflächen, Materialien: Konstruktion, Fassade, Dach
- Mobile Ausstattung
- Immobile Ausstattung
- Technische Gebäudeausrüstung: Heizung, Lüftung, Sanitär
- Kosten und Finanzierung: Monatliche Entgelte, Reinigungsentgelt, Serviceverträge, Baukosten, Finanzierung, Darlegung zur Kalkulation, Zins- und Tilgungsrate.

Bei dieser Prüfung und Gegenüberstellung ergaben sich Unterschiede in allen Kriterien. Negativ fiel etwa ins Gewicht, wenn Rollstuhlfahrer nur über Treppen evakuiert werden konnten, wenn die Sanitärräume um 30% kleiner als gefordert ausfielen oder wenn der Matschraum keine direkte Anbindung an Dusche und Umkleide hatte.

Erhebliche Unterschiede gab es bei den Gesamtinvestitionskosten, wobei ein Bieter ca. 28% über dem preiswertesten Bieter lag. Unterschiede zeigten sich auch in der Finanzierungsstruktur, in den Servicekosten und den Bewirtschaftungskosten. Bei einer Aufteilung des monatlichen Gesamtentgeltes zeigte sich, dass ca. 45% auf die Serviceleistungen und die Bewirtschaftung entfielen.

Es wurden zwei Bieter ausgewählt, die dem Lenkungskreis für die nächste Auswahlrunde vorgeschlagen wurden.

Der Lenkungskreis hat am 10. November 2003 in einer mehrstündigen Sitzung diesen Vorschlag überprüft. Dabei wurde vor allem die architektonische Gestaltung der beiden Gebäude und das monatlich zu zahlende Entgelt diskutiert. Nach einer sachlichen Diskussion wurden schließlich die vorgeschlagenen Bieter bestätigt.

6.4 Die zweite Runde

Daraufhin erfolgte eine Mitteilung an alle Bieter über das Ergebnis des Auswahlverfahrens. Den ausgeschiedenen Bietern wurde angeboten, nach Abschluss des Verfahrens – d.h. nach Erteilung des Zuschlages – die Gründe für das Ausscheiden zu erläutern.

Mit den beiden verbliebenen Bietern wurde sodann am 14. 11. 2003 eine umfangreiche Erörterung der noch offen Fragen und Anregungen durchgeführt. Mit beiden Bietern wurden jeweils über 30 Einzelpunkte besprochen. Diese Erörterung war notwendig, denn in den Angeboten war durchaus Raum für weitere Verbesserungen. Vor allem die Belange und Vorschläge der Schulen wurden den Bietern verdeutlicht. Als Beispiele seien genannt: Zusätzliche Türen im Eingangsbereich der Schule, Vergrößerung des Vorraums vor dem Theater, mehr Tageslichteinfall in der Gymnastikhalle, größere Frischluftzufuhr in den Pflegeräumen, Behindertenduschen in der Turnhalle. Bei der Dreifachsporthalle wurden gefordert: Verbesserung des Zugangs, Sichtschutz im Mehrzweckraum, Trennung der Geräteräume. Nachbesserungen wurden weiter verlangt mit einer Darstellung des konstruktiven Dachaufbaus, einer Detaillierung des Aufbaus der Fassaden und der Flachdächer und weiteren Parkplätzen.

Ein Punkt, der bereits in der Ausschreibung artikuliert wurde, wurde vor allem von den Mitgliedern des Kreistages in der Lenkungsgruppe mit besonderer Aufmerksamkeit betrachtet: Die Einbeziehung der heimischen Wirtschaft hatte bereits im Vorfeld des Verhandlungsverfahrens zu umfänglichen Diskussionen geführt. Allgemein war die Befürchtung geäußert worden, dass sich für die Ausschreibung nur große Firmen zu entsprechend leistungskräftigen Bietergemeinschaften zusammenfinden würden und die regionale Wirtschaft bei den folgenden Investitionen außen vor bleiben würde. Diese Sorge wurde insbesondere von der Handwerkskamme in Köln sehr dezidiert vorgetragen. Die Forderung der Ausschreibung nach einem Mittelstandskonzept erschien nicht ausreichend.

Größte Aufmerksamkeit bei Auslober und Bietern fand natürlich die Preisgestaltung. Wie dargestellt, war bei der Bewertungsmatrix das monatliche oder jährliche Entgelt, das der Kreis in Zukunft an die Objektgesellschaft zu zahlen hat, mit 50% in der Auswahlentscheidung zu werten. Darüber hinaus war diese Kennzahl die entscheidende Größe bei der Bewertung der Wirtschaftlichkeit. Beide Bieter versuchten während der mündlichen Erörterung Hinweise auf einen möglichen Preisabstand zum jeweils anderen zu bekommen. Der Kreis hatte ein deutliches Interesse, das bisher genannte Nutzungsentgelt in seinem Sinne zu „optimieren". Der Kreis hatte sich vorher entschieden, den errechneten Barwert aus der Wirtschaftlichkeitsstudie den Bietern **nicht** mitzuteilen. Daher waren die Verhandlungen zwar mit aller Deutlichkeit, aber auch mit aller Vorsicht zu führen. Berater und Kreisverwaltung haben diese Gespräche entsprechend sorgfältig vorbereitet.

Am 5. 12. 2003 sind dann die nachgebesserten Angebote ausgewertet und bewertet worden. Es zeigte sich, dass beide Bieter weitgehend die vorgeschlagenen Optimierungsmöglichkeiten genutzt haben. Die bauliche Gestaltung und die Einbindung des Bauwerks in die Umgebung erfuhren die notwendigen Veränderungen. Beide Bieter legten ein verbessertes Mittelstandskonzept vor, wobei sich ein Bieter zur Übertragung von Teilleistungen an die regionale Wirtschaft verpflichtete. Deutliche Optimierung erfuhr auch das zu zahlende Nutzungsentgelt.

Die Auswahl erfolgte nach der vorher festgelegten und schon bekannten Bewertungsmatrix, die sich in folgende Hauptpunkte aufteilte:

- Barwert aller Mietzahlungen einschließlich kalkulatorischer Restbuchwert
- Qualitäten der Bauwerke, der Materialien und der technischen Ausrüstung
- Anteil mittelständischer Unternehmen

Bewertet wurde getrennt nach Sonderschule und Dreifachsporthalle, wobei die Schule mit 70 % gewichtet wurde. Das Ergebnis der Bewertung war eindeutig vor allem beim Vergleich der Barwerte. Die Lenkungsgruppe entschloss sich daher, dem Kreistag vorzuschlagen, den Auftrag für die Planung, die Finanzierung, den Bau, die Bewirtschaftung und den Betrieb der Sonderschule für Geistigbehinderte und einer Dreifachsporthalle an die Bietergemeinschaft Müller-Alvatter/Wayss & Freytag, Lufthansa Gebäudemanagement und Landesbank Südwest zu vergeben.

In einer umfangreichen Beschlussvorlage hat die Verwaltung das Ergebnis des Auswahlverfahrens dargestellt. Wegen der Komplexität des Verfahrens und einer möglichst gleichen und umfassenden Unterrichtung aller 66 Kreistagsmitglieder hat die Verwaltung in den jeweiligen Fraktionen des Kreistages umfassend informiert und damit die Mitglieder der Lenkungsgruppe unterstützt. Diese transparente und offene Zusammenarbeit zwischen Verwaltung und Politik in der Lenkungsgruppe hat in der Sitzung des Kreistages am 11. 12. 2003 zu einem entsprechenden **einstimmigen** Beschluss geführt.

Die unterlegenen Bieter haben alle von dem Angebot des Kreises zu Erörterungen über die Angebote und die Wertung Gebrauch gemacht. Dabei wurde dem Kreis bestätigt, dass seine Ausschreibung, sein Verhandlungsverfahren und die Einzelverhandlungen offen und fair abgelaufen sind.

Parallel zum Vergabeverfahren mussten die **planungsrechtlichen Grundlagen für den Bau der Sonderschule noch geschaffen werden.** Das von der Stadt Frechen gekaufte Grundstück musste in einen Bebauungsplan eingebunden werden. Der enge Zeitrahmen des gesamten Verfahrens erforderte eine zügige Bearbeitung. Die Verwaltung der Stadt Frechen mit der Vorbereitung, der Rat der Stadt mit entsprechenden Beschlüssen und der Bürgermeister persönlich haben dazu beigetragen, dass alle Schwierigkeiten überwunden wurden.

Ein besonderes Problem bestand darin, dass Klarheit über das zu errichtende Bauwerk im Grunde genommen erst mit der Zuschlagserteilung erreicht wurde. Bereits vorher aber mussten der Aufstellungsbeschluss im Rat erfolgen. Die vorgeschriebene Bürgerbeteiligung fand am 19. 12. 2003 statt. Dort trugen der Bürgermeister der Stadt Frechen, der Kreisdirektor für den Bauherrn und Vertreter der Bietergemeinschaft vor und erläuterten den Entwurf.

7. Vom Zuschlag bis zur Vertragsunterzeichnung

7.1 Vertragskonkretisierung

Der Kreistag hatte die Verwaltung beauftragt, auf der Grundlage des vorliegenden Angebotes die entsprechenden Verträge abzuschließen. Wegen der Frist zur Vorinformation nach VOB erfolgte die Beauftragung am 29. Dezember 2003. In den nunmehr folgenden Verhandlungen wurden noch letzte Einzelheiten abgeklärt. Vom Berufskolleg und den örtlichen Vereinen war der Wunsch geäußert worden, den Abriss der alten Dreifachsporthalle so zu terminieren, dass sie noch im Schuljahr 2004 genutzt werden konnte. In den Mietvertrag ist eine Regelung über die Bemusterung ausgewählter Ausstattungsgegenstände aufgenommen worden. Die Klausel zur Förderung des Mittelstandes ist konkretisiert worden. Schließlich wurden auch Regelungen für die Parkplätze während der Bauzeit getroffen.

7.2 Einbeziehung der Aufsichtsbehörde

Bereits vor der Ausschreibung hat der Rhein-Erft-Kreis sein Vorhaben, den Bau der Schule und der Dreifachsporthalle als PPP-Modell zu vergeben, mitgeteilt. Nach § 85 der Gemeindeordnung NW handelt es sich bei dem PPP-Modell nach noch herrschender Auffassung um ein kreditähnliches Rechtsgeschäft und ist daher der Aufsichtsbehörde anzuzeigen (vgl. § 5 Abschnitt 2.2.2). Die Bezirksregierung Köln als zuständige Aufsichtsbehörde stand vor den gleichen Schwierigkeiten wie alle anderen Beteiligten auch. PPP ist ein neues Verfahren, zu dem es in Deutschland noch keine entsprechenden Erfahrungen gab und das nicht in das übliche Schema der Anzeigeverfahren passt.

So erhielt der Kreis auf sein Schreiben zunächst den Hinweis, dass nach der GO die Anzeige 4 Wochen vor Beschluss des Rates zu erfolgen habe und er doch bitte das übliche Verfahren einhalten möge. Eine solche Handhabung widerspricht aber den Bedürfnissen im Rahmen eines PPP-Modells. So konnte 4 Wochen vor dem Beschluss des Kreistages nicht feststehen, an welchen Bieter der Auftrag erteilt werden würde. Damit waren auch die Konditionen (noch) nicht festgelegt, die einem Wirtschaftlichkeitsvergleich zu Grunde zu legen sind. Der Zuschlag und damit die Bindung des Kreises muss zügig innerhalb der Bindungsfrist der Angebote erfolgen. Der Wirtschaftlichkeitsvergleich zwischen Eigenerstellung und PPP durch die Ermittlung des Public-Sector-Comparator war für Verwaltung wie Aufsichtbehörde völlig neu. Auf Anregung des Rhein-Erft-Kreises wurde zwischen der Task-Force des Finanzministers und dem Innenminister als oberster Kommunalaufsicht ein diesen Sachzwängen angemessenes Vorgehen abgestimmt: Der Kreis informierte die Kommunalaufsicht während des gesamten Verfahrens über die entscheidenden Verfahrensschritte. Die ersten Berechnungen des PSC in der Wirtschaftlichkeitsstudie wurden erklärt, die Wertung der Angebote erläutert. Diese fortdauernde Information führte dazu, dass die abschließende Prüfung der Wirtschaftlichkeit in zumutbarer Zeit erfolgte. Am 3. 2. 2004 wurden die Verträge durch den Landrat und den Kreisdirektor einerseits und durch Vertreter der Objektgesellschaft andererseits unterzeichnet.

8. Umsetzung

Der Kreis hatte sich entschlossen, die externen Berater auch mit der Begleitung und dem Controlling des Bauvorhabens zu betrauen. Das bot sich deswegen an, weil die Berater die Verdingungsunterlagen erstellt und die Verhandlungen geführt hatten. Zum weiteren Verfahren wurde verabredet, dass regelmäßig Besprechungstermine zwischen Beratern, Kreisverwaltung und Objektgesellschaft stattfinden sollten. Dort sollte jeweils der Stand der Planung und die Ausführung erörtert, sowie die konkrete Fragen geklärt werden. Es wurde ein projektspezifisches Organisationshandbuch erstellt, das die funktionale Zusammenarbeit der Projektbeteiligten sichern sollte. Der Informationsfluss wurde festgelegt und die Entscheidungsprozesse beschrieben. Ein wichtiger Inhalt der jetzigen Erörterungen sind die Genehmigungsplanung und die Ausführungsplanung. Bei der Genehmigungsplanung sind z. B. die Außenanlagen, Zugänge nach außen und die Zuordnung einzelner Räume verändert worden. Bei der Zusammenarbeit mit dem beauftragten Unternehmen hat sich bisher gezeigt, dass der Begriff Partnership des Modellvorhabens in die Tat umgesetzt wird.

Am 26. 4. 2004 fand der erste Spatenstich statt. Dabei würdigte der Landrat die zügige Durchführung des Verfahrens und die gute Zusammenarbeit mit der VICO – der aus dem Bieterkonsortium gegründeten Objektgesellschaft.

9. Projektorganisation und Projektmanagement

Der Rhein-Erft-Kreis war daran interessiert, möglichst zügig die Vorbereitungen und die Umsetzung des Verfahrens zu betreiben. Daher sollte von Beginn an eine Projektorganisation gewählt werden, die einerseits diese Zeitvorgaben erfüllen und andererseits eine sorgfältige Begleitung sicherstellte. Die Verwaltung entschloss sich zu einer sehr schlanken Organisation. Es wurde eine Arbeitsgruppe eingerichtet, die aus dem Leiter des Gebäudemanagements, dem Leiter des Schulamtes und einer Mitarbeiterin des Schulamtes bestand. Die Leitung übernahm der Kreisdirektor. Nach kurzer Zeit wurden der Schulleiter der Sonderschule und der Sportfachleiter des Berufskollegs Mitglieder. Je nach den einzelnen Verfahrensschritten wurden weitere MitarbeiterInnen hinzugezogen. Es hat die Arbeit in der Verwaltung wesentlich erleichtert, dass der Kreisdirektor als allgemeiner Vertreter des Landrates zugleich Kämmerer und Dezernent u. a. für Schulen, Rechnungsprüfung und Kommunalaufsicht war. Daher konnten auf kürzestem Wege Informationen gesammelt und Entscheidungen getroffen werden. Die Geschäftsführung der Gruppe übernahm die (teilzeitbeschäftigte) Mitarbeiterin aus dem Schulamt.

Die Arbeitsgruppe tagte, je nach Bedarf, oftmal aber mehrfach die Woche. Nach dem Auftrag an die externen Berater wurden diese in die Arbeitsgruppe integriert. Mit der Zeit entwickelte sich eine enge und vertrauensvolle Zusammenarbeit zwischen der Verwaltung, den Schulen und den Beratern. Die Aufgaben- und Arbeitsverteilung geschah immer einvernehmlich, ohne dass auf Zuständigkeiten gepocht wurde. Die Zusammenarbeit mit den Rechtsanwälten und den Architekten der Projektsteuerer hat für die Verwaltungsmitarbeiter einen ganz erheblichen Lerneffekt gebracht. Gewissermaßen hautnah konnte ein straffes Projektmanagement erfahren und eine für eine Verwaltung ungewohnte Flexibilität realisiert werden. Diese Erfahrungen ertüchtigen Verwaltungen zu neuen Verfahrensweisen und regen zu veränderten Arbeitsweisen an.

Von Anfang an war die Politik in die Arbeit vollinhaltlich eingezogen. Zwischen Kreistag und Verwaltung war verabredet worden, dass nicht der übliche Weg – Berichte und Vorlagen im Schulausschuss, im Liegenschaftsausschuss, im Finanzausschuss, im Kreisausschuss – begangen werden sollte, sondern die Entscheidungen in der Vorbereitungsphase durch die schon erwähnte Gruppe, die aus den Fraktionsvorsitzenden bzw. ihren Stellvertretern bestand, getroffen werden sollten. Die nach der Entscheidung des Kreistages, das PPP-Modell umzusetzen, eingerichtete Lenkungsgruppe übernahm dann nahtlos diese Aufgabe. Auch hier waren die Fraktionsvorsitzenden oder deren Stellvertreter vertreten. Die Leitung der Lenkungsgruppe übernahm der Kreisdirektor. Es entwickelte sich alsbald eine auf Vertrauen basierende Zusammenarbeit zwischen der Arbeitsgruppe der Verwaltung und der Lenkungsgruppe des Kreistages.

Diese Organisation hat sich hervorragend bewährt. Es war sichergestellt, dass bei Bedarf auch ohne Ladungsfristen eine Sitzung stattfinden konnte und Entscheidungen getroffen werden konnte, ohne dass jeweils eine zeitaufwändige Rückfrage bei den einzelnen Fraktionen erfolgen musste. Die notwendige Information des Kreistages als dem entscheidenden Beschlussorgan war und ist durch die Mitglieder der Lenkungsgruppe, durch Informationstermine in den einzelnen Fraktionen und ausführliche Vorlagen für die Kreistagssitzungen gewährleistet. Dieses transparente und offene Verfahren führte im Endergebnis ausschließlich zu einstimmigen Beschlüssen.

10. Erste Bewertung

Bisher wurden die Erwartungen des Rhein-Erft-Kreises erfüllt. Die Ausschreibung und die folgenden Verhandlungen verbesserten die Wirtschaftlichkeit gegenüber der ansonsten erforderlich gewordenen Eigenerstellung. Die Bezirksregierung Köln als Kommunalaufsicht hat nach Prüfung aller Unterlagen den Effizienzvorteil auf über 10% beziffert. Das bedeutet eine jährliche Einsparung von ca. 260 000 € über einen Zeitraum von 25 Jahren. Der Wettbewerb hat zu einer inhaltlich und architektonisch ansprechenden Schule und einer Sporthalle geführt. Durch das Verhandlungsverfahren konnten in jedem Zeitpunkt die Interessen der Schulen und des Rhein-Erft-Kreises eingebracht werden. Die beiden Schulen sehen ihre Vorstellungen verwirklicht.

Die Zusammenarbeit mit der von der Bietergemeinschaft gegründeten Objektgesellschaft ist von partnerschaftlichem Vertrauen geprägt. Der Rhein-Erft-Kreis ist davon überzeugt, dass er bisher das Pilotprojekt zu einem Modellprojekt gemacht hat. Aus den Erfahrungen wären bei einem nächsten Projekt allerdings zwei Dinge zu überdenken:

Einredeverzicht

Der Rhein-Erft-Kreis hat nicht zugestimmt, dass zur Unterstützung der vom Investor und Betreiber bereitzustellenden Finanzierung die gegen ihn gerichteten Mietzahlungsforderungen an eine Bank einredefrei abgetreten werden. Entscheidend dafür war die Sicherheit, seine Ansprüche aus dem Vertragsverhältnis durch einfache Kürzung der Mietzahlungen durchsetzen zu können. Diese Entscheidung führt indes auch zu einer Verteuerung, da nur mit Einredeverzicht eine kommunalkreditähnliche – und damit preisgünstige – Finanzierung möglich wird. Es ist daher zu überlegen, die Mietzahlungen einredefrei zu stellen, wenn dies zur Sicherung (und damit: Verbilligung) der Finanzierung erforderlich ist. Die notwendige Sicherheit kann durch eine zeitliche Spreizung erreicht werden.

Verbindliches Angebot

Der Rhein-Erft-Kreis hatte bereits in der ersten Runde ein verbindliches Angebot von allen ausgewählten 5 Bietern gefordert. Die Kosten für die Erstellung des Angebotes sind unterschätzt worden. Insbesondere die Prüfgebühren von Banken für eine Finanzierungszusage sind erheblich. Um die Kosten der Bieter, die ja auch in das Angebot und damit das zu zahlende Entgelt einfließen, zu verringern, sollte jedenfalls für die Finanzierungszusage ein verbindliches Angebot nur von den letzten beiden verbliebenen Bietern gefordert werden.

11. Zusammenfassung der Erfolgsfaktoren

1. Klares Konzept

Der Rhein-Erft-Kreis hat sich von vorneherein auf ein klares Konzept festgelegt. Das Vorhaben ist überschaubar. Die Risiken sind bewertet und fair zwischen Betreiber und Kreis verteilt worden. Die Verdingungsunterlagen enthielten eine klare Leistungsbeschreibung und ließen dennoch dem Betreiber Möglichkeiten der Optimierung. Vor allem waren die Verträge weitgehend vorformuliert.

2. Einbeziehung der Nutzer

Der Neubau einer Sonderschule ist nicht irgendein Verwaltungsgebäude. Er soll den behinderten Kindern Schutz und die Möglichkeit geben, sich zu entfalten und den Lehrern die Gelegenheit bieten, ihr pädagogisches Konzept umzusetzen. Daher ist auf die Belange der Kinder, der Eltern und der Lehrer besondere Rücksicht zu nehmen. Diese sind von Beginn an in die Planung und Umsetzung des Verfahrens einbezogen worden.

3. Politische Rückendeckung

Von Anfang an bestand zwischen allen Fraktionen des Kreistages Übereinstimmung, das PPP-Modell zu beginnen und sich an der Durchführung zu beteiligen. Es wurde zwar in der Sache intensiv diskutiert, jedoch gab es keinen politisch motivierten Streit. Dadurch konnte vor allem ein zügiges Verfahren realisiert werden. Die Position der Verwaltung als der Verhandlungsführerin war gegenüber den Bietergemeinschaften wesentlich gestärkt, weil auch ihnen sehr schnell die politische Unterstützung deutlich wurde.

4. Professionelle externe Beratung

Vor allem in der Pilotphase ist externe Beratung unerlässlich. Die Komplexität der Verdingungsunterlagen, vor allem die Ausgestaltung der Vertragsentwürfe, die Durchführung des Verhandlungsverfahrens und die Wertung der eingegangenen Angebote ist ohne erfahrene Berater kaum möglich.

5. Straffes Projektmanagement

Ein PPP-Verfahren verlangt von Politik und Verwaltung neues Denken. Innere Widerstände müssen überwunden werden. In der Regel liegt ein enger Zeitrahmen zu Grunde. Ohne straffes Projektmanagement, ohne klare zeitliche Vorgaben und ohne Entscheidungsfreude ist ein Verfahren nicht durchzuführen.

6. Fairer Umgang mit den Bietern

Alle Bieter sind gleich zu behandeln. Ihnen allen stehen die gleichen Informationen zu und ihre Anregungen sind vorbehaltlos zu prüfen und gegebenenfalls aufzunehmen. Ihnen ist ausreichend Zeit und Gelegenheit zu geben, ihre Angebote zu präsentieren. Im Rhein-Erft-Kreis wurden die unterlegenen Bietern ausführlich im Nachhinein über die Gründe des Ausscheidens informiert.

§ 16 Die britische Botschaft in Berlin

Übersicht

1. Einführung

Die Eröffnung der britischen Botschaft in Berlin erregte in gleich mehrfacher Weise Aufmerksamkeit: Neben der außergewöhnlichen Architektur war es die Realisierungsform, welche die Fachwelt aufhorchen ließ. Die britische Botschaft in Berlin ist das erste Botschaftsgebäude, das im Rahmen eines PPP-Modells (Public-Private-Partnership) verwirklicht wurde. Und das erste britische PFI Projekt (Private Finance Initiative) außerhalb von Großbritannien.

2. Privatwirtschaftliche Lösung: Private Finance Initiative (PFI) in Großbritannien

Mit der 1992 von der britischen Regierung ins Leben gerufenen Privatfinanzierungsinitiative PFI (Private Finance Initiative) ergänzt der Staat zusehends seine Rolle als hoheitlicher Anstaltsträger und wird zunehmend auch zum Abnehmer von Dienstleistungen. Die mit der Planung, Durchführung und Finanzierung von Bauvorhaben sowie dem langjährigen Betrieb verbundenen Risiken können so vom Staat auf die Privatwirtschaft übertragen werden. Auf diese Weise lässt sich auch privates Know-how und unternehmerische Initiative für die Bereitstellung öffentlicher Dienste nutzbar machen. Der Staat konzentriert sich auf seine Kernaufgaben (Beschaffung, Überwachung) mit dem Ziel, durch Einbeziehung des privaten Sektors optimale Qualität und Effizienz in der Bereitstellung öffentlicher Güter zu erreichen.

Während sich der Staat weg vom Produzenten und Bereitsteller eines öffentlichen Gutes hin zum Dienstleistungseinkäufer wandelt (Outsourcing, schlanker Staat), muss sich der private Unternehmer hin zum umfassenden Problemlöser und langfristigen Dienstleister entwickeln.

Das erfolgreiche britische PFI-Modell hat eine signifikante Rückführung der Staatsverschuldung begünstigt und die Kostenstruktur öffentlicher Projekte transparenter gemacht. Die mit der Realisierung durch Private erzielten Einsparungen konnten in Großbritannien mit 17% nachgewiesen werden. Bei jährlichen PFI-Investitionen von 6 Mrd. Euro führt das zu Einsparungen von über 1 Mrd. Euro pro Jahr, die für zusätzliche Projekte oder auch Steuersenkungen zur Verfügung stehen.

3. Die britische Botschaft als PFI-Projekt

3.1 Projektentscheidung

Aufgrund des für das Jahr 2000 geplanten Regierungsumzuges von Bonn nach Berlin entschied 1994 die britische Regierung, in Berlin auf ihrem ehemaligen Botschaftsgelände in Berlin-Mitte eine neue Botschaft zu errichten. Das Projekt war zunächst als konventionelle Ausschreibung vorgesehen und deshalb mit einem Architektenwettbewerb gestartet.

Als 1995 die Haushaltsmittel für alle FCO (Foreign and Commonwealth Office, das britische Außenministerium)-Investitionen unerwartet um ein Drittel gekürzt wurden, war klar, dass mit den verbleibenden Mitteln die Botschaft auf herkömmliche Art und Weise nicht mehr realisiert werden konnte. Deshalb entschloss man sich, eine Lösung auf PFI-Basis zu untersuchen.

Als besondere Schwierigkeiten waren zu berücksichtigen, dass

- erstmals eine Botschaft als PFI-Lösung umzusetzen war, d.h. unter anderem mit besonderen Anforderungen an die Sicherheit,
- erstmals eine PFI-Lösung außerhalb von Großbritannien realisiert werden sollte, d.h. mit entsprechenden Anforderungen auf Grund deutsch-britischem Vertragsrecht und deutschen Genehmigungsverfahren und
- bereits ein Architektenwettbewerb vorausgegangen war.

Insbesondere letzteres bereitete nicht geringe Komplikationen, da Gestaltung und Architektur bereits feststanden und die Baueingabepläne von den Berliner Baubehörden genehmigt waren. Bei einem PFI-Projekt ist das ungewöhnlich; üblicherweise arbeiten die Bieter mit einem „weißen Blatt Papier" und damit ohne Vorgaben. Hier lag jedoch eine fertige architektonische Planung vor, maßgeschneidert für den vorhandenen Bauplatz. Das schränkte den Freiraum für innovative und kostenoptimierte Gestaltung weit mehr ein, als es bei PFI Projekten sonst der Fall ist.

Die Überlegung, eine PFI-Lösung mit komplett neuer Planung zu beginnen, wurde verworfen, da sie nicht nur den Baubeginn erheblich verzögert hätte, sondern auch den Umzug in die neue Botschaft, der zeitgleich mit dem Umzug der deutschen Regierung nach Berlin erfolgen sollte. So wurde entschieden, für eine PFI-Lösung die Ausschreibung auf der Basis des vorhandenen Entwurfs vorzunehmen. Den Bietern sollte freigestellt werden, ob sie die Ausführung mit dem entwerfenden Architekten (Michael Wilford) oder einem anderen Architekten realisieren wollten.

Zunächst war allerdings zu klären, ob eine PFI-Lösung tatsächlich Vorteile bringen würde. Im Februar 1996 kamen die Beteiligten zu einem positiven Ergebnis. Mit einem Markttest konnten sie nachweisen, dass eine PFI-Lösung wirtschaftliche Vorteile (Value for Money) gegenüber einer konventionellen Realisierung bringen würde.

3.2 Ausschreibung und Vergabe

Mit einem europaweiten zweistufigen Wettbewerbsverfahren wurde aus einem Kreis von 27 Teilnehmern innerhalb von zwei Jahren das von Bilfinger Berger geführte Konsortium ausgewählt und im Juni 1998 beauftragt:

06/1996	Präqualifikation	27 Teilnehmer
10/1996	Präsentation	9 Anbieter
04/1997	Angebote	3 Bietergruppen
07/1997	Auswahl	1 Bevorzugter Bieter
06/1998	Beauftragung	Projektgesellschaft

Entsprechend dem PFI-Prinzip, dem privaten Bieter möglichst viel Freiraum für innovative Lösungen zu lassen, enthielt die Ausschreibung keine Leistungsbeschreibung im üblichen Sinne, mit genau spezifizierten Vorgaben wie bei einer Einzelgewerksausschreibung (Input Specification), sondern bestand aus einer Funktionalausschreibung (Output Specification). Die Anforderungen wurden in generellen Leistungskriterien beschrieben, einschließlich einer Erläuterung des Ablaufs der üblichen Arbeiten in einer Botschaft. Das alles war nur als Richtschnur gedacht, den Bietern war es freigestellt, Änderungsvorschläge zum Thema „Value for Money" oder zur Verbesserung der Betriebsabläufe zu unterbreiten. Es wurden detaillierte Dienstleistungsanforderungen zur Verfügung gestellt, die den Rahmen für die zu erbringenden Leistungen und die geforderten Leistungsstandards bestimmten. Auch ein Vertragsentwurf wurde vorgelegt mit dem Hinweis, dass alternative Vorschläge willkommen seien. Es war eindeutig klar: es sollte keine Immobilie erworben, sondern eine Dienstleistung „Botschaftsgebäude" eingekauft werden.

Der Vertrag wurde im Juni 1998 mit der Projektgesellschaft ARTEOS unterzeichnet. Er enthielt folgende Eckpunkte:

– Ein Pachtvertrag über 60 Jahre für das Grundstück. Die britische Regierung bleibt weiterhin Eigentümerin, aber die Nutzung (Erbbaurecht) des Grundstücks wird der Projektgesellschaft übertragen. Die Konzession (d. h. Nutzung des Gebäudes durch das FCO) hat zunächst nur eine Dauer von 30 Jahren. Nach Ablauf dieses Zeitraums wird neu verhandelt.
– Für das Gebäude und die zu erbringenden Dienstleistungen (einschließlich der vereinbarten Funktionalitäten) ist ein monatliches Nutzungsentgelt über den Zeitraum von 30 Jahren zahlen. Eine Vorfinanzierung durch das FCO war nicht erforderlich, ihm mussten hierfür keine Haushaltsgelder zugewiesen werden.
– Für die zu erbringenden Dienstleistungen sind Leistungsstandards („Service Levels") vereinbart. Sollten diese nicht erreicht werden, würden bei den monatlichen Zahlungen Abzüge fällig. Wenn zum Beispiel der Konferenzraum nicht nutzbar ist, werden die Zahlungen für die Gebäudenutzung reduziert: es käme zu einer Mietminderung; sollte im Arbeitszimmer des Botschafters die Klimaanlage nicht funktionieren, gäbe es ebenfalls eine Mietminderung; sollte der Treppenaufgang nicht begehbar sein oder die Beleuchtung ließe zu wünschen übrig oder das Sicherheitsalarmsystem würde streiken – jedes Mal käme es zu Mietminderungen, wenn die Beeinträchtigung der Projektgesellschaft nicht prompt behoben würde. Dies ist das Prinzip einer leistungsorientierten Vergütung und wesentliches Kernelement des PFI-Konzeptes.
– Bei der Ausführungsplanung war ARTEOS bereit, den Wilford-Entwurf zu übernehmen in dem Wissen, dass alles andere zu riskant wäre und zu Verzögerungen führen würde. Dafür erhielt ARTEOS das Recht, gewisse Räumlichkeiten außerhalb der Nutzung durch die Botschaft Dritten zur Nutzung anzubieten und daraus Einnahmen zu erzielen, an denen allerdings das FCO mit 25% zu beteiligen war.

3.3 Projektstruktur und Projektdaten

Für die Durchführung des Projektes wurde unmittelbar vor Vertragsunterzeichnung von der durch Bilfinger Berger geführten Bietergruppe die Projektgesellschaft ARTEOS gegründet. Damit hat das FCO als Auftraggeber einen Partner, der ihm alles aus einer Hand bietet; siehe **Abbildung 1.**

Die Projektgesellschaft hat durch den Konzessionsvertrag die Verpflichtung übernommen, den Botschaftsbau auf eigene Kosten durchzuführen sowie das erstellte Botschaftsgebäude über einen Zeitraum von 30 Jahren zu betreiben. Nach dieser Laufzeit erfolgt entweder eine Vertragsverlängerung oder die Rückgabe an das FCO gegen Vergütung des Restwertes. Im Gegenzug erhält die Projektgesellschaft vom FCO ein monatlich zu zahlendes Nutzungsentgelt.

Das benötigte Eigenkapital wurde im Wesentlichen von dem Hauptgesellschafter der Projektgesellschaft als Sponsor zur Verfügung gestellt, der gleichzeitig das erforderliche Management-Know-how in die Gesellschaft einbringen konnte. Die zusätzlich zum Eigenkapital benötigte Fremdfinanzierung wurde von einer deutschen Großbank bereitgestellt.

Projektdaten:

Investitionsvolumen	38 Mio. Euro	
Eigenkapital	6 Mio. Euro	15%
Fremdkapital	32 Mio. Euro	85%
Erbbaurechtsvertrag	60 Jahre	
Konzessionsdauer	30 Jahre	
Nach Ablauf der Konzession	Verlängerung um 30 Jahre	

Abbildung: Projektstruktur

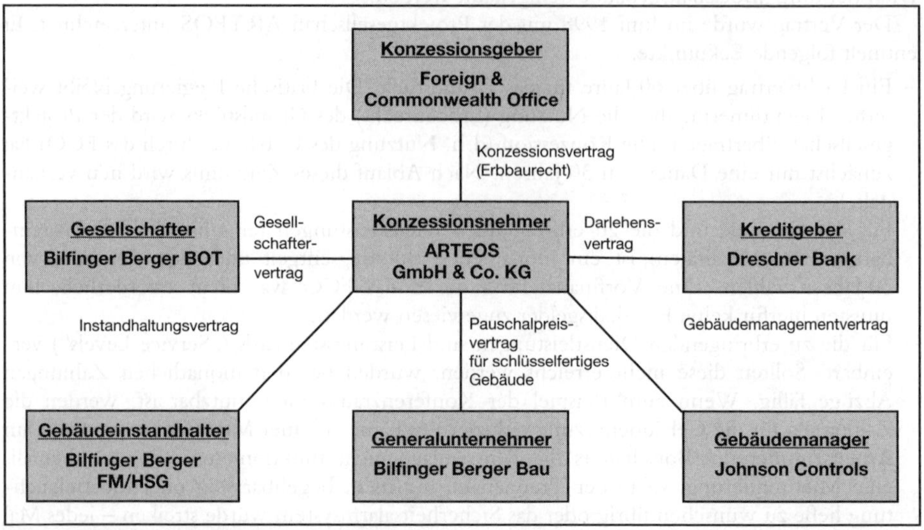

3.4 Risikoverteilung in der Bauphase

Während der Bauphase wurden die städtischen Bauvorschriften unerwartet geändert. Anlässlich eines Schadensfalles im Zusammenhang mit einem anderen Bürogebäude, bei dem sich Glasscheiben aus der Fassung gelöst hatten, wurden die bauordnungsrechtlichen Anforderungen an die Glasbefestigung verschärft. Die neuen Vorschriften traten mit sofortiger Wirkung in Kraft und sahen keine Ausnahmen für bereits laufende Bauvorhaben vor.

Bei einer konventionellen Ausschreibung hätte dem Bauunternehmer die Möglichkeit offen gestanden, die Mehrkosten als Nachtrag bei dem öffentlichen Auftraggeber geltend zu machen.

Bei der PFI-Lösung der britischen Botschaft war das jedoch nicht möglich, denn die Projektgesellschaft hatte gegenüber dem FCO das Risiko von Gesetzesänderungen im Bereich „Health & Safety" übernommen. Die sich ergebenden zeitlichen und finanziellen Konsequenzen waren daher von der Projektgesellschaft zu tragen. Daraus resultierte eine Verschiebung der Fertigstellung um zwei Monate. Die hierzu und einer weiteren Verschiebung vereinbarte Vorgehensweise wurde in entsprechenden Zusatzvereinbarungen vertraglich festgehalten.

4. Ein Blick zurück

PFI hat es dem britischen Außenministerium erlaubt, rechtzeitig bis zum Jahr 2000 ein neues Botschaftsgebäude zu erstellen, ohne hierfür Haushaltsmittel aufwenden zu müssen. Ohne PFI wäre das nicht möglich gewesen, da das Finanzministerium die verfügbaren Haushaltsmittel drastisch gekürzt hatte.

Die PFI-Struktur bewirkte nicht nur für starken finanziellen Anreiz bei der Projektgesellschaft und den Sponsoren, das Gebäude in hoher, dauerhafter Qualität auszuführen, sondern auch beim FCO für die nötige Selbstdisziplin des Auftraggebers. So hatten z. B. nachträgliche Änderungen des Projektes auf Grund von Sonderwünschen des FCO als Nutzer gesondert vergütet werden müssen. Dieser Umstand wirkte disziplinierend im Hinblick auf ein ansonsten bei entsprechenden Baumaßnahmen durchaus zu beobachtendes „Änderungswunsch-Denken".

Durch die PFI-Struktur erhielt das FCO hochwertige Büroflächen in einem zukunftsweisenden Bauwerk. Denn die Projektgesellschaft war nicht nur für die Erstellung des Gebäudes verantwortlich, sondern bleibt es auch für dessen Instandhaltung und Betrieb während der nächsten 30 Jahre. Deshalb konnte der Auftraggeber sicher sein, dass optimale Qualität geliefert werden würde: Als langfristiger Vertragspartner musste die Projektgesellschaft besonderen Bedacht auf die ordnungsgemäße Ausführung legen, da sie langfristig selbst von Mängeln und ihren Beseitigungskosten betroffen gewesen sein würde. Insbesondere würden Verzögerungen in der Bauphase die Gefahr ausbleibender oder verzögerter Mietzahlungen in der Nutzungsphase mit sich gebracht haben.

Der „britische Rechnungshof", das National Audit Office, hat eine umfassende Wirtschaftlichkeitsstudie über die PFI-Realisierung dieser Botschaft erstellt und ist zu dem Ergebnis gekommen, dass die britische Regierung hier tatsächlich „Value for Money" erhalten hat.

§ 17 PPP-Ansätze für Investitionen in Krankenhäusern

Übersicht

Die deutsche Bevölkerung hat für Gesundheitsausgaben in 2002 ca. 234 Mrd. € aufgewendet. Der Anteil am Bruttoinlandsprodukt stieg in den letzten zehn Jahren von 10,1% auf 11,1%. Das ist – neben höheren Kosten für den medizinischen Fortschritt – vor allem eine Folge der Entwicklung der Alters- und der damit verbundenen Morbiditätsstruktur der Bevölkerung. Ca. 2200 Krankenhäuser (2001) verursachten Kosten von 63,8 Mrd. €, etwa 5–7% davon dürften auf Investitionen entfallen.

Ein großer Teil der Investitionen, auch in Krankenhäusern in privater Rechtsform und/oder privater oder freigemeinnütziger Träger, wird von den Ländern finanziert. Hilft der PPP-Ansatz, die Kosten- und Qualitätseffizienz dieser Investitionen weiter zu verbessern? Der folgende Bericht beruht auf den Erfahrungen des Autors mit einer PPP-Vertragskonstruktion für den Neubau des Klinikums Barmbek im Landesbetrieb Krankenhäuser Hamburg.

1. Bedingungen für PPP-Strukturen bei Krankenhausinvestitionen

1.1 Die deutsche Krankenhauslandschaft

Es wird hier nicht versucht, die Vielfältigkeit der verschiedenen Formen, ein Krankenhaus zu betreiben, systematisch zu untergliedern und damit den Kreis von Häusern, die für PPP-Ansätze geeignet sind, einzugrenzen. Jede Typisierung wäre vermutlich durch die derzeit rasanten Entwicklungen auf dem Krankenhausmarkt schon nach wenigen Monaten überholt und neue Formen müssten hinzugefügt werden.

§ 2 des Krankenhausfinanzierungsgesetzes (KHG) definiert Krankenhäuser als „Einrichtungen, in denen durch ärztliche und pflegerische Hilfeleistung Krankheiten, Leiden oder Körperschäden festgestellt, geheilt oder gelindert werden sollen oder Geburtshilfe geleistet wird und in denen die zu versorgenden Personen untergebracht und verpflegt werden können“. Diese Begriffsbestimmung mag früher getaugt haben, um das Krankenhaus von einer Reha-Einrichtung oder der Praxis eines niedergelassenen Arztes abzugrenzen und öffentlich-rechtliche Regularien für jede dieser Gruppen festzulegen. Heute sind es eher andere Merkmale, die das medizinische und ökonomische Verhalten und die Rahmenbedingungen für die Betriebsführung in den verschiedenen Gesundheitseinrichtungen bestimmen:

- die Trägerschaft (häufige Träger sind Länder, Kommunen, Kirchen, Vereine, private Träger),
- die Versorgungsstufe (Maximalversorgung, Zentralversorgung, Schwerpunktversorgung, Regionalversorgung),
- die Rechtsform (unselbstständiger Teil der Länder- oder der Kommunalverwaltung, Eigenbetrieb, Anstalt öffentlichen Rechts, gemeinnützige GmbH, GmbH, Aktiengesellschaft u. a.),
- die Zugehörigkeit zu einem Verband (z. B. Verband der freigemeinnützigen Krankenhäuser, Verband der privaten Krankenhäuser),
- die Ermächtigung zu Lehre und Forschung (Universitäten, akademische Lehrkrankenhäuser),

- die Art der Berücksichtigung in den Krankenhausplänen der Länder (Plan-Krankenhäuser, Vertragskrankenhäuser, Häuser mit nur einzelnen im Plan aufgenommenen Abteilungen, Nicht-Plan-Krankenhäuser),
- die Art der Leistungserbringung (stationäre Leistungen, ambulante Operationen, Notfallambulanzen, übrige ambulante Leistungen, vorstationäre Leistungen, nachstationäre Leistungen, tagesklinische Leistungen u. a.),
- neue Organisationsformen (z. B. Gesundheitszentren, Portalkrankenhäuser als Eingangspforte für Erstbehandlungen und einfache Basisleistungen in Kooperation mit anderen Krankenhäusern u. a.).

Diese Liste ließe sich fortsetzen. Mit der Vielgestaltigkeit von Krankenhaustypen variiert hiermit notwendigerweise zugleich auch die Vielgestaltigkeit möglicher privatrechtlicher Elemente. Seitdem Krankenhäuser ab Mitte der 90-er Jahre und verschärft mit der Einführung der Abrechnung der Leistungen nach dem DRG-System (Diagnosis Related Groups, das sind Festpreise für einen Katalog von über 800 verschiedenen medizinischen Leistungen/Krankheitsarten) in einen Wettbewerb um Kosten, Qualität und Attraktivität gestellt wurden, verändert sich die Krankenhauslandschaft demnach in atemberaubender Geschwindigkeit. Nahezu alle Kombinationen der o. g. Merkmale werden heute gebildet, morgen verändert und übermorgen von neuen Kombinationen abgelöst. Kommunen privatisieren ihre Krankenhäuser, es bilden sich Krankenhauskonzerne, früher extrem gegeneinander abgegrenzte Krankenhäuser verschiedener Trägergruppen fusionieren, es kommt zu institutionellen Verbindungen zwischen stationären und ambulanten Leistungserbringern, Kassen schließen Verträge mit Nicht-Plan-Krankenhäusern, das Haus der Maximalversorgung wechselt vom Universalanbieter für alle Leistungen zum Spezialanbieter. Die Übersichtlichkeit der Vergangenheit ist endgültig vorbei.

1.2 Finanzierung von Krankenhausinvestitionen

Grundsätzlich gilt auch heute noch das duale Finanzierungssystem, d. h.

- Investitionen werden durch die Länder
- und der laufende Betrieb durch die gesetzlichen und privaten Krankenkassen

finanziert. Wenngleich dieses gespaltene Finanzierungssystem betriebswirtschaftlich keinen vernünftigen Sinn ergibt, so ist gleichwohl damit zu rechnen, dass die sog. monistische Finanzierung jedenfalls nicht in den nächsten Jahren umgesetzt werden kann. Tatsächlich sichert der Verteilungskampf um die knappen Finanzmittel zwischen Ländern, Kommunen und Kassen den Fortbestand dieses nur fiskalisch erklärbaren Systems über die bisherigen 40 Jahre des Bestehens hinaus.

Die Investitionen werden als Einzelförderung für einzelne Maßnahmen (z. B. neue Gebäude, neue Stationen, erstmalige Anschaffungen von Großgeräten, Änderungen in der Haus- und Betriebstechnik) und als pauschale Fördermittel für die Wiederbeschaffung von Einrichtungen und Geräten bereitgestellt. Bei der Einzelförderung werden oft die nachgewiesenen wirtschaftlichen Selbstkosten finanziert. Viele Länder vereinbaren heute jedoch auch pauschale Festpreise mit den Krankenhausträgern. Höhere als geplante Investitionskosten sind dann vom Träger selbst aufzubringen, Einsparungen verbleiben beim Träger.

Mit zunehmender Enge der finanziellen Spielräume der Länder nimmt der Teil der selbstfinanzierten Investitionen ohne oder mit nur teilweiser Inanspruchnahme von Mitteln der Länder zu. Viele Krankenhäuser finanzieren Teile ihrer Investitionen schon heute zu 100% aus Eigenmitteln bzw. aus Krediten. Der Kapitaldienst für Zinsen und Tilgung muss dann aus Überschüssen in der Betriebsführung erwirtschaftet werden. Mit dieser Entwicklung gehen naturgemäß verstärkte Überlegungen zur Darstellung einzelner Vorhaben durch Projektfinanzierung einher. Dieses gilt zumal für Krankenhäuser, die nicht in den Krankenhausplan eines Landes aufgenommen sind und ihre Investitionen schon seit langem selbst finanzieren müssen.

1.3 Rahmenbedingungen für PPP-Strukturen

Patientenversorgung in Krankenhäusern ist – auch bei kommunalen oder staatlichen Krankenhäusern – immer eine gemeinsame PPP-Aufgabe mit privaten Unternehmen. Medizingeräte werden von privaten Unternehmen produziert und gewartet, Arzneimittel werden mit wenigen Ausnahmen von der privaten Pharmaindustrie hergestellt, Wäsche wird meist in privaten Wäschereien gewaschen, Verpflegung kommt vom privaten Caterer, Teilbereiche des Krankenhauses wie z.B. Labor oder Radiologie sind vielfach bereits „outgesourced". Anwender dieser Strukturen sind auf öffentlicher Seite namentlich Krankenhäuser, bei denen das Land oder die Kommune Volleigentümer oder anteiliger Eigentümer ist (die Rechtsform spielt dabei keine Rolle). Gegenständlich betroffen sind dabei vor allem:

- Investitionen, die nach dem KHG ganz oder teilweise vom Land finanziert werden – unabhängig davon, ob der Krankenhausträger öffentlich-rechtlich oder privat-rechtlich organisiert ist –,
- Leistungen, die auf Grund eines Auftrages einer öffentlich-rechtlichen Körperschaft in Krankenhäusern erbracht werden – so weit dies in den Auftrags- oder Förderbestimmungen vorgesehen ist (z.B. Forschungsaufträge, Beratungsstellen, Gesundheitsvorsorge).

In diesen Fällen gelten die typischen Rahmenbedingungen für die Beteiligung des Staates als Genehmigungsinstanz und Aufgabenträger. Deutlich werden diese Bedingungen unter anderem an Vorgaben für Genehmigung, Planung und Abwicklung von Investitionsvorhaben, in Genehmigungs- und Kontrollrechten von Parlamenten und Behörden, in für den öffentlichen Bereich geltenden Tarifverträgen sowie in der Bindung an öffentliches Wettbewerbs- und Vergaberecht u.a.

2. PPP-Projekt „Neubau Klinikum Barmbek (LBK Hamburg)"

2.1 Ausgangslage

Am Beispiel des Neubaus des Klinikums Barmbek im LBK Hamburg soll nachfolgend über Erfahrungen und Empfehlungen eines PPP-Projektes mit einer Auftragssumme von ca. 150 Mio. € berichtet werden.

Das Allgemeine Krankenhaus Barmbek ist ein staatliches Krankenhaus der Schwerpunktversorgung, eines von sieben Krankenhäusern des LBK Hamburg, Anstalt öffentlichen Rechts. Es wurde 1913 in Pavillonbauweise mit über 50 Gebäuden und ca. 2000 Betten in der Trägerschaft der Freien und Hansestadt Hamburg erbaut. Durch Auflockerungen im Bettenbereich, insbesondere durch Aufgabe der Krankensäle zugunsten von Zwei- bis Vierbettzimmern wurde das AK Barmbek bis Ende der 90er Jahre schrittweise auf ca. 900 Betten konzentriert. Die Pavillonbauweise blieb erhalten.

Spätestens seit Anfang der 90er Jahre stand fest, dass die Erhaltung der alten Bausubstanz extrem hohe Sanierungskosten verursachen würde und auch bei vollständiger Sanierung die unwirtschaftlichen Betriebsstrukturen der Pavillonbauweise nicht zu beseitigen wären. Der Krankenhausleitung, der Gesundheitsbehörde, dem Senat und der Bürgerschaft der FHH war bewusst, dass dieses Krankenhaus entweder in kurzer Zeit ganz neu gebaut werden oder seinen Betrieb einstellen müsste.

Trotzdem ist etwa 10 Jahre lang – abgesehen von immer wieder verschobenen Einstellungen einzelner isolierter Baumaßnahmen in die mittelfristige Finanzplanung – nichts passiert. Die Politik war überfordert, den Neubau eines Krankenhauses mit unüberschaubaren Kosten irgendwo zwischen erwarteten ca. 180 bis 200 Mio. € zu lösen. Mit dem Argument, das AK Barmbek würde trotz der bekannten Probleme immer noch jedes Jahr über 30 000 stationäre Patienten behandeln und einen guten Ruf in der Bevölkerung haben, was gewiss auch noch einige Jahre so bleiben könnte, wurde das Problem – auch politisch – von Jahr zu Jahr verschoben. Was war daraus zu lernen:

- Neubauten im Krankenhausbereich, die die Finanzierungslast vollständig bei dem Land oder der Kommune belassen, haben bei der schlechten Finanzlage der öffentlichen Haushalte kaum noch eine Realisierungschance. Neue Ideen sind gefragt.
- Man darf die Politik nicht nur mit einem Problem (der abgängigen Bausubstanz) konfrontieren, sondern muss ein Konzept vorlegen, das auch inhaltlich innovativ ist und dessen Realisierung deshalb einen eigenen Wert hat.
- Es genügt nicht, immer wieder gleich lautende Anträge an die finanzierende Behörde zu schreiben. Man muss einen weiten Kreis von Unterstützern in allen Bereichen suchen und eine positive Öffentlichkeit über Medien herstellen. Kritiker und Zögerer müssen zu Förderern des Projektes werden.

Mit dieser Erkenntnis hat die Krankenhausleitung des AK Barmbek eine Machbarkeitsstudie für ein innovatives Neubauprojekt erstellt.

2.2 Machbarkeitsstudie

Die Gründlichkeit und der Ideenreichtum einer Machbarkeitsstudie ist nach hiesiger Erfahrung der entscheidende Erfolgsfaktor für die Realisierung oder Nicht-Realisierung eines Neubau-Projektes. Lange Zeit hat man nur dieses Material, um die Akzeptanz, besser die Begeisterung für dieses Projekt zu erreichen. Viele bohrende Fragen, auch und gerade diejenigen der Skeptiker, der Vorsichtigen, der Unentschlossenen, müssen auf dieser Grundlage beantwortet werden. Die Ergebnisse der Machbarkeitsstudie müssen verlässlich und nachvollziehbar sein. Sie setzen sich in den Köpfen aller Beteiligten fest und bilden oft genug den finanziellen und inhaltlichen Rahmen, an dem der Erfolg gemessen wird, falls es zu einer Projektrealisierung kommt. Aber zunächst geht es um die Entscheidung „go“ oder „stopp“.

Folgende Punkte sollten in einer (für den Neubau des Klinikums Barmbek etwa 100 Seiten starken) Machbarkeitsstudie für einen Krankenhausneubau behandelt werden:

- Aktuelle Situation, Problemstellung
  - Versorgungsangebot, Leistungsangebot
  - Organisation
  - Bauliche Struktur
  - Wirtschaftliche Situation
  - Grundsätzliche Entwicklungsalternativen
- Analyse der Bestimmungsfaktoren, die im konkreten Fall ausschlaggebend sind für den unternehmerischen Erfolg des geplanten neuen Krankenhauses
- Nachfrageentwicklung (Einzugsgebiete, demographische Entwicklung, Verkehrswege, nachgefragte Leistungen, Konkurrenzsituation)
- Verteilung der Nachfrage auf die verschiedenen Leistungsanbieter, also die Konkurrenten im regionalen Umfeld, im stationären, semistationären und ambulanten Bereich
- Auswirkungen von künftig zu erwartenden Änderungen von Gesetzen und Verordnungen für den Gesundheitsbereich
- Preisentwicklungen auf dem Gesundheitsmarkt (DRG-Preissystem)
- Bestimmung der Produktivität und Qualität des eigenen Leistungsprozesses (Herausarbeitung von Stärken, Schwächen, Marktpotentialen)
- Bestimmung derjenigen Geschäftsfelder,
  - die mittel- und langfristig attraktiv sind, am besten eine wachsende Nachfrage haben
  - für die das Krankenhaus eine Kernkompetenz hat oder entwickeln kann,
  - bei denen eine Kostenführerschaft gegenüber Mitbewerbern erreicht werden kann,
  - bei denen Preise im DRG-System mindestens kostendeckend sind
  - oder bei denen interessante Sonderverträge (integrierte Versorgung, Desease-Management-Programme, Modellversuche) mit den Krankenkassen abgeschlossen werden können und bei denen die Konkurrenz mit anderen Leistungsanbietern erfolgreich beherrscht werden kann

- Innovative Modelle für eine wirtschaftliche, kundenorientierte und medizinische gute Organisation des Krankenhauses (hierauf wurde im Projekt Neubau Klinikum Barmbek allergrößter Wert gelegt)
- Finanzierungsalternativen
  - klassische Investitionsfinanzierung durch das Land
  - Teilfinanzierung durch Verkaufserlöse für nicht mehr benötigte Grundstücksteile oder Gebäude
  - Eigenfinanzierung durch das Krankenhaus/Kreditaufnahme
  - Mischformen
- Kooperationsmöglichkeiten
  - mit Objektgesellschaften
  - mit Betreibergesellschaften
  - mit anderen Leistungsanbietern
- Personelles Umsetzungskonzept (hierauf erwarten insbesondere Personalräte und Gewerkschaften eine Antwort)
  - Personalbedarf
  - künftige Anforderungen an die Qualifizierung

2.3 Reorganisationsprojekt „KLINOVA"

Wer den Planungsprozess für seine Baumaßnahme so gestalten möchte, wie er es bisher kannte, sollte sich am besten sofort von seiner Neubau-Idee verabschieden. Nur wenn alle Beteiligten, dazu gehören auch die Chefärzte, die Mitarbeiter und die Personalvertretung, den Mut und die uneingeschränkte Bereitschaft haben, sich auf gravierende Änderungen einzulassen, gibt es eine realistische Chance für einen Neubau.

Für das AK Barmbek ging es um folgende Ziele:

- zur Minimierung der Baukosten sollte die Nutzfläche des neuen Gebäudes höchstens zwei Drittel der bisherigen Nutzfläche in den alten Gebäuden betragen,
- das für den Neubau benötigte Gelände sollte höchstens ein Drittel der Größe des bisher genutzten Geländes betragen, um möglichst hohe Verkaufserlöse für den frei werdenden Geländeteil als Teilfinanzierung für den Neubau zu erzielen,
- die laufenden Betriebskosten des künftigen Krankenhauses sollten bei mindestens gleichen Leistungen um 20 bis 25% reduziert werden,
- die Hälfte der eingesparten Betriebskosten sollte zur anteiligen Finanzierung des Kapitaldienstes für den Neubau eingesetzt werden; trotz dieser Belastung durch den Kapitaldienst sollten die Gesamtkosten konkurrenzfähig mit anderen Krankenhäusern sein,
- es sollten neue organisatorische Ideen entwickelt und realisiert werden, auch oder gerade, wenn sie bisher für traditionelle deutsche Krankenhäuser unvorstellbar waren. Das geplante neue Klinikum Barmbek sollte eines der innovativsten Krankenhausmodelle in Europa werden.

Gemeinsam mit einem international erfahrenen Unternehmensberater, der in einer europaweiten Ausschreibung ausgesucht wurde, wurde zunächst ein zweijähriges Reorganisationsprojekt gestartet. Der Berater brachte Erfahrungen aus Krankenhausreorganisationen in Amerika, Australien, Fernost und exzellentes Know how und Methoden zur Restrukturierung komplexer Organisationen mit. Das AK Barmbek hatte das Know how des örtlichen und überörtlichen Gesundheitsmarktes, der Rahmenbedingungen, der medizinischen, pflegerischen und therapeutischen Anforderungen und die Kontakte zu Entscheidern und Meinungsträgern in Hamburg.

Innerhalb von zwei Jahren wurde das „KLINOVA"-Projekt entwickelt. Etwa 200 Beschäftigte des AK Barmbek waren daran aktiv beteiligt. Zunächst wurde analysiert, welche Aufgaben/Abteilungen zur künftigen Kernkompetenz des Krankenhauses gehören werden und welche nicht. Im Krankenhaus verbleiben sollte nur der Kernbereich und ein reduzierter Vor-Ort-Service. Alle anderen Bereiche/Abteilungen werden sowohl räumlich als auch organisatorisch ausgelagert, und zwar durch

- Vergabe an private Unternehmen als Partner (IT, Speiseversorgung, Gebäudemanagement),
- durch Gründung von zentralen Betrieben, die Dienstleistungen für Krankenhäuser – i. d. R. innerhalb der LBK Hamburg-Gruppe – erbringen (z. B. Finanzdienstleistungen),
- und durch Gründung von Gesellschaften in privater Rechtsform (z. B. Wäscherei, Gebäudereinigung).

Diese Organisationsänderungen (siehe **Abbildung 1**) wurden bereits vor Fertigstellung des Neubaus nahezu vollständig umgesetzt. Damit wurde neben einer erheblichen Flächenreduktion auch eine deutliche Straffung der Organisation erreicht.

Abbildung 1: Organisationsänderung

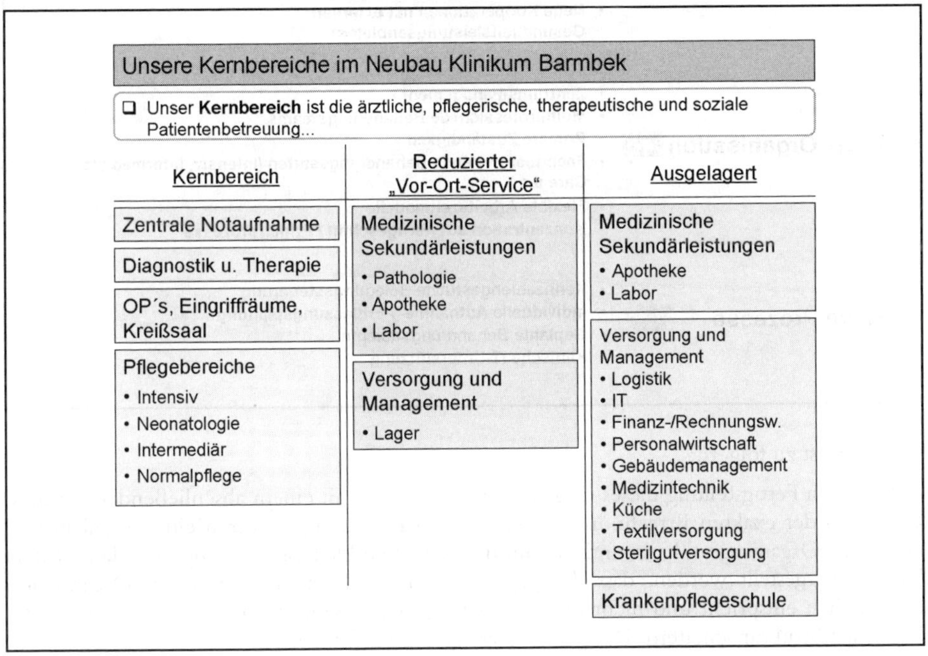

Die medizinischen Abteilungen und die Pflegestationen wurden sowohl organisatorisch als auch in den baulichen Umsetzungen weitestgehend aufgelöst. An ihre Stelle treten vier Zentren

- Zentrum für Innere Medizin und Neurologie
- Zentrum für Operative Medizin
- Zentrum für Frauen und Kinder
- Zentrum für Notfälle, Zentrale Notaufnahme, Intensiv- und Intermediär-Medizin,

bei denen Personal und alle baulichen und sächlichen Ressourcen (auch die Stationen) vollständig fachübergreifend genutzt werden. Berufsübergreifende Behandlungsteams sind verantwortlich für die Patientenversorgung. Medizinische und pflegerische Führungskräfte übernehmen die fachliche Leitung, die Verantwortung für Leistungen, Erträge, Kosten und Prozessabläufe wird je einem Zentrumsmanager übertragen.

Eine Übersicht über die wichtigsten Ergebnisse der KLINOVA-Organisation gibt **Abbildung 2.**

Abbildung 2: KLINOVA-Organisation

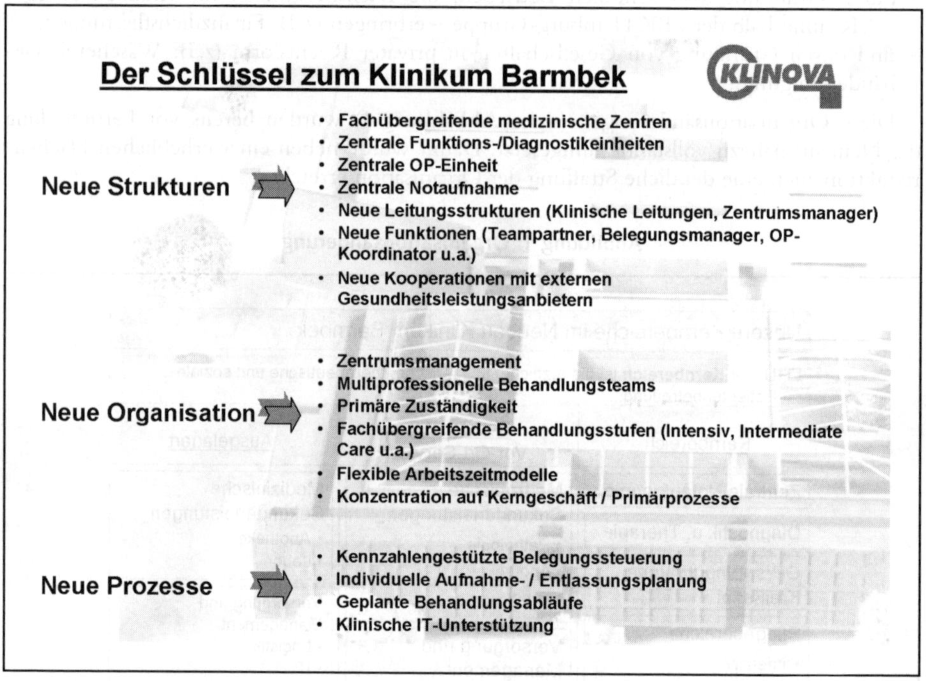

Daraus ist zu folgern:

Erst nach Fertigstellung dieses Organisationskonzeptes mit einem abschließenden Business Case, also der exakten Errechnung der erzielbaren Einsparungen durch einen Neubau und eine neue Organisation, kann und soll mit der baulichen Planung begonnen werden. Nur so kann sichergestellt werden, dass der geplante Bau der künftigen optimalen Organisation bestmöglich entspricht und nicht umgekehrt Organisationsänderungen an den Grenzen der baulichen Struktur scheitern. Das gab es lange genug im Altbau!

2.4 Entscheidung für eine PPP-Struktur

Nach gründlicher Prüfung der Vor- und Nachteile gab es eine Entscheidung für folgende Eckpunkte einer PPP-Struktur zur Realisierung des Neubaus:

- Projektrealisierung durch einen privaten Generalübernehmer, der von der Planung bis zur Ausstattung mit Mobiliar, IT und Medizingeräten alleinverantwortlich ist und den fertigen Bau zu einem Festpreis schlüsselfertig übergibt,
- verbindlicher Termin für die Fertigstellung mit Konventionalstrafe bei Terminüberschreitung,
- funktionale Ausschreibung (vorgegeben wurde nur das Raumprogramm und das Raumbuch für die Anzahl, Größe und Funktion der Räume, technische Anforderungen und das Organisationskonzept „KLINOVA", das bestmöglich im Neubau umsetzbar sein soll),

- Finanzierung in einem Drei-Säulen-Modell:
  - ein Anteil des Landes Hamburg entsprechend den Vorschriften des Krankenhausfinanzierungsgesetzes (Fördermittel)
  - ein Anteil aus einem Verkaufserlös für das nicht mehr benötigte Restgrundstück (die Stadt hat zwischenzeitlich entschieden, dass nicht der LBK Hamburg das Restgrundstück vermarktet, sondern der Verkauf über die Liegenschaftsverwaltung der FHH abgewickelt wird; die FHH finanziert aus dem Verkaufserlös einen weiteren Anteil für die Finanzierung des Neubaus),
  - ein dritter Teil wird vom AK Barmbek selbst finanziert, der Kapitaldienst für Abschreibung und Verzinsung wird aus Einsparungen durch die Reorganisation aus dem KLINOVA-Projekt finanziert,
- neben der Errichtung des Neubaus auch Ausschreibung der Finanzierung (alle gängigen Varianten),
- Ausschreibung von drei Losen:
  - Teil A (Planung und nutzungsfertige Erstellung des Krankenhauses zu einem Pauschal-Festpreis durch einen Generalübernehmer)
  - Teil B (Bereitstellung der Finanzierungsmittel für Los A durch Forfaitierung (Forderungsverkauf) oder Kredit oder mittels projektbezogener Finanzierungsalternativen wie z. B. Mietkauf, Miet- und Beteiligungsmodelle – nach Wahl des Bieters)
  - Teil C (Langfristige Nutzungsüberlassung des zu errichtenden Neubaus des Krankenhauses unter Einschluss der Planungsleistungen mit der Einräumung einer Kaufoption (Investorenmodell, bauen und Finanzierung aus einer Hand)).

Das Besondere an dem Vorhaben – im Unterschied zu bereits ähnlichen von Bund und Ländern durchgeführten ABC-Ausschreibungen – ist, dass für den baufachlichen Teil keine Planung, sondern lediglich ein zukunfts- und wettbewerbsfähiges Krankenhauskonzept (KLINOVA) mit einem Raumprogramm und einem ausführlichen Raumbuch vorgegeben wurde. Mit dem baulich und organisatorisch umgesetzten Krankenhauskonzept sollten Wirtschaftlichkeitsreserven erschlossen und erhebliche Einsparungen im Bereich der Betriebskosten erzielt werden. Den Bietern wurde die planerische und gestalterische Umsetzung dieses Konzeptes überlassen. Ziel dieser Vorgehensweise war, die Kreativität des Marktes für eine optimale gestalterische und bauliche Umsetzung des Betriebskonzeptes zu nutzen und Kosteneinsparungspotentiale zu realisieren.

Für Ausstattungen und Einrichtungen, bei denen während der Bauzeit noch erhebliche technische Änderungen zu erwarten waren und die deshalb zweckmäßigerweise erst kurz vor Fertigstellung des Neubaus beauftragt werden sollten, wurde ein festes Budget festgelegt (insbesondere IT und Medizingeräte). Über die konkrete Verwendung dieses Budgets sollte das Krankenhaus entscheiden.

Umbaumaßnahmen im Altbau des Krankenhauses, die den Abriss der auf dem Neubaugelände befindlichen Gebäude und die Verlagerung der Funktionen in die vorhandenen Gebäude im Altbau ermöglichen sollten, waren ebenfalls vom GÜ zu finanzieren und durchzuführen.

2.5 Werbung um Unterstützung für das Neubau-Projekt

Erst nach Abschluss des KLINOVA-Projektes, des Raumprogrammes, der Konzeption für die Ausschreibung in einer PPP-Konstruktion, lagen alle Daten und Fakten vor, um für das Neubau-Projekt zu werben.

Angesprochen wurden

- Vertreter aller Parteien,
- alle wichtigen Behörden und Bezirksämter,
- die Vorstände aller in Hamburg ansässiger größerer Krankenkassen,
- die Verbände der Krankenkassen,

- die Tagespresse, Fernsehsender und die Fachpresse,
- die örtlichen Bürgervereine,
- die Kirchen,
- Senatsvertreter,
- viele wichtige Personen (VIPs) aus Hamburg.

Es wird dringend empfohlen, Zeit und Energie aufzuwenden, eine breite parteiübergreifende Zustimmung, positive Berichterstattungen in den Medien und die Zustimmung der Bürger insbesondere im umliegenden Stadtgebiet für das Neubau-Projekt zu gewinnen. Ohne ein gutes Marketing für eine gute Idee geht es nicht!

2.6 Ausschreibung

Für die ABC-Ausschreibung wurde ein EG-weiter Teilnahmewettbewerb für ein anschließendes Verhandlungsverfahren durchgeführt.

Ca. 10 Bieter bzw. Bietergemeinschaften für die Lose A und C wurden zur Erarbeitung eines verbindlichen Angebotes aufgefordert. Zu liefern waren Pläne 1:200, ein Pauschal-Festpreis mit Kostenangaben gemäß DIN 276 und ein Modell 1:500. Die Bietergemeinschaften für das Los A bestehen üblicherweise aus

- Baukonzern als TÜ
- Technischer GU
- Krankenhaus-Architekt
- Krankenhaus-Ingenieur
- Medizintechniker (Anbieter und/oder Planer).

Beim Los C gehören in der Regel noch ein Finanzierungsinstitut, meist eine Bank oder deren Tochtergesellschaft, zur Bietergemeinschaft. Wegen der Komplexität der Planung für ein großes Akutkrankenhaus und den hohen Anforderungen an die Kreativität des Entwurfes sowie den hohen Anforderungen an verbindliche Angaben über Kosten und Bauzeiten sollten die Bieter sechs Monate für die Angebotserstellung eingeräumt erhalten. Nach den Erfahrungen beim Neubau Klinikum Barmbek würden kürzere Zeiträume zu Lasten der Qualität der Angebote und damit im Ergebnis zu schlechteren Projekten führen.

Die Bieter erhielten, auch wenn ihr Angebot nicht zum Zuge kommt, eine angemessene Entschädigung für ihre Planungsleistung. Für den Neubau Klinikum Barmbek war die Summe der Entschädigungen für die unterlegenen Bieter im Angebot zu berücksichtigen; der Betrag war damit Teil des Pauschal-Festpreises.

Für das Los B (ausschließlich Finanzierung) wurden ca. 20 Finanzierungsinstitute zur Abgabe eines Angebotes aufgefordert.

2.7 Bewertung, Vergabe

Bei der Bewertung der Angebote sind die rechtlichen Anforderungen des öffentlichen Vergabeverfahrens strikt zu beachten. In einem PPP-Verfahren ist das nicht anders als bei einer konventionellen Auftragsvergabe. Schon bei kleinen Fehlern drohen hier Vergaberügen unterlegener Bieter mit u. U. verhängnisvollen Auswirkungen.

Auf folgendes ist unbedingt zu achten:

- Submission mit sauberen Protokollen,
- Höchstmaß an Transparenz im gesamten Bewertungsverfahren; dazu dienen die nachstehenden Punkte:
- Die Wertungskriterien, zumindest diejenigen der ersten Ordnung und ihre Gewichtung zueinander, sollten den Bietern schon in den Ausschreibungsunterlagen bekannt gegeben und in späteren Bewertungsverfahren strikt durchgehalten werden. Für den Neubau Klinikum Barmbek waren das:

  - Funktionalität und Wirtschaftlichkeit
  - Städtebauliche Einbindung und architektonische Gestaltung
  - Betriebskosten
  - Räumliche Integration von Sekundärnutzungen
  - Erschließung
  - Gesamteindruck/Plausibilität des Entwurfs
  - Preis,
- Untergliederung der Hauptwertungskriterien (Kriterien erster Ordnung) in jeweils klar beschriebene Teilkriterien, ggf. weitere Untergliederung bis zu dritten Ebene; Festlegung der (Teil-)Wichtungen für jedes Teilkriterium,
- Bewertung der Angebote durch Vergabe von Punkten, z.B. 0–10 für die konkrete Lösung in Bezug auf ein bestimmtes Teilkriterium (das Teilkriterium „Zuordnung der Betriebsnebenzonen" erhält z.B. den Gewichtungsfaktor 3; eine bestimmte Lösung eines Anbieters wird als gut bewertet und erhält 7 von 10 Punkten; in Bezug auf dieses Teilkriterium erhält die konkrete Lösung des Anbieters 21 Punkte),
- die Bewertung sollte von einer immer gleichen Personengruppe durchgeführt werden, um Konstanz im Bewertungsverfahren zu erreichen,
- jede Einzelbewertung muss schriftlich begründet und für ggf. spätere gerichtliche Streitigkeiten wegen vorgetragener Verfahrensrügen dokumentiert werden,
- Antworten auf Rückfragen einzelner Bieter (z.B. weil die Ausschreibung unklar war) sind immer allen anderen Bietern ebenfalls zur Kenntnis zu geben, damit keiner der Bieter einen Informationsvorteil erhält,
- bei der Bewertung sollte sich die Bewertungskommission von Fachleuten beraten lassen; beim Neubau Klinikum Barmbek waren das
  - Krankenhausarchitekten, Ingenieure
  - Städteplaner (hierzu wurde ein eintägiger Workshop mit Behördenvertretern und namhaften Architekten aus dem gesamten Bundesgebiet durchgeführt)
  - Wirtschaftsprüfer
  - Finanzierungsberater.

Für die vorliegenden Angebote wurde in einer ersten Bewertungsrunde die Gesamtpunktzahl ermittelt und in Relation zu den Barwerten der Investition gestellt (berechnet unter Berücksichtigung der Pauschal-Festpreise und der Vorfinanzierungskosten bei den jeweils unterschiedlichen Bauzeiten). Auf der Grundlage dieser Preis-Leistungs-Verhältnisse schieden Angebote mit den schlechtesten Werten „Gesamtpunktzahl: Barwert" aus. Zwei Bieter erfüllten maßgebliche Anforderungen nicht und schieden deshalb ebenfalls aus.

Mit den verbleibenden vier Bietern wurden anschließend detaillierte Aufklärungs- und Verhandlungsgespräche zu funktionalen, technischen, städtebaulichen und finanziellen Fragestellungen durchgeführt. Überdies wurden attraktive Nebenangebote in die Wertung mit einbezogen. Hieraus ergaben sich mehrfache Fortschreibungen der baufachlichen Planungen und Zahlungspläne. Die verbesserten Planungen wurden auf Grundlage der bestehenden Wertungskriterien in mehreren Schritten eingehend beurteilt. Parallel wurden die für die Rangbildung notwendigen Preis-/Leistungsvergleiche zwischen den Angeboten vorgenommen.

Bei einer A (Bau) B (Finanzierung) C (Bau und Finanzierung)-Ausschreibung müssen vor einer endgültigen Entscheidung noch die besten A-Angebote mit den jeweils besten B-Angeboten kombiniert und den besten C-Angeboten gegenüber gestellt werden.

Beim Neubau des AK Barmbek führten zwei C-Angebote zu den besten Ergebnissen.

2.8 Vertragsverhandlungen

Für den Neubau des Klinikums Barmbek wurden mit den beiden Bietern, deren Angebote die besten Preis-Leistungs-Verhältnisse hatten, Vertragsverhandlungen geführt. Alternativ hätte zwar die Möglichkeit bestanden, den erheblichen Aufwand für die Vertragsverhandlungen durch die Auswahl eines „bevorzugten Bieters" zu verringern. Ob und wann das möglich ist, sollte in jedem Fall von einem im europäischen Wettbewerbsrecht versierten Juristen geprüft werden, um Rügen wegen Verfahrensmängeln sicher auszuschließen.

Naturgemäß unterscheiden sich die ausgehandelten Verträge – obwohl sie die gleichen Ausschreibungsunterlagen als wesentlichen Vertragsbestandteil enthalten – erheblich. Der Auftraggeber Krankenhaus und der GÜ haben jeweils Wünsche und Forderungen, die sie jeweils nur begrenzt durchsetzen können. Dabei spielen Fragen zur Aufteilung der erheblichen Risiken bei den großen Bauprojekten eine besondere Rolle. In einem PPP-Vertrag mit einem GÜ geht es vor allem um folgende Risiken:

Abbildung 3: Risikoverteilung

Risiken	typisch beim GÜ	Typisch beim Auftraggeber Krankenhaus	Zu verhandeln
Einhaltung des Pauschal-Festpreises	X		
Einhaltung der Bauzeit (Verhinderung von Konventionalstrafen)	X		
Einhaltung des vereinbarten Qualitätsstandards	X		
Erhöhung der MwSt. während der Bauzeit			X
Streik während der Bauzeit		X	
Beschaffenheit des Baugrundes			X
Änderungen des Auftrages nach Auftragsvergabe		X	
Dauer des Baugenehmigungsverfahrens		X	
Änderung von Gesetzen und Verordnungen nach Auftragsvergabe		X	
Terror, höhere Gewalt		X	
Auflagen zur Erschließung		X	
Zinsänderungen in der Bauphase		X (Sofern keine Festzinsen vereinbart sind)	
Gewährleistung, Gestellung von Sicherheitsleistungen	X		
Insolvenz eines Partners des GÜ	X		
Mehrkosten des Auftraggebers Krankenhaus bei Weiterführung des Baus im Falle einer Insolvenz der Bau-ARGE (hierzu gehören auch Kosten für Risiko-Absicherungen)			X

Bei der abschließenden Entscheidung sollten die Chancen und Risiken aus den ausgehandelten Verträgen neben dem aus den Wertungsverfahren errechneten Quotienten aus Punktzahl und Barwert auf jeden Fall besonders berücksichtigt werden.

2.9 Vertragskonstruktion

Die Vertragskonstruktionen für PPP-Bauprojekte ähneln sich; selbstverständlich muss für jedes Projekt eine eigene Lösung entwickelt werden. Im Wesentlichen geht es darum, ein Vertragswerk zu schließen, das wie in einem komplexen Netzwerk die vielfältigen vertraglichen Rechte und Pflichten aller an Bau und Finanzierung beteiligten Partner so ordnet, dass

- alle geforderten Leistungen beschrieben und auf die Partner aufgeteilt,
- Verantwortungen lückenlos definiert,
- verbindliche Termine für Teilaktivitäten gesetzt,
- Sicherungen für den Fall der Nichterfüllung, Terminverzug, Konkurs etc. eingebaut,
- Regeln für Streitfälle entwickelt,
- Risikoverteilungen, Haftungen etc. festgelegt
- und (empfehlenswert) bereits existierende Vergleichskrankenhäuser als Maßstab für Streitfälle über die Qualität der Ausstattungen ausgewählt

werden. Für die Verhandlung dieses komplexen Vertragswerkes, das ohne die Anlagen zum baufachlichen Teil einen 8 cm breiten Ordner vollständig füllt, sollte ein Zeitraum von zwei Monaten eingeplant werden.

Das für den Neubau Klinikum Barmbek verhandelte Modell ist am Markt unter verschiedenen Bezeichnungen bekannt:

- Mietmodell mit Nutzungsrecht am Grundstück,
- Nutzungsrechtsmodell mit Bauerrichtungs- und Finanzierungsverpflichtung,
- Nutzungsrechtsmodell mit steuerfreier Kreditgewährung,
- Nutzungsüberlassungsmodell.

Trotz unterschiedlicher Bezeichnung haben alle diese Vertragskonstruktionen den gleichen wirtschaftlichen Inhalt.[1] Das ausgehandelte Vertragswerk zum Bau- und Finanzierungsangebot für das Klinikum Barmbek stellt eine Kombination aus Werkvertrag und Darlehensvertrag dar. Hierbei erhält eine Objektgesellschaft das Recht, das Grundstück zu nutzen, d. h. darauf das Krankenhaus zu errichten. Die Objektgesellschaft beauftragt alle für die Errichtung des Krankenhauses notwendigen Leistungen (Planer, Generalunternehmer usw.) und verpflichtet sich gegenüber dem Krankenhausträger, das Krankenhaus zu einem vertraglich fixierten Termin zu übergeben.

Für Medizintechnik und T wurde ein festes Budget angesetzt. Die konkreten Leistungsbeschreibungen werden – um marktgerecht agieren zu können – etwa 18 Monate vor Fertigstellung des Neubaus vereinbart. Über- oder Unterdeckungen des Budgets werden durch Erhöhung oder Verringerung des Pauschal-Festpreises ausgeglichen.

Die Objektgesellschaft trägt das Bauherrenrisiko und garantiert die Einhaltung des vereinbarten Pauschal-Festpreises, der Qualitäten und den Termin der Fertigstellung. Der Krankenhausträger als Auftraggeber trägt nach Abschluss der Bauarbeiten und erfolgter Abnahme – wie bei einer Eigenbaumaßnahme – alle Eigentümerrechte und -pflichten. Das zugrunde liegende Vertragswerk stellt deshalb eine Modifikation des Mietkaufs dar.

Der Krankenhausträger bestellt die nutzungsfertige Einrichtung des Krankenhauses bei der Objektgesellschaft, zahlt während der Bauzeit weder Abschläge auf den künftigen Baupreis noch Bauzeitzinsen. Die Finanzierung der Baukosten einschließlich Bauzeitzinsen übernimmt die Objektgesellschaft. Im Vergleich zum herkömmlichen Mietmodell ist beim Nutzungsüberlassungsmodell kein Erbbaurecht erforderlich. Die Kosten für Grundstücks-Transaktionen können so eingespart werden.

Nach Abnahme des Neubaus zahlt der Auftraggeber (Krankenhaus) eine Mietkaufrate für die Nutzungsüberlassung des Krankenhauses für die Dauer von z. B. 20 Jahren. Dieses Entgelt entspricht der Zins- und Tilgungsleistung gegenüber der refinanzierenden Bank und er-

[1] Zu den Vertragsmodellen im Einzelnen: § 3 Abschnitt 1 und passim.

hält auch einen Verwaltungskostenbeitrag für die Objektgesellschaft. Durch diese Gestaltung erfolgen die ersten Zahlungen durch den Krankenhausträger bzw. das Land für dessen Anteil erst nach Inbetriebnahme des Krankenhauses.

Die bestehenden Forderungen auf Ratenzahlung der Objektgesellschaft gegenüber dem Krankenhausträger werden an die refinanzierende Bank einredefrei verkauft. Dadurch können die gleichen Finanzierungskonditionen dargestellt werden, wie sie der öffentlich-rechtliche Krankenhausträger selbst als direkter Kreditnehmer erhalten würde.

Die Umsetzung des Mietmodells ermöglicht die Einbindung von KfW-Krediten und – nachträglich verhandelt – von Krediten der Europäischen Investitionsbank.

Für den Neubau des Klinikums Barmbek wurde zusätzlich vereinbart, dass die FHH ihren Anteil an den Gesamtkosten entweder in einem Betrag oder in Raten aus dem Landeshaushalt bezahlt oder sich alternativ der verhandelten privaten Finanzierung anschließt. Die FHH hat sich in einem Wirtschaftlichkeitsvergleich, in dem auch der Risikotransfer bewertet wurde, dafür entschieden, auch den Landesanteil am Pauschal-Festpreis und an den Vorfinanzierungskosten in das gewählte C-Modell einzuschließen und damit privat zu finanzieren.

Nach Vertragsunterzeichnung wurden die Zinsen in der Vorfinanzierungszeit und in der Endfinanzierung für die gesamte Laufzeit von 20 Jahren über SWAP- und CAP-Geschäfte festgeschrieben.

Das gewählte Modell ist in der **Abbildung 4** grafisch dargestellt.

Abbildung 4: Vertragskonstruktion

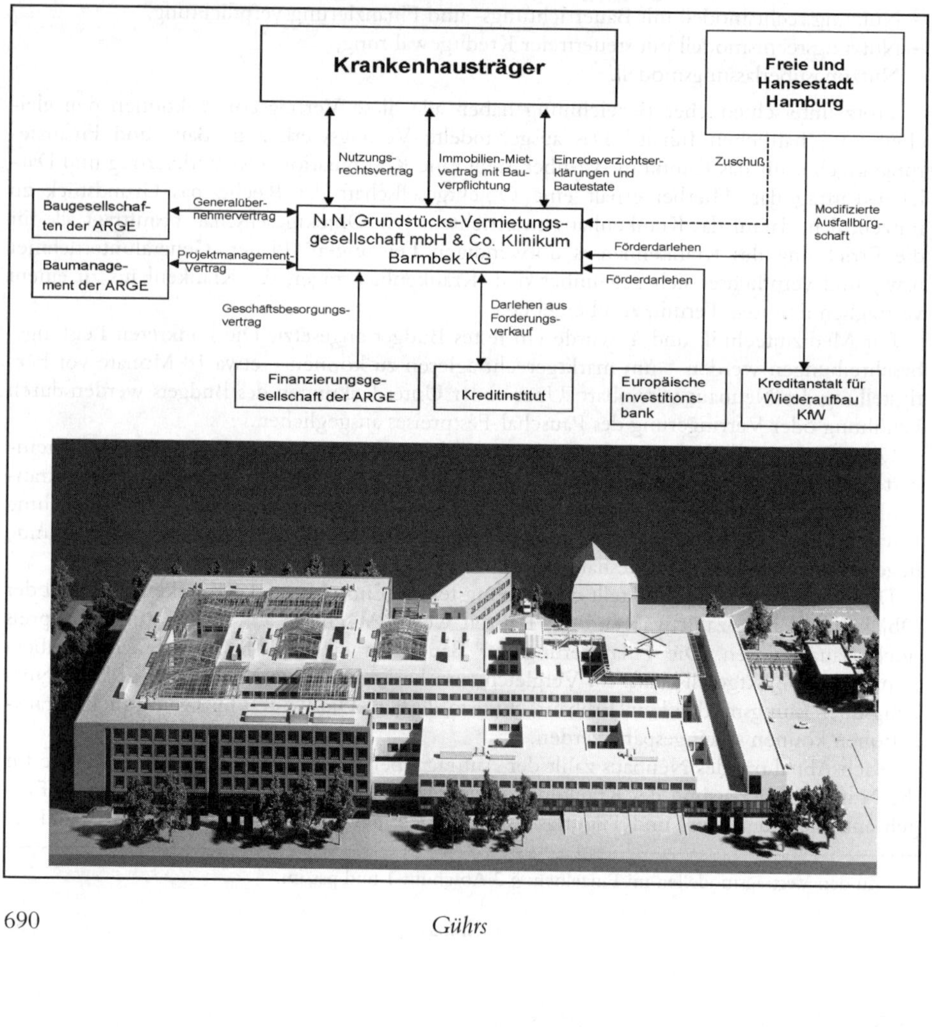

2.10 Projektsteuerung

Der Krankenhausträger ist in der gewählten Vertragskonstruktion nicht Bauherr. Die Verantwortung für die Bausteuerung liegt deshalb bei der für das Baumanagement zuständigen Gesellschaft des GÜ.

Damit bauliche, technische und vor allem funktionale Mängel nicht erst bei der Übergabe des Neubaus bekannt werden und damit lange Nachbesserungen und juristische Auseinandersetzungen nach sich ziehen, ist es nach den Erfahrungen beim Neubau Klinikum Barmbek unbedingt erforderlich, dass auch das Krankenhaus eine eigene Bausteuerung organisiert. Das ist bei der hier gewählten Form, nämlich einer Auftragsvergabe auf Grund funktionaler Ausschreibung und einer sehr frühen HOAI-Phase (Teile der Leistungsphase 2 HOAI-Vorplanung) auch deshalb notwendig, weil während der Weiterentwicklung der Planung diverse Nutzerabstimmungen und funktionelle Anpassungen der zunächst nur vorliegenden groben Planung vorzunehmen sind, die den Planungsstand weiter konkretisieren.

Es wird empfohlen,

- ein Kern-Bausteuerungsteam aus etwa drei bis vier qualifizierten Architekten, Ingenieuren und Medizintechnikern für die Planungs- und Bauzeit für das Projekt freizustellen,
- darüber hinaus einen externen Bau(Finanz)controller und als Berater evtl. erfahrene externe Architekten hinzuzuziehen,
- alle Planungsänderungen und Nachträge schriftlich mit dem GÜ zu vereinbaren,
- alle Kontakte und Absprachen zwischen den Nutzern (z. B. den Chefärzten) und dem GÜ ausnahmslos über das Bausteuerungs-Kernteam laufen zu lassen, um nicht kontrollierbare Kostensteigerungen und Koordinationsprobleme zu vermeiden.

3. Erfahrungen mit dem PPP-Modell für den Neubau des Klinikums Barmbek

Es gibt kein richtiges oder falsches Vertragsmodell. Die unterschiedlichen Ausgestaltungen bieten unterschiedliche Chancen und Risiken, die für jedes Bauprojekt neu zu bewerten sind.

Die Risiken des hier vorgestellten PPP-Modells für den Neubau des Klinikums Barmbek resultieren vor allem aus der nicht ausreichenden Planungstiefe (Teile der Leistungsphase 2 der HOAI) zum Zeitpunkt der Auftragsvergabe. Hier sind nach Vertragsabschluss zahlreiche funktionelle Anpassungen und Mehr- und Minderleistungen zu vereinbaren. Die geforderten Qualitäten sind bei Auftragsvergabe nicht ausreichend definierbar. Viele Nachträge, die dem Grunde und der Höhe nach oft schwer prüfbar sind, müssen verhandelt werden.

Die Planungszeiten sind in Bezug auf die Nutzerabstimmungen stark verdichtet, weil der GÜ anderenfalls Verzug anmelden wird. Verspätete Änderungen in der Bauphase sind teuer.

Der Projektsteuerer der Objektgesellschaft gehört zum GÜ und vertritt demgemäß auch primär dessen Interessen.

Diese Risiken lassen sich durch eine gute Projektsteuerung auf Seiten des Krankenhauses beherrschen. Die Chancen des PPP-Modells sind deshalb nach den Erfahrungen beim Neubau des Klinikums Barmbek größer als die geschilderten Risiken. Vorteilhaft ist vor allem:

- es besteht die Möglichkeit, aus einer Vielzahl völlig unterschiedlicher Konzeptionen für ein neues Krankenhaus die beste auswählen zu können,
- es gibt einen einzigen Verantwortlichen für das ganze Bau- und Finanzierungsprojekt,
- der GÜ ist verpflichtet, die für eine uneingeschränkte Funktionsfähigkeit erforderlichen Teile auch dann zu liefern, wenn diese im Angebot nicht ausdrücklich erwähnt sind,
- die Kosten- und Terminrisiken liegen vollständig beim GÜ,
- der harte Wettbewerb der Anbieter drückt die geforderten Preise erheblich.

Bei Drucklegung war der Rohbau des neuen Klinikums Barmbek fertiggestellt. Mit der gewählten PPP-Struktur wird daraus bis Ende 2005 eines der modernsten und wirtschaftlichsten Krankenhäuser Deutschlands entstehen.

§ 18 Justizvollzugsanstalten

Neubau einer teilprivatisierten Justizvollzugsanstalt in Hessen

Übersicht

1. Einleitung

Im osthessischen Hünfeld (Kreis Fulda) wird derzeit eine neue Justizvollzugsanstalt errichtet. In Zeiten bundesweit überfüllter Gefängnisse und in die Jahre gekommener vorhandener Bausubstanz auf den ersten Blick nichts Außergewöhnliches. Neu daran ist die Umsetzung eines Privatisierungsmodellprojektes, das bei Planung und Bau seinen Anfang nimmt und – soweit in Deutschland bislang einmalig – auch die Übertragung von Teilbereichen des Betriebs an ein privates Unternehmen vorsieht. Im europäischen Ausland (speziell in Frankreich und Großbritannien) längst seit Jahren Praxis (vgl. hierzu: Wagner, Zeitschrift für Rechtspolitik (ZRP) 2000, Seite 169 [170]), ist eine Privatisierung im Strafvollzug auch in Deutschland möglich.

Das Projekt geht zurück auf die Koalitionsvereinbarung von CDU und FDP aus dem Frühjahr 1999. Diese sieht vor, zum Abbau der unannehmbaren Überbelegungssituation – wie sie zu diesem Zeitpunkt bestand – eine zusätzliche neue Haftanstalt zu errichten. Sie soll „aus Kostengründen in Planung und Bau privatwirtschaftlich organisiert werden. Auch der Betrieb soll bis auf zwingend hoheitliche Aufgaben in privater Organisationsform erfolgen."

Zwar konnte die Belegungssituation im hessischen Strafvollzug mittlerweile durch die Schaffung von über 600 zusätzlichen Haftplätzen im geschlossenen Männervollzug durch Erweiterung bzw. Umwandlung von Plätzen in bestehenden Anstalten entspannt und die Überbelegungsquote dadurch von rund 20% im Jahre 1999 auf etwa die Hälfte reduziert werden. Eine nachhaltige Reduzierung wird aber erst mit der Fertigstellung der neuen Anstalt mit 502 Haftplätzen in Hünfeld möglich sein. Es verwundert daher nicht, dass die schnellstmögliche und – im Hinblick auf die Situation der öffentliche Haushalte – wirtschaftliche Errichtung von vornherein zu den vordringlichen Vorgaben des Projekts gehörten. Mit der Nutzung privaten Sachverstandes sind zur Erreichung dieser Ziele positive Erwartungen verbunden (vgl. hierzu im Einzelnen: Kunze in: Rechnungswesen und Controlling in der öffentlichen Verwaltung, Herausgeber: E. Meurer und G. Stephan, Gruppe 6/Seite 695 [699–702]).

2. Konzeptionsphase

Bei Beginn des Projekts konnte auf keinerlei Erfahrungen mit PPP-Projekten im Strafvollzug in Deutschland, speziell mit der Vergabe von Betriebsleistungen an Private, zurück gegriffen werden. Zudem waren weder baulichen Vorplanungen noch eine Festlegung für einen geeigneten Standort vorhanden. Insoweit galt es zunächst, grundsätzliche Fragestellungen zu klären.

Parallel zur ohnehin erforderlichen Erarbeitung der quantitativen und qualitativen Festlegungen der Nutzeranforderungen für den Bau (Erstellung der sogenannten Programmunterlage Bau) und dem Verfahren zur Standortauswahl, wurde daher vom Hessischen Minister der Justiz die Arbeitsgruppe „Modellprojekte zur Privatisierung im Strafvollzug" eingesetzt. Deren Aufgabe war es in erster Linie, die rechtlichen Möglichkeiten des Betriebs einer Justizvollzugsanstalt durch private Unternehmen in Deutschland zu prüfen und zugleich denkbare Optionen für die praktische Umsetzung des Projekts in inhaltlicher und zeitlicher Hinsicht darzustellen und zu bewerten.

2.1 Privatisierbarkeit des Betriebs einer Justizvollzugsanstalt in Deutschland

Die rechtliche Prüfung der Arbeitsgruppe in diesem Bereich erfolgte in zwei Schritten: Zunächst wurden die grundsätzlichen Rahmenbedingungen herausgearbeitet, nach denen eine Privatisierung nach deutschem Recht in Betracht kommen konnte. Danach erfolgte eine Auflistung von über 110 einzelner Aufgaben und Tätigkeitsbereiche im Strafvollzug, die dann im Speziellen auf ihre Privatisierbarkeit hin überprüft wurden (siehe im Detail: Kunze aaO, Seiten 704–709).

Die Arbeitsgruppe kam dabei zu folgenden Ergebnissen:

Eine Privatisierung *im* Strafvollzug, also die Wahrnehmung einzelner Aufgaben durch vertraglich verpflichtete Personen, ist auf der Grundlage des geltenden Rechts möglich. Die Tätigkeit der Privaten ist dabei auf Dienst- und Serviceleistungen im weiteren Sinne ohne Eingriffsbefugnisse gegenüber Gefangenen begrenzt. Eine Privatisierung *des* Strafvollzuges als Ganzes ist in Deutschland jedoch unzulässig, da der Strafvollzug zum Kernbereich staatlicher Aufgabenwahrnehmung gehört und als solcher im Hinblick auf die Rechtslage nicht privatisierungsfähig ist. Die Summe der Aufgaben mit dienstleistendem Charakter im Strafvollzug, die durch vertraglich verpflichtete Personen wahrgenommen werden können, betrifft nach Schätzung der Arbeitsgruppe bis zu 40 Prozent des Personals einer Justizvollzugsanstalt. Das Spektrum der Leistungen geht vom

- Hausmanagement (z.B. Instandhaltung bzw. Reinigung der Anstalt und Verwaltungshilfsdienste) über das
- Versorgungsmanagement (z.B. Küche, Gefangeneinkauf, ärztliche Versorgung) und das
- Betreuungsmanagement (z.B. Arbeit, Ausbildung der Gefangenen, Freizeitangebote, Betreuung und Beratung der Gefangenen) bis hin zu
- Hilfsdiensten zur Entlastung des allgemeinen Vollzugsdienstes von Routineaufgaben.

Die Gesamtverantwortung für die Anstalt wie auch die Verantwortung für die Sicherheit hat hingegen in staatlicher Hand zu verbleiben.

2.2 Projektstruktur

Im Bericht der Arbeitsgruppe finden sich ausführliche Darlegungen zu den verschiedenen denkbaren Projektstrukturen und deren Vor- und Nachteile in der Umsetzung (nähere Informationen auf der Seite www.hmdj.justiz.hessen.de unter Rubrik „Projekte/JVA Hünfeld“ in der Datei „Kurzfassung Bericht Arbeitsgruppe“).

Im Ergebnis hat sich das Land Hessen im Hinblick auf eine gesicherte Eigenfinanzierung dazu entschlossen, die Teilleistungsbereiche Planung, Bau und Teilbetrieb jeweils an einen Generalunternehmer mittels getrennter, zeitlich nacheinander folgender Ausschreibungen zu vergeben. Durch die Vergabe an Generalunternehmer soll die Anzahl der Vertragspartner möglichst gering gehalten, umso den Koordinierungsaufwand und die damit verbundenen Risiken (z.B. Reibungsverluste, Ausfallrisiken), die in der Vergangenheit immer wieder nur zu einer unbefriedigenden Leistungserbringung geführt hatten, für die öffentliche Hand auf ein Mindestmaß zu reduzieren.

Mit dieser Vorgehensweise sind folgende Vorteile verbunden:

- Kürzeste Umsetzungsdauer von allen in Betracht kommenden Modellen,
- Einzelvergaben sind weit weniger komplex und leichter handhabbar als Gesamtvergabe aller Leistungen,

- angestrebte Übertragung wesentlicher Umsetzungsrisiken auf die Generalunternehmer ist ohne weiteres möglich,
- Widerständen (z.B. bei Rechtsmitteln gegen Vergabeentscheidung) kann am flexibelsten begegnet werden, da bei Einzelvergabe niemals das ganze Projekt betroffen ist, sondern nur der jeweilige Teilbereich,
- keine wirtschaftliche oder sonstige Verknüpfung des Betriebsteils mit den übrigen Leistungsteilen. Sollte einmal eine Trennung vom Vertragspartner erfolgen müssen, ist dies möglich, ohne sonstige Abhängigkeiten beachten zu müssen. Ein für den in hohem Maße sensiblen Bereich des Strafvollzugs besonders wichtig erscheinender Punkt.

Diese Vorteile überwogen die Nachteile, die im Vergleich mit einer Gesamtvergabe der Leistungen – zu der dann gegebenenfalls auch die Finanzierung zu gehören hätte – darin zu sehen sind, dass letzteres Modell in der Regel noch weitergehende wirtschaftliche Optimierungspotenziale eröffnet. Das Verfahren hierzu ist jedoch außerordentlich komplex. Zum Zeitpunkt der Konzeptionsphase lagen hierzu im speziellen Fall in Deutschland – wie bereits erwähnt – keine Erfahrungen vor, auf die zurückgegriffen werden konnte. Im Hinblick auf das mit besonderes Verantwortung zu betrachtende Gebiet des Strafvollzugs, schien es daher geboten, dem Modell mit dem geringsten Umsetzungsrisiko bedingt durch eine einfachere Verfahrensstruktur den Vorzug zu geben.

2.3 Standortauswahl

Zur Auswahl des Standortes sei angemerkt, dass sich das Projekt an einem zunächst ausgewählten Ort wegen erheblicher Bürgerproteste nicht umsetzen ließ. Im Gegensatz zu Schulen, Kindergärten oder Krankenhäusern, die in der Regel auf keine Akzeptanzprobleme stoßen, sind mit der Errichtung einer Vollzugsanstalt in der eigenen Gemeinde offenkundig ebenso erhebliche wie irrationale Ängste verbunden. Obwohl die Vorbehalte in der Sache unzutreffend sind (z. B. die Befürchtung, dass im Umfeld einer Justizvollzugsanstalt die Kriminalität ansteige) und die Justizvollzugsanstalt einen erheblichen Wirtschaftsfaktor für die jeweilige Region darstellt – nicht zuletzt durch die entstehenden Arbeitsplätze – bedurfte es dennoch erheblicher argumentativer Anstrengung, um für die notwendige Akzeptanz zu werben. Erst nach einer öffentlichen Aufforderung an alle hessischen Kommunen und einem anschließenden Wettbewerb mit zuletzt sieben Erfolg versprechenden Kandidaten, konnte eine endgültige Wahl getroffen werden. Als maßgeblicher Faktor einer zügigen Umsetzung ist dabei anzusehen, dass die jeweilige Standortgemeinde schnell unanfechtbares Bauplanungsrecht schaffen kann und die Erschließung des Geländes gesichert ist.

3. Umsetzung in die Praxis

3.1 Zeitlicher Projektablauf

Die wesentlichen Meilensteine des Projekts sind:

Datum	Umsetzungsschritt	Bereich
18. September 2001	**Bekanntgabe der Standortentscheidung Hünfeld** für den Bau einer neuen Justizvollzugsanstalt	Grundstück
27. September 2001	**Abschluss des Grundstückkaufvertrags** und des Erschließungsvertrags mit der Stadt Hünfeld.	Grundstück

Datum	Umsetzungsschritt	Bereich
ab November 2001	**Ausschreibung und Vergabe der Projektsteuerungs- und Generalplanerleistungen**	Planung
Dezember 2001	Erste Sitzung der Planungsgruppe JVA Hünfeld. Ständige Unterstützung der Planungsgruppe durch das Justizministerium in spezifischen Vollzugsfragen.	Planung
April 2002	Genehmigung der Haushaltsunterlage-Bau	Planung
ab Mai 2002	Wöchentliche Sitzungen der Planungsgruppe zur Vorbereitung der Ausschreibung der Bauleistungen durch einen Generalunternehmer.	Planung
9. August 2002	Veröffentlichung der Ausschreibung Generalunternehmer Bau	**Bau**
ab September 2003	**Beginn der Vorratsausbildung der Bediensteten für den staatlichen Betriebsteil**	**Betrieb**
September 2003	Erteilung der Baugenehmigung	**Bau**
Januar 2003	Beginn der Vorbereitungen für die Ausschreibung teilprivatisierter Betrieb	Betrieb
Februar 2003	Auswahl eines Bewerbers durch das Staatsbauamt Fulda. Unterlegener Mitbewerber betreibt das Nachprüfungsverfahren.	Bau
27. Juni 2003	OLG Frankfurt weist die Klage des Mitbewerbers ab.	Bau
Juli 2003	**Erteilung des Auftrags für die Bauleistungen an den Generalunternehmer Bau**	Bau
30. Juli 2003	**Veröffentlichung des Teilnahmewettbewerbs zum teilprivatisierten Betrieb der JVA Hünfeld (Beginn der Ausschreibung)**	Betrieb
September/ Oktober 2003	**Ende des Teilnahmewettbewerbs für den Betrieb/Auswahl der Bewerber/Aufforderung zum Angebot**	**Betrieb**
2. Oktober 2003	Spatenstich	**Bau**
16. März 2004	Grundsteinlegung Beginn der Rohbauarbeiten	**Bau**
März 2004	**Ende der Angebotsfrist für den Betrieb/Beginn der Auswertung der Angebote und Verhandlung mit den Bietern**	**Betrieb**
November/ Dezember 2004	**Zuschlagerteilung für die privatisierten Betriebsleistungen an Betreiber, Richtfest**	**Betrieb, Bau**
Anfang 2006	Geplante Inbetriebnahme	**Betrieb**

In der Übersicht ergibt sich der folgende Projektplan:

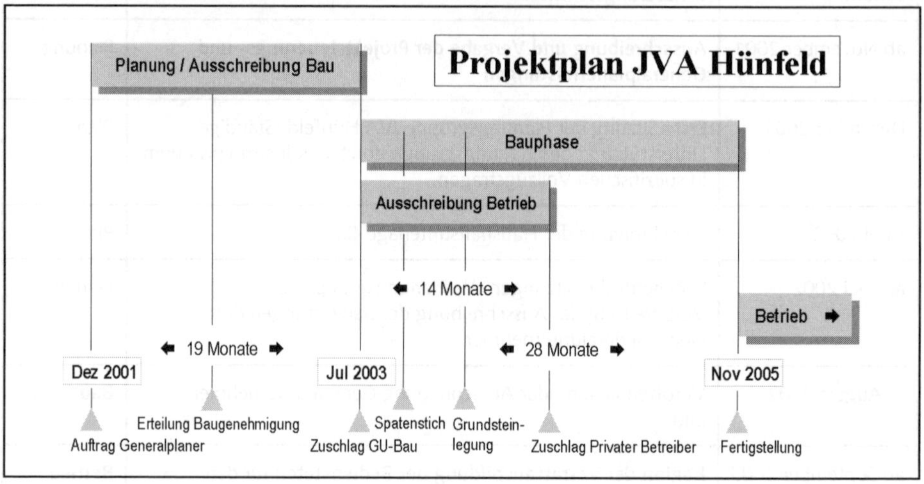

3.2 Bauliche Konzeption

Der Entwurf des Generalplaners orientiert sich an der Vorgabe, eine kompakten und baukostenoptimierte Anstalt zu errichten, die personalsparende und wirtschaftliche Arbeitsabläufe ermöglicht und strengsten Sicherheitsanforderungen Rechnung trägt.

Abbildung 1: Modell JVA Hünfeld

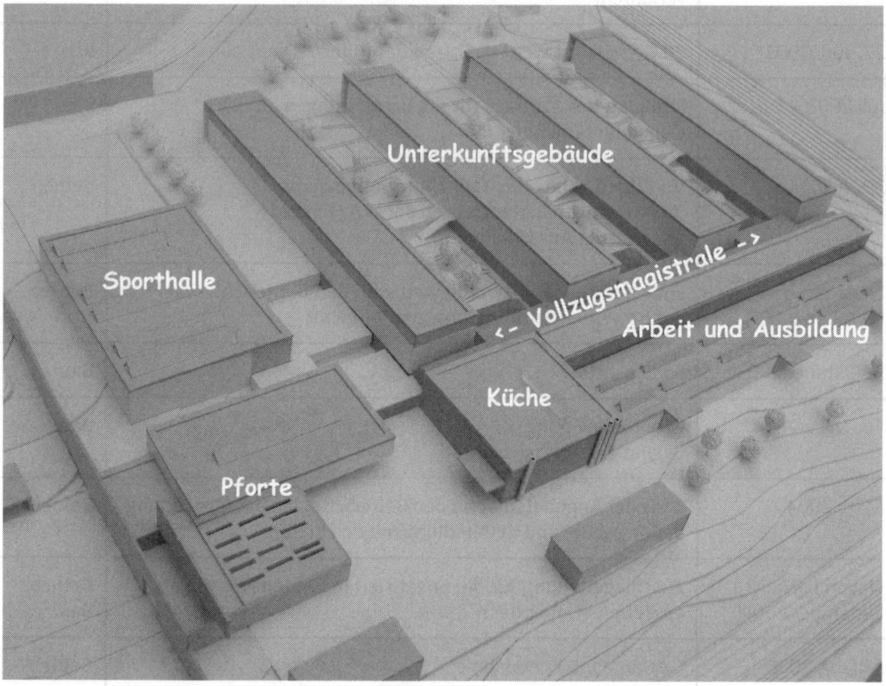

Abbildung 2: Personalkonzept JVA Hünfeld – Organigramm

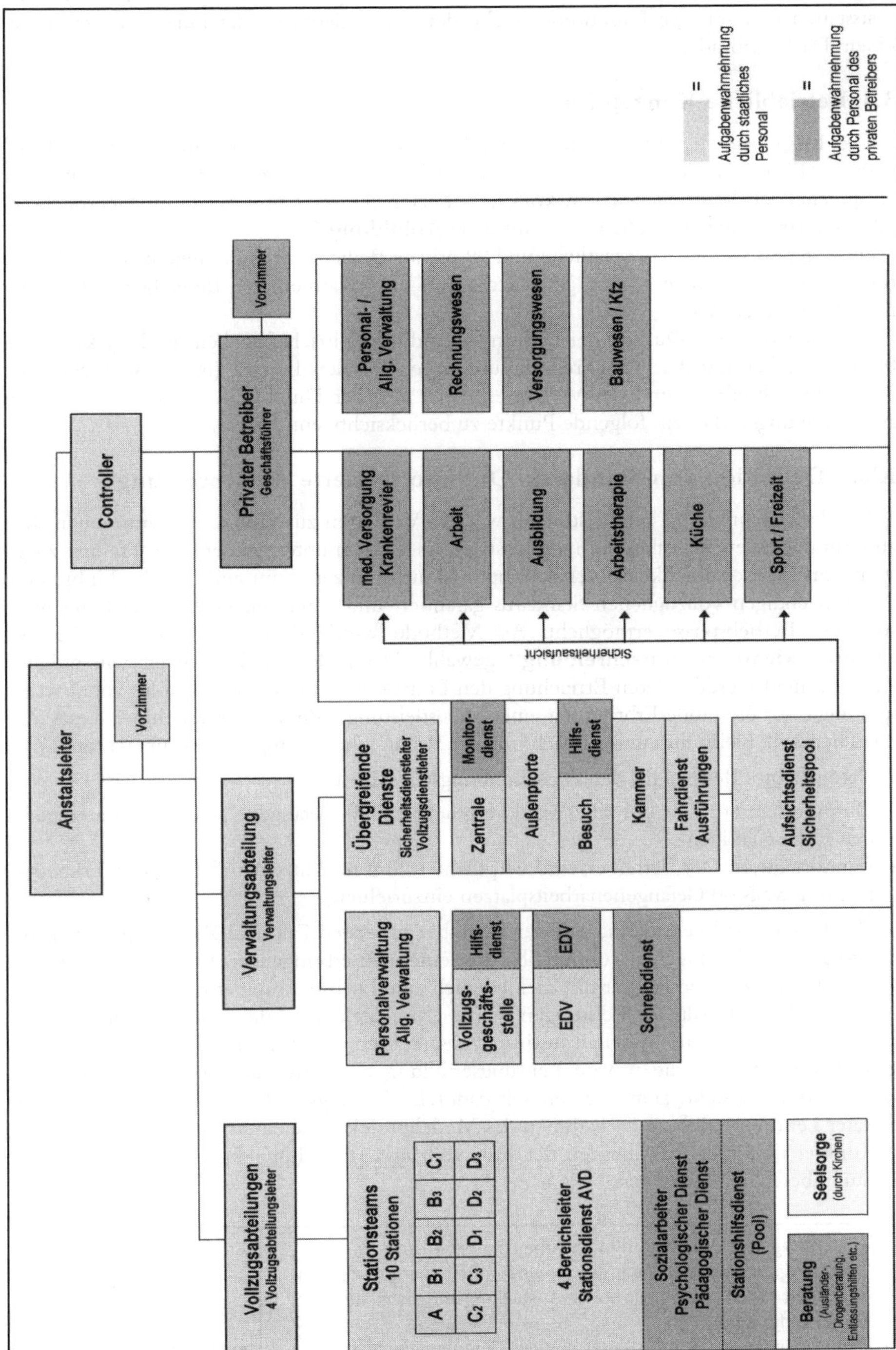

Die kammförmige Anlage entwickelt sich entlang eines zweigeschossigen Erschließungsgangs, der Vollzugsmagistralen, der sämtlicher Nutzungen wie Unterkunftsgebäude, Arbeitsstätten und sonstige Funktionsbereiche durch ein „Konzept der kurzen Wege" unter einem Dach verbindet.

3.3 Betriebliche Konzeption

Die Ergebnisse der Arbeitsgruppe „Modellprojekte zur Privatisierung im Strafvollzug" betreffend das Privatisierungspotenzial wurden zur Vorbereitung der Ausschreibung der entsprechenden Leistungen in ein konkretes Personalkonzept umgesetzt. Im Überblick ergibt sich daraus folgendes Organigramm; siehe **Abbildung 2.**

Im Ergebnis werden 132 staatliche und 99 private Bedienstete in der neuen Anstalt Dienst tun. Die von der Arbeitsgruppe geschätzten 40% an privatisierbaren Bereichen werden damit tatsächlich erreicht.

Zur Sicherung der Qualität der Leistungen und der Wirtschaftlichkeit des Projekts waren bei der Erarbeitung der Ausschreibungsunterlagen für den Betrieb (im Wesentlichen der Leistungsbeschreibung und des Vertragsentwurf) und der Durchführung des europaweiten Ausschreibungsverfahrens folgende Punkte zu berücksichtigen:

Klare Definition von Standards/Outputorientierte Ausschreibung

Bei der Beschreibung der Leistungen war ein Verfahren zu wählen, dass zum einen dem zu beauftragenden Betreiber ein möglichst großes Maß an unternehmerischer Freiheit zugesteht, um Wirtschaftlichkeitspotenziale optimal auszunutzen, zum anderen die Einbindung der notwendigen vollzuglichen Standards garantiert und deren leichte Überwachung während der Betriebsphase ermöglicht: Als Methode wurde daher im Grundsatz die sog. **„Outputorientierte Ausschreibung"** gewählt. Das bedeutet, dass soweit wie möglich Ziele definiert werden, deren Erreichung den Eintritt eines bestimmten Erfolgs voraussetzen und nicht nur die bloße Erbringung einer Dienstleistung. Wie der Unternehmer dieses Ziel erreichen will, bleibt ihm unter Beachtung der Rahmenbedingungen selbst überlassen.

Vereinfachtes Beispiel für den Ausschreibungsteil Arbeit:

- Outputorientiert: Der Betreiber wird verpflichtet, 300 Gefangene in Unternehmerbetrieben zu beschäftigen.
- Inputorientiert: Der Betreiber wird verpflichtet, fünf im Einzelnen definierte Werkbetriebe mit jeweils 60 Gefangenenarbeitsplätzen einzurichten.

Der Unterschied liegt darin, dass der Betreiber im ersten Fall dem Ziel „hohe Beschäftigungsquote der Gefangenen" unmittelbar mit einem zu erbringenden Erfolg verpflichtet ist, während er im zweiten Fall für das Ziel lediglich eine Dienstleistung erbringt.

Bezüglich des Inhalts der Leistungen wurde grundsätzlich auf die Standards zurückgegriffen, die in den übrigen hessischen Justizvollzugsanstalten gelten. Damit soll zum einen sicher gestellt werden, dass die private Leistungserfüllung qualitativ auf keinen Fall eine Verschlechterung darstellt, zum anderen soll dadurch die Vergleichbarkeit von staatlicher und privater Leistungserfüllung im Rahmen des Modellprojekts erleichtert werden.

Konkret ist für den Teilbetrieb der Justizvollzugsanstalt Hünfeld die Vergabe folgender Leistungsbereiche vorgesehen:

– Einrichtung und Unterhaltung von Arbeitsbetrieben zur Beschäftigung von 300 Gefangenen, einer arbeitstherapeutischen Werkstatt für 24 Gefangene sowie Ausbildungsmöglichkeiten für 25 Gefangene,	Arbeit und Ausbildung
– ärztliche und medizinische Betreuung der Gefangenen sowie Krankenpflegedienst und medizinisch-technische Assistenz,	medizinische Versorgung

– Küchenbetrieb mit Warm- und Kaltverpflegung für ca. 500 Gefangene sowie für interessierte Bedienstete unter optionalem Einsatz beigestellter Gefangener, – Angebot von Zusatzeinkauf für ca. 500 Gefangene,	Küche/Einkauf
– Gebäudereinigung und Pflege der Außenanlagen unter optionalem Einsatz beigestellter Gefangener, – Wartung technischer Anlagen und Gebäudeeinstandhaltung soweit nicht von Gewährleistung umfasst,	Gebäudeunterhaltung
– soziale, psychologische und pädagogische Betreuung sowie Beratung der Gefangenen,	Soziale Dienste
– Erstellung und Unterhaltung eines Sport- und Freizeitangebotes für ca. 500 Gefangene,	Sport und Freizeit
– Hilfsdienste im Bereich Stationsbetrieb, Besuchsbetrieb, Monitorüberwachung, (Entlastung des allgemeinen Vollzugsdienst von täglichen Routineaufgaben – wie z. B. Verwaltungstätigkeiten auf Station, Leeren von Postfächern, Ausgabe von Putzmitteln, Botengängen, Organisation und Überwachung des Wäschetauschs, Routinekontrolle von Sicherheitseinrichtungen und vielem mehr)	AVD Hilfsdienste
– Hilfsdienste im Bereich Versorgungswesen, Verwaltung, Vollzugsgeschäftsstelle, EDV, Schreibdienst, Poststelle), – Unterstützung im Finanz- und Rechnungswesen.	Verwaltung

Bonus/Malus-System/Leistungsanreize

Der Betreiber erhält im Rahmen der Ausschreibung die Möglichkeit, ein Bonus/Malus-System zur Honorierung von Leistungserfolgen bzw. Sanktionierung von Schlechtleistungen vorzuschlagen, um den wirtschaftlichen Erfolg mit dem Erfolg in der Sache noch enger zu verknüpfen und die Motivation bei der Leistungserbringung weiter zu steigern.

Leistungsfähigkeit des Betreibers als maßgebliches Kriterium

Der Notwendigkeit, dass die erfolgreiche Umsetzung des Projekts nur mit einem leistungsfähigen und seriösen Betriebspartner möglich erscheint, wurde schon bei der Gestaltung des Vergabeverfahrens Rechnung getragen. Das Vergabeverfahren begann mit einem Teilnahmewettbewerb, bei dem die Bewerber zunächst im Wesentlichen ihre Referenzen und Erfahrungen bei der Erbringung von Leistungen entsprechender Art sowie die Leistungsfähigkeit des Unternehmens selbst darzulegen hatten. Somit wurde sicher gestellt, dass durch eine Vorauswahl von mindestens drei, maximal fünf Betreibern nur solche wirklich zur Abgabe eines Angebots aufgefordert wurden, die die Qualitätsanforderungen erfüllen.

Gesamtverantwortung verbleibt allein in staatlicher Hand

Durch eine entsprechende vertragliche Gestaltung wird sicher gestellt, dass die Gesamtverantwortung für die Anstalt entsprechend § 156 Absatz 2 Strafvollzugsgesetz beim Anstaltsleiter verbleibt und alle hoheitlichen Befugnisse (Speziell im Bereich der Sicherheit) ausschließlich durch Beamte ausgeübt werden.

Aktuelle Informationen zum Projekt können unter www.hmdj.justiz.hessen.de in der Rubrik „Projekte/JVA Hünfeld“ abgerufen werden.

§ 19 Verkehrsinfrastruktur: Flughäfen

Übersicht

1. Einführung

Wenn in Deutschland von Public Private Partnerships (PPP) die Rede ist, werden damit zumeist Vorhaben rund um die Errichtung von Bauwerken wie Brücken, Straßen, Schulen oder Krankenhäuser sowie Dienstleistungen wie die Müllentsorgung verbunden. Nicht selten werden diese Projekte in der Öffentlichkeit kontrovers diskutiert. Dabei wird oftmals übersehen, dass in der Bundesrepublik seit vielen Jahren eine Reihe von erfolgreichen Public-Private-Partnerships in anderen Bereichen existiert. Die Zusammenarbeit zwischen öffentlicher Hand und Privatwirtschaft läuft hierbei so friktionsfrei, dass diese Bündnisse in der Öffentlichkeit gar nicht als solche wahrgenommen werden. Dazu zählen auch die beiden deutschen Flughäfen Düsseldorf International und Hamburg Airport, bei denen sich Staat und privater Betreiber, in diesem Fall HOCHTIEF AirPort, den Aufgaben und Verantwortlichkeiten gemeinsam stellen.

Beide Partnerschaften waren von Beginn an erfolgreich, obwohl sie mit den für diese Projekte in Deutschland typischen Voraussetzungen an den Start gingen: Vorrangig fehlendes Kapital und nicht allein die Rückbesinnung des Staats auf seine Kernaufgaben bewegte die öffentliche Hand, sich nach Partnern umzusehen. Das gewünschte private Kapital war jedoch nur im Rahmen einer zumindest teilweisen Privatisierung zu erhalten.

Die zu diesem Zeitpunkt bereits erfolgten Verkäufe von Flughäfen im Ausland hatten zudem gezeigt, dass Investoren in der Lage waren, einen höheren Preis zu zahlen als eine Börsenplatzierung ergeben hätte. Dies mag die Entscheidung für die Suche nach strategischen Partnern begünstigt haben.

HOCHTIEF AirPort gehört zu den wenigen erfolgreichen und mittlerweile auch größten unabhängigen Flughafenmanagern der Welt. Neben den Airports in Düsseldorf und Hamburg ist das Unternehmen auch an den Flughäfen Athen und Sydney und Tirana beteiligt. Während HOCHTIEF AirPort mit Albanien einen reinen Konzessionsvertrag abgeschlossen hat, handelt es sich bei den vier anderen Flughäfen um zumeist klassische Public-Private-Partnerships. Die dabei zugrunde gelegten Vertragsformen sind jedoch bei jedem Vorhaben so unterschiedlich, dass vier gänzlich selbstständige PPP-Modelle entstanden sind. Alle sind erfolgreich, doch nicht alle erlauben es, das Potenzial, das dem jeweiligen Flughafen eigen ist, in gleicher Tiefe zu nutzen.

Dieser Artikel soll daher nicht nur die unterschiedlichen PPP-Alternativen im Flughafenbereich, ihre Entstehung und vertraglichen Elemente skizzieren, sondern auf Grund der Erfahrungen, die HOCHTIEF AirPort machen konnte, auch die Probleme der unterschiedlichen Ausgestaltung identifizieren.

2. Das PPP-Portfolio von HOCHTIEF AirPort und seine Entstehungsgeschichte

2.1 Athens International Airport „Eleftherios Venizelos"

Bereits 1975 traf die damalige griechische Regierung die Entscheidung, den veralteten Cityflughafen Hellenikon durch einen Neubau außerhalb der Stadt zu ersetzen. Vier Jahre später begann sie mit ersten Erdarbeiten, die jedoch nach zwei Jahren aus Geldmangel wieder eingestellt wurden. Der Staat hatte über Jahrzehnte hinweg den Ausbau und die Pflege seiner Infrastruktureinrichtungen so stark vernachlässigt, dass er, als schließlich die Schließung des alten Hauptstadtflughafens und der damit einhergehende Neubau eines Ersatzairports zwingend wurde, den immensen Investitionsbedarf nicht mehr finanzieren konnte.

So entschloss sich die damalige konservative Regierung unter Ministerpräsident Mitsotakis nach einem weiteren erfolglosen Versuch schließlich dazu, das Projekt als Public-Private-Partnership zu verwirklichen. 1991 schrieb sie das gesamte Projekt, d.h. Planung, Bau, Finanzierung und den Betrieb des neuen Flughafens, weltweit aus. Es sah also nicht nur den gemeinschaftlichen Flughafenneubau vor, sondern erstmals auch den gemeinschaftlichen Betrieb einer zentralen Verkehrsinfrastruktureinrichtung durch Staat und Privatwirtschaft.

Aufgrund seiner jahrzehntelangen Erfahrung in der Planung, Finanzierung und dem Bau von Flughäfen bewarb sich HOCHTIEF bei diesem Bieterverfahren und konnte dieses zwei Jahre später, am 29. Juli 1993, auch für sich entscheiden. Insgesamt hatten sich neun internationale Bieterkonsortien um das Projekt beworben.

Doch schon kurz darauf geriet das Verfahren ins Stocken: Durch den Verlust der Regierungsmehrheit im Parlament waren Neuwahlen notwendig geworden. Aus diesen Wahlen ging am 10. Oktober 1993 die oppositionelle PASOK-Partei unter Andreas Papandreou als Sieger hervor.

Die neue Regierung lehnte den verhandelten Vertrag mit HOCHTIEF jedoch zunächst rundherum ab. Aber auch sie musste erkennen, dass der alte Flughafen Hellenikon verkehrlich und sicherheitstechnisch nicht mehr vertretbar war und dringend ersetzt werden musste. Die dafür erforderlichen Mittel waren auch unter der PASOK-Regierung nicht verfügbar. So wurden die beiden Finalisten des bereits abgeschlossenen Wettbewerbs – ein französisches Konsortium und HOCHTIEF – aufgefordert, neue Angebote zu unterbreiten, die jedoch fundamental von den Ausschreibungsunterlagen abweichen sollten. Dieses wettbewerbsrechtlich unzulässige Ansinnen ließ die Regierung nach massiven Protesten und vielen Verhandlungen letztlich fallen und kehrte im Mai 1994 zu einem moderat veränderten Projektrahmen zurück. Am 23. 12. 1994 erklärte Ministerpräsident Papandreou nach Konsultation neutraler Experten das HOCHTIEF-Konsortium erneut zum Gewinner.

Doch damit war die letzte Hürde noch nicht genommen: Aufgrund einer vom französischen Konsortium in Brüssel vorgebrachten Demarche befasste sich auch die Europäische Union mit dem Verfahren. Der Vorwurf: Im Verlauf des Verfahrens seien von der Vergabestelle Grundsätze des Artikels 169 des Maastrichter Vertrages verletzt worden. Der Artikel regelt die Gleichbehandlung und Nichtdiskriminierung der Wettbewerber bei der Vergabe öffentlicher Aufträge. Die griechische Regierung war jedoch in der Lage, die juristische Argumentation zu widerlegen. Darauf entschied die EU-Kommission am 29. März 1995 mit großer Mehrheit, grünes Licht zu geben, d.h. kein Verfahren zu eröffnen.

Nach abschließenden Verhandlungen unterzeichneten die Regierung Papandreou und HOCHTIEF am 31. Juli 1995 den Vertrag. Das griechische Parlament ratifizierte ihn im Monat darauf, am 31. August.

Als der neue Flughafen im März 2001 seinen Betrieb aufnahm, waren mehr als 25 Jahre vergangen, seitdem der erste Beschluss zu seinem Neubau gefasst worden war. Allein 16 Jahre verstrichen ungenutzt, bis klar wurde, dass das gesamte Projekt in private Hände gelegt werden sollte.

Vertrags- und Eigentümerstruktur

Der Bau und Betrieb des neuen griechischen Hauptstadtflughafens Athens International war als sogenanntes BOOT-Modell (Building-Own-Operate-Transfer) ausgeschrieben worden. Dies bedeutet, dass das im Bieterverfahren siegreiche Konsortium den Flughafen nach der Errichtung gemeinsam mit dem Staat auch betreiben sollte. Die Laufzeit wurde auf 30 Jahre festgesetzt, wovon fünf Jahre auf die Bauarbeiten entfielen. Nach Ablauf der Konzessionsfrist soll der Flughafen in Gänze wieder in die Hände des griechischen Staats zurückgehen.

Mit einem Investitionsvolumen von 2,06 Mrd. Euro gilt Athens International als das bislang größte BOOT-Projekt im Verkehrsinfrastrukturbau. Die Errichtung des Flughafens ist gleichzeitig der größte Einzelauftrag, den das Unternehmen HOCHTIEF bis dahin hatte. Er markiert zudem den planvollen Einstieg des Konzerns in das Flughafenbetreibergeschäft und hatte 1997 die Gründung von HOCHTIEF AirPort zur Folge.

In dem mit der ausschreibenden Stelle ausgehandelten Vertrag verpflichtete sich HOCHTIEF auf eine Bauzeit von 56 Monaten und garantierte einen Maximalpreis. 70 Prozent der Bauleistung sollte an griechische Unternehmen vergeben werden. Die Ratifizierung des Vertragswerkes beinhaltete die Gründung der Flughafengesellschaft AIA S.A, einer auf Aktien basierenden nicht öffentlichen Gesellschaft, die zugleich als Bauherr und Betreiber des Flughafens auftreten sollte.

An der AIA S.A. hält Griechenland 55 Prozent, die restlichen 45 Prozent entfallen auf ein privates Konsortium, das von HOCHTIEF AirPort angeführt wird. Jede Seite, so die vertraglichen Regelungen, stellt vier Mitglieder des Aufsichtsrats. Das neunte Mitglied des Gremiums wird von einem Unparteiischen besetzt, der von beiden Seiten akzeptiert werden muss.

Dreh- und Angelpunkt der Zusammenarbeit zwischen Staat und Privatwirtschaft ist das Airport Development Agreement (ADA), das alle Fragen des Bündnisses regelt. In ihm wurden zu Beginn der Partnerschaft Rechte und Pflichten beider Parteien sowie Mechanismen zur Konfliktlösung festgelegt. So regelt das ADA unter anderem den unternehmerischen Einfluss der privaten Minderheitsaktionäre. Dazu zählt zum Beispiel das Vorschlagsrecht für die Position des General Managers der AIA, aber auch Leitlinien für die Gebührenfestsetzung oder Dividendenausschüttungen und die Option, die Flughafengesellschaft an die Börse zu bringen usw. Mit der Ratifizierung im Parlament erhielt das ADA den Status eines Gesetzes.

Public-Private-Partnership bedeutet im Fall des Flughafens Athen, dass der Staat in der Anlaufphase an seiner Position als Mehrheitseigentümer festhalten möchte, er es jedoch zulässt, dass die Flughafengesellschaft AIA privatwirtschaftlich organisiert und gemanagt wird. Signifikantes Beispiel hierfür: Bei der Neugründung der Gesellschaft gab es keine Verpflichtung, Personal vom alten Flughafen Hellenikon zu übernehmen, so dass die neue Gesellschaft mit einen schlankeren, neu zusammengestellten Team an den Start gehen konnte.

2.2 Flughafen Düsseldorf International

Vergleichbare Wurzeln wie Athen hat die fast zeitgleich vollzogene Teilprivatisierung des Flughafens Düsseldorf: Auch hier zog sich der Staat zu einem Zeitpunkt aus einem Infrastrukturprojekt zurück, als umfangreiche Neuinvestitionen fällig wurden. Nach einem Großbrand im Jahr 1996, der weite Teile der Terminalanlagen zerstört hatte, stand der kostenintensive Wiederaufbau des Airports an. Dieser umfasste neben neuen Terminalgebäuden auch zahlreiche Infrastruktureinrichtungen des Flughafens: Parkhäuser, Vorfahrten, Gewerbeflächen sowie die Umnutzung des alten Towers für die Vorfeldkontrolle. Das Investitionsvolumen belief sich auf knapp eine halbe Milliarde Euro.

Aus zweierlei Gründen weicht das für Düsseldorf gewählte PPP-Modell jedoch von dem Athener ab: Neben finanziellen Erwägungen sich aus dem Tagesgeschäft eines Flughafens zurückzuziehen, gab es auch erste politische Überlegung, an solchen Infrastrukturprojekten prinzipiell nicht mehr beteiligt sein zu müssen. Und: Die Anteile sollten auf Dauer auf einen strategischen Investor übergehen.

Das Bieterverfahren mit anschließender Teilprivatisierung erfolgte nach einem straffen, gut strukturierten Zeit- und Maßnahmenplan: Schon wenige Monate nach dem Brand wurden die ersten Verhandlungen aufgenommen. Im August 1997 lagen die Angebote der bietenden Konsortien zur Entscheidung vor. HOCHTIEF AirPort konnte sich hier gegen starke internationale Konkurrenz durchsetzen. Die materielle Übergabe des Flughafens erfolgte im Dezember und am 1. 1. 1998 war die erste Teilprivatisierung eines Flughafens in Deutschland vollständig vollzogen.

Vertrags- und Eigentümerstruktur

Nach dem Rückzug des Landes Nordrhein-Westfalen sieht die Eigentümerstruktur an der Flughafen Düsseldorf GmbH wie folgt aus: Das private Konsortium von HOCHTIEF AirPort und Aer Rianta International, dem irischen Flughafenbetreiber, hält 50 Prozent der Anteile, die Stadt Düsseldorf die andere Hälfte. Dieses Gleichgewicht spiegelt sich im Aufsichtsrat der Flughafengesellschaft wieder: Die Stadt Düsseldorf hält fünf Sitze und das private Konsortium unter Führung von HOCHTIEF AirPort ebenfalls fünf Sitze. Hinzu kommen zehn Vertreter der Arbeitnehmer.

Da sich die privaten Anteilseigner – im Gegensatz zu Athen – an einer bereits existierenden Flughafengesellschaft beteiligten, mussten dementsprechend alle vertraglichen Verpflichtungen übernommen bzw. beibehalten werden. Dies galt auch für die Wiederaufbaupläne nach dem Brand sowie für Genehmigungen und Antragsverfahren.

Anders als am Flughafen Athen, bei dem ein maßgeschneidertes und an den Bedürfnissen der Partner ausgerichtetes Regelwerk aufgestellt wurde, unterliegt die Public-Private-Partnership in Düsseldorf zahlreichen differenzierten rechtlichen Vorgaben, wobei die Verteilung der Kompetenzen auf Behörden und Einrichtungen von Bund, Ländern und Gemeinden historisch bedingt ist und nicht immer den heutigen Gegebenheiten genügt. Zum Beispiel liegt es überall in Deutschland allein im Ermessen der Landesbehörde, Gebührenerhöhungen zu prüfen und zu bewilligen. Bundeseinheitliche Vorgaben oder verbindliche Handlungsspielräume, die sich an der wirtschaftlichen Situation der Flughäfen ausrichten, gibt es hier – anders als am Beispiel Athen – jedoch nicht. Dies gilt insbesondere auch für Umweltauflagen. Die Behörde kann überdies die Rechtmäßigkeit einer Gebühr zwar bestätigen, jedoch nicht gegenüber Dritten durchsetzen. Hierdurch ergeben sich teilweise erhebliche Wettbewerbsverzerrungen.

Diese bewusst herbeigeführte Mischform zwischen privatwirtschaftlichem und öffentlich-rechtlichem Management führt zu einer Reihe von zusätzlichen Herausforderungen und Hindernissen für die Beteiligten.

2.3 Flughafen Hamburg Airport

Nach der erfolgreichen Teilprivatisierung des Düsseldorfer Flughafens durch das Land NRW begann auch der Bund sich aus seinen Flughafenbeteiligungen zurückzuziehen. 1999 kündigte er an, seine Anteile in Höhe von 26% am Hamburg Airport veräußern zu wollen. Ihm schloss sich auch das Land Schleswig-Holstein an, das zehn Prozent der Anteile hielt. In einer konzertierten Aktion mit der Stadt Hamburg wurde schließlich für insgesamt 40 Prozent an der Flughafengesellschaft Hamburg ein strategischer Investor gesucht. Die Hansestadt ließ sich darüber hinaus die Option einräumen, weitere 13 Prozent der eigenen Anteile bis zum 31. 12. 2006 an den Investor zu gleichen Konditionen zu veräußern.

HOCHTIEF AirPort gab zusammen mit seinem Konsortialpartner Aer Rianta Anfang 2000 ein verbindliches Angebot zum Erwerb der Flughafenanteile ab. Im Juli desselben Jahres erhielt das Unternehmen den Zuschlag, im Oktober wurden die Verträge durch die Zustimmung der Bürgerschaft rechtswirksam. Die zweite deutsche Public-Private-Partnership im Flughafenbereich war entstanden.

Innerhalb von 20 Monaten nach der Teilprivatisierung machte Hamburg von seiner Option Gebrauch und veräußert erst neun, wenig später weitere vier Prozent an das private Konsortium. Die Stadt Hamburg hält seitdem 51 Prozent, das HOCHTIEF-Konsortium 49 Prozent. Die Privatisierung ist unbefristet.

Vertrags- und Eigentümerstruktur

Wie bereits bei der Public-Private-Partnership am Flughafen Düsseldorf übernahm HOCHTIEF AirPort auch in Hamburg Anteile an einer bereits existierenden Flughafengesellschaft und somit auch eine Fülle bestehender vertraglichen Verpflichtungen und individueller Regelungen. Die rechtliche Situation ist daher ähnlich. Im obersten Kontrollgremium der Gesellschaft, dem Aufsichtsrat, hat die Stadt Hamburg fünf Sitze, das HOCHTIEF-Konsortium vier und die Arbeitnehmer fünf.

Neben dem Kaufvertrag regelt wie schon in Düsseldorf auch in Hamburg ein Konsortialvertrag die Zusammenarbeit der öffentlichen Hand mit der Privatwirtschaft. Er beinhaltet unter anderem die Satzung der Gesellschaft, Vorgaben zu Abstimmungsprozessen und Informationspflichten.

Weiterhin sichert er über entsprechende Regelungen und Zugeständnisse den unternehmerischen Einfluss des privaten Partners in der ehemals staatlichen Gesellschaft und ist damit gerade wegen der privaten Minderheitsbeteiligungen von großer strategischer Bedeutung. Der Konsortialvertrag ist somit das zentrale Element in dieser öffentlich-rechtlichen Zusammenarbeit.

2.4 Flughafen Sydney Airport „Kingsford Smith"

Die australische Regierung verfolgt seit Jahren ein ehrgeiziges Privatisierungsprogramm, das im Airportbereich mit dem Verkauf der Flughäfen Melbourne, Brisbane und Perth im Jahr 1997 begann und mit dem erfolgreich geführten Bieterverfahren für den größten Airport des Kontinents, Sydney Airport, seinen Abschluss fand. Bei allen Privatisierungen ging es um den Verkauf von 100 Prozent der Anteile an dem jeweiligen Flughafen, also um die Abgabe der vollen unternehmerischen Führung. Zu den Grundbedingungen des Staats gehörte, dass dabei jedoch mindestens 51 Prozent des Eigenkapitals aus australischer Hand kommen musste.

Die Ereignisse des 11. Septembers 2001 beeinflussten jedoch das straff und gut geplante Bieterverfahren für Sydney Airport. Der für den 17. September angesetzte Abgabetermin für das Kaufangebot wurde von der australischen Regierung nach den Terroranschlägen sowie dem zeitgleich erfolgten Konkurs der australischen Airline Ansett zunächst auf den 26. September verschoben werden. Bewerber und Finanzmärkte sollten Gelegenheit bekommen, die neue Situation zu bewerten und ggf. ihre Angebote zu überarbeiten. Aufgrund der ungeklärten weltpolitischen Lage hätte der Kaufpreis Risikoabschläge enthalten müssen, um den vielen Annahmen und Unsicherheiten Rechnung zu tragen.

Der kurzfristige Aufschub reichte hierfür jedoch nicht aus. Die australische Regierung unterbrach daher Ende September das Bieterverfahren, um es im April des Folgejahres wieder aufzunehmen. Am 12. Juni wurden schließlich die Angebote eingereicht. Noch im selben Monat wurde das Bieterverfahren mit dem sogenannten Financial Close zum Abschluss geführt.

Vertrags- und Eigentümerstruktur

Die Betreibergesellschaft des Flughafens Sydney Airport Corporation Limited (SACL) ist ein auf Aktien basierendes australisches Unternehmen, das nicht an der Börse gelistet ist. Die in 100 000 100 Stück aufgeteilten Anteile gehören über eine Vorschaltgesellschaft einem internationalen Konsortium. Die australische Bank Macquarie hält über mehrere Fondsgesellschaften 63,64 Prozent der Anteile, Ferrovial 20,9 Prozent und der Pensionsfonds Ontarios Teachers Fund rund 4,96 Prozent. HOCHTIEF AirPort ist mit 10,5 Prozent am Sydney Airport beteiligt. Auch hier handelt es sich um eine zeitlich unbegrenzte Privatisierung.

Die unternehmerische Führung des Flughafens wird von einem Board nach angelsächsischem Muster verantwortet. Die zehn Sitze des Board of Directors verteilen sich paritätisch nach den gehaltenen Anteilen, einen Sitz hat der CEO der Flughafengesellschaft inne.

Neben seinem vertraglich festgeschriebenen und über das Board ausgeübten unternehmerischen Einfluss hat HOCHTIEF AirPort als alleiniger industrieller Partner des Konsortiums auch die operative Beratung des Flughafens Sydney für sieben Jahre übernommen und ist daher in der Lage, den Transformationsprozess eines öffentlichen Unternehmens hin zu einem privatwirtschaftlichen maßgeblich zu steuern und zu begleiten.

3. Synergie- und Effizienzgewinne bei Flughäfen als PPP-Projekte

Flughäfen sind komplexe Gebilde, die in unterschiedlichsten Beziehungsgeflechten verhaftet und nicht nur nationalen, sondern auch regionalen Regelungen und Bestimmungen unterworfen sind. Dies erfordert, dass jede Gesellschaft getrennt betrachtet wird und ein individuelles Managementkonzept erhält. Allen gerade privatisierten Flughäfen gemein ist jedoch, dass sie ein erhebliches Verbesserungspotenzial in der betrieblichen und betriebswirtschaftlichen Effizienz bieten.

Daher durchliefen alle Flughafenbeteiligungen von HOCHTIEF AirPort nach der erfolgten Privatisierung bzw. Teilprivatisierung einen nach Art und Umfang unterschiedlichen Anpassungs- und Reorganisationsprozess. Diese reichten von der Einführung von Cost- und Servicecentern in Düsseldorf bis zur weitreichenden Überarbeitung des Flughafen-Masterplans in Sydney. Dazu wurden gemeinsam mit dem jeweiligen Management alle für den Betrieb des Flughafens notwendigen Prozesse analysiert und neu ausgerichtet. Die jeweiligen Tätigkeitsschwerpunkte orientierten sich dabei an den zum Teil höchst unterschiedlichen Erfordernissen vor Ort.

So war zum Beispiel in Düsseldorf die Neuorganisation der Flughafengesellschaft eines der zentralen Themen der neuen Partnerschaft. Das von behördlichen Abläufen geprägte Unternehmen wurde in ergebnisverantwortliche Geschäftsbereiche mit eindeutiger Ausrichtung auf Kundengruppen umstrukturiert. Flache Hierarchien und ein Zuwachs an Verantwortung und Gestaltungsspielraum für die Mitarbeiter bewirkten spürbare positive Veränderungen. In einer ersten Phase des Change Managements konnte das Kostenbewusstsein und die Produktivität ohne schärfere Einschnitte deutlich angehoben werden. Im Ergebnis wurden die Flughafengesellschaften unter anderem in die Lage versetzt, den umfangreichen Wiederaufbau des Terminals nach dem Brand aus eigener Kraft zu finanzieren.

Die Flughafengesellschaft Athen hingegen konnte, auf Grund ihrer Neugründung, bereits von Anfang an nach privatwirtschaftlichen Vorstellungen konzipiert und aufgebaut werden. Hier waren die Reibungs- und Anlaufverluste erwartungsgemäß am geringsten, die wirtschaftlichen Erfolge am größten. Bereits im ersten vollen Geschäftsjahr übertraf die wirtschaftliche Situation die Prognosen. Die Gesellschaft konnte einen Bilanzgewinn ausweisen.

Aufgrund eines aktiven privatwirtschaftlichen Airportmanagements konnten im Lauf der Zeit bei allen Flughafenbeteiligungen signifikante Effizienzgewinne realisiert werden. Dabei machte HOCHTIEF AirPort die Erfahrung, dass der Grad der Verbesserungen in enger

Korrelation zum Grad der Privatisierung steht. Je stärker ein Flughafen also nach privatwirtschaftlichen Bedingungen geführt wird, desto besser und vor allem schneller sind gute Ergebnisse zu erzielen.

Den klarsten Beweis liefert hierfür der Weiterverkauf von Anteilen am Flughafen Sydney. HOCHTIEF AirPort hatte sich beim Einstieg in das Konsortium bereit erklärt, neben rund zehn Prozent für das eigene Portfolio weitere fünf Prozent zu zeichnen, um diese zu einem späteren Zeitpunkt weiterzuverkaufen.

Nach einem Jahr unter privatem Management und der einhergehenden Restrukturierung konnten diese Anteile dann mit Gewinn an einen Investor weiterplatziert werden.

Die positive Entwicklung der Flughäfen beschränkt sich dabei jedoch nicht auf betriebswirtschaftliche Aspekte und somit auf die Eigentümerseite. Sie ist auch in der Kundenzufriedenheit messbar: So wurde der Flughafen Athen, dessen Betreibergesellschaft ja völlig neu aufgebaut wurde, nur zwei Jahre nach seiner Eröffnung vom weltweiten Dachverband der Luftverkehrsbranche, der International Air Transport Association, zum besten Flughafen seiner Größenklasse gewählt. Die repräsentative Studie basiert auf einer Umfrage unter 90 000 Passagieren.

Nach einer sechsjährigen Public-Private-Parternship, die mit einem groß angelegten Um- und Neubau einherging, stieg auch die Kundenzufriedenheit am Flughafen Düsseldorf: In einem von der Zeitschrift Capital in Auftrag gegebenen Test wurde Düsseldorf International im März 2004 zum wiederholten Mal als bester deutscher Flughafen gewertet und liegt somit noch vor München, Frankfurt oder Köln/Bonn.

Wie notwendig ein Paradigmenwechsel manchmal Not tut, zeigt folgendes Beispiel aus Kanada: Bis zur ihrer Privatisierung in den 90er Jahren wurde der Ausbau von 26 kanadischen Flughäfen sowie Neubauvorhaben weder an deren Passagierentwicklungen noch an die Einnahmen gekoppelt. Vielmehr entschieden Statusfragen und regionalpolitische Erwägungen über Investments. Der überdimensionierte Ausbau der vornehmlich regionalen Flughäfen war nicht nur wirtschaftlich widersinnig sondern schadete auch der Umwelt.

Öffentliche Einrichtungen neigen zudem dazu, viele Aufgabenbereiche im Kernunternehmen ansiedeln zu wollen. Die Folge sind kontinuierlich wachsende, unflexible Gesellschaften, die sich nur schwer neuen Anforderungen anpassen können. Die von den privaten Partnern bevorzugten flexiblen Netzwerke aus einer angemessenen Anzahl von Dienstleistern kann diese Erstarrung verhindern. Wie unterschiedlich erfolgreich Flughafenunternehmen heute geführt werden können, zeigt ein Vergleich der Beteiligungen von HTA. Kamen bei den deutschen Airports Düsseldorf und Hamburg auf eine Million Passagiere ca. 70 bis 80 Flughafenmitarbeiter, sind es in Athen 45, in Sydney gar nur 11. Dass darunter keinesfalls Qualität und Komfort leiden müssen, weisen die ausländischen Flughäfen täglich eindrucksvoll nach.

Die Rückbesinnung des Staats auf seine Kernaufgaben in Public-Private-Partnerships ist für die Beteiligten oft mit schmerzhaften Prozessen verbunden, wenn die Zusammenarbeit erfolgreich sein soll. Bislang in Eigenregie erstellte Leistungen werden in Art und Umfang hinterfragt und neu strukturiert. Daher setzen Partnerschaften mit privaten Unternehmen Mut und einen Bewusstseinswandel der der öffentlichen Hand voraus.

4. Schlussfolgerungen und Ausblick

Public-Private-Partnerships werden in Deutschland selbst von den Befürwortern auch heute noch vorrangig als Mittel gesehen, einen Investitionsstau zu umgehen oder abzubauen. Die Zusammenarbeit mit der Privatwirtschaft dient also lediglich zur Abwendung eines größeren von zwei Übeln. Diese einseitige Betrachtungsweise führt neben einem oftmals unzureichendem Privatisierungs- und Projektmanagement zwangsläufig zum Scheitern vieler grundsätzlich Erfolg versprechender Projekte.

Dabei hat es sich bereits mehrfach gezeigt, dass private Anbieter Einrichtungen und Infrastrukturangebote besser und effizienter als die öffentliche Hand managen. Sie müssen schon auf Grund des Kostendrucks Projekte und Anlageobjekte mit einem ganzheitlichen Ansatz bewerten. Diese Betrachtung ermöglicht die Optimierung der Gesamtkosten für den gesamten Lebenszyklus einer Einrichtung. So kann zum Beispiel eine gute, unter Umständen jedoch kostenaufwändigere Planung zu deutlich geringeren Betriebskosten in den Folgejahren beitragen.

Die private Wirtschaft erbringt somit eine Leistung, die bislang vom Staat übernommen wurde, in deutlich besserer Qualität. Public-Private-Parternships sind daher nicht nur private (Vor-)finanzierungen von öffentlichen Investitionen. Sie sind vielmehr ein wichtiges Instrument für die Effizienzsteigerung des Staates und der öffentlichen Verwaltung.

Doch auch weitgehend erfolgreiche Partnerschaften mit der öffentlichen Hand, wie sie unter anderem im Flughafenbereich seit Jahren gelebt werden, unterliegen systemimmanenten Beschränkungen: Der staatliche Partner bzw. seine Vertreter sind meist von wechselnden politischen Strömungen beeinflusst. Die gemeinsame Aufgabe gerät in Folge zum Spielball politischer Interessen und wahlkampftaktischer Überlegungen.

Zu den klassischen Konfliktfeldern in den Reihen der staatlichen Anteilseigner im Flughafenbereich gehören Ausbau- und Erweiterungspläne. Ein wirtschaftlich erstarkter Airport schafft Arbeitsplätze und sorgt für eine höhere Attraktivität der Region. Gleichzeitig sind die Anwohner, selbst wenn sie direkt von dem Infrastrukturangebot partizipieren, nicht bereit, den damit verbundenen Fluglärm zu akzeptieren und sanktionieren die Vertreter der öffentlichen Hand bei der nächsten Wahl. Aus diesem Paradoxon, es ist ein Beispiel von mehreren, wird sich die öffentliche Hand nie befreien können.

Public-Private-Partnerships mit gemeinsamer operativer Verantwortung beider Partner können daher, urteilte der verstorbene Verkehrs- und Privatisierungsexperte Prof. Hans-Jürgen Ewers, nur ein erster Schritt sein, der vorrangig dem Vertrauensaufbau diene. Langfristiges Ziel müsse es vielmehr sein, eine saubere Aufgabenteilung zwischen der Aufsicht durch den Staat und dem Betrieb durch die Privatwirtschaft vorzunehmen.

Dabei kommt es der öffentlichen Hand zu, alle politischen und sozialen Belange in Rahmenbedingungen festzulegen, innerhalb derer der private Anbieter agieren kann. Diese müssen jedoch dergestalt sein, dass die private Seite für ihren Kapitaleinsatz auch eine angemessene Rendite erzielen kann. Die Rahmenbedingungen hierzu können in verbindlichen Verträgen festgeschrieben werden. Eine Beteiligung der öffentlichen Hand an privatisierten Infrastrukturunternehmen zur Absicherung der Erfüllung politischer und sozialer Vergaben erübrigt sich dann.

Die öffentliche Hand muss allerdings akzeptieren, dass die realistische Aussicht auf Profit die Grundvoraussetzung für privates Engagement ist. Nur unter diesen Bedingungen können die vielbeschworenen echten Win-Win-Situationen entstehen. Andernfalls geraten PPP-Projekte nach Ansicht Ewers in die Gefahr, lediglich eine Kombination der schlechten Charakteristiken und Untugenden beider Partner darzustellen.

HOCHTIEF AirPort verfügt über langjährige Erfahrung mit den verschiedensten Formen von Public-Private-Partnerships im Flughafenbereich und erfährt zunehmend Anerkennung für seine Leistung. Das belegt nicht zuletzt die im März 2005 eingegangene Investitionspartnerschaft HOCHTIEF AirPort Capital, mit der nun drei renommierte internationale Investoren an dem HOCHTIEF AirPort-Portfolio beteiligt sind. Die Investitionspartnerschaft unterstreicht das Vertrauen institutioneller Anleger in das private Flughafenmanagement von HOCHTIEF AirPort und in dessen Maxime, dass jedes Projekt auf Grund seiner individuellen Situation einer eigenen maßgeschneiderten Gestaltung der Privatisierung und Aufgabenteilung bedarf. Dies gilt insbesondere für die Verteilung der Risiken zwischen Staat und privater Seite, die sich aus den höchst unterschiedlichen rechtlichen Voraussetzungen ergeben. Es kann daher keine allgemeingültige Zuordnungsregel hierfür geben. Flughafenmanager, die versucht haben, an bestimmten Orten etablierte Verfahren zur Risikoverteilung zu exportieren, sind dementsprechend gescheitert. Aufgrund der hohen Komplexität eines Flughafenbetriebs mit einer Vielzahl beteiligter und betroffener Parteien gestalten sich Public-Private-Partnerships in diesem Bereich sehr viel vielfältiger als in anderen Sektoren.

Die Erfahrungen aus dem Ausland zeigen jedoch, dass eine Public-Private-Partnership dann am effizientesten ist, wenn der Staat sich aus der operativen Bewirtschaftung weitgehend zurückzieht oder zumindest zulässt, dass die Projekte streng nach privatwirtschaftlichen Maximen geführt werden. Wir sind gewiss, dass diese Herangehensweise an PPP auch in Deutschland helfen könnte, wichtige Infrastrukturprojekte schneller, häufiger und erfolgreicher zu realisieren.

§ 20 Informationstechnologie (IT)*

Übersicht

1. Einleitung

Der Befund, dass der öffentlichen Hand die Einnahmen aus Steuern und sonstigen Abgaben in erheblichem Umfang wegbrechen, ist jedem Praktiker aus Politik und Verwaltung hinlänglich bekannt. Die publizierten Analysen über die tieferen Ursachen dafür werden wohl mittlerweile manchen Regalmeter füllen – mindestens ebenso wichtig, weil konkret handlungsleitend, sind indes die Konsequenzen aus den mit den Einnahmeverlusten einhergehenden Sparzwängen. So geht das Bestreben von Bund, Ländern und Kommunen zunehmend dahin, brachliegendes Potenzial zu nutzen, neues zu erschließen und sich in diesem Zusammenhang nach Möglichkeiten zur Steigerung von Effizienz und Innovation umzusehen. Davon erfasst sind nahezu alle Sachbereiche, insbesondere auch der von der klassischen Staats- und Verwaltungswissenschaft als genuin „hoheitlich" definierte Sektor, der Hinweis auf die (Teil-)Privatisierung des Betriebs von Justizvollzugsanstalten soll an dieser Stelle genügen. Weitere Rahmenbedingungen ergeben sich aus Zielsetzungen, die mittlerweile unter dem zusammenfassenden Schlagwort vom „schlanken Staat" ihren Weg in das öffentliche Bewusstsein gefunden haben. Treffen nun Effizienz- und Innovationszwänge der öffentlichen Hand auf ein derart dynamisches Marktsegment, wie es die IT-Branche[1] derzeit darstellt, scheint ein nahezu idealer Boden für eine erfolgreiche Partnerschaft zwischen einer öffentlichrechtlichen Körperschaft und einem privaten IT-Unternehmen bereitet.

Allerdings ist, was die praktische Etablierung von PPP-Modellen im IT-Sektor angeht, bislang eine gewisse Zurückhaltung zu konstatieren. Die Gründe dafür werden wohl letztlich in weit gehend fehlenden Erfahrungen sowie in der erheblichen Komplexität eines solchen Vorhabens zu finden sein. So gilt es, mannigfaltige, bisweilen gegenläufige inhaltliche Vorgaben und sachliche Gegebenheiten zu formulieren bzw. zu erkennen und zu harmonisieren, um zu einer hinreichend präzisen Zielführung des PPP zu gelangen. Parallel dazu muss eine angemessene prozedurale Umsetzung des Vorhabens erfolgen. Beide Aufgaben obliegen typischerweise der initiativ werdenden öffentlichen Hand. Im Folgenden soll daher versucht werden, einige Aspekte, die in diesem Zusammenhang von hervorgehobener Bedeutung sind, aus dem Blickwinkel des öffentlichrechtlich verfassten Teils des PPP, und hier beispielhaft einer Kommune, anzusprechen.

---

* Der Verfasser ist Justiziar im Rechtsamt der Landeshauptstadt Wiesbaden. Der Beitrag gibt ausschließlich seine persönlichen Auffassungen wieder.

[1] „IT" und „Informationstechnologie" werden im Folgenden in einem umfassenden Sinne begriffen, eingeschlossen ist hier insbesondere auch der gesamten Bereich der Telekommunikation (TK).

2. Bedarfsfeststellung, Alternativenprüfung und Projektierung

2.1 Bedarfsfeststellung

Der IT-Sektor zeichnet sich bekanntlich durch eine besonders hohe Innovationsgeschwindigkeit aus, die sich in der dynamischen Entwicklung immer leistungsfähigerer Hard- und Software, schnellerer Netzverbindungen usw. niederschlägt. Städte und Gemeinden spüren angesichts veraltender technologischer Infrastrukturen einen wachsenden Innovationsstau, der sich durch immer höher werdende Sicherheitsanforderungen in Bezug auf den Schutz vor Hackern, Viren, Würmern etc. noch verschärft. Es kommt hinzu, dass das Thema „e-government" in seinen vielfältigen Ausprägungen die Diskussion über eine moderne Verwaltung auf allen staatlichen Ebenen nachhaltig beeinflusst. Schließlich erweist sich eine ständige Weiterqualifizierung des mit IT-Leistungen betrauten Personals als notwendig, um Schritt zu halten. Auf diese Weise entsteht ein erheblicher Bedarf an entsprechenden IT-Lösungen, der von konventionellen Mechanismen zur Etablierung einer angemessenen Verwaltungsinfrastruktur und mit Hilfe des vergleichsweise unflexiblen Beschaffungs- und Personalwesens der öffentlichen Hand kaum mehr bewältigt werden kann. Es kommt hinzu, dass gerade der IT-Sektor durch Straffung von Organisation und Prozessen hohe Synergieeffekte verspricht, die man ausschöpfen will.

Die Feststellung, ob und inwieweit ein konkreter Bedarf an IT-Lösungen vorhanden ist, führt letztlich zu einem Motivbündel, das dann in die Entscheidung für eine bestimmte verfolgte Variante mündet. In jedem Fall wird es jedoch neben den Aspekten der Qualitätssicherung und -verbesserung vorrangig darum gehen, IT-Kosten zu senken. Um Einsparpotenziale zu erkennen und hinreichend genau darstellen zu können, müssen daher in einem ersten Schritt die Kosten, welche mit den gesamten, bislang von der Stadt erbrachten IT-Leistungen zusammen hängen, ermittelt werden. Dabei ist zu beachten, dass es hier nicht allein um den haushaltsmäßig ausgewiesenen Kostenansatz für das IT-Service-Portfolio im engeren Sinne geht. Vielmehr kommen all diejenigen Kosten hinzu, die auf andere Haushaltsstellen verteilt sein mögen, aber letztlich nur deshalb anfallen, weil die Kommune ihre IT in Eigenregie betreibt, hierunter fallen insbesondere die sog. Overhead-Kosten. Zu ermitteln sind also die betriebswirtschaftlich kalkulierten *wahren IT-Kosten* der Stadt. In einem zweiten Schritt wird im Wege einer Marktpreisanalyse festgestellt, zu welchem Preis die bislang selbst erbrachten IT-Leistungen am Markt zu bekommen sind. Dabei ist darauf zu achten, dass gleiche Ausgangsbedingungen, insbesondere hinsichtlich der Leistungsqualität (sog. Service Level), geschaffen werden. Auf diese Weise ergibt sich, bezogen auf ein – zumindest in den wesentlichen Punkten – identisches Qualitätsniveau, eine Gegenüberstellung von wahren und erreichbaren IT-Kosten, die im Ergebnis das Einsparpotenzial beziffert. Nicht zuletzt an Hand dieser Zielgröße lässt sich am Ende der Erfolg des PPP-Projekts bemessen, weshalb besondere Sorgfalt bei der Darstellung des Service-Portfolios, der Kostenermittlung und der Marktpreisanalyse vonnöten ist.

2.2 Alternativenprüfung

Ein festgestellter Bedarf an kosteneffizient zu erbringenden und technologisch dem Stand der Technik entsprechenden IT-Leistungen kann auf verschiedenste Weise befriedigt werden. Im Wesentlichen sind hier drei Grundvarianten auszumachen. Zunächst ist denkbar, dass die bestehenden Strukturen städtischer IT wie bisher weiter geführt werden und ggf. technisch oder personell punktuell verbessert werden. Auf der anderen Seite steht ein reines Outsourcing der IT, bei dem die Leistungen vollständig an einen oder mehrere externe Dienstleister vergeben werden. Gleichsam zwischen diesen beiden Modellen befindet sich die Variante, die bisherige städtische IT-Abteilung aus dem Verwaltungsbereich auszugliedern, wobei hier wiederum zwei Lösungen verfolgt werden können, die sich vorrangig hinsichtlich ihrer organisatorischen Nähe zur Kommune unterscheiden: So kann die IT als kommunaler Eigenbetrieb oder als privatrechtlich verfasste Gesellschaft, etwa als GmbH, geführt werden. Das Gesellschaftsmodell ist entweder ohne oder mit einem privaten Partner aus der IT-Branche denkbar; bei der zuletzt genannten Variante handelt es sich um ein klassisches PPP-Modell.

Auch wenn die Entscheidung für einen bestimmten Lösungsweg immer von den Besonderheiten des einzelnen Falles, insbesondere vom konkreten Bedarf, abhängt, liegen die wesentlichen Vorteile eines PPP-Modells in Form einer gemeinsamen IT-Gesellschaft auf der Hand: Durch die Partnerschaft mit einem in der IT-Branche tätigen Unternehmen wird privates Know-How für die Kommune genutzt, um Innovations-, Effizienz- und Synergievorteile abzuschöpfen, die gerade in diesem Sektor zu verzeichnen sind. Ein bestehender Investitionsstau kann durch einen privaten Partner, der zur Bereitstellung entsprechender Finanzmittel bereit und in der Lage ist, aufgelöst werden. Der Partner kann zudem bei gleichzeitiger Tragung des unternehmerischen Risikos eine professionelle Führung der IT-Gesellschaft gewährleisten, deren Ansiedlung für eine Stadt zudem eine standort- und strukturpolitische Dimension besitzt.

Im Gegensatz zu einer reinen Outsourcing-Lösung findet das bislang mit der Erbringung von IT-Leistungen betraute Personal in einer gemeinsam geführten Gesellschaft eine adäquate Weiterbeschäftigung, während die Personalkosten der Kommune gleichzeitig sinken. Zwar dürften eingesparte Personalkosten letztlich über die Preise, welche die Stadt für die IT-Leistungen an die Gesellschaft zahlt, als finanzielle Belastungen (teilweise) zu dieser zurückkehren. Gleichwohl kann die Gründung einer gemeinsamen IT-Gesellschaft im Rahmen eines PPP-Modells als eine Möglichkeit, schonend und nachhaltig städtisches Personal abzubauen, angesehen werden. In diesem Zusammenhang ist jedoch mit Akzeptanzproblemen zu rechnen, denn Mitarbeiter, die sich bewusst für die Tätigkeit im Öffentlichen Dienst entschieden haben und bestimmte Gegebenheiten der dort existierenden Personalkultur gewohnt sind, könnten durchaus Vorbehalte gegen einen mehr oder weniger nahtlosen Übergang in ein privatwirtschaftlich verfasstes Unternehmen haben. Die Personalfrage kann sich daher als erfolgskritischer Faktor erweisen.[2] Dem lässt sich jedoch dadurch begegnen, dass sich die Kommune hinreichende Einflussnahmemöglichkeiten in der gemeinsamen Gesellschaft sichert, darüber hinaus können im Rahmen der Personalüberleitung Besitzstände des Personals bewahrt werden.[3]

Letztlich erweist sich also die Gründung einer IT-Gesellschaft durch die Kommune und den privaten Partner als eine Alternative, die gegenüber anderen Lösungsvarianten als insgesamt vorzugswürdig erscheint. Im Folgenden wird daher diese Modellvariante näher betrachtet, und zwar bezogen auf die gemeinsame Gründung einer GmbH, denn diese Rechtsform bietet im Gegensatz zu anderen Typen adäquate Möglichkeiten für die Stadt, auf die Tätigkeit der Gesellschaft Einfluss zu nehmen, und ist ferner in der Lage, die einschlägigen kommunalrechtlichen Vorgaben regelmäßig zu erfüllen.[4]

2.3 Definition der Projektziele

2.3.1 Hauptziele

Die Definition der Projektziele hat zunächst bei dem Ergebnis der Bedarfsfeststellung anzusetzen. Die Aspekte der Qualitätssicherung und -verbesserung der bislang erbrachten IT-Leistungen, verknüpft mit dem Zwang zur Kostensenkung, werden im Vordergrund stehen. Die Services sollen zuverlässig, dem Stand der Technik entsprechend und zu längerfristig kalkulierbaren Preisen erbracht werden. Darüber hinaus ist beabsichtigt, einen bestehenden

---

[2] S. u. Gliederungsabschnitt 2.4.
[3] Vgl. u. Gliederungsabschnitte 4.2 und 4.3.
[4] Vgl. dazu o. 2. Teil, § 5.

Innovationsstau möglichst zeitnah zu beseitigen. Schließlich soll städtisches IT-Personal durch Überführung in die gemeinsame Gesellschaft schonend abgebaut werden. An diesen Hauptzielen sind letztlich sämtliche strategischen Leitentscheidungen des Projekts auszurichten.

2.3.2 Nebenziele

2.3.2.1 Zentralisierung der IT-Strukturen

Bei der Formulierung der Hauptziele wird es sich recht schnell zeigen, dass – bisweilen erst im Laufe der Projektdurchführung – bestimmte Nebenziele hinzutreten. So mag die IT-Landschaft in der Vergangenheit zunehmend unübersichtlich geworden sein, etwa dadurch, dass nichtkompatible Software und Verfahren betrieben wurden, oder dass sich ein gewisser „Wildwuchs" in der Anschaffung von Hardwarekomponenten eingestellt hat. Administration und Pflege waren aus diesem Grund mit einem erhöhten Aufwand verbunden, die IT-Abteilung arbeitete letztlich ineffizient. Vor diesem Hintergrund liegt es nahe, dezentrale IT-Strukturen zu beseitigen und in eine standardisierte IT-Landschaft zu überführen.

2.3.2.2 Dezentralisierung der Finanzstrukturen

Zunächst entgegengesetzt zu diesem Aspekt scheint eine Entwicklung zu verlaufen, die auf jeder staatlichen Ebene unter dem Stichwort „Budgetierung" bekannt ist. Im Kern geht es darum, einer abgegrenzten Verwaltungseinheit ein bestimmtes Ausgabenbudget zuzuweisen, mit dem sie relativ autonom und flexibel wirtschaften kann. Die Tendenz zur Dezentralisierung von Budgets kann jedoch mit dem Ziel, die IT-Landschaft innerhalb eines PPP zu zentralisieren und zu standardisieren, durchaus in Deckung gebracht werden, indem man die Kundenebene in den Vordergrund stellt: Bei dem PPP-Modell geht es, wie bereits erwähnt, nicht nur darum, dass eine gemeinsame IT-Gesellschaft betrieben wird (Gesellschaftsbeziehung), sondern es entsteht auch eine Kundenbeziehung zwischen der IT-Gesellschaft und der Kommune. Hier bietet es sich an, die Kundenbeziehung so auszugestalten, dass als Kunde nicht die Stadt als solche, sondern die einzelne Verwaltungseinheit, etwa ein Amt, agiert. Zwar bleibt die rechtsfähige Kommune formalrechtlich gesehen die alleinige Vertragspartnerin der GmbH, die *faktische* Leistungsnachfrage und -bezahlung wird jedoch auf die unteren Ebenen und Organisationseinheiten verlagert. Ein Nebenziel des Projekts kann also darin bestehen, den Prozess der Budgetierung hinsichtlich der notwendigen IT-Leistungen abzubilden und deren Kosten verursachungsgerecht zuzuordnen.

2.3.2.3 Erschließung des Drittmarktes, Unternehmensführung

Schließlich kann es sich etwa als vorteilhaft erweisen, dass die gemeinsame IT-Gesellschaft nicht nur für die initiativ werdende Kommune, sondern auch für andere öffentlichrechtliche Körperschaften und ggf. auch für Privatunternehmen IT-Leistungen erbringt. Hiermit verschränkt ist der standortpolitische Faktor – eine prosperierende IT-GmbH würde wohl eine nicht unerhebliche und nachhaltige Stärkung der Kommune als IT- und Medienstandort mit sich bringen. Vor diesem Hintergrund böte es sich an, auch einen Drittmarkt zu erschließen, was sich wiederum in Vorteilen für die Wirtschaftlichkeit der IT-Gesellschaft niederschlagen würde. Allerdings ist der Kommune – neben der sorgfältigen Prüfung, ob und inwieweit ihr Drittgeschäfte überhaupt kommunalrechtlich gestattet sind – in jedem Fall zu empfehlen, bei der Ausgestaltung sowohl der Gesellschafts- als auch der Leistungsbeziehungen darauf zu achten, dass ihre Stellung als vorrangige Gesellschafterin bzw. Kundin institutionell, organisatorisch und inhaltlich abgesichert wird, um die strategischen Hauptziele des Projekts nicht zu gefährden.

Dieser Aspekt leitet zur prinzipiellen Frage über, welche Funktion die Kommune innerhalb der gemeinsamen GmbH ausfüllen will. Von zahlreichen Faktoren, nicht zuletzt von den Mehrheitsverhältnissen hängt es ab, wer die unternehmerische Führerschaft in der Gesellschaft übernehmen soll. An dieser Stelle findet nun ein Abwägungsprozess statt, der in eine strategische Entscheidung des Projekts mündet: Auf der einen Seite steht die grundsätzliche Möglichkeit der Kommune, „ihre" GmbH für stadtpolitische und verwaltungsstrukturelle Ziele zu nutzen zu können, wobei hier auch finanzielle und Personalaspekte eine Rolle spielen werden. Auf der anderen Seite steht das Ziel, die Kommune im Wesentlichen als Kundin von IT-Leistungen aufzufassen und die Dienstleister-/Kundenbeziehung soweit wie möglich zu trennen. Es kommt hinzu, dass die Bereitschaft eines Unternehmens der IT-Branche, seine Kapazitäten, Investitionen und Synergieangebote der GmbH zur Verfügung zu stellen, maßgeblich vom Grad seiner Einflussmöglichkeiten abhängig gemacht werden wird, und letztlich wird die Übernahme des unternehmerischen Risikos mit der unternehmerischen Führerschaft parallel verlaufen. Es geht bei dem hier dargestellten Abwägungsprozess also im Kern um eine wichtige Frage der Risikoverteilung zwischen öffentlichrechtlichem und privatem Partner, dessen Ergebnis die strategische Ausrichtung des Projekts beeinflusst.

2.3.2.4 Aufbau einer Organisations- und Steuerungseinheit

Bei der Definition der Projektziele wird schließlich die Problematik zu berücksichtigen sein, wie die Arbeit von Kommune und GmbH auf dem Gebiet der IT miteinander zu verzahnen ist. Der Hoheitsträger wird nicht sämtliche Kompetenzen und Leistungen an die vorrangig unterstützend konzipierte IT-GmbH abgeben, sodass sich die Frage stellt, welche Aufgaben weiterhin bei ihm verbleiben und wie diese organisatorisch und institutionell bewältigt werden sollen. Sowohl die aktive Einflussnahme innerhalb der Gesellschaft als auch die Stellung als „mündiger Kunde" erfordern es, dass bei der Stadt ein angemessenes Maß an IT-Sachverstand verbleibt. Dies folgt, wie noch gezeigt werden wird,[5] nicht zuletzt aus datenschutzrechtlichen Maßgaben. Hier bietet es sich an, eine eigene Organisationseinheit bei der Stadt zu bilden, welche einerseits den IT-Dienstleister mit Hilfe von Controlling- und Analyseinstrumenten steuert sowie andererseits als zentraler Ansprechpartner für den gesamten IT-Bereich innerhalb der Kommune fungiert und notwendige Koordinationsarbeiten erledigt. Darüber hinaus sollte der Steuerungseinheit die Aufgabe übertragen werden, die strategische Ausrichtung der städtischen IT konzeptionell zu entwickeln – die Projektierung von e-government-Lösungen ist hier nur ein, wenngleich prominentes, Beispiel. Im Wesentlichen nimmt die Steuerungseinheit damit kontrollierende, koordinierende und planerisch-perspektivische Funktionen wahr.

2.4 Identifizierung erfolgskritischer Faktoren

Das Ziel, eine IT-GmbH gemeinsam mit einem privaten Partner aus der IT-Branche zu etablieren, wird von einigen erfolgskritischen Faktoren gefährdet, die sowohl die prozedurale als auch die inhaltliche Ebene betreffen. Hinsichtlich des Verfahrens ist selbstverständlich in erster Linie darauf zu achten, dass den einschlägigen Anforderungen, die das *Vergaberecht* an die öffentlichrechtliche Körperschaft stellt, eingehalten werden. Hiermit hängt insbesondere die zeitliche Planung des PPP-Projektes untrennbar zusammen, denn ein vergaberechtskonform durchgeführtes Verfahren ist sehr zeitintensiv – ein Umstand, der durch die Wahrnehmung von Rechtsschutzmöglichkeiten durch einen oder mehrere Bewerber noch verschärft wird. Vor diesem Hintergrund kann ein zu eng gewählter Projektzeitplan durchaus zum erfolgskritischen Faktor werden.

Auf der inhaltlichen Ebene kann vorrangig die *Akzeptanzproblematik* ein PPP-Projekt gefährden. Neben der Befürwortung von Seiten der städtischen Führungsebene, die nur durch eine entsprechende Einbettung in den kommunalpolitischen Bereich gesichert werden kann, besitzt die Akzeptanz durch das Personal, das bislang mit der Erbringung von IT-Leistungen betraut gewesen ist, eine hervorgehobene Bedeutung. Das Ziel, eine komplette, relativ homogen strukturierte IT-Abteilung in eine privatrechtlich verfasste GmbH zu überführen,

[5] S. u. Gliederungsabschnitt 6.

verlangt ein besonders hohes Maß an Transparenz und Sensibilität bei der Kommune und beim privaten Partner. Das Problem besteht im Wesentlichen darin, dass verschiedene Arbeitsweisen und -kulturen mit dem Ziel effizienter Leistungserbringung verknüpft werden sollen. Innere und geäußerte Widerstände beim Personal würden hier zu Reibungsverlusten führen, die nicht zuletzt mit Blick auf den Umstand, dass die Mitarbeiter in der Regel in der Lage sind, ihren Übergang rechtlich zu verhindern, eine erhebliche Wirkungsmacht entfalten können. Neben angemessener Information und laufender Beteiligung der Personalvertretungen werden daher insbesondere entsprechende rechtliche Ausgestaltungen in einem Personalüberleitungsvertrag erforderlich sein, um dieser Problematik entgegenzusteuern.[6] Darüber hinaus spielt der Standort des neuen Arbeitgebers eine besondere Rolle, denn es kann kaum bei dem gesamten Personal die Bereitschaft zu Umzügen, erheblich längeren Arbeitswegen etc. vorausgesetzt werden. Angesichts dieser realistischerweise zu erwartenden Akzeptanzprobleme liegt es auf der Hand, dass ein umfassendes Personalmigrationskonzept erarbeitet werden muss, mit dem Ängste und Vorbehalte abgebaut werden können. Denkbar ist hier, dass sich die Kommune regelmäßig bestehende entsprechende Erfahrungen des (potenziellen) Partners zu Nutze zu macht und das Migrationskonzept als erwartete Leistung bzw. als Bewertungskriterium formuliert.

Schließlich besteht ein weiterer erfolgskritischer Faktor darin, das PPP so zu gestalten, dass es den einschlägigen Bestimmungen des *Datenschutzrechts* genügt. Das Problem liegt im Kern darin, dass die Datenverarbeitung von einem Hoheitsträger auf ein privatwirtschaftliches Unternehmen übergeht. Die hiermit verbundenen Probleme werden in einem gesonderten Gliederungsabschnitt erörtert.[7]

2.5 Projektorganisation

Es bietet sich an, auch ein PPP-Modell im Rahmen bekannter Strukturen der Projektorganisation durchzuführen. Dabei obliegt die strategische Steuerung einem Projektlenkungsausschuss, zu dessen Verantwortungsbereich in erster Linie die Überwachung des Projektfortschritts und ggf. die Neujustierung des Projekts gehören. Unterhalb dieser Kontrollebene ist die Leitungsebene angesiedelt. Sie besteht aus dem Projektleiter, der das laufende Projektgeschäft (innere Organisation, Termin-, Budget- und Ressourcenmanagement, Berichtswesen und Präsentation, Korrespondenz und Außenkontakte etc.) erledigt, sowie einzelnen Teilprojektleitern, welche jeweils für die Erledigung von Aufgaben eines abgegrenzten Sachbereichs zuständig zeichnen. Als Teilbereiche können in einem IT-PPP-Projekt prinzipiell die Bereiche Technik, Finanzen, Personalwesen und Recht unterschieden werden. Bei letzterem handelt es sich zwar nicht um ein Teilprojekt im klassischen Sinne, sondern eher um eine Querschnittsaufgabe, weil rechtliche Fragestellungen in sämtlichen Teilprojekten eine Rolle spielen. Allerdings sollte einem eigenen Teilprojekt Recht die übergreifende und generelle Verantwortung für die rechtskonforme Durchführung übertragen werden. Die Teilprojektleitungen werden je nach zu bearbeitender Frage von geeigneten Mitarbeitern ihres Sachgebiets unterstützt.

3. Ausschreibung und Vergabe

3.1 Ausschreibungspflichten

Bei der Frage, ob und inwieweit im Rahmen des hier betrachteten PPP-Modells Ausschreibungspflichten bestehen,[8] sind zwei Ebenen zu unterscheiden. Zum einen ist zu un-

[6] Näher dazu u. Gliederungsabschnitt 4.3.

[7] S. u. Gliederungsabschnitt 6.

[8] Ausführlich zur Ausschreibungspflichtigkeit verschiedener, hier nicht näher behandelter PPP-Modellvarianten s. o. 2. Teil, § 6 Abschnitte 3 und 4.

tersuchen, ob die Gründung der IT-GmbH bei gleichzeitiger Beauftragung zur Leistungserbringung ausgeschrieben werden muss. Nach nunmehr wohl gefestigter Ansicht wird die Anwendung des Vergaberechtsregimes auf Grund einer wirtschaftlichen Gesamtbetrachtung immer dann befürwortet, wenn die Gründung einer Gesellschaft durch die öffentliche Hand (gemeinsam mit einem privaten Partner) unmittelbar mit der – ansonsten ausschreibungspflichtigen – Vergabe von Leistungsverträgen an dieses Unternehmen verknüpft ist.[9] Da dies hier offenbar der Fall ist, wird im Folgenden davon ausgegangen, dass das hier betrachtete PPP-Modell der Ausschreibungspflicht unterliegt.

Zum anderen stellt sich die Frage, ob die gemeinsam gegründete Gesellschaft bei ihrem Beschaffungswesen selbst Ausschreibungspflichten zu beachten hat. Das wäre dann der Fall, wenn sie öffentlicher Auftraggeber im Sinne des § 98 Nr. 2 GWB ist. Auf die einzelnen Voraussetzungen dieser Bestimmung wird an anderer Stelle ausführlich eingegangen, darauf sei zunächst verwiesen.[10] Die Frage der Ausschreibungspflichtigkeit der IT-GmbH bedarf im Rahmen der Konzipierung des PPP-Modells jedenfalls erhöhter Aufmerksamkeit. Denn eines der eingangs beschriebenen Projektziele besteht bekanntlich darin, dass die Kommune aus der GmbH-Gründung Innovations- und Flexibilisierungsvorteile zieht. Wenn die GmbH nun aber ihrerseits dem Vergaberechtsregime unterläge, könnten dadurch diese Ziele gefährdet werden. Das Risiko der Ausschreibungspflichtigkeit lässt sich nun in erster Linie durch eine entsprechende vertragliche Konstruktion auf der Gesellschaftsebene, insbesondere hinsichtlich der Mehrheitsverhältnisse und der Einflussnahmemöglichkeiten des öffentlichrechtlichen Partners, mindern – im Wesentlichen geht es hier um die Problematik der (fehlenden) Finanzierung und faktischen Beherrschung der Gesellschaft durch die Stadt. Darüber hinaus spricht viel dafür, dass die GmbH kein öffentlicher Auftraggeber ist, wenn sich ihr Zweck nicht auf die Erbringung von IT-Leistungen für die Stadt beschränkt, was ein gewichtiges Argument dafür sein kann, den Drittmarkt zu erschließen. Dieser Gesichtspunkt steht jedoch in einem Spannungsverhältnis zu kommunalrechtlichen Vorgaben, die eine Beteiligung an einer privatrechtlich verfassten Gesellschaft nur dann zulassen, wenn ihr ein öffentlicher Zweck zu Grunde liegt.[11]

Im Übrigen gilt es zu beachten, dass sämtliche Leistungen, die nicht von der ursprünglichen Ausschreibung des PPP-Modells umfasst sind, von der Kommune ausgeschrieben werden müssen, sofern die einschlägigen Voraussetzungen dafür (Schwellenwerte etc.) erfüllt sind, denn die IT-Gesellschaft ist vergaberechtlich als „Dritter" anzusehen. Daher ist zu empfehlen, den ausgeschriebenen Leistungsumfang des PPP im Rahmen des tatsächlich Möglichen und rechtlich Zulässigen langfristig und erschöpfend zu umschreiben. Folgeaufträge und Vertragsergänzungen außerhalb des ursprünglich Beauftragten sind bei Überschreitung der Schwellenwerte ihrerseits ausschreibungspflichtig.

3.2 Verfahrensart: Das gestufte parallele Verhandlungsverfahren

Als Verfahrensart bietet sich hier das (gestufte) Verhandlungsverfahren nach vorheriger Bekanntmachung und Aufforderung zur Teilnahme an, denn nur dieses weist, verglichen mit anderen Verfahrenstypen, ein erhöhtes Maß an Flexibilität auf, das in einem hinsichtlich Art und Umfang derart komplexen Sachbereich wie dem hier beschriebenen unbedingt erforderlich ist.[12] Nur im Verhandlungsverfahren können sachgerechte und dem kommunalen Bedarf angemessene IT-Lösungen gemeinsam mit einem Bieter entwickelt werden. Der Grund für die Suche nach einem privaten Partner liegt ja gerade darin, externen Sachverstand nutzbar zu machen und dadurch Lücken im städtischen Know-How zu schließen. Die

[9] Vgl. etwa OLG Brandenburg, VergabeR 2002, 45; VK Sachsen, AbfallPrax 2000, 199; VK Lüneburg, NZBau 2001, 51; VK Düsseldorf, NZBau 2001, 46.

[10] S. o. 2. Teil, § 6 Abschnitt 2.

[11] Näher dazu u. Gliederungsabschnitt 5.1.

[12] Eingehend zur Anwendbarkeit bei PPP-Modellen o. 2. Teil, § 6 Abschnitt 4.1.

endgültige Leistung sowie deren Finanzierung soll daher erst im Zusammenwirken von Stadt und Privatunternehmern gefunden werden. In dieser Situation kann von einer Kommune schlechterdings nicht gefordert werden, bereits komplette Lösungen zu konzipieren und auszuschreiben.

Zur Reduktion der Verfahrenskomplexität sollte gestuft vorgegangen werden. In der ersten Phase wird von der ausschreibenden Kommune eine europaweite Vergabebekanntmachung veröffentlicht, durch die interessierten Bietern aus der IT-Branche ermöglicht wird, einen Teilnahmeantrag abzugeben. Nach Auswertung der Anträge anhand der Eignungskriterien (Fachkunde, Leistungsfähigkeit, Zuverlässigkeit, Vorhandensein technischer und wirtschaftlicher Mittel)[13] werden in der nächsten Phase einer begrenzten Zahl von Bietern im Rahmen der Vergabeunterlagen detaillierte Informationen über das geplante Vorhaben zugeleitet. Die Bewerber sollten vor Erhalt der Unterlagen eine in zeitlicher und inhaltlicher Hinsicht hinreichend strenge, mit einer Vertragsstrafe versehene und die Informationen aus dem gesamten Verfahren betreffende Vertraulichkeitserklärung abgeben. Denn sie können sich auf der Grundlage der ihnen zur Verfügung gestellten Informationen ein gutes Bild von der kommunalen IT-Landschaft machen, und, was schwerer wiegt, sie erhalten zudem eine recht genaue Darstellung von Zweck, Struktur und Arbeitsweise der geplanten IT-GmbH. Falls diese am Drittmarkt auftreten sollte,[14] ginge es hier der Sache nach um die Offenbarung der inneren Angelegenheiten eines Konkurrenten der nicht zum Zuge kommenden Bieter. Das damit verbundene Risiko ist kaum gänzlich zu vermeiden, es kann aber im Wege einer strengen Vertraulichkeitserklärung abgefedert werden. Ob der konkrete Inhalt dieser Erklärung rechtmäßig ist, beurteilt sich grundsätzlich allein anhand der allgemeinen zivilrechtlichen Regelungen, eine vergaberechtliche Bedeutung besitzt er prinzipiell nicht. Etwas anderes kommt allenfalls dann in Betracht, wenn die Erklärung so gestaltet ist, dass sie potenzielle Bieter von der Abgabe eines Angebots abhält und insoweit Wettbewerb verhindert.[15]

Die ausgewählten Bieter werden zur Abgabe eines ersten indikativen Angebotes aufgefordert. In der sich daran anschließenden Phase wird – ggf. nach Durchführung einer Bieterkonferenz, die der bieteröffentlichen Klärung einzelner Sachfragen dient[16] – die Anzahl der verbleibenden Bieter nach der Bewertung[17] der eingegangenen indikativen Angebote reduziert, zweckmäßigerweise auf drei. Favorisierte man nun ein lineares Verhandlungsverfahren,[18] würden die Vertragsverhandlungen lediglich mit demjenigen Bieter durchgeführt, der das wirtschaftlichste Angebot abgegeben hat. Ein solches Vorgehen weist jedoch den Nachteil auf, dass recht frühzeitig eine Entscheidung zu Gunsten eines Bieters gefallen ist. Auch wenn es nicht von vornherein ausgeschlossen ist, bei einem Scheitern der Verhandlungen auf den vormals Zweitplatzierten zurückzugreifen, führt diese lineare Strategie doch dazu, dass nur ein einzelner Bieter seine Konzepte und Vorschläge zur Lösung der kommunalen IT-Probleme anbieten und im Verhandlungswege – im Rahmen des vergaberechtlich Zulässigen – anpassen und fortentwickeln kann, während den restlichen Bewerbern von vornherein die Gelegenheit dazu genommen wird. In einem komplexen Sachbereich wie dem der IT, in dem mannigfaltige Lösungsansätze denkbar sind, könnte auf diese Weise nutzbares Wissen auf Dauer unentdeckt bleiben und die gemeinsame Anpassung und Fortentwicklung der angebotenen Konzepte verhindert werden, obwohl gerade ein Verhandlungsverfahren prinzipiell die Gelegenheit dazu bietet. Ein paralleles Verfahren, in dem mit den verbliebenen Bietern gleichzeitig verhandelt wird, besitzt demgegenüber den Vorteil, dass durch Verhandlungen mit mehreren Bietern auf der Grundlage der Angebote in einem zwar durch die ein-

---

[13] Siehe dazu 2. Teil, § 6 Abschnitt 5.2.2 und 5.3.

[14] Vgl. dazu o. Gliederungsabschnitt 2.3.2.3.

[15] VK Hessen, Beschluss vom 7. 8. 2003, Az.: 69 d–VK–26/2003.

[16] S. dazu o. 2. Teil, Gliederungsabschnitt § 6 Abschnitt 11.

[17] Zu den Bewertungskriterien s. u. Gliederungsabschnitt 3.5.

[18] S. dazu o. 2. Teil, § 6 Abschnitt 5.2.2.

schlägigen Grundsätze des Vergaberechts begrenzten, aber doch vergleichsweise dynamischen Prozess der für die Kommune angemessene Lösungsweg herausgefunden werden kann. Dieser erhebliche, für das gesamte Vorhaben nachhaltig wirkende Vorteil, sich in einem parallelen Verfahren der sachgerechtesten IT-Lösung annähern zu können, wiegt den nur zeitweise bestehenden Nachteil eines aufwändigeren Verfahrens insgesamt auf.

3.3 Funktionale Leistungsbeschreibung

Ein Hauptziel des Projekts besteht darin, dass die Kommune durch die Etablierung eines PPP mit Hilfe externen privaten Sachverstandes ihren IT-Bedarf effizient decken und bestehende Probleme lösen will. Dem Bewerber soll also die Aufgabe übertragen werden, angemessene Konzepte zu entwickeln und anzubieten. In dieser Situation wird typischerweise eine *funktionale* Leistungsbeschreibung erstellt.[19] Allerdings gilt es auch im Rahmen einer funktionalen Leistungsbeschreibung, eine größtmögliche Bestimmtheit hinsichtlich der erwarteten Leistungen zu erzielen, denn nur dann können die Bieterangebote überhaupt miteinander verglichen werden.[20] Zudem liegt ein hoher Detaillierungsgrad im wohlverstandenen Eigeninteresse der ausschreibenden Kommune. Denn später auftretende Auseinandersetzungen während der – ja längerfristig angelegten – Laufzeit des PPP können vermieden werden, wenn von Anfang an klar ist, welche Dienstleistungen in welcher Menge und Qualität zu welchem Preis erbracht werden sollen. Es sei betont, dass eine hinreichend exakte Fixierung des Mengengerüstes, des Qualitätsniveaus und eine genaue Bepreisung wesentliche Voraussetzungen einer erfolgreichen Partnerschaft sind. Darüber hinaus ist zu beachten, dass nicht beschriebene, mithin nicht ausgeschriebene Leistungen u. U. wieder ausgeschrieben werden müssen.[21]

Welchen Inhalt die Leistungsbeschreibung konkret aufweist, hängt vom jeweiligen Einzelfall ab. Neben der geplanten Laufzeit des Auftrags sollten die grundlegenden Eckpunkte zum Konzept der Leistungs- und Gesellschaftsbeziehung, zur Personalübernahme sowie zur technologischen Struktur, soweit möglich, dargestellt werden. Erforderlich sind regelmäßig Beschreibungen der aktuellen Ist-Situation der IT-Landschaft sowie der angestrebten Soll-Situation, damit sich der Bewerber ein hinreichend genaues Bild von den Erwartungen der Kommune machen kann. Von erhöhter Bedeutung ist die konkrete Darstellung der zu erbringenden *Dienstleistungen* (sog. Services). Im Wesentlichen werden hier die Bereiche IT- und TK-Infrastruktur, Verfahren und Querschnittsprozesse betroffen sein. Das Infrastrukturumfeld wird zweckmäßigerweise in seine verschiedenen Komponenten unterteilt (Zentrale Massenspeicher, Netzwerk, Endgeräte, Hotline, Telekommunikationsanlagen etc.). Für jede Komponente sind der *Inhalt und die Vergütung* der Dienstleistung sowie die Parameter der Leistungserbringung darzustellen; damit wird der Erwartungshorizont der Kommune hinsichtlich Leistung und Entgelt definiert. Wenn und weil zahlreiche Leistungen nur im Zusammenwirken von Auftraggeber und Auftragnehmer erbracht werden können, müssen zudem die *Verantwortlichkeiten* für die jeweils notwendigen Einzelaktivitäten abgegrenzt werden. So kann es z. B. im Verantwortungsbereich des Anwenders liegen, bestimmte Informationen oder Zugangsmöglichkeiten bereitzustellen, um Störungen an seinem Endgerät durch die GmbH zu beheben zu lassen. Sodann wird die erwartete *Qualität* der Leistungen in sog. Service Level Agreements (SLA) festgelegt. Hier kommt es im Wesentlichen darauf an zu bestimmen, ab wann die Leistung als mangelfrei erbracht gilt, um hiervon ausgehend in absteigender Folge den Grad der Mangelhaftigkeit der Leistung zu definieren. Dieser Mechanismus sei am Beispiel der Erreichbarkeit der Störungsannahmestelle (Hotline) verdeutlicht: Als erwarteten Qualitätsstandard legt man fest, dass Störungsmeldungen innerhalb von 30 Sekunden telefonisch angenommen werden müssen. Dieser Standard gilt als erreicht, wenn

---

[19] Ausführlich dazu o. 2. Teil, § 6 Abschnitt 8.5.2.

[20] Vgl. OLG Naumburg, ZfBR 2003, 182.

[21] S. o. Gliederungsabschnitt 3.1.

innerhalb eines bestimmten Bezugszeitraums, beispielsweise ein Monat, mindestens 90% aller Anrufe in diesem Sinne rechtzeitig angenommen wurden, die Leistung ist dann mangelfrei. Beträgt die Quote lediglich zwischen 80% und 90%, gilt die Leistung als mangelhaft, und bei einer Quote unter 80% gilt sie als sehr mangelhaft.

Im Rahmen der Festlegung der SLA ist zudem eine Aussage darüber zu treffen, zu welcher *Wichtigkeitskategorie* die Dienstleistung gehört. Diese bildet zusammen mit der Qualitätsdefinition die Grundlage für etwaige *Sanktionsmechanismen.* So mindert sich das Entgelt für eine Leistung umso mehr, je wichtiger sie ist und je höher der Grad der Mangelhaftigkeit ihrer Erbringung ist. Diese Relationen können in einer abstrakten Matrix, die dann für sämtliche Dienstleistungen gilt, dargestellt werden: Auf der einen Achse werden die Wichtigkeitskategorien eingetragen, auf anderen Achse befinden sich die Mängelgrade, und auf den Schnittstellen sind die prozentualen Entgeltabschläge zu erkennen; dass diese eine in sich wertungskonsistente Proportionalität aufweisen müssen, versteht sich von selbst.

Diese auf grundsätzlich alle Dienstleistungen anwendbare Matrix ist ein Beispiel für die sog. *Querschnittsprozesse,* die ebenfalls in der Leistungsbeschreibung niederzulegen sind. Es handelt sich hier um Bereiche von serviceübergreifender Funktion. Neben der Sanktionsmatrix seien hier beispielhaft die Bereiche Betriebskontinuität, Problemmanagement oder Sicherheit zu nennen. Schließlich muss die Leistungsbeschreibung Aussagen über die zu betreibenden *Verfahren* enthalten. Auch hier sind – der dargestellten Struktur folgend – Inhalt, Entgelt, Verantwortlichkeiten und Qualitätsstandards festzulegen. Dabei ist besonderes Augenmerk auf die Fragen des Supports sowie der Administration, Betreuung und Pflege der Verfahren, ferner auf die Verpflichtung zur Bereitstellung von Hard- und Software, zu legen. Denn bisweilen kann es sich durchaus ergeben, dass es aus rechtlichen (insbesondere datenschutzrechtlichen) oder tatsächlichen Gründen geboten ist, dass ein Verfahren nicht oder nicht in vollem Umfang von der IT-GmbH in Eigenregie betrieben wird; auch ist es nicht immer zwingend, dass sich Verfahrensserver in den Räumen der GmbH befinden – all dies ist im konkreten Einzelfall genauer darzustellen.

Abschließend sei noch bemerkt, dass in der Leistungsbeschreibung auch die sonstigen erkennbaren Bedarfe der Kommune enthalten sein sollten, etwa EDV-technische Umstrukturierungen im Rahmen von Umzügen oder Neubauten, Unterstützungsleistungen wie Anwenderschulungen etc.

3.4 Verhandlungsphase

3.4.1 Transparenz und Gleichbehandlung

Entscheidet man sich angesichts der bereits dargestellten[22] Vorteile dafür, das Verhandlungsverfahren mit mehreren Bieter parallel zu gestalten, ist zunächst die Anzahl der Verhandlungspartner festzulegen; als praktikabel erscheint hier eine Zahl von drei Bietern. Allgemein ist darauf zu achten, dass die vergaberechtlichen Grundsätze der Transparenz und Gleichbehandlung der Bieter untereinander eingehalten werden.

Im Hinblick auf das *Transparenzgebot* empfiehlt es sich, die Bieter laufend über die anstehenden Verfahrensschritte ausführlich zu informieren. Denn auch für diese bedeutet die Teilnahme an einer PPP-Ausschreibung einen nicht unerheblichen organisatorischen Aufwand, der nur durch angemessene Vorlaufzeiten in zumutbaren Grenzen gehalten werden kann. Außerdem hat eine transparente Informationspolitik der ausschreibenden Stelle für diese selbst den Vorteil, die vergaberechtlichen Präklusionsmöglichkeiten zu nutzen und frühzeitig Rechtssicherheit herbeizuführen: Werden Verfahrensschritte nicht innerhalb der einschlägigen Fristen (vgl. § 107 Abs. 3 GWB) gerügt, ist in einem etwaigen Nachprüfungsverfahren der Einwand des Bieters, das Verfahren sei vergaberechtswidrig, grundsätzlich ausgeschlossen.[23]

---

[22] S. o. Gliederungsabschnitt 3.2.

[23] S. dazu o. 2. Teil, § 6 Abschnitt 5.2.2.

Aus dem *Gleichbehandlungsgebot* folgt insbesondere, dass kein Bieter einen Informationsvorsprung erhalten darf, zudem müssen alle Bieter in gleicher Weise die Gelegenheit zu etwaigen Nachbesserungen ihres Angebots bekommen, und schließlich darf die Termingestaltung der Verhandlungsphase nicht einen oder einige Bieter willkürlich bevorzugen. Allerdings ist nicht eine rein schematische, sondern eine materielle Gleichbehandlung zu gewährleisten. So kann etwa das Angebot des einen Bieters in höherem Maße erläuterungsbedürftig sein als dasjenige der anderen. In diesem Fall muss es der ausschreibenden Stelle möglich sein, mit diesem Bieter zeitlich umfangreichere Aufklärungsgespräche zu führen als mit den Mitbewerbern, denn ansonsten könnte sie kaum eine sachgerechte Bewertungsentscheidung durchführen. Im Gegensatz dazu ist beispielsweise bei etwaigen Präsentationen der Bieter ein identisches Zeitkontingent zu gewähren. Im Kern geht es also darum, bezogen auf den einzelnen Sachbereich *willkürliche* Bevorzugungen zu verhindern: Kann das Verhalten gegenüber dem Bieter durch einen sachlichen Grund gerechtfertigt werden, ist die Wettbewerbsgleichheit nicht verletzt.

3.4.2 Due-Diligence

Zu Beginn der Verhandlungsphase werden den verbleibenden Bietern sämtliche leistungsrelevanten Daten der kommunalen IT, insbesondere solche, die für die Preiskalkulation entscheidend sind, zur Verfügung gestellt (sog. Due-Diligence). Das Ziel besteht darin, dass sich der Bieter ein hinreichend genaues Bild von der – in der Leistungsbeschreibung eher nur kursorisch dargestellten – Ist-Situation machen kann, um auf dieser Basis eine umfassende und bedarfsgerechte Lösungskonzeption anbieten zu können. Es empfiehlt sich, neben der Darstellung der bestehenden IT-Landschaft auch die Grundsätze und ggf. bereits vorhandene Details zur Frage, welche Vorstellungen die Kommune zum gemeinsamen PPP-Modell entwickelt hat, an die Bieter zu geben. Das kann in recht kurzen Eckpunkten, aber auch in Form erster Entwürfe von Leistungs-, Gesellschafts- und Personalüberleitungsvertrag geschehen. Auf diese Weise wird frühzeitig klar, welche Aspekte für die Stadt grundlegend und nicht verhandelbar sind und wo Spielräume bestehen; das Verfahren wird dadurch nicht unerheblich gestrafft. Andererseits ist darauf zu achten, dass die Due-Diligence-Phase ihren vorrangig deskriptiven Charakter beibehält und nicht dazu dient, von städtischer Seite Lösungsansätze zu präsentieren. Denn das Hauptziel des PPP-Projekts besteht darin, externen Sachverstand Privater nutzbar zu machen, um effiziente IT-Konzepte zu erhalten – insoweit hat die Initiative von den Bietern auszugehen und darf nicht auf die Kommune zurückverlagert werden.

Auf welche *technologischen Basisdaten* die Bieter zurückgreifen müssen, ist von Fall zu Fall unterschiedlich. Im Wesentlichen wird es sich aber um folgende Unterlagen handeln: Verfahrensdokumentationen, Hardwarekataster für Server, Endgeräte und Telekommunikationsanlagen, Unterlagen über das aktive und passive Netz, Dokumentation von Hotline bzw. Helpdesk, sämtliche IT-Verträge (z.B. Leasing- und Wartungsverträge, Verträge mit Providern, Lizenzverträge und Rahmenvereinbarungen, etwa mit Telekommunikationsunternehmen), interne IT- und TK-Richtlinien sowie Sicherheitskonzepte. Diese beispielhafte Aufzählung macht deutlich, dass die Due-Diligence-Phase zu einer umfassenden Bestandsaufnahme der kommunalen IT zwingt, was nicht zuletzt auch im Projektzeitplan zu berücksichtigen ist.

Neben den technologischen Daten sind die IT-relevanten *Finanzunterlagen* bereitzustellen. Hier handelt es sich vorrangig um die Darstellung der Sachanlagen und Versicherungen sowie um die Auflistung von Forderungen und Verbindlichkeiten. Darüber hinaus wird der aktuelle, regelmäßig kameral verfasste Haushalt einschließlich aktueller Haushaltszahlen zu erläutern sein, insbesondere, was das herkömmlich praktizierte System der sog. inneren Verrechnung angeht. Hier könnten betriebswirtschaftlich kalkulierende privatwirtschaftliche Unternehmen durchaus auf Verständnisschwierigkeiten stoßen.

Schließlich benötigen die Bieter Daten über das bislang mit den IT-Leistungen betraute *Personal,* dies nicht zuletzt deshalb, weil ein Ziel des Projekts darin besteht, diese Mitarbeiter schonend in die geplante IT-GmbH zu überführen. Die Wirtschaftlichkeit der GmbH hängt maßgeblich von deren Personalkosten ab. Benötigt werden in diesem Zusammenhang insbesondere eine Dokumentation der inneren Organisationsstruktur, Aussagen zur kommunalen Personalpolitik und -kultur, Zahl, Kosten- und Qualifikationsstruktur der Mitarbeiter, arbeitsvertragliche Regelungsmuster und Dienstvereinbarungen sowie Personalabrechnungs- und Zeitwirtschaftssysteme. Im Zusammenhang mit der Herausgabe von Personaldaten sind jedoch die einschlägigen Bestimmungen des Personaldatenschutzes zu beachten. Sofern der einzelne Mitarbeiter der Herausgabe seiner Daten nicht zugestimmt hat, wird eine hinreichende Anonymisierung datenschutzrechtlich erforderlich sein – das Interesse des Bieters an möglichst trennscharfen Personal- und Qualifikationsprofilen hat dahinter zurückzutreten.

3.4.3 Parallelverhandlungen

Nach Abschluss der Due-Diligence-Phase gibt der Bieter sein rechtsverbindliches Angebot ab, das dann als Basis der weiteren Verhandlungen dient. Die Verhandlungsphase kann damit eingeleitet werden, dass die Bieter die wesentlichen Bestandteile ihres Angebots im Rahmen einer Präsentation vorstellen. Auf diese Weise wird deutlich, welche Grundstrukturen das Angebot aufweist und wo der Bieter selbst die Schwerpunkte sieht. Eine Einflussnahme der Vergabestelle auf den Inhalt der Präsentation, sei es durch Nachfragen, sei es durch Hinweise, wird vereinzelt unter Hinweis auf deren Pflicht, das Verhandlungsverfahren objektiv zu führen, als unzulässig erachtet.[24] Diese Einschätzung darf jedoch nicht dahingehend verstanden werden, dass selbst Fragen, die lediglich der Erläuterung oder Aufklärung dienen, von vornherein verboten wären. Ein Verstoß gegen das Objektivitätsgebot liegt nämlich nicht vor, wenn sich die Vergabestelle bei allen Bietern gleichermaßen darum bemüht, den Inhalt ihrer – zumal äußerst komplexen – Angebote präzise zu erfassen, um abschließend eine sachgerechte Bewertungsentscheidung treffen zu können. Das gilt sowohl bei einer etwaigen Präsentation als auch im gesamten weiteren Verlauf des Verhandlungsverfahrens. Denn gerade dieser Verfahrenstypus zeichnet sich dadurch aus, dass in Verhandlungsgesprächen eine stetige Anpassung des Angebots im Sinne eines gegenseitigen Aufeinanderzubewegens erfolgen kann und soll. Vor diesem Hintergrund stellt jede Verhandlung zwangsläufig eine inhaltliche Einflussnahme der ausschreibenden Stelle auf das Angebot dar. Sofern aber das legitime Hinwirken der Vergabestelle darauf, ein für sie möglichst günstiges letztes Angebot zu erhalten, bei allen Bietern auf identischer Informationsbasis, mit denselben Mitteln und mit derselben Zielrichtung erfolgt, hält sie das Gleichbehandlungs- und das Objektivitätsgebot ein. Die Grenze zulässigen Verhandelns ist erst dann überschritten, wenn ein einzelner Bieter dadurch bevorzugt wird, dass ihm gleichsam ein Angebot „in den Mund gelegt wird", um ihm dann den Zuschlag erteilen zu können.

Art und Umfang der Verhandlungen hängen insbesondere von Inhalt und Verlauf der vorangegangenen Phase ab. So wird sich etwa die Übermittlung von relativ detaillierten Vertragsentwürfen im Rahmen der Due-Diligence in zeitlicher Hinsicht günstig auswirken, denn bei der Gegenüberstellung dieser Entwürfe mit denjenigen in den Bieterangeboten wird recht schnell deutlich, wo ein erhöhter Verhandlungsbedarf besteht. Auch wäre zu überlegen, Sachfragen, die lediglich dem Verständnis und der Aufklärung dienen, nur schriftlich beantworten zu lassen. Das hätte zudem den Vorteil, dass die Antworten hinreichend dokumentiert sind, zieht sich doch die Problematik der Dokumentation ohnehin durch das gesamte Verhandlungsverfahren hindurch. Nicht zuletzt mit Blick auf ein etwaiges Rechtsschutzverfahren müssen die wesentlichen Themen und Ergebnisse der Verhandlungsgespräche schriftlich niedergelegt werden. Dass grundlegende Änderungen des ursprünglich Ausgeschriebenen auch im Rahmen der Verhandlungen unzulässig sind, sei hier betont,[25] denn

[24] So VK Hessen, Beschluss vom 26. 9. 2003, Az.: 69d–VK–44/2003.

[25] Ausführlich dazu o. 2. Teil § 6 Abschnitt 12.

es erscheint durchaus denkbar, dass die Verhandlungsphase eine gewisse Eigendynamik entwickelt, die diese Maßgabe in den Hintergrund drängt.

Aus zeitlichen Gründen empfiehlt es sich, nicht mit allen Bietern, welche die Verhandlungsphase durchlaufen, sämtliche Details der Zusammenarbeit bis zum Ende auszuverhandeln. Vielmehr kann dann, wenn die Bieter am Ende der Verhandlungen ihr – regelmäßig abgeändertes – abschließendes Angebot vorgelegt haben, eine vorläufige Bewertungsentscheidung gefällt werden, aus der die Platzierung im Einzelnen hervorgeht. Diese Entscheidung ist zu begründen und den Bietern bekannt zu geben, wodurch die vergaberechtlichen Rügefristen in Gang gesetzt werden. Tritt man nun mit dem Erstplatzierten in die Detailverhandlungen ein, um die Bedingungen der Zusammenarbeit endgültig festzulegen, bleibt der ständige Wettbewerbsdruck, der das parallele Verhandlungsverfahren kennzeichnet,[26] weiter aufrechterhalten. Denn es bleibt der Vergabestelle unbenommen, bei einem Scheitern der Detailverhandlungen wieder auf den nächstplatzierten Bieter zurückzugreifen.

3.5 Bewertung

Im Rahmen der Bewertung[27] ist eine Entscheidung darüber zu treffen, welches das wirtschaftlichste Angebot ist. Die erbrachten Leistungen und der Preis müssen bei Heranziehung aller unmittelbar projektrelevanten, den Bietern bekannt gemachten und gewichteten Wertungskriterien in einem bestmöglichen Verhältnis zueinander stehen. Um die Bewertungsentscheidung transparent und nachvollziehbar zu gestalten, empfiehlt es sich, eine entsprechende Matrix zu erstellen.

Die Wirtschaftlichkeit eines Angebots ergibt sich bei einem komplexen IT-PPP-Modell nicht allein aus einem niedrigen Preis, vielmehr ist entscheidend, dass die Umstrukturierung der IT für die Kommune *gesamtwirtschaftlich* gesehen günstig ist. Diese grundlegende Messgröße ist letztlich das Ergebnis einer gewichteten Auswertung verschiedener Teilaspekte des Vorhabens. Vorrangig zu betrachten sind hier – neben anderen Kriterien, die von den jeweiligen Zielvorgaben abhängen - auf der einen Seite die Preise, die von der Kommune für die erbrachten Leistungen zu zahlen sind, und auf der anderen Seite der technologische Nutzen (Servicequalität, Technologie-, Betriebskontinuitäts- und Datenschutzkonzeption etc.), die Personalkultur und das Personalkonzept einschließlich der Frage, inwieweit Personal von der Kommune in die Gesellschaft überführt wird, sowie die vertragsrechtliche Ausgestaltung der Gesellschafts- und der Kundenbeziehung insbesondere unter Risikogesichtspunkten. Diese Teilaspekte wiederum werden in der Regel noch einmal detaillierter untergliedert werden müssen, um von recht abstrakten, übergeordneten Kategorien zu immer konkreter werdenden, nachvollziehbar prüf- und bewertbaren Messgrößen zu gelangen. Dieser Prozess hängt jedoch entscheidend von den im Einzelnen verfolgten Haupt- und Nebenzielen des PPP-Projekts ab. Ob und inwieweit ein Kriterium diesen Zielen dienlich ist, ist eine – bisweilen prognostische – Einschätzung, bei der die Vergabestelle einen Beurteilungsspielraum besitzt.

Im Zusammenhang mit der Gewichtung einzelner Bewertungskriterien kann sich die Situation ergeben, dass einige Messgrößen eine gegenseitige Abhängigkeit aufweisen. So könnte sich beispielsweise der Umstand, dass Personal von der Kommune in die Gesellschaft übergeht, auf Grund der dann höheren Personalkosten unmittelbar in den Servicepreisen niederschlagen. Es wäre daher letztlich zu entscheiden, ob die Stadt die Beibehaltung von Personalkosten oder die Entstehung von IT-Kosten favorisiert. Auch bei der Bewertung derartiger Interdependenzen besteht ein Beurteilungsspielraum der Vergabestelle.

Im Verlauf der Verhandlungen ist es durchaus denkbar, dass ein Bieter einen günstigeren Preis ausweist, wenn er von den beschriebenen Service Leveln ganz oder teilweise abweicht.

---

[26] S. o. Gliederungsabschnitt 3.2.

[27] Ausführlich dazu o. 2. Teil, § 6 Abschnitt 8.5.4.

Abgesehen davon, dass eine grundlegende Änderung der beschriebenen Leistungen auch im Verhandlungsverfahren unzulässig ist, erweisen sich die Vergleichbarkeit der Angebote und die Bewertungsentscheidung als umso schwieriger, je größer die Spannweite von Preisen *und* Serviceniveaus wird. Daher bietet es sich an, die Dienstleistungen hinsichtlich Art, Umfang und Qualität als abschließend und prinzipiell unverhandelbar zu definieren, um nicht „Äpfel mit Birnen" vergleichen zu müssen.

4. Vertragsrechtliche Grundlagen

Die Vorteile des hier betrachteten PPP-Gesellschaftsmodells sind bereits dargelegt worden.[28] Ein solches Modell macht es notwendig, die verschiedenen Beziehungsebenen, nämlich die Gesellschafter- und die Kundenbeziehung, vertraglich zu erfassen: Zum einen ist die Stadt zusammen mit dem ausgewählten Unternehmen Gesellschafterin der IT-Gesellschaft, zum anderen beauftragt sie eben diese Gesellschaft damit, ihr IT-Leistungen zu erbringen. Aus dieser Situation werden sich bisweilen gegenläufige Aspekte ergeben. So kann sich beispielsweise das Interesse der Kommune an niedrigen Servicepreisen wirtschaftlich zu Lasten der Gesellschaft auswirken, ferner ist die Vorgabe, möglichst langfristig einen steuerbaren IT-Dienstleister zu haben, mit der Sicht eines reinen „shareholders", der seine Gesellschaftsanteile sobald wie möglich gewinnmaximierend abstoßen will, kaum zu vereinbaren. Bereits an diesen Beispielen wird deutlich, dass das hier gewählte PPP-Modell, so vorteilhaft es in vieler Beziehung auch ist, letztlich zu erheblichen Interessenkonflikten führen kann, die bereits zu Beginn des Projekts innerhalb der Zielfestlegung abzuwägen und zu entscheiden sind. Diese Entscheidung ist dann im Rahmen des Geflechts aus Gesellschafts- und Kundenbeziehung bei der Vertragsgestaltung abzubilden.

4.1 Leistungs-/Kundenebene

Im Leistungsvertrag wird die Kundenbeziehung, die zwischen der Kommune und der IT-GmbH besteht, rechtlich formalisiert ausgestaltet. An dieser Stelle auf die gesamten erforderlichen Vertragsinhalte einzugehen, würde den Rahmen sprengen – hervorgehoben seien daher nur folgende Punkte:

Zunächst sind die *Leistungen,* die den Gegenstand des Vertrages bilden, möglichst präzise und erschöpfend festzulegen. Das Leistungsspektrum umfasst – abhängig vom konkreten Einzelfall – im Wesentlichen die Bereiche Beschaffung und Support, Betrieb von Hotline, Rechenzentrum und Netz, Betrieb und Betreuung von Verfahren, ggf. auch die Entwicklung von Software. Bei der Formulierung der einzelnen Vertragsgegenstände wird auf die in der Leistungsbeschreibung dargestellten Services zurückgegriffen und diese – ggf. in im Rahmen der Bieterverhandlungen veränderter Form – zum Vertragsbestandteil erhoben. Struktur und wesentlicher Inhalt der Services wurden bereits an anderer Stelle erörtert, darauf sei verwiesen.[29] Hier sei betont, dass bei der Ausarbeitung der Service Level Agreements (SLA) eine erhöhte Sorgfalt notwendig ist, weil sie ein Kernelement des Leistungsvertrages darstellen. Art und Umfang des einzelnen Services ist genau zu umschreiben, Messgrößen, -methoden und -verfahren müssen eindeutig definiert werden, um die Leistungsqualität und etwaige Abweichungen hiervon während des Vertragsvollzugs hinreichend sicher beurteilen zu können. Das gilt insbesondere bei der Festlegung der Verfügbarkeitsquoten, die bei der Erbringung von IT-Leistungen eine hervorgehobene Bedeutung besitzen: Es muss anhand einer eindeutigen Metrik erkennbar sein, wann eine Anwendung als verfügbar gilt und wie hoch die Ausfallquote in einem bestimmten Bezugszeitraum maximal sein darf, bevor der Sanktionsmechanismus greift; daneben sollte festgelegt werden, wie lang die Dauer eines einzel-

[28] S. o. Gliederungsabschnitt 2.2.
[29] S. o. Gliederungsabschnitt 3.3.

nen Ausfalls, bezogen auf einen bestimmten Zeitraum, absolut sein darf, und welche maximale Anzahl die Ausfälle im Bezugszeitraum nicht überschreiten dürfen.

Im Leistungsvertrag ist überdies der *Preis* für den einzelnen Service hinreichend transparent zu fixieren. Von der Festlegung bloßer Pauschalpreise sei grundsätzlich abgeraten, zumal dann, wenn konkrete Leistungen im Rahmen der Budgetierung einzelnen Ämtern individuell zugeordnet werden sollen.[30]

Im Weiteren enthält der Vertrag die allgemeinen Rahmenbedingungen der Leistungserbringung. Hier sind die Bestimmungen zur *Vertragsdauer* von Bedeutung. Denn erst eine feste Laufzeit, verbunden mit einer Verpflichtung der Kommune, die ausgeschriebenen Leistungen ausschließlich von der IT-GmbH abzunehmen, bietet eine hinreichend sichere Grundlage dafür, die Wirtschaftlichkeit der Gesellschaft zu kalkulieren. In diesem Zusammenhang spielt auch die Ausgestaltung der *Kündigungsmöglichkeiten* eine Rolle. Die vorzeitige Kündigung durch die GmbH sollte nur unter besonders strengen Voraussetzungen zulässig sein, denn es gilt zu bedenken, dass die Kommune im Rahmen des PPP ihr IT-Personal (einschließlich dessen Know-How) sowie Sachmittel in die Gesellschaft überführt. Eine Rückübernahme der IT ist also nur unter erschwerten Bedingungen möglich. Diese Situation kann vorzugsweise durch die Vereinbarung angemessener Rückfallklauseln abgefangen werden, in denen insbesondere Unterstützungsleistungen der GmbH während der Abwicklungsphase, Pflichten zur Herausgabe von Daten, Hardware oder Software etc. geregelt werden.

Ferner sind die Risiken innerhalb der Leistungsbeziehung zu verteilen, indem angemessene *Gewährleistungs- und Haftungsregelungen* vereinbart werden. Hier bietet es sich an, allgemeinen zivilrechtlichen Grundsätzen folgend eine Zuordnung nach Einfluss-Sphären vorzunehmen: Die IT-GmbH ist für die vertragsgemäße Erbringung ihrer Leistungen verantwortlich, sofern nicht die Leistungsstörung auf schuldhaftes Verhalten des Auftraggebers, etwa der Verletzung von in den Services vereinbarten Mitwirkungspflichten, zurückzuführen ist. Bezüglich der Frage der Entgeltminderung sei auf das abgestufte Sanktionssystem innerhalb der Service Level Agreements verwiesen[31] – dass es sich hier um spürbare Abschläge bei Schlecht- oder Nichtleistungen handeln muss, versteht sich von selbst. Daneben wäre an Vertragsstrafen- oder Schadenersatzpauschalierungen zu denken.

Schließlich empfiehlt es sich angesichts der langen Laufzeit des Vertrages, ein *Change-Request-Verfahren* zu normieren. Darin werden vorab Prozeduren festgelegt, die in Gang gesetzt werden, wenn sich die Möglichkeit oder der Zwang von Änderungen oder Ergänzungen der Leistungen ergibt. Auf diese Weise ist – bei Beachtung des geltenden Vergaberechts – eine dynamische Vertragsanpassung möglich. Darüber hinaus bietet es sich an, für den Fall von Streitigkeiten aus dem Vertrag Schlichtungsmechanismen festzulegen, und zwar im Sinne von *Eskalationsprozeduren*. Dabei wird an bestehende hierarchische Strukturen bei Dienstleister und Kunde (Arbeitsebene, Teilbereichsleitungsebene, Managementebene etc.) angeknüpft. Auseinandersetzungen sind zunächst auf der Ebene zu lösen, auf der sie entstanden sind, erst wenn dies nicht gelingt, geht die Entscheidung auf die nächst höhere Ebene über. Dieses Vorgehen bei akuten Auseinandersetzungen wird zweckmäßigerweise von institutionalisierten regelmäßigen Zusammenkünften auf den verschiedenen Ebenen flankiert, die letztlich der Vermeidung von Reibungsverlusten innerhalb der gesamten Leistungsbeziehung dienen.

4.2 Gesellschafterebene

Die Zusammenarbeit von Gesellschaftern wird in einem Gesellschaftsvertrag und – zweckmäßigerweise – in einem Konsortialvertrag näher ausgestaltet. Hierin spiegelt sich das grundsätzliche Verständnis der Partner des PPP-Modells wider. Im Kern geht es um die Fra-

---

[30] Vgl. dazu o. Gliederungsabschnitt 2.3.2.2.

[31] S. o. Gliederungsabschnitt 3.3.

ge, wer den entscheidenden Einfluss auf die Tätigkeit der IT-GmbH haben soll. Schon aus Gründen der Akzeptanz des PPP insbesondere von Seiten des Personals sollte sich die Kommune nicht jeglichen Einflusses begeben. Allerdings wird die Bereitschaft des privaten Partners, im Wege der Beteiligung an der Gesellschaft die komplexen Zielvorgaben der Kommune (Auflösung eines Innovationsstaus, kostengünstige, dem Stand der Technik entsprechende Erbringung von IT-Leistungen, schonende Übernahme von Personal etc.) zu erfüllen, in aller Regel mit der Übernahme der unternehmerischen Führerschaft in der Gesellschaft korrelieren. Auch wird die Zuweisung des unternehmerischen Risikos von der Frage der Leitung des Unternehmens abhängen, wenngleich hier zu beachten ist, dass dieses Risiko auf Grund der Tatsache, dass die GmbH mit der Stadt einen festen Kunden mit prinzipiell garantiertem Auftragsvolumen besitzt, nicht allzu hoch erscheint. Vor diesem Hintergrund hat die Kommune eine ihrer Motivation zugunsten des PPP entsprechende strategische Leitentscheidung zu treffen, die dann vertragsförmlich u. a. in Bestimmungen über die Beteiligungsquoten, die Frage der erforderlichen Beschlussmehrheiten bzw. etwaiger Sperrminoritäten sowie die Zuweisung von Gewinnen und Verlusten umzusetzen ist.

Es empfiehlt sich, den Gesellschaftszweck dahin gehend zu formulieren, dass das *Kern*geschäft der Gesellschaft in der Leistungserbringung für die Kommune besteht, denn darin liegt ein wesentlicher Grund dafür, dass sich die Kommune zugunsten des PPP entschieden hat. Schließlich sollten Aussagen zu den Voraussetzungen etwaiger Drittgeschäfte der GmbH, zur Aufnahme weiterer Gesellschafter sowie zur Frage des Umgangs mit dem überführten Personals getroffen werden – letzteres insbesondere deshalb, um Akzeptanzprobleme zu entschärfen. Bei all dem ist zu beachten, dass die gesellschaftsrechtliche Konstruktion nicht dazu führt, dass die GmbH zum öffentlichen Auftraggeber im vergaberechtlichen Sinne wird und damit Ausschreibungspflichten unterliegt[32] – als problematisch erweist sich in diesem Zusammenhang insbesondere eine Mehrheitsbeteiligung der öffentlichen Hand.

4.3 Personalüberleitungsvertrag

In dem Personalüberleitungsvertrag werden sämtliche Aspekte des Übergangs von kommunalem IT-Personal in die gemeinsame Gesellschaft geregelt. Je nach Status des Beschäftigten (Beamter/Angestellter) und nach Konstruktion der Gesellschaft (Mehr- oder Minderheitsbeteiligung der Kommune) kommen verschiedene, im hier gegebenen Rahmen nicht vertiefbare Übergangsmöglichkeiten[33] in Betracht, so etwa Zuweisungen nach § 123a BRRG, Beurlaubungen, Dienstleistungsüberlassungen, Gestellungen oder die Übernahme im Rahmen eines Betriebsübergangs nach § 613a BGB. Abgesehen von der unter bestimmten Voraussetzungen bestehenden Möglichkeit, Beamte zwangsweise einer GmbH zuzuweisen, sind alle anderen Varianten prinzipiell von der Mitwirkung des Betroffenen abhängig. Das gilt insbesondere für die beiden – letztlich praktikabelsten – Möglichkeiten, nämlich die Beurlaubung von Beamten und den Übergang von Angestellten nach § 613a BGB. So setzt die Beurlaubung einen Antrag voraus, und der Übergang nach § 613a BGB hängt davon ab, dass kein Widerspruch erhoben wird.

Vor diesem Hintergrund besteht die Funktion des Personalüberleitungsvertrages nicht zuletzt darin, Akzeptanzproblemen beim Personal zu begegnen. Das kann insbesondere durch Regelungen erfolgen, die das Ziel haben, den derzeitigen Besitzstand der Mitarbeiter – zumindest wertmäßig – zu wahren. Daneben würde es die Akzeptanz entscheidend erhöhen, wenn betriebsbedingte Kündigungen während des Leistungsbezugs durch die Kommune vertraglich ausgeschlossen werden, und ferner können Rückkehroptionen verankert werden, die jedoch von erhöhten Voraussetzungen (Ende des Leistungsbezuges, Freiwerden einer adäquaten Stelle bei der Stadt etc.) abhängig sein sollten. Bei all dem ist jedoch darauf zu achten, dass das Ziel, Vorbehalte bei den Mitarbeitern zu entkräften, nicht dazu führen

[32] S. dazu o. Gliederungsabschnitt 3.1.

[33] Ausführlich dazu 2. Teil, § 8 Abschnitt 4.

sollte, dass eine mehr oder weniger freie Fluktuationsmöglichkeit von IT-Personal zwischen Stadt und GmbH entsteht, hat doch die Stadt in der Regel keine Möglichkeit mehr, IT-Fachkräfte angemessen zu beschäftigen.

5. Kommunalrechtliche Maßgaben

Die Zulässigkeit des hier betrachteten PPP-Modells hängt nicht zuletzt davon ab, ob die Voraussetzungen der einschlägigen, je nach Bundesland bisweilen differierenden Vorschriften des Kommunalrechts erfüllt sind. Von den zahlreichen Fragen, die sich in diesem Zusammenhang stellen, können im hier gegebenen Rahmen nur einige herausgegriffen werden.[34]

5.1 Öffentlicher Zweck und Subsidiarität

Es ist erforderlich, dass der Beteiligung an der IT-GmbH ein öffentlicher Zweck zu Grunde liegt, was wiederum dann der Fall ist, wenn das Unternehmen unmittelbar dem Gemeinwohl dient. Eine trennscharfe allgemeine Definition und Kategorisierung der öffentlichen Zwecke ist wohl kaum möglich, zumal die Gemeinde in diesem Zusammenhang einen Beurteilungsspielraum besitzt; die Grenze ist aber jedenfalls bei der bloßen Gewinnerzielungsabsicht überschritten.

Der „öffentliche Zweck" spielt auch im Zusammenhang mit den viel diskutierten kommunalwirtschaftsrechtlichen „Subsidiaritätsklauseln" eine hervorgehobene Rolle. Dazu sei hier nur soviel bemerkt: Ungeachtet verschiedener landesrechtlicher Ausprägungen dieser Restriktionen geht es im Kern immer darum, eine uneingeschränkte, bisweilen wettbewerbsverzerrende, mit dem herkömmlichen Wesen kommunaler Selbstverwaltung nicht mehr zu vereinbarende Wirtschaftstätigkeit auszuschließen und diese dem freien Markt zu überlassen. Vor diesem Hintergrund ist der sachliche Gehalt einer Subsidiaritätsklausel, nämlich die Prüfung, ob der öffentliche Zweck nicht besser oder wirtschaftlicher durch ein anderes Unternehmen erfüllt werden kann, zu beurteilen.

Für das hier betrachtete PPP-Modell im IT-Sektor kommt es nun entscheidend darauf an, dass der öffentliche Zweck exakt herausgearbeitet wird. Zunächst will die Kommune erforderliche IT-Leistungen effizienter und kostengünstiger erhalten – ein Ziel, dessen Verfolgung durchaus im Interesse des Gemeinwohls liegt, wird damit doch den Grundsätzen sparsamer und wirtschaftlicher Haushaltsführung Rechnung getragen. Aber es geht um mehr: Zweck, Inhalt, Organisation und Struktur des hier beschriebenen PPP-Modells sind letztlich eingebettet in einen umfassenden Prozess des Verwaltungsumbaus. So geht es insbesondere darum, schonend städtisches IT-Personal abzubauen und in die GmbH zu überführen. Dass die Realisierung dieses Ziels mit Blick auf regelmäßig auftretende Akzeptanzprobleme entscheidend erleichtert wird, wenn das Personal von einer Gesellschaft übernommen wird, auf die der „alte Arbeitgeber" noch hinreichenden Einfluss ausüben kann, liegt auf der Hand. Ferner ist denkbar, dass eine kommunale Beteiligung an einer IT-GmbH bisweilen auch die Durchsetzbarkeit der Projektziele bei kommunalen Entscheidungsträgern erhöht. Das Beteiligungsmodell dient damit nicht zuletzt der – gerade auch von der Öffentlichkeit nicht ganz zu Unrecht eingeforderten – Modernisierung von Verwaltungsstrukturen. Der in diesem Sinne verstandene öffentliche Zweck kann wohl kaum von einem am Markt tätigen Privaten erfüllt werden, was bei der Beurteilung des hier dargestellten PPP-Modells unter dem Subsidiaritätsgesichtspunkt maßgebend zu beachten ist.

Allerdings folgt aus dem Erfordernis des öffentlichen Zwecks für die Zielsetzung der IT-GmbH, dass eine etwaige Betätigung am Drittmarkt gewissen Restriktionen unterliegt: Erreicht diese einen Umfang, der die ursprünglich im Vordergrund stehende Leistungserbrin-

[34] Eingehend zum Ganzen Teil 2, § 5.

gung für die Kommune auf ein Minimum schrumpfen lässt, könnte die Rechtfertigung einer städtischen Beteiligung an der GmbH durchaus problematisch werden, denn der Verdacht läge nahe, dass es ihr nur noch um die bloße Gewinnerzielung geht. Entsprechende Sicherungen sind daher auf der gesellschaftsvertraglichen Ebene vorzusehen, so etwa die Maßgabe, dass das *Kern*geschäft der GmbH in der Leistungserbringung für die Kommune besteht. Dabei entsteht allerdings ein gewisser Zielkonflikt, denn es sollte vermieden werden, dass die GmbH zum öffentlichen Auftraggeber im vergaberechtlichen Sinne wird (§ 98 Nr. 2 GWB) und damit selbst Ausschreibungspflichten unterliegt. Ob dies jedoch allein über eine eher offene Formulierung des Gesellschaftszwecks hinreichend rechtssicher gelingt, erscheint zweifelhaft. Näher liegt es, bei den Gesichtspunkten der Finanzierung und Beherrschung der Gesellschaft anzusetzen und diese so auszugestalten, dass sich der öffentlichrechtliche Partner hinsichtlich seiner Beteiligungsquote und seiner Einflussnahmemöglichkeiten entsprechend zurücknimmt.[35]

5.2 Einflussnahme

Bei der soeben erwähnten Zielsetzung, die städtische Einflussnahme aus vergaberechtlichen Gründen zurückzunehmen, gilt es zu beachten, dass es kommunalrechtlich erforderlich ist, dass die Stadt einen *angemessenen* Einfluss auf die Gesellschaft behält,[36] wodurch wiederum ein gewisses Spannungsverhältnis zwischen Vergaberecht und Kommunalrecht entsteht. Die Angemessenheit ist aber letztlich mit Blick auf das wirtschaftliche Risiko, das für die Kommune mit der Beteiligung an der GmbH verbunden ist, zu beurteilen: Je höher dieses ist, desto ausgeprägter müssen die Möglichkeiten der Einwirkung auf die Geschäftstätigkeit der Gesellschaft ausgestaltet werden. Dabei wird sich ein wirtschaftliches Risiko der Stadt in erster Linie daran festmachen lassen, ob sie an Verlusten aus der laufenden Geschäftstätigkeit der GmbH beteiligt ist; ferner wäre maßgebend, ob die Stadt hohe Vermögenswerte in die Gesellschaft einbringt, die sie im Falle der Insolvenz nicht mehr zurückholen kann. Die vergaberechtlich angezeigte Reduktion der Einflussmöglichkeiten muss insofern also mit einer entsprechenden Minimierung des wirtschaftlichen Risikos einhergehen.

6. Datenschutzrechtliche Maßgaben

Gerade bei PPP im IT-Bereich muss den einschlägigen Maßgaben des Datenschutzrechts besondere Aufmerksamkeit gewidmet werden. Denn die Übertragung von im Einzelnen definierten Aufgaben der Datenverarbeitung auf eine privatrechtlich verfasste IT-GmbH führt dazu, dass deren Tätigkeit als Datenverarbeitung im Auftrag einzuordnen ist; diese Beurteilung ist unabhängig von den gewählten Beteiligungsquoten. Die Kommune bleibt daher als Auftraggeberin weiter die verantwortliche „Herrin der Daten" und hat die Einhaltung der datenschutzrechtlichen Bestimmungen bei der GmbH sicherzustellen, was in erster Linie auf der Ebene der Kundenbeziehung geschieht. Es empfiehlt sich, die erforderlichen Regelungen in einer eigenen Anlage zum Bestandteil des Leistungsvertrages zu machen.

In diesem Zusammenhang sei auf Folgendes hingewiesen: Wegen der weiter bestehenden verantwortlichen Stellung des Hoheitsträgers muss es ausgeschlossen sein, dass dieser auf Dauer in ein rechtliches oder faktisches Abhängigkeitsverhältnis zur GmbH gerät. Diesbezüglich sind neben der Frage der Einflussnahmemöglichkeiten auf der gesellschaftsrechtlichen Ebene eine Vielzahl von Faktoren relevant, die auf der Leistungsebene angesiedelt sind, so etwa die Festlegung von Weisungsbefugnissen, die Normierung von Rückfallregelungen für den Fall der (ggf. vorzeitigen) Beendigung der Zusammenarbeit, die Pflicht der GmbH zur Verwendung möglichst standardisierter, nichtproprietärer Verfahren sowie die

---

[35] S. o. Gliederungsabschnitte 3.1., 4.2.

[36] S. etwa § 122 Abs. 1 Satz 1 Nr. 3 HGO.

Ausgestaltung der Aufsicht durch die Kommune. Der letztgenannte Aspekt betrifft nicht nur die Kontrolle durch den behördlichen und den Landesdatenschutzbeauftragten, sondern auch die Überwachung durch die Kommune als solche, denn sie bleibt, wie eingangs erwähnt, für die Datenverarbeitung verantwortlich. Dieser Rolle kann sie letztlich nur genügen, wenn bei ihr hinreichender informationstechnologischer Sachverstand vorhanden bzw. verblieben ist; organisatorisch empfiehlt sich dabei die Übertragung der damit verbundenen Aufgaben auf eine eigene städtische Steuerungseinheit.[37]

Die konkret bestehenden Anforderungen an die Datenverarbeitung richten sich entscheidend nach der Datensensibilität. Es bietet sich hier an, die auf die GmbH übergehenden Verfahren jeweils einer bestimmten Sensibilitätskategorie (unkritisch, normal, hoch, sehr hoch) zuzuordnen und damit festzulegen, ob, inwieweit und unter welchen technischen oder organisatorischen Voraussetzungen eine Kenntnisnahme der Daten durch die Mitarbeiter der GmbH zulässig ist. Darüber hinaus kann es Verfahren geben, bei denen nicht nur die Möglichkeit der Kenntnisnahme, sondern auch die des Zugangs von GmbH-Mitarbeitern zum Rechnersystem oder zum Datenbestand ausgeschlossen werden muss. Zu beachten ist zudem, dass nicht nur die eigentlichen Verfahren, sondern auch die Verarbeitung und Speicherung von Daten in allgemeinen Standardverfahren (Textverarbeitung, Tabellenkalkulation, Datenbankprogramme etc.) den datenschutzrechtlichen Anforderungen genügen muss. Zweckmäßigerweise werden Daten bzw. Verfahren bereits zu Beginn des Projekts datenschutzrechtlich kategorisiert, um Art und Umfang der Datenverarbeitung durch die GmbH einschätzen zu können.

7. Fazit

Die vorstehenden Ausführungen haben gezeigt, dass die Konstruktion eines PPP-Modells im IT-Sektor ein vergleichsweise komplexes Unterfangen ist. Verschiedene, bisweilen gegenläufige Anforderungen des Vergabe-, Kommunal- und Datenschutzrechts sind hier zu harmonisieren, gleichzeitig muss die Akzeptanz des Vorhabens bei Personal und Entscheidungsträgern gesichert werden. Auf welche Weise dieses mannigfaltige Beziehungsgeflecht im Einzelfall zu bewältigen ist, hängt immer von den konkreten sachlichen und rechtlichen Gegebenheiten ab; maßgebend werden aber wohl immer die Aspekte der Steuerungsmöglichkeiten und der Risikoverteilung innerhalb des PPP sein. Im hier gegebenen Rahmen konnten dazu nur einige Hinweise gegeben werden. Der vorgeschlagene Ansatz lässt sich dahin gehend skizzieren, dass dem privaten Partner in der gemeinsamen GmbH grundsätzlich die unternehmerische Führerschaft bei gleichzeitiger Tragung des finanziellen Risikos zukommt, wobei jedoch der Einfluss der Kommune bei wichtigen, sie tangierenden Fragen gesichert bleiben muss. Gleichsam als Gegengewicht dazu wird die Stellung der Kommune innerhalb der Kundenbeziehung umfassend und nachhaltig gestärkt, nicht zuletzt mit Blick auf ihre Verantwortung für die Einhaltung des Datenschutzes. Im Rahmen der Personalüberleitung werden verbindliche Regelungen getroffen, die letztlich auf eine weitest gehende Absicherung der übergehenden Mitarbeiter angelegt sind. Innerhalb eines solchen Rahmens dürfte es einem IT-Unternehmen möglich sein, seinen legitimen wirtschaftlichen Interessen erfolgreich nachzugehen. Auf diese Weise entsteht ein PPP, durch das die Kommune ihren IT-Bedarf effizient und innovativ deckt, schonend Personal abbaut und letztlich zu einer Modernisierung ihrer Verwaltungsstrukturen gelangt. Diese erheblichen Gemeinwohlvorteile gleichzeitig mit privatwirtschaftlichen Zielen zu realisieren, darin besteht gerade der Sinn eines PPP im IT-Bereich.

[37] S. o. Gliederungsabschnitt 2.3.2.4.

Rechtsprechungs- und Literaturverzeichnis

1. Rechtsprechung

1.1 Europäischer Gerichtshof

EuGH, Urteil v. 9. Juli 1987 – Rs. 27 bis 29/86 –, Slg. 1987, 3347 ff.
EuGH, Urteil v. 20. September 1988 – Rs. 31/87 –, Slg. 1988, 4635 ff.
EuGH, Urteil v. 14. April 1994 – Rs. C-389/92 –, Slg. 1994 I, 1289 ff.
EuGH, Urteil v. 19. April 1994 – Rs. C-331/92 –, Slg. 1994 I, 1329 ff.
EuGH, Urteil v. 28. März 1996 – Rs. C-318/94 –, Slg. 1996 I, 1949 ff.
EuGH, Urteil v. 18. Dezember 1997 – Rs. C-5/97 –, Slg. 1997 I, 7549 ff.
EuGH, Urteil v. 15. Januar 1998 – Rs. C-44/96 –, Slg. 1998 I, 73 ff.
EuGH, Urteil v. 10. November 1998 – Rs. C-360/96 –, Slg. 1998 I, 6821 ff.
EuGH, Urteil v. 16. September 1999 – Rs. C-27/98 –, Slg. 1999 I, 5697 ff.
EuGH, Urteil v. 28. Oktober 1999 – Rs. C-81/98 –, Slg. 1999 I, 7671 ff. = NJW 2000, S. 569 ff.
EuGH, Urteil v. 18. November 1999 – Rs. C-107/98 –, Slg. 1999 I, 8121 ff.
EuGH, Urteil v. 2. Dezember 1999 – Rs. C-176/98 –, NZBau 2000, S. 149 f.
EuGH, Urteil v. 26. September 2000 – Rs. C-225/98 –, Slg. 2000 I, 7445 ff. = EWS 2000, S. 509 ff.
EuGH, Urteil v. 3. Oktober 2000 – Rs. C-380/98 –, Slg. 2000 I, 8035 ff. = WuW/E Verg, 371 ff.
EuGH, Urteil v. 7. Dezember 2000 – Rs. C-94/99 –, NZBau 2001, S. 99 ff.
EuGH, Urteil v. 7. Dezember 2000 – Rs. C-324/98 –, Slg. 2000 I, 10745 ff. = NZBau 2001, S. 148 ff. = WuW/E Verg, 385 ff.
EuGH, Urteil v. 18. Januar 2001, ABl. EG, C-150/09, S. 5 ff.
EuGH, Urteil v. 18. Oktober 2001 – Rs. C-19/00 –, NZBau 2001, S. 693 ff.
EuGH, Urteil v. 30. März 2002 – Rs. C-358/00 –, NZBau 2003, S. 50 f.
EuGH, Urteil v. 18. Juni 2002 – Rs. C-92/00 –, NZBau 2002, S. 458 ff.
EuGH, Urteil v. 12. Dezember 2002 – Rs. C-470/99 –, EuZW 2003, S. 147 ff.
EuGH, Urteil v. 12. Dezember 2002 – Rs. C-324/00.
EuGH, Urteil v. 16. Januar 2003 – Rs. C-315/00.
EuGH, Urteil v. 23. Januar 2003 – Rs. C-57/01 –, NZBau 2003, S. 219 ff.
EuGH, Urteil v. 23. Januar 2003 – Rs. C-57/01 –, VergabeR 2003, S. 155 ff.
EuGH, Urteil v. 27. Februar 2003 – Rs. C-373/00 –, IBR 2003, S. 261.
EuGH, Urteil v. 26. Juni 2003, Rechtssache C-305/01.

1.2 Gerichte des Bundes

1.2.1 Bundesverfassungsgericht

BVerfG, Beschluss v. 8. Juli 1982 – 2 BvR 1187/80 –, BVerfGE 61, 82 ff.
BVerfG, Beschluss v. 17. September 1988 – 2 BvK 1/98 –, NVwZ 1999, S. 173 ff.
BVerfG, Beschluss v. 23. November 1988 – 2 BvR 1619, 1628/83 –, BVerfGE 79, 127 ff.
BVerfG, Urteil v. 18. April 1989 – 2 BvF 1/82 –, BVerfGE 79, 311 ff.
BVerfG, Beschluss v. 26. Oktober 1994 – 2 BvR 445/91 –, BVerfGE 91, 228 ff.

1.2.2 Bundesgerichtshof

BGH, Urteil v. 28. Juni 1952 – II ZR 263/51 –, LM § 611 BGB Nr. 3.
BGH, Urteil v. 16. Mai 1956 – V ZR 146/54 –, LM PreisstoppVO Nr. 7.
BGH, Urteil v. 27. Mai 1959 – V ZR 173/57 –, NJW 1959, S. 1487 ff.
BGH, Urteil v. 26. Oktober 1961 – KZR 1/61 –, BGHZ 36, 91 ff.
BGH, Urteil v. 5. Juli 1965 – VII ZR 89/63 –, WM 1965, S. 1181 ff.
BGH, Urteil v. 10. Juli 1969 – VII ZR 87/67 –, NJW 1970, S. 94 f.
BGH, Urteil v. 25. Februar 1975 – III ZR 12/83 –, BGHZ 91, 84 ff.
BGH, Urteil v. 12. Mai 1976 – VIII ZR 26/75 –, NJW 1976, S. 1539 f.

BGH, Urteil v. 21. Oktober 1976 – VII ZR 327/74 –, MDR 1977, S. 216.
BGH, Urteil v. 9. März 1977 – VIII ZR 192/75 –, NJW 1977, S. 1058 ff.
BGH, Urteil v. 5. April 1978 – VIII ZR 42/77 –, NJW 1978, S. 1383 ff.
BGH, Urteil v. 5. April 1978 – VIII ZR 49/77 –, NJW 1978, S. 1432 ff.
BGH, Urteil v. 20. November 1980 – VII ZR 289/79 –, NJW 1981, S. 757 ff.
BGH, Urteil v. 16. September 1981 – VIII ZR 265/80 –, NJW 1982, S. 105 ff.
BGH, Urteil v. 3. November 1983 – III ZR 227/82 –, MDR 1984, S. 558.
BGH, Urteil v. 4. Juli 1984 – VIII ZR 270/83 –, NJW 1984, S. 2878 ff.
BGH, Urteil v. 9. Oktober 1985 – VIII ZR 217/84 –, NJW 1986, S. 179 ff.
BGH, Urteil v. 9. Oktober 1985 – VIII ZR 217/84.
BGH, Urteil v. 21. November 1985 – VII ZR 366/83 –, NJW 1986, S. 925 f.
BGH, Urteil v. 19. 2. 1986 – VIII ZR 91/85 –, NJW 1986, S. 1744 f.
BGH, Urteil v. 19. 3. 1986 – VIII ZR 81/85, NJW 1986, S. 1746 ff.
BGH, Urteil v. 30. September 1987 – VIII ZR 226/86 –, NJW 1988, S. 198 ff.
BGH, Urteil v. 25. Januar 1989 – VIII ZR 302/87 –, NJW 1989, S. 1279 ff.
BGH, Urteil v. 25. Oktober 1989 – VIII ZR 105/88 –, ZIP 1990, S. 175 ff.
BGH, Urteil v. 29. November 1989 – VIII ZR 323/88 –, NJW 1990, S. 829 ff.
BGH, Urteil v. 13. März 1991 – VIII ZR 34/90 –, ZIP 1991, S. 519 ff.
BGH, Urteil v. 10. Oktober 1991 – III ZR 100/90 –, NJW 1992, S. 171 ff.
BGH, Urteil v. 10. Oktober 1991 – III ZR 100/90 –, BGHZ 115, 311 ff.
BGH, Urteil v. 17. Oktober 1991 – III ZR 352/89 –, NJW-RR 1992, S. 560 ff.
BGH, Urteil v. 25. November 1992 – VIII ZR 170/91 –, NJW 1993, S. 520 ff. = BauR 1993, S. 214 ff.
BGH, Urteil v. 30. Juni 1994 – VII ZR 116/93 –, NJW 1994, S. 2825 ff.
BGH, Urteil v. 10. Oktober 1994 – II ZR 220/93 –, NJW 1995, S. 197 f.
BGH, Urteil v. 17. November 1994 – VII ZR 245/93 –, BGHZ 101, 357 = NJW 1995, S. 526.
BGH, Urteil v. 22. Dezember 1995 – V ZR 33/4/94 –, NJW 1996, S. 916 ff.
BGH, Urteil v. 27. Juni 1996 – VII ZR 59/95 –, NJW 1997, S. 61 f.
BGH, Urteil v. 20. November 1997 – III ZR 310/95 –, NJW 1998, S. 680 ff.
BGH, Urteil v. 8. September 1998 – X ZR 99/96 –, ZVgR 1998, S. 565 ff.
BGH, Urteil v. 8. September 1998 – X ZR 48/97 –, BGHZ 139, 259 ff. = NJW 1998, S. 3636 ff. = BauR 1998, S. 1232 ff.
BGH, Urteil v. 8. September 1998 – X ZR 99/96 –, NJW 1998, S. 3640 ff.
BGH, Urteil v. 17. Februar 1999 – X ZR 101/97 –, NJW 2000, S. 137 ff.
BGH, Urteil v. 10. Juni 1999 – VII ZR 215/98 –, NJW 1999, S. 3118 ff.
BGH, Urteil v. 26. Oktober 1999 – X ZR 30/98 –, NZBau 2000, S. 35 ff.
BGH, Beschluss v. 19. Dezember 2000 – X ZB 14/00 –, NZBau 2001, S. 151 ff. = VergabeR 2001, S. 71 ff.
BGH, Urteil v. 29. 1. 2001 – II ZR 331/00 –, NJW 2001, S. 1056 ff.
BGH, Urteil v. 12. Juni 2001 – X ZR 150/99 –, NJW 2001, S. 3698 ff.
BGH, Urteil v. 18. Februar 2002 – II ZR 331/00 –, ZIP 2002, S. 614 ff.
BGH, Urteil v. 16. April 2002 – X ZR 67/00 –, NJW 2002, S. 2558 f.
BGH, Urteil v. 25. April 2002 – I ZR 250/00 –, NJW 2002, S. 2645 ff.
BGH, Urteil v. 5. November 2002 – X ZR 232/00 –, VergabeR 2003, S. 163 ff.
BGH, Urteil v. 12. Dezember 2002 – II ZR 201/01 –, NJW 2003, S. 1318 ff.
BGH, Urteil v. 25. April 1966 – VII ZR 120/65 –, BGHZ 45, 223 ff.
BGH, Urteil v. 12. Oktober 1978 – VII ZR 288/77 –, BGHZ 72, 229 ff.
BGH, Urteil v. 5. April 1979 – VII ZR 308/77 –, BGHZ 74, 204 ff.
BGH, Urteil v. 10. Mai 1979 – VII ZR 30/78 –, BGHZ 74, 258 ff.
BGH, Urteil v. 22. Oktober 1981 – VII ZR 310/79 –, BGHZ 82, 100 ff.
BGH, Urteil v. 12. Juli 1984 – VII ZR 268/83 –, BGHZ 92, 123 ff.
BGH, Urteil v. 21. November 1985 – VII ZR 366/83 –, BGHZ 96, 275 ff.
BGH, Urteil v. 25. Januar 1989 – VIII ZR 302/87 –, BGHZ 106, 304 ff.
BGH, Urteil v. 7. Januar 2003 – X ZR 50/01 –.
BGH, Beschluss v. 18. Februar 2003 – X ZB 43/02 –.

1.2.3 Bundesverwaltungsgericht

BVerwG, Beschluss v. 5. Januar 1972 – 8 CB 120/71 –, BVerwGE 39, 229 ff.
BVerwG, Urteil v. 22. Februar 1972 – 1 C 24/69 –, BVerwGE 39, 329 ff.

BVerwG, Beschluss v. 19. September 1983 – 8 B 117/82 –, NVwZ 1984, S. 239 ff.
BVerwG, Beschluss v. 10. April 1986 – GmS-OGB 1/85 –, BVerwGE 74, 368 ff.
BVerwG, Beschluss v. 21. März 1995 – 1 B 211/94 –, NJW 1995, S. 2938 ff.
BVerwG, Beschluss v. 23. November 1998 – 8 B 173/98 –, NVwZ 1999, S. 653.
BVerwG, Beschluss v. 4. Dezember 1998 – 8 B 184/98 –, NVwZ-RR 1999, S. 336 ff.

1.2.4 Bundesfinanzhof

BFH, Urteil v. 27. Januar 1955, BStBl 1955, Teil III, S. 94.
BFH, Urteil v. 7. April 1960, BStBl 1960, Teil III, S. 261.
BFH, Urteil v. 27. Januar 1965, BStBl 1965, Teil III, S. 265.
BFH, Urteil v. 21. Dezember 1965, BStBl 1966, Teil III, S. 148.
BFH, Urteil v. 22. Juni 1967, BStBl 1967, Teil III, S. 715.
BFH, Urteil v. 4. April 1968, BStBl 1968, Teil II, S. 411.
BFH, Urteil v. 26. Januar 1970, BStBl 1970, Teil II, S. 264.
BFH, Urteil v. 1. Oktober 1970, BStBl 1971, Teil II, S. 34.
BFH, Urteil v. 18. November 1970, BStBl 1971, Teil II, S. 133.
BFH, Urteil v. 27. Januar 1972, BStBl 1972, Teil II, S. 496.
BFH, Urteil v. 13. Oktober 1973, BStBl 1973, Teil II, S. 210.
BFH, Urteil v. 17. Juli 1974, BStBl 1974, Teil II, S. 684.
BFH, Urteil v. 28. November 1974, BStBl 1975, Teil II, S. 398.
BFH, Urteil v. 26. Februar 1975, BStBl 1975, Teil II, S. 445.
BFH, Urteil v. 26. Februar 1975, BStBl 1976, Teil II, S. 13 ff.
BFH, Urteil v. 19. Juni 1975, BStBl 1976, Teil II, S. 27.
BFH, Urteil v. 2. Juni 1978, BStBl 1978, Teil II, S. 507.
BFH, Urteil v. 14. Dezember 1978, BStBl 1979, Teil II, S. 288.
BFH, Urteil v. 18. Dezember 1980, BStBl 1981, Teil II, S. 197.
BFH, Urteil v. 12. August 1982, BStBl 1982, Teil II, S. 696.
BFH, Urteil v. 3. Mai 1983, BStBl 1983, Teil II, S. 572.
BFH, Urteil v. 2. Mai 1984, BStBl 1984, Teil II, S. 822.
BFH, Urteil v. 22. August 1984, BStBl 1984, Teil II, S. 128.
BFH, Beschluss v. 20. August 1986, BStBl 1986, Teil II, 1988, S. 348.
BFH, Urteil v. 13. März 1987, BStBl 1987, Teil II, S. 465.
BFH, Urteil v. 29. April 1987, BStBl 1987, Teil II, S. 797 ff.
BFH, Urteil v. 18. Januar 1988, BStBl 1989, Teil II, S. 549 ff.
BFH, Urteil v. 19. März 1988, BStBl 1988, Teil III, S. 848.
BFH, Urteil v. 30. Juni 1988, BStBl 1988, Teil II, S. 910.
BFH, Urteil v. 26 April 1989, BStBl 1991, Teil II, S. 213.
BFH, Urteil v. 21. September 1989, BStBl 1990, Teil II, S. 95.
BFH, Urteil v. 2. März 1990, BStBl 1990, Teil II, S. 733, 735.
BFH, Urteil v. 10. Mai 1990, BStBl 1990, Teil II, S. 757.
BFH, Urteil v. 24. Juli 1991, BStBl 1991, Teil II, S. 909.
BFH, Urteil v. 12. September 1991, BStBl 1992, Teil II, S. 182.
BFH, Urteil v. 8. Oktober 1991, BStBl 1992, Teil II, S. 368 ff.
BFH, Urteil v. 8. April 1992, BStBl 1992, Teil II, S. 893.
BFH, Urteil v. 26. August 1992, BStBl 1992, Teil II, S. 977.
BFH, Urteil v. 10. September 1992, BStBl 1993, Teil II, S. 316 ff.
BFH, Urteil v. 3. August 1993, BStBl 1994, Teil II, S. 444.
BFH, Urteil v. 30. Januar 1995, BStBl 1995, Teil II, S. 281.
BFH, Urteil v. 16. Mai 1995, BStBl 1995, Teil II, S. 750.
BFH, Urteil v. 8. November 1995, BStBl 1996, Teil II, S. 114.
BFH, Urteil v. 17. Januar 1996, BFH/NV 1996, S. 579 ff.
BFH, Urteil v. 19. Juni 1997, BStBl 1997, Teil II, S. 808.
BFH, Urteil v. 17. Februar 1998, BStBl 1998, Teil II, S. 506.
BFH, Urteil v. 26. November 1998, BStBl 1999, Teil II, S. 263.
BFH, Urteil v. 17. Februar 1999, BStBl 1999, Teil II, S. 505.
BFH, Urteil v. 9. Juni 2000, BStBl 2000, Teil II, S. 695.
BFH, Urteil v. 27. September 2001, BFH/NV 2002, S. 143.
BFH, Urteil v. 6. Juni 2002, BFH/NV 2002, S. 1268.

BFH, Urteil v. 3. September 2002, BFH/NV 2003, S. 154.
BFH, Urteil v. 17. Januar 1996, BFH/NV 1996, S. 579 ff.
BFH, Urteil v. 16. Januar 2003, BFH/NV 2003, S. 734.
BFH, Urteil v. 4. September 2003, VR 34/99, DStR 2003, S. 1925 ff.
BFH, Urteil v. 2. Juli 1975, BStBl 1975, S. 863.

1.3 Gerichte der Länder

1.3.1 Zivilgerichte

1.3.1.1 Baden-Württemberg

OLG Karlsruhe, Beschluss v. 25. Juni 2001 – 9 U 203/00 –, NZBau 2002, S. 109 f.
OLG Stuttgart, Beschluss v. 9. August 2001 – 2 Verg 3/01 –, NZBau 2002, S. 292 ff.
OLG Stuttgart, Beschluss v. 16. September 2002 – 2 Verg 12 –.

1.3.1.2 Bayern

BayObLG, Beschluss v. 10. November 1999 – Verg 8/99 –, NZBau 2000, S. 94 f.
BayObLG, Beschluss v. 20. Dezember 1999 – Verg 8/99 –, NZBau 2000, S. 259 ff.
BayObLG, Beschluss v. 12. April 2000 – Verg 1/00 –, NZBau 2000, S. 481 ff.
BayObLG, Beschluss v. 21. Dezember 2000 – Verg 13/00 –, VergabeR 2001, S. 131 ff.
BayObLG, Beschluss v. 20. August 2001 – Verg 11/01 –, VergabeR 2002, S. 77 ff.
BayObLG, Beschluss v. 11. Dezember 2001 – Az: Verg 15/01 –, VergabeR 2002, S. 55 ff.
BayObLG, Beschluss v. 22. Januar 2002 – Verg 18/01 –, VergabeR 2002, S. 244 ff.
BayObLG, Beschluss v. 19. März 2002 – Verg 2/02 –, VergabeR 2002, S. 252 ff.
BayObLG, Beschluss v. 29. April 2002 – Verg 10/02 –, VergabeR 2002, S. 504 f.
BayObLG, Beschluss v. 3. Juli 2002 – Verg 13/02 –, NZBau 2003, S. 105 ff = VergabeR 2002, S. 637 ff.
BayObLG, Beschluss v. 17. Juni 2002 – Verg 14/02 –, VergabeR 2002, S. 485 ff.
BayObLG, Beschluss v. 28. August 2002 – Verg 20/02 –, VergabeR 2003, S. 76 f.
BayObLG, Beschluss v. 5. November 2002 – Verg 22/02 –, ZfBR 2003, S. 205 ff. = VergabeR 2003, S. 186 ff.
BayObLG, Beschluss v. 10. September 2002 – Verg 23/02 –.
BayObLG, Beschluss v. 8. November 2002 – Verg 27/02 –.
BayObLG, Beschluss v. 27. Februar 2003 – Verg 1/03 –.
OLG München, Urteil v. 28. Januar 1981 – 27 U 516/80 –, NJW 1981, S. 1104 ff.
OLG Nürnberg, Urteil v. 18. September 1985 – 4 U 3597/84 –, NJW 1986, S. 437 f.

1.3.1.3 Berlin

KG, Beschluss v. 5. September 2000 – KartVerg 15/00.
KG, Beschluss v. 22. August 2001 – KartVerg 3/01–, VergabeR 2001, S. 392 ff.
KG, Beschluss v. 4. April 2002 – KartVerg 5/02 –, VergabeR 2002, S. 235 ff.
KG, Beschluss v. 15. April 2002 – KartVerg 3/02 –, VergabeR 2002, S. 398 ff.
KG, Beschluss v. 10. Dezember 2002 – KartVerg 16/02 –, VergabeR 2003, S. 180 ff.

1.3.1.4 Brandenburg

OLG Brandenburg, Beschluss v. 3. August 1999 – 6 Verg 1/99 –, DB 1999, S. 1793 ff. NZBau 2000, S. 39.
OLG Brandenburg, Beschluss v. 3. August 2001 – Verg 3/01 –, NZBau 2001, S. 645 ff. = MMR 2001, 818 ff.
OLG Brandenburg, Beschluss v. 19. Dezember 2002 – Verg W 9/02 –, NZBau 2003, S. 229 ff. = VergabeR 2003, S. 168 ff.

1.3.1.5 Bremen

OLG Bremen, Beschluss v. 20. Juli 2000 – Verg 1/2000 –, BauR 2001, S. 94 ff.

1.3.1.6 Hamburg

OLG Hamburg, Beschluss v. 12. Dezember 2000 – 1 Verg 1/00 –, NZBau 2001, S. 460 ff.
OLG Hamburg, Beschluss v. 25. Februar 2002 – 1 Verg 1/01 –, NZBau 2002, S. 519 ff.
OLG Hamburg, Beschluss v. 4. November 2002 – 1 Verg 3/02 –, VergabeR 2003, S. 40 ff. = ZfBR 2003, S. 186 ff.

1.3.1.7 Hessen

OLG Frankfurt am Main, Beschluss v. 16. Mai 2000 – 11 Verg 1/99 –, NZBau 2001, S. 101 ff.
OLG Frankfurt am Main, Beschluss v. 10. April 2001 – 11 Verg 1/01 –, VergabeR 2001, S. 299 ff.

1.3.1.8 Mecklenburg-Vorpommern

OLG Rostock, Beschluss v. 29. September 1999 – 17 WVerg 1/99 –, NZBau 2000, S. 479 ff.

1.3.1.9 Niedersachsen

OLG Celle, Beschluss v. 30. April 1999 – 13 Verg 1/99 –, NZBau 2000, S. 105 ff.
OLG Celle, Beschluss v. 23. März 2000 – 13 Verg 1/00 00 –, OLGR Celle 2001, S. 55 ff.
OLG Celle, Beschluss v. 23. Februar 2001 – 13 Verg 3/01 –, VergabeR 2001, S. 252 ff.
OLG Celle, Beschluss v. 4. Mai 2001 – 13 Verg 5/00 –, NZBau 2002, S. 53 f. = VergabeR 2001, S. 325 ff.
OLG Celle, Beschluss v. 8. November 2001 – 13 Verg 9/01 –, VergabeR 2002, S. 154 ff.
OLG Celle, Beschluss v. 8. November 2001 – 13 Verg 12/01 –, VergabeR 2002, S. 176 ff.
OLG Celle, Beschluss v. 16. Januar 2002 – 13 Verg 1/02 –, VergabeR 2002, S. 299 ff.
LG Hannover, Urteil v. 17. April 1997 – 21 O 38/97 (Kart) –, EuZW 1997, S. 638 ff.

1.3.1.10 Nordrhein-Westfalen

OLG Düsseldorf, Urteil v. 5. März 1993 – 22 U 220/92 –, BauR 1993, S. 597 ff.
OLG Düsseldorf, Urteil v. 12. Oktober 1995 – 13 U 134/94 –, NWVBl. 1996, S. 277 ff.
OLG Düsseldorf, Urteil v. 26. September 1997 – 22 U 10-97 –, NJW-RR 1998, S. 454 ff.
OLG Düsseldorf, Urteil v. 13. April 1999 – Verg 1/99 –, ZVgR 1999, S. 61 ff = NJW 2000, S. 145 ff.
OLG Düsseldorf, Beschluss v. 12. Januar 2000 – Verg. 3/99 –, NVwZ 2000, S. 714 ff.
OLG Düsseldorf, Beschluss v. 12. Januar 2000 – Verg 4/99 –, NZBau 2000, S. 391 ff.
OLG Düsseldorf, Beschluss v. 10. Mai 2000 – Verg 5/00 –, NZBau 2000, S. 540 ff.
OLG Düsseldorf, Beschluss v. 15. Juni 2000 – Verg 6/00 –, NZBau 2000, S. 440 ff.
OLG Düsseldorf, Beschluss v. 5. Juli 2000 – Verg 5/99 –, NZBau 2001, S. 106 ff.
OLG Düsseldorf, Beschluss v. 5. Oktober 2000 – Verg 14/00 – (Zwischenentscheidung zu NZBau 2003, S. 60).
OLG Düsseldorf, Beschluss v. 18. Oktober 2000 – Verg 3/00 –, NZBau 2001, S. 155 ff.
OLG Düsseldorf, Beschluss v. 14. Februar 2001 – Verg 13/00 –, VergabeR 2001, S. 210 ff.
OLG Düsseldorf, Beschluss v. 14. Februar 2001 – Verg 14/00 –, NZBau 2003, S. 60.
OLG Düsseldorf, Beschluss v. 14. März 2001 – Verg 30/00 –, VergabeR 2001, S. 226 ff.
OLG Düsseldorf, Beschluss v. 20. Juni 2001 – Verg 3/01 –, NZBau 2001, S. 696 ff. = VergabeR 2001, S. 329 ff.
OLG Düsseldorf, Beschluss v. 16. August 2001 – Verg 28/01 –, VergabeR 2001, S. 429 ff.
OLG Düsseldorf, Beschluss v. 19. Dezember 2001 – Verg 42/01 –, NZBau 2002, S. 287 ff.
OLG Düsseldorf, Beschluss v. 29. Dezember 2001 – Verg 22/01 –, VergabeR 2002, S. 267 ff.
OLG Düsseldorf, Beschluss v. 28. Februar 2002 – Verg 40/01 –, NZBau 2003, S. 173 ff.
OLG Düsseldorf, Beschluss v. 11. März 2002 – Verg 43/01 –, NZBau 2003, S. 55 ff. = VergabeR 2002, S. 404 ff.
OLG Düsseldorf, Beschluss v. 30. April 2003 – Verg 67/02 –.
OLG Düsseldorf, Beschluss v. 8. Mai 2002 – Verg 5/02 –, NZBau 2002, S. 697 ff. = VergabeR 2002, S. 655 ff.
OLG Düsseldorf, Beschluss v. 17. Juni 2002 – Verg 18/02 –, NZBau 2002, S. 626 ff. = VergabeR 2002, S. 471 ff.
OLG Düsseldorf, Beschluss v. 25. Juli 2002 – Verg 33/02 –, VergabeR 2003, S. 105 ff.
OLG Düsseldorf, Beschluss v. 26. Juli 2002 – Verg 22/02 –, VergabeR 2002, S. 607 ff.
OLG Düsseldorf, Beschluss v. 11. April 2003 – Verg 9/03 –.
OLG Hamm, Urteil v. 10. März 1981 – 4 U 247/80 –, DB 1981, S. 885 f.
OLG Hamm, Urteil v. 27. September 1991 – 26 U 31/91 –, NJW-RR 1992, S. 153 ff.
OLG Hamm, Beschluss v. 4. März 1993 – 15 W 295/92 –, NJW-RR 1993, S. 845 ff.
OLG Köln, Urteil v. 20. September 1996 – 19 U 23/96 –, NJWE-MietR 1997, S. 63 ff.

1.3.1.11 Rheinland-Pfalz

OLG Koblenz, Beschluss v. 10. August 2000 – 1 Verg 2/00 –, NZBau 2000, S. 534 ff.
OLG Koblenz, Beschluss v. 15. März 2001 – 1 Verg 1/01 –, BauR 2001, S. 1968 ff. = VergabeR 2002, S. 445 ff.

OLG Koblenz, Beschluss v. 25. März 2002 – 1 Verg 1/02 –, NZBau 2002, S. 526 ff. = VergabeR 2002, S. 384 ff.

OLG Koblenz, Beschluss v. 5. September 2002 – 1 Verg 2/02 –, NZBau 2002, S. 699 ff. = VergabeR 2002, S. 617 ff.

1.3.1.12 Saarland

OLG Saarbrücken, Urteil v. 24. Januar 1999 – 5 Verg 1/99 –, ZVgR 2000, S. 181 ff.

OLG Saarbrücken, Beschluss v. 29. Mai 2002 – 5 Verg 1/01 –, VergabeR 2002, S. 493 ff.

OLG Saarbrücken, Beschluss v. 13. November 2002 – 5 Verg 1/02 –, IBR 2003, S. 42 (red. Leitsatz).

1.3.1.13 Sachsen

OLG Dresden, Urteil v. 27. Juli 1998 – 7 U 443/98 –, NVwZ 1998, S. 1331 ff.

OLG Dresden, Beschluss v. 10. Januar 2000 – WVerg 01/99 –, BauR 2000, S. 1582 f.

OLG Dresden, Beschluss v. 5. Januar 2001 – WVerg 11/00 und 12/00 –, NZBau 2001, S. 459 ff. = VergabeR 2001, S. 41 ff.

OLG Dresden, Beschluss v. 16. Oktober 2001 – WVerg 07/01 –, VergabeR 2002, S. 142 ff.

OLG Dresden, Beschluss v. 9. November 2001 – WVerg 09/01 –, NZBau 2002, S. 351 f. = VergabeR 2002, S. 138 ff.

OLG Dresden, Beschluss v. 6. Juni 2002 – WVerg 5/02 –, VergabeR 2003, S. 64 ff.

OLG Dresden, Urteil v. 11. Juli 2001 – 6 U 254/01 –, SächsVBl. 2002, S. 63 ff.

OLG Dresden, Beschluss v. 23. Juli 2002 – WVerg 7/02 –, WuW 2003, S. 106 ff. = WuW/E Verg I, S. 694 ff. = SächsVBl. 2002, S. 274 ff.

OLG Dresden, Beschluss v. 3. Dezember 2002 – WVerg 15/02 –, NZBau 2003, S. 169 ff. = VergabeR 2003, S. 45 ff.

1.3.1.14 Sachsen-Anhalt

OLG Naumburg, Beschluss v. 27. Dezember 1999 – Verg 4/99 –, ZVgR 2000, S. 68 ff.

OLG Naumburg, Beschluss v. 21. Dezember 2000 – Verg 10/00 –, WuW/E Verg S. 493 ff.

OLG Naumburg, Beschluss v. 7. Mai 2002 – 1 Verg 19/01 –, VergabeR 2002, S. 520 ff.

OLG Naumburg, Beschluss v. 16. September 2002 – 1 Verg 2/02 –, ZfBR 2003, S. 182 ff.

OLG Naumburg, Vorlagebeschluss v. 8. Januar 2003 – 1 Verg 7/02 –, NZBau 2003, S. 224 ff. = VergabeR 2003, S. 196 ff.

1.3.1.15 Schleswig-Holstein

OLG Schleswig, Beschluss v. 6. Juli 1999 – 6 U KArt. 22/99 –, NZBau 2000, S. 100 ff.

OLG Schleswig, Beschluss v. 13. Februar 2001 – 6 Verg 1/01 –, VergabeR 2001, S. 214 ff.

1.3.1.16 Thüringen

Thüringer OLG, Beschluss v. 22. November 2000 – 6 Verg 8/00 –, VergabeR 2001, S. 52 ff.

Thüringer OLG, Beschluss v. 14. November 2001 – 6 Verg 6/01 –, VergabeR 2002, S. 165 ff.

Thüringer OLG, Beschluss v. 5. Dezember 2001 – 6 Verg 3/01 –, VergabeR 2002, S. 160 ff.

Thüringer OLG, Beschluss v. 5. Dezember 2001 – 6 Verg 4/01 –, VergabeR 2002, S. 256 ff.

Thüringer OLG, Beschluss v. 29. Mai 2002 – 6 Verg 2/02 –, NZBau 2002, S. 526 = VergabeR 2002, S. 543 f.

Thüringer OLG, Beschluss v. 30. Mai 2002 – 6 Verg 3/02 –, VergabeR 2002, S. 488 ff.

Thüringer OLG, Beschluss v. 9. September 2002 – 6 Verg 4/02 –, VergabeR 2002, S. 631 ff.

Thüringer OLG, Beschluss v. 24. Februar 2003 – 6 Verg 1/03.

1.3.2 Verfassungsgerichte

BerlVerfGH, Urteil v. 21. Oktober 1999 – VerfGH 42/99 –, NVwZ 2000, S. 794 ff.

BerlVerfGH, Urteil v. 21. März 2003 – VerfGH 6/01 –, Quelle: http://www.berlin.de/SenJust/Gerichte/LVerfGH/presse/archiv/12 000/index.html.

NdsStGH, Urteil v. 10. Juli 1997 – StGH 10/95 –, NVwZ 1998, S. 1288 ff.

RhPfVerfGH, Urteil v. 20. November 1996 – VGH N 3/96 –, NVwZ-RR 1998, S. 145 ff.

RhPfVerfGH, Urteil v. 28. März 2000 – VGH N 12/98 –, NVwZ 2000, S. 801 ff.

1.3.3 Verwaltungsgerichte

OVG Greifswald, Urteil v. 7. November 1996 – 4 K 11/96 –, DVBl. 1997, S. 1072 f.

OVG Greifswald, Urteil v. 25. Februar 1998 – 4 K 8/97 –, NordÖR 1998, S. 256 ff.

VGH Kassel, Beschluss v. 27. April 1999 – 5 N 3909/98 –, NVwZ-RR 2000, S. 243 ff.
OVG Koblenz, Urteil v. 9. Mai 1984 – 2 A 64/83 –, DVBl. 1985, S. 176 f.
OVG Koblenz, Urteil v. 1. Dezember 1994 – 12 A 11 892/92 –, NVwZ-RR 1996, S. 230 ff.
OVG Lüneburg, Urteil v. 11. Juli 1989 – 9 L 39/89 –, NVwZ 1990, S. 91 ff.
OVG Lüneburg, Urteil v. 24. Juni 1998 – 9 L 2722/96 –, NdsVBl. 1998, S. 289 ff.
OVG Lüneburg, Urteil v. 22. Januar 1999 – 9 L 1803/97 –, NVwZ 1999, S. 1128 ff.
VGH München, Urteil v. 2. März 2000 – 4 N 99/68 –, NVwZ-RR 2001, S. 120 ff.
OVG Münster, Urteil v. 26. Februar 1982 – 2 A 1667/79 –, Gemeindehaushalt 1983, S. 113.
OVG Münster, Urteil v. 5. August 1982 – 15 A 1634/81 –, NJW 1983, S. 2517 ff.
OVG Münster, Urteil v. 28. November 1986 – 22 A 1206/81 –, NVwZ 1987, S. 727 ff.
OVG Münster, Urteil v. 23. Mai 1990 – 13 A 1342/88 –, NJW 1991, S. 61 ff.
OVG Münster, Urteil v. 5. August 1994 – 9 A 1248/92 –, NVwZ 1995, S. 1233 ff.
OVG Münster, Teilurteil v. 15. Dezember 1994 – 9 A 2251/93 –, NVwZ 1995, S. 1238 ff.
OVG Münster, Urteil v. 24. Juli 1995 – 9 A 2251/93 –, NVwZ-RR 1996, S. 695 ff.
OVG Schleswig, Urteil v. 24. Juni 1998 – 2 L 113/97 –, NordÖR 1998, S. 314 ff.
VG Düsseldorf, Urteil v. 3. März 1999 – 16 KA 6550/95 –.
VG Frankfurt/Oder, Beschluss v. 23. Februar 2000 – 1 L 826/99 –, AbfallPrax 2000, S. 124 ff.
VG Frankfurt/Oder, Beschluss v. 22. Januar 2001 – 1 L 1250/99 –, LKV 2002, S. 99 ff.
VG Gera, Beschluss v. 5. Februar 2002 – 2 E 38/02 –, ThürVBl. 2002, S. 216 ff.

1.3.4 Finanzgerichte

FG Berlin, Beschluss vom 15. März 2002
FG Brandenburg, Urteil v. 25. Februar 2002, – 1 K 767/00, nrkr.
FG München, Beschluss vom 15. Mai 2000, – 3 V 560/00

1.4 Vergabekammern

1.4.1 Bund

VK Bund, Beschluss v. 7. April 1999 – VK A-19/99 –.
VK Bund, Beschluss v. 29. April 1999 – VK 1 7/99 –, NJW 2000, S. 151 ff.
VK Bund, Beschluss v. 26. Mai 2000 – VK 2-8/00 –.
VK Bund, Beschluss v. 27. Juli 2001 – VK 2-20/01 –.
VK Bund, Beschluss v. 10. Juli 2002 – VK 2-24/02 –.
VK Bund, Beschluss v. 10. Juli 2002 – VK 2-34/02 –.
VK Bund, Beschluss v. 19. Juli 2002 – VK 1-37/02 –.
VK Bund, Beschluss v. 11. September 2002 – VK 2-42/02 –.
VK Bund, Beschluss v. 10. Dezember 2002 – VK 1-93/02 –.
VK Bund, Beschluss v. 12. Dezember 2002 – VK 1-83/02 –.
VK Bund, Beschluss v. 12. Dezember 2002 – VK 2-92/02 –.
VK Bund, Beschluss v. 14. Januar 2003 – VK 1-97/02 –.
VK Bund, Beschluss v. 20. Januar 2003 – VK 1-99/02 –.
VK Bund, Beschluss v. 30. Januar 2003 – VK 1-01/03 –.
VK Bund, Beschluss v. 28. April 2003 – VK 1-19/03 –.

1.4.2 Baden-Württemberg

VK Baden-Württemberg, Beschluss v. 8. November 2000 – 1 VK 23/00 –.
VK Baden-Württemberg, Beschluss v. 19. Dezember 2000 – 1 VK 32/00 –.
VK Baden-Württemberg, Beschluss v. 24. Januar 2001 – 1 VK 34/00 und 1/01 –.
VK Baden-Württemberg, Beschluss v. 20. September 2001 – 1 VK 26/01 –.
VK Baden-Württemberg, Beschluss v. 26. März 2002 – 1 VK 7/02 –.
VK Baden-Württemberg, Beschluss v. 3. Juni 2002 – 1 VK 20/02 –.
VK Baden-Württemberg, Beschluss v. 20. Juni 2002 – 1 VK 27/02 –.
VK Baden-Württemberg, Beschluss v. 30. August 2002 – 1 VK 41/02 –.
VK Baden-Württemberg, Beschluss v. 26. März 2003 – 1 VK 7/02 –.

1.4.3 Bayern

VK Nordbayern, Beschluss v. 15. Februar 2002 – 320.VK-3194 – 02/02 –.
VK Nordbayern, Beschluss v. 14. Januar 2003 – 320.VK-3194 – 46/02 –.

VK Nordbayern, Beschluss v. 23. Januar 2003 – 320.VK-3194 – 47/02 –.
VK Nordbayern, Beschluss v. 6 Februar 2003 – 320.VK-3194 – 01/03 –.
VK Südbayern, Beschluss v. 11. Juli 2001 – 21-06/01 –.
VK Südbayern, Beschluss v. 8. Oktober 2001 – 28-08/01 –.
VK Südbayern, Beschluss v. 23. Oktober 2001 – 32-09/01 –.

1.4.4 Berlin

VK Berlin, Beschluss v. 31. Mai 2000 – VK-B2–15/00 –.

1.4.5 Brandenburg

VK Brandenburg, Beschluss v. 18. Juli 2001 – 1 VK 55/01 –.
VK Brandenburg, Beschluss v. 1. Februar 2002 – 2 VK 119/01 –.
VK Brandenburg, Beschluss v. 12. Februar 2002 – 2 VK 123/01 –.
VK Brandenburg, Beschluss v. 17. Mai 2002 – VK 23/02 –.
VK Brandenburg, Beschluss v. 30. Juli 2002 – VK 38/02 –.
VK Brandenburg, Beschluss v. 17. September 2002 – VK 50/02 –.
VK Brandenburg, Beschluss v. 1. Oktober 2002 – VK 53/02 –.

1.4.6 Bremen

VK Bremen, Beschluss v. 23. August 2001 – VK 1/01 –.
VK Bremen, Beschluss v. 11. November 2002 – 810 VK 4/02 –.

1.4.7 Hessen

VK Hessen, Beschluss v. 12. September 2001 – 69 d VK 30/2001 –.
VK Hessen, Beschluss v. 18. Februar 2002 – 69 d VK 49/2001 –.
VK Hessen, Beschluss v. 3. Februar 2003 – 69 d VK 74/2002 –.

1.4.8 Mecklenburg-Vorpommern

VK Mecklenburg-Vorpommern, Beschluss v. 21. September 1999 – 1 VK 11/99 –.

1.4.9 Niedersachsen

VK Lüneburg, Beschluss v. 10. August 1999 – 203-VgK-6/1999 –, NZBau 2001, S. 51 ff.
VK Lüneburg, Beschluss v. 2. Februar 2000 – 203-VgK-01/2000 –.
VK Lüneburg, Beschluss v. 13. Oktober 2000 – 203-VgK-11/2000 –.
VK Lüneburg, Beschluss v. 13. Juli 2001 – 203-VgK-14/2001 –.
VK Lüneburg, Beschluss v. 14. Januar 2002 – 203-VgK-22/2001 –.
VK Lüneburg, Beschluss v. 15. Januar 2002 – 203-VgK-24/2001 –, NZBau 2002, S. 295 f.
VK Lüneburg Beschluss v. 26. April 2002 – 203-VgK-06/2002 –.
VK Lüneburg Beschluss v. 10. September 2002 – 203-VgK-15/2002 –.
VK Lüneburg Beschluss v. 8. November 2002 – 203-VgK-24/2002 –.
VK Lüneburg, Beschluss v. 21. Januar 2003 – 203-VgK-30/2002 –.

1.4.10 Nordrhein-Westfalen

VK Arnsberg, Beschluss v. 23. August 1999 – VK 11/99 –.
VK Arnsberg, Beschluss v. 22. Oktober 2001 – VK 1-13/2001 –.
VK Düsseldorf, Beschluss v. 7. Juli 2000 – VK-12/2000-L –, NZBau 2001, S. 46 ff.
VK Köln, Beschluss v. 14. Mai 2001 – VK 04/2001 –.
VK Köln, Beschluss v. 11. Dezember 2001 – VK 20/2001 –.
VK Münster, Beschluss v. 9. März 2001 – VK 1/01 bis 8/01 –.
VK Münster, Beschluss v. 22. August 2002 – VK 07/02 –.
VK Münster, Beschluss v. 14. November 2002 – VK 16/02 -.

1.4.11 Rheinland-Pfalz

VK Rheinland-Pfalz, Beschluss v. 30. April 2002 – VK 6/02 –.

1.4.12 Sachsen

VK Sachsen, Beschluss v. 9. März 2000 – 1/SVK/71-00 –.
VK Sachsen, Beschluss v. 14. August 2000 – 1/SVK/71-00 –, AbfallPrax 2000, S. 199 ff.

VK Sachsen, Beschluss v. 26. Juli 2001 – 1/SVK/73-01 –.
VK Sachsen, Beschluss v. 2. August 2001 – 1/SVK/70/01 –.
VK Sachsen, Beschluss v. 2. Oktober 2001 – 1/SVK/88/01 –.
VK Sachsen, Beschluss v. 29. November 2001 – 1/SVK/109-01 –.
VK Sachsen, Beschluss v. 1. Februar 2002 – 1/SVK/131-01 –.
VK Sachsen, Beschluss v. 13. Mai 2002 – 1/SVK/027-02 –.
VK Sachsen, Beschluss v. 5. Juli 2002 – 1/SVK/064-02 –.
VK Sachsen, Beschluss v. 15. August 2002 – 1/SVK/075-02 –, IBR 2002, S. 63 ff.
VK Sachsen, Beschluss v. 13. September 2002 – 1/SVK/082-02 –.
VK Sachsen, Beschluss v. 30. September 2002 – 1/SVK/87-02 –.

1.4.13 Sachsen-Anhalt

VK Halle, Beschluss v. 3. Mai 2002 – VK Hal 03/02 –.
VK Magdeburg, Beschluss v. 6. Juni 2002 – 33-2571/07 VK 05/02 MD –.
VK Magdeburg, Beschluss v. 3. Februar 2003 – 33-32571/07 VK 18/02 MD –.

1.4.14 Thüringen

VK Thüringen, Beschluss v. 20. März 2001 – 216-4003.20-001/01-SHL-S –.
VK Thüringen, Beschluss v. 17. April 2002 – 216-4002.20-008/02-SHL-S –, IBR 2002, S. 499 ff.

1.4.15 Vergabeüberwachungsausschüsse

1.4.15.1 Bund

VÜA Bund, Beschluss v. 13. Dezember 1995 – 1 VÜ 6/95 –, ZfBR 1996, S. 271 ff. = Fischer/Noch, EzEG-VergabeR, III 10 a.
VÜA Bund, Beschluss v. 24. Mai 1996 – 1 VÜ 2/96 –, WuW/E VergAB, S. 79 ff. = Fischer/Noch, EzEG-VergabeR, III 17.
VÜA Bund, Beschluss v. 30. Oktober 1996 – 1 VÜ 19/96 –, WuW/E Veg, S. 55 ff. = Fischer/Noch, EzEG-VergabeR, III 26.
VÜA Bund, Beschluss v. 17. Dezember 1997 – 1 VÜ 23/97 –, Fischer/Noch, EzEG-VergabeR, III 50.
VÜA Bund, Beschluss v. 9. Juni 1998 – 2 VÜ 22/98 –.

1.4.15.2 Baden-Württemberg

VÜA Baden-Württemberg, Beschluss v. 31. August 1998 – 1 VÜ 4/98 –, Fischer/Noch, EzEG-VergabeR, IV 2.13.
VÜA Baden-Württemberg, Beschluss v. 28. Mai 1999 – 1 VÜ 7/99 –.

1.4.15.3 Bayern

VÜA Bayern, Beschluss v. 9. Februar 1996 – VÜA 8/95 –, WuW/E VergAL S. 92 ff. = Fischer/Noch, EzEG-VergabeR, IV 1.6.
VÜA Bayern, Beschluss v. 28. Februar 1997 – VÜA 14/96 –, Fischer/Noch, EzEG-VergabeR, IV 1.15.
VÜA Bayern, Beschluss v. 17. April 1997 – VÜA 20/96 –, Fischer/Noch, EzEG-Vergaberecht, IV 1.17.
VÜA Bayern, Beschluss v. 28. August 1998 – VÜA 16/97 –, ZVgR 1998, S. 584 ff. = Fischer/Noch, EzEG-VergabeR, IV 1.31.
VÜA Bayern, Beschluss v. 22. Juni 1999 – VÜA 31/98 –, Fischer/Noch, EzEG-VergabeR, IV 1.51.
VÜA Bayern, Beschluss v. 9. Februar 1996 – VÜA 8/95 –, WuW/E VergAL S. 92 ff. = Fischer/Noch, EzEG-VergabeR, IV 1.6.
VÜA Bayern, Beschluss v. 28. Februar 1997 – VÜA 14/96 –, Fischer/Noch, EzEG-VergabeR, IV 1.15.
VÜA Bayern, Beschluss v. 17. April 1997 – VÜA 20/96 –, Fischer/Noch, EzEG-Vergaberecht, IV 1.17.
VÜA Bayern, Beschluss v. 28. August 1998 – VÜA 16/97 –, ZVgR 1998, S. 584 ff. = Fischer/Noch, EzEG-VergabeR, IV 1.31.
VÜA Bayern, Beschluss v. 22. Juni 1999 – VÜA 31/98 –, Fischer/Noch, EzEG-VergabeR, IV 1.51.
VÜA Brandenburg, Beschluss v. 9. Mai 1996 – VÜA 3/96 –, WuW/E VergAL, S. 39 ff. = Fischer/Noch, EzEG-VergabeR, IV 4.2.

1.4.15.4 Hessen

VÜA Hessen, Beschluss v. 3. Februar 1997 – VÜ 4/96 –, Fischer/Noch, EzEG-VergabeR, IV 7.4.
VÜA Hessen, Fischer/Noch, EzEG-VergabeR, IV 7.10.

1.4.15.5 Niedersachsen

VÜA Niedersachsen, Beschluss v. 1. September 1997 – Tgb-Nr. 11/97 –, ZVgR 1998, S. 407ff.

1.4.15.6 Rheinland-Pfalz

VÜA Rheinland-Pfalz, Beschluss v. 6. Dezember 1995 – VÜ 3/95 –, Fischer/Noch, EzEG-VergabeR, IV 11.2.
VÜA Rheinland-Pfalz, Beschluss v. 30. März 1999 – VÜ 6/98 –, Fischer/Noch, EzEG-VergabeR, IV 11.8.

2. Verwaltungsvorschriften und sonstige Stellungnahmen der öffentlichen Hand

Arbeitsgruppe „Private Finanzierung Öffentlicher Infrastruktur": Bericht, Schriftenreihe des BMF, (Heft 44) 1991.
Bayerischer Oberster Rechnungshof: Jahresbericht 1994, Auszug Nr. 17 „Privatfinanzierung staatlicher Bauaufgaben".
Bayerischer Oberster Rechnungshof: Jahresbericht 1999, Auszug Nr. 19 „Private Vorfinanzierung staatlicher Baumaßnahmen".
Bayerisches Staatsministerium des Innern: Bekanntmachung vom 28. 1. 1993, AllMBl. 1993, S. 291.
Bayerischen Staatministerien des Innern, der Finanzen und für Landesentwicklung und für Umweltfragen: Gemeinsame Bekanntmachung. Besondere Formen der Zusammenarbeit mit Privaten bei der Erfüllung kommunaler Aufgaben, 20. 3. 2001, AllMBl. Nr. 4/2001, S. 148.
Bayerischen Staatsregierung: Mittelstandsrichtlinien Öffentliches Auftragswesen der Bayerischen Staatsregierung, AllMBl., S. 667.
Bund/Länder-Arbeitsausschusses „Haushaltsrecht und Haushaltssystematik": Ergebnis der Sitzung vom 8./9. Mai 1996 zum Thema „Private Vorfinanzierung öffentlicher Investitionen.
Bundesministerium der Finanzen: Schreiben v. 21. März 1972, BStBl 1972, Teil I, S. 188.
Bundesministerium der Finanzen: Schreiben v. 15. Januar 1976, BStBl 1976, Teil I, S. 66, Rn. 6.
Bundesministerium der Finanzen: Schreiben v. 15. November 1984, BStBl 1984, Teil I, S. 561.
Bundesministerium der Finanzen: Schreiben v. 23. Juli 1986, BStBl 1986, Teil I, S. 433 (Punkt C).
Bundesministerium der Finanzen: Schreiben v. 24. Juni 1987, BStBl 1987, Teil I, S. 474.
Bundesministerium der Finanzen: Schreiben v. 21. Februar 1990, BStBl 1990, Teil I, S. 146.
Bundesministerium der Finanzen: Schreiben v. 23. Dezember 1991, BStBl 1992, Teil I, S. 13.
Bundesministerium der Finanzen: Schreiben v. 16. Dezember 1996, BStBl 1996, Teil I, S. 1442.
Bundesministerium der Finanzen: Schreiben v. 14. November 2000, BStBl 2000, Teil I, S. 1514.
Bundesministerium der Finanzen: Schreiben v. 30. Januar 2003 – IV B7-S7100–13/3 –, in: Umsatzsteuer-Rundschau 03/2003, S. 152.
Bundesministerium der Finanzen: RdSchr. d. BMF v. 31. 8. 1995 – II A 3-H 1005-22/95, GMBl. 1995 S. 764.
Bundesministerium der Finanzen: Schreiben vom 29. Dezember 2003, BStBl, Teil I, S. 742ff.
Bundesministerium für Umwelt, Naturschutz und Reaktorsicherheit: Umweltpolitik, rechtliche und wirtschaftliche Aspekte bei der Einbeziehung privater Dritter in dem Bereich der Abwasserbeseitigung, Bonn 1997.
Bundesministerium für Verkehr, Bau- und Wohnungswesen: Allg. Rundschreiben Straßenbau Nr. 31/ 1997 vom 30. Juni 1997 – StB 12/70.10.00/17 Va 97 I –.
Bundesministerium für Verkehr, Bau- und Wohnungswesen: Gutachten und Erläuterungsbericht zu einem Musterkonzessionsvertrag, einer Mustermautverordndung und Ausschreibungs- und Verdingungsunterlagen nach dem Fernstraßenbauprivatfinanzierungsgesetz, Forschung, Straßenbau und Straßenverkehrstechnik, Heft 822, Bonn 2001.
Bundesrechnungshof: Bemerkungen zur Haushalts- und Wirtschaftsführung 1999, BT-Drs. 14/1667 vom 11. Oktober 1999.
Bundesregierung: Moderner Staat – Moderne Verwaltung. Das Programm der Bundesregierung, 1999.
Deutscher Bundesrat: BR-Drs. 455/00, Beschluss vom 10. November 2000.

Deutscher Bundestag: BT-Drs. 13/9340, S. 18.

Deutscher Bundestag: Entwurf eines Gesetzes zur Beschleunigung der Umsetzung von Öffentlichen Privaten Partnerschaften und zur Verbesserung gesetzlicher Rahmenbedingungen für Öffentlich Privaten Partnerschaften (Drucksache 15/5668), 2005.

Deutscher Vergabe- und Vertragsausschuss (DVA): Papier zu den Möglichkeiten und Grenzen der Zusammenfassung von Fach- und Teillosen bei der Vergabe von Bauleistungen nach der VOB/A, in: NZBau 2000, S. 555 ff.

Europäische Kommission: Das öffentliche Auftragswesen in der Europäischen Union, Mitteilung v. 11. März 1998 – KOM/98/0143 endgültig –, S. 21.

Europäische Kommission: Geänderter Vorschlag der Kommission für eine BLD-RL vom 6. Mai 2002, KOM (2002) 236 endgültig, S. 11.

Europäische Kommission: Guidelines for successful Public Private Partnerships, Brüssel 2003.

Europäische Kommission: Mitteilung der EU-Kommission zu Auslegungsfragen bei Konzessionen, 2000/C 121/02, ABl. EG vom 29. 4. 2001; Entwurf vom 24. 2. 1999, 1999/C 94/04, ABl. EG C 94 vom 7. 4. 1999; vgl. auch ABl. EG 1998/C 21/53–54.

Europäische Kommission: Stellungnahme gem. Art 228 EG-Vertrag gegenüber der Bundesrepublik Deutschland vom 30. Januar 2001, in: Monatsinfo des forum vergaberecht e. V., Heft 2/2001.

Europäische Kommission: Vorschlag für eine Richtlinie des Europäischen Parlaments und des Rates über die Koordinierung der Verfahren zur Vergabe öffentlicher Lieferaufträge, Dienstleistungsaufträge und Bauaufträge, KOM (2000) 275 endgültig, S. 6.

Europäisches Parlament: Legislative Entschließung des Europäischen Parlaments zu dem Gemeinsamen Standpunkt des Rates in Bezug auf den Erlass einer Richtlinie des Parlaments und des Rates zur Koordination der Verfahren für die Vergabe von Bau-, Liefer- und Dienstleistungsaufträgen (vom 2. 7. 2003), 11 029/3/2002 – C 5-0141/2003–2000/0115 (COD).

Europäisches Parlament: Stellungnahme und legislative Entschließung des Europäischen Parlaments vom 17. 1. 2002, Az.: A5/2001/378.

Eurostat: Handbuch zum ESVG 1995. Defizit und Schuldenstand, 2002.

Fraktionen SPD und Bündnis 90/Die Grünen: Entwurf eines Gesetzes zur Beschleunigung der Umsetzung von Öffentlichen Partnerschaften und zur Verbesserung gesetzlicher Rahmenbedingungen für Öffentlich Privaten Partnerschaften – Änderungen des Investmentgesetzes (Umdruck Nr. 1), 2005.

Hessisches Ministerium des Innern und für Landwirtschaft, Forsten und Naturschutz: Erlass zu Leasing-Finanzierungen im kommunalen Bereich, vom 7. Juli 1997, in: Hess StAnz. 1997, S. 2174 f.

Hessisches Ministerium für Umwelt, Energie, Jugend, Familie und Gesundheit: Contracting-Leitfaden für öffentliche Liegenschaften in Hessen, Juli 1998.

ISM Mecklenburg-Vorpommern: Bekanntmachung vom 28. Juni 1993, AmtsBl. Mecklenburg-Vorpommern 1993, S. 1278.

Landesrechnungshof Sachsen-Anhalt: Jahresbericht 1995, S. 117 ff.

Landesrechnungshof Schleswig-Holstein: Bemerkungen 2002, Beitrag Nr. 21 „Privat finanzierte Bauvorhaben".

Ministerium des Innern des Landes Brandenburg: Erlass zum Kreditwesen der Kommunen, vom 17. November 2000 (unveröffentlicht).

Ministerium des Innern des Landes Brandenburg: Runderlass III Nr. 61/1994, vom 30. Dezember 1994 (unveröffentlicht).

Ministerium des Innern des Landes Brandenburg: Runderlass 02/2002 vom 14. Januar 2002.

Ministerium des Innern des Landes Brandenburg: Verwaltungsvorschriften zur Gemeindehaushaltsverordnung Brandenburg, vom 28. Juni 2002, in: Amtsblatt für Brandenburg 2002, S. 718 ff.

Ministerium des Innern des Saarlandes: Erlass zur Kreditwirtschaft der Gemeinden, vom 21. August 1990, Gem. MinBl. Saar., S. 238.

Ministeriums für Städtebau und Wohnen, Kultur und Sport des Landes Nordrhein-Westfalen: Runderlass – III.3 – B 1013 – v. 19. 10. 2002, Ministerialblatt Nr. 57 v. 8. 11. 2002, S. 1148 ff.

Ministerium für Wirtschaft und Verkehr des Landes Niedersachsen: Runderlass v. 15. 11. 1996 – 34.2-32 573-0-7 („Schlüsselfertiges Bauen") –, Ministerialblatt 47/1996, S. 1904.

Ministerium für Wirtschaft, Verkehr, Landwirtschaft und Weinbau Rheinland-Pfalz: Verwaltungsvorschriften v. 21. November 2001, MBl. Nr. 17, S. 475.

Ministry of Finance (der Niederlande): PPP Knowledge Center, in: Public Sector Comparator, Module 4, August 2002, S. 61.

OFD Hamburg: Verfügung vom 15. September 1991, in: UR 1991, S. 327.

Planungsausschuss für den Hochschulbau: 32. Rahmenplan für den Hochschulbau nach dem Hochschulbauförderungsgesetz 2003 – 2006, Allgemeiner Teil und Anhang, v. 20. September 2002.

Präsidentinnen und Präsidenten der Rechnungshöfe des Bundes und der Länder: Leitlinien für die Beurteilung von Immobilien-Leasing vom 8. Mai 1996.

Projektarbeitsgruppe „Public Private Partnerships" der SPD-Bundestagsfraktion: Positionspapier „Öffentlich Private Partnerschaften", dokumente Nr. 4/2002.

Rat der Europäischen Union: Entwurf der Begründung des Rates zum Gemeinsamen Standpunkt des Rates vom 20. 3. 2003, 11 029/3/02 REV 3 ADD 1.

Rat der Europäischen Union: Gemeinsamer Standpunkt des Rates vom 20. 3. 2003 im Hinblick auf den Erlass der Richtlinie des Europäischen Parlaments und des Rates über die Koordinierung der Verfahren zur Vergabe öffentlicher Bauaufträge, Lieferaufträge und Dienstleistungsaufträge, Dok.-Nr.: 11 029/3/02 REV 3.

Rat der Europäischen Union: Richtlinie 89/665/EWG des Rates vom 21. 12. 1989 zur Koordinierung der Rechts- und Verwaltungsvorschriften für die Anwendung der Nachprüfungsverfahren im Rahmen der Vergabe öffentlicher Liefer- und Bauaufträge.

Rechnungshof Baden-Württemberg: Denkschrift des Jahres 2000, Beitrag Nr. 13 „Alternative Ausschreibungs- und Finanzierungsmodelle für Hochbaumaßnahmen".

Rechnungshof Rheinland-Pfalz, Jahresbericht 2000.

Sächsisches Ministerium des Innern: Verwaltungsvorschrift Gliederung und Gruppierung, v. 8. Januar 2002, Sächs.ABl., Sonderdruck 4/2002, v. 18. Februar 2002.

Sächsischer Rechnungshof: Jahresbericht 1996, Beitrag Nr. 12 „Behördenunterbringung".

Sächsisches Staatsministerium der Finanzen und Sächsisches Staatsministerium des Innern: KommInvest-VwV, in: Sächs.ABl. 1997, S. 73 ff.

Senatsverwaltung für Finanzen des Landes Berlin: Ausführungsvorschriften zur Landeshaushaltsordnung (AV LHO) vom 12. November 1997 Staatsbetrieb Sächsisches Immobilien- und Baumanagement: Leitfaden für Wirtschaftlichkeitsuntersuchungen, 2003.

3. Literatur (Buchbeiträge, Aufsätze, Monographien)

Achleitner, Ann-Kristin: Handbuch Investment Banking, Wiesbaden, 1999.

Achterberg, Norbert/Dittmann, Armin/Bethge, Herbert/Battis, Ulrich: Besonderes Verwaltungsrecht, Band II (Kommunal-, Haushalts-, Abgaben-, Ordnungs- Sozial- und Dienstrecht), 2. Auflage, Heidelberg 2000.

Alfen, Hans-Wilhelm/Mayrzedt, Hans/Tegner, Henning: PPP-Lösungen für Deutschlands Autobahnen – Empfehlungen für eine erfolgreiche Umsetzung (http://www.uni-weimar.de/Bauing/bwlbau/seiten/forschun/Studie%20Autobahnen.pdf).

Alvater, Lothar/Hamer, Wolfgang/Ohnesorg, Norbert/Peiseler, Manfred: Bundesperesonalvertretungsgesetz mit Wahlordnung und ergänzenden Vorschriften, 5. Auflage, Frankfurt am Main 2004.

Antweiler, Clemens: Vergaberechtsverstöße und Vertragsnichtigkeit, in: DB 2001, S. 1975 ff.

Antweiler, Clemens, Öffentlich-rechtliche Unterlassungsansprüche gegen kommunale Wirtschaftstätigkeit, NVwZ 2003, 1466.

von Arnim, Hans Herbert: Finanzzuständigkeit, in: Isensee, Josef/Kirchhof, Paul: Handbuch des Staatsrechts, Band IV, 2. Aufl. Heidelberg 1999, § 103.

Arrowsmith, Sue: Public Private Partnerships and the European Procurement Rules: EU Policies in Conflict ?, in: Common Market Law Review, Vol. 37, No. 3, June 2000, S. 709 ff.

Arthur Andersen/Enterprise LSE (2000): Value for Money Drivers in the Private Finance Initiative, 2000

Ax, Thomas/Schneider, Matthias/Nette, Alexander: Handbuch Vergaberecht, VOB Teil A, VOL Teil A, VOF, Rechtsschutz, München 2002.

Axer, Peter: Die Widmung als Grundlage der Nutzung kommunaler öffentlicher Einrichtungen, in: NVwZ 1996, S. 114 ff.

Badura, Peter: Wirtschaftliche Betätigung der Gemeinde zur Erledigung von Angelegenheiten der örtlichen Gemeinschaft im Rahmen der Gesetze, in: DÖV 1998, S. 818 ff.

Battis, Ulrich: Bundesbeamtengesetz, 3. Auflage, München 2004.

Bauer, Hartmut: Privatisierung von Verwaltungsaufgaben, VVDStRL 54 (1995), S. 243 ff.

Baumbach Adolf/Alfred Hueck (Begründer): GmbH-Gesetz, 17. Auflage, 2000, München.

Bayerisches Staatsministerium der Finanzen, Der kommunale Finanzausgleich in Bayern – Die Finanzierung der Bayerischen Gemeinden, Lamdkreise und Bezirke, 2001. Abrufbar unter http://www2.stmf.bayern.de/imperia/md/content/stmf/broschueren/finanzausgleich.pdf.

Bechtold, Rainer: Kartellgesetz – Gesetz gegen Wettbewerbsbeschränkungen: Kommentar, 3. Aufl. München 2002.

Becker, Joachim: Rechtsrahmen für Public Private Partnership – Regelungsbedarf für neue Kooperationsformen zwischen Verwaltung und Privaten?, in: ZRP 2002, S. 303ff.

Benedict, Christoph: Kommentar zu EuGH – *Nord-Pas-de-Clais* – C-225/98 –, in: EWS 2000, S. 514f.

Berger, Axel/Ellrott, Helmut/Förschle, Gerhart/Hense, Burkhard: Beck'scher Bilanzkommentar, 5. Auflage München 2003.

Berger, Matthias: Die Anwendung der Verdingungsordnung bei der Beschaffung von Unternehmensberatungsleistungen, in: NVwZ 2001, S. 730ff.

Beck'scher Bilanzkommentar, herausgegeben von Axel Berger u.a., 5. Auflage, München 2002.

Bergmann, Bettina/Grittmann, Joachim: Keine Nichtigkeit bei de-facto-Vergabe, in: NVwZ 2004, S. 946ff.

Berrisch, Georg/Nehl, Hanns Peter: Novellierung der Vergabeverordnung, in: DB 2001, S. 184ff.

Bing Li/Akintoye, A./Hardcastle, C.: VFM and Risk Allocation Models in Construction PPP Projects, Edinburgh, 2001.

Binus, Karl-Heinz: Leasing im Haushaltsrecht der Kommunen, in: Kroll, Michael: Leasinghandbuch für die öffentliche Hand, 8. Aufl. Lichtenfels 2002, S. 254ff.

Blanke, Thomas/Trümmer, Ralf (Hrsg.): Handbuch Privatisierung. Ein Rechtshandbuch für Personal- wie Betriebsräte und deren Berater, Baden-Baden 1998.

Blanke, Thomas/Sterzel, Dieter: Privatisierungsrecht für Beamte, Baden-Baden 1999.

Blanke, Thomas/Gebhardt, Almar/Heuermann, Marina: Leitfaden Privatisierungsrecht. Praxis der Personalüberleitungs- und Personalgesetellungsverträge für Arbeiter und Angestellte, Baden-Baden 1998.

Blanke, Thomas: Beteiligungsrechte der Personalvertretung bei Privatisierungen, in: PersR 1999, S. 197ff.

Blasius, Hans: Prüfungs- und Erhebungskompetenzen des Bundesrechnungshofs im Länderbereich? – Zugleich ein Beitrag zur Finanzverfassung im Bundesstaat, in: DÖV 1992, S. 18ff.

Blümel, Willi: Verwaltungszuständigkeit, in: Isensee, Josef/Kirchhof, Paul: Handbuch des Staatsrechts, Band IV, 2. Aufl. Heidelberg 1999, § 101.

Böckenförde, Ernst-Wolfgang: Demokratie als Verfassungsprinzip, in: ders., Staat, Verfassung, Demokratie, Frankfurt am Main 1992, S. 289ff.

Boesen, Arnold: Vergaberecht, Kommentar zum 4. Teil des GWB, Köln 2000.

Bolck, Winrich: Personalrechtliche Probleme bei der Ausgliederung von Teilbereichen des öffentlichen Dienstes, in: ZTR 1994, S. 14ff.

Bonk, Heinz: Rechtliche Rahmenbedingungen einer Privatisierung im Strafvollzug, JZ 2000, S. 435ff.

Bordewin, Arno: Leasing im Steuerrecht, Wiesbaden 1989.

Bordewin, Arno: Leasingverträge in der Handels- und Steuerbilanz, NWB Fach 17, S. 1435–1462.

Boruttau, Ernst-Paul: Grunderwerbsteuergesetz, München 2002.

Braun, Eberhard: Insolvenzordnung, München 2002.

Braun, Christian: Neue Tendenzen im Europäischen Vergaberecht – Ein Ausblick, in: NZBau 7/2002 Online-Beilage, S. 2ff.

Brealey, Richard, Myers, Stewart: Principles of Corporate Finance, sixth edition, New York, 2000.

Brenner, Michael: Die Neugestaltung gemeindlicher Einwirkungs- und Kontrollrechte auf privatrechtliche Unternehmen in Thüringen und die kommunale Selbstverwaltungsgarantie, in: LKV 2002, S. 7ff.

Britz, Gabriele: Funktion und Funktionsweise öffentlicher Unternehmen im Wandel: Zu den jüngsten Entwicklungen im Recht der kommunalen Wirtschaftsunternehmen, in: NVwZ 2001, S. 380ff.

Britz, Gabriele: Die Mitwirkung Privater an der Wahrnehmung öffentlicher Aufgaben durch Einrichtungen des öffentlichen Rechts, VerwArch 2000, S. 418ff.

Bröcker, Klaus T.: Grenzen staatlicher Verschuldung im System des Verfassungsstaats, Berlin 1997.

Brüning, Christoph: Der Verwaltungsmittler – eine neue Figur bei der Privatisierung kommunaler Aufgaben, in: NWVBl. 1997, S. 286ff.

Bub-Treier, Wolf-Rüdiger, Handbuch der Wohn- und Geschäftsraummiete, 3. Auflage 1999.

Büchter-Hole, Claudia: Anmerkung zu FG Berlin, Beschluss vom 15. 3. 2002 – 7 B 7047/02, in: EFG 2002, S. 790 f.
Bülow, Peter, Heidelberger Kommentar zum Verbraucherkreditgesetz, 3. Auflage 1998.
Bundesamt für Bauwesen und Raumordnung (Hrsg.), Leitfaden Nachhaltiges Bauen, 2001 (http://www.bmvbw.de/Leitfaden-nachhaltiges-Bauen-.565.htm).
Bundesministerium der Finanzen (2002): Personalkostensätze, Sachkostenpauschalen und Kalkulationszinssätze, Berlin, 2002.
Bundesministerium für Verkehr, Bau und Wohnungswesen, Leitfaden nachhaltiges Bauen, (2001).
Bundesvereinigung Mittelständischer Bauunternehmen e. V.: Private Vorfinanzierung öffentlicher Baumaßnahmen. Ein praxisorientierter Leitfaden, Bonn 1999.
Bund-Länder-Arbeitsausschuss „Haushaltsrecht und Haushaltssystematik“: Ergebnisse der Sitzung des Bund-Länder-Arbeitsausschuss „Haushaltsrecht und Haushaltssystematik“ am 8./9. Mai 1996, Bonn, 1996.
Burgi, Martin: Funktionale Privatisierung und Verwaltungshilfe, Tübingen 1999.
Burgi, Martin: Kommunales Privatisierungsfolgenrecht: Vergabe, Regulierung und Finanzierung, in: NVwZ 2001, S. 601 ff.
Burgi, Martin: Rechtsschutz ohne Vergabeverfahren?, in: NZBau 2003, S. 16 ff.
Büschgen, Hans E.: Praxishandbuch Leasing, 1. Aufl. München 1998.
Byok, Jan: Das neue Vergaberecht, in: NJW 1998, S. 2774 ff.
Byok, Jan: Die Entwicklung des Vergaberechts seit 1999, in: NJW 2001, S. 2295 ff.
Byok, Jan/Jaeger, Wolfgang: Kommentar zum Vergaberecht, Heidelberg 2000.
Cartmell, Bram/Jamieson, Craig, „How is U. K. Private Finance Initiative risk changing?“, http://www.standardandpoors.
Chapman, Chris/Ward, Stephan: Project Risk Management – Processes, Techniques and Insights, Chirester/New York/Brsibane 1997.
Christen, Jörg: Immobilien-Leasing und Steuerrecht, in: Kroll, Michael: Leasinghandbuch für die öffentlichen Hand, 8. Aufl. Lichtenfels 2002, S. 27 ff.
Christen, Jörg: Öffentliche Zuschüsse und Leasing, in: Kroll, Michael: Leasing-Handbuch für die öffentliche Hand, 8. Aufl. Lichtenfels 2002, S. 285 ff.
Christen, Jörg/Utech, Hans: Steuerliche Effekte bei privater Hochbaufinanzierung – Eigenbau, Mietkauf, Leasing und Miete im Vergleich, Berlin 2001, S. 39 f.
Clifford Chance Pünder/Dresdner Bank Kleinwort Wasserstein/Bung/Aviso: Gutachten zur Erarbeitung der Muster eines Konzessionsvertrages und Regelungen für die Ausschreibung/Vergabe von Konzessionen für das Betreibermodell für den mehrstreifigen Autobahnausbau („A-Modell“), 2002.
Cosson, Rainer: Begrenzung kommunaler wirtschaftlicher Betätigung im Bereich der Abfallwirtschaft, DVBl 1999, S. 891 ff.
Cromme, Franz: Das Wirtschaftlichkeitsprinzip bei öffentlichen Gebühren und bei der staatlichen Genehmigung privater Entgelte – Zum Ermessens- und Beurteilungsspielraum und zur gerichtlichen Kontrolldichte im Wirtschaftsverwaltungsrecht –, in: DVBl. 2001, S. 757 ff.
Danckwerts, Rolf Nikolas: Widerlegbarkeit der Befangenheitsvermutung: Hat der Bundesrat bei der Letzten Änderung des § 16 VgV die Lehren aus der „Flughafen Berlin-Schönefeld“-Entscheidung des OLG Brandenburg schon wieder vergessen?, in: NZBau 2001, S. 242 ff.
von Danwitz, Thomas: Vom Verwaltungsprivat- zum Verwaltungsgesellschaftsrecht – Zu Begründung und Reichweite öffentlich-rechtlicher Ingerenzen in der mittelbaren Kommunalverwaltung –, AöR 120 (1995), S. 595 ff.
Darsow, Thomas: Rechtsfragen im Zusammenhang mit der Subventionierung kommunaler Unternehmen, in: LKV 2002, S. 1 ff.
Daub, Walter/Eberstein, Hans Hermann: Kommentar zur VOL/A: Verdingungsordnung für Leistungen, 5. Auflage Düsseldorf 2000.
Däubler, Wolfgang/Kittner, Michael/Klebe, Thomas: Betriebsverfassungsgesetz Kommentar für die Praxis, 9. Auflage, Frankfurt am Main 2004.
David, Hans-Joachim: Wettbewerbsrechtliche Ansprüche gegen Betätigung von Kommunen und deren Gesellschaften, NVwZ 2000, S. 738 ff.
Derleder, Peter: NZM 2003, 737.
Dieckmann, Martin: Nichtigkeit des Vertrages gem. § 13 VgV bei unterlassener Ausschreibung?, in: NZBau 2001, S. 481 ff.

Dietlein, Johannes: Gebietsübergreifende kommunale Abfallentsorgung, NZBau 2003, S. 141 ff.
Dietlein Johannes/Spießhofer, Birgit: Zur Anwendbarkeit des § 13 VgV bei der de-facto-Vergabe öffentlicher Aufträge, in: Vergaberecht 2003, S. 509 ff.
Di Fabio, Udo: Verwaltung und Verwaltungsrecht zwischen gesellschaftlicher Selbstregulierung und staatlicher Steuerung, in: VVDStRL 56 (1997), S. 237 ff.
Dreher, Meinhard: Doppelmandatierung und Doppelmandate im Kartellvergaberecht, in: NZBau 2000, S. 280 ff.
Dreher, Meinrad: Rechtsschutz nach Zuschlag, in: NZBau 2001, S. 244 ff.
Dreher, Meinrad: Public Private Partnerships und Kartellvergaberecht – Gemischtwirtschaftliche Gesellschaften, In-house-Vergabe, Betreibermodell und Beleihung Privater, in: NZBau 2002, S. 245 ff.
Dreher, Meinhard: Rechtsschutz nach Zuschlag, in: NZBau 2001, S. 244 ff.
Dreher, Meinrad: Vergaberechtsschutz unterhalb der Schwellenwerte, in: NZBau 2002, S. 419 ff.
Dreher, Meinrad: Das Inhouse-Geschäft – Offene und neue Rechtsfragen der Anwendbarkeit der In-House-Grundsätze, in NZBau 2004, S. 14 ff.
Dreier, Horst: Grundgesetz Kommentar, Band 1 (Artt. 1–19 GG), 2. Aufl. Tübingen 2004; Band 2 (Artt. 20–82 GG), 1. Auflage 1998; Band 3 (Artt. 83–146 GG), 1. Auflage 2000.
Driehaus, Hans-Joachim: Kommunalabgabenrecht. Berlin, Stand: 27. Ergänzungslieferung September 2002.
Drukarczyk, Joachim, Finanzierung, Stuttgart, 1996.
Ehlers, Dirk: Empfiehlt es sich, das Recht der öffentlichen Unternehmen im Spannungsfeld von öffentlichem Auftrag und Wettbewerb national und gemeinschaftsrechtlich neu zu regeln?, Gutachten E zum 64. DJT, München 2002.
Ehlers, Dirk: Rechtsprobleme der Kommunalwirtschaft, in: DVBl. 1998, S. 497 ff.
Eifert, Martin: Die rechtliche Sicherung öffentlicher Interessen in Public Private Partnerships, in: VerwArch 2002, S. 561 ff.
Eisele, W: Technik des betrieblichen Rechnungswesens – Buchführung – Kostenrechnung – Sonderbilanzen, München, 1980.
Eisenführ, Franz/Weber, Martin: Rationales Entscheiden, Berlin et al, 2003.
Endler, Jan: Privatisierungen und Vergaberecht, in: NZBau 2002, S. 125 ff.
Engel, Johanna: Grundzüge des Immobilienleasing, in: NZM 1998, S. 785 ff.
Engel, Johanna: DStR 2000, 1478.
Erdl, Cornelia, Rechtliche und praktische Fragen zur Informationspflicht des § 13 Vergabeverordnung, in: VergabeR 2001, S. 10 ff. ErfK: Erfurter Kommentar zum Arbeitsrecht, herausgegeben von Thomas Dieterich, Ulrich Preis u. a., 4. Auflage, München 2004.
Erichsen, Hans-Uwe/Ehlers, Dirk (Hrsg.): Allgemeines Verwaltungsrecht, 12. Auflage, Berlin 2002.
Eschenbruch, Klaus/Niebuhr, Frank: Immobilienleasing und öffentliche Vergabe, in: BB 1996, S. 2417 ff.
Eschenbruch, Klaus: Immobilienleasing und neues Vergaberecht, in: Beilage zu BB 2000, S. 8 ff.
Esters Florian: Die GmbH als taugliches Objekt von Konzernfinanzierungen und LBOs nach „Bremer Vulkan" und „KBV"?, in: GmbHR 2004, S. 105 ff.
Europäische Kommission, Grünbuch zu öffentlich-privaten Partnerschaften und den gemeinschaftlichen Rechtsvorschriften für öffentliche Aufträge und Konzessionen vom 30. 4. 2004, KOM(2004) 327.
Europäische Kommission, Generaldirektion Regionalpolitik, Guidelines for Successful Public-Private Partnerships, 2003. Abrufbar unter http://europa.eu.int/comm/regional_policy/sources/docgener/guides/ppp_en.pdf.
European Commission: Guidelines for Successful Public-Private-Partnerships, Brüssel, 2003.
Eurostat, Handbuch zum ESVG 1995: Defizit und Schuldenstand des Staates, 2002.
Eurostat, Pressemitteilung STAT 18/04 vom 18. 2. 2004, http://europa.eu.int/comm/eurostat/Public/datashop/print-product/DE?catalogue=Eurostat&product=2–1 102 2004-DE-AP-DE&type=pdf.
Evans, David/Sezer, Haluk: A time preference measure of the social discount rate für the UK, in: Applied Economics, 2002, S. 1925–1934.
Faber, Angela: Öffentliche Aufträge an kommunalbeherrschte Unternehmen – Inhouse-Geschäfte oder Vergabe im Wettbewerb?, in DVBl 2001, S. 248 ff.
Fabry, Beatrice/Augsten, Ursula: Handbuch Unternehmen der öffentlichen Hand, Baden-Baden 2002.
Fahrholz Bernd: Neue Formen der Unternehmensfinanzierung – Unternehmensübernahmen, Big ticket-Leasing, Asset-Backed- und Projektfinanzierungen, 1998, München.
Falk, Bernd: Fachlexikon Immobilienwirtschaft, 2. Aufl. Köln 2000.

Fietz, Eike H.: Die Auftragsvergabe an Generalübernehmer – ein Tabu?, in: NZBau 2003, S. 426 ff.
Finnerty John D.: Project Financing – Asset-based Financial Engineering, 1996, New York.
Fitting, Karl/Engels, Gerd/Schmidt, Ingrid/Trebinger, Yvonne/Linsenmaier, Wolfgang: Betriebsverfassungsrecht mit Wahlordnung, 22. Auflage, München 2004.
Fischer, Georg/Noch, Rainer/Münkemüller, Uwe: Entscheidungssammlung zum deutschen und europäischen Vergaberecht: Vorgängersammlung, in: Fischer, Georg: Entscheidungssammlung Europäisches Vergaberecht 1996–2002 (EzEG), Köln 2002.
Fischer, Katrin: Canadian Embassy Berlin, in: Karriereführer vom 4. 11. 2002.
Fleischer, Holger: Covenants und Kapitalersatz, in: ZIP 1998, 313 ff.
Fox, Jason/Tott, Nicholas: The PFI Handbook, Bristol 1999.
Frohner, Siegfried: Das Übergangsmandat des Personalrats und die Weitergeltung von Dienstvereinbarungen bei der Privatisierung öffentlicher Einrichtungen, insbesondere im kommunalen Bereich, PersV 1995, S. 99 ff.
Gern, Alfons: Deutsches Kommunalrecht, 8. Auflage, Baden-Baden 2001.
Gern, Alfons: Wirtschaftliche Betätigung der Gemeinden außerhalb des Gemeindegebiets, in: NJW 2002, S. 2593 ff.
Gersdorf, Hubertus: Der Staat als Telekommunikationsunternehmer, AfP 1998, S. 470 ff.
Gesterkamp, Stefan, Das Schriftformerfordernis des § 13 VgV, in: NZBau 2002, S. 481 ff.
Gnittke, Katja/Siederer, Wolfgang: Ausschreibungspflichten im Zusammenhang mit gemischtwirtschaftlichen Entsorgungsunternehmen, in: ZVgR 2000, S. 236 ff.
Gondert, Heinz-Günter/Gach, Bernt/Biagosch, Patrick/Jacob, Ulrich: Immobilienleasing, in: Usinger, Wolfgang: Immobilien – Recht und Steuern, 1. Aufl. Köln 1996, S. 641 ff.
Gooch, Anthony C./Klein, Linda B.: Documentation for Loans, Assignments and Participations, 3. Auflage, 1996, zit.: Loan Documentation.
Goroncy, Robert: Das Zusammenwirken von Bund und Ländern bei den Gemeinschaftsaufgaben nach Artikel 91 b des Grundgesetzes – Zugleich ein Beitrag zu Artikel 91 a GG, in: DVBl. 1970, S. 310 ff.
Götze, Uwe/Bloech, Jürgen: Investitionsrechnung – Modelle und Analysen zur Beurteilung von Investitionsentscheidungen, Berlin et al, 2002.
Graf von Westphalen, Friedrich: Der Leasingvertrag, 5. Aufl. Köln 1998.
Gramm, Christof: Privatisierung und notwendige Staatsaufgaben, Berlin 2001.
Grob, Heinz Lothar: Einführung in die Investitionsrechnung, 2001.
Gröning, Jochem, Spielräume für die Auftraggeber bei der Wertung von Angeboten, NZBau 2003, S. 86 ff.
Gröning, Jochem: Public Private Partnerships bei Dienstleistungskonzessionen – Vergaberechtliche Konsequenzen aus dem „Teleaustria“-Urteil des EuGH, in: NZBau 2001, S. 123 ff.
Gröning, Jochem: Begriff der Dienstleistungskonzession, Rechtsschutz und Rechtsweg, in: Vergaberecht 2002, S. 24 ff.
Gröning, Jochem: Die Grundlagen des neuen Vergaberechtsschutzes, in: ZIP 1999, S. 52 ff.
Gröpl, Christoph: Das Haushaltsrechts-Fortentwicklungsgesetz, in: NVwZ 1998, S. 1251 ff.
Gröpl, Christoph: Haushaltsrecht und Reform, Tübingen 2001.
Gröpl, Christoph: Neue Wege zur Verwaltung staatlichen Vermögens?, in: DStZ 1999, S. 113 ff.
Groth, Andy: Sinn und Unsinn kommunalaufsichtsrechtlicher Genehmigungsvorbehalte am Beispiel der Vorschrift des § 105 IV SachsAnhGO, in: LKV 2002, S. 460 ff.
Grünwald, Ulrich/Pogodda, Annette: Steuerbefreiungen, in: UR 2003, S. 189 ff.
Grünwald, Ulrich/Pogodda, Annette: Sale and lease back – ein umsatzsteuerliches Problem?, in: UR 2001, S. 140 ff.
Grupp, Klaus: Haushaltsrecht, in: Achterberg, Norbert/Püttner, Günter/Würtenberger, Thomas: Besonderes Verwaltungsrecht, Band 2, 2. Aufl. Heidelberg 2000, S. 153 ff.
Grupp, Klaus: Privatfinanzierung von Verkehrsprojekten, in: DVBl. 1994, S. 140 ff.
Grupp, Klaus: Wirtschaftlichkeit im schlanken Staat, Saarbrücker Bibliothek, http://www.jura.uni-sb.de/projekte/Bibliothek.
Grziwotz, Herbert, Public Private Partnership – gemischtwirtschaftliche Unternehmen zur Baulanderschließung?, NZG 1999, S. 55 ff.
Gundlach, Ulf: Das Gesetz zur Änderung kommunalwirtschaftlicher Vorschriften der Gemeindeordnung Sachsen-Anhalt, in: LKV 2001, S. 354 ff.
Gusy, Christoph: Privatisierung und parlamentarische Kontrolle, ZRP 198, S. 265 ff.

Hadding Walter, in: Schimansky Herbert (Hrsg.), Bankrechts-Handbuch, Band II, 2. Auflage, 2001, München, zit. Bankrechts-Handbuch, Band II.

von Hagenmeister Adrian/Bültmann Michael: Konflikte von Sicherungsinstrumenten und Eigenkapitalersatz bei Projektfinanzierung durch Banken, WM 1997, 549 ff.

Hart, Jon: Change and Management of Change, in: European Construction Institute (ECI): Public Private Partnerships – A Review of Key Issues, Loughborough 2003.

Haug, Volker: Funktionsvorbehalt und Berufsbeamtentum als Privatisierungsschranken, NVwZ 1999, S. 816 ff.

Hausmann, Friedrich Ludwig: Public Private Partnerships and the Award of Concessions, in: Public Procurement Law Review 1999, No. 6, S. 269 ff.

Hausmann, Friedrich Ludwig/Greb, Klaus: Anmerkung zum Beschluss des OLG Düsseldorf vom 15. 10. 2003 – VII Verg 50/03, in: Vergaberecht 2004, S. 67 ff.

Hausmann, Friedrich Ludwig/Wendenburg, Albrecht: Vergabeausschluss von Generalübernehmern rechtswidrig, in: NZBau 2004, S. 315 ff.

Hebborn, Klaus: Schaffung einer Schulpauschale, Eildienst Städtetag NRW, Heft 12/2001 (zitiert nach www.staedtetag-nrw.de).

Heiermann, Wolfgang: Handkommentar zur VOB: Teile A und B Rechtsschutz im Vergabeverfahren, 10. Aufl. Wiesbaden 2003.

Heiermann, Wolfgang/Riedl, Richard/Rusam, Martin: Handkommentar zur VOB Teile A und B, 9. Auflage Wiesbaden 2000.

Heiermann, Wolfgang/Ax, Thomas: Rechtsschutz bei der Vergabe öffentlicher Aufträge: Ein Leitfaden für die Praxis, Wiesbaden 1997.

Heiermann, Wolfgang: Die Parallelausschreibung im Vergaberecht, in: Bürgmann, Klaus/Oppler, Peter Michael/Wenner, Christian (Hrsg.): Festschrift für Walter Jagenburg, München 2002, S. 265.

Hennecke, Hans-Günter: Öffentliches Finanzwesen Finanzverfassung, Heidelberg 2000.

Hertwig, Stefan: Ist der Zuschlag ohne Vergabeverfahren nichtig?, in: NZBau 2001, S. 241 f.

Hertwig, Stefan: Praxis der öffentlichen Auftragsvergabe (VOB/VOL/VOF), 2. Aufl., München 2001.

Heuer, Ernst: Kommentar zum Haushaltsrecht, Neuwied, Loseblatt, Stand: September 2002.

Heun, Werner: Staatsverschuldung und Grundgesetz, in: Die Verwaltung 1985, S. 1 ff.

Heuvels, Klaus/Kaiser, Christoph: Die Nichtigkeit des Zuschlags ohne Vergabeverfahren, in: NZBau 2001, 479 ff.

HM Treasury: PFI – Meeting the Investment Challenge, 2003 (http://www.hm-treasury.gov.uk/media//648B2/PFI_604.pdf).

HM Treasury: The Green Book, London, 2003.

HM Treasury, Credit Guarantee Finance Technical Note 1 and Draft Documentation, London, 2004, http://www.hm-treasury.gov.uk/documents/public_private_ partnerships/ppp_index.cfm

Hoffman Scott L., The Law and Business of International Project Finance, 1998, The Hague.

Höfler, Heiko/Bert, Birgit: Rechtsfragen der Vergabe von Versicherungsdienstleistungen, in: NVersZ 2001, S. 197 ff.

Höfling, Wolfram: Staatsschuldenrecht, Heidelberg 1993.

Höfling, Wolfram: Private Vorfinanzierung öffentlicher Verkehrsinfrastrukturprojekte – ein staatsschuldenrechtliches Problem?, in: DÖV 1995, S. 141 ff.

Hofmann, Ruth/Hofmann, Gerda: Grunderwerbssteuergesetz – Kommentar, 8. Auflage, Herne/Berlin 2004.

Hofmann, Ruth/Hofmann, Gerda: Grunderwerbsteuergesetz – Kommentar, 7. Aufl., Berlin 2001.

Hölzl, Josef/Hien, Eckart: GO mit LKO und BezirksO für den Freistaat Bayern, Kommentar, Stand: 16. Erg-Lief, München 1984.

Hölzl, Josef: Diskussionsforum: § 16 VgV, lex nuda?, in: Vergaberecht 2002, S. 676 ff.

Hoppe, Werner/Uechtritz, Michael: Handbuch Kommunale Unternehmen, Köln 2004.

Horn, Lutz: Public/Private Partnerships im Immobilienbereich aus vergaberechtlicher Sicht, in: LKV 1996, S. 81 ff.

Horn, Kai-Uwe: Leitfaden „Wirtschaftlichkeitsvergleich“, herausgegeben von der PPP-Task-Force NRW (http://www.ppp.nrw.de/publikationen/b_wirtschaftlichkeitsvergleich.pdf)

Horn, Lutz: Die neue Vergabeverordnung, in LKV 2001, S. 241 ff.

Hüffer, Uwe: Aktiengesetz, 6. Auflage, München 2004.

IDW: IDW Standard – Grundsätze zur Durchführung von Unternehmensbewertungen (IDW S 1), in: Die Wirtschaftsprüfung, 2000, S. 825 ff.

Immenga, Ulrich/Mestmäcker, Ernst-Joachim: Gesetz gegen Wettbewerbsbeschränkungen, GWB-, 3. Aufl. München 2001.

Ingenstau, Heinz/Korbion, Hermann: VOB-Kommentar, 14. Aufl. Düsseldorf 2000.

Ingenstau, Heinz/Korbion, Hermann: VOB Verdingungsordnung für Bauleistungen, Teile A und B – Kommentar, 14. Aufl. Düsseldorf 2001.

Institution of Civil Engineers and the Faculty and Institute of Actuaries: Risk Analysis and Management for Projects, London 1998.

Ipsen, Hans Peter: Subventionen, in: Isensee, Josef/Kirchhof, Paul: Handbuch des Staatsrechts, Band IV, 2. Aufl. Heidelberg 1999, § 92.

Isensee, Josef/Kirchhof, Paul: Handbuch des Staatsrechts, Band I (Grundlagen von Staat und Verfassung), 2. Auflage, Heidelberg 2003; Band III (Das Handeln des Staates), 2. Auflage Heidelberg 1996; Band IV (Finanzverfassung – Bundesstaatliche Ordnung) 2. Aufl. Heidelberg 1999.

Jachmann, Monika/Strauß, Thomas: Berufsbeamtentum, Funktionsvorbehalt und der „Kaperbrief für den Landeinsatz", ZBR 1999, S. 289 ff.

Jacob, Dieter/Kochendörfer, Bernd: Private Finanzierung öffentlicher Bauinvestitionen – ein EU-Vergleich, Berlin 2000.

Jaeger, Wolfgang: Die Rechtsprechung der OLG Vergabesenate im Jahre 2000, Teil 3: Einzelfragen zu materiell-rechtlichen Vergabevorschriften, in: NZBau 2001, 427.

Jaeger, Wolfgang: Public Private Partnership und Vergaberecht, in: NZBau 2001, S. 6 ff.

Jaeger, Wolfgang: Verträge kommunaler Körperschaften sowie ihrer eigenen und gemischt-wirtschaftlichen Gesellschaften über Energiebezug und Kartellvergaberecht, in: Büdenbender, Ulrich/Kühne, Gunther (Hrsg.): Das neue Energierecht in der Bewährung – Festschrift für Jürgen Baur, 2002, S. 455 ff.

Jahndorf, Christian: Alternative Finanzierungsformen des Staates – Leasingmodelle, Liegenschaftsmodelle, Parklösungen: Verwaltungsschulden, Veräußerungserlöse oder Krediteinnahmen? Zur Auslegung des Kreditbegriffs i. S. Art. 115 I GG, in: NVwZ 2001, S. 620 ff.

Jarass, Hans/Pieroth, Bodo: Grundgesetz für die Bundesrepublik Deutschland, Kommentar, 7. Auflage, München 2004.

Jäschke, Dirk-Markus: Kommunale Leasing- und Betreibermodelle, Verfahren, kommunal- und zuwendungsrechtliche Beurteilung in Sachsen, in: Finanzwirtschaft 1997, S. 81 ff.

Jasper, Ute: Auch für Vertragsänderungen kann das Vergaberecht gelten, in: FAZ vom 14. Februar 2001, S. 30.

Jessen, Stephanie: Die Privatisierung der Abwasserbeseitigung aus gebührenrechtlicher Sicht, Berlin 2001.

Jestaedt, Thomas/Kemper, Klaus/Marx, Fridhelm/Prieß, Hans-Joachim: Das Recht der Auftragsvergabe: Auftraggeber ausschreibungspflichtige Aufträge Vergabeverfahren Sektoren Rechtsschutz, Neuwied 1999.

Jünger, Heiko/Walter, Jochen: Finanzierungsformen bei kommunalen Investitionen, Köln 1987.

Kaiser, Christoph: Die Zulässigkeit von Parallelausschreibungen, in: NZBau 2002, S. 553 ff.

Kämmerer, Jörn Axel: Daseinsvorsorge als Gemeinschaftsziel oder: Europas „soziales Gewissen", in: NVwZ 2002, S. 1041 ff.

Kämmerer, Jörn Axel: Verfassungsstaat auf Diät?, JZ 1996, S. 1042 ff.

Kämmerer, Jörn Axel: Privatisierung – Typologie – Determinanten – Rechtspraxis – Folgen, Tübingen 2001.

Kapellmann, Klaus D./Schiffers, Karl-Heinz: Vergütung, Nachträge und Behinderungsfolgen beim Bauvertrag, Band 2, 3. Aufl. Düsseldorf 2000.

Kapellmann, Klaus: Zeitliche und geldliche Folgen eines nach Verlängerung der Bindefrist erteilten Zuschlags, NZBau 2003, S. 1 ff.

Kästle Martina, Rechtsfragen der Verwendung von Covenants in Kreditverträgen, 2003, Berlin.

Kathke, Leonhard: Versetzung, Umsetzung, Abordnung und Zuweisung – Mobilität und Flexibilität im Beamtenverhältnis, in: ZBR 1999, S. 325 ff.

Kempke, Jürgen: Immobilien-Leasing im Umsatzsteuerrecht, in: BB 1986, S. 641 ff.

Kilian, Michael: Nebenhaushalte des Bundes, Berlin 1993.

Kirchhof, Ferdinand: Abgabenrecht, in: Achterberg, Norbert/Püttner, Günter/Würtenberger, Thomas: Besonderes Verwaltungsrecht, Band 2, 2. Aufl. Heidelberg 2000, S. 253 ff.

Kirchmer, Manfred: Fortentwicklung des Gemeindewirtschaftsrechts in Sachsen-Anhalt, in: LKV 1999, S. 446 ff.

Kleiber, Wolfgang: Verkehrswertermittlung von Grundstücken, Kommentar, 3. Aufl. 1998.

Klein, Franz: Öffentliches Finanzrecht, 2. Aufl. Neuwied 1993.

Kleinhenz, Bernhardine: Informationspflicht des Auftraggebers vor Zuschlagerteilung im Vergabeverfahren – § 13 Vergabeverordnung –, in: ZfBR 2001, S. 75 ff.

Kling, Michael: Vorbeugender Rechtsschutz im Kartellvergaberecht? – Ein Überblick über die jüngere Rechtsprechung und Spruchpraxis der Vergabesenate und Vergabekammern zur Frage des Primärrechtsschutzes der Bieter im Nachprüfungsverfahren, in: NZBau 2003, S. 23 ff.

Knemeyer, Franz-Ludwig/Kempen, Bernhard: Kommunales Wirtschaftsrecht, in: Achterberg, Norbert/Püttner, Günter/Würtenberger, Thomas: Besonderes Verwaltungsrecht, Band 2, 2. Aufl. Heidelberg 2000, S. 54 ff.

von Köckritz, Sieghardt/Ermisch, Günther/Dittrich, Norbert/Lamm, Christel: Bundeshaushaltsordnung, Kommentar, München, Loseblatt Stand: Januar 2002.

Kodal Kurt/Krämer Helmut, Strassenrecht, 1999, München.

Koenig, Christian/Kühling, Jürgen: EG-beihilferechtliche Beurteilung mitgliedstaatlicher Infrastrukturförderung im Zeichen zunehmender Privatisierung, in: DÖV 2001, S. 881 ff.

Koenig, Christian/Kühling, Jürgen: Infrastrukturförderung im Ausschreibungsverfahren – EG-beihilferechtlicher Königsweg der Kompensation von gemeinwirtschaftlichen Pflichten, in: DVBl. 2003, S. 289 ff.

Köndgen, Johannes: Financial Covenants – „Symbiotische" Finanzierungsverträge im Spannungsfeld von Vertrags-, Gesellschafts- und Insolvenzrecht, in: Insolvenzrecht (RWS-Forum 9), 1997, Köln.

Kopp, Ferdinand O./Ramsauer, Ulrich: Kommentar zum Verwaltungsverfahrensgesetz, 7. Aufl. München 2000.

Kort, Michael, Nachträgliche Stundung und Vereinbarungsdarlehen im Bürgerlichen Recht und Kreditwesengesetz, WM 1989, S. 1833 ff.

Kotulla, Michael: Rechtsfragen im Zusammenhang mit der vorübergehenden Zuweisung eines Beamten nach § 123 a BRRG. ZBR. 1995 S. 168 ff.

Krämer, Erwin/Schmidt, Jürgen: Zuwendungsrecht Zuwendungspraxis, Kommentar zu den zuwendungsbezogenen haushaltsrechtlichen Vorschriften des Bundes und der Länder, Loseblatt Stand September 2002.

Kratzer, Jost/Kreuzmair, Benno: Leasing in Theorie und Praxis, 2. Aufl. Wiesbaden 2002.

Kratzenberg, Rüdiger: Die Neufassung der Vergabeverordnung, in: NZBau 2001, S. 119 ff.

Kratzenberg, Rüdiger: Bericht der Arbeitsgruppe zur Verschlankung des Vergaberechts, in: NZBau 2004, S. 141 ff.

Krist, Matthias: Anmerkung zu EuGH, Rs. 57/01 v. 23. 1. 2003, in: VergabeR 2003, S. 162 ff.

Krohn, Wolfram, Öffentliche Auftragsvergabe und Umweltschutz, Köln u. a. 2003.

Krölls, Albert: Rechtliche Grenzen der Privatisierungspolitik, GewArch 1995, S. 129 ff.

Kroll, Michael: Leasing-Handbuch für die öffentliche Hand, 9. Auflage, Lichtenfels 2003.

Kruschwitz, Lutz: Investitionsrechnung, München, 1998.

Kruschwitz, Lutz: Risikoabschläge, Risikozuschläge und Risikoprämien in der Unternehmensbewertung, in: Der Betrieb 2001, S. 2409 ff.

Krutisch, Dominic: Materielle Privatisierung – Wann unterliegen Veräußerungen von Geschäftsanteilen dem Vergaberecht?, in: NZBau 2003, S. 650 ff.

Kübler, Bruno/Prütting, Hanns: Kommentar zur Insolvenzordnung, Köln 2003.

Kühling, Jürgen: Verfassungs- und kommunalrechtliche Probleme grenzüberschreitender Wirtschaftsbetätigung der Gemeinden, in: NJW 2001, S. 177 ff.

Kumanoff, Anton/Schwarzkopf, Anett/Fröse, Armin: Die Verwaltungshilfe als Variante der Hoheitsverwaltung durch die Gemeinde, in: SächsVBl. 1997, S. 73 ff.

Kus, Alexander: Primärrechtsschutz bei der Aufhebung eines Vergabeverfahrens, in: NVwZ 2003, 1083 ff.

Kus, Horst: Verdingungsordnung für Bauleistungen (VOB) Teile A und B – Kommentar, 3. Aufl. München 2002.

Lampe-Helbig, Gudrun/Wörmann, Klaus: Handbuch der Bauvergabe, 2. Aufl. München 1995.

Lange, Meik, Privatisierungspotentiale im Strafvollzug, DÖV 2001, S. 898 ff.

Larek, Emil/Steins, Ulrich: Leasing, Factoring und Fortfaitierung als Finanzierungssurrogate, Köln 1999.

Laudenklos, Frank/Pegatzy, Claus, US-Leasingfinanzierungen – innovative Finanzierungsformen oder zweifelhafte Geschäfte?, NVwZ 2002, 1299, 1303.

Lecheler, Helmut: Der Verpflichtungsgehalt des Art. 87 I 1 GG – Fessel oder Richtschnur für die bundesunmittelbare Verwaltung?, NVwZ 1989, S. 834 ff.

Lee, Won-Won: Privatisierung als Rechtsproblem, Köln, Berlin, Bonn, München 1997.

Lehnguth, Gerold: Die Entwicklung des Funktionsvorbehalts nach Artikel 33 Abs. 4 GG und sein Bedeutung in der heutigen Zeit, ZBR 1991, S. 266 ff. Lichtenberg, Peter/Burckhardt, Jürgen/Elchlepp, Dietrich: Gemeinschaftsaufgabe Hochschulbau, Erläuterungen und Materialien zum Hochschulbauförderungsgesetz sowie Entwicklungen im Hochschulbaubereich, 1971.

Liebgott, Wendelin: Sale and lease back – (nicht nur) ein umsatzsteuerliches Problem?, in: UR 2003, S. 114 ff.

Locher, Horst/Koeble, Wolfgang: Baubetreuungs- und Bauträgerrecht, 4. Aufl. Düsseldorf 1985.

Lock, Dennis: Projektmanagement: Projektplanung, Projektfinanzierung, Projektcontrolling, Computersysteme, Netzplantechnik, Notfallmodifizierung, Verträge, Fallstudien, Wien, 1997.

Lotz, Burkard: Der Konsortialvertrag des Anlagenbaus im In- und Ausland, in: ZfBR 1996, S. 233 ff.

Löwisch, Manfred/Schmidt-Kessel: Die gesetzliche Regelung von Übergangsmandat und Restmandat nach dem Betriebsverfassungsreformgesetz, in BB 2001, S. 2162 ff.

Mader, Oliver: Entwicklungslinien in der neueren EuGH-Rechtsprechung zum materiellen Recht im öffentlichen Auftragswesen, in: EuZW 1999, S. 331 ff.

Mankiw, Nicholas Gregory, Makroökonomik, Stuttgart, 1998.

Maier, Walter/Schmitt, Jürgen: Bürgerliches Recht und Steuerrecht, Stuttgart 2001.

Meininger, Frank: Vergaberecht – Relevanz für öffentliche Unternehmen, in: Fabry/Augsten (Hrsg.), Handbuch Unternehmen der öffentlichen Hand, Baden-Baden 2002, S. 501 ff.

Malotki, Anja: Ausschluss von Angeboten einer nach Angebotsaufforderung geschlossenen Bietergemeinschaft bei beschränkter Ausschreibung, in: BauR 1997, S. 564 ff.

von Mangoldt, Hermann/Klein, Friedrich/Starck, Christian: Das Bonner Grundgesetz, Kommentar, Band I (Artt. 1–19 GG), 4. Aufl. München 1999; Band II (Artt. 20–78 GG), 4. Aufl., München 2000; Band III (Artt. 79–146 GG), 4. Aufl., München 2001.

Mann, Thomas: Öffentliche Unternehmen im Spannungsfeld von öffentlichem Auftrag und Wettbewerb, in: JZ 2002, S. 819 ff.

Marx, Friedhelm: Verlängerung bestehender Verträge und Vergaberecht, in: NZBau 2002, S. 311 ff.

Masing, Tobias: Die Beteiligung Privater an kommunalen Gesellschaften und das öffentliche Vergaberecht, in: ZfBR 2002, S. 450 ff.

Maunz, Theodor/Dürig, Günter: Grundgesetz Kommentar, München, Loseblattsammlung, Stand: Februar 2003.

Maurer, Hartmut: Allgemeines Verwaltungsrecht, 14. Aufl. München 2002.

Mayen, Thomas: Privatisierung öffentlicher Aufgaben: Rechtliche Grenzen und rechtliche Möglichkeiten, in: DÖV 2001, S. 110 ff.

Maier-Reimer, Georg: Kreditsicherung und Kapitalersatz in der GmbH, in: Festschrift für Heinz Rowedder zum 75. Geburtstag (Hrsg.: Pfeiffer, Gerd), 1994, S. 245 ff., zit.: FS Rowedder.

Mannsfeldt, Ulrich: Project Finance in Germany – A special report, in: International Business Lawyer, Special Supplement March 1998, 26 ff.

Mehde, Veith: Ausübung von Staatsgewalt und Public Private Partnership, VerwArch 2000, S. 540 ff.

Meier, Achim: Primärrechtsschutz bei der Aufhebung einer Ausschreibung? – Rechtsentwicklung nach der EuGH-Entscheidung vom 18. 6. 2002, in: NZBau 2003, S. 137 ff.

Menner, Stefan/Broer, Frank: Die umsatzsteuerliche Mehrmütter-Organschaft – Auswirkungen der Rechtsprechungsänderung zur Gewerbesteuer auf die Umsatzsteuer, in: Umsatzsteuerberater 8/2000, S. 241 ff.

Merna, Anthony/Lamb, Douglas: The Guide to Value and Risk Management in PPP-Projects, London 2003.

Meyer, Hubert: Wettbewerbsrecht und wirtschaftliche Betätigung der Kommunen, in: NVwZ 2002, S. 1075 ff.

Mills, Stephen: Project Financing of Oil and Gas Field Developments: Balancing the Interests of Investors and Lenders, in: Journal of International Banking Law 1996, 24 ff.

Motzke, Gerd/Pietzcker, Jost/Prieß, Hans-Joachim: Beck'scher VOB-Kommentar – Verdingungsordnung für Bauleistungen Teil A, 1. Aufl. München 2001.

Moxter, Adolf: Selbstständige Bewertbarkeit als Aktivierungsvoraussetzung, in: BB 1987, S. 1850 ff.

Müller Oliver: Mezzanine Finance – Neue Perspektiven der Unternehmensfinanzierung, 2003, Bern.

Müller, Welf: Der Gesellschafter, in: Beck'sches Handbuch der Personengesellschaften, 2. Aufl. München 2002, S. 275 ff.
Müller-Serten, Annette: Gemeindewirtschafts- und Vergaberecht, in: NZBau 2000, S. 311 ff.
Müller-Wrede, Malte: Verdingungsordnungen für Leistungen, VOL/A, Kommentar, Köln 2001.
Müller-Wrede, Malte/Kaelble, Hendrik: Primärrechtsschutz, Vorabinformation und die Rechtsfolgen einer De-facto-Vergabe, in: VergabeR 2002, S. 1 ff.
von Münch, Ingo/Kunig, Philip: Kommentar zum Grundgesetz, Band III, 3. Aufl. München 1996.
MünchArb: Münchener Handbuch zum Arbeitsrecht, herausgegeben von Reinhard Richardi und Otfried Wlotzke, 2. Auflage, München 2000.
MünchKomm: Münchener Kommentar zum Bürgerlichen Gesetzbuch, 4. Auflage, München 2001.
Müskens, Egon: Zuwendungsrecht des Freistaats Sachsen I, in: Finanzwirtschaft 1998, S. 133 ff., 149 ff. (Fortsetzung).
Müskens, Egon: Das Zuwendungsrecht des Landes Nordrhein-Westfalen, in: Der Gemeindehaushalt 1999, S. 73 ff.
von Mutius, Albert/Groth, Andy: Amtshaftung bei fehlerhafter kommunalaufsichtsbehördlicher Genehmigung privatrechtlicher Rechtsgeschäfte, in: NJW 2003, S. 1278 ff.
National Audit Office (NAO): Ministry of Defence, Redevelopment of MOD Main Building, 2002.
National Audit Office (NAO): PFI Refinancing Update, 2002.
National Audit Office: The operation Performance of PFI Prisons, London (2003).
Neumann Dieter/Müller Hermann: Privat- und Benutzerfinanzierung der Bundesfernstraßen, NZBau 2003, 299 ff.
Niebuhr, Frank/Kulartz, Hans-Peter/Kus, Alexander/Portz, Norbert: Kommentar zum Vergaberecht, Neuwied 2000.
Noack Harald: Public Private Partnership in NRW – Ein Leitfaden für PPP/PFI-Organisations Modelle der PPP-Task-Force des Landes Nordrhein-Westfalen.
Noch, Rainer: Vergaberecht kompakt – Verfahrensablauf und Entscheidungspraxis, 2. Aufl., Düsseldorf 2002.
Noelle, Thomas: Absteigerungen auf Internet-Marktplätzen und Vergaberecht, in: NZBau 2002, S. 197 ff.
Obermayer, Klaus: Kommentar zum Verwaltungsverfahrensgesetz, 3. Aufl. Neuwied 1999.
Office of Government Commerce (OGC), OGC Guidance – Issue 3: Standardisation of PFI Contracts – General, Revised 2002.
Opitz, Marc: Die Entwicklung des EG-Vergaberechts in den Jahren 2001 und 2002 – Teil 1 – Die Rechtstatsachen und der Rechtsrahmen, in: NZBau 2003, S. 183 ff.
Opitz, Marc: Kontraktive Privatisierung und Kartellvergaberecht – zugleich ein Beitrag zur Auslegung des § 99 GWB, in: ZVgR 2000, 97, S. 106.
Ossenbühl, Fritz: Die Erfüllung von Verwaltungsaufgaben durch Private, VVDStRL 29 (1971), S. 137 ff.
Oster, Rudolf: Genehmigungskriterien der Kommunalaufsichtsbehörden für Kommunalfinanzierung, in: Gemeinde und Stadt, Beilage 14/1995 zu Heft 8/1995.
Osterloh, Lerke: Privatisierung von Verwaltungsaufgaben, VVDStRL 54 (1995), S. 204 ff.
Otting, Olaf: Neueres Steuerungsmodell und rechtliche Beurteilungsspielräume der Kommunen, Köln 1997.
Otting, Olaf: Privatisierung und Vergaberecht, in: VergabeR 2002, S. 11 ff.
Otting, Olaf: Die neue Vergabeverordnung, in: NVwZ 2001, S. 775 ff.
OXERA: A Social Time Preference Rate for Use in Long-Term Discounting, 2002.
Palandt, Otto (Begr.), BGB, 63. Auflage, 2004, München.
Partnerships Victoria, Practioners' Guide.
Parzych, Andreas/Weber, Martin: Public Private Partnership und das allgemeine Preisrisiko, in: Finanz-Betrieb 2004, S. 376 ff.
Pegatzky, Claus: Oderwitz und die Folgen – Haftung der Kommunalaufsicht für begünstigende Maßnahmen, in: LKV 2003 (im Erscheinen).
Peine, Franz-Joseph: Grenzen der Privatisierung – verwaltungsrechtliche Aspekte, DÖV 1997, S. 353 ff.
Perridon, Louis: Steiner, Manfred: Finanzwirtschaft der Unternehmung, München, 1993.
Piduch, Erwin Adolf: Bundeshaushaltsrecht, 2. Aufl. Stuttgart 2001.
Pietzcker, Jost: Die neue Gestaltung des Vergaberechts, in: ZHR 162 (1998), S. 427 ff.
Plander, Harro: Die Personalgestellung zum Erwerber beim Betriebsübergang als Reaktion auf den Widerspruch von Arbeitnehmern – am Beispiel kommunaler Privatisierungen, in: NZA 2002, S. 69 ff.

Plog, Ernst/Wiedow, Alexander: Kommentar zum Bundesbeamtengesetz mit Beamtenversorgungsgesetz, Loseblattausgabe (Stand Januar 2002).

Popitz, Johannes: Der künftige Finanzausgleich zwischen Reich, Ländern und Gemeinden, Berlin 1932.

Preussner, Mathias: Das neue Werkvertragsrecht im BGB 2002, in: BauR 2002, S. 231 ff.

Preußner, Joachim: Risikomanagement im Beteiligungsbereich der Öffentlichen Hand – Zur Konkretisierung von haushaltsrechtlichen Prüfungs- und Überwachungspflichten am Beispiel der Landeshaushaltsordnung Berlin, in: LKV 2003, S. 210 ff.

PricewaterhouseCoopers (2001): Public Private Partnerships: A clearer View, London, 2001.

PricewaterhouseCoopers et al. (2003): PPP im öffentlichen Hochbau, Berlin, 2003.

PricewaterhouseCoopers (1999): Zielgerichtetes Projektmanagement, 2. Auflage, Frankfurt, 1999.

Prieß, Hans-Joachim: Anmerkung zum Beschluss des KG Berlin, in: VergabeR 2001, S. 399 ff.

Prieß, Hans-Joachim: Bedeutung und Auswirkungen der Vorabinformation gemäß § 13 VgV im Vergaberecht, Der Syndikus, Heft März/April 2002, S. 56 f.

Prieß, Hans-Joachim: EuGH locuta, causa finita: Die Aufhebung ist aufhebbar, in: NZBau 2002, S. 433 ff.

Prieß, Hans-Joachim: Handbuch des europäischen Vergaberechts, 2. Aufl., Köln u. a. 2001.

Prieß, Hans Joachim: Welche Aufträge sind auszuschreiben?, in: Jestaedt, Thomas/Kemper, Klaus/Marx, Fridhelm/Prieß, Hans Joachim: Das Recht der Auftragsvergabe, 1. Aufl. Neuwied, Kriftel 1999, S. 44 ff.

Prieß, Hans-Joachim/Decker, Daniela: Die Beteiligungsfähigkeit von Generalübernehmern in VOB-Vergabeverfahren – keine Frage der Schwellenwerte, in: Vergaberecht 2004, S. 159 ff.

Prieß, Hans-Joachim: Die Leistungsbeschreibung: Kernstück des Vergabeverfahrens, Teil I, in: NZBau 2004, S. 20 ff.

Prieß, Hans-Joachim: Die Leistungsbeschreibung: Kernstück des Vergabeverfahrens, Teil II, in: NZBau 2004, S. 87 ff.

Prieß, Hans-Joachim: Anmerkung zu OLG Düsseldorf, Beschluss vom 30. 4. 2003 – Verg 67/02 (Auftraggebereigenschaft nach § 98 Nr. 2 GWG, de-facto-Vergabe und § 13 VgV), Vergaberecht 2003, S. 445 ff.

Private Finance Panel: VAT on PFI services payments, 1996.

Püttner, Günter: Die Privatfinanzierung öffentlicher Vorhaben – Weg oder Irrweg? in: Wendt, Rudolf: Staat-Wirtschaft-Steuern, Festschrift für Karl Heinrich Friauf zum 65. Geburtstag, Heidelberg 1996.

Püttner, Günter: Die öffentlichen Unternehmen: Ein Handbuch zu Verfassungs- und Rechtsfragen der öffentlichen Wirtschaft, 2. Auflage, Stuttgart, München, Hannover 1985.

Putzier, Eckart: Die Informationspflicht nach dem neuen § 13 Vergabeverordnung, in: DÖV 2002, S. 517 ff.

Quaas, Michael: Aktuelle Rechtsfragen des Benutzungsgebührenrechts unter besonderer Berücksichtigung der Privatisierung kommunaler Infrastruktureinrichtungen, in: NVwZ 2002, S. 144 ff.

Quilisch, Tobias/Fietz, Eike H.: Die Voreingenommenheit bei der Vergabe öffentlicher Aufträge, in: NZBau 2001, S. 540 ff.

Reidt, Olaf/Stickler, Thomas/Glahs, Heike: Vergaberecht Kommentar, 2. Aufl. Köln 2002.

Reidt, Olaf/Stickler, Thomas, Das Fernstraßenbauprivatfinanzierungsgesetz und der Baukonzessionsvertrag, BauR 1997, S. 241 ff.

Reidt, Olaf: Verfassungsrechtliche Aspekte der Mautfinanzierung von Fernstraßen, NVwZ 1996, S. 1156 ff.

Reiners, Theo: Einführung in das kommunale Haushaltsrecht, München 1993.

Reiß, Wolfram/Kraeusel, Jörg/Langer, Michael: Umsatzsteuergesetz (UStG), Kommentar, Berlin, Bonn, Stand: Mai 2003.

Redaktion der Zeitschrift für das gesamte Kreditwesen u. a. (Hrsg.), Enzyklopädisches Lexikon des Geld-, Bank- und Börsenwesens, Band 1 und 2, Frankfurt a. M., 1999.

Rengeling, Hans-Werner: Grundlagen des Subventionsrechts und Kompetenzen aus der Sicht von Bund und Ländern, in: ZHR 152 (1988), S. 455 ff.

Reuter Alexander: Führen Objektsicherheiten bei der Forfaitierung von Leasingforderungen im Zusammenhang mit Asset- und Projektfinanzierung zur Dauerschuld nach § 8 Nr. 1 GewStG, BB 2003, 18 ff.

Richter, Rudolf/Furubotn, Eirik: Neue Institutionenökonomik, 2. Auflage 2000.

Roetteken, Torsten/Rothländer, Christian: Hessisches Bedienstetenrecht, Loseblattsammlung, Stand 2002.

Rose, Joachim: Haushaltswirtschaft der niedersächsischen Gemeinden, Hannover 2003.

Rosenkötter, Annette: Kehrtwende oder Fortführung? § 13 S. 6 VgV und das OLG Düsseldorf, in: NZBau 2004, S. 136 ff.

Rössler, Rudolf/Troll, Max: Bewertungsgesetz, Kommentar, München 2002.

Roth, F., Erstes Betreibermodell für den privaten Ausbau und Betrieb von Autobahnen in Deutschland, NVwZ 1003, S. 1056 ff.

Röver Jan-Hendrick: Projektfinanzierung in: Projekte und Projektfinanzierung – Handbuch der Vertragsgestaltung und Risikoabsicherung bei deutschen und internationalen Projekten (Hrsg.: Siebel, Ulf R.), 2001, München, S. 157 ff.

Rautenberg, H. G., Kostenarten, Kostenartenrechnung, in: Küpper, H.-U., Wagenhofer, A., (Hrsg.): Handwörterbuch Unternehmensrechnung und Controlling, Stuttgart, 2002.

Ruffert, Matthias: Kommunalwirtschaft und Landes-Wirtschaftsverfassung, in: NVwZ 2000, S. 763 ff.

Sachs, Michael: Grundgesetz, 3. Aufl. München 2003.

Sächsischer Rechnungshof: Beratende Äußerung gem. § 88 Abs. 2 i.V.m. § 96 Abs. 1 S. 3 SächsHO: Alternative Finanzierungsformen Kommunaler Investitionen, 2000.

Scharen, Uwe: Aufhebung der Ausschreibung und Vergaberechtsschutz, in: NZBau 2003, S. 485 ff.

Scheel, Werner/Steub, Johannes/Schneider, Theo/Lienen, Annette: Gemeindehaushaltsrecht Nordrhein-Westfalen, Kommentar, 5. Aufl. Köln 1997.

Schellhammer, Kurt: Schuldrecht nach Anspruchsgrundlagen, 4. Aufl. Heidelberg 2002.

Schiehser, Armin F./Petzolt, Bernd: Die umsatzsteuerliche Behandlung von PFI-Projekten in Großbritannien und Deutschland, in: BB 2000, S. 336 ff.

Schink, Alexander: Wirtschaftliche Betätigung kommunaler Unternehmen, in: NVwZ 2002, S. 129 ff.

Schipp, Johannes/Schipp, Barbara: Arbeitsrecht und Privatisierung, München 1998.

Schipp, Johannes: Arbeitsrechtliche Probleme bei der Privatisierung öffentlich-rechtlicher Einrichtungen, in: NZA 1999, S. 865 ff.

Schipp, Johammes: Ausstieg aus der Zusatzversorgung, in: RdA 2001, 150 ff.

Schmahl, Stefanie: Umfang und Grenzen wirtschaftlicher Betätigung von Gemeinden in Brandenburg, in: LKV 2000, S. 47 ff.

Schmidt, Ludwig: Einkommensteuergesetz, Kommentar, München, 21. Auflage, 2002.

Schmidt-Bleibtreu, Bruno/Klein, Franz: Kommentar zum Grundgesetz, 9. Aufl. Neuwied u.a. 1999.

Schmidt-Futterer, Wolfgang, Mietrecht Kommentar, 8. Auflage, 2003.

Schmiegelt, Karl-Heinz: Der Gesellschafter, in: Beck'sches Handbuch der GmbH, 3. Aufl. München 2002.

Schneider, Gerhard/Dreßler, Ulrich/Lüll, Jürgen: Hessische Gemeindeordnung, Loseblatt, Stand: 15. Ergänzungslieferung Oktober 2002.

Schoch, Friedrich: Privatisierung von Verwaltungsaufgaben, in: DVBl. 1994, S. 962 ff.

Schreiber, Klaus: Eigentumserwerb an Heizungsanlagen bei gewerblicher Wärmelieferung (Contracting), in: NZM 2002, S. 320 ff.

Schrell/Kirchner: Fremdfinanzierte Unternehmenskäufe nach der KBV-Entscheidung des BGH: Sicherheitenpakete als Existenzvernichtende Eingriffe, BKR 2003, S. 13 ff.

Schröder, Holger: Vergaberechtliche Probleme bei der Public-Private-Partnership in Form der gemischtwirtschaftlichen Unternehmung, in: NJW 2002, S. 1831 ff.

Schröder, Holger: Der Ausschluss voreingenommener Personen im Vergabeverfahren nach § 16 VgV, in: NVwZ 2004, S. 168 ff.

Schröder, Holger: Die Informationspflicht gem. § 13 VgV im Spiegel der aktuellen Rechtsprechung, in: NVwZ 2002, S. 1440 ff.

Schumann, Helmut: Die Organschaft – Körperschaftsteuer, Umsatzsteuer, Gewerbesteuer, einzelne Steuern, Bielefeld, 3. Auflage 2001.

Schuppert, Gunnar Folke: Die öffentliche Verwaltung im Kooperationsspektrum staatlicher und privater Aufgabenerfüllung – Erscheinungsformen von Public Private Partnership als Herausforderung an Verwaltungsrecht und Verwaltungswissenschaft, in: Budäus, Dietrich/Eichhorn, Peter: Public Private Partnership, Baden-Baden 1997, S. 93 ff.

Schuppert, Gunnar Folke: Grundzüge eines zu entwickelnden Verwaltungskooperationsrechts, Regelungsbedarf und Handlungsoptionen eines Rechtsrahmens für Public Private Partnership, Rechts- und Verwaltungswissenschaftliches Gutachten erstellt im Auftrag des Bundesministeriums des Innern, Juni 2001 (unveröffentlicht).

Schüren, Peter: Arbeitnehmerüberlassungsgesetz, 2. Auflage, München 2003.

Schützenmeister, Hans-Oskar: Die kommunal- und haushaltsrechtlichen Voraussetzungen für die Aufnahme von Kommunalkrediten, in: LKV 1992, S. 80 ff.

Schwarz, Kyrill-A.: Voraussetzungen und Grenzen staatlicher Kreditaufnahme, in: DÖV 1998, S. 721 ff.

Schweisfurth, Tilmann/Christen, Jörg: Leasing im Haushaltsrecht der Länder in: Kroll, Michael: Leasing-Handbuch für die öffentliche Hand, 8. Aufl. Lichtenfels 2000, S. 273 ff.

Schwenker, Hans Christian/Heintze, Florian: Vergaberechtliche Aspekte der Modernisierung von Fußballstadien, in: VergabeR 2001, S. 96 ff.

Seibel, Claudia: Vertragsgestaltung im Immobilien-Leasing, in: NZM 1999, S. 197 ff.

Sester Peter: Projektfinanzierungsvereinbarungen als Gestaltungs- und Regulierungsaufgabe – Eine symbiotische Finanzierungsform für privatwirtschaftliche Projekte und Public Private Partnership Projekte, Köln, 2004.

Sester, Peter: Insolvenzfeste Direktverträge in der Projektfinanzierung und bei Public-Private-Partnership-Projekten auf Basis eines Konzessionsvertrages, ZBB 2004, 283 ff.

Siebel, Ulf: Projekte und Projektfinanzierung, München, 2001.

Sienz, Christian: Die Neuregelungen im Werkvertragsrecht nach dem Schuldrechtsmodernisierungsgesetz, in: BauR 2002, S. 181 ff.

Smith, Courtney A.: Making Sense of the Private Finance Initiative – developing public-private partnerships, Abingdon, 1999.

Smith, Nigel J.: Managing Risk in Construction Projects, Oxford 1999.

Soergel, Hans Th.: Bürgerliches Gesetzbuch, Kommentar, 13. Aufl. Stuttgart, Berlin, Köln 1999 ff.

Spieß, Walter: Personalvertretungsrecht Hessen – Kommentar, 7. Auflage, Frankfurt am Main 2002.

Standard & Poor's Credit Survey of the UK Private Finance Initiative and Public-Private Partnership, London, April 2003.

Staudinger: Julius von Staudingers Kommentar zum Bürgerlichen Gesetzbuch, 1. Buch, 13. Aufl. Berlin 1995, 2. Buch, 13. Aufl. Berlin 1995, 14. Aufl. Berlin 2001.

Staudinger: Julius von Staudingers Kommentar zum Bürgerlichen Gesetzbuch, Zweites Buch: Recht der Schuldverhältnisse, §§ 611–615, 13. Bearbeitung 1999.

Stelkens, Paul/Bonk, Hans-Joachim/Sachs, Michael: Verwaltungsverfahrensgesetz, 6. Aufl. München 2001.

Stern, Klaus: Das Staatsrecht für die Bundesrepublik Deutschland, Band 2 (Staatsorgane, Staatsfunktionen, Finanz- und Haushaltsverfassung, Notstandsverfassung), München 1980.

Stern, Klaus: Das Staatsrecht für die Bundesrepublik Deutschland, Band 3, 2. Halbband (Allgemeine Lehren der Grundrechte 2), München 1994.

Sternel, Friedemann: Mietrecht, 3. Aufl. Köln 1988.

Stober, Rolf: Neuregelung des Rechts der öffentlichen Unternehmen?, in: NJW 2002, S. 2357 ff.

Stober, Rolf: Die privatrechtlich organisierte öffentliche Verwaltung, NJW 1984, S. 449 ff.

Stober, Rolf (Hrsg.): Privatisierung im Strafvollzug?, Köln, Berlin, Bonn, München 2001.

Stockmann, Kurt: § 13 VgV in der Rechtspraxis, in: NZBau 2003, S. 591 ff.

Stockmayer, Albrecht: Projektfinanzierung und Kreditsicherung – dargestellt am Beispiel von Darlehen an Rohstoffvorhaben in Entwicklungsländern, 1982.

Stölben, Hans-Peter: Verfassungs- und haushaltsrechtliche Bedeutung des Begriffs „öffentliche Investition", in: SächsVBl. 2002, S. 13 ff.

Süchting, Joachim: Theorie und Politik der Unternehmensfinanzierung, Wiesbaden, 1995.

Tetsch, Friedemann/Benterbusch, Ulrich/Letixerant, Peter: Leitfaden zur regionalen Wirtschaftsförderung in Deutschland, Bonn, 1996.

Tettinger, Peter J.: Die rechtliche Ausgestaltung von Public Private Partnership, in: DÖV 1996, S. 764 ff.

Tettinger, Peter J.: Entgelte in der Entsorgungswirtschaft, in: NWVBl. 1996, S. 81 ff.

Tettinger, Peter J.: Grundlinien des Konzessionsvertrages, in: DVBl. 1991, S. 786 ff.

Tettinger, Peter J.: Rechtsschutz gegen kommunale Wettbewerbsteilnahme, in: NJW 1998, S. 3473 ff.

Thiele, Robert: Niedersächsische Gemeindeordnung, Kommentar, 5. Aufl. Hannover 1999.

Thieme, Werner: Die Zulässigkeit der Finanzierung von Hochschulbauten aus Drittmitteln, in: WissR 1998, S. 33 ff.

Thode, Reinhold: Die wichtigsten Änderungen im BGB-Werkvertragsrecht: Schuldrechtsmodernisierungsgesetz und erste Probleme – Teil 2, in: NZBau 2002, S. 360 ff.

Thompson, Peter A./Perry, John: Engineering Construction Risk, London 1992.

Tiefenbacher, Ernst Georg: Einführung von Wärmecontracting in bestehenden Mietverhältnisse bei bislang vermieterseitig beheizter Wohnung, in: NZM 2000, S. 161 ff.

Tipke, Klaus/Lang, Joachim: Steuerrecht, 17. Aufl. Köln 2002.
Tomerius, Stephan: Wirtschaftliche Betätigung der Kommunen zwischen Gemeindewirtschafts- und Wettbewerbsrecht, in: LKV 2000, S. 41 ff.
Troll, Max: Grundsteuergesetz, München 1997.
Tytko, Dagmar: Grundlagen der Projektfinanzierung, Stuttgart, 1999.
Ulber, Jürgen: Arbeitnehmerüberlassungsgesetz, 2. Auflage, Frankfurt am Main 2002.
Umbach, Dieter C./Clemens, Thomas: Grundgesetz, Mitarbeiterkommentar und Handbuch, Band II, 1. Aufl. Heidelberg 2002.
Urban-Crell, Sandra/Schulz, Christian: Arbeitnehmerüberlassung und Arbeitsvermittlung, München 2003.
Vinter Graham, Project Finance, 2. Auflage, 1998, London.
Vitzthum, Wolfgang Graf: Gemeinderechtliche Grenzen der Privatisierung kommunaler Wirtschaftsunternehmen, AöR 104 (1979), S. 580 ff.
Voigt, Andreas: Diskussionsbeitrag, in: VergabeR 2003, S. 116.
Vose, David: Risk Analysis: A Quantitative Guide, 2nd Edition, Chichester, 2000.
Wagner, Olav/Wiegand, Franziska: Auftraggebereigenschaft gemischtwirtschaftlicher Gesellschaften und Nichtigkeit von De-facto-Vergaben, in: NZBau 2003, S. 369 ff.
Wegmann, Winfried: Die Vorabinformation über den Zuschlag bei der öffentlichen Auftragsvergabe, in: NZBau 2001, S. 475 ff.
Weihrauch, Oliver: Diskussionsbeitrag, in: VergabeR 2003, S. 115.
Weiß, Wolfgang: Öffentliche Monopole, kommunaler Anschluss- und Benutzungszwang und Art. 12 GG, in: VerwArch 1999, S. 415 ff.
Wendt, Rudolf: Haushaltsrechtliche Probleme der Kapitalbeteiligung Privater an öffentlichen Infrastrukturinvestitionen in: Ipsen, Jörn: Privatisierung öffentlicher Aufgaben, Köln 1994, S. 37 ff.
Werner, Michael/Freitag, Martin: „Wettbewerblicher Dialog" – Vorschlag für eine neue Form des Verhandlungsverfahrens, in: NZBau 2000, S. 551 f.
Westermann, Harm Peter: Bürgerlich-rechtliche Probleme der bankmäßigen Projektfinanzierung, in: Festschrift für Erich Brandner zum 70. Geburtstag (Hrsg: Pfeiffer, Gerd u. a.), 1996, S. 579 ff., zit.: Festschrift Brandner.
Westermann, Harm Peter: Gesellschaftsrechtliche Risiken bei der bankmäßigen Projektfinanzierung, in: Festschrift für Walter Odersky zum 70. Geburtstag am 17. Juli 1996 (Hrsg.: Reinhard, Böttcher u. a.), 1996, S. 897 ff., zit.: Festschrift Odersky.
Widtmann, Julius/Grasser, Walter: Bayerische Gemeindeordnung, Loseblattsammlung, Stand Mai 2002.
Wiesemann, Hermann: Benutzungsgebühren und Privatisierung, in: NWVBl. 1998, S. 257 ff.
Wiesner, Herbert: Das staatliche Haushalts-, Kassen- und Rechnungswesen, 6. Aufl. Heidelberg 2000.
Wilkens, Joachim: Kommunalverfassungsrechtliche Probleme und Risiken beim Abschluss von Leasing-Geschäften, in: LKV 2002, S. 169 ff.
Willemsen, Heinz-Josef: Die neuere Rechtsprechung des Bundesarbeitsgerichts zu § 613 a BGB, in: ZIP 1986, S. 477 ff.
Willemsen, Heinz-Josef/Hohenstatt, Klaus-Stefan/Schweibert, Ulrike/Seibt, Christoph: Umstrukturierung und Übertragung von Unternehmen, 2. Auflage, München 2003.
Winnes, Michael: Das Verbot von Doppelmandaten bei Ausschreibungen im ÖPNV-Bereich, in: NZBau 2002, S. 371 ff.
Witte, Jürgen: Die Neuregelung des Vergaberechtes, in: DStR 1998, S. 1684 ff.
Wlasak, Peter: Leasing im Haushaltsrecht des Bundes in: Kroll, Michael: Leasing-Handbuch für die öffentliche Hand, 8. Aufl. Lichtenfels 2000, S. 270 ff.
Wlasak, Peter: Vor- und Nachteile des Leasing – Leasing und andere private Finanzierungsmodelle für öffentliche Infrastruktur aus Sicht des Bundes, in: Kroll, M. (Hrsg.): Leasing-Handbuch für die öffentliche Hand, 2001, S. 170 ff.
Woerner, Lothar: Die Gewinnrealisierung bei schwebenden Geschäften – Vollständigkeitsgebot, Vorsichts- und Realisationsprinzip, in: BB 1988, S. 777 ff.
Wöhe, G.ünther, Einführung in die Allgemeine Betriebswirtschaftslehre, München, 1990.
Wolff, Hans J./Bachof, Otto/Stober, Rolf: Verwaltungsrecht II: Besonderes Organisations- und Dienstrecht, 6. Auflage, München 2000.
Wolfers, Benedikt: Privatisierung unter Wahrung der öffentlich-rechtlichen Rechtsform: Der Modellfall Berliner Wasserbetriebe, in: NVwZ 2000, S. 765 ff.
Zacharias, Diana: Privatisierung der Abwasserbeseitigung, in: DÖV 2001, S. 454 ff.

Zeiss Christopher, Private Vorfinanzierung öffentlicher Infrastruktur, NVwZ 1998, 467 ff.
Zeiss Christopher, Private Vorfinanzierung öffentlicher Infrastruktur, NVwZ 1998, 467 ff.
Ziekow, Jan: Verankerung verwaltungsrechtlicher Kooperationsverhältnisse (Public Private Partnership) im Verwaltungsverfahrensgesetz, Wissenschaftliches Gutachten erstattet für das Bundesministerium des Innern, Juni 2001 (unveröffentlicht).

Sachverzeichnis

Die Ziffern verweisen auf die Seitenzahlen.